देवायण

पिंगल
देवायण
ब्रह्म कल्प

तृतीय खण्ड

डॉ० हजारी

लिप्यंतरण
अमिता नथवाणी

मोतीलाल बनारसीदास पब्लिशर्स
प्राईवेट लिमिटेड • दिल्ली

प्रथम संस्करण : दिल्ली, २००४

सह-सम्पादक

महाचार्य डॉ० मुक्तिपदा चक्रवर्ती

पं० लक्ष्मी नारायण पराशर

डॉ० चन्द्रप्रभा मदान शास्त्री

डॉ० इन्दिरा सरदाना

श्री विनोद व श्रीमती इला बुद्धदेव

परामर्शदाता

श्रीमती सुरेन्द्रा भगत

श्री नीलेश नथवाणी

माननीय न्यायाधीश श्री एस०एन० ढींगरा

श्रीमती ऊषा गुप्ता ढींगरा

श्री श्रीजित् भट्टाचार्य

श्रीमती विमला ओबेराय

डॉ० एस०के० भाटिया

ISBN : 81-208-2077-0

मोतीलाल बनारसीदास

४१ यू०ए० बंगलो रोड, जवाहर नगर, दिल्ली ११० ००७
८ महालक्ष्मी चैम्बर, २२ भूलाभाई देसाई रोड, मुम्बई ४०० ०२६
२३६ नाइंथ मेन III ब्लाक, जयनगर, बंगलौर ५६० ०११
सनाज प्लाजा, १३०२ बाजीराव रोड, पुणे ४११ ००२
१२० रायपेट्टा हाई रोड, मैलापुर, चेन्नई ६०० ००४
८ केमेक स्ट्रीट, कोलकाता ७०० ०१७
अशोक राजपथ, पटना ८०० ००४
चौक, वाराणसी २२१ ००१

मूल्य : रु० १५००

नरेन्द्रप्रकाश जैन, मोतीलाल बनारसीदास पब्लिशर्स प्रा० लि०,
बंगलो रोड, दिल्ली ११० ००७ द्वारा प्रकाशित तथा जैनेन्द्रप्रकाश जैन,
श्री जैनेन्द्र प्रेस, ए-४५ नारायणा, फेज-१, नई दिल्ली ११० ०२८ द्वारा मुद्रित

श्रद्धांजलि

ग्रन्थकार

प्रयात डॉ० हजारी

श्री अरविन्द आश्रम

पाण्डिचेरी

देवं देवं
देवायण प्रकाशन का मन्तव्य

विज्ञान चैतन्य (Supramental) प्रकाश हेतु मैं 'देवायण' प्रकाश कर रहा हूँ। श्री अरविन्द के जीवन की घोर साधना की सिद्धि स्वरूप देवायण जनसमाज में प्रकाश हेतु देवताओं की आगमन वार्त्ता घोषणा कर गए हैं। कलियुग की समस्त बाधा-विपत्ति अतिक्रम कर वो अतिमानस (Supramental) प्रकाश करना सम्भव हुआ है। वर्तमान के विद्वान पण्डित आत्मध्यायी भागवत् साधक भक्तमण्डली देवायण पाठ करके ये जानने का प्रयत्न करें कि-सत्ययुग के अतिमानस या महस् क्रियाशील हुए कि नहीं?-या हमलोग यथाशीघ्र अतिमानस द्वारा (महस्) प्रकाशित होकर मिथ्यामुक्त हो सकेंगे कि नहीं? विभिन्न प्रबन्ध में इतिपूर्व सत्ययुग की आगमन वार्त्ता घोषणा कर रहा हूँ-विभिन्न यज्ञ, अनुष्ठान, उत्सवादि कर सत्य की हिरण्मय ज्योति का द्वार उन्मोचन कर, जनगण का अज्ञान, मोह-मूढ़ता, तमसाच्छन्न मानव समाज मिथ्या कलि (dark force) परित्याग न कर सत्य के आलोक में उद्भासित हो सकेंगे क्या? ये समस्त विषयों को लेकर देवायण बारह खण्डों में वा बारह हजार पन्नों में लिखा गया है-ये ही प्रकाश कर रहे हैं। जिसमें बत्तीस मण्डल (ब्रह्म कल्प-3 खण्ड, रुद्र कल्प-5 खण्ड, विष्णु कल्प-4 खण्ड) हैं। विषद् रूप से इस तरह है यथा-देवताओं की स्थिति, अभियान, मर्त्य भ्रमण, आविर्भाव वार्त्ता, पिंगल गणपति देवजी की कथोपकथन व आलोचना, भावजगत् वर्णन, देवताओं की प्रकाश कथा, देवताओं की उत्पत्ति कथा, शिक्षा, चरित्र, क्रीड़ादि वर्णन, अध:पतित जीवन दिव्यरूप में परिवर्तित देव यज्ञ अनुष्ठान द्वारा समग्र सृष्टि-देवत्व प्राप्ति के उपाय, तत् पर ऋषिमण्डल-वीतिहोत्र उत्पत्ति कथा, वीतिहोत्र प्रतिष्ठा कथा, समग्र सृष्टिव्यापि आलोड़न वार्त्ता, होत्र प्रतिष्ठा में ऋषिगणों की आलोचना वार्त्ता (जिस होत्र प्रतिष्ठा में कलि के ताण्डव के उपरान्त आज भी पृथ्वी बची हुई है) तत् पर यज्ञमण्डल की कथा स्वर्ग-मर्त्य मिलन में यज्ञ उद्दीपन कथा, उस यज्ञ में वीतिहोत्र प्रतिष्ठा की कथा, ऋषिगणों द्वारा जो वेदमन्त्र उद्गीत हुए वही वेद उद्गीत वार्त्ता, देवऋषि सम्मेलन सभा में सत्यदेव की प्रकाश वार्त्ता, ब्रह्मा, विष्णु, महेश्वर त्रिदेवों के समक्ष सत्यदेव की आविर्भाव वार्त्ता व वीतिहोत्र प्रतिष्ठा के बाद वेदकथन अनुसार सत्यदेव की जगत में प्रवेश की कथा। इसके बाद देव-महाकाल महेश्वर वार्त्ता-जिसमें कलि प्रभावित जगत् किस तरह सत्य में प्रवेश करेगा, कलि की जन्म कथा, ब्रह्म निर्देशित प्रथागार विवाह वार्त्ता, बाल्य क्रीड़ा आदि अधर्म प्रभाव के नाम से वर्णन किया गया है। इसके बाद दुर्मतिवर्ग-कलि की शिक्षा, दीक्षा, दुर्विद्या साधना, तपस्या, मृत्यु सहित कलि का विवाह, कलि की अशुभ शक्ति सहित काल प्रतिष्ठा की कथा वर्णन की गई है। इस कलियुग को (जहाँ जरा, व्याधि, मृत्यु, मिथ्या सहित अमरत्व, अमृतत्व, नित्य शान्ति, स्थिर यौवन आदि का गला घोट दिया है) हटाकर सत्ययुग देवयुग का आगमन

हुआ है–यही देवायण द्वादश खण्ड में वर्णन किया गया है। कलि के अशुभ प्रभाव से हमलोग देवत्व से सम्पूर्णरूप से विच्छिन्न होकर जरा, व्याधि, मृत्यु सहित एक अस्वाभाविक अवस्था में आकर खड़े हुए हैं। देवत्व, अमरत्व, अमृतत्व–इन सब में हमारी गति है–ये हम एकदम भूल गए हैं। हम भूल गए हैं–स्वर्ग, जीवात्मा, परमात्मा, उर्द्धव चेतना की शुभ परिणति एवं अशुभ विशृंखल एवं विकृतरूप धारण किया है। आर्थिक समाधान द्वारा यह स्थिर सिद्धान्त है कि हमलोग जरा, व्याधि, मृत्यु मिथ्याकुल द्वारा प्रपीड़ित हैं। फिर भी हमलोग जरा, व्याधि, मृत्यु मिथ्या की उपेक्षा कर लड़ रहे हैं। प्रकृत खोज की चेष्टा में हमारे जानने की पूर्णचाह है। मृत्यु, जरा, व्याधि–ये असत्य हैं एवं वह अतिक्रमण।

ओम शान्तिः

26.9.78

डॉ० हजारी
श्री अरविन्द आश्रम
23, नॉर्थ बुलवार्ड रोड,
पाण्डिचेरी–605001

PREFACE

Devayan is an epic which can be described only in superlative terms. It covers the four ages of mankind and for the first time gives details of the Golden Age which has so far remained veiled to our human mind. However, that period of time and the time that is still to come is covered only in the last two volumes. It also tells us the place where the Golden Age will start to manifest.

Here is the third volume of Devayan. It is the third and last volume of the Brahma Kalpa. After the end of the Brahma Kalpa, the four volumes of the Vishnu Kalpa begin. Devayan has been divided into the three Kalpas— Brahma, Vishnu and Maheshwar. This is a further part of the grand vision of Dr. Hajari. Reading it and consciously moving in that direction will enhance the harmonious transition to the Golden Age. The higher force determines the way.

It is no secret that we are in the midst of a knowledge revolution that reveals the first signs of breakthrough. New discoveries and research force us to give a fresh look at the present accepted theory of medicine, biology, evolution and our relationship with the cosmos. We must be very grateful to the poet that his impressive skills and poetic vision lead us to original transformation insights that reveal a new hope and possibility. There is surely a spiritual renaissance in progress as envisaged by Sri Aurobindo. He once said,

> **"The result of this birth of divine vision is that man's path manifests itself to him and those journeyings of the gods or to the gods "Devayana" which lead to the infinite wideness of the divine existence...".**
>
> **"Before me the paths of the journeyings of the gods have become visible, journeyings that violate not, whose movement was formed by the vasus".**

I am also pleased to inform that Devayan has now a web address–

www.devayan.net

for the latest information. The web page contains a short summary of the epic, a concise note on the life of Dr. Hajari and information on the present status of this project. This includes details about the volumes published so far. Please do visit us on the above website.

AMITA NATHWANI

कृतज्ञता

मेरी भेंट 1968 में पाण्डिचेरी में डॉ० हजारी जी से हुई। मैं इनकी योग्यता से बहुत प्रभावित थी। दुर्भाग्यवश मैं हृदय रोग से पीड़ित हो गई और ऐलोपैथिक के अच्छे-अच्छे डाक्टर भी मुझे इस रोग से मुक्त न कर सके। अन्ततः मैं डॉ० हजारी जी के पास गई और उनके उपचार से पूर्णतया स्वस्थ हो गई। तत्पश्चात् मैनें होम्योपैथिक डाक्टरी की ट्रेनिंग उनके सुयोग्य तत्त्वाधान में प्राप्त की। उन्हीं दिनों डॉ० साहिब ने "दैवी प्रेरणा" से "देवायण" नामक महान् ग्रन्थ की 12 खण्डों में बंगाली भाषा में सन् 1951 से 1954 तक जो रचना की थी वह मुझे दिखाई। इस ग्रन्थ के अंग्रेजी भाषा के सिनॉप्सिस मैंने पढ़े और मुझमें इस ग्रन्थ को पूरा पढ़ने की रुचि उत्पन्न हुई। आदरणीय डॉ० साहब ने इस ग्रन्थ को छपवाने की इच्छा प्रकट की। मैंने अपने पर किए गए जीवनदान के उपकार से उऋण होने के लिए उन्हें वचन दिया कि मैं इसको छपवाने का प्रयत्न करूँगी। अब वह समय आया है जब मैंने अपनी पुत्री अमिता, जो यूनिडो में कार्यरत थी तथा अब सेवानिवृत्त है, के अथक परिश्रम से इसे छपवाने का प्रयास किया है। अमिता ने बंगाली भाषा को सीख कर इसका देवनागरी में लिप्यंतरण किया है जो संस्कृत भाषा ही है। मुझे पूर्ण आशा है कि जिस-जिस महानुभाव को इस ग्रन्थ के पढ़ने का सुअवसर मिलेगा वह अवश्य लाभान्वित होंगे।

इस ग्रन्थ को प्रस्तुत स्वरूप देने में जिन महानुभावों ने सकारात्मक सहयोग तथा अपने रचनात्मक परिसंवादों के माध्यम से जो स्रोत स्वरूप कार्य किया, उनके प्रति हम आभार व्यक्त करते हैं।

हमारे संकल्प को मूर्तरूप देने में जो अपेक्षित साहित्यिक सहयोग हमें महाचार्य डॉ० मुक्तिपदा चक्रवर्ती, पं० लक्ष्मी नारायण पराशर, डॉ० चन्द्रप्रभा से मिला उसके लिए हम उनके प्रति अंतरात्म से आभार प्रकट करते हैं, जिनके सहयोग के बिना यह सारस्वत अनुष्ठान संभवतः कठिन होता।

श्रीमती सुरेन्द्रा भगत, माननीय न्यायाधीश श्री एस०एन० ढींगरा, श्रीमती ऊषा गुप्ता ढींगरा, श्रीमती विमला ओबेराय, डॉ० एस०के० भाटिया तथा श्री योगेश अरोड़ा ने जो हमारे प्रयास को सफल बनाने के लिए समय-समय पर जो अमूल्य परामर्श दिए उसके लिए हम उनके प्रति हृदय से कृतज्ञता ज्ञापित करते हैं। श्री श्रीजित् भट्टाचार्य ने प्रस्तुत ग्रन्थ के प्रकाशन में जो विशेष योगदान दिया उसके लिए हम आभारी हैं।

श्री नीलेश ने अपनी व्यस्तता के बावजूद इस कल्पना प्रारूप को संरचनात्मक रूप प्रदान करने में जिस मनोयोग से सहयोग किया वह अतुलनीय है। उसके लिए उन्हें कोटिशः धन्यवाद। यह शुभ संकल्प जो पुस्तकाकार ले पाया है यह उनके समयोचित् सहयोग एवं संयत व्यवहार, तथा समर्पित भाव से सम्भव हो पाया है। इसके अतिरिक्त समय-समय पर अपनी सम्मति से ग्रन्थ के आकार

को सुन्दरतम रूप देने में भी मार्गदर्शन किया है। इन सबके लिए मैं उनके प्रति हृदय से कृतज्ञ हूँ।

अंत में दो शब्द अमिता को जिसके पौरोहित्य में यह कार्य सम्पन्न हुआ और जिसके अथक परिश्रम, निष्ठा और समर्पण ने मुझे मेरे ऋण से उऋण करने में सहयोग दिया। उसके प्रयास स्तुत्य हैं। यह सुखानुभूति का क्षण है तथा मैं अभिभूत हूँ, आत्मविभोर हूँ तथा आशिष के अतिरिक्त मेरे हृदय से उसके प्रति कोई शब्द नहीं निकल रहा है। उसने मुझे गौरवान्वित कर दिया है।

कभी-कभी सहयोग अनपेक्षित स्त्रोत-व्यक्तिगत या संस्थागत-से प्राप्त होता है जो अनाम रहते हुए भी कार्य की परिणति में अपनी सार्थकता का बोध कराते हैं। हम ऐसे सहयोग को दैवी अनुकम्पा मानते हैं। उनके अनुग्रह भाव को हमारा नमन!

कामना है कि यह ग्रन्थ हिंसा और भौतिकवाद के दु:खों से संतापित विश्व के लिए प्रकाश-स्तम्भ के समान लोककल्याणकारक होगा तथा सत्य की हिरण्यमयी ज्योति का द्वार उन्मोचन कर, जनगण का अज्ञान, मोहमूढ़ता, तमसाच्छन्न मानव समाज मिथ्या कलि परित्याग कर सत्य के आलोक में उद्भासित होगा।

– डॉ० इन्दिरा सरदाना

INTRODUCTION

The past changing of ages has been recorded in Devayan. With every change of the Age, an epic has come down to us. With the transition from the Silver to the Bronze Age, the epic Ramayana manifested and from the Bronze to the Iron Age, the epic Mahabharata manifested. Now as we are approaching the Golden Age, the epic Devayan has manifested.[1]

However, Devayan, like the former two epics, does not reveal to us the approaching Golden Age only. It narrates to us the complete story of the constantly repeating human cycle, lasting 26,000 years, covering the Golden, the Silver, the Bronze and the Iron Age. Devayan describes the cycle divided into the Ages of the Creator, the Preserver and the Destroyer as Brahma, Vishnu and Rudra. Together, it consists of thirty-two books in twelve volumes, a thousand pages each, written in the Anushtupa, the Indian classical epic metre.

We have the pleasure to present the third volume of Devayan to the public in the Devanagari script. Devayan, like the former two epics, does not only reveal to us the approaching Golden Age. It depicts the spiritual saga of humanity and starts with the Silver Age (the Treta Yuga). The reader will find some stories that are known, and many that are not.

This volume of Devayan covers the remaining five Kandas of Ramayaṇa, namely the Aranya, Kishkindhya, Sundara, Lanka and Uttara Kanda narrated in an aesthetic and simple language. The narrative deals with events following the disappearance of Queen Sita into the mother earth. The fate of Lakshman, Bharat and Shatrughna is described in detail. An interesting episode was how Kali influenced Rishi Durvasa to visit Ayodhya to request the immediate audience of Lord Rama, while visiting Lord Rama himself and obtaining his promise that under no condition should anyone disturb their talks or that person would be exiled. Lakshman fearing the sage's wrath

---

[1] Silver age—Treta Yuga
Bronze age—Dwapara Yuga
Iron Age—Kali Yuga
Golden Age—Satya Yuga

forced his way to Lord Rama so that they should not be cursed by the angry sage. Lord Rama was forced to banish Lakshman, resulting in Lakshman's self-immersion in the river Saryu. Also of great interest is the conversation between Lord Rama and King Janak, where Lord Rama describes the various paths of yogas–Raja, Hatha and Bhakti yoga to King Janak and the ways to obtain complete self-realization. Further, Lord Rama imparts the knowledge of the Upanishads to King Janak in a very forceful and understandable manner.

Then there are more stories about how Lava and Kusha get married and how they grow up and take up their responsibilities. This volume ends with the passing away of Lord Rama, mourned by the whole world. After Lord Rama's departure to heaven, Kusha visited Lanka to see for himself the places where his father waged the great war against Ravana and also where Queen Sita suffered a very painful time in seclusion. At the time of Kusha's visit to Lanka, the snakes, under the encouragement of Kali, took control of Lanka to rob the precious stones amassed by the Gods, and killed all inhabitants of Lanka except King Vibhishan. Following Lava's revenge on all snakes, he himself falls a prey to snakebite and dies. The volume includes many more wonderful stories and is rich in narration, imagery and poetry.

सूचीपत्र

राम मण्डल
रामायण वर्ग
अरण्य काण्ड

किष्किंध्या काण्ड

सुन्दर काण्ड

लंका काण्ड

उत्तर काण्ड

लव मण्डल

रामानुज वर्ग

जनक वर्ग

आन्दन वर्ग

मुक्ति वर्ग

कुशध्वज वर्ग

मोक्ष वर्ग

कुश वर्ग

हनुमान वर्ग

अश्वल वर्ग

शवर वर्ग

मंत्र वर्ग

नर्त्तिक वर्ग

नर्त्तिक वर्ग, लव मंडल, तृतीय खण्ड सह ब्रह्म कल्प समाप्त

॥ शान्तिः शान्तिः शान्तिः ॥

तृतीय खण्ड

राम मण्डल

लव मण्डल

॥ रामायण वर्ग ॥

॥ अरण्य काण्ड ॥

॥ प्रथम सर्ग ॥

वाल्मीकि वचन

एतद् क्षेत्रे भरद्वाज स-सीता राम लक्ष्मण ।
विश्वामित्र समन्वित प्रविष्ट मम आश्रमे ॥
तद् रात्रे करि विश्राम पथ श्रान्ति विदूरणे ।
प्रातःकाले बहिर्गत आश्रम परिदर्शने ॥
गोमती तट संलग्न पुण्य गंध समन्वित ।
अध्यात्म भाव वर्धक दर्शि भ्रमि सदाश्रम ॥
प्रहृष्ट राम लक्ष्मण वनवासे विनिर्गत ।
सह मित्र भरद्वाज मम पदे शिरानते ॥
यात्राकाले कहे राम हवे पुनः समागम ।
प्रत्यागति गृहे यवे वनवास समापने ॥
वनपथे चले पुनः परित्यजि ममाश्रम ।
देवदारु महावन चले सबे अतिक्रमि ॥
दिव्यदृष्टि निपातने रहि स्वयं निरीक्षिते ।
ममाश्रम विनिष्क्रांत रामचन्द्रे यथागति ॥
यद् पुण्य दर्शने देव क्षेत्र-बंध अतिक्रमे ।
अन्तर्पथे रहि स्वयं रामे नित्य निरीक्षिते ॥
रामचन्द्र रहे वने यथा वर्ष चतुर्दश ।
आत्मध्याने रहि स्वयं गति कार्य निरीक्षिते ॥
वनपथे चले राम नाना दृश्य समायुत ।
अश्वत्थ हिंगलार्जुन वृक्षावली समावृत ॥
वहेड़ा बिल्वः खर्जूर हेरि निंब स्थले स्थले ।
पुण्य गंध समायुत यद् दृष्ट गौतमाश्रम ॥
आह्वाने गौतमद्वारे भरद्वाज महाऋषि ।
गौतम मुनि स-पुत्र हओ त्वरित बहिर्गत ॥
इत्याह्वाने बहिर्गत स-पुत्र मुनि गौतम ।
शुनि कण्ठ भरद्वाजे त्वरित द्वारे उपस्थित ॥
गौतम राम लक्ष्मणे हेरि हर्षाप्लुतान्तर ।
वनवास यथा रामे पूर्वे ज्ञात महामुनि ॥
पूर्व हते अपेक्षित एतद् रूप समादरे ।
आह्वानिल मुनिश्रेष्ठ रामचन्द्रे सबांधवे ॥
एसो मित्र भरद्वाज एसो हे राम लक्ष्मण ।
वैदेही वधू उत्तमा मम हर्ष प्रवर्धने ॥
एरूपे करि आह्वान प्रहृष्ट मुनि गौतम ।
भुजाश्लेष भरद्वाजे विश्वामित्र अतःपरे ॥
प्रणत राम लक्ष्मण अत्रपदे स-जानकी ।
करि सर्वे शुभाशिष आश्रमाभ्यंतरे पशे ॥
अहल्याकृत अर्चित रामचन्द्र तथाश्रमे ।
पान भोज्य परिग्रहि हृष्ट सर्व निरीक्षणे ॥

वामदेव रहुगण　　नोधादि पुत्र गौतमे ।
राघव प्रिय भाषणे　　परितुष्ट जने जने ॥
त्रिशिखरे यथा गति　　गौतम नन्दने श्रुत ।
राम सह बहिर्गत　　गौतमज चतुष्टय ॥
नव मूर्त्ति विनिर्गत　　अत्राश्रम परित्यजि ।
प्रहरेक अवस्थाने　　श्रीराम गौतमाश्रमे ॥
योजनेक पथव्यापी　　महारण्य अतिक्रमे ।
वेनु वन यथा दीर्घ　　वेतस्कुंज स्थले स्थले ॥
एतद् वन अतिक्रमि　　क्षुद्र क्षुद्र जलाशय ।
प्रान्तर अति विस्तृत　　कुटिरादि सुशोभित ॥
एतद् क्षेत्र परित्यजि　　पुनः वने प्रवेशिल ।
खर्जूर बदरी आम्र　　पानस वृक्ष शोभित ॥
तिन्दुकादि समावृत　　लक्ष्यिते गुह्यकालय ।
आह्वानिल भरद्वाज　　गुह्यक शूद्र राजन ॥
शुनि कण्ठ भरद्वाजे　　गुह्यक निर्गत त्वरा ।
वशिष्ठ मुनि निर्देशे　　कहिल गुह्यकप्रति ॥

भरद्वाज वचन

हे गुह्यक अयोध्येश　　दशरथ महीपति ।
हेर दशरथात्मज　　स-सीता राम लक्ष्मण ॥

वाल्मीकि वचन

एतद् वाक्य भरद्वाजे　　चण्डालेश यथाश्रुत ।
नमे मित्र भरद्वाजे　　श्रद्धायुक्त शिरानते ॥
तद् परे गौतमात्मजे　　नमस्कार करि क्रमे ।
कहिल राघवे गुह्यक　　हस्तद्वये कृतांजलि ॥

गुह्यक वचन

हे राघव ममोपास्य　　किंवा अर्घ्य प्रदानिव ।
तव साक्षात् यथा लब्ध　　सार्थक मम जीवन ॥
नमः मात्र बहिर्देशे　　किंवा श्रद्धा प्रकाशित ।
एतद् कार्य प्रथा मात्र　　लोक धर्मे अनुष्ठित ॥
एतन्मात्र बहिर्देशे　　लोकाचार नहे प्रिय ।
हे राघव ममोपास्य　　आत्म अर्घ्य परिग्रह ॥

वाल्मीकि वचन

गुह्यके शुनि भाषण　　राघव अति मोदित ।
चण्डाल गुह्यके राम　　कृत वक्षे विधारण ॥
रामकार्य निरीक्षिया　　ऋषि सर्व चमत्कृत ।
धन्य धन्य कहे सर्वे　　राघव गुह्यके कहे ॥

राम वचन

हे गुह्यक मम प्रिय　　ज्ञानीश्रेष्ठ सुबांधव ।
चण्डालकुल ये रूप　　नह तुमि तथामत ॥
अन्तर्ज्ञाने प्रतिष्ठित　　शुद्ध चित्त निरन्तर ।
तुमि सत्य मम प्रिय　　भक्तोत्तम सखा मम ॥

भक्त मात्र नहे तुमि हे गुह्यक मनस्विन ।
वेद ज्ञाने प्रतिष्ठित मुनि तुल्य विवेचित ॥

गुह्यक वचन

कृपा यदि ममप्रति हे राम करुणाकर ।
मम गृहे अवस्थाने कर श्रान्ति विदूरित ॥
पथ श्रान्ति निरामये बल प्राप्त अत:परे ।
तव लक्ष्ये पुनर्वार जाह प्रभु मनोमत ॥
मत् संग्रह यथामत फल मूल परिग्रह ।
तवान्न दानिले राम बहु पुण्य मनुष्यते ॥
किं चण्डाल किंवा द्विज सम दृष्टि यथास्थले ।
ममार्घ्य दानि राघव लह अद्य कृपाभरे ॥

राम वचन

कर इच्छा मनोमत हे गुह्यक मम प्रिय ।
रात्रिवास हवे अद्य तव गृहे सुनिश्चय ॥
आह्वान वाक्य समुखे गुह्यके विनम्रे श्रीरामचन्द्र कृत पुण्य वक्षे ।
चण्डाल जाति परशे हृदये महात्मा आश्चर्य दर्शि मुनिवृंद सहर्ष चित्ते ॥

- इति श्रीमद्देवायण ब्रह्मकल्पे तृतीय खण्डे राम मण्डलान्तर्गत: रामायण वर्गे अरण्ये काण्डे अरण्ये प्रवेश पथे श्रीरामचन्द्र कर्तृक गौतमाश्रम दर्शन ओ गुह्यक मिलन वार्ता कथन नाम: प्रथम सर्ग ।

— ★ —

॥ द्वितीय सर्ग ॥

वाल्मीकि वचन

तद् रात्रे गुह्यकालये राम हर्षे करे स्थिति ।
गुह्यके करि आश्लेष रात्रि गते बहिर्गत ॥
पुनश्चारण्य मण्डल चले राम अतिक्रमि ।
गुह्यके दानिया वाक्य प्रत्यागमन दर्शने ॥
त्यजिया गुह्यकालय गोमती सैकतागत ।
चले राम परोपारे क्षुद्र तरी समाश्रये ॥
त्यजिया गोमती तट महारण्य समीक्षित ।
अत्र वने पशे राम मुनिवृंद समन्वित ॥
सर्वव्यापी महादारु खदिरादि महीरुह ।
पियाल वृक्ष लक्ष्यिते कदम्बादि स्थले स्थले ॥
नाना दृश्य महारण्ये हेरि राम अतिक्रमि ।
तिस्ता तटे अत:परे सर्व सह उपस्थित ॥
अत्र क्षेत्रे समागमे विश्वामित्र महाऋषि ।
गाथी राज्ये प्रवेशिल रामचन्द्रे परित्यजि ॥
दर्शन लभिवे पुन: इत्याश्वास प्रदानिया ।
पूर्वदिके करे गति विश्वामित्र महाऋषि ॥
अष्ट जने अत:परे तिस्तातटे उपस्थित ।
पुन: तरी समाश्रये चले तिस्ता अतिक्रमि ॥

तिस्ता नदी अति बृहत् वर्षाकाले समीक्षित ।
वसंते स्वल्प विस्तृत शुष्क पार्श्वद्वय क्रमे ॥
शरत काले बहिर्गत रामचन्द्र गृहत्यजि ।
एतद्काले नदी ह्रस्वे स्वल्प जले प्रवाहित ॥
अत्र नदी अतिक्रमि परोपारे उपस्थिते ।
भरद्वाज प्रदर्शित पथे राम करे गति ॥
किञ्चित् पथ अतिक्रमि चित्रकूटे प्रवेशिल ।
वशिष्ठ कृत निर्देशे छिल गृह सुनिर्मित ॥
भरद्वाजे प्रदर्शित तथा राम करे स्थिति ।
त्रिशृंग करि दर्शन प्रहृष्ट राम लक्ष्मण ॥
वृक्षावली समावृत श्याम शोभा चतुर्दिके ।
गिरि च्युत सुनिर्झरे क्षुद्र नदी प्रवाहित ॥
मेघमाला करे स्पर्श गिरिपार्श्व क्षणे क्षणे ।
वप्र क्रीडा समायुक्त यथा दंती बृहत् वपु ॥
अत्र कृष्ण बलाहके शोभे कच्चित् मनोरम ।
बलाका अति सुंदर श्वेत वर्ण यथा तनु ॥
बहु मृग करे क्रीडा वत्स सह चतुर्दिके ।
कृष्णसार कुरंगम हेरिते अति सुंदर ॥
कच्चित् दृष्ट दले दले करे क्रीडा शिखी बहु ।
विस्तृत करिया पक्ष मेघ क्रीडा निरीक्षणे ॥
वन्य हंस चरे बहु अत्र क्षुद्र जलाशये ।
मेघ क्रीडा निरीक्षणे सर्वे रव परायण ॥
धूमल मेघ माझारे पक्षी क्रीडा मनोहर ।
वैदेही राम लक्ष्मण दृश्ये तुष्ट निरन्तर ॥
प्रहरेक यथा स्थिति तन्मध्ये सर्व विस्मित ।
सर्वजने महानन्द काव्य-रसे मजे मनः ॥
भरत एस्थले शुन निज गृह परित्यजि ।
वशिष्ठ पथ निर्देशे चले वीर पदव्रजे ॥
गेल राम पदव्रजे राज्य त्यजि यथामत ।
भरतह चले तथा राम नामे दृढ़व्रत ॥
सर्व अग्रे प्रवेशिल भरत मम आश्रमे ।
राज्य वार्ता निवेदिल मम पार्श्वे यथाक्रमे ॥
अयोध्या काहिनी शुनि अन्तरे अति दुःखित ।
शिष्य द्वय प्रदानिनु भरते पथ दर्शने ॥
ममालय परित्यजि भरत चलिल त्वरा ।
महारण्य अतिक्रमि प्रविष्ट गौतमाश्रमे ॥
गौतमे करिया नति भरत चलिल द्रुत ।
बहु वन अतिक्रमि आगत गुह्यकालये ॥
भरते करि दर्शन गुह्यक अति मोदित ।
हेरि रात्रि समागम भरत करिल स्थिति ॥
एक रात्रि अवस्थाने पुनः पथे बहिर्गत ।
अयोध्या काहिनी शुनि गुह्यक अति दुःखित ॥
पुनः रामे अयोध्याते प्रत्यागति मने स्मरि ।
भरत सह उत्थित गुह्यक शूद्र वाहिनी ॥
चले दश सहस्रश चण्डाल गुह्यक द्रुत ।
भरताग्रे चले द्रुत पश्चाते गुह्य वाहिनी ॥

शिष्यद्वय करे गति सर्वाग्रे पथ दर्शिया ।
भरत गुह्य तद् परे पश्चाते गुह्य वाहिनी ॥
गोमती-तट आगमे चले नदी अतिक्रमि ।
परिहरि महारण्ये तिस्तातटे उपस्थित ॥
तिस्ता नदी अतिक्रमि चले सर्वे दले दले ।
हेथा सर्व तपोवने ऋषिकुल अवस्थित ॥
चण्डाल वाहिनी सह भरते यद् समागम ।
तद् संग दानिते सर्वे दले दले समुत्थित ॥
गिरि उपत्यका यथा तथा कोलाहल श्रुत ।
कहिल लक्ष्मणे राम हेर केवा समागत ॥
भरद्वाज समन्वित यथा ऋषि कुलावृत ।
राघव यापने काल नाना गल्प समायुत ॥
तद्रूप काहिनी नव श्रवणे युक्त राघव ।
शब्द श्रुत तथाकाले रामाज्ञा श्रुत लक्ष्मण ॥
अग्रसरि निरीक्षिल रामानुज महाबली ।
भरत गुह्यकागत चण्डाल वाहिनी सह ॥
एतद् वाक्य निवेदिल राघवप्रति लक्ष्मण ।
शुनि वाक्य त्वरितगति रामचन्द्र बहिर्गत ॥
भरतह तद्क्षणे शृंगोपरि उपस्थित ।
सम्मुखे हेरि राघवे भरत चरणे नत ॥
रामचन्द्र भुजाश्लेषे करे बहु समादर ।
लक्ष्मण भरते नमे आश्लेष करि लक्ष्मणे ॥
राज्य वार्ता निवेदिते रामचन्द्रे कहे इहा ।
भरत बुद्धिते श्रेष्ठ वाग्मीश्रेष्ठ सुनिश्चय ॥

भरत वचन

हे राघव किं कारणे असंतोष ममप्रति ।
मातृ कार्ये नहे तुष्ट सर्व तव अजानित ॥
अभिषेक पुरा रात्रे तव पार्श्वे छिनु स्थित ।
दूत वाक्ये चलि द्रुत राज आज्ञा यथाश्रुत ॥
पितृ पार्श्वे उपस्थिते यथा आज्ञा ममश्रुत ।
राज्य त्यजि पलायने सिद्धांत करि तद्परे ॥
अक्षम राज्य ग्रहणे गुरु पार्श्वे निवेदिया ।
चलिनु मातुलालये तोमा राज्य प्रदानिया ॥
शत्रुघ्न भाषणे श्रुत वनवास तवप्रति ।
पुनः राज्ये समागमे यथा दृश्य समीक्षित ॥
किं कहिव ममाग्रज अत्यंत दुःख पीड़ित ।
प्रहार करि मन्थरा हल राज्ये घृणा मम ॥
अयोग्य आमि राजत्वे अशान्त चित्त कोपने ।
चल पुनः अयोध्याते निज राज्य लह करे ॥
राज्ये प्रजा निरह कातर राम हारा उत्पत्ति राज निलये दुरवस्था शोके ।
वार्ता समस्त विशदे चरणे निवेदि विक्षुब्ध चित्त भरते प्रणिपात भूमे ॥

– इति श्रीमद्देवायण ब्रह्मकल्पे तृतीय खण्डे राम मण्डलान्तर्गतः रामायण वर्गे अरण्ये काण्डे श्रीराम कर्तृक चित्रकूटे अवस्थान ओ भरत समागम नामः द्वितीय सर्ग ।

— ☆ —

॥ तृतीय सर्ग ॥

वाल्मीकि वचन

एरूप कहिते वाक्य भरत शिरसानते ।
राम चित्ते सविस्मय जिज्ञासिल इहा शुन ॥

राम वचन

किं हेतु कह एरूप कह सर्व परिष्कृत ।
प्रहार मन्थरे केन केन राज्ये घृणा तव ॥
पितृ वाक्य सुपालन कर्त्तव्य तव निश्चय ।
कह हे पितृ संवाद किंवा स्वास्थ्ये अवस्थित ॥

भरत वचन

शरीर थाकिले स्वास्थ्य एतद् सत्य सुनिश्चय ।
देह बिना किंवा स्वास्थ्य करे नरः निरूपित ॥

राम वचन

किंवा वाक्य बिना तनु कह सर्व परिष्कृत ।
तव वाक्ये यथा बोध्य भीत स्वयं ममान्तरे ॥

भरत वचन

निर्भये रह राघव भय सर्व विदूरित ।
पितृ त्यक्त कलेवर मात्र गृहे अवस्थित ॥

राम वचन

रे भरत किंवा कह पितृत्यक्त कलेवर ।
कह कह त्वरितगति पितृ वार्ता यथायथ ॥

वाल्मीकि वचन

जिज्ञासिल इहा राम अश्रुपूर्ण सुलोचने ।
भरत उत्तरे तथा अश्रुजले विनिर्झरि ॥
सीता दुःखे सकातरा सजल चक्षु लक्ष्मणे ।
गुह्यक वाहिनीसह राम दुःखे सकातर ॥
ऋषि सर्व रहे स्तब्ध यथा वार्ता नराधिपे ।
उन्मुख शुनिते सर्वे भरत कहिते रत ॥

भरत वचन

यवे तुमि ममाग्रज राज्य त्यजि बहिर्गत ।
प्रवेशि आमि तद्काले अयोध्या नगरे त्वरा ॥
पथि मध्ये निरीक्षिणु शत्रुघ्ने शोक कातर ।
शत्रुघ्न निकटे प्राप्त राज्य वार्ता क्रमे क्रमे ॥
तद् वार्ता श्रवणे क्रमे राजगृहे प्रवेशिनु ।
गृहद्वारे समाकर्ण पिता त्यक्त कलेवर ॥
एतद्वाक्य यथाश्रुत त्वरित गृहे प्रवेशिनु ।
शोकार्त जननी सर्व वैद्यराज तथास्थले ॥

संन्यास व्यधि आक्रांत राजा त्यक्त कलेवर ।
महाशोके समाकृष्ट एतद्वाक्य यथाश्रुत ॥
दृढ़ वाक्ये महाक्रोधे कहिनु जननी प्रति ।
नीरव गर्भ धारिणी कौशल्या जननी कहे ॥
रह शान्त महाकाले हे भरत रह स्थिर ।
राजा शून्य यथा राज्ये सर्व भार तव प्रति ॥
कैकेयी ज्ञात निर्दोष भ्रान्ति मात्र मने स्मर ।
एतद् भ्रम समुद्भवे मन्थरा वाक्यते शुन ॥
मन्थरा श्रवणे नाम मम क्रोध समुत्थित ।
दुष्टे शास्ति प्रदानिते गर्जि घोरे बहिर्गत ॥
बहिर्देशे समीक्षित प्रांगणे मन्थरा स्थित ।
सलम्फे मन्थरा पार्श्वे त्वरित स्वयं उपस्थित ॥
केशाकर्षि महाबले करि हस्ते निपीड़ित ।
करिया बहु भर्त्सना पदाघाते अचेतन ॥
करिया पद पीड़न क्रोध साम्ये अतःपरे ।
गुरु गृहे परामर्शे त्वरित स्वयं उपस्थित ॥
गुरुसह परामर्शे हल कार्य यथा स्थिर ।
एवे एतद् निवेदिव शुन हे अब्जलोचन ॥
पितृ-त्यक्त कलेवर अन्त कार्य समापिते ।
अग्रज कर्म निश्चय एतद् शास्त्र यथाविधि ॥
शास्त्रविधि अनुष्ठिते अद्य गृहे चल स्वयं ।
पितृ कार्य समापने कर राज्य मनोमत ॥

राम वचन

वनवास ममप्रति हे भरत इहा शुन ।
पूर्ण वर्ष चतुर्दश हवे वने अवस्थिति ॥
इत्याग्रते नहे कभु प्रत्यागति गृहे मम ।
पितृ सत्य सुपालने गृह त्यजि बहिर्गत ॥

भरत वचन

पितृ सत्य किंवा अद्य जननी अनुशोचिता ।
मातृ पाप कर क्षमा मम दुःख निरीक्षिणे ॥
राजत्त्व परिचालने अयोग्य आमि राघव ।
राज्यभारे महादंड एतद् रूप मने स्मरि ॥
बाल्यकाले निरन्तर तव बुद्धि समाश्रित ।
एक्षणे राज्य चालने असहाय मने स्मरि ॥
असहाय यथा स्वयं चल राज्ये कृपाभरे ।
जननी अनुशोचिता चल गृहे निरीक्षिवे ॥

राम वचन

सर्व स्वयं परिज्ञात तवु कहि इहा शुन ।
अक्षोभे रह सर्वदा त्यजिया अनुशोचना ॥
जाह गृहे पुनः तुमि राजकार्य कर स्थिरे ।
पितृकार्य समापने वशिष्ठ गुरु मंत्रणे ॥

मातृ वाक्य मने स्मर   पितृसत्ये प्रतिष्ठित ।
राज्यलाभ किंवा कथा   वनवास तथामत ॥
पितृसेवा करे माता   दुष्ट पीड़ा निरामये ।
निरामये महत् तुष्टि   सर्वे ज्ञात सुनिश्चय ॥
एतद् तुष्टि समाश्रित   वर दाता पिता मम ।
मातृ तुष्टि प्रदानिते   कृत सत्य वरद्वये ॥
उपकृत यथा पिता   मातृ पार्श्वे निरामये ।
एतद् हेतु रहे ऋण   वर सत्ये निरन्तर ॥
एतद् ऋणे हवे पाप   महाताप अतःपरे ।
पितृ ऋण समापिते   सत्य व्रते प्रतिष्ठित ॥
ए ऋण अवहेलने   जननी तुच्छ निश्चय ।
मातृ मान्य प्रदर्शने   एतद् पथ निरूपित ॥
जननी अमराधिक   वाक्य श्रेष्ठ ततोधिक ।
पितृ ऋण यथा स्मर   मातृ वाक्य तथामत ॥
क्षणिक काल दुर्योगे   त्यजि भ्रान्ति रह स्थिर ।
पितृ सत्य सुपालने   कर्त्तव्य मम जीवने ॥
वशिष्ठ सह मंत्रणे   कर कार्य मति स्थिरे ।
सर्वज्ञ गुरु वारुणि   श्रेष्ठ पथ प्रदर्शक ॥

भरत वचन

पितृसत्ये यथा ऋण   कह देव परिष्कृत ।
जननी अमराधिक   कह वाक्य किं कारणे ॥

राम वचन

परितृप्ति यथा मने   प्रत्युत्तर प्रदानिते ।
धर्मे कर्मे तथा वाक्ये   एतद् ऋण निरूपित ॥
पितृ तुष्टि निरामये   मातृ सेवा मने स्मरि ।
कृतज्ञता यथा भाव   ऋणरूपे प्रकाशित ॥
प्राण हते यथा प्राण   मनः हते यथा मनः ।
तनु हते तनुद्भवे   पुत्ररूपे महीतले ॥
मनः सह तनु प्राण   पितृतेज समाश्रित ।
पुत्ररूपे प्रकाशित   नव जन्मे महीतले ॥
आत्म यज्ञे सुवर्धित   यथातेज दिने दिने ।
तेजस्पर्शे प्रकम्पित   मातृकोषे सुखोत्सवे ॥
आत्माहुति प्रदानिया   जन्म यज्ञ प्रतिष्ठित ।
स्वर्ग-सुख मने स्मर   आत्म त्याग महोत्सवे ॥
निज सर्व प्रदानिया   यथासृष्टि स्वजन्मते ।
जननी अमराधिक   ए कारणे कहे सर्वे ॥
जननी वाक्य पालन   कर्म श्रेष्ठ मने स्मरि ।
मातृ वाक्ये यथा धृत   पितृ ऋण महत् क्रिया ॥
इत्याधिक किंवा कार्य   सर्व पुत्रे अनन्तरे ।
पितृ ऋण मने स्मरि   मातृ वाक्य अनुष्ठह ॥
वनवास ममप्रति   तोमाते राज्य शासन ।
वशिष्ठ गुरु मंत्रणे   कर कार्य यथायथ ॥

भरत वचन

पितृ ऋण यथा कह मातृ वाक्ये प्रतिष्ठित ।
होक कार्य तथामत स्वकृत राज्य शासन ॥
वनवासे रह स्वयं पितृसत्य सुपालने ।
चलि पुनः अयोध्याते तवादेश यथायथ ॥
पितृ ऋण यथा व्रते कार्य मात्र अनुष्ठिव ।
तव राज्ये इहा स्मृति धृत चित्ते निरन्तर ॥
पितृसत्य अनुष्ठिते तव राज्य सुचालने ।
कृपाभरे प्रदानह यद् पुण्य पादुका तव ॥
सिंहासने सुरक्षणे हे राम पादुकाद्वये ।
सेवकतुल्य सेस्थले राजकार्य अनुष्ठिव ॥

राम वचन

कुलगुरु यथा प्राज्ञ वशिष्ठ ऋषि सत्तम ।
तद् समीपे नहे श्रेय एतद् कार्य कदाचन ॥
अपिच पितृ आसन मम पूज्य मने स्मर ।
तद् क्षेत्रे मम पादुका नहे योग्य सुरक्षणे ॥

वाल्मीकि वचन

एतद्वाक्य यथाश्रुत भरत क्षण चिन्तित ।
उत्तरिल क्षणान्तरे एतद् नम्रे मधुस्वरे ॥

भरत वचन

अयोध्या रहिवे तथा वशिष्ठकृत रक्षित ।
पूर्वसम सुसज्जित तव मूर्त्ति प्रतिष्ठिया ॥
किञ्चित् दूरे यथाक्षेत्रे नन्दीग्राम मने स्मर ।
नवासन प्रतिष्ठिव मम कार्ये तथास्थले ॥
वशिष्ठ सह मंत्रणे तथा कार्य अनुष्ठिव ।
पितृ सत्ये यथावेशे तुमि हेथा विराजित ॥

राम वचन

सर्व मान्य प्रदर्शने कर कार्य मनोमत ।
इत्याधिक किंवा कहि हे भरत महाबली ॥
राजपदे प्रतिष्ठित यथा अद्य ममानुज ।
पितृ कार्य समापित कर अग्रे महामति ॥

भरत वचन

ए स्थले कर सर्वाग्रे सर्व ज्येष्ठ यथा तुमि ।
अतःपरे कुल-क्रिया स्वयं संगे समापिव ॥

वाल्मीकि वचन

एतद् रूप करि स्थिर भरत पंडितोत्तम ।
सर्व शोके विमुक्त ये करे कार्य दृढ़व्रते ॥
भरते कार्य दर्शने रामानुज चमत्कृत ।
सीता पदे शिरानते रामचन्द्रे तथामत ॥

स्ववक्षे लक्ष्मणाश्लेषे करि बहु समादर ।
पादुका शिर धारणे उद्यत गमने यवे ॥
अग्रसरि तथास्थले सीतादेवी चमत्कृता ।
करि हस्त विधारण कहिला भरतप्रति ॥

सीता वचन

केवल नह देवर तुमि मम सहोदर ।
अनुरोध तवप्रति नहे आज्ञा कदाचन ॥
संन्यासी उग्र येमति कार्ये तव प्रकाशित ।
राम राज्ये सुचालने कर कार्य मनोमत ॥
किन्तु वाक्य तवप्रति मांडवी अति कोमला ।
राखो पार्श्वे महामति कार्य विघ्न नहे कभु ॥
लक्ष्मण तुल्य ना कर मम वाक्य तवप्रति ।
अति प्रिया स्वसा मम वाक्य एतद् मने स्मर ॥

वाल्मीकि वचन

सीता उक्ति यथाश्रुत उत्तरिल स्मिताधरे ।
पालिव जननी तुल्य तवादेश विदूषिणी ॥
मातृतुल्य यथा कह शुभ वाक्य ममप्रति ।
विचार्य ना ममप्रति हित वाक्य यथा तव ॥
शिरे हस्त प्रदानिया कर अद्य शुभाशिष ।
विन्यास्त पादुकापार्श्वे तद् पुण्य कर पंकज ॥
मनस्काम यथापूर्ण पूर्ण स्वयं हृदिस्थले ।
पादुका शिर धारणे उद्यत गमने यवे ॥
अग्रसरि तथास्थले लक्ष्मण कहिते रत ।
शत्रुघ्न सह उर्मिला तव हस्ते प्रदानिनु ॥
कर सर्वे सुपालन बुद्धिश्रेष्ठ ममाग्रज ।
अधिक कहि केवल वाक्ये मात्र प्रकाशिया ॥
अर्चिह नित्य कैकेयी कौशल्यातुल्य हे बली ।
सुमित्रा जननी यथा एतद् रूप निरन्तर ॥
कच्चित् नाहि प्रकाशह मातृ कार्ये घटे यथा ।
जननी दु:खिता यदि हवे बहु अमंगल ॥
सर्व बोधे तुमि प्राज्ञ किं कहिव अत:परे ।
नाहि कर अकस्माते कर कार्य विवेचने ॥

भरत वचन

किं संकोच ममप्रति कहिते वाक्य लक्ष्मण ।
वय: वृद्धि किंवा स्मर बुद्धिश्रेष्ठ यथास्थले ॥
नित्य संगी यथा रामे सर्व ज्ञाने प्रतिष्ठित ।
तव युक्ति सदा श्रेय सर्वत्यागी महाबली ॥

वाल्मीकि वचन

एतद् वाक्य समादरे भरद्वाजे शिरानते ।
भरत विनये श्रेष्ठ अत्रस्थल परित्यजे ॥

आदर्श भक्ति विनये भरते प्रकाशे   यद् पादुका धृत शिरे गमने प्रहृष्टः ।
तद् भाव मग्न सकले रभसे प्रविष्टे   हर्षप्लुतान्तर तथा मुनिवृंद दर्शे ॥

- इति श्रीमद्देवायण ब्रह्मकल्पे तृतीय खण्डे राम मण्डलान्तर्गतः रामायण वर्गे अरण्ये काण्डे श्रीराम-भरत संवाद नामः तृतीय सर्ग ।

— ✯ —

॥ चतुर्थ सर्ग ॥

वाल्मीकि वचन

भरत हल निर्गत   चित्रकूट परित्यजि ।
रामचन्द्रे नमस्कारे   गुह्यक हल निर्गत ॥
प्राय दश सहस्रश   चण्डाल वाहिनीसह ।
राम जय निनादिया   हल सर्व बहिर्गत ॥
भरत पादुका शिरे   चले अग्रे पदव्रजे ।
पश्चाते गुह्य वाहिनी   करे राम जयध्वनि ॥
गुह्यक वाहिनी सह   अयोध्याते उपस्थित ।
गुह्यक कार्य साहाय्ये   नव सभा प्रतिष्ठित ॥
नंदीग्रामे प्रतिष्ठित   राज सभा यथायथ ।
राम राजा अयोध्याते   एतद् वार्ता प्रचारिया ॥
भरत करिछे राज्य   राम नाम प्रचारिते ।
वल्कल धृत अंगते   जटाकेश समन्वित ॥
शत्रुघ्न तथामत   जटाकेश विधारणे ।
राम आज्ञा यथामत   करे राज्य तथामत ॥
सिंहासने करि स्थित   राघव पादुका द्वय ।
जटा मुंड स-वल्कले   भरत राज्य पालक ॥
भरत सह शत्रुघ्न   यवे राज्ये प्रतिष्ठित ।
गेल गुह्य निजालये   चण्डालकुल संहति ॥
एस्थले राम लक्ष्मण   चित्रकूटे करे स्थिति ।
एकदा मैथिलीपति   भरद्वाजे निवेदिल ॥
यवे ऋषि भरद्वाज   इच्छिल गमने गृहे ।
रामचन्द्र निवेदिल   एतद्वाक्य ऋषिप्रति ॥

राम वचन

हे ऋषि चलिवे गृहे   एतद् गिरि परित्यजि ।
आमिह त्यजिते इच्छि   चित्रकूट त्वरितगति ॥
कोथा कह निवासने   हवे श्रेय महामति ।
कर आज्ञा चलि स्वयं   एतद् गिरि परित्यजि ॥

भरद्वाज वचन

चित्रकूट मनोरम   केन जावे परित्यजि ।
हे राघव इहा कह   केन इच्छा मनोद्गत ॥

राम वचन

शुन देव भरद्वाज   यथा इच्छा मनोदित ।
भरते यद् समागम   पुनः हेथा मने स्मरि ॥

राजकार्य समस्याते नाना प्रश्न समन्वित ।
प्रजापुंज दले दले हवे नित्य समागम ॥
एतद् हेतु महामति अन्य स्थल मने स्मरि ।
राजसभा हवे नित्य वनवासे यथा रहि ॥

भरद्वाज वचन

एतद् क्षेत्र परित्यजि अन्य क्षेत्र मने स्मर ।
पंचवटी मनोरम स्थित गोदावरी तटे ॥
भारत दक्षिणे क्षेत्र पंचवटी मनोरम ।
गिरिमाला चतुर्दिके मध्यस्थले महावन ॥
यदि इच्छा मनोमत चल पथ प्रदर्शिव ।
बहु पुण्य तपोवने पंचवटी समावृत ॥

वाल्मीकि वचन

एतद्वाक्य यथाश्रुत प्रस्तुत राम लक्ष्मण ।
सह ऋषि भरद्वाज शृंगत्यजि बहिर्गत ॥
सेथा सर्व अलक्ष्यिते गौतम नन्दने तुमि ।
विदाय करि सर्वतः चतुर्जने बहिर्गत ॥
वैदेही राम लक्ष्मण भरद्वाज महाऋषि ।
चित्रकूट परित्यजि वन पथे बहिर्गत ॥
पथ किञ्चित् समागमे चन्दन बिल्वः मंडित ।
दृष्ट भरद्वाजाश्रम तपोवन समन्वित ॥
सप्त पुत्र भरद्वाजे संगिनी तपती प्रिया ।
बार्हस्पत्य महाऋषि कृत द्वारे समागमे ॥
भरद्वाजे यथा ध्वनि पुनः पुनः विमंद्रणे ।
जगत् ख्यात पुरोहित बार्हस्पत्य समागत ॥
राजपुत्र समागमे महानन्द जने जने ।
करे बहु समादर परिचर्या तथामत ॥
बार्हस्पत्य सुनूहोत्र सुहोत्र गर्ग ऋजिश्वा ।
पायु नरः तथा सप्त करे रामे समादर ॥
वैदेही राम लक्ष्मण परितृप्त समादरे ।
स्वहस्ते तपती दाने भक्ष्यद्रव्य जने जने ॥
सर्वे तुष्ट तथास्थले करिया राम दर्शन ।
विश्राम करिया तथा एक रात्रि अतःपरे ॥
भरद्वाजाश्रम त्यजि पुनः राम बहिर्गत ।
दाने आज्ञा भरद्वाज पुत्रे पथ प्रदर्शने ॥
पथश्रान्ति मने स्मरि कहिल राघवप्रति ।
पंचवटी प्रदर्शने जावे पुत्र इहा स्थिर ॥
पथश्रान्ति मने स्मरि करि गृहे अवस्थिति ।
आसिह आश्रमे पुनः वनवास समापने ॥
बार्हस्पत्य तथा गर्ग पायु नरः चतुष्टय ।
राम सह बहिर्गत पंचवटी प्रदर्शने ॥
भरद्वाजाश्रम त्यजि सप्त जने बहिर्गत ।
वैदेही राम लक्ष्मण सह ऋषि चतुष्टय ॥
बार्हस्पत्य तथा गर्ग पायु नरः चतुष्टय ।
बार्हस्पत्य यथा लब्ध रामे हर्ष प्रवर्धित ॥

बार्हस्पत्ये कहे गल्प चलिते चलिते पथे ।
सर्व ज्ञात महाऋषि त्रिकालज्ञ यथास्मृति ॥
किञ्चित् पथ अतिक्रमि कद्रु वने प्रवेशिल ।
गिरिमाला समावृत तद् क्षेत्र अति दुर्गम ॥
भीषण गर्जन श्रुत राम कर्णे तथास्थले ।
श्रवणे मैथिली भीता जिज्ञासे मैथिलीपति ॥

राम वचन

बार्हस्पत्य महाऋषि किं गर्जने इहा शुनि ।
हृदिकम्प उपस्थित शुनि शब्द भयंकर ॥
केवा रहे वने कह किं प्रतापे प्रतिष्ठित ।
किंवा नामे समाख्यात एतद् वन महामति ॥
यद् क्षेत्र दुर्गम विकम्पित घोरनादे आकर्ण शब्द सहसा श्रवणे अरण्ये ।
सीता स-भीता शिहरे सभये प्रमादे सप्रश्न रघु वंश धरावतंसः ॥

– इति श्रीमद्देवायण ब्रह्मकल्पे तृतीय खण्डे राम मण्डलान्तर्गतः रामायण वर्गे अरण्ये काण्डे रामचन्द्र कर्तृक भरद्वाजाश्रम दर्शन नामः चतुर्थ सर्ग ।

— ✯ —

॥ पंचम सर्ग ॥

बार्हस्पत्य वचन

कद्रु वन कहे एतद् शुन हे अब्जलोचन ।
एकदा ऋषि कश्यप एतद् क्षेत्रे करे स्थिति ॥
कश्यपे विनता कद्रु स्थित संगे प्रियाद्वय ।
पत्नी गर्भद्वये जात सर्पकुल विहंगम ॥
पक्षीमाता यथा स्त्रीय विनता शान्त सर्वदा ।
सर्पमाता तथा कद्रु अशान्तचित्त सर्वदा ॥
कश्यप संगिनी द्वय द्वन्द्व युक्त निरन्तर ।
सदा द्वन्द्व निरीक्षिया स्रष्टा चिन्ता परायण ॥
प्राज्ञ स्वयं परामर्शे स्वीय कार्य करि स्थिर ।
आह्वानिल प्रिया द्वय कहे वाक्य मधुस्वरे ॥
शुन हे विनता तुमि कद्रु वाक्य यथामत ।
पुत्र गर्भे विधारणे प्रस्तुत रह सर्वदा ॥
एतद्वाक्य यथाश्रुता हर्षान्वित प्रियाद्वय ।
उभे द्वन्द्व परित्यजि पुत्र लाभे हल स्थिर ॥
हेरि शान्त प्रियाद्वये तुष्ट ऋषि निजान्तरे ।
यथाकाल समागमे गर्भे तेज प्रदानिल ॥
पुण्यतेज विधारणे अति शान्त प्रियाद्वय ।
प्रतुष्ट ऋषि कश्यप उभे शान्त समीक्षणे ॥
तेजगर्भ विधारणे यवे शान्त प्रियाद्वय ।
आत्मध्याने रहे स्थिर कश्यप तद् प्रजापति ॥
कियत् दिवा अतःपरे उभे डिम्बः प्रसविल ।
कद्रु गर्भ विमोचित बहुलांड क्रमे क्रमे ॥
सारिविद्ध करे रक्षा डिम्बः दश सहस्रशः ।
विनता प्रसवे मात्र डिम्बःद्वय बृहत् अति ॥

दिवा क्रमे विदारिंत कद्रु डिम्बः तथास्थले ।
सर्पकुल भयंकर अनन्त शेष वासुकी ॥
सहस्त्र शिरसे केह केह शत समन्वित ।
केह दश शिरः पंचे केह एक द्वय त्रये ॥
नाना रूप भुजंगम विषधर जने जने ।
कृष्ण वर्ण महारूप क्रोधयुक्त निरन्तर ॥
यवे कद्रु बहिर्गत सह दश सहस्त्रश ।
अत्यंत हृष्ट लक्ष्यिते विनता क्षोभ वर्धित ॥
बहु दिवा अतिक्रमे नहे डिम्बः विदारित ।
चिन्तित विनता अति बहुकाल रहि स्थिर ॥
अतःपरे मनः क्षोभे करे डिम्बः विदारण ।
अत्र डिम्बः विदारणे महाश्चर्ये निरीक्षिल ॥
संकुचित बृहत् वपु डिम्बांतर बहिर्गमे ।
दुर्जय तनु धारणे करे स्पर्श नभःस्थल ॥
पक्षीरूप महाकाय अपुष्ट पक्ष सेस्थले ।
यथारूप धृताकृति तद्रूप तद् नहे बली ॥
मातृकार्ये करे निन्दा अकाले डिम्बः नष्टते ।
अन्य डिम्बः विदारणे निषेधिल विहंगम ॥
सुपर्ण नाम धारणे हेमकूटे करे स्थिति ।
आत्मध्यान परायण दिव्यज्ञाने प्रतिष्ठित ॥
डिम्बः एक विदारिया पुत्र निन्दा यथाश्रुत ।
विनता रहिल स्थिर अन्यकाल समागमे ॥
एस्थले गर्विता कद्रु स्वीय पुत्रगणावृता ।
विनता दुःख वर्धने भ्रमे हर्षे चतुर्दिके ॥
एकदा शुन तद्परे विनता कद्रु संहति ।
एकस्थले करे स्थिति भ्रमे सर्प चतुर्दिके ॥
एतद् काले निरीक्षिल उच्चैश्रवा हयोत्तम ।
वन मध्ये परिभ्रमे अत्याद्भुत तुरंगम ॥
यथा अश्व समीक्षित कहे कद्रु कथाच्छले ।
गर्वित भाव सर्वदा एरूप विनताप्रति ॥

कद्रु वचन

हे विनता निरीक्षह कृष्ण वर्ण तुरंगम ।
कहिवे श्वेत निश्चय तव भ्रम निरन्तर ॥
तुमि सत्य अभागिनी पुत्रलाभे प्रवंचित ।
विभ्रम सर्व दर्शने कह भ्रम निरन्तर ॥
सम तेज यथा प्राप्त नहे पुत्र तथापिह ।
मत् सौभाग्ये भ्रमि स्वयं पुत्र शत सहस्त्रशे ॥
मम ईर्षा परायणा डिम्बः नष्ट यथाकृत ।
कह अद्य यथा सत्य किं दृष्ट तव लोचने ॥

विनता वचन

एतद्वाक्य किंवा कह हे कद्रु अति दाम्भिका ।
डिम्बः नष्ट निज भ्रमे नहे ईर्षा तवप्रति ॥
स्वयं पुत्रे प्रवंचित तव हर्ष प्रवर्धित ।
कह वाक्य ममाघाते नित्य छले तथापिह ॥

उच्चैश्रवा हयोत्तम कृष्ण वर्ण किंवा कह ।
जगत् ख्यात तुरंगम श्वेत वर्ण सुनिश्चय ॥

कद्रु वचन

मम सह कर द्वन्द्व प्रतिवादे निरन्तर ।
दुर्भाग्य ज्ञात निश्चय कर सत्य अतःपरे ॥
यदि श्वेत तुरंगम अद्य संध्या समागत ।
दासीत्त्व लव निश्चय कल्यप्राते विचारिया ॥
तुरंग कृष्ण यद्यपि हवे दासी सुनिश्चय ।
एतद् सत्य रह स्थिर हवे कल्य विचारित ॥

बार्हस्पत्य वचन

अनिच्छाते करे सत्य कद्रुवाक्ये तथास्थले ।
हेरि रात्रि समागम गेल दोहे निजालये ॥
निश्चिंत विनता अद्य उच्चैश्रवा तुरंगम ।
श्वेत वर्ण सुनिश्चय इथे अन्य किं संशय ॥
हेथा कद्रु निवेदिल सर्पगणे यथायथ ।
ये रूपे सतिनी द्वन्द्व दासीत्त्व करिया स्थिर ॥

कद्रु वचन

शुन सर्व भुजंगम यथा सत्ये कृत स्थिर ।
यदि श्वेत तुरंगम दासीत्त्व तद् ममप्रति ॥
यदि कृष्ण तुरंगम दासीत्त्व विनता प्रति ।
एरूप उभये स्थिर हवे कल्य निरूपित ॥

अनन्त नाग वचन

किंरूपे कहिले माता कृष्ण वर्ण तुरंगम ।
उच्चैश्रवा हयश्रेष्ठ श्वेत वर्ण समीक्षित ॥

बार्हस्पत्य वचन

पुत्रे उक्त यथा वाक्य कद्रु चित्ते चमत्कृत ।
जिज्ञासिल जने जने सर्व पुत्र कहे सम ॥
एक वाक्ये कहे सर्वे पुत्रगण तथास्थले ।
उच्चैश्रवा हयश्रेष्ठ श्वेत वर्ण सुनिश्चय ॥
द्वन्द्वे माता महाभ्रमे हवे सर्व विपर्यय ।
दासीपुत्र हवे आख्या जगत्मध्ये भुजंगमे ॥

कद्रु वचन

किं कहिव इहा कह निरुपाय इहा स्मर ।
द्वन्द्वकाले यथा वाक्य मनभ्रमे उपस्थित ॥
संध्याकाल समागमे चक्षु-भ्रम तथामत ।
किं करिव इहा कह पुत्रगण उपस्थिते ॥

शेषनाग वचन

किं करिवे अत:परे यथा भ्रमे उपस्थित ।
विपद्काले रह स्थिर यथोपाय निरीक्षिव ॥

कद्रु वचन

दासीत्त्व करिते मुक्त कर यत्न यथायथ ।
पुत्रगण गुणी सर्वे मातृ दु:ख निवारह ॥

बार्हस्पत्य वचन

हवे कार्य तथामत कहि सर्वे तिरोहित ।
प्रात:काले तथास्थले आगत सतिनीद्वय ॥
दिवालोके निरीक्षिते वन पृष्ठे निरूपिते ।
भुजंग सर्व एस्थले मातृवाक्य सुरक्षिते ॥
अंगावरि रहे सर्वे उच्चैश्रवा तुरंगमे ।
श्वेत वर्ण यथा अश्व कृष्ण वर्ण धृताकृति ॥
उच्चैश्रवा सदा श्वेत अनन्त शेष कौशले ।
कृष्ण वर्ण विधारणे अत्रक्षेत्रे करे स्थिति ॥
गमने विनता कद्रु अत्रक्षेत्रे अत:परे ।
तदश्व श्वेत यद्यपि दृष्ट कृष्ण तथापिह ॥
अनन्त शेष कौशले कद्रु जयी तथास्थले ।
छिल पूर्व निरूपित दासीत्त्व पद येमति ॥
करे सेवा तथामत विनता अति दु:खिता ।
कद्रु सह भुजंगमे यथा आज्ञा तथामत ॥
पुत्रहीना यथा दु:ख दासी पदे ततोधिक ।
विनता नित्य दु:खिता सर्व कार्ये विषादिता ॥
विनता हेरि दु:खिता कद्रु हर्ष प्रवर्धित ।
करित बहु पीड़न नाना वाक्ये निरन्तर ॥
एतद् रूपे अतिक्रमे बहु दिवा अत:परे ।
विदीर्ण विनता डिम्ब: पुत्र एक बहिर्गत ॥
नभ:स्पर्शी महाग्रीवा भूधरतुल्य तद् तनु ।
मेघतुल्य महापक्ष व्यापील योजन त्रय ॥
दासीपुत्र निरीक्षिया महा हर्ष भुजंगमे ।
वाहन करिया स्थिर भ्रमे इच्छा मनोमत ॥
निजाहारे व्यतिव्यस्त पक्षीवर रहे यवे ।
सर्पकुल करे आज्ञा चल हे भ्रमणे त्वरा ॥
अर्धाहारे अनाहारे करे सेवा भुजंगमे ।
गरुडाख्या प्रदानिल वासुकी हेन वाहने ॥
एकदा शुन तद्परे अनाहारे दिवा त्रय ।
वैनतेय अवस्थित निमेष नाहि भोजने ॥
सर्पगण सदा कार्ये करे आज्ञा निरन्तर ।
सर्प वाक्य परित्यजि गरुड कोप संयुत ॥
रहिल भोजने रत सर्पगण समागत ।
पक्षीवरे करे आज्ञा भ्रमण करिते नभे ॥
वैनतेय कहे गर्जि हओ सर्व विदूरित ।
व्यापृत भोजने स्वयं चक्षु अंधे किंवा कह ॥

भुजंग शुनि कुपित उठे गर्जि ततोधिक ।
दासीपुत्र किंवा स्पर्धा काद्रवे अवहेलन ॥
शत शत इहा कहि आक्रमिल महाबले ।
गरुड अति कोपने पक्षाघाते विदूरिल ॥
गरुडे विषमाघाते सर्पकुल पराजित ।
मातृपार्श्वे निवेदिल एतद् वाक्य यथाक्रमे ॥
विक्षुब्ध सर्पकुल धावित गर्जि कोपे विस्तारि वक्त्र असहे गरुडे अवज्ञा ।
आक्रान्त वीरकृत पीड़न सर्पवृंदे संचालि पक्ष विपुलाकृति वैनतेय ॥

- इति श्रीमद्देवायण ब्रह्मकल्पे तृतीय खण्डे राम मण्डलान्तर्गतः रामायण वर्गे अरण्ये काण्डे विनता-कद्रु द्वन्द्व वार्ता नामः पंचम सर्ग ।

— ★ —

॥ षष्ठ सर्ग ॥

शेषनाग वचन

हे जननी इहा शुन गरुड विनतासुत ।
अति दुष्ट महाबले करे सर्प निपीड़न ॥

कद्रु वचन

किं हेतु मम नन्दने दासीपुत्र निपीड़िवे ।
किं हेतु कह संग्राम देहे बल किंवा कह ॥

शेषनाग वचन

करे आज्ञा सहोदरे भ्रमण करिते नभे ।
एतद् वाक्य यथाश्रुत महाक्रुद्ध करे रण ॥
विनतापुत्र वीर्यते मोरा सर्वे पराजित ।
किं करिव इहा कह दुष्ट शास्ति प्रदानिते ॥
हेर सर्व भुजंगम आहत क्षत विक्षत ।
तद् समीपे उपस्थिते भीत सर्वे निरीक्षह ॥

बार्हस्पत्य वचन

एतद् वाक्य यथाश्रुता कद्रु तद् अति कुपिता ।
विनता करि आह्वान महारोषे कहे इहा ॥

कद्रु वचन

विनता तव नन्दन दुष्टकार्य करे सदा ।
दासीपुत्र किंवा स्पर्द्धा करे सर्पे निपीड़न ॥
हेर सर्व भुजंगम आहत क्षत विक्षत ।
व्यवहार किंवा अद्य स्वयं चक्षे निरीक्षह ॥

विनता वचन

एतद् सर्व अजानित पुत्र द्वन्द्व किंवा कहि ।
एतद् कार्ये निवारिव नाहि हवे अतःपरे ॥

बार्हस्पत्य वचन

विनता स्वीय नन्दने जिज्ञासिल यथायथ ।
गरुड उत्तरे तथा अत्याचार निरन्तर ॥
व्यथित विनता अति पुत्र दुःख यथा श्रुत ।
पुत्रप्रति कहे तवु दासी-गर्भ यथा तुमि ॥
शुनि एतद् महाक्रोधे कहिल विनताप्रति ।
दासीत्त्व मोचने कार्य जिज्ञासह तथास्थले ॥
एतद् वाक्य यथा श्रुत कद्रुपार्श्वे निवेदिल ।
पुत्र वार्ता त्वरित गति विनता अति मोदिता ॥
दासीत्त्व चाहि मोचन किंवा कार्य अनुष्ठिव ।
कह कद्रु यथा इच्छा हवे कार्य तथामत ॥
श्रवणे अति कुपिता पुत्रबले बलान्विता ।
तेज वाक्य कहे अद्य विनता अति गर्विता ॥
दुष्प्राप्य अमृत स्मरि कहे कद्रु तथास्थले ।
अमृत दानिले मुक्ति एतद् सत्य सुनिश्चय ॥
एतद् वाक्य यथाश्रुता विमर्ष विनता पुनः ।
पुत्रपार्श्वे निवेदिल कद्रु दुष्टा कहे यथा ॥
शुनि प्रत्युत्तरे कहे वैनतेय महाबली ।
हवे कार्य तथामत किञ्चित् दिवा रह स्थिर ॥
एतद् वाक्य यथा उक्त गरुडकृत राघव ।
मर्त्यधाम परित्यजि स्वर्गधामे चले द्रुत ॥
विस्तारिया महापक्ष नभःपथे चले त्वरा ।
कतक्षणे उपस्थित वैनतेय स्वरालये ॥
इन्द्र इन्द्र करे ध्वनि वैनतेय महाबली ।
शुनि द्वारे महारव देव इन्द्र बहिर्गत ॥
अतिकाय महापक्षी पुरोभागे निरीक्षिया ।
जिज्ञासिल सुराधिप किं कारणे समागत ॥
जिज्ञासित सुराधिपे वैनतेय निवेदिल ।
मातृद्वन्द्वे यथा वार्ता परिचय प्रदानिया ॥

गरुड वचन

हे इन्द्र पाक शासन तुमि भ्राता सुनिश्चय ।
कश्यपे जात नन्दन अदिति गर्भ सम्भव ॥
दिती गर्भ समुद्भव वृत्रसह महारण ।
तव सह निरन्तर मने स्मर सुराधिप ॥
तेमति शुन वासव विनता गर्भसम्भव ।
गरुडाख्या ममप्रति कश्यप प्रिय नन्दन ॥
कद्रुगर्भे समुद्भवे विषधर भुजंगम ।
दासी-पणे रहे बद्धा माता मम तथास्थले ॥
सर्पकुल निरन्तर रत मोरे निपीड़ने ।
एतद् हेतु तथा युद्धे सर्पवृंद पराजित ॥
तवु देख पणे बद्धा निष्कृति नाहि जीवने ।
जयी बले पणाबद्धा किंवा दुःख मने स्मर ॥

इन्द्र वचन

अहिकुल विनाशह स्वयं बले महाबली ।
सर्व पण हवे दूर युद्धस्थले निपीड़िले ॥

गरुड वचन

मम इच्छा तथा सम मातृ इच्छा नहे शुन ।
मातृ इच्छा बिना कह किंरूपे करि पीड़न ॥
पण तरे करि प्रश्न कद्रुपार्श्वे यवे शुन ।
दासीत्त्व मोचने कह किंवा कार्य अनुष्ठिव ॥
उत्तरिला महादुष्टा कद्रुमाता ममप्रति ।
अमृत दानिले मुक्ति एतद् सत्य सुनिश्चय ॥
कर कृपा सुराधिप सुधा पात्र प्रदानिया ।
दास्यपदे हवे मुक्ति मातृ मुक्ति तथामत ॥

इन्द्र वचन

नाहि दिव कदाचन सुधापात्र भुजंगमे ।
एतद् इच्छा परित्यजि चाह इच्छा मनोमत ॥

गरुड वचन

स्वेच्छाते यदि ना दानो सुधापात्र सुराधिप ।
कर युद्ध यथा शक्ति तोमा युद्धे पराजिव ॥
करि तोमा पराजित सुधापात्र लव स्वयं ।
मम वेग निवारह किंवा सुधा प्रदानह ॥
भुजंगवृंद मधुयोग्य नहे कदाचित यद् वैनतेय अति कातर इन्द्र वाक्ये ।
गर्जे पुनश्च लव हे अमृत स्ववीर्ये संग्राम देह तुमि वासव वज्रधारी ॥

- इति श्रीमद्देवायण ब्रह्मकल्पे तृतीय खण्डे राम मण्डलान्तर्गत: रामायण वर्गे अरण्ये काण्डे इन्द्र-गरुड संवाद नाम: षष्ठ सर्ग ।

— ✯ —

॥ सप्तम सर्ग ॥

बार्हस्पत्य वचन

एतद् वाक्य यथा उक्त गरुडकृत गर्जने ।
गर्जे इन्द्र ततोधिक युद्धारम्भ परस्परे ॥
टंकारिया धनुर्गुण युद्धे युक्त सुराधिप ।
निक्षेपे गरुड प्रति लक्ष लक्ष महाशर ॥
गिरि शिरे बलाहक वर्षे घन यथामत ।
तेमति शर वर्षणे आक्रमिल शतक्रतु ॥
पत्रपुंज यथा वायु करे त्वरित परिष्कृत ।
तथामत परिष्कृत करे बाण महाबली ॥
एतद् रूपे बहुक्षण देव पक्षी महारणे ।
अतिगत निरीक्षिया आक्रमिल महाबली ॥
ऐरावत समन्वित पक्षाघाते स्वरीश्वरे ।
निक्षेपण करे दूरे वैनतेय महाबली ॥

अति क्रुद्ध शतक्रतु पक्षाघाते विताड़ित ।
वज्र हस्ते विधारणे हानिल गरुडप्रति ॥
धृत वज्र सचंचुते कहे वाक्य सगर्जने ।
तव तेज समापित हेर अद्य सुराधिप ॥
तवु कहि इहा शुन वज्र मान्य प्रदर्शने ।
अव्यर्थ वज्र सन्धाने दानि ए पक्ष पालक ॥
एतद् वीर्य निरीक्षणे हृदिकम्प सुराधिपे ।
कहे वाक्य स्मिताधरे कर मैत्री महाबली ॥
इन्द्र वाक्य यथाश्रुत वैनतेय स्मिताधरे ।
मैत्रीतरे हल स्थिर इन्द्रे वज्र प्रदानिल ॥
हस्ते वज्र पुनर्लाभे इन्द्र हृष्टान्तरे कहे ।
हे गरुड सुधालाभे कहि वाक्य यथा शुन ॥
इन्द्रलोके अतिक्रमि विष्णुलोके उपस्थिते ।
विष्णुचक्र निरीक्षिवे पुरोभागे महाबली ॥
एतद् चक्र अतिक्रमे विष्णुसह हवे रण ।
स्वयं बले यदि क्षम विष्णुदेवे पराजिते ॥
अमृत लभिवे तुमि एतद् सत्य सुनिश्चय ।
सुधालाभे यदि क्षम एसो स्वयं स्वरालये ॥
एतद् वाक्य यथाश्रुत इन्द्रलोक परित्यजि ।
विष्णुलोके चले वीर महावेगे त्वरित गति ॥
विष्णुचक्र पुरोभागे यवे वीर उपस्थित ।
चक्रधारी प्रकाशित कहे वाक्य सगर्जने ॥

विष्णु वचन

केवा तुमि किं साहसे एतद् क्षेत्रे समागत ।
किं तपस्या अनुष्ठिले किं प्रकारे उपस्थित ॥

गरुड वचन

गरुडाख्या ममप्रति कश्यप प्रिय नन्दन ।
दास्यपणे यथाबद्ध माता मम गदाधर ॥
मातृ मुक्ति प्रदानिते सुधाभांड प्रयोजन ।
विमातृ वाक्य येमति स्वयं बले समागत ॥
सुधा भांड प्रदानह नतुवा कर हे रण ।
मम सह पराजित करि युद्ध सुराधिप ॥
यदि इच्छा मनोमत कर युद्ध गदाधर ।
अमृत नतुवा दानो वृथा युद्ध परित्यजि ॥

विष्णु वचन

प्रदृष्ट बल गर्वित तोमा अद्य विहंगम ।
ज्ञात किं मधु कैटभ अत्यंत मदगर्वित ॥
वर्ष दश सहस्रश करि युद्ध अतःपरे ।
मम हस्ते विनाशित इन्द्रजयी यथा उभे ॥
यदि इच्छा मनोमत कर युद्ध विहंगम ।
नाहि दिव सुधाभांड मर्त्यधामे कदाचन ॥

बार्हस्पत्य वचन

एतद् वाक्य यथाश्रुत वैनतेय महाबली ।
करिं घोर निनादन आक्रमिल गदाधरे ॥
बहुक्षण महायुद्धे करे गदा करच्युत ।
गर्जिल विषम स्वने पक्षीवर स्वयं जये ॥
धृत चक्र त्वरित विष्णु पुनर्युद्ध महाबले ।
एतद् युद्ध बहुक्षण सर्वलोक भयंकर ॥
विस्मित विष्णु संग्रामे महाबल प्रकाशिल ।
यद् बले सर्व विध्वंस चक्राघात तथाबले ॥
अटल रहि संगामे एतद् घाते विहंगम ।
चंचु द्वारा धरे चक्र गर्जिया विषम स्वने ॥
एवे विष्णु चमत्कृत पक्षीवीर्य निरीक्षिया ।
करे शंखे महानाद गरुड ध्वनि कातर ॥
एवे युद्ध परित्यजि हल स्थिर रणस्थले ।
कहे वाक्य मधुस्वरे पक्षीवरे जनार्दन ॥

विष्णु वचन

तव वीर्य निरीक्षिया अति तुष्ट महाबली ।
प्रसन्न तव संग्रामे वर चाह मनोमत ॥

गरुड वचन

तुमि युद्ध पराजित किंवा वर प्रदानिवे ।
शंखध्वनि निनादने त्वरित युद्ध निवारिले ॥
जयी प्रति प्रदानिवे पराजये किंवा वर ।
तुमि ध्वस्त रणस्थले वर चाह मनोमत ॥

बार्हस्पत्य वचन

कहे वाक्य स्मिताधरे देव देव जगत्पति ।
यदि वर प्रदानिवे हओ मम वाहन ॥

गरुड वचन

वरदाता ममप्रति वर प्रार्थी यथा तुमि ।
हे विष्णु तव वाहन रूपे वर प्रदानिनु ॥
मोरे वर प्रदानिते कर सत्य जगत्पति ।
रथारूढ़ यवे तुमि रथध्वजे विराजिव ॥
जानिवे भुवनत्रय गरुड ध्वज केशव ।
आमिह रहिव स्कंधे तव इच्छा मनोमत ॥

बार्हस्पत्य वचन

एतद् वाक्य यथाश्रुत सर्वेश्वर जगत्पति ।
वैनतेये शुभाशिषे सुधापात्र प्रदानिल ॥
सुधाभांड यथालब्ध विष्णुपदे शिरानते ।
वैकुण्ठ त्यजिया त्वरा वैनतेय बहिर्गत ॥
चलि नभे कतक्षण इन्द्रलोके उपस्थित ।
मित्र मित्र महारवे आह्वानिल सुराधिपे ॥

यद् श्रुत गरुडाह्वान इन्द्र त्वरित बहिर्गत ।
चंचुधृत सुधाभांडे वैनतेये निरीक्षिल ॥
सर्पकुले सुधा पाने दिव्यदेह हवे स्मरि ।
वंचित करिते सुधा देवराज भुजंगमे ॥
वैनतेये करे तुष्ट एतद् रूप समादरे ।
कर अग्रे सुधा पान त्रैलोक्यविजयी बली ॥
इन्द्र वाक्य यथाश्रुत अवतीर्ण महाबली ।
करे स्वयं सुधा पान यथा इच्छा मनोमत ॥
तदन्तरे कहे इन्द्र नाहि दानो भुजंगमे ।
एतद् मधु महाबली प्रकारे कर वंचित ॥
तदूत्तरे कहे पक्षी किं प्रकारे हवे कह ।
मातृदास्य विमोचन सर्पे अमृत वंचना ॥
कहे इन्द्र पुनर्वार परामर्श यथा शुन ।
तुमि पात्र प्रदानह मातृदास्य विमोचने ॥
कह वाक्य भुजंगमे सुधापात्र प्रदानिया ।
अस्नात ना कर स्पर्श शुचि स्नाने परिग्रह ॥
यदि भक्ष्य अशुद्धिते नाहि फल कदाचन ।
करि रक्षा यथा क्षेत्रे स्नानान्ते कर भोजन ॥
सेथा स्वयं लुकायित रव पार्श्वे सुगोपने ।
स्नानच्छले विताड़िले हरिव भांड कौशले ॥
तव कार्य समापने सर्पकुल प्रवंचिव ।
एतद् वाक्य यथा श्रुत प्रसन्न विनतासुत ॥
कहे पृष्ठे समारोहे चल मित्र महीतले ।
वैनतेये यथा वाक्य गरुडारूढ़ वासव ॥
घोरस्वने चले पक्षी महावेगे महीतले ।
एतद् वेगे सुराधिप पृष्ठोपरि नहे स्थिर ॥
तूर्णवेगे चले बली पक्षे व्याप्त नभःस्थल ।
तव मध्ये किंवा वीर्य जिज्ञासिल सुराधिप ॥
कह वाक्ये निरूपिया वैनतेय महाबली ।
कहे प्रत्युत्तरे हास्ये ध्वनित मेघ गर्जने ॥

गरुड वचन

स्वीय वीर्य किंवा कहि स्वयं आस्ये सुराधिप ।
जिज्ञासिले तथापिह कहि वाक्य तवप्रति ॥
एक पक्षे स्वरालय तव सह शतक्रतु ।
अन्य पक्षे महीतल उत्तोलिया स्वयं बले ॥
सृष्टिसह अनायासे वर्षेक भ्रमणे क्षम ।
एतन्मात्र निरूपणे कहि वीर्य यथाधृत ॥
यद् वीर्य देव शुन हे विहरे शरीरे पक्षेक शक्य धरिते त्रिदिवे स-देवे ।
पक्षान्य शक्य वहने शक्य सृष्टि मर्त्ये लीलाच्छले भ्रमि नभे वर्षेक हर्षे ॥

- इति श्रीमद्देवायण ब्रह्मकल्पे तृतीय खण्डे राम मण्डलान्तर्गतः रामायण वर्गे अरण्ये काण्डे श्रीराम-बार्हस्पत्य संवादे गरुड कर्तृक अमृत संग्रह वार्ता नामः सप्तम सर्ग ।

— ⋆ —

॥ अष्टम सर्ग ॥

बार्हस्पत्य वचन

एतद् रूप कथा क्रमे　　मर्त्यधामे उपस्थित ।
गरुड मूर्त्ति सम्वरि　　निज गृहे प्रवेशिल ॥
पशे गृहे विहंगम　　येथा इन्द्र लुकायित ।
अमृत पात्र चंचुते　　सर्प अग्रे उपस्थित ॥
अमृत पात्र दर्शने　　अति तुष्ट भुजंगम ।
प्रशंसा करि गरुडे　　एतद् वाक्य कहे सबे ॥

सर्प वचन

तुमि सर्व बलीश्रेष्ठ　　हे गरुड महात्मन ।
तुमि सत्य जगत् पूज्य　　दास्यभाव किंवा परे ॥
दासत्त्व मोचने तुमि　　स्वगौरवे प्रतिष्ठित ।
करि तोमा नमस्कार　　अमृत पात्र धारक ॥

बार्हस्पत्य वचन

एरूपे नाग अर्चित　　वैनतेय महाबली ।
प्रसन्न भुजंगप्रति　　एतद् रूप कहे शुन ॥

गरुड वचन

वज्रतेज निवारिया　　विष्णुचक्र तथामत ।
लब्ध पात्र महायुद्धे　　लह सुधा भुजंगम ॥

बार्हस्पत्य वचन

सर्पमाता तथा कद्रु　　पुत्रगण समन्वित ।
सुधापाने यथा लुब्ध　　चतुःपार्श्वे समावृत ॥
कहिल विनता पुत्र　　सुधापान निरूपणे ।
भुजंग सर्व हे शुन　　पानविधि यथा कहि ॥

गरुड वचन

अस्नात ना कर स्पर्श　　अमृत सर्व उत्तम ।
यदि भक्ष्य अशुद्धिते　　नहे फल कदाचन ॥
एहेतु कहि ए पात्र　　नाहि स्पर्श अशुद्धिते ।
करि रक्षा कुशासने　　सुधापात्र यथोत्तम ॥
करि स्नान तदन्तरे　　एकत्रे सर्पमण्डली ।
कर पान महानन्दे　　मातासह जने जने ॥

बार्हस्पत्य वचन

एतद् वाक्य यथाश्रुत　　अति हर्ष भुजंगम ।
गरुडे करि वन्दना　　करि पात्र सुरक्षणे ॥
स्वचक्षुते निरीक्षिया　　गरुडसह निर्गत ।
सर्वे गोदावरी स्नाने　　पूतोदक यथास्मृति ॥
हेथा इन्द्र सुराधिप　　भुजंगे हेरि निर्गत ।
सुधागृहे प्रवेशिया　　पात्र हस्ते बहिर्गत ॥

पूर्वमत सुनिर्देशे आनिल मातली रथ ।
रथारूढ़ त्वरित इन्द्र चले द्रुत स्वरालये ॥
पुनः पात्र करे रक्षा पूर्वमत तथास्थले ।
यद् प्रकारे हरे पात्र विष्णुपार्श्वे निवेदिल ॥
शुनि तुष्ट गदाधर कहे बहु समादरे ।
सर्व क्षम सदा मित्र मम प्रिय सुराधिप ॥
एस्थले कद्रु नन्दन स्नान अन्ते समागमे ।
तथा पात्र अदर्शने सर्वे चित्ते सविस्मय ॥
केवा अपहरे पात्र किं प्रकारे निरूपिवे ।
सर्वजन रहे स्नाने दुःखित सर्व अन्तरे ॥
अत्यंत दुःखित प्राणे वैनतेये निवेदिल ।
तव बले यथा प्राप्त सुधापात्र महाबली ॥
अभाग्यमृत वंचित हेर पात्र अदर्शित ।
के करिल छले चुरि यदि ज्ञात इहा कह ॥
दृष्टान्तरे कहे वाक्य वैनतेय तथास्थले ।
एवे स्वयं परिज्ञात शुन तथ्य भुजंगम ॥

गरुड वचन

एतद् कार्य सुराधिपे स्वयं चित्ते विचारिनु ।
धावित मम पश्चाते मम युद्धे पराजित ॥
नहे अग्रे समागम एलो पश्चात सुगोपने ।
यवे स्नाने बहिर्गत सुधापात्र हरे स्मरि ॥
जाह सर्वे स्वरालये आक्रमह सुराधिपे ।
कर युद्धे पराजित लभिवे पात्र निश्चय ॥

बार्हस्पत्य वचन

एतद् वाक्य यथाश्रुत निरुत्साह भुजंगम ।
सुधा आशा परित्यजे वज्राघात मने स्मरि ॥
अनन्त शेष वासुकी एतन्मत कहे सर्वे ।
छले कभु नहे लभ्य सुधापात्र सुनिश्चय ॥
तपोबल प्रयोजन सुधापान मने स्मरि ।
तपस्यागत मानसे गृहत्यजि चले त्रये ॥
एस्थले अन्य सर्वत सुधापाने प्रवंचित ।
महाक्रोधे सगर्जने सुधा गृहे प्रवेशिल ॥
यथा पात्र अवस्थित हेरि एतद् कुशासन ।
गंध पूर्ण तथास्थले हवे किञ्चित् मने स्मरि ॥
व्यापृत लेहने सर्व कुशासन क्रमागत ।
क्रोधयुक्त यथा सर्प कुश सर्व विलेहने ॥
अति तीक्ष्ण कुशांकुरे कम्प्र जिह्वा विलेहने ।
सर्वे जिह्वा विदारित मध्यस्थले यथाक्रमे ॥
एके सर्वे महाक्रुद्ध अमृतपान वंचित ।
ताहे जिह्वा विदारित समस्ते अति कुपित ॥
भ्रमिछे कोपनातीवे गर्जमान निरन्तर ।
अमृतपान वंचित कद्रुपुत्र करे स्थिति ॥
एतद् हेतु महाध्वनि कद्रु वने निरन्तर ।
योजन दश अन्तरे यद्यपिह अवस्थित ॥

तवुह शुनिले राम निकटस्थ यथाध्वनि ।
एतद् रूप सबे श्रुत गिरि मध्ये प्रतिध्वनि ॥

वाल्मीकि वचन

एतद् वाक्य क्रमे सर्वे लक्ष्यस्थले उपस्थित ।
बार्हस्पत्य कहे वाक्य रामचन्द्रे प्रदर्शने ॥
अदूरे हेर राघव पंचवटी महावन ।
गोदावरी तटे स्थित पुण्यशोभा समन्वित ॥
अशोक वट अश्वत्थ बिल्वः आमलकीसह ।
नाना जाति यथा वृक्ष एतद् वने अवस्थित ॥
बहेड़ा निम्ब चन्दन पनस आम्र खर्जूर ।
आम्रतक तथा जम्बु योजनेक सुविस्तृत ॥
हेर पुण्य नदी अग्रे गोदावरी प्रवाहित ।
अदूरे हेर पर्वत क्षेत्रोत्तम मनोरम ॥

राम वचन

सत्य हे मुनि सत्तम पंचवटी मनोरम ।
गोदावरी जले स्नात फल पुष्पे सुशोभित ॥
श्रीराम पंचवटी दर्शि अरण्य मध्ये सर्वप्रकार गुणमंडित वृक्ष कुंजे ।
पुष्पालि गुंजित लता फलपूर्ण शाखा अत्यंत हृष्ट भगवान सरोज नेत्र ॥

- इति श्रीमद्देवायण ब्रह्मकल्पे तृतीय खण्डे राम मण्डलान्तर्गतः रामायंण वर्गे अरण्ये काण्डे श्रीराम-बार्हस्पत्य संवादे भुजंगे अमृत वंचना ओ गरुड दास्य मोचन वार्ता कथन नामः अष्टम सर्ग ।

— ✯ —

॥ नवम सर्ग ॥

वाल्मीकि वचन

पंचवटी महारण्ये एतद् वाक्ये प्रवेशिल ।
चले गोदावरी तटे स-ऋषि राम लक्ष्मण ॥
गोदावरी तटागमे खर स्रोता प्रवाहिनी ।
पुतोदक निरीक्षिया यद् कृत अवगाहन ॥
पुण्य गोदावरी स्नाने पथ श्रम विदूरित ।
उपविष्ट कुशासने स्निग्धछाया सुशीतले ॥
मधु-स्वाद फलानीत लक्ष्मण पशिया वने ।
उपविष्ट तरुच्छाये भक्ष्ये फल जने जने ॥
सर्वजने अतःपरे कुटिरेक सुनिर्मिल ।
विश्राम करिते रामे सीतादेवी समन्वित ॥
तरु दूले हरे श्रम अन्यान्य सह लक्ष्मण ।
एतद् कार्ये अतिक्रमे दिवसेक अहर्निशि ॥
तद् रात्रे करि विश्राम करि गृह सुसज्जित ।
चन्दनमूल आश्रये उपविष्ट तृणासने ॥
वल्कल धृत राघव सभाकृत तृणासने ।
वैदेही सह लक्ष्मण ऋषिकुल समावृत ॥

पंचवटी वने नित्य गल्पहेतु सभा कृत ।
फल मूल सुभोजने वन-मधु समन्वित ॥
पुनश्च राम जिज्ञासे बार्हस्पत्य ऋषिप्रति ।
कह स्मृति- अत:परे नागवृंदे किंवाकृत ॥
अनन्त शेष वासुकी गेल गृह परित्यजि ।
कह गल्प अत:परे तपस्यागत मानसे ॥

बार्हस्पत्य वचन

भ्रातात्रये बहिर्गत तपस्यागत मानसे ।
शुनह जानकी राम हे लक्ष्मण महाबली ॥
आरम्भिल महाध्यान सुमेरु शिखरे त्रये ।
करे तप: भयंकर अध:शिरे निरन्तर ॥
नागे तप: निरीक्षिया स्वर्गे देव सुराधिप ।
तपस्या करिते भंग अत्र क्षेत्रे उपस्थित ॥
जिज्ञासिल मधुस्वरे नाग त्रये शतक्रतु ।
किं हेतु करहे तप: एतद् रूप भयंकर ॥

अनन्त वचन

यद् धृत अमृत स्पृहा करि तप: महामति ।
गरुडे यद् समानीत सुधापात्र ममालये ॥
हरे एतद् क्षणान्तरे पात्र एतद् स्वरीश्वर ।
आक्रमिते सहस्राक्षे कहिल विनतासुत ॥
वज्राघात नहे सह्य एतन्मने विचारिया ।
युद्ध इच्छा परित्यजि करि तप: भयंकर ॥

बार्हस्पत्य वचन

एतद् वाक्य यथाश्रुत हृष्टान्तरे सुराधिप ।
स्वमूर्त्ति धारणे कहे वर चाह मनोमत ॥
हेरि इष्ट समीपे तद् तुष्ट त्रय सहोदर ।
इन्द्र पदे निवेदिल एतद् वाक्य यथा शुन ॥

नाग वचन

हे वासव कृपावंत यदि नागकुल प्रति ।
सुधापात्र प्रदानह भक्षिय सर्व जने जने ॥

इन्द्र वचन

सर्वजने असम्भव अमृत अति दुर्लभ ।
तप: शुद्धि यथा लब्ध अमृत लभिवे त्रये ॥
एतद् मंत्रे कर ध्यान विष्णु देवे निरन्तर ।
हवे विष्णु समागमे अमृतत्त्व भुजंगम ॥
कहि मंत्र प्रदानिल नाग त्रये सुराधिप ।
हृष्ट चित्ते जपे मंत्र सर्प त्रय अहर्निशि ॥
दानि मंत्र शतक्रतु अप्रकट यवे शुन ।
आविर्भूत तथा विष्णु पंच वर्ष अत:परे ॥
वर दाता यथा विष्णु यवे साक्षात् उपस्थित ।
नाग त्रय निवेदिल वाक्य एतद् गदाधरे ॥

नाग वचन

वरदाता यथागत नमि पदे पुनः पुनः ।
सुधाभांड प्रदानह भक्षिय अद्य जनत्रये ॥

विष्णु वचन

सुधा सत्य प्रदानिव कार्य स्थिरे यथा कहि ।
शुन अग्रे भुजंगम अमृतपान तद् परे ॥
अमृत करिया पान अमरत्त्व यथा लाभ ।
एतद् कार्य अनुष्ठिवे कहि वाक्य जनत्रये ॥
कल्पान्ते मम विश्रामे मम देह विधारणे ।
रवे स्थिर यथा अग्रे करि एतद् शुभाशिष ॥

बार्हस्पत्य वचन

अनन्त भुजंग श्रेष्ठ सर्व अग्रे उपस्थित ।
कृत विष्णु शुभाशिष पद्म हस्त प्रलेपने ॥
अनन्त लभिल ज्ञान विष्णु स्पर्शे तथास्थले ।
करे पदे नमस्कार शिहरित कलेवरे ॥
आह्वानिल पुनः प्रभु श्रमच्छाया प्रदानिते ।
येवा पार्श्वे रवे स्थिर एसो लह शुभाशिष ॥
शेष नाग अत:परे हल पार्श्वे उपस्थित ।
करे विष्णु शुभाशिष पद्म हस्त प्रलेपने ॥
शेष नाग लभे ज्ञान विष्णु स्पर्शे तथास्थले ।
पादपद्मे शिरानते शिहरित कलेवरे ॥
कहिल वासुकीप्रति सर्व अन्ते जगत्पति ।
नव सृष्टि समारम्भे करिते सृष्टि धारण ॥
करि तोमा मनोनीत एतद् वाक्ये गदाधर ।
शिरे हस्त प्रदानिया करे सर्पे शुभाशिष ॥
लभिल वासुकी ज्ञान विष्णु स्पर्शे तथास्थले ।
पादपद्मे शिरानते शिहरित कलेवरे ॥
एतद् विष्णु शुभाशिषे दिव्यतनु धरे सबे ।
कहिल गरुडे प्रभु आनयने सुधाभांड ॥
वैनतेय कृतानीत सुधाभांड तथास्थले ।
कहे भक्ष्य जने जने यथा इच्छा मनोमत ॥
शुन राम अत:परे दिव्यतनु विधारणे ।
अनन्त शेष गोलके विष्णुसह विराजित ॥
वासुकी पृथिवी धर्ता जीव सृष्टि समन्वित ।
अत्रकाले हते राम दिव्यदेह विधारणे ॥

वाल्मीकि वचन

एतद् गल्प समापने प्रहृष्ट राम लक्ष्मण ।
वने संध्या समागत सभा भंग अत:परे ॥
रात्रिते करि विश्राम प्रभाते पुनरुत्थित ।
कच्चित् दिवा करे गल्प वृक्षच्छाया सशीतले ॥
कच्चित् राम स-लक्ष्मण वैदेही ऋषि सर्वत ।
भ्रमणे वा बहिर्गत वन दृश्य निरीक्षिते ॥

कोनस्थले समीक्षित अति शान्त तपोवन ।
क्षरित वृक्ष निर्यासे वायु गंधे प्रवाहित ॥
पुण्यगंध यथा प्राप्त प्रवेशिल तथास्थले ।
शार्दूल कुलमंडित ध्यानमग्न महाऋषि ॥
एतद् दृश्य निरीक्षिया विस्मित चित्त राघव ।
जिज्ञासिल ऋषिप्रति श्रीराम अब्जलोचन ॥

राम वचन

हेर ऋषि पुरोभागे शार्दूल कुल मंडित ।
आत्मध्याने समाहित के तपस्वी इहा कह ॥
मार्जार सम शार्दूल चतुर्दिके अवस्थित ।
हिंसा वृत्ति परित्यजि रक्तलिप्सु यथापशु ॥
सर्पे प्रलब्ध अमृतत्व घोर तपस्या अंते वरेश गरुडध्वज तद् प्रसादे ।
कार्ये नियुक्त परिणत अनन्त शय्या तद् शेष छत्रधर वासुकी पृथ्वी धर्ता ॥

- इति श्रीमद्देवायण ब्रह्मकल्पे तृतीय खण्डे राम मण्डलान्तर्गतः रामायण वर्गे अरण्ये राम-बार्हस्पत्य संवादे काण्डे नागत्रये अमृत्त्व लाभ वार्ता कथन नामः नवम सर्ग ।

— ☆ —

॥ दशम सर्ग ॥

गर्ग वचन

शुन राम नृपात्मज योगी दृश्ये किं विस्मय ।
शार्दूल कुल मंडित व्याघ्रपाद महाऋषि ॥
वशिष्ठ-शिष्य उत्तम योगीश्रेष्ठ मने स्मर ।
आत्मयोगे प्रतिष्ठित व्याघ्रपाद निरन्तर ॥
सर्व वृत्ति सुसंयमे परायोगे अवस्थित ।
सर्व वृत्ति सुसंयते शान्त सौम्ये प्रभावित ॥
पशु सर्व विमोहित एतद् शान्ति निरीक्षिया ।
पशु वध परित्यजि ऋषिपार्श्वे अवस्थित ॥

लक्ष्मण वचन

किं प्रकारे घटे एतद् कह विस्तारिया मुनि ।
शान्तभावे प्रभावित पशुकुल किं कारणे ॥

गर्ग वचन

यद् प्रकारे घटे एतद् शुनह वीर लक्ष्मण ।
क्षुधा वृत्ति यथा सर्वे करे नित्य प्रचालित ॥
एतद् क्षुधा प्रचालने हिंसामत्त जने जने ।
वधे जीव परस्परे एतद् क्षुधा विताड़ने ॥
योगबले प्रभावित क्षुधा शान्त सुनिश्चय ।
क्षुधा शान्ते महाबली सर्व शान्ति प्रतिष्ठित ॥
शान्तिकामी सदा जीव क्षुधा शान्तितरे स्पृहा ।
वधे जीव तथाहेतु महावेग विताड़ने ॥

ए हेतु शुन लक्ष्मण व्याघ्रकुल रहे स्थिर ।
यवे ध्यान प्रभावित महाशान्ति प्रकाशित ॥

वाल्मीकि वचन

व्याघ्रपाद रहे ध्याने अन्य वने चले सर्वे ।
एतद् रूपे वने वने अनेक ऋषि दर्शने ॥
श्रवणे काहिनी बहु वर्षावली अतिक्रमे ।
फल मूल सदाहार जटा चीरे सुशोभित ॥
राजपुत्र यथा राम वैदेहीसह लक्ष्मण ।
ऋषिवृंद समावृत वर्षावली अतिक्रमे ॥
गेल वर्ष त्रयोदश एतद् रूपे दिने दिने ।
श्रवणे काहिनी बहु अनेक मुनि दर्शने ॥
हेरि बहु तपोवन प्रहृष्ट राम लक्ष्मण ।
गत वर्ष त्रयोदशे ऋषि सर्व चले गृहे ॥
वर्ष अन्ते समागम हवे पुनः इहा कहि ।
पंचवटी परित्यजे भारद्वाज चतुष्टय ॥
यात्राकाले कहे पायु शस्त्र विद्या प्रदानिया ।
रक्षःकुल करे स्थिति शुन राम वनान्तरे ॥
सर्वदा रह जाग्रत अस्त्रे शस्त्रे महाबली ।
एतद् वाक्य यथा उक्त पायुकृत तथास्थले ॥
स्वीकृति दानिया नमे वैदेही राम लक्ष्मण ।
ऋषिपदे नमस्कारे लभे पुण्य शुभाशिष ॥
अतःपरे वन त्यजि भरतपुत्र बहिर्गत ।
एस्थले राम लक्ष्मण सह सीता अवस्थित ॥
कुटिरे तद् रहे राम सीता सह निशागमे ।
लक्ष्मण प्रहरीतुल्य रहे द्वारे अवस्थित ॥
ऋषिवाक्ये यथाश्रुत वनान्तरे निशाचर ।
एहेतु वीर लक्ष्मण जाग्रत प्रहरीसम ॥
दिवाव्यापी करे क्रीडा वैदेहीसह लक्ष्मण ।
मृगकुल समन्वित कच्चित् पक्षी समावृत ॥
लक्ष्मण सह वैदेही यवे क्रीडा परायणा ।
आपनि राम दर्शक हृष्टचित्ते तथास्थले ॥
क्रीडाते रत लक्ष्मण येन सह सहोदरा ।
मैथिली अति बालिका क्रीडाकाले समीक्षित ॥
एतद् रूप दिवाव्यापी वैदेही सह लक्ष्मण ।
नित्य क्रीडा परायण बालक बालिका यथा ॥
मृगशिशु धरे वीर मृगकुल समन्वित ।
करे सेवा तथास्थले करि बहु समादर ॥
शिखीकुल करे नृत्य यवे क्रीडा परायण ।
मेघकुल धरे तान मृदु मंद सुगर्जने ॥
क्रीडाश्रमे यवे सीता घर्मसिक्त कलेवरा ।
सीता क्लांति विदूरिते वर्षे किञ्चित् बलाहक ॥
स्वेदसिक्त यथा सीता ललाट कण्ठ निम्नते ।
मुक्ताबिंदु समन्वित हेरिते अति सुंदर ॥

ताहे वर्षे बलाहक	स्वेदतुल्य सुवर्षणे ।
मृदु वायु बहे तथा	सीता क्लांति विदूरिते ॥
वायु स्पर्शे सुखोद्भवे	उपविष्टा यथाश्रमे ।
पुण्यगंध समन्वित	स्निग्धच्छाया सुशीतले ॥
लक्ष्मण त्यजिया क्रीडा	वनमध्ये प्रवेशिया ।
फल मूल सुसंग्रहि	प्रत्यागत यथात्वरित ॥
श्रम किञ्चित् विदूरित	सीता हर्ष समायुत ।
लक्ष्मणकृत आनीत	करे त्रये विभागित ॥
दानिया राम लक्ष्मणे	भक्ष्ये स्वयं अतःपरे ।
भोजकार्य समापने	रचे माल्य मनोमत ॥
पुष्पमाल्य यथाकृत	कवरी करि बंधन ।
करे नित्य प्रसाधन	स्वयं इच्छा मनोमत ॥
मणिदीप ज्वले नित्य	कुटिर करि उज्वल ।
राघवसह वैदेही	कुटिरे रात्रि यापने ॥
लक्ष्मण प्रहरीसम	द्वारदेशे अवस्थित ।
धनुर्बाण करे धृत	वीर मूर्त्ति सुचेतन ॥
श्रीराम कुटिरान्तरे	ध्यानासीन अवस्थित ।
मृगचर्मे अवस्थित	राघव अब्जलोचन ॥
राखि पार्श्वे धनुर्बाण	मृगचर्मे रहे स्थिर ।
पार्श्वे चर्म विथारिया	रहे सीता कतक्षण ॥
स्निग्ध द्युति समुज्वल	मणिदीप पुरःसरे ।
एकासने रहे ध्याने	राघव अब्जलोचन ॥
वैदेही श्रमकातरा	तन्द्राजड़ित लोचन ।
उदान वायु उत्थित	क्षणे मुख विजृम्भने ॥
बलशून्य मने स्मरि	सीतादेवी क्रमे क्रमे ।
राघव अति वीर्यते	उपविष्ट सुखासने ॥
सीता निद्रा सकातरा	पुनः पुनः विजृम्भणे ।
आरक्त लोचने रत	राजीवास्य निरीक्षिते ॥
गभीरा रजनी क्रमे	सीता तंद्रा प्रपीड़िता ।
कभु चक्षु निमीलने	ध्याने यत्न परायणा ॥
शरीरे अति कातरे	पुनः रामे निरीक्षिछे ।
राघव स्थिर जाग्रत	निद्रा क्लांति पराजये ॥
ध्यान शान्ते अवस्थित	देह सुखे प्रकम्पित ।
योगेश्वर महायोगी	आत्मध्याने सुचेतन ॥
एतद् दृश्य निरीक्षिया	सीता किञ्चित् बलान्विता ।
पुनः निद्रा सकातरा	अवसन्न कलेवरे ॥
परशि जानु राघवे	तंद्राभार निवेदिल ।
जानु स्पर्शे निरीक्षिल	श्रीराम मैथिली प्रति ॥
रक्ताभ हेरि लोचन	रघुपति स्मिताधर ।
सीताप्रति कहे स्नेहे	शिरे हस्त प्रदानिया ॥
निस्तब्ध रात्रि कुटिरे गहने निवासे	द्वारे धनुर्धर दृढ़ प्रहरी जितेन्द्र ।
निद्रा प्रपीड़ित निशामय दुस्थ सीता	ध्यानस्थ राम भगवान जितात्मयोगे ॥

- इति श्रीमद्देवायण ब्रह्मकल्पे तृतीय खण्डे राम मण्डलान्तर्गतः रामायण वर्गे अरण्ये काण्डे कुटिर वास वर्णना नामः दशम सर्ग ।

— ☆ —

॥ एकादश सर्ग ॥

राम वचन

हे सीता अति कातरा निद्राभारे यथा तुमि ।
मृगचर्म यथा पार्श्वे शयन कर से स्थले ॥
नाहि हेथा उपाधान तद् कार्य मम जानुते ।
कर अद्य समापित मुहुर्त्त रात्रि यापने ॥
हेर स्वयं सुखासने जानु स्थिरे अवस्थित ।
रह सीता सुविश्रामे कर निद्रा विनोदन ॥

सीता वचन

रहिवे तुमि जाग्रत एकाकी रव शायित ।
तव जानु उपाधाने दुखप्रद हवे मम ॥
रहि स्वयं सुजाग्रत प्रभु अद्य निरीक्षह ।
तव सह करि ध्यान यथा शिक्षा प्रदानह ॥

वाल्मीकि वचन

एतद् रूपे यथा उक्त रघुपति स्मिताधर ।
कर इच्छा मनोमत इथे विघ्न किंवा कह ॥
करि सीता सुखासन करे ध्यान कतक्षण ।
तन्द्रागत तथा ध्याने शायित भूतले त्वरा ॥
क्षणमात्रे तथा सीता निद्राघोरे अचेतन ।
एलायित यथा देह केश वेश तथामत ॥
एलायित यथा तनु हस्तद्वय प्रसारिया ।
राम जानु करे स्पर्श निद्राघोरे अचेतने ॥
लोचनोन्मीलने राम एतद् दृश्य निरीक्षिया ।
स्नेहयुक्त हृदिस्थले कृपावसे स्त्रीयप्रति ॥
धृत स्नेहे समादरे लुंठित भूतले शिरः ।
कृत उत्तोलने स्थित जानु परे जगत्प्रभु ॥
एतद् रूपे अतिक्रमे क्रमे घोर विभावरी ।
पुनः ऊषा समागमे सीतादेवी समन्विता ॥
राम जानु उपाधाने हेरिल शायिता स्वयं ।
नहे ज्ञात कतक्षण राम ध्याने रहे स्थिर ॥
त्वरित गात्र समुत्थाने वैदेही अति लज्जिता ।
पद्महस्त प्रलेपने स्पर्शे जानु पुनः पुनः ॥
जाग्रत राघव स्पर्शे ध्यान त्यजि स्मिताधर ।
सीता निद्रा परित्यक्ता हेरिया अब्जलोचन ॥
ध्यानासन परित्यजि रामचन्द्र समुत्थित ।
चले गोदावरी स्नाने ध्यान अन्ते महाबली ॥
यवे राम बहिर्गत कुटिरत्यजि सम्मुखे ।
लक्ष्मण त्यजिया धनु राघव चरणे नत ॥
चले गोदावरी स्नाने अनुजे करि आशिष ।
पुनश्च धनु शायके रामानुज रहे स्थिर ॥
लक्ष्मणे हेरिया सीता बहिर्देशे समागमे ।
भ्राताद्वये तथा कार्ये चमत्कृता दिने दिने ॥

प्रत्यह कार्य एरूप राघवे सह मैथिली ।
लक्ष्मण दिवस व्यापी रहे क्रीडा परायण ॥
किञ्चित् दिवा अतिक्रमे वैदेही अति विस्मिता ।
जिज्ञासे लक्ष्मणप्रति एतद् रूप कथाच्छले ॥

सीता वचन

हे लक्ष्मण महाबली एतद् बृहत् विभावरी ।
करे तुमि किंवा कार्य कौतुहल ममप्रति ॥
प्रविष्ट कुटिरे यवे हेरि द्वारे अवस्थित ।
पुनः यवे बहिर्गत हेरि तोमा तथामत ॥
किंरूपे कर विश्राम नाहि शय्या महाबली ।
कर हे रात्रि यापन किं प्रकारे पदे स्थिरे ॥

वाल्मीकि वचन

एतद् वाक्य यथाश्रुत रामानुज स्मिताधर ।
विकल्प वाक्य कौशले एतद् वाक्य कहे बली ॥

लक्ष्मण वचन

कुटिरे तद् बिना शय्या किं प्रकारे करे स्थिति ।
एतद् चिन्ता निरन्तर शुन देवी ममप्रति ॥

सीता वचन

रात्रिव्यापी तवाग्रज आत्मध्याने समाहित ।
प्रभातकाल पर्यन्त एक रूप सुखासने ॥
प्रथमे आमि तद् क्षेत्रे करि ध्यान कतक्षण ।
मम इच्छा अजानिते निद्राभारे अचेतन ॥
प्रभाते हेरि राघवे पूर्वमत अवस्थित ।
स्वयं जानु समाश्रये सुखनिद्रा समापिनु ॥

लक्ष्मण वचन

तव तुष्टि प्रदानिते सचेतन अहर्निशि ।
चल स्नाने अतःपरे हेर राम समागत ॥

वाल्मीकि वचन

एतद् रूप कथाच्छले चले गोदावरी तटे ।
आगत कुटिरे राम लक्ष्मण सह मैथिली ॥
एतद् रूपे प्रति प्राते नित्य स्नान समापिया ।
लक्ष्मण सह मैथिली नित्य गृहे समागत ॥
प्रातःकाले यथा स्नान तद् परे फल भोजन ।
क्रीडारम्भ तदन्तरे मध्याह्ने भोजने पुनः ॥
विश्राम करिया क्षण करे क्रीडा चतुर्दिके ।
लक्ष्मण सह जानकी आपनि राम दर्शक ॥

गोदावराप अवगाहन सुप्रभाते क्रीडा नियुक्त फल मूल सुपक्व भक्षिय ।
व्यापी दिवा सहित लक्ष्मण हृष्ट सीता योगस्थ रात्रि अतिवाहित राम पार्श्वे ॥

- इति श्रीमद्देवायण ब्रह्मकल्पे तृतीय खण्डे राम मण्डलान्तर्गतः रामायण वर्गे अरण्ये काण्डे स-सीता श्रीराम लक्ष्मणे पंचवटी वने रात्रि यापन वार्ता कथन नामः एकादश सर्ग ।

— ✯ —

॥ द्वादश सर्ग ॥

वाल्मीकि वचन

एतद् रूपे अतिक्रमे मास द्वय अतःपरे ।
काल गति नहे सम नित्य कार्ये निरन्तर ॥
वैचित्र शुन तद्परे छिल सूर्पणखा तथा ।
दुष्टा दशानन स्वसा भ्रमे नित्य चतुर्दिके ॥
हेरिल एकदा दुष्टा गोदावरी तटे स्थित ।
नव दुर्वादल श्याम राघव अब्जलोचन ॥
रूपलुब्ध स्वभावत राक्षस सर्व येमति ।
तेमति रूप मोहने राक्षसी मनमोहिता ॥
यवे स्नान समापिया रामचन्द्र तटागत ।
विधृता मोहिनी मूर्त्ति रामपार्श्वे उपस्थित ॥
नारी मूर्त्ति अकस्माते हेरि राम चमत्कृत ।
सूर्पणखा कहे एतद् रामपदे शिरानते ॥

सूर्पणखा वचन

केवा तुमि यथा साक्षात् देवतुल्य समीक्षित ।
परिचय किंवा तव किं कारणे वने भ्रम ॥

राम वचन

राम नाम यथा मम अहं दशरथात्मज ।
अयोध्या नगरे वास यिनि सर्व महीपति ॥
दशरथे चतुर्पुत्र स्वयं ज्येष्ठ तथास्थले ।
पितृ सत्य सुपालने वने मम समागम ॥
परिचय किंवा तव किं कारणे वने भ्रम ।
एरूप रूप यौवने एकाकी तुमि सुंदरी ॥

वाल्मीकि वचन

सुंदरी रूप यौवना एतद् वाक्य यथाश्रुता ।
विनम्रा लज्जिता नत ग्रीवा वक्रे कहे इहा ॥

सूर्पणखा वचन

नाम सूर्पणखा मम अहं लंकेश्वर स्वसा ।
राजपुत्र यथा तुमि पितृ सत्ये वने भ्रम ॥
आमिह राज नन्दिनी पति सत्ये वने भ्रमि ।
पति सत्य यथा बोध्य पितृ सत्य किंवा कह ॥

राम वचन

पिता कृत यथा सत्य पुत्र एतद् अनुष्ठिल ।
पितृ सत्य सुपालन कहे सर्व जगज्जन ॥

सूर्पणखा वचन

पितृ सत्य किंवा कह जाहे तुमि वने भ्रम ।
राजपुत्र यथा तुमि वनवास किं कारणे ॥

राम वचन

शुन सूर्पणखा कहि जिज्ञासु ना प्रवंचिव ।
बहु पत्नी पिताप्रति प्रधाना महिषी त्रया ॥
कौशल्या जननी मम सर्व ज्येष्ठा मने स्मर ।
कैकेयी यद् द्वितीयत: भरते जननी तिनि ॥
सुमित्रा तद् तृतीयत: यमक गर्भधारिणी ।
लक्ष्मण सह शत्रुघ्न जात पुत्र यथास्थले ॥
लक्ष्मण मम संहति भ्रमे नित्य वने वने ।
भरत सह शत्रुघ्न अयोध्याते करे स्थिति ॥
राज्यपद प्रदानिते यवे पिता समुद्यत ।
कैकेयी जननी सेथा प्रार्थी पूर्व वरद्वय ॥
भरते दानिते राज्य एक वरे हल स्थिर ।
वनवास ममप्रति अन्ये वर्ष चतुर्दश ॥

सूर्पणखा वचन

वर दाता किं कारणे विमाताप्रति राजन ।
कैकेयी जननी केन वर लब्धा इहा कह ॥

राम वचन

पूर्वे युद्धे तनुक्षते यवे पिता सकातर ।
कैकेयी जननी बहु सेविल जनके मम ॥
दुष्ट पीड़ा निरामये सम्राट वर दायक ।
गत वर्ष त्रयोदश वर्ष मात्र अत:परे ॥

सूर्पणखा वचन

सर्व मम परिष्कृत विमाता अति पापिनी ।
सतिनीपुत्र ताड़ने एतद् कार्य करे शुन ॥

राम वचन

सूर्पणखा अकारणे विमाता तुमि निन्दिले ।
पितृ सत्य यथा कहि पति सत्य किंवा कह ॥

सूर्पणखा वचन

पति सत्य यथा कहि क्षत्रकुले स्वयंवरा ।
राक्षसी राज भाषाते पति सत्य इहा स्मर ॥
अद्य पति पुरोभागे लब्ध मम मनोमत ।
हे राघव कृपा कर पूजिव चरणद्वय ॥

राम वचन

एतद् द्वन्द्व गृहे शुनि राक्षसी अति सुंदरी ।
भजिवे राघवे तुमि वृथा प्रेम सुखे तव ॥

सूर्पणखा वचन

मोरे राम परिग्रहि राजगृहे चल त्वरा ।
विमाता दुष्ट येमति तथा शास्ति प्रदानिव ॥
तुमि प्रिय सुकोमल कौशल्या जननी तव ।
कैकेयी दुष्ट येमति आमि सत्य निपीड़िव ॥

वाल्मीकि वचन

एतद् वाक्य यथाश्रुत गम्भीर अब्जलोचन ।
कहे राम दृढ़स्वरे एतद् सूर्पणखा प्रति ॥

राम वचन

प्रेम योग्य तवप्रति नहि स्वयं निशाचरी ।
वधूसह अवस्थित शुन पूर्वे विवाहित ॥
कुटिरे हेरिवे पत्नी अग्रसरि निरीक्षह ।
जानकी अति सुंदरी सर्व गुणे गुणान्विता ॥

वाल्मीकि वचन

कहिते कहिते राम अग्रसरि चले पथे ।
पश्चात पथ प्रधाविता सूर्प प्रेम विमोहिता ॥

सूर्पणखा वचन

हे राघव इहा शुन नहि स्वयं विदूषिणी ।
मम रूप समादरे कर कृपा ममप्रति ॥

वाल्मीकि वचन

एतद् वाक्य यथा उक्त रामे सूर्पणखा यवे ।
अत्याश्चर्य महत्रूप मायाविनी प्रकाशिल ॥
हेरि क्षणिके राम अत्याश्चर्य विमोहिनी ।
जाग्रत चेतने स्थित राघव अब्जलोचन ॥
मायाविनी निरीक्षिया कहे वाक्य स्मिताधरे ।
अदूरे कुटिरे मम देख भ्राता अवस्थित ॥
वधू बिना रहे भ्राता जाह तुमि तथास्थले ।
मम प्रिया परित्यजि नाहि अन्ये मनः मम ॥
कहिते कहिते राम स्व-कुटिरे प्रवेशिल ।
जिज्ञासे जानकी रामे केवा नारी समागत ॥
कहे राम सगम्भीरे एरूपे जानकीप्रति ।
सतिनी तव वैदेही स्नानकाले समागत ॥
उत्तरिल मधुस्वरे कौतुके राघवप्रति ।
अन्य नारी किंवा तव यद् क्षेत्रे स्थित जानकी ॥

राम वचन

लक्ष्मणे वरिते कहि शुन सीता विदूषिणी ।
ममप्रति यथा मुग्ध प्रेम वार्ता निवेदिल ॥
वार्तारत स-लक्ष्मण हे जानकी निरीक्षह ।
वधू बिना रहे भ्राता जाह तुमि तथास्थले ॥
यद् प्रेमयुक्त सूर्पणखा विमुग्धा मायाविनी लभि सुदर्शन रामचन्द्रे ।
वाक्ये नियुक्त सरमे प्रणिपात नम्रे हे वीरवर्च करुणा हे विवाहे ॥

- इति श्रीमद्देवायण ब्रह्मकल्पे तृतीय खण्डे राम मण्डलान्तर्गतः रामायण वर्गे अरण्ये काण्डे श्रीराम-सूर्पणखा संवाद नामः द्वादश सर्ग ।

— ✯ —

॥ त्रयोदश सर्ग ॥

वाल्मीकि वचन

एस्थले सूर्प लक्ष्मणे एतद् वाक्य निवेदिल ।
भातृ आज्ञा यथा शुन कहि दशरथात्मज ॥
शुनि वाक्य चमत्कृत लक्ष्मण अति विस्मित ।
पितृ नाम किंवा रूपे संग्रहिल कहे त्वरा ॥

लक्ष्मण वचन

कह अग्रे किंवा नाम परिचय अतःपरे ।
किं कारणे समागत राघवसह सुंदरी ॥

सूर्पणखा वचन

सूर्पणखा यथा नाम अहं लंकेश्वर स्वसा ।
पति सत्ये स्वयंवरे भ्रमि नित्य वने वने ॥
राघव रूप दर्शने पति प्रेम समुद्भवे ।
प्रेरित राघवे शुन तव पार्श्वे महाबली ॥
एतद् कार्य अनुष्ठिते यथा भार तवप्रति ।
राघव मम जीवने सर्वेश्वर इहा शुन ॥

वाल्मीकि वचन

हेरि निज पुरोभागे अति दुष्टा निशाचरी ।
कुपित अति लक्ष्मण कहिल तवु संयमे ॥

लक्ष्मण वचन

हेर वधू समन्वित राघव अब्जलोचन ।
केमने कह सम्भव एतद् कार्य अनुष्ठिते ॥

सूर्पणखा वचन

वरिवे तुमि यद्यपि वीरवर इहा शुन ।
अति त्वरित विनाशिव जानकी अति गर्विता ॥

लक्ष्मण वचन

जानकी अति गर्विता किं प्रकारे मने स्मर ।
जननी तुल्य पालने स्नेहमयी ममप्रति ॥

सूर्पणखा वचन

दुष्टा नारी सुनिश्चय छले वाक्य कहे सदा ।
राघवे करिया तुष्ट तव सह परिभ्रमे ॥
तुमि सेथा विमोहित जानकी रूप यौवने ।
भुजाश्लेषे किंवा सुख नह ज्ञात कदाचन ॥
सेविव राघवे यथा तोमा नित्य तथामत ।
उभये मम यौवने हवे तुष्ट सुनिश्चय ॥
यदि काम्य नहे तव एक रूप ममप्रति ।
भिन्नरूप विधारणे सेविव उभये पृथक् ॥
स्वयं इच्छा मनोमत रूपग्रहि क्षणे क्षणे ।
किशोरी युवती बाला प्रौढ़ारूप यथा प्रिय ॥

वाल्मीकि वचन

एतद् वाक्य यथाश्रुत रामानुज कहे गर्जि ।
रे पापिष्ठा रह स्थिर मुंडपाते रह स्थिर ॥
एस्थले जानकीप्रति कहिल अब्जलोचन ।
प्रेरित लक्ष्मणप्रति दुष्टे शास्ति प्रदानिते ॥
छले कार्य इहा कृत कौतुकी अति मैथिली ।
रामचन्द्र कहे पुनः एवे सीता निरीक्षह ॥

राम वचन

महाक्रोधे धनुर्धर टंकारिल धनुर्गुण ।
निमिषे हेर जानकी नासाच्छेद यथाकृत ॥
नासाच्छेद यथाकृत कर्णद्वय तथामत ।
हेर मूर्त्ति भयंकर धृत एवे निशाचरी ॥

वाल्मीकि वचन

विकट मूर्त्ति राक्षसी दर्शने भीत जानकी ।
नासा कर्ण यथा छेद रत सूर्प पलायने ॥
करे सूर्प पलायन वन पथे यथात्वरित ।
सौमित्रि मैथिलीप्रति कहे वाक्य इहा शुन ॥

लक्ष्मण वचन

चल गोदावरी स्नाने नित्य कार्य समापिते ।
प्रातागतापद श्रेष्ठ हल देवी विदूरित ॥

वाल्मीकि वचन

आपत रूप विदूरित प्रहृष्टा हेरि जानकी ।
प्रातस्नाने चले एवे लक्ष्मण सह मैथिली ॥
जिज्ञासे लक्ष्मणप्रति चलिते चलिते पथे ।
दुष्टा नाम किंवा कह हे लक्ष्मण महाबली ॥

लक्ष्मण वचन

नाम सूर्पणखा देवी श्रुत लंकेश्वर स्वसा ।
राघवे वरिते काम्य वधि तोमा निशाचरी ॥

सीता वचन

मम वध किं कारणे सतिनी सर्व सम्मत ।
अयोध्याते विशेषत इहा चलित चिरन्तन ॥
सूर्य वंशे यथा वीर एक द्वये किंवा भय ।
मातृगण सहस्रशः यथा राजगृहे स्थिता ॥

लक्ष्मण वचन

गुरुजने यथा कार्य एतद् वाक्ये रह स्थिर ।
मनः पूत नहे रामे अन्य नारी कदाचन ॥
ए हेतु वधिते चाहे तोमा अद्य निशाचरी ।
दानिनु शास्ति तद् हेतु नासाच्छेदे निरीक्षिले ॥

सीता वचन

रावण आसिवे एवे प्रतिशोध प्रदानिते ।
राक्षस सह संग्राम एवे स्वयं मने स्मरि ॥

लक्ष्मण वचन

आमिह तद् मने स्मरि महायुद्ध अतःपरे ।
स्वल्पे नाहि दिवे त्राण देवजयी दशानन ॥

वाल्मीकि वचन

एतद् आलापने दोहे करि स्नान समापित ।
नित्य कार्य यथारीति प्रत्यागत गृहे पुनः ॥
रामानुज प्रहरण ग्रहणे सकोपे विक्षुब्ध वीरवर छेदिल कर्ण नासा ।
रक्ताप्लुता व्यथित सूर्पणखा अरण्ये हाहास्वने करि विकम्पित रुद्यमाना ॥

- इति श्रीमद्देवायण ब्रह्मकल्पे तृतीय खण्डे राम मण्डलान्तर्गतः रामायण वर्गे अरण्ये काण्डे लक्ष्मण कर्तृक सूर्पणखा नासा कर्णच्छेद वार्ता कथन नामः त्रयोदश सर्ग ।

— ✯ —

॥ चतुर्दश सर्ग ॥

वाल्मीकि वचन

सेथा सूर्पणखा चले अति त्वरित वनान्तरे ।
ये स्थले खर दूषण रहे सैन्य समावृत ॥
रहे सूर्पणखा रक्षी सेनानी खर दूषण ।
नासा कर्ण यथा छेद्य सूर्पणखे निरीक्षिल ॥
नासा कर्ण यथा छेद्य शोणिताक्त कलेवरा ।
वेदना अति कातरा उच्च रव परायणा ॥
एतद् दृश्य निरीक्षिया कुपित खर दूषण ।
जिज्ञासिल तथा क्रोधे एतद् सूर्पणखा प्रति ॥

खर वचन

हे राज-भगिनी सूर्प   किं प्रकारे घटे इहा ।
करिल नासिका छेद्य   के साहसी इहा कह ॥

वाल्मीकि वचन

एतद् वाक्य यथाश्रुता   अति रव परायणा ।
शोणिताक्त कलेवरा   कहे वाक्य खरप्रति ॥

सूर्पणखा वचन

शुनह खर सेनानी   अति दुष्ट समागत ।
पंचवटी वने रहे   राजा दशरथात्मज ॥
भ्राताद्वय रहे तथा   एक वधू समन्वित ।
अन्य नारी तथास्थले   नाहि सहे कदाचन ॥
जनक नन्दिनी सीता   बहु सेवा परायणा ।
चरित्र हेरि एरूप   करे भ्राता विताड़ित ॥
भ्राता राज्य परिग्रहे   करि दुष्टे विताड़ित ।
राज्य हारा यथा राम   भ्रमे नित्य वने वने ॥
दुष्ट इत्याधिक स्मरि   रामानुज महाबली ।
भ्रातृ पत्नी समन्वित   नित्य वने परिभ्रमे ॥

खर वचन

भ्रातृ पत्नी समन्वित   किं कारणे वने भ्रमे ।
किं प्रकारे तथास्थले   तुमि अद्य उपस्थित ॥

सूर्पणखा वचन

पंचवटी महारण्ये   फुल्ल पुष्प चतुर्दिके ।
प्रसून चयने नित्य   करि गति तथास्थले ॥
परिचित तथास्थले   प्रतिदिवा उपस्थिते ।
जानकी राघवप्रिया   करे क्रीडा निरन्तर ॥
अद्य चक्षे समीक्षित   प्रेम क्रीडा तथास्थले ।
पर: वधू समन्वित   यथा क्रीडा समीक्षित ॥
कुपित उभये शुन   तथा मम उपस्थिते ।
ए कारणे विसम्वाद   वाक्ये वाक्ये परस्परे ॥

दूषण वचन

किं प्रकारे विसम्वाद   समारम्भ परस्परे ।
प्रसून चयने तथा   यवे तुमि उपस्थित ॥

सूर्पणखा वचन

जानकी अति पापिनी   पर पुरुष गामिनी ।
वैधव्ये करिया स्थिति   तवुह रहि संयमे ॥
दुष्टा, पति प्रवंचिया   देवर तृप्ति साधिनी ।
एतन्मत कहे वाक्य   दग्धानना ममप्रति ॥
किं कारणे उपस्थित   एतद् वने कह त्वरा ।
दुष्टा रंडी निशाचरी   हओ शीघ्र विदूरित ॥

एतद् वाक्य यथाश्रुत मम क्रोध उपस्थित ।
तव वन नहे एतद् शुनह अति पापिनी ॥
क्रीडाते सह देवर रह मत्ता यथा तुमि ।
कु वाक्य कहिले तुमि इत्यान्याय सुनिश्चय ॥
उत्तरिल इहा शुनि ओरे रंडी निशाचरी ।
न्यायान्याय विचारिते किंवा कार्य तवप्रति ॥
न्याय धर्म किंवा ज्ञात दुष्ट सर्व निशाचर ।
परदार करे नित्य तोर भ्राता दशानन ॥
भातृ निन्दा यथाश्रुत आमिह अति कुपित ।
त्रैलोक्य विजयी राजा लंकेश्वर दशानन ॥
राज दंड करे धृत लोक धर्मे अवस्थित ।
राज्य धन तथा नारी स्वयं वीर्ये करे जय ॥
कभु भ्रातृवधू प्रेमे नाहि रत ममाग्रज ।
सतत पालिछे स्नेहे भ्रातृवधू यत स्थित ॥
भ्रातृप्रेमे रहे सदा बिना द्वन्द्वे निरन्तर ।
पालिछे अति सौहार्द्दे कुम्भकर्ण विभीषणे ॥
भ्राता त्रय ममाग्रजे पति तव चतुष्टय ।
चरित्र हेरिया तोरे करे राज्य विताड़ित ॥
बलिष्ठ जन सेस्थले करे राज्य स्वभावत ।
आगत दुर्बल द्वय निज राज्य विताड़ित ॥
एतद् रूप विसम्वादे बहु वाक्य हल भ्रम ।
नारीद्वये यथा द्वन्द्व वादावाद क्रमे शुन ॥
सहसा रुषि लक्ष्मण शस्त्राघात करे शुन ।
नासा कर्ण हल छेद्य एतद् हेतु तथास्थले ॥

वाल्मीकि वचन

एतद् वाक्य निवेदिया उच्च रव परायणा ।
भूतल तल लुंठिता हस्त पद प्रसारिया ॥
कोथा भ्राता दशानन तव भग्नि अमानिता ।
त्रैलोक्य विजयी वीर विंध्यागिरि विधारक ॥
सर्व युद्धे सदा जयी कुबेर चित्र शासक ।
तव भग्नि अमानिता हा विजयी दशानन ॥
नासा कर्ण करे छेद अति तुच्छ मनुष्यते ।
हा रावण ममाग्रज दिग्विजयी महाबली ॥
आमि सत्य अभागिनी पति हारा यथा सती ।
रहि अद्य अरक्षित हा रावण महाबली ॥
तव वीर्ये पराजित निमेषे यद् जगत् त्रय ।
सामान्य जन लांछित हा रावण महाबली ॥
देववृन्द प्रकम्पित यार वीर्ये स्वरालये ।
तारक स्वसा विलांछिता हा रावण महाबली ॥
एतद् रूप महाक्षोभे सूर्पणखा कहे यवे ।
उत्थित खर दूषण युद्ध डंका निनादिल ॥
कहिल वीर दूषण एतद् सूर्पणखा प्रति ।
हे राजनन्दिनी शुन यथा वाक्य तवप्रति ॥
भूमितल परित्यजि उठ हे राजनन्दिनी ।
उत्थित खर दूषण अरि तव विनाशिवे ॥

यथा अरि तवप्रति　　नासा छेद अमानने ।
मुंड छेदे हवे शोध　　मम हस्ते तथा अरि ॥
लंकेशे किं प्रयोजन　　यद् क्षेत्रे खर दूषण ।
स्वर्ग युद्धे निपीड़िनु　　मोरा दोहे मरुत्बल ॥
मानव किं तथास्थले　　मम युद्धे निशाचरी ।
हेरिवे निमेषे तुमि　　मर्दिव राम लक्ष्मणे ॥
यद् दृष्ट सूर्प विकृतानन रुद्यमाना　विक्षुब्ध चित्त सकल श्रवणे स्वकर्णे ।
गर्जे सशस्त्र खर दूषण युद्ध नादे　राज-स्वसा क्षण रह स्थिर शास्ति दाने ॥
तन्नाद विश्रुत निशाचर सैन्य सर्वे　हस्ते विकृष्ट विविधास्त्र कृपाण भल्ले ।
युद्धे विनिर्गत सुसज्जित वर्म चर्मे　गर्जे सहस्रश रह स्थिर राजकन्या ॥
यद् कार्य छेद्य तव सुंदर कर्ण नासा　तव मुंड छेदन तरे करि ए प्रतिज्ञा ।
देहे यतक्षण रहे मम मुंड बाहु　युद्धे ततक्षण निपीड़न दुष्ट शत्रु ॥
तद् वाक्य वर्धित घन स्वन वाद्य घोरे　कम्पे अरण्य वसुधा गिरि पुंज सर्वे ।
खत्ताल सद्रगड़ दीघल श्रृंग डक्का　तद् शब्द वाक्य शुनि सूर्पणखा प्रहृष्टा ॥

- इति श्रीमद्देवायण ब्रह्मकल्पे तृतीय खण्डे राम मण्डलान्तर्गतः रामायण वर्गे अरण्ये काण्डे सूर्पणखा-खर-दूषण वार्ता नामः चतुर्दश सर्ग ।

— ✯ —

॥ पंचदश सर्ग ॥

वाल्मीकि वचन

एतद् वाक्य यथाश्रुत　　सूर्प त्वरित समुत्थित ।
छेदन वेदना भ्रमे　　एतद् वाक्य कहे रुषि ॥

सूर्पणखा वचन

जाह हे वीर सेनानी　　देवकुल विमर्दक ।
मर्दन कर राघवे　　रामानुजे तथामत ॥
मर्दिया राम लक्ष्मणे　　लह सीता मनोहरा ।
आनीत रावणे यथा　　मन्दोदरी ततोधिक ॥

खर वचन

चित्ररथ निपीड़ित　　गंधर्वकुल संहति ।
तव इच्छा तथामत　　हवे कार्य सुनिश्चय ॥
तव चित्त प्रहर्षिते　　एतद् कार्य अनुष्ठिव ।
शुन हे राजनन्दिनी　　सूर्पणखा रह स्थिर ॥
हे दूषण महाबली　　करह सैन्य चालना ।
पश्चाते रहिवे स्वयं　　सूर्पणखा सुरक्षणे ॥
नहि ज्ञात किंवा वीर्ये　　अरिद्विय प्रतिष्ठित ।
करे युद्ध किं कौशले　　हव ज्ञात तथास्थले ॥

वाल्मीकि वचन

अग्रज खर आज्ञाते　　दूषण गर्जने रत ।
पुरोभागे समागत　　सैन्य दश सहस्रशे ॥

एतद् आज्ञा प्रदानिल हे रक्षः सैन्य सर्वतः ।
लांछिता राजदुहिता लक्ष्मण शस्त्र घातने ॥
स्त्रीय अंगे महामूढ़ करे शस्त्र विघातन ।
बल वीर्य किंवा तथा किंवा ज्ञान विचारह ॥
एतद् दुष्ट विमर्दने पंचवटी वने चल ।
भ्राताद्वय अवस्थित नारी एक समन्वित ॥
वधिया मानव द्वय धरि स्त्रीय अतःपरे ।
तद्रूप कर लांछित सूर्पणखे यथाकृत ॥
गर्जिल राक्षसी चमू चल शीघ्र बलाधिप ।
देह आज्ञा त्वरितगति मर्दिव मानवद्वय ॥
एरूप श्रवणे वाक्य सूर्पणखा प्रमोदिता ।
गर्जिल रक्षः वाहिनी बाजे वाद्य महास्वने ॥
जगझम्प महानादे बहु शृंग समायुत ।
खत्ताले करिया ध्वनि करे नृत्य जने जने ॥
केह भल्ल करे खड्ग केहवा लौह मुद्गरे ।
शेल शूल तथा जाठा धनुर्बाण करे धृत ॥
केह अश्वे गजे केह केह केह रथारूढ़ ।
चले बहु पदातिक दूषण जय निस्वने ॥
वारणे वृंहति ध्वनि ह्रेषे अश्व क्षणे क्षणे ।
दूषण परिचालने सर्वजन बहिर्गत ॥
यात्राकाले कहे खरे दूषण युद्ध नायक ।
चल अग्रे पुरोभागे सूर्पणखा समन्वित ॥
यथा रामे अवस्थिति एतद् क्षेत्र प्रदर्शह ।
एतद् वाक्ये चले सूर्प स-खर सर्व चालने ॥
गर्जिल विषम स्वने सेनावृंद चतुर्दिके ।
वाद्य नाद तथामत जगझम्प भयंकर ॥
एस्थले कुटिर राम वाद्य नाद यथाश्रुत ।
कहिल लक्ष्मणे प्रभु आगत रक्षः वाहिनी ॥
रह सीता सुरक्षणे हे लक्ष्मण महाबली ।
राक्षसकुल मर्दने हव स्वयं बहिर्गत ॥

लक्ष्मण वचन

नासाच्छेद यथा कृत मम शस्त्रे ममाग्रज ।
एतद् प्रतिक्रिया युद्धे मोरे भ्राता प्रदानह ॥

राम वचन

यद्यपि समरे इच्छा क्षत्रिय तुमि लक्ष्मण ।
नाहि बाधा प्रदानिव जाह रक्षः विमर्दह ॥

लक्ष्मण वचन

प्रस्तुत राघव स्वयं तवाशिष प्रदानह ।
विमर्दिव निशाचरे जयाजय तव प्रति ॥

राम वचन

एकाकी समरे स्थिर रह तुमि सुनिर्भये ।
शत लक्षे किं विक्रम तुमि श्रेष्ठ धनुर्धर ॥

वाल्मीकि वचन

एतद् वाक्य यथाश्रुत कुटिर त्यजि निर्गत ।
निरीक्षिल पुरोभागे रक्षः सेना समागत ॥
हेथा रामानुजे हेरि कहे सूर्प खरप्रति ।
हेर तव पुरोभागे लक्ष्मण अति दुर्दम ॥
एतद् दुष्ट अकस्माते शस्त्राघाते ममप्रति ।
नासा कर्ण करे छेद कर दुष्टे विमर्दन ॥
एतद् वाक्य यथाश्रुत खर तद् दूषणाग्रज ।
दूषणे करि आह्वान एतद् आज्ञा प्रदानिल ॥

खर वचन

नासाच्छेद करे सूर्पे सम्मुखे देख लक्ष्मणे ।
आक्रमह अकस्माते एकत्रित दले दले ॥
अप्रस्तुत मने स्मरि वन मध्ये परिभ्रमे ।
अमनस्क समीक्षित धनुर्बाण करे धृत ॥

वाल्मीकि वचन

एतद् आज्ञा यथाप्राप्त दूषण सैन्य चालने ।
दानिल युद्ध निर्देश बाजिल वाद्य भीषण ॥
अश्वारोही गजारोही रथारूढ़ दले दले ।
पश्चाते सम्मुखे पार्श्वे आक्रमिल चतुर्दिके ॥
यथा द्रुत बलाहक करे व्याप्त नभःस्थल ।
आगत कालवैशाखी घनच्छाया विथारिया ॥
परिव्याप्त तथामत रक्षः सैन्य महाबले ।
सेनानी सैन्य संवृत पंचवटी महावने ॥
मेघ सर्व महाकाशे आवरितं यथामत ।
पूर्णचन्द्र मनोहर लक्षणचन्द्र तेमति ॥
करि सर्व समाच्छन्न यथाघोरे घनावली ।
वर्षे वारि क्रमागत वर्षे बाण तथामत ॥
केह भल्ल महाखड्ग केहवा लौह मुद्गर ।
शेल शूल तथा जाठा प्रक्षेपने रत क्रमे ॥
लक्ष्मण स्थिर निर्भये टंकारिल धनुर्गुण ।
वर्षित यत शायक अन्य शस्त्र तथामत ॥
क्षणमात्रे निवारिल अद्भुत युद्धकौशले ।
लक्ष्मण धनु निर्गत चक्रबाण गति क्रमे ॥
चक्रसम चतुर्दिके भ्रमि शस्त्र निवारिल ।
निवारित यथा शस्त्र वधिल बहु राक्षस ॥
एतद् दृश्य निरीक्षिया दूषणे अति विस्मय ।
एतद् रूप पराक्रम चक्षे पूर्वे अदर्शित ॥
देव युद्ध यथा कृत अत्याद्भुत सुनिश्चय ।
एतन्मत सुकौशल अग्रे चक्षे अदर्शित ॥
प्रशंसिल निजान्तरे लक्ष्मणे खर दूषण ।
युद्धस्थले यथागत पुनः युद्धे समुद्यम ॥
सैन्ये आज्ञा प्रदानिल सूचीव्यूह सुनिर्मिते ।
लक्ष्मणे मर्दिते युद्धे व्यूह बिना असम्भव ॥

पुनर्युद्ध समारम्भ सूचीव्यूह सुनिर्मिया ।
लक्ष्मण सह भीषण करे युद्ध निशाचरे ॥
प्रज्वलित क्षरे अग्नि नभःस्थले भयंकर ।
जल वृष्टि अतःपरे महावात्या चतुर्दिके ॥
मुद्‌गर धारणे हस्ते हाने सर्व निशाचर ।
करका-वृष्टि सन्निभ निपतित महीतले ॥
मूषलह तथामत घोरे निक्षेपणे रत ।
अग्नि बाणे निवारिल तद् सर्व वीर लक्ष्मण ॥
वारिधारे चले शूल जाठा सर्व क्रमागत ।
हाने सर्व महाशर धानुकि यत वा स्थित ॥
हाने केह गदा घोरे महाशब्द क्षणे क्षणे ।
घोर स्वने निपतित भूतले गिरि सन्निभ ॥
एतद् रूपे महायुद्ध करे सर्व निशाचर ।
अटल वीर लक्ष्मण संग्रामे स्थिर निर्भय ॥
प्रहरेक महायुद्ध रक्षः सैन्य समन्वित ।
कुपित अति लक्ष्मण शस्त्राघात तनु क्षते ॥
गर्जिया वज्र निस्वने हानिल बाण ऐषिक ।
पंच शत निपातित एकाघाते तथास्थले ॥
लक्ष्मणे हेरि वीरत्त्व करे बल निशाचर ।
करे यत्न निवारिते ऐषिक बाण दुर्दम ॥
हाने वीर पुनः पुनः ऐषिक शर दुर्जय ।
बहु शस्त्र निपातने नारे रक्षः निवारिते ॥
दशे दशे पड़े सैन्य विंश त्रिंश कदाचित ।
एतद् रूपे पुनः पुनः प्रतिघाते पड़े बहु ॥
प्राणपणे करे युद्ध रक्षः सैन्य चतुर्दिके ।
तवु ना वारिते क्षम ऐषिक बाण दुर्दम ॥
सैन्य क्षये तथास्थले रक्तस्रोत प्रवाहित ।
विच्छिन्न केहवा हस्ते केह जंघा उरु पदे ॥
केह केह शिरच्युत कवंधकुल सन्निभ ।
करे शस्त्र विधारणे युद्धे नृत्य परायण ॥
बहु गज विलुंठित भूधरतुल्य दर्शित ।
बहु अश्व चतुर्दिके मध्यस्थले विदारित ॥
ध्वजा चक्र तथा रथ रथीकुल समन्वित ।
विक्षिप्त चौदिके सर्व येन वायु विमर्दित ॥
एतद् रूपे महायुद्धे सर्व सैन्य निपातित ।
कुपित रक्षः दूषण एतद् दृश्य निरीक्षिया ॥
एस्थले वीर लक्ष्मण मेघ मुक्त यथा नभे ।
पूर्णचन्द्र प्रकाशित शुभ्रज्योति विनिर्झरे ॥
रक्षः सैन्य निपातने लक्ष्मण मुक्त तेमति ।
स्ववीरत्त्वे प्रकाशित श्रान्ति बिना स्मिताधरे ॥
प्रसन्न सर्व देवता वीरत्त्व हेरि लक्ष्मणे ।
सौमित्रि बल वर्धित रक्षःसैन्य पराजये ॥
एतद् दृश्य निरीक्षिया दूषण अति गर्वित ।
महाक्रोधे समागत टंकारिया धनुर्गुण ॥

पाण्डित्य लक्ष्मण-शरे द्रुत शस्त्राघाते युद्धस्थले हत निशाचर सैन्य सर्व ।
नैपुण्य दर्शि रणकौशल सुप्रकाशे आश्चर्य दूषण सुगर्जित शृंगनादे ॥

- इति श्रीमद्देवायण ब्रह्मकल्पे तृतीय खण्डे राम मण्डलान्तर्गत: रामायण वर्गे अरण्ये काण्डे लक्ष्मण कर्त्तृक राक्षससैन्य वध करण वार्ता नामः पंचदश सर्ग ।

— ☆ —

॥ षोडश सर्ग ॥

वाल्मीकि वचन

शृंगध्वनि निनादिल दूषण घोर निस्वने ।
रामानुज पुरोभागे कहे वाक्य समागमे ॥

दूषण वचन

रे दुष्ट बल गर्वित सैन्य मात्र विमर्दिले ।
निष्कृति नाहि जीवने दूषण शस्त्र घातने ॥

लक्ष्मण वचन

तव मध्ये किंवा वीर्य कह वीर निशाचर ।
दूषण नाम अद्भुत नहे श्रुत कदाचन ॥
वीरमध्ये विचारित कोन काले महाबली ।
आस्फालन यथा कृत कर कार्य तथामत ॥

दूषण वचन

परिचय प्रदानिव एवे युद्धे रह स्थिर ।
रे दुष्ट बल गर्वित दूषण शस्त्र घातने ॥
लक्ष्मण हेरि ये तोर अद्य अति कुलक्षण ।
मम शस्त्र निपातने जाह त्वरित यमालये ॥
ओरे मूढ़ हवे ज्ञान रहिया नरकालये ।
दूषण किं बली गण्य लोकत्रये महारणे ॥

लक्ष्मण वचन

कालक्षय वृथा शुन वाक्ये वाक्ये क्रमागत ।
यद्यपि शस्त्र धारणे ममाग्रे तुमि साहसी ॥
स्वबले कर घातन यथा इच्छा मनोमत ।
वाक्ये किंवा प्रयोजन प्रतिज्ञा शुन निश्चय ॥
वीरमध्ये नहे गण्य करि तोरे निशाचर ।
एकाघाते विनाशिव नहे शर द्वितीयत ॥

दूषण वचन

वज्र धरि अहंकार करे नित्य सुराधिप ।
राक्षस शर पीड़ने इन्द्र गर्व विदूरित ॥
एवे इन्द्र निरन्तर करे सेवा निशाचरे ।
अमर हेतु जीवित अध्यावधि सुराधिप ॥

अमर नह हे तुमि   करि क्षेत्र निरूपण ।
मर्त्यधाम परित्यजि   विराजह यमालये ॥

वाल्मीकि वचन

एतद् वाक्य यथा उक्त   दूषण क्रोध कम्पित ।
घोरनादे निनादिल   धृत शृंग करद्वये ॥
लक्ष्मणह तथामत   टंकार दिल कार्मुके ।
त्यजि शृंग त्वरितगति   टंकारे धनु दूषण ॥
बाजिल राक्षसी वाद्य   शृंगनाद भयंकरे ।
खत्ताल सह नर्त्तने   जगझम्प महारवे ॥
आक्रमिल परस्परे   प्रखर शस्त्र घातने ।
एस्थले राम वैदेही   कुटिर पार्श्वते रहि ॥
करे युद्ध निरीक्षण   कखन भीत जानकी ।
कभु उल्लासिता मने   जिज्ञासे राघवप्रति ॥

सीता वचन

अद्भुत हेरि विक्रम   संग्रामे वीर लक्ष्मणे ।
एकत्रे गणनासंख्य   आक्रमिल निशाचरे ॥
एतद् सैन्य स्वविक्रमे   मर्दिल प्रहरद्वये ।
सैन्यकुल विनाशित   एवे केवा समागत ॥

राम वचन

सैन्यक्षये स्वभावतः   आगत सैन्य नायक ।
ए सर्व सैन्य चालने   एका बल विधारक ॥
सैन्यक्षये यथा वीर्य   अस्त्र शस्त्र प्रयोजन ।
एकक सैन्य नायके   इत्याधिक प्रयोजन ॥
हेर सीता पुरोभागे   आक्रमिल निशाचरे ।
अग्निबाण विघातने   दीप्त दिग दिगंतर ॥
तेज रश्मि विकीरणे   बाणागत नभःपथे ।
वरुण बाण निक्षेपे   लक्ष्मण अति वीर्यते ॥
निर्वापित नभःस्थले   तेजमाला भयंकर ।
अग्निबाण निवारिया   वर्षे वारि क्रमागत ॥
देखह घन वर्षणे   वारि पूर्ण अरिप्रति ।
रथसह निशाचर   भासमान यथा तरी ॥
वन्याजले यथा दारु   भासमान तरंगते ।
जीववृंद समन्वित   हेर शत्रु तथामत ॥

वाल्मीकि वचन

शत्रुप्रति विपर्यस्त   हेरि सीता प्रहर्षिता ।
करतालि प्रदानिया   कहे रामे निरीक्षह ॥
निक्षेपिल निशाचर   वायवीय महाशर ।
हेर वारि उवापित   महावेग प्रकाशिया ॥
लक्ष्मण तिष्ठिते युद्धे   बहु वीर्य प्रकाशिछे ।
क्रारिते पुनः धनु   गर्जे हेर पुनः पुनः ॥

हेरि सीता निरुत्साह रामप्रति कहे इहा ।
दृष्ट रक्षेः बलाधिक्य साहाय्य कर लक्ष्मणे ॥

राम वचन

पुनश्च हेर लक्ष्मण टंकारिल धनुर्गुण ।
ऐषिक बाण सन्धाने वज्रनादे सुगर्जित ॥
वायु बाण निवारिया नष्टे अश्व रथध्वज ।
पुनः प्रत्यागतैषिक लक्ष्मण निकटे त्वरा ॥
रथाश्व हेरिया नष्ट राक्षस अति कुपित ।
शूल हस्ते विधारणे निक्षेपे लक्ष्मणप्रति ॥
आग्नेयगिरि सन्निभ अग्निधारा विनिर्झरे ।
हेर शूल समागत सन्धाने पुनः ऐषिक ॥
रक्षः शूल निवारिया धनुसह धनुर्गुण ।
द्विखण्ड करि सत्वरे विनष्टे सारथी रथ ॥
हताश्व हत सारथी छिन्न-धन्वा निशाचर ।
गदाहस्ते प्रधावित लक्ष्मणप्रति गर्जने ॥
निक्षेपिल गदा रोषे करि घोर पराक्रम ।
प्रहारि लक्ष्मणैषिक कृत गदा द्विखंडित ॥
हेर रक्षेः शिरच्छेदि भूमितले विलुंठिल ।
अदूरे रथ विच्युत सूर्पणखा महारवे ॥
द्वन्द्वे विनष्टबल लक्ष्मण वीर्य तेजे बाणैषिके पतित दूषण छेद्यमुंडे ।
हाहास्वने निरत सूर्प विलुंठि भूमे सीता प्रहृष्ट जित देवर दर्शि युद्धे ॥

– इति श्रीमद्देवायण ब्रह्मकल्पे तृतीय खण्डे राम मण्डलान्तर्गतः रामायण वर्गे अरण्ये काण्डे लक्ष्मण कर्तृक दूषण वध नामः षोडश सर्ग ।

— ✯ —

॥ सप्तदश सर्ग ॥

वाल्मीकि वचन

हाहाकार करे सूर्प सीता हर्ष समन्विता ।
गर्जिल जय निस्वने रामानुज तथास्थले ॥
दूषण समरे हत एतद् दृश्य निरीक्षिया ।
खर वीर महाकोपे टंकारिल धनुर्गुण ॥
आश्वास दानिया सूर्पे एतद् वाक्य कहे खर ।
शुनह राज नन्दिनी युद्धस्थले रह स्थिर ॥
आछे जय पराजय संग्रामे शुन निश्चय ।
वीरगण अकातरे दाने प्राण तथास्थले ॥
एक यदि पराजित नाहि अन्ये रडे भये ।
उपरंतु महोत्साहे अग्रसरे रणस्थले ॥
पूर्वजने पराजये अरि भय सकातरे ।
एतद् चिन्ता नहे शुभ अन्य वीरे पराजय ॥
तुमि हे रावण-स्वसा भयशून्या निशाचरी ।
क्षणकाल रह स्थिर स्वयं अरि विमर्दिव ॥

एतद् वाक्य यथाश्रुता सूर्पणखा हल स्थिर ।
शृंगध्वनि निनादिया एलो खर रणस्थले ॥
टंकारिया महाधनु कहिल लक्ष्मणप्रति ।
बहु वीर्य प्रकाशिले रामानुज रणस्थले ॥
सैन्य दश सहस्रश सेनानी सह नाशिले ।
खर वीर्य निवारह शस्त्र विद्या प्रकाशिया ॥

लक्ष्मण वचन

तव तरे अपेक्षिते एसो खर बलाधिप ।
रावण प्रिय बांधव एसो शस्त्रे निपीड़िव ॥

वाल्मीकि वचन

एतद् वाक्य यथाश्रुत आरम्भिल महारण ।
झंझासम महास्वने शस्त्रवृष्टि करे खर ॥
टंकारिल धनुर्गुण रामानुज महाबली ।
सौम्यक नाम शायके झंझाकोप निवारिल ॥
झंझावात्या निवारित हेरि क्रोधे पुनः खर ।
निक्षेपि क्षिप्र शायक कुज्झटिका करे नभे ॥
कुज्झटिका समाच्छन्न हल क्षणे चतुर्दिके ।
नहे क्षम निरीक्षिते लक्ष्मण समरे खरे ॥
एस्थले मैथिली रामे जिज्ञासिल इहा शुन ।
कुज्झटिका समाच्छन्न केन रहे रणस्थले ॥

राम वचन

यद् कृत शस्त्रकौशल प्रतियोद्धा रणस्थले ।
कुयासावृत लक्ष्मण एतद् हेतु विदूषिणी ॥
हेर सूर्य यथामत कुज्झटिका विमर्दने ।
प्रकाशित नभ स्थले लक्ष्मण हेर तेमति ॥
रवि शस्त्रे दिवारश्मि प्रकाशिल ममानुज ।
खर माया विदूरित पुनः स्वच्छ चतुर्दिक ॥
एवे क्रोधे महाशस्त्रे सन्धानिल महाबल ।
स्ववीर्ये खर राक्षस एतद् शस्त्र निवारिल ॥
बृहत् जाठा परिग्रहि हानिल लक्ष्मणप्रति ।
वाम हस्ते धरे जाठा गर्जि सौमित्रि केशरी ॥
पुनश्च शूल धारणे सन्धाने मेघ गर्जने ।
योजनेक यथा दीर्घ शूले अग्नि विनिर्झरे ॥
आगत लक्ष्मणप्रति घोर रवे निरीक्षह ।
हेर क्षिप्र ममानुज सन्धाने बाण ऐषिक ॥
करि शूल द्विखंडित गर्जि बाण चले पुनः ।
रथाश्व सारथीसह रथध्वजा निपातिल ॥
स-सारथी हय ध्वजा करि सर्व विमर्दन ।
प्रत्यागत पुनः शर लक्ष्मण तूर्णकांतारे ॥
हताश्व हत सारथी अवस्थाने महीतले ।
टंकारिया धनुर्गुण निक्षेपिल महाशर ॥
लक्ष लक्ष भुजंगम एतद् शरे बहिर्गत ।
गर्जिया लक्ष्मणप्रति धावित भीषणस्वने ॥

वाल्मीकि वचन

वैदेही सभये कहे रामप्रति सकातरे ।
लक्ष्मणे खर संग्रामे कर रक्षा त्वरित प्रभु ॥
लक्ष लक्ष भुजंगम हेर गर्जि प्रधावित ।
एरूप सर्प दंशने किं रक्षा लक्ष्मणे कह ॥
रक्ष स्वयं तवानुजे सन्धानि तव शायक ।
सीता वाक्य यथा उक्त आर्तनाद तथामत ॥

राम वचन

हे मैथिली रह स्थिर हेर मात्र रणस्थले ।
गरुडास्त्र त्वरितगति सन्धानिल महाबली ॥
सर्प-भक्ष्य विहंगम हेर शस्त्रे बहिर्गत ।
दले दले चले पक्षी सर्पप्रति सगर्जने ॥
निमेषे हेर खेचरे सर्पकुल विनाशिल ।
सर्पकुल विनि:शेषे आक्रमिल खरे द्रुत ॥
देख श्येन दले दले चंचुघाते करे क्षत ।
राक्षस क्षत विक्षत शोणिताक्त कलेवर ॥

वाल्मीकि वचन

एतद् दृश्य निरीक्षिया सीता हर्ष समायुता ।
क्रोधयुक्त निशाचर गदाहस्ते परिग्रहे ॥

राम वचन

देखह मैथिली पुन: खर गदा विधारणे ।
महाक्रोध समायुत पक्षीकुल विनाशिछे ॥
सर्व पक्षी विनाशिया महाकोपे निशाचर ।
करि गदा विघूर्णित हानिल लक्ष्मणप्रति ॥
हेर सीता गदाघाते ममानुज विलुंठित ।
चिन्ति मने अचेतन लक्ष्मण समरस्थले ॥

वाल्मीकि वचन

एवे सीता महाशोके अश्रुजल समन्विता ।
राघव चरणद्वय निपातिता विदूषिणी ॥

सीता वचन

सुमित्रा जननीप्रति स्वीय श्रद्धा प्रकाशह ।
हेर मातृ अदर्शित युद्धस्थले निराश्रय ॥
अहो: किं विषमाघाते व्याथाप्राप्त अचेतन ।
नाहि शक्ति समुत्थाने बलहीन मने स्मरि ॥
मम वाक्य शुन प्रभु युझिल बहु लक्ष्मण ।
एवे क्लांत कलेवरे निपतित रणस्थले ॥
आपनि कर संग्राम विश्राम देह लक्ष्मणे ।
अग्रसरि निरीक्षह चेतन किं अचेतन ॥

वाल्मीकि वचन

तथा राम निरीक्षिल खरागत अति द्रुत ।
तीक्ष्ण खड्ग करे धृत विद्युत्प्रभा विकीरित ॥
दुष्ट बुद्धि निशाचर रामचन्द्र निरीक्षिया ।
अन्याय समरे हेरि टंकारिल धनुर्गुण ॥
सहसा धनु टंकारे खर रक्षः चमत्कृत ।
अग्रसरि यथा किञ्चित् कहिल राघवप्रति ॥

खर वचन

तुमि हे लक्ष्मणाग्रज दुष्टाधिक मने स्मरि ।
मम युद्धे विलुंठित हेर तव सहोदर ॥
तव गति प्रदानिव भ्रातृपथे रह स्थिर ।
करि तव शिरच्छेद स्वयं वीर्ये निवारह ॥

वाल्मीकि वचन

एतद् वाक्य यथा उक्त गर्जि घोरे निशाचर ।
हानिल राघवप्रति तीक्ष्ण खड्ग त्वरितगति ॥
एतद् खड्ग समागत रामपार्श्वे यवे शुन ।
वाम हस्ते धरे खड्ग रामचन्द्र यथात्वरित ॥
एतद्काले समुत्थित लक्ष्मण समरस्थले ।
टंकारिया धनुर्गुण क्षिप्रहस्ते महाबली ॥
टंकारिया धनुर्गुण सन्धाने बाण ऐषिक ।
खर शिरः विलुंठिया प्रत्यागत पुनः शर ॥
स्कंधच्युत यथा शिरः निपातित महीतले ।
प्रसन्न सर्व देवता पुष्प वृष्टि करे घन ॥
युद्ध जये महाबाहु प्रत्यागत निरीक्षिया ।
रामचन्द्र भुजाशलेषे रामानुजे परिग्रहे ॥
करे वीर शिरानति श्रीराम चरणद्वये ।
लक्ष्मणे हेरिया पार्श्वे सीता हर्ष समायुत ॥
शिरच्छेद्य यथा खर निपतित रणस्थले ।
हेरि सूर्पणखा शोके कहिते रत कातरे ॥
स्वर्गजयी महावीर रामानुज निपातिल ।
हा दूषण महाबली आमि सत्य अभागिनी ॥
निज प्राण परित्यजि घोर तव महारणे ।
कर गति परलोके मम मान्य प्रदर्शने ॥
हा खर सर्व नायक सर्व बल विनष्टते ।
छिले तुमि अकातर दिग्विजयी महाबली ॥
एकाकी करि वीरत्त्व एकाकी समरस्थले ।
प्राणपणे महायुद्ध महावीर्ये अनुष्ठिले ॥
बहु विद्या प्रकाशिले शस्त्राघात सुकौशले ।
तव चित्त अकातरे दिले प्राण रणस्थले ॥
एवे के रक्षिवे कह शत्रु मध्ये अवस्थिता ।
नासा कर्ण करे छेद यथाकाले अवस्थित ॥
एवे के रक्षिवे कह शत्रु हस्ते महारणे ।
हा चिर अपराजेय शविष्ठ खर दूषण ॥

हाहाकार करे सूर्प   एतद् रूपे यवे शुन ।
राघव करुणामय   कहे दृश्य निरीक्षिया ॥

राम वचन

हे लक्ष्मण निरीक्षह   तुमि सीता तथामत ।
हेर सूर्प महाशोके   एकाकी अति कातरा ॥
जाह उभे तथास्थले   अग्रसरि इेहा कह ।
युद्धस्थले घटे यथा   ताहे शोके किंवा फल ॥
वीरांगना यथा तुमि   पड़े वीर रणस्थले ।
ताहे क्षोभ परित्यज   रह शान्त निशाचरी ॥
तव सह किंवा द्वन्द्व   भ्रम इच्छा मनोमत ।
युद्ध यवे समापित   विरोध गत निश्चय ॥

वाल्मीकि वचन

एतद् आज्ञा यथा प्राप्त   सीतासह चले बली ।
अदूरे लक्ष्मणागम   सूर्पणखा निरीक्षिया ॥
शिरच्छेद मने स्मरि   भीत प्राणे रडे द्रुत ।
युद्धस्थल परित्यजि   अति शीघ्र पलायने ॥
भये भीता निशाचरी   हेरि द्रुत पलायने ।
वैदेही सह लक्ष्मण   प्रत्यागत गृहे पुनः ॥
आगत कुटिरे यवे   रामे एतद् निवेदिल ।
दूर हते निरीक्षिया   करे द्रुत पलायन ॥
तद्परे मैथिली स्वयं   सेविल बहु लक्ष्मणे ।
करि धौत रण-क्षत   महौषधि प्रदानिल ॥
वैदेहीकृत सेवाते   रामानुज निरामये ।
देह सुस्थ्य यथात्वरित   प्रफुल्ल चित्त मानसे ॥
उपद्रव विदूरित   पुनः शान्ति तपोवन ।
पूर्वमत चले पुनः   नित्य कार्य यथायथ ॥
लक्ष्मण सह वैदेही   क्रीडाते मोदिता पुनः ।
राघव मात्र दर्शक   हर्षे चित्त प्रफुल्लित ॥
युद्धे गतासु खर रावण सैन्य नेता   रामानुजे निहत राक्षस छेद्यमुंडे ।
तद् छेद्यमुंड धृत सूर्पणखा फुकारे   हाहास्वने करि विकम्पित शोक वाक्ये ॥

- इति श्रीमद्देवायण ब्रह्मकल्पे तृतीय खण्डे राम मण्डलान्तर्गतः रामायण वर्गे अरण्ये काण्डे लक्ष्मण कर्तृक खर वध ओ राक्षसोत्पात शान्ति वार्ता नामः सप्तदश सर्ग ।

— ✯ —

॥ अष्टादश सर्ग ॥

वाल्मीकि वचन

एस्थले सूर्प राक्षसी   करि द्रुत पलायन ।
पंचवटी परित्यजि   लंकाधामे करे गति ॥
एकेत वेदनाप्राप्त   नासाच्छेद्य यथाकृत ।
ताहे दुष्टा निशाचरी   शोकयुक्त अतःपरे ॥

सैन्य दश सहस्त्रश: संवृत खर दूषण ।
लक्ष्मण समरे हत एतद् शोक समन्विता ॥
पुनश्चागत लक्ष्मण शिरच्छेदे मने स्मरि ।
अति भीता महाक्षोभे स्मरिल रावणाश्रय ॥
लक्ष्मणे दानिते शास्ति करे चिन्ता मनोमत ।
लंकाते गमने पथे स्वयं चित्ते विचारिया ॥
अति क्रुद्ध हवे जाहे लंकेश्वर दशानन ।
एरूप भावनायुक्त लंकाधामे उपस्थित ॥
लंकाद्वारे उपस्थिते जिज्ञासे प्रहरी इहा ।
हेरि सूर्प पुरोभागे विकृत कर्ण नासिका ॥
केवा तुमि किंवा नाम कि कारणे समागत ।
किं उद्देश्य मने तव कह सर्व यथायथ ॥
एतद् वाक्य यथाश्रुता सहसा अति कुपिता ।
विकृत वदना सूर्प एतद् भ्रमे निशाचरी ॥
लंकाद्वारी किं साहसे करे अद्य अमानित ।
उच्चनाद परायणा हा रावण प्रियाग्रज ॥
एतन्नाद यथाश्रुत द्वारीवृंद चमत्कृत ।
विकृतवदना हेरि सम्मुखे राजनन्दिनी ॥
कहे द्वारी भये भये क्षम हे राज नन्दिनी ।
निर्णये अक्षम स्वयं विकृतास्य निरीक्षिया ॥
जाह त्वरित ससम्माने के करिल इहा कह ।
दु:खित सकले मोरा हे राज मान्य वर्धिता ॥
इथे किञ्चित् यथा तुष्ट परिज्ञात निज भ्रम ।
अपराधी नहे द्वारी कहे वाक्य इहा स्मरि ॥
काले सर्व हवे ज्ञात एवे कार्ये चलि त्वरा ।
दुष्टे शास्ति प्रदानिते सर्व अग्रे प्रयोजन ॥
एवे सूर्प परिज्ञात विकृत वदन स्वयं ।
दु:साध्य स्वजने अद्य परिचये ममानन ॥
एतद् चिन्ता समायुत स्वीय कार्य करि स्थिर ।
सूर्पणखा प्रवेशिल रक्ष:राज सभातले ॥
प्रवेशिया सभातले सूर्पणखा निरीक्षिल ।
तथा सप्त बली श्रेष्ठ भ्रातुष्पुत्र उपस्थित ॥
इन्द्रजित तरणी सेन अतिकाय महाबली ।
मकराक्ष बृहद्दंत प्रहस्त भस्मलोचन ॥
दृष्ट श्रेष्ठ सभासद कालनेमि विभीषण ।
विद्युत्जिह्वा सहोदर घंटाकर्ण तथास्थले ॥
दक्षिणे सचिवद्वय सुबुद्धि शुक शारण ।
वामे मन्दोदरी राज्ञी मध्यस्थले दशानन ॥
एतन्मत सभामध्ये नित्य कार्य समायुत ।
सूर्पणखा प्रवेशिल त्वरित वेगे तथास्थले ॥
यद् सूर्प रोदने रत आर्तनाद परायणा ।
एतद्रूपे करे क्षोभ सर्व अग्रे सभातले ॥

सूर्प वचन

जगज्जयी यथा वीर येथा नित्य विराजित ।
त्रैलोक्य जन कम्पित यस्य कण्ठ निनादने ॥
सामान्य जन कर्तृक तस्य स्वसा अमानित ।
हाय भाग्य किंवा कहि सूर्पणखा अभागिनी ॥

वाल्मीकि वचन

स्तम्भित छिल सर्वतः सूर्पणखा प्रवेशिले ।
विचित्र दर्शने सर्वे नहे क्षम सुनिर्णये ॥
कण्ठस्वरे चमत्कृत सूर्प दृश्ये जने जने ।
जिज्ञासिल तथास्थले सर्वजन समस्वरे ॥
कह सूर्प त्वरित गति विकृतास्य किं कारणे ।
के दुर्वृत्त दुरादृष्टे एरूप कृत दुर्दशा ॥
स्नेहवाक्य यथा उक्त सर्व कण्ठे सभातले ।
अधिक रोदने रत सूर्पणखा अवारित ॥
सूर्प दृश्य निरीक्षिया रावण अति कुपित ।
मेघमंद्रे कहे वाक्य स्वसाप्रति दशानन ॥

रावण वचन

हे सूर्प अति दुःखिता कह वाक्य यथायथ ।
अनर्थ क्रंदन त्यजि वाक्य स्पष्ट कह त्वरा ॥
किं हेतु हेन दुर्दशा विकृतास्य तवप्रति ।
के साहसी करे छेद नासा कर्ण मदान्वित ॥
गर्जे दशास्य अति कुपित सूर्प दृश्ये गम्भीर मेघसम मन्द्रित उच्च नादे ।
हे सूर्प शीघ्र कह के निज सर्वनाशे निर्भीकचित्त पर्शे तव कर्ण नासा ॥

- इति श्रीमद्देवायण ब्रह्मकल्पे तृतीय खण्डे राम मण्डलान्तर्गतः रामायण वर्गे अरण्ये काण्डे सूर्प-रावण साक्षात्कार नामः अष्टादश सर्ग ।

— ✫ —

॥ ऊनविंश सर्ग ॥

वाल्मीकि वचन

शुनि वाक्य दशानने क्षण शान्त तथास्थले ।
लागिल वर्णिते सूर्प वार्ता सर्व क्रमे क्रमे ॥

सूर्प वचन

शुन स्नेह परायण देवजयी ममाग्रज ।
पंचवटी वनागत राजा दशरथात्मज ॥
भ्राताद्वय रहे तथा एक वधू समन्वित ।
अन्य नारी तथास्थले नाहि सहे कदाचन ॥
जनक नन्दिनी सीता बहु सेवा परायणा ।
चरित्र हेरि एरूप करे भ्राता विताड़ित ॥
भ्राता राज्य परिग्रहि करे उभे विताड़ित ।
राज्य हारा यथा राम भ्रमे नित्य वने वने ॥

इत्याधिक महादुष्ट रामानुज मने स्मर ।
भ्रातृपत्नी समन्वित रहे नित्य निरन्तर ॥

वाल्मीकि वचन

राम नाम यथाश्रुत उत्साहित दशानन ।
कहे सूर्प किं कारणे तव द्वन्द्व उपस्थित ॥

सूर्प वचन

पंचवटी महावने फुल्ल पुष्प चतुर्दिके ।
प्रसून चयने नित्य करि गति तथास्थले ॥
परिचित क्रमे क्रमे प्रति दिवा उपस्थिते ।
जानकी राघवप्रिया देवर प्रेमपीड़िता ॥
रामानुज करे क्रीडा भ्रातृवधू समन्वित ।
प्रेमक्रीडा समीक्षित मम कृत यवे शुन ॥
कुपित उभये शुन अत्रक्षेत्रे उपस्थिते ।
ए कारणे विसम्वाद वाक्ये वाक्ये परस्परे ॥
जानकी अति पापिनी देवर तृप्ति साधिनी ।
कहिल रूढ़ भाषणे दग्धानना ममप्रति ॥
किं कारणे उपस्थित एतद् वने निशाचरी ।
दुष्टा रंडी किंवा कार्य हओ शीघ्र विदूरित ॥
एतद् वाक्य यथाश्रुत मम क्रोध उपस्थित ।
कहि एतद् नहे तव शुनह अति पापिनी ॥
देवर प्रेमलीलाते रह मत्ता यथा तुमि ।
कुवाक्य कहिते रत अपराधी यथा स्वयं ॥
उत्तरिल इह शुनि मरे रंडी निशाचरी ।
न्यायान्याय विचारिते किंवा कार्य तवप्रति ॥
न्यायधर्म किंवा ज्ञात दुष्ट सर्व निशाचर ।
पर:दार करे नित्य तोर भ्राता दशानन ॥
तव निन्दा यथाश्रुत आमिह अति कुपित ।
त्रैलोक्य विजयी राजा लंकेश्वर दशानन ॥
राजदंड करे धृत लोकधर्मे अवस्थित ।
राज्य धन तथा स्त्रीय स्वयं वीर्ये करे जय ॥
कभु भ्रातृवधू प्रेमे नाहि रत ममाग्रज ।
समस्त स्नेहपालित पंडित श्रेष्ठ रावण ॥
भ्रातृप्रेमे अवस्थित बिना द्वन्द्वे निरन्तर ।
पालिछे अति सौहार्द्रे कुम्भकर्ण विभीषणे ॥
भ्रातात्रय ममाग्रजे पति तव चतुष्टय ।
चरित्र हेरिया तोरे करे राज्य विताड़ित ॥
बलिष्ठ जन से स्थले करे राज्य स्वभावत: ।
आगत दुर्बलद्वय निज राज्य विताड़ित ॥
एतद्रूपे विसम्वादे बहु वाक्य हल भ्रम ।
स्त्रीयद्वये कथाद्वन्द्वे वादावाद यवे शुन ॥
सहसा रुषि लक्ष्मण शस्त्राघात करे त्वरा ।
नासा कर्ण हल छेद अहेतु शुन से स्थले ॥

अमानिता यथा स्वयं छेदित अति वेदने ।
कहिनु खर दूषणे दुष्टे शास्ति प्रदानिते ॥
करि दुष्ट विमर्दन तद् सीता सुंदरी जये ।
तव हस्ते प्रदानिते करि आज्ञा बलाधिपे ॥
आज्ञा प्राप्त बलीद्वय सैन्यबले बहिर्गत ।
हतभाग्य यथा मम सैन्य सर्व विनाशिल ॥
एकाकी वीर लक्ष्मण तद्परे खर दूषणे ।
वधि सर्व निशाचर ममप्रति प्रधावित ॥
एतद् हेतु पलायने अत्रक्षेत्र परित्यजि ।
लंकाधामे उपस्थित तव पार्श्वे निवेदिते ॥

वाल्मीकि वचन

एतद् वाक्य यथाश्रुत लंकेश्वर दशानन ।
कहे स्नेहे समादरे वाक्यवली स्वसाप्रति ॥

रावण वचन

गृहान्दरे कर स्थिति सुव्यवस्था हवे शुन ।
राज सभा परित्यजि जाह गृहान्दरे त्वरा ॥

वाल्मीकि वचन

चलिला रावणादेशे राज सभा परित्यजि ।
सूर्पणखा तथा शान्त शुनि वाक्य दशानने ॥
गेल सूर्प सभा त्यजि कहे वाक्य सभातले ।
दशग्रीव सभासदे सम्बोधि वीर सर्वते ॥

रावण वचन

किंवा कार्य तथास्थले कह सर्व सभासद् ।
अश्रुजले यथावार्ता सूर्पणखा निवेदिल ॥

कालनेमि वचन

अयोध्या नगरीपाल राम दशरथात्मज ।
यद् कृत मिथिलापुरे धनुर्भंग दशानन ॥
अक्षम तुलिते स्वयं हरधनु पुरास्मृति ।
एतद् श्रेष्ठ धनुर्भंगे सीता सह विवाहित ॥
लक्ष्मण राघवानुज मर्दिल खर दूषणे ।
तद् क्षेत्रे करे संग्राम एतद् युक्ति नहे कभु ॥
कहे सूर्प तथा राम राज्य हते विताड़ित ।
नहे सत्य मने स्मरि हवे अन्य परिस्थिति ॥

इन्द्रजित वचन

देह आज्ञा पिता मोरे रामानुजे किंवा भय ।
क्षण मध्ये विमर्दिव भ्राताद्वय रणस्थले ॥
नासा कर्ण करे छेद दुष्ट, सूर्प पिसीप्रति ।
किं साहसे किंवा दम्भे रक्षाःधिपे अमानने ॥

राज्य हते विताड़ित किंवा स्वयं समागत ।
ए वाक्ये किं प्रयोजन विचारि राम लक्ष्मणे ॥
अपराध यथाकृत सूर्प पिसी विलांछने ।
प्रतिविधित्सा तरे यत्न कर पिता त्वरितगति ॥

मारीच वचन

पंच लक्ष निशाचरे छिनु स्वयं यथा दृढ़ ।
टंकारिया धनुर्गुण करे युद्ध बिना रथे ॥
नारिनु तिष्ठिते स्वयं राघवे शुनि पीड़ने ।
पंच लक्ष रणे हत करि स्वयं पलायन ॥
एतद् वीर्य धरे राम चिन्ति कार्य अनुष्ठह ।
राघवे पीड़िते जाह श्रेष्ठ श्रेष्ठ महाबली ॥

अतिकाय वचन

किंवा श्रेष्ठ प्रयोजन केवल आमि सक्षम ।
युद्ध आज्ञा प्रदानह ज्येष्ठतातः ममप्रति ॥

वाल्मीकि वचन

सजल लोचने कहे मारीच प्रति उत्तरे ।
किं कहिव अतःपरे अतिकाय महाबली ॥
सर्व स्वयं परिज्ञात यथा वीर्य तवप्रति ।
ज्ञात वीर्य तथामत मत् पौत्र खर दूषणे ॥
रथीमध्ये महाबली निश्चय खर दूषण ।
लक्ष्मण समरे एका पौत्रद्वये निपीड़िल ॥
कहिते कहिते रक्षः अश्रुसिक्त हृदिस्थल ।
उद्वेल चित्त मारीच पौत्र मृत्यु मने स्मरि ॥

विभीषण वचन

पौत्र शोके रह स्थिर मारीच रक्षः मातुल ।
राजकार्य समापिया वीर लोके करे गति ॥
तुमि शोक परित्यज वृथा क्षोभ अतःपरे ।
कहि शुन किंवा वीर्य विधृत राम लक्ष्मण ॥
बलीश्रेष्ठ दशानन मिथिलाते उपस्थिते ।
योजनेक महाधनु उत्तोलिते अपारग ॥
राम सव्य-करे धृत एतद् धनु भयंकर ।
स्ववीर्ये अवहेलने गुणदाने समुद्यत ॥
घोर शब्दे द्विखंडित सर्वे चित्ते चमत्कृत ।
तद्रूप वीर्य लक्ष्मणे शुन सर्व निशाचर ॥
तद् क्षेत्रे खर दूषणे वीर्य तुच्छ सुनिश्चय ।
एकाकी जुझि लक्ष्मण करे सर्व पराजित ॥
इथे कह किं आश्चर्य एतन्मत महाबले ।
विचारि कहि तद् सर्व नाहि युद्धे प्रयोजन ॥

रावण वचन

बुद्धि श्रेष्ठ विभीषण कह युक्ति यथायथ ।
नाहि युद्धे प्रयोजन सर्व हित विवेचने ॥
युक्ति श्रेष्ठ हवे स्मरि कहि वाक्य तथापिह ।
विकृत वेदना सूर्प यथा अद्य निरीक्षिले ॥
तद् कार्य लक्ष्मणे कृत रक्षःकुल अमानने ।
एतद् स्थले किंवा कार्य कर चिन्ता अतःपरे ॥

विभीषण वचन

यदि शास्ति प्रदानिते पुनः रक्षः पराजित ।
अत्याधिक अमानित हवे सर्व निशाचर ॥
पुनश्च कहि ए वाक्य सर्वजयी दशानन ।
नाहि वर कदाचन मर्दिते नर वानर ॥
बाली हस्ते पराजित पूर्वे स्वयं महाबली ।
पुनश्च सह राघव नहे युक्ति रणोद्यमे ॥
स्मर रघु यथा पूर्वे रक्षःकुल निपीड़िल ।
एतन्मत धरे वीर्य राघव सह लक्ष्मण ॥
विकृत वदना सूर्प भग्नी दुःख निरामये ।
सादरे कर पालन लोक व्यंग निवारणे ॥
राज यत्न यदि प्राप्त सर्व पूज्या हवे स्मरि ।
स्वीय क्षोभ परित्यजि हर्ष युक्त हवे शुन ॥
एतन्मात्र अनुष्ठाने यथा कार्य समापित ।
किं कारणे महायुद्ध तथा अद्य अनुष्ठिवे ॥
निश्चय समरे क्षय धन जन क्रमागत ।
जय किंवा पराजये युद्धे क्षति सुनिश्चय ॥
यद्यपि जय निश्चित कर युद्ध तथास्थले ।
नतुवा रह नीरव एतद् शास्त्र यथाविधि ॥
येथा युद्धे पराजय से स्थले कर कौशल ।
नम्र भावे रहि स्थिर रिपु जय अतःपरे ॥
शास्त्र विधि यथा कहि कर कार्य विचारिया ।
हे रावण ममाग्रज पण्डित तुमि निश्चय ॥

वाल्मीकि वचन

एतद् वाक्य यथाश्रुत हृष्ट चित्त दशानन ।
यथा उक्त विभीषणे अत्र कार्य करे स्थिर ॥

रावण वचन

हित बुद्धि विभीषणे सर्वक्षण स्मरि स्वयं ।
सूर्पणखा समादरे हवे कार्य समापित ॥
आकर्ण रावण विभीषण उक्त वाक्ये हृष्टान्तरे कहिल राक्षस वीरवृंदे ।
सर्वे निरस्तह अहेतुक युद्ध कार्ये यद् मान्य दानि करि पालन सूर्प राज्ये ॥

- इति श्रीमद्देवायण ब्रह्मकल्पे तृतीय खण्डे राम मण्डलान्तर्गतः रामायण वर्गे अरण्ये काण्डे सूर्पणखा कर्तृक अरण्य वार्ता निवेदने रावण कर्तृक कार्य विचार करण नामः ऊनविंश सर्ग ।

— ✯ —

॥ विंश सर्ग ॥

वाल्मीकि वचन

सभा भंग अत:परे सर्वजन बहिर्गत ।
सभा त्यजि दशस्कंध गृहान्दरे प्रवेशिल ॥
सभामध्ये यथा स्थिर एतद् वाक्य निवेदिते ।
आह्वानिल पुन: सूर्पे स्वीय कक्षे दशानन ॥
रावण कृत आह्वाने सूर्प त्वरित उपस्थित ।
एका लंकेश्वरास्थित सूर्प प्रति कहे इहा ॥

रावण वचन

हे सूर्प शुन तद् वाक्य सभामध्ये यथा स्थिर ।
नाहि युद्धे प्रयोजन कहे भ्राता विभीषण ॥
मम मान्य यथा लब्धे लंकाधामे कर स्थिति ।
अद्य हते सभासद् वरि तोमा महापदे ॥
अन्य अन्य सभासद् सह कल्य समासने ।
उपविष्ट विभीषण कालनेमि यथायथ ॥
तद् सह उपवेशने राज कार्य विचारह ।
विकृत नासिका कर्णे हवे व्यंग विदूरित ॥
तुमि श्रेष्ठ सभासद् कल्य हते विचारित ।
नाहि युद्धे प्रयोजन बहु विघ्न तथास्थले ॥
राज कार्ये अवस्थाने हवे ज्ञान दिने दिने ।
एतद् पद निरूपित तव हेतु सभास्थले ॥

वाल्मीकि वचन

एतद् वाक्य यथाश्रुत सूर्पणखा प्रमोदिता ।
कहिल रावण प्रति हर्षयुक्त सगद्गदे ॥

सूर्प वचन

नित्य स्नेह ममप्रति परिदृष्ट ममाग्रज ।
नाहि युद्धे प्रयोजन यदि विघ्न तथास्थले ॥
एतद् वाक्य कदाचन ना कहि राक्षसेश्वर ।
मम दु:ख निवारिते सर्व भार तव प्रति ॥
कहि तव तरे मात्र राघवे सुंदरी प्रिया ।
मन्दोदरी हते श्रेष्ठ जानकी रूप यौवने ॥
आनह राघव प्रिया तव पार्श्वे सुशोभने ।
त्रैलोक्य विजये अद्य सर्वेश्वर यथा तुमि ॥
त्रैलोक्य जन कांक्षित सीता रत्न सुदुर्लभ ।
योग्य व्यक्ति यथा तुमि एतद् रत्न विधारणे ॥
राम पार्श्वे नहे योग्य तद् श्रेष्ठ रूप यौवन ।
यद्यपि राज नन्दन राम योग्य नहे तवु ॥
जटा चीरे सुशोभित यथा राम धनुर्धर ।
देवैश्वर्ये ममाग्रज यथा नित्य सुशोभित ॥
तद् पार्श्वे जानकी नित्य जलदे चपला यथा ।
स्मरि शोभा तथामत कर कार्य विचारिया ॥

वाल्मीकि वचन

एतद् वाक्य यथा श्रुत विदाय करिया स्वसा ।
चिन्तायुक्त दशानन कृत स्थिर अतःपरे ॥
यद्यपि सुंदरी सीता चाहि मम प्रयोजने ।
सीता रूप समुद्भास चिन्तायुक्त मने क्रमे ॥
यद् स्मृति मिथिलापुरे उत्तोलिते महाधनु ।
अलिन्दे दृष्ट सुंदरी तदद्य प्राप्त यौवन ॥
एतद् चिन्ता समन्वित कामासक्त दशानन ।
हरण करिते सीता करे स्थिर सुनिश्चये ॥
राघव सह संग्रामे यद्यपि समराक्षम ।
हरण करिते सीता करे चिन्ता तथापिह ॥
मारीच अति मायावी चिन्ति रक्षः क्षणान्तरे ।
पथ प्राप्त दशानन उल्लासित स्वयं मने ॥
आह्वान करि मारीच कहे वाक्य दशानन ।
तन्मारीच समागमे जिज्ञासु रावण प्रति ॥

रावण वचन

हे मारीच महाबली कर रथ सुसज्जित ।
पंचवटी महारण्ये गति अद्य मने स्मर ॥

मारीच वचन

पूर्वे युद्ध निवारिले तुमि अद्य सभातले ।
पुनः कह किंवा स्थिर क्षणमध्ये तवान्तरे ॥

रावण वचन

नहे युद्ध सुनिश्चय कहि तवु कर त्वरा ।
हरण करिते सीता हओ कार्य सहायक ॥
येथा युद्धे रहे विघ्न कर कार्य तथा छले ।
राजनीति महत्-शास्त्रे एतद् विधि चिरन्तन ॥
छले बले सुकौशले कर शत्रु निपीड़न ।
हरण करिले सीता हवे राम प्रपीड़ित ॥
पत्नी हारा महादुःखे रवे शत्रु निरन्तर ।
इत्याधिक किंवा सुख जयीयोद्धा निपीड़ने ॥
अतएव इहा कहि कर रथ सुसज्जित ।
जाव सर्व अलक्ष्यिते लंका त्यजि त्वरित गति ॥
पंचवटी प्रवेशिया हेरि अग्रे परिस्थिति ।
यद्यपि हेरि सम्भव शस्त्रे राम निपीड़न ॥
प्रत्यक्ष समरे तरे आह्वानिव तथास्थले ।
हरिव नतुवा छले यथा पथ निरीक्षिव ॥
यद् पूर्व दृष्ट भुवन स्पृह राज कन्या लाभे विदेह तनया स्मृति सूर्प वाक्ये ।
मन्द्रे दशास्ये हरणे स्थिर काम्य सीता मारीच, पंचवटी दर्शन इच्छि अद्य ॥

- इति श्रीमद्देवायण ब्रह्मकल्पे तृतीय खण्डे राम मण्डलान्तर्गतः रामायण वर्गे अरण्ये काण्डे रावण कर्तृक सीता हरणोद्योग वार्ता कथन नामः विंश सर्ग ।

— ✯ —

॥ एकविंश सर्ग ॥

वाल्मीकि वचन

एतद् आज्ञा यथा प्राप्त मारीच चलिल त्वरा ।
रथानीत सुसज्जित क्षणान्तरे तथास्थले ॥
मारीच सह रावण रथारूढ़ यवे शुन ।
पंचवटी वनप्रति रथ द्रुत प्रधावित ॥
स्वेच्छागति मनोहर वेधस यान पुष्पक ।
हंसपुंज सुशोभित विद्युत्तुल्य रथे गति ॥
लंकाधाम परित्यजि सिंधुवारि अतिक्रमि ।
स्थलभागे प्रवेशिल यद् पुष्पके मरुत्गति ॥
अवतीर्ण कतक्षणे पंचवटी महावने ।
रामानुज करे क्रीडा जानकीसह से स्थले ॥
पंचवटी महारण्ये प्रवेशिल दशानन ।
पुष्पक स्यंदन त्यजि नक्रसम सुनिश्चुपे ॥
क्रीडामत्त रहे यथा लक्ष्मण सह जानकी ।
अत्रक्षेत्रे वनच्छाये धीरे अग्रसरे पदे ॥
किञ्चित् दूरे करे स्थिति स-मारीच दशानन ।
लक्ष्मणसह मैथिली क्रीडारत अदर्शने ॥
वनमध्ये प्रवेशिया दशस्कंध निरीक्षिल ।
लक्ष्मणसह मैथिली सुख-क्रीडा परायणा ॥
जानकी रूप दर्शने रावण अति मोहित ।
कामासक्त दशग्रीव अपलके रहे स्थिर ॥
प्रलुब्ध दृष्टि रावणे सीता स्पर्शे सचेतन ।
अलक्ष्य तवु दर्शने भीता भीता निजान्तरे ॥
अन्तराले दशस्कंध सीता यत निरीक्षिछे ।
अन्तरे भीत जानकी हस्त पदे प्रकम्पिता ॥
यत मुग्ध दशानन सीतारूप सुवीक्षणे ।
प्रबल प्राप्ति इच्छाते रक्षः तेज बहिर्गत ॥
एतद् तेज यवे स्पर्शे वैदेही भीत कम्पिता ।
नाभिमूले अकस्माते शिहरित महाभये ॥
अलक्ष्य-दृष्टि रावणे वैदेही अति कातरा ।
क्रीडाते सहसा दृष्ट एरूप भीति कम्पन ॥
जिज्ञासिल किं कारण लक्ष्मण जानकी प्रति ।
उत्तरे जानकी वाक्य अवसन्न कलेवर ॥
रामानुज कहे एतद् क्रीडाक्लांत मने स्मरि ।
हे देवी कर विश्राम परिश्रांत यथा तुमि ॥
त्यजि क्रीडा अतःपरे कुटिरेते प्रवेशिल ।
एवे सीता अदर्शित रावण रूप मोहने ॥
सीता लाभ सुनिश्चय एतद् चिन्ता समन्वित ।
हेरिल कुटिरे राम स-लक्ष्मण विराजित ॥
एस्थले करि संग्राम सीता लाभ असम्भव ।
एतद् रूप मने स्मरि मारीचप्रति वीक्षणे ॥
एतन्मत कहे वाक्य लंकेश्वर दशानन ।
मारीच श्रेष्ठ मायावी कर कार्य यथा कहि ॥

रावण वचन

हे मारीच मम प्रिय मृगरूप विधारणे ।
कर सीता विमोहित प्राप्ति इच्छा हवे यथा ॥
एतद् माया महाबले आकर्षि जानकी मन ।
आकर्षह अतःपरे भ्राताद्वय विमोहने ॥
मृगलाभे यवे राम हवे त्वरित बहिर्गत ।
आकर्षह महाबले बहु दूरे क्रमागत ॥
मायाध्वनि निनादिया रामानुजे अतःपरे ।
यद्काले राम लक्ष्मण गृह त्यजि बहिर्गत ॥
कुटिर शून्य तद्काले जानकी हरणे त्वरा ।
लंकाधामे प्रवेशिव साफल्य कार्यते मम ॥
अज्ञात राम लक्ष्मणे यथा कार्य अनुष्ठिव ।
सीता प्राप्ति नहे पुनः असन्धाने नहे रण ॥

वाल्मीकि वचन

मायावी श्रेष्ठ मारीच एतद् वाक्य यथाश्रुत ।
मृगरूप धरे तथा अत्याद्भुत हिरण्मय ॥
मृगरूप निरीक्षिया मारीचे अति सुंदर ।
प्रशंसे बहु रावण स्वर्ण-मृग बहिर्गत ॥
माया-मृग विनिर्गत वनच्छाया परित्यजि ।
कुटिर सम्मुखागत करे क्रीडा मनः सुखे ॥
दृष्ट सीता क्षणान्तरे एतद् मृग हिरण्मय ।
कहिला राघवप्रति देखह किं मनोहर ॥

सीता वचन

दर्शह राघव श्रेष्ठ स्वर्ण-मृग मनोहर ।
अधिक ना वयप्राप्त शिशु-मृग मने स्मरि ॥
हेर हर्षे चतुर्दिके मधुक्रीडा परायण ।
किं सुंदर कुरंगम हे राघव धर स्वयं ॥
पालन करिते मृग हवे हर्ष प्रवर्धित ।
एरूप मृग सर्वदा परिदृष्ट नहे शुन ॥

राम वचन

धरिते कह लक्ष्मणे यदि इच्छा मनोद्गत ।
मृग एतद् नहे कभु मायारूप मने स्मरि ॥

सीता वचन

मायारूप किंवा कह प्रत्यक्ष करि दर्शन ।
मृगवर करे क्रीडा अत्याद्भुत हिरण्मय ॥

वाल्मीकि वचन

कहिला लक्ष्मणे सीता हे लक्ष्मण महाबली ।
धर शस्त्र सुकौशले हेर मृग हिरण्मय ॥

लक्ष्मण वचन

एतद् मृग नहे कभु यथा दृष्ट हिरण्मय ।
स्वर्ण वर्ण नहे मृग शुन देवी कदाचन ॥
हवे माया निशाचरे भ्रमे सर्व चतुर्दिके ।
पुनश्च स्मरि संग्राम एतद् मृग विधारणे ॥

सीता वचन

रक्षः युद्धे निरन्तर हेर एवे चतुर्दिके ।
पशु पक्षी यथा सर्वे एकमात्र निशाचर ॥
राक्षस-समरे भीत एवे तोमा मने स्मरि ।
भाग्य गुणे जयी मात्र एतद् सत्य मनोदित ॥
सीता नियुक्त कहिते स्मरि वंचिताशा लाभे कुरंगम हिरण्मय राम अग्रे ।
मत् भाग्य दृष्ट विपरीत अरण्य राष्ट्रे हे नाथ वंचित अहं मृग तुच्छ काम्ये ॥
राज्ये प्रवंचित विपर्यय राज कार्ये आलेख्य भाल मम अद्भुत नित्य काले ।
यद् साश्रुधी श्वशुर पार्श्व तदानुकम्पा सेवा निराश पितृसत्य वर प्रदाने ॥
यद् पुत्र दुर्जय धनुर्धर सर्वलोके यद् विक्रमे हरधनु प्रवर भंग मध्ये ।
दृश्ये समस्त मुनि विस्मित सर्व राजा क्षत्रे असाध्य कृत अर्चित वीर वृंदे ॥
यद् मूर्त्ति दर्शि सकल स्त्रीय मुग्ध चित्ते सुश्यामल्वर्ण कमलाक्ष सुबाहु युग्मे ।
ध्यानस्थ चित्त अति चंचल वृत्ति शान्ते एतद् प्रमाण दिल सूर्पणखा स्वकाम्ये ॥
तद् संग नित्य मम दुःख तथापि पार्श्वे प्रासाद वंचित सुतीर्थ उपास्य अयोध्या ।
स्वामीन सर्व विजयी मम नित्य संगे हे नाथ भाग्य तवु दर्शि अरण्य वासे ॥

- इति श्रीमद्देवायण ब्रह्मकल्पे तृतीय खण्डे राम मण्डलान्तर्गतः रामायण वर्गे अरण्ये काण्डे मायामृग साक्षात् वार्ता कथन नामः एकविंश सर्ग ।

— ☆ —

॥ द्वाविंश सर्ग ॥

वाल्मीकि वचन

राम प्रति कहे सीता लक्ष्मण स्थित नीरवे ।
मायामृग कहे मात्र उठ प्रभु स्वयं तुमि ॥
एतद्रूपे पुनः पुनः कहे अनुनये यवे ।
सीताचित्त प्रहर्षिते रामचन्द्र समुत्थित ॥
धनुर्बाण करे धृत यवे राम बहिर्गत ।
माया-मृग करे द्रुत वनमध्ये पलायन ॥
क्षणे किञ्चित् प्रकाशित क्षणे मृग अदर्शित ।
एतद् रूप पुनः पुनः परिदृष्ट कुरंगम ॥
मृगप्रति प्रधावित धनुहस्ते त्वरितगति ।
राघव गति धावने मारीच भीत अन्तरे ॥
चले द्रुत महावेगे प्राणपणे चतुर्दिके ।
मृग-गति निरीक्षिया चिन्तित अति राघव ॥
सुख-साध्य नहे कभु जीवन्ते धरिते मृग ।
अतएव शराघाते वध्य स्थिर यथाकृत ॥
जीवन्त अथवा मृत सीता हस्ते प्रदानिते ।
रघुपति करि स्थिर टंकारिल धनुर्गुण ॥

योजनेक यथा दूरे एतद् रूपे उपस्थित ।
उद्यत वधिते मृग राजीवास्य यवे शुन ॥
राघव शायके मुक्ति नाहि हेरि तथास्थले ।
रावण कार्य साधने किंवा स्थिर मने स्मरे ॥
एतद्काले महाबले सन्धानिल त्वरितगति ।
मारीच प्रति राघव दृष्ट मात्रे कुरंगम ॥
सहसा शर घातने निपतित महीतले ।
रावण कार्य साधने अत्याद्भुत करे ध्वनि ॥

मारीच वचन

हे लक्ष्मण महाबली विपद्ग्रस्त महावने ।
साहाय्य करिते त्वरा हओ शीघ्र उपस्थित ॥

वाल्मीकि वचन

एतद् रूप करे ध्वनि रामकण्ठे यथामत ।
आपनि शुनि राघव स्वयं चित्ते चमत्कृत ॥
रावण शुनि मोदित कार्य सिद्धि मने स्मरि ।
सीतादेवी सकातरा शुनि ध्वनि कहे इहा ॥

सीता वचन

हे लक्ष्मण महाबली विपद्ग्रस्त महावने ।
साहाय्य करिते तुमि जाह शीघ्र तथास्थले ॥

लक्ष्मण वचन

शुन देवी महामाया कृत एतद् निशाचरे ।
रह स्थिर यथास्थले रामे के पीड़िवे कह ॥

सीता वचन

शुन शुन पुनः पुनः सेइ कण्ठ महाध्वनि ।
विपद्ग्रस्त महारण्ये हओ शीघ्र उपस्थित ॥

लक्ष्मण वचन

पुनश्च कहि वैदेही एतद् माया निशाचरे ।
त्रैलोक्ये पीड़िवे केवा रामचन्द्रे पराक्रमे ॥
रामचन्द्रे यथावीर्य सर्व ज्ञात सदा मम ।
कहि देवी रह स्थिर मायाध्वनि यथाश्रुत ॥

सीता वचन

पुनश्च शुन लक्ष्मण सेइ कण्ठ महाध्वनि ।
आमिह ज्ञात राघवे विपद्ग्रस्त महावने ॥
साहाय्य प्रार्थने कण्ठे आर्तनाद समुत्थित ।
निश्चय राक्षसे मिलि करे सर्व निपीड़न ॥
जाह त्वरित महाबली हओ कार्य सहायक ।
ममाज्ञा अवहेलन कर अद्य किं कारणे ॥

ए हेतु स्मरि लक्ष्मण   मम भाग्य विपर्यय ।
राज्य हारा वने रहि   पति हारा अतःपरे ॥
रामचन्द्र तव प्रिय   किंरूपे भुलिले कह ।
मम भाग्य विपर्यय   बिना अन्य किंवा कहि ॥
हा राघव महाबली   कौशल्या प्रिय नन्दन ।
राज्य हारा महारण्ये   गेल प्राण निराश्रये ॥
सुमित्रा नन्दने तुमि   स्वजन जानिते स्वयं ।
असहाय तवाह्वाने   निश्चेष्ट हेरि लक्ष्मणे ॥
नहि ज्ञात किं कारणे   निरुद्यम तवानुजे ।
क्षणकाल रह प्रभु   तिष्ठिते आमि अक्षम ॥

वाल्मीकि वचन

एतद् वाक्य यथा उक्त   समुद्यत बहिर्गमे ।
सीताप्रति कहे वाक्य   रामानुज निवारिया ॥

लक्ष्मण वचन

तव तुष्टि प्रदानिते   जाव स्वयं तथास्थले ।
ए सर्व जानि राक्षसे   करे माया चतुर्दिके ॥
विपद् किञ्चित् मने स्मरि   नहे एतद् अकारण ।
शर-गंडी प्रदानिनु   एतन्मध्ये रह स्थिर ॥

वाल्मीकि वचन

रामानुज इहा कहि   हल त्वरा बहिर्गत ।
धनुर्बाण करे धृत   वनपथे चले द्रुत ॥
अन्तराले करि स्थिति   लंकेश्वर दशानन ।
रामानुजे निरीक्षिल   वनपथे चले द्रुत ॥
एवे तुष्ट दशस्कंध   स्वीय रूप परित्यजि ।
योगीवेश धृत त्वरा   जटा फोंटा कमंडुले ॥
त्रिशूल कर धारणे   व्योम व्योम महारवे ।
कुटिर पार्श्वतागमे   स्वयं आत्म प्रकाशिल ॥
जय राघव लक्ष्मण   वैदेही अति धार्मिका ।
सूर्य वंशे सदा व्रते   दान धर्मे प्रतिष्ठित ॥
क्षुधार्त आमि जानकी   किञ्चित् भिक्षा प्रदानह ।
देह किञ्चित् यथात्वरित   जाव कार्ये वनान्तरे ॥
योगीमूर्त्ति निरीक्षिया   सीतादेवी कहे इहा ।
क्षणेक कर विश्राम   योगीवर वटाश्रये ॥
विश्राम कर हे योगी   क्लांत तुमि पथश्रमे ।
तरुच्छाये सुशीतले   दिव भिक्षा अतःपरे ॥

योगी वचन

जाव स्वयं वनान्तरे   त्वरित कार्य प्रयोजने ।
देह किञ्चित् त्वरित भिक्षा   क्षुधार्त जानकी स्वयं ॥

सीता वचन

गृह त्यजि बहिर्गत   राघव सह लक्ष्मण ।
तिष्ठ क्षण कृपाभरे   रामागम तरे प्रभु ॥

योगी वचन

रघुकुल वधू श्रेष्ठा   कर मिथ्या विडम्बना ।
देह भिक्षा यथात्वरित   चलि कार्ये वनान्तरे ॥
भिक्षा दाने इतस्ततः   चलि तोमा परित्यजि ।
सूर्य वंशे कुल-क्रिया   दान-भ्रष्ट रवे स्मृति ॥
पृथ्वी दान हरिश्चन्द्रे   महत् पुण्य प्रतिष्ठित ।
एतद् सर्व हवे वृथा   जानकी तव कारणे ॥

वाल्मीकि वचन

एरूप कहिया वाक्य   उद्यत गमने यवे ।
कातर अति जानकी   एतद् चिन्ता समन्विता ॥
कुल-धर्म हवे नष्ट   प्रार्थीजन परित्यजि ।
योगीजने प्रदानिव   इथे त्रुटि किंवा स्मरि ॥
शुनिले राम लक्ष्मण   हवे तुष्ट सुनिश्चय ।
शर-गंडी परित्यजि   योगी भिक्षा किंवा त्रुटि ॥
यदि गत बिना भिक्षा   हवे क्षुब्धान्तरे प्रभु ।
योगीप्रति कहे वाक्य   एतद् चिन्ता समन्विता ॥

सीता वचन

नाहि जाह अभिक्षाते   आनि भिक्षा रह स्थिर ।
कोप प्रभु परित्यज   यथा साध्य प्रदानिव ॥

वाल्मीकि वचन

एतद् वाक्य यथाश्रुत   योगीवर हल स्थिर ।
सुप्रसन्न स्मिताधरे   योगी द्वारे अवस्थित ॥
फलमूल लभ्ये किञ्चित्   हस्ते सीता बहिर्गत ।
भिक्षापात्र धरे योगी   ताहे सीता प्रदानिछे ॥
भिक्षापात्रे प्रदानिते   रत फल यवे सीता ।
आचम्बिवे धरे हस्त   योगीरूप परित्यजि ॥
सीतादेवी निरीक्षिल   तद् समीपे दशानन ।
धृत हस्त निशाचर   आकर्षिछे महाबले ॥
स्तब्ध कण्ठ महाभये   आकस्मिक समुद्भवे ।
बहु यत्न करे सीता   नहे ध्वनि बहिर्गत ॥
सारथी प्रति इंगिते   हेथा रक्षः दशानन ।
करे सीता रथारूढ़   उठे रथ नभःस्थले ॥
चेतन प्राप्त जानकी   रथारूढ़ा निरीक्षिल ।
पार्श्वे हास्य दशानने   दशाधर विकशित ॥
रावण प्रतिवीक्षणे   भये चक्षु निमीलित ।
सहास्ये मैथिलीप्रति   दशास्य कहिते रत ॥

रावण वचन

हे वैदेही भय त्यज लंकेश्वरी हवे तुमि ।
स्वर्ण लंका निरीक्षिवे स्वर्गाधिक सुनिश्चय ॥
भीता विधर्षित यवे वपु कम्पमाना आरूह्य पुष्पक बले कृत दुष्ट रक्षेः ।
हास्ये दशास्य कहिते रत पुण्य भाग्ये लंकेश्वरी तुमि हवे कहि सत्य सीता ॥

– इति श्रीमद्देवायण ब्रह्मकल्पे तृतीय खण्डे राम मण्डलान्तर्गतः रामायण वर्गे अरण्ये काण्डे रावणकर्तृक सीता हरण वार्ता कथन नामः द्वाविंश सर्ग ।

— ☆ —

॥ त्रयोविंश सर्ग ॥

वाल्मीकि वचन

एतद् वाक्य यथाश्रुता शिहरित कलेवरे ।
भये कम्प पुनः पुनः अक्षम रहिते स्थिर ॥
वक्षस्थले महाभार पाषाण तुल्य चापने ।
विदीर्ण येन तद् वक्ष राम हारा मने स्मरि ॥
विधृत राक्षसे अद्य रामचन्द्र अदर्शने ।
शोकवारि बहिर्गत श्रावणतुल्य निर्भरे ॥
रामचन्द्रे यथादर अनिद्राते रहि प्रभु ।
बहु दुःखे अवस्थाने वनवासे निरन्तर ॥
रक्षित येन शावक पक्षपुटे सुखाश्रये ।
क्षणे कार्ये बहिर्गमे हरे सर्प यथामत ॥
प्रत्यागमे पुनः नीड़े किंवा दुःख सुपालके ।
स्मरि एतद् सकातर अश्रुजल बहिर्गत ॥
मम चित्त प्रहर्षिते माया ज्ञात तथापिह ।
मृग वधे समुद्यम धनु हस्ते बहिर्गत ॥
अहं नारी विमूढ़त्त्वे कहि वाक्य पुनः पुनः ।
राघवे करि लांछना करि वाक्ये अमानन ॥
कुवाक्य कहि लक्ष्मणे करि गृह बहिष्कृत ।
योगी भ्रमे शरात्यये यद् कृत अवहेलने ॥
एतद् वाक्य मने स्मरि पुनः अश्रु बहिर्गत ।
क्रीडाते सह लक्ष्मण यद्रूप नित्य मोदित ॥
मम कार्य अनुष्ठिते मम हर्ष प्रवर्धिते ।
रामानुजे सदा यत्न सुख स्मृति समुद्भवे ॥
एतद् सुख प्रवंचित पुनः अश्रु बहिर्गत ।
सर्व त्यागी अरिन्दम सेवक श्रेष्ठ लक्ष्मण ॥
आत्म सुख परित्यजि मम सेवा परायण ।
एतद् स्मृति समुद्भवे पुनः अश्रु बहिर्गत ॥
अयोध्या नगरी मध्ये कौशल्या साश्रुधी स्मरि ।
भग्नीकुल मने स्मरि पुनः अश्रु बहिर्गत ॥
श्रावणे मेघ येमति वर्षे धारा क्षणे क्षणे ।
एतन्मत बहिर्गत अश्रुधारा पुनः पुन ॥
केह किं नाहि रक्षिते मत् संकटे सहायके ।
एतद् चिन्ता समागमे स्मरि सर्व निराश्रय ॥

के रक्षिवे नभ:स्थले स्मरि अश्रु बहिर्गत ।
शब्दहीन भये कण्ठ स्तब्ध स्थिर रथान्तरे ॥
चले रथ अति द्रुत विज्ञात रथ कम्पने ।
चले रामे परित्यजि सीता शोक परायणा ॥
अनुभवे अकस्माते विषमे गति पुष्पके ।
सीता पार्श्व परित्यजि समुत्थित दशानन ॥
यद् श्रुत घोर गर्जन रक्ष: शत्रु समागमे ।
आक्रमित यथा रथ स्यन्दने विषमे गति ॥
टंकारिल धनुर्गुण लंकेश्वर दशानन ।
आरम्भिल महायुद्ध राक्षसारि महाबली ॥
एतन्मत पुन: पुन: गर्जे बली क्रमागत ।
विज्ञात जानकी स्वरे प्रति योद्धा विहंगम ॥
हानिया विषमाघात गतिच्युत करे रथे ।
गर्जमान विहंगम कहे निन्दि दशानने ॥
पर:दारे पुन: गति ओरे दुष्ट निशाचर ।
तोरइ पापे महादु:ख परिपूर्ण महीतले ॥
एतद् वाक्य यथाश्रुता सीतादेवी तथास्थले ।
धर्मवन्त विहंगमे उच्चनादे कहे इहा ॥

सीता वचन

सूर्यवंशे समुद्भवे दशरथ नराधिप ।
ज्येष्ठ पुत्र यथा राम वनवासे समागत ॥
रामचन्द्रेर्वधु स्वयं जनक दुहिता स्मर ।
योगीवेशे प्रवेशिल दुष्ट रक्ष: ममालये ॥
एकाकिनी यवे गृहे हरे बले दशानन ।
एतद् शास्ति प्रदानह धर्मवन्त विहंगम ॥
असीम राघव कृपा लभिवे तुमि निश्चय ।
रामे प्रत्यर्पणे सीता रक्ष: केवल मोचने ॥

वाल्मीकि वचन

एतद् वाक्य यथाश्रुत अति क्षुब्ध विहंगम ।
परिचय प्रदानिया सीता प्रति कहे बली ॥
गरुड नन्दन स्वयं जटायु नाम वर्णित ।
दशरथ सखा मम पुत्र-राका मने स्मरि ॥
पुत्रवधू यथा तुमि उद्धारिव महारणे ।
क्षणकाल रह स्थिर लंकेश्वरे विनाशिव ॥
एतद् वाक्य समायुत युद्धरत तथापिह ।
करि आलापने तुष्ट रथस्थ भीत जानकी ॥
वाक्य मात्र समापने गर्जे घोरे विहंगम ।
रावण सह संग्रामे पूर्णतेज प्रयोगिल ॥
पक्षाघाते प्रवाहित वायु घोर महास्वने ।
झंझा रव यथामत युद्धे वेग विहंगमे ॥
विपदे हेरि आश्रय श्वशुरे प्रिय बांधव ।
सीता हर्ष समायुत जय चिन्ति विहंगमे ॥

दशमुंडे पराजय मुंडपात स्मर त्वरा ।
यथारम्भ महायुद्ध घोरस्वने परस्परे ॥
कतक्षणे अरिन्दम तुंडाघाते पराक्रमे ।
सारथी तद् निपातिलं शिरच्छेदि महीतले ॥
सारथी शून्य पुष्पक तुंडाघाते विचंचल ।
लागिल भ्रमिते रथ विषम गति चक्रते ॥
नारे रक्षः निवारिवे भीत सीता निरीक्षणे ।
अवतीर्ण महीतले रथ सह दशानन ॥
त्यजि सीता धरातले उठे पुनः नभःस्थले ।
आरम्भिल महायुद्ध रावण रथ चालने ॥
एतद् रूपे महायुद्ध बहुक्षण परस्परे ।
रक्षःराज तदंतरे हाने क्रोधे महाशर ॥
धरे तुंडे महाबली नष्टे पद प्रचापने ।
तुंडाघाते क्रमागत करे क्षत दशानने ॥
शोणिताक्त कलेवरे अति क्रुद्ध निशाचर ।
नियुक्त शर घातने करका तुल्य वर्षणे ॥
पक्षापरि शिर स्वयं अग्रसरे विहंगम ।
अक्षत शर घातने रथमध्ये प्रवेशिल ॥
रथान्तरे प्रवेशिया तुंडाघाते करे क्षत ।
रावण अति वेदने खड्ग हस्ते परिग्रहे ॥
धृत खड्ग महाक्रोधे धनुर्बाण परित्यजि ।
जटायु प्रति यद्काले मुंडच्छेदे समुद्यत ॥
कुपित पक्ष घातने करे खड्ग विदूरित ।
पुनः खड्ग परिग्रहि आरक्त विंशलोचन ॥
लक्ष्यि पक्षे महाघात कृत त्वरा दशानन ।
छेद्य पक्ष विहंगम निपतित महीतले ॥
युद्धे जयी दशानन अवतीर्ण धरातले ।
रावण खड्ग घातने यवे पक्षी निपातित ॥
कातर हेरि जानकी पक्षी रणे पराजित ।
जटायु प्रति संक्षोभे एतद् वाक्य कहे शुन ॥
दुर्भाग्य मम निश्चय पितृतुल्य विहंगम ।
आत्मदाने महारण कर अद्य महाबली ॥
निश्चय देवता वृंद प्रसन्न रावणप्रति ।
एतद् अद्य प्रमाणित युद्धे बल समीक्षित ॥
यथा तुच्छ दशानन तिष्ठिते तव आहवे ।
तवु हेर जयी रक्षः देव कृपा समाश्रित ॥

जटायु वचन

यद्यपि समरे अद्य अहं सीता पराजित ।
तवुह कहि ए वाक्य हवे दुष्ट निपातित ॥
हवे कार्य यथाकाले किञ्चित् दिवा रह स्थिर ।
रहिव आमि एस्थले रामागम यतक्षण ॥
संवाद दानि राघवे हवे त्यक्त कलेवर ।
रक्षः वंश करि ध्वंस तव मुक्ति सुनिश्चय ॥

अद्य काले रह स्थिर　　रक्षालये स्वसंयते ।
उपनीत हवे राम　　रावण ध्वंस कारणे ॥

वाल्मीकि वचन

जटायु कहि एरूप　　मृत्यु श्वासे सकातर ।
नहे शक्य अतःपरे　　कहे वाक्य विहंगम ॥
युद्धे जटायु पतिताहत छेद्य पक्षे　　यद्वत गतासु सम रावण खड्गाघाते ।
सीता विषन्न निरखे अवसन्न चित्ते　　विध्वस्त शेष अवलम्बन सर्व आशा ॥

– इति श्रीमद्देवायण ब्रह्मकल्पे तृतीय खण्डे राम मण्डलान्तर्गतः रामायण वर्गे अरण्ये काण्डे रावण जटायु युद्ध ओ जटायु आहत वार्ता नामः त्रयोविंश सर्ग ।

— ✯ —

॥ चतुर्विंश सर्ग ॥

वाल्मीकि वचन

एस्थले रक्षः रावण　　रथारूढ़ करे पुनः ।
सारथी शून्य आपनि　　रत रथ प्रचालने ॥
जटायु चरणे नमि　　सीतादेवी रहे स्थिर ।
श्रावण तुल्य निर्झरे　　शोक धारा क्रमागत ॥
जटायु क्षतविक्षत　　मृत्युमुखे निपातित ।
यदि राम समागमे　　पूर्वे त्यक्त कलेवर ॥
के संवाद प्रदानिवे　　रामपार्श्वे अतःपरे ।
हे जलद महाध्वनि　　कर अद्य कृपाभरे ॥
कह हे व्रज निर्घोषे　　एसो राम त्वरित गति ।
लंकेश्वर हरे अद्य　　तव सीता निरीक्षह ॥
हे पृथिवी जननी मम　　कह स्वीय प्रकम्पने ।
जाग्रत करि राघवे　　सत्य वार्ता यथा त्वरित ॥
भूकम्पने सचेतन　　शुनिवे वीर राघव ।
लंकेश्वर हरे अद्य　　तव सीता निरीक्षह ॥
शुनह सर्व खेचर　　कह रामे त्वरित गति ।
जटायु गरुडात्मज　　करि युद्धे पराजित ॥
रावण दुष्ट राक्षस　　तव सीता परिग्रहे ।
सीता हेतु दिल प्राण　　वृद्धकाले विहंगम ॥
प्रभाती कल-नादने　　पक्षीकुल इहा कह ।
गेल दशरथे प्राण　　जटायु गत तद् परे ॥
ऋष्यमुख अतिक्रमे　　यवे द्रुत महारथ ।
हेरिला पंच वानर　　गिरि शिरे अवस्थित ॥
वानर नर बांधव　　एतद् वाक्य मने स्मरि ।
देहमुक्त अलंकार　　निक्षेपिल तथास्थले ॥
एतद् सह कहे वाक्य　　शुनह सर्व वानर ।
रामचन्द्रे प्रिया सीता　　लंकेश्वर परिग्रहे ॥
चले रथ महावेगे　　ऋष्यमुख परित्यजि ।
अलंकार पड़े भूमे　　सीता वाक्य नहे श्रुत ॥

यद्क्षेत्रे पवनात्मज पड़े एक तथास्थले ।
विक्षिप्त अन्य सर्वत्र पतित नूपुरद्वय ॥
श्रवणे नूपुरध्वनि चकित पवनात्मज ।
नूपुर हेरिया पार्श्वे ऊर्ध्व दृष्टि निरीक्षिल ॥
नूपुर धरिया हस्ते हनुमान समुत्थित ।
सुग्रीवाग्रे उपस्थिते एतद् वाक्य निवेदिल ॥

हनुमान वचन

शुनह वानराधिप हेर कार्य दशानने ।
पुनर्वार परिग्रहे पर:दार दुराशय ॥
यदि आज्ञा प्रदानह आक्रमिया निशाचरे ।
करि मुक्त तथा स्त्रीय दुष्टे शास्ति प्रदानिया ॥

सुग्रीव वचन

उपयुक्त नहे काल रावणसह आहवे ।
मोरा सर्वे लुकायित बाली कोपे मने स्मर ॥
रावणसह संग्रामे हवे बाली उपस्थित ।
मैत्री सूत्र हवे इथे बालीते रावणे शुन ॥
अतएव रह स्थिर रह काल अपेक्षिते ।
नूपुर राखह यत्ने देख केवा समागत ॥

वाल्मीकि वचन

एतद् वाक्य यथाश्रुत हनु कार्य तथामत ।
चले सिंधु अतिक्रमि यवे शुन महारथ ॥
जटायु पुत्र संदीप लंकातीरे अवस्थित ।
रावण स्यन्दनान्तरे हेरि नारी चमत्कृत ॥
पुनर्वार करे चुरि पर:दार दशानन ।
एतद् वाक्य मने स्मरि रथ पार्श्वे उपस्थित ॥
गरुडतुल्य तद् योद्धा रावण भीति कारक ।
तद् संदीप समागमे कहे वाक्य त्वरितगति ॥

रावण वचन

देह पथ महाबली वृथा द्वन्द्व किं कारणे ।
तव भक्ष्ये किंवा विघ्न भ्रम इच्छा मनोमत ॥
भक्ष्यमात्र मने स्मर पुरुष रमणी कुल ।
संगृहीत यथाभोज्य चलि स्वयं निजालये ॥
लह मम नमस्कार द्वन्द्वे किंवा प्रयोजन ।
तुमि श्रेष्ठ महाबली एतद् सत्य सुनिश्चय ॥

वाल्मीकि वचन

एतद् वाक्य यथा श्रुत संदीप तुष्ट अन्तरे ।
पितृ वार्ता नहे ज्ञात दानिल पथ रावणे ॥
रावण द्रुत चालने चले पक्षी अतिक्रमि ।
अशोक काननोत्तमे त्वरित रक्ष: प्रवेशिल ॥
सेथा सीता सुरक्षणे स्त्रीयरक्षी समावृत ।
रहे काल अपेक्षिते अन्य सर्वे यथा कृत ॥

एस्थले राघव ज्येष्ठ माया-मृग निपातिया ।
हेरिल रक्षः मारीचे एतद् कार्य अनुष्ठित ॥
मायाध्वनि करे घन शुनि राम चमत्कृत ।
लक्ष्मण कुटिर त्यागे करि शंका त्वरितगति ॥
विपद्छाया चतुर्दिके इथे राम निरीक्षिल ।
अतएव त्वरितपदे धावित कुटिर प्रति ॥
अर्धपथे समागमे लक्ष्मणे हेरि राघव ।
अत्यंत चित्त विस्मये जिज्ञासिल इहा शुन ॥

राम वचन

हे लक्ष्मण किं कारणे एले गृह परित्यजि ।
राखि सीता महारण्ये एकाकिनी तथा स्थले ॥

वाल्मीकि वचन

लक्ष्मण उत्तरे वाक्य सीता आज्ञा सुपालने ।
तव विपद् सहायके गृह त्यजि बहिर्गत ॥

राम वचन

रक्षःमाया चतुर्दिके मृग एतद् नहे शुन ।
आगत दुष्ट मारीच मृगरूप विधारणे ॥

लक्ष्मण वचन

ए संदेह मनोद्गत पूर्व हते ममप्रति ।
केवल मैथिली वाक्ये गृह त्यजि बहिर्गत ॥

राम वचन

स्वल्प बुद्धि यथास्त्रीय बुद्धिश्रेष्ठ तथा तुमि ।
किं बुद्धिते अनुष्ठिले हे लक्ष्मण इहा कह ॥

लक्ष्मण वचन

मातृ आज्ञा यथामत सीता वाक्य मने स्मरि ।
यद्कृत शर-पंजर गृह त्यजि बहिर्गत ॥

वाल्मीकि वचन

श्रवणे शर-पंजर तुष्ट राम अतःपरे ।
चल त्वरित निरीक्षिव कुटिरे किं परिस्थिति ॥
एतद् वाक्य यथा उक्त चले उभे त्वरितगति ।
स्व-कुटिरे कतक्षणे हल उभे उपस्थित ॥
प्रवेशि कुटिरे त्वरा नाहि सीता निरीक्षिल ।
शंकित अन्तरे उभे सन्धानिल चतुर्दिके ॥
सीता सीता करि ध्वनि सन्धाने राघव स्वयं ।
नीता नीता प्रतिध्वनि राम कर्णे प्रवेशिल ॥
चले गोदावरी तटे सन्धान करिते उभे ।
सीता सीता करे ध्वनि रामचन्द्र तथास्थले ॥

श्रुत गोदावरी स्वने नीता नीता प्रतिध्वनि ।
राघव अति कातर अश्रुपूर्ण सुलोचन ॥
राघवे हेरिया अश्रु लक्ष्मणाश्रु बहिर्गत ।
एतद् वाक्य निवेदिल राम पार्श्वे अत:परे ॥

लक्ष्मण वचन

हे अग्रज कर क्षमा मम त्रुटि समुद्भवे ।
घटे एतद् विपर्यय हेरि स्वयं चतुर्दिके ॥
कुटिरे कर विश्राम तुमि श्रांत मने स्मरि ।
यदि एतद् महारण्ये सन्धानिव यथा त्वरित ॥

राम वचन

किंवा त्रुटि तव प्रति सर्व भाग्य ममप्रति ।
अन्वेशिव चतुर्दिके चल उभे वने वने ॥
बारम्बार कहे मन: धरे सीता निशाचरे ।
प्रत्यय तवु ना चित्ते भावना वर्धित क्रमे ॥

लक्ष्मण वचन

किं प्रकारे प्रवेशिल राक्षस शर-पंजरे ।
त्यजिया शर-पंजर स्वयंदेवी बहिर्गत ॥
एतद् हेतु मने स्मरि प्रसून चयने यदि ।
किञ्चित् दूरे अवस्थिता चल अन्वेषिव त्वरा ॥
सीता परिग्रहि दशानन गेल लंका मारीच रक्ष: वधि शीघ्र विदूरि माया ।
दर्शे सलक्ष्मण गृहे जनशून्य दु:खे प्रत्यागमे दशरथात्मज रामचन्द्र ॥

– इति श्रीमद्देवायण ब्रह्मकल्पे तृतीय खण्डे राम मण्डलान्तर्गत: रामायण वर्गे अरण्ये काण्डे राम कर्त्तृक कुटिर शून्य दर्शने सीता सन्धानोद्यम वार्ता नाम: चतुर्विंश सर्ग ।

— ✯ —

॥ पंचविंश सर्ग ॥

वाल्मीकि वचन

एतद् वाक्य यथा उक्त गोदावरी तटे त्यजि ।
पुन: वने प्रवेशिल राघव सह लक्ष्मण ॥
कुटिराग्रे उपस्थिते रथ चिह्न समीक्षित ।
चिन्तिल उभये एवे रथी केह समागत ॥
आछिल भ्रमिते सीता एतद्स्थले मने स्मरि ।
हवे दुष्ट रथारूढ़ हवे छले सुकौशले ॥
करि वाक्य सुकौशल जानकी मन मोहने ।
करि सीता रथारूढ़ करे दुष्ट पलायन ॥
एतन्मत करे कार्य ममद्वेषी निशाचरे ।
अथवा रावणागत सूर्पणखा प्रचालने ॥
एतद् रूप मने स्मरि रथ चिह्न अनुक्रमे ।
वन पथे क्रमे क्रमे अग्रसरे अत:परे ॥
किञ्चित् पथ समागमे चिह्न लुप्त निरीक्षिल ।
कहिल लक्ष्मण प्रति रामचन्द्र तथास्थले ॥

राम वचन

एतद् क्षेत्रे रथी देख उठे त्वरित नभःस्थले ।
गभीर खनने भूमि एतद् सत्य प्रमाणित ॥

लक्ष्मण वचन

शाखा चूर्ण समीक्षित हवे सत्य सुनिश्चय ।
एतद् स्थले करे गति ऊर्ध्व पथे प्रमाणित ॥
याम्यभागे करे गति शाखा भंगे समीक्षित ।
दक्षभागे निपातित सर्व शाखा यथायथ ॥

राम वचन

चल हे दक्षिण प्रति सन्धान यदि वा लभि ।
अश्रुसिक्त यथा राम रामानुज तथामत ॥

वाल्मीकि वचन

वनपथे चले उभे याम्यदिक निरीक्षिया ।
योजनेक अतिक्रमि रामानुज कहे इहा ॥

लक्ष्मण वचन

हे अग्रज निरीक्षह युद्ध-चिह्न पुरःसरे ।
निर्मूल बहु शाखाते मुंडन कृत पादप ॥
अग्रसरि तथास्थले किंवा सत्य निरीक्षिव ।
किं कारणे किंवा युद्ध कार द्वारा अनुष्ठित ॥

वाल्मीकि वचन

युक्तियुक्त विवेचने अग्रसरे तथास्थले ।
दृष्ट तथा समागमे रक्त चिह्न चतुर्दिके ॥
किञ्चित् दूरे निरीक्षिल बृहत् पक्ष निपातित ।
पक्षी पक्ष द्विखंडित अपर समर स्मरि ॥
किञ्चित् दूरे निरीक्षिल बृहत पक्षी निपातित ।
पक्षीपार्श्वे समागमे मृतप्राय निरीक्षिल ॥
पक्ष छिन्न विहंगम छिल प्राय अचेतन ।
रामचन्द्र करि स्पर्श प्राण चिह्न निरीक्षिल ॥
रामस्पर्शे सचेतन करे चक्षु विमोचन ।
कह केवा समागत जिज्ञासिल विहंगम ॥

राम वचन

अयोध्या नगरीवासी राम दशरथात्मज ।
पितृसत्य सुपालने अहं वने समागत ॥
किंवा नाम महाबली किंवा युद्ध अनुष्ठिले ।
कतक्षण पराजित एतद् रूपे अवस्थित ॥

जटायु वचन

जटायु नाम वर्णित गरुड नन्दन स्मर ।
रावण सह संग्रामे अहं अद्य पराजित ॥

सीता नामे तव प्रिया रथारूढ़ हरे यवे ।
अज्ञात सर्वतो स्वयं आक्रमिणु तथापिह ॥
पर:दार करे दुष्ट दुराचारी दशानन ।
पुनश्च रमणी दर्शि रथमध्ये नभ: स्थित ॥
असह्य हृदि वेदने आक्रमिणु दशानने ।
पुन: कारे प्रवंचिल प्रियाप्रेमे दुराशय ॥
आक्रमिणु यवे रथ रथस्था जानकी कहे ।
अहं दशरथात्मज राम-वधू मने स्मर ॥
क्षुभित श्रवणे स्वयं उत्तरिनु इहा शुन ।
पुत्रवधू यथा तुमि सखा दशरथे स्वयं ॥
क्षणकाले रह स्थिर निपातिव दशानने ।
आरम्भिनु अत:परे घोरतर महारण ॥
तुंडाघाते करि छेद सारथी मुंड दर्शह ।
नारे रक्ष: निवारिते चलिल विषमे रथ ॥
ए कारणे विपद्ग्रस्त राखि सीता महीतले ।
आक्रमिल भयंकर शर-जाले चतुर्दिके ॥
आमिह करि कौशल रथमध्ये प्रवेशिनु ।
रावणे करि विक्षत तुंडाघाते क्रमागत ॥
खड्गाघाते अत:परे पक्षच्छेद करे मम ।
भूतले लुंठित स्वयं वधू सीता कहे इहा ॥
मम हेतु महायुद्धे तुमि देव पराजित ।
पुनश्च रावणाकर्षे किं करिव महाबली ॥
लह मम नमस्कार कहे अश्रु समन्विता ।
पुत्रवधू स्वयं वृद्ध उद्धारिते नहे क्षम ॥
एतद् क्षोभे करि स्थिति राम समागम स्मरि ।
सीता वार्ता प्रदानिते अन्तकाल तथापिह ॥
मृत्यु युद्धे रहि स्थिर सर्वतेज प्रदानिया ।
एवे कार्य समापित परित्यजि कलेवर ॥
चैतन्यलब्ध मृततुल्य जटायु पक्षी स्पर्श प्रभावित पलाशपाणि रामे ।
सीता दशानन हरे कहि युद्ध वार्ता कालक्षये पितृसखा गति दिव्यदेहे ॥

- इति श्रीमद्देवायण ब्रह्मकल्पे तृतीय खण्डे राम मण्डलान्तर्गत: रामायण वर्गे अरण्ये काण्डे जटायु-राम साक्षात्कार नाम: पंचविंश सर्ग ।

— ✯ —

॥ षड्विंश सर्ग ॥

वाल्मीकि वचन

कहि एतद् विहंगम परित्यजे कलेवर ।
असार अंग तद् क्षेत्रे रहे मात्र अवस्थित ॥
दशानन हरे सीता एतद् तथ्य परिष्कृत ।
व्यवधाने महासिंधु लंकावासी निशाचर ॥
यद् जटायु परित्यक्त पुरोभागे कलेवर ।
पितृतुल्य समादरे उभे स्कंधे परिग्रहे ॥
गोदावरी तटागमे करे अग्नि समीद्धित ।
दाह कार्य समापिल पितृसखा विहंगमे ॥

अन्तक्रिया समापिया शोकार्त राम लक्ष्मण ।
हे पक्षी प्रिय बांधव पितृसखा पितासम ॥
आत्मोत्सर्ग यथाकृत मम कार्ये महारणे ।
जटायु बांधवोत्तम पितृसखा विहंगम ॥
रह नित्य स्वरालये भौतिक देह वर्जित ।
दिव्यदेह विधारणे होक पुण्य परागति ॥
कहि एतद् जलांजलि क्षुब्ध राम प्रदानिते ।
गोदावरी तटे यवे पिंडुदाने समायुत ॥
पुनः पक्षी प्रकाशित दिव्यतनु विधारणे ।
रामचन्द्रे कहे वाक्य एतद् स्नेह प्रकाशिया ॥

जटायु वचन

हे राम कर दर्शन पिंडप्राप्त यथास्वयं ।
एवे शोक परित्यजि मम प्रति निरीक्षह ॥
राम पुण्य तव स्पर्शे परागति ममप्रति ।
पक्षीजन्म अतिक्रमि दिव्यदेह परिग्रहि ॥
महाभाग्य ममप्रति लब्ध स्पर्श यथा तव ।
पुनर्जन्म नहे मम राम साक्षात् जगत्पति ॥
जीवजन्म किंवा काम्य इत्याधिक अतःपरे ।
मुक्तिदाने यथा स्वयं भगवान उपस्थिते ॥
किञ्चित् कार्य यथा पुरा ममकृत अनुष्ठित ।
अहो एतद् महत् फले मम मुक्ति प्रदायक ॥
दशरथ नराधिप शनि-युद्धे नभःच्युत ।
रथाश्व नष्ट सम्राटे शनि कोप विदाहित ॥
एतद् रथ निपातने मम पृष्ठे विधारित ।
रथसह पुनर्वार शनि अग्रे उपस्थित ॥
दशरथ पुनर्युद्धे करे शनि पराजित ।
युद्धे जयी महीपाल करे सख्य मम प्रति ॥
एतद् सख्य मने स्मरि रक्षिते जानकी स्वयं ।
करि प्राणपणे युद्ध आत्मत्यागे पराजित ॥
एतद् कार्ये महत् पुण्य दिव्यगति मम प्रति ।
हे राघव यथा शोक तुमि एवे परित्यज ॥

वाल्मीकि वचन

जटायु दर्शने पुनः विस्मित राम लक्ष्मण ।
दिव्यद्युति समुज्ज्वल दिव्यदेह स्मिताधर ॥
जटायु गति उत्तमे सम्प्रीत राम लक्ष्मण ।
सर्व शोक परित्यक्त एतद् राम निवेदिल ॥

राम वचन

लाघव मम वेदना हेरि तव परागति ।
रह नित्य स्वरालये एतद् काम्य ममान्तरे ॥
स्वेच्छाते तुमि यद्यपि पितृसखा पिता तुमि ।
मम हेतु महायुद्धे दिले प्राण अकातरे ॥

तव प्रीति अनुष्ठाने किंवा कार्य अनुष्ठिव ।
तव तृप्ति यथामत करि एतद् समुद्यम ॥

जटायु वचन

मम तृप्ति यथामत प्रकाशि शुन राघव ।
उद्धार कर जानकी त्वरित रक्षः विमर्दने ॥
नित्य रत दुराचारे अति दुष्ट दशानन ।
देववृंद हवे प्रीत एतद् दुष्ट विनाशिले ॥
वैदेही सर्व दुःखिता रक्षालये रवे शुन ।
सत्वरे कर उद्धार मम तृप्ति हवे इथे ॥

राम वचन

दुराचारी यथा दुष्ट दाने पीड़ा बले यदि ।
जानकी त्यजिवे तनु वृथा युद्ध अतःपरे ॥

जटायु वचन

निश्चिंते रह राघव अभिशप्त दशानन ।
ना स्पर्शिवे कदाचन स्वयं बल प्रकाशिया ॥
एतद् तथ्य हवे ज्ञात जाह ऋष्यमुखे तुमि ।
लभिवे तव बांधव किष्किंध्या ख्यात ए स्थल ॥
एतद् मित्र समावृत सीता उद्धारह त्वरा ।
सौहार्द्द बांधव श्रेष्ठ अरण्ये पंच वानर ॥

वाल्मीकि वचन

कहिते कहिते वाक्य पक्षीवर तिरोहित ।
अश्रुपूर्ण यथा राम गोदावरी तट त्यजि ॥
किष्किंध्या काननागत एतद् वाक्य मने स्मरि ।
चले ऋष्यमुख स्मरि यन्निर्देश विहंगमे ॥
किञ्चित् पथ अतिक्रमि ऋष्यमुख निरीक्षिल ।
जिज्ञासि पथिके क्रमे चले द्रुत तथास्थले ॥
गिरिमूले कतक्षणे भ्राताद्वय उपस्थित ।
तद् शृंगारोहने रत दुर्गम पथ पर्वते ॥
शोकतप्त यथा राम रामानुज तथामत ।
रत शृंगे समुत्थाने अवहेलि परिश्रम ॥
सत्कार कार्य करि देह विहंगराजे निर्देशलब्ध यदि ऋष्यमुखे सुयात्रा ।
सीता सुलाभ पथ मोचित दुष्ट दुःखे धैर्ये वसन्ततिलके नयनाश्रु शोके ॥

- इति श्रीमद्देवायण ब्रह्मकल्पे तृतीय खण्डे राम मण्डलान्तर्गतः रामायण वर्गे अरण्ये काण्डे जटायु सत्कार ओ ऋष्यमुखे गमन वार्ता कथन नामः षड्विंश सर्ग ।

॥ अरण्य काण्ड समाप्त ॥

— ✯ —

॥ रामायण वर्ग ॥

॥ किष्किंध्या काण्ड ॥

॥ प्रथम सर्ग ॥

वाल्मीकि वचन

ऋष्यशृंगे क्रमे क्रमे उत्थित राम लक्ष्मण ।
समारोहि कतक्षणे एकस्थले समीक्षित ॥
सुवर्ण कुंडल द्वय पथपार्श्वे समुज्वल ।
अत्याश्चर्य तथा राम रामानुज तथामत ॥
वैदेही कर्ण कुंडल मणि मुक्ता समन्वित ।
रामचन्द्र परिज्ञात शोकतप्त कहे इहा ॥

राम वचन

हे लक्ष्मण निरीक्षह वैदेही कर्णकुंडल ।
निक्षेपे अति कातरा पथ-वार्ता प्रदर्शने ॥
एतद् पथे करे गति लंकेश्वर दशानन ।
वैदेही भय विह्वला निक्षेपिल इतस्तत ॥

वाल्मीकि वचन

साग्रहे निरखे उभे शोक-तप्त परस्परे ।
अलंकार यथाप्राप्त बहु स्मृति मनोदित ॥
क्रीडासक्ता यवे सीता घर्मसिक्त कलेवरा ।
गंड स्पर्श सुशोभित एतद् कर्ण-सुकुंडल ॥
घर्मसिक्त ललाटे तद् केशगुच्छ समायुत ।
दुलित कुंडलद्वय घनश्वासे निरन्तर ॥
उल्लासिता यवे सीता क्रीडामोद सुकौतुके ।
दुलित अति सुंदर गंडस्पर्श पुनः पुनः ॥
यद् कृत नित्य चिह्नित कुंडल राम जानुते ।
ध्यानासीन यवे राम रात्रिव्यापी रहे स्थिर ॥
सीता निद्रा अचेतन शिरे जानु निवेशिया ।
निद्रित आत्म निद्राते अत्यंत आत्म निर्भरे ॥
पुनः यवे समुत्थिता गत निद्रा सचेतन ।
लज्जित भाव कुंडले गंडस्पर्शि पुनः पुनः ॥
यवे भीता महारणे लक्ष्मण प्राण कातरा ।
मम हस्त विधारणे दुलित कुंडलद्वय ॥
एतद् स्मृति पुनः पुनः व्यथित राम लक्ष्मण ।
बहु कार्ये पथे पथे सुखे दुःखे निरन्तर ॥
क्षोभयुक्त तथास्थले राघव सह लक्ष्मण ।
पूर्व स्मृति मनोदित एके एके क्रमे क्रमे ॥
यद् स्मृति मनोदित तद् दुःख समुद्भवे ।
गति स्तब्ध तथास्थले करे क्षोभ परस्परे ॥

राम वचन

हे लक्ष्मण इहा शुन यथा क्षोभ मनोदित ।
पुरुष किं कहे एतद् नारे पत्नी सुरक्षिते ॥

देखह मम दुर्भाग्य	राज्यधने प्रवंचित ।
पितृसत्य सुपालने	भ्रमि वने सगौरवे ॥
मम पत्नी अपालित	सर्व सुखे प्रवंचिता ।
मम आस्य निरीक्षिया	करित काल यापन ॥
सीता त्रुटि किंवा कहि	मृग इच्छा प्रकाशिले ।
मम पार्श्वे किं चाहित	भावह तुमि लक्ष्मण ॥
पति पार्श्वे सती सर्व	कहे बहु समादरे ।
रत्न धन सुखोद्भवे	यथा इच्छा मनोमत ॥
मम पार्श्वे किं चाहित	वैदेही कह लक्ष्मण ।
पुरुषतुल्य पार्श्वते	करित काल यापन ॥
वैदेही कारणे घटे	एतद् सर्व अमंगल ।
नहे सत्य इहा शुन	संघटे मम कारणे ॥
नारिनु रक्षिते पत्नी	पौरुषे किं ममप्रति ।
पत्नी सर्व सुपालित	सतत पुरुषाश्रये ॥

लक्ष्मण वचन

एतद् सर्व मम त्रुटि	नहे तव कदाचन ।
इच्छिल जानकी यवे	मृग लाभे ममप्रति ॥
यद्यपि आमि तद्काले	गृहत्यजि बहिर्गत ।
ना घटित इहा कभु	निश्चय कहि अग्रज ॥
हत भिन्न परिस्थिति	एवे स्वयं मने स्मरि ।
यद्यपि कुहक-ध्वनि	करित दुष्ट राक्षसे ॥
सीता सह गृहत्यजि	चलिते तुमि राघव ।
यदि सीता सदा पार्श्वे	ना घटित इहा कभु ॥

राम वचन

केमने कहि लक्ष्मण	ना घटित इहा कभु ।
हत अन्य परिस्थिति	भाग्यलिपि यथामत ॥

वाल्मीकि वचन

एतद् रूप समालोचि	शोकतप्त परस्परे ।
स्वीय त्रुटि निरीक्षिते	यवे व्यस्त उभे शुन ॥
अदूरे पवनात्मज	हेरिल राम लक्ष्मणे ।
हेरिया राघवे हनु	एतद् चिन्ता समायुत ॥
श्यामल वर्ण सुंदर	धनुर्बाण करे धृत ।
शोकतप्त तथापिह	दृढ़ वीर्य समन्वित ॥
गौर वर्ण यथा रूप	एतद् पार्श्वे अवस्थित ।
तुल्य वीर्य पराक्रमे	केवा दोहे समागत ॥
भ्रमित पवनात्मज	सतत गिरि दर्शने ।
बाली-चर प्रवेशित	यदि छले कदाचन ॥
करे हनु विताड़न	संदेह यदि अन्तरे ।
सुग्रीव प्रिय सेवक	एतद् चिन्ता समन्वित ॥
यद्यपि चर ना उभे	एतद् सत्य सुनिश्चय ।
धनुर्बाण तथापिह	करे धृत उपस्थित ॥
एतद् सत्य परिज्ञाते	अत्र स्थले चले त्वरा ।
किञ्चित् दूरे अवस्थाने	एतद् दृश्य निरीक्षिल ॥

कुंडल धारणे हस्ते करे क्षोभ परस्परे ।
पूर्व स्मृति मनोदित सहसा पवनात्मजे ॥
रथस्थ नूपुर च्युत मम पार्श्वे यथा पुरा ।
यथा कन्या हरे दुष्ट लंकेश्वर दशानन ॥
एतद् प्रिया हवे स्मरि हनुमान त्वरितगति ।
ये स्थले राम लक्ष्मण अत्र क्षेत्र उपस्थित ॥
सहसा मर्कटागमे लक्ष्मण अति कुपित ।
टंकारिल धनुर्गुण स-कोपे वानर प्रति ॥
मृगरूप विधारणे यथाकृत निशाचरे ।
सीता हारा यथा दुःखे रक्षः कार्ये निपतित ॥
पुनश्च राक्षसागत वानर-रूप धारणे ।
एतद् रूप मने स्मरि धनुर्बाण धरे बली ॥
धनुर्बाण करे धृत उत्थित यदि लक्ष्मण ।
रामचन्द्र कहे वाक्य धनुः शर निवारह ॥
कपिरूप निरीक्षह नहे द्वेषी मने स्मरि ।
शून्य हस्ते समागत एतद् रूपे विचारह ॥
नहे माया निशाचरे एतद् सत्ये निरीक्षह ।
टंकारिले धनुर्गुण रहे स्थिर यथास्थले ॥
एरूप साहसी नहे मायारूपे कदाचन ।
दुष्ट चित्त विचंचल एतद् सत्य मने स्मर ॥
भिन्न कार्ये समागत धनुर्बाण निवारह ।
निवारिया धनुर्बाण जिज्ञासह कपि प्रति ॥
एतद् वाक्य यथाश्रुत धनुर्बाण निवारिया ।
अग्रसरि चले किञ्चित् रामानुज कपि प्रति ॥
एतद् दृश्य निरीक्षिया चिन्तित पवनात्मज ।
बुद्धि ज्येष्ठ यथा श्याम आकर्ण अब्जलोचन ॥
गौर वर्णे निवारिल टंकारित यथा धनु ।
रामानुज ततक्षणे कपिपार्श्वे उपस्थित ॥

लक्ष्मण वचन

किंवा नाम इहा कह किं कारणे समागत ।
दृष्ट यद् वानराकृति सत्यरूप किंवा कह ॥

मारुति वचन

हनुमान समाख्यात पवन नन्दन स्मर ।
वानर कुलसम्भव सुग्रीवे नित्य सेवक ॥
किंवा नाम महाशय ऋष्यमुखे किं कारणे ।
सुग्रीवकृत रक्षित एतद् गिरि यथा स्मृति ॥

लक्ष्मण वचन

लक्ष्मण नाम वर्णित राजा दशरथात्मज ।
अयोध्या नगरी त्यजि वनवासे समागत ॥
पुरोभागे ममाग्रज श्यामवर्ण निरीक्षह ।
भ्रातृवधू यथा स्थित हरे श्रुत दशानन ॥
तद् सन्धाने परिभ्रमि मोरा अद्य चतुर्दिके ।
केमने लभि सन्धान कोथा सीता अवस्थिता ॥

मारुति वचन

किं प्रकारे परिज्ञात हरे सीता दशानन ।
किं प्रकारे हरे कह यथा दोहे महाबली ॥

लक्ष्मण वचन

मृगया कारणे भ्राता गृह त्यजि बहिर्गत ।
क्षण परे मम श्रुत भ्रातृ-स्वर वनांतरे ॥
हे लक्ष्मण त्वरित एसो विपद्ग्रस्त वने स्वयं ।
एतद् स्वर अनुक्रमि स्वयं वने प्रवेशिनु ॥
अर्ध पथे निरीक्षिणु रामचन्द्रे पुर:सरे ।
कहे राम निशाचरे मायाध्वनि यथाकृत ॥
ए वाक्य श्रवणे स्वयं प्रत्यागत गृहे त्वरा ।
प्रवेशि कुटीरे दृष्ट नाहि सीता तथास्थले ॥
भ्रमि मोरा अत:परे सन्धानिया चतुर्दिके ।
कोन स्थले नहे दृश्य सर्व स्थले परिभ्रमि ॥
रथ चिह्न निरीक्षिणु वनमध्ये अत:परे ।
एतद् पथ अनुक्रमि योजनेक अतिक्रमि ॥
योजनेक अतिक्रमि एकस्थले समीक्षित ।
निपातित विहंगम एक युद्धे पराजित ॥
गरुडनन्दन ख्यात जटायु नाम वर्णित ।
पितृ सखा यथा पक्षी जुझिल सह रावण ॥
स्ववार्द्धक्ये बल स्वल्पे पितृसखा विहंगम ।
रावणसह संग्रामे पक्षच्छेदे पराजित ॥
पितृतुल्य विहंगम इत्यादेश प्रदानिया ।
त्वरित त्यक्त कलेवर परलोके करे गति ॥
निश्चिंत रह राघव अभिशप्त दशानन ।
ना-स्पर्शिवे कदाचन सीता अंग स्वयं बले ॥
एतद् तथ्य हवे ज्ञात जाह ऋष्यमुखे तुमि ।
किष्किंध्या नाम ए स्थले लभिवे तव बांधव ॥
हेथा मित्र समावृत कर कार्य समुद्यम ।
परम प्रिय बांधव अरण्ये पंच वानर ॥
कहिते कहिते पक्षी हल शून्ये तिरोहित ।
हेथा मोरा समागत अन्वेशिया पथ क्रमे ॥

वाल्मीकि वचन

एतद् वाक्य यथाश्रुत हनु हर्ष समायुत ।
दानिया नूपुरद्वय एतद् वाक्य निवेदिल ॥

मारुति वचन

देखह नूपुरद्वय परिचित किंवा तव ।
रावण रथ विच्युत प्राप्त ऋष्यमुखे स्वयं ॥

वाल्मीकि वचन

यद् दृष्ट नूपुरद्वय लक्ष्मण शोक कातर ।
मंजीर दर्शने पुनः कहे वाक्य हनुप्रति ॥

लक्ष्मण वचन

हे मारुति परिज्ञात नूपुर जानकी प्रति ।
स्वयं हस्ते महाबाहु रामचन्द्रे प्रदानह ॥
अत्याधिक हवे तृप्त राम-हृदि सुनिश्चय ।
राघव अति कातर सीता-दुःखे निरीक्षिवे ॥
अग्रे ऋष्यमुख विशाल उच्च शृंगे यद् संदेह पवननन्दने अदूरे ।
साक्षात् लक्ष्मण हनुमान युक्त वार्ता जिज्ञासे परिचय सत्यहेतु लाभे ॥

– इति श्रीमद्देवायन ब्रह्मकल्पे तृतीय खण्डे राम मण्डलान्तर्गतः रामायण वर्गे किष्किंध्या काण्डे मारुति साक्षात्कार वार्ता नामः प्रथम सर्ग ।

— ✯ —

॥ द्वितीय सर्ग ॥

वाल्मीकि वचन

एतद् वाक्य यथाश्रुत लक्ष्मणसह आगत ।
निवेदि नूपुरद्वय रामपदे कहे इहा ॥

मारुति वचन

नमि रघु कुलाधिप देखह नूपुरद्वय ।
रावण रथ विच्युत ऋष्यमुखे निपातित ॥

वाल्मीकि वचन

नूपुर दर्शने राम पुनश्चः शोक विह्वल ।
लागिल झरिते अश्रु निर्झर भूधरे यथा ॥
सम्वरिया क्षणान्तरे कहिल अब्जलोचन ।
निश्चय तुमि बांधव प्रासधन प्रदानिले ॥

मारुति वचन

सुग्रीव तव बांधव चल राम निरीक्षिवे ।
सुग्रीवे सेवक स्वयं परिचय इहा मम ॥
किष्किंध्यापति सुग्रीव राज्य धने विताड़ित ।
स्वीय पत्नी प्रवंचित ऋष्यमुखे रहे दुःखे ॥
सुग्रीव सम वेदना लभिवे तुमि राघव ।
कपीश सैन्य साहाय्ये लभिवे जानकी तव ॥

वाल्मीकि वचन

गभीर तमसे येन किञ्चित् आलो प्रकाशिल ।
मारुति वचने राम उत्साहित यथा मन् ॥
करि वक्षे भुजाश्लेष हनुप्रति समादरे ।
एतद् वाक्य कहे राम श्यामल अब्जलोचन ॥

राम वचन

परिचय किंवा तव किंवा आख्या तव प्रति ।
परम प्रिय बांधव वानर-रूप देवता ॥

मारुति वचन

अंजना गर्भसम्भव पवन नन्दन स्मर ।
हनुमान समाख्यात सुग्रीवे नित्य सेवक ॥

राम वचन

देवपुत्र यथा तुमि देवरूप महीतले ।
पवन तेजसे जात विधृत वानराकृति ॥
वायुतुल्य महावीर्ये हनुमान महाबली ।
किं जन्म कह सुग्रीवे शुनि इच्छा अत:परे ॥

मारुति वचन

किष्किंध्यापति पूर्वते कपिराज वृषाकपि ।
एतद् गृहे लभे जन्म बाली यद् सूर्यनन्दन ॥
तद् परे जात सुग्रीव इन्द्र तेजे महीतले ।
सुग्रीव इन्द्रनन्दन सर्व ख्यात इहा शुन ॥

राम वचन

देवेन्द्र पुत्र सुग्रीव ऋष्यमुखे अवस्थित ।
राज्यहारा किं कारणे से तथ्य कह मारुति ॥

मारुति वचन

अतीत काहिनी एतद् शुनह कहि राघव ।
एकदा दानवाह्वे राजा बाली बहिर्गत ॥
यद् दृष्ट भ्रातृ सौहार्द सर्व जने सविस्मय ।
आछिल प्रणयाबद्ध भ्रातृप्रेमे परस्परे ॥
दानव समरे चले यवे बाली महाबली ।
तद् पश्चाते गदा हस्ते सुग्रीवह चले द्रुत ॥
बाली-युद्धे पराजित करे दैत्य पलायन ।
दानव प्रति धावने पृथ्वीरंध्रे प्रवेशिल ॥
सुग्रीव करिल स्थिति द्वादश वर्षावधि ।
प्रत्यागत नहे तवु हेरि बाली तदन्तरे ॥
शोणित दर्शने रंध्रे बाली वध मने स्मरे ।
रंध्रमुखे प्रचापिल बृहतेक महीधर ॥
किष्किंध्याते प्रचारित एतद् वार्ता यथायथ ।
सचिववृंद से स्थले मंत्रणा करि तद् परे ॥
राज्यपद प्रदानिल सुग्रीवे सर्व वानरे ।
कियत् वर्ष अत:परे पुन: बाली समागत ॥
राज्यपदे निरीक्षिया सुग्रीव वध उद्यत ।
मोरा सर्वे निवारिते आक्रमिल जने जने ॥
कहि यत रह स्थिर कहि सर्व यथायथ ।
तत क्रुद्ध कहे कोपे अद्य सर्वे विनाशिव ॥
मम मृत्यु प्रचारिया लह राज्य सुकौशले ।
राज्यसह तथा प्रिया वधिव सर्व निश्चय ॥
सुग्रीवे यत बांधव दुष्ट मंत्री समन्वित ।
अद्य सर्वे विनाशिव निस्तार नाहि जीवने ॥

एतद् रूप कहे गर्जि आक्रमिल महाबले ।
करि युद्ध क्षणान्तरे करि सर्वे पलायन ॥
शापग्रस्त यथा बाली ऋष्यमुखे मने स्मरि ।
एतद् क्षेत्रे करि स्थिति पंच जना अत:परे ॥
अद्यावधि करि स्थिति भयमुक्त निरन्तर ।
सुग्रीव राज्य ताड़ित पत्नीहारा विषादित ॥
करि बाली पराजित सुग्रीवे राज्य दानह ।
सुग्रीव सैन्य साहाय्ये उद्धारिवे प्रिया तव ॥
लंकाधामे प्रवेशिया सन्धान करि जानकी ।
करि युद्ध अत:परे रक्ष:राजे विनाशिव ॥
वानर वाहिनी श्रेष्ठ जगन्मध्ये मने स्मर ।
एक बाली पराक्रमे लंकेश्वर पराजित ॥
एतन्मत बहु स्थित वानर सैन्य मण्डले ।
सुग्रीव कपि सम्राट केवल कर राघव ॥

वाल्मीकि वचन

एतद् वाक्य यथाश्रुत प्रहृष्ट अब्जलोचन ।
कहिल मारुति प्रति एतद् वाक्य मधुस्वरे ॥
सुग्रीव दर्शने इच्छा कहि हनु यथा शुन ।
सुग्रीव आलये चल कपीश्वरे निरीक्षिव ॥
सुग्रीवे अनुचर वायुपुत्र दाने रामे नूपुर युग यद् प्रलब्ध शृंगे ।
दर्शे राघव अति विह्वलाश्रु धारा वेगे निर्गत अनुचिन्ति पूर्व वार्ता ॥

- इति श्रीमद्देवायण ब्रह्मकल्पे तृतीय खण्डे राम मण्डलान्तर्गत: रामायण वर्गे किष्किंध्या काण्डे श्रीराम-मारुति साक्षात्कार ओ रावण रथच्युत सीता नूपुर प्राप्ति वार्ता कथन नाम: द्वितीय सर्ग ।

— ✯ —

॥ तृतीय सर्ग ॥

वाल्मीकि वचन

हनुमान महानन्द राघवकृत भाषणे ।
श्रीराम सह लक्ष्मण चले पर्वत सानुते ॥
शोक तप्त यथा राम रामानुज तथागत ।
मारुति सह सत्वरे चले पथ अतिक्रम ॥
चलि उभे कतक्षण गिरि शिरे उपस्थिति ।
यद् क्षेत्रे स्थित सुग्रीव सह अन्य चतुष्टय ॥
नवागत निरीक्षिया सुग्रीव वानराधिप ।
अग्रसरि तथास्थले कहिल राघव प्रति ॥

सुग्रीव वचन

परिचये मने स्मरि अयोध्यापति राघव ।
स्वागत वन्दने कहि एसो राम महाबली ॥

राम वचन

किं प्रकारे परिज्ञात परिचय यथायथ ।
किष्किंध्यापति हे तव वाक्ये मम सविस्मय ॥

सुग्रीव वचन

विस्मय किं इथे कह जगत्ख्यात यथा तुमि ।
भरते दानिया राज्य पितृसत्य सुपालने ॥
पंचवटी वने तुमि करिते हे अवस्थिति ।
सूर्प-नासा करे छेद रामानुज यथास्मृति ॥
ए हेतु समरे लिप्त कुपित खर दूषण ।
संग्रामे खर दूषणे तव भ्राता विनाशिल ॥
पतित खर दूषण कहे सूर्प दशानने ।
लंकेश्वर समागमे हरे सीता तदन्तरे ॥
जटायु सह रावणे महायुद्ध नभःस्थले ।
करि पक्षी पराजित लंकाधामे करे गति ॥
तद् परे तुमि राघव जटायु करि दर्शन ।
लभिया पथ सन्धान ऋष्यमुखे समागत ॥
नियुक्त करि मारुति प्रकारे गिरि दर्शने ।
हेथा स्वयं करि स्थिति तवागम मने स्मरि ॥

वाल्मीकि वचन

एरूप काहिनी सम राम तथ्य यथा श्रुत ।
सुग्रीवे करि आश्लेष कहिल वाक्य राघव ॥

राम वचन

सर्व ज्ञात यथायथ हे सुग्रीव कपिश्वर ।
किं प्रकारे परिज्ञात एतद् वाक्य प्रकाशह ॥

सुग्रीव वचन

छद्मवेशे भ्रमे नल नील वीर तथामत ।
बहु विद्या परिज्ञात बहु कार्य सुकौशले ॥
गृहत्यजि बहिर्गत रामचन्द्र यवे तुमि ।
अभिषेके यथा विघ्न नल वीर निवेदिल ॥

राम वचन

किं प्रकारे परिज्ञात वार्ता एतद् नले कह ।
कह हे कपि पुंगव उद्भवे मम विस्मय ॥

सुग्रीव वचन

अभिषेके निमंत्रण यवे शुन प्रचारित ।
प्रेरि नले अयोध्याते अभिषेक निरीक्षिते ॥
अभिषेके यथा विघ्न पितृसत्य सुपालने ।
यवे तुमि बहिर्गत नल सर्व निवेदिल ॥
राज्य त्यजि वने रह मम सम इहा स्मरि ।
लभिनु समवेदना प्रेरि नीले अतःपरे ॥
पंचवटी वने रह मधुक्रीडा समायुत ।
एतद् वार्ता निवेदिल नील वीर क्रमे क्रमे ॥
पंचवटी वने नील रहे कार्य निरीक्षिते ।
नासा कर्ण यथा छेदे सूर्पणखे निवेदिल ॥

तदन्तरे निवेदिल पतित खर दूषण ।
रक्षः वंश करि ध्वंस विजयी वीर लक्ष्मण ॥
एवे नीले परित्यजि प्रेरि आमि पुनः नले ।
किञ्चित् दिवा अतःपरे नल एतद् निवेदिल ॥
पंचवटी महारण्ये लंकेश्वर समागत ।
पुनः नल निवेदिल करि माया विमोहन ॥
मारीच रक्षः आश्रये हरिल जानकी वधू ।
लंकेश्वर दशानन किं करिव कपिश्वर ॥
नले पुनः परित्यजि करि नीले नियोजित ।
नील वीर निवेदिल जटायु-रावणे रण ॥
जटायु करिया जय लंकाधामे चले द्रुत ।
ऋष्यमुख अतिक्रमे यवे शुन दशानन ॥
पड़े रत्न अलंकार मारुतिकृत रक्षित ।
तव कार्ये सदा मन् दूत द्वारा अनुष्ठित ॥

राम वचन

रावणसह सक्षम संग्रामे यदि वानर ।
केन ना धरि आक्रम रह स्थिर कपीश्वर ॥
सीतासह चले यवे रथारूढ़ दशानन ।
यदि बल प्रयोगे तद् चरित्र दुष्ट रावण ॥
एस्थले केमने स्थित नीरव हे कपीश्वर ।
अपूर्व कार्य हे तव केन एतद् स्थले भ्रम ॥

सुग्रीव वचन

नहे प्रेम कदाचन एतद् पूर्व विचारित ।
सवंशे करिते ध्वंस देव इच्छा मने स्मर ॥
उद्धार जानकी हवे आक्रमि यदि ए स्थले ।
सवंशे रहिवे रक्षः पूर्वमत यथायथ ॥
प्रयोग करिते बल अक्षम रमणी प्रति ।
एतद् चिन्ता समायुत परित्यजि दशानने ॥

राम वचन

प्रयोग करिते बल अक्षम रमणीप्रति ।
लंकेश्वर दशानन किं कारणे इहा कह ॥

सुग्रीव वचन

अत्यंत दुष्ट रावण परःदारे सदा मन ।
चित्ररथे यथा पत्नी लंकेश्वरी यथाकृत ॥
रावण सह संग्रामे यवे चित्र पराजित ।
एतद् रूपे हरे दुष्ट बहु पत्नी निरन्तर ॥
लक्षेक रमणीकृत करे लंका सुशोभित ।
तवु लुब्ध निरन्तर भ्रमे नित्य चतुर्दिके ॥
छिल बंदी करीशाले हरिते अर्जुन प्रिया ।
पक्षकाल अतःपरे करे मुक्त प्रजापति ॥
तवु शिक्षा नहे कभु परःदार तरे भ्रमे ।
हस्तीशाले यवे मुक्त प्रत्यागत गृह प्रति ॥

पथिमध्ये निरीक्षिल कुबेर पुष्पके भ्रमे ।
सुरज्योत्सना प्रियासह प्रेमज्योति विनिर्झरे ॥
हेरिया रथ पुष्पक लुब्धमना दशानन ।
लंकागत त्वरित गति सज्जित अति सत्वरे ॥
ब्रह्म वरे बलीयान आक्रमे अलकापुरी ।
छिल शिव तथास्थले द्वारपथ निरोधिल ॥
द्वाररुद्ध महेश्वरे करे युद्ध भयंकर ।
भक्ष्यिल सर्व शायक यथा शिवे प्रहारित ॥
शस्त्र शून्य यवे रक्षः अति क्रोध परायण ।
विधृत अलकापुरी उत्तोलिल पुरीसह ॥
निक्षेपित चले द्रुत सागर प्रति रावण ।
ताहे शिव अवस्थित कहे वाक्ये निवारिया ॥
कहि वाक्य दशानन कर कार्य तथामत ।
कर गिरि सुरक्षित पुनर्वार तथास्थले ॥
तव वीर्य निरीक्षिया तुष्ट स्वयं तव प्रति ।
द्वार मुक्त यथाकृत वर चाह मनोमत ॥
शिव वाक्य यथा श्रुत राखे गिरि तथास्थले ।
एतद् वाक्य निवेदिल पंचानने दशानन ॥
यदि तुष्ट मम प्रति वर देह महेश्वर ।
अमरत्वे प्रवंचित ब्रह्म पार्श्वे यथा शुन ॥
मृत्युंजय प्रदानह मृत्युबाण मम प्रति ।
अमरकुल सन्निभ जाहे भ्रमि निरन्तर ॥
प्रार्थना शुनि रावणे मृत्यु-बाण प्रदानिल ।
कहे राख सुगोपने भ्रमिवे सुर सन्निभ ॥
एतद् शस्त्र बिना कभु तव मृत्यु नहे शुन ।
कहि वाक्य महेश्वर गिरि त्यजि बहिर्गत ॥
पुष्पक लभिते रक्षः करे युद्ध अतःपरे ।
रावण शर पीड़ित धनेश्वर पराजित ॥
कुबेरे रण पीड़ने लभिल रक्षः पुष्पक ।
छिल यवे धनाधिप रक्षःरणे अचेतन ॥
एतद् काले प्रवेशिल पुरीमध्ये दशानन ।
लभिते रथ उत्तम पुरीमध्ये यदि स्थित ॥
पुरीमध्ये प्रवेशिया सुरज्योत्सना निरीक्षिल ।
भ्रातृपत्नी निरीक्षिया रक्षः काम विमोहित ॥
भुजाश्लेषे समुद्यत यवे शुन दशानन ।
भये भीता सुरज्योत्सना आर्तनाद परायणा ॥
वधूकण्ठ यथा श्रुत विश्ववसु उपस्थित ।
विश्ववसु तथाकाले आस्थित अलकापुरे ॥
ओरे दुष्ट किंवा कार्य बले भ्रातृवधू प्रति ।
हेरि कार्य विगर्हित कहे गर्जि दशानने ॥
अभिशाप प्रदानिव इथे क्षमा नहे कभु ।
यदि स्त्रीय बले स्पर्श हवे मृत्यु सुनिश्चय ॥
एतद् वाक्य यथा श्रुत रावण भीत अन्तरे ।
करजोड़े कहे नमि अपराधे पिता क्षमः ॥
अपराधी यथा स्वयं तव शापे निवारह ।
एतद् रूप कहे बहु वसु प्रति दशानन ॥

दयाद्र हृदये वसु कहिल रावण प्रति ।
स्पर्श मात्रे नहे मृत्यु कहि सत्य सुनिश्चय ॥
बलात्कार समुद्यमे हवे शाप फलप्रद ।
एतद् वाक्य यथा श्रुत किञ्चित् शान्त दशानन ॥
कहे पुनः वसु प्रति एतद् शाप निवारह ।
कहे वसु नहे मिथ्या मम वाक्य कदाचन ॥
यद्यपि तुमि उद्यत स्त्रीय बल प्रयोगित ।
मम वाक्य नहे मिथ्या हवे मृत्यु सुनिश्चय ॥
एहेतु कहि राघव सीता प्रति दशानन ।
कभु ना करिवे बल मृत्यु भये निरन्तर ॥
तद् परे शुन राघव रहि हेथा निरीक्षिणु ।
ऋष्यमुख अतिक्रमि गेल यवे दशानन ॥
कहिनु मारुति प्रति करिते गिरि दर्शन ।
तवागम प्रतीक्षाते हेथा स्वयं अवस्थित ॥

राम वचन

तुमि मित्र सुनिश्चय कह इथे किं संशय ।
जिज्ञासिव तथापिह ज्ञानेच्छुक कपीश्वर ॥
उत्साहित किं कारणे मम प्रति निरन्तर ।
किं हेतु कर संग्रह तथ्य सर्व क्रमे क्रमे ॥
किं रूपे ज्ञात हे तुमि देव इच्छा यथा कह ।
रक्षःकुल विनाशिते कह सर्व परिष्कृत ॥
साक्षात् लब्ध अमर राजपुत्र रामे दुःखे मित्र परम नित्य काम्यवन्ते ।
आह्वाने मधुवचने विनम्र वाक्ये एसो स्वागत जगबंधु पंकजाक्ष ॥

- इति श्रीमद्देवायण ब्रह्मकल्पे तृतीय खण्डे राम मण्डलान्तर्गतः रामायण वर्गे किष्किंध्या काण्डे श्रीराम-सुग्रीव साक्षात्कार वार्ता नामः तृतीय सर्ग ।

— ★ —

॥ चतुर्थ सर्ग ॥

वाल्मीकि वचन

रामकृत तथा प्रश्न सुग्रीव कपि राजने ।
उत्तरिल कपीश्वर उपविष्ट शिलासने ॥

सुग्रीव वचन

तव मैत्री अनुष्ठिते यवे इच्छा मनोदित ।
अभिषेके नले प्रेरि एकाकी रहि केवल ॥
राज्य पदे प्रवंचित बंधुजने तथामत ।
छिल बाली सहोदर पूर्वे मम अति प्रिय ॥
भ्रातृद्वन्द्व अतःपरे रहि नित्य सुगोपने ।
संगे मंत्री सभासद मात्र जन चतुष्टय ॥
अतिष्ट नित्य निर्जने लोक संग विवर्जित ।
गिरिश्रृंग परित्यागे मम भय निरन्तर ॥
यदि गिरि परित्यजि आक्रमिवे ममाग्रज ।
अभिशप्त यथा बाली हेथागम नहे कभु ॥

ए रूप बहु कारणे तव मैत्री मनोदित ।
सेथा व्यर्थ निराशाते आत्मत्यागे समुद्यत ॥
एरूप करिया चिन्ता क्षोभ युक्त यथा मन् ।
किं हवे मम जीवने यदि व्यर्थ चतुर्दिके ॥
ज्वालि अग्नि अतःपरे तनु भस्मे समुद्यत ।
इन्द्रागमे तथास्थले कहे वाक्य मम प्रति ॥

इन्द्र वचन

हे सुग्रीव मम प्रिय तनु त्यागे समुद्यत ।
एतद् इच्छा परित्यज व्यर्थ ना तव जीवन ॥
कहि वाक्य इहा शुन तव कार्य महत् अति ।
मम अंशे समुद्भव देव राज्य प्रतिष्ठिते ॥
तव जन्म महीतले स्वर्ग राज्य प्रतिष्ठिते ।
रावणे करिया जय रक्षः कुल विनाशिया ॥
अवतीर्ण धरातले राम रूपे स्वयं विष्णु ।
एतद् कार्य अनुष्ठिते तव जन्मे पुरा स्थिर ॥
अरण्यागत राघव कियत् वर्ष रह स्थिर ।
रावण हरिवे सीता कार्य काल हवे तव ॥
सीता हारा यवे राम तव पार्श्वे समागत ।
कहिया राघवे सर्व मित्रता स्थापिवे तुमि ॥
उद्धार करिते सीता प्रतिज्ञा करिवे तुमि ।
राघव कार्य साहाय्ये स्वयं कार्य अनुष्ठिवे ॥

सुग्रीव वचन

एतद् रूप सुनिर्देशे आत्मत्याग निवारिया ।
मम पिता तिरोहित करि त्वरित शुभाशिष ॥
पितृ वाक्य यथा श्रुत करि कार्य तथामत ।
ए हेतु करि सन्धान तव कार्य निरन्तर ॥

राम वचन

रक्षःकुल विमर्दने एतद् कार्य पुरा स्थिर ।
मम क्षोभ तिरोहित कर मैत्री कपीश्वर ॥
देव इच्छा यथा शुन हवे कार्य तथामत ।
तोमा राज्ये प्रतिष्ठिते मम कार्य यथा कहि ॥
करि बाली पराजित तोमा राज्ये प्रतिष्ठिव ।
देव इच्छा यथा कह कार्योद्यम तथामत ॥

सुग्रीव वचन

मोरे राज्य प्रदानिवे राम तुमि यथा कह ।
वीरत्त्व सूर्य नन्दने विज्ञात किं यथायथ ॥
त्रैलोक्यजित रावणे सिंधुजले निमज्जिल ।
त्रिसंध्या साधने यवे आक्रमिल दशानन ॥
करे बहु शराघात कपीशे क्रुद्ध रावण ।
रहे स्थिर ममाग्रज ध्यान भंग नहे तवु ॥
तद् परे लांगुलाकर्षि सिंधुजले निमज्जिल ।
ध्यानमग्न यतक्षण एतद् रूपे महाबली ॥

एतद् युद्धे उपस्थिते मम भय निरन्तर ।
किं प्रकारे निवारिवे तव मध्ये किंवा बल ॥

राम वचन

मम वीर्ये किं संशय बाली वधे कपीश्वर ।
पराजित करे बाली दशस्कंधे यथामत ॥
धनुर्भंगे परिज्ञात मम वीर्य सुनिश्चय ।
उत्तोलिते नहे क्षम बाली स्वयं दशानन ॥
टंकारिते धनुर्गुण मध्यस्थले द्विखंडित ।
एतद् वीर्य नहे न्यून बालीराजा पराजिते ॥

सुग्रीव वचन

वधिल दैत्य दुन्दुभि सर्वजयी यथा स्मृति ।
एतद् तुल्य किंवा वीर्य तव मध्ये प्रकाशह ॥

राम वचन

मात्र वर्ष चतुर्दशे वधिनु ताटका स्वयं ।
पंच लक्ष निशाचर स-लक्ष्मण महारणे ॥

सुग्रीव वचन

नहे इथे प्रमाणित बालीजयी हवे तुमि ।
बालीतुल्य बल ज्येष्ठ नाहि हेरि कदाचन ॥

राम वचन

प्रमाणे किं प्रयोजन हवे कार्य रणस्थले ।
करि बाली पराजित तोमा राज्ये प्रतिष्ठिव ॥

सुग्रीव वचन

यदि बाली पराजित स्वयं राज्ये प्रतिष्ठित ।
तवे ए शुन राघव सर्व सैन्य समन्वित ॥
आक्रमिया महाबले लंकाधाम अंतःपरे ।
उद्धारिव तव प्रिया रक्षःकुल विमर्दने ॥

वाल्मीकि वचन

एतद् रूप कथा वार्ता करि सेथा परस्परे ।
मित्रता स्थापिते करे प्रज्वलित हुताशन ॥
अग्नि साक्षी यथा कृत कहिल अब्जलोचन ।
मम मैत्री सुरक्षणे तोमा राज्य प्रदानिव ॥
कहिल कपि सुग्रीव प्रत्युत्तरे तथास्थले ।
उद्धारिव तव प्रिया मम मैत्री सुरक्षिते ॥
ए रूपे स्थापिया मैत्री हर्षान्वित परस्परे ।
वर्षाकाल निरीक्षिया विरत समरे क्षण ॥
संग्रामे करिते जय अकाल करि दर्शन ।
गुहामध्ये करि स्थिति सुग्रीव सह राघव ॥
करे सेथा अवस्थिति नल नील समन्वित ।
जाम्बवान् यथा मंत्री मारुति सह लक्ष्मण ॥

श्रावणे घन वर्षणे	पिच्छल पथ सर्वत्र ।
पर्वत घेरि सर्वदा	बहु नदी बहिर्गत ॥
के क्षम तिष्टिते कह	स्रोत धारा प्रवाहिले ।
घोरे झर निर्झर	श्रावण मेघ केवल ॥
यद्काले सह राघव	रत गल्पे कपीश्वर ।
तदेक दिवसे राम	प्रश्नमान यथा शुन ॥
मैत्री स्थापन करि अग्निदेव साक्षी	यद् सुग्रीव सहित सख्य बंधनान्ते ।
वर्षाकाल निरखि गर्जमान मेघे	राम प्रश्नरत गुहान्तरे निवासे ॥

- इति श्रीमद्देवायण ब्रह्मकल्पे तृतीय खण्डे राम मण्डलान्तर्गतः रामायण वर्गे किष्किंध्या काण्डे श्रीराम-सुग्रीव मैत्री स्थापन वार्ता कथन नामः चतुर्थ सर्ग ।

— ☆ —

॥ पंचम सर्ग ॥

वाल्मीकि वचन

श्रीराम सह सुग्रीव	प्रहृष्ट सख्य बंधने ।
जिज्ञासे इन्द्रनन्दने	राघव अब्जलोचन ॥

राम वचन

पितृ सखा विहंगम	जटायु गरुडात्मजे ।
जन्मतत्त्व किंवा कह	किंरूपे पितृबांधव ॥
बार्हस्पत्य महाऋषि	कहिल विनता स्मृति ।
कद्रु सह यथा द्वन्द्व	दासीत्त्व वरणे शुन ॥
करे दुखे अवस्थान	तद् काले पराजित ॥
विष्णुसह अतःपरे	विष्णुजयी महाबली ।
मोचिल कद्रु दासीत्त्व	मर्त्ये आनयने सुधा ॥
किंवा कार्य अतःपरे	यदि ज्ञात इहा कह ।
जटायुते यथा कीर्त्ति	शुनि इच्छा कपीश्वर ॥

सुग्रीव वचन

परिज्ञात यथा राम	कहि अद्य तथा स्मृति ।
शुनह राघव श्रेष्ठ	रामानुज सभासद ॥
मातृ मुक्ति प्रदानिया	क्षुधार्त विनतासुत ।
करि स्वर्गे महायुद्ध	परिश्रांत क्षुधायुत ॥
मातृपार्श्वे निवेदिल	महाक्षुधा उपस्थित ।
बृहत् भोज्य प्रयोजन	सामान्य यद् नहे कभु ॥
एतद् वाक्य यथा श्रुत	कहिल विनता तथा ।
समुद्र पूर्व सैकते	कर किश्चित् अवस्थिति ।
प्रातःकाले निरीक्षिवे	हवे गज बहिर्गत ॥
गर्जिते गर्जिते घोरे	महारण्य विमर्दने ।
एतद् घोर निनादने	हवे वारि प्रकम्पित ॥
निर्भेदिया महाजल	कूर्मेक उठिवे त्वरा ।
रत यवे जल क्रीडा	पर्वत तुल्य धारण ॥
आक्रमिवे तथा कूर्म	जग-शुण्ड विधारणे ।
पर्वत तुल्य कच्छप	हवे युद्ध परस्परे ॥

दिवा व्यापी हवे युद्ध   हवे क्षुन्न महीतल ।
बहु जीव हवे नष्ट   दिवा व्यापी तथास्थले ॥
आकर्षिवे महाबले   गज ऊर्ध्वे निरन्तर ।
आकर्षिवे तथामत   कूर्म अधे क्रमागत ॥
नारिवे तुलिते गज   कच्छपे ऊर्ध्व भूमिते ।
कच्छप नारिवे गजे   आकर्षिते जलान्तरे ॥
हवे युद्ध बहुक्षण   परिश्रांत यवे शुन ।
त्यजि उभे परस्परे   करे यात्रा यथास्थले ॥
गज वने प्रवेशिवे   कच्छप सागरान्तरे ।
पुनश्च वाधिवे युद्ध   पुनः प्राते समागमे ॥
एतद् रूपे महायुद्ध   सर्वदा गज कच्छपे ।
बहु प्राणी करे नष्ट   करे क्षुन्न महीतल ॥
एतद् द्वन्द्व निरामये   भक्ष्यह गज कच्छपे ।
क्षुधार्त तुमि अत्यंत   प्रचुर भक्षणे इहा ॥
एतद् वाक्य यथा श्रुत   विस्मित विनतासुत ।
जिज्ञासे जननी प्रति   एतद् प्रश्न निवेदिया ॥

गरुड वचन

कह माता किं कारणे   नित्य द्वन्द्व परस्परे ।
केन वा गर्जिया गज   सिंधु तटे समागत ॥

विनता वचन

छिल सहोदर द्वय   विदर्भे वैश्यनन्दन ।
श्रीधर नाम यद् वैश्य   धनैश्वर्ये कुबेर यद् ॥
तद् श्रीधरकुले जात   पुत्रद्वय यथाक्रमे ।
धनीपुत्र यथा मूर्ख   विद्याहीन तथामत ॥
श्रीधरकृत पालित   वयःप्राप्त यथास्थले ।
विद्याहीन यथाद्वय   बुद्धिहीन विमूढ़ यद् ॥
श्रीकण्ठ कथिताग्रज   श्रीमाली अनुज स्मर ।
श्रीधर त्यजिया देह   परलोके करे गति ॥
कण्ठ-माली यथा क्षण   पितृशोक परायण ।
विपुल धन सम्पदे   त्वरित शोक तिरोहित ॥
गत शोक अतःपरे   पितृकार्य समापिल ।
यद् विपुल धनैश्वर्य   हेरि सहोदर द्वय ॥
विद्याहीन यथास्थले   दुष्टबुद्धि स्वभावत ।
प्रलुब्ध धन वैभवे   कण्ठे माली कहे इहा ॥
एकत्रे छिल येमति   पितृकाले महाधन ।
रहुक अद्य तेमति   व्यय सर्व पुरासम ॥
माली प्रति कहे कण्ठ   एतद् वाक्य यथा श्रुत ।
एतद् वाक्य हितप्रद   अनुष्ठेय ममानुज ॥
कह किंवा प्रयोजन   विभागि पितृवैभव ।
पितृकार्य सुत प्रति   ज्येष्ठ जने स्वभावतः ॥
एतद् रूप कथा वार्ता   आलापने हल स्थिर ।
एकत्रे रहिवे अर्थ   वन्टन यद् निरर्थक ॥
प्रतिवेशी कहे शुनि   श्रीधर वैश्यनन्दन ।
विद्याहीन हवे सत्य   बुद्धिमान सुनिश्चय ॥

ए रूपे दिल यापने भ्रातृद्वय रहे सुखी ।
ज्येष्ठ भ्राता यथा कण्ठ चिन्तायुक्त अत:परे ॥
दर्शने विपुलैश्वर्य धन लोभे समायुत ।
आत्मसात् कारणे सर्व स्वयं कार्य करे स्थिर ॥
एकाकी रात्रि निर्जने सुखनिद्रा परित्यजि ।
स्वगृहे खनने रत सुरंग-पथ सत्वरे ॥
तद् सुरंगे प्रवेशिया करे गृह सुनिर्मित ।
बहु यत्ने दिने दिने एतद् कार्य समापिल ॥
श्रेष्ठ रत्न मणि श्रेष्ठ उत्तम स्वर्ण हीरक ।
गुप्त गृहे समानीत करे कण्ठ दिने दिने ॥
कियत् वर्ष अतिक्रमे एतद् कार्ये अत:परे ।
राखि किञ्चित् पुरास्थले प्राय सर्व परिग्रहे ॥
एतद् कार्य समापने माली प्रति कहे इहा ।
हेर माली धन स्वल्पे व्यय भार किंवा कहि ॥
पत्नी पुत्र समन्वित तव व्यय यथा यत ।
मम पत्नी तथा सुते करि किञ्चित् तवाधिके ॥
मम हस्ते यथा धन करि कार्य विवेचने ।
तव पत्नी सुत प्रति व्यायाधिक्य स्वभावत: ॥
किञ्चित् मात्र मम प्रति पत्नी पुत्र कहे इथे ।
सम भागे विभागिया देह सर्वे पृथक् पृथक् ॥
कहे माली इहा शुनि मम भागे प्रदानह ।
जिज्ञासा किं इथे कह यथा अर्थ तथा व्यय ॥
कहे कण्ठ नहे श्रेय पितृधन विभागिते ।
संसार पालने व्यये धनभार लह स्वयं ॥
एतद् रूप कथा वार्ता कहि कण्ठ अत:परे ।
माली हस्ते प्रदानिल समस्त धन वैभव ॥
किञ्चित् दिवा अत:परे कोषागारे प्रवेशिया ।
एतद् माली निरीक्षिल मणि रत्न तिरोहित ॥
महार्घ धन वैभव यथा सर्व तिरोहित ।
विस्मित दर्शने माली कण्ठ प्रति निवेदिल ॥
नहि स्वयं परिज्ञात तस्कर किं समागत ।
श्रेष्ठ रत्न तिरोहित किञ्चित् मात्र अवस्थित ॥
शुनि एतद् शशव्यस्ते कण्ठ कोषे प्रवेशिल ।
हेरि कोष चतुर्दिक माली प्रति कहे इहा ॥
चोर हेथा समागत किं प्रकारे इहा कह ।
नाहि रंध्र गृहे एक किं प्रकारे प्रवेशिल ॥
यथार्थ हेरि एस्थले श्रेष्ठ मणि तिरोहित ।
कहिल अति कोपने माली प्रति अत:परे ॥
स्वयं धन सुगोपने चोर कार्य इहा कह ।
विपुल धन वैभव ग्रासिले तुमि सर्वत: ॥
एतद् वाक्य यथाश्रुत निर्दोष चित्त येमति ।
अत्याधिक महाकोपे कण्ठ प्रति कहे इहा ॥
पूर्वते ग्रासिले तुमि मत प्रति करि गोपन ।
कोषागार अत:परे मम हस्ते प्रदानिले ॥
एतद् रूपे करे द्वन्द्व भ्राताद्वय परस्परे ।
मुद्गर धरिया हस्ते धाय कोपे परस्परे ॥

एरूप कलहे रत　　भ्रातृद्वय यवे शुन ।
प्रतिवेशी समागमे　　कहे द्वन्द्व किं कारणे ॥
कहे वाक्य अत:परे　　यथा द्वन्द्व परस्परे ।
प्रतिवेशी यथा प्राज्ञ　　माली प्रति कहे इहा ॥
कोषागार यवे लह　　केन नाहि निरीक्षिले ।
विश्वासे सोदर प्रति　　करि कार्य कहे इहा ॥
कण्ठ प्रति कहे वाक्य　　कोषागार प्रदानिले ।
भ्राता प्रति अकस्माते　　कह कण्ठ किं कारणे ॥
उत्तरिल तथा कण्ठ　　एतद् वाक्य सुकौशले ।
भ्रातृस्नेहे व्ययाधिका　　एतद् पत्नी सुत प्रति ॥
मम पत्नी नहे तुष्ट　　संसार परिचालने ।
भ्रातृस्नेहाधिक क्रमे　　बहु व्यय यथास्थले ॥
भ्रातृहस्ते प्रदानिनु　　ए हेतु सर्व वैभव ।
मत पत्नी करिते तुष्ट　　गृहद्वन्द्व निरामये ॥
गृहद्वन्द्व निरीक्षिया　　धनभार परित्यजि ।
तथा अन्य पथे द्वन्द्व　　हेरि अद्य समुद्भवे ॥
एरूप शुनि सर्वत:　　कहे प्राज्ञ विचारिया ।
भ्रातृ द्वन्द्व परित्यजि　　स्मरह स्वल्पता धने ॥
कर एवे विभागित　　यथा भाग परस्परे ।
प्राज्ञ वाक्ये यथा स्थिर　　हल कार्य तथामत ॥
किञ्चित् धन विभागित　　माली क्रुद्ध स्वयं मने ।
प्रतिवेशी यवे गत　　कण्ठ प्रति कहे इहा ॥
करिले तुमि गोपन　　समस्त धन वैभव ।
मोरे धन प्रवंचिया　　तुमि सुखे विराजिवे ॥
कूर्मरूप विधारणे　　सिंधुजले विराजह ।
अभिशाप यथा श्रुत　　कण्ठ कोपे समायुत ॥
माली प्रति कहे क्रोधे　　अभिशाप निरर्थक ।
अपहरि स्वयं धन　　पुन: शाप प्रदानिले ॥
सर्व ग्रासे स्वयं तुमि　　धन भोगे विराजिवे ।
गजरूप विधारणे　　तुमि वने प्रवेशह ॥
एतद् रूपे परस्परे　　अभिशप्त यवे शुन ।
धन अर्थ परित्यजि　　परिवार तथामत ॥
कच्छप रूप धारणे　　कण्ठ जले प्रवेशिल ।
गज रूपे प्रवेशिल　　माली वने अत:परे ॥
कियत् वर्ष अत:परे　　जल क्रीडा तरे गज ।
सिंधु तटे समागमे　　हेरिल कच्छपे तटे ॥
कच्छपे हेरिया गज　　आक्रमिल त्वरित गति ।
कच्छप प्रति आक्रमे　　गजशुण्ड विधारणे ॥
एतद् रूप करे युद्ध　　परिश्रांत यवे शुन ।
गज वने प्रवेशिल　　कूर्म जले रहे तथा ॥
अद्यावधि तथास्थले　　करे युद्ध परस्परे ।
नाहि क्षेत्र परित्यजे　　जातक्रोध यथा पुरा ॥
जन्म जन्मान्तरे युद्ध　　यदाश्चर्य निरीक्षिवे ।
पितृधन विभागिते　　जुझिछे गज कच्छप ॥
बहु प्राणी करे नष्ट　　एतद् युद्ध परस्परे ।
भक्ष्यह गज कच्छप　　एतद् द्वन्द्व निरामये ॥

संग्रामे रत गज कच्छपे विमोहे सक्रोधे पितृधन वंटने विरोधे ।
यद् जन्मान्तर तवु नाहि मुक्ति दोहे तन्मत्तद्वय अभिशप्त निर्णि भोज्य ॥

- इति श्रीमद्देवायण ब्रह्मकल्पे तृतीय खण्डे राम मण्डलान्तर्गतः रामायण वर्गे किष्किंध्या काण्डे श्रीराम-सुग्रीव संवादे गज कच्छप युद्ध वार्ता कथन नामः पंचम सर्ग ।

— ✯ —

॥ षष्ठ सर्ग ॥

सुग्रीव वचन

एतद् वाक्य यथा श्रुत गरुड विनतात्मज ।
चलिल सिंधु सैकते पूर्व तीरे यथा स्मृति ॥
पूर्व तीरे समागमे वैनतेय निरीक्षिल ।
जुझिछे गज कच्छप विनता उक्ति येमति ॥
तुंडद्वारा धरे बली एकत्रे गज कच्छप ।
उड्डीयन पुनः नभेः शून्यमार्गे चले द्रुत ॥
किञ्चित् दूरे समागमे हेरि बृहत् महीरूह ।
भक्षियते करिया मन् वृक्ष शाखे वसे त्वरा ॥
एके बृहत् कलेवर गज कूर्म तदूपरि ।
तद् भार वहनाक्षम शाखा भग्न महारवे ॥
शाखा भग्न यथा ध्वनि चमकित विहंगम ।
शाखा धृत निरीक्षिल बालखिल्य बहु स्थित ॥
शाखाभग्र अवस्थित बालखिल्य निरीक्षिया ।
यदि शाखा निपातित हवे खिल्य विनाशित ॥
एतद् चिन्ता समन्वित भग्नशाखा धरे पदे ।
शाखा धृत विहंगम गज कूर्म समन्वित ॥
भासमान पुनः नभेः भ्रमे पक्षी चतुर्दिके ।
नाना क्षेत्र परिभ्रमि आगत कश्यप स्थले ॥
रहि पक्षी नभःस्थित आह्वाने ऋषि कश्यपे ।
हे पिता कह सत्वरे भक्षिय कोथा करि स्थिति ॥
एतद् ध्वनि यथा श्रुत हेरिल ऋषि कश्यप ।
योजनेक विहंगम हेरिया नभःमण्डले ॥
एतद् वाक्य कहे ऋषि गरुडे स्नेह भाषणे ।
कोन गर्भे तवोद्भव नहि ज्ञात इहा कह ॥
वैनतेय कहे वाक्य आख्यात विनतात्मज ।
भक्षिय कोथा अवस्थाने एतद् वाक्य कह त्वरा ॥
सुमेरु शिखरे जाह प्रत्युत्तरे कहे ऋषि ।
पितृ वाक्य यथा श्रुत सुमेरु शिखरे चले ॥
सुमेरु शिखरे स्थित रंध्रे शाखा प्रवेशिया ।
भक्षियल गज कच्छप महानन्दे तथास्थले ॥
सुपर्ण करिते स्थिति पुत्र कन्या समन्वित ।
सुमेरु शिखरे नित्य क्षीण पक्ष विहंगम ॥
सुपर्णनन्दन श्येन तार्क्ष्य पुत्र द्वितीयत ।
तार्क्ष्यकन्या परावती वैनतेये प्रदानिल ॥
यद् दृष्ट सर्व सुंदरी विहगी तार्क्ष्यनन्दिनी ।
गरुड केलि-संगिनी नित्य तथा परावती ॥

कियत् वर्ष अतःपरे धृत गर्भ परावती ।
एवे पत्नी परित्यागे चिन्तित विनतात्मज ॥
वैकुण्ठे करिते गति यथा इच्छा समुद्भवे ।
विष्णुसेवा मने स्मरि स्वीय भोग परित्यजि ॥
एतद् रूप यथा स्थिर तथा कार्य अनुष्ठिते ।
स्त्रीयाह्वानि परावती एतद् वाक्य कहे बली ॥

गरुड वचन

विष्णु कार्य परित्यजि भोगे मत्त निरन्तर ।
एतन्मात्र विमूढ़ता माया मोह परावती ॥
विष्णु कार्य अनुष्ठिव आत्मभोग परित्यजि ।
रह तुमि पितापार्श्वे वैकुण्ठे करिव स्थिति ॥

सुग्रीव वचन

एतद् वाक्य यथा श्रुता सती साध्वी परावती ।
सजल लोचने कहे ए वाक्य गरुड प्रति ॥

परावती वचन

पुण्य कर्मे परागति एतद् सत्य सुनिश्चय ।
महत् कर्मे किंवा विघ्न जाह इच्छा मनोमत ॥

सुग्रीव वचन

प्रियावाक्य यथा श्रुत प्रहृष्ट गरुड तथा ।
कहे शुन परावती गर्भ मुक्त यवे तुमि ॥
एतद् मंत्र मने स्मर हवे तव परागति ।
कहि एतद् प्रिया प्रति वैकुण्ठे चलिल त्वरा ॥
विष्णुपदे नमस्कारे कहे वाक्य विहंगम ।
मायाबद्ध अतःपरे कियत्काल जनार्दन ॥
मायामुक्त मने स्मर एवे तुमि महाबली ।
एतद् वाक्य स्मिताधरे रहे स्थिर गदाधर ॥
हेथा प्रिया परावती अत्र गर्भ विमोचने ।
अंडद्वय धरे वक्षे यथाकाले विदारित ॥
एतद् अंड विदारित पक्षीद्वय बहिर्गत ।
जटायु अन्य सम्पाति धृत बृहत् कलेवर ॥
सक्षम हेरिया पुत्रे हर्षयुक्त परावती ।
गरुडकृत दानित जपे मंत्र निजान्तरे ॥
आकर्षिला स्वयं विष्णु एतद् मंत्र यवे जपे ।
लभि त्वरा परागति गेल स्वर्गे परावती ॥
विष्णुपार्श्वे उपस्थित यवे शुन परावती ।
सादरे गरुड-प्रिये कहे वाक्य गदाधर ॥
शुन कार्य परावती गरुड मम वाहन ।
वाहन कमला प्रति करि कार्य निरूपित ॥
एतद् रूपे रहे तथा सानन्दे गरुडप्रिया ।
गरुड विष्णुवाहन लक्ष्मीस्कंधे परावती ॥
ए स्थले नन्दनद्वय महावीर्ये प्रतिष्ठित ।
पक्षीकुल विनाशिते कद्रु पुत्र समुद्यत ॥

कनिष्ठ गरुडात्मज एतद् दृश्य निरीक्षिया ।
आक्रमिल शनैश्चरे पक्ष दग्ध तथास्थले ॥
भ्रातृ दुःखे सकातर जटायु शुन तद् परे ।
पक्ष नष्टे महाबली नभःच्युत विघूर्णित ॥
समुद्र सैकतास्थित रहे नित्य विहंगम ।
तव पिता रथारूढ़ शनि युद्धे चले यवे ॥
मध्यपथे निरीक्षिल जटायु गरुडात्मज ।
शनि कोपे निपातित तव पिता यवे शुन ॥
रथसह यवे च्युत स्वर्ग हते महीतले ।
जटायु सहसा पृष्ठ दिल तथा निवेशिया ॥
नभःच्युत तथा रथ मध्यपथे हल स्थिर ।
जटायु पृष्ठते रहि रथसह नराधिप ॥
शनिसह महारणे करे शनि पराजित ।
शनि-युद्धे यवे जयी तव पिता नराधिप ॥
जटायु सह मित्रता करे राजा अतःपरे ।
दशरथे इथे मित्र जटायु गरुडात्मज ॥

वाल्मीकि वचन

इत्यावधि यथा श्रुत राघव अब्जलोचन ।
पद्मदले यथा नीर तथा चक्षु सुशोभिल ॥
मैत्री स्थापन स-जटायु यद् प्रकारे तद् राजा दशरथ सौर्य तेज दग्धे ।
आकाशच्युत पतनोद्यमे विहंगे पृष्ठे रक्षित इति सख्य हेतु राम ॥

- इति श्रीमद्देवायण ब्रह्मकल्पे तृतीय खण्ड राम मण्डलान्तर्गतः रामायण वर्गे किष्किंध्या काण्डे श्रीराम-सुग्रीव संवादे गरुड भोज्य ओ वंशादि वर्णना नामः षष्ठ सर्ग ।

— ☆ —

॥ सप्तम सर्ग ॥

सुग्रीव वचन

जटायुते यथा पुत्र कहि सखा इहा शुन ।
विनष्ट पक्ष सम्पाति सिंधुतटे करे स्थिति ॥
प्रत्यागत यवे गृहे जटायु गरुडात्मज ।
कपोतक सुत प्रिय निऋति नाम वर्णित ॥
निऋति पुत्र सर्वत पक्षीकुल चतुर्दिके ।
तार्की नामे यथा कन्या निऋति कुल सम्भवा ॥
निऋति तनया ज्येष्ठा तार्की सर्व मनोहरा ।
यद् गरुडे महावंश देवतुल्य मने स्मरि ॥
तार्की कन्या प्रदानिते निऋति करिल स्थिर ।
जटायु गरुडात्मजे कहिल विनताप्रति ॥
निऋति तनया दर्शि प्रसन्ना विनता अति ।
जटायु प्रति एकदा एतद् वाक्य कहे शुन ॥

विनता वचन

कुल रक्षा तरे कहि हओ पुत्र विवाहित ।
निऋति तनया तार्की हेरि अति मनोहरा ॥

देवलोके करे गति		तव पिता यथा त्वरित ।
विनष्ट पक्ष सम्पाति		सिंधु तीरे करे स्थिति ॥
एकमात्र तुमि स्थित		मम कुल सुरक्षिते ।
हे वर्धे दिने दिने		कद्रुकुल क्रमागत ॥

सुग्रीव वचन

पितामही यथा वाक्य		श्रवणे गरुडात्मज ।
तार्कीसह विवाहते		दानिल सर्व सम्मति ॥
एतद् वाक्य यवे श्रुत		निर्ऋति अति मोदित ।
जटायु प्रति आह्लादे		दाने तार्की मनोरमा ॥
एतद् गर्भे समुद्भवे		अरिष्टनेमि सन्दीप ।
अरिष्टनेमि अग्रज		नित्य तपः परायण ॥
पितामहे परागति		एतद् वाक्य यथा श्रुत ।
कश्यपाग्रे तदारिष्ट		ज्ञानहेतु चले त्वरा ॥
स्रष्टा अग्रे शिरानते		आत्म वार्ता निवेदिल ।
कश्यप श्रवणे तुष्ट		ज्ञाने दीक्षा प्रदानिल ॥
कश्यपकृत दीक्षित		अरिष्टनेमि तद् परे ।
घोर तपः समायुक्त		वृक्ष शाखे प्रलम्बित ॥
अरिष्टनेमि तापस		वृक्ष शाखे प्रलम्बित ।
एक दिवा तथागत		सुपर्णे तार्क्ष्य नन्दन ॥
परावती पिता तार्क्ष्य		अरिष्टे प्रपितामह ।
ज्योतिर्मय यथा देह		अत्रक्षेत्रे उपस्थित ॥
तार्क्ष्य ध्याने परागति		एतद् सत्य सुनिश्चय ।
अग्नि पुत्र यथा तार्क्ष्य		अद्य हते मने स्मर ॥
एतद् वाक्य यथा उक्त		तार्क्ष्यकृत तथास्थले ।
अग्नि तार्क्ष्य करे ध्यान		अरिष्टनेमि तद् परे ॥
यथा ध्यान प्रदानित		तार्क्ष्यकृत तथास्थले ।
एतद् ध्याने समाहित		अरिष्टनेमि निश्चल ॥
कियत् वर्ष अतःपरे		अग्नि तार्क्ष्य तथागत ।
प्रज्वलित तथा पक्ष		यथा दीप्त दिवाकर ॥
सुवर्ण रश्मिपुंजते		अति दीप्त तथास्थले ।
बृहत् चंचु हिरण्मय		रक्तचक्षु समन्वित ॥
सुवर्णाभ बहिर्गत		पक्षद्वये स्थले स्थले ।
पदद्वय हिरण्मय		अग्नि तार्क्ष्य मनोहर ॥
अरिष्ट प्रति जिज्ञासे		अग्नि तार्क्ष्य मधुस्वरे ।
वर चाह मनोमत		हे अरिष्ट मम प्रिय ॥

अरिष्टनेमि वचन

ज्ञान मात्र मनोमत		एतद् वर प्रदानह ।
हे तार्क्ष्य अग्नि देवता		यदि कृपा मम प्रति ॥

राम वचन

तार्क्ष्य रूप हुताशन		किं प्रकारे धरे कह ।
वरदाता अरिष्टते		पक्षीरूप विधारणे ॥

तार्कीगर्भ शुन अरिष्टनेमि नामे पक्षी ज्येष्ठजन जटायुपुत्र पूर्वे ।
तार्क्ष्य ध्यान युत तदग्नि सिद्धरूपे यद् ज्ञाने विहग ऋषित्त्व लब्ध वेदे ॥

- इति श्रीमद्देवायण ब्रह्मकल्पे तृतीय खण्डे राम मण्डलान्तर्गत: रामायण वर्गे किष्किंध्या काण्डे श्रीराम-सुग्रीव संवादे जटायु पुत्र अरिष्टनेमि वार्ता कथन नाम: सप्तम सर्ग ।

— ✫ —

॥ अष्टम सर्ग ॥

सुग्रीव वचन

स्कंद जन्म यथाकाले पार्वतीसह शंकर ।
क्रीडारत यवे शुन पंच वर्ष क्रमागत ॥
तवु ना पुत्र जन्मते करे मन् दिगम्बर ।
देव सर्व करे युक्ति किंवा कार्य अत:परे ॥
चिन्तित देव वासव कहे एतद् हुताशने ।
शुन हे हव्य वाहन कर विघ्न उपस्थित ॥
पार्वतीसह शंकर केलिरत निरन्तर ।
गौरि गर्भ समुत्पन्ने कर कार्य त्वरित गति ॥
पक्षीरूपे प्रवेशिया कर नृत्य हुताशन ।
चमकि तव नर्त्तने तेज क्षय हवे शिवे ॥
अटल तेज धारक केलिरत निरन्तर ।
अच्युत तेज सम्पद हवे स्थिर सदाशिव ॥
यद्यपि तुमि से स्थले कर शिवे चमत्कृत ।
अन्यमना यथा देवे तेज क्षय हवे शुन ॥
एतद् वाक्य यथाश्रुत पक्षीरूप विधारणे ।
केलिगृहे प्रवेशिल रंध्रपथे हुताशन ॥
आरम्भिल तथा नृत्य अग्निरूप विहंगम ।
ये स्थले हर पार्वती प्रेमक्रीडा परायण ॥
सहसा नर्त्तने शिव मधुध्वनि यथाश्रुत ।
पक्षी प्रति निरीक्षिया चिन्तित देव शंकर ॥
किं प्रकारे समागत एतद् स्थले विहंगम ।
देव कार्य मने स्मरि कोपयुक्त महेश्वर ॥
कोपयुक्त यवे शुन क्षरे तेज त्वरितगति ।
एतद् तेजे समुद्भवे शिव-पुत्र षडानन ॥
कुपित देव शंकर क्षरे तेज यवे शुन ।
क्रोध सर्व तिरोहित स्वीय कार्ये व्यतिक्रमे ॥
त्वरित शिव समुत्थित अग्नि प्रति इहा कहे ।
देव कार्ये हुताशन पक्षीरूप विधारित ॥
तारक निधने पुत्र हवे तेज समुद्भव ।
देव जन्म तरे तेज तव हेतु बहिर्गत ॥
एतद् पुण्य महत्फल शुनह हव्य वाहन ।
आत्मज्ञान प्रदानिते तार्क्ष्य नामे विराजह ॥
लोके लोके निरन्तर आत्मज्ञान प्रदानिते ।
विमुक्ति जन्म बंधने तार्क्ष्य नामे विराजह ॥
आत्ममोह यथा जन्मे तव प्रभा प्रभावित ।
जातवेदा जगत्हिते तार्क्ष्य नामे विराजह ॥

तव ध्याने हवे मोक्ष आत्मज्ञान समीद्धने ।
प्रयुक्ति जन्म बंधने ताक्ष्यरूप हुताशन ॥
ताक्ष्य अग्नि विहंगम जन्मतत्त्व प्रदायक ।
भूत भाव परित्यजि दिव्य भावे प्रतिष्ठिते ॥
ताक्ष्य ताक्ष्य शुचिःज्योति जातवेदा हुताशन ।
आत्मज्ञान प्रदायक ताक्ष्य अग्नि विहंगम ॥
एतद् रूपे शिव द्वारा ताक्ष्य अग्नि प्रतिष्ठित ।
तद् परे कहिला देवी अग्नि प्रति इहा शुन ॥
मातृरूपे प्रकाशिते यथा अग्नि ममालये ।
मातृभाव हवे दीप्त ताक्ष्य तव प्रभावने ॥
मातृभावे जगत् सर्व करिवे तुमि चेतन ।
वीररूप हवे सर्वे ताक्ष्य ध्याने सुनिश्चय ॥
ताक्ष्य तेज प्रकाशक ताक्ष्य देव हुताशन ।
आत्मज्ञान प्रदानिते ताक्ष्य गुरु विहंगम ॥
अरिष्टनेमि तद् परे आत्मज्ञान लभे शुन ।
ताक्ष्यकृत प्रदानित तत्त्वज्ञान सुखोद्भव ॥
जटायु तनयारिष्ट ताक्ष्यज्ञान लभे यवे ।
ऋषिपदे प्रतिष्ठित वेद-तत्त्व विधारणे ॥

राम वचन

कहिले परमाश्चर्य गुह्य तत्त्व सखा तुमि ।
शुनि वार्ता महानन्द मम प्राणे समुद्भवे ॥
एक प्रश्न मनोदित पुनः मम कपीश्वर ।
केवा कह कपोतक जन्म कार्य किंवा कह ॥
सुज्योतिर्मय शुचि देह दीप्त तेजे यद् स्वर्णाभ युगल पक्ष रक्त चक्षुः ।
तद् ताक्ष्याग्नि नव हिरण्य वर्ण चंचु ध्यानाकृति विह्वलांग रुद्र वाक्ये ॥

- इति श्रीमद्देवायण ब्रह्मकल्पे तृतीय खण्डे राम मण्डलान्तर्गतः रामायण वर्गे किष्किंध्या काण्डे श्रीराम-सुग्रीव संवादे ताक्ष्य-अग्नि वार्ता कथन नामः अष्टम सर्ग ।

— ✯ —

॥ नवम सर्ग ॥

सुग्रीव वचन

कल्पे क्षय यवे शुन योग निद्रागत प्रभु ।
आपमय जगत् सर्व चिन्तायुक्त प्रजापति ॥
सर्व सृष्टि विलोपित आपमय जगत् यथा ।
चतुर्वेद सुरक्षणे चिन्तायुक्त प्रजेश्वर ॥
अतःपरे हरि प्रति कहे ब्रह्म प्रजापति ।
हे शंकर पुनः सृष्टि प्रकाशिते इहा कहि ॥
कर वेद विधारण तव कण्ठे महेश्वर ।
पुनः सृष्टि प्रकाशिते महाकाल यथा तुमि ॥
किं प्रकारे हवे कह एतद् कार्य प्रजापति ।
चतुर्वेद विधारण जिज्ञासिल महेश्वर ॥

इच्छामय यथा तुमि कर कार्य मनोमत ।
यद् प्रकारे यथा इच्छा कह वाक्य मम प्रति ॥
प्रत्युत्तरे कहे वाक्य पद्मयोनि प्रजापति ।
पक्षीरूप विधारणे वेद कण्ठे सुरक्षह ॥
पुनः कल्प समारम्भे तुमि वेद प्रकाशिवे ।
पुनः सृष्टि प्रकाशिते पथ श्रेय मने स्मरि ॥
वेद कण्ठे विधारणे नभ:स्थले कर स्थिति ।
पक्षद्वय प्रसारिया रह क्रम विवर्त्तने ॥
एतद् वाक्य यथाश्रुत देव देव महेश्वर ।
धृत शुभ्र महत्रूप पक्षयुक्त कलेवर ॥
अत:परे नभ:स्थले वेद कण्ठे परिभ्रमे ।
शब्दगति अनुक्रमे भ्रमे पक्षी निरन्तर ॥
पुनः सृष्टि समारम्भे पूर्व लय अत:परे ।
आवर्त्तित महाचक्रे ॐकारध्वनि आश्रये ॥
शुभ्रमूर्त्ति यथा धृत कहे ब्रह्म कपोतक ।
सर्व ध्वंस अत:परे एतद् पक्षी प्रकाशित ॥
सर्व शान्ति विधारणे सर्व शान्त यवे शुन ।
शान्ति मूर्त्ति सदा स्मृति एतद् शुभ्र कपोतक ॥
पुनः सृष्टि समारम्भे शिवरूप कपोतक ।
ब्रह्म-कण्ठे प्रदानिल पुन:वेद चतुष्टय ॥
एतद् हेतु कहे ज्ञानी नव सृष्टि प्रकाशक ।
वेद तत्त्व विधारक शुचिः वर्ण कपोतक ॥
यवे सृष्टि प्रकाशित पुनश्च शक्ति जाग्रत ।
शिवरूप विहंगम महाशक्ति निरीक्षिया ॥
धृत रूप विहंगमी शक्ति स्वयं तथास्थले ।
एतद् गर्भे समुद्भवे निऋृति नाम नन्दन ॥
निथर छिल यद्काले शक्ति गर्भ समुद्भव ।
निऋृति नाम धारणे हल पक्षी प्रजापति ॥
पक्षीकुल पिता यिनि सर्व आदि समुद्भवे ।
निऋृति जननी शक्ति शिव पिता यथास्मृति ॥
यवे सृष्टि समापित दिव्यरूप विधारणे ।
रहे नित्य कपोतक सर्व शान्ति प्रदानिते ॥
कपोतक स्वयं शिव कपोती परमेश्वरी ।
एतद् रूपे सदा ध्येय शुन दशरथात्मज ॥

राम वचन

अत्याद्भुत यथास्मृति पक्षी-वार्ता प्रदानिले ।
हे सुग्रीव महाज्ञानी कपि-रूप सुराधिप ॥
निऋृति वंश खेचर यथा कह महामति ।
किं प्रकारे प्रकाशिल एतद् वंश महीतले ॥

सुग्रीव वचन

सुपर्ण नन्दन श्येन शाकुन नाम नन्दन ।
जन्मे कन्या अत:परे तार्यायु नाम वर्णित ॥
तार्यायु अति रूपसी बहु वर्णे विरंजिता ।
विचित्र शिल्पमंडिता श्येन कन्या मनोहरा ॥

तार्यायु सुंदरी यथा शिवभक्ति परायणा ।
प्रत्यह भक्षणारम्भे अग्रे शिवे प्रदानित ॥
शिव तुष्ट तथा कार्ये तार्यायु कृत अर्पणे ।
भक्ष्ये नित्य महादेव यद् श्रद्धा यद् प्रदानित ॥
एकदा शुन तद् परे निऋति प्राप्त यौवन ।
कहे वाक्य कपोतके कपोती जननी परा ॥
निऋति प्राप्त यौवन कन्या दान प्रयोजन ।
एतद् वाक्य यथा श्रुत कहे वाक्य कपोतक ॥
दानिव आमि तार्यायु पुत्र तवे करि स्थिर ।
एतद् वाक्य कपोतक श्येन प्रति कहे यवे ॥
श्येन तुष्ट महानन्दे करे कार्य त्वरितगति ।
निऋति प्रति दानिल तार्यायु अति सुंदरी ॥
तार्यायु गर्भ उद्भव एतद् सर्व विहंगम ।
तार्क्षी नामे यथा कन्या सर्व अग्रे समुद्भवे ॥
जटायु गरुडात्मजे दाने तार्क्षी मनोहरा ।
यद् जटायु विवाहते गरुड अति मोदित ॥
हेर नभः परिष्कृत पक्षीकुल बहिर्गत ।
निऋति वंश खेचर भ्रमे सर्वे चतुर्दिके ॥
सुग्रीवे सुकथित वाक्य रामचन्द्रे पूर्व व्यक्त निऋतिवंश सर्व पक्षी ।
स्वच्छाकाश निरखि वृष्टिशून्य सेथा संग्रामोत्थित कपिराज राम वाक्ये ॥

- इति श्रीमद्देवायण ब्रह्मकल्पे तृतीय खण्डे राम मण्डलान्तर्गतः रामायण वर्गे किष्किंध्या काण्डे श्रीराम-सुग्रीव संवादे निऋति वंश वार्ता कथन नामः नवम सर्ग ।

— ✯ —

॥ दशम सर्ग ॥

वाल्मीकि वचन

तद् वाक्य श्रवणे राम नभःप्रति निरीक्षिल ।
स्वच्छाकाश यथा दृष्ट रामचन्द्र कहे इहा ॥
एवे वाक्य परित्यजि उत्तिष्ट हे कपीश्वर ।
किष्किंध्या करिते जय ह ओ शीघ्र बहिर्गत ॥

सुग्रीव वचन

किं प्रकारे हवे युद्ध कह सखा यथा पथ ।
बाली मोरे महायुद्धे निमिषे वधिते क्षम ॥

राम वचन

सम्मुख समराह्वानि कर युद्ध महाबली ।
जुझिव रहि पश्चाते यद्यपि तुमि अक्षम ॥

सुग्रीव वचन

अक्षमाहं सुनिश्चय बाली-युद्धे निरन्तर ।
पुनश्च किं परीक्षाते महत्फल हवे कह ॥

राम वचन

अक्षम तुमि यद्यपि युद्धे बाली पराजिते ।
एकमात्र शराघाते निपातिव स्वयं रणे ॥

सुग्रीव वचन

एक बाणे निपातिवे यद्यपि तुमि राघव ।
बाण-वेग प्रदर्शह सप्तताल प्रभेदने ॥
पर्वत तुल्य तद् देह अति दृढ़ मने स्मर ।
शत शत गदाघाते किञ्चित् क्षत नहे कभु ॥

राम वचन

सप्तताल प्रभेदन सामान्य कार्य केवल ।
इत्याधिक दुरूह यद् कह कार्य करि स्वयं ॥

सुग्रीव वचन

नहे वीर्य परीक्षाते भय मात्र समुद्भवे ।
सुयोग लभिले बाली वधिवे कहि निश्चय ॥

वाल्मीकि वचन

एतद् वाक्य यथा श्रुत राघव अब्जलोचन ।
प्रत्ययार्थे कपीश्वरे टंकारिल धनुर्गुण ॥
ऐषिक बाण योजने सन्धानिल महाबले ।
सप्तताल प्रभेदने प्रत्यागत पुनः शर ॥
सुग्रीवाश्चर्य दर्शने रामप्रति कहे इहा ।
तुमि सखा हवे शक्य बाली वधे सुनिश्चय ॥

राम वचन

उत्तिष्ट हे महाबाहु प्रत्यय तव यद्यपि ।
कर युद्ध भय त्यजि हवे जय सुनिश्चय ॥

वाल्मीकि वचन

राम वाक्ये कपीश्वर युद्ध साजे सुसज्जित ।
करि रामे भुजाश्लेष गदा हस्ते बहिर्गत ॥
जाम्बवान् तथा तनु नल नील स-लक्ष्मण ।
रामसह बहिर्गत पंच वीर क्रमे क्रमे ॥
सुग्रीव चलिछे अग्रे सतूर्ण पथ धावने ।
किष्किंध्या नगरी पार्श्वे क्रमे सर्वे उपस्थित ॥
वन मध्ये रहे राम सह पंच लुकायित ।
एकाकी वीर सुग्रीव गदा हस्ते बहिर्गत ॥
गर्जे घोरे पुरःद्वारे बाली बाली महारवे ।
सुग्रीव गर्जने बाली क्रोध भरे समुत्थित ॥
तारा प्रति कहे वाक्य गर्जमान महाबली ।
अतीव दुष्ट सुग्रीव शुन तारा निनादित ॥
ज्येष्ठ प्रति अमान्यते बाली बाली महारवे ।
गर्जमान पुरःद्वारे दिग्विजयी बाली यथा ॥

अद्य सत्य दुराशये युद्धस्थले विमर्दिव ।
राज्य लिप्सा पदाकांक्षा सर्व शान्ति तरे शुन ॥
बाली रवे पुरःद्वारे पुनः ना गर्जिवे शुन ।
कहि एतद् परिग्रहे गदा अति भयंकर ॥

तारा वचन

भ्रातृद्वन्द्व किंवा कह एतद् युद्ध निवारह ।
क्षमह तुमि सुग्रीवे बहु शास्ति प्रदानिले ॥
मन् भ्रमे यथाकार्य किंवा स्वेच्छा प्रणोदित ।
बहु द्वन्द्व दिने दिने एवे शान्ति प्रतिष्ठह ॥
भ्रातृ-द्वन्द्व नहे शुभ लोक हास्य समुद्भवे ।
वर्धे अरि दिने दिने एतद् कार्ये महाबली ॥

वाल्मीकि वचन

गर्जिल श्रवणे बाली प्रेमाबद्धा यथा तुमि ।
कह द्वन्द्व निवारह सुग्रीवे अति वेदना ॥
बाली वाक्य विलांछने भये तारा रहे स्थिर ।
कहे वाक्य क्रमागत बाली क्रोध परायण ॥

बाली वचन

तव प्रेम नहे यदि किष्किंध्यापति केमने ।
तद् पश्चाते तुमि स्थित इथे कार्य अनुष्ठित ॥
मंत्री राज्य प्रदानिल तुमि पार्श्वे सुशोभिता ।
मृत बाली प्रचारिया सुग्रीव प्रेम गर्विता ॥

वाल्मीकि वचन

एतद् रूपे कहे यदि गर्जि बाली कपीश्वर ।
लज्जावनत रहे स्थिर जिह्वा दंशि तथास्थले ॥
बिंदु बिंदु पड़े अश्रु चक्षु हते क्रमागत ।
मार्गशीर्षे ऊषागमे पत्रच्युत यथा हिम ॥
अथवा वर्षाकाले गर्जे मेघ भयंकर ।
क्रंदने रत क्रंदसी करि सिक्त महीतल ॥
करि सिक्त तथा रक्षः तारा अश्रु वारियुत ।
एतद् दृश्य निरीक्षिया बाली वाक्ये सुसंयत ॥
अत्याधिक यथास्नेह प्रिया प्रति कपीश्वरे ।
करि वक्षे समादर हल त्वरित बहिर्गत ॥
गर्जित गर्जिते बाली गदा हस्ते बहिर्गत ।
एकाकी मात्र सुग्रीवे बहिर्देशे निरीक्षिल ॥
एकामात्र करे स्थिति गदा हस्ते समुन्नत ।
हेरि बाली उल्लम्फने तथा गर्जि उपस्थित ॥

बाली वचन

सन्धान करि रे तोरे भ्रमि नित्य चतुर्दिके ।
ऋष्यमुख चतुःपार्श्वे नाहि हेरि कदाचन ॥
एवे स्वयं समागत मम हर्ष सुनिश्चय ।
किंवा वीर्य प्रकाशिवे कर अद्य त्वरितगति ॥

सुग्रीव वचन

तव वीर्य अहंकार　　अद्य स्वयं विचूर्णिव ।
अग्रज बलिया क्षमि　　गत युद्धे इहा स्मर ॥
ऋष्यमुखे करि स्थिति　　तव कार्य निरीक्षिते ।
यदि भ्रम गते तव　　आह्वान कर तद् परे ॥
भ्रातृ द्वन्द्व नहे शुभ　　एतद् हेतु रहि स्थिर ।
वीर्ये न्यून नहि स्वयं　　अद्य युद्धे प्रदर्शिव ॥
यथामध्ये प्रकाशह　　वीर्यदम्भ यथा तव ।
अन्य सर्व परित्यजि　　एका रणे उपस्थित ॥

बाली वचन

अति दर्प हवे क्षय　　रणस्थले रह स्थिर ।
जाह अद्य यमालये　　करि पथ प्रदर्शन ॥
बाली निर्गत पुर गर्जमान घोरे　　सुग्रीव निरखि कपीश अग्रभागे ।
यद् हस्ते विधृत गदा कहे स-नादे　　रे सन्धानि कलित मूढ़ नित्य तोरे ॥

- इति श्रीमद्देवायण ब्रह्मकल्पे तृतीय खण्डे राम मण्डलान्तर्गतः रामायण वर्गे किष्किंध्या काण्डे सुग्रीव कर्त्तृक बालीद्वारे गमन ओ युद्धमान बाली-सुग्रीव साक्षात्कार वार्ता नामः दशम सर्ग ।

— ✯ —

॥ एकादश सर्ग ॥

वाल्मीकि वचन

एतद् वाक्य यथा उक्त　　आक्रमिल कपीश्वर ।
सुग्रीव प्रति झम्पते　　अति वीर्य पराक्रमे ॥
घोरतर करे युद्ध　　भ्राताद्वय परस्परे ।
तुल्यदेह तथाकृति　　तुल्यवीर्य पराक्रमे ॥
तुल्य रूप निरीक्षिया　　रामचन्द्रे घटे भ्रम ।
के सुग्रीव केवा बाली　　सम रूप समाकृति ॥
कखन उठिया शून्ये　　करे युद्ध भयंकर ।
कभु मर्त्ये महीतले　　मत्त करी यथामत ॥
गदाघाते महाशब्द　　क्षरे अग्नि चतुर्दिके ।
गर्जे दोहे भयंकर　　वज्रतुल्य निनादने ॥
सुग्रीव अति कौशले　　गदाघात करे शिरे ।
प्रति गदा विघातने　　बाली त्वरित निवारिल ॥
तद् सुग्रीव शिरे पुनः　　हाने गदा कपीश्वर ।
सुग्रीव पार्श्व झम्पने　　एतद् घात निवारिल ॥
सुग्रीव कौशले पुनः　　बाली हस्त निरीक्षिया ।
करे घात महाबले　　हस्तच्युत तथा गदा ॥
हस्तच्युत यथा गदा　　हुंकारिल पुनः पुनः ।
हुंकारिया उल्लम्फने　　सुग्रीवे आक्रमे बले ॥
एतद् लम्फ निपातने　　सुग्रीव पद विच्युत ।
पतित सहसा भूमे　　आवर्त्तने समुत्थित ॥
आवर्त्तन यथाकाले　　हस्तच्युत तथा गदा ।
पुनश्च आक्रमे बाली　　शून्य हस्ते रणे उभे ॥

हस्ते हस्त यथा धृत पदाकर्षि पदे पदे ।
मुंडे मुंडे महाघात करे क्रोधे परस्परे ॥
आकर्षण भुजे भुजे वक्षाघात क्रमागत ।
मुष्टाघात यथामत जानुघात तथामत ॥
एतद् रूपे महायुद्ध करे उभे भुजे भुजे ।
सुग्रीव दंशने बाली बहु क्षत कलेवरे ॥
अत:परे महाक्रोधे बाली बल प्रकाशिल ।
गर्जि बाली भयंकर भूमितले निपातिल ॥
निपातित यवे शुन सुग्रीव पुनरुत्थित ।
करे बाली पदाघात कटि तटे महाबले ॥
अर्धक्रोशे निपातित अर्धभग्न कटिस्थले ।
गर्जिते गर्जिते बाली सुग्रीव प्रति धावित ॥
सुग्रीवे विषमाघाते युद्धस्पृहा विदूरित ।
रणक्षेत्र परित्यजि करे द्रुत पलायन ॥
हेरि रत पलायने सुग्रीव ज्ञात राघव ।
अग्रसरि चले राम हेरि मित्र पराजित ॥
त्यजिल रण सुग्रीव तारा वाक्य मने स्मरि ।
सुग्रीवे त्यजिया बाली पुरी मध्ये प्रवेशिल ॥
एस्थले वीर सुग्रीवे हेरि राम कहे इहा ।
महायुद्ध अनुष्ठिले भ्रातृ द्वय परस्परे ॥
सर्व लोक भयंकर युद्ध सखा अनुष्ठिले ।
कहे राम पुनः पुनः सुग्रीव स्थिर तेमति ॥
समवीर्य समाकृति नहे शक्य निरूपणे ।
सुग्रीव स्थिर तेमति अभिमाने निरुत्तर ॥
नीरव हेरि सुग्रीवे रामचन्द्र कहे इहा ।
तुमि युद्धे पराजित नारि लक्ष्य निरूपिते ॥

सुग्रीव वचन

कहिले करिवे तुमि शस्त्राघात महाबले ।
ए विश्वासे रणस्थले अद्य स्वयं प्रवेशिनु ॥
तद् मूर्त्ति हेरि भीषण तुमि राम तथास्थले ।
सर्व बल तिरोहित शस्त्राघात किंवा तव ॥
यद्याहं साहसे राम करि प्राणपणे रण ।
करे बाली पदाघात भग्नप्राय कटिस्थल ॥
पितृ पुण्ये रहे प्राण करि द्रुत पलायन ।
एतद् काल रणे यदि नाशित प्राण निश्चय ॥

वाल्मीकि वचन

एतद् वाक्य यथा उक्त सुग्रीव अति वेदने ।
विकृतास्ये पुनः पुनः कटि स्पर्शे करद्वये ॥

राम वचन

समरूप समाकृति समवीर्य पराक्रम ।
किं करिव महाबली नारि चक्षे निरीक्षिते ॥
पुनश्च जाह हे युद्धे एवे नाहि हवे भ्रम ।
छिल अग्रे अदर्शित एवे बाली निरीक्षिणु ॥

नाहि भय पुनः तव आक्रमिवे यवे शुन ।
सन्धानिव महाशर स्वयं अग्रे त्वरितगति ॥
हे सुग्रीव निरखि वीर युग्म युद्धे वीर्ये सादृश सम बाहु दीर्घ देहे ।
यद् तुल्याकृति उभये निनाद कण्ठे आकर्ण भ्रम उपजे सखा प्रहारे ॥

- इति श्रीमद्देवायण ब्रह्मकल्पे तृतीय खण्डे राम मण्डलान्तर्गतः रामायण वर्गे किष्किंध्या काण्डे सुग्रीव पराजय ओ पलायन वार्ता कथन नामः एकादश सर्ग ।

— ☆ —

॥ द्वादश सर्ग ॥

सुग्रीव वचन

नाहि राज्ये प्रयोजन बाली वधि रणस्थले ।
त्रैलोक्य विजयी वीरे केवा युद्धे निवारिवे ॥
पूर्वसम करि स्थिति नाहि युद्धे प्रयोजन ।
बाली युद्धे कदाचन नाहि जय सुनिश्चय ॥

राम वचन

वीर, वाक्ये किंवा फल उत्तिष्ठ हे कपीश्वर ।
जयाजये विचार किं योद्धा प्रति इहा स्मर ॥
युद्धतरे समागत व्यथा प्राप्त सकातर ।
एतद् क्लैव्यं मने स्मर वीरोचित नहे कभु ॥
वीर सर्व रणस्थले गिरितुल्य रहे स्थिर ।
वर्षे शिला महाझंझा रहे स्थिर तथापिह ॥
यद्यपि श्रृंग विच्युत पर्वतांग परिच्युत ।
रहे दृढ़ महावीर पूर्वसम अचंचल ॥
श्रृंग सम क्रमे क्रमे हस्त पद यवे क्षये ।
रहे दृढ़ तथापिह युयुधान रणस्थले ॥
युद्ध त्यजि पलायन एतद् क्लैव्यं परित्यज ।
आक्रमह पुनर्वार हवे जय तवप्रति ॥

सुग्रीव वचन

भ्रातृद्वन्द्वे किंवा लाभ यद्यपि जय तद् परे ।
निन्दित प्राज्ञ सर्वते युद्ध भ्राताद्वये यथा ॥
यथा एक पराजित अन्ये क्षोभ सुनिश्चय ।
पितृ सत्त्व यवे भुंजे भ्रातृ रक्ते विरंजित ॥
पितृ आत्मा परलोके अति क्षुब्ध सुनिश्चय ।
हे राघव वृथा स्वयं पशि युद्धे मन् भ्रमे ॥
मातृ गर्भ यथा एक सम रक्त प्रवाहित ।
तुल्य स्नेहे सुपालित भुजाबद्ध परस्परे ॥
मूढत्त्व किं निरीक्षह एतद् अंगे विघातने ।
अव्यथित यथान्तर पशुसम प्रभेद किं ॥
पितृराज्य यथास्थले ज्येष्ठे राज्य तथास्थले ।
मम अंश किंवा कह पद लिप्सु यथा स्वयं ॥
भ्रातृकोपे स्वभावत ममकृत विगर्हिते ।
एतद् चिन्ति सखा अद्य युद्ध इच्छा परित्यजि ॥

एतद् सखा नहे क्लैव्यं सुबुद्धि प्राप्त राघव ।
भ्रातृ द्वन्द्व परित्यागे अहं वने प्रवेशिव ॥

राम वचन

बालीजये समागत गदाहस्ते सुसज्जित ।
लभि बाली-पदाघात कह बुद्धि समुद्भवे ॥
राज्य इच्छा नहे गत भ्रातृ द्वन्द्व रहे स्थिर ।
हे सुग्रीव भये स्वयं तमःभावे निमज्जित ॥
व्यथाप्राप्त कलेवरे तमःभावे सकातर ।
कर्मोद्यम तिरोहित एतद् चित्ते विचारह ॥
रजःभाव समन्वित वीर वृंद निरीक्षह ।
शोणिताक्त कलेवरे करे युद्ध भयंकर ॥
सत्त्वभाव तथा यदि वेदना वा किंवा कहि ।
मुखे मात्र प्रतिष्ठित ज्ञाने सत्त्व-गुणी सदा ॥
गुण त्रय विचारिया हेरि तमः प्रवर्धित ।
कह वाक्य इथे तुमि भातृद्वन्द्व तिरोहित ॥
निकृष्ट गुण तामस सर्व नष्टे उपस्थित ।
एतद् गुण परित्यजि उत्तिष्ठ हे कपीश्वर ॥
मोह ग्रस्त यथा बुद्धि तमे ज्ञान समागत ।
युद्ध जये महाबाहु पुनर्युद्धे प्रवेशह ॥
बहु दुःखे विराजित वनवासे निरन्तर ।
राजपुत्र यथा तुमि राज्य पत्नी परित्यजि ॥
राज्य इच्छा नहे यदि भ्रातृ राज्य विवेचना ।
कर युद्ध तथापिह रहे पत्नी तथास्थले ॥
स-पत्नी कर उद्धार बाली जये विचक्षण ।
पत्नी हारा यथा तुमि प्रिया दुःख मने स्मर ॥
भातृगृहे अवस्थिता यथा शत्रु विवेचित ।
व्यवहार किंवा तथा शत्रु-पत्नी मने स्मरि ॥
बाली तुष्ट नहे कभु व्यवहारे निरीक्षिणु ।
सुयोग लभिले तोमा वधिवे कहि निश्चय ॥
ए जीवने कदाचन सौहार्द्द ना हवे शुन ।
अभिप्राय यथा हेरि तव प्राण विनाशिते ॥
एक पक्षे यथास्थले एरूप कृत निश्चय ।
अन्य पक्षे कृपा आशा क्लैव्यं मात्र विवेचित ॥
यदि भ्राता रहे स्थिर प्रतिज्ञा दृढ़ निश्चये ।
पूर्व स्नेह परित्यजि तव प्राण विनाशिते ॥
तुमि सेथा पराजये रणभीत मने मने ।
भातृद्वन्द्व परित्यज क्लैव्यं मात्र इहा स्मर ॥

सुग्रीव वचन

बहुल निन्दिले तुमि सर्व सत्य मने स्मरि ।
क्षीण वीर्य यथास्थले किंवा कार्य तथा कह ॥
रहे वीर्य तथापिह कर्म विमुख यद्यपि ।
तमःभाव कहे एतद् क्लैव्यं सखा तथास्थले ॥
दुर्बलाहं यथास्थले बाली वीर्ये निरीक्षिले ।
बलहीने किंवा त्रुटि किंवा क्लैव्यं तथा कह ॥

दुर्बल आमि राघव बाली वीर्ये प्रमाणित ।
वृथा युद्ध अनुष्ठिव जावे प्राण तथास्थले ॥
प्राण हते किंवा श्रेष्ठ राज्य धन तथा पद ।
प्राण बिना किंवा सुख राज्य के भुंजिवे कह ॥
यद्यपि भुवने राम रहे प्राणी तमः-गुणी ।
प्राण बिना किंवा रजः दुर्बल प्राण ये स्थले ॥
गुरुभार वहे केवा प्राण नष्ट यथास्थले ।
प्राण रक्षा महत् कार्य दुर्बले सबले सम ॥
सर्व मध्ये महाप्राण भोक्तारूपे विराजित ।
एतद् देह सुरक्षणे प्राण रक्षा कहे शुन ॥

राम वचन

प्राणे प्राण सुवर्धित एतद् सखा मने स्मर ।
भक्ष्ये प्राण सदा प्राणी आपन परिपोषणे ॥
यथा राजा सदा पुष्ट प्रजा पुण्य महाधने ।
एतद् पुण्य सुवर्धने राज कार्य निरन्तर ॥
आपनि पुष्ट यद् क्षेत्रे प्रजा-पुष्टि परित्यजि ।
एतद् राजा कहे दुष्ट राज्य नष्ट अतःपरे ॥
यद्यपि तुमि सुग्रीव पितृराज्ये प्रजा स्मर ।
तवु युद्ध अनुष्ठह स्वयं सत्त्वे प्रवंचित ॥
तव पत्नी रहे दुःखे तव द्वेषी कृपाश्रये ।
अक्षम पालने प्रिया क्लैव्यं स्थित असंशये ॥

सुग्रीव वचन

भ्राता श्रेष्ठ प्रिया हते शास्त्र वाक्य इहा शुन ।
स्वीय रूप द्वितीयतः पितृ सत्ये प्रकाशित ॥

राम वचन

भ्रातृद्वन्द्वे जगत् नष्ट एतद् सत्य चिरंतन ।
कश्यपे जात नन्दन देव दैत्य निरीक्षह ॥
देव कार्य परित्यजि किंवा कार्य अतःपरे ।
इन्द्रादेश तव प्रति मम कार्य अनुष्ठिते ॥
तव जन्म महीतले स्वर्गराज्य प्रतिष्ठिते ।
रावणे करिया जय रक्षःकुल विमर्दने ॥
अरण्यागत राघव कियत् वर्ष रह स्थिर ।
रावण हरिवे सीता कार्यकाल हवे तव ॥
सीता हारा यवे राम तव पार्श्वे उपस्थित ।
कहिया राघवे सर्व मित्रता स्थापिवे तुमि ॥
उद्धार करिते सीता प्रतिज्ञा करिवे तुमि ।
राघव कार्य साहाय्ये स्वीय कार्य अनुष्ठिवे ॥
एतद् आज्ञा मने स्मर मम कार्य अनुष्ठिते ।
उद्धार करिते सीता तव राज्य प्रयोजन ॥
उद्धार करिवे सीता किं प्रकारे बिना बले ।
सैन्य बल प्रयोजन रक्षःकुल विमर्दने ॥
एकमात्र पदाघाते एतद् सर्व हल भ्रम ।
देव कार्ये समुत्थित हओ सखा त्वरित गति ॥

पद-लिप्सा नहे एतद् राज्य भोग नहे तव ।
देव कार्य अनुष्ठिते हओ त्वरित समुत्थित ॥

वाल्मीकि वचन

एतद् वाक्य यथा श्रुत लज्जित निज अन्तरे ।
सुग्रीव शिरसानते कहे सखा क्षमः भ्रमे ॥
ए वाक्य श्रवणे राम अति हर्ष समायुत ।
करि वक्षे भुजाश्लेष कहे वाक्य अतःपरे ॥

राम वचन

हे लक्ष्मण त्वरितगति सुग्रीवे कर चिह्नित ।
नहे भ्रम पुनः येन बाली अग्रे रणस्थले ॥
अग्रे लक्ष्मण कर चिह्नित प्रभेदे तद् बालीसह समरे यवे प्रलिप्त ।
युद्धे कत्त्व हरण देह माल्य संज्ञा वैशिष्ठ्ये प्रिय मम मित्र येन शोभे ॥

- इति श्रीमद्देवायण ब्रह्मकल्पे तृतीय खण्डे राम मण्डलान्तर्गतः रामायण वर्गे किष्किंध्या काण्डे श्रीराम-सुग्रीवे पुनः युद्धोद्यम वार्ता कथन नामः द्वादश सर्ग ।

— ✯ —

॥ त्रयोदश सर्ग ॥

वाल्मीकि वचन

लक्ष्मणकृत चिह्नित पुष्पमाल्ये सुशोभित ।
सुग्रीव कपि पुंगव पुनर्युद्धे समुत्थित ॥
गदा हस्ते चले यवे कहे वाक्य पुनः पुनः ।
राखिह स्मरणे राम बाली-युद्ध भयंकर ॥
चलिल वीर सुग्रीव एकाकी समरे पुनः ।
रामचन्द्र समुत्साहे टंकारिया धनुर्गुण ॥
किष्किंध्या नगरीद्वारे सुग्रीव पुनरागत ।
बाली बाली महारवे गर्जे पुनः भयंकर ॥
आछिल अति कुपित बाली पूर्वे रणस्थले ।
सुग्रीवकृत गर्जने ज्वले येन हुताशन ॥
गदा हस्ते समुत्थित अति क्रोधे यवे शुन ।
बाली प्रति कहे तारा एतद् वाक्य मधुस्वरे ॥

तारा वचन

एवे मात्र रणस्थले परित्यजि यथागत ।
उद्यत गमने पुनः किं कारणे महाबली ॥

बाली वचन

शुन गर्जे महामूढ़ सुग्रीव तोरणे पुनः ।
एवे प्राण विनाशिव एतद् सत्य सुनिश्चय ॥
एलो अग्रे गदा हस्ते पदाघाते विदूरित ।
करे द्रुत पलायन रणस्थले परित्यजि ॥
पुनश्च शुन आगत फेरु सम करे ध्वनि ।
शार्दुल दर्शने मात्र करे द्रुत पलायन ॥

तथामत पुनः पुनः	द्वारे रव परायण ।
गदा हस्ते निरीक्षिले	करे द्रुत पलायन ॥
अद्य हस्ते विधारणे	सद्यप्राण विनाशिव ।
हवे शान्त अत:परे	सर्व ज्वाला सुनिश्चय ॥

तारा वचन

मिनति चरणे तव	नाहि जाह रणस्थले ।
अद्य युद्ध नहे शुभ	एतद् चिन्ता मनोदित ॥

बाली वचन

कह प्रिया किं कारणे	अद्य युद्ध नहे शुभ ।
किं सन्देह उपस्थित	कह सर्व परिष्कृत ॥

तारा वचन

स्त्रीय स्वयं नहि ज्ञानी	तव तुल्य महाबली ।
तवु कहि यथा ज्ञान	क्षमः वाक्ये यदि भ्रम ॥
रणे येवा पराजित	पुनः युद्धे समागत ।
एतद् स्थले मने स्मर	अन्य वीर्ये प्रवर्धित ॥
एकवार निपीड़ित	पुनश्च यदि आगत ।
पश्चाते अपर स्थित	अन्य बले बलान्वित ॥
अन्य बले बलान्वित	महायुद्धे विचारिया ।
एतद् हेतु मने स्मरि	अद्य युद्ध नहे शुभ ॥

वाल्मीकि वचन

एतद् वाक्य यथाश्रुत	बाली मृदु स्मिताधर ।
तद् परे कहिल स्नेहे	तुष्टान्तर यथा बली ॥

बाली वचन

एतद् शंका अजानित	मम प्रेमे शुन प्रिया ।
प्रेमास्पदे सदा भय	इत्याकार बहु भ्रमे ॥
प्रकृत सत्य ए नहे	शुन तारा यथा कहि ।
पंच जन बिना विश्वे	नाहि अन्य सहायक ॥
बाली वीर्य पुरोभागे	हवे केवा उपस्थित ।
प्राण माया परित्यजि	परः हिते किंवा कह ॥
मम अग्रे रणस्थले	केवा कह रवे स्थिर ।
त्रैलोक्य विजयी रक्षः	लंकेश्वर दशानन ॥
नासा घर्षि लभे प्राण	मम द्वारे पुनः पुनः ।
द्वितीय के अत:परे	मम अग्रे रहे स्थिर ॥
सुग्रीव समरे केह	ना आसिवे कदाचन ।
लोक त्रये अदर्शित	एतद् संग प्रदानिते ॥
एतद् सर्व तव भ्रम	मिथ्या शंका उपस्थित ।
मम युद्धे रहे स्थिर	नाहि योद्धा द्वितीयत ॥
तदूपरि कहि स्वयं	यदि केह समागत ।
निमिषे सह सुग्रीव	युद्धक्षेत्रे विमर्दिव ॥
मम वीर्ये किंवा शंका	सर्वस्थले सदा जयी ।
कभु श्रुत पराजय !	ए संशय परित्यज ॥

तारा वचन

एतद् वाक्य ममश्रुत लोक वाक्ये परस्परे ।
अयोध्या नगरी स्थित राजा दशरथात्मज ॥
रामचन्द्र वनागत पितृसत्य सुपालने ।
गत वर्ष त्रयोदश पंचवटी महावने ॥
कियत् दिवा पुरास्मृति जानकी राघव प्रिया ।
लंकेश्वर दशानन संगोपने परिग्रहे ॥
उद्धार करिते सीता रामचन्द्र समागत ।
किष्किंध्या नगरे शुनि मैत्री हेतु तवानुजे ॥

बाली वचन

एतद् चिन्ता नहे सत्य शुन तारा यथा कहि ।
अयोध्या नगरी सह नाहि द्वन्द्व कदाचन ॥
सुग्रीव सह मित्रता असम्भव मने स्मरि ।
रामचन्द्र गुणीश्रेष्ठ देवतुल्य कहे सबे ॥
भरते दानिया राज्य वनवास परिग्रहि ।
स्ववीर्ये भरतश्रेष्ठ तवु राज्य प्रदानिल ॥
विमातृ प्रार्थना मत पितृसत्य सुपालने ।
रामचन्द्र रहे वने राघव अति धार्मिक ॥
उद्धार करिते सीता सुग्रीवे मित्रता किंवा ।
सैन्य सर्व ममाधीने सुग्रीवे किं प्रयोजन ॥
यदि राम तथापिह अद्य युद्धे उपस्थित ।
वधिव सह राघव सुग्रीव दुष्ट-वानर ॥

वाल्मीकि वचन

एरूप दानि आश्वास करि तारा समादर ।
गर्जिते गर्जिते बाली गदा हस्ते बहिर्गत ॥
गदा हस्ते त्वरित गति रणस्थले प्रवेशिल ।
सुग्रीवे हेरिया बाली कहे गर्जि इहा शुन ॥

बाली वचन

पदाघाते विदूरित पुनः दुष्ट समागत ।
एवे जाह यमालये हवे युद्ध समापित ॥

वाल्मीकि वचन

ए वाक्य कहिया बाली सुग्रीव प्रतिवीक्षणे ।
कहे वाक्य स्मिताधरे एतद् रूप अतःपरे ॥

बाली वचन

गंधमाल्य विधारणे वरवेशे सुसज्जित ।
कोथा जाह सहोदर मोरे बिना निमंत्रणे ॥
कोथा कन्या हल स्थिर पत्नीहारा यथा दुःखे ।
नाहि भ्रातः द्वितीयतः स्वयं वधू प्रदानिवे ॥

सुग्रीव वचन

देव-माल्य विधारणे जय-चिह्ने उपस्थित ।
तव मध्ये किंवा वीर्य अद्य युद्धे निवारह ॥
पत्नीहारा यथा दुःखे नित्य स्वयं अवस्थित ।
यदिच दानिते रूमा हत किञ्चित् सुखोदय ॥
अद्य युद्धे पराजिया करि पथ परिष्कृत ।
कर युद्ध यथा वीर्ये प्रेरि सद्य यमालये ॥

वाल्मीकि वचन

कहिते कहिते वाक्य अति क्रोध समायुत ।
सुग्रीव समरे घोर आक्रमिल महाबले ॥
संग्रामे द्रुत पशि दृष्ट वीर बाली सुग्रीवे धृत फुलमाल्य चिह्न देहे ।
व्यंगे युक्त कपि कुलेश हास्य रंगे हे भ्राता कह किं विवाह हेतु यात्रा ॥

- इति श्रीमद्देवायण ब्रह्मकल्पे तृतीय खण्डे राम मण्डलान्तर्गतः रामायण वर्गे किष्किंध्या काण्डे सुग्रीवे पुनः युद्धे प्रवेश वार्ता नामः त्रयोदश सर्ग ।

— ☆ —

॥ चतुर्दश सर्ग ॥

वाल्मीकि वचन

एतद् वाक्य समापिया सुग्रीव आक्रमे त्वरा ।
गर्जि बाली उल्लम्फने आक्रमिल महाबले ॥
घोरतर करे युद्ध भ्रातृद्वय परस्परे ।
तुल्य देह तथाकृति तुल्य वीर्य पराक्रमे ॥
रामचन्द्र महाहर्षे एतद् युद्ध निरीक्षिछे ।
बालीसह महायुद्धे सुग्रीव अति तद्पर ॥
कभु शून्ये समुत्थाने करे युद्ध भयंकर ।
कभु मर्त्य महीतले मत्त करी यथामत ॥
गदाघाते महाशब्द क्षरे अग्नि चतुर्दिके ।
गर्जे दोहे भयंकर वज्रतुल्य निनादने ॥
पदाघात करे घन आवर्त्तिया महागदा ।
शून्यमार्गे विघूर्णित चक्रतुल्य गदाद्वय ॥
एतद् गदा विघूर्णने महावायु उपस्थित ।
झंझासम महास्वने चले वायु चतुर्दिके ॥
उत्पाटिया महीरुह निक्षेपे दश योजने ।
गिरिशृंग निपातित हड़ाहड़ महारवे ॥
पदाघाते प्रकम्पित चतुःपार्श्वे महीधर ।
थरथरे महीतल दीर्ण दीर्ण स्थले स्थले ॥
एतद् रूपे महायुद्ध करे उभे बहुक्षण ।
बाली वीर्य भयंकर सुग्रीवह तथामत ॥
सुयोगे सहसा बाली गदाघात करे त्वरा ।
लक्ष्यि मस्तक सुग्रीवे घोर नादे निनादिया ॥
प्रतिघात करे त्वरा सुग्रीव सबले गदा ।
किंतु बल न्यूने तथा अर्धाघात लभे शिरे ॥
छिन्न मूल यथा तरु पड़े वीर तथामत ।
रक्ष प्राण सखा राम आर्त्तकण्ठे बहिर्गत ॥

एस्थले वीर राघव प्रस्तुत समरे बली ।
टंकारिया धनुर्गुण यद्कृत शर योजना ॥
क्षणमात्रे समुत्थित बाणैषिक सगर्जने ।
करि नभ समुज्ज्वल बाली प्रति प्रधावित ॥
एस्थले कपि सम्राट सुग्रीवे हेरि लुंठित ।
उत्तोलिल पुनः गदा त्वरित प्राण विनाशिते ॥
लुंठित भूतले देह संज्ञा हारा अचेतन ।
बाली गदा समुत्थित सुग्रीवोपरि पातने ॥
सहसा घोर गर्जने प्रदीप्त बाण ऐषिक ।
बाली वक्ष प्रभेदने गर्जे घोरे महास्वने ॥
अर्धमात्र प्रवेशिया रहे बाण तथा स्थिर ।
बाली बाण करे धृत भूमितले विलुंठित ॥
किष्किंध्या पुर गौरव सर्व युद्धे सदा जयी ।
ऐषिक बाण घातने भूमितले विलुंठित ॥
हेरि बाली निपातित करच्युत तथा गदा ।
षड् वीर बहिर्गत अरण्य त्यजिया त्वरा ॥
सर्व अग्रे चले राम रामानुज तदन्तरे ।
जाम्बवान् तथा हनु नल नील क्रमागत ॥
एस्थले वीर सुग्रीव क्षणान्तरे सचेतन ।
हेरि पार्श्वे निपातित बाली श्रेष्ठ महाबली ॥
शोकयुक्त तथास्थले स्वीय व्यथा परित्यजि ।
एतद् वाक्य कहे बली भ्रातृदेह विधारणे ॥

सुग्रीव वचन

हेर द्वन्द्वे किंवा फल किष्किंध्या पुर गौरव ।
करि नित्य महाद्वन्द्व निपातित रणस्थले ॥
देख क्रोधे किंवा फल मम दुःख समाश्रये ।
अन्य जन प्रवेशिल मम प्रीति प्रवर्धने ॥
सर्वजयी अरिन्दम मोरे नित्य निपीड़िते ।
तद् दुःखे अपराश्रये करि तोमा पराजित ॥
एवे दृष्ट मम भ्रम राज्य लोभे यथा कृत ।
तद् दुःखे अपराश्रये करि तोमा परित्यजि ॥
एक पिता यथा मम माता एक तथास्थले ।
तवु द्वन्द्व परस्परे बुद्धिभ्रमे उपस्थित ॥
शत्रुसम निरीक्षिले तुमि नित्य तवानुजे ।
अत्याचारी मम प्रति स्वयं नित्य मने स्मरि ॥

वाल्मीकि वचन

एतद् रूपे करे शोक आलोचिया पुरास्मृति ।
रहे बाली निरुत्तरे रामचन्द्र तथागत ॥
सुग्रीव हेरि राघवे एतद् वाक्य कहे पुनः ।
शोकयुक्त यथा कपि मन् क्षोभे क्रमागत ॥

सुग्रीव वचन

हेर राम रणे अद्य किंवा कार्य अनुष्ठित ।
जगत्जयी कपिश्रेष्ठ निपातित रणस्थले ॥

एतद् रूप अकल्पित मम मने निरन्तर ।
पड़िवे समरे बाली नाहि चिन्ति कदाचन ॥
कार्यकाले यथा दृश्य महाशोक उपस्थित ।
अकार्य कृत संग्रामे वधि अद्य ममाग्रजे ॥

राम वचन

तवकृत नहे एतद् हे सुग्रीव वृथा दुःख ।
तुमि बाली-पराक्रमे छिले नित्य पराजित ॥
देव इच्छा अनुष्ठिते बाली वध तवाश्रये ।
एतन्मत जगन्मय करि कार्य निरन्तर ॥
मम इच्छा प्रचालित जगत् सर्व सदा स्मर ।
बाली वधे अकातर रह योगे प्रतिष्ठित ॥
सर्वमय सदा कर्ता मोरे स्मर सखा तुमि ।
मम इच्छा प्रणोदित तुमि यंत्र रणस्थले ॥
ममकृत यथा कार्य एतद् चिन्ति रह स्थिर ।
मम कर्म अनुष्ठिते यंत्र मात्र मने स्मर ॥
छिले मात्र रणस्थले नटरूपे अवस्थित ।
यथा शिल्पी कहे वाक्य अन्तराले करि स्थिति ॥
यथा वाक्य कहे शिल्पी कहे नट तथामत ।
तेमति समरे तुमि वीरसाजे कर स्थिति ॥
अन्तराले करि स्थिति वध कार्य समापित ।
मम कृत यथा स्थिर हल कार्य तथामत ॥
एवे शोक वृथा तव हेरि चक्षे परिस्थिति ।
यथा काम्य तव प्रति एतद् कार्ये प्रकाशित ॥
समस्त परिचालने स्वयं कर्त्ता निरूपह ।
यथा पूर्वे निवेदिले अत्र कार्य अनुष्ठित ॥
कहिले कातरे सखा पूर्व वाक्य मने स्मर ।
महादुःख प्रदानिल भ्रमे बाली तवाग्रज ॥
यद्रूप कह निर्दोषी दुन्दुभि समरे तुमि ।
रंध्र रक्त निरीक्षिया तव चिन्ता समुद्भवे ॥
हवे बाली विनाशित भये भीत अतःपरे ।
एले तुमि त्वरित त्यजि रंध्रे गिरि प्राचापने ॥
शोक चिन्ता किंवा कह वृथा क्षोभे समायुत ।
बाली पूर्वे विनाशित तव वाक्ये प्रचारित ॥
यद्यपि स्मर हे तुमि तव कृत अनुष्ठित ।
तवु शोक परित्यज वृथा क्षोभ इहा कहि ॥
इन्द्र वाक्य मने स्मर देव राज्य प्रतिष्ठिते ।
उद्धार करिते सीता रक्षःकुल विनाशिते ॥
हे सुग्रीव रह दृढ़ स्थिरे स्वचित्ते यद् वाक्य स्थिर उभये कृताग्नि साक्षी ।
मैत्री कारण मम सत्य मर्दि बाली सीतोद्धार तव सखा सुकार्य सत्ये ॥

- इति श्रीमद्देवायण ब्रह्मकल्पे तृतीय खण्डे राम मण्डलान्तर्गतः रामायण वर्गे किष्किंध्या काण्डे श्रीराम कर्तृक सुग्रीव प्रति शोक-सांत्वना वाक्य कथन नामः चतुर्दश सर्ग ।

— ☆ —

॥ पंचदश सर्ग ॥

वाल्मीकि वचन

एतद् वाक्य यथा श्रुत कहे बाली सगर्जने ।
विरक्त राघव प्रति रामकार्य विनिन्दिया ॥

बाली वचन

उद्धार करिते सीता मम प्राण विनाशिले ।
सुग्रीवसह मित्रता कह तव किं कारणे ॥
ऋषि वृंद कहे नित्य राघव अति धार्मिक ।
विष्णुरूप यथा राम अवतीर्ण महीतले ॥
एरूप छिल विश्वास तव प्रति निरन्तर ।
अद्य कार्ये विलोपित तद् विश्वास तव प्रति ॥
कहे पूर्वे मम प्रिया युद्धस्थले समागमे ।
नाहि जाह रणस्थले अद्य रण नहे शुभ ॥
ये वा अग्रे पराजित पुनर्युद्धे समागमे ।
ए सन्देह समुद्भवे कहि शुन स्वभावत: ॥
अन्य बले बलान्वित हवे योद्धा सुनिश्चय ।
कहि वाक्य इहा स्मर अद्य युद्ध नहे शुभ ॥
अवज्ञा करि तद् वाक्य छिल तारा सकातरा ।
कहि वाक्य प्रबोधने ए सर्व तव कल्पना ॥
मम वीर्ये किं संशय केवा युद्धे हवे जयी ।
सुग्रीव सह संग्रामे हवे केवा उपस्थित ॥
प्राण माया परित्यजि पर: हित किंवा कह ।
लंकेश्वर पराजित नासा घर्षि लभे कृपा ॥
अन्य केवा हवे स्थिर मम युद्धे इहा कह ।
कहिला अति कातरे एतद् मम मनोदित ॥
राम दशरथात्मज पितृ सत्य सुपालने ।
पंचवटी वने स्थित रावण जानकी हरे ॥
किष्किंध्याते उपस्थित रामचन्द्र जनश्रुति ।
उद्धार करिते सीता सुग्रीव मिलने यदि ॥
अद्य रणे उपस्थित रामचन्द्र महाबली ।
एतद् रूपे कहे यवे भीत तारा ममप्रति ॥
तदुत्तरे कहि स्वयं ए सर्व तव कल्पना ।
अयोध्या नगरीसह नाहि द्वन्द्व कदाचन ॥
सुग्रीवसह मित्रता हवे कह किं कारणे ।
उद्धार करिते सीता सुग्रीव मित्रता किंवा ॥
सैन्यबल ममाधीने वृथा मैत्री तथास्थले ।
सुग्रीवे दानिते राज्य रामागम वृथा स्मर ॥
देवतुल्य यथा राम एतद् सर्व जनश्रुति ।
ममसह अकारणे अवतीर्ण हवे रणे ॥
तवु कहि रणे यदि रामचन्द्र उपस्थित ।
सुग्रीवसह राघव युद्धस्थले विनाशिव ॥
एवे सर्व महाभ्रम यथा चिन्ता मम प्रति ।
दुष्ट बुद्धि सुनिश्चय एहेतु दुष्ट बांधव ॥

वाल्मीकि वचन

कहिते कहिते बाली   अति क्लांत अत:परे ।
रक्त झरि बल क्षये   घनश्वासे हल स्थिर ॥

सुग्रीव वचन

क्लांत राम ममाग्रज   शराघाते निपीड़ित ।
किञ्चित् तृप्ति प्रदानह   हे सखा शर-पीड़ने ॥

वाल्मीकि वचन

एतद् वाक्य यथा उक्त   रामचन्द्र महाबली ।
आकर्षिला करे धरि   ऐषिक बाण उत्तम ॥
बाणमुक्त यथा कृत   क्षरिल बहु शोणित ।
बल क्षये क्रमे क्रमे   एलायित महातनु ॥
बाली शिरे अत:परे   राम हस्त प्रदानिल ।
परा शान्ति लभे बाली   गत व्यथा स्मिताधर ॥
सुग्रीवे करि आह्वान   कहे बाली इहा क्रमे ।
सर्व क्रोध विदूरित   पराशान्ति प्रतिष्ठित ॥

बाली वचन

एवे क्षोभ परित्यज   हे सुग्रीव ममानुज ।
रामचन्द्र स्वयं प्रभु   पाणि स्पर्शे परिज्ञात ॥
प्राप्त स्वयं महाशान्ति   शर ज्वाला निवारित ।
राम सखा यथा लब्ध   सौभाग्य तव निश्चय ॥
एवे ज्ञात मम भ्रम   पूर्व क्रोध यथा कृत ।
सर्व क्षोभ परित्यजि   हओ सुखी अत:परे ॥
निर्दोषी तुमि सुग्रीव   संदेह मम केवल ।
बहु दु:ख प्रदानिनु   हओ सुखी अत:परे ॥

सुग्रीव वचन

गत क्षोभ ममाग्रज   पूर्व दु:ख नहे मम ।
भ्रातृहारा यथा स्वयं   एतद् शोक उपस्थित ॥

बाली वचन

रामकृत यथा स्थिर   कर कार्य तथामत ।
रामचन्द्र जगत्प्रभु   कर चर्या तथाक्रमे ॥
राज्य भार प्रदानिनु   कर राज्य सुपालन ।
अंगदे कर पालन   तारा प्रिया समन्वित ॥
शान्ति प्राप्त कपिकुलेश घोर दु:खे   यद् स्पर्शे हर्षित चित्त उक्त सूत्रे ।
अग्रे अंगद कर दर्शन प्रणम्ये   एतद् राघव जगदीश अब्जनेत्र ॥

- इति श्रीमद्देवायण ब्रह्मकल्पे तृतीय खण्डे राम मण्डलान्तर्गत: रामायण वर्गे किष्किंध्या काण्डे बाली कर्त्तृक श्रीरामचन्द्रेभागवत रूप दर्शन नाम: पंचदश सर्ग ।

— ☆ —

॥ षोडश सर्ग ॥

वाल्मीकि वचन

कहि एतद् प्रदानिल सुग्रीवे शिर भूषण ।
सुग्रीव चरणद्वये पाणिस्पर्शे पुनः पुनः ॥
एतद्काले प्रवेशिल अंगद कपि नन्दन ।
पितृपदे विलुंठिया करे क्षोभ क्रमागत ॥
शोकयुक्त निरीक्षिया कहे पुत्र कपीश्वर ।
हे अंगद इहा शुन शोक अद्य परित्यज ॥
रामचन्द्र स्वयं प्रभु धृत नरः कलेवर ।
कर सेवा निरन्तर खुल्लतात समन्वित ॥
रामचन्द्र जगत्प्रभु एतद् वाक्य यथाश्रुत ।
अंगद अति विस्मये हेरिल अब्जलोचने ॥
अग्रसरि स्मिताधरे रामचन्द्र कहे इहा ।
हे अंगद ममप्रिय कहि वाक्य यथा शुन ॥

राम वचन

कालक्षये करे गति परोलोके पिता तव ।
वीरेन्द्र गति उत्तम तनु त्यजि रणस्थले ॥
सौभाग्य श्रेष्ठ यद् कहि देह त्याग रणस्थले ।
पराज्ञाने प्रतिष्ठित हेर वीर पिता तव ॥

वाल्मीकि वचन

अंगद शुनि ए वाक्य पितृ आज्ञा यथाश्रुत ।
करे रामे नमस्कार लभे शिरे शुभाशिष ॥
बाली युद्धे निपातित गेल वार्ता त्वरित गति ।
पुरान्दरे प्रवेशिल तारा वार्ता यथाश्रुत ॥
उन्मादिनी यथामत अति वेगे प्रवेशिल ।
भूधरसम विस्तृत हेरि पति सुशायित ॥
पदतले विलुंठिता एतन्मत कहे क्रमे ।
राजवेश परिच्छद एलायित चतुर्दिके ॥

तारा वचन

ना शुनिले ममप्रिय अद्य युद्ध नहे शुभ ।
यदि कभु पराजित पुनागत रणस्थले ॥
ना शुनि मम भाषण गदा हस्ते बहिर्गत ।
राघवे करि विश्वास किं फल लभिले कह ॥

बाली वचन

क्षोभ नाहि कर प्रिया रामचन्द्र स्वयं प्रभु ।
मम कार्य समापित पुण्य पथ प्रदर्शिल ॥
सेवह नित्य राघवे सर्व क्रोध परित्यजि ।
यवे शिरः करे स्पर्श सर्व ज्वाला विदूरित ॥
सर्व ज्वाला तिरोहित रामस्पर्शे इहा शुन ।
रामचन्द्र स्वयं प्रभु रह इथे असंशय ॥

तारा वचन

रामचन्द्र यदि प्रभु　　कृपाहीन ममप्रति ।
मम पति प्रवंचिया　　महादु:ख प्रदानिल ॥

बाली वचन

हे राघव इहा शुन　　अंतकाल उपस्थित ।
करि यात्रा परलोके　　तारा शोक निवारह ॥

वाल्मीकि वचन

कहिते कहिते बाली　　त्यजे मर्त्य कलेवर ।
चले दिव्य रथारूढ़　　सर्व जने निरीक्षिल ॥
गत-प्राण कलेवर　　निपातित महीतले ।
राघवप्रति एवाक्ये　　कहे तारा पुनरोपि ॥

तारा वचन

हे राघव कृपामय　　पति प्रति कृपाभरे ।
परागति प्रदानिले　　सर्वजन निरीक्षिल ॥
सर्वे तुष्ट रणस्थले　　तव कार्ये जगत्प्रभु ।
एकमात्र नहे तारा　　ताराशोक प्रवर्धित ॥
किं व्यवस्था ममप्रति　　सर्व सुखे प्रवंचिया ।
सुग्रीवे दानिले राज्य　　बालीप्रति परागति ॥
ताराप्रति किंवा कृपा　　कह हे अब्जलोचन ।
पतिहारा यथा स्वयं　　किं प्रकारे रहि स्थिर ॥
ममप्रति निरीक्षिते　　के रहिवे अत:परे ।
हे राघव जगत्प्रभु　　किं विचारे इहा कर ॥
सीताहारा यथा तुमि　　भ्रम दु:खे वने वने ।
करिल रावणे चुरि　　मोरे दु:ख प्रदानिले ॥
कृत लंकेश्वरे पाप　　किष्किंध्यापति मर्दिले ।
किष्किंध्यापुर गौरव　　तुमि राम विनष्टिले ॥
तुमि राम परिज्ञात　　प्रियाहारा किंवा दुख ।
एतद् दु:खे महाशोके　　अभिशाप प्रदानिव ॥
यद्यपि तुमि राघव　　विष्णुरूप स्वयं प्रभु ।
कहि स्वयं तथापिह　　फलिवे शाप निश्चय ॥
उद्धार करिवे सीता　　बहु दु:ख महारणे ।
नारिवे राखिते अंते　　लोक निन्दा हवे बहु ॥
यद् स्थित रावणालये　　वर्षेक जानिवे यवे ।
नहि ज्ञात किंवाचार　　रावणसह सेस्थले ॥
एरूपे बहु निन्दिया　　प्रजाकुल प्रचारिवे ।
प्रियामुग्ध यथा राम　　अनाचारे सदा रत ॥
जानिवे तुमि राघव　　निर्दोषी तव जानकी ।
तवुह नारिवे तुमि　　कोन शान्ति प्रदानिते ॥
अन्तरे ज्वलिवे मात्र　　त्यजिवे तुमि जानकी ।
वन्दित तुमि सर्वत्र　　हवे सत्य तथापिह ॥
मम ज्वाला अनिर्वाण　　ज्वले यथा निरन्तर ।
तेमति ज्वलिवे तुमि　　रामचन्द्र महाबली ॥

वाल्मीकि वचन

एतद्रूपे क्रमागत शोकयुक्ता कहे यवे ।
शिर स्पर्शि कहे राम एतद् वाक्य अति स्थिरे ॥

राम वचन

शुन तारा सती तुमि फलिवे वाक्य निश्चय ।
तव दुःख प्रदानिया हवे शोक ममप्रति ॥

वाल्मीकि वचन

राम स्पर्शे सुखोद्भवे रोमांचित कलेवरा ।
पदतले विलुंठिया रामप्रति कहे इहा ॥

तारा वचन

हे राघव जगत्प्रभु श्यामल अब्जलोचन ।
सर्वशोक तिरोहित तव स्पर्शे क्षणान्तरे ॥
रह नित्य मम ध्याने रामचन्द्र महाबली ।
नवदुर्वादल श्याम सुंदर अब्जलोचन ॥
राम दशरात्मज सीतापति जगत्प्रभु ।
राक्षसकुल शासक धनुर्बाण करे धृत ॥
श्यामरूप मनोहर सर्व जगत् विमोहन ।
राघव अब्जलोचन नमि पदे पुनः पुनः ॥
शान्तिप्राप्त शुनह राम सर्व चित्ते स्वामी लब्ध सुगति दर्शि अद्य साक्षात् ।
हे राजीवनयन धन्य मूढ तारा तद् दोष क्षमह कृपाभरे अनाथे ॥

- इति श्रीमद्देवायण ब्रह्मकल्पे तृतीय खण्डे राम मण्डलान्तर्गतः रामायण वर्गे किष्किंध्या काण्डे बाली-प्रयाण ओ तारा अभिशाप वार्ता कथन नामः षोडश सर्ग ।

— ☆ —

॥ सप्तदश सर्ग ॥

वाल्मीकि वचन

एतद्रूपे करे स्तव बाली प्रिया कपीश्वरी ।
करे पदे नमस्कार राम नामे पुनः पुनः ॥
राम नाम करे सर्वे आस्थित यत वानरी ।
मृत घेरि चतुर्दिके राम नाम करे घन ॥
नवदुर्वादल श्याम राम दशरथात्मज ।
करुणाकर राघव राम राम जगत्पति ॥
रोदन त्यजिया सर्वे राम नाम करे घन ।
छिल शोक परायण सर्वजन यथामत ॥
राम नामे तिरोहित सर्व शोक क्रमे क्रमे ।
गत शोक निरीक्षिया रामानुज कहे इहा ॥

लक्ष्मण वचन

हे सुग्रीव उठ त्वरित सत्कार कर ए तनु ।
शोक वाक्य मृतप्रति नहे शुभ क्रमागत ॥

स्वयं चक्षे निरीक्षिले अद्य वीरे परागति ।
यद् देह चेतना शून्य तथा शोक अकारण ॥
ऊर्ध्वगति यथा लब्ध चैतन्य परमे स्थित ।
जड़देह अचेतन रहे मात्र महीतले ॥
पंचभूते समुद्भुत एतद् मर्त्य कलेवर ।
करि अग्नि समिंधन कर भस्म महत् हिते ॥

वाल्मीकि वचन

रामानुजे यथा वाक्य सुग्रीव अंगद श्रुत ।
सत्कार करिते देह हल त्वरित समुत्थित ॥
जाम्बवान् तथा हनु नल नील अत:परे ।
गय गवाक्ष आगत ऋषभ शर केशरी ॥
सर्व जन समन्वित चले गोदावरीतटे ।
चले सर्व पुर:वासी सहित राम लक्ष्मण ॥
कतक्षणे उपस्थित सर्वे गोदावरीतटे ।
राखि देह तथास्थले वाद्य ध्वनि करे घन ॥
वन हते बहे सर्वे चंदन वृक्ष उत्तम ।
पंचशत महीरुहे करे चिता सुसज्जित ॥
पार्श्वद्वये प्रदानिल गिरिशृंग चतुष्टय ।
बाली देह तदूपरि करे धीरे सुरक्षण ॥
राम राम करे ध्वनि कपिकुल समस्वरे ।
पंचशत महीरुह तदूपरि प्रदानिल ॥
गर्जिल वानरे पुन: राम राम महास्वने ।
हल चिता सुसज्जित पुण्य गोदावरीतटे ॥
अंगद ज्येष्ठ नन्दन ताहे अग्नि प्रदानिल ।
गर्जिल वानरावली राम नामे पुन: पुन: ॥
उत्थित गर्जि पावक नभ: स्पर्शि शिखाचये ।
नभ: पूर्ण करे धूम्र पुण्यगंध चतुर्दिके ॥
एतद् गंध परिव्याप्त समस्त वायुमण्डले ।
योजन योजनान्तरे चले गंध त्वरितगति ॥
दिवा त्रय अहर्निशि ज्वले चिता क्रमागत ।
मंदीभूत यवे अग्नि निर्वापित करे चिता ॥
पुण्य गोदावरी-वारि स्वर्णपात्र करे धृत ।
वानरवृंद तद् परे निर्वापित करे चिता ॥
निर्वापित यवे चिता कपिवृंद समस्वरे ।
राम जय निनादिल पुन: पुन: तथास्थले ॥
दाह कार्य समापने करे स्नान अत:परे ।
पुण्य गोदावरी जले वानर वानरीकुल ॥
करि स्नान अत:परे राम जय निनादिल ।
राजगृहे चले सर्वे सहित राम लक्ष्मण ॥
राज पुरे प्रवेशिया राज्यपद प्रदानिया ।
सुग्रीव प्रति राघव एतद् वाक्य कहे शुन ॥

राम वचन

हे सुग्रीव यथा शुन कार्यादेश तवप्रति ।
उद्धार करिते सीता करह सैन्य संग्रह ॥

शृंखला स्थापिया राज्ये सुव्यवस्था करि क्रमे ।
संवादह ममप्रति करिते सैन्य चालना ॥

सुग्रीव वचन

राजगृहे कर स्थिति हे राघव कृपामय ।
करिते सैन्य संग्रह तत दिन कर स्थिति ॥
बहु दु:ख वने वने शीत ताप यथाक्रमे ।
अनाहारे अनिद्राते सीताशोके दिने दिने ॥

वाल्मीकि वचन

एतद् वाक्य यथा श्रुत रामचन्द्र स्मिताधर ।
सुग्रीवप्रति वीक्षणे स्नेहस्वरे कहे इहा ॥

राम वचन

हे सुग्रीव सखा प्रिय व्रतचारी मने स्मर ।
नारिव रहिते गृहे वर्ष चर्तुदश स्वयं ॥
पितृ सत्य सुपालने यथा रण्ये समागत ।
रहिव तेमति स्वयं करि तोमा शुभाशिष ॥

सुग्रीव वचन

व्रतचारी सखा तुमि किं कहिव अत:परे ।
तव दु:खे हवे दु:ख राजभोगे सदा मम ॥
कर राम शुभाशिष सर्व कार्य समापने ।
पक्षकाले उपस्थित हव पार्श्वे करि स्थिर ॥

राम वचन

होक कार्य तथामत यथा तव मनोदगत ।
उद्धार करिते सीता कार्यभार तवप्रति ॥
तद्राज्ये करि अभिषेक छत्र दाने सुग्रीवे करि उपदेश राम अंते ।
किष्किंध्यापुर परिवर्जने अरण्ये शोकाविष्ट दशरथात्मज अब्जे चक्षु: ॥

- इति श्रीमद्देवायण ब्रह्मकल्पे तृतीय खण्डे राम मण्डलान्तर्गत: रामायण वर्गे किष्किंध्या काण्डे बाली सत्कार ओ सुग्रीवे राज्य लाभ वार्ता कथन नाम: सप्तदश सर्ग ।

— ✯ —

॥ अष्टादश सर्ग ॥

वाल्मीकि वचन

एतद्काले नमे पदे अंगद राजनन्दन ।
करि पदे नमस्कार रामचन्द्रे निवेदिल ॥

अंगद वचन

हे राघव जगत्प्रभु मम कार्य किंवा कह ।
केमने कह सेविव पादपद्म सदा तव ॥

वाल्मीकि वचन

अंगद वचने राम अति हर्ष समायुत ।
करि स्नेहे समादर एतद् वाक्य कहे शुन ॥

राम वचन

यौवराजे प्रतिष्ठित हे अंगद इहा स्मर ।
मम कार्य अनुष्ठिते सैन्यापत्य तवप्रति ॥
लंका-युद्ध यथा स्थिर रक्षःकुल निपीड़िते ।
तुमि हे सैन्यचालने सैन्याध्यक्ष पदे रह ॥
यथा स्कंद स्वरालये देव-सैन्य प्रचालक ।
हे अंगद तथामत नायकत्त्व तवप्रति ॥

वाल्मीकि वचन

एतद् वाक्य यथा श्रुत प्रहृष्ट चित्त अंगद ।
यद् लब्ध राघवाशिष पुण्यपदे शिरानत ॥
एतद्रूपे क्रमे क्रमे संम्भासिया जने जने ।
सुग्रीवे परि रम्भणे रामचन्द्र बहिर्गत ॥
किष्किंध्या नगरी त्यजि राघवसह लक्ष्मण ।
पुनः वने प्रवेशिल वनवास यथास्मृति ॥
यद् प्रविष्ट महारण्ये पार्श्वे शून्य मने स्मरि ॥
सीताहारा यथा दुःख पुनः मने समुद्भवे ॥
कार्यकाले यथा शोक विस्मृत सर्व मानसे ।
विलापकृत तद् परे एकाकी रहि निर्जने ॥
रामचन्द्र तथामत शोकयुक्त रहे वने ।
स्मृति क्रमे समुद्भवे यद् सर्व पुरा कृत ॥
वाक्ये रत कदाचित लक्ष्मणसह राघव ।
सर्वक्षण रहे मौन रामचन्द्र स्वभावत ॥
अंगिरा नन्दनाश्रम हेथा स्थित पुरास्मृति ।
सेथा कूत्स्य महाऋषि करे नित्य अवस्थिति ॥
दिवसेक तथा गत भ्राता कृष्ण तथास्थले ।
हेथा राम समागत वार्ता एतद् उभे श्रुत ॥
मेघाच्छन्न यथा नभ वर्षे वृष्टि क्षणे क्षणे ।
एतद्काले नहे क्षम बहिर्देशे करे गति ॥
यवे नभः परिष्कृत बालीपुरे यथा गति ।
रामचन्द्र पुनागत एतद् वाक्य यथा श्रुत ॥
एलो कृष्ण महाऋषि कूत्स्याग्रज समन्वित ।
रामचन्द्र यथा स्थित तथा उभे उपस्थित ॥
परिचय प्रदानिया उपविष्ट ऋषि द्वय ।
यद् ज्ञात अंगिरा पुत्र रामचन्द्र करे नति ॥
रामानुज तथामत करे उभे शुभाशिष ।
एतद् वाक्य कहे कृष्ण रामप्रति मधुस्वरे ॥

कृष्ण वचन

चिन्तित हेरि राघव तव आस्य किं कारणे ।
बलीरेखा समन्वित किंवा दुःख उपस्थित ॥

राम वचन

विज्ञात कृष्ण आपनि यथा दुःख मनोदित ।
उद्धार करिते सीता चिन्तारत निरन्तर ॥
जनक नन्दिनीसह वनवासे समागत ।
पितृ सत्य सुपालने राज्य त्याग यथा स्मृति ॥
एतद् सीता परिग्रहे लंकेश्वर दशानन ।
राज्यहारा यथा स्वयं पत्नीहारा तथामत ॥
केवा सहे ममाधिक नित्य दुःख महीतले ।
मम शोक नहे यदि अन्ये शोक किंवा कह ॥
भुंजे दुःख नरः नित्य यथा भाग्य परिस्थिति ।
के पीड़ित ममाधिक राज्यहारा तथा प्रिया ॥
दैत्यकृत पराजये राज्यहारा सुराधिपे ।
बहु दुःखे भ्रमे नित्य उद्धारिते स्वरालय ॥
अन्य दिके निरीक्षह सतीहारा महेश्वर ।
दक्ष यज्ञ विनष्टिल रुद्र नृत्ये भयंकर ॥
सर्व शान्त महादेव नित्य ध्याने समाहित ।
किंरूप चित्त विक्षुब्ध सतीहारा महेश्वर ॥
ममप्रति निरीक्षह शोकद्वय प्रचापित ।
के पीड़ित ममाधिक मातृहारा निरन्तर ॥

कृष्ण वचन

राज्यहारा यथा तुमि स्वेच्छाकृत सुनिश्चय ।
पितृ सत्य सुपालने पितृ स्नेह समन्वित ॥
मातृ स्नेहे प्रवंचित रामचन्द्र यथा कह ।
इत्याधिक निदर्शन परिदृष्ट महीतले ॥
ध्रुव जन्म धरातले कहि सर्व यथा शुन ।
अंगिरा नन्दन ध्रुव मर्त्ये देह यवे धृत ॥
राजधर्म प्रचारिते ऋषिकुल सुरक्षिते ।
दुष्टकुल उपद्रवे पुरा कल्पे यथा स्मृति ॥
उत्तानपाद आख्यात राजा पूर्वे महीतले ।
पृथ्वीव्यापी करे राज्य तव वंश यथामत ॥
कल्पे कल्पे घटे एतद् चन्द्र वंशे महास्मृति ।
कलि सत्य युगद्वये संधिक्षण यवे शुन ॥
साधन वर्धने ध्रुव नाशिते युग कल्मष ।
पितृ राज्य परित्यक्त पंच वर्षे महातपा ॥

राम वचन

कह सर्व सविस्तारे हे कृष्ण ध्रुव काहिनी ।
किं तपस्या करे कह पितृ राज्य परित्यजि ॥
किंवा सत्ये प्रतिष्ठित कह ध्रुव तथास्थले ।
शुनि तव सहोदरे पुण्यजन्म महीतले ॥
यद् कृष्णांगिरस सकूत्स्य रामचन्द्रे साक्षात् हेतु उपगमे प्रसन्न वाक्ये ।
जिज्ञासारत ऋषि कृष्ण हे जितात्मा राजीवाक्ष कह विषाद केन आस्ये ॥

- इति श्रीमद्देवायण ब्रह्मकल्पे तृतीय खण्डे राम मण्डलान्तर्गतः रामायण वर्गे किष्किंध्या काण्डे कृष्ण समागम वार्ता कथन नामः अष्टादश सर्ग ।

— ☆ —

॥ ऊनविंश सर्ग ॥

कृष्ण वचन

उत्तानपाद वर्णित राजा ख्यात महीतले ।
कलियुग निवारणे जगदैक्य प्रतिष्ठिते ॥
राज्ये राज्ये करे नित्य शान्ति वार्ता प्रचारित ।
आत्म त्यागी महाबली पत्नीद्वये विवाहित ॥
प्राणपणे करे यत्न सर्व शान्ति प्रतिष्ठिते ।
सर्व द्वन्द्व निवारिया पत्नी द्वय सुरक्षणे ॥
स-पत्नी कभु ना मुक्त ईर्षा द्वन्द्वे परस्परे ।
यथा नित्य परिष्फुट कलियुग प्रभाविते ॥
उत्तानपाद सम्राटे नीति रुचि प्रियाद्वय ।
सुनीति महिषी ज्येष्ठा सुरुचि यद् द्वितीयतः ॥
नीति प्रति सदा रुचि द्वन्द्व ईर्षा परायणा ।
सपत्नी प्रति येमति भोग ईर्षा स्वभावत ॥
राज इच्छा जगत् शान्ति प्रेम ऐक्ये प्रतिष्ठिते ।
एस्थले सतिनी प्रति रुचि द्वेषी निरन्तर ॥
सुरुचि रूप यौवने राजा मन विमोहित ।
उत्तानपाद यद्यपि नहे इच्छा तथामत ॥
तवु मोह प्रभावित भोगासक्त क्रमेक्रमे ।
उत्तानपाद मोहित रुचि पार्श्वे सदा वश ॥
एतद् पथे दिने दिने वशीभूत नराधिप ।
रुचि वाक्य यथामत करे कार्य तथाक्रमे ॥
करे सेवा निरन्तर सुरुचि राजने बहु ।
अत्याधिक हल प्रिय राजपार्श्वे दिने दिने ॥
एकदा बहुल द्वन्द्वे रुचि क्रोध परायणा ।
राजपार्श्वे निवेदित पृथक् गृह विनिर्मिते ॥
उत्तानपाद सम्राट छिल रुचि प्रभावित ।
रुचि वाक्य विमोहित करे कार्य तथा क्रमे ॥
राजालय पृथक् करि नीति सद्म विनिर्मित ।
करे नीति तथा स्थिति राजादेश यथामत ॥
तद् पश्चाते नहे ज्ञात क्रियाशीला सदा रुचि ।
पृथक् गृह विनिर्मित करे नीति तथा स्थिति ॥
एतद्रूपे पृथक् कृत नीति गृह यथामत ।
विलास व्यसने मत्त रुचि इच्छा प्रणोदित ॥
सम्राटे सर्व आदर्श करे क्षय दिने दिने ।
क्षोभयुक्त यथा नृप नीतिपार्श्वे कहे सदा ॥
उच्चादर्श यथा मम हेर नीति हल क्षय ।
सपत्नी द्वन्द्वते नित्य सर्व कार्य पृथक् पृथक् ॥
इच्छि स्वयं जगत् ऐक्य सर्व मैत्री प्रतिष्ठिते ।
ममादर्श क्षये रुचि यथासर्व दिने दिने ॥
शुनि एतद् कहे नीति किं करिव नराधिप ।
एतद् तुष्टि प्रदानिते करि कार्य यथा कह ॥
ममप्रति यथा साध्य करि कह तथामत ।
किं प्रकारे हवे मैत्री करि पृथक् अवस्थिति ॥

उत्तरिल नराधिप मम साध्य नहे इहा ।
तोमाते गर्भ लक्षण हेरि प्रिया तथा कहि ॥
यदि पुत्र समुद्भवे एतद् शिक्षा प्रदानह ।
सर्व मैत्री विधारक यिनि विष्णु जगत्पति ॥
ममेच्छा करिते पूर्ण शिक्षित कर नन्दन ।
आह्वान करिते विष्णु गृहधर्म परित्यजि ॥
करि विष्णु महाध्यान करि साक्षात् जनार्दन ।
जगदैक्य प्रतिष्ठिते पुत्रे शिक्षा प्रदानह ॥
मम शक्ति करे क्षय रुचि प्रिया दिने दिने ।
नन्दन भरसा मात्र अन्य किंवा इथे कहि ॥
एतद्काले प्रवेशिल गर्जिते गर्जिते रुचि ।
यथा क्रुद्ध भुजंगिनी हेरि भीत नराधिप ॥
राजाप्रति कहे वाक्य अति क्रोध परायणा ।
मम गृह परित्यजि हेथा नित्य निवासह ॥
मम निन्दा शुनि क्रमे तव शक्ति करि क्षय ।
हे राजन ! प्रहर्षित नीति गर्भ मने स्मरि ॥
नीति गर्भ निरीक्षणे नित्य हर्ष तवप्रति ।
व्यवहार सदा वाह्ये मुखे मात्र ममप्रति ॥
नीति नित्य हृदिस्थले फल्गुप्रेम प्रवाहित ।
रुचिप्रेम बहिर्देशे मरु मरिचिकासम ॥
सर्व दाने सदा सेवा अद्य व्यर्थ मने स्मरि ।
मम पुत्र नहे ज्ञात नाहि क्षोभ कदाचन ॥
नीति गर्भ विमोचने बहुकाल अपेक्षिते ।
हेथा नित्य अवस्थान मम गृह परित्यजि ॥
कहि नृप यथा सत्य यदि प्रेम ममप्रति ।
एतद् गृह परित्यजि ममालये कर स्थिति ॥
नहे गर्भ यतक्षण मम दावि ततक्षण ।
एतद् वाक्ये नराधिप धीरपदे बहिर्गत ॥
एतद्रूपे रहे बद्ध रुचि गृहे नराधिप ।
हेथा नीति यथाकाले स्वीय गर्भ विमोचिता ॥
एतद् गर्भे समुद्भवे अंगिरानन्दन ध्रुव ।
राजकार्ये जगत्हिते ऋषि इच्छा प्रणोदित ॥
यद् जात ध्रुव-नन्दन उत्तानपाद आलये ।
तेजस्मान यथा कान्ति दीप्तोज्ज्वल हिरण्मये ॥
रुचि गर्भ समुद्भवे कियत् मास अतःपरे ।
रुचि पुत्र समारोहे भूतले भूमिष्ट शुन ॥
जातक्रिया करे त्वरित स्वयं राज पुरोहित ।
शक्ति नाम प्रदानिल रुचि इच्छा मनोमत ॥
नीति पुत्र किंवा कार्य शास्त्रविधि सुपालने ।
वर्धे मात्र दिने दिने अयत्ने पंकजोत्तम ॥
हेथा नित्य कहे रुचि विद्रूपे राजनप्रति ।
जावे नीतिगृहे पुनः मम निन्दा प्रचारिते ॥
प्रसन्न नह सम्राट पुत्रवान यथा तुमि ।
राज शंका इथे वर्धे मोहयुक्त नराधिपे ॥
निर्जीव सर्व सम्राट स्वीय पत्नी प्रभावित ।
जगदैक्ये विदूरित कलि कार्य सुकौशले ॥

परिहास निरीक्षह रामचन्द्र अत:परे ।
रुचि-वाक्य अतिक्रमे नाहि वाक्य नराधिपे ॥
नारे स्वयं निवारिते स्वीय पत्नी नराधिप ।
किं प्रकारे प्रतिष्ठिवे जगत् मैत्री तथास्थले ॥
विभ्रांत अति सम्राट पत्नीकार्ये दिने दिने ।
वर्धे ध्रुव क्रमे क्रमे चन्द्रकला यथामत ॥
पंच वर्षे पदार्पित एकदा शुन तद् परे ।
रुचिगृहे उपस्थित शक्तिसह शिशु ध्रुव ॥
राजा त्वरित करे क्रोडे हेरि पुत्र मनोहर ।
अति क्रोधे कहे रुचि उत्तानपाद राजने ॥
सतिनी नन्दने स्नेह अत्याधिक समीक्षित ।
मम-पुत्र परित्यजि अविचार इहा स्मरि ॥
मम-पुत्रे मुखे स्नेह अन्तरे नीति नन्दने ।
हे सम्राट ममप्रति अविचार निरन्तर ॥
असह्य सर्वदा एतद् सतिनी स्नेह वैभव ।
मम ईर्षा परायणा दाने दु:ख क्रमागत ॥
एतद्रूप कहे वाक्य सुरुचि राजन प्रति ।
करे ध्रुवे परित्याग उत्तानपाद सत्वरे ॥
रुचि-पुत्रे करि क्रोडे रुचि-तृप्ति प्रदानिते ।
पितृ आस्य निरीक्षणे रहे ध्रुव तथा स्थिर ॥
राजक्रोडे समुत्थाने यदि इच्छा मनोद्गत ।
एतद् इच्छा हवे पूर्ण मम गर्भे समुद्भवे ॥
एतद्रूप कहे वाक्य रुचि व्यंगे ध्रुवप्रति ।
शुनि वाक्य शिशुध्रुव करे द्रुत पलायन ॥
मातृपार्श्वे निवेदिल दु:खे ध्रुव क्रमे क्रमे ।
रुचि कार्य मने स्मरि अत्यंत दु:खितान्तरे ॥
ध्रुवप्रति कहे वाक्य शुन पुत्र यथा कहि ।
राजगृहे कदाचन नाहि जाह अत:परे ॥

ध्रुव वचन

मम पिता परित्यजे कह माता किं कारणे ।
अश्रुजल समन्विता केन कह निरन्तर ॥

सुनीति वचन

सत्याबद्ध पिता तव विमाता पार्श्वते तव ।
मम पुत्र कदाचन ना करिवे समादर ॥
एहेतु त्यजिया तोमा करे शक्ति समादर ।
सत्याबद्ध पिता तव किंवा क्षोभ तथास्थले ॥

ध्रुव वचन

कहे माता किंवा सत्य माताप्रति पिता कृत ।
किंवा कार्य अनुष्ठिले हवे पूर्ण इहा कह ॥

सुनीति वचन

जगत् ऊर्ध्वे गदाधर आत्मत्यागे अवस्थित ।
केशव गरुडध्वजे करि साक्षात् महातपे ॥

जगदैक्य महत् वर | लभि तुमि अत:परे ।
एतद्स्थले समागमे | सत्य पूर्ण हवे शुन ॥
यद्यपि तुमि सक्षम | एतद् कार्य अनुष्ठिते ।
सत्याबद्ध यथा राजा | हवे मुक्त अत:परे ॥
पितृ स्नेह हवे लाभ | वत्स एतद् पथे शुन ।
अन्य पथ अत:परे | नाहि हेरि कदाचन ॥

कृष्ण वचन

एतद् वाक्य यथा श्रुत | जिज्ञासिल पुन: ध्रुव ।
किंरूपे लभि दर्शन | कह माता गदाधरे ॥

सुनीति वचन

तपस्या अथवा ध्याने | रूप चिन्ता यथाक्रमे ।
नारायण चतुर्भुज | पीताम्बरे सुशोभित ॥
शंख चक्र गदा पद्मे | शोभा नित्य चतुर्भुजे ।
अपूर्व शिर भूषण | द्युतिमाला विकीरित ॥
श्रवणे मणि कुंडल | आकर्ण अब्जलोचन ।
तनु वर्ण हिरण्मय | सुस्मित गरुडध्वज ॥
इनि सर्व जगत्पति | प्रेम ऐक्ये प्रतिष्ठित ।
सर्व द्वन्द्व विनाशिते | बलीश्रेष्ठ सदा ध्येय ॥

ध्रुव वचन

जगदैक्य किंवा कह | कह माता परिष्कृत ।
यदि विष्णु समागत | किं कहिव तथा वरे ॥

सुनीति वचन

यदि विष्णु समागत | प्रसन्न दानिते वर ।
रह संगे निरन्तर | वर दाता जगत्पति ॥
यद् पीताम्बर परिधेय दिव्य माल्ये | शोभे विष्णु-कर गदाब्ज शंख चक्रे ।
श्रीनारायण शुनि रूप मातृ आस्ये | तद् ध्याने ध्रुव गहने पशे अशंके ॥

- इति श्रीमद्देवायण ब्रह्मकल्पे तृतीय खण्डे राम मण्डलान्तर्गत: रामायण वर्गे किष्किंध्या काण्डे श्रीराम-कृष्णांगिरस संवादे विष्णु तपोद्देश्ये सुनीति-ध्रुव वार्ता कथन नाम: ऊनविंश सर्ग ।

— ✯ —

॥ विंश सर्ग ॥

कृष्ण वचन

एतद् वाक्य यथा श्रुत | पंच वर्षे शिशु ध्रुव ।
पितृ इच्छा मने स्मरि | वन पथे चले द्रुत ॥
वने ध्रुव करे गति | एतद् नीति निरीक्षिया ।
एकाकी चलिवे वने | बहु भय तथास्थले ॥
आछे व्यघ्र तथा सर्प | हिंस्र बहु सरीसृप ।
प्राण रक्षा किंवा रूपे | कह पुत्र तथास्थले ॥

ध्रुव वचन

यदि विष्णु जगत्पति कृपावंत ममप्रति ।
किंवा भय तथास्थले कह माता सरीसृपे ॥
यदि कृपा ममप्रति साहस शार्दुले किंवा ।
मम अंग करे स्पर्श एतद् सत्य सुनिश्चय ॥
वंचित करुणा यदि किं अर्थ मम जीवने ।
पितृ स्नेह प्रवंचित कह माता तथास्थले ॥
यद्यपि जीव भक्षणे यदि देह प्रयोजन ।
तद् सार्थक मने स्मरि पितृस्नेह प्रवंचिते ॥

कृष्ण वचन

एतद् वाक्य कहे ध्रुव माता अश्रु समायुत ।
नीतिवक्ष क्रमे सिक्त अश्रुधारा विनिर्भ्भरि ॥
परिहास निरीक्षह राघव ध्रुव जीवने ।
पितृ स्नेह प्रवंचित पंच वर्षे चले वने ॥
पंच वर्षे करे क्रीडा मातृक्रोडे निरन्तर ।
अथवा जनकादरे सर्व शिशु सुपालित ॥
हेर भाग्य विपर्यये शिशु ध्रुव चले वने ।
नहे-त भाग्य केवल पितृ कार्य मने स्मरि ॥
भ्राता पत्नी समन्वित तुमि राम बहिर्गत ।
पितृ सत्य सुपालने क्षोभयुक्त तथापिह ॥
शस्त्र बले बलान्वित रामचन्द्र महाबली ।
पंच वर्षे निराश्रय शिशु ध्रुव चले वने ॥
असीम साहसी ध्रुव हेर कार्ये परिस्फुट ।
तपस्यागत मानसे वन मध्ये प्रवेशिल ॥
एकमात्र यथा पुत्र अद्य माता परित्यजि ।
पति हारा रहे स्थिर एकाकिनी निजालये ॥
दृढ़ बले प्रतिष्ठित हेर माता निरन्तर ।
सतिनी द्वन्द्वते पिता रहे चित्ते अकातर ॥
गेल पुत्र महारण्ये किंवा भाग्य परिस्थिति ।
सर्व चिन्ता परित्यजि विष्णुध्याने रहे स्थिर ॥

राम वचन

कहिले मधुर स्मृति मधुरोपम काहिनी ।
ध्रुव त्याग यथा श्रुत सर्व दुःख विदूरित ॥
कह हे अंगिरात्मज तद् परे ध्रुव काहिनी ।
किंवा कार्य तदन्तरे उत्तानपाद नन्दने ॥

कृष्ण वचन

मधुर ध्रुव काहिनी इथे कह किं संशय ।
शुन राम अनन्तरे वने ध्रुव प्रवेशिल ॥
वनमध्ये प्रवेशिया आरम्भिल महातपः ।
पंच वर्षे यथा ध्रुव सर्वलोक चमत्कृत ॥
पंच वर्षे रहे ध्रुव एकासने अवस्थित ।
वर्ष त्रय अतःपरे दंडायमान निश्चल ॥

पदेक ऊर्ध्व बाहुते वर्ष द्वय रहे स्थिर ।
पंच वर्ष पदूर्ध्वते करे ध्यान निरन्तर ॥
तद् परे गरुडासने वर्षेक करिल ध्यान ।
ताहे तुष्ट जगत्पति नारदे कहिल प्रभु ॥

राम वचन

किंरूप गरुडासन कह कृष्ण महाऋषि ।
जाहे तुष्ट जगत्पति विज्ञात केमने ध्रुव ॥

कृष्ण वचन

उपस्थ स्पर्शि भूतले उत्तोलिया शिरः पद ।
रहिया धनुकाकारे गुणयुक्त यथा धनु ॥
एतद् रूपे अवस्थाने हस्त द्वय प्रसारिया ।
मूलाधारे करे ध्यान पक्षाकारे करि स्थिति ॥
एरूप गरुडासन करे ध्रुव स्वभावत ।
करिते विष्णु दर्शन बहु क्रिया करे यथा ॥
उपरंतु मने स्मरि केशव गरुडध्वज ।
वैनतेय विहंगमे नित्य चिन्ति उपस्थिति ॥
तद्परे शुन राघव नारदे कहिलु प्रभु ।
हे नारद ममप्रिय जाह त्वरित महीतले ॥

विष्णु वचन

मम ध्याने रत ध्रुव आस्थित गरुडासने ।
पंच वर्षे बहिर्गत गृहत्यजि वने ध्रुव ॥
षोडश वर्ष साधना करे ध्रुव निरन्तर ।
एकविंश वयः क्रमे निश्चल गरुडासने ॥
सर्वाधिक मम प्रिय इत्यासन महामति ।
गरुड मम वाहन मम तुल्य महाबली ॥
इत्यासने यथा ध्यान गरुडसम वीर्यते ।
आकर्षण करे ध्रुव अस्थिर आमि एस्थले ॥
जाह त्वरित तथास्थले मम मंत्र प्रदानह ।
दिव्य चक्षु नहे लभ्य मंत्र बिना कदाचन ॥
दिव्य चक्षु बिना कभु केहना दर्शने क्षम ।
जाह त्वरित तथास्थले दानो दीक्षा यथायथ ॥

कृष्ण वचन

एतद् वाक्य यथा श्रुत नारद कण्वनन्दन ।
चले द्रुत महीतले वीणा हस्ते विधारणे ॥
येस्थले गरुडासने ध्रुव ध्याने समाहित ।
तद् पार्श्वते समागमे कहे वाक्य मधुस्वरे ॥
नारद अति विस्मित ध्रुव निष्ठा निरीक्षिया ।
प्रशंसिया स्वयं मने कहे वाक्य अतःपरे ॥
शुन ध्रुव महायोगी नित्य विष्णु कृपाश्रित ।
आसन त्यजिया देख तव कार्ये समागत ॥

कृष्ण वचन

श्रवणे पशिले वाक्य मधुपसम गुंजने ।
मधुर ध्वनि नारदे याहे मुग्ध जगत्पति ॥
एतद् वाक्य यथा श्रुत ध्यान ध्रुव परित्यजे ।
ऋषि-मूर्त्ति पुरोभागे हेरिल अति सुंदर ॥
ध्रुव चित्त सविस्मये जिज्ञासे नारदप्रति ।
तुमि किं गो जगत्प्रभु ऋषिरूपे समागत ॥

नारद वचन

नहि स्वयं जगत्प्रभु कृपादास तथास्थले ।
विष्णु आज्ञा यथा प्राप्त तवपार्श्वे समागत ॥

ध्रुव वचन

दूतरूपे समागत प्रेरित विष्णु केशवे ।
कह हेथा किंवा कार्य परिचय किंवा तव ॥

नारद वचन

नारदाख्या ममप्रति विष्णुभक्त कहे सबे ।
विष्णु आज्ञा शुन ध्रुव तोमा दीक्षा प्रदानिते ॥

ध्रुव वचन

प्रेरित विष्णु केशवे गुरुरूपे समागत ।
यद्रूपे लभि दर्शन कर एतद् महात्मन ॥

कृष्ण वचन

एतद् वाक्य नमस्कार करिल ध्रुव नारदे ।
नारद अति मोदित एतद् दीक्षा प्रदानिल ॥
तर्जनी स्पर्शिया भाले भ्रुवद्वयान्तरे ऋषि ।
कर्णमूले कहे मंत्र षड्ज ध्वनि निस्वने ॥
ॐकार गति कल्लोले अष्टाक्षर पद त्रये ।
आवर्त्तित यथा मंत्र ऋषिकण्ठे मधुस्वरे ॥
तद् विष्णु परमं पदम् सदा पश्यन्ति सूरयः ।
द्वीविवि चक्षुराततम् ॥
एतद् मंत्र प्रदान्िया कहे वाक्य ध्रुवप्रति ।
मंत्र सिद्धि हवे जाहे देव विष्णु समागमे ॥

नारद वचन

आवर्त्तह महामंत्र वार त्रय मूलाधारे ।
नाभि निम्ने अतःपरे वार त्रय यथाक्रमे ॥
वार त्रय नाभिस्थले वार त्रय हृदिस्थले ।
कण्ठदेशे वार त्रय वार त्रय भ्रु-मध्यते ॥
वार त्रय शिरः ऊर्ध्वे आवर्त्तन समापने ।
ललाटे यद् निरीक्षिवे शुभ्रज्योति अतःपरे ॥
एतद् ज्योतिर्महापथ हवे क्रमे प्रसारित ।
एतद् पथे निरीक्षिवे आविर्भाव गदाधरे ॥

कृष्ण वचन

कहिया कण्वनन्दन हल त्वरित तिरोहित ।
लभिया विष्णु गायत्री जपे ध्रुव क्रमागत ॥
आवर्त्तित करे मंत्र अष्टाक्षरे यथा गति ।
ॐकार नाद कल्लोले गांधार स्वर मंद्रणे ॥
वारत्रय मूलाधारे नाभि निम्ने अत:परे ।
शिहरित कलेवर सर्प एक समागत ॥
विस्तार करिया फणा विषम करि गर्जन ।
एतद् ध्वनि यथा श्रुत निर्भय हृदय ध्रुव ॥
व्यादन करिया वक्त्र हल सर्प प्रकाशित ।
भीति शून्य रहे ध्रुव शिहरित सुखे तनु ॥
द्वि-जिह्वा रूप भीषणे ध्रुव चित्ते अकम्पित ।
आवर्त्तित करे मंत्र नाभिस्थले अत:परे ॥
वारत्रय महामंत्र आवर्ते नाभिते यवे ।
हल सर्प तिरोहित भूतवृन्द उपस्थित ॥
नाना रूप करे ध्वनि नाना भय प्रदर्शने ।
आवर्त्तन करे मंत्र ध्रुव चित्त अकम्पित ॥
वारत्रय यथा मंत्र आवर्त्तित हृदिस्थले ।
भूतवृन्द तिरोहित शार्दुल गर्जियागत ॥
येन सद्य महारक्ते व्याघ्र आस्य विरंजित ।
दंत जिह्वा बहिर्गत चाहे क्रुद्ध निरीक्षणे ॥
उन्मुख येन शार्दुल आक्रमिते ध्रुवप्रति ।
आवर्त्तित करे मंत्र ध्रुव चित्त अकम्पित ॥
वारत्रय यवे मंत्र आवर्ते कण्ठते ध्रुव ।
हल व्याघ्र तिरोहित महाशून्य समीक्षित ॥
जनशून्य जगत् सर्व शून्य शून्य प्रसारित ।
शून्यमय चतुर्दिक सृष्टि चिह्न नहे तथा ॥
एरूप शून्य दर्शने सर्व मने भयोद्भवे ।
आवर्त्तित करे मंत्र ध्रुव चित्त अकातरे ॥
वारत्रय महामंत्र आवर्त्ते भ्रुद्वये यवे ।
महाशून्य प्रकाशित अपूर्व ज्योतिमण्डल ॥
तद्‌रूप ज्योतिमण्डले महापथ प्रसारित ।
ज्योतिर्मय चतुर्दिक भास्वर येन सर्वत: ॥
कहे एतद् महाद्युति नारे चक्षे निरीक्षिते ।
आवर्त्तित करे मंत्र अपलके रहे ध्रुव ॥
वारत्रय महामंत्र आवर्त्तित यवे शिरे ।
प्रकाशे सहसा रूपे सुस्मित गरुडध्वज ॥
गंधमाला विधारित नारायण चतुर्भुज ।
शंख चंक्र गदा पद्मे गरुड वर वाहन ॥
किरीटि शिर भूषणे श्रवणे मणि कुंडल ।
पीताम्बर परिच्छद अपूर्व रूप शोभन ॥
तनु वर्ण हिरण्मय ज्योर्तिच्छटा विकीरित ।
कहिल मधुरे देव एतद् वाक्य ध्रुवप्रति ॥

एका श्वापदकुल पूर्ण भूमि निर्णि   घोरारण्य जन विहीन राज पुत्र ।
निर्भीक ध्रुव कृत पूर्णता तपस्या   दाने मंत्र मुनि नारदेष्ट लाभ अंते ॥

- इति श्रीमद्देवायण ब्रह्मकल्पे तृतीय खण्डे राम मण्डलान्तर्गतः रामायण वर्गे किष्किंध्या काण्डे ध्रुव तपः सिद्धि वार्ता कथन नामः विंश सर्ग ।

— ✯ —

॥ एकविंश सर्ग ॥

विष्णु वचन

प्रसन्न तव साधने   शुन ध्रुव मम प्रिय ।
वर चाह मनोमत   अद्य एतद् प्रदानिव ॥

ध्रुव वचन

यदि कृपा ममप्रति   शुन देव जगत्पति ।
जगदैक्य प्रतिष्ठिते   पितृ इच्छा मनोगत ॥
एतद् वर प्रदानह   पितृ स्नेह प्रवंचित ।
एकांते स्मरि केवल   तव पार्श्वे निवेदिते ॥

विष्णु वचन

हवे कार्य तथामत   यथा इच्छा मनोमत ।
यखनि स्मरिवे तुमि   तथा आत्म प्रकाशिव ॥

कृष्ण वचन

एतद् वाक्य यथा श्रुत   विष्णुपार्श्वे तथा ध्रुव ।
निरखि कम्पिताधर   कहे वाक्य गदाधर ॥

विष्णु वचन

मनोभाव प्रकाशिते   वाक्य कण्ठे प्रदानिनु ।
आत्म भाव कर व्यक्त   यथा इच्छा मनोमत ॥

कृष्ण वचन

शंखभाले करे स्पर्श   एरूप कहि केशव ।
एतद् स्पर्शे लभे वाक्य   स्तवे ध्रुव मनोहर ॥

ध्रुव वचन

जय जय जगत्पति   नारायण चतुर्भुज ।
पीताम्बर विधारणे   गरुड वर वाहन ॥
नमः नमः गदाधर   दानव दल शासक ।
क्लांतिहीन सदा रणे   सर्व जयी स्मिताधर ॥
चक्रधर नमः नमः   सर्वतः परिपालक ।
प्रेममय कृपा कर   जगन्नाथ महाबली ॥
शंख-पाणि जनार्दन   अच्युत चिर सुंदर ।
मंगलमय निस्वने   सर्व त्राता सदा तुमि ॥
पद्म दल करे धृत   सुंदर हस्त शोभित ।
अम्भोजाप्रिय वल्लभ   हेरि रूप मनोहर ॥

यज्ञेशाच्युत गोविंद माध्वानन्त केशव ।
वैकुण्ठपति भास्वर पादपद्मे नम: नम: ॥
सर्वेश्वर नम: नम: नमस्ते भूतभावन ।
खिलाखिल सुपालक प्रणमि जगदीश्वर ॥

कृष्ण वचन

एतद्रूपे करे स्तव करजोड़े तथा ध्रुव ।
ध्रुवे वर प्रदानिया देव विष्णु तिरोहित ॥
तद् परे आगत ध्रुव स्वीय गृहे त्वरितपदे ।
विष्णुपदे यथा लब्ध ज्योर्तिमय कलेवरे ॥
ज्योर्तिमय यथा देह उद्भासित मुख ध्रुव ।
करे पदे नमस्कार माता मूर्त्ति निरीक्षिया ॥
शुभाशिष कृत ध्रुवे मातृशिरे यथामत ।
माताप्रति पराज्ञान दाने ध्रुव अत:परे ॥
दिव्यज्ञान यथा प्राप्त माता मुक्त कलेवरे ।
विष्णुलोके करे गति एतद् सर्व पुरास्मृति ॥
पितृपार्श्वे उपस्थित वक्षाश्लेष करे पिता ।
पितृपदे नमस्कार यवे ध्रुव शिरानत ॥
हर्षाप्लुत पिता चित्ते पुत्र वक्षे विधारणे ।
मोह मुक्ति लभे शुन आत्म ज्ञान समुद्भवे ॥
अभिषेक समारोहे पिता राज्य प्रदानिल ।
ध्रुव राज्ये प्रतिष्ठित तद् परे शुन राघव ॥
ध्रुव राज्ये यथा ऐक्य ज्ञात सर्व चराचरे ।
हल शक्ति निरुद्देश रुचि त्यक्त कलेवर ॥
एतद् सर्व पुरास्मृति संक्षेपे कहि राघव ।
अद्य तोमा परित्यजि शुन राम जगत्पति ॥
करि कार्यान्तरे गति हवे साक्षात् अत:परे ।
कालक्षये महाबाहु कहिनु ध्रुव काहिनी ॥
यद्राज्ये ध्रुव पद लब्ध पुण्य कर्मे विख्यात ध्रुव इति राज्य कल्पे कल्पे ।
वाक्ये नीरव कहि कृष्ण रामचन्द्रे हृष्टातिव रघुकुलावतंस चित्ते ॥

- इति श्रीमद्देवायण ब्रह्मकल्पे तृतीय खण्डे राम मण्डलान्तर्गत: रामायण वर्गे किष्किंध्या काण्डे श्रीराम-कृष्णागिंर संवादे ध्रुव राज्य प्रतिष्ठा वार्ता नाम: एकविंश सर्ग ।

— ☆ —

॥ द्वाविंश सर्ग ॥

वाल्मीकि वचन

नीरव कृष्ण यद् काले रामचन्द्र महाबली ।
करि पदे नमस्कार कूत्स्यप्रति निवेदिल ॥

राम वचन

कृष्ण कृत सुवर्णित यद् श्रुत ध्रुव काहिनी ।
सर्व शोक विदूरित महानन्दे प्रतिष्ठित ॥

ना कहिले स्वयं वाक्य किश्चित् कूत्स्य महाऋषि ।
अमृत तुल्य भाषण कृष्ण आस्ये यथा श्रुत ॥

कूत्स्य वचन

कालक्षये यथा उक्त कृष्णकृत महाबली ।
पक्ष अतिगत प्राय कार्यकाल समागत ॥
तुमि स्वयं जगत्पति रामचन्द्र नराकृति ।
किंवा शोक तवप्रति किं आश्वास प्रदानिव ॥
जात राम जनार्दन लक्ष्मीसह महीतले ।
देव जय प्रतिष्ठिते रक्षःकुल विमर्दने ॥
जनक नन्दिनीरूपा आपनि कमला स्मर ।
रक्षः गृहे प्रवेशिल एतद् पूर्व निरूपित ॥
के स्पर्शे जानकी कह लोकत्रये महाबली ।
लक्ष्मीरिच्छा नहे यदि जननी सर्व पालिनी ॥
सर्वेश्वरी यथा देवी रक्षः गृहे प्रवेशिल ।
रक्षःकुल हवे ध्वंस इथे कह किं संशय ॥
स्वेच्छाते वरिले शुन सेथा शुभ समुद्भवे ।
क्रुद्ध रूपे प्रवेशिले सेथा सर्व अमंगल ॥
लभिवे जानकी तव इथे कह किं संशय ।
रक्षःकुल हवे ध्वंस एतन्मात्र परिस्थिति ॥
शुनिते काहिनी यदि तव इच्छा मनोद्गत ।
पुनश्च आसिव स्वयं हवे गल्प अतःपरे ॥

वाल्मीकि वचन

एरूप कहिले कूत्स्य तुष्ट राम निजान्तरे ।
नमे पुनः ऋषिद्वये राघवसह लक्ष्मण ॥
करि रामे शुभाशिष ऋषिद्वय बहिर्गत ।
रामचन्द्र अतःपरे जिज्ञासे वीर लक्ष्मणे ॥

राम वचन

देखह गणना करि हे लक्ष्मण दिवाक्रमे ।
राज्यलाभ कपीश्वरे कत दिवा अतिक्रमे ॥

वाल्मीकि वचन

रामानुज कहे गणि पक्षकाल अतिक्रमे ।
तवानुगत सुग्रीव चिन्तितान्तर राघव ॥
रामे चिन्ता निरीक्षिया रामानुज कहे इहा ।
अनुमति प्रदानह सुग्रीवे करि चेतन ॥

राम वचन

यदि पक्ष अतिक्रान्त कह वाक्य कपीश्वरे ।
पक्षकाल अतिक्रमे किं व्यवस्था कृत स्वयं ॥

वाल्मीकि वचन

एतद् वाक्य यथा श्रुत रामानुज बहिर्गत ।
धनुर्बाण करे धृत किष्किंध्याते करे गति ॥

किष्किंध्यानगरी द्वारे रामानुज उपस्थित ।
संवादिते चले द्वारी पाद्य अर्घ्य प्रदानिया ॥
सुग्रीवे कहिल द्वारी रामानुज समागत ।
तव साक्षात् प्रकाशिते कार्य वार्ता यथा त्वरित ॥
सुग्रीव छिल तद् काले मधुपाने सु-विह्वल ।
कप्याकुल समावृत मधुमत्त जने जने ॥
मधुपान यथाकाले विघ्नरूप मने स्मरि ।
दूतप्रति कहे वाक्य सुग्रीव अति कुपित ॥

सुग्रीव वचन

रामानुज नहि ज्ञात साक्षाते किं प्रयोजन ।
कर द्वारे अपेक्षिते हवे कार्य अतःपरे ॥
विलासे व्याप्त सुग्रीव राजकार्य समापित ।
कल्य साक्षात् हवे कह राजकार्ये सभातले ॥

वाल्मीकि वचन

एतद् वाक्य यथा श्रुत भीत दूत चले द्रुत ।
रामानुजे नमस्कारे कहे वाक्य सकातरे ॥
क्षमह राघवानुज दुःख वार्ता किंवा कहि ।
विलासे मत्त सुग्रीव मधुपाने निरीक्षिणु ॥
क्षमः अद्य कृपावंत नाहि क्रोध प्रकाशह ।
मधु मत्त कपीश्वर असंलग्न कहे इहा ॥
रामानुज नहि ज्ञात साक्षाते किं प्रयोजन ।
कह द्वारे अपेक्षिते हवे साक्षात् अतःपरे ॥
क्षमह वीर लक्ष्मण अपराध कपीश्वरे ।
मधुमत्त यथा राजा विस्मृत भुवनत्रय ॥
एतद् वाक्य यथा श्रुत रामानुज स्मिताधर ।
वानरजाति एरूप कार्यकाले मति भ्रम ॥
चिन्तायुक्त अतःपरे द्वारीप्रति कहे इहा ।
स्वयं मने विचारिया यथा कार्य अनुष्ठिते ॥

लक्ष्मण वचन

द्वारीवृंद रह स्थिर यथा कार्य अनुष्ठिव ।
सुग्रीव मत्तता नष्टे करि कार्य निरीक्षह ॥

वाल्मीकि वचन

लक्ष्मण भाषणे तुष्ट द्वारीवृंद हल स्थिर ।
रामानुज त्वरितगति टंकारिल धनुर्गुण ॥
टंकारित यथा गुण किष्किंध्या हल कम्पित ।
द्वारी सर्व निपातित भूकम्पने यथामत ॥
एस्थले मत्त सुग्रीव विलुंठित महीतले ।
निपातित यथा कपि शिराघात तथा लभि ॥
मत्तता गत सत्वरे हल त्वरा सचेतन ।
शत्रु-नाद मने स्मरि गदा हस्ते बहिर्गत ॥
गदा हस्ते बहिर्गमे यथा दृश्य निरीक्षिल ।
ताहे कपि चमत्कृत लज्जित अति तद् परे ॥

सुग्रीवे हेरि सम्मुखे　　रामानुज कहे इहा ।
कर युद्ध कपीश्वर　　गदा हस्ते बहिर्गत ॥
एतद् वाक्य यथा श्रुत　　सुग्रीव शिरसानते ।
अति लज्जा समायुत　　रहे मौन तथास्थले ॥
विमौन हेरि सुग्रीवे　　रामानुज कहे इहा ।
शुन वाक्य कपीश्वर　　विस्मृत तुमि लक्ष्मणे ॥
रामचन्द्र रहे वने　　किंवा तव प्रयोजन ।
वनचारी रहे कत　　हवे राम तथामत ॥
रामचन्द्रे यथा सख्य　　किंवा अद्य प्रयोजन ।
बाली वध यथा कृत　　तुमि राज्ये प्रतिष्ठित ॥
राजत्व लभिया रूमा　　मधुमत्त निरन्तर ।
उद्धार करिते सीता　　किंवा तव प्रयोजन ॥
एतद् वार्ता प्रदानिते　　हेथा स्वयं उपस्थित ।
रह सुखे कपीश्वर　　चलि वने अत:परे ॥
गर्जे लक्ष्मण दृढ़ वाक्ययुक्त साक्षात्　　सुग्रीवे लभि मधुमत्त हेरि चक्षे ।
भोगे मत्त रह कपीश्वर राज्य लाभे　　राम स्वप्न तुमि नियुक्त रामकार्ये ॥

– इति श्रीमद्देवायण ब्रह्मकल्पे तृतीय खण्डे राम मण्डलान्तर्गत: रामायण वर्गे किष्किंध्या काण्डे लक्ष्मण-सुग्रीव साक्षात्कार नाम: द्वाविंश सर्ग ।

— ✯ —

॥ त्रयोविंश सर्ग ॥

वाल्मीकि वचन

कहि एतद् सगर्जने　　रामानुज कपीश्वरे ।
यद् काले गमनोद्यत　　सुग्रीव कहिते रत ॥

सुग्रीव वचन

सम्वर क्रोध लक्ष्मण　　कहि वाक्य यथा शुन ।
कपि जाति स्वभावत:　　चंचलमति निश्चय ॥

वाल्मीकि वचन

एतद् वाक्य कहि त्वरा　　सुग्रीव कपि पुंगव ।
निक्षेपिया गदा भूमे　　बाहुद्वय प्रसारिल ॥
हेरि बाहु प्रसारित　　सौमित्री केशरी कहे ।
मल्ल युद्ध मने इच्छा　　हवे कार्य तथामत ॥
कहि एतद् धनुर्बाण　　निक्षेपिया महीतले ।
प्रसारिल भुजद्वय　　युद्ध व्यंग यथामत ॥
लक्ष्मण कार्य दर्शने　　सुग्रीव अति मोदित ।
करि वक्षे भुजाश्लेषे　　कहे वाक्य इहा शुन ॥

सुग्रीव वचन

मत्तता मधुते अति　　मति भ्रम सुनिश्चय ।
प्रतिज्ञा शुन लक्ष्मण　　अद्य दृढ़ यथामत ॥
ना स्पर्शिव अत:परे　　स्त्रीय मधु कदाचन ।
यत दिवा अनुद्धार　　सीतादेवी इहा स्थिर ॥

रावण वंश जीवित　　रवे मर्त्ये यतक्षण ।
राज्यभोग परित्यजि　　व्रती वेशे रव स्वयं ॥
रामानुज निवेदह　　रामचन्द्रे यथा कहि ।
पक्षकाल अतिक्रांत　　ना करि सैन्य संग्रह ॥
भोगमत्त रहे कपि　　मधुमत्त निरन्तर ।
प्रतिज्ञा कह तद् परे　　दृढ़ स्थिर यथा मम ॥
दिवा त्रय अतःपरे　　जाव स्वयं तथास्थले ।
क्षमा कर सखा तुमि　　मम कार्य व्यतिक्रमे ॥
एके कपि सदास्थिर　　मधुमत्त तदूपरि ।
मधु पाने यथा उक्त　　विस्मरि क्षम लक्ष्मण ॥

वाल्मीकि वचन

एतद् वाक्य यथा उक्त　　सुग्रीव दृढ़ भाषणे ।
लक्ष्मण अति विस्मित　　हर्षभरे निरीक्षिल ॥
मारुति करि आह्वान　　एतद् आज्ञा प्रदानिल ।
राज्यमय प्रचारह　　ए वाक्य पवनात्मज ॥

सुग्रीव वचन

यदि स्पर्शे सुरा केह　　अद्य हते कदाचन ।
राजदंड हवे तार　　नहे इथे व्यतिक्रम ॥
केह ना स्पर्शिवे सुरा　　राज्यवासी प्रजा सम ।
सैन्यगणे निवेदह　　वीरवृंदे तथामत ॥
केह ना स्पर्शिवे सुरा　　स्त्रीयकुल तथामत ।
यत दिवा अनुद्धार　　सीतादेवी इहा स्थिर ॥
उद्धार करिते सीता　　प्रतिज्ञाबद्ध येमति ।
किष्किंध्यानगरी ऋणी　　रामपार्श्वे निरन्तर ॥
जानकी राघवप्रिया　　लंकेश्वर परिग्रहे ।
एतद् शास्ति प्रदानिते　　प्रतिज्ञा दृढ़ निश्चये ॥
उठो सर्वे दले दले　　राज्यमध्ये यत स्थित ।
यत दिवा अनुद्धार　　सीतादेवी इहा स्मर ॥
रक्षःकुल विमर्दने　　हओ यत्न परायण ।
दिग्विदिके यत स्थित　　संवादह जने जने ॥
दिवा त्रये यथा त्वरित　　हओ सर्वे उपस्थित ।
एतद् आज्ञा कपीश्वरे　　राज्ये सर्व कपिप्रति ॥

वाल्मीकि वचन

एतद् आज्ञा प्रदानिले　　सुग्रीव पवनात्मजे ।
मारुति चलिल द्रुत　　स्वीय कार्य अनुष्ठिते ॥
सुग्रीव त्वरिते हेथा　　राजवस्त्र परित्यजि ।
व्रतीतुल्य यथा वस्त्रे　　हल त्वरित सुसज्जित ॥
राजकार्य यथामत　　प्रजाकार्य तथामत ।
किष्किंध्यानगरी वासी　　कोटि कोटि कपि क्रमे ॥
मूल्यवान परिच्छद　　परित्याग करे त्वरित ।
व्रतीतुल्य यथा वस्त्रे　　हल सर्वे सुसज्जित ॥
सुग्रीव कार्य दर्शने　　लक्ष्मण अति मोदित ।
निमेषे त्यजिया सुरा　　पत्नीकुल तथामत ॥

कार्योद्यम यथा दृष्ट व्रती वेश विधारणे ।
रामचन्द्रे निवेदिते रामानुज चले त्वरित ॥
रामपार्श्वे समागमे एतद् वाक्य कहे बली ।
सुग्रीवकृत भाषणे रामप्रति निवेदने ॥

लक्ष्मण वचन

किष्किंध्या गमने अद्य एतद् दृष्ट ममप्रति ।
सुग्रीव कपि सम्राट सुरामत्त अवस्थित ॥
तथा मम उपस्थिति द्वारी वार्ता निवेदिल ।
के लक्ष्मण नहि ज्ञात मधुमत्त कहे शुन ॥
प्रत्यागत त्वरित दूत ममपार्श्वे निवेदिया ।
कहे नमि क्षमः वीर अपराध कपीश्वरे ॥
श्रवणे अति विस्मित चिन्तान्वित अतःपरे ।
वानरजाति एरूप कार्यकाले मति भ्रम ॥
चेतन करिते मत्त सुग्रीव कपि राजने ।
टंकारिनु धनुर्गुण किष्किंध्यापुर कम्पित ॥
द्वारीवृंद निपतित मधु मोह विदूरित ।
स्मरि शत्रु समागम गदा हस्ते बहिर्गत ॥
मधुमत्त निरीक्षिया कहि व्यंगे कपीश्वर ।
मधु मोहे विमूढ़त्त्वे विस्मृत तुमि लक्ष्मणे ॥
रामचन्द्र रहे वने किंवा क्षोभ तवप्रति ।
वनचारी रहे कत हवे राम तथामत ॥
उत्तरिल कपीश्वर यद्दृष्ट मधु मत्तता ।
प्रतिज्ञा करि लक्ष्मण अद्य दृढ़ सुनिश्चये ॥
ना स्पर्शिव अतःपरे स्त्रीय मधु कदाचन ।
यत दिवा अनुद्धार सीतादेवी इहा स्थिर ॥
रावण वंश जीवित रवे मर्त्ये यतक्षण ।
व्रती वेशे सदा रव राज्यभोग परित्यजि ॥
हे लक्ष्मण निवेदह एतद् वाक्य सखाप्रति ।
पक्षकाल अतिक्रांत ना करि सैन्य संग्रह ॥
भोगमत्त यथा स्वयं सुरासक्त निरन्तर ।
प्रतिज्ञा कह तद् परे दृढ़ स्थिर यथायथ ॥
दिवा त्रय अतःपरे जाव स्वयं तथास्थले ।
क्षमः अद्य सखा तुमि मम कार्य व्यतिक्रमे ॥
कहि वाक्य कपीश्वर व्रती वेश धृत स्वयं ।
राजवस्त्र परित्यजि दंडीरूप विधारणे ॥
निर्देशे पवनात्मजे करिते सैन्य संग्रह ।
एतद् अद्य परिस्थिति यथा दृष्ट ममप्रति ॥

राम वचन

सुग्रीव अति धार्मिक देवपुत्र मने स्मर ।
राजामात्र हवे भोगी विचार किं तथास्थले ॥
सप्ताहे कपिकुल संग्रहे स्व-सैन्ये सैन्याध्यक्ष सह उपस्थिते यथाज्ञा ।
तन्निर्देशे दिल कपीश वायुपुत्रे हृष्टाकर्ण रघुकुलावतंश राम ॥

– इति श्रीमद्देवायण ब्रह्मकल्पे तृतीय खण्डे राम मण्डलान्तर्गतः रामायण वर्गे किष्किंध्या काण्डे लक्ष्मण-सुग्रीव वार्ता नामः त्रयोविंश सर्ग ।

॥ चतुर्विंश सर्ग ॥

वाल्मीकि वचन

प्रशंसा करि सुग्रीवे कार्योद्यम मने स्मरि ।
हृष्ट राम तथास्थले स-लक्ष्मण विराजित ॥
एस्थले पवनात्मज त्वरिते बहिरागत ।
सुग्रीवकृत निर्देशे राजडंका निनादिल ॥
डंकाध्वनि यथा श्रुत कपि समागम क्रमे ।
केह कपिश् महावर्ण केहवा घोर पांशुल ॥
ताम्र वर्ण कच्चित् केह श्वेतवर्ण तथामत ।
पीतवर्ण तथास्थले एलो बहु दले दले ॥
एरूप सार्ध लक्षते किष्किंध्या कपिवाहिनी ।
यवे सर्वे समागत कहे नल महाबली ॥

नल वचन

हे सर्व सैन्य नायक कपिश्रेष्ठ महाकपि ।
स्व-वाहिनी समन्वित प्रस्तुत रह सर्वतः ॥

वाल्मीकि वचन

प्रधान सैन्य नायक नल वीर यथा स्मृति ।
नल पार्श्वे करे कार्य नील वीर महाभुज ॥
प्रधान सैन्य नायके यथा आज्ञा प्रदानित ।
विस्तारिया कहे एतद् नील वीर तथास्थले ॥

नील वचन

सुग्रीव कपि सम्राट सत्याबद्ध मने स्मर ।
किष्किंध्यानगरी ऋणी रामपार्श्वे निरन्तर ॥
तद् ऋणे करिते मुक्त प्रस्तुत रह सर्वतः ।
हवे सर्वे बहिर्गत दिवा त्रय अतःपरे ॥

वाल्मीकि वचन

सहकारी यथा गय सतत सैन्यचालने ।
सैन्यगणे सुनिर्देशे कहे वाक्य यथायथ ॥

गय वचन

शुनह कपिमण्डली महायुद्ध मने स्मरि ।
रावणसह सत्वरे अद्य एतद् समुद्यम ॥
उद्धार करिते सीता रामप्रिया यथास्मृति ।
कपीश्वरे सखा राम किष्किंध्यापुर बांधव ॥
तद् राम बांधवप्रिया लंकेश्वर परिग्रहे ।
रक्षः वंश विमर्दने कार्याकार्य उपस्थित ॥

वाल्मीकि वचन

एतद् वाक्य यथा श्रुत चंचल कपिवाहिनी ।
देह आज्ञा त्वरितगति कहे सर्वे समस्वरे ॥

आक्रमिते दशानने	रक्ष:कुल विमर्दने ।
उद्धार करिते सीता	राम दु:ख निवारणे ॥
प्रस्तुत हेर सर्वत:	राज-ऋण समापने ।
एरूप सार्ध लक्षते	गर्जे कपि भयंकर ॥
रक्ष:कुल निपीड़िते	चल सर्वे रणस्थले ।
गर्जिल जय राघव	जय जय कपीश्वर ॥
यवे शान्त महासैन्य	गवाक्ष कहिते रत ।
विक्षिप्त वाहिनी यथा	संयमित करे बली ॥

गवाक्ष वचन

युद्ध आज्ञा नहे एतद्	यथा कार्य इहा शुन ।
जाह सर्व दिके दिके	दूतरूपे त्वरितगति ॥
पृथिवी व्यापी यथा यत	कपिकुल अवस्थित ।
कह सर्व दले दले	यथा आज्ञा कपीश्वरे ॥
एलो शर शरद्वान	कामंद केशी केशरी ।
शरभ सह मंदभ	अग्रसरि तथास्थले ॥
एतद् सप्त कपिश्रेष्ठ	पुरोभागे निरीक्षिया ।
आदेशिल त्वरित जाह	दूत रूपे चतुर्दिके ॥
आज्ञा प्राप्त चले सप्त	अति दीर्घ उल्लम्फने ।
नभ: पथ अतिक्रमि	राज आज्ञा प्रचारिते ॥
द्वितीय दिवसे शुन	परिपूर्ण नभ:स्थल ।
पंगपाल यथा नभे:	एतन्मत समीक्षित ॥
दिग्‌दिगंत नभ:व्यापी	रत समागमे कपि ।
नाना गिरि परित्यजि	नानारूप महाकृति ॥
षष्ठि लक्ष महाकपि	सह वृषाणकागत ।
पंच कोटि समावृत	आगत कपि मंदव ॥
त्रिंश कोटि समावृत	एलो विंध्या महाबली ।
विंध्याचल अवस्थित	सर्वे दृष्ट महाकृति ॥
सप्त कोटि समन्वित	सांख्यक वानरागत ।
विंश पक्ष समन्वित	आगत गंधमादन ॥
यद् गंधमादनास्थित	कपि युद्ध विशारद ।
हेमंत कपि आगत	त्रिंश कोटि समन्वित ॥
मनाक नाम वानर	पंच कोटि समन्वित ।
सूदन नाम मर्कट	आशी लक्ष समायुत ॥
गृध्रक पंच कोटिते	सारंद दश कोटिते ।
मृड़क सप्त लक्षते	भद्रक विंश लक्षते ।
मुरध्र अष्ट लक्षते	पृषघ्र त्रिंश लक्षते ।
धाड़क षष्टि लक्षते	कटि त्रये सहोदर ॥
एलो गुल्फ महाबली	शत कोटि समन्वित ।
कोटि द्वये महापायु	पार्ष्यद सप्त कोटिते ॥
लक्ष द्वये महाजानु	रोमशा शत लक्षते ।
एतद् सर्व महाबली	किष्किंध्यातुल्य वानर ॥
सर्व युद्धे जयी सदा	नाना युद्ध विशारद ।
एरूप अष्ट विंशति	सैन्याध्यक्ष समागत ॥
एलो क्षुद्र दले बहु	संख्याहीन क्रमागत ।
व्यापिया शत योजन	कपि सैन्य करे स्थिति ॥

समुद्रतुल्य शोभित कपि सैन्य महाबले ।
तथा शब्द समुत्थित सिंधुतुल्य निरन्तर ॥
के क्षम गणने कह असंख्य कपि वाहिनी ।
नक्षत्र गगने केवा गणना करिते क्षम ॥
सिंधु वारि निरूपणे केवा क्षम इहा कह ।
एरूप कपि वाहिनी असंख्य सिंधु सन्निभ ॥
गणना करि एरूपे दश शते सहस्रश ।
एक शत सहस्रशे लक्ष करि निरूपण ॥
शत लक्षे कहे कोटि अर्बुद शत कोटिते ।
कोटि शतार्बुदे शंख कोटि शंखे महाशंख ॥
शत कोटि महाशंखे पद्म एक निरूपित ।
शतेक कोटि पद्मते महापद्म निरूपण ॥
शत कोटि महापद्मे अनिकिणी कहे शुन ।
शत अनीकिणीकृत च्यूम ख्यात महाबली ॥
शत च्यूमे महाचमु शत शत महाचूमे ।
अक्षौहिणी कहे प्राज्ञ एतद् अक्षौहिणी शते ॥
अपार गणना पूर्ण अनंतापार वाक्यते ।
तद् परे गणना किंवा तद्रूप कपि वाहिनी ॥
एतद् वार्ता निवेदिल नल त्वरित कपीश्वरे ।
सागरतुल्य वाहिनी हेरि तुष्ट कहे इहा ॥

सुग्रीव वचन

सज्जित कर वाहिनी समुद्र तट सैकते ।
अपेक्षा कर तद् क्षेत्रे श्रेणीबद्ध यथाकृत ॥
रामपार्श्वे निवेदिते जाव स्वयं पदव्रजे ।
सैन्य मध्ये प्रचारह रावणे कीर्त्ति येमति ॥
राघव सैन्यवाहिनी एतद् आख्या प्रदानह ।
यवे राम उपस्थित गर्जिवे सर्व वाहिनी ॥
राम हर्ष समुत्पन्ने राम जय निनादने ।
प्रस्तुत रह एरूपे सर्व कार्य समापने ॥
चलिवे वाहिनीसह समुद्रतट सैकते ।
यवे आज्ञा प्रदानिव एतद् कार्ये अपेक्षह ॥
दानि नले सुनिर्देशे सुग्रीव चलिल त्वरा ।
चले संगे मरुत्सुत राजरक्षी यथामत ॥
सुग्रीवे श्रुत हनु वाक्य हृष्ट चित्ते राजाज्ञा कहिल नले यथार्थ कार्ये ।
सेनानी रण कुशली समस्त सैन्ये गर्जे राघव जय कोटि कोटि कण्ठे ॥

- इति श्रीमद्देवायण ब्रह्मकल्पे तृतीय खण्डे राम मण्डलान्तर्गतः रामायण वर्गे किष्किंध्या काण्डे कपि सैन्य संग्रह नामः चतुर्विंश सर्ग ।

— ✯ —

॥ पंचविंश सर्ग ॥

वाल्मीकि वचन

एस्थले नल सेनानी कहिल सर्व अंगदे ।
प्रस्तुत अंगद त्वरा एतद् वार्ता प्रचारिते ॥

सेनानी अष्टविंशति प्रधान बहिरागत ।
यद् वीर सप्त सेनानी किष्किंध्याते अवस्थित ॥
नल नील यथा गय गवाक्ष शर केशरी ।
शरभ सप्त सेनानी पंच त्रिंश समायुत ॥
पंच त्रिंश कपि श्रेष्ठ सर्वाध्यक्ष महाबली ।
अंगद सर्व ऊर्ध्वते हल अद्य प्रतिष्ठित ॥
ए सर्व कपिमण्डले अंगद श्रेष्ठ नायक ।
कहे वीर समुत्थाने योजनेक महीरुहे ॥
राज आज्ञा प्रचारिते तद् वाक्य वायुचालने ।
ध्वनिल सर्व शून्यते दूर दूरान्तरे ध्वनि ॥

अंगद वचन

हे सर्व कपि मण्डली एस्थले नायक स्वयं ।
कार्यदेश प्रदानिते राज आज्ञा यथा शुन ॥
सुग्रीव मित्र राघव वनवासे समागत ।
अयोध्या नगरीवासी राजा दशरथात्मज ॥
पितृ सत्य सुपालने पंचवटी वनागत ।
अरण्ये दुष्ट रावण राम प्रिया हरे शुन ॥
राघव मित्र सुग्रीवे बालीसह महारणे ।
दानिल राज्य सुग्रीवे करि बाली पराजित ॥
शर विद्ध पितापार्श्वे राम कार्ये यवे दुःखी ।
कहे पिता मम भ्रमे अद्य स्वयं निपातित ॥
सेवह नित्य राघवे राम स्वयं जगत्पति ।
यथा प्रभु विचारित मम गति तथामत ॥
एतद् वाक्य समापने हेरि पितृ परागति ।
रामस्पर्श यथा लब्ध गेल दिव्य रथारूढ़ ॥
एतद् कार्य निरीक्षणे लभि श्रद्धा अतःपरे ।
रामचन्द्र स्वयं प्रभु एतद् ध्याने सदा रहि ॥
सुग्रीव मित्र केवल रामचन्द्र नहे शुन ।
मम पूज्य निरन्तर पितृ अरि तथापिह ॥
रामकार्य समागत शुन अद्य ममप्रति ।
प्रदानि सर्व जीवन एतद् कार्य अनुष्ठिव ॥
हे सर्व प्रिय बांधव प्रतिज्ञा कर एमत ।
दानिया सर्व जीवन रामकार्य अनुष्ठिव ॥

वाल्मीकि वचन

एतद् वाक्य सुगर्जित अष्ट त्रिंश महाबली ।
प्रधान सैन्य नायक विभिन्न वाहिनीपति ॥
एतद् सह निनादिल असंख्य कपिमण्डली ।
दानिया सर्व जीवन राम कार्य अनुष्ठिव ॥
शत शत महावज्र एकसंगे निनादिल ।
झंझा रव यथामत समस्त वायु मण्डले ॥

अंगद वचन

अद्यावधि नहि ज्ञात कोथा सीता अवस्थित ।
कोन क्षेत्रे दशानने रक्षाकृत सुगोपने ॥

ममप्रति यथा भार एतद् कार्य अनुष्ठिते ।
तत्र तत्र सुसन्धाने अन्वेषिव जगत् त्रय ॥
प्रतिज्ञा कर एरूप हे सर्व प्रिय बांधव ।
पुंखानुपुंख सर्वत्र अन्वेषिव जगत् त्रय ॥

वाल्मीकि वचन

गर्जिल सर्व वाहिनी सैन्याध्यक्ष समन्वित ।
पुंखानुपुंख सर्वत्र अन्वेषिव जगत् त्रय ॥
शत शत महावज्रे एतद् ध्वनि निनादिल ।
झंझा सम महारवे कम्पित वायुमण्डल ॥

अंगद वचन

पुनश्च कहि एवाक्य शुन सर्व समागत ।
लंकाते युद्ध यद्यपि रावणसह तद् परे ॥
रक्ष:कुल निपीड़िते सर्व बल प्रयोगिव ।
रामकार्य अनुष्ठिते रक्षः शास्ति प्रदानिते ॥
यद्यपि मृत संग्रामे परागति हवे शुन ।
जावे दिव्य रथारूढ़ महानंद स्वरालये ॥
यद्यपि समरे जयी एतद् आख्या हवे शुन ।
रक्ष:कुल जयी कपि देवतुल्य महीतले ॥
दानवकुल पीड़ने देवतावृंद येमति ।
भ्रमिव आमरा सर्वे दिग्विजयी महीतले ॥
नर:रूप विधारित राघव प्रिय बांधव ।
नर:श्रेष्ठ नरोत्तमे पूजि नित्य महाबले ॥
जयी किंवा पराजित पूजिव नित्य राघवे ।
कभु अन्य वशीभूत नाहि हव कदाचन ॥
त्यजिव समरे प्राण परो-वशी नहे कभु ।
जयी किंवा पराजित पूजिव नित्य राघवे ॥
प्रतिज्ञा कर एरूप हे सर्व प्रिय बांधव ।
त्यजिव समरे प्राण अन्य वशी नहे कभु ॥

वाल्मीकि वचन

गर्जिल सर्व वाहिनी सैन्याध्यक्ष समन्वित ।
त्यजिव समरे प्राण अन्य वशी नहे कभु ॥
शत वज्र निनादने एतद् ध्वनि निनादिल ।
झंझासम महारवे कम्पित वायुमण्डल ॥
यद् श्रेष्ठांगद पद लब्ध नायकत्त्वे सीतोद्धार करि सुलक्ष्य सुप्रतिज्ञा ।
झंझातुल्य घन निनाददीर्ण वज्रे शब्दासंख्य कपि समुद्रतुल्य गर्जे ॥

- इति श्रीमद्देवायण ब्रह्मकल्पे तृतीय खण्डे राम मण्डलान्तर्गत: रामायण वर्गे किष्किंध्या काण्डे अंगद कर्तृक युद्धे संकल्पे ग्रहण वार्ता नाम: पंचविंश सर्ग ।

— ☆ —

॥ षड्विंश सर्ग ॥

वाल्मीकि वचन

एस्थले वीर सुग्रीव वायुपुत्र समन्वित ।
रामपार्श्वे उपस्थित सैन्यवार्ता निवेदिते ॥
सुग्रीवे हेरि राघव भुजाश्लेष करे त्वरित ।
कपीश परिरम्भने रामचन्द्रे कहे इहा ॥

सुग्रीव वचन

मत कृत सैन्य संग्रह चल सखा निरीक्षिवे ।
अत:परे यथादेश हवे कार्य तथामत ॥

वाल्मीकि वचन

एतद् वाक्य यथा श्रुत रामचन्द्र स-लक्ष्मण ।
सुग्रीवसह निर्गत धनुर्बाण करे धृत ॥
प्रहरेक क्रमागत चलि पथ अति द्रुत ।
रामचन्द्र अदूरेते निरखे सैन्यवाहिनी ॥
निरखि सैन्यवाहिनी राम वाक्य समायुत ।
हे सुग्रीव कथाच्छले अद्य पथ हल भ्रम ॥
हेर तव पुरोभागे महासिंधु सगर्जित ।
किष्किंध्यापुर वर्जने सिंधुतटे उपस्थित ॥

सुग्रीव वचन

नहे सिंधु पुरोभागे एवे साक्षात् निरीक्षिवे ।
ए सर्व कपि वाहिनी समवेत रणोद्यमे ॥

वाल्मीकि वचन

विस्मये राम लक्ष्मण वीक्षणे रत वाहिनी ।
समुद्रतुल्य गर्जने परिव्याप्त चतुर्दिके ॥
राम चित्ते महाश्चर्ये कपि सैन्य निरीक्षिया ।
प्रसन्न चित्त राघव प्रश्नयुक्त कपीश्वरे ॥

राम वचन

ए सर्व कपि मण्डली कोन क्षेत्रे अवस्थित ।
किं प्रकारे समागत हेथा मात्र दिवात्रये ॥

सुग्रीव वचन

पृथ्वीव्यापी स्थले स्थले नानाक्षेत्रे करे स्थिति ।
सर्वे युद्ध विशारद वीर कपि जने जने ॥
विंश हस्त सबे दीर्घ तालवृक्ष यथामत ।
हेर सर्वे महावपु महावीर्ये प्रतिष्ठित ॥
सम्मुख समरे राम कप्येक बाहु पीड़ने ।
दश निशाचरागमे एकाकी वधिते क्षम ॥
एस्थले हेर मारुति वीर गण्य नहे कभु ।
सैन्यमध्ये सदा गणि नहे राम महाकपि ॥

एकाकी हनु सक्षम दश रक्षः विनाशिते ।
हनुतुल्य यथा वीर्य धृत सर्वे जने जने ॥
वीर इत्याधिक श्रेष्ठ तेज वीर्ये महाकपि ।
नाना युद्ध विशारद बहु योद्धा समावृत ॥
केह पंच सहस्रते केहवा दश विंशति ।
हनुतुल्य यथा बली एतद् सैन्य जने जने ॥
गिरि शिरः करे चूर्ण मुष्टाघाते महाकपि ।
गदाघाते करे क्रीडा शत मण शिलाचये ॥
एतद् सर्व महाकपि शक्य शत निशाचरे ।
एकाकी वधिते युद्धे अक्लांत समरे सदा ॥
एतद् रूप महाकपि कोटि कोटि अवस्थित ।
लक्षाधिक रहे कपि हनुतुल्य जनप्रति ॥
एतद् रूप सहस्रश महाकपि समन्वित ।
एक स्थले करे स्थिति नायक परिचालने ॥
एरूप शत नायके आगत वाहिनीप्रति ।
नलतुल्य यथा बली सेनानी अष्ट विंशति ॥
सर्वदा सप्त सेनानी राजपार्श्वे अवस्थित ।
अन्य सर्व रहे दूरे पृथ्वीव्यापी पृथक् पृथक् ॥
यवे कार्य प्रयोजन सर्वे त्वरित उपस्थित ।
आगत मम आह्वाने अद्य सखा निरीक्षह ॥

वाल्मीकि वचन

विस्मित राम लक्ष्मण असंख्य कपि दर्शने ।
हेरि रामानुजे चिन्ता दुर्जय कपिवाहिनी ॥
स-राघव स्वयं यदि करि युद्ध निरन्तर ।
समस्त जीवनव्यापी तवु नाहि हवे क्षय ॥
एस्थले चमके वीर शत वज्र निनादने ।
ध्वनित पटहे शब्द ढक्का नाद यथामत ॥
एस्थले वीर अंगद कहे उच्च निनादने ।
हे सर्व कपि मण्डली रामचन्द्रे निरीक्षह ॥

अंगद वचन

नव दुर्वादल श्याम राघव अब्जलोचन ।
धनुर्बाण करे धृत यिनि स्वयं जगत्प्रभु ॥
कर राम उपासना स्वागत ऐक्य वंदने ।
राम राम जगत्पति हे ईश कपि बांधव ॥
एसो कपिकुल प्रभु रामचन्द्र महाबली ।
दानिनु सर्व जीवन आत्म अर्घ्ये पदे तव ॥
जीवने मरणे तुमि वानरकुल पालक ।
सर्व सुख परित्यजि तव कार्य अनुष्ठिव ॥
बिंदुमात्र यतक्षण देहे रक्त प्रवाहित ।
प्राणपणे ततक्षण तव कार्य अनुष्ठिव ॥

वाल्मीकि वचन

गर्जिल सर्व वाहिनी शत वज्र निनादने ।
यदुक्त अंगदे वाक्य कृत एतद् प्रतिध्वनि ॥

एसो श्यामल तनु वर्ण चीर-धारी आकर्णास्तृत शुचि नील पद्म-नेत्र ।
धौम्राब्जजटि धनुर्धरात्म रामः हे सीतापति कपिनाथ हे नमस्ते ॥

- इति श्रीमद्देवायण ब्रह्मकल्पे तृतीय खण्डे राम मण्डलान्तर्गतः रामायण वर्गे किष्किंध्या काण्डे श्रीराम कर्तृक कपि सैन्य दर्शन वार्ता नामः षड्विंश सर्ग ।

— ✭ —

॥ सप्तविंश सर्ग ॥

वाल्मीकि वचन

एतद् नाद यथा श्रुत राम चित्ते प्रहर्षित ।
कपि सैन्य निरीक्षिते स्वीय इच्छा प्रकाशिल ॥
सैन्यगण पुरोभागे सुग्रीवकृत दानित ।
रामचन्द्र समासीन प्रस्तर श्वेत निर्मले ॥
उपविष्ट कपीश्वर राम आस्ये सुखासने ।
लक्ष्मण राम पार्श्वते वीरासने अवस्थित ॥
आह्वानि हनु अंगदे सुग्रीव पार्श्वते स्थित ।
दंडायमान यद् दृढ़ देहरक्षी मरुत् सुत ॥
रामाह्वान यथा श्रुत अंगदागत सत्वरे ।
राजीव चरणद्वये यवे वीर शिरानत ॥
हेरि राम पुरोभागे वानरकुल नायके ।
धृत वक्षे भुजाश्लेषे कृत वक्षे समादर ॥
अंगद सर्व आह्वादे रामपार्श्वे अवस्थित ।
आह्वाने वीर सर्वते रहि अत्र स्थले क्रमे ॥
सर्वाग्रे नल आगत बाली सैन्य बलाधिप ।
रामचन्द्रे शिरानति श्रद्धाभरे यवे कृत ॥
लब्ध रामे शुभाशिष नील वीर तदन्तरे ।
गवाक्ष गय केशरी शरभ शर सप्तम ॥
अतःपरे समागत बली श्रेष्ठ वृषाणक ।
रामचन्द्रे नमस्कारे लभे पुण्य शुभाशिष ॥
तथा शिरानत क्रमे सांख्यक विंध्या मंधव ।
हेमंत गंधमादन मनाक सप्त वानर ॥
तद् पश्चाते तथागत वीर श्रेष्ठ सहोदर ।
सूदनसह सारंद गृध्रकसह भद्रक ॥
मरध्र सह मृड़ीक रामपदे शिरानते ।
लभे पुण्य शुभाशिष क्रमशः सप्त नायक ॥
अतःपरे महाजानु राम अग्रे शिरानत ।
पृषध्रसह धाड़क महापायु महाबली ॥
पार्ष्यद गुल्फ रोमशा आगत सप्त नायक ।
रामचन्द्रे नमस्कारे लब्ध सर्वे शुभाशिष ॥
तद् पश्चाते समागत महत् ग्रीवा महाकृति ।
संगे शरत शराकर्ण रक्ताक्षसह लांगुक ॥
कृतांत कालभैरव प्रणत सप्त वानर ।
रामचन्द्र शुभाशिषे करे सर्वे समादर ॥
रामचन्द्रे पदस्पर्शि प्रतिज्ञा कृत सर्वतः ।
दानिव सर्व जीवन तव कार्ये जगत्पति ॥

पंचत्रिंशति एरूप सैन्याध्यक्ष समन्वित ।
यथा कार्य अनुष्ठिते परामर्शे सभाकृत ॥
यवे सभा समारम्भ जाम्बवान् समागत ।
बुद्धि श्रेष्ठ यथा मंत्री कपिरूप बृहस्पति ॥
राम अग्रे ससम्माने उपविष्ट सुखासने ।
मंत्रणा करिते राम जाम्बवाने कहे इहा ॥

राम वचन

हे प्राज्ञ कर मंत्रणा किंवा कार्य अत:परे ।
उद्धार करिते सीता सैन्य सर्व उपस्थित ॥

सुग्रीव वचन

ज्ञात सर्व महामति रामपार्श्वे सदा ऋणी ।
उद्धार करिते सीता सत्याबद्ध यथा स्वयं ॥
सत्याबद्ध यथा स्वयं कर कार्य तद्क्रमे ।
यद् कार्य मंत्रणा स्थिरे निर्देश देह अंगदे ॥
पंचत्रिंश कपि श्रेष्ठ अंगद सर्व नायक ।
प्रस्तुत सर्व सेनानी दानिते स्वीय जीवन ॥
रामे आत्म समर्पणे हेर सर्व उपस्थित ।
सर्वत्र विजयी रणे सर्व युद्धे विशारद ॥

वाल्मीकि वचन

एतद् वाक्य यथा श्रुत जाम्बवान् कहे इहा ।
शुन कार्य कपीश्वर मंत्रणा मम राघव ॥

जाम्बवान् वचन

लह अग्रे सुसंवाद यथा सीता अवस्थिता ।
कोन क्षेत्रे प्रकारे किं रावणकृत रक्षित ॥
संवाद लभि सत्वरे यथा सीता सुरक्षित ।
आक्रमह तथा त्वरित स्व-सैन्य परिवेष्टने ॥
लंकाते यदि रक्षित आक्रमह तथा त्वरित ।
महासिंधु अतिक्रमि लंकाधाम सुवेष्टने ॥
त्रिदिवे यदि रक्षित करह स्वर्ग वेष्टन ।
रहि शून्यपथे दृढ़ कपिकुल समावृत ॥
रक्षित यदि पाताले कर सेथा सुवेष्टन ।
पातालसह भूतले यथाच्छेद विभागित ॥
एरूपे करि वेष्टन कर घोर पराक्रम ।
उद्धार करिते सीता राक्षसीबल मर्दने ॥
सन्धाने कपिकुल जाह तूर्ण वेगे पश्चात पुरत अध ऊर्ध्व याम्य वामे ।
सीता यद्यपि विरले त्रिलोक मध्ये तद् वार्ता लह कहि काल सप्त रात्रे ॥

- इति श्रीमद्देवायण ब्रह्मकल्पे तृतीय खण्डे राम मण्डलान्तर्गत: रामायण वर्गे किष्किंध्या काण्डे स-कपि श्रीराम सभाते जाम्बवान् कर्त्तृक मंत्रणा करण वार्ता नाम: सप्तविंश सर्ग ।

— ★ —

॥ अष्टविंश सर्ग ॥

वाल्मीकि वचन

जाम्बवान् कहे यवे एतद् वाक्य सभास्थले ।
सन्धान करिते सीता अग्रे कार्य हल स्थिर ॥
सभामध्ये यथा स्थिर निर्देश दिल अंगदे ।
आज्ञाप्राप्त यथांगद करे कार्य तथामत ॥
आह्वानि कपि पुंगव एतद् आज्ञा प्रदानिल ।
पुरोभागे यथा सर्व कपिश्रेष्ठ अवस्थित ॥

अंगद वचन

हे सर्व कपि नायक सभास्थले यथा स्थिर ।
सन्धान करिते सीता जाह सर्व चतुर्दिके ॥
उत्तर मेरु पर्यन्त जाह तुमि वृषाणक ।
उत्तरे क्षेत्र सर्वत्र सविशेषे निरीक्षह ॥
अन्य षष्ठ समन्वित उत्तरे जाह सत्वरे ।
एसो प्रत्यागमे त्वरा सप्त दिवा निरूपित ॥
जिज्ञासा कर लक्ष्मणे किंवा चिह्न समन्विता ।
जानकी राघवप्रिया लह वार्ता यथायथ ॥
उदय गिरि पर्यन्त जाह तुमि सहोदर ।
पूर्व दिक निरीक्षह सर्व स्थल क्रमे क्रमे ॥
अन्य षष्ठ समन्वित जाह पूर्वे त्वरितगति ।
कहि प्रत्यागमे काल सप्त दिवा अहर्निशि ॥
जिज्ञासा कर लक्ष्मणे किंवा चिह्न समन्विता ।
वैदेही राघव प्रिया लह वार्ता यथायथ ॥
जाह तुमि महाजानु याम्य दिके निरीक्षह ।
दक्षिण क्षेत्र सर्वत्र सविशेषे चतुर्दिके ॥
दक्षिण मेरु पर्यन्त अन्य षष्ठ समन्वित ।
एसो प्रत्यागमे त्वरित सप्त दिवा निरूपित ॥
लक्ष्मणे कर जिज्ञासा किंवा चिह्न समन्विता ।
जानकी राघव प्रिया लह वार्ता यथायथ ॥
अस्त गिरि यथाविधि कृतांत जाह पश्चिमे ।
पश्चिम दिक सर्वत्र निरीक्षह क्रमे क्रमे ॥
अन्य षष्ठ समन्वित सत्वरे जाह पश्चिमे ।
एसो प्रत्यागमे त्वरा सप्त दिवा निरूपित ॥
जिज्ञासा कर लक्ष्मणे किंवा चिह्न समन्विता ।
जानकी राघव प्रिया लह वार्ता यथायथ ॥
जाह नल रसातले नील जाह स्वरालये ।
एसो प्रत्यागमे त्वरा सप्त दिवा निरूपित ॥
जिज्ञासा कर लक्ष्मणे किंवा चिह्न समन्विता ।
मैथिली राघवप्रिया लह वार्ता यथायथ ॥
जाह गय अतःपरे अन्य सर्व समन्वित ।
द्वीपपुंज निरीक्षह लंकाधाम तदन्तरे ॥
वसवास यथा द्वीपे सर्व क्रमे निरीक्षिवे ।
एसो प्रत्यागमे त्वरा सप्त दिवा निरूपित ॥

जिज्ञासा कर लक्ष्मणे किंवा चिह्न समन्विता ।
जानकी राघवप्रिया लह वार्ता यथायथ ॥

वाल्मीकि वचन

एतद् आज्ञा यथा प्राप्त कपिश्रेष्ठ वृषाणक ।
लक्ष्मण चरणे नमि एतद् वाक्य निवेदिल ॥

वृषाणक वचन

उत्तर मेरु पर्यन्त मम गति कृत स्थिर ।
वैशिष्ट किं किंवा चिह्न सीतादेवी प्रकाशित ॥
पूर्वे सहोदरे गति हेर पार्श्वे उपस्थित ।
जावे यामे महाजानु कृतांत वीर पश्चिमे ॥
नल जावे रसातले जावे नील स्वरालये ।
द्वीपपुंज निरीक्षिते जावे गय महावली ॥

वाल्मीकि वचन

एतद् सप्त महावीरे सीता वार्ता प्रदानिले ।
आह्वानिया पृथक् सर्वे एतन्मत कहे शुन ॥

लक्ष्मण वचन

शुन सर्व महावीर देवी प्रति यथा स्मृति ।
नारीरूप तथा मात्र नारी श्रेष्ठा सुनिश्चय ॥
पंकजदल सन्निभ पदद्वय निरीक्षिवे ।
द्विरेफ चरणे नित्य शर विद्ध करे भ्रमे ॥
यथा अर्ध विकाशित कोकनाद मनोहर ।
पंचदले यथाक्रमे किश्चित् मात्र विभागित ॥
राजकन्या विमंथरा अपटु गमने सदा ।
हंसीतुला महाभारे येन पथ अतिक्रमे ॥
हस्तद्वये निरीक्षिवे बालार्क राग रंजित ।
सूर्योदये यथा रश्मि अंगुलि-दल तेमति ॥
अंग वर्णे हिरण्मयी अरुणास्य स्मिताधरा ।
अधर पार्श्वते क्षुद्र तिल चिह्न निरीक्षिवे ॥
बाहु वक्ष तथामत अपूर्व पुण्य दर्शना ।
वक्ष वस्त्रे नहे पूर्ण स्वल्प हेतु महावने ॥
कंचुलि मात्र केवल विधृता वक्ष वेष्टने ।
बाहु पृष्ठ तथा कण्ठ सर्व मुक्त निरीक्षिवे ॥
हेथा स्मृति समुद्भवे पंचवटी वने पुरा ।
देवी-स्तन निरीक्षिया भूशुंडीते यथा भ्रम ॥

वृषाणक वचन

भूशुंडी के महाबाहु किंवा कार्य अनुष्ठिल ।
देवी-स्तन निरीक्षिया किंवा भ्रम उपस्थित ॥

लक्ष्मण वचन

शुन वीर वृषाणक पूर्व स्मृति मनोद्गत ।
क्रीडारत यवे देवी कालक्षये वनस्थले ॥

क्रीडा संगी यथा स्वयं तद् क्षेत्रे राम दर्शक ।
अन्य कार्य नहे यथा क्रीडा कालक्षये स्थिर ॥
नित्य क्रीडा यथा मम देवी चित्त प्रहर्षिते ।
दिवसेक यथा स्मृति भूशुंडी वायसागत ॥
मम कृत नहे दृष्ट शाखे पत्राश्रये स्थित ।
शाखा हते निरीक्षिया फलतुल्य स्तनद्वय ॥
पतित सहसा वक्षे आंचाड़े नखरे स्तन ।
कंचुलि करिया छिन्न स्तन क्षत यथाकृत ॥
स्वीय भ्रमे यथा त्वरित रत पक्षी पलायने ।
वक्ष धृता तथा देवी आर्तनाद परायणा ॥
राघव उत्थित त्वरा टंकारिया धनुर्गुण ।
क्रीडायुक्त यथा स्वयं कार्याकार्य विचारिते ॥
बाणैषिक तथाकाले गर्जि वेगे प्रधावित ।
भूशुंडी वायसप्रति एतद् शास्ति प्रदानिते ॥
भूशुंडी द्रुत धावित रामायूधू निरीक्षिया ।
विचित्र गति भंगीते परित्राण मने स्मरि ॥
बाणैषिक तथामत विचित्र गति घूर्णने ।
भूशुंडी प्रति धावित यथा शास्ति प्रदानिते ॥
एतद्रूपे अतिक्रमे प्रहरेक तथास्थले ।
शांत सीता निरामये औषधादि प्रलेपने ॥
प्रहरेक अतःपरे भूशुंडी विद्ध ऐषिक ।
रामपदे निपातित स्वयं चित्ते चमत्कृत ॥
एतद् विद्या नहे दृष्ट कस्मिनकाले कदाचन ।
वाम चक्षे रहे विद्ध प्राणघाती नहे शर ॥
भूशुंडी अति कातर रामपदे निपातने ।
कहे वाक्य क्षमः प्रभु असत् कृत यथा स्वयं ॥
भगवान स्वयं प्रभु राम रूप नराकृति ।
निस्तार देह जीवने असत् कृत यथा मम ॥
तुमि राम जगत्प्रभु सीता लक्ष्मी स्वरूपिणी ।
असत् कृत यथा मम निस्तार देह जीवने ॥
भूशुंडीते यथा वाक्य मम श्रुत तथास्थले ।
कौतुहल प्रवर्धित कहिनु वायसप्रति ॥
हे वायस तुमि ज्ञानी वाक्ये तव प्रमाणित ।
किंवा नाम तवप्रति असत् कृत किं कारणे ॥
उत्तरिल विहंगम रामपदे शिरानते ।
मोचह शर पीड़ने कहि वार्ता अतःपरे ॥
कहि प्रभु पदे नत राम स्नेह परायण ।
बाणमुक्त यथा कृत कहे पक्षी शिरानते ॥
भूशुंडी नाम वर्गित अहं पक्षी कुलोद्भव ।
हे राघव स्वयं मूढ़ किंवा ज्ञान ममप्रति ॥
अहं शाखा समाश्रित सीता वक्ष निरीक्षणे ।
फल भ्रमे यथा कृत फल प्राप्त तथा त्वरित ॥
फल लुब्ध यथा स्वयं लक्ष्मी स्तन करि क्षत ।
बाणैषिके विताड़ित नाहि स्थान चराचरे ॥
मम गति यथास्थले प्राण रक्षा तरे शुन ।
एतद्क्षेत्रे उपस्थिते चाहे बाण निपीड़िते ॥

एतद् भये परिभ्रमि नानाक्षेत्र यवे शुन ।
केह क्षम नहे तूर्ण बाण गति निवारिते ॥
किं आश्रय ममप्रति असहाय मने स्मरि ।
सर्वान्ते शुन राघव इन्द्र पार्श्वे उपस्थित ॥
प्राप्त तदाश्रय स्वयं निश्चिंत मम जीवने ।
दुर्गम क्षेत्र शायके स्वयं चित्ते प्रहर्षित ॥
विप्ररूपे क्षणान्तरे तवायूधू उपस्थिते ।
कहे वाक्य शतक्रतु राम लक्ष्य प्रदानह ॥
अहं राम प्रचालित वायस लक्ष्य यद् कृत ।
इत्याश्रय प्रदानिते नहे कार्य तवप्रति ॥
तव नाम यवे श्रुत देवराज कहे इहा ।
जाह पक्षी यथा त्वरित ममाश्रय परित्यजि ॥
राम लक्ष्य यथास्थले रक्षिय साध्य नहि स्वयं ।
भगवान स्वयं राम प्राण भिक्षा तथा लह ॥
रामचन्द्र कृपासिंधु ताहे पक्षी किं संशय ।
एतद् पद शिरानते प्राण भिक्षा लह स्वयं ॥
देवराजे यथा वाक्य किंवाश्रय अत:परे ।
स्वर्गत्यजि निराश्रये शरे आत्म निवेदिनु ॥
काल प्राण बहिर्गमे तव नाम मने स्मरि ।
तव चिन्ता समायुत बाणे प्राण प्रचालित ॥
चक्षु विद्ध करि त्वरा करे हेथा प्रचालित ।
परिदृष्ट अत:परे सर्व चक्षे तवप्रति ॥
एरूप कहि भूशुंडीते यवे मौन शिरानते ।
रामचन्द्र कृपावंत कृत स्नेहे शुभाशिष ॥
ज्ञान प्राप्त विहंगम राम स्पर्श कृपाशिषे ।
राम सीता स्तवे हृष्ट अत्रक्षेत्र परित्यजे ॥
भूशुंडी विहंग कथा क्रमे अरण्ये वैदेही स्मरण गुणावली अतीते ।
तद् रामानुज अति कातरार्त चित्ते विक्षुब्धाश्रु निर्झरि वीर मौन वाक्ये ॥

- इति श्रीमद्देवायण ब्रह्मकल्पे तृतीय खण्डे राम मण्डलान्तर्गत: रामायण वर्गे किष्किंध्या काण्डे लक्ष्मण कर्त्तृक भूशुंडी वार्ता ओ सीता स्मृति कथन नाम: अष्टविंश सर्ग ।

— ✯ —

॥ ऊनत्रिंश सर्ग ॥

वाल्मीकि वचन

रामचन्द्र स्वयं प्रभु सीता लक्ष्मी स्वरूपिणी ।
एतद् सीता हरे दुष्ट लंकेश्वर दशानन ॥
देवराज स्वयं भीत यदायूधू निरीक्षिया ।
एकाघाते पड़े बाली दुर्बुद्धि स्मरि रावणे ॥
सीतादेह करि स्पर्श स्मरि मृत्यु दशानने ।
एतद् दु:ख मने स्मरि रक्ष: गृहे किंवा स्थिति ॥
एरूप कहि लक्ष्मण अश्रुजले विनिर्झरे ।
कपिकुल तथामत अश्रुसिक्त जने जने ॥

क्षणान्तरे कहे वाक्य वीर ज्येष्ठ वृषाणक ।
रामानुज कहे त्वरा यद् चिह्न जानकीप्रति ॥
अश्रुजले विनिर्भरि कालक्षय वृथा स्मरि ।
सन्धान करिते सीता त्वरित कार्य मने स्मरि ॥
राम चित्ते यथा दुःख यथा क्षोभ तवप्रति ।
एतद् त्वरा निरामये करि कार्य समुद्यम ॥
यथा वाक्य वृषाणके तद् श्रुत हृष्ट लक्ष्मण ।
अश्रुजल निवारगे कहे वाक्य दृढ़स्वने ॥

लक्ष्मण वचन

वीरोचित यथा वाक्य कपिश्रेष्ठ प्रकाशिले ।
कार्योद्यम बिना नहे कच्चित् अश्रुजले फल ॥
यद् वेदना हृदिस्थले लुकायित तथापिह ।
समुद्गत क्षणे क्षणे शुन वाक्य अतःपरे ॥
पूर्वे स्थित अलंकार सर्व अंगे यथायथ ।
आभरण यथा शून्य हेरिवे चिह्न सर्वतः ॥
अपटु गमने यथा नारी मध्ये निरीक्षिवे ।
सीता-रूप मने स्मर वीरवृंद तथास्थले ॥
आभरण यथा शून्य चिह्न सर्व परिस्फुट ।
अलंकार यथा क्षेत्रे देवी सीता तथा स्मर ॥
हृदि अर्ध विकाशित पाद पद्म समीक्षित ।
अन्य चिह्न निरीक्षिवे क्षण स्थिरे तथा रहि ॥
तिल चिह्न यथाधरे निम्न पार्श्वे समीक्षित ।
अन्य चिह्न निरीक्षिवे अत्र स्थले क्षणस्थिरे ॥
राजीवतुल्य लोचने यदि अश्रु निरीक्षह ।
तद् पश्चाते अपेक्षाते रह स्थिर क्षणान्तरे ॥
आत्मगत क्षणे क्षणे राम नाम कहे यदि ।
सीतादेवी मने स्मरि अन्य चिह्न निरीक्षिवे ॥
कौषेयतुल्य यद् केश जटाकारे अवस्थित ।
तैल शून्य यथा दृष्ट अन्य चिह्न निरीक्षिवे ॥
एतद् चिह्न समन्वित यदि नारी समीक्षित ।
आत्मगत तथा कह राम नाम क्रमागत ॥
एतन्मत कह क्रमे दीर्घश्वासे मृदु ध्वनि ।
राजा दशरथात्मज रामचन्द्र महाबली ॥
भ्रमे नित्य वने वने सीता हारा सदा जयी ।
के कहिवे दशानने कोथा अद्य लुकायित ॥
एवे जाह त्वरित सर्वे कहि चिह्न यथायथ ।
लह संगे यथा स्मृति रामचन्द्रे निवेदिया ॥

वाल्मीकि वचन

वन्दि रामानुजे तथा कपि सप्त अतःपरे ।
रामचन्द्रे निवेदिल स्मृति चिह्न प्रदानिते ॥
एतद् वाक्य यथा श्रुत राघव अति मोदित ।
दाने सर्व अलंकार सीतात्यक्त इहा कहि ॥

राम वचन

नूपुर चरणे वामे लह एतद् वृषाणक ।
दक्षिण पद नूपुर लह तुमि सहोदर ॥
लह तुमि महाजानु यद् वाम कर्ण कुंडल ।
दक्षिण कर्ण कुंडल कृतांत कर धारण ॥
नल माल्य परिग्रह सिंथि नील अत:परे ।
मदंगुरी परिग्रह गय स्मृति प्रदर्शने ॥
साक्षात् प्राप्त तथा कह अलंकार प्रदर्शने ।
नाहि भय कदाचन किति् दिवा रह स्थिर ॥
हवे त्वरित समागत सैन्यसह कपीश्वर ।
सुग्रीव राघवे मित्र दिग्विजयी महाबली ॥
एवे सर्व त्वरित जाह सुग्रीवे करि वन्दना ।
राज आज्ञा यथामत कर कार्य तथा क्रमे ॥
सन्धाने जनक सुता स्मृति प्रकाशे अलंकार मणि सुदीप्त तेज भाले ।
आशीर्वाद कृत अंगुरी प्रदानि श्रीमन्राघव कपि मण्डले स्वहस्ते ॥

- इति श्रीमद्देवायण ब्रह्मकल्पे तृतीय खण्डे राम मण्डलान्तर्गत: रामायण वर्गे किष्किंध्या काण्डे सीता स्मृति चिह्न स्वरूप रत्न दान वार्ता नाम: ऊनत्रिंश सर्ग ।

— ☆ —

॥ त्रिंश सर्ग ॥

वाल्मीकि वचन

रामचन्द्रे शिरानते लभे सर्वे शुभाशिष ।
यात्राकाल किंवा आज्ञा जिज्ञासिल कपीश्वरे ॥

सुग्रीव वचन

एतद् स्मृति मने स्मर लक्ष्मणे उक्त येमति ।
राघवे वाक्य येमति कर कार्य तथामत ॥
यदि सीता समीक्षित कहिवे जानकीप्रति ।
सुग्रीव कपि सम्राट सैन्यवृंदे सुसज्जित ॥
रावणे दानिते शास्ति सत्याबद्ध रहे व्रती ।
तव चित्त प्रहर्षिते रक्ष:कुल विमर्दने ॥
राज्य धन परित्यजि रामसह वने स्थित ।
अरण्ये राघवे प्रिय मित्रोत्तम कपीश्वर ॥
नाहि भय कदाचन त्रैलोक्य विजयी कपि ।
त्रैलोक्ये भ्रमिते क्षम स्वल्पकाले तथा बहु ॥
विस्तारि कहिवे वर्णि यद् सैन्य कृत संग्रह ।
बल वीर्य पराक्रम जय आशा प्रवर्धने ॥
सर्वान्ते दानिवे मम पुण्यपदे शिरानति ।
विनिद्र कपि सुग्रीव देवी मुक्ति तरे तव ॥
समस्त सैन्य संवादे कपि वीर्य सुवर्णने ।
प्रवर्धि जानकी हर्ष एसो त्वरित महातटे ॥
रहिवे सर्व वाहिनी सिंधुतट समाश्रये ।
जाह सर्वे त्वरितवेगे ममाशिष परिग्रहि ॥

वाल्मीकि वचन

लब्ध राज शुभाशिष हर्षान्वित जने जने ।
यात्राकृत यथा दिके कृत स्थिर यथा जने ॥
उत्तरे चलिल त्वरा स-मनाक वृषाणक ।
सांख्यक विंध्या मंधव हेमंत गंधमादन ॥
चले पूर्वे सहोदर गृध्रकसह भद्रक ।
सूदनसह सारंद मूरध्र सह मृड़क ॥
पायुसह महाजानु दक्षिणे चलिल त्वरा ।
पृषघ्रसह धाड़क पार्ष्यद गुल्फ रोमशा ॥
पश्चिमे चलिल द्रुत कृतांत कालभैरव ।
महत्‌ग्रीवा शराकर्ण शरत्‌ रक्ताक्ष लांगुक ॥
एका नल चले द्रुत भेदि सर्व महाजल ।
नील वीर तथामत मेघमाला विमंथिया ॥
तदन्तरे बहिर्गत गवाक्ष गय केशरी ।
शरभ शर मारुति द्वीपपुंज निरीक्षिते ॥
प्रत्यागति यथा काल सप्त दिवा निरूपित ।
सर्वे यात्रा निरीक्षिया हृष्ट चित्त कपीश्वर ॥
कहिल अंगदे राजा सर्व सैन्य प्रचालने ।
सिंधुतटे सुरक्षणे रह काल अपेक्षिते ॥
यद्‌ वाक्य कपि सम्राटे अंगदे कार्य तेमति ।
करे सिंधु तटप्रति सर्व सैन्य प्रचालना ॥
राघवसह सुग्रीव सिंधुतटे उपस्थिते ।
हेरि दृश्य अपूर्व यद्‌ महाश्चर्ये निमज्जित ॥
यद्‌ दृष्ट अति सुंदर नीलाम्बुधि महाजल ।
व्यापी दिक दिगंतर नभः नीले विमिश्रित ॥
ऊर्ध्वे नील महाव्योम शुभ्रमेघे सुशोभित ।
निम्ने नील तरंगे-स्व फेनपुंजे सुनर्त्तित ॥
शुभ्र मेघ विमंथर फेनपुंज प्रकम्पित ।
आंदोलित महाजले सुंदर अति सुंदर ॥
प्रशस्त हृदये राम मधु दृश्ये प्रहर्षित ।
अपूर्व मुख मण्डल सुंदर अति सुंदर ॥
प्रसन्न हेरिया रामे कपिकुल प्रहर्षित ।
राम भक्तोतद्भवान्वित सुंदर अति सुंदर ॥
युक्ताश्लेष गगन नील अम्बु नोले दृष्टाश्चर्य मधुर दृश्य हृत प्रशस्ते ।
लोकान्तर्हित अति हृष्ट दिव्य चित्ते छंदोन्मुक्त अभिनव प्रहर्षनीय ॥

- इति श्रीमद्देवायण ब्रह्मकल्पे तृतीय खण्डे राम मण्डलान्तर्गतः रामायण वर्गे किष्किंध्या काण्डे श्रीराम कर्तृक समुद्र दर्शन करण वार्ता नामः त्रिंश सर्ग ।

॥ रामायण वर्ग किष्किंध्या काण्ड समाप्त ॥

— ☆ —

॥ रामायण वर्ग ॥

सुन्दर काण्ड

॥ प्रथम सर्ग ॥

वाल्मीकि वचन

ऊर्ध्व निम्रे यथा नील   सौन्दर्य हेरि राघव ।
मुग्ध मने रहे स्थिर   आत्महारा समाधिते ॥
तरंगकुल कल्लोले   सिंधुजल सुगर्जित ।
समुद्र सैकते उर्मि   सिकता अवलेपित ॥
जल जल महाजल   यत दूर समीक्षित ।
नील नील महानील   ऊर्ध्व निम्र समायुत ॥
विंशति योजनव्यापी   हेथा सैन्य अवस्थित ।
संग्रह करिते खाद्य   दिल आज्ञा कपीश्वर ॥
आज्ञाप्राप्त यथा कपि   पशे वने चतुर्दिके ।
संग्रह करिते भोज्य   कोटि कोटि प्रवेशिल ॥
करे सप्त दिवा व्यापी   प्रचुर भोज्य संग्रह ।
शुष्क फल सुसंग्रहे   मन कोटि सहस्रशः ॥
बादाम काजु खर्जूर   पीच फल मनोहर ।
नारिकेल गुयासह   वहे इच्छा मनोमत ॥
पर्वत सदृश स्तुप   करे कपि स्थले स्थले ।
सुषेण वैद्य आज्ञाते   औषधि फल संग्रहे ॥
आमलकी हरीतकी   बहेड़ादि यथाक्रमे ।
करे स्तूप स्थले स्थले   यथा इच्छा मनोमत ॥
दीपक कूर्च्चि गन्धक   मिठा विष महाविष ।
संग्रहे भिषकादेशे   व्याधि सर्व विनाशक ॥
मासेक भोजने भोज्य   संग्रह कृत सर्वतः ।
विपुल खाद्य सम्भार   विपुल कपि वाहिनी ॥
सप्त दिवा समापने   एलो अग्रे वृषाणक ।
रामचन्द्र रहे पृथक्   सुग्रीवादि समन्वित ॥
राघवसह सुग्रीव   नाना गल्पे प्रमोदित ।
वानर-सैन्य वाहिनी   अंगद परिचालने ॥
यद् क्षेत्रे अंगद स्थित   तथा वृषाणाकागत ।
जाम्बवान् तथा मंत्री   सुषेण वैद्य संहति ॥
हेरि अग्रे वृषाणके   जिज्ञासे कपि अंगद ।
कह वार्ता किंवा दृष्ट   किं संवादे समागत ॥

वृषाणक वचन

भ्रमिणु उत्तरे सर्व   युवराज इहा शुन ।
उत्तर मेरु पर्यन्त   हिमालय अतिक्रमि ॥
हेरि मोरा हिमालय   अति स्तब्ध महीधर ॥
प्रत्येक गिरि गह्वर   प्रति क्षेत्र सुवीक्षणे ॥
स्वर्गद्वार निरीक्षिया   हिमगिरि अतिक्रमि ।
समतल यथा भूमि   सन्धान करि सर्वतः ॥
करि गति अतःपरे   सुमेरु शिखरे त्वरा ।
कांचनमय पर्वत   सर्व शृंग निरीक्षिया ॥

सीता दृष्ट नहे तथा यथा चिह्न सुवर्णित ।
एतद्रूप तथा नारी नहे दृष्ट कदाचन ॥
कण्ठे तिल निरीक्षिणु गंडे तिल कच्चित् कच्चित् ।
निम्नाधरे यथा तिल सर्व क्षेत्रे अदर्शित ॥
हंसीगति निरीक्षिणु पद्मतुल्य नहे पद ।
राम नाम यवे कहि चले सर्वे यथा गति ॥
एरूप हेरि सर्वत्र युवराज चतुर्दिके ।
ना दर्शि जानकी चिह्न यद् लक्ष्मणे सुवर्णित ॥

अंगद वचन

अभिज्ञता किंवा कह उत्तरे धरणी भ्रमि ।
महापथ पर्यटने यदि तथ्य विशेषतः ॥

वृषाणक वचन

भ्रमिते भ्रमिते यवे स्वर्गद्वारे उपस्थित ।
एतन्मत कहे वाक्य दिव्य नारी समागमे ॥
किं कारणे परिभ्रम कपिश्रेष्ठ वृषाणक ।
अज्ञात रमणी कण्ठे मम नाम यथा श्रुत ॥
विस्मित आमि सेस्थले कहे नारी स्मिताधरे ।
रामचन्द्रे किंवा वार्ता एवे कोथा अवस्थित ॥
जिज्ञासि रमणीप्रति विज्ञात केमने तुमि ।
रामचन्द्रे महीयसी मम नाम तथामत ॥
उत्तरे वाक्य तेमनि पूर्वसम स्मिताधरे ।
लंकाधामे रहे सीता रामचन्द्रे निवेदह ॥
देशे देशे वृथा भ्रम सन्धान कर लंकाते ।
पादपद्म सदा स्मरि रक्षःकुल विनाशह ॥
तद् परे त्वरिते देवी यवे शुन तिरोहित ।
नहि सर्व परिज्ञात एतद् हेतु हल भ्रम ॥

वाल्मीकि वचन

अंगद राघवे कहे यथा उक्त वृषाणके ।
हेथा राम अवस्थित तद् पार्श्वते समागमे ॥

अंगद वचन

उत्तर भ्रमियागत सह सप्त वृषाणक ।
सीतादेवी अदर्शित सर्वस्थले शुन प्रभु ॥
एतन्मात्र कहे वाक्य दिव्य नारी निरीक्षिल ।
परिचय बिना कहे एतद् वाक्य यथा शुन ॥
सन्धान कर लंकाते देशे देशे वृथा भ्रम ।
लंकाधामे रहे सीता रामचन्द्रे निवेदह ॥
पादपद्मे सदा स्मरि रक्षःकुल विनाशह ।
यदि ज्ञात कह प्रभु केवा स्त्रीय कहे इहा ॥

राम वचन

जाह्नवी स्वर्ग निर्गता एतद् वाक्य निवेदिल ।
लंकाधामे रहे सीता एतद् सत्य सुनिश्चय ॥

कहिलांगद वाक्य राघवे प्रभु वार्ता शुन उत्तरे यथा ।
वृष जाह कहे सुर स्त्रीये कह लंकास्थित राम मैथिली ॥

- इति श्रीमद्देवायण ब्रह्मकल्पे तृतीय खण्डे राम मण्डलान्तर्गत: रामायण वर्गे सुन्दर काण्डे उत्तरांश वार्ता कथन नाम: प्रथम सर्ग ।

— ✯ —

॥ द्वितीय सर्ग ॥

वाल्मीकि वचन

राम वाक्ये यथा श्रुत अंगद हृष्ट अंतरे ।
रामादेश यथा लब्ध ससैन्ये पुनरागत ॥
क्षणान्तरे समागत कपि सप्ते सहोदर ।
कहे वार्ता यथायथ पथ वार्ता क्रमे क्रमे ॥

सहोदर वचन

उदय गिरि पर्यन्त सर्व क्षेत्र निरीक्षिणु ।
तवु सीता अदर्शित वृथा भ्रमि चतुर्दिके ॥
कृष्ण वर्ण तथा नर: सूर्यदग्ध समीक्षित ।
तथा नारी हिरण्मयी किं प्रकारे समुद्भवे ॥
ए कारणे तथा चक्षे हवे त्वरित समीक्षित ।
यदि सीता अवस्थिता तनु वर्णे हिरण्मयी ॥
किंतु एक नहे दृष्ट सर्व स्थल परिभ्रमि ।
न्यग्रध नाम सम्राट करे तथा अवस्थिति ॥
जिज्ञासे सर्व काहिनी भ्रमि तथा किं कारणे ।
न्यग्रध श्रवणे सर्व एतद् वाक्य कहे शुन ॥
लंकाते राखिवे सीता एतद् चिन्ता मनोदित ।
मम श्रद्धा नमस्कार रामचन्द्रे निवेदह ॥
रावण वधिते यत्न कर राम महाबली ।
अति दुष्ट दुराचारी जगन्मध्ये अमंगल ॥

वाल्मीकि वचन

एतद् वार्ता निवेदिल राघवे वीर अंगद ।
शुनि राम कहे हर्षे न्यग्रधे सत्य भाषण ॥
कपि सप्ते महाजानु तदन्तरे समागत ।
कहे वार्ता यथायथ पथ वार्ता क्रमे क्रमे ॥

महाजानु वचन

कुमेरु गिरि पर्यन्त सर्व स्थल निरीक्षिणु ।
युवराज इहा शुन तद् सीता अदर्शित ॥
जन शून्य बहु स्थल मरुमय समीक्षित ।
कच्चित् दृष्ट स्थले स्थले क्षुद्र क्षुद्र नराकृति ॥
पीत वर्ण तथा जीव तद्रूप मानवाकृति ।
जीवक नाम सम्राट अत्र देशे अवस्थित ॥
ए कारणे तथा चक्षे हवे त्वरित समीक्षित ।
यदि सीता अवस्थित तनु वर्णे हिरण्मयी ॥

जिज्ञासे सर्व काहिनी भ्रमि तथा किं कारणे ।
जीवक श्रवणे सर्व एतन्मत कहे शुन ॥
लंकाते राखिवे सीता एतद् चिन्ता मनोदित ।
मम श्रद्धा नमस्कारे रामचन्द्रे निवेदह ॥
रावणे वधिते यत्न कर राम महाबली ।
अति दुष्ट दुराचारी जगन्मध्ये अमंगल ॥
हेमकूटे समारुह्य तद् परे शुन काहिनी ।
परिदृष्ट बृहत् पक्षी पक्ष शून्य तथास्थले ॥
सुपर्ण नाम वर्णिल पक्षी बृहत् कलेवर ।
कहिल गरुडाग्रज राम नाम यवे श्रुत ॥
राम नामे लभे पक्ष सर्व जन सविस्मय ।
कहिल वाक्य तद् परे सुपर्ण विहंगोत्तम ॥
एतद् वाक्य महाजानु रामचन्द्रे निवेदह ।
हेथा हते निरीक्षिणु रथारूढ़ दशानने ॥
स्त्रीयेक पुष्पके दृष्ट लंकाधामे प्रवेशिल ।
एतद् सीता मने स्मरि कियत् मास पुरास्मृति ॥
लंकाते कर सन्धान सीता साक्षात हवे स्मरि ।
सावधाने प्रवेशिवे यद् लंका अति दुर्गम ॥

वाल्मीकि वचन

एतद् सर्व निवेदिल राघवे अंगद त्वरा ।
कृतांतागत तद् परे अन्य षष्ठ समन्वित ॥

कृतांत वचन

अस्त-पर्वत पर्यन्त सर्व स्थल निरीक्षिणु ।
युवराज तथापिह सीता चक्षे अदर्शित ॥
दीर्घाकृति तथा नरः श्वेत वर्ण समीक्षित ।
श्वेतकेतु नराधिप एकेश्वर अवस्थित ॥
श्वेत वर्णे यथा नरः हवे त्वरित समीक्षित ।
यदि सीता अवस्थित तनु वर्णे हिरण्मयी ॥
श्वेतकेतु कहे वाक्य भ्रमि तथा किं कारणे ।
श्रवणे कार्य रावणे एतन्मत प्रकाशिल ॥
लंकाधामे परिग्रहे सीता एतद् मनोदित ।
मम श्रद्धा नमस्कारे रामचन्द्रे निवेदह ॥
रावणे वधिते यत्न कर राम महाबली ।
अति दुष्ट दुराचारी जगन्मध्ये अमंगल ॥

वाल्मीकि वचन

एतद् सर्व निवेदिल राघवे अंगद त्वरा ।
नलागत अतःपरे एतद्रूप कहे नल ॥

नल वचन

नाग लोक परिभ्रमि सर्व स्थल निरीक्षिणु ।
युवराज तथापिह सीता चक्षे अदर्शित ॥
नागवृंद महाबली वासुकी परिचालने ।
नाग पत्नी यथा कृष्ण नागीरूप भयंकरी ॥

कोमला नाहि एकक रुक्ष मूर्त्ति जने जने ।
क्रोधयुक्त सदा नागी नित्य द्वंद्व परायणा ॥
जिज्ञासे वासुकी नाग भ्रमि तथा किं कारणे ।
श्रवणे कार्य रावणे एतद् मत प्रकाशिल ॥
लंकाधामे परिग्रहे सीता चिन्ता मनोदित ।
मम श्रद्धा नमस्कारे रामचन्द्रे निवेदह ॥
रावण वधिते यत्न कर राम महाबली ।
गुरुभार ममप्रति सह पृथिवी सकातर ॥
राम तुमि जगत्पति कर भार विदूरित ।
अति दुष्ट दुराचारी जगन्मध्ये दशानन ॥
भुजगेश्वर देव वासुकी कृत यद् वाक्य कहे महाबली ।
नल राघव अब्जलोचने कह लंकास्थित हेर जानकी ॥

- इति श्रीमद्देवायण ब्रह्मकल्पे तृतीय खण्डे राम मण्डलान्तर्गतः रामायण वर्गे सुन्दर काण्डे पूर्व पश्चिम दक्षिण ओ पातालांश वार्ता कथन नामः द्वितीय सर्ग ।

— ✯ —

॥ तृतीय सर्ग ॥

वाल्मीकि वचन

एतद् सर्व निवेदिल राघवे अंगद त्वरा ।
नीलागत अतःपरे एतद् नील कहे तथा ॥

नील वचन

भ्रमि सर्व स्वरालय सर्व स्थल निरीक्षिणु ।
युवराज इहा शुन तवु सीता अदर्शित ॥
देवी सर्व हिरण्मयी दुरूह तद् निरूपणे ।
तनु वर्णे यथा सीता एतद् कार्य अतःपरे ॥
सर्व वार्ता निवेदिनु जय इन्द्र सुराधिपे ।
कहे देव शतक्रतु नाहि स्वर्गे इहा शुन ॥
श्रुत वार्ता दशानन लंकाधामे परिग्रहे ।
अशोक काननोत्तम लंकामध्ये सुरक्षित ॥
मघवान कहे एतद् हे नील कह राघवे ।
देवकुल निपीड़ित रक्षः कार्ये निरंतर ॥
रावणे वधिते यत्न कर राम महाबली ।
नित्य तव अपेक्षाते देववृंद रहे स्थिर ॥

वाल्मीकि वचन

एतद् सर्व निवेदिल राघवे अंगद त्वरा ।
गयागत अतःपरे एतद्रूप कहे गय ॥

गय वचन

सर्व द्वीप परिभ्रमि सर्व स्थल निरीक्षिणु ।
युवराज तथापिह चक्षे सीता अदर्शित ॥
नाना स्थले समीक्षित नाना दृश्य यथायथ ।
अवशिष्ट रहे लंका यद् लंका अति दुर्गम ॥

सम्पाति गरुडात्मज	सिंधुतटे अवस्थित ।
जिज्ञासिल विहंगम	भ्रम हेथा किं कारणे ॥
कहिनु जानकी वार्ता	रावण कीर्त्ति येमति ।
रामचन्द्र भ्रमे सदा	सीता दुःखे निरंतर ॥
राम नाम यथा श्रुत	लभे पक्ष विहंगम ।
लभि पक्ष महानन्दे	कहे वाक्य ममप्रति ॥
बहु दिवा करि स्थिति	पक्ष शून्य निराश्रय ।
जटायुः मम अग्रज	भक्ष्य वस्तु प्रदानित ॥
मास त्रय अनागत	अनाहारे अवस्थित ।
क्षुधार्त्त आमि अत्यंत	हेर शीर्ण कलेवर ॥
मास त्रय पुरास्मृति	रहि हेथा निरीक्षिणु ।
लंकाधामे प्रवेशिल	रथारूढ़ दशानन ॥
नहे पुनः बहिर्गत	एतद् हेतु मने स्मरि ।
अत्र दिवा करे कार्य	जाह लंका निरीक्षह ॥
दुर्गम गति लंकाते	भीत सर्व महाकपि ।
आपनि करह स्थिर	किं प्रकारे हवे गति ॥
एके लंका सुदुर्गम	अति दीर्घ महापथ ।
केवा कह अतिक्रमे	लम्फेके शत योजन ॥
स्वयं शक्य अतिक्रमि	लम्फेके विंश योजन ।
गवाक्ष कहिल क्षम	लम्फेके पंचविंशति ॥
कृतांत कहिल क्षम	लम्फेके त्रिंश योजन ।
कहे सेथा महाजानु	चल्लिश योजन क्षम ॥
पंचाश योजन क्षम	कहे वीर सहोदर ।
कहिल केशरी गर्वे	अति वृद्ध तथापिह ॥
दानि एक उल्लम्फने	निश्चय षष्ठि योजने ।
कहे त्वरा वृषाणक	सप्तति योजन क्षम ॥
कहे नील महाबली	अशीति योजन क्षम ।
कहे नल अतःपरे	नवति योजन क्षम ॥
नाहि वीर नलश्रेष्ठ	अन्य सर्व रहे स्थिर ।
जिज्ञासे वीर अंगद	सर्व जने पुनः पुनः ॥
केहना उत्तरे पुनः	रहे स्तब्ध जने जने ।
हेरिल कार्य संकट	अंगद तदन्तरे ॥
अंगद कहिछे यवे	एतद्रूप पुनः पुनः ।
कहिल कपि पार्ष्यद	चलिव शत योजन ॥
प्रत्यागति किंवा कहि	हवे मृत्यु तथास्थले ।
कहिल कालभैरव	भैरवतुल्य गर्जने ॥
जाव स्वयं अतिक्रमि	स्वच्छंदे शत योजन ।
पथे विघ्न अवस्थित	स्मरि भय तथास्थले ॥
सिंहिकाख्या निशाचरी	रावण दुहिता स्मर ।
शून्यगामी वधे नित्य	लंका यात्री विशेषतः ॥
सिंहिका दुष्ट राक्षसी	अतिक्रांते महत् भय ।
नहेत शत योजन	अति तुच्छ उल्लम्फने ॥
रक्ताक्ष कहिल त्वरा	वधिव सिंहिका स्वयं ।
जाव पुनः अतिक्रमि	सहजे शत योजन ॥
राक्षसकुल से स्थले	हवे युद्ध पुनः तथा ।
एतद् दीर्घ उल्लम्फने	पुनः युद्ध असम्भव ॥

कहे सर्व समस्वरे — एतद् कार्य असम्भव ।
अंगद कहिछे तथा — दानिव राज यौतुक ॥
लभिवे अति कौतुके — येवा कार्य समाधिवे ।
एतद्रूप पुनः पुनः — अंगदकृत भाषणे ॥
सर्व जन रहे स्तब्ध — कहे सर्वे असम्भव ।
नहे वार्ता हवे लभ्य — हवे मृत्यु सुनिश्चय ॥
उत्थित अंगद स्वयं — कहे वाक्य सभास्थले ।
हे नल सैन्य नायक — सैन्य भार परिग्रह ॥
चलिव दुर्दम स्वयं — नभ पथ विमंथिया ।
पिता कृत यथा पूर्वे — ध्यानकृत चतुर्दिके ॥
निश्चय सक्षम स्वयं — एतद् पथ अतिक्रमि ।
सैन्य भार करे लह — नल आमि चलि त्वरा ॥
अंगद कृत भाषणे — हनुमान कहे तथा ।
आज्ञा कर महाबली — लंकाते चलिव त्वरा ॥
एतद् वाक्य यथा श्रुत — अंगद अति विस्मित ।
वीर मध्ये नहे गण्य — हनुमान तथास्थले ॥
वीरवृंद रहे स्तब्ध — यथा कार्य अनुष्ठिते ।
कहे कार्य मरुत्सुत — किंवा वीर्ये किं साहसे ॥

अंगद वचन

किं साहसे किंवा वीर्ये — जावे तुमि तथास्थले ।
पथार्द्धे सिंहिका स्थित — महायुद्ध हवे तथा ॥
शून्य भरे महायुद्धे — करि दुष्टे पराजित ।
पंचशाधिक योजन — गति पथ अतःपरे ॥
एतद् सर्व अतिक्रमि — लंकाते पशिवे यवे ।
बहु वीर तथास्थले — घोरतर हवे रण ॥
एतद् सर्व अतिक्रमि — अशोक कानने पशि ।
पुनश्च आसिवे हेथा — किंवा वीर्य प्रकाशह ॥

मारुति वचन

मम वीर्य नहे कभु — युवराज इहा शुन ।
जाव पथ अतिक्रमि — पितृ नाम मने स्मरि ॥
सर्व कार्य समापिव — राम नाम महाबले ।
देह आज्ञा ममप्रति — लंकाधामे चलि त्वरा ॥
नत मारुति नम्र मस्तके — कहि लंका गमने स्वकामना ।
शुनि वीर मण्डले विस्मय — युवराज प्रति दृष्टि कौतुके ॥

- इति श्रीमद्देवायण ब्रह्मकल्पे तृतीय खण्डे राम मण्डलान्तर्गतः रामायण वर्गे सुन्दर काण्डे स्वर्गांश द्वीपपुंज वार्ता संग्रह ओ लंका गमन संकटोद्भव वार्ता कथन नामः तृतीय सर्ग ।

— ✯ —

॥ चतुर्थ सर्ग ॥

वाल्मीकि वचन

एतद् वाक्य यथा उक्त — सर्वे हास्य परायण ।
कहिल वाक्य अंगद — गम्भीरास्ये इहा शुन ॥

अंगद वचन

कौतुक कर मारुति राजदंड हवे शुन ।
वरिवृंद नहे क्षम किंवा साध्य तवप्रति ॥

मारुति वचन

कौतुक ना कदाचन युवराज कृत स्वयं ।
देह भार ममप्रति साधिव कार्य निश्चय ॥
यद्यपि अक्षम स्वयं हवे मृत्यु सुनिश्चय ।
के करे कह कौतुक मृत्यु सह महाबली ॥
वीर सर्व उपस्थिते जावे तुमि किं कारणे ।
आज्ञा देह ममप्रति करि स्वयं समुद्यम ॥

वाल्मीकि वचन

एतद् वाक्य यथा श्रुत अंगद राजनन्दन ।
कहिल मारुतिप्रति एतद् वाक्य कृपाभरे ॥
जाह वीर यथा कार्ये कार्य सिद्धि हवे स्मरि ।
तेजस्वी तव भाषणे मम हर्ष उपस्थित ॥
यशस्वी कार्य साधने हवे तुमि मने स्मरि ।
राम-निष्ठा यथा कह कर कार्य तथामत ॥
राम स्वयं जगत्पति लभिवे शक्ति निश्चय ।
जाह तुमि मरुत् सुत लंकाधामे सुनिर्भये ॥
रामचन्द्र समीपेते चले दोंहे अतःपरे ।
रामपदे शिरानते इत्यांगद निवेदिल ॥

अंगद वचन

शुन राम जगत्प्रभु यथा कार्य निवेदन ।
त्रैलोक्य भ्रमि आगत समस्त कपि पुंगव ॥
केह नाहि निरीक्षिल सीतादेवी चराचरे ।
यथा क्षेत्रे यथा कपि प्रत्यागमे निवेदिल ॥
लंकाते स्थित जानकी अशोक कानने तथा ।
अन्य सर्व समीक्षित सर्व स्थले अदर्शित ॥
एक्षणे मम विश्वास लंकाते स्थित जानकी ।
लंकाते करिते गति कहे सर्व महाकपि ॥
दीर्घता शत योजन अविश्रांत पथे गति ।
सिंहिका नाम राक्षसी पथिमध्ये अवस्थिता ॥
एतद् हेतु कहे सर्वे सुदीर्घ पथ दुर्गम ।
अविश्रांत यथा गति स्व-वीर्यते असम्भव ॥
यत स्थित महाकपि एतद् रूपे कहे यवे ।
अशक्य पुनरागमे यद्यपिह उपस्थित ॥
ए वाक्य श्रवणे स्वयं यदुक्त सर्व वानरे ।
लंकाधामे प्रवेशिते करि स्वयं समुद्यम ॥
कहिल प्रगति तथा मारुति पवनात्मज ।
कर आज्ञा ममप्रति युवराज सुकार्यते ॥
वीर मध्ये नहे गण्य हनुमान कदाचन ।
नहे प्रभु महाकपि सुग्रीवे हनु सेवक ॥
प्रभु भक्त सुविश्वासी खुल्लताते सदा प्रिय ।
एतद् कार्ये हनुद्यमे किंवा आज्ञा प्रदानह ॥

विस्मित शुनि सुग्रीव एतद् कार्ये हनुद्यम ।
हनुप्रति कहे वाक्य अत्याश्चर्ये कपीश्वर ॥

सुग्रीव वचन

केमने कह सम्भव तव कर्त्तृक मारुति ।
यदि वीर्य नहे देहे किं प्रकारे अनुष्ठिवे ॥
क्रीडा मात्र नहे एतद् महा सिंधु उल्लम्फन ।
पथि मध्ये महाविघ्न सिंहिका दुष्ट राक्षसी ॥
सागर शत योजन अति दीर्घ महापथ ।
योजनेक यथा गति ज्ञात स्वयं तवप्रति ॥

मारुति वचन

मत् दृष्ट मर्कटेश्वर सम्पाति गरुडात्मज ।
राम नाम जपि क्रमे पक्षोद्गमे प्रहर्षित ॥
बहु वर्ष अवस्थित पक्षहीन विहंगम ।
उड्डीयने नहे क्षम पक्षी एकस्थले स्थित ॥
चलित योजनार्द्धेक मात्र पदे उल्लम्फने ।
लभि पक्ष त्वरित गति महावेग लभे तथा ॥
तद् हेतु मम विश्वास शुन अद्य कपीश्वर ।
कर प्रभु शुभाशिष स्वकार्ये सेवकप्रति ॥

वाल्मीकि वचन

एतद् वाक्य यथा श्रुत रामचन्द्र महाबली ।
अति त्वरित समुत्थाने धरे वक्षे भुजद्वये ॥
एतन्मत कहे प्रभु हनुमाने समादरे ।
सहर्ष पुलकोद्गमे दिव्य वाणी विमंद्रणे ॥

राम वचन

सागर लंघिते हनु हवे क्षम ममाशिषे ।
एरूप आत्म विश्वासे सर्व जय मने स्मर ॥
हवे तव प्रभावेते सर्व विघ्न पराजित ।
दानि आख्या महावीर महाकार्ये त्वरित गति ॥

वाल्मीकि वचन

प्रणत चरणे हनु अश्रुसिक्त हृदिस्थले ।
पद रजः परिग्रहि दानि वक्षः शिरे कहे ॥

मारुति वचन

परम करुणाकर राम राम जगत्पति ।
नवदुर्वादल श्याम सर्व शक्ति प्रदायक ॥
देह शक्ति पदे मम बाहुद्वये तथामत ।
सर्व शक्ति समाश्रित राम राम जगत्प्रभु ॥
देह बुद्धि शिरे मम साधिते कार्य कौशले ।
बुद्धियोगे कर स्थिति मम मध्ये जगत्प्रभु ॥
देह भक्ति हृदिस्थले कर्म निष्ठा समन्वित ।
सर्वालस्य परित्यजि करि कार्य जगत्पति ॥

देह तेज मने मम विश्वास दृढ़ता सदा ।
सर्व भय विदूरिते राम राम जगत्पति ॥

वाल्मीकि वचन

शिरे हस्त प्रदानिया कृत पुण्य शुभाशिष ।
दिव्य कण्ठ विमंद्रित मेघमंद्र यथामत ॥

राम वचन

शुन हनु महावीर तेज लब्ध हवे स्वयं ।
यथा क्षेत्रे यथा तेज हवे कार्ये प्रयोजन ॥
अंगुरी मणि मंडित कर हस्ते विधारण ।
साक्षाते जानकीप्रति परिचय प्रदानिते ॥

वाल्मीकि वचन

एतद् वाक्य समापने हनु हस्ते प्रदानिते ।
मारुति ग्रहणे रत अंगुरीय शिरानते ॥
करुणाश्रु विनिर्झरे दिव्य चक्षु विनिर्गत ।
हनु स्कंध समुत्थाने पड़े शिरे अलक्ष्यिते ॥
दिव्य अश्रु तथा स्पर्शि शिहरिया कलेवर ।
महोत्तेज प्रवाहित अंगमय चतुर्दिके ॥
प्रसभे हनु तत्काले शत गुण बलान्वित ।
तेजवंत यथा हनु करे दीर्घ कलेवर ॥
मेघमाला करे स्पर्श निमेषे हनु मस्तक ।
लांगुल दीर्घ तेमति मेघमाला विचालने ॥
पद चापे थरे मही कपिकुल चमत्कृत ।
जय राम महास्वने दाने हनु उल्लम्फन ॥
इंगिते लक्ष्मणे प्रभु कहे रक्ष महीतल ।
रामानुजे मही धृत ज्या करिया महाबले ॥
उठे हनु नभ स्थले कम्पित सर्व खेचर ।
लागिल ध्वनिते मर्त्ये जय राम महाध्वनि ॥
गर्जिल कपि मण्डली एतद् सह महारवे ।
जय राम तथा ध्वनि नभे पुनः प्रतिध्वनि ॥
वर्धे गति मरुत्सुते राम नाम यथा श्रुत ।
वायुतुल्य महाबले महावीर चले नभे ॥
राम कृपा निरीक्षिया सर्व जन चमत्कृत ।
कपि भक्ति प्रवर्धित राम नाम करे सदा ॥
वायुपुत्र चले द्रुत वायुवेगे महास्वने ।
करि क्षुब्ध नभ स्थल सूर्यच्छाया प्रकाशिया ॥
चल्लिश योजन प्रायः अतिक्रमे यवे शुन ।
सिंधुजले तथाकाले बृहत् छाया निपातित ॥
हेरि छाया त्वरित गति सिंहिका दुष्ट राक्षसी ।
ऊर्ध्वप्रति निरीक्षणे देखे बृहत् महाकपि ॥
बृहत् कपि समीक्षणे हर्षान्वित निशाचरी ।
भोज्यागत यथोत्तम एतद् चिन्ता समायुत ॥
सिंधु वारि परित्यजि समुत्थिता त्वरितगति ।
व्यादन करिया वक्त्र रहे तथा निशाचरी ॥

ऊर्ध्व ओष्ट रहे नभे निम्नाधर महाजले ।
क्षणान्तरे तथास्थले महावीर समागत ॥
हेरिल तद् पुरोभागे गिरि रंध्र यथामत ।
हेरि रंध्र महाशून्ये हनुप्रति सविस्मय ॥
स्मरिल सहसा मने सिंहिका पूर्व वर्णित ।
व्यदित करिया वक्त्र करे दीर्घ कलेवर ॥
सिंहिका कृत विस्तृत मुख-रंध्र ततोधिक ।
ग्रासिवारे हनुमाने मायाबले निशाचरी ॥
यत दीर्घ करे हनु क्षिप्र स्वयं कलेवर ।
विस्तारे सिंहिका तत स्वयं आस्य त्वरितगति ॥
वर्धमान कलेवरे चिन्तित चित्त मारुति ।
हेरि वृद्धि ततोधिक सिंहिकास्य तथा स्थले ॥
एतद् चिन्ता समन्वित लब्ध बुद्धि मरुत् सुत ।
मार्जार देह सन्निभ धृत रूप त्वरितगति ॥
पशिल सिंहिकोदरे महावीर्ये महाबली ।
प्रविष्ठ उदरान्तरे वर्धे त्वरित कलेवर ॥
वर्धे हनु महातेजे यद् काले सिंहिकोदरे ।
वर्धित तनु तेजसे सहोदर विदारित ॥
मध्योदरे विदारित यवे शुन निशाचरी ।
महावीर बहिर्गत मृत दुष्टा तथा स्थले ॥
तन्मृत सिंहिका देहे पद चाप प्रदानिया ।
दाने हनु उल्लम्फन नभ पथे चले द्रुत ॥
किञ्चित् पथ समागमे मैनाक हिम नन्दन ।
सिंधु ऊर्ध्वे समुत्थित कहे वाक्य हनुप्रति ॥

मैनाक वचन

हे हनु पवनात्मज विश्राम कर मत् गृहे ।
यद् श्रांत सिंहिका युद्धे कर क्लांति विदूरित ॥

मारुति वचन

करि पदे नमस्कार नगेन्द्र राजनन्दन ।
अभ्यर्थना ममप्रति परितृप्ति ममान्तरे ॥
विश्रामे ए नहे काल नहे कार्य समापित ।
प्रत्यागति यवे शुन रहिव तव आश्रये ॥
आतिथ्य तव मैनाक रहिवे स्मरणे मम ।
तव पार्श्वे हवे हर्ष यदि कार्य समापित ॥
कार्य त्यजि नहे शान्ति क्षणकाल ममान्तरे ।
सीता वार्ता बिना राम व्याकुल शुन सर्वदा ॥

मैनाक वचन

देवेन्द्र कृत आज्ञाते आह्वान करि हे हनु ।
राम कार्य यथामत देव कार्य तथामत ॥
तद् हेतु देव वासव दाने आज्ञा ममप्रति ।
यद् श्रान्त सिंहिका युद्धे शान्ति हेतु परिश्रम ॥

मारुति वचन

कहि ओ तुमि मैनाक नमस्कार सुराधिपे ।
ममप्रति यथा स्नेह हवे कार्य अतःपरे ॥

कार्य त्यजि क्षण स्थिर महावीर नहे शुन ।
विश्राम मम तद् परे यवे कार्य समापित ॥
कार्ये हेला नहे तृप्ति मघवाने कदाचन ।
कार्य मध्ये परिश्रम बोध विघ्न मने स्मरि ॥

वाल्मीकि वचन

कहि एतद् चले द्रुत मैनाके परिवर्जने ।
मैनाक अति सत्वरे मघवाने निवेदिल ॥
हनु वाक्य यथा श्रुत परितृप्त सुराधिप ।
दाने आज्ञा अत:परे मेघगणे इहा शुन ॥

इन्द्र वचन

जाह सर्व घनावली कर छाया मरुत् सुते ।
यद् गति शत योजन देव कार्य अनुष्ठिते ॥

वाल्मीकि वचन

प्राप्त आज्ञा घनावली गेल द्रुत तथास्थले ।
हनु शिरे करे छाया आतपत्र यथामत ॥
सूर्योत्ताप विदूरित गत किञ्चित् परिश्रम ।
वर्षे मृदु कलेवरे गर्जे मंद मधुस्वने ॥
मृदु वेगे बहे वायु हनु हर्ष प्रवर्धित ।
द्विगुण वेग वर्धित पूर्वाधिक चले हनु ॥
कतक्षणे प्रकाशित स्वर्णलंका मनोहर ।
वर्धित गति मारुति कार्य सिद्धि मने स्मरि ॥
जय राम महारवे गर्जिल अति भीषण ।
गर्जे सर्व बलाहक अनुसरि हनु ध्वनि ॥
जटायुः पुत्र सन्दीप लंकातीरे अवस्थित ।
गर्जमान मरुत् सुते हेरि लंका समागमे ॥
रावणे स्मरि बांधव शत्रु गति निवारणे ।
व्यथित वदने त्वरा ग्रासिवारे चले हनु ॥
पक्षी रूप पुरोभागे हेरि द्वेषी कहे हनु ।
के तुमि राम विद्वेषी मायापक्षी किना कह ॥
सहसा हनु हेरि सम्मुखे बृहदाकार विहंगमे कहे ।
कह खेचर किं निशाचर स्मरि मायाकृति के कह स्वयं ॥

- इति श्रीमद्देवायण ब्रह्मकल्पे तृतीय खण्डे राम मण्डलान्तर्गतः रामायण वर्गे सुन्दर काण्डे मारुति कर्तृक लंका गमन वार्ता कथन नामः चतुर्थ सर्ग ।

— ☆ —

॥ पंचम सर्ग ॥

वाल्मीकि वचन

कहि एतद् महावीर गर्जमान यवे शुन ।
उत्तरिल विहंगम शुन वाक्य हनुप्रति ॥

सन्दीप वचन

मायारूप नहे मम मित्र मात्र दशानने ।
जटायु:पुत्र सन्दीप अहं पक्षी कुलोद्भव ॥

वाल्मीकि वचन

एतद् वाक्य यथा श्रुत मारुति विस्मये कहे ।
जटायु:पुत्र सन्दीप मित्र तुमि दशानने ॥
रक्ष:द्वेषी पिता तव नह ज्ञात महारणे ।
रावण शस्त्र घातने परित्यजे कलेवर ॥
राम कार्य अनुष्ठिते दिल प्राण पिता तव ।
पितृहंता प्रचालने तुमि मित्र दशानने ॥

सन्दीप वचन

किं कह कपि पुंगव रावण शस्त्र घातने ।
तनु त्यक्त पिता मम किंवा युद्ध किं कारणे ॥

मारुति वचन

पितृ तथ्य नह ज्ञात पुत्र तुमि किंवा कह ।
मास त्रय पुरास्मृति तनु त्यजे पिता तव ॥
अयोध्या नगरी वासी राजा दशरथात्मज ।
रामचन्द्र स्वयं प्रभु पंचवटी वनागत ॥
संगे स्थित प्रिया सीता यिनि लक्ष्मीस्वरूपिणी ।
एतद् सीता हरे रक्ष: लंकेश्वर दशानन ॥
दशरथ सखा श्रेष्ठ छिल ज्ञात पिता तव ।
राम-वधु हरे रक्ष: हेरि क्रुद्ध विहंगम ॥
आक्रमिल दशानने महायुद्ध अत:परे ।
यद् युद्धे शस्त्र घातने शुन हत पिता तव ॥

वाल्मीकि वचन

एतद् वाक्य यथा श्रुत सन्दीप अति कातर ।
कहे वाक्य महावीरे एतद्रूप अत:परे ॥

सन्दीप वचन

एवे सर्व परिज्ञात शुन हे कपि पुंगव ।
एकदा हेरि रावणे मास त्रय पुरास्मृति ॥
द्रुत रथारूढ़ागत कन्या एक समन्वित ।
हरे कन्या मने स्मरि आक्रमिनु यवे शुन ॥
कहे त्वरित नमस्कारे लंकेश्वर ममप्रति ।
देह पथ महाबली वृथा द्वंद्व किं कारणे ॥
तव भोज्य किंवा विघ्न भ्रम इच्छा मनोमत ।
भक्ष्य मात्र मने स्मर पुरुषे रमणीकुल ॥
संगृहीत यथा भोज्य चलि स्वयं निजालये ।
लह मम नमस्कार तुमि श्रेष्ठ महाबली ।
एतद् वाक्ये नमस्कारे रत यवे पुन: पुन: ।
करि स्वयं परित्याग रावणे हेरि दुर्बल ॥
के जानित तथाकाले पितृहंता दशानन ।
हत दुष्ट विनाशित तद् काले चंचु घातने ॥
नहि ज्ञात तथा हेतु हल शत्रु सखा मम ।
परिचय किंवा तव लंकाते केन आगति ॥

मारुति वचन

राघवसह तद् परे सुग्रीवे हल मित्रता ।
किष्किंध्यापति सुग्रीव ख्याति एतद् चराचरे ॥
हनुमान यथा नाम सुग्रीव प्रिय सेवक ।
अंजना गर्भ संभव कथित पवनात्मज ॥
सुग्रीव मित्र राघव राम कार्य अनुष्ठिते ।
कपिकुल करे यत्न सर्व त्यजि चतुर्दिके ॥
सन्धान करिते सीता लोक त्रय परिभ्रमे ।
सर्व स्थले अदर्शित लंकागत अत:परे ॥
यद्यपि ज्ञात सन्दीप कह एतद् त्वरित गति ।
पितृहंता विनाशिते हओ कार्य सहायक ॥

सन्दीप वचन

कोथा सीता अवस्थिता ज्ञात स्वयं तथास्थले ।
अशोक वन वर्णित यद् क्षेत्र अति दुर्गम ॥

वाल्मीकि वचन

यद् श्रुत वाक्य सन्दीपे आन्दोले हनु अंतरे ।
अशोक कानन श्रुत अंगदकृत भाषणे ॥
सन्दीपप्रति साग्रहे निरखे वीर मारुति ।
सन्दीप मारुतिप्रति कहे वाक्य तथा क्रमे ॥

सन्दीप वचन

अशोक कानने गति दुर्गम ज्ञात निश्चय ।
सशस्त्र प्रहरी नित्य परिव्याप्त चतुर्दिके ॥
मक्षिका पशिते नारे शुन हनु तथा स्थले ।
तवुह करिते कार्य कहि पथ यथा शुन ॥
दिवाव्यापी कर स्थिति हेथा तुमि महाबली ।
निशाकाले प्रवेशह पक्षच्छाये लुकायित ॥
प्रवेशिया तथास्थले हेर सर्व परिस्थिति ।
पक्षच्छाये पुन: तोमा करिव वन निर्गत ॥
जानकी हेरिया जाह आनो सैन्य अत:परे ।
पितृहंता विनाशह अति दुष्ट दशानन ॥

मारुति वचन

पथ मात्र प्रदर्शह यदि ज्ञात महाबली ।
वधिव सर्व राक्षसे स्वयं बले अत:परे ॥

सन्दीप वचन

युक्ति श्रेष्ठ नहे एतद् शुन हे पवनात्मज ।
त्रैलोक्यजित राक्षस करे हेथा बहु स्थिति ॥

मारुति वचन

कर तव मनोमत युक्ति श्रेष्ठ विवेचने ।
नहि ज्ञात कदाचन लंकाधामे किंवा गति ॥

सन्दीप वचन

अग्रे तुमि प्रवेशह   अशोक वन ये स्थले ।
तद् परे करह कार्य   यथा युक्ति विवेचने ॥
शुन वायुकुमार कार्य यद्   चल दुर्गम्य अशोक कानने ।
कर दर्शन तीक्ष्ण वीक्षणे   रहि स्थायाघन पत्र अंतरे ॥

– इति श्रीमद्देवायण ब्रह्मकल्पे तृतीय खण्डे राम मण्डलान्तर्गतः रामायण वर्गे सुन्दर काण्डे मारुति-सन्दीप वार्ता कथन नामः पंचम सर्ग ।

— ★ —

॥ षष्ठ सर्ग ॥

वाल्मीकि वचन

कहिते कहिते उभे   अवतीर्ण महातटे ।
कतक्षण अवस्थाने   अस्तगत यवे रवि ॥
दिगन्त करि विस्तृत   सूर्यरश्मि चतुर्दिके ।
अस्तगत यथा रवि   करे उभे निरीक्षण ॥
सूर्यदेव क्रमे क्रमे   रक्तिमाभ विधारणे ।
देह श्रांति विदूरणे   दिवाकार्य समापने ॥
पश्चिम गगन त्यजि   समुद्र अवगाहने ।
अवतीर्ण महाजले   अति धीरे क्रमे क्रमे ॥
यवे सूर्य तिरोहित   संध्यागत ससम्भ्रमे ।
पूर्वदिके सुधाकर   संध्याप्रति निरीक्षिछे ॥
किञ्चित् मात्र जलत्यजि   हिरण्य ज्योति विच्छुरि ।
प्रसन्न चित्त तद् परे   गत हेरि दिवाकरे ॥
संध्याक्रीडा तरे ज्योत्सना   चन्द्रपार्श्व परित्यजि ।
क्रीडाच्छले प्रवेशिल   अशोक कानने यवे ॥
वन संध्या प्रभाविल   रात्रि व्याप्त चतुर्दिके ।
पत्रच्छाये अवस्थाने   ज्योत्सना एतद् निरीक्षिल ॥
आगत राक्षसेश्वर   गंध-माल्ये विभूषित ।
एकाकी जानकीदेवी   यथा क्षेत्रे अवस्थिता ॥
यद्काले रावणागत   सन्दीपसह मारुति ।
सर्व रक्षः अलक्ष्यिते   प्रवेशिल तथा स्थले ॥
दृष्ट देवी पुरोभागे   अदूरे काननान्तरे ।
सीताप्रति निरीक्षिछे   कौतुहली सुधाकर ॥
संध्याप्रति कहे ज्योत्सना   हेर क्रीडा परित्यजि ।
सीतापार्श्वे समागत   रक्षः प्रेम निवेदिते ॥
हेर अद्य रहि स्थिर   किंवा कार्य दशानने ।
मम तेज प्रभावित   हेर संध्या यथायथ ॥
आलोकित यथा आस्य   सीताप्रति निरीक्षह ।
धृत मूर्त्ति किंवा सीता   रक्षः प्रेम निवेदने ॥
अदूरे आम्र कुंजते   मर्कटेक समागत ।
सन्दीप सह कानने   राम-चर मने स्मरि ॥
सन्दीप सह मर्कट   उदग्रीव तीक्ष्ण वीक्षणे ।
लंकेश्वरे निरीक्षिछे   अति क्रुद्ध समीक्षणे ॥
सन्दीप करिया शान्त   पत्रच्छाये रहे स्थिर ।
हे संध्या कपि आगत   सीता दुःख निरामये ॥

सीता अश्रु समन्विता नित्य दुःखे अवस्थिता ।
हेर अद्य शुभक्षण राम-चर समागत ॥
ए वार्ता पौंचिवे शुन रामचन्द्र पदे त्वरा ।
एतद् वार्ता समाश्रये रामागम हवे स्मर ॥
लंकाधामे हवे रक्षः रामागमे निपीड़ित ।
देवकुल हवे मुक्त दासत्त्व गत मंगले ॥
श्रवण कर सर्वतः अद्य सर्व शुभाशुभ ।
पुण्यक्षण मने स्मर जगन्मध्ये विदूषिणी ॥
एरूपे चन्द्रदेवता संध्यासह करे स्थिति ।
अशोक काननागत लंकेश्वर दशानन ॥
गंधमाल्य विभूषित यवे रक्षः समागत ।
त्रिजटा राक्षसी त्वरा अन्तराले करे गति ॥
सीता-रक्षी निशाचरी सर्व संगी समावृता ।
रावणागत दर्शने किञ्चित् दूरे करे स्थिति ॥
रक्षेश वदने स्मित विंश चक्षु समुज्ज्वल ।
दश आस्य विकाशित दंतचय बहिर्गत ॥
लुब्ध दृष्टि निरीक्षणे कहिल जानकीप्रति ।
हेरि सीता महाभये मुद्रित लोचने स्थिर ॥
हनुमान नियुक्त दर्शने सह सन्दीप जटायुः नन्दन ।
व्यवहार किंवा दशानने वधू सीताप्रति अद्य निर्जने ॥

- इति श्रीमद्देवायण ब्रह्मकल्पे तृतीय खण्डे राम मण्डलान्तर्गतः रामायण वर्गे सुन्दर काण्डे अशोक वन वार्ता कथन नामः षष्ठ सर्ग ।

— ☆ —

॥ सप्तम सर्ग ॥

वाल्मीकि वचन

विचित्र वसने शोभा मणि रत्न विमंडित ।
स्मित हास्ये कहे वाक्य सीताप्रति दशानन ॥

रावण वचन

हे सीता रूपसी श्रेष्ठा जगत् चक्षु मनोहरा ।
तव प्रेम अपेक्षाते कत दिवा रहि स्थिर ॥
ममपार्श्वे किंवा भय हे जानकी इहा कह ।
रहिवे सर्व सौभाग्ये लंकेश्वरी यथामत ॥
तव प्रेम प्रपीड़ित नित्यागत निरीक्षिते ।
तव दुःख निरीक्षिया मम दुःख समुद्भवे ॥
रुक्ष केशे जटाभार वस्त्र जीर्ण तथामत ।
आभरण बिना अंगे हाहाकारे समीक्षित ॥
वृथा दुःख सदा सह वृथा रामे मने स्मर ।
लह रत्न अलंकार दिव्य वस्त्र तथामत ॥
इन्द्र चन्द्र कुबेरादि कृत जय विदूषिणी ।
दिव्यवस्त्र अलंकारे पूर्ण राजालय स्मर ॥
नाग हार यथा लब्ध नागकुल जये स्वयं ।
लब्ध अम्लान पंकज करि जय जलेश्वरे ॥
वलय वाजु केयुर मयूरी मणि कुंडल ।
अपूर्व रत्न नूपुर मम गृहे सुशोभित ॥

ए सर्वे भूषिते अंग कर आज्ञा मनोमत ।
दिव्य तैले महागंधे कर पूर्ण प्रसाधन ॥
लह दिव्य परिच्छद नाना रत्न समुज्ज्वल ।
कर आज्ञा मनोमत दासीवृंदे प्रदानिते ॥
लक्ष दासी यथा मम तव सर्व मने स्मर ।
यथा आज्ञा यथा जने कह स्वयं मनोमत ॥
स्नान इच्छा किंवा कह कोन पुण्य शुचि: जले ।
यथा इच्छा मनोमत दानिवे भृत्य सर्वत: ॥
यद्यपि अलकानन्दा पुण्य वारि मने स्मर ।
किंवा मंदाकिनी वारि दिव्य गंध समन्वित ॥
पारिजात हवे लब्ध शोभिते कवरी तव ।
इन्द्रे आज्ञा प्रदानिले वासव दानिवे त्वरा ॥
सेविवे सर्व देवता तव इच्छा मनोमत ।
मम वीर्य प्रभावित आज्ञावह सदा स्मर ॥
देवकुल समन्वित स्वयं इन्द्र सुराधिप ।
तद्रूप अर्चिवे तोमा यदर्चिता महेश्वरी ॥
त्रैलोक्येश्वर हे सीता स्वयं वीर्य पराक्रमे ।
मम युद्धे पराजित वीर सर्व चराचरे ॥
केवा बली ममाधिक त्रैलोक्ये अद्य वा स्थित ।
रामचन्द्र तथा तुच्छ क्षुद्र रामे वृथा स्मर ॥
रामचन्द्र अवस्थित ए हेतु भीत यद्यपि ।
विनाशि कह जानकी आह्वानिया रणस्थले ॥

सीता वचन

रामागम हवे शुन आह्वाने किं प्रयोजन ।
काल पूर्ण यथा तव शिर छिन्न हवे त्वरा ॥
रत रावण दर्प भाषणे शुन सीता त्यज भीति राघवे ।
त्रि-जगत्जित वीर्य विक्रमे कथिताहं जगदीश वासवे ॥

- इति श्रीमद्देवायण ब्रह्मकल्पे तृतीय खण्डे राम मण्डलान्तर्गत: रामायण वर्गे सुन्दर काण्डे रावण कर्तृक सीताप्रति प्रेम निवेदन वार्ता नाम: सप्तम सर्ग ।

— ✯ —

॥ अष्टम सर्ग ॥

वाल्मीकि वचन

ए वाक्य जानकी कहे रावणे नत मस्तके ।
लंकेश्वर स्मिताधरे कहिल मैथिलीप्रति ॥

रावण वचन

अलीक तव विश्वास कल्पना भ्रम जानकी ।
हेथा ना आसिवे शुन रामचन्द्र कदाचन ॥
विस्तीर्ण शत योजन महासिंधु अतिक्रमि ।
किं रूपे आसिवे कह लंकाते राम लक्ष्मण ॥
वनवासी यथा राम बिना रथे पदव्रजे ।
यद्यपि कोन कौशले लंकाधामे पशे कभु ॥

त्रैलोक्य विजयी वीर अवस्थित चतुर्दिके ।
वधिवे निमिषे रामे रामानुज समन्वित ॥
यद्यपि कोन कौशले धनुर्बाण परित्यजि ।
शून्य हस्ते पशे कभु अशोके राम लक्ष्मण ॥
निमिषे वधिवे हेर प्रहरी अति भीषणा ।
विकटा त्रिजटा दंती रक्षः नारी भयंकरी ॥
अशोके पशिते नारे शस्त्रधारी कदाचन ।
रुद्ररूपे पुरःद्वारे नित्य शूली अवस्थित ॥
एतद् वर प्रदानिल रुद्रेश्वर स्वयं शिव ।
मम गृह सुरक्षिवे स्वयं रुद्र निरंतर ॥
नाहि साध्य तथास्थले शस्त्रधारी प्रवेशिते ।
सर्व दिके निरीक्षह लंका दृढ़ सुरक्षित ॥
मम वीर्ये अतःपरे केवा युद्धे हवे स्थिर ।
भये इन्द्र करे नित्य नमस्कार ममप्रति ॥
दाने अर्घ्य शिरानते नित्य मोरे सुराधिप ।
हेरिवे चल अन्दरे दिव्य अर्घ्य मनोहर ॥
देव पूजा करे जगत् करे देव ममार्चना ।
श्रेष्ठत्त्वे किं निदर्शन इत्याधिक मने स्मर ॥
त्रैलोक्य नाहिका श्रेष्ठ बल वीर्ये ममाधिक ।
धनैश्वर्ये तथामत सर्व मान्य सदा स्मर ॥
हित बुद्धि यथा कहि कर कार्य तथामत ।
तुमि स्थित वृथा दुःखे राम नाम मने स्मरि ॥
राम चिन्ता परित्यजि भजहे चपलांगिनी ।
इत्याधिक किंवा गर्व जगते रावण प्रिया ॥

वाल्मीकि वचन

ए वाक्य शुनि जानकी श्रवणे दिल अंगुलि ।
अश्रुजल विनिर्झरे करे सिक्त हृदिस्थल ॥
ए वाक्य शुनि मारुति उठे गर्जि तथास्थले ।
सन्दीप त्वरिते शाखे महावीरे निवारिल ॥

सन्दीप वचन

रह स्थिर महावीर कर कार्य विवेचने ।
शुनिले शौर्य रावणे एतद् सत्य मने स्मर ॥
शुन सर्व अतःपरे रामे वार्ता प्रदानिते ।
रावण कहिवे सर्व गुप्त तप्त यथायथ ॥
दूत कार्य इहा श्रेष्ठ गुप्त वार्ता सुसंग्रह ।
रावण-तथ्य संग्रहे रामचन्द्रे निवेदह ॥

वाल्मीकि वचन

एतद् वाक्य यथा श्रुत युक्ति युक्त विवेचने ।
हनुमान रहे स्थिर सन्दीप प्रिय वाक्यते ॥
रक्षः वाक्ये सुधाकर अप्रसन्न स्वयं मने ।
म्रियमान प्रभा क्षीणे संध्यापाने निरीक्षिल ॥
संकुचित तथा संध्या शुनि वाक्य दशानने ।
दीर्घश्वास त्यजे वायु सीता अश्रु निरीक्षिया ॥

नारिल हेरिते अश्रु पश्चातास्थित मारुति ।
एतद् सर्व उपेक्षिया • कहे पुनः दशानन ॥

रावण वचन

जनकनन्दिनी शुन यदि इच्छा मनोमत ।
हेरिते विश्व सौन्दर्य आरोहि दिव्य वाहने ॥
यद्यपि पुष्पके इच्छा हओ त्वरित सुसज्जिता ।
वेधस यान उत्तम पूर्व दुःख परित्यजि ॥
यदि इच्छा गजश्रेष्ठे दानि आज्ञा सुराधिपे ।
ऐरावत गजारूढ़ भ्रम तुमि शची सम ॥
मयूर वाहने इच्छा कौमारी सम यद्यपि ।
दिव आज्ञा षडानने त्वरित शिखी प्रदानिवे ॥
यदि इच्छा हय श्रेष्ठे जये आज्ञा प्रदानिव ।
उच्चैश्रवा प्रदानिवे मम आज्ञा सुपालने ॥
यद्यपि भ्रमिते इच्छा क्रीडाच्छले महाजले ।
दिव आज्ञा जलेश्वरे दानिवे मकरोत्तम ॥
यदि इच्छा निरीक्षिते किंवा वार्ता भविष्यते ।
भूत गति किंवा तथा वर्त्तमान विनष्टते ॥
कहिव नरकेश्वरे एतद् सर्व प्रदर्शने ।
लभिवे बहुलानन्द नरकालय दर्शने ॥
यद्यपि दर्शने इच्छा वैदेही अमरावती ।
तद्क्षणाते हवे एतद् यथा इच्छा मनोमत ॥

वाल्मीकि वचन

तवुह हेरि नीरव कहे पुनः दशानन ।
चिन्तान्विता मने स्मरि जानकी राघवप्रिये ॥

रावण वचन

करि चिन्ता कर स्थिर यथा कार्य अतःपरे ।
पुनश्च दानि मासेक करि चिन्ता कर स्थिर ॥
इतिमध्ये यवे इच्छा कहिवे त्रिजटाप्रति ।
यथा इच्छा मन स्थिरे मम पार्श्वे निवेदिते ॥
चलि एवे यथा कार्ये हवे साक्षात् अतःपरे ।
नहे बल प्रयोगिव निर्भये रह जानकी ॥
तव इच्छा बिना कभु नहे कार्य कदाचन ।
कहि मात्र सुकोमला कर किञ्चित् प्रसाधन ॥
करह स्थिर सत्य निश्चये रहि मासेक पुनश्च निर्जने ।
कहि मात्र सुकोमलांगिनी कर किञ्चित् अलक प्रसाधन ॥

- इति श्रीमद्देवायण ब्रह्मकल्पे तृतीय खण्डे राम मण्डलान्तर्गतः रामायण वर्गे सुन्दर काण्डे सीता कर्त्तृक प्रत्याख्यान ओ रावण कर्त्तृक धैर्यावलम्बन करण वार्ता नामः अष्टम सर्ग ।

— ✯ —

॥ नवम सर्ग ॥

वाल्मीकि वचन

एरूप कहि रावण उद्यत गमने यवे ।
जानकी स्मरि निर्भय निरखे रावणप्रति ॥

तदास्य अवलोकने रावणे चित्त कम्पित ।
सम्वरि सत्वरे एतद् राजगृहे प्रवेशिल ॥
अशोक कानन त्यजि यद्काले गेल रावण ।
वनच्छाया परित्यजि उठे चन्द्र नभ स्थले ॥
भातित कौमुदी ज्योत्सना लंकाधाम परिप्लुत ।
राम ध्याने समाहित सीतादेवी निरंतर ॥
रावण गत दर्शने आगत त्रिजटा पुनः ।
सीता प्रति निरीक्षिल स्थिर नेत्रे बहुक्षण ॥
केशगुच्छ जटा त्रये नितम्बावधि लम्बित ।
मार्जार सम उज्वल चक्षुद्वये निशाचरी ॥
ओष्ठाधर बृहत् अति बृहद्दंत तथामत ।
हस्ते खड्ग विधारित रहे पार्श्वे निरंतर ॥
रहि स्थिर क्षणान्तरे त्रिजटा तीक्ष्ण वीक्षणे ।
संगीगणे कहे एतद् नहे दुष्टा कदाचन ॥

त्रिजटा वचन

जाह सर्वे अनुष्ठिते पूर्णचन्द्रे महोत्सवे ।
गेल राजा दशानन नाहि कार्य अतःपरे ॥

वाल्मीकि वचन

आज्ञा प्राप्त निशाचरी गेल सर्वे दले दले ।
राका ज्योत्सना निरीक्षणे करे सर्वे महोत्सव ॥
भक्ष्ये सर्वे महामांस सुरापान अतःपरे ।
आकण्ठे करिया पान सर्वे नृत्य परायण ॥
एस्थले त्रिजटा वृद्धा निरखे जानकीप्रति ।
प्लावित कौमुदि ज्योत्सना वैदेही सु-मनोहरा ॥
यत दर्शे निशाचरी तत मुग्ध निजान्तरे ।
जात स्नेह हृदिस्थले कहे स्वयं मने मने ॥
रावणे किं दशा प्राप्त आने एतद् मनोहरा ।
त्रिकालज्ञ यथा वृद्ध लक्ष पुत्र समन्वित ॥
आने एतद् सुकोमला दुग्धपोष्य तथामत ।
हेथा प्रेम निवेदिते दुर्दशा किं दशानने ॥
पौत्री स्नेह समुद्भवे यदास्य सुनिरीक्षणे ।
भोग मत्त निरंतर मरण श्रेय रावणे ॥
अश्रुजल भरे चक्षे एतद् चिन्ता समन्वित ।
त्यजिया दीर्घ निःश्वास चलिल सरमा गृहे ॥
विभीषण यथा पत्नी सरमा करुणामयी ।
त्रिजटा सरमाप्रति कहे एतद् प्रवेदने ॥

त्रिजटा वचन

राज कार्य निरीक्षह सरमा करुणामयी ।
दुग्धपोष्य यथा कन्या समानीत दशानने ॥
जानकी नाम आख्यात शुनिनु राघवप्रिया ।
सर्व तथ्य नहि ज्ञात हरे राजा किं कारणे ॥
करे प्रेम निवेदन राजागमे कच्चित् कच्चित् ।
क्रन्दने रत जानकी गत राजा यवे शुन ॥
वाक्यालाप नहे किञ्चित् राजासह कदाचन ।
नत आस्ये रहे सदा रहे राजा यतक्षण ॥

मास त्रय अतिक्रमे	एतद्रूपे विदूषिणी ।
वाक्ये क्षम नहि स्वयं	करि शान्त किंवा पथे ॥
राजभाषा नहि ज्ञात	कन्या वाक्य तथामत ।
चल स्वयं निरीक्षिवे	कर शान्त मनोहरा ॥

सरमा वचन

चल काल शुभ स्मरि	प्रत्यागत दशानन ।
हेरिव चल जानकी	किं प्रकार सुकोमला ॥

वाल्मीकि वचन

चले उभे त्वरितगति	अशोक काननप्रति ।
ए स्थले हनु सन्दीपे	कहे वाक्य मृदुस्वरे ॥
जानकी दर्शने काल	उपयुक्त मने स्मरि ।
किं कह तुमि सन्दीप	कोथा सर्व निशाचरी ॥

सन्दीप वचन

एक्षणि आसिवे जटा	नहे एतद् शुभक्षण ।
आरो किञ्चित् रह स्थिर	करि काल निरूपण ॥

वाल्मीकि वचन

ए स्थले त्रिजटासह	आगत सरमा तथा ।
जानकीप्रति वीक्षणे	तन्मूर्त्ति रत दर्शने ॥
सरमा रत दर्शने	तद् पुण्य कमलानन ।
राकाज्योत्सना परिप्लुत	देवी मूर्त्ति प्रभातित ॥
कहिल सरमाप्रति	त्रिजटा वृद्ध राक्षसी ।
तुमि सीता निरीक्षह	वाक्यालाप अतःपरे ॥
अद्य रात्रे महोत्सव	करि पान तथास्थले ।
प्रत्यागति हवे त्वरा	पान शेषे क्षणान्तरे ॥
सरमा दानि सम्मति	करे तथा अवस्थिति ।
परिज्ञात क्षणान्तरे	सीता आत्म समाधिते ।
निस्पंद तनु येमति	रहे सीता तथामत ॥
बहुक्षण अवस्थाने	ना हेरि चेतना पुनः ।
प्रत्यागत निजालये	निशागत हवे स्मरि ॥
कल्य पुनः निरीक्षिवे	एतद् चिन्ता मनोदये ।
रहे आत्म समाधिते	प्रहरी किं प्रयोजन ॥
सरमा गेल आलये	त्रिजटा आगतोत्सवे ।
करे बहु सुरापान	निश्चिंते वृद्ध राक्षसी ॥
सुरापाने यथा मत्त	हल क्रमे अचेतन ।
उत्सवे यत राक्षसी	छिल नृत्य परायण ॥
तेमति त्रिजटा वृद्धा	हल क्रमे अचेतन ।
वृक्ष हते निरीक्षिल	सन्दीप दूर दर्शने ॥
त्रिजटा चेतना हारा	पशिल सरमा गृहे ।
जानकी दर्शने जाह	कहे वाक्य हनुप्रति ॥

सन्दीप वचन

जाह त्वरा महावीर	जानकी दर्शने तुमि ।
लोकागम निरीक्षिव	वृक्षशाखे करि स्थिति ॥

संकेत शुनिले मम शाखारूढ़ हवे त्वरा ।
सीता साक्षात् कर त्वरा रक्षी सर्व अचेतन ॥

वाल्मीकि वचन

अवतीर्ण त्वरित हनु वृक्ष त्यजि महीतले ।
स्वल्प ध्वनि करे कण्ठे राम राम जगत्पति ॥
प्रविष्ट श्रवणे ध्वनि सचकिता कलेवरे ।
क्रमे तनु सचेतने दर्शे देवी चतुर्दिके ॥
अदूरे हेरि मर्कट मार्जारसम आकृति ।
रक्षः माया मने स्मरि आत्मगत यवे पुनः ॥
जपे हनु पुनर्वार राम राम जगत्प्रभु ।
राजा दशरथात्मज जानकी प्रिय राघव ॥
जानकी प्रिय राघव एतद् वाक्य यवे श्रुत ।
आनन्दे विह्वला देवी आह्वाने मर्कटे त्वरा ॥
अग्रसरि महावीर पुरोभागे करे नति ।
साष्टांगे नत भूतले कहे वाक्य सगद्गदे ॥

मारुति वचन

जानकी राघवप्रिया तुमि हे जननी मम ।
बहु दुःखे समागत करिते मातृ दर्शन ॥
करि माता नमस्कार पादपद्मे पुनः पुनः ।
आगत शत योजन महासिंधु अतिक्रमि ॥

वाल्मीकि वचन

किञ्चित् पूर्वे यथा श्रुत समुद्र शत योजन ।
रामागमे नहे क्षम महासिंधु अतिक्रमि ॥
निराशे स्थित जानकी रावणकृत भाषणे ।
आशादीप प्रदीपित मर्कट वचने पुनः ॥
आशान्विता यथा सीता अति हर्ष प्रमोदिता ।
कहिला वानरप्रति वीणा ध्वनि विमंद्रणे ॥

सीता वचन

के तुमि वानराकृति हे वत्स मम बांधव ।
प्रणत जननी कहि परिचय किंवा तव ॥

मारुति वचन

श्रीरामे सेवक स्वयं सुग्रीवे चर वर्णित ।
हे माता तव कारणे लंकाधामे समागत ॥
जननी कहि नम्र मस्तके हनु साष्टांगे अदूर भूतले ।
स्वजन स्मरि राघव प्रिया करिलाह्वान कथा निवेदने ॥

- इति श्रीमद्देवायण ब्रह्मकल्पे तृतीय खण्डे राम मण्डलान्तर्गतः रामायण वर्गे सुन्दर काण्डे मारुति कर्त्तृक सीता साक्षात्कार वार्ता नामः नवम सर्ग ।

— ☆ —

॥ दशम सर्ग ॥

वाल्मीकि वचन

शुनि वाक्यान्तरे देवी सीता हर्ष समायुत ।
संयम करि तद् हर्ष रत वाक्ये हनुप्रति ॥

सीता वचन

राघव प्रिय सेवक हवे तुमि सुनिश्चय ।
कहि वत्स इहा तवु रक्षः माया चतुर्दिके ॥
परिचय प्रदानह राम तत्त्वे यथायथ ।
कहि वाक्य मनः स्थिरे तव सह अतःपरे ॥

मारुति वचन

शुन माता यथा कहि परिचय यथा स्मृति ।
जनक नन्दिनी तुमि श्रीराम सहधर्मिणी ॥
पितृ सत्य सुपालने यवे राम वनागत ।
कैकेयी वर दानिते सत्याबद्ध यथा नृप ॥
हे माता राम लक्ष्मण सह त्रये वनागत ।
पंचवटी महारण्ये यथा हर्षे अवस्थित ॥
गत वर्ष त्रयोदशे सूर्प विघ्न उपस्थित ।
दिव्य प्रेम सुख-स्वप्ने सूर्प प्रेम निवेदिल ॥
कुहकी रावण स्वसा रामे प्रेम निवेदिल ।
लक्ष्मण पार्श्वते प्रेरि रामचन्द्र रहे स्थिर ॥
लक्ष्मण हेरिया दुष्ट नासाच्छेद करे तथा ।
नासा छेद्य यथा कृत कर्णद्वय तथामत ॥
सूर्प नासा यथा छेद्य कुपित खर दूषण ।
महायुद्धे अतःपरे लक्ष्मणकृत मर्दित ॥
एतद् दिवा त्रयान्तरे माया-मृग प्रकाशित ।
स्वर्ण वर्ण कलेवर रक्षः माया मनोहर ॥
तन्मयाते विमोहित तुमि माता तथास्थले ।
कहिले धरिते मृग रामचन्द्रे अतःपरे ॥
राघव धरिते मृग चले द्रुत धनुर्धर ।
शुनिले कातरध्वनि रामचन्द्रे यथा स्मर ॥
प्राण गेल महाघोरे रक्ष हे प्रिय लक्ष्मण ।
एतद् ध्वनि यथा श्रुत कातर जननी स्वयं ॥
कहिल वीर लक्ष्मणे वन मध्ये निरीक्षिते ।
कहिल स्थिर निश्चये रामानुज तव प्रति ॥
रामचन्द्रे किंवा भय एकाकी स्थित यद्यपि ।
नाहि केह चराचरे रामचन्द्रे निपीड़िते ॥
ए सर्व कुहक ध्वनि करे सर्व निशाचरे ।
लक्ष्मण वाक्यते माता स्वयं चित्ते नह स्थिर ॥
हेरिया कातरा तोमा लक्ष्मण कुटीर त्यजि ।
सृजिया शर पंजर हल द्रुत बहिर्गत ॥
लक्ष्मणे हेरि निर्गत पुनः माया प्रकाशिल ।
योगीरूपे दशानन नहे बोध्य तवप्रति ॥
यवे भिक्षा प्रदानिले त्यजिया शर पंजर ।
लक्ष्मण वाक्य हेलने यवे माता बहिर्गता ॥

वाल्मीकि वचन

निर्झरे नयने अश्रु पूर्व व्यथा मनोदये ।
पद्मपत्रे यथा नीर मृदुल वायु कम्पने ॥
झरिल अश्रु तेमति पूर्व दुःख यथा भ्रमे ।
हेरिया स्तब्ध मारुति सीतादेवी कहे तथा ॥

सीता वचन

एवे सर्व परिज्ञात नाहि अन्य प्रयोजन ।
राघव प्रिय सेवक मम तरे समागत ॥
कह वत्स अनंतरे सुग्रीवसह मित्रता ।
किं प्रकारे कपीश्वरे राघव सह दर्शने ॥

मारुति वचन

आगत कुटीरे प्रभु ना हेरि मैथिली तथा ।
शोक प्राप्त प्रवेशिल सन्धान करिते वने ॥
वन मध्ये निरीक्षिल जटायुः गरुडात्मजे ।
जटायुःकृत वर्णित यथा युद्ध अनुष्ठित ॥
एतद् युद्धे निपातित पक्षी श्रेष्ठ महाबली ।
राजा दशरथे मित्र तनु त्यजे अतःपरे ॥
तनु त्यागे लभे पक्षी गति श्रेष्ठ परागति ।
दिव्य तनु विधारणे निर्देशे राघवप्रति ॥
जाह ऋष्यमुखे राम पंच कपि निरीक्षिवे ।
उद्धार करिते सीता एतद् कपि समाश्रये ॥
रामचन्द्र अतःपरे ऋष्यमुखे समागत ।
सुग्रीवसह दर्शने तद्काले हल मित्रता ॥
राज्यहारा प्रियाहारा बालीकृत विताड़ित ।
बाली सुग्रीव अग्रज लंकेश्वर जयी बली ॥
एतद् बाली विनाशिते प्रतिज्ञाकृत राघवे ।
प्रतिज्ञाकृत सुग्रीवे उद्धार हेतु जानकी ॥
पंच कपि तथा स्थित सुग्रीव राजनन्दन ।
जाम्बवान् तथा स्वयं नल नील समन्वित ॥
राघवकृत तद् परे बाली वध समापित ।
लभिल राज्य सुग्रीव करिया सैन्य संग्रह ॥
प्रेरित आमि लंकाते संवाद लभिते तव ।
यात्राकाले प्रदानिल रामचन्द्र निरीक्षह ॥

वाल्मीकि वचन

कहि एतद् प्रदानिल मारुति जानकी करे ।
रामचन्द्र कर स्थित अंगुरीय यथोत्तम ॥
जनककृत दानित तद् विवाहे यथांगुरी ।
विजड़ित बहु स्मृति अंगुरी दर्शने स्मित ॥
शोभित कर पंकजे अंगुलि-दल शोभन ।
यद् पुण्य कर राजीवे लब्धा बहु समादर ॥
बहु स्नेह सुख स्पर्श यद् हस्त तनु लेपित ।
यद् स्पर्शे शिहरे सीता रोमांचित कलेवरा ॥
एतद् स्मृति मनोदये झरे अश्रु क्रमागत ।
अविराम झरे अश्रु परिप्लावि पयोधरे ॥

हेरि अश्रु क्रमागत व्यथित चित्त मारुति ।
सीता हर्ष प्रदानिते कहे वाक्य तथास्थले ॥

मारुति वचन

व्यथित सर्व वानर प्रभु दुःख निरीक्षणे ।
आत्मत्यागे समुद्यत सर्व त्यजि समागत ॥
सिंधु तीरे समागमे असंख्य कपिवाहिनी ।
रहे युद्ध अपेक्षाते राम जय निनादिया ॥
संवाद लभिते मात्र अपेक्षा शुन तद् परे ।
पशिवे कपिवाहिनी रक्षःकुल विनाशिते ॥

सीता वचन

कत संख्या अवस्थित तव तुल्य महाबली ।
समुद्र शत योजन शक्य बले अतिक्रमे ॥

मारुति वचन

वीर मध्ये नहे गण्य नगणाहं तथास्थले ।
यारा सर्व महाबली बलीश्रेष्ठ महाबली ॥
पदाघाते करे क्रीडा अति बृहत् महीधर ।
गिरि शिरः करे चूर्ण मुष्टाघाते महाकपि ॥
ए लंका तुलिते क्षम बाहु बले महाकपि ।
तुमि निक्षेपिते शक्य स्वर्णलंका महाजले ॥
कपि सर्व समागमे छिड़ि मुंड निशाचरे ।
यथा ताल तरुच्युत निक्षेपिवे महाजले ॥
एतद्‌रूप महाकपि कोटि कोटि अवस्थित ।
असंख्य मम सन्निभ गणना किं तथास्थले ॥
शुन वानर सैन्य मण्डले स्थित देवी शत लक्ष कोटिते यद् ।
क्षम सिंधुजले विसर्जने तुमि लंका निज वीर्य विक्रमे ॥

- इति श्रीमद्देवायण ब्रह्मकल्पे तृतीय खण्डे राम मण्डलान्तर्गतः रामायण वर्गे सुन्दर काण्डे वैदेही-मारुति संवाद नामः दशम सर्ग ।

— ★ —

॥ एकादश सर्ग ॥

वाल्मीकि वचन

एतद् वाक्य समापने हनु पदे शिरानत ।
शिरे हस्त प्रदानिया देवीकृत शुभाशिषे ॥
कहिल जानकीप्रति सहर्षे वीर मारुति ।
देह किञ्चित् निदर्शन तव चिह्न प्रदर्शने ॥
जाहे प्रभु परिज्ञात तव साक्षात् यथायथ ।
उत्साहित हवे सैन्य महायुद्ध अनुष्ठिते ॥
विवाहे प्राप्त जानकी श्रीरामकृत यौतुके ।
वक्ष मध्ये लुकायित माल्य एक यथा स्थित ॥
सर्व त्यजि हृदिस्थले छिल एतद् लुकायित ।
कृत अद्य बहिर्गत आत्म स्मृति प्रदर्शने ॥

रामांगुरी परिग्रहि मति माल्य प्रदानिल ।
हस्ते माल्य विधारणे सीताप्रति कहे हनु ॥

मारुति वचन

रामचन्द्रे प्रदानिव एतद् माल्य यथात्वरित ।
सप्ताहेके हवे शुन कपि सैन्य समागम ॥
जननी रह निर्भये रक्षःकुल विमर्दिव ।
एवे आज्ञा प्रदानह लंकाधाम परित्यजि ॥

वाल्मीकि वचन

कहि वाक्य पुनर्वार नमस्कार करे पदे ।
करि पुनः शुभाशिष सीतादेवी कहे इहा ॥

सीता वचन

करि वत्स शुभाशिष सर्व कार्ये हवे जयी ।
रक्षःकुल विनाशिया रावणे कर मर्दन ॥
जाह अद्य त्वरित गति प्रभु अग्रे निवेदह ।
अशोक कानने सीता नित्य शोके अवस्थिता ॥
नाहि स्पर्शे कदाचन मम अंग दशानन ।
प्रलुब्ध करिते यत्न करे रक्षः निरंतर ॥
नहे वाक्य अतःपरे जाह लंका परित्यजि ।
हवे रक्षी उपस्थित रक्षः चेड़ी भयंकरी ॥

वाल्मीकि वचन

रक्षीकृत अतःपरे मातृ दुःख मने स्मरि ।
त्वरित स्थान परित्यजि शाखारूढ़ मरुत्सुत ॥
कहिल हनु सन्दीपे मम कार्य समापित ।
कहिव राघवे बंधु रामकार्य यथाकृत ॥
सन्दीप परमाह्लादे प्रशंसि वायुनन्दने ।
राम पदे नमस्कार कह हनु सखा मम ॥
राघव करुणाशिषे हवे सर्व सुमंगल ।
कहिया कानन त्यजि सिंधु तटे चले द्रुत ॥
विदाय करि सन्दीपे चिन्तायुक्त मरुत्सुत ।
सर्वालक्ष्ये समागम गति पुनः अकारणे ॥
चोरतुल्य वृथा भये परः वाक्ये करि स्थिति ।
राम तथ्य किंवा ज्ञात सन्दीप मात्र खेचर ॥
कहे भय प्रदानिते रहे वीर जगत्जयी ।
सिंहिका नाम राक्षसी सर्वजयी कहे सबे ॥
एतद् दुष्ट मने स्मरि राम नाम मने स्मरि ।
लंकाधाम परित्यजि जाव अद्य अकारणे ॥
किञ्चित् कार्य अनुष्ठिव सीता चित्त प्रहर्षिते ।
कपि वीर्य प्रदर्शने जाव किञ्चित् विमर्दिया ॥
एरूप भावनायुक्त धृत बृहत् कलेवर ।
बृहद्देह विधारणे चले हनु उल्लम्फने ॥
रत वृक्ष विमर्दने मड़ मड़ महारवे ।
चड़ चड़ चड़स्वने रत उत्तोलने तरु ॥

भूमितले महाघाते	हस्ते वृक्ष विधारणे ।
एक वृक्ष विघातने	नष्टे बहु महीरुह ॥
यद्रूप कदली वने	मद मत्त करीवर ।
एकाघाते करे नष्ट	वृक्ष शत शताधिक ॥
तद्रूप वीर मारुति	करे नष्ट महावन ।
तद् दृष्ट राक्षसीवृंद	मारुतिप्रति धावित ॥
नाना शस्त्र विधारणे	शत सहस्र राक्षसी ।
आक्रमिल महावीरे	नाना शस्त्र निपातने ॥
केह खड्ग महाक्रोधे	केह भल्ल विचालने ।
केहवा तीक्ष्ण खर्पर	केहवा लौह मुद्गर ॥
निक्षेपित यथा शस्त्र	हनुमान निरीक्षिया ।
आवर्त्तित करे वृक्ष	अति क्रोधे महाबले ॥
द्रुत आवर्त्तने वृक्ष	शस्त्रावली निवारित ।
यवे रम्भ महाशस्त्र	करे ध्वस्त महाबली ॥
करे वृक्षे महाघात	धृत मूर्त्ति भयंकर ।
पड़े बहु निशाचरी	बहु प्राणे विनाशित ॥
पुनश्च आक्रमे सर्वे	एकत्रित महाबले ।
आक्रमिल महावीर	वृक्षाघाते पुनः पुनः ॥
तदाघाते नहे स्थिर	प्राण भये रड़े द्रुत ।
आहत केहवा चेड़ी	केह हत निपातित ॥
वृक्षाघाते सकातर	करे द्रुत पलायन ।
अशोक कानन त्यजि	लंकेश्वरे निवेदिते ॥
त्रिजटा वृद्धा राक्षसी	चेड़ीकुल प्रचालिका ।
ऊर्ध्वश्वासे उपस्थिते	लंकेश्वरे निवेदिल ॥

त्रिजटा वचन

शुन लंका अधीश्वर	मर्कटेक समागत ।
अशोक कानने अद्य	आचम्बिते प्रकाशित ॥
तृतीय प्रहरे यवे	तंद्रायुक्त निशाचरी ।
जाग्रत मात्र केवल	जना कत तथास्थले ॥
शुनिनु सहसा सेथा	भांगे वृक्ष महारवे ।
फल पुष्प करे नष्ट	यथा इच्छा मनोमत ॥
कोथा हते समागत	अज्ञात राक्षसेश्वर ।
किं प्रकारे प्रवेशिल	रात्रि मध्ये अजानित ॥
नष्टे वन महानन्दे	भक्ष्ये इच्छा मनोमत ।
मड़ मड़ महाशब्दे	जाग्रत सर्व राक्षसी ॥
कानन दृश्य दर्शने	क्षुन्नमना जने जने ।
आक्रमिल महाक्रोधे	नाना शस्त्र प्रहरणे ॥
वानरे वधिते यत्न	करे सर्वे जने जने ।
वृक्ष हस्ते विधारित	कपि मूर्त्ति भयंकर ॥
सर्व जने विताड़िल	वृक्षाघाते पुनः पुनः ।
हत बहु महाघाते	आहत बहु से स्थले ॥
करे सर्वे पलायन	अत्रक्षेत्र परित्यजि ।
वन रक्षा महद्दाय	शुन अद्य दशानन ॥
नष्टे वन महानन्दे	के करिवे निवारण ।
सैन्यबल प्रदानह	दुष्ट कपि विनाशिते ॥

वाल्मीकि वचन

तद् वाक्य श्रवणे क्रुद्ध रक्ष:राज दशानन ।
विद्युन्नाद यथा चैत्रे महाशब्द प्रकम्पणे ॥
गर्जमान तथामत प्रहस्त सैन्यनायक ।
रक्षी सैन्यबले पुत्र यद् प्रहस्ताधिनायक ॥
त्रिजटा कृत् यद् निवेदन श्रुत लंकेश्वर रव प्रहस्तये ।
कहि निर्गत घोर गर्जने धुत लंका नभ दीर्ण तद् स्वने ॥

- इति श्रीमद्देवायण ब्रह्मकल्पे तृतीय खण्डे राम मण्डलान्तर्गत: रामायण वर्गे सुन्दर काण्डे अशोक वन नष्ट श्रवणे रावण क्रोध वार्ता कथन नाम: एकादश सर्ग ।

— ☆ —

॥ द्वादश सर्ग ॥

वाल्मीकि वचन

रावणे यद् निनादन प्रहस्त सत्वरागमे ।
पितृ पदे शिरानत कहे गर्जि दशानन ॥

रावण वचन

हे प्रहस्त त्वरित जाह सैन्यगण समावृत ।
के नष्टे हेर कानन कर बंदी त्वरितगति ॥
करी बंदी दुराशये आनो हेथा विचारिव ।
विचारांते दुराचारे यथा शास्ति प्रदानिव ॥

वाल्मीकि वचन

रावणाज्ञा यथा श्रुत प्रहस्त त्वरितोत्थित ।
आह्वानिल महासैन्ये श्रेष्ठ श्रेष्ठ शताधिक ॥
सैन्ये आज्ञा प्रदानिल हेर केवा समागत ।
अशोकारण्य नष्टिछे एतद् कार्य निवारह ॥
दुष्ट-कार्य निवारणे कर बंदी त्वरित गति ।
राजपार्श्वे उपस्थित कर दुष्टे अत:परे ॥
आज्ञा प्राप्त शताधिक चले सैन्य सुसज्जित ।
समस्ते रावणारूढ़ अशोक कानन प्रति ॥
अशोक कानने पशि यथा दृश्य निरीक्षिल ।
नाहि उच्च महीरुह एक मात्र तथास्थले ॥
सर्व वृक्ष निपातित शाखा भंग महीतले ।
हेरि दृश्य सबे क्षुब्ध आक्रमे वायुनन्दने ॥
प्राचीर उपरे स्थित वन भंग समापिया ।
आक्रमिल तथास्थले पृष्ठदेशे निशाचरे ॥
एस्थले वीर मारुति वन भंग समापने ।
प्रसन्न बदनेधीरे रसाल स्वादने रत ॥
रसाल रस भक्षणे यद् काले तुष्ट मारुति ।
शस्त्राघात लभे पृष्ठे वज्राघात यथामत ॥
सहसा लभि आघात दिल हनु उलम्फन ।
करे दीर्घ कलेवर धृत मूर्त्ति भयंकर ॥
हेरि सैन्य समागम अति क्रुद्ध स्वयं मने ।
धृत हस्ते महीरुह यथा स्थित महीतले ॥

हस्ते वृक्ष विधारणे	आरम्भिल महारण ।
आघात करिछे शस्त्र	तीक्ष्ण तीक्ष्ण निशाचरे ॥
वृक्ष हस्ते विघूर्णने	करि शस्त्र निवारण ।
करे वृक्षे महाघात	आहत बहु राक्षस ॥
आहत बहु राक्षस	निहत वा कच्चित् कच्चित् ।
रण त्यजि अति द्रुत	करे सर्वे पलायन ॥
तद् पश्चाते प्रधावित	महाघात करे बली ।
एक द्वय रड़े द्रुत	अन्य सर्व निपातित ॥
रक्षः सैन्य शताधिक	प्रायः सर्व विनाशित ।
जना कत रहे प्राणे	लभे त्राण पलायने ॥
प्रहस्त पार्श्वते कहे	दुष्ट कपि महाबली ।
धृत मूर्त्ति भयंकर	वृक्ष हस्ते करे रण ॥
केह सेथा नहे क्षम	स्वयं आत्म सुरक्षणे ।
भाग्ये त्राण तथा लब्ध	युद्ध कार्य अतःपरे ॥
एतद् वाक्य यथा श्रुत	प्रहस्त अति कुपित ।
प्रहस्ते सैन्य उत्तम	छिल दश सहस्त्रशः ॥
सर्वे आज्ञा प्रदानिल	संग्रामे शस्त्र धारणे ।
रथे अश्वे महागजे	दश शत पदातिके ॥
एक कपि निवारिते	चतुरंग बलान्वित ।
रावणे मुख्य सेनानी	प्रहस्त चलिल त्वरा ॥
दिल आज्ञा रथीकुले	आक्रमिते नभ स्थले ।
उत्तरे गज वाहिनी	दक्षिणे अश्व वाहिनी ॥
पूर्व दिके पदातिक	प्रहस्त पश्चिमे स्वयं ।
चिन्तित जानकी देवी	महाशब्द यथा श्रुत ॥
सह सैन्य बले सगर्जने	पशिलाशोक वने प्रहस्त तद् ।
चतुरंग बलान्विता हवे	शुनि सीता अति भीत अंतरे ॥

- इति श्रीमद्देवायण ब्रह्मकल्पे तृतीय खण्डे राम मण्डलान्तर्गतः रामायण वर्गे सुन्दर काण्डे प्रहस्त सेनानी कर्तृक स-सैन्ये अशोक वने प्रवेश वार्ता कथन नामः द्वादश सर्ग ।

— ☆ —

॥ त्रयोदश सर्ग ॥

वाल्मीकि वचन

शंकिता निज अंतरे	महावीर किना स्थिरे ।
प्रश्न हेतु यथा मनः	दृष्ट सर्वे चले द्रुत ॥
के उत्तर प्रदानिवे	खड्ग हस्त जने जने ।
अत्यंत मन भावने	रहे स्थिर स-शंकिता ॥
रावणे दानि संवाद	आगत त्रिजटा यवे ।
जिज्ञासे त्रिजटाप्रति	महाशब्द किं कारणे ॥
तदुत्तरे कहे जटा	अति क्षिप्त यथा मनः ।
नन्दनतुल्य कानन	कर नष्ट निरीक्षह ॥
कोथा हते नहि ज्ञात	कपि एक समागत ।
रक्षी सर्व निवारिते	यवे तथा उपस्थित ॥
वृक्षाघाते विनाशिल	सर्व रक्षी निशाचरी ।
भक्ष्यिछे मर्दिछे हेर	हर्षयुक्त महावन ॥

बहिरागत जानकी यथा दृश्य निरीक्षिला ।
हर्ष भये चमत्कृता अपलके रहे स्थिर ॥
वृक्षतुल्य कलेवरे वृक्ष हस्ते विधारणे ।
भ्रमे हनु चतुर्दिके मार मार महारवे ॥
प्राणपणे करे युद्ध महासैन्य शताधिक ।
वधिल निमिषे सर्व महावृक्ष विघातने ॥
एक द्वय अत:परे करे द्रुत पलायन ।
हनु वीर्य निरीक्षिया सीता हर्ष प्रमोदिता ॥
स्व-हर्ष करि गोपन कहिल त्रिजटाप्रति ।
कोथा हते समागत आहा वन विनष्टिते ॥
त्रिजटा छिल संक्षुब्धा कहिल अति कोपने ।
सर्व दम्भ विनाशिवे आसिवे श्रेष्ठ वाहिनी ॥
क्षणान्तरे समागत प्रहस्त वाहिनी यवे ।
कहिल त्रिजटा हर्षे देखह जानकी तुमि ॥
प्रहस्त वीर आगत हेर सैन्य समावृत ।
हेरिया जानकी देवी स्वयं मने सशंकिता ॥
मारुति करिते रक्षा देवकुल मने स्मरे ।
एक कपि निवारिते सहस्र सैन्य आगत ॥
सैन्यवृंद नहे मात्र आगत तद् समन्वित ।
प्रहस्त मुख्य सेनानी रण-शास्त्र विशारद ॥
मारुति रक्षिवे केवा क्रुद्ध सर्व निशाचर ।
वधिवे हनु निश्चय सर्व आशा तिरोहित ॥
अकुल सागरे क्षणे ध्रुवतारा समीक्षित ।
मेघच्छाये पुन: लुप्त दिग्‌भ्रष्ट यवे तरी ॥
हनुरूप यथा ध्रुव रक्ष:-मेघे समावृत ।
राघवे कहिवे केवा मम वार्ता अत:परे ॥
एस्थले मारुति प्रति आक्रमिल चतुर्दिके ।
नाना शस्त्र समन्वित प्रहस्ते सैन्य राक्षस ॥
बाजिल राक्षसी वाद्य जगझम्प महारवे ।
नानाविध महाशृंग करताल समन्वित ॥
पदताले महासैन्य टंकारिल धनुर्गुण ।
उत्तोलिल महाखड्ग परशु अति निर्मल ॥
खट्टांग केहवा शूल बृहत् जाठा महागदा ।
केह भल्ल धरे हस्ते वधिते दुष्ट वानरे ॥
शस्त्रवृष्टि करे सर्वे रक्ष:सैन्य हनुप्रति ।
गिरिशृंगे क्रमागत वर्षे यथा बलाहक ॥
शस्त्राघाते महाक्रुद्ध धृत मूर्त्ति भयंकर ।
राम जय निनादिल ताल वृक्ष विधारणे ॥
अत:परे महायुद्ध हनु सह निशाचरे ।
लागिल पड़िते बहु रक्ष: सेना चतुर्दिके ॥
करे बहु निपातित आहत वा रणस्थले ।
ताल वृक्ष करे धृत गर्जे हनु भयंकर ॥
अक्षम तिष्ठिते सैन्य हनु अग्रे रणस्थले ।
दिल भंग रणे रक्ष: अस्त्र शस्त्र निवारिया ॥
राक्षस सैन्य पीड़ने प्रहस्त अति कुपित ।
रथारूढ़ समागत टंकारिया धनुर्गुण ॥

हल युद्ध बहुक्षण प्रहस्तसह मारुति ।
प्रहस्त शस्त्र कौशले तालवृक्ष द्विखंडिल ॥
तोले हनु पुनः वृक्ष एतद् काले त्वरितगति ।
प्रहस्त पाश सन्धाने निपुण शर चालने ॥
हनुमान अकस्माते पाशबद्ध तथास्थले ।
हस्त पद समन्वित आबद्ध दृढ़ बंधने ॥
प्रहस्त युद्ध कौशले महावीर चमत्कृत ।
प्रशंसिल स्वयं मने वीर वटे निशाचर ॥
पाशबद्ध यथा हनु प्रहस्त अति मोदित ।
दिल आज्ञा निशाचरे लह दुष्टे सभातले ॥
एतद् वाक्य यथा श्रुत महावीर स्मरे प्रभु ।
प्राप्त बुद्धि तथा त्वरित राक्षस सैन्य पीड़ने ॥
एलो त्रिंश निशाचर वहिते दुष्ट वानर ।
उत्तोलिया करे स्कंधे त्रिंश रक्षः यथाक्रमे ॥
दश रक्षः पदद्वये दश जना शिरःस्थले ।
धृत मध्यस्थले दशे उत्तोलने महावपु ॥
बहे स्कंधे निशाचरे पिता वायु मने स्मरि ।
वायुबल प्रवेशिल हनु अंगे तदन्तरे ॥
पाशबद्ध महावीर वायुबल प्रचापने ।
दिल अंगे महाभार राक्षसवृंद कातर ॥
कहे सर्वे महाभारे राखो राखो महीतले ।
किञ्चित् ह्रस्वे करे न्युब्ज यवे अंग निशाचरे ॥
वायुबल प्रचापने महावीरे प्रचापित ।
राखिते राखिते देह पिष्ट त्रिंश निशाचर ॥
महाभार मने स्मरि एलो षष्टि निशाचर ।
वायुबल परित्यजि रहे हनु स्वभावत ॥
पुनश्च तुलिल स्कंधे षष्टिजन निशाचरे ।
स्वल्पभारे चले द्रुत रक्षः राज सभातले ॥
उपविष्ट दशानन अद्य राज सभातले ।
स्वल्प मात्र सभासदे निशान्ते कपि शासने ॥
रक्षःकुल चले द्रुत वहिया वायुनन्दने ।
दाने पुनः महावीर वायुवेगे प्रचापन ॥
हल दुष्ट महाभार वहि अंगे कतक्षण ।
राखो राखो महीतले बहु श्रम मने स्मरि ॥
घर्मसिक्त कलेवरे राखे अंग महीतले ।
किञ्चित् ह्रस्वे करे न्युब्ज परिश्रांति निशाचर ॥
वायुबल प्रचापने महावीरे प्रचापित ।
राखिते राखिते देह पिष्ट षष्टि निशाचर ॥
षष्टि प्राण बहिर्गत हनु अंग प्रचापने ।
बहिते पुनरागत रक्षः विंश शताधिक ॥
वायुबल परित्यजि रहे हनु स्वभावत ।
पुनश्च तुलिल स्कंधे चले द्रुत सभातले ॥
राजसभा पुरोभागे यवे सर्वे समागत ॥
दाने हनु पुनर्वार वायुवेग प्रचापन ॥
कहे सर्वे महानादे प्रक्षेपह महीतले ।
यद् रसाल तरुच्युत धीरे किंवा प्रयोजन ॥

राखो दुष्टे बहिर्देशे हवे सेथा विचार यद् ।
एतद् सत्य सभाद्वारे नाहि देह प्रवेशिवे ॥
लंकेश्वर निरीक्षिल बृहत् कपि कलेवरे ।
हनु अंग महीतले निक्षेपिल निशाचरे ॥
दिल आज्ञा दशानन आनो कपि सभातले ।
ना उत्तोलि पुनर्वार आकर्षिल पदे धरि ॥
आकर्षिल महाबले शताधिक निशाचरे ।
हनुमान प्रवेशिल रक्षःराज सभातले ॥
गम्भीरास्य दशस्कंध महावीरे निरीक्षिया ।
अपराध किंवा कह जिज्ञासिल निशाचरे ॥

प्रहस्त वचन

अशोक वन मर्दिल ए दुष्ट मर्कटाकृति ।
दश शत निशाचर करि युद्ध विनाशिल ॥

वाल्मीकि वचन

सारण सचिव श्रेष्ठ महारोषे कहे शुनि ।
प्राणदंड प्रदानह अत्यंत दुष्ट वानर ॥
निद्रित नगरी सर्व आतंकित करे कपि ।
प्राणदंड प्रदानह उपयुक्त मने स्मरि ॥

रावण वचन

वधह दुष्ट वानरे हेथा अन्य विचार किं ।
अपराध यथेष्ट-ए आतंकित करे पुरी ॥
रत रावण रक्षः गर्जने कृत आतंकित सर्व राक्षसे ।
कपि नाशह खड्गघातने शुन हे दंड विधान मर्कटे ॥

- इति श्रीमद्देवायण ब्रह्मकल्पे तृतीय खण्डे राम मण्डलान्तर्गतः रामायण वर्गे सुन्दर काण्डे मारुति अशोक वन भंग करण वार्ता नामः त्रयोदश सर्ग ।

— ✯ —

॥ चतुर्दश सर्ग ॥

वाल्मीकि वचन

दानिल वधिते आज्ञा लंकेश्वर यवे शुन ।
आकर्षण करे अंग उत्तोलिते निशाचरे ॥
शत शत निशाचरे आकर्षिछे महाबले ।
तवुह मारुति स्थिर वायुवेग प्रयोगिया ॥
एतद् दृश्य निरीक्षिया कहे वाक्य विभीषण ।
क्षणकाल रह स्थिर आकर्षणे निशाचर ॥
जिज्ञासिल महावीरे एतद् वाक्य विभीषण ।
परिचित किंवा नामे कोथा हते समागत ॥
मारुति छिल नीरवे रक्षःकार्य निरीक्षणे ।
मौन भंगे कहे वाक्य एतद् विभीषण प्रति ॥

मारुति वचन

एतन्मध्ये विचक्षण तुमि मात्र मने स्मरि ।
जिज्ञासिले ममप्रति किंवा कार्ये समागत ॥
प्राणदंड प्रदानिल निर्विचारे दशानन ।
तव नाम किंवा कह बुद्धिश्रेष्ठ सभातले ॥

विभीषण वचन

मम नाम विभीषण राजानुज यथा स्वयं ।
परिचय प्रदानह कोन क्षेत्र समागत ॥

मारुति वचन

तुमि राज सहोदर धर्मप्राण विभीषण ।
लह मम नमस्कार कहि वाक्य यथा शुन ॥
अयोध्या नगरीवासी रामचन्द्र महाबली ।
पंचवटी वनागत पत्नी भ्राता समन्वित ॥
श्रीरामे जानकीप्रिया रक्षःराज हरे शुन ।
रामचन्द्र यथाकाले कुटीरे अनुपस्थित ॥
एकाकिनी यथा सीता हरे बले दशानन ।
रामचन्द्र यथाकाले कुटीरे पुनरागत ॥
सीता शून्य निरीक्षिया अति शोक परायण ।
पितृ सत्य सुपालने वने राम समागत ॥
वने स्थित महादुःखे राज्य धन परित्यजि ।
विमातृ वर कांक्षित पितृ सत्य सुरक्षणे ॥
आत्मत्यागी निरंतर धर्म कार्ये प्रतिष्ठित ।
ए-हेन राघवप्रिया अपहरे दशानन ॥

वाल्मीकि वचन

श्रवणे अति कुपित लंकेश्वर दशानन ।
पुनश्च कोप सम्वरि कहिल मारुतिप्रति ॥

रावण वचन

परिचय प्रदानह अन्ये किंवा प्रयोजन ।
जिज्ञासित यथा कपि उत्तरह तथामत ॥

मारुति वचन

सर्वत्र तुमि चंचल रह स्थिर दशानन ।
प्राणदंड प्रदानिले विचार किं इथे कह ॥
तद् कार्ये सुसंलग्न परिचय यथा मम ।
कहि वाक्य अतःपरे शुन सर्व मन स्थिरे ॥

रावण वचन

भूमिका उपमासह अलंकार तथामत ।
आवर्जना परित्यजि परिचय प्रदानह ॥

मारुति वचन

कह यदि पुनः पुनः वाक्य वृद्धि क्रमे क्रमे ।
तव वाक्ये घटे विघ्न परिचय किंवा कहि ॥

विभीषण वचन

शुन राज पुरोभागे धृष्टता अन्य भाषण ।
सम्राट वाक्य नीरवे कर बंदी सुपालन ॥

वाल्मीकि वचन

तदिंगित परिज्ञात अन्य वाक्य परित्यजि ।
आरम्भिल अत:परे यथा स्मृति क्रमे क्रमे ॥

मारुति वचन

सीता हारा तथा रामे भ्रमे दु:खे वने वने ।
राज्यहारा प्रियाहारा सत्य धर्मे करे स्थिति ॥
सन्धानिया वने वने जिज्ञासिया जने जने ।
भ्रमे राम निराश्रय असहाय यथामत ॥
पशु पक्षी यथा दृष्टे तरुलता तथामत ।
जिज्ञासे राम लक्ष्मण सीताहारा महादु:खे ॥
रामसह भुये पक्षी राघव समवेदने ।
जटायु: गरुडात्मज दिल वार्ता अत:परे ॥
जटायु: सह संग्राम रावणसह भीषण ।
पर:हिते दिल प्राण धर्मशील विहंगम ॥
पर:दारे महामूढ़ अपिच तव अग्रज ।
एतद् पक्षी विनाशिया आने सीता गृहे स्वयं ॥

रावण वचन

रे मर्कट रह स्तब्ध अलंकार प्रदानिते ।
परिचय प्रदानह यथा सत्ये अत:परे ॥

वाल्मीकि वचन

वानर जाति चंचल कहे मात्र विभीषण ।
तदिंगिते परिज्ञात आरम्भिल अत:परे ॥
राघवे सेवक स्वयं सुग्रीव-चर वर्णित ।
लंकाधामे समागत सीता वार्ता प्रयोजने ॥
अशोक वन सुन्दर स्वयं चक्षे निरीक्षिते ।
समृद्धि रावणे मम असह्य हल अंतरे ॥

विभीषण वचन

दूत रूपे समागत जानकी स्थिति निश्चये ।
किंवा नाम इहा कह सुग्रीव-चर यद्यपि ॥

मारुति वचन

पवन प्रिय नन्दन अंजना गर्भ सम्भव ।
हनुमान समाख्यात शुन स्वयं विभीषण ॥

विभीषण वचन

मरुत्बल समुद्भुत मारुति तुमि मर्कट ।
राघव प्रिय सेवक सुग्रीव-चर आगत ॥
शुन वाक्य दशानन दूत वध्य नहे कभु ।
दूत बंदी नहे कभु कर मुक्त त्वरित गति ॥

बंधने अथवा वधे　　यदि दूत कदाचन ।
एरूप अयशस्कर　　नाहि कार्य महीतले ॥
सर्व घृण्य इहा शुन　　बंधन वध वा यदि ।
राजनीति कहे सदा　　अवध्य दूत सर्वदा ॥
निज राज्ये यथा वार्ता　　अन्य राज्ये प्रदानिते ।
केवल दूत वाहित　　कूट-तथ्य शुभाशुभ ॥
किंवा वार्ता समानीत　　जिज्ञासह यथायथ ।
कर मुक्त त्वरित दूते　　हवे कार्य अतःपरे ॥

रावण वचन

यथा इच्छा विभीषणे　　कर कार्य तथामत ।
कर मुक्त त्वरित दूते　　हवे कार्य अतःपरे ॥

वाल्मीकि वचन

एतद् वाक्य यथा श्रुत　　प्रहस्त वीर सत्वरे ।
पाशबद्ध यथा दूते　　विमुक्त कृत सत्वरे ॥
प्रमुक्त हनु येक्षणे　　रक्षीगणे समावृत ।
कहे वाक्य दशानन　　मारुतिप्रति तद् परे ॥

रावण वचन

किंवा वार्ता समानीत　　कह हे वायुनन्दन ।
किं कहे राम लक्ष्मण　　सुग्रीव वा किंवा कहे ॥

मारुति वचन

एतक्षणे शुभ प्रश्न　　हेरि तव मनोदित ।
कहि वार्ता क्रमे क्रमे　　शुन सर्व मन स्थिरे ॥
लंकाधामे समागमे　　कहिल राम लक्ष्मण ।
जाह हनु दशानने　　एतद् वाक्य कह त्वरा ॥
यद्यपि जीवने इच्छा　　रामे सीता प्रदानह ।
करि स्वयं रथारूढ़　　कर अग्रे उपस्थित ॥
अपराध यथा कृत　　क्षमः स्वयं जगत्प्रभु ।
कहि अग्रे शिरानते　　नासा घर्षे यदि क्षमि ॥
नाहि युद्धे प्रयोजन　　सवंशे रहिवे सुखे ।
प्रस्तुत नतुवा रह　　तव प्राण सुरक्षिते ॥
कहे वाक्य कपीश्वर　　लंकाते जाह मारुति ।
कहिवे दृढ़ रावणे　　रामे सीता प्रदानह ॥
नतुवा सर्व नाशिव　　वंशसह दशानने ।
लंकासह निमज्जिव　　सिंधुजले अतःपरे ॥
एतद् वार्ता समानीत　　उत्तरे कह मंगल ।
नहे सर्व हवे नष्ट　　कहि शुभ दशानन ॥
राघवे दानि जानकी　　क्षमा चाह शिरानते ।
क्षमिवे शुन राघव　　कृपामय जगत्प्रभु ॥
मनुष्यते नहे राम　　हेरि मात्र नराकृति ।
अवतीर्ण स्वयं प्रभु　　राम रूपे महीतले ॥
सीता लक्ष्मी स्वरूपिणी　　तव कृत अमानिता ।
रह अद्य महापापे　　शुन तथ्य दशानन ॥

वीरश्रेष्ठ जगत् जयी शुन बाली कपीश्वर ।
लांगुलकृत लांछित यद् पार्श्वते दशानन ॥
एकाघाते विनाशिल नहे शर द्वितीयतः ।
दानिल राज्य सुग्रीवे वधि बाली कपीश्वरे ॥

वाल्मीकि वचन

एतद् वाक्य यथा श्रुत क्रोधयुक्त दशानन ।
क्षमि तोरे चर ज्ञाने शुनरे मर्कटाधम ॥
लभिलि अद्य निष्कृति दूत रूपे यथा स्मृति ।
नहे अद्य शिरच्छेदि हत शिक्षा प्रदानित ॥

मारुति वचन

कहि वाक्य दशानन तव शुभ महत हिते ।
दानह जानकी रामे वृथा द्वंद्व किं कारणे ॥
पर:दारे सदा मुग्ध चौर्य वृत्ति परित्यजि ।
शुभ वाक्य यथा कहि कर कार्य तथामत ॥

वाल्मीकि वचन

एतद् वाक्य यथा श्रुत गर्जे पुनः दशानन ।
दूत बलि बहुक्षण सहि रे मर्कटाधम ॥
अबध्य दूत ए हेतु शिरच्छेद नहे कभु ।
वानरकुल निन्दिते करहे दग्ध लांगुल ॥
एतद् शास्ति प्रदानिया कर दुष्टे विदूरित ।
कह रे मर्कटेश्वरे रामचन्द्रे तथामत ॥
यदि शक्ति भुजे तव वीरत्त्वे लह जानकी ।
शस्त्र बले पराजित कर तुमि दशानने ॥
लांगुल दग्ध वाक्यते हनुमान स्मिताधर ।
राजसभा परित्यजि करे सर्वे बहिर्गत ॥
शुन मर्कट दुष्ट वाक्यते अपराधी तुमि राज सम्मुखे ।
स्मरि दूत अबध्य कारणे कर हे लांगुल दग्ध वानरे ॥

- इति श्रीमद्देवायण ब्रह्मकल्पे तृतीय खण्डे राम मण्डलान्तर्गतः रामायण वर्गे सुन्दर काण्डे रावण कर्तृक मारुति शास्ति विधान वार्ता कथन नामः चतुर्दश सर्ग ।

— ✯ —

॥ पंचदश सर्ग ॥

वाल्मीकि वचन

हल कार्य मनोमत यथा आज्ञा दशानने ।
तद् कृत दीर्घ लांगुल योजनेक महीरुह ॥
तैल सिक्त यथा वस्त्र राशि राशि परिग्रहि ।
लांगुल बंधने रक्षः बहु यत्न परायण ॥
धूप मोम प्रदानिया गर्जने जतु संहति ।
ताहे अग्नि प्रदानिते यवे कार्य समुद्यम ॥
क्षुद्र पुच्छ करे त्वरा विमुक्त सर्व बंधने ।
करि पुच्छ बहिर्गत हनु हर्ष समायुत ॥

कुपित सर्व राक्षस करे यत्न पुनः पुनः ।
महावीर सकौतुके मुक्त करे पुनः पुनः ॥
अति क्रोधे निशाचर धृत पुच्छ अतःपरे ।
करि दृढ़ सुबन्धन ताहे अग्नि प्रदानिल ॥
पुच्छ दग्ध हवे दुष्ट एतद् हर्षे निशाचर ।
निरीक्षिछे चतुर्दिके उल्लासित यथा मनः ॥
हनुमान रहे स्थिर भीरुसम ततक्षण ।
उद्दीपित नहे अग्नि घोररूपे यतक्षण ॥
ज्वले अग्नि तदन्तरे हर्षयुक्त निशाचर ।
स्मरिल वायु देवता हनुमान तथास्थले ॥
तदग्रे शुन ए स्थले महावीर यवे धृत ।
हनु शास्ति निरीक्षिते सीतारक्षी तथागत ॥
बंदी-रूपे समानीत राजसभा यथास्थले ।
त्रिजटा छिल कुपित अशोक वन नष्टते ॥
ज्ञानहारा महाक्रोधे चले द्रुत सभातले ।
एकाकिनी रहे सीता नाहि दृष्टि तथास्थले ॥
यवे आज्ञा प्रदानिल अति क्रोधे दशानन ।
अशोक वन मर्दने दुष्टे प्राण विनाशह ॥
परितृप्त चले द्रुत सीतापार्श्वे निवेदिते ।
चिन्तित छिल जानकी किंवा भाग्य अतःपरे ॥
बहु सैन्य समावृत किं रक्षा मारुति प्रति ।
एतद् चिन्ता समन्विता यद्काले शुन जानकी ॥
प्रवेशिल तथास्थले त्रिजटा अति गर्विता ।
हनुमान यथा बंदी कहे वाक्य क्रमे क्रमे ॥
प्रहस्त मुख्य सेनानी पाशाबद्ध करे हनु ।
परिग्रहे सभातले यद् दुष्ट मर्कटाधमे ॥
दुष्ट कार्य अनुष्ठिल अशोकारण्य मर्दने ।
एतद् वाक्य यथा श्रुत रक्षःराज दशानन ॥
वन नष्ट यथा श्रुत कुपित राक्षसेश्वर ।
प्राणदंड प्रदानिल दुर्गति मर्कटाधमे ॥
प्राणदंड प्रदानिते लंकेश्वर दशानन ।
धरि सर्व निशाचरे कपि प्राण विनाशिल ॥
तद् वाक्य त्रिजटे श्रुत कातरातीव जानकी ।
सर्व आशा विलोपित कपि वधे अतःपरे ॥
के संवाद प्रदानिवे मम वार्ता अनंतरे ।
हा विधातः किंवा भाग्य सीताप्रति निरंतर ॥
परिदृष्ट यथा दीप निर्वापित क्षणान्तरे ।
मम वार्ता प्रदानिवे के राघव पदे पुनः ॥
सीता रक्षा तरे पक्षी जटायुः निहताहवे ।
राम कार्य अनुष्ठिते कपि प्राणे विनाशित ॥
पशु पक्षी यथा दुःखी दाने प्राण क्षणे क्षणे ।
उद्बुद्ध के करे नित्य मत हेतु पशु खेचर ॥
हे विधातः किं अद्भुत मम भाग्य विपर्यये ।
सिंधुपारे महासैन्ये अपेक्षित स्वयं प्रभु ॥
सुग्रीवे दूत विश्वासी राघव प्रिय सेवक ।
हा विधातः किंवा भाग्य रक्षः हस्ते विनाशित ॥

एतद्रूपे करे शोक आशाते क्रमागत ।
नीरवे निर्झरे अश्रु तिति गंड हृदिस्थल ॥
सहसा त्रिजटा रक्षी आर्तनाद परायणा ।
करे द्रुत पलायन अत्र वन परित्यजि ॥
पुनश्च जानकी एका चिन्तायुक्त अत:परे ।
पुनराय किंवा भय लंकाधामे उपस्थित ॥
त्रिजटा द्रुत भीत अंतरे त्यजिलाशोक पुनश्च जानकी ।
अति चिन्तित चित्त निर्जने हनुमाने स्मरि अश्रु निर्झरे ॥

- इति श्रीमद्देवायण ब्रह्मकल्पे तृतीय खण्डे राम मण्डलान्तर्गत: रामायण वर्गे सुन्दर काण्डे हनु बंधन वार्ता कथन नाम: पंचदश सर्ग ।

— ★ —

॥ षोडश सर्ग ॥

वाल्मीकि वचन

मात्रेक भीति उद्भवे महावीर उपस्थिते ।
प्राणदंडे विनाशित किंवा भय अत:परे ॥
उल्लास स्मरिते मने कार्ये एतद् असम्भव ।
वध्य काले महावीर यदि मुक्त सुकौशले ॥
कहिल त्रिजटा रक्षी हेरिल वध सम्मुखे ।
धरि खड्ग महाबले विद्युतजिह्वा विनाशिल ॥
किंवा चिन्ता अनन्तरे वध कार्य समापित ।
शिहरिया कहे रक्षी दुष्ट रक्ते परिप्लुत ॥
करे पृथिवी परिप्लुत रक्तधारा प्रवाहिया ।
छिन्न मुंड पड़े दूरे स्वयं चक्षे निरीक्षिल ॥
हा हनु हा महावीर मम तरे समागत ।
गेल प्राण निराश्रये बहु वीर्य प्रकाशिले ॥
माता बलि यथा वत्स आह्वानिले मधुस्वरे ।
हा हनु हा महावीर गेल प्राण निराश्रये ॥
ए स्थले हनु लांगुले प्रज्वलिताग्नि भीषण ।
करतालि प्रदानिल रक्ष:वृंद चतुर्दिके ॥
स्मरे वायु मने मने वायुवेग प्रवर्धित ।
छिल रक्षी निशाचर मारुति परिवेष्टित ॥
आवर्त्तन करे पुच्छ अति हर्षे तथास्थले ।
पुच्छ आवर्त्तने अग्नि आवर्त्तित चतुर्दिके ॥
आवर्ते हनु लांगुल बहु दग्ध निशाचर ।
केह दग्ध मुखे वक्षे केह पृष्ठे पदद्वये ॥
दह्यमान यथा रक्ष: आर्तनाद परायण ।
कातर स्वन निस्वने करे द्रुत पलायन ॥
पुच्छ धृत स्वयं अग्रे पश्चात प्रति धावित ।
बहु रक्ष: विनाशिल अग्नि दग्धे तथा हनु ॥
एवे सर्व महाभीत करे द्रुत पलायन ।
द्वाराबद्ध करे त्वरा गृह मध्ये प्रवेशिया ॥
गृह मध्ये प्रवेशिल हनुमान निरीक्षिया ।
दाने अग्नि गृहे गृहे ज्वले गृह क्रमे क्रमे ॥
प्रज्वलित यथा गृह व्याप्त अग्नि भयंकर ।
नारिल रहिते गृहे रक्ष:वृंद अनन्तरे ॥

प्रज्वलित यथा गृह तथा रक्षः बहिर्गत ।
यथा रक्षः बहिर्गत तथा हनु प्रधावित ॥
भीत रक्षः बहिर्गत गृहे अग्नि निरीक्षिया ।
बाहिरे मण्डलीकृत तथा हनु प्रधावित ॥
सहसा मण्डली मध्ये आघात कृत लांगुले ।
बहु रक्षः विनाशिल करे दग्ध तथामत ॥
दानि अग्नि गृहे गृहे करि रक्षेः विताड़ना ।
आतंकग्रस्त यद् कृत आर्तनादे रड़े द्रुत ॥
केह वा अति कुपित धरे खड्ग तथास्थले ।
हनु प्राण विनाशिते धाय बहु महाबले ॥
तथा हनु महाकोपे आवर्ते द्रुत लांगुल ।
घूर्णमान यथा पुच्छ दग्ध बहु निशाचर ॥
केह दग्ध शिरे वक्षे केह केह सहोदरे ।
केहवा दग्ध पार्श्वते केह केह भुजद्वये ॥
रक्षःकुल महाभये यवे दग्ध रड़े द्रुत ।
पश्चाते अग्नि संयोगे प्रज्वलित परिच्छदे ॥
स-भीत द्रुत धावने अग्नि दग्ध पड़े तथा ।
दाह्यमान कलेवर भूम्तिले विलुंठित ॥
भूमितले निपातित महावीर निरीक्षिया ।
पद-पिष्ट करे तथा रक्षःकुल दले दले ॥
दाह्यमान यथा रक्षः अग्नि तापे विदाहित ।
पद-पिष्ट तथास्थले चर्म हते बहिर्गत ॥
एतद्रूपे भ्रमे हनु दानि अग्नि चतुर्दिके ।
लंकाव्यापी ज्वले अग्नि गर्जमान भयंकर ॥
एतद् दृश्य निरीक्षिया रावण अति कुपित ।
वानरे वधिते आज्ञा दाने त्वरा दशानन ॥
एवे श्रेष्ठ महारथी बहु जन बहिर्गत ।
मेघनाद रथारूढ़ अत्रस्थले उपस्थित ॥
मेघनादे रथारूढ़ महावीर निरीक्षिया ।
संकोचे करिया पुच्छ अग्नि मुक्त यथात्वरित ॥
ज्वले अग्नि भयंकर लंकाव्यापी चतुर्दिके ।
ताहे वायु प्रवाहित झंझावेगे क्रमागत ॥
गृह हते गृहान्तरे चले अग्नि त्वरितगति ।
दाह्यमान केह सुतिष्ठिते पुरी मध्ये अतःपरे ।
रक्षः सर्व चले द्रुत येथा बृहत् जलाशय ॥
त्यजिया लांगुले अग्नि महावीर त्वरितगति ।
धावमान निशाचरे आक्रमिल महाबले ॥
मुष्टाघाते तथास्थले बहु जने निपातिल ।
दंत भग्न तथा केह शिरः चूर्ण तथा क्रमे ॥
मेघनाद अकुस्थले यवे क्रोधे प्रवेशिल ।
हनुमान तथा त्यजि राजपथे बहिर्गत ॥
भ्रमणे हनुमान सर्वतः द्रुत लंका परशे गृहे गृहे ।
ज्वलमान यथाग्नि लांगुले दहिते राक्षसवृंद धावने ॥

– इति श्रीमद्देवायण ब्रह्मकल्पे तृतीय खण्डे राम मण्डलान्तर्गतः रामायण वर्गे सुन्दर काण्डे हनुमान कर्तृक लंका दाहन वार्ता कथन नामः षोडश सर्ग ।

— ☆ —

॥ सप्तदश सर्ग ॥

वाल्मीकि वचन

दाह्यमान यथा गृह मेघनाद निरीक्षिया ।
नियुक्त शस्त्र वर्षणे जलधारा सुवर्षणे ॥
निर्वापित करे अग्नि शस्त्र विद्या सुकौशले ।
चले हनु ततक्षणे राजपथे बहिर्गमे ॥
हनुमाने तथा हेरि भये सर्व निशाचर ।
गृह दग्धा समागत कहि आर्त रड़े द्रुत ॥
गृह दग्धा गृह दग्धा उठे रव चतुर्दिके ।
शुनि रव भये द्रुत करे सर्व पलायन ॥
एतद्‌रूपे भये द्रुत रव श्रुत चले यवे ।
दिक्‌भ्रष्ट चतुर्दिके हनु अग्रे उपस्थित ॥
मारुति लांगुलाघाते मुष्टाघाते तथामत ।
वधे बहु तथास्थले हेरि भीत निशाचरे ॥
गृह दग्धा यथा रव अशोके त्रिजटा श्रुत ।
गृह दग्धा भयंकर अशोके स्मरि आगत ॥
सगर्वे जानकी सह वार्ता रत यवे शुन ।
गृह दग्धा यथा श्रुत करे द्रुत पलायन ॥
चिन्तायुक्त तथा सीता हनु शोके सकातरा ।
हा हनु हा महावीर गेल प्राण निराश्रये ॥
वृक्ष शाखे उपस्थित यथा सीता अवस्थिता ।
हा हनु हा महावीर सीता कण्ठे यवे श्रुत ॥
त्वरित वेगे तथास्थले महावीर प्रवेशिल ।
हेरि हनु पुरोभागे सीतादेवी चमत्कृता ॥
सर्व शोक विदूरित चाहे सीता सविस्मये ।
कहे वाक्य महावीर सीताप्रति निवेदने ॥

मारुति वचन

कह माता किं कारणे अद्य शोक परायणा ।
विनष्ट करि कानन वधि बहु निशाचर ॥
प्रहस्तसह संग्रामे पाशबद्ध अत:परे ।
बंदीरूपे प्रवेशिनु रक्ष:राज सभातले ॥
रावण अति कुपित प्राणदंड प्रदानिल ।
अबध्य दूत निश्चये कहे सेथा विभीषण ॥
एतद्‌रूपे तथास्थले प्राणदंड निवारित ।
करे मुक्त अत:परे दूत ज्ञाने दशानन ॥
दूतरूपे कथा वार्ता वितंडा बहु सेस्थले ।
बहु निन्दि कहि स्वयं दुराचार दशानने ॥
इथे क्रुद्ध ममप्रति शास्ति आज्ञा प्रदानिल ।
पुच्छ दग्ध कर त्वरा कपिकुल विनिन्दिते ॥
एतद् आज्ञा यथा प्राप्त एलो सर्व निशाचर ।
पुच्छे वस्त्र सुबंधने दिल अग्नि अत:परे ॥
आमिह पवने स्मरि दानि अग्नि गृहे गृहे ।
करि दग्ध निशाचर भीत रव चतुर्दिके ॥
गृह-दग्धा महारव शुन माता क्रमागत ।
मेघनाद समागमे करि त्याग अकुस्थल ॥

कर माता शुभाशिष चलि त्वरा निवेदिते ।
कपीश्वर महासैन्ये मम तरे अपेक्षित ॥

सीता वचन

बहु वीर्य प्रकाशिले हनुमान महाबली ।
सुग्रीव सैन्य मण्डले साधारण कह स्वयं ॥
तवाधिक महाकपि कोटि कोटि अवस्थित ।
सुग्रीवे जय निश्चय संदेह किं इथे कह ॥
जाह पुत्र त्वरितगति रामचन्द्रे निवेदह ।
करि तोमा शुभाशिष निर्विघ्ने जाह सत्वरे ॥

वाल्मीकि वचन

विस्मये पुलके सीता अपूर्व रूप धारणे ।
हनु शिर करे स्पर्श करे पुण्य शुभाशिष ॥
तन्मूर्त्ति दर्शने हनु भावोद्गत यथा मनः ।
करि पदे नमस्कार राम जय निनादिल ॥
जय राम निनादिया वर्धे तनु महाबली ।
शिरः ऊर्ध्वे नभ स्पर्शे दीर्घ पुच्छ तथामत ॥
पद चापे प्रकम्पित करिं लंका महाबली ।
करि त्रस्त निशाचरे उठे पुनः नभ स्थले ॥
ज्वलिछे विषमे लंका हेरि चित्त प्रमोदित ।
गर्जिल जय राघव महाव्योम विमंद्रणे ॥
वायुवेगे चले द्रुत गिरितुल्य महावपु ।
सीता हर्ष समायुत अशोक कानने रहि ॥
एतद् गति निरीक्षिया लंकाते भीत रावण ।
अन्य अन्य निशाचर भीत दृश्य निरीक्षणे ॥
रात्रि व्यापी करे कार्य संध्याकाले प्रवेशिया ।
लंकाधाम परित्यजि प्रातःकाले चले द्रुत ॥
वायुसम महावेगे शून्यपथे प्रधावित ।
द्वितीय प्रहरातीते महासिंधु अतिक्रमि ॥
रहि हनु नभ स्थले अन्य तट निरीक्षिल ।
जय राम महानादे करे नभ प्रकम्पित ॥
वानर वाहिनी सर्व सचकित निरीक्षिल ।
राम जय महाध्वनि कपि सर्वे यवे श्रुत ॥
हेरि सर्वे नभ स्थले हनुमाने समागम ।
जय राम प्रतिध्वनि करे सर्वे महीतले ॥
त्वरितगति प्रवेशिल महावीर तथास्थले ।
अवतीर्ण यवे हनु राम नाम करे पुनः ॥
अंगदे करि वंदना अंगदसह मारुति ।
रामपार्श्वे चले त्वरा सर्वाग्रे वायुनन्दन ॥
अदूरे हेरि मारुति राघव अब्जलोचन ।
कार्य सिद्धि मने स्मरि त्वरितगति समुत्थित ॥
मारुति सत्वरागमे नमस्कार करे पदे ।
धृत वक्षे महावीरे रामचन्द्र शुभाशिषे ॥
वक्षस्थले कहे हनु कार्य सिद्ध जगत्प्रभु ।
अशोक कानने सीता हेरि कल्य सकातरा ॥

वक्ष मुक्त अत:परे मति माल्य प्रदानिल ।
सीता-कण्ठे यथा स्थित विवाहे स्वीय योतुके ॥
हेरि माल्य बहे अश्रु स्मरि गत सुखस्मृति ।
सिक्त गंड तथा वक्ष कातर अब्जलोचन ॥
धरि हस्ते तथा माल्य हर्ष शोक समन्वित ।
रामानुजे प्रदानिया कहे वाक्य कपीश्वरे ॥
नमि मारुति माल्य दानिते स्मृति आहा मरि अश्रु निर्भरे ।
टलमान सरोज नि:स्त्रवे रत नीरोद्‌गत चक्षु राघवे ॥

- इति श्रीमद्देवायण ब्रह्मकल्पे तृतीय खण्डे राम मण्डलान्तर्गत: रामायण वर्गे सुन्दर काण्डे लंका त्यजि मारुति कर्तृक श्रीरामाग्रे उपस्थित वार्ता कथन नाम: सप्तदश सर्ग ।

— ✮ —

॥ अष्टादश सर्ग ॥

वाल्मीकि वचन

श्रीराम कहिते रत पूर्व स्मृति मनोद्‌गते ।
हर्ष शोक समायुत एतद् वाक्य कपीश्वरे ॥

श्रीराम वचन

देखह मित्र सुग्रीव एतद् माल्य पुरास्मृति ।
विवाहे मम यौतुके शोभिता नित्य जानकी ॥

सुग्रीव वचन

तवे वार्ता समानीत हनुकृत असंशये ।
कह सर्व महावीर किं प्रकारे निरीक्षिले ॥

लक्ष्मण वचन

देवी आज्ञा किंवा कह किं प्रकारे अवस्थिता ।
रावणसह तद् क्षेत्र व्यवहार किंवा कह ॥

श्रीराम वचन

कह सर्व महावीर किं प्रकारे प्रवेशिले ।
किं प्रकारे परिज्ञात सीता पूर्वे अदर्शित ॥

अंगद वचन

रावण वा किंवा कहे प्राप्त साक्षात् दशानने ।
किं कहिल तथास्थले धर्मशील विभीषण ॥

वाल्मीकि वचन

एतद्‌रूपे जने जने करे प्रश्न हनुप्रति ।
आरम्भिल महावीर प्रणमि अब्जलोचने ॥

मारुति वचन

सर्व शक्ति यथायथ रामचन्द्र जगत्प्रभु ।
तव नाम जपि प्रभु समुत्थित नभ स्थले ॥

शत गुण बलान्वित पूर्व हते चलि द्रुत ।
चल्लिश योजन त्यजि यवे चलि नभ पथे ॥
आगत सिंहिका तथा विस्तृत वदने प्रभु ।
हेरिया राक्षसी मूर्त्ति वर्धि मम कलेवर ॥
यत वृद्धि कलेवर वर्धे मुख निशाचरी ।
सहसा करिया क्षीण मम देह जगत्पति ॥
मार्जारतुल्य आकारे प्रवेशिनु महोदरे ।
वर्धित करि तद् क्षेत्रे स्वयं बले कलेवर ॥
तव नाम मने स्मरि तेज वीर्य प्रवर्धित ।
वर्धमान कलेवरे रक्षोदर विदारित ॥
विदारित महोदरे गतासु सिंहिका तथा ।
चलि पुनः नभ पथे पूर्वतुल्य गति द्रुत ॥
किञ्चित् पथ अतिक्रमि आह्वाने हिमनन्दन ।
सिंहिका समरे हनु परिश्रांत मने स्मरि ॥
विश्राम करि एस्थले जाह कार्य अनुष्ठिते ।
अति तुष्ट तवप्रति देवराज शतक्रतु ॥
कहिनु आमि मैनाके क्षमह हिमनन्दन ।
नहे कार्य समापित परिश्रम किंवा स्मरि ॥
वरि तव निमंत्रण करि पदे शिरानति ।
प्रत्यागत यथाकाले तव गृहे प्रवेशिव ॥
त्यजिया देव मैनाके चलि द्रुत अतःपरे ।
लंकाधाम क्षणान्तरे मम अग्रे प्रकाशित ॥
एतद् काले महापक्षी एलो वक्त्र विथारिया ।
जटायुः पुत्र सन्दीप लंकातीरे करे स्थिति ॥
रक्षः मित्र स्वरूपित अत्रक्षेत्रे करे स्थिति ।
आक्रमिल तथा मोरे लंकाद्वेषी मने स्मरि ॥
जटायुः मित्रता तथा कहि सर्व यथायथ ।
रावण शस्त्र घातने प्राणत्यक्त पिता यथा ॥
तद् श्रवणे करे मैत्री रक्षः शत्रु मने स्मरि ।
पशिनु सह सन्दीप अशोक कानने त्वरा ॥
संध्या घोर समागमे पशिनु कानने यवे ।
हेरि दशाननागम गंध माल्ये विभूषित ॥
शुभक्षणे प्रवेशिनु सन्दीपसह कौशले ।
सर्व ज्ञात विहंगम लंकाधामे यथा गति ॥
जानकीसह राघवे व्यवहार किंवा तथा ।
एतद् सर्व निरीक्षिते उपयुक्त स्मरि क्षण ॥
शाखा रूढ़ करि स्थिति सन्दीपसह नीरवे ।
अशोक कानने पशे लंकेश्वर दशानन ॥
नानाविध कहे वाक्य स्वीय प्रेम निवेदने ।
प्रलुब्ध करिते सीता रक्षः राजे सुकौशल ॥
त्रैलोक्येश्वर रावण विपुल धन वैभवे ।
सर्व देव जयी रक्षः सीताप्रति कहे क्रमे ॥
नित्य प्राते प्रदानित देव अर्घ्य सुराधिपे ।
एतद् अर्घ्य हवे तव हे मैथिली भज स्वयं ॥
नाहि स्पर्शे कदाचन कहे वाक्य मनोहर ।
जननी नत मस्तके रहे स्थिर अमानिता ॥

रावण भाषणे तृस नहे माता कदाचन ।
निरुपाय यथा देवी अश्रुजले विनिर्झरे ॥
मासावधि विचारिते कहिया मैथिलीप्रति ।
स्वीय गृहे प्रवेशिल रक्ष:राज दशानन ॥
पूर्ण ज्योत्सना विभासित छिल कल्य जगत्प्रभु ।
रक्षी सर्व सुरापाने यवे मत्त महोत्सवे ॥
करि नृत्य सुरापाने मत्त सर्व निशाचरी ।
सुरा घोरे अचेतन सन्दीप सेस्थले कहे ॥
जाह हे मातृ दर्शने हेर एवे शुभक्षण ।
अवतीर्ण त्वरित स्वयं राम राम कहि क्रमे ॥
राम नाम यथा श्रुता आह्वान कृत इंगिते ।
करि पदे नमस्कार अंगुरीय प्रदानिनु ॥
प्रत्यय कारणे सर्व कहि वार्ता क्रमे क्रमे ।
सुग्रीव सह मित्रता जटायु: सह दर्शन ॥
बाली वध तदन्तरे कपि सैन्य सुसज्जित ।
लभिते तव संवाद स्मरि युद्ध भविष्यते ॥
शुनि सर्व क्षण स्थिरे सुखे दु:खे विनिर्झरि ।
एतद् माल्य प्रदानिल मम हस्ते तदन्तरे ॥
अंगुरीय ग्रहि स्वयं माल्य हस्ते प्रदानिया ।
एतद् वाक्य निवेदिते तव पदे जगत्प्रभु ॥
रावणे कर पीड़न बाहु बले महाबली ।
स्वयं शस्त्रे निपातने सीता स्वयं परिग्रहि ॥
यथा प्रभु प्रकाशिनु माता दु:खी अकारण ।
वाहन स्मरिया माता पृष्ठारूढ़ा हओ त्वरा ॥
प्रभु अग्रे लव स्वयं सर्वालक्ष्ये यथा त्वरित ।
मम वाक्ये स्मिताधरा कहे वाक्य अत:परे ॥
तुमि सत्य महावीर नहे कार्य असम्भव ।
तव पृष्ठे समारूह्ये स्मरि भय निपातने ॥
द्वितीय शुन मारुति इथे मुक्त दशानन ।
दुराचार यथा कृत एतद् शास्ति प्रयोजन ॥
तव वाक्य श्रवणे अहं शाखारूढ़ अत:परे ।
विदाय करि सन्दीपे धन्यवाद प्रदानिया ॥
सन्दीपे कर आशीष नमस्कार करे पदे ।
तव कार्य अनुष्ठिते हल मम सहायक ॥

वाल्मीकि वचन

राघव कृत सम्मति लभि हनु अत:परे ।
आरम्भे कहिते पुन: यथा कीर्त्ति अनुष्ठिते ॥

मारुति वचन

शुन प्रभु अत:परे यथा कार्य अनुष्ठित ।
विदाय करि सन्दीपे चिन्तायुक्त यथा मन: ॥
पशि सर्व अलक्ष्यिते जाव पुन: अजानिते ।
पशिवे कपि वाहिनी पूर्वाभाष प्रदानिते ॥
एतद् चिन्ता समन्वित अशोक करि मर्दन ।
फल पुष्प समावृत करि वन विमर्दित ॥
यद् शब्द वन मर्दने जाग्रत सर्व राक्षसी ।
खड्ग हस्ते अत:परे आक्रमिल जने जने ॥

वृक्ष हस्ते विताड़िनु	अहं सर्व निशाचरी ।
हल बहु हताहत	एक द्वय रड़े भये ॥
रावणे दिल संवाद	आसे सैन्य अत:परे ।
शत जन समागत	वृक्षाघाते निपीड़िनु ॥
पुन: दश सहस्त्रशे	प्रहस्त वीर आगत ।
हल सेथा महायुद्ध	सहस्त्रश पराजित ॥
प्रहस्तागत तद् परे	टंकारिल धनुर्गुण ।
मम हस्ते यथा वृक्ष	करे त्वरित द्विखंडित ॥
पुन: वृक्ष यवे धृत	पाशबद्ध करे त्वरित ।
युद्ध शास्त्रे विशारद	प्रहस्त अति कौशली ॥
बंधन करि तद्परे	परिग्रहे सभातले ।
त्रिंश जने वहे तनु	मम हर्ष प्रवर्धित ॥
स्मरि पिता मरुत् बल	महावेग प्रदानिनु ।
एतद् चापे निपेषित	त्रिंश रक्ष: तथास्थले ॥
पुनश्च षष्टि राक्षसे	महाभार मने स्मरि ।
परिग्रहे सभातले	पुन: चाप प्रदानिनु ॥
पुन: षष्टि निपेषित	एलो पुन: शताधिक ।
एतद्रूपे प्रवेशिनु	रक्ष: राज सभातले ॥
प्राणदंड प्रदानिल	निर्विचारे दशानन ।
आकर्षण करे रक्ष:	वायुबले रहि स्थिर ॥
कहे वाक्य अत:परे	रक्षानुज विभीषण ।
किंवा कार्ये समागत	कह सर्व यथायथ ॥
दूत रूपे उपस्थिते	रावण कार्य निन्दिते ।
दूत स्वयं यथा श्रुत	मुक्तिल मम बंधन ॥
बंधन मुक्त तद् परे	करि निन्दा दशानने ।
रक्तानन महाक्रोधे	रक्ष:राज ममप्रति ॥
चौर्य कार्य करि व्यक्त	रक्ष:राज सभातले ।
सर्व जन समक्षते	दुष्ट कार्य प्रकाशित ॥
हरण करिया सीता	स्वीय राज्ये प्रचारिल ।
सीता लब्ध महायुद्धे	करि रामे पराजित ॥
एतद् वाक्य रहे शान्त	धर्मवंत विभीषण ।
चौर्य कार्य यवे श्रुत	क्षुब्धान्तर जने जने ॥
गृह द्वंद्व मने स्मरि	मोरे त्वरित विताड़िते ।
पुच्छे अग्नि प्रदानिल	लभि आज्ञा दशानने ॥
यिनि सर्व निशाचरे	दानिल अग्नि लांगुले ।
आमिह त्वरिते सेथा	मुखाग्नि करि सर्वत: ॥
अत:परे गृहे गृहे	मने स्मरि मरुत् बले ।
गर्जिल विषमे अग्नि	वायु वीर्य समन्वित ॥
हाहाकार करे रक्ष:	वीरवृंद समागत ।
ज्वले लंका भयंकर	स्थान त्यजि त्वरितगति ॥
मध्य पथे समागमे	मैनाके करि दर्शन ।
मैनाके कहि सर्वत:	प्रत्यागति निरीक्षिले ॥

श्रीराम वचन

महाकीर्त्ति अनुष्ठिले	तुमि अद्य महाबली ।
भ्रमिवे सुर सन्निभ	मर्त्यधामे ममाशीषे ॥

कहिते रत राम सादरे शुन हे मारुति कीर्त्ति यद् कृत ।
भ्रमिवे तुमि देव सन्निभ त्रिजगत् अक्षय देह धारणे ॥

- इति श्रीमद्देवायण ब्रह्मकल्पे तृतीय खण्डे राम मण्डलान्तर्गत: रामायण वर्गे सुन्दर काण्डे मारुति कर्त्तृक श्रीराम प्रति सीता सन्धान ओ लंका वार्ता निवेदन नाम: अष्टादश सर्ग ।

— ☆ —

॥ ऊनविंश सर्ग ॥

वाल्मीकि वचन

एरूपे राघव श्रेष्ठ कहे वाक्य सभातले ।
हनुप्रति शुभाशिषे प्रशंसिल जने जने ॥
सुग्रीव लक्ष्मणांगद अन्य सर्व क्रमे क्रमे ।
प्रशंसिल महावीरे महाकीर्त्ति कहे सबे ॥
धन्य तुमि महावीर एका लंका परिभ्रमि ।
रक्ष:कुल निपीड़िले राम नाम मने स्मरि ॥
राम नामे महावीर्य तव मध्ये प्रकाशित ।
भक्त श्रेष्ठ यथा हनु रामचन्द्रे सदा प्रिय ॥
एतद्रूपे जने जने हनु कीर्त्ति कहे सबे ।
रामप्रति महावीर एतद् वाक्य कहे पुन: ॥

मारुति वचन

लंकाधामे चल प्रभु रक्ष:कुल विमर्दिते ।
माता दु:खे अवस्थिता हवे जय सुनिश्चय ॥

वाल्मीकि वचन

ए वाक्य श्रवणे प्रभु जाम्बवाने कहे इहा ।
कह मंत्री किं मंत्रणा गति पथे अत:परे ॥

जाम्बवान् वचन

मारुतिकृत वर्णित यथा वाक्य जगत्प्रभु ।
एतद् वाक्य मने स्मरि कहि कार्य यथा स्थिर ॥
लंका दग्ध करे हनु दानि अग्नि गृहे गृहे ।
प्रज्वलित यथा लंका अग्निरूप विधारणे ॥
एतद्काले स्वभावत: हवे युक्त निशाचर ।
अग्नि शान्त यवे शुन गृहावली विनिर्मिते ॥
स्मरि एतद् शुभक्षण लंकाधामे प्रवेशिते ।
कर लंका सुवेष्टन कपि सैन्य समावृत ॥
महासिंधु अतिक्रमि लंकाधामे प्रवेशिते ।
कर यत्न यथा त्वरित हे प्रभु कहि मंत्रणा ॥

वाल्मीकि वचन

एतद्रूपे हल स्थिर यथा कार्य अत:परे ।
सिंधु वारि अतिक्रांते पंथा चिन्ता समायुत ॥
गमने सिंधु सैकते रामचन्द्र जगत्प्रभु ।
समुद्रे करि आह्वान एरूप कहिते रत ॥

श्रीराम वचन

हे सिंधु अति सुन्दर　असीमाकुल वारिधि ।
तव पार्श्वे समागत　उपकार मने स्मरि ॥
शुन वाक्य पयोनिधि　रत्नाकर जलेश्वर ।
तरंगदल वेष्टित　उर्मि माला सुशोभित ॥
रक्षःकुले दुराचारी　अति दुष्ट दशानन ।
देवकुल निपीड़क　रहे नित्य तवाश्रित ॥
असीम तुमि वारीश　महावीर्ये प्रतिष्ठित ।
जगत् सर्व निपीड़िया　रहे रक्षः तवाश्रित ॥
परःदार हरे नित्य　अन्य प्रेम प्रवंचिया ।
सतत काम मोहित　रहे नित्य तवाश्रये ॥
राजेन्द्र तुमि अम्बुधि　शासक जीव मण्डली ।
गर्जित भीम कल्लोले　करि भीत जगत्त्रय ॥
तव प्रति निरीक्षिया　सर्व प्राणे भयोद्भवे ।
यदि तोमा अतिक्रांते　इच्छा जागरितान्तरे ॥
दुस्तर तुमि निश्चय　अकुल वारि राशिते ।
कृपा कर ममप्रति　पारावार अतिक्रमि ॥
जगत् दुःख प्रदायक　अति दुष्ट दुराशय ।
तवाश्रये करे स्थिति　चाहि दुष्टे विनाशिते ॥
किं प्रकारे अनुष्ठिव　परामर्श प्रदानह ।
लव सैन्य परोपारे　कर कृपा अकिंचने ॥
नमः सिंधु महावारि　वारीश बल वर्धित ।
मम कार्ये कृपा कर　रत्नाकर महाबली ॥
असीम जल कल्लोले　उर्मि माला सुशोभित ।
नमः नमः पयोनिधि　कृपा कर जलेश्वर ॥
पाप पुण्य शुभाशुभे　सर्व तिक्त विधारक ।
जीवन सर्व पालक　राजा तुमि जलेश्वर ॥
मेघमाला सुवर्धित　तव उष्मा विनिःसृत ।
हृदित्यक्त तव श्वासे　पृथिवी पाल जलेश्वर ॥
तव उष्ण महत् श्वासे　मेघोद्भवे नभ स्थले ।
भूमि तृष्णा विदूरिते　यथा मेघ विनिर्झरे ॥
जीववृंद समन्वित　ए सुन्दर वसुंधरा ।
तव स्नेह सुखस्नात　तव कृत सुपालित ॥
आदरिणी यथा प्रिया　तव वक्षे सुशोभिता ।
धरित्री जीव धारिका　वीजप्रदा यथा तुमि ॥
पृथिवी वक्षे विराजित　यत प्राणी जलेश्वर ।
तद् सर्व तव नन्दन　तव तेज समुद्भव ॥
तव उष्मा महातेज　नभ चित्ते विघूर्णित ।
वारि रूपे तथा तेज　पृथिवी गर्भे विनिर्झरे ॥
हे अम्बुधि पिता तुमि　माता सत्य वसुंधरा ।
सर्व जीव विधारिका　पृथिवी माता तव प्रिया ॥
जीवकुल पिता तुमि　तुमि सत्य महीप्रिय ।
तव पुत्र प्रिया तव　नित्य पीड़े दशानन ॥
तद् कुल विनष्टिया　रहे नित्य तवाश्रित ।
एतद् दुष्ट विनाशिते　कर कृपा जलेश्वर ॥
वारि राशि अतिक्रमि　किं प्रकारे इहा कह ।
आछे दुष्ट तवाश्रित　इच्छि सेथा प्रवेशिते ॥

नमः सिंधु महासिंधु वीजप्रदा पयोनिधि ।
केवा कह जगन्मध्ये गरीयान तवाधिक ॥
सर्व रत्न विधारक रत्नाकर यथा तुमि ।
महत् वीर्ये प्रतिष्ठित गम्भीरतम गर्जने ॥

वाल्मीकि वचन

एतद्‌रूपे करे स्तव रामचन्द्र तथास्थले ।
समुद्र स्थित तेमति पूर्वरूप यथामत ॥
महासिंधु रहे स्थिर हेरिया अब्जलोचन ।
धनुर्बाण करे धृत एतद् वाक्ये समुत्थित ॥

श्रीराम वचन

हे सिंधु दुष्ट पालक पुण्य कार्ये रह स्थिर ।
एतद् शास्ति प्रदानिते करि वक्ष विदारित ॥

वाल्मीकि वचन

कुपित अति राघव विमौन हेरि सागरे ।
टंकारिया धनुर्गुण दिव्य शस्त्र विधारणे ॥
सव्य पद पुरोभागे पश्चाते पद दक्षिण ।
धनु सव्य करे धृत दक्षिणे गुण धारणे ॥
ब्रह्मास्त्र करि योजना आकर्षिल यवे गुण ।
ज्याकर्षणे महाध्वनि पद चापे नतः क्षिति ॥
थर-थरे महीधर विस्फुर्जित महाजल ।
वानर वाहिनी सर्वे राम राम करे ध्वनि ॥
विस्फुर्जित महाजल प्रकम्पित पयोनिधि ।
राम अग्रे प्रकाशित यथा त्वरित जलाधिप ॥
करयोड़े निवेदिल रामचन्द्रे अपस्पति ।
रह स्थिर जगत्पति हेर क्षुब्ध चराचर ॥

वारीश वचन

केन क्रुद्ध जगन्नाथ अकारणे ममप्रति ।
सर्व कार्य जगन्मध्ये तव इच्छा मनोमत ॥
रावण वर्धित प्रभु तव कृपा प्रवर्धने ।
ए कारणे करे रक्षः सर्व देवे पराजित ॥
स्वेच्छाते कभु ना दानि रावणे आमि आश्रय ।
ब्रह्म बले बलीयान करे मोरे वशीभूत ॥
यथा कार्य दशानने नित्य तिक्त जगत्प्रभु ।
रावणे वधिते इच्छा यदि अद्य मनोद्‌गत ॥
सम्वरह धनुर्बाण कहि वाक्य यथा शुन ।
नमि तोमा पुनः पुनः सीतानाथ जगत्पति ॥

वाल्मीकि वचन

एतद् वाक्य कहे यवे राम-स्तवे जलेश्वर ।
प्रसन्न अति राघव धनुर्बाण निवारिल ॥
संयमित यथा धनु तुष्टान्तर जलेश्वर ।
रामचन्द्रे कहे वाक्य एतद्‌रूप शिरानते ॥

वारीश वचन

नमि तोमा जनार्दन रामरूप महीतले ।
रावण वंश मर्दिते अवतीर्ण यथा स्वयं ॥
तव सैन्ये स्वयं रूप नले देव निरीक्षह ।
तव कार्य अनुष्ठिवे यथा इच्छा मनोगत ॥
सैन्य-पारे ममोपारे यदि सेतु प्रयोजन ।
नल नील महाबुद्धि निर्मिवे सेतु सत्वरे ॥
भासे वृक्ष तथाश्मन नल स्पर्शे यथा शुन ।
परस्परे हवे युक्त नील स्पर्शे कहि स्मृति ॥
शुनि कार्मुकनाद राघवे द्रुत वारीश समुद्र उत्थित ।
कहिते रत गुह्य वार्ता कपि सैन्ये नल नील यद् गुणी ॥

- इति श्रीमद्देवायण ब्रह्मकल्पे तृतीय खण्डे राम मण्डलान्तर्गतः रामायण वर्गे सुन्दर काण्डे श्रीराम-वारीश संवाद नामः ऊनविंश सर्ग ।

— ✮ —

॥ विंश सर्ग ॥

वाल्मीकि वचन

एतद् वाक्य समापने अंतर्हित जलेश्वर ।
आह्वाने अब्जलोचन नल नीले अतःपरे ॥
राघव कृत आह्वाने नल नीले उपस्थिते ।
पुण्य पदे शिरानत कहे राम स्मिताधरे ॥

श्रीराम वचन

आछो दोंहे गुणीश्रेष्ठ सैन्यमध्ये लुकायित ।
शिल्पी श्रेष्ठ सखाद्वय कहे वारि अधीश्वर ॥
श्रुत नाम तव स्पर्शे भासे वृक्ष तथाश्मन ।
वृक्षाश्मने हवे युक्त नील स्पर्शे परस्परे ॥
एतद् सत्य किना कह मम कार्य अनुष्ठिते ।
करह सेतु निर्माण यदि सत्य इहा नल ॥

नल वचन

वारीश वचने ज्ञात यथा अद्य जगत्पति ।
एतद् सत्य सुनिश्चय कार्ये आज्ञा प्रदानह ॥

नील वचन

समुद्र बंधने आज्ञा देह प्रभु यथायथ ।
करि कार्य तथामत यथा इच्छा मनोमत ॥

श्रीराम वचन

योजनेक सुविस्तृत कर सेतु मनोहर ।
कत दिवा प्रयोजन कह एतद् निरूपिया ॥

नल वचन

सक्षम यदि संग्रह कपि सर्व जगत्प्रभु ।
बहिते गिरि पर्वत पादपादि समन्वित ॥

कहि सत्य निरूपिया दिवसेक अहर्निशि ।
कार्ये मात्र प्रयोजन निर्मिते शत योजन ॥

श्रीराम वचन

दिवसेक अहर्निशि मात्र कार्ये प्रयोजन ।
समुद्र शत योजन शुनि वाक्य सविस्मय ॥

नल वचन

किं विस्मय जगत्प्रभु कार्ये एतद् निरीक्षिवे ।
संग्रह करिते सर्व देह आज्ञा कपिप्रति ॥

वाल्मीकि वचन

सुग्रीवे कहिल प्रभु नल कार्य निरूपण ।
मोदित शुनि सुग्रीव निर्देशे अंगदे तथा ॥

सुग्रीव वचन

हे अंगद महावीर स-मनाक वृषाणक ।
सांख्यक विंध्या मंधव हेमंत गंधमादन ॥
जाह संगे सहोदर गृध्रक सह भद्रक ।
सुदन सह सारंद मुरध्र सह मृड़क ॥
एतद् सह महाजानु महापायु तथामत ।
पृषघ्र आदि धाड़क पार्ष्यद गुल्फ रोमश ॥
तद् पश्चाते शराकर्ण कृतांत कालभैरव ।
महत्ग्रीवा तथा शरत रक्ताक्ष सह लांगुक ॥
शरभ शर तद्परे गवाक्ष गय केशरी ।
आनह गिरि पर्वत समुद्र बंधने त्वरा ॥

वाल्मीकि वचन

कल्य प्राते समारम्भ सेतु कार्य यथा स्थिर ।
अद्य किञ्चित् करे कपि संग्रह गिरि पादप ॥
प्रस्तुत हेरि वानरे कहे नल तथास्थले ।
निर्देश दानिते कार्य यथा अग्रे अनुष्ठिते ॥
विश्राम रजनीव्यापी कार्यारम्भ ऊषागमे ।
कपिवृंद दले दले बहे शृंग महीरुह ॥

नल वचन

हे सर्व वाहिनीपति आनो अग्रे महीरुह ।
योजनेक सुविस्तृत पार्श्वे दीर्घे निपातह ॥

वाल्मीकि वचन

एक काष्ठा निरूपणे कपि सर्व त्वरितगति ।
योजनेक यथा दीर्घ पार्श्वे सेतु तथामत ॥
नल नील करे स्पर्श भासे वृक्ष महाजले ।
भासमान महीरुह संयोजित क्रमे क्रमे ॥
कला काष्ठा निरूपणे योजन योजन क्रमे ।
अग्रसरि चले सेतु कृष्ण मेघ यथा नभेः ॥

अपार तद् महासैन्य बहिछे गिरि पादप ।
अग्रे वृक्ष विथारिया अग्रसरि चले नल ।
पश्चाते शृंग अश्मन राखे नील तदूपरि ॥
अग्रसरि चले सेतु एरूपे क्रम वर्धित ।
द्वितीय प्रहरे पूर्ण योजन पंच विंशति ॥
गर्जिल कपि वाहिनी राम जय निनादिया ।
यथा वाक्य तथा कार्य एतद् हर्ष प्रकाशिया ॥
प्रशंसा करिछे सर्वे नल कार्य निरीक्षिया ।
क्षिप्र गति चले अग्रे वहनाक्षम वानरे ॥
एतद् दृश्य निरीक्षिया कुपित हनु अंतरे ।
पलके आसिछे वृक्ष अर्बुद अर्बुदाधिक ॥
तवु तृप्ति नहे नले कहे आनो त्वरितगति ।
करिल हनु कौशल श्रेणीबद्ध यथामत ॥
मिलित सर्व वानरे वन्यस्रोते बहे तरु ।
ना करिते नल स्पर्श लक्ष लक्ष निपातिछे ॥
एवे द्वंद्व उपस्थित हनुसह तथा नले ।
विभ्राट करिते कार्य कहे हनु नलप्रति ॥

मारुति वचन

आनो आनो सदा कह ए तव वाक्य कौशल ।
अक्षम यदि बंधने अहर्निशि समापने ॥
कहिवे राघवे तुमि नारिल दानिते हनु ।
अंगद वाहिनी सर्व संग्रहे हल अक्षम ॥
एतद् दीर्घ महासिंधु चलिनु प्रहर द्वये ।
वायुवेगे महाशून्य महत्‌बले अतिक्रमि ॥
कह अद्य अहर्निशि मात्र तव प्रयोजन ।
कभुना तुमि सक्षम एतद् कार्य समापने ॥
कह मात्र निरंतर आनो आनो महारवे ।
एतद् हेतु महीरुह करि पूर्वे सुसंग्रह ॥
यद्यपि तुमि अक्षम दिव इथे प्रचापन ।
कह वाक्य असम्भव हवे शास्ति तथामत ॥

नल वचन

कार्यकाले यथा द्वंद्व कर्म विघ्न मने स्मर ।
बाहुल्य शुनिले तुमि हवे कार्य अतःपरे ॥
एवे तुमि अनुष्ठह मम पार्श्वे यथायथ ।
दानिव आमि उत्तर नहे यदि समापित ॥

वाल्मीकि वचन

एतद् वाक्ये रहे शान्त हनुमान तथास्थले ।
करिछे नल निर्देश कार्य हनु क्रमागत ॥
वहे सर्व महाकपि बृहत् बृहत् महीरुह ।
हनुमान करे स्थित स्पर्शे मात्र तथा नल ॥
एतन्मत करे कार्य अस्तगत यवे रवि ।
सेतु योजन पंचाश हल सत्य सुनिर्मित ॥
गर्जिल कपि वाहिनी महानन्दे पुनः तथा ।
अंधकारे करे कार्य कपिकुल त्वरितगति ॥

खर रवि दिवाव्यापी किञ्चित् संध्या तथागति ।
संध्याकाले बहे वायु अति स्निग्ध सुशीतल ॥
चले कार्य त्वरितगति पूर्वाधिक अत:परे ।
द्वितीय प्रहरे शुन अशीति योजनागत ॥
द्विगुण वर्धितोत्साह बहिछे सर्व वानर ।
तृतीय प्रहरातीते हल कार्य समापित ॥
यवे कार्य समापित नि:शब्दे गति वानरे ।
अति क्षिप्र त्वरितगति लंकातीरे उपस्थित ॥
सुग्रीवसह सत्वरे यत सर्व महाकपि ।
सक्षम द्रुत धावने अग्रे तीरे उपस्थित ॥
व्यापी सर्व महालंका आवरिल चतुर्दिके ।
पूर्व द्वारे रहे नल नील वीर समन्वित ॥
दक्षिणे वीर अंगद वृषाणक समन्वित ।
सांख्यक विंध्या मंधव हेमंत गंधमादन ॥
उत्तरे गय गवाक्ष शरभ शर केशरी ।
तथा स्वयं कपीश्वर जाम्बवान् समन्वित ॥
पश्चिम तोरणे हनु कृतांत कालभैरव ।
महत्ग्रीवा शराकर्ण शरत रक्ताक्ष लांगुक ॥
पूर्व द्वारे यथा नल दिल सेथा सहोदरे ।
सूदन गृध्र सारंद मुरध्र मृड़क भद्रक ॥
एतद्रूपे यथायथ कपि सर्व विभागित ।
पूर्ण लंका चतुर्दिके सेतु पूर्ण रहे तथा ॥
आगत राम लक्ष्मण लंकाधामे ऊषागमे ।
पश्चिम तोरणे राम रामानुज सह स्थित ॥
ज्योतिर्मयी ऊषागत गेल अंध विभावरी ।
प्रसन्न सूर्य देवता लंकाते हेरि राघवे ॥
सूर्योदय निरीक्षणे स्वीय कार्य समापने ।
गर्जे कपि जयोल्लासे एवे आत्म प्रकाशित ॥
गर्जिल कपि वाहिनी कोटि वज्र निनादने ।
जय श्रीराघवे जय जय जय कपीश्वरे ॥
रक्ष: वंश विनाशह कर ध्वंस पुरी सह ।
जय श्रीराघवे जय जय जय कपीश्वरे ॥
करि बंधन सिंधु नीरवे कपि सेनारुण काल कम्पने ।
परिवेष्टि असंख्य वानरे दृढ़ लंका जय राम गर्जिल ॥

- इति श्रीमद्देवायण ब्रह्मकल्पे तृतीय खण्डे राम मण्डलान्तर्गत: रामायण वर्गे सुन्दर काण्डे सेतु बंधन ओ श्रीराम कर्त्तृक ससैन्ये लंका प्रवेश वार्ता नाम: विंश सर्ग ।

— ✯ —

॥ एकविंश सर्ग ॥

वाल्मीकि वचन

सचकित तथा लंका एतद् ध्वनि निनादने ।
सविस्मये निरीक्षिल लंकावासी निशाचर ॥
सर्व लंका परिव्याप्त कपि सैन्य चतुर्दिके ।
अति बृहत् महाकाय आछे वृक्ष विधारणे ॥

द्वार बंध करे द्वारी एतद् दृश्य निरीक्षणे ।
लंकाव्यापी निशाचरे महत् भय उपस्थित ॥
गर्जिल राघवे जय जय श्रीराघवे जय ।
द्वार बंध करे यवे भये सर्व निशाचर ॥
रावण श्रवणे ध्वनि जिज्ञासे सचिवप्रति ।
एतद्काले प्रवेशिल दूत वार्ता प्रदानिते ॥
शुन हे राक्षसेश्वर यथा अद्य परिस्थिति ।
गतकल्य महासिंधु छिल शून्य परिष्कृत ॥
योजन योजनव्यापी कल्य पूर्व निशावधि ।
यतदूर चले दृष्टि छिल सर्व परिष्कृत ॥
कपि सैन्ये परिव्याप्त अद्य प्राते निरीक्षिणु ।
सिंधुजले महासेतु योजनेक सुविस्तृत ॥
कोटि कोटि शतार्बुद खर्व खर्व निखर्वते ।
शंखे शंखे महाशंख पद्मे पद्मे महापद्म ॥
शत कोटि अक्षौहिनी महासैन्य ततोधिक ।
लंकाधाम परिव्याप्त प्रसभे राक्षसेश्वर ॥
असंख्य कपि सैन्य यद् युद्धमान महाबली ।
पर्वत वृक्ष धारणे प्राचीर वाहिरे स्थित ॥
शुन गर्जे क्षणे क्षणे जय श्रीराघवे जय ।
एतद् हेतु मने स्मरि गृह दग्धा समागत ॥
लभि वार्ता समागत लंका जये इहा शुन ।
उद्धार करिते सीता आगत राम वाहिनी ॥
करे दूत नमस्कार एतद् वार्ता निवेदिया ।
दूतप्रति कहे एतद् लंकेश्वर दशानन ॥

रावण वचन

जाह दूत त्वरितगति द्वारी सर्वे इहा कह ।
आबद्ध करिया द्वार पुरीमध्ये विराजह ॥
मकराक्ष प्रहस्तादि वीरवृंदे इहा कह ।
द्वारे द्वारे समावेश कर सैन्य क्रमागत ॥
लंकाते यत आस्थित योद्धा वीर निशाचर ।
युद्ध आज्ञा प्रदानिया कह त्वरित उपस्थिते ॥
कोटि कोटि निशाचर राखो द्वारे महाबली ।
प्राचीर अंतरव्यापी करे सैन्य सुसज्जित ॥
कर सैन्य सुसज्जित अक्षौहिनी सहस्रशः ।
लह संगे सहोदरे विद्युतजिह्वा तथामत ॥

वाल्मीकि वचन

आज्ञा प्राप्त यथा बली विद्युतजिह्वा सहोदर ।
मकराक्ष प्रहस्तादि चतुर्वीर बहिर्गत ॥
रावण भावनायुक्त कहिल शुक सारणे ।
शुन हे सचिवद्वय कर कार्य त्वरितगति ॥
दूत कार्य नहे एतद् महासैन्य निरूपण ।
जाह हे उभये त्वरा राम सैन्य विचारिते ॥
कतजन किंवा वीर्ये लभे संग जनप्रति ।
किंवा युद्ध परिज्ञात किंवा शस्त्रे विशारद ॥

एतद् सर्व निरूपण कर हे सत्वरे तथा ।
कपिरूप विधारणे कपि-सैन्य परिभ्रमि ॥
कहिते रत रावण क्षणे सहसा गण्य बले समागमे ।
सचिवद्वय जाह चर्चिते कपि सैन्य कत वीर्य राघवे ॥

- इति श्रीमद्देवायण ब्रह्मकल्पे तृतीय खण्डे राम मण्डलान्तर्गत: रामायण वर्गे सुन्दर काण्डे रावण कर्तृक कपि सैन्य निर्णये शुक-सारण प्रेरण वार्ता कथन नाम: एकविंश सर्ग ।

— ✯ —

॥ द्वाविंश सर्ग ॥

वाल्मीकि वचन

यद् लब्ध रावणे आज्ञा चलिल शुक सारण ।
कपिरूप विधारणे पूर्व द्वारे बहिर्गमे ॥
छिल सेथा सहोदर राक्षस सैन्य नायक ।
प्राचीर अंतरे हेरि कपि मूर्त्ति महाबली ॥
रक्ष: सैन्य समावृत करे बंदी तथास्थले ।
सहोदरे यथा कार्य सुस्मित शुक सारण ॥
कहे वाक्य स्मिताधरे वीर वटे सहोदर ।
सैन्याध्यक्ष चमत्कृत रक्ष: कण्ठ यथा श्रुत ॥
निरखि तीक्ष्ण वीक्षणे विज्ञात शुक सारणे ।
लज्जित चित्त तद् परे कहे वाक्य इहा शुन ॥

सहोदर वचन

क्षम हे सचिव श्रेष्ठ किंवा कार्ये समागत ।
कर आज्ञा मनोमत करि कार्य तथामत ॥

शुक वचन

तोरण करहे मुक्त क्षणमात्र बहिर्गमे ।
चलि मोरा बहिर्देशे कपि-सैन्य निरूपणे ॥
इंगित स्मरिवे मम प्रत्यागति यवे शुन ।
चतुर्द्वारे प्रचारह यदिंगित प्रदानिनु ॥

वाल्मीकि वचन

एतद् वाक्य बहिर्गत राक्षस सचिवद्वय ।
वानर मूर्त्ति धारणे कपि सैन्ये प्रवेशिल ॥
सर्व द्वारे भ्रमे हर्षे कपि सैन्य निरूपिते ।
ज्ञात क्षम नहे कभु रक्ष: माया प्रभावित ॥
द्वार त्रय परिभ्रमि पश्चिम तोरणागत ।
भ्रमे यथा महावीर वृक्ष हस्ते चतुर्दिके ॥
हेरिया शुक सारणे संदेहयुक्त मानस ।
धृत हस्ते त्वरितगति हनुमान महाबले ॥
जिज्ञासिल किंवा नाम कोन गोत्र समुद्भव ।
कह सत्य यथायथ नहे प्राण विनाशिव ॥
गृह दग्धा निरीक्षिया कम्पित शुक सारण ।
मुष्टाघात करे हनु परिज्ञात निशाचरे ॥

मारुति वचन

रावणे सचिवद्वय हेरि दोहे सभातले ।
प्राणदंड प्रदानिते उभे युक्ति प्रदानिले ॥
एवे दुष्ट विनाशिव कह सत्य यथायथ ।
अद्य हेथा किं कारणे छद्मवेशे परिभ्रमे ॥

वाल्मीकि वचन

छद्मरूप यथा व्यक्त मारुतिप्रति वीक्षणे ।
भीत भीत यथा चित्त कहिल शुक सारण ॥

शुक वचन

मात्र सैन्य निरूपिते दूतरूपे समागत ।
यथा तुमि निरीक्षिले अशोक कानन भ्रमि ॥

सारण वचन

यथा आज्ञा दशानने करि कार्य तथामत ।
राघव वाक्य येमति तव कृत सुपालित ॥

वाल्मीकि वचन

शुनि हनु त्वरितगति करे बंदी स्मिताधरे ।
चल प्रभु पुरोभागे खट्टाघाते कहे हनु ॥
मुष्टाघाते करे पृष्ठे घन घन कहि क्रमे ।
चल हे सचिवद्वय रामचन्द्रे निरीक्षिते ॥
कोष्ठाघात करे हनु वज्राघात यथामत ।
बहे घन घन श्वास कातर शुक सारण ॥
कपिरूप परित्यजि रक्षःरूप धरे पुनः ।
रामचन्द्रे पुरोभागे हनु कृत उपस्थित ॥
बंदी द्वय निरीक्षिया राम प्रश्न समायुत ।
अपराध किंवा कह कहे हनु तथास्थले ॥

मारुति वचन

शुन प्रभु यथा कीर्त्ति कपिरूप विधारणे ।
कपि सैन्ये परिभ्रमे रावण-सचिव द्वय ॥
संदेहयुक्त मानसे धरि हस्ते त्वरितगति ।
मुष्टाघात प्रदानिया करि वाक्य बहिर्गत ॥
मुष्टाघात यथा लब्ध व्यथित चित्त सत्वरे ।
कपिरूप परित्यजि स्वीय आत्म प्रकाशिल ॥
तव पार्श्वे समानीत बंदी कृत अतःपरे ।
एवे प्रभु विचारह करि कार्य तथामत ॥

श्रीराम वचन

रावणे सचिव द्वय किं कारणे समागत ।
कह सत्य यथा वाक्य लभिवे सर्व निष्कृति ॥

शुक वचन

कत सैन्य किंवा वीर्ये जनप्रति अवस्थित ।
किंवा युद्ध परिज्ञात किंवा शस्त्र विशारद ॥

एतद् सर्व निरूपणे दिल आज्ञा दशानन ।
कपिरूप विधारणे तव सैन्ये प्रवेशिनु ॥

सारण वचन

अपराध यथा कृत तथा शास्ति प्रदानह ।
छद्मवेशे प्रवेशिनु तव सैन्ये महाबली ॥

श्रीराम वचन

दौत्य कार्ये किंवा त्रुटि छद्मरूप विधारणे ।
चर कार्य स्वभावतः अंतराले महामति ॥
तव कार्ये किंवा त्रुटि निर्दोषी तोमरा उभे ।
दूतवृंद करे कार्य राज आज्ञा यथामत ॥
किंवा शास्ति तथास्थले मम पार्श्वे रह स्थिर ।
यद्यपि वायुनन्दन अति क्रोध परायण ॥

शुक वचन

नमि मोरा पदे तव हे राघव विचक्षण ।
शत्रु मित्र तथा सम नमि तोमा पुनः पुनः ॥
क्षमः हे तुमि राघव अज्ञात महिमा तव ।
निर्देश किं प्रदानिवे रक्षः राजे निवेदिते ॥

श्रीराम वचन

कहिवे रावणे तुमि एतद् वाक्य यथायथ ।
लंकेश्वर यथा कृत अनुचित मने स्मरि ॥
यद् काले कुटीरे स्वयं नाहि छिनु उपस्थित ।
तद् काले हरिले सीता तुमि मम अगोचरे ॥
त्रैलोक्येश्वर रावण एतद् कार्ये किं गौरव ।
चोरतुल्य कदाचन नह तुच्छ दशानन ॥
ब्रह्म साक्षात् यथा कृत तपः सिद्ध महाबली ।
सर्व देव भये नत तव वीर्ये पराजित ॥
देव पूजा यथा तुमि त्रैलोक्ये-जन वन्दित ।
यज्ञ भाग विधारणे इन्द्र ऊर्ध्वे प्रतिष्ठित ॥
नित्यार्चित सुरांगने तव पद महत् अति ।
सामान्य मानवीप्रति किंवा लोभ मने स्मरि ॥
सुर्पणखा विलांछिता रामानुजे यथा कृत ।
तद् क्रोधे हरिले सीता अनुचित मने स्मरि ॥
स्वसाप्रति अमानने यद्यपि तुमि कुपित ।
सम्मुख समरे केन नाहि वीर्य प्रदर्शह ॥
बलीश्रेष्ठ दशानन एतद् सत्य सुनिश्चय ।
राघव समरे तवे किंवा भय अतःपरे ॥
यद्यपि तुमि निर्भय कर कार्य तथामत ।
एसो मम पुरोभागे मैत्री इच्छा मने यदि ॥
कर तुष्ट मनः मम सीता प्रदानिया मम ।
चलि युद्ध निवारिया व्रतचारी यथा स्वयं ॥
यद्यपि समरे इच्छा कर शस्त्र विधारण ।
सम्मुख समरे पशि कर युद्ध जगत् जयी ॥

अलक्ष्ये हरिले सीता कार्य वीर विगर्हित ।
कलंक ए तवप्रति हवे अद्य प्रकाशित ॥
चौर्य कार्ये समायुत दिग्विजयी दशानन ।
सर्व लोक जये अद्य कलंक तव रावण ॥
प्रस्तुत समरे स्वयं कपि सैन्य समावृत ।
सीता नाहि प्रदानिले सवंशे मजिवे तुमि ॥
स्वीय पापे महत् कुल केन सर्व विनाशिवे ।
रक्षःकुल सुरक्षिते हितवाक्य यथा कहि ॥
जाह दूत त्वरित गति दानि मुक्ति इहा कह ।
रक्षःराज दशानने मंत्री द्वय स्व-मंत्रणे ॥

शुक वचन

सामान्य नह मानव राघव तुमि निश्चय ।
एतद् वाक्य अरिप्रति नहे श्रुत कदाचन ॥

सारण वचन

अन्यस्थले स्वभावत कटु वाक्य कहे सदा ।
येवा दुष्ट हरे पत्नी वाक्ये वाक्ये कहे बहु ॥

शुक वचन

अपिच तुमि राघव रक्षः मान्य प्रदर्शने ।
कह वाक्य ससम्माने शत्रु मित्र किंवा तव ॥

सारण वचन

दुष्ट कार्य करे राजा जानकी हरि राघव ।
परदार बिना युद्धे स्पर्शे राजा दशानन ॥
ए कार्य अति गर्हित निन्दनीय सदा श्रुत ।
प्रशस्त कहिले राम सर्व उष्मा परित्यजि ॥

शुक वचन

मानव रूप धारणे देव श्रेष्ठ सुनिश्चय ।
राजपदे निवेदिव कहिले यद् सुमंगल ॥

सारण वचन

एरूप करुणा मात्र सम्भवे भूतभावने ।
नमि तोमा पुनः पुनः रामचन्द्र जगत्पति ॥

वाल्मीकि वचन

उभये कहिते रत पुण्यपदे शिरानते ।
हनु आस्ये यथा श्रुत तुमि सत्य जगत्पति ॥
भ्रमि मारुति सैन्य मण्डले लभि साक्षात् कपिरूप संशये ।
शुक सारण बाहु धारणे प्रभु अग्रे उपनीत सत्वरे ॥

- इति श्रीमद्देवायण ब्रह्मकल्पे तृतीय खण्डे राम मण्डलान्तर्गतः रामायण वर्गे सुन्दर काण्डे मारुति कर्तृक छद्मवेशी शुक-सारण बंदी करणे श्रीराम अग्रे उपस्थिति वार्ता कथन नामः द्वाविंश सर्ग ।

— ☆ —

॥ त्रयोविंश सर्ग ॥

वाल्मीकि वचन

राघव चरणद्वये यद् नत सचिवद्वय ।
रामचन्द्र भुजाश्लेषे कृत बहु समादर ॥
कृतार्थ सचिवद्वय व्यवहार यथा लभि ।
अश्रुल लोचनद्वये नमे दोहे पुनः पुनः ॥
रामचन्द्र हनुप्रति एतद् वाक्य कहे तथा ।
हे हनु सचिवद्वये कर यत्न यथायथ ॥
यथा इच्छा मनोमत दौत्य कार्ये प्रदर्शह ।
यथा शस्त्र यथा सैन्य परिचय प्रदानिया ॥
नाहि कर इतस्ततः परिचय प्रदानिते ।
जाह सख्य प्रदर्शने लंका द्वार यथावधि ॥
एतद् आज्ञा यथा श्रुत महावीर चमत्कृत ।
लुंठित चरणद्वये कहे वाक्य सगद्‌गदे ॥

मारुति वचन

तुमि श्रेष्ठ जगत्पति ए स्थले रावणाधिक ।
रक्षः जयी बिना युद्धे मम चक्षे समीक्षित ॥
त्रैलोक्येश्वर रावण तव दूत निपीड़िल ।
तव प्रिया परिग्रहे दम्भ वाक्य तथापिह ॥
चोरे शास्ति प्रदानिते तुमि हेथा समागत ।
रक्षाधिक महाबले तुमि अद्य प्रतिष्ठित ॥
रावणे दानि सम्मान तवुह मधुरे कह ।
प्रिय वाक्य चर द्वये राज मान्य प्रदर्शने ॥
राज मान्य प्रदानिले नहे एतद् दशानने ।
दूत मान्य प्रदानिले नहेत शुक सारणे ॥
शुन हे शुक सारण रामचन्द्रे मधुस्वर ।
करुणाकर सुन्दर श्याम मूर्त्ति निरीक्षह ॥
रावणे देह मंत्रणा सचिव द्वय येमति ।
आनो सीता त्वरित गति रथारूढ़ दशानन ॥
नत राम पुरोभागे युक्तपाणि कृतांजलि ।
दुष्ट कार्ये क्षमा चाह रामे सीता प्रदानिया ॥
एखन लभिवे क्षमा लंकेश्वर सुनिश्चय ।
नतुवा सर्व वानरे दश मुंड लवे छिंड़ि ॥
चल संगे यथा त्वरित सैन्य शस्त्र प्रदर्शिव ।
परिचय परिग्रह यथा इच्छा मनोमत ॥

वाल्मीकि वचन

राघवे नमिया सर्वे हल त्वरित बहिर्गत ।
दक्षिण तोरणागमे हनु वाक्ये समायुत ॥

मारुति वचन

कपिश् वर्ण कलेवर देखह वीर अंगदे ।
बाली पुत्र बलीश्रेष्ठ बालीतुल्य महायुधि ॥
बाली कार्य परिज्ञात लांगुल करि बंधन ।
सिंधुजले निमज्जिल युद्धमान दशानने ॥

ध्याने रत यवे बाली	लंकातीरे अवस्थित ।
दुष्ट बुद्धि दशानन	आक्रमिल तथा स्थले ॥
अंगद पार्श्वते देख	रक्त वर्ण वृषाणक ।
शत कोटि महाकपि	यद् पार्श्वते अवस्थित ॥
तद् पार्श्वे हेर सांख्यक	घोर वर्ण कलेवर ।
एक लक्ष महाकपि	यद् पार्श्वते अवस्थित ॥
अत:परे निरीक्षह	विंध्या दीर्घ कलेवर ।
नभ स्पर्शि यथा शिर:	कोटि कपि समन्वित ॥
विंध्याचल समागत	विंध्या नाम महाबली ।
तद् पार्श्वे स्थित मंधव	मंदर पर्वतागत ॥
श्वेत वर्ण यथा तनु	त्रिंश लक्ष समन्वित ।
तद् पार्श्वे कपि हेमंत	हेमंत पर्वतागत ॥
देखह गंधमादन	यद्रूप गंधमादन ।
पीत वर्ण कलेवर	लक्ष कपि समन्वित ॥
शस्त्र मात्र महीरूह	प्रस्तर शृंग पर्वत ।
ताहे अग्नि विनिर्झर	वर्षे वारि क्षणे क्षणे ॥
एतद् सर्व सुचालने	महावात्या उपस्थित ।
करकासम वृष्टिते	करे शृंग विचालन ॥
भूधरपुंज केहवा	आवर्त्तिया चले त्वरा ।
पेषण करिते अश्व	गज रथ रथीसह ॥
दक्षिण त्यजिया त्रये	पश्चिमे पुनरागत ।
कृतांत वानरे देख	घोर वर्ण कलेवर ॥
ततोधिक महाघोर	देखह कालभैरव ।
कोटि सैन्य समन्वित	वीर द्वय अवस्थित ॥
हेर पार्श्वे महत्ग्रीवा	शराकर्ण तथामत ।
पीत वर्ण कलेवर	शत लक्ष समन्वित ॥
श्वेत वर्ण तथा शरत्	अति दीर्घ कलेवर ।
पंच लक्ष महाकपि	सह नित्य अवस्थित ॥
रक्तांग हेर तद् पार्श्वे	हिंगुल वर्ण लांगुल ।
सप्त कोटि महाकपि	सह नित्य अवस्थित ॥
लांगुक हेर तद् परे	लांगुल दश योजन ।
आकर्षण करे शत्रु	विंश क्रोशान्तरे स्थित ॥
शस्त्र सर्व पुरा उक्त	एतद् सर्वे तथामत ।
पांशुल वर्ण लांगुक	कोटि कपि समन्वित ॥
दक्षिण त्यजि तद् परे	हनुत्तरे उपस्थित ।
कहिल शुक सारणे	महावीर तथास्थले ॥
देखह गय गवाक्ष	सैन्याध्यक्ष कपीश्वरे ।
गौर वर्ण कलेवर	देवतुल्य समीक्षित ॥
सप्त कोटि समन्वित	भ्राता द्वय अवस्थित ।
तन्मध्ये हेर सुग्रीवे	राघव प्रियबांधव ॥
इन्द्रतुल्य महाबली	वज्रतुल्य धरे गिरि ।
सुग्रीव घातने कभु	निस्तार नाहि जीवने ॥
तद् पार्श्वे शरभे हेर	सुग्रीवप्रिय वानर ।
पंच कोटि महाकपि	करे नित्य प्रचालना ॥
तद् पार्श्वे शर वानर	संग्रामे अति दुर्जय ।
एक लक्ष समन्वित	शर नित्य अवस्थित ॥

तद् पार्श्वे हेर केशरी   कपिकुले पिता मम ।
वार्द्धक्ये स्थित यद्यपि   तबुह कोटि चालक ॥
केशरीते किंवा वीर्य   युद्धस्थले निरीक्षिवे ।
अद्यावधि करे बली   मोरे वक्षे विधारण ॥
शिशुसम धरे वक्षे   हेर मम कलेवर ।
वक्षे धृत करे क्रीडा   पर्वताकृति यद् तनु ॥

वाल्मीकि वचन

तद् परे पूर्व तोरणे   हल त्रय उपस्थित ।
कहिल शुक सारणे   देख देख सहोदरे ॥

मारुति वचन

हेर वीर सहोदरे   सर्व अग्रे अवस्थित ।
एकत्रे कदली लक्ष   नारिकेल समन्वित ॥
पनस लक्ष तेमति   लक्ष आम्र समन्वित ।
भक्ष्ये यद् भोजने नित्य   जलयोग यथामत ॥
एतद् वीर्य किंवा कहि   गेंडुया क्रीडा भूधरे ।
घोर वर्ण कलेवर   कोटि कपि समन्वित ॥
नल श्रेष्ठे निरीक्षह   तद् परे शुक सारण ।
तद् पश्चाते रहे नील   नील वर्ण कलेवर ॥
पंच कोटि समन्वित   कपिश्रेष्ठ महाबली ।
ज्योर्तिमय यथा तनु   देवतुल्य समीक्षित ॥
यद् कृत सेतु बंधन   मात्र एक अहर्निशि ।
समुद्र शत योजन   अद्भुत कीर्त्ति निश्चय ॥
सुदन हेर तद् परे   पंच लक्ष समन्वित ।
तद् पार्श्वे हेर गृध्रक   सप्त लक्ष समायुत ॥
सारंदे हेर तद् परे   कोटि सैन्य समावृत ।
मुरध्र हेर तद् परे   त्रिंश लक्ष समन्वित ॥
भद्रक हेर तद् परे   अशीति लक्ष संहति ।
मृड़क हेर तद् परे   विंश लक्ष समन्वित ॥
एतद् सर्व महाकपि   अग्रे युद्धे प्रवेशिल ।
हेर सेतु रहे पूर्ण   इत्याधिक तथा कपि ॥
जाह हे सचिव द्वय   कह सर्व दशानने ।
यथा इच्छा अनुष्ठह   हे रावण अत:परे ॥

वाल्मीकि वचन

प्रत्यागत महावीर   लंकाद्वारे परित्यजि ।
प्रविष्ट सचिव द्वय   पुरीमध्ये अत:परे ॥
सह मारुति सैन्य मण्डल   भ्रमि हृष्टान्तरे चर्चि वाहिनी ।
शुक सारण गेल अंदरे   कहिते राघव वीर्य रावणे ॥

- इति श्रीमद्देवायण ब्रह्मकल्पे तृतीय खण्डे राम मण्डलान्तर्गत: रामायण वर्गे सुन्दर काण्डे शुक-सारण कर्त्तृक कपि सैन्य दर्शन करण वार्ता नाम: त्रयोविंश सर्ग ।

— ✯ —

॥ चतुर्विंश सर्ग ॥

वाल्मीकि वचन

लंका मध्ये प्रवेशिंया राज अग्रे उपस्थिते ।
रावणे सचिव द्वय एतद् वाक्य निवेदिल ॥

शुक वचन

शुन हे राक्षसाधीश कपि सैन्य परिभ्रमि ।
लब्ध ज्ञान यथामत कहि वाक्य तथा क्रमे ॥
प्रवेशि कपि मण्डले मर्कटरूप धारणे ।
नारे छद्म निरूपणे सर्व स्थल अतिक्रमि ॥
पश्चिम तोरणे शुन गृह दग्धा समागमे ।
पूर्व दृष्ट निरूपिल कपि वेश अतिक्रमि ॥
आकर्षण करे बले रक्त चक्षु समन्वित ।
खट्टाघात करे स्कंधे वज्र मुष्टि क्रमागत ॥
अंधकार समीक्षित तद् मुष्टि वज्र पातने ।
करि आत्म प्रकाशित प्राण भये तथास्थले ॥
राम अग्रे अत:परे करे त्वरित उपस्थित ।
निरखि राम लक्ष्मणे अत्याद्भुत सुनिश्चय ॥
प्रशान्त मूर्त्ति येमति करुणाकर तेमति ।
छद्मवेश विधारणे सैन्यमध्ये प्रवेशिनु ॥
महारवे महाकोपे रुद्र करे यथा धृत ।
प्राणदंड प्रदानिवे एतन्मत मने स्मरि ॥
विपरीत यथा दृष्ट कहे राम मधु स्वरे ।
करि बहु समादर शुन हे शुक सारण ॥
दौत्य कार्ये किंवा त्रुटि छद्मरूप विधारणे ।
कहि वार्ता निवेदह लंकेश्वर दशानने ॥
यद् काले कुटीरे स्वयं नाहि छिनु उपस्थित ।
अत्रकाले परिग्रह सीता मम अगोचरे ॥
त्रैलोक्येश्वर रावण चौर्य कार्ये किं गौरव ।
चोर सम कदाचन नह तुच्छ दशानन ॥
ब्रह्मदर्शी यथा तुमि तप: सिद्ध महाबली ।
देव सर्व भये भीत तव वीर्ये पराजित ॥
देव पूज्य यथा तुमि त्रैलोक्ये नित्य वन्दित ।
यज्ञ भाग विधारणे इन्द्र ऊर्ध्वे अधिष्ठित ॥
नित्यार्चित सुरांगने तव पद महत अति ।
सामान्य मानवीप्रति किंवा लोभ मने स्मरि ॥
स्वसाप्रति अमानने यद्यपि तुमि कुपित ।
सम्मुख समरे तुमि स्वयं वीर्य प्रदर्शह ॥
बलीश्रेष्ठ दशानन एतद् सत्य सुनिश्चय ।
राघव समरे तवे किंवा भय अत:परे ॥
यद्यपि तुमि निर्भय कर कार्य तथामत ।
एसो मम पुरोभागे मैत्री इच्छा मने यदि ॥
कर तुष्ट मन: मम मम सीता प्रदानिया ।
व्रतचारी यथा स्वयं चलि युद्ध निवारिया ॥
यद्यपि समरे इच्छा कर शस्त्र विधारण ।
सम्मुख समरे पशि कर युद्ध जगत् जयी ॥

अलक्ष्ये करिल चुरि मम सीता महाबली ।
कलंक ए तवप्रति हवे अद्य प्रकाशित ॥
चौर्य धर्मे प्रतिष्ठित दिग्विजयी दशानन ।
सर्व लोक जये अद्य कलंक चिर रावण ॥
प्रस्तुत समरे स्वयं कपि सैन्य समावृत ।
सीता नाहि प्रदानिल सवंशे मजिवे तुमि ॥
स्वीय पापे महत् कुल केन अद्य विनष्टिवे ।
रक्षःकुल सुरक्षिते हित वाक्य यथा कहि ॥

वाल्मीकि वचन

श्रुतिधर यथा शुक कहे वाक्य तथामत ।
रामचन्द्रे यथा उक्त वर्ण मात्र बिना त्यजि ॥
एतन्मत कहे शुक सारण कहिते रत ।
शुन वाक्य अतःपरे लंकेश्वर दशानन ॥

सारण वचन

करि बहु समादर दिल आज्ञा हनुप्रति ।
आगत सैन्य चर्चिते रावण सचिव द्वय ॥
कपि सैन्य प्रदर्शने जाह संगे महाबली ।
यथा शस्त्र यथा बल सर्व तथ्य प्रदानिवे ॥
सम्मान दानिया क्रमे पौंछिवे तोरणावधि ।
कर तुष्ट स-सम्माने आगत सचिव द्वये ॥
व्यवहारे तथा मुग्ध मोरा पदे शिरानत ।
रामचन्द्र भुजाश्लेषे करे बहु समादर ॥
सैन्य बल यथागत स्वयं चक्षे निरीक्षह ।
प्रासादोपरि उत्थाने विशदे कहि तद् परे ॥

वाल्मीकि वचन

एतद् वाक्य यथा श्रुत कौतुहली दशानन ।
प्रासादोपरि सत्वरे स-सचिव समुत्थित ॥
भ्रमणे रत मेघखे-पथे परशे सुन्दर सौध सानुते ।
सचिव द्वय रावण त्वरा तथि हर्म्योत्थित सैन्य दर्शने ॥

- इति श्रीमद्देवायण ब्रह्मकल्पे तृतीय खण्डे राम मण्डलान्तर्गतः रामायण वर्गे सुन्दर काण्डे रावणप्रति शुक कर्तृक श्रीराम वार्ता कथन नामः चतुर्विंश सर्ग ।

— ✯ —

॥ पंचविंश सर्ग ॥

वाल्मीकि वचन

नभ स्पर्शी यथा सौध तद् सानुते समुत्थित ।
सारण कहिते रत एतद् वाक्य दशानने ॥

सारण वचन

लंकेश्वर स्वयं चक्षे देखह कपि वाहिनी ।
प्राचीर त्यजि योजन लंकाव्यापी चतुर्दिके ॥
पर्वततुल्य वानर महासिंधु तटावधि ।
यद् भूमि विंश योजन पूर्ण सर्व निरीक्षह ॥

योजन भेद केवल प्राचीर सह सैन्यते ।
अन्य क्षेत्र यथा पूर्ण वानर वाहिनीकृत ॥
दीर्घता दश योजने प्राचीर प्रस्थ तेमति ।
एतद् क्षेत्र करे पूर्ण महासैन्य चतुर्दिके ॥
हेर सैन्य नभ स्पर्शी वीर मूर्त्ति भयंकर ।
हनुमान यथास्थले अतीव तुच्छ वानर ॥
एतद्रूप महासैन्य हेर व्याप्त चतुर्दिक ।
यद् पूर्ण सिंधु सैकत सेतु पूर्ण तथापिह ॥
यद् दीर्घ शत योजन मर्कटे पूर्ण सर्वतः ।
एवे क्रमे निरीक्षह दक्षिण द्वार नायक ॥
कपिश् वर्ण महावपु यद् बाली पुत्र अंगद ।
बालीतुल्य महायुधि सेनानी सप्त संहति ॥
शतार्बुद महासैन्ये दक्षिण द्वार रक्षक ।
मक्षिका कभुना शक्य एतद् भेदे कदाचन ॥
पूर्व द्वारे निरीक्षह नल नील महाबली ।
एक मात्र अहोरात्रे यद् कृत सेतु बंधन ॥
सर्व युद्धे सुकौशली सेनानी सप्त संहति ।
शत शंख महासैन्ये पूर्व द्वार सुरक्षक ॥
उत्तरे हेर सुग्रीव अद्यकाले कपीश्वर ।
किष्किन्ध्यापति दुर्जय राम सख्य कृपाश्रित ॥
वधि बाली यथा राम सुग्रीवे दिल राजत्व ।
उद्धार करिते सीता एतद् हेतु समागत ॥
दृढ़ सत्य परस्परे अद्यकाले प्रतिष्ठित ।
संकल्प वानरे श्रुत एरूप राक्षसेश्वर ॥
युद्ध जये लवे सीता रक्षःकुल विमर्दने ।
नहे सर्वे दृढ़ स्थिरे युद्धे प्राण प्रदानिवे ॥
पश्चातपद नहे कभु दृढ़ स्थिर जने जने ।
राघवे सर्व विश्वासी भगवान स्वरूपित ॥
कहे सर्वे हवे यश रक्षःजित कपि भूतले ।
यद्यपि जय राघवे देह त्यक्ते परागति ॥
इन्द्रतुल्य कपीश्वर वज्रतुल्य धरे गिरि ।
सेनानी सप्त संहति उत्तर द्वार रक्षक ॥
शतार्बुद महाकपि पार्श्वे पार्श्वे अवस्थित ।
सुग्रीव तव संग्रामे प्रतिद्वंद्वी सुनिश्चय ॥
पश्चिमे हेर राघवे रामानुज समन्वित ।
धृत बाली जयी वीर्ये लक्ष्मणह तथामत ॥
रक्षःकुल विमर्दने नराकृति समागत ।
राक्षसकुल अंतक सेनानी सप्त संहति ॥
सेवक मात्र मारुति रामपार्श्वे अवस्थित ।
वीरमध्ये नहे गण्य नहेत कपि चालक ॥
एतन्मात्र यथा तुच्छ लंकामध्ये समागमे ।
आतंकग्रस्त राक्षस ज्ञात सर्व दशानन ॥
कपि संख्या अतःपरे अवधान कर स्वयं ।
दश शते सहस्त्रशः लक्ष शत सहस्त्रशे ॥
शत लक्षे कहे कोटि अर्बुद शत कोटिते ।
कहे खर्व शतार्बुदे निखर्व शत खर्वते ॥

निखर्व शतके शंख शत शंखे महाशंख ।
शुन शत महाशंखे पद्म एक निरूपित ॥
शत पद्मे महाबाहु महापद्म कहे बुध ।
एतद् शत महापद्मे अक्षौहिणी विचारित ॥
शत अक्षौहिणी यथा अपार कथित स्मर ।
गणना किं अपरूर्ध्वे अनन्ते यद् प्रवेशित ॥
असंख्यानन्त यद् वाक्य कपि सैन्य तथामत ।
प्रहरण शिला वृक्ष बल वीर्ये सुदुर्जय ॥
केवा योद्धा चराचरे एतद् सैन्य करे क्षय ।
हवे युद्धे विपर्यय कहि युद्ध निवारह ॥
राक्षसकुल मर्दने एतद् युद्ध परित्यजि ।
राघवसह मित्रता कर सीता प्रदानिया ॥
अपिच राम लक्ष्मण गुणी श्रेष्ठ सुनिश्चय ।
नहे मात्र गुणी राम ज्ञानी श्रेष्ठ सुनिश्चय ॥
कर श्रेष्ठे नमस्कार एतद् शास्त्र यथाविधि ।
श्रेष्ठे मान्य प्रदानिले स्मरि सर्व सुमंगल ॥
एस्थले श्रेष्ठ राघव व्यवहारे प्रमाणित ।
रामचन्द्रे नमस्कारे अपयश नहे कभु ॥

वाल्मीकि वचन

यद् श्रुत वाक्य सारणे कुपित अति रावण ।
आरक्त विंश लोचने घोर मूर्त्ति विधारित ॥
शुनि रावण वाक्य सारणे अति कोप निज दंत घर्षणे ।
कहिते रत रक्त लोचने रह रे मूढ़ निरस्त भाषणे ॥

– इति श्रीमद्देवायण ब्रह्मकल्पे तृतीय खण्डे राम मण्डलान्तर्गत: रामायण वर्गे सुन्दर काण्डे रावण कर्त्तृक कपि सैन्य दर्शन वार्ता कथन नाम: पंचविंश सर्ग ।

— ✭ —

॥ षड्विंश सर्ग ॥

वाल्मीकि वचन

अति क्रुद्ध दशस्कंध घोर मूर्त्ति विधारणे ।
प्रत्युत्तरे कहे एतद् यद् उक्त सचिव द्वये ॥

रावण वचन

औद्धत्ये रह हे स्तब्ध रे दुष्ट शुक सारण ।
मुक्त कण्ठे ममाग्रते शत्रु कीर्त्ति प्रचारह ॥
राम श्रेष्ठ ममाधिक कह अद्य किं साहसे ।
प्राण त्राणे यथा कह जीवने अति कातर ॥
प्राणदंड मम क्रोधे एतद् भीति परित्यजि ।
राम द्वेषी यशोगाने नियुक्त कह कारण ॥
यदि केह वशीभूत अरि तेज प्रभावित ।
सेस्थले मरण श्रेय इत्याधिक किंवा कहि ॥
रत रामे यशोगाने हे सचिव विचारह ।
रामचन्द्रे किंवा ज्ञान व्यवहारे स्त्रीयप्रति ॥
वैधव्ये सर्वदा क्षुब्ध स्मर सूर्पणखा स्वसा ।
प्रतुष्टि हेतु तन्मने पंचवटी वनास्थित ॥

पति हारा निराश्रया भ्रमे नित्य वने वने ।
स्त्रीय मात्रे समीक्षित प्रेम-भिक्षा निरंतर ॥
तद् प्रति शस्त्र घातन हे सारण विचारह ।
अपराध किंवा कह सूर्पणखा स्वसाप्रति ॥
सेस्थले अति निर्दय नासाच्छेदे किं गौरव ।
उत्तर दानह त्वरा निर्बुद्धि सचिव द्वय ॥
हरणे जानकी मात्र दुष्ट कार्य निरीक्षिले ।
कौन युक्ति किंवाश्रेये सूर्पप्रति इहा कृत ॥
प्रेमकामी यथा स्त्रीय परित्यज सुकौशले ।
स्त्रीय अंगे शराघात निश्चय अति गर्हित ॥
हीन-चित्त बिना कह हे सचिव चराचरे ।
के नियुक्त निपीड़ने स्त्रीय अंग प्रकाशह ॥
आनिनु यद्यपि स्वयं सीता राम अगोचरे ।
लोकक्षय परित्यजि मम कार्य सुकौशले ॥
मम कृत समानीत सीताशोके सुरक्षित ।
एतद् अंग कदाचन नाहि स्पर्शि स्वयं बले ॥
हेथा कह किंवा ज्ञान रामचन्द्रे ममाधिक ।
बल वीर्य किंवा कह कपि सैन्य प्रदर्शन ॥
त्रैलोक्यविजयी स्वयं पुत्रगण तथामत ।
देववृंद यथा भीत कपि वीर्य किंवा तथा ॥
भक्ष्य मध्ये सदा गण्य कपि वृंद निशाचरे ।
शिला वृक्षे किंवा युद्ध महाशस्त्र यथास्थले ॥
एकाकी मर्दिते स्वयं सक्षम सर्व वानरे ।
किंवा युक्ति किंवा भये सेथा संधि किं मंगले ॥

वाल्मीकि वचन

एतद् वाक्य यथा उक्त रावण सचिव द्वये ।
कम्पित शुक सारण हेरि मूर्त्ति दशानने ॥
लंकेश्वर प्रभावित स्वमत परिवर्त्तने ।
युक्ति पाणि शिरानते कहे वाक्य तथास्थले ॥

शुक वचन

क्षमः वाक्ये यथा भ्रम लंकेश्वर महत् तुमि ।
नहि शत्रु प्रभावित कहि वाक्य कथाच्छले ॥
राज्येश्वरे कहे मंत्री सर्व वाक्य शुभाशुभ ।
एतद् कार्य प्रदानिया केन क्रुद्ध अतःपरे ॥
सचिव कृत भाषित शत्रु बुद्धि निरूपिया ।
हवे तथा प्रपालित राज इच्छा मनोमत ॥

सारण वचन

यद्यपि कपि सम्राट शास्त्रविधि निरूपिया ।
नहे एतद् विचारित सर्व पथे महाबली ॥
शुनि रामे मधु स्मर शुभ वाक्य तवप्रति ।
एतद् हेतु इहा कहि रामे सीता प्रदानह ॥
यद्यपि सूर्प पीड़ित राम हस्ते महावने ।
करि सभा विचारह हवे कार्य तथामत ॥

वाल्मीकि वचन

किञ्चित् तुष्ट दशानन एतद् वाक्य यथा श्रुत ।
कहिल शुक सारण मंद्र स्वने तथास्थले ॥
अति भीषण हेरि रावणे श्रवणे वाक्य सपक्षर क्षणे ।
कहिते रत मस्तकानते इति मंत्रीद्वय वाक्य संकटे ॥

- इति श्रीमद्देवायण ब्रह्मकल्पे तृतीय खण्डे राम मण्डलान्तर्गत: रामायण वर्गे सुन्दर काण्डे शुक-सारणप्रति रावणे क्रोध प्रकाश वार्ता कथन नाम: षड्विंश सर्ग ।

— ✯ —

॥ सप्तविंश सर्ग ॥

वाल्मीकि वचन

हेरि नत पुरोभागे रावण सचिव द्वये ।
किञ्चित् तुष्ट दशानन एरूप कहिते रत ॥

रावण वचन

शुन हे सचिव द्वय यथा कार्य अत:परे ।
आह्वानह सभा त्वरित हवे तथा विचारित ॥

वाल्मीकि वचन

चलिल सचिव द्वय आज्ञा प्राप्त यथा त्वरित ।
आह्वानिल महासभा सर्वे वार्ता प्रदानिया ॥
विदाय करि सारणे शुक मंत्री तथामत ।
लंकेश्वर प्रवेशिल राणी मन्दोदरी गृहे ॥
मन्दोदरी तथास्थले भाराक्रांत सदा मने ।
सीता रूपे रहे मुग्ध रक्ष:राज निरंतर ॥
एतद् तथ्य परिज्ञात लंकेश्वर दशानन ।
सचिव कृत भाषण कहे रंगे तथास्थले ॥

रावण वचन

शुभ वार्ता प्रदानिते लंकेश्वरी समागत ।
जाहे तुमि हवे सत्य चिन्ता मुक्त चिरंतन ॥

मन्दोदरी वचन

किंवा तद् काहिनी कह लंकेश्वर त्वरित गति ।
चिन्ता मुक्त चिरंतन हव जाहे महाबली ॥

रावण वचन

यवे सीता गृहागत अशोक कानने स्थित ।
सतत तुमि भावित सतिनी जानकी स्मरि ॥
सीतापति समागत कपि-सैन्य समावृत ।
राघव सैन्य चर्चिया आगत शुक सारण ॥
तव शुभ कहे मंत्री रामे सीता प्रदानिते ।
राघव वीर्य वर्णने मुखर सचिव द्वय ॥
एतद् वाक्य विचारित हवे अद्य सभातले ।
राघवे दानिते सीता किंवा युद्ध विघोषणा ॥

मन्दोदरी वचन

राघवे दानिले सीता   हव तृप्त किंवा कह ।
चिन्तामुक्त तथा मात्र   एतद् वाक्य मने स्मरि ॥
हेरिनु जानकी स्वयं   राम ध्यान परायणा ।
किञ्चित् मात्र तवच्छाया   नाहि हेरि तथास्थले ॥
तोमाते हेरि केवल   सीता चिन्ता निरंतर ।
मम मनः महाराज   तद् हेतु नित्य चिन्तित ॥
सतिनी हेतु ना स्वयं   करि चिन्ता कदाचन ।
एतद् वाक्य सदा ज्ञात   ममासन रवे स्थिर ॥
ए कारणे रण श्रेय   कहि एतद मनोदित ।
कर रामे पराजित   हवे सीता तवप्रति ॥

रावण वचन

यदि राम पराजित   सीता आत्म निवेदिता ।
किं प्रकारे मने स्मर   तवासन रवे स्थिर ॥
जानकी नव यौवना   वशीभूत तथा मनः ।
सुन्दरी स्मित भाषणे   हवे कार्य व्यतिक्रम ॥

मन्दोदरी वचन

लक्षेक सतिनी यथा   तथा चिन्ता किंवा कह ।
एक मात्र तथास्थले   उपरंतु किंवा भय ॥
मम पुत्र यतक्षण   मेघनाद महाबली ।
मम मान्य प्रदानिवे   पद स्थिर ततक्षण ॥
तवाशा भरसा तव   मेघनाद निरंतर ।
इन्द्रजित गर्भधारिणी   केमने कर हेलन ॥
लंकेशे करि हेलन   जानकी अति गर्विता ।
राम-ध्याने रहे स्थिर   कर रामे पराजित ॥

देव वचन

उत्साहे रावणे युद्धे   मन्दोदरी किं कारणे ।
यदि तथ्य इथे कह   हे वाल्मीकि महाकवि ॥

वाल्मीकि वचन

शुन हे अभिनन्दन   गुह्य तथ्य तथास्थले ।
उत्साहे रावणे युद्धे   मन्दोदरी किं कारणे ॥
कतमा नाम सुन्दरी   चित्ररथे यथा प्रिया ।
रक्षः कृत विवाहित   चित्ररथे पराजिया ॥
गंधर्वी कतमा भजे   लंकेश्वर दशानने ।
काल पूर्ण मने स्मरि   सर्व दुःख सुगोपने ॥
रावण अलकापुरी   करे जय यवे शुन ।
सर्व दिक सुरक्षिते   एतद् चिन्ता यथा कृत ॥
अद्य रक्षः पराजये   हवे पुनः प्रतिष्ठिता ।
रावण पतन स्मरि   यथा स्वयं प्रवेशिल ॥
रावणे करिते क्षय   एवे काल मने स्मरि ।
उत्साहे रावणे युद्धे   अन्य युक्ति प्रदानिया ॥
काल देव जये स्मरि   रामचन्द्र समागमे ।
लंकाते कमलागत   तुष्ट मन्दोदरी इथे ॥

जयी राम रणस्थले सर्व शुभ स्वरालये ।
लभिले अलकापुरी चित्ररथ महाबली ॥
एतद् चिन्ता समन्विता रानी मन्दोदरी तथा ।
रक्षःकुल विनाशिते उत्साहे रावणे रणे ॥
शुन देव अतःपरे रानी मन्दोदरी प्रति ।
हर्षान्वित दशानन एतद् वाक्य कहे शुन ॥

रावण वचन

शुन मन्दोदरी प्रिया चल त्वरित सभातले ।
कहिवे तव भाषण तव इच्छा मनोमत ॥
हवे अद्य तथा स्थिर कार्याकार्य विवेचने ।
आह्वान करिते युद्धे किंवा सीता प्रदानिते ॥

वाल्मीकि वचन

एतद् कार्य यथा स्थिर चले उभे सभास्थले ।
लंकेश्वर समन्वित लंकेश्वरी स्मिताधरा ॥
ए स्थले सरमासह रक्षानुज विभीषण ।
रक्षःराज सभाह्वाने वार्तारत परस्परे ॥

विभीषण वचन

चल देवी सभातले स्मरि अद्य महासभा ।
हवे अद्य निरूपण किंवा कार्य अतःपरे ॥
ममाग्रजे समानीत जानकी राघवप्रिया ।
लंकाधामे समागत वाहिनी सह राघव ॥
करे व्याप्त चतुर्दिके विपुल कपि वाहिनी ।
राम जय निनादिछे चतुर्द्वारे क्रमागत ॥
ए कारणे हवे स्थिर किंवा कार्य अतःपरे ।
आह्वान करिते युद्धे किंवा सीता प्रदानिते ॥

सरमा वचन

किंवा तव मतामत तवान्तरे प्रकाशह ।
आह्वान करिते युद्धे किंवा सीता प्रदानिते ॥

विभीषण वचन

मम इच्छा यथा सत्य कहि शुन तथामत ।
राघवे दानिते सीता राम-युद्ध परित्यजि ॥

सरमा वचन

हेरिया कपि वाहिनी भीत तुमि सुनिश्चय ।
निन्दिवे सर्व राक्षसे कहि शुन सभास्थले ॥

विभीषण वचन

निन्दिवे ज्ञात निश्चय एतद् वाक्ये दशानन ।
हवे रक्षः अमानित पुनः सीता प्रदानिले ॥

सरमा वचन

यदि रक्षः अमानित पुनः सीता प्रदानिले ।
किं प्रकारे कर स्थिर एतद् कार्य महामति ॥

विभीषण वचन

मत श्रुत ब्रह्म भाषणे   राम स्वयं जगत्पति ।
सीता लक्ष्मी स्वयं देवी   नारीरूप विधारिका ॥
लक्ष्मी स्पर्शे दशानने   आयु क्षय दिने दिने ।
एतद् युद्धे हवे नष्ट   सर्व सह निशाचर ॥
कहिव शुभ भाषण   रक्षःकुल हिते तथा ।
यदि वाक्य परित्यजे   अति दर्पे दशानन ॥
ए कुल त्यजिव स्वयं   पितृ स्मृति सुरक्षणे ।
मजिवे सर्व राक्षस   एतद् युद्धे क्रमे क्रमे ॥

सरमा वचन

कोथा गति अतःपरे   रक्षःकुल परित्यजि ।
निश्चय यदि संग्राम   कह सत्य ममप्रति ॥

विभीषण वचन

यदि युद्ध तथा स्थिर   राक्षसकुल वर्जने ।
श्रीराम शरणागत   हव आत्म निवेदने ॥
तव वंश रवे मात्र   रामचन्द्र कृपाश्रित ।
सीतापति स्वयं प्रभु   स्मर ध्याने निरंतर ॥
कहिते रत यद् भविष्यते   गति रक्षानुज भाग्य राक्षसे ।
सरमा प्रति कक्ष निर्जने   नर रूपे जगदीश राघव ॥

– इति श्रीमद्देवायण ब्रह्मकल्पे तृतीय खण्डे राम मण्डलान्तर्गतः रामायण वर्गे सुन्दर काण्डे युद्धायुद्ध निरूपणे रावण कर्तृक सभाह्वान करण वार्ता नामः सप्तविंश सर्ग ।

— ✩ —

॥ अष्टविंश सर्ग ॥

वाल्मीकि वचन

एतद् वाक्य चले उभे   रक्षःराज सभातले ।
पशिल सरमासह   सभामध्ये विभीषण ॥
हेरि तथा विभीषणे   सर्व जन समुत्थित ।
रावण केवलासीन   मन्दोदरी समन्वित ॥
हेरि प्राज्ञ विभीषणे   करे सर्वे शिरानति ।
कहे वाक्य दशानन   एसो पार्श्वे विभीषण ॥
उपविष्ट विभीषण   स्थिरकृत यथासने ।
तद् पार्श्वे सरमासीन   सर्व क्रमे अतःपरे ॥
सभासीन यवे शुन   रक्षानुज विभीषण ।
लंकाधिप सभारम्भे   कहे वाक्य यथा शुन ॥

रावण वचन

शुन सर्व समागत   ममानुज विभीषण ।
शुन हे शुक सारण   मेघनाद तथामत ॥
कालनेमि महाबुद्धि   अतिकाय महाबली ।
शुन हे तरणीसेन   प्रहस्त भस्मलोचन ॥
विद्युतजिह्वा सहोदर   वज्रदंष्ट्रा तथामत ।
शुन हे महीरावण   मकराक्ष महारथी ॥

वीरबाहु घटोत्कर्ण शार्गधर महायुधि ।
शुन वीर अनुन्नासा बृहदष्ठ यथाक्रमे ॥
कहि शुन यथा वाक्य कर स्थिर विचारिया ।
किं कर्त्तव्य अत:परे यथा अद्य परिस्थिति ॥
हेर सूर्पणखा स्वसा सदा स्नेहे सुपालित ।
विड़ालाक्ष यथा पूर्वे स्वर्ग-युद्धे निपातित ॥
पति हारा यथा सूर्प नित्य शोक परायणा ।
एतद् दृश्य निरीक्षिया मम कार्य यथा शुन ॥
सूर्प चित्त प्रहर्षिते पंचवटी प्रदानिनु ।
स्वेच्छामत परिभ्रमि सतत रहिवे सुखी ॥
एतद् चिन्ता समन्वित दानि सैन्य सहस्त्रश: ।
दानि संगे तथामत शविष्ट खर दूषण ॥
पंचवटी वने सूर्प रहित नित्य मोदिता ।
सहसा हेर सेस्थले रामचन्द्र समागत ॥
राजा दशरथात्मज पितृ सत्य सुपालने ।
सूर्पसह करे द्वंद्व रामप्रिया तथास्थले ॥
राघवे भजिते इच्छा यवे सूर्प प्रकाशिल ।
राघवानुज लक्ष्मण सीता-प्रेमे अवस्थित ॥
ए हेतु जानकी वाक्ये लक्ष्मण अति कुपित ।
पुष्प तरे यवे सूर्प पंचवटी प्रवेशिल ॥
सहसा कर्ण नासिका करे छेद तथास्थले ।
विकृत वदने सूर्प आर्तनाद परायणा ॥
श्रवणे सूर्प रोदन आगत खर दूषण ।
सैन्य दश सहस्त्रशे करे युद्ध अत:परे ॥
रामानुज करे युद्ध वीर सत्य मने स्मति ।
करि युद्ध निपातिल एकाकी खर दूषणे ॥
असहाय तथा सूर्प पतित खर दूषण ।
मम पार्श्वे निवेदिल त्वरित लंका समागमे ॥
एतद् शिक्षा प्रदानिते प्रत्युत्तरे कृत स्वयं ।
नासाच्छेद ममालक्ष्ये रामानुजे यथा कृत ॥
आमिह राघवालक्ष्ये हरि सीता सुकौशले ।
नहे राम परिज्ञात हरि सीता यथा स्वयं ॥
अशोक कानने सीता यद् रक्षित सुगोपने ।
आगत हनु सन्धाने संदेह करि तद्परे ॥
राघवे मित्रता स्मर किष्किंध्या वानराधिपे ।
उभे मिलि करे युद्ध बाली वध तथास्थले ॥
छिल राज्य विताड़ित सुग्रीव वानराधिप ।
भ्रातृ-पत्नी हरे दुष्ट इथे बाली विताड़िल ॥
रामचन्द्र सहायके वधि बाली अत:परे ।
प्रेरिल पवनात्मजे लंकाधामे निरीक्षिते ॥
अशोक कानने सीता हनुमान निरीक्षिया ।
सुग्रीवे दिल सन्धान रामचन्द्रे तथामत ॥
सुग्रीव परिचालने हेथा राम उपस्थित ।
दुष्टसह सदा दुष्टे मित्रता स्मर निश्चय ॥
अत्यंत दुष्ट सुग्रीव इथे कह किं संशय ।
भ्रातृ पत्नी हरे पापी वधे भ्राता अत:परे ॥

वधि बाली महाबली रामचन्द्र सहायके ।
राज्य लिप्सा प्रवर्धित लंकाधामे समागत ॥
रामे सीता प्रदानिते करि कार्य सुकौशल ।
स्वराज्य काम्य विस्तारे लंकाधाम यथावधि ॥
एवे कह किंवा इच्छा यथा सर्व विचारिया ।
आह्वान करिते युद्धे किंवा सीता प्रदानिते ॥

शुक वचन

सीता दाने अमानित हवे रक्षः सुनिश्चय ।
सुग्रीव कहिवे अंते भये सीता प्रदानिल ॥

सारण वचन

सूर्प नासा यथा छेद्य एतद् शास्ति प्रदानिते ।
युद्ध श्रेय मने स्मरि अन्य युक्ति परित्यजि ॥

मन्दोदरी वचन

उत्तम सारणे युक्ति युद्ध श्रेय मने स्मरि ।
लंकेशे निन्दि सर्वदा रामप्रिया अवस्थिता ॥
गर्वान्वित कहे नित्य राम सर्व जगत्प्रभु ।
रामाधिक बली केवा राघव रक्षः शासक ॥
एतद् दर्प विचूर्णिते युद्ध स्थिर मने स्मरि ।
हे सर्व रण पंडित कर रामे पराजित ॥
सुग्रीवे करे मर्दन कपिकुल समन्वित ।
रामचन्द्रे विनाशह रामानुजे निपातिया ॥
त्रैलोक्य विजयी सर्वे अक्षुन्न रह गौरवे ।
लंकाधाम कपि व्याप्त कर त्वरित विताड़न ॥

मेघनाद वचन

यद्यपि कपि सुग्रीवे लंकाजय मनोदित ।
एतद् त्वरा निवारिव तीक्ष्ण शस्त्र विघातने ॥

अतिकाय वचन

मर्दिव आमि सुग्रीवे कपिकुल समन्वित ।
मर्दि यथा षडानने देव-सैन्य समावृत ॥

तरणी वचन

मर्दिव अंगदे स्वयं कपीश वाहिनीसह ।
मर्दि यथा पुराकाले स्वबले नरकेश्वरे ॥

मकराक्ष वचन

मर्दिव वायुनन्दने किंवाश्चर्य इथे कह ।
मम शस्त्रे विमर्दित पूर्वे स्मर मरुद्बल ॥

वीरबाहु वचन

नल नीले विमर्दिव एतद् सत्य सुनिश्चय ।
मर्दित मम शायके यथा पूर्वे जलेश्वर ॥

वाल्मीकि वचन

आवृत लोचनद्वये कहिल भस्मलोचन ।
कह युद्धे किंवा भय भस्मिव आमि राघवे ॥
अत्याधिक यदि स्पर्धा राघवे शर चालने ।
सर्व सह निपातिव भस्मस्तुपे तथास्थले ॥
यथा सीता समानीत नाहि कभु प्रदानह ।
न्यायान्याय अत:परे कर अग्रे विताड़ना ॥
छिल मौन तथास्थले रक्षानुज विभीषण ।
किंवा स्थिर विभीषणे जिज्ञासिल दशानन ॥

विभीषण वचन

विपरीत यथा मत कहि शुन दशानन ।
राघवसह मित्रता कर सीता प्रदानिया ॥
रामचन्द्र जगत्प्रभु सीता लक्ष्मी स्वरूपिनी ।
नाहि स्पर्श कदाचन सीतादेवी ममाग्रज ॥
आयु क्षय हवे शुन लक्ष्मी स्पर्शि दिने दिने ।
यदि युद्ध अनुष्ठह हवे सत्य पराजय ॥
ब्रह्म बले बलीयान अपिच तुमि अग्रज ।
रामचन्द्र स्वयं ब्रह्म स्वरूपित अवस्थित ॥
मम मते इहा स्थिर सीता त्वरित प्रदानह ।
जाह तुमि तथास्थले कह रामे शिरानते ॥
अपराध क्षम: प्रभु राम राम जगत्पति ।
परम करुणामय भूतेश भूतभावन ॥

वाल्मीकि वचन

एतद् वाक्य यथा श्रुत रावण अति कुपित ।
क्रोधे कम्प कलेवर आरक्त विंश लोचन ॥

रावण वचन

मति भ्रांत विभीषण विपरीत यथा कह ।
वनचारी जटाधारी रामचन्द्र जगत्पति ॥
कहिवे तुमि तद् परे भ्रांत वाक्य यथाक्रमे ।
स्वयं इन्द्र समागत कपि रूप विधारणे ॥
अमरवृंद वानर व्यापे लंका चतुर्दिके ।
असिद्ध नर: वानरे यथा राजा दशानन ॥
हेरिया कपि वाहिनी भीत तुमि विभीषण ।
कल्पना मात्र केवल विजड़ित पुरास्मृति ॥

विभीषण वचन

कह सत्य दशानन रामचन्द्र जगत्पति ।
स्वयं इन्द्र कपीश्वर देवता सर्व वानर ॥
काल पूर्ण मने स्मर गतिवृद्धि निवारणे ।
कपि जये नहे वीर्य हवे सत्य पराजय ॥
कहि दानह युद्ध वर्जने नमि सीता जगदीश राघवे ।
शुन अग्रज गुह्य जानकी नव योषित युव-रूप इन्दिरा ॥

– इति श्रीमद्देवायण ब्रह्मकल्पे तृतीय खण्डे राम मण्डलान्तर्गत: रामायण वर्गे सुन्दर काण्डे विभीषण कर्तृक युद्धोद्यम वारण करण नाम: अष्टविंश सर्ग ।

॥ ऊनत्रिंश सर्ग ॥

वाल्मीकि वचन

एतद् वाक्य यथा श्रुत सर्व रक्षः सभास्थित ।
बुद्धि भ्रम विभीषणे स्मरि हास्य परायण ॥
एतद् दृश्य निरीक्षिया कहे वाक्य विभीषण ।
अद्य हास्य परायण छिन्न मुंड अत:परे ॥
छिन्न मुंड अत:परे शुनि वाक्य विभीषणे ।
क्रोध युक्त तथास्थले कहिल भस्मलोचन ॥

भस्मलोचन वचन

अरिकुल हिताकांक्षी रक्षःद्वेषी मनोगति ।
खुल्लतात यथा कह तव भ्रांति मने स्मरि ॥
दुर्जय भस्मलोचन ज्ञात तुमि सुनिश्चय ।
दृष्टि मात्रे हवे भस्म नाहि युद्धे प्रयोजन ॥

मेघनाद वचन

यदि देव उपस्थित किंवा भय तथास्थले ।
स्वयं देव पराजिव वानर किं बलाधिक ॥
एतद् भ्रांति मने स्मरि खुल्लतात यथा कह ।
त्रैलोक्य के रहे स्थिर मम युद्धे इहा स्मर ॥
रक्षः मान्य प्रवर्धिते नाहि सीता प्रदानह ।
हवे युद्ध सुनिश्चय पिता अद्य प्रचारह ॥

मन्दोदरी वचन

पूर्व वाक्य मने स्मर तुमि अद्य विभीषण ।
कतमे वरिते कह रक्षः राज दशानने ॥
सीताप्रति निवारह अद्य तुमि किं कारणे ।
हरणे त्रुटि यद्यपि कर युद्धे पराजित ॥
कृत युद्धे पराजित चित्ररथे यथामत ।
कर रामे तथामत सुग्रीव सह मर्दन ॥

विभीषण वचन

रक्षःकुल विनाशिते चाह तुमि किं कारणे ।
पति पुत्र हवे गत एतद् सत्य सुनिश्चय ॥

रावण वचन

रह स्तब्ध विभीषण अहित कह केवल ।
पति पुत्र विनाशिते सती इच्छा किंवा कह ॥
मति भ्रांत सुनिश्चय नाहि वाक्ये प्रयोजन ।
मति भ्रम यथा जने किंवा शुभ मतामते ॥
हवे युद्ध सुनिश्चय एतद् आज्ञा प्रचारह ।
केवा योद्धा मने स्मरे युद्धस्थले जयाजय ॥

विभीषण वचन

तवु कहि ममाग्रज एतद् कार्य निवारह ।
रामचन्द्र जगत्पति हवे तव पराजय ॥

मन्दोदरी वचन

पराजय पराजय किंवा कह निरंतर ।
युद्धे जय-पराजय आछे सत्य सुनिश्चय ॥

रावण वचन

सभा त्यजि त्वरित जाह यथा इच्छा मनोमत ।
हवे युद्ध सुनिश्चय एतद् आज्ञा प्रचारिनु ॥

विभीषण वचन

पुनः कहि दशानन एतद् युद्धे रह स्थिर ।
हेरि साक्षात् अमंगल नहे जय कदाचन ॥

वाल्मीकि वचन

कुपित अति रावण एक लम्फे समुत्थित ।
पदाघात करे वक्षे अति क्रोधे विभीषणे ॥
अप्रस्तुत सबे स्थित प्रसभे कृत रावणे ।
निपतित विभीषण पदाघाते महीतले ॥
हाय हाय करे सर्वे मेघनाद धृत त्वरा ।
वेदना प्राप्त वक्षते शिराघात तथामत ॥
रक्तधारा बहे अंगे शिरः चर्म विदारणे ।
कहे वाक्य तथापिह दशस्कंधे विभीषण ॥

विभीषण वचन

पदे धरि ममाग्रज कहि तोमा पुनः पुनः ।
यथा इच्छा निवारह रामे सीता प्रदानह ॥

वाल्मीकि वचन

एवे सभा रहे स्तब्ध दशानन तथामत ।
आचम्बिते यदूत्पत्ति विस्मित सर्व राक्षस ॥
किंवा कार्य दशानने मेघनाद महाबले ।
किं कहे तरणीसेन अतिकाय तथास्थले ॥
चिन्तित अद्य रावण अकस्माते यथा कृत ।
बहिर्देशे रहे शत्रु गृह-द्वंद्व उपस्थित ॥
सर्वे चिन्ता पृथक् पृथक् पूर्व सम रहि स्थिर ।
शुभाशुभ विचारिते कहे वाक्य विभीषण ॥

विभीषण वचन

ब्रह्म वाक्य मने स्मर यदातीत पुरास्मृति ।
सर्व युद्धे हवे जयी अमर तवु ना तुमि ॥
वर दाने रहे मात्र अवशिष्ट नरः कपि ।
हेर अद्य पुरःद्वारे एतद् सर्व समागत ॥
यदि तुमि प्रदानह रामे सीता ममाग्रज ।
किंवा निन्दा तवप्रति राम बालीजयी स्मर ॥
बाली हस्ते पराजित आछो स्थिर दशानन ।
बालीजयी बली श्रेष्ठ सम्माने केन कातर ॥

वाल्मीकि वचन

नीरव तवु रावण पूर्व मत रहे स्थिर ।
कहे पुनः विभीषण रावणप्रति भाषणे ॥

विभीषण वचन

क्षमः तुमि ममाग्रज केवा मृत्यु निवारिवे ।
कालगति निवारणे के सक्षम दशानन ॥
कर कार्य यथा इच्छा यद्‌द्य मनसोद्भव ।
एकदा स्मरिवे तुमि यथा उक्त विभीषणे ॥
कृत रावण कोप कम्पने चरणाघात हृदे विभीषणे ।
सकले निरखे सविस्मये च्युत लंकेश्वर आत्म संयमे ॥

– इति श्रीमद्देवायण ब्रह्मकल्पे तृतीय खण्डे राम मण्डलान्तर्गतः रामायण वर्गे सुन्दर काण्डे रावण कर्तृक विभीषण प्रति पदाघात करण वार्ता कथन नामः ऊनत्रिंश सर्ग ।

— ✭ —

॥ त्रिंश सर्ग ॥

वाल्मीकि वचन

सभास्थल परित्यजि विभीषण चले द्रुत ।
पश्चाते सरमाप्रिया हल त्वरित बहिर्गत ॥
अन्य सर्व रहे स्थिर दाने आज्ञा दशानन ।
युद्धकाले किं मंत्रणा शुन सर्वे रहि स्थिर ॥

रावण वचन

मंत्रणा कर सत्वरे हे मंत्री शुक सारण ।
युद्धकाले किंवा कार्य वीरवृंदे निवेदह ॥

शुक वचन

शुन सर्व महावीर सभास्थले उपस्थित ।
सुग्रीवसह संग्राम हल अद्य प्रचारित ॥
कपिकुल विमर्दिते के सक्षम इहा कह ।
केवा अग्रे प्रवेशिवे कह अद्य रणस्थले ॥

वाल्मीकि वचन

सर्व अग्रे शिरानत राज अग्रे समागमे ।
युद्धभार तरे योद्धा प्रहस्त रक्षः नायक ॥
लंकेश्वर इथे तुष्ट सैन्यापत्य प्रदानिल ।
तद् सह दिल यौतुक शूल तीक्ष्ण भयंकर ॥
शूल हस्ते यवे धृत प्रहस्त बल नायक ।
लागिल शोभिते तथा शूलपाणि यथामत ॥
गर्जिल सर्व राक्षस जय राजा दशानने ।
राक्षस वाद्य सेस्थले बाजे वज्र विनिस्वने ॥
प्रहस्त सैन्य नायक प्रस्तुत समरे यवे ।
दिल आज्ञा दशानन सैन्य संख्या निरूपिया ॥

रावण वचन

दश लक्ष महारथी   दश लक्ष तथा गज ।
दश लक्ष हयारूढ़   दश लक्ष पदातिके ॥
प्रस्तुत समरे जाह   चतुरंग बलान्वित ।
कपि सैन्य विमर्दिया   एसो त्वरित सगौरवे ॥

वाल्मीकि वचन

प्रहस्त चरणे नत   बाजे वाद्य चतुर्दिके ।
रक्षः राज समादरे   उद्यत गमने यवे ॥
करयोड़े कहे तथा   मंत्रणा करि सारण ।
हे प्रहस्त रह स्थिर   कहि अग्रे दशानने ॥

सारण वचन

लंकेश्वर इहा शुन   चिन्तित मंत्रणा मम ।
युद्धनीति यथा कहि   शुन सर्व मने स्थिरे ॥
अरि सैन्य रहे यदि   मित्र सैन्य बलाधिक ।
संग्राम कभु ना कर   आक्रमिया त्वरित गति ॥
काल क्षये कर स्थिति   मौनभावे कियत् दिवा ।
रुद्ध द्वारे अवस्थाने   हवे शत्रु विचंचल ॥
सैन्यगण हवे द्वेषी   किंवा अन्यमना तथा ।
कर्मव्यस्त हवे सर्वे   हवे खाद्ये अनाटन ॥
आक्रमह तथाकाले   घोर शब्दे चतुर्दिके ।
सर्व बल प्रयोगिया   कर त्वरित निपीड़न ॥

वाल्मीकि वचन

एतद् वाक्य यथा श्रुत   अति तुष्ट दशानन ।
निर्देशिल सभास्थले   कर कार्य तथामत ॥
करि रुद्ध चतुर्द्वार   पुरीमध्ये रह स्थिर ।
ऊर्ध्व हते निरीक्षह   किंवा शत्रु परिस्थिति ॥
इत्यादेश यथा प्राप्त   प्रहस्त सैन्य नायक ।
चतुर्द्वारे प्रचारिल   यथा आज्ञा दशानने ॥
हेथा वीर विभीषण   राजसभा परित्यजि ।
सरमाप्रति भाषणे   एतद् वाक्य कहे त्वरा ॥

विभीषण वचन

गृहमध्ये रह स्थिर   नाहि भय तथास्थले ।
राजसभा नहे भंग   चलि स्वयं त्वरित गति ॥
श्रीराम चरणे चलि   मम आत्म निवेदने ।
येमति ब्रह्म निर्देश   करि कार्य तथामत ॥
आश्वास दानिवे नित्य   सरमा जानकीप्रति ।
राघवे जय निश्चय   लंकेश्वरे पराजय ॥

वाल्मीकि वचन

एतद् वाक्य यथा उक्त   राज गृह परित्यजि ।
पश्चिम तोरणे त्वरा   उपस्थित विभीषण ॥
हेरि अग्रे विभीषणे   द्वारी सर्व शिरानत ।
आशिष करिया सर्वे   राजानुज बहिर्गत ॥

हेरिल नीरवे द्वारी रक्षः-राजानुज त्वरा ।
कपि-सैन्ये प्रवेशिल राज कार्य मने स्मरे ॥
हेथा त्वरित विभीषण कपि-सैन्ये प्रवेशिया ।
रत सर्व निरीक्षिते कोथा राम अवस्थित ॥
एस्थले हेरि राक्षस वानर सैन्य चंचल ।
सैन्याध्यक्ष महावीरे त्वरित गति निवेदिल ॥
पुनरागत राक्षस शुनि हनु उपस्थित ।
राघव कृत दानित पूर्व मान्य निशाचरे ॥
एतद् हेतु समुत्थाने कहे वाक्य विभीषणे ।
राज-भ्राता मने स्मरि मोरे प्राण प्रदानिले ॥
कह अद्य किं कारणे कपि सैन्ये उपस्थित ।
दर्शन प्रार्थी राघवे उत्तरिल विभीषण ॥
कहे हनु समादरे एसो एसो विभीषण ।
राघवे लभिवे साक्षात् इथे विघ्न किंवा कह ॥
हनुसह प्रवेशिल राघव शिविरे त्वरा ।
परिचय प्रदानिल मारुति राघवप्रति ॥
हेर प्रभु समागत एतद् लंकेश्वरानुज ।
राज-गृह परित्यजि त्वरित कार्ये विभीषण ॥
हेरि राम दशानने रत वाक्ये समादरे ।
एसो मित्र किंवा कार्य यथा त्वरित प्रकाशह ॥
तव कार्य अनुष्ठिव यथा इच्छा मनोमत ।
अरिमध्ये प्रवेशिले शस्त्रहीन किं कारणे ॥
नह शत्रु कदाचन ममप्रति जगत्प्रभु ।
करि पदे नमस्कार मित्रता स्मरि आगत ॥

वाल्मीकि वचन

एतद् वाक्ये नमस्कार करे पदे विभीषण ।
रामचन्द्र भुजाश्लेषे करे वक्षे विधारण ॥
विस्मित हनु लक्ष्मण एतद् दृश्ये तथास्थले ।
शत्रु मित्र किंवा रामे सम ज्ञान निरंतर ॥
शत्रुते मित्र दर्शन किं संकट अतःपरे ।
पंचमोत्तर बांधव किं ना अद्य विभीषण ॥
अहमागत वर्जि रावणे स्मरि सर्वाश्रय भक्त पालके ।
करि राम पदे विभीषण प्रणतात्मार्पण छंद सुन्दरी ॥

- इति श्रीमद्देवायण ब्रह्मकल्पे तृतीय खण्डे राम मण्डलान्तर्गतः रामायण वर्गे सुन्दर काण्डे श्रीराम पार्श्वे विभीषण समागम नामः त्रिंश सर्ग ।

॥ सुन्दर काण्ड समाप्त ॥

— ✯ —

॥ रामायण वर्ग ॥

लंका काण्ड

॥ प्रथम सर्ग ॥

वाल्मीकि वचन

रामचन्द्र अतःपरे जिज्ञासिल विभीषणे ।
किंवा कार्य अनुष्ठिव तव तरे महामति ॥

विभीषण वचन

तव पार्श्वे करि स्थिति देह आज्ञा जगत्प्रभु ।
रावणे करिनु त्याग कार्य-द्वन्द्व उपस्थिते ॥
शुन अद्य सभातले कहि सीता प्रदानिते ।
कर युद्ध परित्याग कुल क्षय हवे वृथा ॥
श्रीरामे दानिया सीता कर मैत्री तथास्थले ।
इथे सर्व सुमंगल कुपित शुनि रावण ॥
कहे युद्ध कृत स्थिर नाहि सीता प्रदानिव ।
यदि एतद् मनोमत नहे तव विभीषण ॥
कर गति यथा इच्छा नाहि तोमा प्रयोजन ।
तवु कहि दशानने एतद् युद्ध निवारह ॥
रामचन्द्र जगत्पति हवे तव पराजय ।
हेरि अद्य अमंगल नहे जय कदाचन ॥
एतद् वाक्य यथा श्रुत कुपित अति रावण ।
करे वक्षे पदाघात शिराघात लभि स्वयं ॥

वाल्मीकि वचन

रामचन्द्रे समीक्षित रक्त चिह्न शिरोपरि ।
दुःखित हेरि राघव कहे वाक्य विभीषणे ॥

श्रीराम वचन

लंकेश्वरे विताड़ित तुमि अद्य विभीषण ।
मम पार्श्वे समागत करि हे अभिनन्दन ॥
किंतु पूर्वे विचारह कुल क्षय यवे तव ।
किंरूपे रहिवे स्थिर एतद् वाक्य यथायथ ॥
क्षणिक मात्र वैराग्ये किंवा द्वन्द्व उपस्थिते ।
किंरूपे रहिवे स्थिर अन्तर्गत वेदने ॥

विभीषण वचन

करि पदे नमस्कार शुन वाक्य जगत्पति ।
क्षणिक मात्र वैराग्य द्वन्द्वकाले नहे इहा ॥
पूर्व हते कृत स्थिर निर्देश लभि वेधसे ।
रक्षःकुल परित्यजि जाह तुमि विभीषण ॥
मम सृष्टि विनाशक अत्याचारी दशानने ।
रामचन्द्र सहायके कर दुष्टे विमर्दन ॥

दशस्कंधे विनाशिया लंकाधाम परिग्रह ।
राघव सह मैत्रीते कर कार्य महाबली ॥
एतद् वाक्य यथा श्रुत पूर्व तुल्य रहि स्थिर ।
ए कार्य करिते शक्य नहि स्वयं कदाचन ॥
एतद् चिन्ता समन्वित करि गृहे अवस्थिति ।
एतद्काले उपस्थित लंकाधामे महाबली ॥
कार्याकार्य निरूपणे हल सभा तथास्थले ।
कहिनु सत्य भाषणे रावणप्रति निश्चये ॥
यथा वाक्य ममप्रति वेधस कृत राघव ।
राघव सह मैत्रीते कर कार्य दशानन ॥
रामचन्द्रे प्रदानह सीतादेवी हवे शुभ ।
एतद् वाक्य यथा श्रुत पदाघात प्रदानिल ॥
किं करिव अत:परे कह स्वयं तथास्थले ।
एके आज्ञा प्रजेश्वरे अन्ये दृढ़ दशानन ॥
आयु क्षय मने स्मरि दशस्कंध परित्यजि ।
रक्षः वंश हवे ध्वंस प्रार्थी स्वयं तवाश्रय ॥

श्रीराम वचन

शुन मित्र विभीषण कहि वाक्य यथायथ ।
लब्ध आज्ञा प्रजेश्वरे कर कार्य तथामत ॥

वाल्मीकि वचन

मारुति प्रति राघव कहे वाक्य अत:परे ।
उत्तरे स्थित सुग्रीव मम वार्ता निवेदह ॥
हनु वार्ता परिग्रहे सुग्रीव सत्वरागत ।
रामचन्द्रे नमस्कार करे वीर स-सम्भ्रमे ॥

श्रीराम वचन

देखह मित्र सुग्रीव रक्षानुज विभीषण ।
रावणे करिया त्याग मम पार्श्वे समागत ॥
सचिव मण्डले दाने श्रेष्ठासन विभीषणे ।
कर युक्ति परामर्शे श्रेय पथ विवेचने ॥
हेर मित्र विभीषण सुग्रीव मम बांधव ।
सुग्रीव सह मैत्रीते मम कार्य अनुष्ठह ॥

वाल्मीकि वचन

एतद् वाक्य यथा श्रुत भुजाश्लेषे परस्परे ।
करे मैत्री प्रतिष्ठित दृढ़ स्थिर सुनिश्चय ॥
अक्षे वक्षाश्लेषे त्रये प्रेमवाक्ये मैत्री रक्षेः श्रीराम सुग्रीव संगे ।
मंत्री श्रेष्ठे रक्षानुजे यद् प्रतिष्ठा हर्षोत्फुल्लारावे निनादे समस्ते ॥

- इति श्रीमद्देवायण ब्रह्मकल्पे तृतीय खण्डे राम मण्डलान्तर्गत: रामायण वर्गे लंका काण्डे श्रीराम कर्त्तृक विभीषण सह मित्रता स्थापन ओ युद्धे मंत्रीत्व पद प्रदान वार्ता नाम: प्रथम सर्ग ।

— ✯ —

॥ द्वितीय सर्ग ॥

वाल्मीकि वचन

राम वाक्ये कपीश्वर यथामान्ये विभीषणे ।
मंत्रीपदे प्रतिष्ठिल लंका-युद्ध प्रचालने ॥
सुषेण सह लक्ष्मण जाम्बवान् विभीषण ।
मंत्रणा करिते सभा करे अद्य तथास्थले ॥
सुग्रीव सह राघव अत्र क्षेत्रे अवस्थित ।
श्रेष्ठ श्रेष्ठ यथा वीर सर्व क्रमे समागत ॥
गवाक्ष गय अंगद नल नील वृषाणक ।
महाजानु सहोदर पार्ष्यद गंधमादन ॥
शरभ केशरी शर हेमंत विंध्या मंधव ।
कृतान्त कालभैरव हल सर्वे उपस्थित ॥
अत:परे यथा स्थिर मंत्रीश्रेष्ठ विभीषण ।
मंत्रणा दानिते वाक्य एतन्मत कहे तथा ॥
मुख्यमंत्री विभीषण जाम्बवान् द्वितीयत: ।
लक्ष्मण समरे मंत्री स्वास्थ्यमंत्री सुषेण यद् ॥
अन्य सर्वे सभासद् वाक्य मात्र विचारिते ।
कहे वाक्य विभीषण मंत्रीश्रेष्ठ सभास्थले ॥

विभीषण वचन

हे सर्व प्रिय बांधव कहि वाक्य यथा शुन ।
रावणे कृत निश्चय हवे सत्य महारण ॥
दुर्दर्श समरे सत्य रक्ष:राज दशानन ।
तप: सिद्ध महाबली सर्व युद्धे सदा जयी ॥
मेघनाद तथा पुत्र अद्भुत रण पंडित ।
इन्द्रजिताख्य यद् वीर करि इन्द्र पराजित ॥
सर्व देव जयी योद्धा आछे पुत्र दशानने ।
तवुह कहि सेस्थले हवे रक्ष: पराजित ॥
मत् श्रुत ब्रह्म निर्देशे कपिवृंद हवे जयी ।
सर्व बले बलीयान हवे रक्ष: पराजित ॥

वाल्मीकि वचन

एतद् वाक्य यथा श्रुत हर्षनाद समन्वित ।
जय ध्वनि विभीषणे कपिवृंद प्रदानिल ॥

विभीषण वचन

शुन स्थिरे अत:परे हे सर्व कपि बांधव ।
रावण कृत निश्चय यथा कार्य अत:परे ॥
करिते युद्ध रावण प्रस्तुत ज्ञात निश्चय ।
तवुह रुद्ध तोरणे रहे हेतु यथा शुन ॥
कालक्षय तरे मात्र सैन्ये शस्त्रे अवस्थित ।
करिते सैन्य विभ्राट रहे आत्म सुगोपने ॥
करे नित्य निरीक्षण कपि कार्य चतुर्दिके ।
खाद्याभाव यवे शुन आक्रमिते त्वरितगति ॥

खाद्याभाव यतक्षण नहे शुन उपस्थित ।
रुद्ध द्वारे अपेक्षित रवे रक्षः तद्क्षण ॥
ए कारणे यथा कार्य शुन सर्व समागत ।
प्रवेशि केह लंकाते भर्त्सना कर रावणे ॥
भीत तुमि दशानन कपि सैन्य निरीक्षिया ।
कर युद्ध नहे दानो सीतादेवी त्वरितगति ॥
नहे शुन महाबले लंकाधामे प्रवेशिव ।
सर्व सह निशायोगे करि दग्ध विनाशिव ॥

वाल्मीकि वचन

एतद् वाक्य यथा श्रुत कपि हर्ष प्रवर्धित ।
कर दग्ध दशानने लंकासह त्वरित गति ॥
गर्जे सर्वे चतुर्दिके त्वरित आज्ञा प्रदानह ।
रामानुज कहे तथा कपि सर्व निवारिया ॥

लक्ष्मण वचन

युक्ति श्रेष्ठ विभीषणे स्वयं अद्य मने स्मरि ।
लंकाधामे प्रवेशिते के साहसी कह त्वरा ॥

वाल्मीकि वचन

सर्व जने कहे सेथा मोरे आज्ञा प्रदानह ।
कहे दृढ़े विभीषण पुरी वार्ता शुन क्रमे ॥

विभीषण वचन

चतुर्द्वारे रहे रुद्ध महासैन्य सुसज्जित ।
यद् वाहिनी पुरास्मृति स्वर्गधाम करे जय ॥
सैन्याध्यक्ष यथा सर्व नाना शस्त्रे सुसज्जित ।
निमेषे वधिवे शुन पुरीमध्ये प्रवेशिले ॥
मेघनाद मकराक्ष प्रहस्त वीर सेस्थले ।
त्रैलोक्य विजयें क्षम एका रथे परिभ्रमि ॥
तदूपरि दशानन बहु योद्धा समन्वित ।
सर्वे ख्यात महायुद्धे सर्वे राज प्रसादित ॥
प्रत्यागमे किंवा वीर्य एतद् क्षेत्रे प्रवेशिया ।
लंकेश्वरे तिरस्कारे के सक्षम विचारह ॥

वाल्मीकि वचन

नीरव श्रवणे सर्व यथा वाक्य विभीषणे ।
यद् पूर्वे कपि सर्वतः गर्जमान चतुर्दिके ॥
लक्ष्मण कहिते रत रामप्रति निवेदने ।
श्रुत सर्व पुरीमध्ये यद् संकट ममाग्रज ॥
के एका कह सक्षम सर्व वीर्य अतिक्रमि ।
तिरस्कारे दशानने प्रत्यागमे हवे क्षम ॥
कहे बहु तथास्थले महावीर हवे क्षम ।
रामचन्द्र स्मिताधरे कहे हनु निरीक्षणे ॥
किं प्रकारे हवे क्षम पुनः प्रत्यागमे हनु ।
प्रहस्त कृत यद् बंदी पूर्वे लंका प्रवेशिया ॥

प्रहस्ताधिक यद् क्षेत्रे बहु वीर अवस्थित ।
किंरूपे हनु सक्षम एतद् वाक्य विचारह ॥
एतद् वाक्य यथा श्रुत सर्वे मौन रहे स्थिर ।
रहे हनु शिरानते राघव कहिते रत ॥
हे वत्स वीर अंगद एतद् कार्य परिग्रह ।
पितृतुल्य महावीर्ये तुमि क्षम मने स्मरि ॥
एकाकी विजये लंका यद् बाली छिल सक्षम ।
तद् तुल्य वीर्य धारक लंकापुरे प्रवेशह ॥
एरूप कहिते राम हर्षनाद चतुर्दिके ।
अग्रसरि शिरानत अंगद चरणाम्बुजे ॥
तद् हृदय प्रसादिते कहे राम शुभाशिषे ।
राज कार्ये यथांगद राजपुत्र महाबली ॥
योग्य तुमि मने स्मरि सर्व भावे तथास्थले ।
इन्द्राधिक स-सम्माने सभातले प्रवेशिते ॥
अपिच यदि संग्राम तद् युद्धे तुमि सक्षम ।
पुत्र सह दशस्कंधे मुष्टाघाते निपीड़िते ॥
राम वाक्य यथा श्रुत सर्वे तुष्ट तथास्थले ।
अंगद चरणे नमि रामाशिष परिग्रहि ॥
योजनेक यथा दीर्घ बालीतुल्य कलेवर ।
राम जय निनादिया त्वरित नभे समुत्थित ॥
चतुर्द्वारे निनादिल गगने हेरि अंगदे ।
जय श्रीराघवे जय जय जय कपीश्वरे ॥
विद्युत्तुल्य महावेगे लंकामध्ये प्रवेशिल ।
रक्षः सर्व भये भीत एरूप कपि दर्शने ॥
गृह दग्धा समागमे बहु रक्षः निपीड़िल ।
लंका दग्ध करे हनु दानि अग्नि गृहे गृहे ॥
हनु हते चतुर्गुण धरे कपि कलेवर ।
निक्षेपिवे सुनिश्चय धरि लंका महाजले ॥
हेरिया अंगदे अग्रे करे सर्वे पलायन ।
ऊर्ध्वश्वासे चले द्वारी पुरद्वार परित्यजि ॥
ऊर्ध्वाकाशे वीरांगदे यद् प्रविष्ट लम्फे लंकामध्ये अकस्मात् स्व-वीर्ये ।
भीत द्वारी आचम्बिते दर्शि समक्षे व्योम स्पर्शिकप्याकृति प्राण नष्टे ॥

- इति श्रीमद्देवायण ब्रह्मकल्पे तृतीय खण्डे राम मण्डलान्तर्गतः रामायण वर्गे लंका काण्डे अंगद कर्तृक लंकापुरे गमन वार्ता नामः द्वितीय सर्ग ।

— ✯ —

॥ तृतीय सर्ग ॥

वाल्मीकि वचन

सभामध्ये प्रवेशिल रक्षःराजे निवेदिते ।
घन श्वासे कहे द्वारी घर्म सिक्त कलेवरे ॥
कपि एक पुरःद्वारे लंकेश्वर समागत ।
गिरितुल्य कलेवर हनु हते चतुर्गुण ॥
ना जानि किं करे हेथा यदि क्रुद्ध महाकपि ।
मुष्टाघाते करे चूर्ण गृह सर्व महाबले ॥

किंवा लंका करे धरि निक्षेपे सिंधु अंतरे ।
लंकाधिप नहि ज्ञात किं कारणे समागत ॥
एतद्काले प्रकाशित अदूरे मूर्त्ति अंगदे ।
करे माया दशानन कपि भ्रमे सभातले ॥
प्रवेशिया सभामध्ये निरखे कपिनन्दन ।
रावण सर्वतोव्यापी गृहमध्ये अवस्थित ॥
निरखिल चतुर्दिके हेरिल सर्वतोगत ।
एक मात्र दशानन बहु रूपे अवस्थित ॥
विस्मये वीर अंगद निरीक्षिल जने जने ।
मेघनादे परिज्ञात यज्ञ फोंटा ललाटे यद् ॥
सम्भाषण बिना वीर अंतरे अति कुपित ।
कुंडली कृत लांगुले उपविष्ट सभातले ॥
उपविष्ट सभातले मेघनादे कहे बली ।
शुन हे रावणात्मज केवा तव पिता कह ॥

अंगद वचन

दशास्य विंश लोचन हेरि मूर्त्ति चतुर्दिके ।
एतद् सर्व दले दले मेघनाद पिता तव ॥
वसु-पुत्र केवा कह केवा मंदोदरी-प्रिय ।
केवा मम पिताकृत सिंधुजले निमज्जित ॥
परित्राण लभे केवा मम पितृ पदे नमि ।
मोरे हेरि किंवा भय दूरे सिंधु अवस्थित ॥
कार्त्यार्जुन करीशाले केवा बंदी अवस्थित ।
मिथिलाते धर्नुगुण केवा भये परित्यजे ॥
नारिल तुलिते धनु पौरुष यद् पलायने ।
रूप-मुग्ध हरे सीता दुर्बल भीरु येमति ॥
चौर्य-कार्य निरीक्षिया अद्य हेथा समागत ।
गुटि कत कथा कहि छिल इच्छा मने मने ॥
हेरि मूर्त्ति पुरोभागे भीत चित्त दशानन ।
माया-रूप धरे दुष्ट पर:दारी भये मम ॥

वाल्मीकि वचन

एतद् वाक्य यथा श्रुत कुपित अति रावण ।
मायारूप परित्यजि स्वयं आत्म प्रकाशिल ॥
सर्व मूर्त्ति दशानन हल क्रमे विदूरित ।
एकमात्र दशस्कंध रहे अंते तथास्थले ॥
निरखे वीर अंगद पुत्र पौत्र समन्वित ।
दशानन तथास्थले आरक्तलोचने कहे ॥

रावण वचन

तोर भये इहा कृत मर्कट बुद्धि येमति ।
सर्व जने परिज्ञात पितातुल्य नहे सुत ॥
वीर श्रेष्ठ कपीश्वर एतद् सत्य सुनिश्चय ।
केवा तोरे करे गण्य वीरमध्ये किं विस्मय ॥
मर्कट बुद्धि केमन एतद् सत्य निरीक्षिते ।
मायारूप प्रकाशिनु शुन अद्य सभास्थले ॥

गुणीजने यथा पुत्र ज्ञात मूर्ख स्वभावतः ।
वीरजने यथा पुत्र दुर्बल पालितादरे ॥

अंगद वचन

तोर वाक्य विचारिया अद्य तोरे करि क्षय ।
येमति तोर नन्दन मेघनाद महाबली ॥
कहे सर्वे चतुर्दिके वसुपुत्र दशानन ।
राक्षसी गर्भसम्भव जात दुष्ट स्वभावतः ॥
स्वभाव जननी दात्री ज्ञान बुद्धि पिता कृत ।
वसुपुत्र विवेचित हवे ज्ञानी सुनिश्चय ॥
अद्य वाक्ये प्रकाशित बुद्धि ज्ञान विवेचना ।
स्वभाव प्राप्त तेमति भ्रांत बुद्धि तथामत ॥

रावण वचन

रह स्तब्ध महामूढ़ नहे प्राण विनाशिव ।
राज अग्रे स-सम्माने कह वाक्य यथायथ ॥

अंगद वचन

थरथरे भये देह तोर चक्षु निरीक्षिया ।
सुग्रीव सेवके मूढ़ प्राणदंड प्रदानिलि ॥
ज्वलिल नगरी सर्व सप्त दिने नहे भ्रम ।
प्राणदंड पुनः मोरे जावि अद्य महाजले ॥

वाल्मीकि वचन

एतद् वाक्य कहे यवे हस्तद्वय प्रसारिया ।
भीत सर्व सभास्थले द्वारपथ निरीक्षिछे ॥
हेरि रक्षः परिस्थिति कहे रक्षः अतःपरे ।
नाहि द्वन्द्वे प्रयोजन कह हेतु समागमे ॥

अंगद वचन

भद्र रूपे समागत व्यवहार किंवा तव ।
राजपुत्र यथा स्वयं आसन ना प्रदानिलि ॥
कहि तवु निशाचर यथागत प्रयोजने ।
करिया जानकी चुरि केन गृहे लुकायित ॥
चोरे शास्ति प्रदानिते रामचन्द्र समागत ।
करिलि तोरणाबद्ध हेरिया कपि वाहिनी ॥
कहि शुभ तवप्रति शुन वाक्य दशानन ।
रामचन्द्रे प्रदानह सीतादेवी त्वरितगति ॥
जीवन चाह यद्यपि कहि वाक्य यथा शुन ।
करि सीता रथारूढ़ जाह स्वयं तथास्थले ॥
करि रामे नमस्कार चाह क्षमा पुनः पुनः ।
नासिका करि घर्षण हवे मुक्ति तथास्थले ॥
यद्यपि मुक्ति ना प्राप्त रामचन्द्रे दशानन ।
कहिव राघवे मोरा पद द्वय विधारणे ॥

रावण वचन

मर रे मूढ़ मर्कट मम तरे किं कारणे ।
साध्वी राघवे अद्य पदद्वय विधारणे ॥

अंगद वचन

हेतु मात्र यथा शुन पितृबंधु मने स्मरि ।
दुर्भाग्य हेरि जीवने दुर्दशा दु:ख मोचने ॥
राघव यदि कुपित जावि सद्य यमालये ।
एतद् हेतु पुन: पुन: कहि तोरे दशानन ॥

रावण वचन

तोर पिता वधे यवे चाहिलि केन ना क्षमा ।
राम शरे यमालये गेल पिता निरीक्षिलि ॥

अंगद वचन

हेरिव मृत्यु तेमति तोर अद्य दशानन ।
रामचन्द्र शराघाते यवे देह रथच्युत ॥

रावण वचन

राख व्यंग अत:परे कहि वाक्य यथा शुन ।
पितृहंता मने स्मर राघव कपि नन्दन ॥
पितृहंता सहायके लंकायुद्धे किं कारणे ।
प्रतिशोध प्रदानह सैन्यबल समन्वित ॥

अंगद वचन

हओ शीघ्र बहिर्गत प्रतिशोध प्रदानिव ।
आमि हे नायक श्रेष्ठ कपि सैन्ये दशानन ॥
करि केश विधारण प्रस्तवे मुख घर्षणे ।
प्रतिशोध प्रदानिव चौर्य कार्ये यथायथ ॥
किंवा तोर दशस्कंध लव छिड़ि महाबले ।
कहि मात्र बहिर्गत हओ अद्य त्वरितगति ॥
लंका ध्वंसे श्रीराम सुग्रीव सैन्ये तैरी द्वारे चोरे यथा शास्तिदाने ।
मुंड स्कंधे छिन्ने महोत्साह कार्ये गर्जे युद्धाह्वाने दशस्कंध तोरे ॥

- इति श्रीमद्देवायण ब्रह्मकल्पे तृतीय खण्डे राम मण्डलान्तर्गत: रामायण वर्गे लंका काण्डे अंगद-रावण वार्ता कथन नाम: तृतीय सर्ग ।

— ☆ —

॥ चतुर्थ सर्ग ॥

वाल्मीकि वचन

एतद् वाक्य यथा श्रुत उठे रक्ष: उल्लम्फने ।
खड्ग हस्ते विधारणे अंगदप्रति धावित ॥
कहे वाक्य सगर्जने शुन रे मर्कटाधम ।
एतक्षण शुनि स्थिरे उद्धत तव भाषण ॥
कहि वाक्य दशानन खड्ग उत्तोलने त्वरा ।
तेजप्रभा दिवालोके खड्ग स्फुरि बहिर्गत ॥

मुष्टाघात अकस्माते करे हस्ते तथांगद ।
खड्ग च्युत महीतले शून्य हस्त दशानन ॥
एवे धृत उल्लम्फने रक्षः कण्ठ महाबले ।
करे त्वरित निपातित रक्षःराजे महीतले ॥
धृत हस्ते अतःपरे करे त्वरित बहिर्गत ।
विमूढ़ अन्य सर्वत छिल मात्र अवस्थित ॥
चकित चित्त एक्षणे अंगदप्रति धावित ।
अस्त्र शस्त्र करे धृत टंकारिया धनुर्गुण ॥
वीर सर्व समागत हेरिया अंगद त्वरा ।
दिल कण्ठे प्रचापन यथा बल प्रयोगिया ॥
तद् प्रांगणे निपातने रक्षःराज दशानने ।
मुकुट कर धारणे उठे त्वरित नभ स्थले ॥
लागिल हानिते शस्त्र समस्ते अंगदप्रति ।
तद् सर्व अवहेलने चले वीर त्वरितगति ॥
लंकाधाम परित्यजि यवे वीर बहिर्गत ।
ध्वनिल सर्व वानरे जय श्रीराघवे जय ॥
रामचन्द्र समीपेते अंगद त्वरितागत ।
राघव चरणे नमि दानिल शिर भूषण ॥
परिज्ञात विभीषण रावण शिर भूषण ।
किंरूपे मुकुटप्राप्त जिज्ञासे कह अंगद ॥

अंगद वचन

वाक्य द्वन्द्वे कतक्षण बाहुयुद्ध अतःपरे ।
करि युद्धे पराजित लभिनु शिर भूषण ॥

वाल्मीकि वचन

एतद् वाक्य यथा श्रुत प्रशंसिल जने जने ।
अंगदे धरिया वक्षे कृत रामे समादर ॥
राघवकृत सम्माने अत्यंत तुष्ट अंगद ।
सुग्रीवे कहिल प्रभु एतद् वाक्य अतःपरे ॥

श्रीराम वचन

हे सुग्रीव निरीक्षह मुकुटानीत अंगदे ।
अभिषेक कर त्वरा राजपदे विभीषणे ॥
एतद् राज्य प्रदानिव वधि रक्षः दशानने ।
लंकेश्वर भविष्यते राजानुज विभीषण ॥

वाल्मीकि वचन

एतद् वाक्य यथा श्रुत सुग्रीव कपि पुंगव ।
अभिषेक करे त्वरा रक्षःभ्राता विभीषणे ॥
संध्याकाले प्रचारिल कपिमध्ये कपीश्वर ।
अभिषेक हवे अद्य रक्षःभ्राता विभीषणे ॥
रावण वधि तद् परे लंका राज्य प्रदानिते ।
वरि अद्य विभीषणे लंकेश्वर यथा पदे ॥
एतद् वार्ता प्रचारित क्षणमात्रे चतुर्दिके ।
उत्सव करिते सर्वे दले दले उपस्थित ॥

संध्याघोर समागत अमावस्या महानिशा ।
अंधकार स्तरे स्तरे घनीभूत तथास्थले ॥
मेघे मेघे यथा घोर वृद्धिप्राप्त क्रमागत ।
तथामत स्तरे स्तरे रात्रि घोर प्रवर्धित ॥
शरद्काले महानिशा मेघ शून्य नभ स्थल ।
अमानिशा जमायत तारापुंज सुशोभित ॥
असंख्य तारकापुंज प्रस्फुटित नभ स्थले ।
केहवा पलके दीस केह स्थिर निरीक्षणे ॥
केह केह स्मिताधर कपि कार्य निरीक्षिया ।
कपिवृंद महीतले अभिषेक करे यथा ॥
चंदन वृक्ष आनिया ताहे अग्नि प्रदानिल ।
सद्य रस समन्वित हल वृक्ष धूमायित ॥
ज्वले शत सहस्रशः पुण्य गंध समन्वित ।
व्यापी वायुमण्डले एतद् गंध चतुर्दिके ॥
ज्वलिल लक्ष दीपक हेरि घोर चतुर्दिके ।
उज्वल करि दीपके उत्सव रत वानर ॥
पनस कदली आम्र भक्ष्ये बहु जने जने ।
सुग्रीव कृत आदेशे मधुपाने समायुत ॥
मधुपाने महानन्दे करे नृत्य चतुर्दिके ।
गभीर रात्रिते राम स्वयं हस्ते प्रदानिल ॥
शोभि शिरे किरीटिनी रक्षः मित्र विभीषणे ।
लंकेश्वर यथा पदे रक्षानुज प्रतिष्ठित ॥
वानर वाहिनी हर्षे गर्जमान क्षणे क्षणे ।
लंकेश्वर विभीषण सर्व हिते प्रतिष्ठित ॥
हर्षोत्फुल्ल रक्षानुजे राम वाक्ये दाने लंका राज्याभिषेके किरीटि ।
सैन्यानन्दे पुण्योत्सवे मत्तपाने गर्जे घोरे लंकेश राज्ये कनिष्ठ ॥

- इति श्रीमद्देवायण ब्रह्मकल्पे तृतीय खण्डे राम मण्डलान्तर्गतः रामायण वर्गे लंका काण्डे अंगद कर्त्तृक मुकुट हरण ओ विभीषणे राज्याभिषेक वार्ता कथन नामः चतुर्थ सर्ग ।

— ✯ —

॥ पंचम सर्ग ॥

वाल्मीकि वचन

एस्थले राक्षसेश्वर भूमितले विलुंठित ।
अंगद कृत तद् परे परित्यक्त यवे शुन ॥
उठे त्वरित दशानन परित्यजि महीतल ।
नभ पथे निरीक्षिल चलिछे अंगद त्वरा ॥
हरिल शिर भूषण अति क्रुद्ध दशानन ।
सम्मुखे सर्व नन्दने कहे कोपे महाबली ॥

रावण वचन

स्तम्भ सम सुशोभित छिले सर्वे किं कारणे ।
अंगद अति गर्वते हरे अद्य किरीटिणी ॥

रक्षिते नारिले सर्वे	सम्राट शिर भूषण ।
बल वीर्य वृथा स्मरि	खड्‌ग शूल अकारण ॥
वीर सर्व यथा स्तम्भ	चक्षु अंध तथास्थले ।
सैन्यवृंदे यथारण्य	वृक्षपुंज समावृत ॥
करि राज्य अकारणे	तपः ध्यान वृथा स्मरि ।
सर्व गर्व विचूर्णिया	मुकुट हत मर्कटे ॥
आक्रमिल अकस्माते	सर्वे क्रीडा निरीक्षिले ।
दर्शककुल येमति	मल्लयुद्धे रहे स्थिर ॥
इत्याधिक हत श्रेय	करतालि प्रदानिले ।
हत सेथा परिज्ञात	तवुह जाग्रत स्मृति ॥
निद्रागत छिले सर्वे	स्वप्न हते समुत्थित ।
यवे सर्वे सचेतन	हल स्वप्न तिरोहित ॥
पश्चात पथ धावने	आक्रमिते नहे क्षम ।
विजड़ित यथा तंद्रा	कार्याकार्य निरूपिते ॥
जाह सर्व यथास्थले	नाहि अद्य प्रयोजन ।
एकाकी समरे पशि	कपिकुल विमर्दिव ॥
हे सारथि त्वरितगति	कर रथ सुसज्जित ।
लह शक्ति महाशूल	शेल जाठा महाधनु ॥
कोटि कोटि महाशस्त्रे	करहे पूर्ण पुष्पक ।
भल्ल खड्‌ग परिग्रह	परशु तीक्ष्ण पट्टिश ॥
असंख्य लह मुद्‌गर	शत मण गदा सह ।
एतद् आज्ञा प्रदानिते	पुत्रगण कहे तथा ॥

वाल्मीकि वचन

आचम्बिते घटे एतद्	अपराध पिता क्षमः ।
परिहासे कहे वाक्य	छिनु स्थिर इहा स्मरि ॥

मेघनाद वचन

छिल युद्ध निवारित	ए कारणे रहि स्थिर ।
कर आज्ञा पिता त्वरित	कपिकुल विमर्दिव ॥

वाल्मीकि वचन

मेघनाद कहे यवे	अन्य सर्व कहे क्रमे ।
मोरे आज्ञा प्रदानह	कपिकुल विमर्दिव ॥
एतद्‌रूपे जने जने	स्वीय वाक्य कहे क्रमे ।
सिंहासने समासीन	किञ्चित् शान्त दशानन ॥
एतद्‌रूपे निशाव्यापी	करे सभा दशानन ।
केवा कपि विमर्दिते	युद्धे अग्रे प्रवेशिवे ॥
प्रहस्त वीर निर्णित	कार्य स्थिर अतःपरे ।
प्रहस्त रजनी शेषे	युद्धस्थले प्रवेशिवे ॥
विद्युत्‌जिह्वा सहोदर	वज्रदंष्ट्रा तथामत ।
प्रहस्तसह संग्रामे	आक्रमिवे चतुर्दिके ॥
चतुर्अक्षौहिणी सेना	हल त्वरित सुसज्जित ।
चतुर्द्वारे समावेश	करे सर्वे पृथक् पृथक् ॥
एतद्‌काले पशे कर्णे	गर्जिछे कपि वाहिनी ।
स्तब्ध रात्रि विमंथनी	लंकेश्वर विभीषण ॥

कुपित अति रावण एतद् ध्वनि यथा श्रुत ।
सिंहासन परित्यजि उठे त्वरित महाबली ॥
वज्रनादे कहे गर्जि अति क्रुद्ध दशानन ।
वैशाखे मेघ गर्जने कड़ कड़ करे ध्वनि ॥

रावण वचन

हे प्रहस्त शुन स्थिरे गर्जिछे कपि वाहिनी ।
लंकेश्वर विभीषण हेर सर्व परिष्कृत ॥
राज्यलोभी दुराशय करे त्वरित पलायन ।
रक्षःकुल परित्यजि कपिकुल करे स्थिति ॥
विद्युत्जिह्वा त्वरित जाह सुग्रीवे कर मर्दन ।
उत्तरे तोरणे स्थित आक्रमह त्वरितगति ॥
पूर्व द्वारे रहे नल जाह त्वरा सहोदर ।
सैन्याध्यक्ष यथा नल नील सह विमर्दह ॥
पश्चिमे राम लक्ष्मण हनुमान समन्वित ।
वज्रद्रंष्टा त्वरित जाह एतद् त्रये विमर्दह ॥
अंगद स्थित दक्षिणे प्रहस्त जाह सेस्थले ।
आक्रमिया त्वरितगति मर्दन कर अंगदे ॥
एकसंगे चतुर्द्वारे चतुर्अक्षौहिणी सह ।
आक्रमह अकस्माते कर त्वरित निपीड़न ॥
विद्युत्गति प्रवेशह वधिया सर्व नायके ।
करि बंदी विभीषणे आनो शास्ति प्रदानिव ॥

वाल्मीकि वचन

इत्यादेश यथा प्राप्त गर्जिल रक्षः वाहिनी ।
जय राजा दशानने कपिकुल विमर्दिते ॥
राक्षस वाद्य भीषण निनादित महास्वने ।
सैन्यवृंद पदाघात करे बले महीतले ॥
पिधाने स्थित खड्गते झनत्कार महारवे ।
अग्रसरे पुरोभागे विपुल रक्षः वाहिनी ॥
ताले ताले महाध्वनि जगझम्पे क्रमागत ।
कोटि कोटि महाशृंग खत्ताल सह झर्झरी ॥
एकसंगे चतुर्द्वार वज्रनादे विमोचिल ।
मशाल धरिया हस्ते रक्षः सैन्य बहिर्गत ॥
एस्थले कपि वाहिनी शुनि कर्णे महाध्वनि ।
अंगद सर्व नायके दिल आज्ञा यथायथ ॥

अंगद वचन

शुन हे वीर पुंगव लंकामध्ये महाध्वनि ।
हवे एवे बहिर्गत युद्ध हेतु निशाचर ॥
राक्षस अवहेलने नाहि युद्धे रह स्थिर ।
देवजयी अनीकिनी हवे अग्रे प्रकाशित ॥
सर्व सैन्य महाबली नाना शस्त्रे विशारद ।
इन्द्र वायु जयी सर्वे एतद् वाक्य मने स्मर ॥
हवे अद्य महायुद्ध ताहे कह किं संशय ।
वधिवे समरे रक्षः नतुवा त्यजिवे तनु ॥

कभु भये पलायन नाहि कर कदाचन ।
रह हे सर्व तद्परे स्वयं शस्त्रे यथायथ ॥

वाल्मीकि वचन

अंगद कृत भाषणे सर्व बल समुत्थित ।
विधृत गिरि पादप गर्जिल कपि वाहिनी ॥
गर्जे सर्वे युद्धोद्यमे वृक्ष हस्ते लंकामध्ये आकर्ण यद् शब्द घोरे ।
वज्रारावे चौद्वार उन्मुक्त मार्गे सैन्यस्त्रोते निष्क्रांत आरम्भ युद्धे ॥

- इति श्रीमद्देवायण ब्रह्मकल्पे तृतीय खण्डे राम मण्डलान्तर्गत: रामायण वर्गे लंका काण्डे युद्धोद्योग वार्ता कथन नाम: पंचम सर्ग ।

— ✯ —

॥ षष्ठ सर्ग ॥

वाल्मीकि वचन

एतद्रूपे चतुद्वारि भ्रमिछे अंगद त्वरा ।
सर्व सैन्य समुत्थित गर्जे कपि महारवे ॥
जय श्रीराघवे जय जय जय कपीश्वरे ।
लंकेश्वर विभीषण जय जय क्रमागत ॥
एतद्काले विमोचिल चतुर्द्वार निशाचरे ।
कपि सैन्य सुशोभित समस्त वृक्ष पर्वते ॥
आक्रमिल सहोदर सैन्याध्यक्ष निशाचरे ।
कपिश्रेष्ठे सहोदरे पूर्व द्वारे महारण ॥
एक अक्षौहिणी सेना आक्रमिल जने जने ।
रथी गजी हयारूढ़ पदातिक निशाचर ॥
पंचकोटि महाकपि आक्रमिल निशाचरे ।
रक्ष: सैन्य करे युद्ध शेल शूल धनु:शरे ॥
कपि सैन्य करे युद्ध केवल वृक्ष पर्वते ।
करे युद्ध भयंकर रक्ष: कपि तथास्थले ॥
निक्षेपिछे निशाचरे खड्ग शूल गदावली ।
आवर्त्तिया महीरुह करे कपि निवारण ॥
हेथा रक्ष: सहोदर धरे हस्ते महागदा ।
धरे बृहत् महीरुह अन्ये कपि सहोदरे ॥
तथा युद्ध भयंकर सहोदरे सहोदरे ।
प्रहरेक महायुद्ध कपि योद्धा पराजित ॥
आक्रमिल निशाचर नल नीले अत:परे ।
एस्थले उत्तरे द्वारे विद्युत्जिह्वा प्रवेशिल ॥
उत्तरे केशरी सह विद्युत्जिह्वा करे रण ।
सैन्य सर्व तथामत करे युद्ध चतुर्दिके ॥
शूल हस्ते विद्युत्जिह्वा केशरीप्रति धावित ।
पर्वत धरिया हस्ते निक्षेपिल महाबले ॥
शूल द्वारा द्विखंडिल क्षेपित केशरी गिरि ।
केशरीप्रति कुपित शूलाघात करे बले ॥
एतद् शूल निवारिल शरभ रण दुर्मद ।
गवाक्ष गय केशरी करे युद्ध तथास्थले ॥

आक्रमिल चतुर्वीरे विद्युत्जिह्वा सुनिर्भय ।
प्रहरेक करे युद्ध सर्व लोक भयंकर ॥
प्रहरेक महायुद्धे विद्युत्जिह्वा निपातित ।
करे ध्वंस महाबले कपि सर्व निशाचरे ॥
पश्चिम तोरणागत वज्रदंष्ट्रा महाबली ।
घोरतर महायुद्ध हनुसह कतक्षण ॥
आक्रमिल निशाचरे कपिसैन्य चतुर्दिके ।
प्रहरेक महायुद्धे कपिसैन्य रड़े भये ॥
हनुमाने पराजिया वज्रदंष्ट्रा निनादिल ।
कोथा रे राम लक्ष्मण अग्रसर रणस्थले ॥
जिज्ञासे वीर राघव कह मित्र विभीषण ।
केवा युद्धे प्रवेशिल यथा हनु पराजित ॥

विभीषण वचन

राक्षसी गर्भ सम्भव रावण प्रिय नन्दन ।
वज्रदंष्ट्रा समाख्यात इन्द्रतुल्य महाबली ॥
इन्द्रसह करे युद्ध दश वर्ष क्रमागत ।
नारिल जिनिते तवु वज्राघाते निपातित ॥
मेघनाद सुकौशले इन्द्रसह करे रण ।
वज्राघात उपक्रमे करे वीर पलायन ॥
एतद् रूप पुनः पुनः आक्रमिया सुराधिपे ।
इन्द्रजित् धरे नाम करि इन्द्र पराजित ॥
यदि इन्द्र बिना वज्र वज्र दंष्ट्रा रणागत ।
नारिवे रक्षिते इन्द्र एतद् वीर्य विधारक ॥
सेस्थले केमने कह महावीर हवे जयी ।
आपनि जाह संग्रामे अथवा जाह लक्ष्मण ॥

वाल्मीकि वचन

एतद् वाक्य यथा श्रुत रामानुज समुत्थित ।
टंकारिया धनुर्गुण आक्रमिल निशाचरे ॥
लक्ष्मणे हेरिया कहे वज्रदंष्ट्रा महाबली ।
परिचित किंवा नामे किंवा वीर्य पराक्रमे ॥

लक्ष्मण वचन

रामानुज यथा स्वयं लक्ष्मण कथित स्मर ।
किंवा वीर्य निरीक्षिवे आक्रमिया रणस्थले ॥

वाल्मीकि वचन

एतद् वाक्य यथा उक्त आक्रमे शर घातने ।
महायुद्ध परस्परे विचित्र रणकौशले ॥
उभये रणपंडित शरवृष्टि करे उभे ।
अग्निमय करे वीर वज्रदंष्ट्रा चतुर्दिके ॥
कपिसैन्य करे दग्ध प्रज्वलित हुताशने ।
वरुणबाण सन्धाने लक्ष्मण अति कोपने ॥
सर्व अग्नि निवारिया करे वारि परिप्लुत ।
वारिधारा प्रवाहित भासे अश्व करी रथ ॥

रत मंत्रणे सर्व युद्धमान निशाचर ।
हेरि वारि प्रवर्धित अत्याधिक तथास्थले ॥
वायवीय महाबाणे वज्रदंष्टा निवारिल ।
जल सर्व उवापित महावात्या उपस्थित ॥
कपिसैन्य नभ स्थले लागे एवे विघूर्णिते ।
पर्वतबाण सन्धानि रामानुज निवारिल ॥
एतद् रूपे महायुद्ध करे उभे शरे शरे ।
कखन रक्षः पीड़ित पीड़ित वानर कभु ॥
रामचन्द्र तथास्थले सह मित्र विभीषण ।
एतद् युद्ध निरीक्षिया स्वयं मने चमत्कृत ॥
एस्थले दक्षिणद्वारे प्रहस्त वीर आगत ।
आक्रमिल वृषाणके घोर रवे महाबले ॥
करि युद्ध कतक्षण रथ त्यजि अतःपरे ।
गदाहस्ते उल्लम्फने निपतित महीतले ॥
आवर्त्तिया चले गदा बहु कपि विनाशिल ।
कपिसैन्य करे द्रुत युद्ध त्यजि पलायन ॥
कपिसैन्य सुरक्षिते नहे क्षम वृषाणक ।
आगत वीर अंगद एतद् दृश्य निरीक्षिया ॥
विद्युन्नादे वर्षे यथा मेघ मर्त्ये तद्वत शब्दे सैन्यस्तुपे आर्तनादे ।
रक्तस्रोते वन्या बहे वृक्ष शस्त्रे सूर्यच्छाया व्योमे दिवार्धेक काले ॥

- इति श्रीमद्देवायण ब्रह्मकल्पे तृतीय खण्डे राम मण्डलान्तर्गतः
रामायण वर्गे लंका काण्डे प्रहरद्वय युद्ध वार्ता वर्णना नामः षष्ठ सर्ग ।

— ✯ —

॥ सप्तम सर्ग ॥

वाल्मीकि वचन

प्रहस्ते अंगदाक्रमे वृक्ष हस्ते विधारणे ।
प्रतिहत वृषाणके हेरि वज्र विनिस्वने ॥
प्रहस्त समरे नित्य अति क्षिप्र विघातने ।
निक्षेपिल गदा रक्षः अंगद प्रति भैरवे ॥
निक्षेपित यथा गदा वाम हस्ते धरे त्वरित ।
प्रहस्तप्रति हानिल अति क्षिप्र महीरुह ॥
विद्युत्वेगे समागत अंगद त्यक्त पादप ।
प्रहस्त धारणाक्षम निपतित महीतले ॥
पतित पुनरुत्थित एक आवर्त्तने त्वरा ।
पुनश्च धरिया शूल निक्षेपे अंगदप्रति ॥
ज्वले शूल नभ स्थले दीप्त रश्मि विकीरिया ।
हल विद्ध महाशूल अंगदे वाम बाहुते ॥
शूलाघाते तथा अंगद निपतित अचेतन ।
अंगद चेतनाहारा हेरि वीर वृषाणक ॥
सांख्यक विंध्या मंधव हेमंत गंधमादन ।
षड् कपि महाबले आक्रमिल तथास्थले ॥
द्वितीय प्रहरातीते नल सह महारणे ।
निपतित सहोदर विशाल गिरि चापने ॥

पूर्व द्वारे सहोदर विद्युत्जिह्वा तथोत्तरे ।
कपिसैन्य अत:परे रत रक्षः विमर्दने ॥
वधे एका सहोदर पंच लक्ष निशाचर ।
लक्षेक सुदन स्वयं लक्षेक वीर गृधक ॥
लक्ष त्रय स सारंद मूरध्र मृड़ भद्रक ।
संध्यावधि महायुद्धे सर्व सैन्य निपातिल ॥
तद्रूप उत्तर द्वारे शरभ शर केशरी ।
विद्युत्जिह्वा विनाशिया गवाक्ष गय संहति ॥
आरम्भिल क्रमागत निशाचर विमर्दने ।
लक्ष लक्ष वधे सेना वीरवृंद पृथक् पृथक् ॥
संध्यावधि समापित सर्व सैन्य निशाचरे ।
पर्वत चापने बहु वृक्षाघाते निपातित ॥
बहु ताल निपीड़ने बहु मुष्टि प्रहारित ।
पड़े रक्षः चतुर्दिके अश्व गज समन्वित ॥
रथसह रथी बहु निपतित स्तरे स्तरे ।
भीषण कपि वाहिनी युद्ध अति भयंकर ॥
रक्तसिक्त कलेवर धृत हस्ते निशाचरे ।
अघात करि पर्वते रत शिर विचूर्णिते ॥
धृत हस्ते पद द्वय करे मध्ये विदारित ।
एतन्मत बहु क्रमे करे क्षय निशाचर ॥
वज्रद्रंष्टा महाबली संग्रामे सह लक्ष्मण ।
करि बहु सुकौशल शूल हस्ते बहिर्गत ॥
निक्षेपिल महाशूल लक्ष्मणप्रति गर्जने ।
लक्ष्मण कुपितान्तरे कृत शूल द्विखंडित ॥
ऐषिक बाण घातने वज्रद्रंष्टा निपातिल ।
वज्रद्रंष्टा निपातने कृतान्त काल भैरव ॥
रक्ताक्ष सह लांगुक हनुमान महाबली ।
रक्षःसैन्य निपातिल करि बहु पराक्रम ॥
एस्थले उठि अंगद प्रहस्तप्रति वीक्षणे ।
निक्षेपिल महागिरि गर्जि वीर महाबले ॥
एतद् गिरि प्रचापने प्रहस्त निहताहवे ।
अन्य सर्व विनाशिल कपिसैन्य चतुर्दिके ॥
प्रहस्त समरे हत एतद् वाक्य यथा श्रुत ।
रक्षःसैन्य पलायने करे यत्न चतुर्दिके ॥
पश्चात पथ धावने बहु रक्षः विनाशिल ।
संध्यावधि महायुद्धे सर्व सैन्य समापित ॥
दिवाव्यापी महायुद्धे विश्रामे गेल वानर ।
किञ्चित् मात्र निशाचर अंधकारे लुकायित ॥
चतुर्अक्षौहिणी सेना तद् चतुः सैन्यनायक ।
सर्व क्रमे निपातित कपि हस्ते महारणे ॥
किञ्चित् मात्र पलायने पुरीमध्ये प्रवेशिल ।
नारिल वानरे यथा अंधकारे निरीक्षिते ॥
एतद् सर्व यथा त्वरित रक्षःराजे निवेदिल ।
प्रहस्त सैन्यनायक पंचत्त्व प्राप्त आह्वे ॥
वज्रद्रंष्टा सहोदर विद्युत्जिह्वा तथामत ।
चतुर्अक्षौहिणी सेना सर्वसह विनाशित ॥

रात्रांधे आत्मगोपने मोरा युद्ध परित्यजि ।
एतद् वाक्य यथा श्रुत गर्जे घोरे दशानन ॥

रावण वचन

चतुरक्षौहिणी सेना सह युद्ध विशारद ।
सैन्याध्यक्ष चतुष्टय कपिकुले विनाशित ॥
यद् पंचत्त्व प्राप्तोत्तरे पूर्व आस्ये विद्युत्जिह्वा मध्योदरा स-प्रहस्त ।
युद्धे वज्रदंष्ट्रा विनष्ट प्रतीच्ये सेना चत्वारक्षौहिणी सर्व नष्ट ॥

- इति श्रीमद्देवायण ब्रह्मकल्पे तृतीय खण्डे राम मण्डलान्तर्गतः रामायण वर्गे लंका काण्डे रावणाग्रे भग्न दूत कर्तृक प्रहस्तादि वीर निहत वार्ता कथन नामः सप्तम सर्ग ।

— ✯ —

॥ अष्टम सर्ग ॥

वाल्मीकि वचन

प्रहस्त पतने अद्य अश्रुसिक्त दशानन ।
जिज्ञासे कातर स्वरे भग्न दूते अतःपरे ॥

रावण वचन

रे दूत कह सर्वतः किं प्रकारे विनाशिल ।
देवजयी महाशूरे कपिवृंद रणस्थले ॥
केवा कह किंवा शस्त्रे वज्रदंष्ट्रा विनाशिल ।
विद्युत्जिह्वा सहोदर प्रहस्तादि क्रमे क्रमे ॥

दूत वचन

शुन हे राक्षसेश्वर प्रविष्ठ गौरवे रणे ।
वज्रदंष्ट्रा प्रहस्तादि टंकारिया धनुर्गुण ॥
बहु कपि रणस्थले वज्रदंष्ट्रा विनाशिल ।
करे क्रमे पराजित हनुमाने महाबली ॥
हनुमान पराजित कपिकुल रड़े भये ।
आगत वीर लक्ष्मण एतद् दृश्य निरीक्षिया ॥
लक्ष्मणसह संग्राम प्रहरेक भयंकर ।
तद्परे बाण ऐषिके वज्रदंष्ट्रा विनाशिल ॥
प्रहस्त सह अंगद प्रहरेक महारणे ।
प्रहस्त पर्वताघाते निपतित महीतले ॥
सहोदरे विनाशिल नल नील पराक्रमे ।
सुग्रीव सैन्य नायक पूर्व द्वारे रहे दृढ़ ॥
विद्युत्जिह्वा विनाशिल गवाक्ष गय केशरी ।
एकत्रित जनत्रये निपातिल महारणे ॥
अन्य सर्व महाकपि रक्षःसैन्य करे क्षय ।
चतुरक्षौहिणी सेना दिवसेक विनष्टिल ॥
साधारण नहे शत्रु युद्धस्थले भयंकर ।
देवयुद्ध किंवा कह तुच्छ तद् कपि आह्वे ॥

वाल्मीकि वचन

करे दूत नमस्कार	एतावधि निवेदिया ।
गर्जिल राक्षसेश्वर	वज्रनादे भयंकर ॥

रावण वचन

रे दूत सारथीप्रति	कह वाक्य त्वरित गति ।
अद्य रात्रे प्रवेशिव	स्वयं शस्त्रे रणस्थले ॥
प्रस्तुति कर सत्वरे	पुष्पक स्यंदनोत्तम ।
अस्त्र शस्त्र यथाक्रमे	श्रेष्ठ श्रेष्ठ परिग्रह ॥

वाल्मीकि वचन

दूत कृत प्रचारित	पुत्रगण समागत ।
रहे मौन दशानन	गम्भीरास्य भयंकर ॥
रावणे करिते तुष्ट	साजिल वाहिनी पुनः ।
अति घोरे भयंकरे	बाजे वाद्य चतुर्दिके ॥
दश लक्ष महासेना	तथा त्वरित सुसज्जित ।
गज अश्व पदातिक	युद्धोन्मुख स्तरे स्तरे ॥
रावण पुष्पकारूढ़	कहे सैन्ये सगर्जने ।
पुत्रशोके यथा क्षुब्ध	आर्तनादे बहिर्गत ॥

रावण वचन

हे सर्व सैन्यमण्डली	प्रतिज्ञा समरे शुन ।
नहे जय यद्‌क्षण	हवे युद्ध तद्‌क्षण ॥
पराजय महाग्लानि	एतद् सत्य विचारह ।
रहिवे मम पश्चाते	सर्वदा कपि पीड़िते ।
अग्रसरि जय क्षणे	घोर रवे विमर्दह ॥
चतुरक्षौहिणी सेना	अद्य युद्धे विनाशिल ।
वज्रदंष्टा प्रहस्तादि	पतित वानराहवे ॥
एतद् वाक्य मने स्मरि	कर युद्ध भयंकर ।
कपिकुल विमर्दह	सर्व शक्ति प्रयोगिया ॥

वाल्मीकि वचन

यद् वाक्य रावणे तथा	गर्जे रक्षः भयंकर ।
त्रैलोक्याधिप रावणे	जय नाद निनादने ॥

रावण वचन

निःशब्दे चल सत्वरे	नक्तसम यथागति ।
कपिमध्ये महाबले	आचम्बिते प्रवेशिव ॥

वाल्मीकि वचन

एतद् वाक्य यथा श्रुत	मौनगति निशाचर ।
सत्वरे रावणादेशे	पूर्वद्वारे बहिर्गत ॥
रक्षः त्रैलोक्येशा हवे क्रुद्ध साजे	सैन्य नाना शस्त्रे रथारूढ़ गर्जे ।
पूर्व द्वारोन्मुक्ते विनिष्क्रांत घोरे	यद्‌रात्रे युद्धारम्भ रक्षारि नाशे ॥

– इति श्रीमद्देवायण ब्रह्मकल्पे तृतीय खण्डे राम मण्डलान्तर्गतः रामायण वर्गे लंका काण्डे रावण कर्त्तृक स्वयं युद्धे प्रवेश वार्ता कथन नामः अष्टम सर्ग ।

— ✯ —

॥ नवम सर्ग ॥

वाल्मीकि वचन

विश्रामे स्थित वानर युद्धश्रांत रणस्थले ।
युद्धमान निशाचर तथा द्रुत प्रवेशिल ॥
एके रात्रि महाघोर ताहे कृष्ण निशाचर ।
प्रदीप्त पुष्पके मणि शत शत चतुर्दिके ॥
पुष्पक रथ दर्शने विज्ञात रावणागत ।
कपि सर्व पुरोभागे नल वीर समागत ॥
आक्रमिल दशानन नल वीरे त्वरितगति ।
पुत्रशोके निशाचर धृत मूर्त्ति भयंकर ॥
लागिल मर्दिते कपि टंकारिया धनुर्गुण ।
तीक्ष्ण तीक्ष्ण महाशस्त्रे वधे कपि निरंतर ॥
नारे नल निवारिते विद्युत्गति चले शर ।
विपुल वर्षणे येन करकापुंज घातन ॥
सप्त वीर अत:परे एकत्रित करे रण ।
तवु नारे निवारिते लंकेश्वर दशानने ॥
घोरतर महायुद्धे रक्ष:राज कतक्षणे ।
नल नील समन्वित सर्व सैन्य निपातिल ॥
दक्षिण तोरणागत पूर्व द्वार समापने ।
गर्जिल रक्ष:वाहिनी जय जय दशानने ॥
करे युद्ध वृषाणक रक्ष: सह भयंकर ।
तवु ना वाारिते क्षम भीषण अद्य रावण ॥
पुत्रशोके महाक्रुद्ध प्रतिशोध प्रदानिते ।
तीक्ष्ण तीक्ष्ण महाशस्त्रे शरवृष्टि चतुर्दिके ॥
अक्षम वारिते सैन्य कपिश्रेष्ठ वृषाणक ।
एतद् दृश्य निरीक्षिया अंगद गर्जियागत ॥
अंगदे हेरि रावण वज्र नादे कहे तथा ।
रे दुष्ट मर्कटाधम सन्धानिनु चतुर्दिके ॥
आक्रमिया अकस्मात् मुकुट हरणे मम ।
करे द्रुत पलायन उद्धत बल गौरवे ॥
आत्म रक्षातरे एवे ओरे मूढ़ रह स्थिर ।
कहि एतद् दशानन तोले शूल भयंकर ॥
रुद्र-शूल कहे एतद् रुद्रकृत प्रदानित ।
रौद्रशूल करे धृत गर्जे घोरे दशानन ॥
शृंग त्रय समन्वित विधृत गिरि अंगद ।
रावणप्रति हानिल रथसह विचूर्णिते ॥
भयाल रूप धारणे नभ पथे चले गिरि ।
अग्निकणा विनिर्झरि धूमकेतु यथामत ॥
हाने शूल दशानन एतद् मंत्र मने स्मरि ।
जाह रौद्र महाशूल मम शत्रु विनाशह ॥
सर्व विघ्न विचूर्णिया शत्रु-अंगे प्रवेशह ।
रुद्रस्वने महाघोरे उठे शूल नभ स्थले ॥
क्षेपित पर्वतांगदे त्रि-शृंगक विचूर्णिया ।
पुनश्च गर्जिया घोरे अंगद प्रति धावित ॥

जानु विद्ध महाशूले निपतित तथांगद ।
अंगद पतने त्वरा अन्य सर्व निपातने ॥
चले द्रुत दशानन उत्तर तोरण प्रति ।
हेरिया रावणे तथा सुग्रीव उत्थित त्वरा ॥
धृत बृहत् महीरुह आक्रमिल दशानने ।
लंकेश्वर महाक्रुद्ध सुग्रीवे हेरि सम्मुखे ॥
रौद्रशूल करे धृत निक्षेपिते कपीश्वरे ।
सन्धानिल महाबले गर्जे शूल भयंकर ॥
कपि सर्व भये भीत पलायने समुद्यत ।
निक्षेपित कपीश्वरे करि ध्वंस महीरुह ॥
सुग्रीवप्रति आगत रौद्र तेज प्रकाशिया ।
वामहस्ते परिग्रह शूल स्वयं पराक्रमे ॥
सुग्रीव अतिकोपने रौद्रशूल विचूर्णिल ।
एतद् दृश्य निरीक्षिया गर्जे कपि जयस्वने ॥
रौद्रशूल विचूर्णिया तड़ित्वेगे कपीश्वर ।
अतिदीर्घ उल्लम्फने रक्षःरथे उपस्थित ॥
विनाशे क्षिप्र सारथी एक मुष्टि प्रहारिया ।
धनुर्बाण परित्यजि उठे त्वरित दशानन ॥
आक्रमिल महाबले बाहुयुद्धे कपीश्वरे ।
अतःपरे महायुद्ध सुग्रीव सह रावणे ॥
हल युद्ध बहुक्षण रणे क्रुद्ध परस्परे ।
समबले बली उभे लंकेश्वर कपीश्वर ॥
परिसर अति स्वल्प रथमध्ये महारणे ।
स्वीय वीर्य प्रकाशिते रथच्युत कपीश्वर ॥
एतद् काले त्वरित गति धृत गदा दशानन ।
आघातिल महाबले लक्ष्यि शिर कपीश्वरे ॥
नारिल रक्षिते गदा शून्य हस्ते कपीश्वर ।
शिराघात यथा लब्ध सुग्रीव हृतचेतन ॥
कपिनाथ अचेतन कपिकुल निरीक्षिया ।
प्राणभये चतुर्दिके करे द्रुत पलायन ॥
बहु कपि विताड़िया नाशे अन्य निशाचरे ।
समाप्त द्वार उत्तर रावणागत पश्चिमे ॥
रात्रिव्यापी महायुद्धे ऊषाकाले दशानन ।
पश्चिम तोरणागत गर्जे घोरे भयंकर ॥
गर्जिल राक्षसावली जय जय दशानने ।
अग्रसरे महावीर लंकेश्वरे निरीक्षिया ॥
लागिल हानित गर्जि त्वरित श्रृंग महीरुह ।
बहु रक्षः विनाशिल रावण अति कुपित ॥
गृहदग्धा निरीक्षिया बहु नष्ट मने स्मरि ।
निक्षेपिल गदा घोरे महाक्रोधे विघूर्णिया ॥
घूर्णित विषमे गदा नारे हनु निवारिते ।
हनु एतद् गदाघाते हल सेथा निपातित ॥
रावण अति कुपित मर्दिछे सर्व वाहिनी ।
कपिकुल महाभये करे द्रुत पलायन ॥
कोथा राम जटाधारी गर्जे एवे दशानन ।
राघवप्रति सेस्थले कहे वाक्य विभीषण ॥

विभीषण वचन

देखह अति कुपित लंकेश्वर समागत ।
करि सर्वे पराजित तवप्रति प्रधावित ॥
त्रैलोक्य विजये शक्य एका वीर दशानन ।
रावण सम्मुखे तुच्छ कपि सर्व सुनिश्चय ॥
शस्त्र धृत रथारूढ़ रहे यदि दशानन ।
स्वयं प्रभु निवारह अतिक्रुद्ध ममाग्रजे ॥

लक्ष्मण वचन

राघवे किं प्रयोजन स्वयं शक्य निवारिते ।
नहि शक्य निवारणे शक्य स्वयं विमर्दिते ॥

विभीषण वचन

अद्भुत रणकौशली रक्षः राज दशानन ।
नारिवे रहिते स्थिर हे लक्ष्मण तथा रणे ॥

वाल्मीकि वचन

एतद् वाक्य यथा श्रुत लक्ष्मण अति कोपने ।
टंकारिल धनुर्गुण आक्रमिते दशानने ॥
रावण हेरि लक्ष्मणे जिज्ञासिल धनुर्धर ।
परिचय किंवा तव कहे रामानुज स्वयं ॥

रावण वचन

तुमि युद्ध निवारह प्रेरण कर राघवे ।
राघव सह संग्रामे हवे वीर्य निरूपित ॥
हेर अद्य समागत रथारूढ़ यथा स्वयं ।
नायके नायके अग्रे होक वीर्य प्रकाशित ॥

लक्ष्मण वचन

कहिले अति उत्तम होक वीर्य प्रमाणित ।
कर मोरे पराजित रामचन्द्र अतःपरे ॥
युद्धक्षेत्रे रामानुजे उक्त वाक्ये सन्धाने सक्रुद्धान्तरे रावणास्त्र ।
आकर्षे घोरे ज्या धनुर्दन्ड हस्ते तद् टंकाररवे जगत्कम्प माना ॥

- इति श्रीमद्देवायण ब्रह्मकल्पे तृतीय खण्डे राम मण्डलान्तर्गतः रामायण वर्गे लंका काण्डे रावण कर्तृक द्वारत्रय जय करण ओ पश्चिम द्वार विजय हेतु उपस्थिति वार्ता कथन नामः नवम सर्ग ।

— ☆ —

॥ दशम सर्ग ॥

वाल्मीकि वचन

सन्धानिल इहा कहि लक्ष्मण बाण ऐषिक ।
अर्धचन्द्र महाशरे रक्षःराज निवारिल ॥
वारित बाण ऐषिक रामानुज चमत्कृत ।
रौद्र बाण धृत स्वयं शक्तिधर यथामत ॥

निक्षेपिल गदा गर्जि एतद् अग्रे दशानन ।
अति क्षिप्र समागमे आघाते वीर लक्ष्मणे ॥
आचम्बिते गदाघाते रामानुज अचेतन ।
लक्ष्मण चेतना हारा हेरि राम समागत ॥
श्रीरामे हेरि रावण रौद्रनादे निनादिल ।
तदंतरे महायुद्ध आरम्भिल परस्परे ॥
राघव सह रावणे परिदृष्ट रणस्थले ।
अत्याश्चर्य शर क्रीडा उभे युद्धे विशारद ॥
अग्निबाणे ज्वले अग्नि दहे सैन्य चतुर्दिके ।
वरुण बाण वर्षणे भासे रथ रथी गज ॥
वायुबाणे महावात्या आवर्त्तित भयंकर ।
मंदरादि क्रमागत निक्षेपित शरोद्भव ॥
एतद् युद्ध निरीक्षिया लोकत्रय चमत्कृत ।
ब्रह्मास्त्र धरिया हस्ते सन्धानिल दशानन ॥
वैष्णवी बाण सन्धाने रामचन्द्र निवारिल ।
एवे विद्या समापने रक्षः गदा परिग्रहे ॥
करि बले विघूर्णन राघवप्रति गर्जने ।
निक्षेपिल दशानन चक्राकारे चले द्रुत ॥
तद् दर्शने जगत्प्रभु स्मरे चक्र सुदर्शन ।
रक्षः गदा द्विखंडिया रावणप्रति धावित ॥
बहु शस्त्र विघातने नारे चक्र निवारिते ।
घोरस्वने चले चक्र आपतित शिरोपरि ॥
मृत्युबाण बिना वध्य नहे कभु दशानन ।
एतद् हेतु शिरच्छेदे हल चक्रे व्यतिक्रम ॥
शिराघात यथा लब्ध शिरच्छेद नहे तवु ।
रक्षःराज अचेतन रथमध्ये निपातने ॥
संकट हेरि सारथी करे द्रुत पलायन ।
लंकामध्ये प्रवेशिल त्वरित रथ प्रचालने ॥
दिवाव्यापी महायुद्धे रक्षःराज पराजित ।
संध्याकाले प्रवेशिल लंकामध्ये यवे रथ ॥
रक्षःराज सचेतन कतक्षण गत क्रमे ।
भत्सिल सारथीप्रति युद्धत्यजि पलायने ॥
हेथा राम रणत्यजि चतुर्द्वार परिभ्रमे ।
सह मित्र विभीषण सुषेण भेषजाधिप ॥
सर्व सैन्य निपातित सैन्याध्यक्ष समन्वित ।
मृतकल्प अचेतन निपतित चतुर्दिके ॥
समस्त परिदर्शने प्रत्यागत यथास्थले ।
शोकयुक्त यथा राम कपि दशा निरीक्षिया ॥
मृतकल्पानुजे ग्रहि शोक अश्रु बहिर्गत ।
स्मरि स्मृति पुरातन क्षोभयुक्त जगत्प्रभु ॥
कहिते रत राघव लक्ष्यि मित्र विभीषणे ।
अद्य सत्य परिज्ञात दुर्जय यद् तवाग्रज ॥
क्षण युद्धे प्रवेशिया विपुल कपि वाहिनी ।
दुर्जय यद् सुदुस्तर क्षणे रक्षः निपातिल ॥
प्रतिहत करि स्वयं यद्यपि शस्त्र घातने ।
पराजय तथापिह साक्षात् मित्र निरीक्षह ॥

हेर योद्धा ममादृश लक्ष्मण समरे हत ।
पतित वीर अंगद बालीपुत्र महायुधि ॥
सुग्रीव शायकाहत नल नील तथामत ।
सर्व सैन्य समन्वित द्वारे द्वारे निपातित ॥
यद् हनु बहु विक्रमे महासिंधु अतिक्रमे ।
लंका दग्ध करि स्वयं सीता वार्ता प्रदानिल ॥
इत्याधिक महाकपि मत् समीपे निरीक्षिया ।
जय आशा यथा कृत अद्य सर्व विलोपित ॥
कह मित्र पुरीमध्ये बहु वीर अवस्थित ।
रावणतुल्य यद् बहु केहवा रावणाधिक ॥
एतद् सर्व निवारिते केवा योद्धा अतःपरे ।
रावण वारिते सर्व महायुद्धे निपातित ॥
एतद् हेतु विभीषण दुर्जय स्मरि रावण ।
वृथा युद्धे समागत विफल सिंधु बंधन ॥
सीतोद्धार असम्भव दुर्जय रक्षः शासन ।
एकाकी करि संग्राम किं साफल्ये प्रवेशिव ॥
लंकाजये नहे क्षम ममवीर्य पराक्रमे ।
हे मित्र चल सत्वरे काल क्षये वने पशि ॥
एतद् वाक्य यथा श्रुत कहे दृढ़ विभीषण ।
भगवान स्वयं प्रभु सर्वत्र अपराजित ॥
यद्यपि दुष्ट रावण अद्य युद्धे सुदुर्जय ।
कहि वाक्य तथापिह काल पूर्ण ममाग्रजे ॥
मत् श्रुत ब्रह्म भाषणे रावणे वधिवे तुमि ।
ब्रह्म वाक्य नहे मिथ्या हे राघव रह स्थिर ॥
यद् वीर्य यद् पराक्रम तपः सिद्धे अवस्थित ।
तव युद्धे महाबाहु हेरि क्षय क्रमे क्रमे ॥
एरूप कहिते वाक्य रक्षानुज विभीषण ।
विमौन हेरि राघवे सुषेण कहिते रत ॥
हे प्रभु अपराजित तव वीर्य पराक्रमे ।
यथा उक्त विभीषणे एतद् सत्य सुनिश्चय ॥
पुनश्च उठिवे सैन्य तेजपूर्ण कलेवरे ।
कपिकुल हवे शक्य रक्षःजये तवाशिषे ॥
एतद् सत्य प्रमाणित हनु सिंधु अतिक्रमे ।
सागर बंधने नल एतद् साक्ष्य प्रदानिल ॥
शस्त्राहत महासैन्य पुनश्च उठिवे स्मरि ।
लभिल पक्ष सम्पाति तव ध्याने यथास्मृति ॥
तुच्छ लंकाजय स्मरि यथा दृष्ट असम्भव ।
पुनश्च उठिवे सैन्य भगवान तवाशिषे ॥
सर्व द्वारे दर्शे अचैतन्य देहे सेनानी अष्टत्रिंश तद् सैन्य संगे ।
विक्षोभे धारा पुंडरीकाक्ष रामे रक्षे सर्व प्राणे सुषेणाख्य वैद्य ॥

- इति श्रीमद्देवायण ब्रह्मकल्पे तृतीय खण्डे राम मण्डलान्तर्गतः रामायण वर्गे लंका काण्डे राम-रावणे प्रथम युद्ध ओ सर्व सैन्य पतने रामचन्द्रे क्षोभ वार्ता कथन नामः दशम सर्ग ।

— ☆ —

॥ एकादश सर्ग ॥

वाल्मीकि वचन

रामचन्द्र तथापिह मौनभावे अवस्थित ।
एतद् सर्वे प्रशंसित उत्साहित नहे तवु ॥
हेरि एतद् परिस्थिति जाम्बवान् शिरानते ।
कहे प्रभु स्वयं कार्ये मम वाक्य विचारह ॥
सुषेण भिषक श्रेष्ठ आज्ञाप्रार्थी पदे तव ।
एतद् सर्व महासैन्ये पुनः प्राण प्रदानिते ॥
प्राज्ञ मंत्रे क्रियाशील मृतकल्पे महौषधि ।
भेषज् विद्या विशारद संचारे प्राण सत्वरे ॥
एतद् कार्य समुद्यमे प्रार्थी प्रभु तवाशिष ।
लंकाजये पुनः युद्धे गर्जिव कपि विक्रमे ॥
एरूप राघवप्रति जाम्बवान् निवेदिते ।
स-प्रश्न वीक्षणे रत सुषेण वाक्य संयुत ॥
आज्ञा देह ममप्रति औषधि करि संग्रह ।
कपिकुले महाबाहु पुनः प्राण प्रदानिते ॥
प्रसन्न श्रवणे राम कहे प्राण प्रदानह ।
यदि शक्य महामति पुनः प्राण प्रदानिते ॥

जाम्बवान् वचन

सुषेणे किं असम्भव एतद् कार्य जगत्प्रभु ।
जात धनवन्तरी तेजे भेषज् विद्या विशारद ॥

वाल्मीकि वचन

तद्काले चरणे नमि सुषेण कहिते रत ।
चलि स्वयं सुसंग्रहे भेषजादि प्रयोजने ॥
सम्मति लब्ध राघवे इतस्ततः तथापिह ।
राम प्रश्न समायुत किं जिज्ञासा अतःपरे ॥

सुषेण वचन

जाव सिंधु अतिक्रमि भेषज संग्रहे प्रभु ।
एकाकी रहिवे तुमि चिन्ता एतद् ममप्रति ॥

वाल्मीकि वचन

एतद् वाक्य यथा श्रुत रामचन्द्र स्मिताधर ।
अविश्वासी नहे कभु रक्षः मित्र विभीषण ॥
शुनि एतद् विभीषण स्वयं चित्ते चमत्कृत ।
करि तोमा नमस्कार सुषेण प्राज्ञ सत्तम ॥
ए हेन विपदे तुमि दिक्भ्रांत नहे कभु ।
स्थिर बुद्धि प्रतिष्ठित स्वयं कार्ये यथायथ ॥
तवु कहि द्विधा बिना स्वकार्ये जाह सत्वरे ।
रामचन्द्र यथा बली स्वयं चक्षे निरीक्षिले ॥
एकाकी सर्व राक्षस मर्दिते यिनि सक्षम ।
किं करिव तथा स्वयं भ्रांतबुद्धि समागमे ॥

सुषेण शुनि लज्जित यथा वाक्य विभीषणे ।
बिना वाक्य व्यये चले सन्धानिते महौषधि ॥
एतद् वाक्य यथा श्रुत सुषेण तुष्ट अंतरे ।
गेल सिंधु अतिक्रमि तद् परे दश योजन ॥
वनमध्ये प्रवेशिया मृतसंजीवनी लभि ।
तद् रात्रि प्रहरातीते हल त्वरित समागत ॥
पर्वततुल्य भेषज सह रक्षः विभीषण ।
मर्दित करिया शिले स्तुपीकृत करे क्रमे ॥
प्रथमे लक्ष्मण प्रति नासाग्रे धृत येमति ।
मृतसंजीवनी गंधे पुनश्च चेतनागत ॥
दिल अंगे प्रलेपिया लक्ष्मण उत्थित त्वरा ।
कोथा दुष्ट दशानन एतद् ध्वनि महारवे ॥
रामानुज रह स्थिर कहे वाक्य विभीषण ।
हेर युद्ध समापित लंकेश्वर पराजित ॥
सर्व वाक्य शुन क्रमे हेरि सर्व चतुर्दिके ।
लज्जित चित्त लक्ष्मण राम पार्श्वे समागत ॥
लक्ष्मणे हेरिया रामे महानन्द प्रतिष्ठित ।
क्षोभमुक्त कहे वाक्य सुषेण प्रीति वर्धने ॥

श्रीराम वचन

हे सुषेण गुणीश्रेष्ठ असमये किंवा कहि ।
वनवासी यथा स्वयं किंवा अद्य प्रदानिव ॥
लह अद्य भुजाश्लेष कर कार्य अतःपरे ।
जीवित कर हे सर्व चेतनाच्युत वानर ॥

वाल्मीकि वचन

एतद् वाक्ये भुजाश्लेषे करे बहु समादर ।
सुषेण भेषजाधिप कहे वाक्य तथास्थले ॥

सुषेण वचन

इत्याधिक किंवा प्राप्य जगन्मध्ये जगत्पति ।
तव कृपा समादर सर्व श्रेष्ठ मने स्मरि ॥

वाल्मीकि वचन

एतद् वाक्ये नमे पदे चले कार्ये त्वरितगति ।
दिल छड़ा चतुर्दिके हस्तद्वये महौषधि ॥
यत दूर निपातित उठे सैन्य क्रमागत ।
सह रक्षः विभीषण दाने सर्व महौषधि ॥
अग्रे यारा सचेतन सर्वे कार्ये समायुत ।
एतद् रूपे चतुर्दिके दाने सर्व महौषधि ॥
उठे सर्व दले दले कपिकुल चतुर्दिके ।
मृतसंजीवनी स्पर्शे मृतकल्प सचेतन ॥
एस्थले राक्षसेश्वर कहे एतद् सभातले ।
एकमात्र अवस्थित रामचन्द्र तथास्थले ॥
केवा युद्धे प्रवेशिवे कपिसैन्य समापित ।
संग्रामे राघवे वधि कर बंदी विभीषणे ॥

मकराक्ष कहे गर्वे अन्ये किंवा प्रयोजन ।
एकाकी वधिते रामे सक्षमाहं सुनिश्चय ॥
मर्दिनु बहु देवता स्वयं चक्षे निरीक्षिले ।
रहित कपि यद्यपि हत हर्ष प्रवर्धित ॥

रावण वचन

मकराक्ष इहा शुन सेनापति पदे वरि ।
अद्य तोमा महाबली नाशह तुमि राघवे ॥
युद्धक्षेत्रे संजीवनी स्पर्शलाभे गर्जे सेनानीवृंद घोरे स्व-सैन्ये ।
लंकामध्ये आकर्ण शब्दे प्रकम्पे चित्ते रक्षः साजे पुनर्वार युद्धे ॥

- इति श्रीमद्देवायण ब्रह्मकल्पे तृतीय खण्डे राम मण्डलान्तर्गतः रामायण वर्गे लंका काण्डे कपिसैन्ये स-लक्ष्मण पुनर्जीवन लाभ वार्ता नामः एकादश सर्ग ।

— ✯ —

॥ द्वादश सर्ग ॥

वाल्मीकि वचन

एतद् वाक्ये प्रदानिल स्वर्ण खड्ग दशानन ।
रावणे करि वंदना तीक्ष्ण खड्ग परिग्रहे ॥
एतद्काले समुत्थित राम जय निनादन ।
लंकेश्वर चमत्कृत कपिकृत जय स्वने ॥
चमत्कृत स्वयं चित्ते कहे वाक्य सभास्थले ।
पुनश्च किं लभे प्राण कपिवृंद रणस्थले ॥
त्वरित नभे समुत्थाने मेघनाद निरीक्षिल ।
विपुल कपि वाहिनी सर्व क्रमे समुत्थित ॥
राम जय महानादे गर्जे सर्वे चतुर्दिके ।
प्रत्यागमे दशानने मेघनाद निवेदिल ॥
एतद् वाक्य यथा श्रुत मकराक्ष चले रणे ।
पंच लक्ष निशाचरे रथारूढ़ चले द्रुत ॥
गभीर रजनी स्तब्ध कपिसैन्ये प्रवेशिल ।
लक्ष लक्ष मशालेते आलोकित चतुर्दिक ॥
उत्तर तोरणे त्वरा मकराक्ष प्रवेशिल ।
सुग्रीव हेरि राक्षस तथा त्वरित उपस्थित ॥
तदन्तरे महायुद्ध मकराक्ष कपीश्वरे ।
विधृत वृक्ष पर्वत करे युद्ध भयंकर ॥
मकराक्ष महाबली टंकारिल धनुर्गुण ।
अग्निवृष्टि शरे शरे करे वीर चतुर्दिके ॥
ऊर्ध्व हते महावृष्टि अग्निधारा निरंतर ।
लागिल दग्धिते कपि शस्त्रानले क्रमागत ॥
शर वृष्टि निरीक्षिया सुग्रीव अति कुपित ।
उत्तोलिया बृहत् गिरि निक्षेपिल महाबले ॥
महाशब्दे नभपथे हेरि गिरि समागत ।
रथ त्यजि उल्लम्फने करे द्रुत पलायन ॥

घोर शब्दे पड़े गिरि रथ अश्व विचूर्णिया ।
अन्य रथे समारूढ़ मकराक्ष त्वरितगति ॥
टंकारिया धनुर्गुण महावायु प्रवाहिल ।
कपिवृंद महावेगे नभस्थले समुत्थित ॥
आवर्त्तित तथा सर्वे शस्त्रगति सुकौशले ।
मात्र सेथा कपीश्रेष्ठ रहे स्थिर महीतले ॥
तद् सैन्ये हेरि दुर्दशा अति क्रुद्ध कपीश्वर ।
धृत बृहत् महीरुह आवर्त्तिया चले द्रुत ॥
मकराक्ष समीपेते एक लम्फे उपस्थित ।
करि वृक्षे महाघात बहु सैन्य विनाशिल ॥
शत शत पड़े सैन्य घाते घाते क्रमागत ।
सुग्रीवे मूर्त्ति भीषण क्रमे एवे रणस्थले ॥
एतद् दृश्य निरीक्षिया मकराक्ष त्वरितगति ।
अर्धचन्द्र महाबाणे शीघ्र वृक्ष द्विखंडिल ॥
वृक्ष नष्ट निरीक्षिया कपिकुल अधीश्वर ।
वज्रधारी यथा इन्द्र शृंग हस्ते परिग्रहे ॥
गिरि हस्ते विधारणे गर्जिल अति भीषण ।
निक्षेपिल अत:परे मकराक्षे निरीक्षिया ॥
घोर शब्दे चले गिरि सर्व जन चमत्कृत ।
मकराक्ष त्वरित गति धनुर्बाण परित्यजि ॥
शूल हस्ते परिग्रहि निक्षेपिल सगर्जने ।
सुग्रीव क्षिप्त पर्वत शूलाघाते विचूर्णिल ॥
एतद् गिरि विचूर्णिया उठिल गर्जिया पुन: ।
कपिकुल भये भीत महाशूल निरीक्षिया ॥
सुग्रीव करि विक्रम अति त्वरित उल्लम्फने ।
नभ मार्गे धरे शूल गर्जे वीर तथास्थले ॥
धृत शूल तथा हते अग्रसरि चले द्रुत ।
शूल हस्ते उपस्थित मकराक्षे विनाशिते ॥
निज शूले हवे मृत्यु एतद् पूर्व कृत स्थिर ।
एतद् दृश्य निरीक्षिया शस्त्रत्यजि रहे स्थिर ॥
विमुख हेरि संग्रामे मकराक्षे कपीश्वर ।
कहिल रूढ़ भाषणे ओरे दुष्ट निशाचर ॥
मृत्यु भये सकातर शस्त्रत्यजि रह स्थिर ।
धर शस्त्र यथा त्वरित कर युद्ध स्वयं बले ॥
तवुह यद्यपि स्थिर मम कार्य समापिव ।
कहि एतद् महाशूल उतोलिल कपीश्वर ॥
अकस्मात् निशाचर गदा धृत त्वरितगति ।
बाहु लक्ष्यि कपीश्वरे महाघात प्रदानिल ॥
इत्याघाते पड़े शूल हस्तच्युत महीतले ।
एवे युद्धे महोत्साही आक्रमे कपि राजने ॥
उत्तोलिया गदा रक्ष: कपिराजे प्रहारिते ।
उद्यत शुन यद्काले सुग्रीवातीव कोपने ॥
लक्ष्यि गंड निशाचरे वज्रमुष्टि प्रहारिल ।
एतद् मुष्टि प्रहारिते पतित रक्ष: भूतले ॥
एतद्काले लभि क्षण तोले शूल कपीश्वर ।
मकराक्ष तथा त्वरित आवर्तणे समुत्थित ॥

समुत्थाने निरीक्षिल शूल हस्ते कपीश्वर ।
शूलाघात करे वक्षे सुग्रीव वीर विक्रमे ॥
प्रातःकाले पड़े युद्धे मकराक्ष महाबली ।
अन्य सर्व निशाचर कपिसैन्ये निपातिल ॥
प्रभाते राक्षसेश्वर उपविष्ट सभातले ।
भग्नदूत प्रवेशिल चक्षे अश्रु समन्वित ॥
हेरिया सम्मुखे दूते कहे वाक्य दशानन ।
किंवा वार्ता समानीत हे दूत कह सत्वरे ॥

दूत वचन

मम वार्ता किंवा कहि कु संवाद तवप्रति ।
मकराक्ष पड़े युद्धे सुग्रीव समरे शुन ॥
पंच लक्ष निशाचर कपिवृंद विनाशिल ।
एतद् वार्ता समानीत शुन हे राक्षसेश्वर ॥
लंकेश स्वर्णासीन मंत्री स-पात्रे युद्धे तद् वार्ता पेक्षमान प्रसंगे ।
सन्मृत प्राणे यज्ञाशा प्रवेशे दूताग्रे साष्टांगे प्रणम्याश्रु धारे ॥

– इति श्रीमद्देवायण ब्रह्मकल्पे तृतीय खण्डे राम मण्डलान्तर्गतः रामायण वर्गे लंका काण्डे युद्धे मकराक्ष पतने रावणाग्रे भग्नदूत वार्ता कथन नामः द्वादश सर्ग ।

— ✯ —

॥ त्रयोदश सर्ग ॥

वाल्मीकि वचन

शुनि वार्ता दशानन अति क्षुब्ध तथास्थले ।
अश्रुजल बहिर्गत विंश चक्षे क्रमागत ॥
कतक्षण रहि स्थिर कहे क्षोभे दशानन ।
मकराक्ष पड़े युद्धे दूत तव किंवा त्रुटि ॥
सम्मुख समरे पड़ि वीरलोके करे गति ।
इत्याधिक किंवा कहि मकराक्ष बिना दुःखे ॥
एतद्रूपे कहे रक्षः आत्मगत कतक्षण ।
सहसा घोर गर्जने वीरवृंद कहे इहा ॥

रावण वचन

भीषण समरे कपि वर्धे हेरि क्रमागत ।
केवा वीर रणोत्साही युद्धभार लवे कह ॥
प्रतिज्ञा शुन हे अद्य यथा कार्य मनस्थिरे ।
सक्षम ये रणस्थले सर्व कपि विमर्दिते ॥
कपि सर्व विमर्दिया वधिया राम लक्ष्मण ।
ए लंका करिले मुक्त करि बंदी विभीषणे ॥
दानिव शिरःभूषण एतद् शिरे सुनिश्चय ।
प्रत्यागत यवे वीर सर्व शत्रु विमर्दिया ॥

वाल्मीकि वचन

एतद् वाक्य यथा श्रुत मेघनाद नमे पदे ।
धृत वक्षे भुजाश्लेषे कहे वाक्य समादरे ॥

रावण वचन

जाह पुत्र महाबली मर्दह राम लक्ष्मणे ।
कपि-सैन्य समन्वित कपीश्वरे विनाशह ॥

वाल्मीकि वचन

एतद् आज्ञा यथा प्राप्त मेघनाद बहिर्गत ।
प्रवेशिल निकुम्भिला यज्ञालये त्वरितगति ॥
तद् क्षेत्रे भैरवी मूर्त्ति करे पूजा महाबली ।
गंध पुष्प महाभारे समानीत निशाचरे ॥
चंदन धूप कस्तुरी थरे थरे सुरक्षित ।
उपविष्टार्चनासने मेघनाद महाबली ।
कौषिक वस्त्र शोभित उत्तोरीय तथामत ॥
ध्यानासीन तथास्थले मेघनाद बहुक्षण ।
जाग्रत करिते देवी पुष्पांजलि प्रदानिल ॥
महिष वृष छागादि समानीत निशाचरे ।
बलिदान प्रदानिल स्वयं हस्ते सहस्रशः ॥
एतद् रक्ते करे मेध प्रज्वलित हुताशने ।
रक्त-अर्घ्य प्रदानिल यज्ञाहुति समापिते ॥
दानिल तद् परे सुरा पुष्प मधु विनिर्मित ।
आविर्भूता महादेवी एतद् सुरा प्रदानिले ॥
उज्वल करि सर्वत्र दीप्त द्युति विभास्वरा ।
खड्गे रक्त विनिर्भरा महाकाली बहिर्गता ॥
मुंडमाला विधारणे अट्टहास्ये भयंकरी ।
मेघनादे कहे देवी अग्निमध्ये अवस्थिता ॥

देवी वचन

तव अर्घ्य प्रदानिले सुरा रक्ते हुताशने ।
तुष्टाहं शुन रावणि वर चाह मनोमत ॥

मेघनाद वचन

यदि तुष्ट ममप्रति महादेवी कृपामयी ।
दुर्जय वानरे अद्य बल देह पराजिते ॥
कपिकुल समागमे रक्षःकुल विनाशिछे ।
प्रतिज्ञा अद्य रावणे सर्व सैन्य विमर्दिते ॥
सैन्याध्यक्ष पदे अद्य पिताकृत प्रतिष्ठित ।
तुमि हे वरदादेवी जयवर प्रदानह ॥

देवी वचन

हवे अद्य तथामत सर्व अरि निपीड़ह ।
नागपाश महाशस्त्र युद्धस्थले मने स्मर ॥

वाल्मीकि वचन

करि एतद् शुभाशिष देवी त्वरित तिरोहिता ।
यज्ञफोंटा प्रदानिल करि यज्ञ समापने ॥
युद्धतरे बहिर्गत पंच लक्ष निशाचरे ।
प्रहरेक यवे गत हल वीर सुसज्जित ॥

एस्थले वीर राघव जिज्ञासिल विभीषणे ।
अद्य किंवा परिस्थिति कह मित्र यदि ज्ञात ॥

विभीषण वचन

हवे युद्ध भयंकर एतद् सत्य समीक्षित ।
यथा स्तब्ध बहे वायु महाझंझा उपक्रमे ॥
तथामत मने स्मरि रहे स्तब्ध दशानन ।
पुनः युद्ध अनुष्ठिते परामर्श करे स्थिरे ॥

वाल्मीकि वचन

एतद्काले समाकर्ण जय राजा दशानने ।
सन्धान करिते हेतु चले त्वरित विभीषण ॥
किंचिदंते विभीषण प्रत्यागत निरीक्षिया ।
रामचन्द्रे निवेदिल मेघनाद समन्वित ॥

विभीषण वचन

जात मंदोदरी गर्भे रावण ज्येष्ठ नन्दन ।
मेघनाद समाख्यात इन्द्रजित् विशेषण ॥
हवे युद्ध भयंकर समरे अति दुर्जय ।
रावणाधिक कौशली करे जय सुराधिपे ॥
बहु माया परिज्ञात अंतराले करे रण ।
एतद् सर्व निरीक्षिवे पूर्व द्वारे समागत ॥
केह ना वधिते क्षम एतद् योद्धा जगत्प्रभु ।
आपनि कर भावना किंरूपे वारिवे रणे ॥
करि यज्ञ निकुम्भिला यदि युद्धे प्रवेशिवे ।
शस्त्र धृत कदाचन नारे केह निवारिते ॥
अद्य युद्धे पराजय मने स्मर जगत्प्रभु ।
के रक्षिवे रणस्थले रावणि अति दुर्जय ॥

लक्ष्मण वचन

अहं युद्धे निवारिव शोन मित्र विभीषण ।
युद्धस्थले रह स्थिर किंवा भय अतःपरे ॥
यद् यज्ञासीने मेघनादेक चित्ते मद्ये मांसे रक्त प्रदाने निकुम्भे ।
आविर्भूता काली अकस्मात् प्रसन्ना कार्यार्घ्ये तुष्टाहं कहे अट्ट हास्ये ॥

- इति श्रीमद्देवायण ब्रह्मकल्पे तृतीय खण्डे राम मण्डलान्तर्गतः रामायण वर्गे लंका काण्डे निकुम्भिला यज्ञे मेघनाद कर्त्तृक वर प्राप्ति वार्ता कथन नामः त्रयोदश सर्ग ।

— ✯ —

॥ चतुर्दश सर्ग ॥

वाल्मीकि वचन

लक्ष्मण भाषणे तथा रहे मौन विभीषण ।
रामानुज नहे ज्ञात मेघनादे किंवा बल ॥
रह दृढ़ कहे तवु शस्त्राघाते महाबली ।
द्वारत्रय पराजये एक्षणि पशिवे रणे ॥

हेथा दशाननात्मज	पूर्व द्वारे प्रवेशिल ।
नल नील महाबली	हल त्वरित उपस्थित ॥
युद्धारम्भ अतःपरे	कपि सह निशाचरे ।
नल नील कपिद्वय	यथा त्वरित उपस्थिते ॥
करे युद्ध बहुक्षण	सह नल तथास्थले ।
नल नील निपीड़िल	मेघनाद शरे शरे ॥
बहुक्षण महायुद्धे	नल नीले निपीड़िल ।
पराजित तथा नल	नील वीर समन्वित ॥
अन्य सर्व पलायने	उद्यत हेरि रावणि ।
नागपाश मने स्मरे	त्वरित शस्त्र प्रकाशित ॥
सन्धानिल स्वयं बले	टंकारिया धनुर्गुण ।
कोटि कोटि समुद्भुत	शस्त्रे नाग नभ स्थले ॥
हल व्याप्त भुजंगमे	नभ मार्ग चतुर्दिके ।
यथा कृष्ण बलाहक	सर्पकुल तथामत ॥
गर्जि घोरे भयंकर	वानरप्रति धावित ।
सर्व जने पृथक् पृथक्	करे बंदी तथास्थले ॥
हस्त पदे तथा कण्ठे	आवर्त्तिया महाबले ।
लागिल कर्षिते सर्प	सर्व प्राण विनाशिया ॥
मुक्ति हेतु करे यत्न	सक्षम ना तथापिह ।
कर्षिछे प्रबले सर्प	महाशक्ति प्रयोगिया ॥
कपि सर्व नहे स्थिर	आकर्षित यथा पदे ।
सर्प सह करे युद्ध	निपतित महीतले ॥
सैन्याध्यक्ष समन्वित	कपि सर्व निपातित ।
मेघनादे महाहर्ष	पूर्व द्वार परित्यजे ॥
जय लब्ध यथा पूर्वे	चलिल उत्तरे त्वरा ।
उत्तरे सह सुग्रीव	युक्त युद्धे भयंकर ॥
सुग्रीव अति भीषण	पर्वत परिचालने ।
बहु सैन्य निपातिल	संग्रामे करि विक्रम ॥
पड़े बहु निशाचर	सुग्रीव वृक्ष घातने ।
मेघनाद नहे क्षम	निवारिते कपीश्वरे ॥
अद्भुत करि संग्राम	वधि बहु निशाचर ।
धृत दीर्घ महीरुह	दिल एक उल्लम्फन ॥
एतदुल्लम्फने पड़े	मेघनाद-रथोपरि ।
वृक्षाघाते करे चूर्ण	रथाश्व सह सारथी ॥
पड़े द्रुत उल्लम्फने	मेघनाद रथत्यजि ।
अन्य रथे समारूह्य	धाय द्रुत नभ पथे ॥
सुग्रीव समरे अद्य	मेघनाद पराजित ।
गर्जिल कपि वाहिनी	जय जय कपीश्वरे ॥
अन्य सर्व निशाचरे	कपिवृंद विनाशिल ।
गर्जे कपि भयंकर	मेघनाद पराजित ॥
एतद्काले नभ स्थले	गर्जिल पुनः शायक ।
नागपाश महाशस्त्रे	कोटि कोटि भुजंगमे ॥
अति क्षिप्र समागत	कपि सैन्ये दले दले ।
अति दीर्घ कलेवर	कृष्णकाय भुजंगम ॥
एतद् सर्व निवारिते	कपि सैन्य समुद्यमे ।
आवर्त्तिल जने जने	सर्पकुल महाबले ॥

हस्त पद तथा कण्ठ आकर्षिया क्रमागत ।
मृततुल्य करे सर्वे निपातने महीतले ॥
एवे आत्म प्रकाशिल मेघनाद महाबली ।
कहे वाक्य स्मिताधरे सम्बोधिया कपीश्वरे ॥

मेघनाद वचन

सुग्रीव अति दाम्भिक नागपाशे रह स्थिर ।
हवे मृत्यु क्रमे क्रमे लभिया बहु यंत्रणा ॥
कपिराज यमालये जाह लंका परित्यजि ।
उद्धार करिते सीता वाक्य व्यर्थ मने स्मरि ॥

वाल्मीकि वचन

एतद् वाक्य यथा श्रुत सुग्रीव अति कुपित ।
नागपाशे यथा वध कहे वाक्य नहे क्षम ॥
आवर्त्तने करे देह तवु वीर स्वयं बले ।
मेघनादे महाहर्ष एतद् दृश्य निरीक्षिया ॥

मेघनाद वचन

एवे लह नमस्कार चलि स्वयं कपीश्वर ।
सहोदरे निरीक्षिवे कल्य प्राते यमालये ॥

वाल्मीकि वचन

एतदूक्ति यथा दम्भे चले वीर त्वरितगति ।
सुग्रीव कृत संग्रामे सर्व सैन्य समापित ॥
मेघनाद रथारूढ़ एकाकी चलिल त्वरा ।
त्यजिया उत्तर द्वार याम्य द्वारे उपस्थित ॥
दक्षिणे वीर अंगद सह वीर वृषाणक ।
करे युद्ध भयंकर विधृत वृक्ष पर्वत ॥
करिया शर वर्षण मेघनाद करे रण ।
निक्षेपि गिरि पादप वृषाणक तथांगद ॥
पर्वत धारणे यवे आगत वीर अंगद ।
करे द्रुत पलायन मेघनाद नभ पथे ॥
धर धर कहे कपि पराजित मने स्मरि ।
मेघनाद रणे भीत परितृप्त जने जने ॥
गर्जिल कपि वाहिनी इन्द्रजिते पराजय ।
एतद्काले नभ स्थले गर्जिल पुनः शायक ॥
नागपाश महाशस्त्रे सर्प क्रमे बहिर्गत ।
कोटि कोटि भुजंगम कृष्ण दीर्घ कलेवरे ॥
अति वेगे समागत कपिसैन्ये दले दले ।
गर्जि घोरे भयंकर जिह्वा घन विलेहने ॥
एतद् सर्व निवारणे कपिसैन्ये समुद्यमे ।
आवर्त्तिल जने जने सर्पकुल महाबले ॥
हस्त पद तथा कण्ठ आकर्षिया क्रमागत ।
मृततुल्य करे सर्वे निपातने महीतले ॥
एवे आत्म प्रकाशिल मेघनाद महाबली ।
कहे वाक्य स्मिताधरे सम्बोधि अंगदे तथा ॥

मेघनाद वचन

अंगद रण गर्वित　　नागपाशे रह स्थिर ।
हवे मृत्यु क्रमे क्रमे　　लभिया बहु यंत्रणा ॥

वाल्मीकि वचन

एतदूक्ति यथा दम्भे　　चले वीर त्वरितगति ।
त्यजिया द्वार दक्षिण　　पश्चिमेते उपस्थित ॥
पश्चिम तोरणे यवे　　मेघनाद समागत ।
टंकारिया धनुर्गुण　　रामानुज तथागत ॥
महायुद्ध अत:परे　　रावणि सह लक्ष्मणे ।
विचित्र शर सन्धाने　　करे युद्ध परस्परे ॥
सर्व लोक भयंकर　　महायुद्ध तथास्थले ।
सम वीर्य पराक्रमे　　मेघनाद बहुक्षण ॥
ऐषिक बाण सन्धानि　　रामानुज अत:परे ।
तद् सारथी शिरच्छेदि　　निपातिल महीतले ॥
संकट हेरि रावणि　　परित्याग करे रण ।
स्वयं रथ प्रचालने　　करे द्रुत पलायन ॥
गर्जिल कपि वाहिनी　　इन्द्रजिते पराजय ।
एतद्काले नभ स्थले　　गर्जे बाण भयंकर ॥
ऊर्ध्वपाने शुनि ध्वनि　　कपि सर्व निरीक्षिल ।
आसे त्वरित महावेगे　　कोटि कोटि भुजंगम ॥
एतद् सर्व निवारिते　　कपिकुल समुद्यमे ।
आवर्त्तिल जने जने　　सर्पकुल महाबले ॥
हस्त पद तथा कण्ठ　　आकर्षिया क्रमागत ।
मृततुल्य करे सर्वे　　निपातने महीतले ॥
नागपाशे तथा वध　　राघव सह लक्ष्मण ।
अवशिष्ट रहे मात्र　　जनत्रय तथास्थले ॥
सुषेण भेषजाधिप　　जाम्बवान् विभीषण ।
निरस्त्र छिल तद् हेतु　　नागपाशे नहे क्रिया ॥
परिज्ञात नहे एतद्　　मेघनाद महाबली ।
यवे आत्म प्रकाशिल　　शायित सर्व भूतले ॥
प्रसन्नान्तर इन्द्रजित्　　एतद् दृश्य निरीक्षिया ।
कहे वाक्य स्मिताधरे　　सम्बोधि वीर लक्ष्मणे ॥

मेघनाद वचन

लक्ष्मण अति गर्वित　　रामचन्द्र तथामत ।
लंकायुद्धे किंवा फल　　प्रत्यक्षे कर दर्शन ॥
नागपाशे क्रमे क्रमे　　हवे मृत्यु रह स्थिर ।
यंत्रणा लभिया बहु　　जाह सर्वे यमालये ॥
कल्य क्षेत्र परिष्कारे　　हवे भृत्य समागम ।
निक्षेपिवे महाजले　　परित्यक्त कलेवर ॥
लंकायुद्धे मेघान्तरालास्त्र पाते　　सर्वाङ्गाबद्धे इन्द्रजित् नागपाशे ।
सुग्रीव श्रीराम स-सैन्ये निपाते　　रुद्धश्वासे मृत्युन्मुखे कण्ठ फांसे ॥

- इति श्रीमद्देवायण ब्रह्मकल्पे तृतीय खण्डे राम मण्डलान्तर्गत: रामायण वर्गे लंका काण्डे स-सैन्ये श्रीरामादि मेघनाद कर्त्तृक नागपाशे बंधन करण वार्ता नाम: चतुर्दश सर्ग ।

॥ पंचदश सर्ग ॥

वाल्मीकि वचन

कहि वाक्य स्वयं हर्षे पुरीमध्ये प्रवेशिल ।
नागपाशे रहे वध स्व-सैन्ये राम लक्ष्मण ॥
सुषेण अति कातर रामचन्द्रे निवेदिल ।
हे प्रभु मानवाकृति स्वयं साक्षात् जगत्पति ॥
धृत नरः कलेवर स्व-वीर्य तुमि विस्मृत ।
बंधन करिते तोमा के सक्षम चराचरे ॥
बंधन वरि आपनि सैन्य सह निपीड़िते ।
अद्य जय प्रदानिले मेघनादे जगत्प्रभु ॥
वरिया स्व-पराजय लोकनाथ गदाधर ।
एवे पाश विमोचने कर यत्न स्वयं बले ॥

श्रीराम वचन

किं प्रकारे किंवा यत्न हे सुषेण प्रकाशह ।
देह शीघ्र परामर्श करि कार्य तथामत ॥

सुषेण वचन

किं मंत्रणा प्रदानिव नहे व्यधि जगत्विभु ।
एतद् सर्प विताड़ने नहि क्षम कदाचन ॥
सर्पारि तव वाहन वैनतेय महाबली ।
आह्वान कर सत्वरे सर्पकुल विताड़ने ॥

वाल्मीकि वचन

सुषेणे उक्त यद् वाक्य जाग्रत स्थिति राघवे ।
आत्म सत्ये प्रतिष्ठित वैनतेय स्मृत स्वयं ॥
वैकुण्ठे प्रहरी रूपे वैनतेय अवस्थित ।
स्मरे सत्ये जगत्प्रभु त्वरित पक्षी समागत ॥
व्यापिया योजनत्रय महापक्ष विथारिया ।
नभ मार्गे प्रकाशित सुषेणादि निरीक्षिल ॥
आवर्त्तित महापक्षे महावात्या समुत्थित ।
गरुड दर्शने सर्प करे द्रुत पलायन ॥
विमुक्ति सर्व बंधने त्वरित सर्प तिरोहित ।
सहसा मुक्त बंधने सर्व जन चमत्कृत ॥
महाश्चर्ये जने जने नेहारिछे परस्परे ।
ए हेन दृढ़ बंधने मुक्त हठात् किं कारणे ॥
एस्थले रावणात्मज लंकाधामे प्रवेशिल ।
नागपाशे यथा कीर्त्ति लंकेश्वरे निवेदिल ॥
नागपाशे रहे वध स-सैन्ये राम लक्ष्मण ।
नागपाश सुपेषणे हवे मृत्यु क्रमे क्रमे ॥
एतद् वाक्य यथा श्रुत रावण अति मोदित ।
सर्व शत्रु विनाशित मने स्मरि दशानन ॥
मेघनादे महानन्दे करे वक्षे विधारण ।
दानिल शिरभूषण पुत्रशिर सुशोभिया ॥

प्रासाद परि उत्थित मेघनाद समन्वित ।
नागपाशे यथा वध कपिसैन्य निरीक्षिल ॥
नागाबद्ध जने जने निपतित महीतले ।
अति हर्षे परिप्लुत रक्षःराज दशानन ॥
प्रासाद त्यजिया त्वरा सभामध्ये समागत ।
उत्सव करिते अद्य दिल आज्ञा दशानन ॥
बाजिल वाद्य राक्षसे युद्ध जय महोत्सवे ।
सिंहासने समारूढ़ मेघनाद तथास्थले ॥
एतद् वाक्य प्रचारिल लंकेश्वर दशानन ।
अद्य राज्ये प्रतिष्ठित मेघनाद महाबली ॥
एतद् वार्ता यथा श्रुत महानन्दे निशाचरे ।
करे अद्य महोत्सव नाना वाद्य समन्वित ॥
सुरा पाने तथा मत्त सर्वे नृत्य परायण ।
मुक्तगति प्रदानिल सर्व जने दशानन ॥
इत्याधिक महानन्द लंकाधामे नहे कभु ।
राक्षस राक्षसी मिलि करे नृत्य चतुर्दिके ॥
यवे रत महोत्सवे लंकामध्ये निशाचर ।
एस्थले कपि वाहिनी राम जय निनादिल ॥
चमत्कृत निशाचर निरीक्षिछे परस्परे ।
उत्सव स्तब्ध तद्काले गम्भीरास्य दशानन ॥
छिल रत परामर्शे सचिव सह रावण ।
किंवा शास्ति प्रदानिवे यदि धृत विभीषण ॥
एतद् युक्ति करे छिन्न राम जय निनादने ।
प्रासाद परि उत्थित कपिसैन्य निरीक्षिते ॥
हेरिल गरुडागत कपिसैन्य समुत्थित ।
एवे तथ्य परिष्कृत गर्जे कपि किं कारणे ॥
वैनतेय समागमे करे सर्प पलायन ।
ए हेतु मुक्त वानर रावण अति कुपित ॥
अतिकाय महारवे गर्जे एवे दशानन ।
अतिकाय समागमे लंकेश्वर कहे इहा ॥

रावण वचन

सैन्याध्यक्ष पदे वीर अतिकाय महाबली ।
कर कपि निपीड़न दुर्दम शर घातने ॥
मेघनाद रणस्थले नागपाशे निपीड़िल ।
पुनश्च हेर उत्थित वैनतेय समागमे ॥

वाल्मीकि वचन

एतद् वाक्य यथा श्रुत अतिकाय महाबली ।
लंकेश्वर नमस्कारे आज्ञा तरे अपेक्षित ॥
इन्द्रधनु प्रदानिया कृत रक्षेः शुभाशिष ।
विचित्र धनु धारणे अतिकाय बहिर्गत ॥
एस्थले समरस्थले वैनतेय महाबली ।
नमस्कारे कहे वाक्य किंवा कार्य अनुष्ठिव ॥

श्रीराम वचन

शुन हे विनता-सुत करि तोमा शुभाशिष ।
हल कार्य समापित अद्य तव शुभागमे ॥
रक्षःयुद्धे निपीड़ित आछिनु सर्प बंधने ।
हेरि तव उपस्थिति करे सर्प पलायन ॥

वाल्मीकि वचन

एतद् वाक्य यथा श्रुत प्रसन्न विनता-सुत ।
रामचन्द्रे नमस्कारे नभ पथे करे गति ॥
सर्पाकर्षे देहे मृत प्राय सर्वे तन्मुक्ति प्रार्थी पुंडरीकाक्ष रामः ।
यद् पक्षी सर्पारि स्मरे वैनतेय व्योमे विस्तारे पक्ष आत्मप्रकाशे ॥

- इति श्रीमद्देवायण ब्रह्मकल्पे तृतीय खण्डे राम मण्डलान्तर्गतः रामायण वर्गे लंका काण्डे गरुड कर्तृक नागपाश मोचनकरण वार्ता कथन नामः पंचदश सर्ग ।

— ★ —

॥ षोड्श सर्ग ॥

वाल्मीकि वचन

पंच लक्ष निशाचरे अतिकाय बहिर्गत ।
प्रहरेक यवे निशा युद्धस्थले प्रवेशिल ॥
पश्चिम तोरणागत सर्व अग्रे निशाचर ।
महायुद्ध करे बली कपिसैन्य निपीड़िया ॥
करे युद्ध महाघोरे कृतान्त कालभैरव ।
बहुक्षण महायुद्धे कपिद्वय पराजित ॥
अग्रसरे महावीर वृक्षहस्ते अतःपरे ।
अतिकाय त्वरितगति एतद् वृक्ष द्विखंडिल ॥
पर्वत धारणे त्वरा हनुमान तथास्थले ।
गर्जिया विषम स्वने निक्षेपिल महाबले ॥
अतिकाय महाशूले एतद् गिरि विचूर्णिल ।
पंच बाणे करे विद्ध हनुमाने अतःपरे ॥
पतित भूतले हनु अन्य सर्व रड़े द्रुत ।
रामचन्द्र निरीक्षिया जिज्ञासिल विभीषणे ॥

श्रीराम वचन

केवा अद्य समागत अति दीर्घ कलेवर ।
यार वीर्य पराक्रमे हनु अद्य पराजित ॥

विभीषण वचन

अतिकाय समाख्यात कुम्भकर्णे यथा सुत ।
सूर्य सह जयी रणे अति वीर्य पराक्रमे ॥
स्वर्गयुद्धे पराजित यद् वीर्ये देव भास्कर ।
आपनि अथवानुज जाह त्वरित रणस्थले ॥

वाल्मीकि वचन

एतद् वाक्य यथा श्रुत रामानुज समुत्थित ।
टंकारिया धनुर्गुण आक्रमिल निशाचरे ॥
तदंतरे महायुद्ध लक्ष्मण सह कौम्भिके ।
घोरतर करे युद्ध शराघाते परस्परे ॥
ज्वले अग्नि क्षणे क्षणे करि दग्ध चतुर्दिक ।
वर्षे वारि तथामत प्रतिरोध क्षणे क्षणे ॥
महावायु बहे कभु झंझास्वन यथामत ।
ऋषिवृंद भये भीत देवकुल चमत्कृत ॥
इन्द्र चन्द्र तथा वायु सूर्य यम हुताशन ।
सविस्मये निरीक्षिछे उभ वीर्य पराक्रम ॥
रामचन्द्र चमत्कृत लक्ष्मण वीर्य दर्शने ।
सर्व जने प्रशंसिछे देव ऋषि तथा कपि ॥
राक्षसवृंद मोदित रक्ष: जय निनादिछे ।
देवता सह वानर कहे रामानुजे जय ॥
वर्धित बल वीर्यते उभे युद्धे भयंकर ।
सक्षम केहना बले अन्य जने पराजिते ॥
कहे वाक्य अत:परे महावीरे विभीषण ।
ब्रह्मास्त्र कर घातन कह रामानुजे त्वरा ॥
हनु सूक्ष्म-कलेवरे पश्चाते रहि लक्ष्मणे ।
कहे वाक्य त्वरान्वित ब्रह्मास्त्रे रक्ष: नाशह ॥
ब्रह्मास्त्र स्मरणे वीर विधृत लक्ष्मणे गुणे ।
अतिकाय मने स्मरे मृत्युकाल उपस्थित ॥
तवुह गर्जिया शूल निक्षेपिल महाबले ।
ब्रह्मास्त्र एस्थले गर्जे रामानुज-धनु च्युत ॥
ब्रह्माग्नि क्षरणे सेथा प्रज्वलित महाशर ।
सृष्टि ध्वंसी महानादे रक्ष:प्रति प्रधावित ॥
भस्मि शूल नभ पथे अतिकाय विनाशिते ।
चले शस्त्र महाबले उद्भासिया चतुर्दिक ॥
वक्षस्थले पड़े शस्त्र अतिकाय रथच्युत ।
गर्जिल सर्व वानर भीत सर्व निशाचर ॥
कपिकुल महोत्साहे रक्ष:सेना विनाशिल ।
तृतीय प्रहरे हत अतिकाय महाबली ॥
भग्नदूत निवेदिल रक्ष:राजे त्वरितगति ।
रावण कातरे श्रुत शोक अश्रु विनिर्झरे ॥
रक्षेशाग्रे प्राते कहे दूत नम्रे वार्ता हे त्रैलोक्येश वीरातिकाये ।
तद् ब्रह्मास्त्रे रामानुज प्राण नाशे दु:संवादे दूते क्षम: रक्ष:नाथ ॥

- इति श्रीमद्देवायण ब्रह्मकल्पे तृतीय खण्डे राम मण्डलान्तर्गत: रामायण वर्गे लंका काण्डे लक्ष्मण कर्तृक अतिकाय वध वार्ता कथन नाम: षोडश सर्ग ।

— ☆ —

॥ सप्तदश सर्ग ॥

वाल्मीकि वचन

अतिकाय निपातित कुम्भकर्णे स्मरे बली ।
दिल आज्ञा निशाचरे निद्रा भंगे त्वरित गति ॥

कुम्भकर्ण रहे सुप्त लंकायुद्ध अजानित ।
जाग्रत करिते कुम्भे चले दश सहस्रशः ॥
चले दश सहस्रशः कुम्भगृहे निशाचर ।
केह शंख करे धृत शेल शूल तथामत ॥
जाग्रत करिते कुम्भ नाना शस्त्र विधारणे ।
द्रयगढ़ शृंग खत्ताल जगझम्प समन्वित ॥
कुम्भकर्ण गृहद्वार यवे सर्वे विमोचिल ।
झंझासम महावेगे श्वासवायु प्रवाहित ॥
निश्वास प्रबले शुन बहु दूरे निपातित ।
आकर्षिल यवे श्वास गृहमध्ये प्रवेशिल ॥
शत शत महाशृंग शंखध्वनि करे तथा ।
शत शत महाढाक करताल पड़े घन ॥
बाजे पंच सहस्रशः महावाद्य क्रमागत ।
उत्थित विषम ध्वनि नासामध्ये अतःपरे ॥
यत वाद्य निनादित नासाध्वनि प्रवर्धित ।
शृंगनाद सहस्रशः यथास्थले पराजित ॥
एतद् सर्व महाध्वनि ढाक शृंग अतिक्रमि ।
गर्जिल नासिका ध्वनि भीत सर्व निशाचर ॥
एतद् सर्व महाशब्दे निद्रासुखे प्रवर्धित ।
गर्जिल नासिका घोरे निद्रासुखे अकातरे ॥
वाद्ये सुप्ति प्रवर्धित हेरि सर्व निशाचर ।
शस्त्राघात करे अंगे यथा शक्ति महाबले ॥
केह भल्ल महाशूल केहवा खड्ग धारणे ।
परशु धारणे केह केहवा धृत मुद्गर ॥
आघातिछे चतुर्दिके यथा शक्ति महाबले ।
अक्षत तवु तद् अंग व्यथाशून्य अकातर ॥
सांड़ासी धृत केहवा आकर्षे मांसपिंड यद् ।
एतद्रूप महाघाते तद् पार्श्व परिवर्त्तन ॥
पार्श्व यद् परिवर्त्तने गर्जिल नासिका पुनः ।
एवे सर्व अपारग चिन्तान्वित निशाचर ॥
करि युक्ति अतःपरे दिल शूल प्रवेशिया ।
नासामध्ये त्वरित वेगे करे शूल विघूर्णित ॥
कुंचित नासिका इथे विकृतास्य निरीक्षिल ।
हेरि एतद् यथा त्वरित करे शूल बहिर्गत ॥
विशाल वक्त्र विस्तारि विकृतास्ये विजृम्भणे ।
एतन्मत महाशब्दे कुम्भकर्ण समुत्थित ॥
जिज्ञासिल महानादे जाग्रते किं प्रयोजन ।
उत्तरिल तथास्थले सैन्याध्यक्ष निशाचर ।
करयोड़े कृतांजलि नमस्कारे तथामत ॥
शुन वार्ता महाबली लंकाधामे विपर्यय ।
कपिसैन्य समागत अतिकाय निपातित ॥
मकराक्ष प्रहस्तादि पड़े युद्धे क्रमे क्रमे ।
लंकाधामे यथा वीर प्राय शून्य मने स्मर ॥
वेष्टिल वानरे लंका नाहि पथ बहिर्गमे ।
प्रविष्ट यद् रणे वीर प्रत्यागत नहे पुनः ॥

ए लंका रक्षिते केह	तुमि बिना नहे क्षम ।
एतद् हेतु दशानन	स्मरे तोमा महाबली ॥
शुनि एतद् महाक्रुद्ध	कुम्भकर्ण महायुधि ।
वज्रनादे कहे गर्जि	कपिकुल समागत ॥
भक्ष्यमध्ये सदा गण्य	नाशिल कपिते सुत ।
आनो रथ गदा शस्त्र	अग्रे युद्धे प्रवेशिव ॥
उत्तरिल निशाचरे	करयोड़े तथास्थले ।
चल अग्रे पुरीमध्ये	शुनिवे सर्व काहिनी ॥
जाह युद्धे अत:परे	शुनि सर्व महाबली ।
साक्षाते राक्षसेश्वर	वर्णिवे सर्व काहिनी ॥
किं प्रकारे समागत	किंवा अद्य परिस्थिति ।
किंवा वीर्य धरे कपि	अथवा कपि चालके ॥
किञ्चित् शान्त तथा कुम्भ	एतद् वाक्य यथा श्रुत ।
कहिल राक्षसप्रति	आनो भोज्य यथामत ॥
आज्ञा प्राप्त निशाचरे	आनो भक्ष्य थरे थरे ।
पंच शत वरा दंती	मृग पंच सहस्रश: ॥
एलो छाग सहस्रेक	गवी वत्स तथामत ।
एलो सुरा महाभांडे	पंच शत निरूपणे ॥
पंच शत बहे पात्र	हंदरेक विधारक ।
कुम्भकर्ण प्रहर्षित	हेरि खाद्य चतुर्दिके ॥
दश विंश धरे हस्ते	भक्ष्ये वीर महत् सुखे ।
मानवे ग्रास येमति	दंतचये विचर्वित ॥
तथामत वरा दंती	दश विंश क्रमागत ।
क्षिप्र गति प्रवेशिछे	चर्वि दंते त्वरित गति ॥
स्वल्पक्षणे त्वरित ग्रासे	पशु सर्व समापिल ।
अत:परे सुराभांडे	दिल हस्त महाबली ॥
हंदरेक महाभांड	मुख ऊर्ध्वे विदारणे ।
चले वीर क्रमागत	वारि पाने यथा नर: ॥
कल कल महाशब्दे	यथा गिरि प्रपातने ।
पतित मुख गह्वरे	करे पान महासुखे ॥
पंच शत महाभांड	एके एके समापिल ।
स्वच्छंद गतिते वीर	जलयोग यथायथ ॥
गृहत्यजि अत:परे	वीरवर बहिर्गत ।
पर्वततुल्य तद् देह	नभ स्पर्शी यथा शिर ॥
मेघमाला विचालने	करि वृष्टि महीतले ।
करे हस्ते विताड़न	आवर्जना यथामत ॥
गृहत्यजि महावपु	चले राज सभातले ।
कुम्भकर्णे निरीक्षिया	शक्तियुक्त निशाचर ॥
शरीरे लभिल प्राण	पूर्वानन्द यथामत ।
कपिकुल विताड़ने	यथा अग्रे तिरोहित ॥
प्रवेशिल सभातले	रावण अति मोदित ।
करि वक्षे विधारण	भुजाश्लेषे कहे इहा ॥

रावण वचन

निद्रा भंग अकारणे	नहे शुन महाबली ।
वीरशून्य यथा लंका	वीर धात्री यथा पुरा ॥

कपिकुल समागमे महायुद्ध समुद्भवे ।
एतद् युद्धे क्रमे क्रमे वीर शून्य निरीक्षह ॥
वज्रद्रंष्टा सहोदर विद्युत्जिह्वा मकराक्ष ।
अतिकाय प्रहस्तादि पड़े युद्धे क्रमे क्रमे ॥

कुम्भकर्ण वचन

कि हेतु कह अग्रज कपिकुल समागत ।
किं प्रकारे रणोत्पत्ति कह सर्व यथायथ ॥

रावण वचन

शुन कुम्भ यथा स्मृति सूर्पणखा सहोदरा ।
पंचवटी वने स्थिता तथा द्वन्द्व समुद्भवे ॥
अयोध्या नगरीवासी राजा दशरथात्मज ।
पंचवटी वनागत पितृ सत्य सुपालने ॥
किंवा सत्य नहि ज्ञात कर्त्तने सूर्प नासिका ।
ए कारणे त्वरित स्वयं सीता राम-प्रिया हरि ॥
प्रियाहारा तथा राम सुग्रीव मित्रता लभि ।
वधि बाली अतःपरे दाने राज्य कपीश्वरे ॥
कपिसैन्य तदंतरे लंकाधामे प्रवेशिल ।
चतुर्द्वार परिव्याप्त कपिसैन्य निरीक्षह ॥
यथा वीर करे गति पुनर्वार अनागत ।
सर्व जन तथा युद्धे निपतित दिने दिने ॥
प्रहस्त पड़िले युद्धे स्वयं रणे प्रवेशिनु ।
सर्व जने निपातिनु शस्त्राघाते क्रमे क्रमे ॥
स्मरि शत्रु विनाशित तद् परे पुनरुत्थित ।
किं प्रकारे नहि ज्ञात मृत अरि समुत्थित ॥
मकराक्ष पशे युद्धे शुन कुम्भ अतःपरे ।
प्रत्यागत नहे पुनः निपतित रणस्थले ॥
मेघनाद प्रवेशिल युद्धस्थले तदंतरे ।
नागपाशे करे बंदी सर्व जने महाबले ॥
तवुह पुनरुत्थित नागपाश विमोचित ।
वैनतेय समागमे करे सर्प पलायन ॥
अतिकाय प्रवेशिल शुन युद्धे अतःपरे ।
पतित अद्य संग्रामे अतिकाय महाबली ॥
एवे भीत स्वयं मने कुम्भ तोमा मने स्मरि ।
काल-रूपे प्रवेशिल स-कपि राम लक्ष्मण ॥
रक्षह मम सम्मान वधि श्रीराम लक्ष्मण ।
कपिकुल विमर्दने सर्व शान्ति प्रतिष्ठह ॥

कुम्भकर्ण वचन

रह स्थिर ममाग्रज नाहि भय अतःपरे ।
वधिव राम लक्ष्मणे कह कोथा विभीषण ॥

रावण वचन

कुलांगार विभीषण रहे राम कृपाश्रये ।
मम सह महाद्वन्द्वे गेल गृह परित्यजि ॥

राघवे दानिते सीता   कहे नित्य निरंतर ।
कभु नाहि निरीक्षिल   मम प्रति अमानन ॥

वाल्मीकि वचन

एतद् वाक्ये दशानन   अश्रुल विंश लोचन ।
हेरि कुम्भ कहे त्वरा   चलि स्वयं रणस्थले ॥
कपिकुल विमर्दिया   वधिव राम लक्ष्मणे ।
शत्रु सर्व निपातिया   आनि हेथा विभीषणे ॥
अतःपरे यथा इच्छा   देह शास्ति मनोमत ।
कहि कुम्भ बहिर्गत   रथारूढ़ गदा धृत ॥
एकाकी युद्धे कुम्भकर्ण प्रतापे   लंकेशे यद् वाक्य श्रुत क्रुद्ध चित्ते ।
योद्धा सैन्यत्यक्ते गदामात्र हस्ते   वात्या विद्युत्वेगे विनिष्क्रांत घोरे ॥

- इति श्रीमद्देवायण ब्रह्मकल्पे तृतीय खण्डे राम मण्डलान्तर्गतः रामायण वर्गे लंका काण्डे कुम्भकर्णे निद्रा भंग ओ युद्धे गमन वार्ता कथन नामः सप्तदश सर्ग ।

— ✯ —

॥ अष्टादश सर्ग ॥

वाल्मीकि वचन

लक्षेक सैन्य निर्गत   स्वेच्छाते कुम्भ संहति ।
वीरवरे यथा कीर्त्ति   एतद् सर्व निरीक्षिते ॥
वाद्य शून्य बिना सैन्ये   अश्व गज विवर्जित ।
चले वीर सगर्जने   रथारूढ़ रणस्थले ॥
पश्चिम तोरणे त्वरा   वीरवर प्रवेशिल ।
अवतीर्ण तथास्थले   रथत्यजि महीतले ॥
हेरिल कपि सर्वतः   रक्षः मूर्त्ति भयंकर ।
यारा श्रेष्ठ महावीर   रहे एतद् रणस्थले ॥
अन्य सर्वे महाभये   करे द्रुत पलायन ।
हेथा कुम्भ महाबली   अवतीर्ण धरातले ॥
रथत्यजि पदव्रजे   स्वयं हर्षे चले द्रुत ।
हस्त हते गदा त्यजि   बाहुद्वय प्रसारिया ॥
दश विंश महाकपि   धृत हस्ते त्वरितगति ।
प्रविष्टे मुख गह्वरे   भक्ष्ये हर्ष समायुत ॥
अस्थि चर्म समन्वित   निस्पेशि दशने त्वरा ।
भक्ष्ये कपि क्रमागत   धरि मूर्त्ति भयंकर ॥
कालसम भ्रमे कुम्भ   कपि सैन्य चतुर्दिके ।
भक्ष्ये वीर महानन्दे   यथा इच्छा मनोमत ॥
एतद् रूपे करे क्षय   बहु सैन्य रणस्थले ।
अक्षम रक्षिते सैन्य   कृतान्त कालभैरव ॥
महावीर त्वरित गति   कपीश्वरे निवेदिल ।
नल नील तथांगद   सर्व जन समागत ॥
केह ना साहसी एका   कुम्भ-युद्धे प्रवेशिते ।
कपिमध्ये तथा कुम्भ   शिशु दले यथा युवा ॥
भक्ष्ये कुम्भ महानन्दे   कपिसैन्य दले दले ।
पंच त्रिंश महावीर   सुग्रीवादि समन्वित ॥

कुम्भकार्य निरीक्षिया अंतरे अति कुपित ।
एकत्रित रणारम्भे पंच त्रिंश महाकपि ॥
गिरि वृक्ष समन्वित आक्रमिल त्वरित गति ।
एक योगे महाबले निक्षेपे गिरि पादप ॥
कुम्भकर्ण तनु स्पर्शि चूर्ण गिरि महीरुह ।
पुनः पुनः महाघाते रहे स्थिर अकातर ॥
चले भक्ष्यि महानन्दे कपिकुल चतुर्दिके ।
निक्षेपे गिरि सुग्रीव चूर्ण चूर्ण शिर स्पर्शि ॥
नाहि ग्राह्य महाघाते भक्ष्ये कपि महासुखे ।
कुम्भकार्य निरीक्षिया महाहर्ष निशाचरे ॥
दुर्गति हेरि वानरे गर्जमान चतुर्दिके ।
महानन्द निशाचरे कपिकुल विषादित ॥
चिन्तायुक्त तथा कपि जय अद्य अनिश्चय ।
आक्रमिल पुनः तथा प्राणपणे अतःपरे ॥
रक्षःतनु निपातने करे यत्न क्रमागत ।
कुम्भदेहे समारूढ़ कपि वृंद दले दले ॥
कुम्भकर्ण-कलेवरे क्षोभे सर्व चतुर्दिके ।
गिरिशिरे यथा भ्रमे पशु पक्षी तथा कपि ॥
एतन्मत भ्रमे सर्वे नासा कर्णे चतुर्दिके ।
केशावली तथाकर्षे बाहुद्वये महाबले ॥
अंगद वीर सुग्रीव महावीर वृषाणक ।
सांख्यक विंध मंधव हेमन्त गंधमादन ॥
महापायु सहोदर गवाक्ष गय केशरी ।
सूदन भद्र सारन्द मुरध्र मृड़ गृध्रक ॥
पृशघ्र जानु धाड़क पार्ष्यद गुल्फ रोमशा ।
महत् ग्रीवा शाराकर्ण शरद् रक्ताक्ष लांगुक ॥
कृतान्त कालभैरव शरभ शर सर्वत ।
एतद् सर्व महाबली सह स्वयं कपीश्वर ॥
रक्षःतनु समारूढ़ मुष्टाघात क्रमागत ।
गिरिशिर यथा चूर्ण एक मुष्टि प्रहारिले ॥
एतन्मत महाघात शत शत सहस्त्रशः ।
तवुह वेदनाशून्य कपि सर्व समन्वित ॥
अनुभव तथा कुम्भे येन एतद् कलेवरे ।
पिपिलिका दले दले इतस्तत परिभ्रमे ॥
मस्तक करि चालना करे सर्व विदूरित ।
उठे सर्व पुनः पुनः एतद् रूप विताड़ित ॥
क्रोधयुक्त अतःपरे धरिते यत्न मानसे ।
संचालिल करद्वय कपि सर्व रड़े द्रुत ॥
रहि दूरे निरीक्षिछे श्रांत कपि कपीश्वर ।
कपिकुल महानन्दे भक्ष्ये हेथा निशाचर ॥
दिल भंग कपीश्वर वीर वृंद तथामत ।
ये दिके कुम्भ धावित सर्व जन रड़े भये ॥
वानर सर्व लांछित भीत सर्व चतुर्दिके ।
रामचन्द्र पुरोभागे हेरि दीर्घ कलेवर ॥
एतद्वाक्य कहे क्षोभे रामचन्द्र तथास्थले ।
युद्धोत्साह विदूरित रामानुजे तथामत ॥

संग्रामे सुग्रीव ससैन्ये निरस्ते दृष्ट श्रीराम-लक्ष्मण कुम्भकर्णे ।
दूरे यद् भीत प्रेक्षणे वीर भोज्ये साक्षात् युद्धक्षेत्रे निरुत्साह सर्वे ॥

- इति श्रीमद्देवायण ब्रह्मकल्पे तृतीय खण्डे राम मण्डलान्तर्गतः रामायण वर्गे लंका काण्डे कुम्भकर्ण कर्तृक कपिसैन्य क्षयकरण वार्ता कथन नामः अष्टादश सर्ग ।

— ✯ —

॥ ऊनविंश सर्ग ॥

वाल्मीकि वचन

रामचन्द्र निरुत्साह युद्धजये अतःपरे ।
कुम्भकर्णे निरीक्षिया कहे विभीषण प्रति ॥

श्रीराम वचन

कह मित्र विभीषण केवा युद्धे समागत ।
देह यथा हिमालय मेघ शिरे विधारणे ॥
एरूप वीर दुर्जय लंकामध्ये कत स्थित ।
यदि अग्रे परिज्ञात के असित रणस्थले ॥
शस्त्र सर्व वृथा स्मरि एतद् अंगे विघातने ।
उद्धार करिते सीता पंडश्रम मने स्मरि ॥
सुग्रीव सह अंगद अन्य अन्य महाकपि ।
बहु यत्ने अपारग भंग दिल तथा रणे ॥
सम्मुख समरे अद्य नाहि वीर रहे स्थिर ।
शून्यहस्ते भ्रमे हेर अशक्य वारिते कपि ॥
कहिते किं कपीश्वर संग्रामे अति दुर्जय ।
हेर अद्य परिश्रांत गिरि वृक्ष विघातने ॥
नाहि पथ पलायने हवे मृत्यु सुनिश्चय ।
भक्ष्ये हेर महानन्दे वानरकुल राक्षसे ॥

विभीषण वचन

किं हेतु तुमि कातर रामचन्द्र जगत्पति ।
केवा शक्य जये तव त्रैलोक्य स-चराचरे ॥
सर्व जयी सदा तुमि एतद् सत्य सुनिश्चय ।
तुच्छ गणि निशाचर तवयुद्धे महाबली ॥
यद्यपि अति वीर्यते मम भ्राता प्रतिष्ठित ।
सर्व जयी सदा शुन अमरकुल सन्निभ ॥
कहि अद्य तथापिह हवे मृत्यु सुनिश्चय ।
कुम्भकर्ण यथानाम मध्यम राक्षस त्रये ॥
सर्व ज्येष्ठ दशानन कुम्भकर्ण अतःपरे ।
कनिष्ठ आमि राघव यवे शुन तपे रत ॥
तपः सिद्धि यथाकाले दाने वर प्रजेश्वर ।
अमरत्व निवारिया कहे वाक्य दशानने ॥
त्रैलोक्य विजयीपदे वरि तोमा निशाचर ।
तव तेज प्रभावित सुरासुरे हवे जयी ॥
कुम्भप्रति कहे ब्रह्म वर चाह मनोमत ।
निद्रावर प्रदानह कहे कुम्भ प्रजेश्वरे ॥

षष्ठ मासे दिवा एक जागरणे निरूपित ।
भ्रमिवे सुरसन्निभ एतद् दिवा सुनिश्चय ॥
अकाले यदि जाग्रत हवे मृत्यु तथाक्षणे ।
एरूप करि निर्णय अमरत्त्व प्रदानिल ॥
अमर मम जीवन एहेतु शुन राघव ।
अकाले अद्य जाग्रत कुम्भ युद्धे समागत ॥
भीत अद्य दशस्कंध तवयुद्धे जगत्प्रभु ।
एहेतु कालविस्मृत जाग्रत कृत कुम्भके ॥
कर युद्ध महोत्साहे हवे जय सुनिश्चय ।
अकाले कुम्भ जाग्रत मृत्युदिवा इहा स्थिर ॥

वाल्मीकि वचन

एतद् वाक्य यथा श्रुत आश्वस्त राम लक्ष्मण ।
टंकारिल धनुर्गुण अतिक्षिप्र महाबले ॥
टंकारिया धनुर्गुण निक्षेपिल महाशर ।
तीक्ष्ण तीक्ष्ण महाघाते कुम्भदेह करे क्षत ॥
शरीरे वेदना प्राप्त कुम्भकर्ण प्रकुपित ।
वानर भक्षण त्यजि रथारूढ़ त्वरित गति ॥
टंकारिया धनुर्गुण करे युद्ध बहुक्षण ।
राघव तीक्ष्ण शायक नारे रक्षः निवारिते ॥
लक्ष्मणे वारिते त्वरा रामचन्द्रे निपीड़िते ।
शोणिताक्त कलेवरे अतिकोप परायण ॥
धृत हस्ते महागदा शत मण निरूपित ।
रथ त्यजि उल्लम्फने करे वीर विघूर्णित ॥
क्षणाक्षण महास्वने करि गदा विघूर्णन ।
निक्षेपिल गदा घोरे आगत लक्ष्मण प्रति ॥
लक्ष्मण वारणाक्षम गदाघाते अचेतन ।
निपतित महीतले रामानुज यवे शुन ॥
राघव अति कुपित महाशस्त्र निपातने ।
अत्यंत वेदना प्राप्त शस्त्रे कुम्भ महाबली ॥
राघवे नाशिते कोपे धृत शूल अतःपरे ।
शूल हस्ते प्रधावित कांपे पृथिवी महीधर ॥
पदाघाते चले यवे अति वीर्य पराक्रमे ।
क्षुभित वासुकीनाग अद्य पृथिवी विधारणे ॥
रामचन्द्र महाकोपे हानिल बाण ऐषिक ।
दक्षिण हस्त छेदने शूलसह निपातित ॥
याम्य हस्त पड़े भूमे बहु कपि प्रचापने ।
उत्पाटित यथा झड़े नष्टे बहु महीरुह ॥
पुनश्च वाम पाणिते धृत शूल त्वरित गति ।
उद्यत क्षेपने यवे आघातिल पुनः शर ॥
पुनश्च बाण ऐषिके वाम हस्त तनुच्युत ।
निपतित महीतले बहु कपि समन्वित ॥
हस्तद्वय निपातित आसे द्रुत प्रधावने ।
अति क्षिप्र शराघाते रामचन्द्र महाबली ॥
पदद्वय करे छिन्न निपतित महीतले ।
तवुह वक्त्र विस्तारि अग्रसरे निशाचर ॥

पुनश्च बाण ऐषिके शिरच्छेद्य अत:परे ।
कातर सर्व राक्षस कपिकुले जयध्वनि ॥
हेरि कुम्भ निपातित कपि सर्व त्वरितगति ।
अन्य अन्य निशाचरे यथा शीघ्र निपातिल ॥
लक्ष्मण चेतना प्राप्त पुनः वीर समुत्थित ।
कुम्भमुंड विधारणे निक्षेपे हनु सागरे ॥
पर्वत पतनस्वने पड़े मुंड महाजले ।
आवर्त्तिया महाजल बहु प्राणी विनाशिया ॥
रत जयस्वने कपि महाह्लादे चतुर्दिके ।
भग्नदूत चले त्वरा लंकेश्वरे निवेदिते ॥
चतुर्थ दिवसे शुन प्रहरेक दिवा यवे ।
कुम्भकर्ण निपातित दूत रक्षेः निवेदिल ॥
एतद् वार्ता यवे श्रुत रक्ष:राज दशानन ।
राज-सिंहासन च्युत अकस्मात् महीतले ॥
क्षोभयुक्त यथा मनः अति शोक परायण ।
सजल विंश लोचन अश्रुधारा बहिर्गत ॥
भ्रातृशोके सकातर रक्ष:राज दशानन ।
पुनः सिंहासनारूढ़ सिक्त राज-परिच्छदे ॥
नीरवे अश्रु मोचने अतिवाहि कतक्षण ।
कहे गर्जि क्षणान्तरे एतद् वाक्य दशानन ॥

रावण वचन

जाह हे भस्मलोचन त्वरित वेगे रणस्थले ।
भस्मीभूत कर त्वरा सुग्रीव सह राघवे ॥
अमरत्वे प्रतिष्ठित राजद्रोही विभीषण ।
कर बंदी अत:परे आनो शास्ति प्रदानिव ॥
रामाघाते दुर्वार यद् कुम्भकर्ण भ्राता रक्षेशे दुर्जयोक्त विश्वे ।
तद् पंचत्व प्राप्ताहवे छिन्नमुंडे दृष्टाहं साक्षाते कहे भग्न दूतः ॥

- इति श्रीमद्देवायण ब्रह्मकल्पे तृतीय खण्डे राम मण्डलान्तर्गतः रामायण वर्गे लंका काण्डे श्रीराम कर्त्तृक कुम्भकर्ण वध वार्ता कथन नामः ऊनविंश सर्ग ।

— ✯ —

॥ विंश सर्ग ॥

वाल्मीकि वचन

एतद् आज्ञा यथा प्राप्त स-सैन्ये भस्मलोचन ।
कपिकुल विनाशिते महानन्दे बहिर्गत ॥
एस्थले राम लक्ष्मण जिज्ञासिल विभीषणे ।
एरूप कह लंकाते कत वीर अवस्थित ॥

विभीषण वचन

अद्वितीय महावीर नाहि अन्य द्वितीयतः ।
अन्य सर्व उपस्थित नाना विद्या विशारद ॥
हेरिवे तुमि राघव क्रमे क्रमे रणस्थले ।
आसिवे समरे सर्व हवे युद्ध भयावह ॥

सर्वाधिक हवे दु:ख इन्द्रजिते विनाशिते ।
यज्ञ-शेषे बहिर्गत अमरकुल सन्निभ ॥
मेघनाद निपातने अर्ध कार्य समापित ।
अद्यापिह अवस्थित तरणी भस्मलोचन ॥
वीरबाहु बलीश्रेष्ठ सर्व शस्त्रे विशारद ।
मेघनाद अत:परे अर्ध-कार्य समापित ॥
रावण महिरावण वध-कार्य भयंकर ।
अर्ध-कार्य रहे तथा एतद्रूप विचारह ॥
कुम्भ एक चतुर्थान्श महायुद्ध समापित ।
मेघनादे हवे अर्ध त्रयांश महिरावणे ॥
रावण पतने शुन लंकायुद्ध समापित ।
हेर एवे पुरोभागे चर्मे ढाका महारथ ॥
आगत भस्मलोचन संग्रामे रह तद्पर ।
दुर्जय समरे शुन रावण प्रियनन्दन ॥

श्रीराम वचन

किंवा युद्ध परिज्ञात रावणि भस्मलोचन ।
चर्मावृत किं कारणे रक्ष:रथे इहा कह ॥

विभीषण वचन

शुन हे अब्जलोचन भस्माक्ष वीर रावणि ।
श्रेष्ठत्व लभिते स्वयं करे तप: भयंकर ॥
हेटमुंडे अवस्थाने ज्वलि अग्नि चतुर्दिके ।
द्वादश वर्ष एरूपे करे तप: महाबली ।
कहिल रावणिप्रति वर चाह मनोमत ॥
उत्तरिल तथादाक्ष्य देह वर प्रजापति ।
यथा चक्षे निरीक्षिव हवे भस्म तथास्थले ॥
एतद् वाक्य यथा श्रुत उत्तरे ब्रह्म वेधस ।
चक्षुद्वय कर त्वरा चर्मावृत महाबली ॥
चर्मावृत करे चक्षु वेधस वचने त्वरा ।
कहे ब्रह्मा हवे भस्म यथा दृश्य निरीक्षिवे ॥
अत्रकाल हते रह चर्मावृत निरंतर ।
यथा दृश्य निरीक्षिवे हवे भस्म त्वरित गति ॥
प्रस्तुत रह राघव एतद् दृष्टि निवारिते ।
भस्मीभूत हवे सैन्य सेनाप्रति निरीक्षिले ॥
लक्ष्मण सह आपनि भस्मीभूत हवे शुन ।
यदि दृष्टि निपातित कर चिन्ता निवारणे ॥

श्रीराम वचन

अद्भुत शुनि हे मित्र तप: सिद्धि निशाचरे ।
ब्रह्मतेज निवारिते नहि ज्ञात किं कौशल ॥
भ्रातुष्पुत्र नहे मात्र क्षत्रवीर्ये महाबली ।
आछे पुत्र भयंकर ब्रह्मतेजे प्रतिष्ठित ॥
क्षत्रवीर्य पराक्रमे अहं मित्र प्रतिष्ठित ।
ब्रह्मतेज निवारिव किं प्रकारे इहा कह ॥

अक्षम वारणे यदि सर्व भस्म सुनिश्चय ।
ब्रह्मतेज निवारिते नहि क्षम विभीषण ॥
अक्षम समरे स्वयं भस्मीभूत हवे कपि ।
ब्रह्माग्नि अति भीषण सर्व दग्धे सुनिश्चय ॥
सागरे सेतु बंधन अद्य वृथा मने स्मरि ।
करि युद्ध वृथा सर्व कुम्भकर्ण वृथा वधि ॥
सर्व विद्या वृथा अद्य मम सर्व पराक्रम ।
उद्धार करिते सीता नहि क्षम विभीषण ॥

विभीषण वचन

अक्षम समरे तुमि एतद् वाक्य किंवा कह ।
तुमि स्वयं जगत्प्रभु सर्व तेज विधारणे ॥
क्षत्रवीर्य पराक्रमे यथा तुमि प्रतिष्ठित ।
ब्रह्मतेजे प्रतिष्ठित योगयुक्त तथा तुमि ॥
योगी मात्र नहे तुमि योगेश्वर जगत् हरि ।
नमस्कार लह प्रभु कहि वाक्य यथा शुन ॥
दर्पणास्त्र यथा स्मृति तूणीमध्ये अवस्थित ।
स्मरण कर शायके योगविद्या महाबले ॥
एतद् शस्त्र महाबली टंकारिया धनुर्गुणे ।
कर सैन्य समावृत सर्व सैन्ये पृथक् पृथक् ॥
आपनि रह तेमति दर्पण अंतरे प्रभु ।
मरिवे भस्मलोचन निजास्य हेरि दर्पणे ॥

वाल्मीकि वचन

एतद् वाक्य यथा श्रुत राघव अति मोदित ।
कहे वाक्य भुजाश्लेषे धृत वक्षे विभीषणे ॥

श्रीराम वचन

विपद्काले तुमि प्रिय बांधव हे विभीषण ।
बुद्धिहारा यथा स्वयं अत्यंत संकटाकुल ॥
दानिछ मंत्रणा मित्र सर्वोत्तम निरंतर ।
तुमि हे सचिवश्रेष्ठ दिव्यज्ञाने प्रतिष्ठित ॥

विभीषण वचन

एतद् सर्व कृपा तव रामचन्द्र जगत्प्रभु ।
मोहासक्ति विदूरित तव तेजप्रभा बले ॥

वाल्मीकि वचन

एतद् वाक्ये विभीषण नतमस्तक पदद्वये ।
रामचन्द्र कृपावंत मित्रप्रति शुभाशिषे ॥
एस्थले भस्मलोचन गर्जे घोरे रणस्थले ।
राघव कृत आज्ञाते कपि सर्व रहे स्थिर ॥
अग्रसरे पुरोभागे चर्मावृत महारथ ।
दर्पणास्त्रे तथा राम करे सर्व समावृत ॥
सर्व जन पुरोभागे यद् स्थित स्वच्छ दर्शन ।
प्रत्येक दर्पणान्तरे रहे कपि लुकायित ॥

तेमति राम लक्ष्मण दर्पणास्ये अवस्थित ।
दर्पण शून्य सेस्थले रहे मात्र विभीषण ॥
गर्जिल भस्मलोचन कोथारे राम लक्ष्मण ।
एसो त्वरित पुरोभागे किंवा वीर्य निरीक्षिव ॥
टंकारिया धनुर्गुण कहिल अब्जलोचन ।
एसो रे मूढ़ राक्षस प्रेरि अद्य यमालये ॥
प्रेरित अन्य सर्वतः यथा पूर्वे समागत ।
मकराक्ष सहोदर कुम्भकर्ण तथामत ॥
एतद् पथ प्रदर्शिव धर शस्त्र यथाबले ।
चर्मावृत किं कारणे किंवा भये लुकायित ॥
माया धर यथा सर्वे किंवा वीर्य निशाचरे ।
यत सर्व समागत एक शस्त्रे विनाशिनु ॥
यदि वीर्य कलेवरे कर आत्म प्रकाशित ।
करि सद्य विनाशित चर्म मात्र विमोचिले ॥
शुनि एतद् कहे रक्षः भस्माक्ष अति कुपित ।
रथ चर्म विमोचिव क्षण मात्र रह स्थिर ॥
हेरि तव पराक्रम संग्रामे अद्य राघव ।
अग्रसर पुरोभागे यथा शस्त्र परिग्रहि ॥
मम अग्र क्षण स्थिरे तव वीर्य प्रकाशह ।
लंकायुद्धे किंवा फल एवे साक्षात् निरीक्षिवे ॥
एतद् वाक्ये महाक्रुद्ध रथ-चर्म विमोचिल ।
संकेत करि वानरे रहे राम लुकायित ॥
दर्पणास्त्र पुरोभागे रामानुज तथामत ।
भस्माक्ष अति कुपित चक्षु चर्म विमोचिल ॥
कोथा रे राम लक्ष्मण ए वाक्ये गर्जिया क्षणे ।
निजास्य हेरि दर्पणे भस्मीभूत तथास्थले ॥
विनष्ट भस्मलोचन रक्षःसैन्य भये रड़े ।
कपिकुल प्रधावित राक्षस सैन्य नाशिते ॥
किञ्चित् मात्र निपातित करे अन्य पलायन ।
तथा बहु हताहत कवंध बहु सेस्थले ॥
केह भग्न पदे भुजे केह शिरे विचूर्णित ।
एतद्रूपे निशाचर निपीड़ित रणस्थले ॥
तृतीय प्रहरे युद्धे आगत भस्मलोचन ।
संध्याकाले सुकौशले भस्मीभूत रणस्थले ॥
भग्नदूत निवेदिल एतद् वाक्य दशानने ।
शुन हे राक्षसाधिप विनष्ट भस्मलोचन ॥
राघव समरे अद्य दर्पणास्त्रे सुकौशले ।
भस्मीभूत स्वयं तेजे संग्रामे भस्मलोचन ॥
भस्माक्ष समरे नष्ट शुनि राजा दशानन ।
शोके क्षोभे महाक्रुद्ध चक्षे अग्नि बहिर्गत ॥
दर्शे चर्माच्छन्ने यदुन्मुक्त चक्षे दम्भी यद् भस्माक्ष स्वतेजे तदग्रे ।
क्रोधे राम क्षेत्रे स्वतास्य अवेक्ष्ये तन्मुद्धात्माभस्म स्वयं दर्पनास्त्रे ॥

- इति श्रीमद्देवायण ब्रह्मकल्पे तृतीय खण्डे राम मण्डलान्तर्गतः रामायण वर्गे लंका काण्डे भस्मलोचन वध वार्ता नामः विंश सर्ग ।

— ✯ —

॥ एकविंश सर्ग ॥

वाल्मीकि वचन

आरक्त विंश लोचन धृत मूर्त्ति भयंकर ।
सिंहासन परित्यजि इतस्तत परिभ्रमे ॥
मुष्टिवृध यथा हस्त पदाघाते महीतले ।
चिन्तायुक्त दशानन एतन्मत तथास्थले ॥
गुप्ततथ्य यथामम कृत व्यक्त विभीषणे ।
यद्हेतु भस्मलोचन स्वयंतेजे हत स्वयं ॥
किंरूपे ज्ञात राघव एतद् गुह्य रणस्थले ।
दर्पणास्त्र किंवा ज्ञात भस्माक्ष मम नन्दन ॥
एतद् चिन्ता समन्वित रावण अति कुपित ।
शास्ति दाने विभीषणे कार्य स्थिर निजान्तरे ॥
कार्य स्थिरे अतःपरे गर्जिल तरणी रवे ।
आगत तरणी सेन वीर विभीषणात्मज ॥
नमिल तरणी पदे आज्ञा तरे रहे स्थिर ।
तरणी हेरि सम्मुखे कहे वाक्य दशानन ॥

रावण वचन

शुनहे तरणी सेन यथा कार्य उपस्थित ।
अद्य युद्धे कहे दूत विनिष्ट भस्मलोचन ॥
ब्रह्म तेजे प्रतिष्ठित छिल पुत्र इहा स्मृति ।
विष्णु तेजे करे स्थिति रामचन्द्र मम श्रुत ॥
ब्रह्मतेज हते श्रेष्ठ विष्णु तेज मने स्मरि ।
एहेतु समरे हत निश्चय भस्मलोचन ॥
एतद् हेतु मने स्मरि तोमा युद्ध समुद्यमे ।
विष्णु तेजे प्रतिष्ठित तुमि पुत्र निरंतर ॥
करह समरे जय रामचन्द्र महाबली ।
तव शिरे प्रदानिव विजये शिर भूषण ॥
दानिव राज्य निश्चय यदि जयी रणस्थले ।
लंकेश्वर हवे तुमि एतद् सत्य सुनिश्चय ॥
तव शत्रु मने स्मरि रामचन्द्रे विताड़ह ।
सुग्रीव सह संग्रामे कपिकुल विमर्दह ॥
अभिषेक मने स्मर अद्य तव महाबली ।
दुर्जय राम लक्ष्मणे कर जय रणस्थले ॥
ना कर सन्धि तद्क्षेत्रे एतद् आज्ञा तवप्रति ।
मृत्यु वा समरे जय एतद् सत्य चिर स्थिर ॥
सर्वयुद्धे सदा स्थिर निर्भीक तरणी तुमि ।
विष्णु वीर्ये प्रतिष्ठित वैष्णव श्रेष्ठ वर्णित ॥

वाल्मीकि वचन

कूटबुद्धि समन्वित एतद् वाक्ये दशानन ।
पुण्योदक करे धृत अभिषेके कहे इहा ॥

रावण वचन

लंका सिंहासने वरि अद्य तोमा महाबली ।
ए राज्ये विजये तव हवे नित्य प्रतिष्ठित ॥
वार्द्धक्य हेर आगत ममकार्य समापित ।
पुत्रगण करे राज्य पितृ अंते इहा स्मृति ॥

वाल्मीकि वचन

एरूपे तरणी सेन सम्मानित दशानने ।
गर्जे सर्व निशाचर तरणी राक्षसेश्वर ॥
लंकेश तरणीजये सज्जित रक्षः वाहिनी ।
चलिल तरणी सेन रथारूढ़ रणस्थले ॥
बाजे वाद्य चतुर्दिके नवोत्साहे पुनःरणे ।
तोपध्वनि क्षणे क्षणे जय ध्वनि क्रमागत ॥
उत्थित सर्व राक्षस अद्य युद्ध समुद्यमे ।
पंचाश कोटि राक्षस हल सर्वे बहिर्गत ॥
हल सर्व एकत्रित दुर्जय रक्षः वाहिनी ।
चले सर्व रणस्थले नाना विद्या विशारद ॥
लंकाते छिल तद् सर्व अनुगत विभीषणे ।
छिल तारा निरपेक्ष राघव समरे सदा ॥
रावण कार्य विद्वेषी नहे तारा कदाचन ।
उत्साही कभु ना तारा स्मरि युद्धे विभीषणे ॥
एतद् हेतु निरपेक्ष छिल तारा निरंतर ।
अद्य यद् तरणी युद्धे सर्वजन समुत्थित ॥
पंच कोटि तथा स्थित अनुगत विभीषणे ।
तद् सर्व रणगौरवे हल अद्य बहिर्गत ॥
राज आज्ञा तदुपरि सर्व प्रति विशेषतः ।
राघवे करिते जय एकत्रित महाबले ।
स्व-सैन्ये तरणी वीर यवे पुरी परित्यजे ॥
प्रासाद परि उत्थित अद्य राजा दशानन ।
हेरिछे तरणी गति विपुल वाहिनी सह ॥
चलिछे तरणी युद्धे महत् वीर्य प्रकाशित ।
शोकयुक्त दशानन एतद् दृश्य निरीक्षिया ॥
प्रासादोत्थाने रावणे दृष्ट हर्ष दुष्टात्मा सुग्रीवादि वीर स्व-सैन्ये ।
युद्धक्षेत्रे घोरे कनिष्ठात्मजास्त्रे मर्दे अल्केशे वैष्णवी तेज वीर्ये ॥

- इति श्रीमद्देवायण ब्रह्मकल्पे तृतीय खण्डे राम मण्डलान्तर्गतः रामायण वर्गे लंका काण्डे तरणी सेन कर्तृक युद्धे प्रवेश वार्ता कथन नामः एकविंश सर्ग ।

— ☆ —

॥ द्वाविंश सर्ग ॥

वाल्मीकि वचन

दानिते अनुजे शिक्षा एतद् नीति दशानने ।
लंकेश तरणी जये सर्व सैन्य बहिर्गत ॥

पूर्व द्वारे उपस्थित तरणी श्रेष्ठ वाहिनी ।
नल नील तथास्थले करे युद्ध भयंकर ॥
दुर्वार तरणी युद्धे नारे नल निवारिते ।
भंग दिल रणस्थले नल नील महायुधि ॥
गर्जिल रक्षः वाहिनी लंकेश तरणी जय ।
पूर्वे नले पराजयि उत्तर तोरणागत ॥
सुग्रींव सह संग्राम अत्याद्भुत तथास्थले ।
विष्णुतेजे प्रतिष्ठित तरणी युद्ध नायक ॥
राम जय निनादिया कहे कपि बलान्वित ।
न्यूनबले करे युद्ध कपि सर्व रणस्थले ॥
संग्रामे अति भीषण अद्य सर्व निशाचर ।
तवुह वीर सुग्रीव करे युद्ध भयंकर ॥
करि युद्ध कतक्षण कपीश्वर पराजित ।
वैष्णवी बल वीर्यते संग्रामे तरणी जयी ॥
गर्जिल रक्षः वाहिनी लंकेश तरणी जय ।
सुग्रीवे करि पीड़न दक्षिण तोरणागत ॥
दक्षिणे सह अंगद कपिश्रेष्ठ वृषाणके ।
करि त्वरित पराजित गर्जिल रक्षः वाहिनी ॥
रावण हेरिछे हर्षे प्रासाद परि आस्थित ।
चलिछे तरणीसेन कपिसैन्य विमर्दिया ॥
पश्चिम तोरणागत दुर्जय तरणी यवे ।
करे युद्ध तथा हनु कृतान्त कालभैरव ॥
तरणीसह संग्रामे क्रमे सर्वे पराजित ।
गर्जिल रक्षः वाहिनी लंकेश तरणी जय ॥
एतद् ध्वनि यथा श्रुत चमकित विभीषण ।
अतःपरे परिज्ञात कौशल रावणे यथा ॥
जिज्ञासिल विभीषणे रामचन्द्र तथास्थले ।
कपि सर्व जये क्षिप्र गर्जमान निशाचर ॥

श्रीराम वचन

हेर मित्र समागत केवा अद्य रणस्थले ।
कपि सर्व पराजित यथा वीर्ये विभीषण ॥
किंवा नाम धरे रक्षः किंवा वीर्ये प्रतिष्ठित ।
कह सर्व यथायथ तवे युद्ध अनुष्ठिव ॥

विभीषण वचन

तरणी नाम आख्यात रावण कृत पालित ।
विष्णुतेजे प्रतिष्ठित राक्षस अति धार्मिक ॥
विष्णु ध्याने रहे सदा तव तुल्य महाबली ।
किं रूपे कपि सर्वतः एतद् युद्धे हवे स्थिर ॥
आपनि करि संग्राम दुष्ट रक्षेः विनाशह ।
अति वीर्ये प्रतिष्ठित शुन प्रभु निशाचर ॥

वाल्मीकि वचन

टंकारित धनुर्गुण रामचन्द्रे यवे शुन ।
सम्मुखे तरणीसेन एतद् रूप करे स्तव ॥

तरणी स्तव

अवतीर्ण नरःरूपे राघव अब्जलोचन ।
जगदीश जगत् हरि पादपद्मे सदा नमि ॥
शोभित जट वल्कले हर्यक्षाकृति वीर्यते ।
आजानु-भुज लम्बित पादपद्मे सदा नमि ॥
अग्नि धनु विधारणे टंकारित धनुर्गुण ।
थरे पृथिवी महीतल प्रणमि रण-केशरी ॥
ज्या-स्वन अति भैरवे प्रतिध्वनि नभ स्थले ।
विद्युन्नाद यथामत प्रणमि रण-केशरी ॥
नवदुर्वादल श्याम घर्म सिक्त कलेवर ।
अपूर्व धूलि धूसर नमि पदे जगत्पति ॥
उत्तरीय तनुच्युत अर्ध अंश महीतले ।
क्षीण कटि महावीर्ये नमः नमः जगत् हरि ॥
नमस्तुते राम पदाब्ज पुण्ये सुश्याम तेजच्छुरितांग कान्तिः ।
अपूर्व यद् दर्शित वीर वीर्ये टंकारि घोरे धनु अर्धचन्द्रे ॥

- इति श्रीमद्देवायण ब्रह्मकल्पे तृतीय खण्डे राम मण्डलान्तर्गतः रामायण वर्गे लंका काण्ड श्रीराम कर्तृक तरणीसेन वध वार्ता कथन नामः द्वाविंश सर्ग ।

— ✯ —

॥ त्रयोविंश सर्ग ॥

वाल्मीकि वचन

एतद्रूपे करे स्तव तरणी भक्ति संयुत ।
उत्तोलित धनुर्बाण रामचन्द्रे कर च्युत ॥
शून्यहस्ते चले राम तरणी स्यंदनप्रति ।
भक्ताह्वाने कृपावन्त स्वस्नेहे राक्षस प्रति ॥
राम कार्य निरीक्षिया विस्मित सर्व वानर ।
विभीषण निवारिया कहे वाक्य तथास्थले ॥

विभीषण वचन

मायावी सर्व राक्षस एतद् वाक्य सदा स्मर ।
अक्षम समरे तव करे कार्य सुकौशले ॥
एतद् भक्ति नहे प्रभु स्तव स्तुति रणस्थले ।
यद्यपि भक्त केवल युद्धागत किं कारणे ॥

वाल्मीकि वचन

पितृ इच्छा परिज्ञात एस्थले तरणी त्वरा ।
एतद् वाक्य कहे रुषि टंकारिया धनुर्गुण ॥

तरणी वचन

ओरे मूढ़ जटाधारी त्यज शस्त्र किं कारणे ।
युद्धारम्भे करि ध्यान मम इष्ट यथास्मृति ॥
नाम मात्र यथा धृत नह इष्ट कदाचन ।
अद्य युद्धे विनाशिव त्वरित शस्त्र परिग्रह ॥

लंकेश्वर यथा स्वयं राज्यपदे प्रतिष्ठित ।
निष्कंटक हवे राज्य शत्रु तोमा विमर्दिले ॥

वाल्मीकि वचन

शुनि वाक्य स्मरे राम कह सत्य विभीषण ।
मायावी सर्व राक्षस छल मात्र स्तव स्तुति ॥
गर्जिल वीर राघव टंकारिया धनुर्गुण ।
ओरे मूढ़ निशाचर सद्य तोरे विनाशिव ॥
गर्जिल रक्ष:वाहिनी लंकेश तरणी जय ।
सन्धानिल महाशस्त्र राघव अति कुपित ॥
सन्धाने तरणी त्वरा अग्रे बाण चतुष्टय ।
राघव चरणे एक लक्ष्मण चरणे अन्य ॥
विभीषण पदे नमे बाण अन्य त्वरित गति ।
चतुर्थ कर्ण पार्श्वते एतद् वाक्य निवेदिल ॥
क्षमा कर पिता तुमि राघवे शर घातने ।
इंगित करि राक्षसे रहे स्थिर विभीषण ॥
तदंतरे महायुद्ध राघवे तरणी सह ।
समवीर्य पराक्रमे करे युद्ध परस्परे ॥
हल युद्ध बहुक्षण अपूर्व शस्त्र कौशले ।
सर्व जन चमत्कृत एतद् युद्ध निरीक्षिया ॥
समस्त रजनी व्यापी हल युद्ध तथास्थले ।
काल क्षय वृथा स्मरि कहे रामे विभीषण ॥
हे मित्र हेर दुर्जय शस्त्र धारी निशाचर ।
वैष्णवी शस्त्र घातने कर त्वरित विनाशित ॥
एतद् वाक्य यथाश्रुत वैष्णवी शस्त्र घातने ।
सन्धानिल महाबले तरणी प्रति राघव ॥
वैष्णवी शस्त्र आगत हेरि विभीषणात्मज ।
धनुर्बाण करि त्याग राम-ध्याने समाहित ॥
रहे चक्षु निमिलित स्यन्दने तरणी यवे ।
गर्जिया वैष्णवी शस्त्र निर्भेदिल हृदिस्थल ॥
तरणी सेन यद्काले पतित रथ विच्युत ।
तद्क्षणाते विभीषण निपतित महीतले ॥
रामानुज धरे त्वरित निपतित विभीषणे ।
उपस्थित तथा राम जिज्ञासिल इहा शुन ॥

श्रीराम वचन

परिचय यथा सत्य कह मित्र विभीषण ।
केवा अद्य निपातित मम कृत रणस्थले ॥
शोकग्रस्त किं कारणे मित्र रक्ष: वधे तुमि ।
अन्य सर्वे छिले स्थिर किं हेतु अद्य अस्थिर ॥

विभीषण वचन

किं कहिव जगत्पति नहे शोक अकारणे ।
शुन दग्ध हृदिस्थल अवश प्राय ए तनु ॥
अशक्य रहिते स्थिर निपतित महीतले ।
तरणी मम नन्दन तव भक्त जगत्प्रभु ॥

वाल्मीकि वचन

एतद् वाक्य यथा उक्त अश्रु धारा विनिर्झरे ।
हल सिक्त कलेवर रक्षः मित्र विभीषणे ॥
स्तम्भित राम लक्ष्मण मित्र पाने निरीक्षिया ।
नीरवे अश्रु मोचने सिक्त वक्ष हृदिस्थल ॥
रामानुज महावीर कृतान्त कालभैरव ।
क्षुभित तरणी वधे सर्वे शोक परायण ॥
एतद् वार्ता प्रचारित चतुर्द्वारि त्वरित गति ।
क्षुभित सर्व वानर एलो त्वरित कपीश्वर ॥
अंगद गय केशरी नल नील वृषाणक ।
सर्वे शोक परायण सम व्याथी विभीषणे ॥
कपि सैन्य करे क्षोभ रक्षः सेना तथामत ।
सुग्रीव नयने झरे शोकधारा क्रमागत ॥
शोकयुक्त चतुर्दिके रक्षः कपि जने जने ।
रामचन्द्र क्षणान्तरे कहे मित्र विभीषणे ॥

श्रीराम वचन

केन ना कहिले मित्र तरणी तव नन्दन ।
जुझित तरणी सह केवा कह रणस्थले ॥
भक्त श्रेष्ठ मने स्मरि उद्यत आशिषे यवे ।
तुमि मित्र निवारिले मायावी कहि राक्षसे ॥
वैष्णवी शस्त्र घातने तुमि बुद्धि प्रदानिले ।
स्वयं हस्ते विनाशिले निज पुत्र सखा तुमि ॥
किंवाश्वास तव प्रति सर्व ज्ञाने प्रतिष्ठित ।
करिनु कार्य गर्हित वधिया तव नन्दन ॥
हे सुग्रीव इहा शुन नाहि युद्धे प्रयोजन ।
वधिनु तरणी भक्त सीता हेतु किं निर्दय ॥
आनह तरणीदेह सत्कार करिते त्वरा ।
पुण्यतनु निशाचरे नाहि नष्टे निरीक्षह ॥

वाल्मीकि वचन

आज्ञा प्राप्त चले कपि सुग्रीव सह सर्वत ।
आनिते तरणीतनु पुण्यकार्य अनुष्ठिते ॥
प्रभाते तरणी हत भग्नदूत निवेदिल ।
लंकेश्वर अधःमुखे रहे स्तब्ध बहुक्षण ॥
भ्रातुष्पुत्र प्राते पड़े रामशस्त्रे संवादे तुष्णीम्भूत लंकेश शोके ।
मोहे क्षोभे कालक्षये तद्क्षणान्ते भ्रातृ स्त्री आह्वानि प्रदाने कुवार्ता ॥

- इति श्रीमद्देवायण ब्रह्मकल्पे तृतीय खण्डे राम मण्डलान्तर्गतः रामायण वर्गे लंका काण्ड श्रीराम कर्तृक श्रीराम-तरणी सत्कारे सन्धि-प्रस्ताव वार्ता नामः त्रयोविंश सर्ग ।

— ☆ —

॥ चतुर्विंश सर्ग ॥

वाल्मीकि वचन

मंत्रणा दानिया रामे स्वीय पुत्र विनाशिल ।
उन्माद स्मरि निश्चय राजद्रोही विभीषण ॥
एतद् चिन्ता समन्वित रहि स्तब्ध कतक्षण ।
आह्वाने सरमा त्वरा रक्षःराज क्षणान्तरे ॥
आगत सरमा वधू लंकेश्वर कहे इहा ।
वधूमाता कुसंवाद अद्य तोमा प्रदानिव ॥
तरणी समरे हत शुन अद्य रणस्थले ।
आपनि दानि मंत्रणा वधे पुत्र विभीषण ॥
अमर कुल सन्निभ छिल पुत्र सुनिश्चय ।
राम ज्ञात नहे मृत्यु पथ यद् तरणीप्रति ॥
दानिछे सर्व सन्धान ममानुज विभीषण ।
जाहे हेर दिने दिने कुलक्षय क्रमे क्रमे ॥
कहि वाक्य दशानने सजल विंश लोचन ।
सरमा बंधन स्तब्धे शोकधारा प्रवाहित ॥
एतद् स्तब्धे क्षणान्तरे गर्जिल पुनः रावण ।
उन्माद सत्य उन्माद कुलांगार विभीषण ॥
उन्मादे शास्तिव स्वयं जाह वधू गृहे तुमि ।
निर्जने कर रोदन पुत्र शोकातुरा सती ॥
गर्जे पुनः दशानन वीरबाहु महारवे ।
वीरबाहु यथा त्वरित पितृ अग्रे उपस्थित ॥
वीरबाहु समागमे रावण-चरणानत ।
कहे पुत्र दशस्कंध एतद् वज्र निनादने ॥

रावण वचन

पतित समरे बाहु तरणी भस्मलोचन ।
सैन्याध्यक्ष पदे वरि अद्य तोमा महाबली ॥
येन तेन प्रकारेण कर बंदी विभीषणे ।
यथा इच्छा विमर्दह कपिकुल तथास्थले ॥
जीवित किं तथा मृत रामचन्द्र कपीश्वर ।
निर्विचारे महायुद्धे कर बंदी विभीषणे ॥
यवे बंदी विभीषण नाहि युद्धे प्रयोजन ।
त्वरित पुरे प्रवेशह खुल्लतातः समन्वित ॥
यथा शास्ति विचारिव अपराध अतःपरे ।
कुलांगार विभीषण उन्माद स्मरि निश्चय ॥

वाल्मीकि वचन

एरूप कहिते रत यथाकाले दशानन ।
आचम्बिते प्रवेशिल ऊर्ध्व हते तथा नल ॥
लंकेश्वर नमस्कारे एतद् वाक्य निवेदिल ।
अहं नल दशानन सैन्याध्यक्ष कपीश्वरे ॥
एतद्वाक्य यथा श्रुत रक्षःराज चमत्कृत ।
परिज्ञात तथा नले पूर्व द्वारे अवस्थित ॥

अन्य सर्वे सचंचल किंवा हेतु समागम ।
सैन्याध्यक्ष कपीश्वरे किंवा कार्य मनोद्गत ॥
आत्मरक्षा तरे सर्वे करे पथ निरीक्षण ।
भीतचित्त दशानन स्वगाम्भीर्ये कहे तवु ॥
किंवा हेतु समागम आचम्बिते पुरे मम ।
स्मरि वार्ता समानित त्वरित कार्ये कपीश्वरे ॥

नल वचन

एतद्सत्य महाबाहु सन्धि इच्छा कपीश्वरे ।
प्रहरेक रह स्थिर युद्ध बिना दशानन ॥
तरणी समरे हत रामचन्द्र सकातर ।
एकत्रे रक्षः वानर विनिर्झरे रणस्थले ॥
प्रव्यथित यथा राम एतद् आज्ञा प्रदानिल ।
सस्नेहे तरणीप्रति सत्कार करिते तनु ॥
रामचन्द्रे यथा इच्छा कपिराज अनुष्ठिते ।
सन्धिप्रार्थी स्वयं दूत समव्यथी निशाचरे ॥

वाल्मीकि वचन

एरूप कहिते नल हुम शब्दे रहे स्थिर ।
लंकेश्वरे निरीक्षिया पुनर्वार कहे नल ॥

नल वचन

लंकेश मृत सत्कारे शत्रु मित्र सम स्मरि ।
शोकप्राप्त विभीषण राम दुःखी ततोधिक ॥

रावण वचन

हे नल कह सत्वरे रामचन्द्र दुखी यदि ।
मित्र-पुत्र किं कारणे महाशस्त्रे निपीड़िल ॥

वाल्मीकि वचन

एतद् प्रश्न यथा श्रुत उद्ग्रीव सर्व राक्षस ।
उत्सुक सरमा सती नल वाक्ये समायुत ॥

नल वचन

रहे मौन विभीषण परिचय प्रदानिते ।
युद्धागत निशाचरे रामचन्द्र निपातिले ॥
पतित सहसा भूमे तवानुज अचेतने ।
अतिशोक क्षणान्तरे स्वीय पुत्र प्रकाशिल ॥
तद्काले श्रवणे राम निन्दि मित्रे बहु स्वयं ।
अतिशोक परायण सन्धि प्रार्थी तवप्रति ॥

वाल्मीकि वचन

पुत्रशोके सकातर विभीषण यथा श्रुत ।
शान्ति प्राप्त यथाकिञ्चित् रक्षःराज निजान्तरे ॥
ममसम ज्वले अद्य स्मरि युद्धे विभीषण ।
किञ्चित् तुष्ट दशग्रीव कहे वाक्य नलप्रति ॥

सैन्याध्यक्ष विभीषणे ममहस्ते प्रदानह ।
सन्धिसते कर स्थिर सत्कारान्ते महाबली ॥
एतद् दावि प्रदानह ममहस्ते विभीषणे ।
उत्तरिल तथा नल एतद् कार्य नहे मम ॥
दूत प्रेरि कपीश्वर जिज्ञासह स्वयं तुमि ।
सन्धिहेतु प्रहरेके अद्य आज्ञा किंवा कह ॥
नल वाक्य यथा श्रुत क्षण चिन्ति दशानन ।
सरमा प्रति वीक्षणे एतद् आज्ञा प्रदानिल ॥
सत्कार तरणीदेह स्वयं युद्ध निवारिव ।
सन्धिसर्ते प्रहरेक कह नल कपीश्वरे ॥
वीरबाहु स्वयं युद्धे प्रहरेक रह स्थिर ।
प्रशंसिया दशस्कंधे नल त्वरित तिरोहित ॥
सरमा शुनि नीरवे राम चन्द्रे यथाकृपा ।
किञ्चित् शान्त सुखी प्राणे धीरपदे बहिर्गत ॥
हेरि ऊर्ध्वे नले गति स्व-पुरे सरमा गति ।
वीरबाहु निरीक्षणे रक्षःराज कहे इहा ॥

रावण वचन

प्रस्तुत रह सर्वतः प्रहरेक अतिक्रमि ।
सत्कारान्ते यवे सर्व अप्रस्तुत रवे रणे ॥
वीरबाहु तथाकाले अति वीर्य पराक्रमे ।
सर्व योद्धा निवारिया कर बंदी विभीषणे ॥
बिना बंदी विभीषण नहे युद्ध अतःपरे ।
कुलक्षये कुलांगार कहे गुह्य अरिप्रति ॥
एतद् शत्रु बहिर्देशे वीरबाहु यतक्षण ।
युद्ध जये वृथा आशा वीर क्षय दिने दिने ॥
सैन्याध्यक्षाहं हे दशस्कंध रामे पूर्वद्वारे दूत स्वयं दृष्ट पूर्वे ।
सत्कारे भ्रातुष्पुत्र इच्छा कपीशे सन्धिप्रार्थी युद्धे चतुर्दण्ड मात्र ॥

- इति श्रीमद्देवायण ब्रह्मकल्पे तृतीय खण्डे राम मण्डलान्तर्गतः
रामायण वर्गे लंका काण्ड रावण-नल वार्ता नामः चतुर्विंश सर्ग ।

— ✫ —

॥ पंचविंश सर्ग ॥

वाल्मीकि वचन

एस्थले सरमा सती राजसभा परित्यजि ।
अशोक कानने धीरे सीतापार्श्वे उपस्थित ॥
सरमा दर्शने सीता स्वयं चित्ते प्रहर्षिता ।
तदास्य करि वीक्षण चिन्तायुक्त कहे इहा ॥

सीता वचन

सरमा तुमि केवल रक्षःपुरे सुबांधवी ।
दिवसेक अदर्शने स्वयं चित्ते सकातर ॥
कह सखी किं कारणे सीता संग परित्यज ।
सीताप्रति समव्यथा तव चित्ते निरंतर ॥

मत् कारणे विभीषण	रक्षानुज महात्मन ।
राज गृह परित्यजि	राम-सख्य परिग्रहे ॥
एतद् वार्ता प्रदानिले	ममाग्रे तुमि सत्वरे ।
तुमि चित्ते प्रहर्षिता	पति अमानिते तवु ॥
कहिले सादरे तुमि	हे वैदेही तवप्रति ।
शुभ दिवागत-प्राय	लंकायुद्ध यथा स्थिर ॥
सीतादाने कहे पति	रामे मैत्री प्रतिष्ठिते ।
राक्षसकुल कल्याणे	लंकेश्वर परित्यजे ॥
नहे मात्र परित्यजे	ए प्रस्ताव दशानन ।
पदाघाते विताड़िल	तव पति महात्मने ॥
रक्षःकुल हिताकांक्षी	गेल पुरी परित्यजि ।
मौनभावे तथापिह	अम्लान वदने स्थित ॥
कह हर्षे यवे तुमि	स्वयं चित्ते चमत्कृत ।
स्मरि दुःख विभीषणे	सिक्त अश्रुजले स्वयं ॥
आश्वासि कहिले सती	पति दुःख नहे इथे ।
उपरंतु स्वयं हृष्ट	राम सेवा अनुष्ठिते ॥
हे राक्षसी मम प्रिया	राम-भक्ति निरीक्षिया ।
शान्तिप्राप्त हृदिस्थले	यद् प्राप्त सत्य बांधवी ॥
युद्धवार्ता प्रदानिते	नित्य स्वयं उपस्थित ।
कहिले राघवे मैत्री	अभिषेक विभीषणे ॥
कपिकुले जयध्वनि	लंकेश्वर विभीषण ।
सहास्ये कहिले तुमि	बाली-पुत्र समागम ॥
करि कण्ठ निपीड़न	मुकुट यद् परिग्रहे ।
तद् परे कहिते नित्य	समारम्भ महारण ॥
आक्रमिल चतुर्द्वारि	रक्षःपुत्र चतुष्टये ।
देवजयी यथा वीर	दिवसेके निपातित ॥
चतुरक्षौहिणी सेना	एतद् सह निपातित ।
कपि वीर्य सुवर्णने	गर्विता सरमा तुमि ॥
तद् परे कहिले तुमि	क्षुब्ध लंकेश्वरे रण ।
कपिकुल पराजित	कह दुःखे विनिर्झरि ॥
मृत-सैन्य लभे प्राण	कह हर्ष समायुत ।
श्रीराम महिमा वर्णि	उज्ज्वलास्य यथा तुमि ॥
मकराक्ष अतःपरे	निपातित कपिश्वरे ।
कह हर्ष समायुत	यथा श्रुत सुवर्णने ॥
एतद् क्षोभे बहिर्गत	मेघनाद रणस्थले ।
करि यज्ञ निकुम्भिला	दुर्जय रक्षः नन्दन ॥
नागपाशे करे बंदी	श्रीराम सह सर्वतः ।
अश्रुजले विनिर्झरि	एतद् वार्ता प्रदानिले ॥
पुनश्च कहिले तुमि	हेथा प्रत्यागमे पुनः ।
रामे के बंधने शक्य	त्रैलोक्य स-चराचरे ॥
युद्धस्थले समागत	गरुड विष्णुवाहन ।
कह तन्महिमा वर्णि	नागपाश विमोचन ॥
कपिकुल महानन्दे	राम जय प्रदानिल ।
रक्षःराज विषादित	पुनर्युद्ध समुद्यमे ॥
प्रेरिल कुम्भनन्दन	अतिकाय महाबली ।
एक रात्रे निपातित	लक्ष्मण तेज विक्रमे ॥

लंकेश्वरे यथा दुःख कह हर्षे सुवर्णिया ।
अतिकाय रणे हत रावण कुपितान्तरे ॥
करे कुम्भ सचेतन अकाले करि जाग्रत ।
प्रेरिल समरे कह मृत्यु हेतु सुवर्णिया ॥
दिवसेक महायुद्धे कपिकुल बहु क्षये ।
श्रीराम विक्रमे हत कह हर्षे सखी तुमि ॥
कुम्भ हत यवे श्रुत रक्षःराज दशानन ।
प्रेरिल भस्मलोचने कपि भस्मतरे कह ॥
आतंकित सखी तुमि तपः सिद्धि सुवर्णिया ।
अहं भीता प्रकम्पिता दुर्वार शुनि रावणि ॥
प्रत्यागत अतःपरे प्रहरेक गत क्रमे ।
स्वतेजे हत भस्माक्ष दर्पणास्त्र निरीक्षणे ॥
यद् रक्षः अति दुर्वार अतिशय भयंकर ।
क्षणे हत सुकौशले जय गर्वान्विता तुमि ॥
भस्माक्ष समरे हत अति क्षुब्ध दशानन ।
एतन्मात्र प्रकाशिया अदर्शित किं कारणे ॥
केन मौन सखी कह दिवाद्वय अदर्शने ।
रक्षःराज निवारिल तव गति किंवा कह ॥
यदि रक्षेः निवारित अद्यागम किंवा पथे ।
किं कहे तरणी वार्ता नित्य श्रुत सभातले ॥

वाल्मीकि वचन

इत्यावधि यथा उक्त दीर्घश्वास विमोचने ।
सरमा अश्रु निर्झरे स्पर्शि पुण्य पदद्वय ॥
यद् दृष्ट सरमे अश्रु व्याकुलित हृदिस्थले ।
कहे हस्त विधारणे कह सखी किं वेदना ॥
मौनभावे रह स्वयं अधिक कातरे मम ।
किंवा वार्ता विभीषणे कपिसैन्ये प्रकाशह ॥
तव अश्रु निरीक्षिया नाना भीति समुद्भवे ।
स्मरि नाना अमंगल मौनता कर वर्जन ॥
एरूप कहिते सीता कहे अश्रु सगद्गदे ।
विषन्ने सरमा सती यथा मेघान्तरे ध्वनि ॥

सरमा वचन

सर्व वार्ता निवेदिते तव अग्रे उपस्थित ।
शुन सर्वाङ्गे तुमि पापस्पर्शे प्रभावित ॥
किंरूपे कह जानकी करि तोमा प्रतारित ।
अरि-भाव यवे मम अधिकार तवार्चने ॥
एतद् हेतु दिवाद्वय तव चक्षे अदर्शित ।
अरि-भाव तिरोहित अद्य पुनः उपस्थित ॥

सीता वचन

अरि-भाव किंवा कह हे सरमा तवप्रति ।
अत्यंत कर विस्मित तव वाक्ये विदूषिणी ॥

सरमा वचन

किं विस्मय महादेवी स्व-स्वार्थे राक्षसीप्रति ।
निष्पापा तुमि वैदेही नहे बोध्य कदाचन ॥

वाल्मीकि वचन

व्यंग कोप प्रकाशिया कहिला सरमाप्रति ।
विकल्प त्यजिया त्वरा कह सत्य यथायथ ॥
किंवा हेतु अनागत कह युद्ध परिस्थिति ।
बहु वार्ता सुनिश्चय पुंजीभूत दिवाद्वये ॥
कह केवा प्रवेशिल भस्माक्ष पतनान्तरे ।
अद्यवधि किंवा युद्ध जयाजय कह क्रमे ॥
विद्युत् तुल्याद्दृश्यान्तराले विलुप्त वार्ता युद्धक्षेत्रे किंवा सत्य अंते ।
संग्रामे यद् भस्माक्ष भस्म स्वतेजे एतद् मौनी भंगे कर व्यक्त शीघ्र ॥

- इति श्रीमद्देवायण ब्रह्मकल्पे तृतीय खण्डे राम मण्डलान्तर्गतः रामायण वर्गे लंका काण्ड सीता प्रति आत्म वाक्य कथन नामः पंचविंश सर्ग ।

— ✫ —

॥ षड्विंश सर्ग ॥

वाल्मीकि वचन

तद् प्रश्ने कहिते रत एरूप सरमा सती ।
स्व-अश्रु करि मार्जना पुण्यपदे शिरानते ॥

सरमा वचन

अद्यावधि यथा वार्ता हे देवी शुन तद् परे ।
क्षम किना नहि ज्ञात वार्ता दाने तदंतरे ॥
भस्माक्ष पतने क्रुद्ध लंकेश्वर दशानन ।
आह्वाने तरणी पुत्र महायुद्धे प्रवेशिते ॥
अभिषेक प्रदानिया कहिल तरणीप्रति ।
हे तरणी भविष्यते सिंहासन तवप्रति ॥
कपिकुल जये पुत्र प्रत्यागमे यथा त्वरित ।
ए किरीटि प्रदानिव पितृ अंते यथा सुत ॥
मात्र आज्ञा तवप्रति ना कर सन्धि आह्वे ।
जय किंवा पराजये रह युद्धे अकातर ॥
शुनह रावणे आज्ञा अर्थ दंड सुनिश्चय ।
एतद् आज्ञा अपालने मृत्यु सत्य सुनिश्चय ॥
एतद् आज्ञा यथा लब्ध मृत्युकाल स्मरे स्वयं ।
रावणे अथवा रामे हत प्राणे यथा स्थिरे ॥
रामे प्राण प्रदानिते पुण्य गति मने स्मरि ।
तरणी समरे दृढ़ सैन्यापत्य परिग्रहे ॥
लंकेश तरणी जये मुखरित चतुर्दिके ।
शुनि वार्ता स्वयं स्तब्धे सर्वनाश मम स्मरि ॥
प्रणाम हेतु मत् पदे यवे पुत्र समागत ।
हे देवी जड़वत स्वयं शिरे हस्त प्रदानिनु ॥

अनिवार्य यथा मृत्यु चले पुत्र तथास्थले ।
हवे साक्षात् पिता पुत्रे विद्वेषपूर्ण दृष्टिते ॥
हृदय विदरे मम सर्वाधिक इहा स्मरि ।
प्रतियोद्धा हवे राम भगवान स्वयं अरि ॥
पुत्राशिषे रहि स्तब्ध चमकित इहा शुनि ।
हे माता कह सत्वरे शेष आज्ञा यथा तव ॥
एतद् वाक्य यथा श्रुत विद्युत्-घात हृदिस्थले ।
कहि मात्र स-रोदने राम मात्र परागति ॥
रामचन्द्र सदा ध्येय रामे चित्त समर्पह ।
एतद् मन तनु प्राण राम-कार्ये निवेदह ॥
एरूप कहिते पुत्र अति वीर्य पराक्रमे ।
शस्त्र धृत रथारूढ़ मम कक्ष परित्यजे ॥
अतःपरे मम श्रुत लंकेश तरणी जय ।
गर्जे सर्व बहिर्देशे युद्धकामी निशाचरे ॥
तरणी समरे पशे स्व-सैन्य परिवारित ।
स्वयं शय्या परिग्रहि तव संग परित्यजि ॥
शत्रुमाता यथा स्वयं किंरूपे करि दर्शन ।
ओ-पवित्र पदद्वय मिथ्याचारे तवप्रति ॥

वाल्मीकि वचन

ए रूप सरमा वाक्ये सीता अश्रु परिप्लुता ।
भग्नकण्ठे कहे धीरे हे सरमा अतःपरे ॥
कह वार्ता ममप्रति व्याकुलित हृदिस्थल ।
कर शान्त त्वरितगति किं संवाद तवात्मजे ॥
महायुद्धे प्रवेशिया किंवा कार्य अनुष्ठिल ।
पितृतुल्य करे किना राम-सख्य रणस्थले ॥

सरमा वचन

पितृतुल्य नहे पुत्र भिन्न पथ परिग्रहे ।
महायुद्धे प्रवेशिया घोरतर करे रण ॥
अद्य प्राते सभातले आह्वानिल दशानन ।
कहे अश्रु निपातने हे सरमा शुन स्थिरे ॥
कु संवाद तवप्रति तरणी समरे हत ।
सत्योन्माद विभीषण स्वीय पुत्र विनाशिल ॥
रामचन्द्रे किंवा ज्ञान यद् शस्त्रे तरणी वधे ।
अथवा भस्मलोचन अन्य वीर बली क्रमे ॥
उन्माद सर्व सन्धान रामचन्द्रे प्रदानिया ।
मम कुल करे क्षय अरिश्रेष्ठ विभीषण ॥
कहि गर्जे दशानन वीरबाहु महारवे ।
वीरबाहु समागमे एतद् आज्ञा प्रदानिल ॥
हे बाहु जाह सत्वरे सर्व योद्धा निवारिया ।
सर्वाग्रे कर बंधन खुल्लतातः विभीषणे ॥
एतद्काले प्रवेशिल नल नामे महाकपि ।
दूत रूपे सभातले सैन्याध्यक्ष कपीश्वरे ॥
सन्धिप्रार्थी प्रहरेक सत्कारे तरणी-तनु ।
रामचन्द्र अति क्षुब्ध अज्ञाते करिया वध ॥

एकत्रे कपि राक्षस करे शोक रणस्थले ।
कृत सन्धि दशानने स्वयं सभा परित्यजि ॥

वाल्मीकि वचन

तद् श्रवणे करि क्षोभ एरूप कहिते रत ।
हे सरमा किं दुर्भाग्य हेर नित्य ममप्रति ॥
पति पुत्रे सदा सुखी मम हेतु विपर्यये ।
पुत्रहारा यथा अद्य मम मुक्ति तरे तुमि ॥
हे सखी मरण श्रेयः इत्याधिक ममप्रति ।
मत् कारणे महायुद्ध बृहत् रक्षःकुल क्षय ॥
कपिकुल महादुःखे करे युद्ध निरंतर ।
दाने आत्माहुति क्रमे वीर सर्व निशाचर ॥
मत् हेतु सरमा हेर महाध्वंस चतुर्दिके ।
लंका दग्ध भ्रातृद्वन्द्व वीर क्षय दिने दिने ॥
हे सरमा यथा त्वरित सिंधुपथ प्रदर्शह ।
तथा आत्म विसर्जने सर्व शान्ति मने स्मरि ॥
एतद्काले जयध्वनि सरमा श्रुत सत्वरे ।
कहे देवी रह स्थिर हवे वाक्य अतःपरे ॥
कहि क्षिप्र परित्यजे तद् क्षेत्र सरमा सती ।
वैदेही चिन्तिताश्चर्ये अद्भुत गठनाकृति ॥
चित्ते अत्याश्चर्ये रहे मग्नभावे तद् वैदेही देवी सखीत्त्व प्रलब्धे ।
सर्वे संग्रामे आत्मदाने किंहेतु एक स्त्रीलाभे यद् श्रेय मृत्यु एके ॥

– इति श्रीमद्देवायण ब्रह्मकल्पे तृतीय खण्डे राम मण्डलान्तर्गतः रामायण वर्गे लंका काण्ड सरमा कर्तृक वीरबाहु वध वार्ता कथन नामः षड्विंश सर्ग ।

— ☆ —

॥ सप्तविंश सर्ग ॥

वाल्मीकि वचन

एस्थले तरणी-देह कपिकुल परिग्रहि ।
चंदन धूप गर्जन काष्ठे चिता सुसज्जिया ॥
वीरदेह सुरक्षणे अग्नि-दाह समापिल ।
गर्जिल सर्व वानरे राम जय महास्वने ॥
रामचन्द्र कपीश्वर स-लक्ष्मण विभीषण ।
शेष कृत्य समापने यथा क्षेत्रे उपस्थित ॥
एतद्काले पुनर्वार गर्जिल वानरावली ।
बाहुप्रति निवेदिल दूत एतद् यथा त्वरित ॥
सत्कारान्ते रणस्थले गर्जमान यथा कपि ।
शुनि त्वरित रथारूढ़ वीरबाहु बहिर्गत ॥
एकाकी समरस्थले वीरबाहु चले त्वरा ।
सर्व सैन्य रणस्थले एतद्रूप विचारिया ॥
यद्काले रक्षः-वानरे सख्यभावे करे स्थिति ।
सन्धि-सर्त यथा पुरा सर्व युद्ध परित्यजि ॥
तद्काले सहसा घोरे वीरबाहु प्रवेशिल ।
करि शृंग निनादन युद्धोत्साह निशाचरे ॥

टंकारिल धनुर्गुण वीरबाहु स्वयं त्वरा ।
लागिल वर्षिते शर वर्षाधारे क्रमागत ॥
आरम्भिल महायुद्ध आचम्बिते निशाचर ।
एक अंते पुनरेक कपि-योद्धा पराजित ॥
नल नील पराजित हनुमान तथामत ।
अंगद गय गवाक्ष कृतान्त कालभैरव ॥
किञ्चित् पूर्वे यथा स्थित क्षुब्ध शोकान्तरे कपि ।
तरणी मित्र नन्दन हत स्मरि रणस्थले ॥
यथा शोक विभीषणे पुत्रहारा प्रपीड़ित ।
समव्यथी जने जने वेदनांश परिग्रहे ॥
मित्रपुत्र हत स्मरि पुत्रहारा जने जने ।
विमुख समरे यवे शोके स्वल्प बलान्वित ॥
एतद् काले स-भैरवे वीरबाहु पशे रणे ।
भैरव मंत्र सिद्धिते भैरव मूर्त्ति धारणे ॥
अति वीर्य पराक्रमे वीरबाहु करे रण ।
कपिसर्व पराजित आक्रमिल कपीश्वरे ॥
सुग्रीव सह तद् परे महायुद्ध महारवे ।
गर्जिल इन्द्रनन्दन बृहत्गिरि विधारणे ॥
तुलिल शूलभैरवे वीरबाहु महाबली ।
भैरव तुल्य गर्जने निक्षेपिल त्वरितगति ॥
निक्षेपे इन्द्रनन्दन महावीर्ये महीधर ।
निक्षेपित तथाशूले करि चूर्ण त्वरित गति ॥
सुग्रीव पार्श्वते शूल गर्जि घोरे निपातित ।
शूलाघाते कपीश्वर मोहग्रस्त अचेतन ॥
एस्थले राम लक्ष्मण कहे मित्र विभीषणे ।
नाहि युद्धे प्रयोजन लज्जित तरणी वधे ॥
नाहि सीता प्रयोजन मित्र भक्त विनाशिया ।
लोकालये कदाचन नाहि जाव विभीषण ॥

विभीषण वचन

एतद् वाक्य किंवा प्रभु जन्म मृत्यु निरंतर ।
ताहे शोक किंवा कह दौर्बल्य क्षणिके शुन ॥
यद्यपि समरे स्थिर रह तुमि जगत्पति ।
रावण करिवे युद्ध एतद् सत्य सुनिश्चय ॥
रावण करि कौशल वरे पुत्र रणस्थले ।
निवारिते विभीषणे यथा युक्ति मने स्थिर ॥
सर्व पंड अतःपरे शुनह तरणी वधे ।
बंदीतरे हवे यत्न एवे कार्य दशानने ॥
हेर अग्रे महाबली वीरबाहु समागत ।
जात चित्रंगदा गर्भे रावण प्रिय नन्दन ॥
भैरव मंत्र सिद्धिते वीरबाहु महाबली ।
हेर साक्षात् कपीश्वरे शूलाघाते निपातिल ॥

वाल्मीकि वचन

एवे राम सचेतन युद्धस्थले निरीक्षिल ।
कपीश पतिताहवे अन्य सर्व पराजित ॥

लक्ष्मण चलिल त्वरा   टंकारिया धनुर्गुण ।
शोक सर्व विदूरित   वीरभावे तथास्थले ॥
लक्ष्मण सह तद् पर   महायुद्ध महीतले ।
सर्वलोक भयावह   करे युद्ध परस्परे ॥
वीरबाहु महाबली   नाना विद्या विशारद ।
अद्भुत रण-पंडित   अपूर्व शर घातने ॥
कृत ऊर्ध्व नभ स्थले   शरजाले समावृत ।
अंधकार चतुर्दिके   घनघटा यथामत ॥
लक्ष लक्ष महाशर   वर्षित घन वर्षणे ।
रामानुज शराच्छन्न   झंझाकाले यथा गिरि ॥
वीरबाहु क्षणे क्षणे   गर्जने रत भैरवे ।
यवे वृष्टि बलाहके   विद्युन्नाद क्षणे क्षणे ॥
रामानुजे तथा कृत   बाण सर्व परिष्कृत ।
कुपित विफले विद्या   वीरबाहु महायुधि ॥
गर्जिया लक्ष्मण प्रति   कहे शूल विधारणे ।
एतद् शूल निवारह   वीरपणा निरीक्षिव ॥
निक्षेपिल महाशूल   लक्ष्मण प्रति रावणि ।
खण्डे खण्डे करे शूल   रामानुज यथात्वरित ॥
शूल व्यर्थ निरीक्षिया   कुपित अति राक्षस ।
गदाहस्ते विधारणे   घोर नादे समुत्थित ॥
पड़े वीर धरातले   रथ त्यजि उल्लम्फने ।
निक्षेपिल गदा घोरे   करि द्रुत विघूर्णित ॥
रामानुज शरैषिके   द्विखंडिल गदा त्वरित ।
तद् परे अतिसत्वरे   सन्धाने ब्रह्मशायक ॥
एतद् शस्त्र निवारिते   वीरबाहु नहे क्षम ।
गर्जिल विषमे शस्त्र   राक्षस हृदि कम्पित ॥
ब्रह्मद्युति क्षरे शस्त्रे   ब्रह्मरोष यथामत ।
वीरबाहु हृदिस्थले   निर्भेदिल महास्वने ॥
कपि सर्व निनादिल   जयश्री राघवे जय ।
राक्षस कुल सर्वत   रण त्यजि रड़े भये ॥
पश्चाते कपि धावित   वधे बहु विताड़िया ।
किञ्चित् सेथा पड़े रक्षः   करे बहु पलायन ॥
वीरबाहु निपातित   रामानुज पराक्रमे ।
एतद् वार्ता निवेदिल   भग्नदूत दशानने ॥
ब्रह्मास्त्राघाते लक्ष्मणाजेय वीर्ये   सर्व ध्वंसी युद्धे पड़े वीरबाहु ।
हे रक्षः त्रैलोक्येश ए दुर्विनीते   यद् दुर्वार्ता आनित निस्तार दूते ॥

- इति श्रीमद्देवायण ब्रह्मकल्पे तृतीय खण्डे राम मण्डलान्तर्गतः रामायण वर्गे लंका काण्ड लक्ष्मण कर्तृक वीरबाहु वध वार्ता नामः सप्तविंश सर्ग ।

— ☆ —

॥ अष्टविंश सर्ग ॥

वाल्मीकि वचन

रावण रहिल स्तब्धे   वाक्यशून्य निरुत्तरे ।
एकाकी दूत येमन   गिरिरंध्रे निनादिल ॥

वीरशून्य सभा अद्य मेघनाद द्वितीयतः ।
सचिवद्वय संहति कालनेमि तथास्थले ॥
निर्वाक राक्षसेश्वर निस्तब्ध अन्य सर्वतः ।
वीरबाहु निपातित शुनि मात्र प्रतिध्वनि ॥
अद्य एतद् परिस्फुट कुल क्षय निशाचरे ।
निर्झरे नत नीरवे रावण विंशलोचने ॥
अति शोके महाक्षोभे नैकषेय महाबली ।
रहे स्तब्ध सभातले नत शिरे बहुक्षण ॥
केह ना कहिते क्षम वाक्यावली तथास्थले ।
मेघनाद क्षणान्तरे प्रणमि रावणे कहे ॥

मेघनाद वचन

निकुम्भिला महायज्ञे अमरत्त्व ममप्रति ।
यज्ञ शेषे रणस्थले सर्व जयी सुनिश्चय ॥
पिता आज्ञा प्रदानिवे स्वयं युद्धे प्रवेशिव ।
निश्चय समरे जय तव पदे निवेदिव ॥

वाल्मीकि वचन

संवित प्राप्त रावण मेघनादे निरीक्षिल ।
क्षणांते पुनरुत्साहे उठे गर्जि दशानन ॥

रावण वचन

अमरकुल सन्निभ मेघनाद महाबली ।
सैन्याध्यक्ष पदे वरि करि तोमा शुभाशिष ॥
जाह पुत्र रणस्थले कपिकुल विमर्दह ।
वीरबाहु रणे हत वीरकुल समुज्ज्वल ॥
किंवा क्षोभ इथे कह प्राप्त वीर महागति ।
जय किंवा पराजय किंवा चिन्ता अतःपरे ॥
करह कपि मर्दन यथा वीर्य पराक्रमे ।
एतन्मात्र ममादेश अन्य इच्छा किंवा कह ॥

वाल्मीकि वचन

मेघनादे प्रदानिते एतद् आज्ञा दशानन ।
पितृ पदे नमस्कारे वीरवर बहिर्गत ॥
पंचम दिवसे शुन दिवाव्यापी महारणे ।
संध्याकाले निपातित वीरबाहु रणस्थले ॥
कल्य प्राते महायुद्धे मेघनाद प्रवेशिवे ।
सैन्यगणे प्रचारित एतद्रूपे हल स्थिर ॥
रात्रिव्यापी रवे सुखे अरिवृंद जयी रणे ।
मेघनाद करे युक्ति अरि-प्राण निपीड़ने ॥
स्वयं मने कृत स्थिरे विद्युत्ताक्ष मने स्मरे ।
मायावी श्रेष्ठ राक्षस विद्युत्ताक्ष महाबली ॥
मेघनाद कृताह्वाने विद्युत्ताक्ष उपस्थित ।
जिज्ञासिल किंवा आज्ञा नमस्कारे शिरानते ॥

मेघनाद वचन

विद्युत्ताक्ष महाशिल्पी शुन कार्य यथा त्वरित ।
अशोके त्रिजटा पार्श्वे सीतारूप निरीक्षह ॥
सीतारूप तदाकृति अविकल हवे तथा ।
मायारूप त्वरित सृजि जीवन दानिया कह ॥
सीता तुमि मने स्मर जनक नन्दिनी यथा ।
अशोक काननाबद्धा रावण कृत पीड़िता ॥
तुमि हे राघव प्रिया एतद् सर्व मने स्मर ।
तद् परे त्वरिते आनो करि कार्य समापित ॥
दानिव बहु यौतुक यदि कार्य यथायथ ।
लह अद्य महाशिल्पी महामणि सहस्त्रशः ॥

वाल्मीकि वचन

आज्ञा प्राप्त चले द्रुत विद्युत्ताक्ष निशाचर ।
अशोक कानने पशि सीतारूप निरीक्षिल ॥
मायावी श्रेष्ठ तद् परे स्वीय गृहे प्रवेशिया ।
माया-सीता सुनिर्मिल करि माया प्रभावित ॥
जीवन दानिल त्वरा जीवंत जानकी यथा ।
कहिल राघवप्रिया विद्युत्ताक्ष निशाचर ॥
जनक नन्दिनी तुमि सीता नाम विधारिका ।
रावण कृत लांछिता पंचवटी वने स्थिता ॥
अशोके आछिले तुमि अत्यंत दुःख पीड़िता ।
एक्षणि धरिवे तोमा मेघनाद महाबले ॥
लांछिता जानकी तुमि रक्षःकुले निरंतर ।
एतद् रूपे महाक्षोभे आर्तनादे सदा कह ॥
रक्ष रक्ष त्वरितगति रामचन्द्र महाबली ।
पीड़न करिछे दुष्ट मेघनाद दुराशय ॥
एतद् शिक्षा प्रदानिया माया-सीता परिग्रहि ।
मेघनादे प्रदानिल विद्युत्ताक्ष निशाचर ॥
मायावी शिल्पीश्रेष्ठ यद् विद्युत्ताक्षे कार्याह्वाने संगोपने मेघनाद ।
दाने आज्ञा हे रूपदाता सुकर्मी यन्माया सीता सत्वरे देह निर्मिः ॥

- इति श्रीमद्देवायण ब्रह्मकल्पे तृतीय खण्डे राम मण्डलान्तर्गतः रामायण वर्गे लंका काण्डे माया-सीता निर्माण वार्ता कथन नामः अष्टविंश सर्ग ।

— ☆ —

॥ ऊनत्रिंश सर्ग ॥

वाल्मीकि वचन

माया सीता निरीक्षिया परितृप्त महाबली ।
विदाय करि मायावी रथारूढ़ त्वरितगति ॥
द्वितीय प्रहरातीते गभीरा रजनी यवे ।
आर्तनाद परायणा माया-सीता नभ स्थले ॥
धृत खड्ग महाकोपे मेघनाद महाबली ।
आर्तनाद परायणा माया-सीता सकातरे ॥

रक्ष रक्ष प्रिया तव रामचन्द्र महाबली ।
उद्यत वधिते हेर मेघनाद निशाचर ॥
मेघनाद कहे तथा अद्य तोमा विनाशिव ।
तव तरे महादुःख लंकामध्ये निरंतर ॥
उत्तरिल तथा सीता मोरे वध अकारणे ।
कपि रक्षेः यथा युद्ध मम त्रुटि किंवा कह ॥

मेघनाद वचन

तव तरे महायुद्ध वीर सर्व विनाशित ।
एतद् हेतु कृत स्थिर तव प्राण विनष्टिते ॥

वाल्मीकि वचन

एतद् वाक्य सगर्जने धरे हस्त महाबले ।
धृत अन्य करे खड्ग उद्यत वधिते यवे ॥
तद्काले रोदने रत माया-सीता महारवे ।
हा-प्रभु हा-रघुनाथ नाशे प्राण निशाचरे ॥
एतद् रूप यथा ध्वनि हनुमाने तथा श्रुत ।
हेरि रथ तथास्थले त्वरित वीर उपस्थित ॥
हनुमान समीपेते खड्गाघात करे बली ।
द्विखंडित शिर स्कंधे क्षिप्र हस्ते यथा कृत ॥
मेघनादे महावीर आक्रमिल महाबले ।
तथा युद्ध बहुक्षण हनुमान पराजित ॥
युद्धकाले निपातित माया-सीता महीतले ।
मेघनाद प्रवेशिल लंकाधामे त्वरित गति ॥
हेथा हनु पराजित निपतित महीतले ।
संवित लभिया क्षणे सीतादेह निरीक्षिल ॥
धृत हस्ते समादरे कर्त्तित अंग मारुति ।
हा-माता जानकी अद्य वधे तोमा निशाचरे ॥
उद्धार करिते क्षम नहि मोरा महारणे ।
मेघनाद महादुष्ट एतद् पूर्वे विनाशिल ॥
वधिल राक्षसे तोमा प्रतिशोध प्रदानिव ।
सर्व लंका करे धृत सिंधुजले निमज्जिव ॥
अग्रे रामे प्रदर्शने अत्रदेह परिग्रहे ।
मुंड देह यथा पृथक् महादुःखे बहे हनु ॥
राघव तनु दर्शने अतिशोक परायण ।
मुंड क्रोडे तथा राम रामानुज धरे तनु ॥
तद् पार्श्वते अवस्थाने शोकयुक्त तथा कपि ।
एतद् काले प्रवेशिल तथा मित्र विभीषण ॥
सीता अंग निरीक्षिया माया-सीता कहे बली ।
सत्य सीता निरीक्षह अशोक कानने हनु ॥
गेल हनु निरीक्षिते अशोक कानने द्रुत ।
कहे हेथा विभीषण हेर प्रभु विचारिया ॥

विभीषण वचन

यद् हेतु सिंधु बंधन लंका दग्ध महाबली ।
विभीषण विताड़ित वीर क्रमे निपातित ॥

मेघनादे किंवा साध्य स्पर्शे सीता कदाचित ।
असाध्य जानि निश्चय वध कार्य तथास्थले ॥
माया-सीता वधे अद्य मेघनादे महाछल ।
पीड़िते राम लक्ष्मण कपिसैन्ये तथामत ॥

श्रीराम वचन

करे एतद् किं कारणे कह तथ्य प्रकाशिया ।
माया-सीता वधे केन युद्धे नाहि प्रवेशिया ॥

विभीषण वचन

निकुम्भिला महायज्ञ बिनायुद्धे नहे जयी ।
निशाशेषे करे यज्ञ एतद् विधि पुरास्मृति ॥
वीर शून्य यथा लंका मेघनाद रहे शुधु ।
कल्य युद्धे प्रवेशिवे निकुम्भिला समापिया ॥
निकुम्भिला समापने वर प्राप्त तथास्थले ।
संग्रामे अति भीषण दुर्जय रावणात्मज ॥
यज्ञागारावधे निकुम्भाख्य लोके इन्द्रजित् एकान्ते करे यज्ञ मित्र ।
सिद्धि प्राप्ते योद्धा निवार प्रवेशे यज्ञांते संग्रामे जयी अंतरीक्षे ॥

- इति श्रीमद्देवायण ब्रह्मकल्पे तृतीय खण्डे राम मण्डलान्तर्गतः रामायण वर्गे लंका काण्डे माया-सीता वध वार्ता कथन नामः ऊनत्रिंश सर्ग ।

— ✮ —

॥ त्रिंश सर्ग ॥

वाल्मीकि वचन

गभीरा रजनी यवे अशोके सरमा पुनः ।
एकाकिनी प्रवेशिला सीता साक्षात् मने स्मरि ॥
त्रिजटा सरमा दर्शि ससम्माने शिरानते ।
दाने पथ प्रवेशिते किञ्चित् दूरे करे स्थिति ॥
यद् शीघ्र सरमा सती सीता अग्रे उपस्थित ।
पुण्य पदद्वय स्पर्शि उपविष्टा यवे तथा ॥
जिज्ञासे जानकी धीरे यद् व्याकुल हृदिस्थले ।
किंवा वार्ता समानीत निशायोगे यथात्वरित ॥
अघटन किंवा अद्य कह हे सरमा त्वरा ।
पुत्र हत रणस्थले कहि त्वरित तिरोहिता ॥
दुःसंवाद पुनश्च किं समानीत सखी कह ।
मत् कारणे महादुःख हेरि नित्य तवप्रति ॥

सरमा वचन

सुखे दुःखे नहे वध तवकार्य सुरेश्वरी ।
यद् दुःख मानवी रूपे लंकाधामे विशेषत ॥
तद् किञ्चित् लाघवे मम वर्धे शान्ति हृदिस्थले ।
प्रसन्न करिया देवी तव हास्य निरीक्षिले ॥
प्रशान्ति हृत सुविस्तारे महत् सुख ममान्तरे ।
यथा प्राते समागत त्वरित स्वयं तिरोहित ॥

हेतु शुन विशालक्ष्मी वार्तारत यवे स्वयं ।
अत्रकाले जयध्वनि आचम्बिते मम श्रुत ॥
सहसा भीत अंतरे तव वाक्य परित्यजि ।
राज पुरे प्रवेशिनु तद् वार्ता हेतु संग्रहे ॥
पूर्वे श्रुत दशानन दिल आज्ञा सभातले ।
सत्कारान्ते यथात्वरित वीरबाहु रणे पशि ॥
अन्यसर्व निवारिया कर बंदी विभीषणे ।
कुलांगार बहिर्देशे नाहि स्वस्ति ममप्रति ॥
अप्रस्तुत यवे राम सत्कारे तरणीतनु ।
अत्रकाले यथा त्वरित वीरबाहु प्रवेशिया ॥
कर बंदी विभीषणे अन्य कार्य अत:परे ।
एतद् रूप परामर्श पूर्वे श्रुत सभातले ॥
जयध्वनि यथा श्रुत मम चित्त प्रकम्पित ।
एतद् क्षेत्रे अवस्थाने नहे शक्य अत:परे ॥
यंत्र-वत चालित स्वयं वार्ता हेतु यथा त्वरित ।
एतद् भीति ममान्तरे यदि बंदी विभीषण ॥
के रक्षिवे अत:परे रक्ष: माया प्रभावित ।
मेघनादे महायुद्धे रामचन्द्रे रणस्थले ॥
तप: सिद्ध महाबली मेघान्तरे करे रण ।
एतद् सह समायुक्त वीरबाहु रणे यदि ॥
तद् शंका अंतरे मम देवीं मुक्ति तरे तव ।
पति पुत्र तरे चिन्ता नाहि अद्य ममान्तरे ॥
हे देवि तव कारणे सर्व चिन्ता ममप्रति ।
किंरूपे लभिवे मुक्ति राक्षसी कुहके तुमि ॥

वाल्मीकि वचन

एतद् वाक्य समाकर्णे अश्रुजले विनिर्भरे ।
विधृता सरमा हस्त द्वय रक्ष:स्थले स्वयं ॥
भग्र-कण्ठे कहे वाक्य प्रेम स्नेह समायुत ।
एरूप बांधवी प्राप्त कच्चित् केह चराचरे ॥
सरमा तुमि दुर्लभ सीता सख्ये सुनिश्चय ।
कह सखी किंवा वार्ता राज गृहे तव श्रुत ॥

सरमा वचन

तद् सर्व करुणा तव सौभाग्य मम निश्चय ।
राज गृहे प्रवेशिया वार्ता प्राप्त यथा शुन ॥
वीरबाहु महासैन्ये जयध्वनि निनादने ।
राजपुरी परित्यागे हेरि साक्षात् बहिर्गमे ॥
हेरि एतद् करि स्थिति दिव्याव्यापी अत:परे ।
वीरबाहु पशे रणे फलाफल निरीक्षिते ॥
संध्याकाले सभातले भग्नदूत प्रवेशिल ।
वीरबाहु निपातित अश्रुजले निवेदिल ॥
एतद् वार्ता यथा श्रुत रहे स्तब्ध दशानन ।
वीर शून्य सभा प्राय हाहाकार विमौनते ॥
गर्जि दम्भे दशस्कंधे नाहि आज्ञा अत:परे ।
अद्य रक्ष: जगत्श्रेष्ठ स्त्रीयतुल्य विनिर्भरे ॥

तद् काले स्वयमुद्बुद्ध मेघनाद कहे इहा ।
पिता पुनः प्रदानह युद्धभार ममप्रति ॥
कपिकुल समन्वित रामचन्द्र विमर्दने ।
खुल्लताते प्रदानिव तव अग्रे यथा त्वरित ॥
इच्छामत प्रदानह हस्ते धृत तवानुजे ।
यथा शास्ति विवेचित राजद्रोही विभीषणे ॥
एरूप कहिते वाक्य इन्द्रजित् तद् सभातले ।
वाक्य स्फूर्त्त दशानने किञ्चित् आशा प्रदीपने ॥
जाह पुत्र यथा त्वरित लह सैन्य मनोमत ।
करि यज्ञ निकुम्भिला युद्धस्थले प्रवेशह ॥
अजेय शुन इन्द्रजित् निकुम्भिला समापने ।
यदि युद्धे बहिर्गत अद्वितीय पराक्रमे ॥
मेघनाद सभात्यजे स्मरि यज्ञ निकुम्भिला ।
हे देवि आमि चिन्तित कल्य युद्ध मने स्मरि ॥
चिन्ताभारे यवे स्वयं भाराक्रांत गृहे चलि ।
किञ्चित् दूरे समीक्षित विद्युताक्ष चले द्रुत ॥
मायावी श्रेष्ठ यद् शिल्पी किं हेतु क्षिप्र धावित ।
हवे माया सुनिर्माण स्मरि दूती नियोजिनु ॥
प्रत्यागत कतक्षणे दूती एतद् निवेदिल ।
मेघनादे यथा आज्ञा माया-सीता सुनिर्मिते ॥

वाल्मीकि वचन

माया सीता किं कारणे कह हे सरमा सती ।
जिज्ञासिला महाश्चर्ये उत्तरे भक्त राक्षसी ॥

सरमा वचन

नहि ज्ञात किं कारणे माया सृष्टि निशाचरे ।
विद्युताक्ष महाशिल्पी सृजिवे तव सन्निभ ॥
निखुंत करिवे सृष्टि माया सत्ये हवे भ्रम ।
किं बुद्धि राक्षसे अद्य नहि ज्ञात तथास्थले ॥
अद्य रात्रे अवस्थाने तव पार्श्वे करि स्थिर ।
हवे कल्य ऊषागमे मायातेज तिरोहित ॥

सीता वचन

रात्रिवासे दशानन यदि क्रुद्ध तवप्रति ।
एतद् कार्य विचारह पूर्व हते विदूषिणी ॥

सरमा वचन

एतद् चिन्ता परित्यज नहे क्रोध अतःपरे ।
मम पुत्र रणे हत लज्जित चित्त रावण ॥
एतद् साक्षात् दशानने अप्रिय कभु ना स्मरि ।
रक्षःराज हवे तुष्ट उपरंतु यदि श्रुत ॥
अपिच कहिवे केवा एतद् वार्ता दशानने ।
मत् वाक्ये त्रिजटा बाध्य शुनह रावणाधिक ॥
त्रिजटा कभु ना तुष्ट तोमा आनयने हेथा ।
केवल रक्षः-शासने रक्षीरूपे विराजिता ॥

हेर देवी ऊषाभाष   पूर्व नभे समीक्षित ।
चलि अद्य ममालये   हवे साक्षात् अतःपरे ॥

वाल्मीकि वचन

सरमा कहि एरूप   पुण्यपदे शिरानत ।
तदास्य येन शोभित   पदाब्जे स्वर्ण दे उटि ॥
पुण्याशिष परिग्रहि   अशोक सरमा त्यजे ।
स्वर्णदीप ज्वले पार्श्वे   सीता दृश्ये अचंचले ॥
वैदेही यद्देहे विवर्णा अशोके   शोके क्षोभे रक्षःस्त्रीय मान्य लाभे ।
भक्तार्घ्ये यत नित्यार्चिता राजलक्ष्मी   दीप्ता दीप स्वर्णे क्षणे पुण्य तेजे ॥

- इति श्रीमद्देवायण ब्रह्मकल्पे तृतीय खण्डे राम मण्डलान्तर्गतः
रामायण वर्गे लंका काण्डे सीता-सरमा पुनर्साक्षात् वार्ता नामः त्रिंश सर्ग ।

— ✯ —

॥ एकत्रिंश सर्ग ॥

वाल्मीकि वचन

एतद्काले महावीर   प्रत्यागमे निवेदिल ।
अशोक कानने सीता   दृष्टाहं सरमा सह ॥
एतद् वाक्य यथा श्रुत   राघव अति मोदित ।
जिज्ञासिल शुभाशिषे   सरमा के इहा कह ॥
उत्तरिल महावीर   नहि ज्ञात स्त्रीय प्रभु ।
तवे सख्ये परस्परे   हेरि वार्ता समायुत ॥
पार्श्वे क्षण अवस्थाने   सरमा नाम मत् श्रुत ।
मातृ आस्ये समादरे   स्मरि भक्त निशाचरी ॥
प्रश्नमान निरीक्षिल   राम विभीषण प्रति ।
नैकषेय निवेदिल   मत् पत्नी सरमा प्रभु ॥

श्रीराम वचन

एवे स्वयं सुनिश्चिंत   शुन मित्र विभीषण ।
यद्यपि सरमा सती   सीता स्नेह परायणा ॥

विभीषण वचन

निश्चिंत किं मम प्रभु   मेघनादे मने स्मर ।
कल्य युद्धे प्रवेशिवे   कपि सर्व निपीड़िते ॥
रावणि वधिते यत्न   कर एवे महाबली ।
करे यज्ञ निकुम्भिला   हवे तथा प्रवेशिते ॥
युद्धस्थले नहे वध्य   मेघनाद कदाचन ।
यज्ञागारे यथा मृत्यु   कर शीघ्र वधोद्यम ॥

श्रीराम वचन

युद्धस्थले नहे वध्य   केन कह विभीषण ।
यज्ञागारे हवे मृत्यु   पुण्यस्थले किं कारणे ॥

विभीषण वचन

शुन प्रभु पुरास्मृति   कहि वाक्य यथायथ ।
तपः सिद्धि यवे लब्ध   मेघनाद तपःस्थले ॥

समागत कहे ब्रह्मा वर चाह निशाचर ।
उत्तरे रावणात्मज अमरत्त्व प्रदानह ॥
असम्मत तथा ब्रह्मा अमरत्त्व प्रदानिते ।
चाह अन्य मनोमत कहे ब्रह्मा परात्पर ॥
एतद् वाक्य यथा श्रुत चिन्तायुक्त कहे इहा ।
देह वर मनोमत सुरासुरे जगत्जयी ॥
देवता यक्ष गंधर्वे पिशाच वा भुजंगमे ।
पक्षीकुले सदा जयी वर देह प्रजापति ॥
एतद् मत् हवे सर्व कहे ब्रह्म तथास्थले ।
पुनः ब्रह्मे निवेदिल नहे मृत्यु रणस्थले ॥
कहे ब्रह्मा हवे सर्व करि मृत्यु निरूपण ।
कर यज्ञ निकुम्भिला दानि हव्य हुताशने ॥
तद्काले यज्ञ सिद्धिते सर्व जयी हवे तुमि ।
सतत अपराजित तुमि वीर रणस्थले ॥
यदि शत्रु कदाचन यज्ञस्थले प्रवेशिवे ।
हवे मृत्यु तथा स्थिर शत्रु शस्त्र विघातने ॥

श्रीराम वचन

पुरीमध्ये प्रवेशिया एतद् कार्य असम्भव ।
माया पूर्ण यथा लंका मायाधर निशाचर ॥
रक्षः माया चतुर्दिके प्रवेशि के तथास्थले ।
वधिवे कह रावणि तुमि मित्र विभीषण ॥

लक्ष्मण वचन

देह आज्ञा ममप्रति करि कार्य त्वरितगति ।
माया भीत नहे मुग्ध सर्व माया विचूर्णिव ॥

विभीषण वचन

हे लक्ष्मण शुन स्थिरे गुप्त तथ्य पुनः कहि ।
प्रशंसि तव विक्रमे रावणितुल्य निश्चय ॥
शस्त्र विद्या नहे मात्र तपःबल तथास्थले ।
एतद् वर लभे शुन करि यज्ञ निकुम्भिला ॥
यज्ञागारे हवे मृत्यु तद् वाक्य शुनि वेधसे ।
गृहागमे महायज्ञ करे बली निरंतर ॥
दाने हव्य हुताशने मद्य मांस समन्वित ।
तद् यज्ञे हव्यवाहन तृप्त आत्म प्रकाशिल ॥
मेघनादे कहे अग्नि वर चाह मनोमत ।
उत्तरे शुनि रावणि कर वीर्य निरूपण ॥
यज्ञागारे हवे मृत्यु कहे ब्रह्मा प्रजेश्वर ।
उत्तरिल तथा अग्नि वर दाने निशाचरे ॥

अग्नि वचन

प्राण नाशे हवे क्षम येवा वर्ष चतुर्दश ।
अनाहारे अनिद्राते स्त्रीसंग विहने रहे ॥
एतद् शत्रु हवे क्षम कहि मृत्यु निरूपिया ।
सर्व स्थले हवे जयी सर्व युद्धे ममाशिषे ॥

विभीषण वचन

एतद् वर यथा प्राप्त मेघनाद महाबली ।
अमरकुल सन्निभ भ्रमे नित्य महीतले ॥
कहिनु सर्व लक्ष्मण तपः शक्ति यथा धृत ।
एतद् सर्व विचारिया कर कार्य यथायथ ॥

श्रीराम वचन

एरूप के कह स्थित दीर्घ वर्ष चतुर्दश ।
अनाहारे अनिद्राते स्त्रीसंग विहने सदा ॥
दुःसाध्य कार्य ए मित्र सम्भव कभु ना शुन ।
निराश आमि हे अद्य वृथा आशा प्रदानिछ ॥
उद्धार करिते सीता लंका हते असम्भव ।
एतद् वाक्ये विषादित रामचन्द्र विभीषण ॥

वाल्मीकि वचन

चिन्ताभारे विषादित सर्व जन चतुर्दिके ।
रामानुज तथामत पाणिते गणना रत ॥
तद् परे उत्थित त्वरा रामानुज तथास्थले ।
कहे वाक्य विभीषणे चल पथ प्रदर्शिवे ॥

श्रीराम वचन

तव मध्ये किं साधना तपः वर्ष चतुर्दश ।
अनाहारे अनिद्राते किं प्रकारे अवस्थित ॥

लक्ष्मण वचन

शुनह मम साधना रामचन्द्र ममाग्रज ।
पंचवटी वने स्थित गत वर्ष त्रयोदश ॥
फल मूल तथाहार अर्ध भाग प्रदानिते ।
कहिते धर लक्ष्मण भक्षणे कभु ना कह ॥
रहिते सर्व ए हेतु मम अंश यथायथ ।
एतद् रूपे अतिक्रमि तथा वर्ष त्रयोदश ॥
रहिते कुटीरे तुमि रात्रिते सह जानकी ।
जाग्रत सर्वदा स्वयं धनुर्बाण करे धृत ॥
द्वारदेशे निशाव्यापी राक्षसकुल ताड़ने ।
प्रभाते हेरिते नित्य शस्त्रधारी तथास्थले ॥
एतद् रूपे गत प्राय सेथा वर्ष त्रयोदश ।
एक वर्ष मने स्मर भ्रमि नित्य पथे पथे ॥
स्मर गत शरद्काले रावण जानकी हरे ।
पुनः हेर शरद्काले लंकाधामे उपस्थित ॥
एतद् वर्ष स्वयं ज्ञात शयन वा किं भोजन ।
रहि नित्य अनाहारे अनिद्राते निरंतर ॥
एक वर्ष स्वयं तुमि अहं वर्ष चतुर्दश ।
कर आज्ञा चलि त्वरा मेघनाद विनाशिते ॥

वाल्मीकि वचन

एतद् वाक्य यथा श्रुत सर्व जन चमत्कृत ।
कपि सर्व चतुर्दिके दानिल लक्ष्मणे जय ॥

अति तुष्ट विभीषण रामचन्द्र कपीश्वर ।
रामानुज भुजाश्लेष महानन्दे करे त्रये ॥
राघवे लभि सम्मति रामानुंज बहिर्गत ।
अस्त्र शस्त्रे सुसज्जित धनुर्बाण करे धृत ॥

श्रीराम वचन

जाह संगे विभीषण तुमि पथ प्रदर्शने ।
माया पूर्ण यथा लंका रक्षिह सर्व आपदे ॥
लंकाते तुमि बांधव एकमात्र विभीषण ।
तव हस्ते प्रदानिनु चिर प्रिय ममानुज ॥

सुग्रीव वचन

जाह संगे महावीर सेवक मम येमति ।
यथा वाक्य विभीषणे कर कार्य तथामत ॥
लक्ष्मणे करिते रक्षा निज प्राण प्रदानिवे ।
यथा वाक्य विभीषणे कर कार्य विचारिया ॥

वाल्मीकि वचन

एतद् वाक्य यथा श्रुत स्मिताधर विभीषण ।
कहिल मधुरे तथा एतद् वाक्य कपीश्वरे ॥

विभीषण वचन

सुग्रीव तुमि सम्राट बुद्धियुक्त निरंतर ।
विश्वासी तव सेवक महावीर महाबली ॥

सुग्रीव वचन

राजकार्य यथा स्मृति मने स्मर विभीषण ।
बांधव अथवा अरि नीति नित्य निरीक्षिवे ॥
केह मित्र तथा कभु विद्वेषी केहवा यदि ।
सर्वत्र सम बुद्धिते कर कार्य सखा तुमि ॥
यज्ञक्षेत्रे आचम्बिते वध्य शस्त्रे संग्रामे दुर्दर्शारि सर्वे अवध्य ।
निद्राहार स्त्रीसंग वर्जि स्वतेजे सर्वभोगे यद् संयमी चौदह वर्षः ॥

– इति श्रीमद्देवायण ब्रह्मकल्पे तृतीय खण्डे राम मण्डलान्तर्गतः रामायण वर्गे लंका काण्डे विभीषण कर्त्तृक श्रीराम प्रति मेघनाद वध रहस्य वार्ता कथन नामः एकत्रिंश सर्ग ।

— ☆ —

॥ द्वात्रिंश सर्ग ॥

वाल्मीकि वचन

तद् राम-शिविर त्यजि जनत्रये बहिर्गत ।
रामचन्द्रे भुजाश्लेषे शिरानते यथा त्वरित ॥
चले अग्रे विभीषण तन्मध्ये वीर लक्ष्मण ।
तद् पश्चाते महावीर महाकाय समन्वित ॥

एस्थले रावणि त्वरा लंकामध्ये प्रवेशिल ।
माया-सीता विनाशिया लंकेश्वरे निवेदिल ॥
कातर शुनि मारुति माया-सीता निपातने ।
तुष्टान्तर दशस्कंध मेघनादे कहे इहा ॥

रावण वचन

करि यज्ञ निकुम्भिला जाह पुत्र रणस्थले ।
त्वरित सर्व विनाशह स्व-सैन्ये राम लक्ष्मण ॥
कर बंदी विभीषणे आनो शास्ति प्रदानिव ।
दानिल सर्व सन्धान शत्रु पार्श्वे कुल क्षये ॥

वाल्मीकि वचन

एतद् वाक्ये पुनः शोके अश्रुसिक्त दशानन ।
मेघनाद कहे गर्जि शुन पिता यथा कहि ॥

मेघनाद वचन

सर्व शोक परित्यज प्रतिज्ञा शुन ए मम ।
करि यज्ञ निकुम्भिला लभि वर तथास्थले ॥
नाशिव राम लक्ष्मणे शराघाते रणस्थले ।
सुग्रीवे करि मर्दन कपिकुल समन्वित ॥
अन्यथा ना कदाचन मम वाक्य इहा शुन ।
निकुम्भिला महायज्ञ राम-वधे अनुष्ठिव ॥

वाल्मीकि वचन

एतद् वाक्य कहे यवे मेघनाद तथास्थले ।
अति तुष्ट दशानन कहे वक्षे विधारणे ॥

रावण वचन

केवल भरसा पुत्र मेघनाद महाबली ।
सम्मान करिते रक्षा शेष आशा तवप्रति ॥

वाल्मीकि वचन

मेघनाद अतःपरे नमस्कारे दशानने ।
रावण आलय त्यजि हल त्वरित बहिर्गत ॥
प्रमीला निलये त्वरा हल वीर उपस्थित ।
मेघनादे यथा प्रिया दानवी सर्व सुंदरी ॥
जाग्रता रजनीव्यापी मेघनाद तरे गृहे ।
युद्धस्थले प्रवेशिल रात्रिकाले यवे श्रुत ॥
वातायण-पथे लक्ष्यि उद्ग्रीव-नयना स्थिता ।
काल रूपे समागत लंकाते राघवप्रिया ॥
काल सम धरे शस्त्र संग्रामे राम लक्ष्मण ।
समरे पशिले केह प्रत्यागत नहे पुनः ॥
पड़िल समरे सर्व वीरश्रेष्ठ महाबली ।
विद्युत्‌जिह्वा प्रहस्तादि वज्रदंष्ट्रा सहोदर ॥
त्रैलोक्यविजयी वीर कुम्भकर्ण तथामत ।
वीरबाहु मकराक्ष तरणी भस्मलोचन ॥

के जाने किं घटे भाग्ये कालरात्रि ममप्रति ।
एतद् चिन्ता समन्वित उद्वेगपूर्ण अंतरे ॥
वातायण-पथे पथ पुनः पुनः निरीक्षिछे ।
एतद्काले प्रवेशिल मेघनाद तथास्थले ॥
मेघनाद समागमे सर्व चिन्ता विदूरित ।
विश्राम करिते त्वरा करे शय्या परिष्कृत ॥
व्यापृत हेरिया कार्य कहे एतद् प्रियाप्रति ।
प्रमीला शुन ए वाक्य विश्राम अद्य ना मम ॥

मेघनाद वचन

प्रतिज्ञा यद् ममप्रति पितृ तुष्टि अनुष्ठिते ।
वधिव राघवे कल्य शुन कार्य भयंकर ॥
राघवे वधिते कार्य नहे तुच्छ हवे त्वरा ।
रामचन्द्र अरि श्रेष्ठ एतद् सत्य सुनिश्चय ॥
माया-सीता विनाशिनु शोकयुक्त सबे तथा ।
शुन हे गर्जिछे कपि राम जय निनादिया ॥
नागपाशे यथा बंदी पुनर्मुक्त इहा स्मर ।
मृत शत्रु रणस्थले पुनः पुनः समुत्थित ॥
एतद् हेतु करि स्थिर कल्य युद्ध पुर क्रिया ।
निकुम्भिला महायज्ञ राम-वधे अनुष्ठिव ॥
एतद् यज्ञे यथा सिद्धि हवे कार्य तथामत ।
प्रहरी करिया युक्त रव ध्यान समाहित ॥
कार्यकाले रह स्थिर हवे क्रीडा अतःपरे ।
क्रीडाकाल नहे कभु पुरीव्याप्त यवे अरि ॥

वाल्मीकि वचन

एतद् वाक्य यथा श्रुता प्रमीला दानवात्मजा ।
मेघनादे शिरानते एतद् वाक्य कहे सती ॥

प्रमीला वचन

यथा भाग्य हवे तथा शत्रुकुल विनाशिते ।
कर यज्ञ निकुम्भिला शक्ति वरे हवे जय ॥

वाल्मीकि वचन

हेथा त्रये समागत प्रहरी रूप धारणे ।
द्वारदेशे करे स्थिति अस्त्रे शस्त्रे सुसज्जित ॥
निकुम्भिला महायज्ञे मेघनाद प्रवेशिवे ।
रामचन्द्र विनाशिते हवे यज्ञ अनुष्ठित ॥
एतद्काले पुरोभागे मेघनाद समागत ।
प्रहरी प्रति वीक्षणे एतद् आज्ञा प्रदानिल ॥
निकुम्भिला महायज्ञे प्रस्तुत कर सर्वतः ।
सम्मति ज्ञापने त्वरा विभीषण शिरानत ॥
रामानुज महावीर करे कार्य तथामत ।
मेघनादे शिरानति करे त्रये तथास्थले ॥
परिज्ञात नहे क्षम विभीषण प्रभावित ।
छद्मरूप विधारणे करे त्रये तथा स्थिति ॥

यवे वीर बहिर्गत जिज्ञासिल विभीषणे ।
रामानुज मृदुस्वरे कोथा गति पुनः कह ॥
चले मंदोदरी गृहे पूर्वे यज्ञ अनुष्ठिते ।
मातृपदे नमस्कारे मातृ-भक्त निशाचर ॥
तोरे आज्ञादाने निकुम्भिलाख्य यज्ञे द्वारीवृंदे यद् सत्वरे मेघनाद ।
यज्ञोद्योगे संसिद्धिकामी प्रणामे तन्माता स्वप्रासाद निष्क्रांत वेग ॥

- इति श्रीमद्देवायण ब्रह्मकल्पे तृतीय खण्डे राम मण्डलान्तर्गतः रामायण वर्गे लंका काण्डे इन्द्रजित्-प्रमीला संवाद कथन नामः द्वात्रिंश सर्ग ।

— ✯ —

॥ त्रयोत्रिंश सर्ग ॥

देव वचन

कह कह महाकवि यदाश्चर्य सुवार्ता ।
नहे केन परिज्ञात राक्षस प्रहरीकुले ॥
मेघनाद स्वभावतः कर्मव्यस्त मने स्मरि ।
इन्द्रजित् पुरः रक्षी किं प्रकारे जनत्रये ॥

वाल्मीकि वचन

रावणि प्रहरी पंच यथा रक्षः अवस्थित ।
आक्रमिया अकस्माते एतद् पंचे विनाशिल ॥
निद्रायुक्त निमीलित नेत्रे पंच अवस्थित ।
अकस्माते विनाशिल खड्गाघाते त्वरितगति ॥
तद् परे प्रहरी सज्जा करि अंगे विधारणे ।
सर्व ज्ञात विभीषण तद् बुद्धिते प्रचालित ॥
मेघनाद यवे स्थित रक्षःराज सभातले ।
अन्य सर्व इतस्ततः भ्रमे कार्ये चतुर्दिके ॥
एतद् काले त्वरित गति छद्मरूप विधारणे ।
राक्षस मण्डले स्थित रक्षः द्वेषी अरि त्रय ॥
रावणि प्रहरी त्रये एतद् रूपे विचारित ।
निकुम्भिला महायज्ञे कर्म व्यस्त तथास्थले ॥
भारे भारे बहे पुष्प घृत दुग्ध तथामत ।
शत शत सुराभांड चंदन धूप कस्तुरी ॥
दले दले करी मृग छाग मेष क्रमागत ।
एतद् सह चले त्रये यज्ञागारे त्वरितगति ॥
वस्तुद्रव्य सुरक्षणे यज्ञागार निरीक्षिल ।
प्रधान प्रहरी रूपे द्वारदेशे करे स्थिति ॥
एतद् काले प्रवेशिल मेघनाद महाबली ।
रहे त्रये शिरानते वीर मान्य प्रदर्शने ॥
प्रधान प्रहरी स्मरि एतद् आज्ञा प्रदानिल ।
प्रस्थान कर हे सर्वे एक मात्र कर स्थिति ॥
बहु जने यथा शब्द कर त्वरित निवारित ।
एतद् आज्ञा प्रदानिया यज्ञालये प्रवेशिल ॥
प्रथम प्रहरी त्वरा विदाय करि सर्वतः ।
स्वर्णद्वार करे रुद्ध लंकामध्ये प्रवेशिते ॥

मेघनाद तथा एका यज्ञक्षेत्रे प्रवेशिल ।
द्वाराबद्ध करे तथा अरि त्रये सुकौशले ॥
यज्ञालय करे रुद्ध मेघनाद स्वयं तथा ।
ध्यानासीन अत:परे निकुम्भिला अनुष्ठिते ॥
जाग्रत करिया देवी राक्षसारि विनाशिते ।
राघव नाम संकल्पे आरम्भिल यथा क्रिया ॥
प्रज्वलित तथा दीप धूप धूम्र तथामत ।
सुगंध वायुमण्डले परिव्याप्त चतुर्दिके ॥
प्रज्वलित करे अग्नि यज्ञतरे महाबली ।
पशु सर्व बहिर्देशे पशु वधे समुत्थित ॥
स्वर्ण खड्ग करे धृत रुद्ध द्वार विमोचिल ।
एस्थले वीर लक्ष्मण रक्षीवेश परित्यजि ॥
कृपाण कर धारणे द्वारदेशे अवस्थित ।
गृह सौधे रहे हनु लंकाद्वारे विभीषण ॥
छद्मवेश परित्यजि कृत आत्म प्रकाशित ।
शूल हस्ते विभीषण द्वारे दृढ़ अवस्थित ॥
गदा हस्ते महावीर रहे दृढ़ नभ पथे ।
येन त्वरित पलायने शून्यमार्गे नहे क्षम ॥
येन शक्य नहे कभु युद्धत्यजि पलायने ।
एतद् रूपे करे स्थिति वीर द्वय यथा दृढ़े ॥
दृढ़ यज्ञगृह द्वारे सौमित्री केशरी सम ।
द्वार मुक्त यथा त्वरित मेघनाद बहिर्गत ॥
मेघनाद बहिर्गमे रामानुजे निरीक्षिल ।
आचम्बिते यथा दृष्ट गृहद्वारे महा अरि ॥
कम्पित हृदये वीर धृत खड्ग महाबले ।
गर्जने रत सौमित्री सौमित्री रण केशरी ॥
सिंहनाद करे घन रामानुज महाबली ।
मेघनादे विनाशिते ऊर्ध्व खड्गे कहे इहा ॥

लक्ष्मण वचन

तव गृहे प्रवेशिनु अद्य तोमा विनाशिते ।
युद्ध त्यजि त्वरित गति रक्ष प्राण पलायने ॥
एवे वीर्य प्रकाशह आह्वानि अद्य द्वैरथे ।
सम्मुख-समरे तुमि कर अद्य पराजित ॥

वाल्मीकि वचन

मेघनाद निनादिल मेघ सम भयंकर ।
केशरी हेरि मातंग गर्जे घोरे यथामत ॥

मेघनाद वचन

मम गृहे प्रवेशिले निस्तार नाहि जीवने ।
सर्व स्वयं परिज्ञात शत्रुपुरी मने स्मर ॥
हेथा आचम्बिते तुमि किं प्रकारे प्रवेशिले ।
नारिवे करिते गति बहिर्देशे पुनः कहि ॥

साक्षात् अग्रे रामानुजाराति गर्जे यद् चक्षे दृष्टाचम्बिते खड्ग हस्ते ।
इन्द्रजित् गर्जे तद् जयोल्लास चित्ते स्वेच्छाते जालबध्र रे मूढ़ मोहे ॥

- इति श्रीमद्देवायण ब्रह्मकल्पे तृतीय खण्डे राम मण्डलान्तर्गतः रामायण वर्गे लंका काण्डे इन्द्रजित्-लक्ष्मण यज्ञागारे साक्षात्कार वार्ता नामः त्रयोत्रिंश सर्ग ।

— ☆ —

॥ चतुःत्रिंश सर्ग ॥

वाल्मीकि वचन

आक्रमे सहसा वीर रामानुजे त्वरितगति ।
अतःपरे महायुद्ध खड्ग हस्ते परस्परे ॥
ऊषादेवी भये त्वरित चले युद्ध अतिक्रमि ।
उदित गगने सूर्य महायुद्ध निरीक्षिते ॥
दिवाव्यापी करे युद्ध घोरतर परस्परे ।
एतद् युद्ध निरीक्षिते देवकुल समागत ॥
इन्द्र चन्द्र मरुत्बल सूर्य यम हुताशन ।
सर्वे स्थित नभ स्थले महायुद्ध निरीक्षिते ॥
देवकुलारि राक्षस मेघनाद महाबली ।
कौतुक हेरिते देवे किं प्रकारे पड़े रणें ॥
रामानुज पशे अद्य गुप्त निकुम्भिला गृहे ।
हवे सत्य दृढ़ त्यागे रक्षः माया विचूर्णित ॥
सर्व लोक भयंकर महायुद्ध महीतले ।
मेघनाद महावीर्ये इन्द्र चन्द्र स-शंकित ॥
शस्त्राघाते यवे वीर उठे गर्जि भयंकर ।
इन्द्र चन्द्र मरुद्वायु भीत चित्ते प्रकम्पित ॥
खड्गे खड्गे महायुद्धे दिवाव्यापी परस्परे ।
रामानुज शिर लक्ष्यि खड्गाघात करे बली ॥
लक्ष्मण खड्ग आघाते खड्ग भग्न निशाचरे ।
शून्य हस्ते तथास्थले मेघनाद कहे इहा ॥

मेघनाद वचन

सत्य वटे बली तुमि रामानुज रणस्थले ।
शस्त्रहीन यथा स्वयं बाहुयुद्ध प्रदानह ॥

लक्ष्मण वचन

कर युद्ध यथा इच्छा प्रस्तुत सर्वदा स्वयं ।
बाहुते कर संग्राम शस्त्रहीन यथा तुमि ॥

वाल्मीकि वचन

एतद् वाक्ये धनुःशर राखि पार्श्वे महाबली ।
आरम्भिल अतःपरे बाहुयुद्ध परस्परे ॥
पदाघाते महीतले मुष्टाघाते क्रमागत ।
एतद् रूपे महायुद्ध बहुक्षण तथास्थले ॥
रामानुज कृताघात मेघनाद शिरे त्वरित ।
पड़े रक्षः अकस्माते शिराघाते महीतले ॥

क्षणेके पुनरुत्थित आक्रमिल निशाचर ।
रामानुज शिरे क्षिप्र दृढ़ मुष्टि प्रहारिल ॥
सहसा शिरसाघाते रामानुज अचेतन ।
ऊर्ध्व पथे पलायने यवे गति निशाचरे ॥
आक्रमिल तथास्थले महावीर महाबले ।
अकस्मात् करे हनु गदाघात शिरोपरि ॥
ऊर्ध्व हते शिराघाते पड़े रक्षः महीतले ।
चेतनाप्राप्त एस्थले रामानुज तद्क्षणे ॥
बाहुयुद्ध पुनर्वार घोरतर परस्परे ।
येमति मत्त-मातंगे शुण्डे शुण्डे महारण ॥
आकर्षण तथामत भुजाघात भुजे भुजे ।
वक्षे वक्षे महाघात पदाघात पदे पदे ॥
एतद् रूपे महायुद्धे संध्याकाल समागत ।
मेघनाद तथा पुनः गंडे मुष्टि प्रहारिल ॥
गंडे मुष्टि महाघाते रामानुज अचेतन ।
लंकाद्वारे चले द्रुत इन्द्रजित् पलायने ॥
आक्रमिल तथास्थले शूल हस्ते विभीषण ।
शूल हस्ते पुरोभागे खुल्लताते निरीक्षिया ॥
पुनश्च समरस्थले प्रत्यागात यथा त्वरित ।
निशाचरे यथा भीति पलायने समुद्यत ॥
पुनः पुनः रणस्थले महावीर निवेदिल ।
एतद् दुष्ट निशाचरे कर वध त्वरित गति ॥
एतद् वाक्य यथा श्रुत धनुर्बाण करे धृत ।
टंकारिया धनुर्गुण सन्धानिल महाशर ॥
एतद् शर प्रधावित रावणिप्रति ये क्षणे ।
मेघनाद करे द्रुत यज्ञगृहे पलायन ॥
पश्चातप्रति धावित लक्ष्मण कृत शायके ।
पृष्ठदेशे यथा विद्ध वक्षःस्थले बहिर्गत ॥
यज्ञस्थले निपातित मेघनाद महाबली ।
सायंकाल गत प्राय पुष्प वृष्टि करे सुरे ॥
मेघनाद निपातित हेरि इन्द्र त्वरितगति ।
रामानुज समीपेते करे आत्म प्रकाशित ॥
इन्द्रजित् वीरश्रेष्ठ युद्धे परास्ते पृष्टाघाते रामानुजास्त्रे विभेद्य ।
सायंकाले भूपात तद् पुण्यकार्ये मर्त्ये देवे हृष्टान्तरे वृष्टि पुष्पे ॥

– इति श्रीमद्देवायण ब्रह्मकल्पे तृतीय खण्डे राम मण्डलान्तर्गतः रामायण वर्गे लंका काण्डे लक्ष्मण सह इन्द्रजिते युद्ध ओ इन्द्रजित् वध वार्ता कथन नामः चतुःत्रिंश सर्ग ।

— ☆ —

॥ पंचत्रिंश सर्ग ॥

वाल्मीकि वचन

हेरि अग्रे सुराधिपे रामानुज शिरानत ।
विधृत लक्ष्मणे वक्षे कहे वाक्य शतक्रतु ॥

इन्द्र वचन

असाध्य वासवे कार्य तुमि अद्य समाधिले ।
त्रैलोक्ये रहिवे ख्याति करि तोमा शुभाशिष ॥
यज्ञस्थले निरीक्षिले देवी शक्ति महाबली ।
राक्षस स्नेह आबद्धा महाकाली स्वरूपिणी ॥
अद्य मम पुरोभागे कर पूजा समापित ।
रावण विजये वर लह तुमि तथाकाले ॥

वाल्मीकि वचन

इन्द्र आज्ञा यथामत करे कार्य तथामत ।
मेघनाद महाध्याने जाग्रत कालिका त्वरा ॥
पशु बलि प्रदानिया दिल अर्घ्य हुताशने ।
एतद् होमे त्वरित गति देवी आत्म प्रकाशिला ॥
राक्षसीरूप धारिका देवी शक्ति भयंकरी ।
कहिल गर्जि लक्ष्मणे वर चाह मनोमत ॥
कहे वाक्य सुराधिप नमस्कारे तथास्थले ।
देवकुल परित्यजि कत दिन रवे तुमि ॥
देव-दुःख प्रदानिते राक्षसकुल वर्धिवे ।
रक्षःभृत्य-सम भ्रमि हेर स्वयं सुराधिप ॥
प्रसन्न नयने हेर देवप्रति कृपा कर ।
देव शक्ति महादेवी नह तुमि निशाचरी ॥
राक्षस आलये रहि धृता मूर्त्ति भयंकरी ।
रामानुजे कृपा कर दिव्यमूर्त्ति विधारणे ॥
एतद् वाक्य यथा श्रुत कहे काली तथास्थले ।
रक्षःकुल परित्यजि चलि स्वयं सुराधिप ॥
रावणे वधिते कह लक्ष्मण राघवे त्वरा ।
रक्षःराज यद्क्षण रक्षःकुले तद्क्षण ॥
राक्षस तपसावध परित्यागे नहि क्षम ।
रामचन्द्रे हवे जय एतद् युद्धे सुनिश्चय ॥
रावण पड़िवे युद्धे एतद् सत्य स्वरीश्वर ।
लभिवे देवता मुक्ति चिरंतरे निपीड़ने ॥
एतद् वाक्य यथा उक्त काली त्वरित तिरोहित ।
रामानुजे कहे वाक्य एतन्मत शतक्रतु ॥

इन्द्र वचन

शुनिले शक्ति भाषण आत्म ज्ञान प्रबोधने ।
रामचन्द्रे निवेदिया कर कार्य त्वरित गति ॥
रावणे वधिते शुन देवकुल समन्वित ।
स्वयं युद्धे प्रवेशिव रामचन्द्रे निवेदह ॥
रक्षानुज निरीक्षिया चले इन्द्र त्वरित गति ।
अंतर्हित सुराधिप प्रवेशिल विभीषण ॥
मेघनाद महाबली हेरि अग्रे निपातित ।
रक्षः वंश विनिःशेषे आर्तनादे कहे इहा ॥
महावीर तद्क्षणे तद् पश्चाते समागत ।
कहे वाक्य विभीषणे कर कार्य त्वरित गति ॥

रक्ष:पुरी बहिर्गमे कर यत्न महाबली ।
हनु वाक्ये सचेतन स्वयं कार्ये विभीषण ॥

विभीषण वचन

प्रहरी वेश धारण पूर्वमत कर त्वरा ।
येमति प्रहरी पूर्वे पुरीमध्ये प्रवेशिनु ॥
बहिर्गमे तथारूप कार्यकरी मने स्मर ।
अन्य सर्वे प्रवेशिते हव मोरा बहिर्गत ॥

वाल्मीकि वचन

यथा वाक्य तथा कार्य क्षिप्रगति बहिर्गमे ।
स्वर्णद्वार विमोचिल प्रहरी त्रय येमति ॥
अन्य सर्व निशाचरे आह्वानिया विभीषण ।
कहे सर्वे प्रवेशह यज्ञांश बहिते त्वरा ॥
एतद् वाक्य यथा श्रुत स्मरि यज्ञ समापित ।
प्रवेशिल दले दले हेथा त्रये चले द्रुत ॥
क्षिप्रपदे अतिक्रमे रक्ष:वेशे पुरी त्रये ।
प्राचीर द्वार निर्विघ्ने गेल त्रये अतिक्रमि ॥
निशाचर समागत हेरि कपि दले दले ।
वृक्ष हस्ते उपस्थित रक्ष: वधे समुद्यत ॥
छद्मवेश करे मुक्त वीर त्रय तथास्थले ।
दृष्ट सर्वे महावीर रामानुज विभीषणे ॥
जय नाद करे कपि मेघनाद निपातित ।
एस्थले सर्व राक्षस यज्ञागारे प्रवेशिल ॥
नाशि प्राणे यद् शावक व्याघ्रकोपे स्वप्राणातंके धावमाना किरात: ।
तद्वत यज्ञागार त्रये छद्मवेशे निर्विघ्ने तद् प्राचीर निष्क्रांत वेगे ॥

- इति श्रीमद्देवायण ब्रह्मकल्पे तृतीय खण्डे राम मण्डलान्तर्गत: रामायण वर्गे लंका काण्डे इन्द्रजित् वध ओ लक्ष्मण कर्त्तृक वर लाभान्ते पुरी निष्क्रांत वार्ता कथन नाम: पंचत्रिंश सर्ग ।

— ✯ —

॥ षड्त्रिंश सर्ग ॥

वाल्मीकि वचन

यज्ञगृहे प्रवेशिया यथा दृश्य निरीक्षिल ।
हाहाकार करे सर्वे द्वारी रक्षी निशाचर ॥
तद् परे चलिल त्वरा लंकेश्वरे निवेदिते ।
रक्ष:राज अवस्थित राज सभातले यवे ॥
अति भीत कहे दूत पुन: पुन: शिरानते ।
लंकेश्वर क्षम: दूते कु संवाद प्रदानिते ॥

रावण वचन

निर्भये कह रे दूत यथा दृश्य निरीक्षिले ।
किंवा त्रुटि तवप्रति कह सत्य यथायथ ॥

दूत वचन

क्षमः लंका अधीश्वर यथा दृश्य समीक्षित ।
प्रधान प्रहरी कृत यवे द्वार विमोचित ॥
यज्ञालये प्रवेशिया हेरि भये सविस्मये ।
मेघनाद निपातित शरविद्ध महीतले ॥
ना जानि के करे एतद् सर्व जन अगोचरे ।
किं प्रकारे पशे शत्रु किं रूपे वा बहिर्गत ॥
समस्त प्रहरी मोरा बहिर्देशे अवस्थित ।
प्रधान प्रहरी कृत यथा आज्ञा निरूपणे ॥

वाल्मीकि वचन

एतावधि यथा श्रुत आचम्बिते दशानन ।
राजसिंहासन च्युत बलहीना मृतावत् यथा ॥
निपतित महीतले संज्ञाहारा अचेतन ।
धृत सर्वे उपस्थित सभासदे यथा त्वरित ॥
आनिया स्वर्ण भृंगार सुगंधि जल सिंचिल ।
रक्षः शिरे क्षणान्तरे सचेतन दशानन ॥
एतद् रूपे कहे आर्ति दीर्घश्वासे सकातरे ।
बहु अश्रु क्रमागत रावण विंशलोचने ॥

रावण वचन

हा रामविजयी पुत्र मेघनाद महाबली ।
केवा प्राणे विनाशिल सर्व जन अगोचरे ॥
सर्व दिक सुरक्षित यज्ञ निकुम्भिला गृह ।
किं प्रकारे प्रवेशिल रक्षारि दुष्ट राघव ॥
रे दूत यदि ना ज्ञात केवा शत्रु समागत ।
काहारे कह शास्तिव प्राणदंड प्रदानिया ॥
एतद् सर्व कुलक्षय सीता गृहे समागमे ।
पुत्रगण रणस्थले निपातित दिने दिने ॥

वाल्मीकि वचन

हाहाकार करे घोरे राणी मंदोदरी तथा ।
रावण अति कातर मातृशोक निरीक्षिया ॥
सहसा अति कुपित खड्ग हस्ते बहिर्गत ।
अशोक काननप्रति चले द्रुत दशानन ॥
गर्जे घोरे महाबली खड्ग हस्ते विधारणे ।
सर्व शोक निवारिव अद्य सीता विनाशिया ॥
गृहे सीता समागमे कुलक्षय दिने दिने ।
एतद् सर्व अमंगल करि अद्य विदूरित ॥
सीता मोहे विमोहित कहे सर्वे दशानन ।
यद् कारणे कुलक्षय अद्य सर्व विताड़िव ॥
एतद् रूपे कहे बली गर्जि घोरे भयंकर ।
नारी वधे समुद्यत भीत सर्व सभासद् ॥
राणी मंदोदरी प्रति कहे सभासदावली ।
जाह राज्ञी दशग्रीवे नारी वधे निवारह ॥

एतद् वाक्य यथा श्रुत   मंदोदरी सचेतन ।
रावण गति पश्चाते   रक्षः राज्ञी प्रधाविता ॥
एस्थले जानकी पार्श्वे   रावण अति कोपने ।
एतन्मत कहे वाक्य   वज्रनादे निनादिया ॥

रावण वचन

रे दुष्टा रमणी सीता   तव हेतु कुलक्षय ।
रक्षः वंश क्रमे ध्वंस   एतद् सर्व निवारिव ॥

वाल्मीकि वचन

उत्तोलित महाखड्ग   चन्द्रद्युति बहिर्गत ।
भीषण दशने शब्द   घूर्णित विंशलोचन ॥
उद्यत वधिते यवे   सीता अंगे प्रकम्पिता ।
नहे ज्ञात दशानन   किं हेतु अद्य कुपित ॥
एतद् क्रुद्ध दशस्कंध   प्राण वधे समुत्थित ।
राम नाम जपे सीता   रक्षःकोपे सुरक्षिते ॥
अति वेगे प्रवेशिला   राणी मंदोदरी तथा ।
धृत हस्त भुजाश्लेषे   दशस्कंधे निवारिते ॥

मंदोदरी वचन

किं कर हे महाप्राज्ञ   वसुपुत्र महाबली ।
कलंक रमणी वधे   एतद् स्मृति तिरोहित ॥
ज्ञान हारा यथा क्रोधे   योषित् वधे समुद्यत ।
निरस्तह महापापे   कर कृपा ममप्रति ॥

वाल्मीकि वचन

एतद् वाक्य यथा श्रुत   अवसन्न कर च्युत ।
पड़े खड्ग महीतले   पश्चाते स्थित येमति ॥
अवसन्न तनु प्राणे   प्रत्यागत दशानन ।
हस्त मंदोदरी स्कंधे   पुरीमध्ये प्रवेशिल ॥
एस्थले सरमागत   सीतादेवी निरीक्षिते ।
जिज्ञासे जानकी त्वरा   एवाक्य सरमा प्रति ॥

सीता वचन

रावण प्राय उन्माद   किं हेतु कह हे सखी ।
उद्यत वधिते मोरे   खड्ग हस्ते समागमे ॥

सरमा वचन

पुत्र शोके करे एतद्   उन्माद प्राय रावण ।
मेघनाद विनाशित   अद्य यज्ञस्थले शुन ॥
सर्व जन अगोचरे   हत यज्ञस्थले बली ।
अन्य सर्व क्रमे हत   कहि पूर्वे रणस्थले ॥
रक्षः वंश विनिःशेष   अद्य यद् कारणे तव ।
वीर शून्य दिने दिने   क्रमे पुत्र कुलक्षय ॥
वीर शून्य यथा पुरी   शुन अद्य विदूषिणी ।
रावण प्रिय नन्दन   मेघनाद निपातने ॥

सीता वचन

अहं सत्य अभागिनी शुनह सरमा सती ।
रक्षः वंश हल ध्वंस रक्षः गृहे समागमे ॥
छिल पूर्ण यथा गृह रावण पुत्र वैभवे ।
मम तरे महायुद्धे सर्व क्षय दिने दिने ॥

सरमा वचन

तव त्रुटि किंवा कह सर्व दोषी दशानन ।
पर पत्नी किं कारणे राखे गृहे किं साहसे ॥
पर दारे यथा युद्ध भोगमत्त निरंतर ।
पुत्र सर्व रणे प्रेरि करे क्षय दिने दिने ॥
यथा कार्य तथा फल एतद् शास्त्र निरूपण ।
तुमि किं करिवे कह तव त्रुटि किंवा इथे ॥

सीता वचन

हेथा मात्र नहे सखी कहि भाग्य यथा शुन ।
राम सह प्रवेशिनु अयोध्याते यवे स्वयं ॥
यथा सर्व समारोहे रामचन्द्रे विवाहित ।
राज गृहे तथामत सर्व जन समादृत ॥
स्त्रष्टातुल्य यथा प्राप्त मत् श्वशुर महीपति ।
अदितितुल्य श्वश्रु देवतुल्य यथा पति ॥
स्कंधतुल्य यथा प्राप्त मद्भक्त देवर त्रय ।
मत् वाक्य परिचालित सेवकोत्तम सर्वदा ॥
तद् गृहे सहसा द्वन्द्व ममभाग्य विपर्यये ।
यद् द्वन्द्वे राघव प्रति वनवास निरूपित ॥
राजपुत्र जटाधारी पदव्रजे वने भ्रमे ।
तथा सूर्पणखागमे हेर पुनः विपर्यय ॥
नित्य संगे यथा स्थित पुनः द्वन्द्व उपस्थिते ।
तद् संग वंचित स्वयं वत्सरेक अतिक्रमे ॥
ए सर्वे अन्यथा किंवा मम भाग्य बिना शुन ।
एवे रक्षःकुल क्षय अन्य किंवा मने स्मरि ॥

सरमा वचन

तद् विचारे किंवा कार्य के कहिवे किं कारणे ।
रक्षःराज दुराचारी प्रतिफल तथा स्मरि ॥
प्रहरी शुनिवे वाक्य आलोचने रह स्थिर ।
मुक्ति दिवागतप्राय अन्य चिन्ता परित्यज ॥
रक्षःकुल क्षये शुभ तवप्रति सुनिश्चय ।
मंद्रिते राघवे जय कपि सर्व निनादने ॥
लह अद्य नमस्कार पुनश्च आसिव स्वयं ।
मेघनाद वधे अद्य हेरि किंवा परिस्थिति ॥

वाल्मीकि वचन

एतद् वाक्ये बहिर्गत सरमा राक्षसी त्वरा ।
अग्रसरे तथा रक्षी सरमा गति दर्शने ॥

त्रिजटा विकटा दंती कहे निन्दि बहु क्रमे ।
मेघनाद हत क्षोभे सीता स्तब्धे रहे स्थिर ॥
नाशे यद् वैरी यज्ञाक्रमे मेघनाद गर्जे रक्षी क्षोभे करे स्वर्णवेत्र ।
तद् वाक्ये निन्दास्फालने युक्त चेड़ी सीतादेवी स्तब्धे स्थिरासीन नम्रे ॥

– इति श्रीमद्देवायण ब्रह्मकल्पे तृतीय खण्डे राम मण्डलान्तर्गत: रामायण वर्गे लंका काण्डे रावण कर्तृक सीता वधोद्यम वार्ता कथन नाम: षड्त्रिंश सर्ग ।

— ✯ —

॥ सप्तत्रिंश सर्ग ॥

वाल्मीकि वचन

त्रिजटा शोक विक्षुब्धा अश्रुजले विनिर्झरे ।
सीताप्रति कहे निन्दि एतद् वाक्य यथाक्रमे ॥

त्रिजटा वचन

रक्ष:राजे कुलक्षय तोर तरे अभागिनी ।
रक्ष:वंश करे ध्वंस तोर स्वामी दिने दिने ॥
काटित रावणे यदि हत भाल सुनिश्चय ।
तोर तरे पड़े अद्य मेघनाद महाबली ॥
रक्ष:कुल समुज्वल मम कृत सुपालित ।
इन्द्रजयी बलीश्रेष्ठ अमरकुल सन्निभ ॥
हा पुत्र इन्द्र मर्दक यज्ञस्थले निपातित ।
केवा पशि अगोचरे एतद् कार्य करे त्वरा ॥

वाल्मीकि वचन

कहिते कहिते जटा अति क्षिप्त तथास्थले ।
जानकी पीड़ने दंड धृत हस्ते त्वरित गति ॥
अन्य सर्वे निवारिल एतद् कार्ये किंवा फल ।
ना फिरिवे पुन: जीवि मेघनाद अत:परे ॥
एतद् रूपे महाशोके रहे क्षुब्ध जने जने ।
हेथा राजा दशानन पशि मंदोदरी गृहे ॥
शोक स्तब्ध बहुक्षण निर्झरे अश्रु नीरवे ।
मंदोदरी तथामत पार्श्वे शोक समन्विता ॥
चले मंदोदरी सह यज्ञ गृहे दशानन ।
प्रमीला वधू संहति अत्रस्थले उपस्थिते ॥
बाणविद्ध कलेवर यज्ञभूमे निपातित ।
मेघनादे निरीक्षिया सर्वे क्षोभ परायण ॥
स-प्रमीला तथा राज्ञी अत्रदेह विधारणे ।
अति क्षोभ परायण निस्तब्ध रावण स्थिरे ॥
राणी मंदोदरी क्षुब्धा एतद् वाक्य विनिर्झरि ।
हे पुत्र विजयी सर्वे तप: तेज पराक्रमे ॥
दुर्निवार यथा गति भीत चित्त सुरासुर ।
हे पुत्र तव विक्रमे भीत स्वयं शतक्रतु ॥

तवाग्रे पशि निर्जने अति वीर्य पराक्रमे ।
के आघाते महाशस्त्र जाहे भेद्य हृदिस्थल ॥
हे पुत्र तव गर्जने हत वीर्य प्रकम्पित ।
त्रैलोक्ये स-चराचरे वीरवृंद यथा स्थित ॥
तद् क्षेत्रे पशि के यज्ञे शराघाते निपातिल ।
एरूप कहिते रत मंदोदरी स्व-विस्मृत ॥
प्रमीला नीरवे झरि कहे वाक्य कतक्षणे ।
अन्य शत्रु किंवा स्मरि पुरीव्याप्त चतुर्दिके ॥
युद्धकाल स्वरूपित व्यापृत नर वानरे ।
इत्याधिक किंवा शत्रु कह माता प्रयोजन ॥
कहिते कहिते वाक्य प्रमीला दानवात्मजा ।
सगर्जने समुत्थिता अश्रुवारि निवारिया ॥
कहे एतद् दशानने हे पिता दानवी अहं ।
ज्ञात शत्रु निपीड़न शस्त्राघाते यथायथ ॥
देह आज्ञा ममप्रति पशि अद्य रणस्थले ।
यद् वाक्य तव नन्दने पूर्णि एतद् महाहवे ॥
विनाशि राम लक्ष्मणे सह कपि कपीश्वरे ।
करि बंदी दुरादृष्ट खुल्लतात विभीषणे ॥
शत्रु रक्ते अतःपरे करह पुत्र तर्पण ।
एतद् आत्मा हवे तृप्त ऊर्ध्व हते निरीक्षणे ॥
स्त्रीय सैन्य समावृत स्वयं युद्धे प्रवेशिव ।
हेरिवे तुमि दुर्वार स्त्रीयकुल रणस्थले ॥
पति पुत्र प्रवंचित यद् स्त्रीय अवस्थित ।
एतद् सर्व महातेजे ज्वलिवे समरस्थले ॥
कपिकुल विमर्दिवे महारण्ये यथा करी ।
मद मत्त तरु क्षये दंताघाते यथामत ॥
तेमति सर्व राक्षसी हवे युद्धे भयंकरी ।
मम कृत प्रचालित नायकत्त्व प्रदानह ॥
प्रतिज्ञा तव नन्दने युद्धजये यथा कृत ।
हे पिता पूर्णे एतद् मोरे आज्ञा प्रदानह ॥
प्रमीला कहिते रत युक्त करे दशानने ।
स्तब्ध दृश्ये विनिर्झरे कहे वाक्य कतक्षणे ॥
गिरि रंध्रे यथा श्रुत घोर शब्दे जलध्वनि ।
तद्रूप वाक्य रावणे शोक क्षोभे बहिर्गत ॥

रावण वचन

हे माता धैर्य धारणे अति क्षोभे रह स्थिर ।
किं हेतु पशिवे युद्धे यथा स्वयं दशानन ॥
शत्रुकुल विदाहिवे मम शस्त्रे सुनिश्चय ।
अद्य वत्से रह स्थिर मम कार्य समुद्यमे ॥

वाल्मीकि वचन

एरूप कहि रावण शिरे हस्त प्रदानिया ।
पुत्रवधू समादरे करि शान्त अतःपरे ॥
आह्वाने दूत सत्वरे यवे अग्रे शिरानत ।
कहे वाक्य स-गम्भीरे दूतप्रति दशानन ॥

रावण वचन

हे दूत जाह सत्वरे रामचन्द्र यथास्थले ।
ममवार्ता निवेदह स-सम्माने शिरानते ॥
हे राम बुझिवे तुमि यद्यपि शत्रु रावण ।
तद् हृदि वेदना अद्य मेघनाद निपातित ॥
केवा शत्रु अगोचरे यज्ञालये प्रवेशिया ।
यथा पुत्र दुराधर्ष शराघाते विनाशिल ॥
एवे साक्षात् यथा कार्य सत्कार करिते तनु ।
अद्य रात्रे कृत स्थिर राम युद्धे निवारह ॥
अद्य रात्रे रह स्थिर शत्रुभाव परित्यजि ।
सिंधुतीरे समारोहे अंत:कार्य अनुष्ठिव ॥
राज पुत्रे यथा मृत्यु गुरु-दु:ख ममप्रति ।
हे राम सिंधु तर्पणे करि शान्त हृदिस्थल ॥
कल्य प्राते प्रवेशिव स्वयं युद्धे महाबली ।
तथा साक्षात् जयाजय हवे शस्त्रे विचारित ॥
हे राम यदि सक्षम करि युद्धे पराजित ।
दानो लंका विभीषणे त्यक्त स्वयं स्वजीवने ॥

वाल्मीकि वचन

एरूप दानिते आज्ञा दूत त्वरित बहिर्गत ।
प्रत्यागत कतक्षणे सन्धि वार्ता निवेदिल ॥
हे रावण मनोमत सत्कार कर नन्दने ।
कपिकुल ससम्माने सिंधुपथ प्रदानिवे ॥
अद्य रात्रे नहे युद्ध सन्धि कल्य ऊषावधि ।
कल्य प्राते हवे साक्षात् पुनश्च युद्ध घोषणा ॥
तद् श्रुत रावण त्वरा शेष कृता अनुष्ठिते ।
पुत्र वक्षे विधारणे रथारूढ़ विनिर्झरे ॥
पार्श्वे मंदोदरी राज्ञी प्रमीला वधू संहति ।
चले सिंधु तटे रक्ष: पुत्र देह परिग्रहि ॥
वाजिल राक्षसी वाद्य गम्भीर करुण क्वणे ।
स्वल्प रक्ष: समावृत रक्ष:राज चले रथे ॥
आर्तनादे विमोचिल लंकाद्वार निशाचरे ।
कपिसैन्य चमत्कृत त्वरित पार्श्व प्रदानिल ॥
रक्ष:स्वल्पे शोके विनिष्क्रांत धीरे लंकाद्वारे लंकेश वादीत्रि नादे ।
घोषे यद् दुर्व्यथा चमत्कार सैन्ये दाने श्रीरामाज्ञा यथापार्श्व याम्ये ॥

- इति श्रीमद्देवायण ब्रह्मकल्पे तृतीय खण्डे राम मण्डलान्तर्गत: रामायण वर्गे लंका काण्डे रावण कर्तृक युद्धे सन्धि स्थापन वार्ता कथन नाम: सप्तत्रिंश सर्ग ।

— ✯ —

॥ अष्टत्रिंश सर्ग ॥

वाल्मीकि वचन

पश्चिम तोरणे यथा रामचन्द्र अवस्थित ।
सत्कारे तद् तटे पुत्र रक्ष:राज बहिर्गत ॥

मृत पुत्र रथे वहि पुष्पके गति मंथरे ।
एतद् पार्श्वे चले धीरे अन्य सर्व निशाचर ॥
सत्कार हेतु यद् द्रव्य सिंधु तटे प्रयोजन ।
एतद् सर्व वहे रक्षः भारे भारे दल क्रमे ॥
लंकेश्वर रथारूढ़ राज्ञी वधू समन्वित ।
अन्य सर्व पदव्रजे चले धीरे शिरानते ॥
सर्वे शोक समायुत अश्रुधारा प्रवाहित ।
वाजे वाद्य यथाधीरे गम्भीर करुण क्वणे ॥
मुद्रा वृष्टि करे केह केहवा लाज वर्षणे ।
अग्रसरे विमंथरे गाहे गीति यथा दुःखे ॥
एतद् दृश्य निरीक्षिया कपिकुल यथा त्वरित ।
रक्षःराजे ससम्माने दिल पथ विमोचिया ॥
वीथिवध यथा कपि पार्श्वद्वये अवस्थित ।
प्रशस्त पथ तन्मध्ये यथा लब्ध निशाचर ॥
चले धीरे सिंधु तटे शत्रुभाव परित्यजि ।
कपिकुल रहे स्थिर मित्रभाव प्रकाशिया ॥
शोक काले विशेषत अन्य शोक प्रभावित ।
रक्षः दुःखे तथा केह रहे क्षुब्ध शिरानते ॥
तद् दृश्य दृष्ट राघवे अश्रुजल बहिर्गत ।
कहे वाक्य विभीषणे हे मित्र कर दर्शन ॥
शत्रु श्रेष्ठ दशानन पुत्रशोके सकातर ।
एतद् दुःख ममान्तरे करे चित्त विलोड़न ॥
अहो पुत्र जगत् जयी यद् गर्वे दृढ़ रावण ।
देवकुल करे भृत्य वशीभूत चराचर ॥
यद् शिरे रत्न भूषण शत सूर्ये विभास्वर ।
अद्य म्लान निरीक्षह सर्व गर्व विलुंठित ॥
उत्तरिल विभीषण एतद् सत्य जगत्प्रभु ।
सहस्र पुत्र सन्निभ मेघनाद दशानने ॥
एकपुत्र निपातने प्राप्त शोक सहस्रश ।
शेलाघात यथामत पुत्र शोके महाबली ॥
रामचन्द्र पुनर्वार कहे वाक्य सगद्गदे ।
एतद् काले विभीषण शत्रु मित्र नहे कभु ॥
आह्वानिया महावीरे इत्यादेश प्रदानिल ।
जाह वत्स यथा त्वरित आह्वानह कपीश्वरे ॥
राम आज्ञा यथा प्राप्त चले हनु उल्लम्फने ।
क्षणान्तरे उपस्थित सुग्रीव सह मारुति ॥

श्रीराम वचन

हे-सुग्रीव निरीक्षह शोक यात्रा दशानने ।
पुत्रशोके सकातर एतद् संग प्रदानह ॥
सत्कार करिते पुत्र अरिभाव परित्यज ।
जाह वीर सहस्रशे एतद् कार्य सहायके ॥
हे मित्र हेन संकटे सर्वे बंधु मने स्मर ।
तव संगे हवे किश्चित् शुन शान्ति दशानने ॥

वाल्मीकि वचन

रामचन्द्रे यथा आज्ञा सुग्रीव दानि सम्मति ।
चतुर्द्वार हते वीर परिग्रहि सहस्रश ॥

सिंधु तटे उपस्थित प्रज्वलित यथा चिता ।
सुग्रीवे करि दर्शन अश्रु युक्त दशानन ॥
मौन भावे निरीक्षिल कहे वाक्य कपीश्वर ॥
हे सर्वागत वानर हओ कार्य सहायक ।
यथा कार्य निशाचरे एतद् संग प्रदानह ॥
रामचन्द्र समव्यथी यथा अद्य दशानने ।
एतद् साक्षात् प्रकाशह समदु:खे निशाचरे ॥
सुग्रीवे वाक्य येमति नियुक्त वानरावली ।
दाने काष्ठ बहे घृत सह सर्व निशाचर ॥
प्रज्वलित यथा चिता त्वरित कार्य समापित ।
तृतीय प्रहरे धौत यथारीति चिता सर्वे ॥
चिता धौत समापने गर्जिल राक्षसेश्वर ।
वज्र नादे निनादिया करि सर्व प्रकम्पित ॥
दृष्टिपाते नभ स्थले सर्वे ऊर्ध्वे निरीक्षिल ।
नहे दृश्य तथास्थले रावण कहिते रत ॥
जाह पुत्र यथाक्षेत्रे वीर वृंद करे स्थिति ।
तव शान्ति तरे स्वयं तव शत्रु विमर्दिव ॥
येवा सर्व अगोचरे यज्ञक्षेत्रे प्रवेशिया ।
तव प्राण विनाशिल सर्वाग्रे वध्य तन्मम ॥
कहि एतद् दशानन वधू राज्ञी समन्वित ।
पुनश्च पुष्पकारूढ़ पुरीमध्ये चले रथ ॥
रथ हते कपीश्वरे धन्यवाद प्रदानिया ।
रक्ष:राज कहे वाक्य कृतार्थ कह राघवे ॥
सिंधु तटे समागमे यथा सख्य प्रदानिले ।
हे राम रहिवे स्मृति एतद् मैत्री निरंतर ॥
एरूप कहि रावण लंकाधामे प्रवेशिल ।
प्रत्यागमे कपीश्वर रामे वार्ता निवेदिल ॥
सत्कारे युक्त क्षुब्ध यद् सिंधु तीरे एकत्रे रक्ष:-वानरे मेघनादे ।
दाहे काष्ठाग्नि प्रज्वले रक्ष:देहे नष्ट प्राप्ते भस्मस्तूपे शेषकृत्य ॥

- इति श्रीमद्देवायण ब्रह्मकल्पे तृतीय खण्डे राम मण्डलान्तर्गत: रामायण वर्गे लंका काण्डे मेघनाद सत्कार वार्ता नाम: अष्टत्रिंश सर्ग ।

— ✯ —

॥ ऊनचत्वारिंश सर्ग ॥

वाल्मीकि वचन

तृतीय प्रहरातीते सत्कारान्ते तदात्मज ।
प्रत्यागत दशानन पशे मंदोदरी गृहे ॥
प्रमीला गेल नीरवे दासीकुल समावृत ।
आच्छन्न स्वीय वैधव्ये नीरवे स्वपुरे पशे ॥
शोकस्तब्ध दशानन निर्झरे अश्रु नीरवे ।
एतद् पार्श्वे अवस्थाने मंदोदरी विनिर्झरे ॥
अद्य लंकापुरी सर्व शोकाच्छन्न विनिर्झरे ।
अनाहारे अनिद्राते पुरवासी सकातर ॥

षष्टि तिथि तथा चन्द्र अस्तमित बहुक्षण ।
अंधकार घनीभूत लंकाव्यापी चतुर्दिके ॥
सर्व पुरी विषादित अंधकार यथामत ।
मंदोदरी समन्वित रावण अश्रु निर्झरे ॥
कतक्षणे समुत्थित शोक त्यजि दशानन ।
गर्जिल राक्षसेश्वर वज्र नादे भयंकर ॥
विभीषणे अनुष्ठित एतद् कार्य मने स्मरि ।
गुप्त पथ प्रदर्शिल राघवे अद्य निश्चय ॥
निश्चित वधिव प्राते पशि युद्धे विभीषणे ।
आसिवे रक्षिते येवा एतद् सह विमर्दिव ॥
अमरत्त्व तथा किंवा मम शस्त्र विघातने ।
अहं देव विमर्दक परिज्ञात सुराधिप ॥
कहिते कहिते बली त्यजि मंदोदरी गृह ।
पूजा गृहे प्रवेशिल रुद्रशक्ति प्रबोधने ॥
तथा राज पुरोहित नित्याबद्ध बृहस्पति ।
हेरि मूर्त्ति दशस्कंदे भीत पार्श्वे करे स्थिति ॥

रावण वचन

देह शक्ति महाकाली कालीका काल रूपिणी ।
दुर्जय शत्रु नाशिते देह वीर्य भुजद्वये ॥
देह शक्ति महाकाली निस्तेज मम बाहुते ।
पुत्रशोके सकातर कर चित्त पुनः दृढ़ ॥

वाल्मीकि वचन

एरूप गर्जिया रक्षः कहे वाक्य पुनः पुनः ।
कहे वाक्य तथा काली करि नभे प्रतिध्वनि ॥

काली वचन

जाह वत्स रणस्थले पुत्रशोक परित्यजि ।
नारिवे वधिवे युद्ध अमर यद् विभीषणे ॥
मेघनाद निपातिल रामानुज महाबली ।
पशि विभीषणाश्रये यज्ञालये अलक्ष्यिते ॥
मेघनादे विनाशिया समापिल ममार्चना ।
पथ मात्र प्रदर्शिल तवानुज विभीषण ॥
रहिवाहं सुनिश्चय तव सह रणस्थले ।
पुत्रहन्ता निपीड़िते कर यत्न त्वरित गति ॥

वाल्मीकि वचन

एतद् वाक्य यथा श्रुत गर्जे पुनः दशानन ।
वज्रनादे यथामत सर्व लंका प्रकम्पित ॥
शेल हस्ते परिग्रहि पूजा गृह परित्यजि ।
घूर्णित विंशलोचने आह्वाने शुक सारणे ॥
रावणे हेरिया मूर्त्ति सर्व जन प्रकम्पित ।
एके घोर महाकाय दश मुंड समन्वित ॥
विंश हस्ते महामुष्टि महाशक्ति प्रभावित ।
पद भरे थरे लंका भीषण अद्य रावण ॥

अन्ये किं कहिते वाक्य — कम्पित शुक सारण ।
प्रलये रुद्र येमति — तथा कण्ठ निनादिल ॥

रावण वचन

प्रस्तुति कह हे युद्धे — सर्व सैन्य यथायथ ।
अश्वारूढ़ गजारूढ़ — रथीवृंद पदातिक ॥
येवा ज्ञात रणस्थले — किञ्चित् शस्त्र विधारणे ।
सर्वे आज्ञा प्रदानह — कल्य प्राते महारण ॥
हस्ते मुष्टाबद्धे धरे शक्तिशेल: — गर्जे घोरे लंकेश युद्धे पुनश्चः ।
लंकाधामे योद्धा यथा शस्त्रधारी — निष्क्रांते युद्धे सत्वरे तुष्टि दानो ॥

– इति श्रीमद्देवायण ब्रह्मकल्पे तृतीय खण्डे राम मण्डलान्तर्गत: रामायण वर्गे लंका काण्डे रावण कर्तृक पुनर्युद्धोद्यम वार्ता कथन नाम: ऊनचत्वारिंश सर्ग ।

— ★ —

॥ चत्वारिंश सर्ग ॥

वाल्मीकि वचन

चलिल शुक सारण — एतद् कार्ये त्वरित गति ।
मुष्टिबद्ध दशानन — परिभ्रमे इतस्तत: ॥
युद्ध आज्ञा यथा प्राप्त — उठे सर्व निशाचर ।
कोटि कोटि समुत्थित — घोर नादे निनादिया ॥
जय जय दशानन — कपिकुल विमर्दक ।
जय हे रक्ष:सम्राट — त्रैलोक्येश्वर रावण ॥
एतद् रूपे पुन: पुन: — जयध्वनि निशाचरे ।
करि युद्ध विघोषण — लक्ष तोपध्वनि क्रमे ॥
रावण हर्ष वर्धने — गर्जे घोर निशाचर ।
लक्ष लक्ष महाशृंग — जगभम्प तथामत ॥
खत्ताल सह गम्भीरे — लक्ष शंख निनादिल ।
वाजिल भर्भरि घंटा — करताले भमाभम ॥
साजिल सर्व वाहिनी — रथारूढ़ दशानन ।
रक्ष:राज बहिर्गत — चतुरंग बलान्वित ॥
निशान्ते सप्तमी तिथि — लंकेश्वर बहिर्गत ।
विमान पुष्पकारूढ़ — त्रैलोक्येश्वर रावण ॥
लक्ष तोपे महाध्वनि — एकत्रित यवे शुन ।
एतद् सह महाशंख — रक्ष:राज निनादिल ॥
यात्रा हेतु करे सैन्य — पदाघात महीतले ।
ध्वनि वृद्धि करे तथा — जगभम्प धमाधमे ॥
घंटा शत सहस्रश: — एतद् सह विमन्द्रित ।
स-श्रृंग भर्भरी नादे — करताले भमाभम ॥
करि क्षिति प्रकम्पित — नभ स्थल तथामत ।
रक्ष:शत्रु विमर्दने — रक्ष:राज बहिर्गत ॥
एस्थले शुन तद् परे — रामानुज समागत ।
मेघनाद विनाशिया — स-मारुति विभीषण ॥
राघव चित्त मोदित — रामानुजे निरीक्षिया ।
पतित शुनि रावणि — अत्याधिक प्रमोदित ॥

रामानुज निवेदिल रामचन्द्रे अतःपरे ।
यद् प्रकारे प्रवेशिल लंकामध्ये सुगोपने ॥
प्रहरी-वेश धारणे यज्ञालये प्रवेशिया ।
दिवाव्यापी महारणे मेघनाद निपातित ॥
लक्ष्मणे धरिया वक्षे भुजाश्लेषे विभीषणे ।
महावीरे शुभाशिष कृत राम तथास्थले ॥
गर्जिल कपि वाहिनी राम जय निनादिया ।
निशाव्यापी महोत्सव आरम्भिल चतुर्दिके ॥
मेघनाद निपातने उत्सवे मत्त वानर ।
फल मूल समन्वित मधुपान तथामत ॥
एतद् काले रथारूढ़ मघवान समागत ।
मातलि सारथी सह दिव्यद्युति महारथे ॥
सर्वत्र चलिते क्षम सर्वाघाते चिराजर ।
दिव्यद्युति प्रकाशिया एलो मर्त्ये महारथ ॥
रावण रहिया दूरे इन्द्र-रथ निरीक्षिल ।
कपि-सैन्ये प्रवेशिल हेरि क्रुद्ध दशानन ॥
मेघनाद निपातित हेरि अद्य सुराधिप ।
लंकाधामे प्रवेशिल रामचन्द्रे प्रवर्धिते ॥
अद्य युद्धे जयी यदि कपिकुल विमर्दने ।
राघव सह सुग्रीव यदि क्षम विताड़िते ॥
निश्चय आमि तद् परे आक्रमिया स्वरालये ।
यथा शिक्षा प्रदानिव शूलाघाते सुराधिपे ॥
पुत्रशोके यथा वीर महाक्रोधे समुत्थित ।
ताहे इन्द्र प्रवेशिल अरि सैन्ये निरीक्षिल ॥
मुष्टिबद्ध तथास्थले नैकषेय महाबली ।
गर्जिल वज्र निस्वने किं साहस निरीक्षिव ॥
रे इन्द्र अवहेलन लंकेश्वर दशानने ।
अमर देव यद्यपि तवु युद्धे निपीड़िव ॥
एरूप गर्जिया वीर दिल आज्ञा निशाचरे ।
चल सर्वे रणस्थले कपिकुल विमर्दिते ॥
एस्थले देव वासव करि कपि चमत्कृत ।
दिव्यद्युति प्रकाशिया कपिसैन्ये प्रवेशिल ॥
हेरि देव सुराधिपे कपि सर्व तथास्थले ।
दिल पथ स-सम्भ्रमे रहि पार्श्वे शिरानते ॥
वानरकुल सौजन्ये अति तुष्ट सुराधिप ।
स्नेह चक्षे निरीक्षिया राम पार्श्वे उपस्थित ॥
अदूरे राखिया रथ चले इन्द्र पदव्रजे ।
राघव शिविरे त्वरा देवराज प्रवेशिल ॥
देवराजे पुरोभागे रामचन्द्र निरीक्षिया ।
सर्व जन समन्वित अग्रसरे जगत्पति ॥
अतःपरे भुजाश्लेषे इन्द्र रामे परस्परे ।
प्रसन्न अति राघव हेरि अद्य सुराधिपे ॥

वासव वचन

शुन सखा किं कारणे अद्य हेथा उपस्थित ।
मेघनाद निपातित अद्य युद्धे निरीक्षिणु ॥

आसिवे शुन रावण अति क्रोधे रणस्थले ।
कत ये सहिले दु:ख मम तरे महाबली ॥
राज्यहारा प्रियाहारा तुमि अद्य जगत्पति ।
देव दु:ख विदूरिते दृढ़ता तव निश्चय ॥
ए हेतु शुन केशव महायुद्धे अत:परे ।
लंकेश्वरे विनाशिते आनि रथ प्रदानिते ॥
पुत्रशोके दशानन कल्य युद्धे प्रवेशिवे ।
हवे युद्ध भयंकर एतद् सखा मने स्मर ॥
पुष्पके जुझिवे रक्ष: करिवे बहु कौशल ।
कल्य मम रथारोहि कर युद्ध रणस्थले ॥
सर्व युद्ध परिज्ञात मातलि मम सारथी ।
मातलि कृत चालित रथारूढ़ जगत्पति ॥
सर्व लोक सविस्मय कर युद्ध भयंकर ।
एतद् युद्धे नहे यदि निपातित दशानन ॥
एक दिवा अत:परे स्वयं युद्धे प्रवेशिव ।
देव अनीकिनी सह सैन्यापत्ये शिखीध्वजे ॥

श्रीराम वचन

एतद् भीति किं कारणे रावणे तव वासव ।
मातलि रथ चालने जुझिव कल्य निश्चय ॥
वधिव कल्य रावणे यदि युद्धे प्रवेशिवे ।
इथे चिन्ता अत:परे किंवा तव सुराधिप ॥

वासव वचन

अमरतुल्य रावण युद्धस्थले निरीक्षिवे ।
रावणे वधिते कार्य नहे तुच्छ मने स्मर ॥
शस्त्राघाते शिरच्छेद्य तन्मुंड उठिवे पुन: ।
पुनश्च करिवे युद्ध सर्व लोक भयंकर ॥
देवयुद्ध यवे शुन वज्राघाते पुन: पुन: ।
करि रक्षे: शिरच्छेद्य नहे हत तथापिह ॥
शत वार शिरच्छेदि रहे स्थिर रणस्थले ।
तद् परे समरे स्वयं मेघनादे पराजित ॥
अव्यर्थ वज्र एमन करे व्यर्थ निशाचर ।
एतद् हेतु भये स्थिर स्वर्गधामे निरंतर ॥
वैकुण्ठ त्यजिया यवे तुमि मर्त्ये समागत ।
एतद् काल अपेक्षाते तोमा स्मरि करि स्थिति ॥
मेघनाद निपातने किञ्चित् भय विदूरित ।
किञ्चित् आशा मनोदित हवे शान्ति अत:परे ॥
वैकुण्ठत्यक्ते राम मर्त्यावतीर्णे नष्टे स्वर्गे यद् भीति लंकेश दम्भे ।
सर्वध्वंसी वीर्ये रथारूढ़ शस्त्रे नाशो युद्धे हे पुंडरीकाक्ष शीघ्र ॥

– इति श्रीमद्देवायण ब्रह्मकल्पे तृतीय खण्डे राम मण्डलान्तर्गत: रामायण वर्गे लंका काण्डे श्रीराम-वासव साक्षात्कार वार्ता कथन नाम: चत्वारिंश सर्ग ।

— ☆ —

॥ एकचत्वारिंश सर्ग ॥

वाल्मीकि वचन

एतद् वाक्य यथा श्रुत　　चिन्तित वीर राघव ।
करि रामे भुजाश्लेष　　देवराज बहिर्गत ॥
मातलिप्रति निर्देशि　　घोर युद्ध अनुष्ठिते ।
कहिवे सर्वदा रामे　　रक्षःराज भयंकर ॥
मातलिप्रति तद् वाक्ये　　स्मरे इन्द्र गजोत्तम ।
ऐरावत महागज　　तथा त्वरित समागमे ॥
वज्रधारी गजारूढ़　　मर्त्यधाम परित्यजि ।
चले इन्द्र स्वरालये　　कपि जय निनादिल ॥
कपि सर्व महारवे　　राम जय निनादिल ।
गर्जे सर्व निशाचरे　　जय राजा दशानने ॥
एतद् ध्वनि यथा श्रुत　　उत्थित सर्व वानर ।
गिरि वृक्ष विधारणे　　युद्धमान त्वरित गति ॥
हेरिल सर्व वानरे　　लंकाद्वार विमोचने ।
विमान पुष्पकागत　　कोटि रक्षः समन्वित ॥
गिरि रंध्र विनिःसृत　　निर्झरणी यथामत ।
लंकाद्वारे बहिर्गत　　एतन्मत निशाचर ॥
रामचन्द्रे निवेदिल　　रक्षःराज समागत ।
प्रकाशे सप्तमी तिथि　　ऊषादेवी मनोहरा ॥
उत्थित सर्व वानर　　राम जय निनादिया ।
समस्त कपि नायक　　एकत्रित तथास्थले ॥
आरम्भिल महायुद्ध　　रावण सह वानर ।
एके एके महाकपि　　करे युद्ध तथास्थले ॥
रावण सह संग्रामे　　नल नील महाबली ।
वृक्ष हस्ते विधारणे　　आक्रमिल निशाचरे ॥
पुष्पक स्यन्दना रूढ़　　लंकेश्वर दशानन ।
टंकारिया धनुर्गुण　　आक्रमिल कपि द्वये ॥
आरम्भिल महायुद्ध　　रक्षः कपि परस्परे ।
पुत्रशोके दशानन　　यथा स्थित भयंकर ॥
पंच बाणे विघूर्णित　　नल नील तथास्थले ।
नल नील पराजित　　आगत गय केशरी ॥
पर्वत कर धारणे　　घोरतर करे रण ।
निक्षेपिल दशस्कंध　　पंच पंच शर क्रमे ॥
रावण तीक्ष्ण शायके　　आहत गय केशरी ।
करे त्वरित पलायन　　युद्धक्षेत्र परित्यजि ॥
तदन्तरे समागत　　वृषाणक सहोदर ।
कृतान्त काल भैरव　　अंगद पंच वानर ॥
प्रहरेक करे युद्ध　　एतद् पंच महाकपि ।
रावण अति भीषण　　करे रण भयंकर ॥
पंच जने शराघाते　　करे क्षत दशानन ।
अंगद सह अन्यान्य　　अतिष्ठ समरस्थले ॥
तीक्ष्ण तीक्ष्ण शराघात　　अक्षम सहिते सबे ।
युद्धस्थल परित्यजि　　करे द्रुत पलायन ॥

सुग्रीव कपिसम्राट आगत शुन तद् परे ।
वृक्ष हस्ते विधारणे करे युद्ध भयंकर ॥
रावण सह सुग्रीवे महायुद्ध तथास्थले ।
सर्व जन निरीक्षिल सुग्रीव वीर्य भीषण ॥
पुत्रशोके दशानन घोर मूर्त्ति भयंकर ।
सुग्रीवे हेरि सम्मुखे युद्धमान निशाचर ॥
उत्तोलने महाशूल निक्षेपिल सगर्जने ।
हेरि शूल समागत धृत हस्ते कपीश्वरे ॥
त्वरित आवर्त्तिया शूल निक्षेपे रावण प्रति ।
निज शूले महाघाते व्यथित अंग रावण ॥
काली काली महारवे गर्जे घोरे दशानन ।
कम्पित चित्त वानर यद् श्रुत राक्षसी ध्वनि ॥
शक्तिमान पुनः रक्षः कालीशक्ति प्रभावित ।
गदाहस्ते विधारणे रत घोरे विघूर्णने ॥
विघूर्णिया त्वरित गदा निक्षेपिल महाबले ।
एतद् गदा कृताघाते कपीश्वर अचेतन ॥
सुग्रीव चेतना हारा यवे शुन रणस्थले ।
सम्मुखे सहसा दृष्ट दुरा दृष्ट विभीषणे ॥
हेरि अद्य पुरोभागे रक्षःराज विभीषणे ।
गदा पुनः परिग्रहे अति क्रोध समायुत ॥
कहे गर्जि महारावे कुलांगार इहा शुन ।
भ्राता बंधु परित्यजि कर शत्रु प्रवर्धित ॥
आजि के रक्षिवे कह मम दंडे विभीषण ।
मेघनादे विनाशिले गुप्त-मंत्र प्रदानिया ॥
शुन ओरे कुल ग्लानि भ्रातुष्पुत्र विनाशिया ।
रह चित्त अकातरे राघवे स्मरि बांधव ॥
मोरे निन्दा परोदुःखे कर साक्षात् सभातले ।
कुजात निकषागर्भे रक्षः शत्रु कुलक्षये ॥
एतद् बृहत् महाकुल वर्धि शत्रु कर क्षय ।
नाहि ग्लानि तवान्तरे ओरे मूढ़ रह स्थिर ॥
आत्मरक्षा तरे स्मर एक्षणे राम लक्ष्मणे ।
एतद् वाक्ये गदा घोरे निक्षेपिल महाबली ॥
उत्तरिल विभीषण कर क्षोभ अकारणे ।
सीता प्रत्यार्पणे कहि अनुनये पदे धरि ॥
पदाघाते विताड़िले तुमि शत्रु विवेचने ।
कालरूप महायुद्धे साक्षात् फल निरीक्षह ॥
परःपत्नी अपहरि नहे वसुकुलोज्ज्वल ।
वृथा निन्दा ममप्रति ब्रह्म वाक्य मने स्मर ॥
कहि पुण्य परामर्शे कर क्रोध ममप्रति ।
कहिते कहिते बली धरे हस्ते गदा त्वरा ॥
गदा व्यर्थ निरीक्षिया कुपित अति रावण ।
धृत क्रोधे महास्वने रुद्र शूल निशाचर ॥
नैकषेक कहे गर्जि दृढ़ मुष्टि विधारणे ।
प्रशंसि अरि सर्वदा गृहे मूढ़ विराजिवे ॥
पदाघात तथा सत्य नहे बंदी मम भ्रमे ।
यद्यपि रहिते बंदी मम कारागृहे दृढ़ ॥

कभुना हत सम्भव   पुत्र गण विनाशित ।
निक्षेपिल महाशूल   कहिते कहिते बली ॥
काली काली महारवे   करि सृष्टि प्रकम्पित ।
निक्षेपित यथा शूल   भयोद्भवे विभीषणे ॥
रुद्र शूल प्रधावित   कालाग्नि क्षरणे द्रुत ।
कहे रक्षः शूलाघाते   आह्वानि लक्ष्मणे त्वरा ॥
काली महाकाल रणे विहारिणी   रक्ताप्लुता खड्ग करे दिगम्बरी ।
हे शक्तिरूपा धरि शूल पाणिते   युद्धस्थले दुर्जय शत्रु नाशह ॥

- इति श्रीमद्देवायण ब्रह्मकल्पे तृतीय खण्डे राम मण्डलान्तर्गतः रामायण वर्गे लंका काण्डे रावण कर्तृक युद्धे सुग्रीवादि वीरगण पराजित करण वार्ता कथन नामः एकचत्वारिंश सर्ग ।

— ☆ —

॥ द्विचत्वारिंश सर्ग ॥

वाल्मीकि वचन

यदाह्वान विभीषणे   विपदग्रस्त निरीक्षिया ।
कहे गर्जि स्व-विक्रमे   नाहि भय रह स्थिर ॥
कहि रामानुज त्वरा   टंकारिया धनुर्गुण ।
निक्षेपित दशानने   रुद्रशूल निवारिल ॥
रक्षः शूल निवारिया   आरम्भिल महारण ।
घोरतर करे युद्ध   शराघाते परस्परे ॥
बहुक्षण महायुद्धे   कहे वाक्य दशानन ।
प्रशंसा करि वीरत्त्वे   रामानुज रणस्थले ॥
वीरत्त्व करिया अद्य   रुद्रशूल निवारिले ।
करिले बहु कौशल   नैपुण्ये शर चालने ॥
पुत्रहंता यथा तुमि   निस्तार नाहि जीवने ।
रक्षः एवे निज प्राण   एतद् शस्त्रे महाबली ॥
रक्षिले तुमि येमति   रुद्रशूले विभीषणे ।
रक्षिते स्वीय जीवन   शस्त्रावली निरीक्षह ॥
कहिते कहिते बली   गर्जि घोरे भयंकर ।
शक्तिशेल विधारणे   लक्ष्मणप्रति रावण ॥
काली काली महारावे   निक्षेपिल महाबली ।
अति भीत विभीषण   शक्तिशेल निरीक्षिया ॥
उत्थित गर्जिया घोरे   तेजमाला विकीरणे ।
त्रैलोक्य जन कम्पित   एतद् शेल प्रधावणे ॥
घन घन शराघात   रामानुज करे त्वरा ।
नारिल वारिते शेल   लक्ष्मणप्रति धावित ॥
महावेगे महास्वने   शक्तिशेल महाशर ।
निर्भेदिल हृदिस्थले   रामानुज निपातित ॥
हाहाकार करे सर्व   कविवृंद चतुर्दिके ।
रक्षःयुद्धे पराजित   दूरे सर्व अवस्थित ॥
कपि सर्व रहे दूरे   नहे भये समागत ।
विभीषण चले त्वरा   रामचन्द्रे निवेदिते ॥
अदूरे रहि राघव   सर्व युद्ध निरीक्षिया ।
पतित हेरि लक्ष्मणे   रथारूढ़ यथा त्वरित ॥

मातलिप्रति आज्ञाते कहे युद्धे प्रवेशिते ।
रथारूढ़ तथास्थले रामचन्द्र निरीक्षिल ॥
दिव्य शस्त्रे धनुःशरे परिपूर्ण महारथ ।
प्रशंसि वासवे राम उपविष्ट रथान्तरे ॥
एतद् काले विभीषण उपस्थित तथास्थले ।
शक्तिशेले यथा वार्ता रामचन्द्रे निवेदिल ॥
नहे मात्र अचेतन रामानुज रणस्थले ।
अवश्य मृत्यु ए शरे अन्यथा ना कदाचन ॥
मृत्युक्रोडे यदाश्रित रामानुज इहा शुन ।
राघव अति कुपित रक्षेः शास्ति प्रदानिते ॥
पुत्रशोके दशानन अद्य युद्धे भयंकर ।
कपि सर्व पराजित रामानुज निपातित ॥
संध्याकाले निपातित दिवाव्यापी महारणे ।
अस्त गत यवे सूर्य भूतल गत लक्ष्मण ॥
भ्रातृशोके तथा राम टंकारिल धनुर्गुण ।
सर्व विश्व प्रकम्पिया महाशब्द समुत्थित ॥
एस्थले राक्षसेश्वर पतित लक्ष्मणे त्वरा ।
रथारूढ़ तरे यत्न करे त्वरित महाबली ॥
उत्तोलने करे यत्न लक्ष्मण तनु धारणे ।
बहु यत्न करे रक्षः उत्तोलने नहे क्षम ॥
आकर्षिछे दशानन विंश हस्ते महाबले ।
यद् धृत अलकापुरी सह पूर्वे महागिरि ॥
अद्य रक्षः नहे क्षम तुलिते देह लक्ष्मणे ।
दूर हते यथा कार्य रामचंद्रे समीक्षित ॥
युद्धे पड़े लक्ष्मण शेल घातने यद् शक्तितेजे हृदिभेद्य दर्शने ।
हाहा रवे शोक निमग्न वानर श्रीराम कोपे धृत शस्त्र कार्मुके ॥

- इति श्रीमद्देवायण ब्रह्मकल्पे तृतीय खण्डे राम मण्डलान्तर्गतः रामायण वर्गे लंका काण्डे लक्ष्मणे शक्तिशेले पतन वार्ता कथन नामः द्विचत्वारिंश सर्ग ।

— ✯ —

॥ त्रिचत्वारिंश सर्ग ॥

वाल्मीकि वचन

रावणे शासिते राम टंकारिल धनुर्गुण ।
गर्जिल राम-शायक सचकित दशानन ॥
रामानुज तनु त्यजि रथारूढ़ त्वरित गति ।
अग्रसरे त्वरित राम लक्ष्मण देह रक्षणे ॥
गर्जिया शर घातने पुष्पक रथ संहति ।
कृत रक्षेः विदूरित योजनेक यथा पथ ॥
वायु कृत विताड़ित वृक्ष शाखा यथामत ।
तथामत विदूरित पुष्पक सह रावण ॥
अवतीर्ण रथ त्यजि रामचन्द्र महाबली ।
लक्ष्मणे तुलिया त्वरा कपीश्वरे प्रदानिल ॥

कपीश्वर वहे तनु हनुमान समन्वित ।
तद् रक्षा शिविरे यत्ने प्रहरीकुल वेष्टित ॥
पुष्पकसह ताड़ित रक्षःराज यथामत ।
रथ स्थिर नहे युद्धे निन्दिल सारथीप्रति ॥
लज्जित रक्षः सारथी त्वरित पुनः समागत ।
राघव इन्द्र स्यन्दने रावणारूढ़ पुष्पके ॥
महायुद्ध तदंतरे शरे शरे भयंकर ।
भ्रातृशोके करे युद्ध रामचन्द्र महाबली ॥
पुत्रशोके दशानन करे युद्ध तथास्थले ।
वर्षे अग्नि क्षणे क्षणे तीक्ष्ण तीक्ष्ण महाशरे ॥
रामचन्द्र तथामत निक्षेपि दिव्य शायक ।
करे युद्ध तथास्थले घोरतर परस्परे ॥
प्रहरेक महायुद्ध नाना शस्त्र प्रहरणे ।
उभे युद्ध विशारद संग्राम-शास्त्र पंडित ॥
अद्भुत राम-रावणे महायुद्ध तथास्थले ।
कभु वात्या भयंकर कभु ज्वले हुताशन ॥
कभु वा अति वर्षण धूम्राच्छन्न तथामत ।
करकातुल्य पातन शर वृष्टि तथास्थले ॥
महाझंझा बहे तथा अग्न्युत्पात तथामत ।
प्रपात तुल्य सेस्थले वारिधारा नभ च्युत ॥
राघव सह रावणे लंकाधामे यथा रण ।
शुनि शब्द भयंकर सर्व लोक चमत्कृत ॥
देववृंद समागत एतद् युद्ध निरीक्षिते ।
देववृंद नभ स्थले ऋषिवृंद समन्वित ॥
किञ्चित् दूरे अवस्थाने करे शोभा पृथक् पृथक् ।
देवगणे सदा काम्य लंकेश्वरे पराजय ॥
प्रशंसिछे तथा केह रावणे युद्ध दर्शने ।
कहे केह तथा श्रेष्ठ राघव शर घातने ॥
प्रहरेक महायुद्धे राघव तीक्ष्ण घातने ।
रक्षःराज शराहत रथमध्ये अचेतन ॥
रावण चेतनाच्युत रामचन्द्रे महारणे ।
सारथी त्वरिते रथ बाहुड़िल रण त्यजि ॥
लंकेश्वर पराजित रथमध्ये अचेतन ।
कपिकुल प्रधावित तद् पश्चाते महारवे ॥
धर धर दशानने करे रक्षः पलायन ।
सारथी रथ चालने लंकामध्ये प्रवेशिल ॥
त्यजिले युद्ध रावण रामचन्द्र अतःपरे ।
आगत शिविरे त्वरा लक्ष्मण देह दर्शने ॥
इन्द्र रथ परित्यजि अवतीर्ण महीतले ।
अति क्षिप्र प्रवेशिल राघव शिविरे स्वयं ॥
पशिया शिविरे राम एवे स्थिरे निरीक्षिल ।
मृतकल्प यथा देह शायित मात्र केवल ॥
हस्त पद प्रसारित समस्त मृत्यु लक्षण ।
लक्ष्मणे परिवेष्टित रामचन्द्रे समीक्षित ॥
नाहि श्वास तथास्थले स्पन्दन हृदये तथा ।
कातर हेरि राघव शोक अश्रु समन्वित ॥

एतद् सर्व निरीक्षिया मृत भ्राता मने स्मरि ।
बहु क्षोभ परायण पूर्व स्मृति मनोदये ॥
रामचन्द्र रावण पुष्पकोत्तमे संग्राम घोरे रघुवीर राक्षसे ।
श्रीराम वीर्ये प्रतिरुद्ध सत्वरे तद् विस्मये दृष्ट नभस्थ देवता ॥

– इति श्रीमद्देवायण ब्रह्मकल्पे तृतीय खण्डे राम मण्डलान्तर्गतः रामायण वर्गे लंका काण्डे श्रीराम-रावणे युद्ध ओ रावणे पराजय वार्ता कथन नामः त्रिचत्वारिंश सर्ग ।

— ★ —

॥ चतुःचत्वारिंश सर्ग ॥

वाल्मीकि वचन

रामचन्द्र यथा स्नेहे भ्रातृदेह परिग्रहि ।
शोक क्षोभ समायुक्त एरूप कहिते रत ॥

श्रीराम वचन

हे लक्ष्मण ममानुज अद्य सर्व वृथा स्मरि ।
उद्धार करिया सीता किंवा कार्य अतःपरे ॥
हा भ्राता हा प्रियानुज गेले अद्य परित्यजि ।
नाहि छिले क्षण त्यजि एक दिवा कदाचन ॥
पंच वर्षे यथा क्रीडा एकत्रे नित्य लक्ष्मण ।
रहिते मम पार्श्वते तुमि भ्राता निरंतर ॥
शस्त्र शिक्षा यवे मम तुमि पार्श्वे अवस्थित ।
आछिले ताटकावधे रक्षः लक्षाधिकान्तरे ॥
धनुर्भन्गे अवस्थित तुमि पार्श्वे महाबली ।
उत्साहित पुनः पुनः कर तुमि तथास्थले ॥
तुमि पार्श्वे विवाहते ज्ञान चर्चा यथाक्षणे ।
पितृ सत्य व्रते तुमि एले राज्य परित्यजि ॥
राज्यसुख परित्यक्त वनवासे सदा सुखी ।
तव तेजे महाबाहु क्षुधा निद्रा पराजित ॥
मम तुष्टि प्रदानिते छिले व्यस्त निरंतर ।
पंचवटी महारण्ये सूर्पणखा निपीड़िले ॥
वधिले खर दूषण सह लक्ष निशाचर ।
हे निर्भीक अकम्पन अत्याद्भुत पराक्रमे ॥
सीता कार्य निषेधिले माया मृग विवर्जने ।
माया मोह सदा दीर्ण तव तेज पराक्रमे ॥
स्त्रीबुद्धि मोह संयुत स्वल्प ज्ञान स्वभावतः ।
क्षणे स्वयं प्रभावित तुमि मुक्त निरंतर ॥
जानकी हरणे अंते एतद् सत्य प्रमाणित ।
ज्ञात सीता किंवा फल तव वाक्य अतिक्रमि ॥
तव साक्षात् पुनर्वार ए सत्य कहित क्रमे ।
प्राप्त शिक्षा यथा स्वयं वाक्य हे देवर त्यजि ॥
अवहेला नहे पुनः तव वाक्य अतःपरे ।
करि सत्य पुनः पुनः हे देवर सुनिश्चये ॥

अहो भाग्य विपर्यय सर्वाशा छिन्न विग्रहे ।
मम दुःखे सकातर छिले भ्रातः निरंतर ।
मम बल प्रवर्धिते नित्य संग प्रदानिते ॥
सर्व त्यागी महाबाहु अनासक्त स्वजीवने ।
कर्म कर्मफले मुक्त कर्मयोगी सदा व्रती ॥
वीरत्त्व तव लक्ष्मण सर्वत्र अपराजित ।
एतद् सत्य प्रमाणित मेघनाद विमर्दने ॥
मम मान्य प्रवर्धने नित्य पार्श्वे अवस्थित ।
नम्रभावे स्व-संयमे सर्व जयी पराक्रमे ॥
महत्त्व तव लक्ष्मण ज्ञात ना अपरे कभु ।
यद् ज्ञात दीन राघव लंकायुद्धे निराश्रय ॥
रामप्रति नहे कभु तव तुल्य पराक्रम ।
एतद् बृहत् महायुद्ध कह केवा समापिवे ॥
मेघनाद विमर्दने मात्र अर्ध समापित ।
अन्यार्ध घोर संग्राम अद्यापिह अवस्थित ॥
तुमि किं स्मरिले चित्ते रावणादि विमर्दने ।
रामचन्द्र पराक्रांत गेले अद्य परित्यजि ॥
एतद् मत् यदि भ्राता शेलाघात ममप्रति ।
हत मृत्यु बहुक्षण किंवा सद्य रणस्थले ॥
अनाहारे अनिद्राते रहि वर्ष चतुर्दश ।
लंकायुद्धे प्रवेशिले सर्वाधिक पराक्रमे ॥
एतद् सत्य प्रमाणित मेघनाद निपातने ।
अतिकाय महावीर वीरबाहु समन्वित ॥
लंकायुद्धे यथा श्रेष्ठ श्रेष्ठ वीरे विनाशिले ।
वर्ष चतुर्दश त्यक्त क्षुधा निद्रा महाबली ॥
एतद् काल यदि स्वयं भोज्यहीन ममानुज ।
हत मृत्यु तनु क्षये किंवा युद्ध पराक्रम ॥
एतद् तेज अकल्पित मर्त्यधामे नरप्रति ।
प्रज्वलित क्षणे स्वयं तव तेज प्रभावित ॥
सीताहारा यथा दुःखे तवानन निरीक्षिया ।
लभिताम सदा शान्ति जीवन धारणे मम ॥
हे लक्ष्मण परित्यजि गेले अद्य यदि स्वयं ।
मत् जीवने किंवा कार्य सिंधुजले विसर्जिव ॥
तव देह विधातणे एतन्मत भुजाश्रये ।
मम वक्षे परिग्रहि सिंधुजले प्रवेशिव ॥
यद्यपि ना समुत्थित एतन्मत रह स्थिर ।
रामचन्द्रे परित्यजि सिंधुवारि दृढ़ स्मरि ॥
अभिमान किंवा कह तुष्णीभाव किं कारणे ।
अपराध किंवा रामे कह त्वरित ममानुज ॥
कह कथा महाबली वारेक मम संहति ।
हेर दीर्ण हृदिस्थल किं प्रकारे करि स्थिति ॥
किंरूपे रह निश्चिंत यात्रा मृत्युपथ स्थिरे ।
रामप्रति यथा विपद् वारेक स्मरिले मने ॥
यवे देह परित्यजि रहिवे राम भूतले ।
उद्धार करिवे सीता रावण विजये त्वरा ॥
सुमित्रा जननी अग्रे सीता सह उपस्थिते ।

अम्लान वदने राम एतद् वाक्य निवेदिवे ॥
लंकायुद्धे पड़े भ्राता शक्तिशेल विघातने ।
माता स्वयं नहे क्षम एतद् प्राण सुरक्षिते ॥
निर्वाक वीक्षणे माता एतद् सत्य प्रकाशिवे ।
अश्रुजले परिप्लुता पुत्रहारा ममप्रति ॥
हे रामामित विक्रमे उद्धार करिले प्रिया ।
भ्राता मात्र नहे क्षम दुर्भाग्य मम निश्चय ॥
तद् दृष्टि शुन लक्ष्मण मम चक्षे प्रकाशित ।
येन माता कहे वाक्य राम भ्राता सुरक्षह ॥
उठो भ्राता स्वयं बले मम शान्ति प्रदानह ।
असहाय यथा राम के बुझिवे जगत् तले ॥
मृत्युंजय यथा तुमि कर मृत्यु पराजित ।
एरूपे केन शायित बहु मृत्यु अतिक्रमि ॥

वाल्मीकि वचन

एतद्रूपे रत क्षोभे राम अश्रु परिप्लुत ।
धारावेगे प्रवाहित गंड वक्ष अतिक्रमि ॥
कपिकुल चतुर्दिके अविश्रांत विनिर्झरे ।
यद्रूप श्रवणे मेघ कपीश अवशे स्थिर ॥
क्षोभयुक्त विभीषण कहे वाक्य क्षणान्तरे ।
हे सुषेण निरीक्षह किंवा देहे परिस्थिति ॥
विक्षुब्ध शोके शिविरे धृतानुजे श्रीराम वाक्ये रत अश्रु निर्झरि ।
उद्घाटने विस्मृत यद् स्मृतिक्रमे आच्छन्न शोके कपिवृंद चौदिके ॥

- इति श्रीमद्देवायण ब्रह्मकल्पे तृतीय खण्डे राम मण्डलान्तर्गतः रामायण वर्गे लंका काण्डे श्रीराम कर्तृक शोकवाक्य कथन वार्ता नामः चतुःचत्वारिंश सर्ग ।

— ✯ —

॥ पंचचत्वारिंश सर्ग ॥

वाल्मीकि वचन

यथा वाक्य विभीषणे वैद्यराज सचेतन ।
रामे भ्रांति गत क्रमे आह्वाने भिषके त्वरा ॥
सुषेण हेरिल स्थिरे तद् शरीर कतक्षण ।
तदंतरे तनु स्पर्शे नात्या कण्ठ परीक्षणे ॥
कहिल राघवे प्राज्ञ प्राण चिह्न समीक्षित ।
ए रात्रि रहिवे प्राण हवे अंते बहिर्गत ॥
श्वास क्रिया परित्यजि प्राणकोषे अवस्थित ।
आकस्मिक महाघाते एतद् रूप घटे प्रभु ॥
त्वरित मृत्यु नहे कभु सर्व क्षेत्रे समीक्षित ।
रात्रिव्यापी रवे प्राण हवे सूर्योदये गत ॥
एतद् वाक्य यथा श्रुत राम त्वरित समुत्थित ।
धृत हस्ते कहे वैद्ये दानिते प्राण सक्षम ॥

सुषेण वचन

कर शेल बहिर्गत — तवे प्रभु यथा त्वरित ।
इथे प्राण रहे यदि — असम्भव नहे तवे ॥

वाल्मीकि वचन

एतद् वाक्य यथा श्रुत — रामचन्द्र महाबली ।
धृत आकर्षणे शेल — कृत मुक्त बले त्वरा ॥
शेल मुक्त अतःपरे — कहे वैद्य परीक्षणे ।
दानिव प्राण निश्चय — यद्यपि प्राप्त भेषज ॥
शेलमुक्त तथा वक्षे — रक्तधारा बहिर्गत ।
दानि किञ्चित् महौषधि — रक्तगति निवारिल ॥

श्रीराम वचन

किं भेषज इहा कह — कोन क्षेत्रे अवस्थित ।
कर कार्य महाबुद्धि — त्वरित प्राण प्रदानिते ॥

सुषेण वचन

विशल्याकरणी नामे — शुन एतद् महौषधि ।
रक्तिमाभ यथा काण्ड — पत्र-दल हिरण्मय ॥
सुदूर गंधमादने — जात एतद् जगत्प्रभु ।
यदिच केह सक्षम — आनिते भेषजोत्तम ॥
यद् पूर्वाह्न ऊषागमे — इत्यौषधि प्रयोजन ।
सूर्योदये तनु त्यजि — हवे प्राण बहिर्गत ॥

वाल्मीकि वचन

एतद् वाक्य यवे श्रुत — अंगद कपि नायक ।
आह्वानिल तथास्थले — पंचत्रिंश महाकपि ॥
सुषेण वाक्य निर्देशे — जिज्ञासे गंधमादने ।
कत दूरे अवस्थित — पर्वत गंधमादन ॥

गंधमादन वचन

नरः गति पदव्रजे — मास षष्ठ निरूपण ।
मम वास तथास्थले — कपि गति यथा कहि ॥
मास गते कपीश्वर — यवे आज्ञा प्रदानिल ।
सैन्य सह उपस्थित — दिवा त्रये महाबली ॥

सुग्रीव वचन

दिवा त्रये यथा पथ — रात्रिमध्ये अतिक्रमि ।
विशल्याकरणी केवा — आनिते कह सक्षम ॥
रामानुजे पुनर्जन्म — हवे इथे इहा शुन ।
प्रथम प्रहरातीत — उठो त्वरित महाबली ॥

वाल्मीकि वचन

केवल प्रहर द्वये — चलिते गंधमादने ।
रात्रिमध्ये महाकार्य — पुनश्च आसिते त्वरा ॥

सूर्योदय हवे यदि नहे फल अतःपरे ।
एरूप गुरु दायित्वे चिन्तान्वित जने जने ॥
केह नाहि कहे वाक्य रहे मौन तथास्थले ।
कहिते किं शुनि स्तब्ध अंगद कपि नायक ॥
नीरव हेरि सर्वतः वानर अधिनायके ।
रामचन्द्र पुनः पुनः रत हनु निरीक्षणे ॥
चिन्तान्वित तथा हनु दूरत्व श्रुत येमति ।
महासिंधु अतिक्रमे नहे काल निरूपण ॥
एस्थले प्रहर द्वये प्रत्यागति प्रयोजन ।
प्रत्यागम नहे मात्र विशल्याकरणी बिना ॥
अति दूर यथा क्षेत्र वृक्ष ज्ञात नहे स्वयं ।
ताहे मात्र अवस्थित रजनी प्रहर द्वय ॥
चिंते हनु असम्भव किं करिव जगत्पति ।
सीमाबद्ध यथा जीव मारुति सृजिले तुमि ॥
काल क्षेत्र अतिक्रमि किं प्रकारे किंवा बले ।
एरूपे अति कातरे रामप्रति निरीक्षिछे ॥
रामचन्द्र पुनः पुनः हनुप्रति निरीक्षणे ।
तेज शक्ति प्रदानिते महावीर समुत्थित ॥
एतन्मत महावीर पराबुद्धि समाश्रित ।
सर्वत्र व्यापिया प्रभु रामचन्द्र जगत्पति ॥
ऊर्ध्वे राम अधेः राम राम सर्व जगन्मय ।
राम व्योमे शरीरेते दूरत्व वा तथास्थले ॥
एतद् रूप महत्भावे पराबुद्धि समाश्रित ।
क्षेत्रकाल भ्रमे स्वयं गर्जिल अति भैरवे ॥
राम नाम जपे हनु वर्धे त्वरित कलेवरे ।
वर्धि देह नभ स्पर्शे दृष्ट सर्व भयंकर ॥
रामचन्द्रे नमस्कारे नमि वीर कपीश्वरे ।
पुनश्च राम गर्जने समुत्थित नभ स्थले ॥
उल्लम्फन पदाघाते सर्व लंका चले घन ।
येमति भूमि कम्पने कांपे पृथिवी महीतल ॥
पतित बहु वानर संघात द्रुत कम्पने ।
लभे बहु शिराघात कपिमध्ये परस्परे ॥
एतद् दृश्य निरीक्षिया महानन्द जने जने ।
आपनि कपि सम्राट राम जय निनादिल ॥
समस्त कपि वाहिनी एकत्रित निनादिल ।
उत्थित तुमुल ध्वनि नभ स्थले प्रतिध्वनि ॥
लंकाते सर्व राक्षस शिराघात परस्परे ।
भू-कम्पन मने स्मरे लंकावासी निशाचर ॥
छिल सिंहासनारूढ़ लंकेश्वर दशानन ।
हर्षान्वित स्वयं मने रामानुज निपातिया ॥
सहसा लभि कम्पन भूमितले निपातित ।
अन्य सर्व सभासद् शिराघात परस्परे ॥
रावण पुनरुत्थित पतन हेतु निर्णये ।
वातायन पथे दृष्ट महावीरे नभ स्थले ॥
नभे हनु निरीक्षिया चिन्तान्वित दशानन ।
गृह दग्धा चले कोथा रात्रि घोरे त्वरित गति ॥

चिन्तायुक्त दशानन स्मृति लब्ध क्षणान्तरे ।
चलिछे गंधमादने मारुति पवनात्मज ॥
आह्वानिया अतःपरे कालनेमि निशाचरे ।
एतद् रूप कहे वाक्य लंकेश्वर समादरे ॥

रावण वचन

हे मातुल महाबुद्धि मायावी श्रेष्ठ राक्षसे ।
शक्तिशेले निपातित रामानुज रणस्थले ॥
सूर्योदये हवे प्राण कल्यप्राते बहिर्गत ।
एतद् हेतु करे यत्न लक्ष्मण प्राण रक्षिते ॥
मारुति पवनात्मज चलिछे गंधमादने ।
विशल्याकरणी नामे यथा स्थित महौषधि ॥
एतद् प्राप्ति पथे अद्य कर विघ्न महामति ।
जाहे ना लभिते क्षम विशल्याकरणी हनु ॥
कृत कार्य इथे यदि अर्ध लंका प्रदानिव ।
शत्रुमुक्त हवे लंका राज्यसुख अतःपरे ॥
यदि ना प्राप्त मारुति विशल्याकरणी तथा ।
लक्ष्मण त्यजिवे तनु कल्याप्राते ऊषागमे ॥
राघव मरिवे शोके लक्ष्मण मृत यद्यपि ।
राघव मरणे कपि जावे लंका परित्यजि ॥
सीता मन्दोदरी द्वये हवे लंका विभागित ।
एक पार्श्वे रवे सीता अर्ध लंका समन्वित ॥
अन्ये मन्दोदरी राज्ञी अर्ध लंका समन्वित ।
तद् परे लह मत् अर्ध तव इच्छा मनोमत ॥
यद् शीघ्र वेगे गम गंधमादने लंका विभागे दिव अर्ध मातुल ।
मायावी ! मायाधर मुग्धि वानर प्राण छले नाशह कार्य कौशले ॥

- इति श्रीमद्देवायण ब्रह्मकल्पे तृतीय खण्डे राम मण्डलान्तर्गतः रामायण वर्गे लंका काण्डे हनुमान कर्तृक गंधमादन यात्रा वार्ता नामः पंचचत्वारिंश सर्ग ।

— ✯ —

॥ षड्चत्वारिंश सर्ग ॥

वाल्मीकि वचन

एतद् वाक्य यथा श्रुत कालनेमि निशाचर ।
उत्साहित स्वयं मने कहे वाक्य तथापिह ॥

कालनेमि वचन

तव कार्य समापिते अनिच्छुक नहि स्वयं ।
अर्ध लंका विशेषतः दुर्लभ लोभ वर्धक ॥
किंतु विघ्न मने स्मरि गृहदग्धा तथास्थले ।
कोन क्रमे यदि ज्ञात नाशिवे जीवन त्वरा ॥

रावण वचन

विघ्न-जय बिना कवे कह कार्य अनुष्ठित ।
हेर साक्षात् रणस्थले मृत्युभय निरंतर ॥

तवु देख तथास्थले करे क्षत्र महारण ।
मृत्युभय परित्यजि शत्रु-जय समुद्यमे ॥
दृढ़ वीर्ये धरे शस्त्र घोरनादे पशे रणे ।
जय किंवा पराजय किंवा चिन्ता तथास्थले ॥
कौशले वा छले बले संग्राम नीति निश्चय ।
अतएव यथा कार्ये जाह त्वरित भय त्यजि ॥
मायाबले विमोहिया महावीरे निवारह ।
कुम्भिरिणी भयंकरी तथा स्थित मने स्मर ॥
केह नाहि तटे भ्रमे स्पर्श वारि कदाचन ।
तद् प्रवाहे निवेशह मारुति करि कौशल ॥
कुम्भिरिणी विनाशिवे स्वीय खाद्य प्रयोजने ।
हवे कार्य सुकौशले राज्यसुख अतःपरे ॥

वाल्मीकि वचन

सुखे-स्वप्ने समुत्थित कालनेमि निशाचर ।
मायाबले चले द्रुत स्व-कार्ये गंधमादने ॥
हनु अग्रे उपस्थिते मायावी श्रेष्ठ राक्षस ।
द्वितीय प्रहरे हनु पौंछिल गंधमादने ॥
किं प्रकारे तथा हनु स्वल्पक्षणे उपस्थित ।
परिज्ञात नहे स्वयं स्वीय वीर्ये चमत्कृत ॥
शिखरे शिखरे भ्रमे विशल्यकरणी तरे ।
प्रवाहित यथा नदी अत्र तटे उपस्थित ॥
एतद् पार्श्वे निरीक्षिल श्वापदकुल वेष्टित ।
नाना वृक्षे सुशोभित सुंदर मुनि आश्रम ॥
हेरिया मुनि आश्रम उत्साहित तथा हनु ।
ऋषि सर्व कृपावंत रामप्रति निरंतर ॥
निश्चय ज्ञात ए मुनि विशल्यकरणी तरु ।
वनमध्ये अवस्थित वनोज ज्ञात निश्चय ॥
एतद् चिन्ता समन्वित प्रवेशिल तथास्थले ।
ऋषिवर कर कृपा एतन्मत करे ध्वनि ॥
हनुकृत ध्वनि श्रुत ऋषिवर बहिर्गत ।
दीर्घ शश्रु तथा गुम्फे जटाजूट समन्वित ॥
महावीरे निरीक्षिया उत्साहित तथा ऋषि ।
एसो एसो कहे हर्षे हनुमान नमे पदे ॥
हनुप्रति शुभाशिषे कहे स्वस्ति पुनः पुनः ।
कहे दानि कुशासन कर हे उपवेशन ॥
किं भाग्य तपः सार्थक अतिथि आगत स्वयं ।
यद् क्षेत्रे आगतातिथि सर्व पूर्ण तथास्थले ॥

मारुति वचन

शुन हे मुनि पुंगव किंरूपे करिव स्थिति ।
लंकाधामे महायुद्ध राघव सह रावणे ॥
रामचन्द्र जगत्पति अवतीर्ण महीतले ।
देव-दुःख विदूरिते रक्षःकुल विनाशिते ॥
रामानुज निपातिल मेघनाद निशाचरे ।
शक्तिशेल प्रहारिल रावण अति कोपने ॥

शक्तिशेले निपातित रामानुज रणस्थले ।
हेथा स्वयं समागत विशल्याकरणी तरे ॥

वाल्मीकि वचन

महावीर कहे यद् आहा आहा करे मुनि ।
अश्रुजल निरीक्षिया भक्तश्रेष्ठ गणे हनु ॥
पुनश्च कहिते रत भक्त ऋषि निरीक्षिया ।
विशल्याकरणी स्वयं नहि ज्ञात महामुनि ॥
यदि ज्ञात प्रदर्शह विशल्याकरणी त्वरा ।
सूर्योदये हवे मृत्यु रामानुजे इहा स्थिर ॥
एतद् अग्रे प्रयोजन तथा शीघ्र उपस्थिति ।
अक्षम उपवेशने राम कार्य कर त्वरा ॥
हनुप्रति निरीक्षणे आहा आहा करे मुनि ।
खेदयुक्त कहे वाक्य एतन्मत तथास्थले ॥

ऋषि वचन

तव नाम किंवा कह परिचय प्रदानह ।
विशल्याकरणी ज्ञात दिवा स्वयं रह स्थिर ॥

मारुति वचन

हनुमान समाख्यात अंजना गर्भ सम्भव ।
पवन प्रिय नन्दन राघवे नित्य सेवक ॥
विशल्याकरणी ज्ञात यदि तुमि महात्मन ।
लक्ष्मण प्राण रक्षिते प्रदान कर सत्वरे ॥

ऋषि वचन

ग्रहण कर आतिथ्य देव-पुत्र यथा तुमि ।
दानिव औषधि स्वयं किंवा चिन्ता तवप्रति ॥
राघव हित कामना ऋषिकुले निरंतर ।
आतिथ्य ना कर त्याग तवुह कहि मारुति ॥
अतिथि उपवेशन यदि नाहि करे गृहे ।
गृही मात्रे अमंगल शास्त्र वाक्य इहा स्मर ॥
पुरोभागे निरीक्षह स्वच्छ स्त्रोतस्वती नदी ।
प्रक्षालने तथा देह शुचि कार्य समापह ॥
संग्रह करि तद् क्षणे विशल्याकरणी स्वयं ।
शौचांते फल भक्षणे विशल्याकरणी लह ॥
लक्ष्मणे दानिते प्राण जाह त्वरित अतःपरे ।
नहे क्षण हवे नष्ट एतद् रूपे महाबली ॥
आतिथ्ये पुण्य सत्कारे यद्यपि दानि भेषज ।
हवे पुण्य अनुष्ठान कार्य सिद्धि तवप्रति ॥

वाल्मीकि वचन

दानिवे ऋषि औषधि सन्धाने ना प्रयोजन ।
आतिथ्य कार्य संक्षेपे स्मरे त्वरित समापन ॥

संक्षेप आतिथ्य समाप्ति कारणे लाभे विशल्याकरणी विशेषत: ।
प्रक्षालने हस्त पद त्वरा हनु स्रोतस्वती स्वच्छजला तटे चले ॥

- इति श्रीमद्देवायण ब्रह्मकल्पे तृतीय खण्डे राम मण्डलान्तर्गत: रामायण वर्गे लंका काण्डे मारुति कर्त्तृक गंधमादने मुनि साक्षात्कार वार्ता नाम: षड्चत्वारिंश सर्ग ।

— ✯ —

॥ सप्तचत्वारिंश सर्ग ॥

वाल्मीकि वचन

एतद् चिन्ता समायुत ऋषिप्रति कहे हनु ।
संग्रह कर भेषज चलि शौचे स्वयं मुनि ॥
मुनि तुष्ट स्मिताधर जाह जाह कहे त्वरा ।
नाहि चिन्ता तवप्रति दानिव भेषज स्वयं ॥
चले हनु नदी तटे त्वरित कार्य समापिते ।
अवतीर्ण जले यथा पदद्वये धरे किंवा ॥
आवेष्टित यथा पदे धरे हनु स्वयं बले ।
योजनेक यथा नक्र सह तीरे समुत्थित ॥
योजनेक कलेवरा कुम्भिरिणी निरीक्षिया ।
प्राणी हिंसा परायणे स्व-नखरे विदारिल ॥
हनु नखे विदारिते मृत कुम्भिरिणी तथा ।
नक्रदेह बहिर्गत दिव्य मूर्त्ति तथास्थले ॥
देवांगना पुरोभागे आश्चर्य हेरि मारुति ।
जिज्ञासे हनु के तुमि नक्ररूपे अवस्थिता ॥

कन्या वचन

रम्भा नामे यथाप्सरी पूर्वे स्थिता स्वरालये ।
तुमि हे राम सेवक वायुपुत्र मने स्मरि ॥

वाल्मीकि वचन

महाश्चर्ये कहे हनु हे अप्सरी इहा कह ।
किं प्रकारे परिज्ञात मम नाम यथायथ ॥

रम्भा वचन

करि तोमा नमस्कार शुन हे वीर मारुति ।
स्वर्गधामे महोत्सवे मोरा नृत्य परायणा ॥
यद् सप्त अप्सरीश्रेष्ठा देव चित्त प्रसादिते ।
इन्द्र आज्ञा यथामत एकत्रे वा पृथक् पृथक् ॥
दिवसेक प्रवेशिल अष्टावक्र तथास्थले ।
करि यत्न सुराधिप रत्न मान्य प्रदानिल ॥
स्वर्ग सिंहासनरूढ़ अष्टावक्र यथा मुनि ।
देव श्रेष्ठासने दृश्य विकृतांग अशोभन ॥
तथा आज्ञा प्रदानिल देवराज शतक्रतु ।
रम्भा नृत्य हवे अद्य मुनि मन प्रसादिते ॥

देवेन्द्रे वाक्य येमति स्वयं नृत्ये समुत्थिता ।
नाचिव किं तथास्थले विकृतांग निरीक्षिया ॥
अष्ट वक्र कलेवरे देवेन्द्र पार्श्वे शोभित ।
विरूप कभु ना दृष्ट अष्टवक्राधिक स्वयं ॥
स्मरि हास्य प्रचापने नहि शक्य निवारणे ।
हेरि क्रुद्ध महातपा अभिशाप प्रदानिल ॥
हेरि अंग कर व्यंग नक्ररूपे विराजह ।
सुन्दरी रूप गर्विता विकृतांग हओ त्वरा ॥
मुनि वाक्य बहिर्गमे शाप स्पर्शे कलेवर ।
तद् दर्शने भयोद्भवे नक्ररूपी यथा स्वयं ॥
अभिशाप भये त्वरा पदद्वये विलुंठित ।
कहि ऋषि क्षमा कर अज्ञान रमणीप्रति ॥
कातर हेरि तद् परे कृपावंत कहे ऋषि ।
मम वाक्य हवे सत्य नहे मिथ्या कदाचन ॥
तव दुःखे यथा कहि शुन काल निरूपणे ।
रह कुम्भिरिणी रूपे एकाकी गंधमादने ॥
राम लंका समागमे महायुद्ध हवे शुन ।
लक्ष्मण पड़िवे शेले मारुति आसिवे तथा ॥
अवतीर्ण यवे जले पदद्वय विधारणे ।
वधिया दानिवे मुक्ति वायुपुत्र महाबले ॥
एतद् हेतु अपेक्षित तव तरे महाबली ।
यद् प्राणी समागत धरि सर्व पदद्वय ॥
उत्तोलिते नहे क्षम येवा मोरे तथास्थले ।
भक्ष्यि तारे महानन्दे उदर पूर्णे स्वयं ॥
चलि एवे स्वरालये हित वाक्य यथा कहि ।
नाहि ऋषि तथास्थले मायाधर निशाचर ॥
कहि वाक्य तिरोहित रम्भाख्यात यथाप्सरी ।
हनुमान सचेतन ऋषि नहे निशाचर ॥
तीर त्यजि चले त्वरा एस्थले मुनि आकृति ।
कालनेमि निशाचर हेरि काल अतिक्रमे ॥
विलम्ब हेरि राक्षस एतद् चिन्ता समायुत ।
कुम्भिरिणी वधे हनु कार्य सिद्धि सुनिश्चय ॥
लंकाधामे चलि त्वरा रज्जु धरि विभागिया ।
मन्दोदरी यथा अंशे एतद् अर्ध लव स्वयं ॥
अर्धान्श जानकी सह लवे स्वयं दशानन ।
सीता नाहि प्रयोजन मन्दोदरी हवे प्रिया ॥
एतद् काले तथास्थले हनुमान प्रवेशिल ।
महावीरे निरीक्षिया अति भीत निशाचर ॥
एतद् फल परिग्रह कहे मात्र हनुप्रति ।
एक दृष्टि निरीक्षिछे मारुति राक्षसप्रति ॥
क्षणान्तरे उल्लम्फने धरे जटा महाबले ।
कहे गर्जि निशाचर चिनि तोरे निशाचर ॥
ऋषिरूप विधारणे छलना कर मारुति ।
सर्व युक्ति वृथा तव मुष्टाघाते विनाशिव ॥
एतद् वाक्ये सगर्जने धृत जटा महाबले ।
मुष्टाघाते समुद्यत रक्षः त्वरित बहिर्गत ॥

हनु हस्ते रहे जटा स्वीय मूर्त्ति प्रकाशिल ।
अष्ट भुज चतुर्मुन्डे कालनेमि निशाचर ॥
अत:परे महायुद्ध हनु सह तथास्थले ।
हनु कृत महाघाते हल मृत्यु निशाचरे ॥
अत:परे महायुद्ध हनु सह तथास्थले ।
हनु कृत महाघाते मृत्यु मुखे निपातित ॥
कालनेमि परित्यजि चले हनु त्वरितगति ।
शिखरे शिखरे भ्रमे विशल्याकरणी तरे ॥
एस्थले राक्षसेश्वर कालनेमि निशाचरे ।
प्रेरिया गंधमादने चिन्तान्वित अत:परे ॥
मुष्टि प्रहारे वधि कालनेमि तद् चिन्ता विशल्याकरणी तरे भ्रमे ।
शृंगे महावीर पुन: चतुर्दिके लंकेश हेथा रत भावनावृत ॥

- इति श्रीमद्देवायण ब्रह्मकल्पे तृतीय खण्डे राम मण्डलान्तर्गत: रामायण वर्गे लंका काण्डे मारुति कर्तृक कालनेमि वध वार्ता कथन वार्ता नाम: सप्त:चत्वारिंश सर्ग ।

— ✯ —

॥ अष्टचत्वारिंश सर्ग ॥

वाल्मीकि वचन

कालनेमि प्रभाविते विलम्ब कार्य यद्यपि ।
बुद्धिमान यथा हनु यदि व्यक्त निशाचर ॥
लभे यदि तथास्थले विशल्याकरणी हनु ।
यदि प्रात: पुरागत लभिवे प्राण लक्ष्मण ॥
ना दिव पुनरुत्थाने सृजि विघ्न क्रमागत ।
कालनेमि वधे यदि रात्रि त्वरित प्रकाशिव ॥
एतद् चिन्ता समायुत रक्ष:राज दशानन ।
सूर्य सूर्य महारवे गर्जे घोर निनादने ॥
शुनि रक्ष: निनादन सूर्य त्वरित उपस्थित ।
कम्पित भीत अंतरे आनत अभिवादने ॥
एतद् आज्ञा प्रदानिल त्रैलोक्येश्वर रावणे ।
जाह सूर्य त्वरित गति एक्षणि उदयाचले ॥
कर रात्रि विदूरित स्वीय तेज प्रकाशिया ।
अविलम्ब त्विषाम्पति कर पृथिवी विभास्वर ॥
एतद् आज्ञा यथा श्रुत कहे सूर्य शिरानते ।
द्वितीय प्रहरातीत मात्र एवे निशा स्मर ॥
कह अविधि पूर्वक सर्व विशृंखला स्मरि ।
गर्जिल शुनि रावण कर आज्ञा सुपालन ॥
शृंखला किं प्रयोजन यवे शत्रु प्रवर्धित ।
लक्ष्मण वधिते त्वरा ऊषाकाल प्रयोजन ॥
राक्षस गर्जने भीत चले द्रुत दिवाकर ।
सप्ताश्व स्यन्दनारूढ़ उदये उदयाचले ॥
सूर्य रथ चले द्रुत तम: दलि नभ स्थले ।
रहिया गंधमादने हनु एतद् निरीक्षिल ॥

अर्ध रात्रे चले केवा तूर्ण देव दिवाकर ।
क्षणान्तरे मने स्मर एकार्य रावणे स्मरि ॥
रात्रि हरा ऊषागमे त्वरित आज्ञा प्रदानिल ।
एतद् हेतु चले सूर्य उदये उदयाचले ॥
चिन्ति हनु चले त्वरा त्यजिया गंधमादन ।
रथ अग्रे अवस्थाने सूर्य गति निरोधिल ॥
अरुण सूर्य सारथी पथ रुद्ध निवेदिल ।
दृष्ट सूर्ये महाकाय कपि अग्रे अवस्थित ॥
जिज्ञासिल दिवाकर केवा तुमि किं कारणे ।
मम गति निवारह मुक्त कर त्वरित पथ ॥

मारुति वचन

पवन नन्दन स्वयं राघव प्रिय सेवक ।
अकाले गति दर्शने करि एतद् निवारण ॥
द्वितीय प्रहरे सूर्य कोथा जाह त्वरित गति ।
तव तेजे हवे मृत्यु रामानुजे रणस्थले ॥
शेलाघाते दशानन लक्ष्मण यद् निपातित ।
विशल्याकरणी तरे हेथा स्वयं समागत ॥
क्षणकाल रह स्थिर नहे प्राप्त महौषधि ।
एक्षणि उदयाचले नाहि जाह दिवाकर ॥

सूर्य वचन

यद् आज्ञा रावणे हनु नहे एतद् व्यतिक्रम ।
अक्षम रहिते स्थिर कर पथ परिष्कृत ॥

मारुति वचन

मिनति यदि ना शुन देव कार्ये दिवाकर ।
स्वयं तेजे अतिक्रम मारुति करि हेलन ॥

सूर्य वचन

मम तेजे हवे दग्ध यदि मार्ग निवारह ।
श्रीराम सेवक स्मरि कहि पथ प्रदानह ॥

मारुति वचन

यद्यपि उदयाचले संकल्प गमने तव ।
यथा शक्ति यथा तेज निक्षेपह ममप्रति ॥
राम नामे दिवाकर तव तेज निवारिव ।
जाह मोरे अतिक्रमि किंवा दग्धे यदि क्षम ॥

वाल्मीकि वचन

एरूप कहिया हनु दृढ़भावे रहे स्थिर ।
कुपित देव भास्कर तेज निक्षेपणे रत ॥
सर्व तेज प्रयोगिया दृष्ट देव दिवाकरे ।
किञ्चित् मात्र नहे दग्ध महावीर तथास्थले ॥
रोम मात्र नहे क्षुन्न विस्मित देव भास्कर ।
राम नामे किंवा तेज कहे हनु स्मिताधरे ॥

नह ज्ञात दिवाकर अमर वायुनन्दन ।
तव तेजे नहे दग्ध महावीर कदाचन ॥
एवे तुमि पराजित रावणे भीत यद्यपि ।
कुक्षितले प्रवेशह बहिर्देश परित्यजि ॥
हनुमान स्वयं ख्यात भानुमान दिवाकर ।
मितालि करि कुक्षिते कर स्थिति असंशये ॥
रावणे त्यजिया अद्य राम कार्य अनुष्ठह ।
शुनि वाक्य दिवाकर वामकुक्षे प्रवेशिल ॥
हे सूर्य लंकेश्वर दुष्ट शासने भीतान्तरे यद्यपि विव्रत स्वयं ।
शंका किं मत् कुक्षितले रह स्थिरे हे देव मैत्री कर मुक्ति कारणे ॥

- इति श्रीमद्देवायण ब्रह्मकल्पे तृतीय खण्डे राम मण्डलान्तर्गत: रामायण वर्गे लंका काण्डे सूर्य-मारुति साक्षात्कार वार्ता नाम: अष्टचत्वारिंश सर्ग ।

— ★ —

॥ ऊनपंचाशत् सर्ग ॥

वाल्मीकि वचन

वाम कक्षे प्रभाकर त्वरित वेगे चले हनु ।
पुनश्च गंधमादने औषधि कारणे पशे ॥
विशल्याकरणी वार्ता यक्षे प्रश्न यथा कृत ।
उत्तरे रूढ़ भाषणे नहि ज्ञात किंवाकह ॥
रूढ़ वाक्य यथा श्रुत मारुति अति कोपने ।
वृक्ष हस्ते विताड़िल दुष्ट यक्ष तथास्थले ॥
यथा यक्ष विताड़ित पुनर्युद्धे समागत ।
शस्त्र हस्ते विधारणे बहु जन समावृत ॥
यक्ष सह महावीरे महायुद्ध अत:परे ।
बहु यक्ष विनाशिल हनु स्वयं पराक्रमे ॥
तथा यक्ष महाराज हाहा हूहू यवे श्रुत ।
अति कोपे समुत्थित महासैन्य समावृत ॥
बहु सैन्य निरीक्षिया स्मरि युद्ध अकारण ।
कालक्षय वृथा द्वन्द्वे नहे प्राप्त तथौषधि ॥
एतद् चिन्ता समायुक्त अत्र क्षेत्र परित्यजि ।
किं प्रकारे हवे प्राप्त विशल्याकरणी तरु ॥
निरुपाय महावीर कृत स्थिर अत:परे ।
पर्वत करिया स्कंधे वैद्य अग्रे उपस्थिति ॥
एतद् रूपे यथा स्थिर आकर्षिल महीधर ।
चड़ाचड़ महारवे उत्थित गंधमादन ॥
उत्तोलिल महावीर्ये राम गर्जि शिरोपरि ।
उठे त्वरित नभ स्थले वाम कक्षे दिवाकर ॥
चलिल अति भैरवे मेघमाला विमंथिया ।
बहु स्थले महावृष्टि यवे पथ अतिक्रमे ॥
बहु देश नदी गिरि बहु वन अतिक्रमि ।
अतिक्रमि महासिंधु लंकाधामे उपस्थित ॥
जय राम निनादिल कपि सर्व चतुर्दिके ।
अवतीर्ण महावीर गिरि सह तथास्थले ॥

सुषेण सत्वरागत गिरिशृंगे समुत्थित ।
लभे वैद्य महाहर्षे विशल्याकरणी तथा ॥
शिलोपरि शिला द्वारा घर्षण करि औषधि ।
चले त्वरित महाप्राज्ञ धरि हस्ते महौषधि ॥
नासा आस्ये तथा क्षते महौषधि प्रदानिल ।
जीवन लक्षणे तथा श्वासवायु प्रवाहित ॥
आरम्भिल हृदिस्पन्द निद्रित वक्ष येमति ।
क्षणान्तरे समुत्थित रामानुज तथास्थले ॥
शक्तिशेल महाघाते लक्ष्मण गत जीवने ।
दाने वैद्य पुनर्जन्म धन्वंतरी प्रियात्मज ॥
लक्ष्मण जीवन प्रासे महानन्द जने जने ।
रामचन्द्र निरीक्षिल हनु कक्षे दिवाकर ॥
जिज्ञासिल हनुप्रति रामचन्द्र मधुस्वरे ।
कुक्षितले दिवाकर कह हनु किं कारणे ॥
रामचन्द्रे नमस्कारे महावीर करे यवे ।
कहे वाक्य शुभाशिषे श्रीराम मारुतिप्रति ॥
हनुमान निवेदिल रामचन्द्रे तथास्थले ।
सूर्य मैत्री यथा कृत सूर्य तेज विधारणे ॥
रावण कृत आज्ञाते गमने उदयाचले ।
द्वितीय प्रहरे हेरि छाया पथे दिवाकरे ॥
शुनि राम स्मिताधर कहे वाक्य हनुप्रति ।
कर मुक्त विवस्वाने एवे कार्य समापित ॥
पर्वत गंधमादन यथास्थले सुरक्षह ।
लंकायुद्धे महावीर कीर्त्ति श्रेष्ठ प्रतिष्ठित ॥
करि अद्य शुभाशिष हनुमान तवप्रति ।
सर्व लोके प्रचारित हवे कीर्त्ति महायशे ॥
रामानुज प्राप्त सुचेतना यवे उत्थान दृश्ये अति हर्ष वानरे ।
वीरत्व सर्वाधिक वायुनन्दने श्रीराम वक्षे धृत वक्ष्यमान यद् ॥

– इति श्रीमद्देवायण ब्रह्मकल्पे तृतीय खण्डे राम मण्डलान्तर्गतः रामायण वर्गे लंका काण्डे लक्ष्मणे पुनर्जीवन लाभ वार्ता कथन वार्ता नामः ऊनपंचाशत् सर्ग ।

— ☆ —

॥ पंचाशत् सर्ग ॥

वाल्मीकि वचन

रामचन्द्र नमस्कारे हनुमान चले त्वरा ।
पुनश्च करिया स्कंधे पर्वत गन्धमादन ॥
शून्यपथ अतिक्रमे एतद् चिन्ता समन्वित ।
भरत राघव भ्राता नन्दीग्रामे करे स्थिति ॥
राघव श्रेष्ठ सेवक रामे नित्य प्रशंसित ।
हेरि रूप किंवा कृति कत वीर्ये प्रतिष्ठित ॥
एतद् चिन्ता समायुत आवर्त्तिया चले पथे ।
किञ्चित् वामे करे गति अयोध्या नगरी यथा ॥
तृतीय प्रहरातीत चन्द्रशून्य नभ स्थले ।
सुन्दर गगने दृश्य नक्षत्रपुंज शोभित ॥

एतद् काले महाच्छाया	नन्दीग्रामे निपातित ।
भरत नित्य जाग्रत	यद् क्षेत्रे प्रहरी सम ॥
धनुर्बाण करे धृत	पादुका मान्य वर्धने ।
करे सेथा अवस्थिति	राम ध्याने निरंतर ॥
सहसा हेरिया छाया	भरत अति कुपित ।
के साहसी असम्माने	रामचन्द्रे जगत् त्रये ॥
यद् क्षेत्रे पादुका स्थित	तद् प्रासाद अतिक्रमे ।
हवे दृष्ट महापक्षी	करि अद्य सुशासित ॥
एरूप क्रुद्ध मानसे	टंकारिल धनुर्गुण ।
मध्यस्थले करे लक्ष्य	सन्धाने वज्र वाटुल ॥
वज्रसम महाघात	लभिल वज्र वाटुले ।
वाम पद महावीरे	अकर्मण्य मने स्मरे ॥
लभिया शिर घूर्णन	निपतित महीतले ।
राम नाम करे घन	पुनश्च शक्ति संचये ॥

मारुति वचन

राम नाम जगत्प्रभु	महावीरे कृपा कर ।
चलिते अक्षम स्वयं	किंवा कार्य अतःपरे ॥

वाल्मीकि वचन

राम नाम यथा श्रुत	भरत चित्त विस्मये ।
त्वरित सेथा समागमे	जिज्ञासिल हनुप्रति ॥

भरत वचन

राम नाम किं कारणे	कर तुमि पुनः पुनः ।
परिचय किंवा तव	कोथा राम अवस्थित ॥

मारुति वचन

किं जिज्ञासा महामूढ़	भाल ज्वाला उपस्थित ।
राम नाम बिना हनु	किंरूप वांचिवे कह ॥
राज्य निले महाशय	रावण जानकी हरे ।
कपि मात्र सहायके	लंकाधामे महारण ॥
अमरतुल्य रावण	दुर्दर्श स्मरि राक्षस ।
पुत्रगण तथामत	हल क्रमे समापित ॥
लक्ष्मण कृत तद् परे	मेघनाद विनाशित ।
पुत्रशोके दशानन	शक्तिशेले निपातिल ॥
शक्तिशेल महाघाते	लक्ष्मण मृत येस्थले ।
सुषेण भिषगोत्तम	धन्वंतरी प्रियात्मज ॥
विशल्याकरणी प्रार्थी	पुनः प्राण प्रदानिते ।
नहि ज्ञात महौषधि	वहि ए गंधमादन ॥
विशल्याकरणी जात	केवल गंधमादने ।
सूर्योदये हवे मृत्यु	वैद्यश्रेष्ठ कहे इहा ॥
हा राघव महाबली	भरते राज्य ताड़ित ।
राज्यहारा प्रियाहारा	भ्रातृहारा करे पुनः ॥
प्रशंसा भरते कर	नित्य तुमि जगत्प्रभु ।
भरत शत्रु निश्चय	आघाते वज्र वाटुल ॥

बल देह महाबली सर्व बल तिरोहित ।
एतद् रूपे महावीर आर्तनाद परायण ॥

वाल्मीकि वचन

स्तम्भित भरत स्वयं हनुवाक्य यथा श्रुत ।
विक्षुब्ध निज अंतरे कहे एतद् अत:परे ॥

भरत वचन

अज्ञात तुमि सेवक रामचन्द्रे महाबली ।
पूर्वे मम अजानित केवा ऊर्ध्वे समागत ॥
राघव पादुका सौधे केवा छाया निपातिल ।
पद छाया निपातिल राघव पुण्य सौधते ॥
ए हेतु कुपित स्वयं सन्धानि वज्र वाटुल ।
महादुष्ट मने स्मरि किंतु भक्त समागत ॥
भक्त मात्र नहे तुमि कर्मी श्रेष्ठ मने स्मरि ।
दानिते लक्ष्मणे प्राण जाह त्वरित महाबली ॥
रामचन्द्रे निवेदह यदि सैन्य प्रयोजन ।
रथाश्व गज संहति नाना शस्त्र परिग्रहि ।
जाव श्रेष्ठ बलान्वित त्वरित वार्ता प्रदानह ॥
पंच कोटि महाबले अयोध्या वाहिनी स्मर ।
करि सैन्य सुसज्जित हेथा स्वयं ततक्षण ॥

मारुति वचन

पंच कोटि किंवा सैन्य किंवा बल प्रवर्धिवे ।
ममाधिक महाकपि कोटि कोटि अवस्थित ॥
अतएव यथा शुन नाहि इथे प्रयोजन ।
तुमि हेथा रह स्थिर हवे काले समागम ॥
युद्ध हेतु किंवा चिन्ता बहु वीर तथा स्थित ।
लंका निक्षेपिते क्षम सिंधुजले स्वयं बले ॥
सैन्ये किंवा प्रयोजन रावणे किं तथा भय ।
रक्षिते लक्ष्मण प्राण मम चिन्ता उपस्थित ॥
तथा गुणी अवस्थित दाने प्राण मृते क्षम ।
औषधि पर्वते स्थित चलिते अक्षम स्वयं ॥
गमने कर साहाय्य कोटि भग्र यथा मम ।
विषम वज्र वाटुले वेदना लब्ध भीषण ॥

भरत वचन

इथे चिन्ता किंवा कह रह स्थिर असंशये ।
लंका धामे त्वरा प्रेरि टंकारि मम शायके ॥
आरोहि मम शायके जाह तुमि तथास्थले ।
सन्धानिव धनुर्गुणे हवे त्वरित उपस्थित ॥

वाल्मीकि वचन

एतद् वाक्य यथाश्रुत महावीर चमत्कृत ।
भरतह बली श्रेष्ठ राम तुल्य मने स्मरे ॥

राम तुल्य यथा चक्षु रूपाकृति तथा क्रमे ।
राम तुल्य महावीर्ये भरतह प्रतिष्ठित ॥
करि श्रद्धा निवेदन हनुमान स्वयं मने ।
युक्तकरे शिरानते एतद् वाक्य कहे तथा ॥

मारुति वचन

नाहि इथे प्रयोजन एवे किश्चित् बलान्वित ।
तुलिते यदि सक्षम मात्र तुमि नभ स्थले ॥
जाव स्वयं अतःपरे निज बले सुनिश्चय ।
कटिते वेदना प्राप्त उत्थाने मात्र अक्षम ॥
क्षोभे महावीर नियुक्त रोदने हे राम निस्तारह अद्य संकटे ।
यद् विग्रहे प्राण विनष्ट लक्ष्मणे मत् मृत्यु काले वह्निवौषधि किंवा ॥

- इति श्रीमद्देवायण ब्रह्मकल्पे तृतीय खण्डे राम मण्डलान्तर्गतः रामायण वर्गे लंका काण्डे भरत-मारुति साक्षात्कार वार्ता नामः पंचाशत् सर्ग ।

— ✯ —

॥ एकपंचाशत् सर्ग ॥

वाल्मीकि वचन

शत्रुघ्ने दिल निर्देश क्रीडा वाटुल आनिते ।
आनिल लौह गोलक बृह दंड तथामत ॥
स्थापिया गोलकोपरि बृहत् दंड यथायथ ।
मध्यस्थले निवेशिया पार्श्वेके गंधमादन ॥
अन्य पार्श्वे महाघात वाम पदे करे बली ।
हनुसह महागिरि उत्थित शत योजन ॥
विस्मित चित्त मारुति हेरि वीर्य पराक्रम ।
नारिल रहिते स्थिर स्वगति शत योजने ॥
अवतीर्ण पुनः हनु स्वबले दश योजने ।
प्रशंसि भरते वीर स्वीय कार्ये चले त्वरा ॥
राखि गिरि यथास्थले करे मुक्त दिवाकरे ।
सूर्यदेवे नमस्कारे प्रत्यागत महाबली ॥
चलिल पुन भास्कर स्वरथे उदयाचले ।
तमः रात्रि विदूरिया समुत्थित क्रमे क्रमे ॥
ताड़ित अंध तामसे ऊषा आत्मा प्रकाशिल ।
स्निग्ध ऊषा मनोहरा यवे स्पर्शे महीतल ॥
लंकाधामे महावीर एतद्काले उपस्थित ।
गर्जिल कपि वाहिनी राम जय निनादने ॥
ए स्थले रक्षः रावण सूर्यादेश प्रदानिया ।
स्वीय वीर्य प्रवर्धिते काल-गृहे प्रवेशिल ॥
रावण निर्जनालये महाकाल अवस्थित ।
कलि नाम महाकाल त्रिलोचन चतुर्भुज ॥
यथाकाले यथारूप शक्तिरूप तथामत ।
शक्ति कालि त्रिलोचना चतुर्भुज विधारित ॥
करे स्तव दशानन इष्ट सिद्धि मने स्मरि ।
प्रणमिया महाकाल कलिरूप युगाधिपे ॥

नमि तोमा महाकाल रुद्र रूप युगाधिप ।
सत्य धर्म प्रवर्धित हेर अद्य भयंकर ॥
मृत अरि पुनर्वार नहे येन समुत्थित ।
कृपाकर महाकाल महातेज प्रदानिया ॥

कलि वचन

तव कार्य समापित स्मरि अद्य दशानन ।
पुनश्च उठिवे अरि एतद् सत्य सुनिश्चय ॥
अर्ध युग रवे मात्र शक्ताश्रित निरूपित ।
रामचन्द्र जगत् पति ए कारणे समागत ॥
सीता लक्ष्मी अमानने शक्ति क्षय दिने दिने ।
कल्य तोमा परित्यजि जाव स्वयं रसातले ॥

वाल्मीकि वचन

शुनि वाक्य महाकाले कम्पित चित्त रावण ।
पशु बलि प्रदानिया दिल अर्घ्य सुरासह ॥
सुरापाने यथा तृप्त महाकाल चतुर्भुज ।
कहे पुनः शुभाशिषे गर्जिया रावण प्रति ॥
दिवसेक रवे तुमि महाशक्ति समाश्रित ।
चलि स्वयं रसातले कर कार्य मनोमत ॥
चिन्तित चित्त रावण मनः क्षुन्ने अवस्थित ।
काली मात्र रहे अग्रे महाकाल तिरोहित ॥

काली वचन

किं हेतु तुमि चिन्तित काल इच्छा यथा स्मर ।
काल कृत प्रवर्धित काल गते हवे क्षय ॥

रावण वचन

किंवा त्रुटि मम प्रति महाकाली इहा कह ।
यथा आज्ञा महाकाले करि नित्य तथामत ॥

काली वचन

देवी द्वेषी यथा काल विताड़िते स्वयं प्रभु ।
अवतीर्ण महीतले राम रूपे दशानन ॥
करि मोरे वशीभूत देव काल प्रवर्धिवे ।
एतन्मत भयंकरी हवे मूर्त्ति तिरोहित ॥
नारिवे तुमि रक्षिते यथा इच्छा गदाधरे ।
त्रैलोक्येश्वर रावण काल कृपा समन्वित ॥
काल ऊर्ध्वे अवस्थित सर्वेश्वर जगत् पति ।
सर्व काले स्वयं यिनि अज नित्य सनातन ॥
सर्व काल तथा नत स्वेच्छाते जगदीश्वरे ।
सप्त लोके परिव्याप्त एक तिनि जगन्मय ॥
सर्व शक्ति विधारित शक्तिमान स्वयं तिनि ।
एतद् शक्ति समुद्भवे मम मूर्त्ति सुनिश्चय ॥
एतद् इच्छा जगन्मध्ये राम रूपे समागत ।
नारिवे रोधिते तुमि रामचन्द्रे दशानन ॥

शुन गर्जे रणस्थले विषमे कपि वाहिनी ।
हओ युद्ध समुत्थित केन भीत दशानन ॥

रावण वचन

जय यदि नहे अन्ते किंवा युद्धे प्रयोजन ।
निरस्त्र रहि केवल रामचन्द्रे विनाशिते ॥

काली वचन

केन भीत दशानन अन्तकाले अत:परे ।
कर युद्ध महाबले हवे मृत्यु महायशे ॥
जन्म मृत्यु किंवा कथा जीवन्मृत यशः क्षये ।
सम्मुख समरे पड़ि हवे सत्य महागति ॥
रव स्वयं रणस्थले तव पार्श्वे निरंतर ।
कर युद्ध महावीर्ये सर्व भय परित्यजि ॥

रावण वचन

तद् सत्य कहिले काली यद्यपि मृत्यु निश्चय ।
महायुद्ध अनुष्ठिव अद्य शस्त्रे भयंकर ॥
यद्यपि अंत जीवन मम पद तथामत ।
गर्जि घोरे पुनर्वार मम राज्य समापने ॥
देह शक्ति महाशक्ति शत्रु चित्त प्रकम्पिते ।
कराल वदना काली घोर रूपा भयंकरी ॥
विद्युत्जिह्वा प्रकाशिया लोल जिह्वा विथारिया ।
युद्ध क्षेत्रे प्रवेशिह शक्ति गण समन्विता ॥
एलोकेशी महाकाली धर खड्ग चतुर्भुजे ।
कर युद्ध तथाकाले शक्ति वृन्द समावृत ॥

काली वचन

हवे कार्य तथामत यथा इच्छा मनोदित ।
धरिव विग्रहे अद्य खड्ग स्वयं सुनिश्चय ॥

वाल्मीकि वचन

महाशक्ति प्रभावित लंकेश्वर महारणे ।
काल गृह परित्यजि खड्ग हस्ते बहिर्गत ॥
युद्धादेश प्रदानिल सर्व सैन्य निशाचरे ।
रावण कृत आज्ञाते त्वरित सैन्य सुसज्जित ॥
स्वयं शक्ति रथारूढ़ लंकाते सह रावण ।
हेरि एतद् सुराधिपे आह्वानिल शिखीध्वजे ॥
शिखीध्वज समागमे कहे वाक्य शतक्रतु ।
निरीक्षह महीतले चले काली रणस्थले ॥
रक्षः राज्य समापित अद्य स्वयं मने स्मरि ।
ब्रह्म वाक्य यथा पुरा एतद् क्षण सुनिर्णये ॥
पशिवे सह रावण यवे काली रणस्थले ।
एतद् काले हवे क्षय रक्षः राज्य शतक्रतु ॥
एवे कार्य षडानन तव प्रति भयंकर ।
रहिया शक्ति विद्वेषी रक्षिवे राघवे तुमि ॥

शक्तिधर स्वयं युद्धे महाशक्ति निवारह ।
सर्व लोक भयंकर हवे युद्ध तथास्थले ॥
एतद् वाक्य यथा श्रुत शक्तिधर समुत्थित ।
दिव्य शंख निनादिल देव युद्ध समुद्भवे ॥
गर्जे घोरे शिखीवर केकारवे भयंकर ।
भीत सर्व चराचर नागकुल तथामत ॥
साजिल सर्व देवता वृषभे वृषभध्वज ।
ऐरावते सुराधिप जयंत तुरगारूढ़ ॥
चले मृगे प्रभंजन रक्ताश्वे अश्विनी द्वय ।
महिषे नरकाधिप मूषिके पार्वतीसुत ॥
घन्टानादे चले चन्द्र चातक शुभ्र वाहने ।
अन्यान्य विश्व देवता सज्जित स्व स्व वाहने ॥
चले सूर्य रथारुणे मकरे मित्र वरुण ।
शक्तिधर प्रचालने चले सर्वे महीतले ॥
श्रीराम लंकेश्वर घोर विग्रहे काली रथे दृष्ट सहस्रलोचने ।
आज्ञा प्रदाने सुरसैन्य चालने हे स्कन्द मर्त्ये चल रक्षः पीड़ने ॥

- इति श्रीमद्देवायण ब्रह्मकल्पे तृतीय खण्डे राम मण्डलान्तर्गतः रामायण वर्गे लंका काण्डे राम-रावणे तृतीय युद्धोद्यम ओ राम साहाय्ये तद् युद्धे देवगणे प्रवेश वार्ता नामः एकपंचाशत् सर्ग ।

— ☆ —

॥ द्विपंचाशत् सर्ग ॥

वाल्मीकि वचन

प्रभाते अष्टमी तिथि रक्षःराज बहिर्गत ।
प्रस्तुत कपि वाहिनी आक्रमिल महाबले ॥
रक्षःसैन्ये कपिसैन्ये महायुद्ध अतःपरे ।
नाना शस्त्र प्रहरणे सुशोभित निशाचर ॥
धरि वृक्ष महीरुह कपिवृन्द करे रण ।
अद्य युद्धे महाकाली गण सह प्रवेशिल ॥
जनप्रति निशाचरे शक्तिगण समाश्रित ।
उन्मत सर्व राक्षस युद्धे नृत्य परायण ॥
खड्गाघाते करे वध कपिसैन्य चतुर्दिके ।
रक्तधारा प्रवाहित पाने मत्त निशाचर ॥
रक्त पाने भयंकर धृत मूर्त्ति जने जने ।
चर्वण करिया दन्ते भक्ष्ये मुंड त्वरित गति ॥
केहवा धरिया कपि मध्यस्थले विदारिल ।
कपिसैन्य महाभये युद्धक्षेत्र परित्यजे ॥
हेरि कपि पलायन अंगद अति कुपित ।
गर्जिल विषम स्वने रह स्थिर रणस्थले ॥

अंगद वचन

मृत्युभये पलायन योद्धा कार्य नहे कभु ।
प्राणमाया परित्यजि कर युद्ध यथा बले ॥
ये करिवे रणे अद्य भये पृष्ठ प्रदर्शन ।
वृक्षाघाते विचूर्णिव एतद् मुंड सुनिश्चय ॥

जाह सर्वे पुरोभागे हे वीर सैन्यनायक ।
स्व-सैन्ये परिवेष्ठित कर युद्ध स्थले स्थले ॥

वाल्मीकि वचन

इत्यादेश प्रदानिया अंगद सर्व नायक ।
चले सर्व पुरोभागे आक्रमिल दशानने ॥
करि वृक्ष विघूर्णित निक्षेपिल त्वरित गति ।
तीक्ष्ण शरे दशानन द्विखंडिल महीरुह ॥
वृक्ष व्यर्थ निरीक्षिया निक्षेपिल महीधर ।
बृहत् शृंग समन्वित आगत हेरि पर्वत ॥
धरि शूल दशानन गिरि चूर्ण करे त्वरा ।
निक्षेपिल महाशूल चूर्णि गिरि अतःपरे ॥
शूलाघात यथा लब्ध अंगद भूमि शायित ।
पतित हेरि अंगदे कपीश सत्वरागत ॥
सुग्रीव सह रावणे महायुद्ध तथास्थले ।
पर्वतकुल निक्षेपि शिलावृष्टि करे तथा ॥
घोर रूपे दशानन करे युद्ध तथास्थले ।
विंश हस्ते करे युद्ध शेल शूल धनुःशरे ॥
जाठा भल्ल यथा क्रमे परशु खड्ग मुद्गर ।
हाने कपीश्वरप्रति विंश हस्ते क्रमागत ॥
लंकेश्वर करे युद्ध घूर्णित विंशलोचन ।
पानारक्त नवारुण सम चक्षु समीक्षित ॥
एतद् रूपे कतक्षण सुग्रीव रावणे रण ।
छिल राजा दशानन कालशक्ति समाश्रित ॥
घोर रणे तथास्थले कपिराज पराजित ।
रावण शरघातने अन्य सर्व निपीड़ित ॥
अक्षम तिष्ठिते युद्धे कपि सर्व पराजित ।
वानर अधिनायक शर विद्ध निपातित ॥
मर्दे कपि दशानन घोर रूपे भयंकर ।
रक्तस्रोत प्रवाहित लक्ष लक्ष निपातित ॥
अंगद वाक्य येमति करे कार्य तथामत ।
दाने प्राण रणस्थले नाहि स्थान परित्यजे ॥
प्रहरेके महायुद्धे लक्ष कोटि पड़े कपि ।
समस्त समरे एतद् नहे पूर्वे निपातित ॥
प्रहरेक पड़े यथा घोरतर महारणे ।
अद्य सर्व निशाचर प्रति क्षेत्रे भयंकर ॥
उत्थित रुधिरे वीचि रक्त-सिंधु यथामत ।
एतद् युद्ध निरीक्षिया विस्मित राम लक्ष्मण ॥
पूर्वे बहु पराजित एतद् रूप नहे कभु ।
क्रमागत पराभूत नहे कपि कदाचन ॥
बिना युद्धे तथा राम चिन्तायुक्त विषादित ।
एतद्काले प्रवेशिल देववृंद तथास्थले ॥
देव सर्व समागमे रामचन्द्र समुत्थित ।
मातलि रथ चालने अग्रसरे रणस्थले ॥
तद् पश्चाते स्मिताधर वृषभे वृषभध्वज ।
शूल हस्ते महाकाल युद्धस्थले उपस्थित ॥

आरम्भिल महायुद्ध	राघव सह रावण ।
तद् पश्चाते महाकाली	राक्षसीरूप भीषणा ॥
एलोकेशी तथास्थले	लोल जिह्वा बहिर्गत ।
टंकारिया धनुर्गुण	निक्षेपे तीक्ष्ण शायक ॥
रक्ष:राज दशानन	संग्रामे राघवप्रति ।
तद् पश्चाते महाकाली	घोररूपा भयंकरी ॥
हाने शस्त्र दशस्कंध	अति वीर्य पराक्रमे ।
अट्ट अट्ट महाहास्य	काली कण्ठे निरंतर ॥
निक्षेपे यत शायक	रक्ष:राज पराक्रमे ।
ताहे शक्ति प्रवर्धित	काली कृत रणस्थले ॥
घोर शब्दे चले शस्त्र	महाशक्ति प्रभावित ।
गर्जे घोरे दशानन	रणे अद्य भयंकर ॥
दिव्य दिव्य महाशस्त्र	रामचन्द्रे प्रहारित ।
ताहे काल प्रभावित	शूल तेजे प्रचालित ॥
राघवे करिते रक्षा	महाशक्ति निवारिते ।
शूल हस्ते करे युद्ध	महाकाल महेश्वर ॥
सूर्य रथे समारूढ़	रामानुज महाबली ।
आक्रमिल दशानने	महाघोरे रणस्थले ॥
टंकारिल धनुर्गुण	लक्ष्मण अति भैरवे ।
सूर्यतेजे करे युद्ध	रक्ष:राजे निपीड़िते ॥
हस्तद्वये करे युद्ध	रक्ष:राज दशानन ।
मुंडेक राघवप्रति	चक्षुद्वय तथामत ॥
लक्ष्मणप्रति तेमति	मुंड एक कर द्वय ।
चक्षुद्वय निवेशिया	करे युद्ध भयंकर ॥
आक्रमिल दशानने	अन्य दिके कपीश्वर ।
तद् पश्चाते गजारूढ़	वज्रधारी सुराधिप ॥
सुग्रीव प्रति तेमति	चक्षुद्वय निवेशित ।
एक मुंड करद्वये	युद्धमान दशानन ॥
आक्रमे अपरे नल	नील वीर समन्वित ।
पश्चाते मित्र वरुण	पाश हस्ते करे रण ॥
तथा नील नलप्रति	चतुर्चक्षु निवेशित ।
मुंडद्वय चतुर्भुजे	करे युद्ध निशाचर ॥
आक्रमे अपरे तथा	अंगद सर्व नायक ।
टंकारित धनुर्गुणे	तद् पश्चाते शिखीध्वज ॥
रक्ष:राजे तथामत	चक्षुद्वय निवेशित ।
एक मुंड करद्वये	घोरतर करे रण ॥
आक्रमे अपरे त्वरा	गवाक्ष गय गौरवे ।
तद् पश्चाते हयारूढ़	अश्विनी तनय द्वय ॥
रक्ष:राजे तथामत	चतुर्चक्षु निवेशित ।
मुंडद्वय चतुर्भुजे	घोरतर महारण ॥
आक्रमे अपरे हनु	घोररूपे दशानने ।
तद् पश्चाते मरुत्बल	मृगारूढ़ महारवे ॥
रक्ष:राजे तथामत	चक्षुद्वय निवेशित ।
एक मुंड करद्वये	करे युद्ध दशानन ॥
अन्य दिके करे युद्ध	जाम्बवान् महाबली ।
तद् पश्चाते रहे चन्द्र	घन्टानाद क्षणे क्षणे ॥

रक्षःराजे तथामत चक्षुद्वय निवेशित ।
एक मुंड करद्वये युद्धमान दशानन ॥
अन्य सर्व महाकपि लंकेश्वरे निपातित ॥
दश दिके करे युद्ध अद्य रणे दशानन ।
सर्व दिके सुराश्रित स-कपि राम लक्ष्मण ॥
एतद् रूपे महायुद्ध दिव्याव्यापी क्रमागत ।
तवु रक्षः अकातर करे युद्ध भयंकर ॥
दुर्धर्ष लंकेश्वर शक्ति चालने काली महाशक्ति रथस्थ दर्शने ।
आक्रांत देवे कपिवीर आश्रये वज्रादि शस्त्रेरत रक्षः पीड़ने ॥

- इति श्रीमद्देवायण ब्रह्मकल्पे तृतीय खण्डे राम मण्डलान्तर्गतः रामायण वर्गे लंका काण्डे देव राक्षस युद्ध वार्ता नामः द्विपंचाशत् सर्ग ।

— ✯ —

॥ त्रिपंचाशत् सर्ग ॥

वाल्मीकि वचन

दश मूर्त्ति महाशूर रामचन्द्र समन्वित ।
देववृन्द समाश्रित करे युद्ध भयंकर ॥
दश वीर बलान्वित देव वीर्ये प्रवर्धित ।
प्रधान देवता दश कृत तेज प्रदानित ॥
तवु रक्षः अकातर करे युद्ध भयंकर ।
महाशक्ति महाबले महामाया प्रभावित ॥
एतद् रूपे महायुद्धे रावण अपराजित ।
गर्जे घोरे निशाचर अत्याधिक रणस्थले ॥
तृतीय प्रहरे शुन रामचन्द्र महाबली ।
रावण कृत संग्रामे स्वयं चित्ते चमत्कृत ॥
तद् परे अति वीर्यते गर्जे एवे जगत्पति ।
मातंग सम्मुखे यथा हर्यक्ष अति भीषण ॥
रामचन्द्र जगत्हरि हरितुल्य महारवे ।
स्वयं तेज प्रकाशिल एतद् मत् निनादित ॥

श्रीराम वचन

हे सर्व कपि नायक युद्धस्थले रह स्थिर ।
विरत रह संग्रामे देवताकुल संवृत ॥
हेर रक्षः भयंकर विचित्र शर घातने ।
एकाकी करि संग्राम द्रष्टारूपे निरीक्षह ॥

वाल्मीकि वचन

एतन्मत यथा उक्त समस्ते रण संवृत ।
करे स्थिरे अवस्थान तथा युद्ध परित्यजि ॥
संवृत समर त्यजि सर्व योद्धा यवे शुन ।
रामचन्द्र कहे गर्जि रक्षःराज दशानने ॥

श्रीराम वचन

हे रावण दुराचारी बहु वीर्य प्रकाशिले ।
करिले बहु संग्राम सर्व लोक भयंकर ॥
एकाकी समरे अद्य बहु सैन्य विनाशिले ।
स्वयं सैन्य निवारह करि युद्ध अत:परे ॥

वाल्मीकि वचन

देवकुल यवे स्थिर युद्ध त्यजि रणस्थले ।
काली रण परित्यजे एकाकी हेरि राघवे ॥
यत योद्धा समागत काली हर्षे प्रवर्धित ।
काली शक्ति निवारिते केह क्षम नहे तथा ॥
देवकुल समन्वित यत युद्ध अनुष्ठित ।
तत काली महायुद्धे रक्ष: तेज प्रवर्धिल ॥
संवृता एक्षणे काली एकाकी हेरि राघवे ।
राघव रावणे त्यजि वधे सैन्य क्रमागत ॥
क्रमे सर्व निशाचर रामचन्द्रे निपातित ।
एकाकी राक्षसेश्वर युद्धमान रणस्थले ॥
संवृता समरे काली शक्तिगण निवारित ।
पड़े युद्धे निशाचर गर्जिल वीर राघव ॥
रावण हेरि कुपित आक्रमे राघवे त्वरा ।
गर्जमान दशानन गर्जमान जगत्पति ॥
करे उभे शराघात उभे देहे परस्परे ।
रक्ष:सैन्य निपातने रक्तस्रोत प्रवाहित ॥
एतन्मध्ये महारथ कर्दमाक्त विरंजित ।
मातलि अति कौशले नियुक्त रथ चालने ॥
पुष्पक भ्रमणे रत आवर्त्तने चतुर्दिके ।
नाना शस्त्र प्रहरणे महायुद्ध तथास्थले ॥
रावण वधिते अद्य बहु यत्न परायण ।
तीक्ष्ण तीक्ष्ण महाशर सन्धानित दशानने ॥
शोणिताक्त कलेवर लंकेश्वर तथास्थले ।
शरीरे वेदनाप्राप्त रावण अति कोपने ॥
निक्षेपिछे महाशर शेल चले क्रमागत ।
एकत्रे शस्त्र विंशति रामचन्द्रे प्रहारिछे ॥
विंश हस्ते दशानन अति क्षिप्र त्वरित गति ।
शस्त्राघात तथा राम शोणिताक्त कलेवर ॥
व्यथित सर्व देवता राम पीड़ा निरीक्षिया ।
सुग्रीव सह लक्ष्मण राम जय निनादिल ॥
तद्रूप इन्द्र देवता राम जय निनादिल ।
गर्जे कपि तथास्थले देवकुल समन्वित ॥
एकत्रे देवता कपि गर्जे घोरे रणस्थले ।
जय राम जगत्पति राक्षसकुल शासक ॥
दिव्य वाद्य करे तथा देवकुल महास्वने ।
राम तेज प्रवर्धिते नाना वाद्य क्रमागत ॥
डम्बरु घन वादने सह शृंग निनादिल ।
महाकाल महेश्वर सर्व सृष्टि प्रकम्पित ॥

घन्टा ध्वनि करे चन्द्र अन्यान्य शंख वादने ।
इथे हर्ष प्रवर्धित रामचन्द्रे रणस्थले ॥
तेज क्षये राक्षस नाथ रावणे श्रीराम युद्धे स्मरि तेज वर्धने ।
वादित्रि यद् दिव्य निविष्ट निस्वने देवेन्द्र चन्द्रादि समस्त देवता ॥

- इति श्रीमद्देवायण ब्रह्मकल्पे तृतीय खण्डे राम मण्डलान्तर्गतः रामायण वर्गे लंका काण्डे श्रीराम-रावण युद्धवार्ता नामः त्रिपंचाशत् सर्ग ।

— ★ —

॥ चतुःपंचाशत् सर्ग ॥

वाल्मीकि वचन

श्रीराम रावणे युद्ध सर्व लोक सविस्मय ।
देव शंख निनादने एतद् हर्ष प्रवर्धिल ॥
वर्धमान यथा हर्ष आक्रमित तथा बले ।
तथा एक शिरच्छेद ऐषिक शर घातने ॥
किं विस्मय अतःपरे उठे स्कंध पुनः शिरे ।
पुनश्च बाण सन्धानि स्कंधद्वय निपातित ॥
उत्थित मुंड तेमति पूर्व मत् त्वरितगति ।
पंच मुंड निपातित एकत्रित अतःपरे ॥
उठे त्वरित पुनः मुंड सर्व जने सविस्मय ।
दश मुंड निपातित राघवकृत तद् परे ॥
मुंड सर्व समुत्थित स्कंधदेशे यथायथ ।
एतद् दृश्य निरीक्षिया विस्मित चित्त राघव ॥
इत्यादेशे कहे राम महावीरे तदंतरे ।
पतित मुंड रावणे कर चूर्ण त्वरितगति ॥
एतद् वाक्ये तथा हनु गिरि हस्ते समुत्थित ।
राघव कृत छेदित पड़े मुंड महीतले ॥
त्वरिते गिरि निक्षेपि करे चूर्ण शिर हनु ।
स्कंध भेदि समुत्थित पूर्व सम दशानने ॥
एतन्मत महायुद्धे प्रहरेक यवे निशा ।
राघव हेतु निर्णये रक्षःप्रति निरीक्षिछे ॥
पुनः पुनः निरीक्षणे तीक्ष्ण दृष्टि निपातने ।
सहसा शक्ति दर्शित राघव कृत तद् रथे ॥
चतुर्बाहु महाकाली एलोकेशी दिगम्बरी ।
हस्ते खड्ग विधारिता लोल जिह्वा बहिर्गत ॥
रावण रथ शोभिता विद्युत्ज्योति विभास्वत ।
भास्वत शत भास्करे यथा प्रभा तथामत ॥
घूर्णित लोचन त्रया अट्टहास्य परायणा ।
राक्षसी रूप धारणे महाशक्ति अवस्थिता ॥
एरूप शक्ति दर्शने रामचन्द्र चमत्कृत ।
शक्ति कृपा समाश्रित रावण राक्षसेश्वर ॥
राक्षस स्यन्दनास्थित महाशक्ति निरीक्षिया ।
एतद् युद्ध निवारिते रामचन्द्रे कृत स्थिर ॥
रामचन्द्र कहे एतद् आह्वानिया कपीश्वरे ।
हे सुग्रीव वृथा युद्ध संग्रामे सह रावण ॥

रक्ष:राज रथारूढ़ा हेरि शक्ति अवस्थिता ।
सर्व शक्ति विधारिका महाकाली भयंकरी ॥
काली सह किंवा युद्ध जयाशा विफल स्मरि ।
ए कारणे सखा कहि अवधान कर स्थिरे ॥
प्रेरण कर हे दूत रावण पार्श्वते त्वरा ।
युद्धे सन्धि ममाकांक्षा शक्ति उपासना स्मर ॥
शक्ति तुष्टि बिना युद्धे नहे जय कदाचन ।
रावणे के वधे क्षम शक्ताश्रित यतक्षण ॥
करि सन्धि रणस्थले पूजि शक्ति यथाविधि ।
यदि तुष्टा महाशक्ति तद्वर प्राप्त यद्यपि ॥
तवे सत्य हवे जय नतुरा हे असम्भव ।
सर्व युद्ध पराक्रमे शक्ति तुष्टि बिना शुन ॥
देवकुल समागत मम युद्ध सहायके ।
तवु शक्ति नहे तुष्ट कृपा वरे ममप्रति ॥
शक्ति तुष्टि बिना युद्धे पंडश्रम मने स्मरि ।
हे सुग्रीव महाबाहु कर सन्धि त्वरित गति ॥
एतद् वाक्य यथा श्रुत सुग्रीव कपि शार्दुल ।
आपनि चलिल त्वरा सन्धि वार्ता प्रदानिते ॥
रावण हेरि सुग्रीवे टंकारिल धनुर्गुण ।
एक लम्फे पुरोभागे कपीश्वर उपस्थित ॥

सुग्रीव वचन

करि सन्धि रणस्थले एतद् युद्ध निवारह ।
स्व-कार्ये अद्य राघव सन्धि इच्छा प्रकाशिल ॥

वाल्मीकि वचन

एतद् वाक्य यथा श्रुत लंकेश्वर दशानन ।
स्मरे राम पराजय दश आस्य स्मिताधर ॥

रावण वचन

सन्धि इच्छा मने यदि हवे कार्य तथामत ।
रामे खड्ग प्रदानह अद्य युद्ध निवारिणु ॥

वाल्मीकि वचन

सुग्रीवह तथामत स्वीय गदा प्रदानिल ।
सन्धि स्थापि तथास्थले प्रत्यागत कपीश्वरे ॥
लंकाधामे प्रवेशिल लंकेश्वर दशानन ।
रामचन्द्र रणत्यजि देववृंदे निवेदिल ॥
देव कपि समन्वित राघव शिविरे स्वयं ।
शक्ति पूजा अनुष्ठिते एतद् रूप हल स्थिर ॥
काली रथारूढ़ नियुक्त रक्षणे लंकेश नाशे प्रतिबंध दृष्ट यद् ।
श्रीराम युद्धे करि सन्धि सत्वरे रूपानु चिन्ता रत शक्ति अर्चने ॥

- इति श्रीमद्देवायण ब्रह्मकल्पे तृतीय खण्डे राम मण्डलान्तर्गत: रामायण वर्गे लंका काण्डे रावणे रथे श्रीराम कर्तृक महाकाली दर्शन ओ युद्धे सन्धि करण वार्ता नाम: चतु:पंचाशत् सर्ग ।

— ☆ —

॥ पंचपंचाशत् सर्ग ॥

वाल्मीकि वचन

वानर गढ़ निर्माणे यथा युक्ति विभीषणे ।
कपीश्वर तदक्रमे रचे बृहत् महागढ़ ॥
एतन्मत कहे तथा रक्षः मित्र विभीषण ।
यद्यपि सन्धि संग्रामे रक्षःराजे कृत स्थिर ॥
रहिवे शक्ति साधने यवे तुमि महाबली ।
मायाते करिवे युद्ध शस्त्र त्यजि दशानन ॥
स्थिर भावे अवस्थान नहे रक्षः स्वभाव यद् ।
आछे पुत्र दशानने मायावी महिरावण ॥
हवे अद्य समागम सन्धि सूत्रे मने स्मरि ।
लक्ष्मण शेल आहत मृतकल्प रणस्थले ॥
चलिल गंधमादने महावीर यवे शुन ।
कालनेमि बहिर्गत मायाबले प्रभावित ॥
कार्य अंते इहा श्रुत महावीरे सुवर्णित ।
हनु अग्रे उपस्थित मायाबले निशाचर ॥
यथा विघ्न करे सृष्टि हनुमान निवेदिल ।
मायावी महिरावण इत्याधिक मने स्मर ॥
अद्य रात्रि हवे स्मरि सर्वाधिक भयंकर ।
रह सर्वे सचेतन प्रहरीतुल्य चौदिके ॥

इन्द्र वचन

स्वर्ग-युद्धे करे माया मायावी महिरावण ।
देवकुल नहे ज्ञात यथा मूर्त्ति परिग्रहे ॥
देव रूप विधारणे मायावी महिरावण ।
देववृन्द निपीड़िल स्वयं हर्षे चतुर्दिके ॥
वारिते महिरावण अक्षम सर्व देवता ।
मेघनाद हते श्रेष्ठ मायाबले बलाधिक ॥
यथा लक्ष्य महादुष्टे नारे केह निवारिते ।
किं प्रकारे परिज्ञात आसिवे महिरावण ॥

विभीषण वचन

चिन्ता मात्र मनोदित कहि वाक्य तथामत ।
नहि ज्ञात यथा सत्य उद्भव महिरावणे ॥

इन्द्र वचन

संशये किं प्रयोजन जाह स्वयं निरीक्षह ।
किंवा कार्य अतःपरे हल स्थिर दशानने ॥
प्रत्यक्ष करि दर्शन कर कार्य तथामत ।
आगत महि यद्यपि तद्पर रह तेमति ॥

वाल्मीकि वचन

एतद् वाक्य विभीषणे यथा उक्त सुराधिपे ।
चले त्वरित यथा तथ्य लंकापुरे निरीक्षिते ॥

छद्मवेशे प्रवेशिल लंकामध्ये विभीषण ।
यद् संदेह मनोदित परिदृष्ट तथामत ॥
रावण मंत्रणागृहे सहित महिरावण ।
वार्ता रत परस्परे हरणे राम लक्ष्मण ॥
कहे वाक्य मृदुस्वरे लंकेशे महिरावण ।
शुनि तुष्ट दशानन पुत्रे बहु प्रशंसिल ॥
हल त्वरित बहिर्गत मंत्रणा करि रावण ।
तद् संगे महिरावण कहे पथे गति क्रमे ॥

रावण वचन

कर तुष्ट महामाया बलि दाने रसातले ।
काल गेल परित्यजि कहि सर्व परिस्थिति ॥

महिरावण वचन

हवे तुष्ट पुनः काल शक्ति पूजा समापिले ।
प्रत्यागत हवे काल पूर्व तथ्य मने स्मर ॥
हवे तुष्ट महाकाल नर:बलि प्रदानिले ।
एतद् कार्य अनुष्ठिव मायाबले पिता शुन ॥

वाल्मीकि वचन

एतद् वाक्य यथा श्रुत अंतराले विभीषण ।
त्वरित पुरी परित्यजि राम पार्श्वे उपस्थित ॥
लंकामध्ये यथा श्रुत सुराधिपे निवेदिल ।
चिन्तित शुनि वासव कहे वाक्य विभीषण ॥

विभीषण वचन

वानर गढ़ यद्रूप अति दृढ़ सुनिश्चय ।
ऊर्ध्वे चक्र प्रतिष्ठिया सर्व देव विराजह ॥
देव सर्व कृपा भरे अद्य ऊर्ध्वे निवारह ।
रक्षि स्वयं महीतल कपिवृंद समन्वित ॥

वाल्मीकि वचन

एतद् वाक्य यथा श्रुत सम्मत सर्व देवता ।
कृत गढ़ सुनिर्माण वानर मण्डले तथा ॥
ऊर्ध्व रक्षा करे देवे परिव्याप्त नभ स्थले ।
एतद् निम्ने भ्रमे चक्र निमिषे लक्ष चक्रते ॥
यद् दृढ़ गढ़ वानरे विभीषणे सुनिर्मित ।
महावीर रहे द्वारे आपनि बाहिरे स्थित ॥
निमिषे भ्रमिया गढ़ पुनः पुनः निरीक्षिछे ।
यदि रक्षः सुकौशले निर्भेदिया प्रवेशिवे ॥
मध्यस्थले रहे राम ध्यानासीन महाबली ।
तद् पश्चाते धनुर्धर रामानुज अवस्थित ॥
पार्श्वद्वये रहे नल नील वीर समन्वित ।
पुरोभागे कपीश्वर तद् पूर्वे अंगद स्थित ॥
एतद् रूपे चतुर्दिके कपिवृंद समावृत ।
शक्ति ध्याने समाहित रामचन्द्र महाबली ॥

दुर्भेद्य सर्वे गढ़ निर्मि वानरे श्रीराम मध्ये रत शक्ति साधने ।
द्वारे महावीर विभीषणाश्रये माया प्रभाव स्मरि रात्रि संकटे ॥

- इति श्रीमद्देवायण ब्रह्मकल्पे तृतीय खण्डे राम मण्डलान्तर्गतः रामायण वर्गे लंका काण्डे वानर गढ़ निर्माण ओ देव-कपि सह विभीषण कर्तृक रक्षा करण वार्ता नामः पंचपंचाशत् सर्ग ।

— ✯ —

॥ षड्पंचाशत् सर्ग ॥

वाल्मीकि वचन

बहिर्देशे विभीषण कहे वाक्य हनुप्रति ।
प्रहरी रह मारुति सावधाने सचेतन ॥
बहु माया प्रकाशिवे बहु छल तथामत ।
नाहि दिवे प्रवेशिते कोन जने महाबली ॥
मम आज्ञा बिना शुन आगत यदि बांधव ।
प्रतीक्षा करिते कह ममागम यतक्षणे ॥
भ्रमि स्वयं चतुर्दिके प्रहरी परिदर्शने ।
मृत्तिका भेदिते येन नहे क्षम निशाचर ॥
एतन्मत पुनः पुनः चक्रसम परिभ्रमि ।
निरीक्षिछे विभीषण क्रमागत चतुर्दिके ॥
एस्थले महिरावण अकुस्थले प्रवेशिल ।
देव सर्व अवस्थित नभ व्यापी निरीक्षिल ॥
विभीषणे निरीक्षिल भ्रमे त्वरित चतुर्दिके ।
विज्ञात राम लक्ष्मण गढ़ मध्ये अवस्थित ॥
मायाबले सविज्ञात मायाधर निशाचर ।
गढ़ द्वारे महावीरे हेरिल महिरावण ॥
गढ़ मध्ये प्रवेशिते करे यत्न अतःपरे ।
द्वार त्यजि विभीषण गेल यवे त्वरितगति ॥
दशरथ नराधिप अकस्मात् उपस्थित ।
विस्मित हनु अंतरे परिचये कहे इहा ॥
अयोध्येश मने स्मर इच्छि रामे निरीक्षिते ।
उत्तरिल तथा हंनु जिज्ञासिव विभीषणे ॥
क्षणकाल रह स्थिर अयोध्यापति यद्यपि ।
अद्य रात्रे सुरक्षित सर्व गति विभीषणे ॥
अदूरे दृष्ट तद्काले समागम विभीषणे ।
अति क्षिप्र तिरोहित दशरथ नराधिप ॥
अयोध्येश समागत हनुमान निवेदिल ।
चमकित विभीषण कहे माया मने स्मर ॥
महावीर रह स्थिर बहु माया प्रकाशिवे ।
नाहि दिवे प्रवेशिते ममाज्ञा विहने गढ़े ॥
सतर्क करि एरूप चले मित्र विभीषण ।
करे माया पुनः पुनः नाना मूर्त्ति विधारणे ॥
कौशल्या जननी कभु कभु वा मिथिलापति ।
नानाविद्ध धरे रूप स्वजन ज्ञाति बांधव ॥

कहे माया विभीषणे पुनः पुनः समागमे ।
पुनः पुनः धरे मूर्त्ति नाना छले तथास्थले ॥
एतद् रूपे बहुक्षण अतिगत अतःपरे ।
क्षणमात्रे विभीषण प्रत्यागत तथास्थले ॥
जिज्ञासिल महावीर किंवा कार्य त्वरित गति ।
प्रत्यागत क्षणे तुमि कह मित्र किं कारणे ॥
शुन कार्य महावीर अद्य रात्रि नहे शुभ ।
बहु छल करे देख अति दुष्ट निशाचर ॥
ए हेतु इच्छि मानसे दानिते रक्षः-बंधनी ।
हेथा छल हवे पंड गढ़ मध्ये प्रवेशिया ॥
मृत्तिका भेदि यद्यपि उठे दुष्ट निशाचर ।
एतद् पथ निवारिते पूर्वे मम हल भ्रम ॥
एतद् वाक्य यथा श्रुत द्वार मुक्त करे हनु ।
मुक्त द्वारे चले त्वरित रक्षः मित्र विभीषण ॥
निश्चिंत वीर मारुति गढ़ मध्ये विभीषण ।
द्वारदेशे अवस्थित हस्ते धृत महीरुह ॥
क्षणान्तरे समागत द्वारदेशे विभीषण ।
जिज्ञासिल किंवा वार्ता हनुमाने अतःपरे ॥
विस्मित चित्त मारुति बहिर्देशे विभीषण ।
जिज्ञासिल किंवा वार्ता कर तुमि निरंतर ॥
क्षणाग्रे पशिले तुमि गढ़ मध्ये विभीषण ।
किं प्रकारे बहिर्देशे जिज्ञासिछे किंवा पुनः ॥
कहे वाक्य विभीषण महावीर किंवा कह ।
बहिर्देशे सदा भ्रमि गढ़मध्ये नहे गति ॥
कुपित अति मारुति कहे वाक्य विभीषणे ।
करिते रक्षः-बंधनी गढ़मध्ये प्रवेशिले ॥
एवे कह कदाचन गढ़मध्ये नहे गति ।
मिथ्याचार किं कारणे वृक्षाघाते विनाशिव ॥
रावण सह संयोगे कर कार्य सुनिश्चय ।
सर्व माया विनाशिव तुमि दुष्ट निशाचर ॥
कुपित हेरि मारुति कहे वाक्य विभीषण ।
मम मूर्त्ति विधारणे प्रवेशिल किंवा मही ॥
एतद् वाक्य यथा श्रुत हनु चित्ते चमत्कृत ।
कहे वाक्य विभीषणे चल गढ़ निरीक्षिवे ॥
संदेह युक्त मानसे गढ़मध्ये प्रवेशिल ।
यथा दृश्य निरीक्षिल उभे स्तब्ध बहुक्षण ॥
कपि सर्व तथास्थले मोह निद्रा अचेतन ।
अदृश्य राम लक्ष्मण सुरङ्गेक महीतले ॥
एवे सर्व परिष्कृत छलना करि मारुति ।
कार्यसिद्धि करे महि मायाधर निशाचर ॥
धरि मूर्त्ति विभीषण मायामोहे विमोहिया ।
दानिते रक्षः-बंधन महाछले प्रवेशिल ॥
कातर अति मारुति कहे वाक्य विभीषणे ।
किं उपाय इहा कह महि माया विचूर्णिते ॥

विभीषण वचन

मृत्तिका भेदि पाताले जाह त्वरित महाबली ।
पाताले महिरावणे महापुरी निरीक्षिवे ॥
सेथा अद्य निशाचर नर:बलि प्रदानिते ।
अर्चि अग्रे महामाया वधिवे राम लक्ष्मणे ॥
पूजा विघ्ने हवे हत मृत्यु स्थिर निशाचरे ।
जाह तुमि त्वरित गति वधह महिरावणे ॥
दुर्भेद्य दुर्गे पशि राम लक्ष्मणे दर्शे हरे तन्महिरावण छले ।
स्तम्भित भावे हनु युक्त दर्शने चैतन्यहारा कपि सर्व चौदिके ॥

– इति श्रीमद्देवायण ब्रह्मकल्पे तृतीय खण्डे राम मण्डलान्तर्गत: रामायण वर्गे लंका काण्डे महिरावण कर्त्तृक श्रीराम-लक्ष्मण हरण वार्ता कथन नाम: षड्पंचाशत् सर्ग ।

— ☆ —

॥ सप्तपंचाशत् सर्ग ॥

वाल्मीकि वचन

एतद् वाक्य यथा श्रुत हनुमान समुत्थित ।
कपि सर्व अचेतन निद्रा घोरे तथामत ॥
गिरि वृक्ष निपातित स्वीय पार्श्वे यथामत ।
कपि सर्व अचेतन निद्रा घोरे तथास्थले ॥
रहिल प्रहरी मात्र रक्ष: मित्र विभीषण ।
हनुमान प्रवेशिल सुरङ्ग महि गर्भते ॥
राम नाम मने स्मरि तम:पुंज विदलिया ।
चले त्वरित महाबले घोर रूपे महाबली ॥
चले पर्यटने हनु तम:पथ कतक्षण ।
स्वच्छस्थले उपस्थित यथा सूर्य प्रकाशित ॥
तद् परे नगरी हेरि तथा हनु प्रवेशिल ।
अति क्षुद्र धृताकृति राजपथे चले हनु ॥
विस्मये हेरिछे सर्वे कपि मूर्त्ति तथास्थले ।
तथा सर्व निशाचरे वर्धित हास्य कौतुक ॥
मानामान परित्यजि क्षुब्ध मने चले हनु ।
नहे दृष्ट यतक्षण राघव सह लक्ष्मण ॥
दग्ध आस्य यथा कपि कहि हास्य परायण ।
निक्षेपिया तथा लोष्ट क्रीडा वर्धे निशाचरे ॥
सर्व क्रोध परित्यजि क्षुब्धान्तरे चले हनु ।
नहे दृष्ट यतक्षण राघव सह लक्ष्मण ॥
सम्वरिते निज क्रोध राम नाम जपे मने ।
चले त्वरित महावीर वायुबले महाबली ॥
एतद् रूपे कतक्षण चलि वीर तथास्थले ।
राजपुरी निरीक्षिल दृश्य अति मनोहर ॥
पुरीमध्ये प्रवेशिते कर यत्न अत:परे ।
परित्यजि पुर:द्वार अंदर अर्गले गति ॥
अति बृहत् सरोवर निरीक्षिल तथास्थले ।
अंदरे करिते गति चिन्तायुक्त यथा हनु ॥

चिन्तायुक्त तथा हनु अवस्थाने क्षणान्तरे ।
निरीक्षिल निशाचरी रत स्नाने दले दले ॥
अत्र सरोवर तटे वृक्षारूढ़ त्वरित हनु ।
कहे सर्वे सविस्मये हेर कपि समागत ॥
कहिल अति आश्चर्ये वृद्धा एक तथास्थले ।
किंवा वार्ता नहे ज्ञात काल पूर्ण सुनिश्चय ॥
कहिल कौतुके सर्वे कह कह यथा स्मृति ।
विज्ञात काहिनी पुरा तुमि सर्व पितामही ॥

वृद्धा वचन

शुन सर्वे पुरास्मृति कपि दृष्टे मनोदित ।
राक्षसकुल सम्राट तपस्या रत ये-क्षणे ॥
एतद् काले यथा स्मृति कहि सर्व तथा क्रमे ।
बहु तपे करे तुष्ट राजा महि प्रजापति ॥
तपे तुष्ट प्रजेश्वर जिज्ञासे महिरावणे ।
परितुष्ट तपे तव वर चाह मनोमत ॥
अमरत्त्व प्रदानह ब्रह्मे महि निवेदिल ।
वाक्ये ब्रह्मा असम्मत अमरत्त्व प्रदानिते ॥
अमरत्त्व बिना वर चाह इच्छा मनोमत ।
सर्व जयी यथा वर चाहे महि क्रमे क्रमे ॥
सर्व वरे कहे ब्रह्मा हवे इच्छा मनोमत ।
सर्व जयी मने स्मरि कहिल वेधसे महि ॥
अमरतुल्य निश्चय स्वयं अद्य पितामह ।
केमने करिवे तुमि अमरत्त्वे प्रवंचित ॥
एतद् वाक्ये स्मिताधर कहे वाक्य प्रजेश्वर ।
अमर ना कदाचन कहि मृत्यु निरूपिया ॥
युद्धस्थले नहे मृत्यु वर दाने इहा कहि ।
हवे मृत्यु सुनिश्चय नित्य पूजा यथास्थले ॥
सहास्ये महिरावण जिज्ञासिल प्रजेश्वरे ।
के वधिवे इहा कह यक्ष रक्षः सुरासुरे ॥

ब्रह्मा वचन

नारिवे वधिते तोमा यक्ष रक्षः सुरासुरे ।
अवधा तुमि तद् सर्वे एतद् वर प्रदानिनु ॥
पशु पक्षी तथा नाग सर्व जयी मने स्मर ।
वधिवे एकदा सत्य हे महि नरः वानरे ॥
कहि काल निरूपणे शुन हे महिरावण ।
राज्ये कभु प्रवेशिले एकत्रे कपि मानव ॥
एतद् दिवा मम स्थिर तव मृत्यु निरूपणे ।
अमर नह निश्चय तुमि हे महिरावण ॥

वृद्धा वचन

वधिवे नर वानरे ए वाक्य श्रवणे महि ।
आत्म गर्वे स्मिताधरे कहिल वेधसप्रति ॥

महिरावण वचन

भक्ष्ये मध्ये यथा गण्य हे स्रष्टा कपि मानव ।
वधिवे किं हवे वध्य मम हस्ते सुनिश्चय ॥

वृद्धा वचन

एतद् वाक्य शुनि ब्रह्मा कहे मृदु स्मिताधरे ।
रह एतद् महाभ्रमे बुद्धिभ्रष्ट निशाचर ॥
एतद् वाक्य यथा उक्त ब्रह्म त्वरित तिरोहित ।
हास्यच्छले कहे राजा इहा राज सभातले ॥
वधिवे नर वानरे भक्ष्य मध्ये यथा गणि ।
तद् वाक्य अवहेलने अमरत्त्व प्रचारिल ॥
अमर महिरावण नहे शुन कदाचन ।
हेरि कपि मनोद्गत पूर्व गुह्य प्रकाशिनु ॥
नाहि कह कदाचन अन्यजने इहा शुन ।
श्रवणे महिरावण हवे क्रुद्ध सुनिश्चय ॥

वाल्मीकि वचन

कहे सर्वे सविस्मये गुह्य तथ्य प्रकाशिले ।
अमर महिरावण मिथ्या मात्र प्रचारित ॥

वृद्धा वचन

वधिवे नर वानरे एतद् तुच्छ मने स्मरि ।
अमरत्त्व यथा प्राप्त सर्व राज्ये प्रचारिल ॥

वाल्मीकि वचन

कौतुहल यथा श्रुत श्रोता सर्व कहे इहा ।
वानर मात्र आगत नरः कोथा पितामही ॥

वृद्धा वचन

कहि संगोपने एतद् नाहि वाक्य प्रकाशह ।
निश्चय वधिवे मोरे शुनिले महिरावण ॥
शुन अद्य समानीत नरःबलि प्रदानिते ।
सुन्दराकृति मानव आहा चन्द्र मुखद्वय ॥
अर्चि रक्षः महामाया अद्य बलि प्रदानिवे ।
पूजागृहे सुगोपने रक्षाकृत नरःद्वये ॥
राजा कृत समानीत बलिदाने नरःद्वय ।
आगत हेरि वानर तद् पश्चाते अतःपरे ॥
काल पूर्ण मने स्मरि एतद् सर्व समन्वये ।
आगत नरः वानर ब्रह्म वाक्य यथा पुरा ॥
ब्रह्म इच्छा मने स्मर आगत नरः वानर ।
नाहि वाक्य प्रकाशह हवे मृत्यु जने जने ॥
वृद्धा स्व-चक्षे कपि दर्शने कहे संगोपने तन्महिरावण स्मृति ।
यद् व्यक्त वार्ता अमरत्त्व ना यथा प्राणे किं निस्तार मनुष्य वानरे ॥

- इति श्रीमद्देवायण ब्रह्मकल्पे तृतीय खण्डे राम मण्डलान्तर्गतः रामायण वर्गे लंका काण्डे मारुति कर्त्तृक रसातले श्रीराम-लक्ष्मणे प्राप्ति वार्ता कथन नामः सप्तपंचाशत् सर्ग ।

॥ अष्टपंचाशत् सर्ग ॥

वाल्मीकि वचन

एरूप कहिया वृद्धा	सावधानि जने जने ।
निरीक्षिया चतुर्दिक	स्नान कार्य समापिल ॥
करि स्नान समापन	चले त्यजि सरोवर ।
एकत्रे सर्व राक्षसी	हनुमाने निरीक्षिल ॥
रामचन्द्र रहे बंदी	राक्षस यज्ञ मन्दिरे ।
किं प्रकारे परिज्ञात	हव अद्य तथास्थले ॥
एरूप भावनायुक्त	हनुमान अत:परे ।
चले सर्व निशाचरी	चले लक्ष्यि तथा गति ॥
स्नान अंते स्वभावत:	नमस्कारे चले स्त्रीय ।
भक्ति अर्घ्य प्रदानिते	जाग्रत शक्ति मन्दिरे ॥
एतद् पथे यदि ज्ञात	राक्षसे अर्चनागृह ।
येथा राम अवस्थित	रामानुज समन्वित ॥
वृक्षे वृक्षे चले हनु	पत्रच्छाये लुकायित ।
किञ्चित् पथ अतिक्रमि	एतद् वाक्य तथा श्रुत ॥
कहे सर्व निशाचरी	तद् वृद्धा राक्षसीप्रति ।
चल अद्य पितामही	यज्ञस्थल निरीक्षिते ॥
उत्तरिल तथा वृद्धा	यज्ञस्थले किं हेरिवे ।
नारिवे हेरिते सत्य	नरद्वय तथास्थले ॥
सशस्त्र प्रहरी दृढ़	अवस्थित चतुर्दिके ।
द्वार बद्ध तथास्थले	राजाज्ञा शुन येमति ॥
आपनि रक्ष:सम्राट	पूजातरे समागमे ।
हवे द्वार विमोचन	एतद् रूप मम श्रुत ॥
चले तवु नमस्कारे	गृह मात्र निरीक्षिवे ।
एतद् रूप कथाच्छले	चले सर्व निशाचरी ॥
महावीर तथामत	लक्ष्यिा रमणीकुले ।
अग्रसरि चले त्वरा	शाखे शाखे उल्लम्फने ॥
स्त्रीय सर्व प्रवेशिल	पुरीमध्ये यवे शुन ।
हनुमान तथामत	गृहसौधे उपस्थित ॥
गृह हते गृहान्तरे	चले त्वरित उल्लम्फने ।
केह ना लक्ष्यिते क्षम	अंतराले चले हनु ॥
स्त्रीय सर्व नमस्कारे	यज्ञगृह निरीक्षिल ।
वातायन पथे त्वरा	गृहमध्ये प्रवेशिल ॥
गृहमध्ये निरीक्षिल	राघवसह लक्ष्मण ।
शृंखलाबद्ध तद् क्षेत्रे	हस्त पदे यथा दृढ़ ॥
राघवे हेरि बंधन	हनु अश्रु परिप्लुत ।
हृदये अति कातर	राम अग्रे उपस्थित ॥
पदतले विलुंठिया	नमस्कार करे पदे ।
हस्त पदे यथा बंदी	उक्त वाक्य शुभाशिषे ॥
रामचन्द्र हनुप्रति	किं प्रकारे समागत ।
रोदने रत मारुति	एतन्मत निवेदिल ॥

मारुति वचन

सर्व जने परित्यजि राक्षसे वरिया प्रभु ।
एले तुमि रसातले किं प्रकारे सहे हनु ॥
छिनु द्वारी जगत्पति सर्व निन्दा ममप्रति ।
अक्षम हनु कार्यते घटे एतद् अमंगल ॥
एतद् ग्लानि उपस्थिते आत्म त्याग मनः स्थिरे ।
कहे मात्र विभीषण जाह हनु रसातले ॥
हरिल महिरावण श्रीराम सह लक्ष्मण ।
जाह तथा महावीर उद्धारह स्ववीर्यते ॥
बहु विघ्न अतिक्रमि बहु दुःखे समागत ।
एवे चक्षे यथा दृष्ट क्रमांगे तव बंधन ॥
कर कृपा हनुप्रति सर्व दुःख विमोचिव ।
वधिया दुष्ट राक्षसे करि पथ परिष्कृत ॥

श्रीराम वचन

बहु शस्त्र समावृत स्वीय गृहे निशाचर ।
किं रूपे वधिवे तुमि बिना शस्त्रे महाबली ॥

मारुति वचन

शस्त्र किंवा प्रयोजन तव कृपा यदि प्रभु ।
मुष्टाघाते विनाशिव दुष्ट अरि सुनिश्चय ॥
किंवा वीर्ये अतिक्रमि महासिन्धु जगत्प्रभु ।
किंवा वीर्ये समानीत पर्वत गंधमादन ॥
किंरूपे कह एकाकी लंका दग्ध पुरा कृत ।
एतद् सर्व शुभाशिष तव कृत ममप्रति ॥

श्रीराम वचन

यद्यपि साहसी तुमि हवे कार्य सुनिश्चय ।
देखह भैरवी मूर्त्ति पुरोभागे अवस्थिता ॥
जाग्रत मूर्त्तिते देवी कह वाक्य तथास्थले ।
रामप्रति कृपा यदि जिज्ञासह त्वरित हनु ॥
उद्धार लभिते अद्य किं प्रकारे किंवा पथे ।
कर कार्य तदंतरे देवी आज्ञा यथामत ॥

वाल्मीकि वचन

रामचन्द्र यथा आज्ञा करे एतद् मरुत्सुत ।
भैरवी चरणे नमि कहे वाक्य इहा शुन ॥

मारुति वचन

जाग्रत सर्व मंगला भैरवी रूप धारिणी ।
महामाया महादेवी चतुर्बाहु प्रसारिता ॥
विपुल वक्त्र विस्तारे अरुणाभ त्रिलोचना ।
राक्षसी रूप धारिणी राक्षस कुल वंदिता ॥
तुमि हे शंकर प्रिया कैलास वासिनी सती ।
कृपा कर महेश्वरी भीमा रूप परित्यजि ॥

तुमि आज्ञा महाशक्ति तुमि सृष्टि सुपालिका ।
सर्वतः गत चैतन्ये व्याप्त तुमि चराचरे ॥
नमः नमः महादेवी महामाया महेश्वरी ।
देह आज्ञा कृपाभरे वधिते महिरावण ॥

वाल्मीकि वचन

एतद् रूपे स्तवे हनु एकाग्र हृदये तथा ।
उत्तरिला महादेवी भैरवी रूप धारिणी ॥

भैरवी वचन

शुन हे वायुनन्दन देव कार्ये यथा व्रती ।
तव प्रति सदा तुष्ट अहं नित्य मने स्मर ॥
छिनु स्वयं अपेक्षाते तव समागम स्मरि ।
एवे त्वरित समापह यथा इच्छा मनोमत ॥

मारुति वचन

किं प्रकारे समापिव शस्त्रहीन समागत ।
केमने कह आक्रमि मायाधर निशाचरे ॥

भैरवी वचन

मम हस्ते यथा शस्त्र अति तीक्ष्ण निरीक्षह ।
रामचन्द्रे नमस्कारे कहिवे महिरावण ॥
राघव कहिवे तथा किं प्रकार प्रदर्शह ।
नमस्कार प्रदर्शने यवे रक्षः शिरानत ॥
एतद् काले त्वरित गति मम खड्गे विनाशह ।
हवे दुष्ट निपातित राम मुक्त तथामत ॥
श्रद्धार्घ्य दाने हनुमान संकटे श्रीराम रामानुज मुक्ति कारणे ।
देवी प्रसन्ना वरदायिनी कहे हे वीर खड्गे मम नाश राक्षसे ॥

- इति श्रीमद्देवायण ब्रह्मकल्पे तृतीय खण्डे राम मण्डलान्तर्गतः रामायण वर्गे लंका काण्डे हनु कर्तृक श्रीराम-लक्ष्मण साक्षात्कार भैरवी स्तव ओ वर प्राप्ति वार्ता कथन नामः अष्टपंचाशत् सर्ग ।

— ☆ —

॥ ऊनषष्टितम सर्ग ॥

वाल्मीकि वचन

एतद् रूप यथा युक्ति देवीकृत प्रदानित ।
रामचन्द्रे निवेदिया रहे हनु लुकायित ॥
भैरवी मूर्त्ति पश्चाते रहे हनु सुगोपने ।
कतक्षणे प्रवेशिल सेस्थले महिरावण ॥
उपविष्ट पुरोभागे नित्य पूजा समापिल ।
तदंतरे समुत्थित नरः बलि प्रदानिते ॥
वाजिल रक्षः इंगिते महावाद्य चतुर्दिके ।
खड्ग हस्ते समागत राघव पश्चाते महि ॥
बंधन करिया मुक्त आनिल राम-लक्ष्मणे ।
देवी अग्रे करे स्थिति कहे वाक्य निशाचर ॥

महिरावण वचन

देवी अग्रे नमस्कार कर एवे शिरानते ।
मम पूजा समापित देखह तुष्ट भैरवी ॥

श्रीराम वचन

निरखि भैरवी स्मिता तुष्ट देवी मने स्मरि ।
किं प्रकारे नमस्कार एतन्मत प्रदर्शह ॥

वाल्मीकि वचन

ए वाक्य श्रवणे महि नमस्कार प्रदर्शने ।
ए रूपे कर आनति भूमितले शिरानते ॥
साष्टाङ्गे नत येमति महावीर त्वरित गति ।
खड्ग देवी कर स्थित दृढ़मुष्टि परिग्रहि ॥
स्कंधाघात यथा कृत द्विखण्ड महिरावण ।
रक्तखड्ग विधारणे भैरवी चरणे नत ॥
सखड्ग दानिया अर्घ्य कहे एतद् मरुत्सुत ।
वधि अद्य महापशु हओ देवी वरप्रदा ॥
प्रसन्न दर्शने देवी महत् कार्य मरुत्सुते ।
एरूप कहिते रत महावीरे तदंतरे ॥

देवी वचन

एतद् पुरी परित्यजि चलि स्वयं स्वरालये ।
दानिले मुक्ति मारुति तपाबद्धा यथा स्वयं ॥
स्वयं इच्छा नहे क्षम त्यजिते महिरावणे ।
यद् वध राक्षसी तपे हनु मुक्ति प्रदानिले ॥
दुष्ट तपः प्रभावित मम मुक्ति प्रदानिते ।
हे मारुति महाकीर्त्ति जय यशे प्रतिष्ठह ॥
रामचन्द्र समन्वित जाह पुनः महीतले ।
रावण विजये लह जय यश अतःपरे ॥
यदद्य महि आलय महावीर परित्यजि ।
तेमति त्यजिवे काली शुन कल्य दशानने ॥

वाल्मीकि वचन

एरूप कहिया देवी हनुमाने शुभाशिषे ।
अंतर्हिता यथा त्वरित नमिल हनु तद् परे ॥
राघव सह लक्ष्मण विनाशि महिरावणे ।
कहे वाक्य महावीर श्रद्धाभरे शिरानते ॥

मारुति वचन

लंकाधामे चल त्वरा यथाकार्ये जगत्प्रभु ।
अद्यावधि दशानन लंकेश्वर अवस्थित ॥
जानकी हरणे शास्ति दुष्ट प्राण विनाशिते ।
यथाकार्ये महाव्रती शक्ति ध्याने समाहित ॥

वाल्मीकि वचन

हनुसह अत:परे रामचन्द्र बहिर्गत ।
रामानुज तथामत देवीगृह परित्यजि ॥
खड्गे शिरच्छेदि विनाशि राक्षसे रक्तार्घ्य दाने हनु मुक्तिकारणे ।
तुष्टा तदार्घ्ये वरदा वराभया अंतर्हिता कीर्त्ति यशे प्रवर्धिते ॥

- इति श्रीमद्देवायण ब्रह्मकल्पे तृतीय खण्डे राम मण्डलान्तर्गत: रामायण वर्गे लंका काण्डे मारुति कर्त्तृक महिरावण वध वार्ता कथन नाम: ऊनषष्टितम सर्ग ।

— ☆ —

॥ षष्टितम सर्ग ॥

वाल्मीकि वचन

एस्थले महिरावणे पत्नी रत्नावती तथा ।
गृहांदरे यवे श्रुत पतित राक्षसेश्वर ॥
पति हारा महाशोके अति क्रोधे बहिर्गता ।
धृत शृंग महानादे वज्रनादे निनादिल ॥
आगत सर्व नायक शृंगध्वनि यथा श्रुत ।
उच्च स्वरे कहे वाक्य किंवा कार्ये अवस्थित ॥
शत्रु गृहे अवस्थित रक्ष:राज निपातित ।
नह तथ्य परिज्ञात आछो सर्वे किं कारणे ॥
राज्ञी वाक्य यथा श्रुत सर्व जन चमत्कृत ।
किं प्रकारे घटे एतद् कहे सर्वाधिनायक ॥

रत्नावती वचन

किं प्रकारे घटे एतद् जिज्ञासह ममप्रति ।
मम कर्णे यथा श्रुत कहि वाक्य तथामत ॥
जाह सर्वे त्वरित गति अस्त्र शस्त्रे सुसज्जित ।
यथा शत्रु समागत निर्विचारे निपातह ॥
कहिते कहिते राज्ञी अति क्रोध परायणा ।
आनो अश्व त्वरित गति जाव स्वयं निरीक्षिते ॥
आनिल त्वरिते अश्व राज्ञी आज्ञा यथामत ।
हयारूढ़ बहिर्गत रत्नावती निशाचरी ॥
पश्चाते राक्षसी चमू हयारूढ़ जने जने ।
खड्ग हस्ते विधारणे सूर्य-बिम्बे समुज्ज्वल ॥
पश्चाते गजवाहिनी महाशब्दे बहिर्गत ।
हेरिल सहसा हनु राक्षस वाहिनी बृहत् ॥
सैन्यबल निरीक्षिया कहिल राघवप्रति ।
राजसैन्य समागत हवे युद्ध जगत्प्रभु ॥

श्रीराम वचन

समरे नित्य उत्साह जाह हे वायुनन्दन ।
अवशिष्ट यथा रक्ष: बाहुबले निपातह ॥

वाल्मीकि वचन

एतद् आज्ञा यथा प्राप्त महावीर त्वरित गति ।
क्षिप्रहस्ते परिग्रहे ताल वृक्ष महाबली ॥
ताल वृक्ष विधारणे दंडपाणि यथामत ।
गर्जिल हनु भीषण आय ओरे निशाचर ॥
नभ स्पर्शि यथा तनु ताल वृक्ष करे धृत ।
लुलित दीर्घ लांगुल आरक्त लोचनद्वय ॥
एतद् मूर्त्ति निरीक्षिया कोपे रक्षः अनीकिनी ।
पश्चाते रमणीवृंदे राखि त्वरित उपस्थित ॥
अतःपरे महायुद्ध हनु सह निशाचरे ।
प्रहरेक तथा युद्ध घोरतर भयंकर ॥
हनुमान क्रमे क्रमे सर्व सैन्य निपातिल ।
हेरि रत्नावती राज्ञी क्रुद्ध सैन्यक्षये तथा ॥
आपनि पशिया युद्धे हनु सह करे रण ।
स्त्रीयसह किंवा युद्ध महावीरे इतस्ततः ॥
आरम्भिल महाशस्त्र विघातने चतुर्दिके ।
शस्त्राघाते क्रमे क्षत वर्धे हनु कलेवरे ॥
स्त्रीय वधे करे भय रक्षःसैन्य समापित ।
रक्त क्षय कलेवरे महाघाते क्रमागत ॥
कुपित अति मारुति वेदनाप्राप्त भीषण ।
महावीर अतिक्रोधे ज्ञानहारा यथामत ॥
हनु रत्नावती गर्भे पदाघात करे बले ।
पूर्ण गर्भा अवस्थिता रत्नावती तथास्थले ॥
हनु कृत पदाघाते पुत्र गर्भ बहिर्गत ।
सद्य जात किंवाश्चर्य हनु सह करे रण ॥
धरिते हनु अक्षम पिच्छल अंग येमति ।
करे युद्ध तथा घोरे भीषण महिरावणि ॥
विस्मित हनु तद् युद्धे धरे शिशु नहे क्षम ।
पिच्छल गतिते चले हनु हस्त विमुक्तिया ॥
करे यत्न बहुक्षण कुपित चित्त मारुति ।
घोर नादे कहे बली रे बेटा अहिरावण ॥
रह किञ्चित् रणे स्थिर तोमा सद्य विनाशिव ।
ए वाक्य कहि तद् परे धूलि वृष्टि करे तथा ॥
धूलि अंगे समाच्छन्ने धरे हनु त्वरित गति ।
वधिल क्षेपि अश्मने विचूर्ण अहिरावण ॥
रत्नावती अचेतन छिल सेथा कतक्षण ।
पुनः त्वरित समुत्थिता स-शस्त्र वधिते हनु ॥
अतःपरे तथास्थले टंकारिया धनुर्गुण ।
करे युद्ध भयंकर एकत्रे सर्व राक्षसी ॥
उत्थित वीर मारुति ताल वृक्ष विधारणे ।
अग्रसरे तथा राम एतद् दृश्य निरीक्षिया ॥

श्रीराम वचन

निरस्त रह मारुति किंवा युद्ध प्रयोजन ।
किं हेतु रमणीसह कर युद्ध महाबली ॥

वाल्मीकि वचन

श्रवणे वाक्य राघवे स्वयं युद्ध निवारिल ।
कहे रत्नावती प्रति कह काम्य किंवा तव ॥

रत्नावती वचन

मम पति विनाशिले ममालये प्रवेशिया ।
यज्ञगृह निरोधिया तुमि द्वारे अवस्थित ॥
करिते पति दर्शन यज्ञगृहे प्रवेशिव ।
एतद् पथ प्रदानह चलि युद्ध परित्यजि ॥

श्रीराम वचन

स्त्रीय सह किंवा युद्ध कह राज्ञी निशाचरी ।
जाह सर्वे स-सम्माने हनु पथ प्रदानह ॥

वाल्मीकि वचन

राम आज्ञा यथा श्रुत हनु द्वार परित्यजे ।
चल पथ प्रदर्शने जाव एवे महीतले ॥
यद् राक्षसी-सैन्य रणे पराक्रमे नाशे महावीर यवे क्रमे क्रमे ।
रामे निरस्त स्त्रीय युद्ध वर्जने ऊर्ध्वे त्रये शीघ्र चले महीतले ॥

- इति श्रीमद्देवायण ब्रह्मकल्पे तृतीय खण्डे राम मण्डलान्तर्गतः रामायण वर्गे लंका काण्डे मारुति कर्तृक महिरावण वध ओ श्रीराम लक्ष्मण सह कपि सैन्यमण्डले प्रत्यागति नामः षष्टितम सर्ग ।

— ★ —

॥ एकषष्टितम सर्ग ॥

वाल्मीकि वचन

चले अग्रे महावीर पश्चाते राम लक्ष्मण ।
चले त्रये अति द्रुत परित्यजि रसातल ॥
निशान्ते सह लक्ष्मण रामचन्द्र महाबली ।
गढ़ मध्ये प्रवेशिल हनु पथ प्रदर्शने ॥
सुरंङ्ग त्यजिया यवे गढ़ मध्ये प्रवेशिल ।
राम जय निनादिल हनुमान स-भैरवे ॥
रक्षःमाया प्रभावित छिल सर्वे अचेतन ।
एवे माया विमोचित राम नाम यथा श्रुत ॥
राम नाम निनादिया हनु माया विदूरिल ।
सर्व जन समुत्थित निरखे भय विह्वले ॥
कहे तथ्य विभीषण सुग्रीवादि जने जने ।
रक्षःमाया अकस्माते किं प्रकारे प्रभावित ॥
गर्जिल सर्व वानर शुनि महि विनाशित ।
देव सर्व तथामत राम जय निनादिल ॥
रामचन्द्र तथा पुनः ध्यानासीन अतःपरे ।
पुनश्च कपि वाहिनी पूर्व मत् रहे स्थिर ॥
पूर्व मत् रहे गढ़ कपि सैन्य समावृत ।
रामचन्द्र तथास्थले ध्यानासीन अति स्थिर ॥

एतद् वाक्य समाकर्ण रहि ध्याने बहुक्षण ।
राघवप्रति सुस्वरे कहे वाक्य सरस्वती ॥

सरस्वती वचन

हे राघव महाबली देवी तुष्टि इहा शुन ।
अर्चना कर नीलाभ अष्टोत्तर शताम्बुजे ॥
इथे देवी सुरेश्वरी नित्य तुष्टा मने स्मर ।
दशभुजा यथा मूर्त्ति जिज्ञासह विभीषणे ॥
नीलाम्बुज प्रदानिते कर मंत्रे महाध्वनि ।
हे सावित्री सुरेश्वरी वषट्कार स्वरात्मिका ॥

वाल्मीकि वचन

एतद् वाणी यथा श्रुत ध्यान त्यजि समुत्थित ।
आह्वानिया विभीषणे रामचन्द्र कहे इहा ॥

श्रीराम वचन

देवी सरस्वती वाक्य शुन मित्र विभीषण ।
देवी तुष्टि हवे त्वरा अष्टोत्तर शताम्बुजे ॥
नील वर्ण यथा पद्म शतेकाष्ट निरूपण ।
कोथा नित्य विकाशित यदि ज्ञात प्रकाशह ॥

विभीषण वचन

नील वर्ण यथा पद्म शतेकाष्ट निरूपण ।
कालीदहे विकाशित पंचाश शत योजने ॥

वाल्मीकि वचन

पंचाश शत योजने विस्मित शुनि राघव ।
कालीदहे यथा नील अष्टोत्तर शताम्बुज ॥

श्रीराम वचन

दशभुजा किंवा मूर्त्ति कह तथ्य विभीषण ।
देवी वाक्य यथा शुन जिज्ञासिते तवप्रति ॥

विभीषण वचन

शुन एतद् पुरास्मृति देवार्चना जगत्प्रभु ।
सुरथाख्या नराधिप कोला राज्य अधीश्वर ॥
एकदा शत्रु आक्रांत युद्धे राजा पराजित ।
पुरीमध्ये प्रवेशिल पुरःद्वार निरोधिया ॥
सचिव दुष्ट तद् क्षेत्रे करे मैत्री सुगोपने ।
शत्रु सह सुकौशले सुरथे राज्य वंचिते ॥
तद् कारणे क्षितीश्वर दारा पुत्र परित्यजि ।
एकाकी मृगयाच्छले पशिल गहने त्वरा ॥
प्रवेशि मेधसाश्रमे अत्र क्षेत्रे करे स्थिति ।
कियत् दिवा अतःपरे वैश्येक नृप दर्शित ॥
दृष्ट वने परिभ्रमे चिन्तायुक्त विषादित ।
जिज्ञासिल नराधिप किंवा चिन्ता तवप्रति ॥

वैश्य वचन

समाधि नाम वैश्याहं धनीकुल समुद्भव ।
दारा पुत्रे परित्यक्त भ्रमि नित्य वने वने ॥
धन रत्न परिग्रहि मोरे सर्व परित्यजे ।
धनाकृष्ट यथा मनः हेर भाग्य परिस्थिति ॥
दारा पुत्रे परित्यक्त मनाकृष्ट तथापिह ।
चिन्तान्वित नराधिप गृह धर्मे किंवा गति ॥

सुरथ वचन

दारा पुत्रे परित्यक्त किंवा चिन्ता तथास्थले ।
एतद् सर्वे किंवा दुःख यथाक्षेत्रे अमानित ॥

वैश्य वचन

नहि ज्ञात नराधिप घटे एतद् किं कारणे ।
दारा पुत्रे परित्यक्त तवु चिन्ता निरंतर ॥

विभीषण वचन

एतद् वाक्य यथा श्रुत सुरथ वैश्य संहति ।
जिज्ञासिते यथा तथ्य मुनि पार्श्वे उपस्थित ॥
मेधस मुनि पार्श्वते उपविष्ट क्षितीश्वर ।
समाधि वैश्य तद् पार्श्वे जिज्ञासे मेधसप्रति ॥

राजा वचन

किं प्रकारे घटे एतद् भगवान प्रकाशह ।
दारा पुत्रे परित्यक्त हेर वैश्य वनागत ॥
तवु वैश्य निरंतर चिन्तायुक्त गृहप्रति ।
मम प्रति निरीक्षह राज्य धन परित्यजि ॥
शान्ति पूर्ण तवाश्रमे रहि हेर निरंतर ।
तवु चिन्ता मनोदये करे चित्त सकातर ॥
बहु यत्ने उपार्जित धन रत्न यथा मम ।
किं प्रकारे करे व्यय शत्रुकुल तथास्थले ॥
छिल भृत्य सुपालित मम कृपा प्रसादित ।
मद मत्त यथा हस्ती मम प्रिय निरंतर ॥
शत्रु वशे किंवा दुःखे नहि ज्ञात महामुनि ।
एतद् रूपे पुनः पुनः उद्वेलित करे मनः ॥
कह मुनि किं कारणे केनना चित्त संवृत ।
कहिते यदि सम्भव कह तथ्य प्रकाशिया ॥
यद् पुण्य साक्षात् सुरथे वरप्रदा माहात्म्य देवी स्मृति पूर्व उद्भवे ।
श्रोता यथा राघव काम्य दर्शने वक्ता तथा मित्र विभीषण क्रमे ॥

- इति श्रीमद्देवायण ब्रह्मकल्पे तृतीय खण्डे राम मण्डलान्तर्गतः रामायण वर्गे लंका काण्डे विभीषण कर्तृक श्रीरामप्रति सुरथोपाख्यान कथन नामः एकषष्टितम सर्ग ।

— ✯ —

॥ द्विषष्टितम सर्ग ॥

ऋषि वचन

एतद् सर्व महामाया शुन स्थिरे नराधिप ।
सर्व चित्त विमोहिया सर्व व्यापी अवस्थिता ॥
कहिते किं जगत्पति एतद् माया प्रभावित ।
योगनिद्रा समायुक्त आत्महारा जनार्दन ॥
एतन्माया महाबले सर्व जगत् विमोहित ।
काल रात्रि महारात्रि मोह-रात्रि स्वरूपिणी ॥
शुन राजा पुरास्मृति योगनिद्रा जगत्पति ।
शेष-शय्योपरि स्थित कल्पांते विष्णु केशव ॥
एकदा शुन तद् परे विष्णु-कर्णमलोद्भव ।
उत्थित मधु कैटभ वीर्य-दम्भे महासुर ॥
तद्विष्णु नाभि पंकजे स्थित ब्रह्मा प्रजापति ।
वेधसे हेरिया दैत्य ब्रह्म वधे समुद्यत ॥
आक्रांत दानवद्वये विष्णु निद्रा विमोचने ।
योगनिद्रा स्तवे ब्रह्मा संक्षेपे कहि से स्तव ॥

विभीषण वचन

ब्रह्म स्तव कहे पूर्ण ऋषि क्रमे नृपप्रति ।
एस्थले उक्त संक्षेपे ऋषि वाक्य महाबली ॥

ब्रह्म वचन

तुमि स्वाहा स्वधा तुमि वषट्कार स्वरात्मिका ।
सावित्री जननी तुमि तुमि सर्व सुपालिनी ॥

ऋषि वचन

एतन्मत स्तव क्रमे जागरित जगत्पति ।
हेरिया मधु कैटभे ब्रह्म वधे समुद्यत ॥
आरम्भिल महायुद्ध बाहु प्रहरणे विभु ।
वर्ष पंच सहस्रशः करे युद्ध तथास्थले ॥
तद् परे अति गर्वित मदोद्धत महासुर ।
कहिल केशवप्रति वर चाह मनोमत ॥

विष्णु वचन

यद्यपि वर दानिते इच्छा हे मधु कैटभ ।
मम हस्ते हवे वध्य एतद् वर मनोमत ॥

विभीषण वचन

एतद् वाक्य यथाश्रुत वंचित मधु कैटभ ।
आपमय निरीक्षिया सर्व जगत् कहे तथा ॥

मधु कैटभ वचन

कर वध तथास्थले दानि वर मनोमत ।
नाहि जल यथास्थले एतद् क्षेत्र निरूपणे ॥

ऋषि वचन

तद् वाक्य श्रवणे विभु स्थापिया जघने त्वरा ।
धरि चक्र शिरच्छेदि विनाशे असुरद्वय ॥

शुन देवी कृपावरे जागरित जगत्प्रभु ।
विनष्ट मधु कैटभ मदोन्मत्त महासुर ॥
यद् योगनिद्रागत विष्णु जाग्रते युद्धे विनाशे मधु कैटभासुरे ।
तद् कैटभारि प्रभुदीन भूतले शक्तार्चने अश्रुझरे कृपा तरे ॥

- इति श्रीमद्देवायण ब्रह्मकल्पे तृतीय खण्डे राम मण्डलान्तर्गत: रामायण वर्गे लंका काण्डे विभीषण कर्तृक संक्षेपे देवी माहात्म्य वर्णने मधु कैटभे वध वार्ता कथन नाम: द्विषष्टितम सर्ग ।

— ☆ —

॥ त्रिषष्टितम सर्ग ॥

वाल्मीकि वचन

अत:परे विभीषण कहे अन्य समुद्भव ।
यद् श्रोता राम लक्ष्मण कपिकुल समावृत ॥
समुत्पन्ना यथा देवी तदन्य शुन राघव ।
सुरथे कहिते रत मेधस मुनि सत्तम ॥

ऋषि वचन

हे सम्राट समुत्पन्ना पूर्वे देवी यथा शुन ।
नाशिते महिषासुर देव-दु:ख विमोचने ॥
दैत्य कृत प्रपीड़ित देव सर्व यवे शुन ।
प्रधान त्रय सम्मुखे देववृंद निवेदिल ॥
यद् श्रुत देव पीड़न कोपयुक्त महेश्वर ।
चक्रधर प्रजापति कुपित सर्व देवता ॥
सर्व देव शरीरज महातेज बहिर्गमे ।
समुत्पन्ना तथा स्त्रीय सर्व तेज प्रभान्वित ॥
शंकर वदनच्युत यथा तेज बहिर्गत ।
ताहे आस्ये समुद्भवे यद्रूप कम्र पंकज ॥
चन्द्रतेजे स्तन द्वय शुचि: दंत तथामत ।
कृतान्त तेजसे केश इन्द्र तेजे भुजावली ॥
वरुण तेजसे जात नितम्ब जघन द्वय ।
मित्र तेजे कटि क्षीण धृता रूप मनोहर ॥
ब्रह्म तेजे पद द्वय अर्क तेजे करांगुलि ।
तद् ग्रीवा उरस स्थल विष्णु तेजे समुद्भवे ॥
तन्नासा वायु तेजसे श्रवण दिक मण्डले ।
दैत्य जये समुत्पन्ना देव हर्ष प्रवर्धने ॥
तद् मान्ये सर्व देवता शस्त्र वस्त्र प्रदानिल ।
नाना दिव्य अलंकारे देवी क्रमे सुशोभिता ॥
नाना शस्त्र विधारणे सर्व तेज बलान्विता ।
सम्मानिता महादेवी घोर नादे निनादिला ॥
वधिते महिषासुरे देव सर्व निवेदिल ।
दिव्य शंख निनादने गर्जे देवी तथास्थले ॥
स्पर्शे नभ किरीटिनी पद चापे नत क्षिति ।
थरे सर्व महीतल दीर्ण दीर्ण महीधर ॥
एतद् ध्वनि यथा श्रुत गर्जिल महिषासुर ।
आ:विरक्त! किं साहस! स्व-सैन्ये द्रुत धावित ॥

हेरि शस्त्र समावृता देवी नाद परायणा ।
तद् सैन्य कोप संयुक्त नियुक्त शर घातने ॥
अत्र युद्धे करे क्षय दैत्यसेना सगर्जने ।
नगेन्द्रकृत दानित यद् सिंह वाहनोत्तम ॥
तथा सिंह महायुद्धे करि घोर पराक्रम ।
द्वेषी रक्ते विरंजित सर्व सैन्य विनाशिल ॥
प्रसन्ना केशरी वीर्ये रत देवी समादरे ।
गर्जिल महिषासुर हेरि सर्व बल क्षय ॥
देवीप्रति महाकोपे बलोन्मत प्रधावित ।
प्रक्षेपिया महीधर क्षुर क्षुन्ने महीतल ॥
सटोद्वय विचालन मेघमाला विमंथिया ।
आक्रमिल महाबले देवद्वेषी महासुर ॥
अतःपरे महायुद्ध देवी सह भयंकर ।
प्रकम्पित महीतल क्षुराघाते क्रमागते ॥
देवी तीक्ष्ण शरे शरे आघाते महिषासुरे ।
शोणिताक्त कलेवरे घोर युद्ध परायण ॥
पर्वत क्षेपणे कभु कभु वा वारि वर्षणे ।
क्लेदसिक्त करे दैत्य देवी अंग क्रमागत ॥
तद् दृष्टे अति कोपना देवी युद्धे अतःपरे ।
तीक्ष्ण बाण विघातने शिरच्छेदे महासुरे ॥
तद् छेद्य महिषासुर पुरुष रूप धारणे ।
खड्ग हस्ते करे युद्ध देवी सह बहुक्षण ॥
तद् परे केशरी शिरे खड्गाघाते समुद्यत ।
शिरच्छेद्य पुनर्वार देवी शस्त्रे त्वरित गति ॥
पुनश्च त्यजि तद् रूप महिषाकृति धारणे ।
गर्जे घोरे रणस्थले प्रक्षेपिया महाधर ॥
तथा देवी चमत्कृत समुत्थाने पुनः पुनः ।
गिरिमाला करे वृष्टि अति क्रोधे महासुर ॥
गिरिपुंजे समाच्छन्न यवे देवी रणस्थले ।
मेघमाला समावृत यथा चन्द्र नभ स्थले ॥
देवी त्वरित शराघाते सर्व गिरि विचूर्णिल ।
गिरिपुंज विचूर्णिया पुनः आत्म प्रकाशित ॥
मेघ मुक्त शरद्काले यथा चन्द्र नभ स्थले ।
तद् देवी व्यक्त तद्रूप महिषासुर सम्मुखे ॥
गिरि मुक्त निरीक्षिया गर्जे घोरे महासुर ।
मधुपान समायुता हेरि दैत्य बलान्वित ॥
प्रक्षेपित महीधर पुनश्च महिषासुरे ।
देवी त्वरित शराघाते पुनः गिरि विचूर्णिल ॥
विचूर्णित महीधर गर्जिल महिषासुर ।
गर्जमान महासुरे आरक्त वदने कहे ॥

देवी वचन

गर्जे गर्जे महामूढ़ मधुपान यतक्षण ।
नाशिवाहं क्षणान्तरे गर्जिवे सर्व देवता ॥

ऋषि वचन

एतद् वाक्य यथा श्रुत युद्धमान महासुर ।
अम्बिका अति कोपने शूल हस्ते उल्लम्फने ॥
त्वरित वाम पदाक्रांते कण्ठे शील विताड़िल ।
त्यजिया महिषाकृति पुरुष रूप धारणे ॥
व्यदित वदने सिंह दंते पिष्ट करे भुज ।
महिषार्द्ध रहे यवे देवी वीर्ये सुसंवृत ॥
एतद् रूपे महाघाते पतित गत जीवने ।
दुर्धर्ष महिषासुर देव हर्ष प्रवर्धित ॥
देववृंद महानन्दे पुष्प वृष्टि करे तथा ।
गाहिल गीति गंधर्वे नाचिल अप्सरीकुल ॥

विभीषण वचन

तद् परे शुन राघव युद्ध शान्ते गत क्रमे ।
रक्तवसा विचर्चिता श्रम-जल समायुता ॥
अर्चिल देवतावृंद पुष्प अर्घ्य प्रदानिया ।
धूप दीप प्रदानिया करे स्तव मनोहरा ॥
प्रसन्ना मूर्त्ति तद् देवी देवकुले वरप्रदा ।
दश बाहु विधारणे अत्रार्चना परिग्रहे ॥
यद् दिव्य धूपे कुसुमार्चिता स्तवे देवी प्रसन्ना अमरेश वन्दिता ।
रम्या स्मितास्ये दश बाहु धारणे हे राम तद्रूप वर प्रदानुचिंतह ॥

- इति श्रीमद्देवायण ब्रह्मकल्पे तृतीय खण्डे राम मण्डलान्तर्गतः रामायण वर्गे लंका काण्डे श्रीरामचन्द्र अकाल बोधने विभीषणोक्त देवी माहात्म्ये देवी वीर्ये महिषासुर वध वार्ता नामः त्रिषष्टितम सर्ग ।

— ✯ —

॥ चतुःषष्टितम सर्ग ॥

वाल्मीकि वचन

एतद् रूपे विभीषण रामचन्द्रे कहे क्रमे ।
देवी माहात्म्य उत्तम पुनश्च कहिते रत ॥

विभीषण वचन

एतद् रूपे महादेवी दश बाहु विधारणे ।
महिषासुर सावर्णि मन्वंतरे विनाशिल ॥
एतद् मित्र पुरास्मृति यथा उक्त तवप्रति ।
दश बाहु विधारणे देवी मुक्ति प्रदायिका ॥
प्रेरण कर हे दूत नील पद्म तरे त्वरित ।
दशभुजा यथा मूर्त्ति कर ध्यान महाबली ॥

वाल्मीकि वचन

आह्वानिल महावीरे रामचन्द्र अतःपरे ।
हनुमाने कहे तथ्य नील पद्म यथा स्थित ॥

श्रीराम वचन

त्वरिते जाह मारुति नील पद्म प्रयोजन ।
अष्टोत्तर शताम्बुजे देवी तुष्टि प्रदानिते ॥
कालीदहे विकाशित पंचाश शत योजने ।
आसिवे अद्य निश्चय नहे कार्य हवे वृथा ॥

वाल्मीकि वचन

एतद् वाक्य यथा श्रुत महावीर समुत्थित ।
उभ करे उल्लम्फने उठे त्वरित नभ स्थले ॥
रामचन्द्रे नमस्कारे कालीदहे करे गति ।
हेरिल सर्व वानरे विद्युत्गति हनुप्रति ॥
जिज्ञासिल अत:परे रामचन्द्र विभीषणे ।
पुनरुत्पन्ना यद्यपि कह देवी अत:परे ॥
यद् माहात्म्य महत् मित्र पुण्य श्रुति सुमंगले ।
एतद् पुण्योत्तम स्मृति कह यदि अत:परे ॥

विभीषण वचन

श्रवण मनन ध्याने पूजा विधि यथा त्रय ।
कहि अन्य समुद्भव मेधस कृत वर्णित ॥
सुरथप्रति मेधस कहे वाक्य अत:परे ।
शुन शुन नराधिप देवी रूप यथा पर ॥

ऋषि वचन

शुम्भ निशुम्भ आख्यात दैत्य द्वय महाबली ।
देव दैत्ये महायुद्धे यवे इन्द्र पराजित ॥
देव सर्व पराहत गेल स्वर्ग परित्यजि ।
नर:तुल्य महादु:खे परिभ्रमे महीतले ॥
हेथा दैत्य स्वयं हर्षे स्वर्गराज्ये प्रतिष्ठित ।
इन्द्र चन्द्र यमानिले सर्व कार्ये करे स्वयं ॥
लागिल पीड़िते नित्य सर्व भावे सुरावली ।
महादु:ख प्रपीड़ित जगन्मातृ स्तवे रत ॥
देववृंद उपस्थित एकत्रित हिमाचले ।
एतद् रूपे करे स्तव समस्ते जाह्नवीतटे ॥

देववृन्द वचन

देवी देवी महादेवी गौरीरूपा यथा तुमि ।
प्रणमि चन्द्ररूपिणी धात्रीरूपा नम: नम: ॥
चैतन्य रूपिणी देवी सर्व भूते अवस्थिता ।
नमि तोमा पुन: पुन: नमि देवी सुरेश्वरी ॥
ये देवी सर्व भूते यद् शक्तिरूपे अवस्थिता ।
नमस्तस्यै नमस्तस्यै नमस्तस्यै नम: नम: ॥
ये देवी सर्वभूते यद् क्षुधारूपे अवस्थिता ।
नमस्तस्यै नमस्तस्यै नमस्तस्यै नम: नम: ॥
ये देवी सर्वभूते यद् निद्रारूपे अवस्थिता ।
नमस्तस्यै नमस्तस्यै नमस्तस्यै नम: नम: ॥

ये देवी सर्वभूते यद् मातृरूपे अवस्थिता ।
नमस्तस्यै नमस्तस्यै नमस्तस्यै नमः नमः ॥
ये देवी सर्वभूते यद् शान्तिरूपे अवस्थिता ।
नमस्तस्यै नमस्तस्यै नमस्तस्यै नमः नमः ॥

ऋषि वचन

एतद् रूपे तथा पुष्टि श्रांति क्लांति क्रमे क्रमे ।
लज्जा क्षांति यथा वृत्ति नाना आख्या प्रदानिया ॥
देववृन्द स्तवे रत यवे शुन हिमाचले ।
आगत अम्बिका देवी स्नान छले तथास्थले ॥
जिज्ञासिल तथाम्बिका इत्यार्चना किं कारणे ।
अद्य कार स्तवे रत कह हे अमराधिप ॥
देवी अंग समुद्भुता कहिला पार्वती शिवा ।
देव दैत्ये निपीड़ित मम स्तव करे शुन ॥
अंगकोष समुद्भवे कहिला अम्बिका तथा ।
कौशिकी तद् हवे आख्या कोषोद्भवा यथा तुमि ॥
तद् परे कौशिकी देवी कालिकारूप धारिणी ।
दैत्य वधे यथा स्थिर हिमाचले करे स्थिति ॥
भ्रमिते भ्रमिते तथा शुम्भ चर उपस्थित ।
हेरि देवी मनोहरा शुम्भ दैत्ये निवेदिल ॥
शुनह असुरेश्वर सर्वेश्वर यथा तुमि ।
सर्व देव पराजित तव वीर्ये पुरास्मृति ॥
मत् दृष्ट शृंग भ्रमणे हिमाचले तेजप्रभा व्याप्त जगन्मनोहरा ।
कन्येक यद् दुर्लभ सर्व सुंदरी तद् योग्य नारी तव पार्श्वे शोभिते ॥

- इति श्रीमद्देवायण ब्रह्मकल्पे तृतीय खण्डे राम मण्डलान्तर्गतः रामायण वर्गे लंका काण्डे श्रीरामचन्द्र अकाल बोधने विभीषणोक्त देवी माहात्म्ये देववृंद कर्तृक देव्यास्तुति नामः चतुःषष्टितम सर्ग ।

— ☆ —

॥ पंचषष्टितम सर्ग ॥

वाल्मीकि वचन

शुन देव अतःपरे दूत वार्ता यथा श्रुत ।
सुरथ ऋषि संवादे विभीषणोक्त राघवे ॥

ऋषि वचन

दूत वार्ता नराधिप यद् श्रुत दनुजेश्वर ।
जिज्ञासिल यथा दृष्ट दूत शीघ्र प्रकाशह ॥

दूत वचन

किं कहि दानवाधिप यथा दृष्ट हिमाचले ।
यद्रूप तेजसोत्तमे दश दिशि समुज्ज्वल ॥
दिव्य रत्न अलंकारे तव गृह सुशोभित ।
वेधस जान संहति अन्य अन्य सुदुर्लभ ॥
एरूप स्त्रीय दुर्लभा परित्यक्त किं कारणे ।
योग्य दूत त्वरित प्रेरि हओ ज्ञात यथायथ ॥

ऋषि वचन

एतद् वाक्य यथा श्रुत शुम्भासुर तदंतरे ।
सुग्रीव दूत आह्वानि एतद् 'आज्ञा प्रदानिले ॥

शुम्भ वचन

हे सुग्रीव त्वरित जाह हिमाचले निरीक्षह ।
यद् दुर्लभ स्त्रीय श्रुत अत्रक्षेत्रे अवस्थिता ॥
कह वाक्य स्त्रीयप्रति पर्वतवासिनी तुमि ।
राजगृहे चल त्वरा शुम्भ आज्ञा यथामत ॥
तुमि रत्न स्वरूपिता राजगृहे सुशोभह ।
निशुम्भ अथवा शुम्भे भज हे चपलांगिनी ॥

ऋषि वचन

एतद् वाक्य यथा श्रुत चले दूत त्वरित गति ।
हिमाचले समागमे देवी पदे निवेदिल ॥

दूत वचन

हे देवी असुरेश्वर शुम्भ आज्ञा तवप्रति ।
पर्वतवासिनी तुमि राजगृहे चल त्वरा ॥
तुमि रत्न स्वरूपिता राजगृह सुशोभह ।
निशुम्भ अथवा शुम्भे भज हे चपलांगिनी ॥
त्रैलोक्येश्वर यद् शुम्भ करि देवे पराजित ।
निशुम्भह तथामत भ्रातातुल्य जगत्जयी ॥

देवी वचन

दूत सत्य यथा कह किञ्चित् मिथ्या नहे तथा ।
शुम्भासुर जगत् श्रेष्ठ निशुम्भासुर तादृश ॥
कहि तवु यथा वाक्य शुम्भासुरे निवेदह ।
प्रतिज्ञा कृत शैशवे आलोचना बिना पुरा ॥
ये जन मम संग्रामे शक्य स्वयं पराजिते ।
किंवा तुल्य बली यदि भर्ता तिनि भविष्यते ॥

ऋषि वचन

ए वाक्य श्रवणे दूत शुम्भ पार्श्वे निवेदिल ।
शुनि शुम्भ महाक्रुद्ध कहिल धूम्रलोचने ॥

शुम्भ वचन

शुन हे धूम्रलोचन स्व-सैन्ये परिवारित ।
जाह त्वरित हिमाचले तथा नारी अवस्थिता ॥
कहिवे रमणीप्रति शुम्भ आज्ञा चल त्वरा ।
इथे यदि व्यतिक्रम आनो केश निपीड़ने ॥

ऋषि वचन

ए वाक्ये धूम्रलोचन सैन्य दश सहस्त्रशे ।
हल त्वरित बहिर्गत हिमाचले उपस्थित ॥

हेरिल धूम्रलोचन देवी स्थिता शिरासने ।
अत्र पार्श्वे रहे सिंह यद् बाहनार्ध शायित ॥

धूम्रलोचन वचन

शुम्भ आज्ञा तवप्रति राजगृहे चल त्वरा ।
नतुवा करि बंधन लव शुन शुभांगिनी ॥

देवी वचन

यद्यपि कर बंधन किं करिव कह स्वयं ।
संग्राम विजये यदि शक्य तुमि परिग्रह ॥

धूम्रलोचन वचन

वृथा गर्व परित्यज कहि वाक्य यथा हिते ।
किं कारणे हवे कह लांछिता केश पीड़ने ॥
त्रैलोक्येश्वर यद् शुम्भ निशुम्भह तथामत ।
सैन्याध्यक्ष यथा स्वयं महासैन्ये समावृत ॥
एका स्त्रीय किं कारणे कर गर्व प्रकाशित ।
हवे मम शराघाते किं हेतु हत गर्विता ॥

देवी वचन

प्रतिज्ञा कृत येमति हवे कार्य तथामत ।
यद्यपि कर लांछना मम वाक्य किंवा तथा ॥

ऋषि वचन

एतद् वाक्य समाकर्ण कुपित धूम्रलोचन ।
दिल आज्ञा महासैन्ये बंधन करिते त्वरा ॥
तदुद्यम महासैन्ये उठे सिंह सगर्जने ।
घोर नादे निनादने आक्रमिल नराधिप ॥
तदंतरे महायुद्धे सिंह कृत क्रमे क्रमे ।
निःशेष करि वाहिनी गर्जमान स-भैरवे ॥
चर्वित दशने केह छिन्न मुंड तथा बहु ।
कोष्ठाघाते तथा केह पृष्ठोदरे विदारित ॥
हेरि सैन्य निपातित कुपित धूम्रलोचन ।
आक्रमिल तथा देवी टंकारिया धनुर्गुणे ॥
यदाक्रांताम्बिका देवी अट्टहास्य परायणा ।
तद् हास्य तेजसे दैत्य भस्मीभूत तथास्थले ॥
पतित धूम्रलोचन भग्न दूत निवेदिल ।
शुनि शुम्भ महाकोपे चंड मुंडे कहे इहा ॥

शुम्भ वचन

हे चंड मुंड सत्वरे जाह सैन्ये हिमाचले ।
केशाकर्षि विलांछने आनो स्त्रीय ममाग्रते ॥
वाहन केशरी दुष्टे कर खड्गे निपातन ।
लह सैन्य यथा इच्छा कर युद्ध प्रयोजने ॥

हे चंड मुंड द्वय पर्वते यथा दुष्टा विराजे सह दुष्ट केशरी ।
जाह स्व-सैन्ये करि केश लांछना आनो स्ववीर्ये दृढ़ पाश बंधने ॥

- इति श्रीमद्देवायण ब्रह्मकल्पे तृतीय खण्डे राम मण्डलान्तर्गतः रामायण वर्गे लंका काण्डे श्रीरामचन्द्रे अकाल बोधने देवी माहात्म्ये धूम्रलोचन वध वार्ता नामः पंचषष्टितम सर्ग ।

— ✯ —

॥ षड्षष्टितम सर्ग ॥

ऋषि वचन

एतद् वाक्य यथा श्रुत चंड मुंड महासुर ।
स्व-सैन्ये परिवेष्टित हल त्वरा बहिर्गत ॥
तदंतरे हिमाचले देवी मूर्त्ति निरीक्षिया ।
बंधन करिते दैत्य अग्रसरे यवे शुन ॥
मसी वर्ण विधारित चंडिका चंडकरूपिणी ।
एतद् रूप विधारणे काली मूर्त्ति बहिर्गता ॥
विपुल वक्त्र विस्तारे खड्ग हस्ते विधारणे ।
उच्च नादे निनादिया आक्रमिल महासुरे ॥
युद्धारम्भ अतःपरे घोरतर भयंकर ।
अग्रे चंडे स्वयं खड्गे देवी त्वरित निपातिला ॥
चंड युद्धे निपातित मुंड क्रोधे प्रधावित ।
मुंडे देवी महायुद्धे शराघाते विनाशिला ॥
चंड मुंड निपातित क्रोधे शुम्भ कहे शुनि ।
रक्तबीज त्वरित जाह दुष्टा नारी विनाशह ॥
आज्ञा प्राप्त प्रधावित रक्तबीज महासुर ।
देवी अग्रे उपस्थिते शराघाते समायुत ॥
एस्थले अम्बिकादेवी अट्टहास्य परायणा ।
चंड मुंड शिरद्वय स्वहस्ते करि धारण ॥
कहिला चंडिकाप्रति चामुंडा चंडरूपिणी ।
स्वयं अद्य महायुद्धे शुम्भासुर विनाशह ॥
रक्तबीज समन्वित एलो सर्व महासुर ।
निशुम्भ शुम्भ दानव महासैन्ये सुसज्जित ॥
अतःपरे महायुद्ध रक्तबीज महारणे ।
सर्व देव महाशक्ति युद्धस्थले समागत ॥
महेश्वरी वृषारूढ़ा त्रिशूल कर धारणे ।
ब्राह्मणी हंस वाहने अक्षमाला विधारिता ॥
गरुड वाहनागता वैष्णवी चक्रधारिणी ।
कौमारी शक्ति आगत मयूर वर वाहने ॥
ऐरावत गजारूढ़ ऐन्द्र शक्ति समागत ।
वज्र हस्ते विधारणे गर्जे देवी भयंकर ॥
वज्राघाते तथा ऐन्द्री रक्तबीज विनाशिल ।
रक्तबिन्दु यथा च्युत स्कन्द हते महीतले ॥
प्रति बिन्दु निरूपणे उत्थित रक्त सम्भव ।
पुनः पुनः महाघाते वर्धे क्रमे महासुर ॥

ऊर्ध्व अधः करे पूर्ण विपुल रक्त सम्भवे ।
हेरिया चंडिकादेवी कहिला कालिकाप्रति ॥
वदन कर विस्तार रक्तबीज विनाशिते ।
स्कन्दच्युत यथा रक्त भक्षण कर कालिका ॥
वज्राघात करे ऐन्द्री रक्तबीजे पुनः पुनः ।
तद् रक्त वक्त्र विस्तारे काली पान समायुत ॥
बिन्दु रक्त यथा च्युत पाने काली प्रहर्षिता ।
क्षीण रक्ते क्रमे क्रमे रक्तबीज निपातित ॥
रक्तबीज निपातने निशुम्भासुर आगत ।
निशुम्भ दर्शने देवी टंकारिल धनुर्गुण ॥
निशुम्भह तथामत सन्धानिल महाशर ।
दिव्य दिव्य महाशस्त्रे महायुद्ध परस्परे ॥
निशुम्भ अति भैरवे विधृत अष्ट चन्द्रक ।
देवीप्रति महाक्रोधे निक्षेपिल महाबली ॥
लीलाच्छले निवारिल देवी त्वरित स्वयं शरे ।
चन्द्रक हेरिया व्यर्थ निशुम्भ अति कोपने ॥
गदा हस्ते परिग्रहि रथ त्यजि उल्लम्फने ।
गर्जिया केशरी शिरे दैत्य गदा प्रहारिल ॥
वेदना प्राप्त केशरी गर्जिल अति भैरवे ।
देवी त्वरित महाशस्त्रे निशुम्भे वधिल त्वरा ॥
निशुम्भ समरे हत शुम्भ क्रोध परायण ।
देवीप्रति कहे गर्जि गदा हस्ते विधारणे ॥
ऐ चंड मुंडे वधि कालीका कहे हे चंडि शुम्भादि निपातह स्वयं ।
तद् रक्तबीजे वधि घोर विक्रमे नाशे निशुम्भासुर चंडिका रणे ॥

- इति श्रीमद्देवायण ब्रह्मकल्पे तृतीय खण्डे राम मण्डलान्तर्गतः रामायण वर्गे लंका काण्डे श्रीरामचन्द्रे अकाल बोधने विभीषणोक्त देवी माहात्म्ये चंड मुंड, रक्तबीज ओ निशुम्भ वध वार्ता नामः षड्षष्टितम सर्ग ।

— ☆ —

॥ सप्तषष्टितम सर्ग ॥

वाल्मीकि वचन

शुम्भ युद्धे समागत हेरि हृष्टाम्बिका तथा ।
युद्धाह्वाने निनादिला दिव्य शंख करे धृता ॥

शुम्भ वचन

बहु बले समावृता तुमि हे अति गर्विता ।
एकाकी कर संग्राम किंवा वीर्य निरीक्षिव ॥

ऋषि वचन

एतद् वाक्य यथा श्रुता संवृत रूप सर्वतः ।
सर्व शक्ति प्रवेशिल देवी अंगे तदंतरे ॥

देवी वचन

एक स्वयं जगत् सर्वे द्वितीय किं अतःपरे ।
ममातीत नहे केह सर्व शक्ति ममोद्भव ॥

ऋषि वचन

कहि एतद् महादेवी महाशंख निनादिला ।
गदा विघूर्णने रत शुम्भासुर तथास्थले ॥
अत्र गदा विघूर्णने निक्षेपे चंडिकाप्रति ।
लीलाच्छले गदाम्बिका स्वयं शस्त्रे द्विखंडिला ॥
अर्ध पथे गदा नष्ट देवी शस्त्र विघातने ।
एवे शुम्भ रणस्थले शस्त्रशून्य रहे स्थिर ॥
हेरि देवी कहे हास्ये कटाक्षे शुम्भ दानवे ।
किंवा युद्ध अतःपरे दैत्यराज निरूपह ॥

शुम्भ वचन

शस्त्रशून्य यथा स्वयं बाहुयुद्ध प्रदानह ।
स-शस्त्रे तुमि गर्विता मम युद्ध किंवा कह ॥

देवी वचन

हेर शस्त्र परित्यजि बाहु युद्ध प्रदानह ।
त्रैलोक्येश्वर हे दैत्य कर युद्ध मनोमत ॥

ऋषि वचन

तदंतरे महायुद्ध देवी सह महासुरे ।
केशाकर्षि पदाघाते वक्षे वक्षे भुजे भुजे ॥
करि मुक्त अतःपरे शुम्भासुर महाबले ।
देवी वक्षे महाक्रोधे मुष्टाघात प्रदानिल ॥
सम्वरि चंडिका देवी गंडे मुष्टि प्रहारिल ।
एतद् मुष्टि प्रहारेते शुम्भासुर अचेतन ॥
अतःपरे शिरे वक्षे मुष्टाघात पुनः पुनः ।
महाघात क्रमागत शुम्भ त्यक्त कलेवर ॥
देव सर्व महानन्दे देवीपदे करे नति ।
गाहिल गीति गंधर्वे नाचिल अपसरीकुल ॥
देववृंदे शुभाशिषे देवी त्वरित तिरोहिता ।
कीर्त्तिल देवतावृंद देवी माहात्म्य उत्तम ॥

विभीषण वचन

कोलाधीश अतःपरे समाधि वैश्य संहति ।
अर्चिल अम्बिकादेवी निर्माणे मूर्त्ति मृन्मयी ॥
देवी कीर्त्ति करे ध्यान नित्य दशभुजा स्मरि ।
देवी सुक्त करे पाठ मासावधि क्रमागत ॥
मास गते अतःपरे देवी स्वयं प्रकाशिता ।
कहिला सुरथे स्मिता वर चाह मनोमत ॥

सुरथ वचन

वर देह महादेवी स्व-राज्य लभिते पुनः ।
राज्यहारा वने भ्रमि देवी स्वयं निरंतर ॥

विभीषण वचन

एतद् वर प्रदानिया समाधिप्रति आशिषे ।
स्थान त्यजि तिरोहिता चंडिका सर्वमंगला ॥

श्रीराम वचन

कहिले अति अद्‌भुत देवी कीर्त्ति विभीषण ।
शुनि अद्य महाहर्षे रोमांचित कलेवर ॥
देवी सूक्त किंवा कह जाहे देवी प्रकाशिता ।
श्रवणे इच्छि तद् गुह्य गुह्यतर यथा इति ॥

विभीषण वचन

वेद गुह्य यथा वाक्य कहि एवे शुन प्रभु ।
सावर्णि कृत वर्णित देवी सूक्त महाबली ॥
अहं रुद्र अहं वसु अहमादित्य वर्णित ।
अहं मित्र वरुणाहं अहमिन्द्राग्नि देवता ॥
अहं सोमः उपासित अश्विनी विश्वदेवता ।
त्वष्टाहं भग पूषण रूपे नित्य उपासित ॥
हवि दाता अहं यज्ञे धन दाता जने जने ।
यजमान सुवर्धित मम दाने निरंतर ॥
अहं राष्ट्र सुरक्षिका यक्षाहं धन रक्षक ।
सर्व देव ममोद्भव पुरत्राहं पुरास्मृति ॥
विपुलाहं जगन्मय सूर्य आवेष्टने स्थित ।
अहमन्न जगत्‌रूपे अन्न सर्व ममोद्भव ॥
एतद् प्राण ममोद्भव अहं प्राण स्वरूपित ।
वर्धि स्वयं क्षयि स्वयं शुद्धि श्रद्धा स्वयं श्रुति ॥
एतद् सर्व स्वयं एका देववृंदे मनुष्यते ।
यद् काम्य तनु धारणे उग्र शान्ते प्रकाशित ॥
अहं स्रष्टा जगत्रये सर्व सृष्टि प्रकाशिनी ।
अहं ऋषि सुमेधस अहं यज्ञ प्रचालिका ॥
रुद्र धनु विधारणे नाशि ब्रह्म द्विष स्वयं ।
अहं जन सुपालक स्वर्ग मर्त्ये चराचरे ॥
पितरोर्ध्वे स्थित स्वयं समुद्र सृष्टि कारण ।
इत्याश्रये अहं स्रष्टा सर्व सृष्टि प्रकाशिनी ॥
अहं वायु स्वरूपिणी प्राण वीर्य प्रवर्धने ।
एतद् पृथिवी सह स्वर्ग रक्षि तावत मही स्वयं ॥
यथा उक्त विभीषणे देवी सूक्त मनोहर ।
रामचन्द्रे कृत स्तव क्रमे आत्म समाहित ॥
माहात्म्य यद् उक्त विभीषणे क्रमे हृष्टान्तरे ध्यान निमग्न राघव ।
देवी स्तवे सूक्त जपे समाहित यद् ध्यान पूर्वे सुरथे तदक्रमे ॥

- इति श्रीमद्देवायण ब्रह्मकल्पे तृतीय खण्डे राम मण्डलान्तर्गतः रामायण वर्गे लंका काण्डे श्रीरामचन्द्रे अकाल बोधने विभीषणोक्त देवी माहात्म्ये शुम्भासुर वध ओ देवी सूक्त कथन नामः सप्तषष्टितम सर्ग ।

— ⋆ —

॥ अष्टषष्टितम सर्ग ॥

वाल्मीकि वचन

कहे पुनः विभीषण देवी ध्यानार्चना क्रमे ।
यथा रूपे प्रकाशिता भक्ताग्रे वरदायिनी ॥

विभीषण वचन

हे राघव यथा ध्याने देवी साक्षात् उपस्थित ।
कहि एतद् क्रमे क्रमे कर ध्यान महात्मन ॥
अज्ञान तमः नाशिनी अग्नि वर्ण तनुप्रभा ।
नमि देवी महादेवी चिद्रूपा परमेश्वरी ॥
कालरात्रि हरा देवी ब्रह्मस्तुता सुरेश्वरी ।
वैष्णवी स्वंध माता हे दक्ष कन्या नमः शिवा ॥
हृत् पुंडरीक मध्यस्था प्रातः सूर्यसम प्रभा ।
पाशांकुश धरा सौम्य वरदा भय हस्तका ॥
रक्त वस्त्रे सुशोभिता दश भुजा त्रिलोचना ।
भक्तजनिप्सिता भजि तद् शरणागत स्वयं ॥

वाल्मीकि वचन

एतद् ध्याने कतक्षण श्रीराघवाचल स्थिर ।
क्षणान्तरे कहे मित्र तद् प्रणाम यथा विधि ॥

विभीषण वचन

प्रणमि चरणे देवी महाभय विनाशिनी ।
महादुर्ग प्रशमणी महाकारुण्य रूपिणी ॥
विपन्ने शरणागत संग्रामार्णव तारिणी ।
दुर्गा दुर्गति नाशिनी दुराचार विघातिनी ॥

वाल्मीकि वचन

एतद्काले महावीर प्रत्यागत तथास्थले ।
अष्टोत्तर शताम्बुज रामचन्द्रे प्रदानिल ॥
नीलाब्ज दर्शने तुष्ट हनुमाने शुभाशिषे ।
दशभुजा मने स्मरि पद्म अर्घ्य प्रदानिल ॥
पूर्ण घटे क्रमे क्रमे एतद् मंत्र मने स्मरि ।
ॐ सावित्री सुरेश्वरी वषट्कार स्वरात्मिका ॥
एरूपे दानिते अर्घ्य शतके सप्त पंकजे ।
एक न्यून निरीक्षिया प्रश्नमान हनुप्रति ॥
उत्तरिल महावीर नहि ज्ञात किं कारणे ।
कमलेक मम प्रभु समानीत यथायथ ॥
अष्टोत्तर शताम्बुज प्रस्फुटित तथास्थले ।
सर्वानीत नहि ज्ञात एक स्वल्प किं कारणे ॥
हनु वाक्य यथा श्रुत राम चित्ते विषादित ।
निश्चय कौशले देवी पद्मेक हरिल स्वयं ॥

श्रीराम वचन

हा: देवी परमेश्वरी नह तुष्ट ममप्रति ।
रावणे करिया कृपा अत्र पार्श्वे अवस्थिता ॥
सर्वान्ते सृजिले विघ्न मम कार्ये स्वयं तुमि ।
तव कृपा प्रवंचित अभाग्य आमि निश्चय ॥

वाल्मीकि वचन

एतद् रूपे मन: क्षोभे रामचन्द्र विषादित ।
क्षोभयुक्त तथास्थले सुग्रीवादि विभीषण ॥
किंचिदन्ते समुत्थित रामचन्द्र महाबली ।
सर्व जने निरीक्षिया कहे वाक्य जगत्पति ॥

श्रीराम वचन

शुन हे मित्र सुग्रीव हे लक्ष्मण विभीषण ।
मोरे सर्वे कहे नील राघव अब्जलोचन ॥
एतदेक प्रदानिव देवी तुष्टि प्रदानिते ।
मम रक्ते हवे तुष्टा राक्षसीरूप धारिणी ॥

वाल्मीकि वचन

एतद् वाक्य तथा कहि राघव अब्जलोचन ।
अग्निदत्त महाधनु टंकारिल महाबले ॥
वीरासने अवस्थित आकर्षिया धनुर्गुण ।
कपि सर्व रहे स्थिर भीत मित्र विभीषण ॥
कहे वाक्य नहे क्षम राघवे मूर्त्ति भीषण ॥
गर्जिल जलद स्वने रामचन्द्र महाबली ॥

श्रीराम वचन

हे राक्षसी महाशक्ति अर्चिनु बहुल स्तवे ।
तवु तृप्ति नहे तव नह प्रीत ममप्रति ॥
रक्तपाने मदोन्मत्ता लह रक्त अत:परे ।
स-रक्त मम लोचन दानि अर्घ्य पदे तव ॥
रह रक्ष: गृहे नित्य राक्षसीरूप धारिणी ।
रामचन्द्रे यथा सर्व नि:शेषि चरणे तव ॥

वाल्मीकि वचन

ए वाक्य कहि राघव धनु: ज्या कर्षिया तथा ।
लोचनोत्पाटने यवे समुद्यत महाबली ॥
विधृत प्रसभे हस्त स्वयं देवी महेश्वरी ।
कहिला मधुर स्वने ए वाक्य राघवप्रति ॥

देवी वचन

किंवा कार्य समुद्यत रामचन्द्र जगत्पति ।
निरस्तह निरस्तह किंवा काम्य प्रकाशह ॥

वाल्मीकि वचन

तुष्ट दशरथात्मज देवी आत्म प्रकाशिले ।
धनुर्बाण निवारिया नमस्कार करे पदे ॥
शिरे हस्त प्रदानिया कहे देवी शुभाशिषे ।
रावण विजये चिन्ता किंवा तव जगत्पति ॥

देवी वचन

तुमि रामात्मविस्मृत अवतीर्ण महीतले ।
रावण रक्षः दासत्त्वे देवकुल विमोचने ॥
सीता लक्ष्मी स्वरूपिणी तुमि राम जगत्पति ।
तोमा भिन्न नहे शक्ति सर्व शक्ति तवाश्रित ॥
रावण विजये वर किंवा अद्य प्रदानिव ।
यद् कारणे महीतले तुमि देव समागत ॥
राक्षस केवले मुक्ति अद्य मोरे यथा कृत ।
हे राक्षस तवार्चने पुण्यरूप परिग्रहि ॥
तद् हेतु वधिते रक्षः गुह्य वार्ता यथा शुन ।
मन्दोदरी समीपेते मृत्युबाण अवस्थित ॥
प्रेरण कर मारुति एतदानयने त्वरा ।
तद् शस्त्रे वधि रावणे उद्धार कर जानकी ॥

वाल्मीकि वचन

एतद् वाक्य यथा श्रुत देवी प्रति कहे हनु ।
किं प्रकारे हव ज्ञात मृत्युबाण महेश्वरी ॥

देवी वचन

रहे मन्दोदरी पार्श्वे पूजागृहे सुगोपने ।
हरण कर कौशले सर्व जन अगोचरे ॥
मन्दोदरी रक्षित अर्चना गृहे संगोपने शायक रक्षः मंगले ।
आनो त्वरा मारुति तद् सुकौशले यद् तीक्ष्ण बाणे स्थिर मृत्यु रावणे ॥

- इति श्रीमद्देवायण ब्रह्मकल्पे तृतीय खण्डे राम मण्डलान्तर्गतः रामायण वर्गे लंका काण्डे श्रीरामचन्द्रे अकाल बोधने महादेवी साक्षात्कार ओ वर प्राप्ति वार्ता कथन नामः अष्टषष्टितम सर्ग ।

— ✯ —

॥ ऊनसप्ततितम सर्ग ॥

वाल्मीकि वचन

देवार्चना दिवाव्यापी माहात्म्य श्रवणे क्रमे ।
संध्याकाल अतिक्रमि महावीर समागत ॥
प्रथम प्रहरे देवी स्वयं आत्म प्रकाशिला ।
राघवे करिया तुष्ट एतद् आज्ञा प्रदानिते ॥
द्वितीय प्रहरे हनु लंकाधामे प्रवेशिल ।
निरीक्षिल पुरी स्तब्ध निद्रागत निशाचरे ॥
युद्ध सन्धि यथा स्मृति करे श्रांति विदूरित ।
द्वारी मात्र रहे द्वारे शिथिल शस्त्र धारणे ॥

हनुमान प्रवेशिल नहे ज्ञात निशाचर ।
निर्विघ्न गतिते हनु पुरीमध्ये प्रवेशिल ॥
सर्व गृह अतिक्रमि मन्दोदरार्चनालये ।
दीप रश्मि यथा दृष्ट कौतुहली मरुत् सुत ॥
गवाक्ष पथ वीक्षणे गृहमध्ये निरीक्षिल ।
ध्यानासीन तथा राज्ञी पुत्रशोकातुरा यथा ॥
चिन्तायुक्त महावीर गृहमध्ये प्रवेशिते ।
बुद्धि लब्ध क्षणान्तरे धरे मूर्त्ति बृहस्पति ॥
पुंथि कक्षे बृहस्पति मन्दोदरी पुरोहित ।
अस्ते व्यस्ते करे दंड गृहमध्ये प्रवेशिल ॥
गभीर रात्रिते तथा हेरि प्राज्ञ पुरोहिते ।
हेरि मन्दोदरी त्वरा नमस्कारे कहे तथा ॥

मन्दोदरी वचन

गभीर रात्रिते प्राज्ञ किंवा कार्य प्रयोजन ।
उद्विग्न हृदये स्मरि कर्म व्यस्त समागमे ॥

बृहस्पति वचन

कृत रामे कृपा अद्य स्वयं देवी महेश्वरी ।
रावण प्राण रक्षिते अन्य पंथा किंवा कह ॥
मृत्युबाण यथा त्वरित कर अन्ये लुकायित ।
लब्ध देवी परामर्शे हनुमान हरे यदि ॥

वाल्मीकि वचन

भीता मन्दोदरी श्रुते अन्य किं अवलम्बन ।
देवी रक्षःकुल त्यागे मृत्युबाण यथाश्रय ॥
एतद् चिन्ता समन्विता राज्ञीप्राणे भयोद्भवे ।
स्तम्भ हते करे त्वरित मृत्युबाण बहिर्गत ॥
कहे मन्दोदरी एतद् वाक्य बृहस्पतिप्रति ।
लह शस्त्र यथा गुह्य राखो स्वयं सुगोपने ॥
देवी कृत परिज्ञात सर्व स्थल बृहस्पति ।
अज्ञात क्षेत्र निर्णये त्वरित प्राज्ञ सुरक्षह ॥
मृत्युबाण करे धृत चले गुरु बृहस्पति ।
पश्चाते रक्षः सम्राज्ञी भीतान्तरे चले त्वरा ॥
यद्यपि हनु आगत अकस्मात् महाबले ।
नारिवे रक्षिते बाण स्वीय वीर्ये बृहस्पति ॥
एतद् रूपे भये भये हेरि घन चतुर्दिके ।
चले मन्दोदरी राज्ञी अग्रे गुरु बृहस्पति ॥
मुक्त स्थले समागमे स्व-मूर्त्ति धारणे हनु ।
कहे मन्दोदरी प्रति समुद्र तुल्य गर्जने ॥

मारुति वचन

देवी वाक्य यथामत हरि बाण तदक्रमे ।
कर्म शेष दशानने प्राण मात्र विधारित ॥
एतद् शस्त्रे हवे शेष प्राण कल्य रणस्थले ।
प्रस्तुत रह सम्राज्ञी आह्वानिते विभीषणे ॥

वाल्मीकि वचन

एतद् वाक्य कहि त्वरा समुत्थित नभ स्थले ।
शुनि मन्दोदरी वाक्य रहे स्तब्ध अचेतन ॥
मन्दोदरी तद् श्रवणे तद्क्रमे निस्तब्ध साक्षात् छल कार्य दर्शने ।
यद् शत्रु हस्ते धृत मृत्यु आयुधू आयु क्षये मारुति राज जीवने ॥

- इति श्रीमद्देवायण ब्रह्मकल्पे तृतीय खण्डे राम मण्डलान्तर्गतः रामायण वर्गे लंका काण्डे मारुति कर्त्तृक मृत्युबाण हरण नामः ऊनसप्ततितम सर्ग ।

— ☆ —

॥ सप्ततितम सर्ग ॥

वाल्मीकि वचन

एस्थले राघवप्रति सर्व शक्ति प्रसादिता ।
जयश्री कर धारणे महालक्ष्मी प्रकाशिता ॥
राघवे कहिला देवी तव जय मने स्मरि ।
वरिनु अद्य राघव रक्षःराजे परित्यजि ॥
स्वर्ग राज्य प्रतिष्ठित कर मर्त्य महीतले ।
कहे वाक्य सरस्वती कर्म सिद्धि प्रदानिनु ॥
दिव्य कर्म प्रकाशह विनाशि रावणे तुमि ।
अतःपरे कहे वाक्य सिद्धिदाता गजानन ॥
युद्धे सिद्धि प्रदानिव अद्य तोमा महाबली ।
रक्षःराजे पराजिते नाहि विघ्न अतःपरे ॥
सर्व अंते कहे वाक्य शिखीध्वज षडानन ।
विजय दानिते अद्य करि स्थिर रणस्थले ॥
अन्यान्य सर्व देवता प्रसन्न राघवप्रति ।
एतद्काले प्रवेशिल हनुमान तथास्थले ॥
मृत्युबाण प्रदानिल राम हस्ते महाबली ।
येन स्वर्ग निरीक्षिल देव देवी समन्वित ॥
मध्यस्थले महेश्वरी राज राजेश्वरी यिनि ।
पार्श्व द्वये अवस्थिता महालक्ष्मी सरस्वती ॥
तदग्रे गणनायक शिखिध्वज षडानन ।
इन्द्र चन्द्र यमानिल स-मित्र वरुणानल ॥
मनः मुग्धे महावीर दिव्य दृश्य निरीक्षिया ।
भूलुंठित महाहर्षे रोमांचित कलेवर ॥
देवी माहात्म्य वर्णिया कण्ठोद्गीत विभीषणे ।
करे स्तव समस्वरे स-सैन्ये राम लक्ष्मण ॥

माहात्म्य स्तव

सर्वभूते स्थिता देवी स्वर्ग मुक्ति प्रदायिनी ।
स्तविव अद्य किं स्तवे निर्गुण ब्रह्मरूपिणी ॥
बुद्धि रूपे सदा तुमि सर्व जीवे अवस्थिता ।
स्वर्गापरसदा देवी नारायणी नमस्तुते ॥
कला काष्ठा स्वरूपिता परिमाण प्रदायिणी ।
सर्व ध्वंसी महाशक्ति नारायणी नमस्तुते ॥

सृष्टि स्थिति तथा लये शक्तिभूता सनातनी ।
गुणमयी गुणाश्रये नारायणी नमस्तुते ॥
शरणागत दीनार्त परित्राण परायणा ।
वेदना दुःख नाशिनी नारायणी नमस्तुते ॥
हंसयुक्त विमानस्थे ब्राह्मणी रूपधारिणी ।
कुशाम्भ क्षरणे देवी नारायणी नमस्तुते ॥
शूल चन्द्र धृता अहि महावृषभ वाहिनी ।
महेश्वरी स्वरूपिणी नारायणी नमस्तुते ॥
मयूर कुक्कुटावृता महाशक्ति धृता नघा ।
कौमारी रूप धारिणी नारायणी नमस्तुते ॥
शंख शक्र गदा पद्म विधृता परमायुधू ।
सुस्मिता वैष्णवीरूपे नारायणी नमस्तुते ॥
सर्व रूपे सर्वेश्वरी सर्व देवी समन्विता ।
कर त्राण महाभये दुर्गादेवी नमस्तुते ॥
हे सौम्यवदना देवी लोचनत्रय भूषिता ।
सर्व दुष्टाक्रमे रक्ष कात्यायणी नमस्तुते ॥
ज्वाला कराल अत्युग्रा अशेषासुर सूदना ।
भीते रक्ष महाशूले भद्रकाली नमस्तुते ॥

वाल्मीकि वचन

एतद् रूपे करि स्तव प्रभातिल महानिशि ।
देवी कृत शुभाशिषे गर्जिल कपिवाहिनी ॥
श्रीराम रामानुज देवमण्डली सुग्रीव संगे कपिवाहिनी बृहत् ।
ग्रीवानते कत्र तथा समस्वरे माहात्म्य पाठे रत सर्व मंगले ॥

- इति श्रीमद्देवायण ब्रह्मकल्पे तृतीय खण्डे राम मण्डलान्तर्गतः रामायण वर्गे लंका काण्डे स-सैन्ये श्रीराम कर्तृक देवी माहात्म्य पाठ करण वार्ता नामः सप्ततितम सर्ग ।

— ✯ —

॥ एकसप्ततितम सर्ग ॥

वाल्मीकि वचन

एस्थले सरमा सती प्रातःकाले उपस्थित ।
अशोके जानकी पार्श्वे नित्य गति यथामत ॥
निसंग मैथिली यथा रक्षःपुरे निरस्तर ।
केवल सरमागमे क्षण वार्ता परस्परे ॥
यद् वाक्य नित्य संवादे हरे काल सुखे दुःखे ।
क्षणे आशा प्रदीपने घोराच्छन्ने क्षणे क्षणे ॥
वार्ता हेतु विशेषत सीतादेवी प्रहर्षिता ।
एरूप सादराह्वाने कहिते रत जानकी ॥

सीता वचन

एसो लो सरमा सखी अद्य वार्ता किंवा कह ।
नित्य वार्ता समानीत विस्मयोत्पन्न कारक ॥
कह नित्य महाश्चर्ये अघटनी असम्भव ।
यज्ञस्थले वधे कह इन्द्रजित् वीर लक्ष्मण ॥

यद् वीर रहिवे दृढ़ कह वर्ष चतुर्दश ।
अनिद्रानशने अन्य स्त्रीय संग विवर्जने ॥
तद् वीर कह सक्षम मेघनाद विनाशिते ।
नहि ज्ञात कदाचन एरूप वीर्य लक्ष्मणे ॥
स्त्रीय बिना वने स्थित मोरे मातृ समार्चने ।
नहि ज्ञात अनाहारे अनिद्राते अवस्थिति ॥
ए विस्मय ममप्रति किंरूपे चिन्ति केवल ।
वर प्राप्त निशाचरे यज्ञक्षेत्रे विनाशिल ॥
स्मरि मात्र विभीषणे साहाय्य सर्व विग्रहे ।
कहिल सर्व सम्भव राम कृपा यथास्थले ॥
पुनश्च कहिले तुमि पर दिवा समागमे ।
विषादाच्छन्ने निर्झरि सुग्रीवे यद् पराजय ॥
पुत्रशोके दशानन विशाल कपिवाहिनी ।
एक रथे विमर्दिया करि घोर पराक्रम ॥
पुत्रहंता विनाशिते शक्तिशेल प्रहारिल ।
तद् शेलाव्यर्थ घातने पतित वीर लक्ष्मण ॥
पतित किं यथा मृत्यु सर्व भावे निरूपित ।
संशय पुनरुत्थाने कह सखी विनिर्झरी ॥
शुनि वार्ता झरि स्वयं अति दुःख क्रमागत ।
सुमित्रा जननी स्मरि मम हेतु विपर्यय ॥
कतक्षण गते कह यथा स्वयं जगत्पति ।
असाध्य पशिते मृत्यु तद् प्रभावे मने स्मरि ॥
अत्र रात्रि अनिद्राते उभे सखी अतिक्रमि ।
पर दिवा पुनः वार्ता समानीत सहर्षते ॥
कहिले पुनरुत्थित रामानुज रणस्थले ।
सम्भव यद् असम्भव श्रुत सर्व स-विस्मये ॥
औषधि कारणे हनु आनिल गंधमादन ।
मासेक गति यद् क्षेत्रे साधिल प्रहर द्वये ॥
श्रीरामे करुणा मात्र कह सखी क्रमागत ।
मत् चिन्ता मारुति श्रेष्ठ सर्व योद्धाकुले सखी ॥
एतद् वार्ता यथा श्रुत हर्षे दिवा अतिक्रमे ।
रात्रिकाले पुनर्वार कह क्षोभे विषादिता ॥
अद्य युद्धे जयी रक्षः लंकापुरे महोत्सव ।
कपि-सैन्य समन्वित रामचन्द्र पराजये ॥
यदद्य प्रथमा यामे करे सन्धि कपीश्वर ।
स्व-कार्ये युक्त राघव एतन्मात्र प्रकाशित ॥
आह्वान ना यद्क्षण रामचन्द्र पुनः रणे ।
नहे युद्ध तद्क्षण सन्धि सर्त इहा शुन ॥
किं हेतु समरे सन्धि वार्ता एतद् अजानित ।
केवल कहिले सखी निर्मित वानरे गढ़ ॥
तन्मध्ये रहि राघव स्व-कार्ये युक्त गोपने ।
वार्ता हेतु निशाव्यापी सर्व पुरी परिभ्रमि ॥
गत प्राते प्रकाशिले यद् वार्ता विस्मये श्रुत ।
द्वितीय प्रहरे दृष्ट क्षण मात्रे विभीषणे ॥
लंकापुरी परित्यजि येन क्षिप्र बहिर्गत ।
छद्मवेश तथापिह सन्देहे दृढ़ निश्चय ॥

यद् काले महिरावण सहस्थित दशानन ।
कह सखी विचारिया एतद् सर्व निरीक्षिया ॥
कार्यादेश विशेषत: मायावी महिरावणे ।
रावण कृत दानिते शुनि वाक्य इहा कह ॥
छद्म-युद्ध समारम्भ राघव सह रावणे ।
एतद् हेतु जने जने छद्मवेशे परिभ्रमे ॥
यद् युद्धे महिरावण सर्व ख्यात चराचरे ।
संध्याकाले समागमे एतद् वाक्य प्रकाशित ॥
पतित महिरावण लंकेश्वर विनिर्झरे ।
किं प्रकारे निपातित सर्व जने अजानित ॥
नहे युद्ध समारम्भ रहे सन्धि पुरासम ।
तथापि महिरावण किंरूपे किं रणे हत ॥
वार्तागत निशावधि एतद् मात्र प्रदानिले ।
हे सरमा यदि ज्ञात अद्य वार्ता किंवा कह ॥

वाल्मीकि वचन

दीर्घ प्रश्ने समायुत जानकी सरमा स्मित ।
उपविष्टा स्मिताधरे सीता हस्त विधारणे ॥
रहस्ये कहिते रत ना कह उपवेशने ।
पुण्य वार्ता समानीत अतिथि कुटीरे तव ॥
तद् वाक्य श्रवणे सीता उद्ग्रीव हृदये कहे ।
हे अतिथि रह स्थिर वार्ता अग्रे प्रदानह ॥
काल क्षेत्र विचारिते नहे क्षण सखी शुन ।
तद् वाक्ये चरणे नमि सरमा कहिते रत ॥

सरमा वचन

एतद् सत्य विपद्काले समाचार अकारण ।
यद् क्षेत्रे प्राण संकट क्षणे भाग्य विपर्यये ॥
आतंकित तथा नर: सर्वक्षण सुनिश्चय ।
कहि अद्य महत् शुभ हे कल्याणी शुन स्थिरे ॥
नमि लक्ष्मी स्वरूपिणी हे सीता सर्व मंगला ।
उन्माद प्राय रावण मृत्युकाल उपस्थित ॥
रामचन्द्रे यथा कार्य करि सन्धि सुगोपने ।
परिज्ञात यथा स्वयं अवधान कर स्थिरे ॥
करि सन्धि रणे प्रभु कृत शक्ति उपासना ।
प्रसन्ना वरदादेवी कल्य रक्षे: परित्यजि ॥
करिला राघवाश्रय इत्यावधि महारणे ।
शुन देवी दशानन सर्व युद्धे रहे स्थिर ॥
पुनश्च शुनिनु प्राते यद् वार्ता सर्व मंगले ।
रावण निधने कल्य मृत्युबाण हरे हनु ॥
छलि मन्दोदरी राज्ञी रात्रिकाले समागमे ।
मृत्युबाण परिग्रहि रामचन्द्रे प्रदानिल ॥
यद् बाण रक्षिते स्तम्भे मन्दोदरी अर्चनालये ।
राज्ञी बिना नहे ज्ञात एतद् वार्ता द्वितीयत ॥
सर्व रक्ष: अगोचरे मृत्युबाण सुरक्षित ।
यद् बाणे रावणे मृत्यु लब्ध रुद्र तपे यथा ॥

मृत्युबाण बिना वध्य नहे शुन दशानन ।
अवध्य सर्व शायके अमरतुल्य रावण ॥
कहिते किं यदि स्कंध कर्त्तित शस्त्र घातने ।
पुनश्च उठिवे शिर ब्रह्म वरे इहा स्थिर ॥
पुनश्च ना समुत्थाने मृत्युबाण विघातने ।
अद्य युद्धे सुनिश्चय हवे जय प्रतिष्ठित ॥
दिवा मात्र रह स्थिर मुक्तिकाल उपस्थित ।
यदि रात्रे त्वरित वार्ता हव पुनः समागम ॥

वाल्मीकि वचन

सरमा कहि एरूप सीता पदे शिरानते ।
अत्रक्षेत्र परित्यजे कहि पुनः समागम ॥
सीता समीपे सरमा कहे क्रमे संगोपने कल्य हरे मरुत् सुत ।
मन्दोदरी रक्षित बाण कौशले यद् आयुधू मृत्यु तरे दशानने ॥

- इति श्रीमद्देवायण ब्रह्मकल्पे तृतीय खण्डे राम मण्डलान्तर्गतः रामायण वर्गे लंका काण्डे सीता-सरमा संवादे जयाशा कथन नामः एकसप्ततितम सर्ग ।

— ✯ —

॥ द्विसप्ततितम सर्ग ॥

वाल्मीकि वचन

एस्थले श्रवणे वार्ता उन्माद प्राय रावण ।
कल्य रात्रे मरुत्सुत मृत्युबाण हरे छले ॥
मन्दोदरी कहे क्षोभे अश्रुजले विनिर्भरि ।
यद् श्रुत राक्षसेश्वर जिज्ञासिल इहा शुन ॥

रावण वचन

किं प्रकारे महावीर मृत्युबाण परिग्रहे ।
किंरूपे प्राप्त सन्धान कह राज्ञी यथा त्वरित ॥

मन्दोदरी वचन

गभीर रात्रिते यवे एकाकी अर्चनालये ।
देवी ध्यान समायुत सौभाग्य कारणे तव ॥
दुर्भाग्य व्याप्त सर्वत्र हेरि विपद् चतुर्दिके ।
तद् हेतु पशि निर्जने कल्याण करि कामना ॥
एतद् काले प्रवेशिल पुंथि कक्षे बृहस्पति ।
रात्रिकाले पुरोहित हेरि व्यस्ते कहि स्वयं ॥
हे महात्मा किं कारणे मध्यरात्रे समागत ।
कह किंवा प्रयोजन उत्तरिल बृहस्पति ॥
हे राज्ञी प्राप्त ए वार्ता महाविपद् मने स्मरि ।
गेल अद्य महादेवी रक्षःकुल परित्यजि ॥
प्रसन्ना राघवार्चने महादेवी वरप्रदा ।
मृत्युबाणे यथा वार्ता वरदाने कहे यदि ॥

सर्व ज्ञात महेश्वरी अवस्थाने तवालये ।
मृत्युबाण हरे यदि महावीर समागमे ॥
एतद् वाक्य यथा श्रुत हिताकांक्षी पुरोहिते ।
जिज्ञासिनु अनुष्ठेय किंवा कार्य इहा कह ॥
उत्तरिल पुरोहित शुन वाक्य सुगोपने ।
मन्दोदरी समागत अत्र वार्ता प्रकाशित ॥
देवी रक्ष:कुल त्यजे रावण प्राण रक्षिते ।
यन्मात्र अवलम्बन मृत्युबाण सुरक्षण ॥
हेर नित्य महायुद्ध कुल क्षये दिने दिने ।
मृत्युबाण बिना वध्य नहे सत्य दशानन ॥
अतएव सुरक्षण एतद् बाण प्रयोजन ।
अद्य रात्रे यथा त्वरित क्षेत्रान्तरे सुरक्षह ॥
तद् वाक्य प्रत्यये स्वयं विह्वल भीत अंतरे ।
मृत्युबाण बहिर्गत करि प्राज्ञे प्रदानिनु ॥
कहिनु वाक्य हे धीर गुप्तक्षेत्रे सुरक्षह ।
देव देवी अगोचरे यथा हित विवेचने ॥
मम वाक्य यथा श्रुत मृत्युबाण परिग्रहि ।
अग्रे अग्रे चले प्राज्ञ तद् पश्चाते चलि स्वयं ॥
बहिर्देशे समागमे सहसा परिवर्त्तित ।
बृहस्पति स्थले हनु मृत्युबाण करे धृत ॥
तद्दर्शने स्वयं स्तब्ध कहि वाक्य नहि क्षम ।
कहे एतद् महावीर गम्भीर जलदस्वने ॥
देवी वाक्य यथामत हरि बाण तदक्रमे ।
कर्म शेष दशानने प्राण मात्र विधारित ॥
एतद् शस्त्रे हवे अन्त कल्य प्राण रणस्थले ।
प्रस्तुत रह सम्राज्ञी आह्वानिते विभीषण ॥
एतद् वाक्य कहि त्वरा समुत्थित नभ स्थले ।
स्वयं भूमे निपातित रहि क्षण अचेतन ॥
चेतना प्राप्त तद्परे तव अग्रे उपस्थित ।
किंवा कार्य अत:परे अनुष्ठह विवेचने ॥
कहि पथ महाराज स्वीय प्राण सुरक्षिते ।
स्थापन कर सौहार्द रामे सीता प्रदानिया ॥

वाल्मीकि वचन

एरूप कहिया वाक्य मन्दोदरी तथास्थले ।
रक्ष:राजे निरीक्षिल मृततुल्य अवस्थित ॥
उपविष्ट यथासने एलायित कलेवरे ।
अशक्य स्कंध धारणे पार्श्वे वक्र यथा शिर ॥
निश्वास वायु निस्पंदे प्राणगति तिरोहित ।
हेरि राज्ञी अचेतन धृत त्वरित कलेवर ॥
चेतन करिते त्वरा आह्वानिल निशाचरे ।
शुनि मन्दोदराह्वान बहु जन समागत ॥
लंकेश्वरे प्रदर्शने एतद् आज्ञा प्रदानिल ।
आनो वारि स-कस्तुरी आनह बीजनी त्वरा ॥
यथा आज्ञा तथा कार्ये सर्वे त्वरित बहिर्गत ।
प्रत्यागत क्षणान्तरे राज्ञी हस्ते प्रदानिल ॥

यद् पूर्ण स्वर्ण भृंगार गंध-वारि यथास्थले ।
मन्दोदरी परिग्रहि नियुक्त वारि सिंचने ॥
दश शिरे क्रमागत स्वयं हस्ते समादरे ।
नियुक्त बहु राक्षस बीजने मृदु मंथरे ॥
एतद् रूपे कतक्षण अतिगत यवे शुन ।
चेतना प्राप्त रावण सर्व रक्षः बहिर्गत ।
त्यजिया दीर्घ निःश्वास कहे मन्दोदरीप्रति ॥
प्रस्तुत रह हे राज्ञी मृत्युकाल उपस्थित ।
साधारण नहे राम ज्ञात मन्दोदरी स्वयं ॥
भगवान स्वयं राम इथे किञ्चित् किं संशय ।
सीता लक्ष्मी स्वरूपिणी दुरादृष्ट ममप्रति ॥

मन्दोदरी वचन

किं प्रकारे परिज्ञात एवे राम जगत्पति ।
कहे पूर्वे विभीषण पदाघाते विताड़िले ॥

रावण वचन

पूर्वे एतद् परिज्ञात सत्यवादी विभीषण ।
मम मृत्यु निरूपणे सत्ये भ्रांति उपस्थित ॥
अमरत्त्वे विभीषण भ्रांतिगत नहे शुन ।
ब्रह्म वाक्य मने स्मरि अद्य स्वयं सचेतने ॥
मन्दोदरी महातपे लब्ध सिद्धि यवे शुन ।
ब्रह्म साक्षात् उपस्थिते दाने सर्व जयी वर ॥
अमरत्त्व प्रदानिते अस्वीकृत यवे स्रजा ।
आमिह कौशले प्रार्थी सर्व जय क्रमे क्रमे ॥
देवता दैत्य गंधर्व रक्षः सर्प विहंगम ।
सर्व युद्धे हवे जय शस्त्र वध्य नहे कभु ॥
वर प्राप्त यवे स्वयं कहि हास्ये प्रजेश्वरे ।
यथा वर प्रदानिले नहे मृत्यु कदाचन ॥
मम वाक्ये स्मिताधर उत्तरिल प्रजापति ।
वर प्राप्त नहे एतद् वधिवे नर वानरे ॥
हे रावण यवे तुमि देव दुःख प्रदानिवे ।
देव दुःखे भगवान अवतीर्ण हवे स्वयं ॥
नरः रूपे प्रतिद्वन्द्वी युद्धक्षेत्रे विनाशिवे ।
एतद् वाक्य कहि ब्रह्म अत्र क्षेत्र परित्यजे ॥
तद् वाक्य व्यर्थ कारणे करि स्वयं समुद्यम ।
यद्यपि कहिल ब्रह्मा भगवान विनाशिवे ॥
तद् व्यर्थ कारणे स्वयं रुद्र ध्यान परायण ।
रुद्र वर प्रदानिते मृत्युबाण लभि स्वयं ॥
मृत्युबाण यथा लब्ध ब्रह्म वाक्य व्यतिक्रमे ।
तद् वाक्य श्रवणे रुद्र कहे वाक्य ममप्रति ॥
मृत्यबाण दशानन यथा छले परिग्रह ।
तव शत्रु सुकौशले कार्यकाले लवे हरि ॥
के सक्षम चराचरे ब्रह्म वाक्य अतिक्रमे ।
रे विमूढ़ हवे भ्रांति भगवान तव प्रति ॥

मन्दोदरी वचन

यदि रामे परिज्ञात भगवान महाबली ।
अद्य भ्रांति गते तव केनना कर अर्चना ॥
आह्वानिया ससम्माने रामे सीता प्रदानिया ।
हवे मृत्यु निवारित यथा कृत विभीषणे ॥

वाल्मीकि वचन

तद् काले विषमस्वने कालशक्ति निनादिल ।
हे रावण उत्तिष्ठह आह्वाने समरे अरि ॥
काल पूर्ण यथा तव यशे मृत्यु परिग्रह ।
अमर नह रावण ब्रह्म वाक्य अतिक्रमि ॥
भगवान स्वयं हेर मृत्यु रूपे समागत ।
यथा रूप जगत् काम्य कर साक्षात् रणस्थले ॥
करि साक्षात् भगवान उत्तम लह हे गति ।
काल पार्श्वे चलि स्वयं हेथा कार्य समापने ॥
एरूप कहिते वाक्य कालशक्ति निनादने ।
रावण उत्थित त्वरा पुनर्युद्धे सगर्जने ॥
यद् शक्ति काले रत घोर गर्जिते लंकेश उत्तिष्ठह पुण्य दर्शने ।
शस्त्रार्चने अन्तिम मुक्ति कारणे श्रीराम साक्षात् भगवान विग्रहे ॥

- इति श्रीमद्देवायण ब्रह्मकल्पे तृतीय खण्डे राम मण्डलान्तर्गतः रामायण वर्गे लंका काण्डे रावण-मन्दोदरी संवादे मृत्युबाण हरण वार्ता कथने रावणे भागवत चैतन्य प्राप्ति वार्ता नामः द्विसप्ततितम सर्ग ।

— ☆ —

॥ त्रिसप्ततितम सर्ग ॥

वाल्मीकि वचन

एस्थले कपि वाहिनी राम जय निनादिया ।
दशम दिवस प्राते पुनर्युद्धे बहिर्गत ॥
पुनर्वार दशानन युद्धवेशे विनिर्गत ।
कपि योद्धा समन्वित आरम्भिल महारण ॥
गेल शक्ति परित्यजि तवु रक्षः महाबली ।
करे युद्ध भयंकर कपिवृंद विमर्दने ॥
नल नील करे युद्ध रावण सह गर्जिया ।
लंकेश्वरे शराघाते कातर नायक द्वय ॥
क्षणकाल महायुद्धे नल नील पराजित ।
गय गवाक्ष आगत आक्रमिल दशानने ॥
करिल शर वर्षण रावण अति कोपने ।
संग्रामे तिष्ठिते नारे कपिद्वय पराजित ॥
गवाक्ष गय यद्यपि करे युद्धे पलायन ।
अंगद सर्व नायक क्रोधे युद्धे प्रवेशिल ॥
अंगदे हेरि रावण पंच बाण प्रहारिल ।
पंच बाण निवारण करे वृक्ष विघूर्णने ॥
अत्र वृक्ष विघूर्णिया निक्षेपे रावण प्रति ।
लंकेश शर घातने वृक्ष त्वरित द्विखंडिल ॥

हेरि व्यर्थ महीरुह धृत हस्ते महीधर ।
निक्षेपि रावणप्रति रहे दृश्य निरीक्षिते ॥
धृत हस्ते दशानन महाशूल त्वरित गति ।
निक्षेपिया महाबले विचूर्णिल महीधर ॥
गर्जे पुन: महाशूल विचूर्णिया तथा गिरि ।
अंगद रक्षिते नारे शूलाघाते निपातित ॥
अंगदे त्यजिया त्वरा आक्रमिल कपीश्वरे ।
अग्रसरे कपीनाथ बृहत् वृक्ष विधारणे ॥
सुग्रीव सह तद्परे महायुद्ध दशानने ।
शूलतुल्य चले वृक्ष वज्रतुल्य महीधर ॥
निक्षेपिछे क्रमागत महावीर्ये कपीश्वर ।
खण्डे खण्डे करे सर्वे शराघाते दशानन ॥
एतद् रूपे महायुद्धे करि घोर पराक्रम ।
नारे रक्ष: निवारिते कपीश्वर महाबली ॥
शर शत सहस्रशे सुग्रीवे पीड़ने रत ।
क्रोधे रक्ष: भयंकर कपीराज रण त्यजे ॥
एतद् दृश्य निरीक्षिया महावीर समागत ।
वृक्ष हस्ते विधारणे युद्धमान यवे शुन ॥
अति क्रोधे दशानन निक्षेपिल महाबले ।
एक संगे सहस्रश बाण श्रेष्ठ त्वरित गति ॥
अक्षम वारिते हनु पड़े त्वरित रणस्थले ।
महावीर अचेतन रामानुज समागत ॥
तदंतरे शरे शरे महायुद्ध तथास्थले ।
उभये शर घातने शस्त्र विद्या विशारद ॥
प्रहरेक महायुद्धे रामानुज पराजित ।
गर्जिल विषमस्वने रक्ष:राज दशानन ॥
लक्ष्मणे रक्षिते त्वरा रामचन्द्र समागत ।
टंकारिया धनुर्गुण राघव अति कोपने ॥
अत:परे महायुद्ध राघव सह रावणे ।
देववृंद तथा कपि द्रष्टा अद्य महारणे ॥
विस्मयकर तद् युद्ध सर्वलोक भयंकर ।
स्मरणीय यथा नित्य संग्राम राम-रावणे ॥
विंश हस्ते दशानन धृत विंश प्रहरण ।
एकयोगे प्रहारिछे अति क्रोधे महाबली ॥
घूर्णित विंश लोचन दशन घर्षणे तथा ।
नाना जाति प्रहरण प्रहारिछे क्रमागत ॥
कभु ऊर्ध्वे नभ स्थले मेघान्तरे करे रण ।
कखन वा महीतले थर थरे महीधर ॥
शून्ये अग्नि ज्वले कभु महावात्या क्षणे क्षणे ।
वर्षण कभु वा घोर झंझाकाले यथामत ॥
शक्ति हारा दशस्कंध तवु युद्धे भयंकर ।
हेरि एतद् विभीषणे रामचन्द्रे कहे इहा ॥

विभीषण वचन

काल क्षय वृथा अद्य मृत्युबाण निपातने ।
विनाश कर रावणे वृथा युद्ध अत:परे ॥

वाल्मीकि वचन

एतद् वाक्य यथा श्रुत मृत्युबाण मने स्मरि ।
धृत हस्ते अतःपरे मृत्युबाण जगत्पति ॥
टंकारिल धनुर्गुण ज्याकर्षणे महाबले ।
यद् रावणे प्रहारित उठे बाण सगर्जने ॥
गर्जिल विषमस्वने मृत्युबाण नभ स्थले ।
रावण दर्शने शस्त्र धनुर्बाण परित्यजे ॥
राम रूप करे ध्यान एवे रक्षः दशानन ।
आगत शरणे अद्य रामचन्द्र जगत्पति ॥
भगवान स्वयं बिना वधिते केह ना क्षम ।
पूर्व स्मृति मनोदित यथा वर प्रजेश्वरे ॥
एस्थले गर्जिया शर तारासम नभ च्युत ।
उज्ज्वलिया चतुर्दिक पड़े रक्षः हृदिस्थले ॥
रावण पुष्पकच्युत पड़े अद्य महीतले ।
परशु घातने यथा छिन्न मूल महीरुह ॥
शाखा पुंज विथारिया पड़े घोरे महीतले ।
तथामत महाशब्दे विंश बाहु प्रसारित ॥
पतित राक्षसाधिप अमरतुल्य रावण ।
दिव्य वाद्य महानन्दे निनादित चतुर्दिके ॥
आकाश अति निर्मल पुण्य वायु प्रवाहित ।
गाहिल गीति गंधर्वे नाचिल अप्सरीकुल ॥
रावण पतने अद्य महाहर्ष चतुर्दिके ।
पुष्प वृष्टि करे सर्व देववृंद महीतले ॥
आघात रामे अति घोर विक्रमे युद्धे पड़े रावण मृत्यु शायके ।
यद् निर्मलाकाश अराति नाशने पुष्पावली वृष्टिल हृष्ट देवता ॥

- इति श्रीमद्देवायण ब्रह्मकल्पे तृतीय खण्डे राम मण्डलान्तर्गतः रामायण वर्गे लंका काण्डे मृत्युबाणे रावण पतन वार्ता नामः त्रिसप्ततितम सर्ग ।

— ✫ —

॥ चतुःसप्ततितम सर्ग ॥

वाल्मीकि वचन

मुक्त गति यथा देवे रामचन्द्रे प्रदानित ।
ए हेतु सर्व देवता राम पार्श्वे उपस्थित ॥
राम मान्य प्रदर्शने राघव कीर्त्ति वर्धिते ।
देववृन्द करे सभा चतुःपार्श्वे समावृत ॥
रावण समरे हत शोकयुक्त विभीषण ।
त्वरित गति उपस्थित यथा रक्षः निपातित ॥
कहे वाक्य तथास्थले भ्रातृशोके सकातर ।
हाः रावण ममाग्रज किं कहिव अतःपरे ॥
अमरकुल सन्निभ दिग्विजयी दशानन ।
करि सर्व कुल क्षय तुमि अद्य निपातित ॥
कहिनु पूर्वते बहु रामे सीता प्रदानह ।
रामचन्द्र जगत्पति कह इथे किं संशय ॥
ना शुनि मम भाषण क्रुद्ध तुमि ममप्रति ।
कर वक्षे पदाघात अहं राज्य विताड़ित ॥

ए सर्व पूर्वते ज्ञात वेधस कृत भाषणे ।
तव मृत्यु समागत रामचन्द्र स्वयं प्रभु ॥
सीता लक्ष्मी मने स्मर कहि सीता प्रदानिते ।
रामे नित्य नमस्कारे अमानन किंवा कह ॥
रामचन्द्र जगत्पति देव पूज्य निरंतर ।
हेरिले सर्व देवता स्व-इच्छाते समागत ॥
देववृंद नमे नित्य सर्वेश्वर विभु स्मरि ।
सर्व भूतान्तरे स्थित सर्वतोगत राघव ॥
रामचन्द्रे नमस्कारे जानि सर्व सुमंगल ।
राम-द्वेषी जगन्मध्ये नाहि रहे कदाचन ॥

रावण वचन

शुन भ्राता विभीषण ज्ञानी तुमि सुनिश्चय ।
रामचन्द्रे परिज्ञात सर्वाग्रे तुमि केवल ॥
अन्य केह नहे ज्ञात ए हेतु समरे हत ।
तुमि राम कृपाश्रित अमरत्त्वे प्रतिष्ठित ॥
तवु कहि विभीषण ना कर अद्य भर्त्सना ।
एवे स्वयं परिज्ञात रामचन्द्र जगत्प्रभु ॥
ब्रह्म वाक्य मनोद्गत भगवान स्वयं बिना ।
अन्य केह नहे क्षम वधे मोरे रणस्थले ॥
मम मृत्यु समागत कर राज्य अतःपरे ।
रामे सीता प्रदानह सालंकारा विभीषण ॥
चित्ररथे यथामान्ये मन्दोदरी प्रदानह ।
कतमा स्थिर यौवना मम वंश समापित ॥
निर्वंश आमि संग्रामे तव वंश सुरक्षिते ।
सरमा सह लंकाते कर राज्य महाबली ॥
अंतकाले विभीषण रामचन्द्रे निवेदह ।
इच्छा उत्क्रमणे हेरि राजीवाक्ष जगत्प्रभु ॥

वाल्मीकि वचन

श्रीराम दर्शने इच्छा रक्षःराजे मनोदित ।
रामचन्द्र परिज्ञात कहिल लक्ष्मणप्रति ॥

श्रीराम वचन

हे लक्ष्मण चल त्वरा रावणे करि दर्शन ।
मृत्युकाल समागत जावे मर्त्ये तनु त्यजि ॥
रावण पंडित श्रेष्ठ राजनीति विशारद ।
नहे दृष्ट कदाचन त्रैलोक्ये रावणाधिक ॥

लक्ष्मण वचन

किंवा नीति परिज्ञात दुष्ट बुद्धि दशानन ।
परदार हरे नित्य आजीवन कलंकित ॥

श्रीराम वचन

एतन्मात्र अशुद्धिते हेर हत रणस्थले ।
सर्व विद्या परिज्ञात ब्रह्मदर्शी दशानन ॥

महाशक्ति कृपाश्रित करे राज्य महीतले ।
तपस्वीश्रेष्ठ निश्चय शक्तिसिद्ध जगत्जयी ॥
विज्ञात आमि तद् सर्व सिद्धिश्रेष्ठे अधिष्ठित ।
शक्ति आराधने रत छिनु स्वयं दिवा गते ॥

वाल्मीकि वचन

एतद् वाक्य यथा उक्त लक्ष्मणप्रति राघव ।
रक्ष:राजे निरीक्षिते सर्व सह बहिर्गत ॥
वाक्ये रत विभीषण हेरि राम समागम ।
कहिल रावणे हेर राम अग्रे उपस्थित ॥
उत्साहित दशानन रामचन्द्रे निरीक्षिल ।
देवकुल समावृत अपूर्व दृश्य राघवे ॥
तद् दृश्य दर्शने मुग्ध कहे वाक्य मृदुस्वरे ।
लह राम नमस्कार अहं सत्य अभाजन ॥

श्रीराम वचन

त्रैलोक्येश्वर रावण सर्व विद्या विशारद ।
किञ्चित् विद्या प्रदानह राजनीति ममप्रति ॥
वय: स्वल्पे बहिर्गत राज्य त्यजि दशानन ।
गत वर्ष चतुर्दश भ्रमि वने निरंतर ॥
समस्त पृथिवी देख मम स्कंधे निपातित ।
तुमि चलिले अद्य त्यजि मर्त्य कलेवर ॥
राजनीति किंवा ज्ञान किंरूपे राज्य चालना ।
किञ्चित् शिक्षा प्रदानह अंतकाले महाबली ॥

रावण वचन

किं शिक्षा कह दानिव तोमा अद्य जगत्पति ।
सर्व ज्ञान समुद्भवे तव मध्ये निरंतर ॥
भगवान स्वयं प्रभु वधिते रावणे तुमि ।
एले मर्त्य महीतले महत् लोक परित्यजि ॥
एतद् तथ्य परिज्ञात मृत्युकाले महाबली ।
भगवान स्वयं बिना नहि वध्य कदाचन ॥
मृत्युकाले मने स्मरि ब्रह्म सिद्धि यथायथ ।
तवुह तुमि यद्यपि स्वयं इच्छा प्रकाशिले ॥
नित्य कार्य फलाफले अभिज्ञता यथा मम ।
अन्य सर्व परिज्ञात आत्मयोगे रहि स्थिर ॥
शुभ कार्य समागमे यद्यपि तुमि सक्षम ।
तद्क्षणाते समापह नाहि कर इतस्तत: ॥
अशुभ कार्य यद्यपि अनुष्ठह विचारिया ।
येथा सर्वे स्वभावत: त्वरित कार्ये करे भ्रम ॥
कहि वाक्य परिष्कृत शुन राम मन स्थिरे ।
करि पूर्वे तप: बहु प्राप्त सिद्धि तथामत ॥
तपस्या कार्य भीषण साधारणे नहे क्षम ।
एतद् हेतु करि स्थिर सर्वे सिद्धि प्रदानिते ॥
सिद्धि सेतु विनिर्मिते करि इच्छा स्वयं मने ।
जाहे नर: बिना तपे लभे अंते परागति ॥

हवे कार्य अतःपरे | एतद् रूप मने स्मरि ।
क्षणमात्रे समापिव | किंवा कार्य त्वरित गति ॥
अन्य दिके निरीक्षह | तुमि अद्य महाबली ।
हरण करिते सीता | नहे क्षण विलम्बित ॥
निर्विचारे यथा कार्य | देख फल अतःपरे ।
निर्वंश अद्य रावण | तव हस्ते महारणे ॥
अशुभ बुद्धि चालने | किंवा फल निरीक्षिले ॥
एवे राम कर स्पर्श | करि त्याग कलेवर ।
अक्षम कहिते वाक्य | क्षमा राम अनंतरे ॥

वाल्मीकि वचन

निरविल दशानन | चक्षुद्वय निमीलने ।
एतद् वाक्य कहे राम | शिर स्पर्शि शुभाशिषे ॥

श्रीराम वचन

त्रैलोक्येश्वर रावण | जाह त्यजि कलेवर ।
कर गति परलोके | तव कार्य समापित ॥
एतद् वाक्य यथा उक्त | रामचन्द्र तथास्थले ।
त्यजे मर्त्य कलेवर | रक्षःराज दशानन ॥
तनु त्यजि दशस्कंध | दिव्य रथे रथारूढ़ ।
ऊर्ध्वलोके करे गति | सर्व जने निरीक्षिल ॥
यद् तारकब्रह्म सनातन प्रभु | श्रीराम चित्ते क्षण चिन्ति रावण ।
ऊर्ध्वे चले शीघ्र शरीर वर्जने | पापे यथा मुक्त परात्पर स्मरि ॥

- इति श्रीमद्देवायण ब्रह्मकल्पे तृतीय खण्डे राम मण्डलान्तर्गतः रामायण वर्गे लंका काण्डे रावणे मृत्यु वार्ता कथन नामः चतुःसप्ततितम सर्ग ।

— ✯ —

॥ पंचसप्ततितम सर्ग ॥

वाल्मीकि वचन

द्वितीय प्रहरातीते | पड़े रक्षः रणस्थले ।
तृतीय प्रहरातीते | त्यजे तनु दशानन ॥
संध्याकाले विभीषण | सुग्रीव राम लक्ष्मण ।
देव कपि समन्वित | लंकामध्ये प्रवेशिल ॥
करे सर्व निशाचर | रामे आत्म समर्पण ।
अभय दानिया सर्वे | पुरीमध्ये प्रवेशिल ॥
अतःपरे सुराधिप | कहे मित्र विभीषणे ।
कर हे विजयोत्सव | भोज्य मधु प्रदानिया ॥
उत्सवे राज भांडार | कृत मुक्त विभीषण ।
सह कपि निशाचर | करे मैत्री तथास्थले ॥
राम जय निनादिल | सह कपि निशाचर ।
रात्रिव्यापी महोत्सवे | भक्ष्ये भोज्य सुरा मधु ॥
आछिल बहु गंधर्वी | कपि सेवा करे सबे ।
एक कपि भ्रमे हर्षे | स्त्रीय द्वय समन्वित ॥
एस्थले त्रिजटा रक्षी | सीता पदे नमे त्वरित ।
खड्ग निक्षेपिया दूरे | कहे वाक्य शिरानते ॥

त्रिजटा वचन

क्षम हे करुणामयी तुमि लक्ष्मी सुरेश्वरी ।
रामचन्द्र जगत्पति पति तव गदाधर ॥
अज्ञान आमि राक्षसी अज्ञात महिमा तव ।
व्यवहारे यथा त्रुटि कर क्षमा सुरेश्वरी ॥
श्रीराम कभु ना कह त्रिजटा अति दुर्मुखा ।
त्रिजटा सेविका तव नमि देवी पुनः पुनः ॥

वाल्मीकि वचन

त्रिजटा कार्य दर्शने सीता प्रति सविस्मय ।
अकस्मात् घटे किंवा किं हेतु त्रिजटा नमे ॥
या भाविते भयोद्भवे आनन्दह तथामत ।
तवे किं समरे जयी रामचन्द्र महाबली ॥
रावण किं निपातित राम वीर्ये रणस्थले ।
एतद्काले प्रवेशिल सहास्ये सरमा सती ॥
दासी पंच सहस्रशे रानी मन्दोदरी यथा ।
सीता पदे शिरानत दासीकुल समन्विता ॥
बहु वस्त्र परिच्छद कुंकुम गंध चन्दन ।
नाना दिव्य अलंकार सुरक्षित चतुर्दिके ॥
जिज्ञासे जानकीदेवी ए वाक्य सरमाप्रति ।
कह अद्य किं उत्सव रक्षी भीता किं कारणे ॥

सरमा वचन

रावण बंधन च्युत मैथिली-मुक्ति उत्सवे ।
लंकेश्वरे यथा आज्ञा करि कार्य तथामत ॥
परो वस्त्र अलंकार यथा इच्छा मनोमत ।
हेर रथ समागत श्रीराम दर्शने चल ॥

सीता वचन

लंकेश्वर किंवा बुद्धि किंवा युद्ध परिस्थिति ।
किं हेतु जानकी मुक्त केन रथ समागत ॥

वाल्मीकि वचन

कहिते कहिते वाक्य गर्जि घोरे महारवे ।
पुष्पक स्यन्दनोत्तम समागत तथास्थले ॥
अवतीर्ण रथ त्यजि रक्षः मित्र विभीषण ।
तद् पार्श्वते महावीर आगत नत मस्तके ॥
हनु सह विभीषण आनत जानकी पदे ।
हेर माता कहे हनु लंकेश्वर विभीषण ॥

सीता वचन

किं संवाद कपीश्वरे रामानुज सह स्वयं ।
किंवा युद्ध परिस्थिति किंवा आज्ञा विभीषणे ॥

विभीषण वचन

आज्ञा नहे तवप्रति निवेदि चरणद्वये ।
रामचन्द्रे कृपाश्रित अहं माता मने स्मर ॥
द्वितीय प्रहरे अद्य रावण समरे हत ।
युद्ध जयी जगत्प्रभु लंकामध्ये प्रवेशिल ॥
सिंहासन यथा शून्य रावण विहने शुन ।
राम आज्ञा सुपालने राजासने अधिष्ठित ॥
आगत सर्व देवता अद्य रात्रे सभातले ।
स्वर्गतुल्य महासभा चल माता निरीक्षिवे ॥
सर्व ऊर्ध्वे अधिष्ठित द्युलोक येमति प्रभु ।
देव कपि समन्वित अद्य सभा मनोहर ॥
शुन देवी विशालक्ष्मी बहु पुण्य फले घटे ।
मिलन विष्णु लक्ष्मीते ए दृश्य देव दुर्लभ ॥
तव तरे अपेक्षाते देव सर्व तथा स्थित ।
चल श्रीराम दर्शने हे रक्षःकुल बन्दिता ॥

वाल्मीकि वचन

एतद् वाक्य यथा श्रुत जानकी अति मोदिता ।
कहिला सरमाप्रति कर इच्छा मनोमत ॥
सरमा अति आह्लादे दिव्य वस्त्र परिच्छदे ।
दिव्य रत्न अलंकारे दिव्य गंधे तथामत ॥
हिरण्यवरणा सीता करे त्वरित सुसज्जिता ।
यथा क्षेत्रे यथा रत्न अलंकार तथामत ॥
सिंदूर बिन्दु सर्वान्ते ललाटे दानि सम्भ्रमे ।
नमिल चरणद्वये विदूषी सरमा सती ॥
विधृत सरमा वक्षे कृत स्नेहे समादरे ।
चिर आयुष्मती रह उक्त स्नेहे शुभाशिषे ॥
सहसा त्रिजटा नत जानकी चरणद्वये ।
कहिला करुणाकर सीता अद्य ममप्रति ॥

सीता वचन

किं भय त्रिजटा तव राघव करुणामय ।
यथा आज्ञा दशानने तथा कार्य अनुष्ठिले ॥
रावण गत एक्षणे सर्व ताप विदूरित ।
चलह मम संगते त्रिजटा तुमि सेविका ॥

वाल्मीकि वचन

त्रिजटा जानकी सह रथारूढ़ यवे शुन ।
मारुति त्रिजटाप्रति वक्र चक्षे निरीक्षिल ॥
त्रिजटा सरमा सीता एतद् त्रये रथारूढ़ा ।
अन्य सर्वे चले पार्श्वे सह हनु विभीषण ॥
चले रथ विमंथरे पदव्रजे यथा गति ।
धीरे धीरे सभा अग्रे यवे रथ समागत ॥
बाजे लक्ष महाशृंग शंख घंटा तथामत ।
जगझम्पे महाशब्द करताल समन्वित ॥

एतद् काले प्रवेशिल निकषा राक्षसी तथा ।
रामचन्द्रे कहे वृद्धा एतद् रूप सभातले ॥
सीता स-माल्ये करि शीघ्र सज्जिता रत्नादि वस्त्रे शुचि गंध चन्दने ।
श्रद्धा विनम्रे सरमा कहे नमि कारुण्ये देवी चल राम दर्शने ॥

- इति श्रीमद्देवायण ब्रह्मकल्पे तृतीय खण्डे राम मण्डलान्तर्गत: रामायण वर्गे लंका काण्डे सीता रक्ष: बंधन मुक्ति लाभ वार्ता नाम: पंचसप्ततितम सर्ग ।

— ✯ —

॥ षड्सप्ततितम सर्ग ॥

वाल्मीकि वचन

पुत्रशोके सकातरा अश्रुजले विनिर्भरि ।
निकषा राघवप्रति एरूप कहिते रत ॥

निकषा वचन

रावण मम नन्दन राम तुमि विनाशिले ।
अन्य पुत्रे प्रदानिले राज्यभार अत:परे ॥
धर्मवंत विभीषण इथे कह किं संशय ।
यद्यपि दुष्ट रावण मम पुत्र तथापिह ॥
सदासम किंवा पुत्रे मातृ स्नेहे विचार किं ।
सत् पुत्र गर्भ धारणे सुख दु:ख यथामत ॥
असत्येह तथामत मातृ स्नेहे सुपालित ।
हानिले हृदये अद्य किं शेल निकषाप्रति ॥
कहिते कहिते वृद्धा अति क्रोध परायणा ।
मम कुल क्षये राम पुत्रशोक प्रदानिले ॥
यद्यपि तुमि राघव जगदीश कहे सबे ।
अभिशप्त तथापिह करि तोमा इहा शुन ॥
नारिवे धरिते वक्षे पुत्र तव कदाचन ।
तखनि बुझिवे तुमि पुत्रशोके किंवा दु:ख ॥
कहिते कहिते वृद्धा मूर्च्छागत तथास्थले ।
स्पर्शिल यम देवता त्यक्त क्षणे कलेवर ॥
अत्रकाले विभीषण सभातले उपस्थित ।
मातृ मृत्यु निरीक्षिया करे क्षोभ तथा बहु ॥
तद् परे इन्द्र आज्ञाते यद् कृत अपसारण ।
रावण सह सत्कारे कार्य स्थिर यथाकृत ॥
त्यजिल निकषा देह मन्दोदरी समागत ।
जिज्ञासे राघवे राज्ञी किं व्यवस्था ममप्रति ॥
चित्ररथे निरीक्षिया इंगित कृत राघवे ।
कहे इन्द्र तथास्थले लह चित्र प्रिया तव ॥
लह मन्दाकिनी स्नाने इथे शुद्धा मने स्मरि ।
मन्दोदरी यथा आख्या कतमे परिवर्त्तने ॥
कहिल कतमाप्रति रामचन्द्र शुभाशिषे ।
जगन्मय हवे आख्या राणी मन्दोदरी सती ॥
देववृन्द यथा आज्ञा चित्र कार्य तथामत ।
देव गुरु बृहस्पति पुण्यविधि प्रदानिल ॥

राणी मन्दोदरी सती इथे चित्र किं संशय ।
रक्षः सेवा बहिर्देशे पतिप्राणा सतीप्रति ॥
अधिकृत यथा राष्ट्र बलाधिक्ये पशे रिपु ।
धन रत्न तथा राज्ञी सर्व क्रमे परिग्रहे ॥
अन्य वीर्ये वशीभूत दौर्बल्य हेतु केवल ।
रक्षक यदि ना क्षम किं दोष रत्न वैभवे ॥
लब्ध यदि पुनर्वार परित्यज्य नहे धन ।
रत्नतुल्य विचारह राज्ञी अपहृता स्त्रीय ॥
मनः मात्र निरीक्षण कर चित्र यथायथ ।
यथा मन समर्पित तद् सतीत्त्व तथा स्थिर ॥
स्व-चांचल्ये प्रलोभने अन्यमना तथा यदि ।
तदस्त्री असती चित्र एतद्रूपे विचारह ॥
सतीत्त्व वाक्य यद्रूप करि अद्य निरूपण ।
छले किंवा बले दुष्ट वशीभूत करे यदि ॥
तद् क्षेत्रे रमणी यदि वाध्य आत्म समर्पणे ।
पति प्राणा तथापिह अंतर्मध्ये रहे यदि ॥
असती कभु ना स्त्रीय मनः सत्ये विचारित ।
दुर्योगे राष्ट्र विप्लवे अन्य स्त्रीय हरे यदि ॥
पुनः शान्ति प्रतिष्ठाते स्त्री सादरे परिग्रह ।
देव विधि इहा स्मर मनः सत्ये विचारित ॥

वाल्मीकि वचन

गुरु आज्ञा यथामत हल कार्य तदक्रमे ।
त्यजि मन्दोदरी नाम कतमाख्या विधारणे ॥
देवकुल समन्वित चित्रपार्श्व परिग्रहे ।
मन्दाकिनी जले शुद्ध कृत गुरु बृहस्पते ॥
रक्षःकुले अवस्थाने यद् कल्मष कलेवरे ।
पुण्य वारि शुचि स्पर्शे शुद्धि लब्धा सुरांगना ॥
पूर्व मला बहिर्गमे दिव्यकान्ति प्रकाशित ।
चित्ररथ समन्वित पूर्वतुल्य सुशोभिता ॥
मन्दोदरी लब्ध विशुद्धि जीवने मन्दाकिनी वारि विधान गाहने ।
सुप्राप्त रूपान्तर मुक्त कल्मषे यद् दिव्य देहे कतमा सुरांगना ॥

- इति श्रीमद्देवायण ब्रह्मकल्पे तृतीय खण्डे राम मण्डलान्तर्गतः रामायण वर्गे लंका काण्डे मन्दोदरी पुनर्देवत्त्वे गति लाभ वार्ता नामः षड्सप्ततितम सर्ग ।

— ✯ —

॥ सप्तसप्ततितम सर्ग ॥

वाल्मीकि वचन

सीतादेवी क्षणान्तरे धीर पदे प्रवेशिल ।
देवकुल विमंडित महासभा यथास्थले ॥
प्रवेशि जानकी तथा सर्व देव निरीक्षणे ।
रामचन्द्र समन्वित कृतांजलि शिरानते ॥
प्रेक्षिता राघव क्षण सालंकारा सुसज्जिता ।
प्रेमाकांक्षी यथामत इच्छा मनः विमोहिते ॥

एतद् वाक्य मनोद्गते	श्रीराम क्षुब्ध अंतरे ।
चिन्तायुक्त विलासिनी	विलास राम मोहिते ॥
विमोहि रावणे मूढ़े	नहे तृप्त तवान्तर ।
पुनश्च राघवे इच्छा	रूप मोहे विमोहिते ॥
हे नारी तव कारणे	ब्रह्मदर्शी दशानन ।
सर्वकुल समन्वित	ध्वंस प्राप्त निरीक्षह ॥
सर्व ध्वंसी स्त्रीया अयि	सर्व ज्वाला प्रदायिनी ।
राघवे मोहिते पुनः	अत्र क्षेत्रे रह स्थिर ॥
एतद् चिन्ता समन्वित	विरस वदने स्थित ।
रामचन्द्रे निरीक्षिया	उत्कंठित सुरावली ॥
उदास्य हेरि राघवे	भीत चित्त विभीषण ।
कहे नम्रे तथापिह	सीता राम परिग्रह ॥
मम कृत समानीत	रत्न सज्जा प्रदानिया ।
कुल कलंक मोचने	लह प्रभु समादरे ॥
कहे राम स-गम्भीरे	एतद् वाक्य यथा श्रुत ।
कर शुद्ध विभीषण	सर्व शुचिः हुताशने ॥
तन्मूर्त्ति विस्मये दृष्ट	भीत चित्त सभाजने ।
देव सर्व स्मिताधर	स्मिताधर हुताशन ॥
क्षुब्धान्तर विभीषण	रामानुज तथामत ।
अश्रुपूर्ण महावीर	सुग्रीव सह अंगद ॥
कहिला त्रिजटा क्षुब्धा	नमि राम जगत्पति ।
सीता लक्ष्मी यथास्थले	अविचार किं कारणे ॥
यद् सीता सेविकारूपे	रक्षीरूपे स्थित स्वयं ।
खड्ग हस्त निरीक्षिले	भीत सर्व निशाचर ॥
आपनि भीत रावण	शस्त्र हस्ते निरीक्षिले ।
अविश्वास तथा यदि	जिज्ञासह विभीषणे ॥
आछिनु प्रहरी स्वयं	सीता पार्श्वे निरंतर ।
यद्यपि रावणागत	नाहि आस्य निरीक्षिल ॥
यदिच असती शची	नहे सीता कदाचन ।
अग्नि स्पर्श किं कारणे	अद्य तव प्रयोजन ॥
एतद् वाक्य कहे यदि	त्रिजटा गर्जिया तथा ।
देववृंद स्मिताधर	स्मिताधर हुताशन ॥
कहिला सरमासती	अहं साक्षी निरंतर ।
लंकामध्ये यथा कार्य	ज्ञात सर्व जगत्पति ॥
अद्य तव किं संशय	जानकी शुचिताप्रति ।
सर्व शुचि यथा ज्ञात	रामचन्द्रे प्रकाशह ॥
कहिला सरमासती	एतद् वाक्य सकातरे ।
देव सर्व स्मिताधर	स्मिताधर हुताशन ॥

सीता वचन

सर्व साक्षी हुताशन	कर सत्य प्रचारित ।
सर्व शुचिः पिता तुमि	स्रष्टा तुमि पुरोहित ॥
सर्व ज्ञात सदा तुमि	सतीकुल सुरक्षक ।
एतद् लज्जा निवारह	आश्रय तुमि केवल ॥

वाल्मीकि वचन

एतद् वाक्ये झरे अश्रु सीता चक्षे यवे शुन ।
कन्या दुःखे पिता यथा एतद् रूप हुताशन ॥
प्रज्वलित तथास्थले अति क्रोधे स-भैरवे ।
नभ स्पर्शी बृहत् बाहु उत्तोलि गर्जिया कहे ॥

अग्नि वचन

एसो हे जानकी कन्या मम वक्षे त्वरित गति ।
सर्व ताप निवारह सर्व जने परित्यजि ॥

वाल्मीकि वचन

एतद् वाक्य यथा श्रुत अग्नि कण्ठे सगर्जने ।
प्रकम्पित सभास्थल कम्पित राम लक्ष्मण ॥

सीता वचन

सर्व साक्षी सदा तुमि सर्व शुचि हुताशन ।
देह शान्ति तव क्रोडे मम लज्जा निवारिते ॥

वाल्मीकि वचन

एरूप कहिया सीता अग्नि वक्षे निपातिता ।
गर्जिल विषमे अग्नि सीता वक्षे विधारणे ॥
सीता स्ववक्षे धृत अग्नि देवता गर्जे सघोरे त्रिजगत् प्रकम्पने ।
यद्वत पितृ स्नेह सुलब्ध दुहिता तद्वत सुखी दृष्ट विपद् गतानघे ॥

- इति श्रीमद्देवायण ब्रह्मकल्पे तृतीय खण्डे राम मण्डलान्तर्गतः रामायण वर्गे लंका काण्डे सीता कर्तृक अग्नयाश्रय वार्ता कथन नामः सप्तसप्ततितम सर्ग ।

— ✯ —

॥ अष्टसप्ततितम सर्ग ॥

वाल्मीकि वचन

पितृ वक्षे यथा कन्या रहे सीता तथामत ।
प्रकम्पित सभास्थल कम्पित राम लक्ष्मण ॥

इन्द्र वचन

सुवर्ण रजतद्युति हिरण्य वरणा सती ।
शोचिष्केशा हिरण्मयी जातवेदा विधारणे ॥
देव मुक्ति तरे देवी राक्षसकुल वंचिते ।
मर्त्यधामे समागत ज्योतिर्लोक परित्यजि ॥
देव सर्व कृपाश्रित क्षमः लक्ष्मी सुरेश्वरी ।
स्वर्गहारा सुराधिप लभे स्वर्ग कृपा वरे ॥

वाल्मीकि वचन

एतद् वाक्य कहे यवे स्वयं इन्द्र सभातले ।
प्रकम्पित सभाजन कम्पित राम लक्ष्मण ॥

चन्द्र वचन

आर्त दु:ख विनाशिनी पिंगला पद्ममालिनी ।
चन्द्रा हिरण्मयी लक्ष्मी जातवेदा विधारणे ॥
जगत् शान्ति प्रदानिले रक्ष: पीड़ा सहि स्वयं ।
नमि तोमा सुरेश्वरी जानकी रूप धारिणी ॥
मन: क्षोभ परित्यजि प्रसन्न रूप धारणे ।
देव सर्वे कृपा कर कृपामयी सुरेश्वरी ॥

वाल्मीकि वचन

एतद् वाक्य कहे यवे स्वयं चन्द्र सभातले ।
प्रकम्पित सभाजन कम्पित राम लक्ष्मण ॥

सूर्य वचन

हे सर्व सिद्धिदायिनी सुवर्ण हेममालिनी ।
सूर्य हिरण्मयी लक्ष्मी जातवेदा विधारणे ॥
तव तेज प्रभावित कातर रक्ष: दुर्जय ।
तव तुष्टि प्रदानिते तोमा सर्व निवेदिल ॥
मदोन्मत्त यथा दुष्ट काम चक्षे निरीक्षणे ।
तव तेज प्रभावेते हल क्षय दिने दिने ॥
गंध द्वारा दुराधर्षा ईश्वरी सर्व पालिका ।
देव सर्वे कृपा कर कृपामयी सुरेश्वरी ।

वाल्मीकि वचन

एतद् वाक्य कहे यवे स्वयं सूर्य सभातले ।
प्रकम्पित सभाजन कम्पित राम लक्ष्मण ॥
एवे त्वरित समुत्थित कहे राम तथास्थले ।
एसो हे जानकीदेवी देवकुल प्रशंसिता ॥

सीता वचन

कारुण्य वल्लभे पिता शुन वाक्ये प्रकाशित ।
तव कन्या प्रदानह पति हस्ते अत:परे ॥

वाल्मीकि वचन

तद् वाक्ये रोम हर्षणे यवे सीता प्रकम्पिता ।
कन्या सुखे पिता सुखी रूप पुण्य हुताशने ॥
शुचिर्बाहु विथारिया राम हस्त विधारणे ।
राघवे जननी दानि कहे वाक्य मधुस्वरे ॥

अग्नि वचन

हे राघव जगत्पति एतद् वाक्य मने स्मर ।
तव शक्ति यवे च्युत यवे तोमा परित्यजि ॥
तद् काले मम रक्षणे रहे देवी सुरेश्वरी ।
कन्या रूप विधारणे मम मध्ये निरंतर ॥
एतद् दृश्य निरीक्षिले तव इच्छा मनोद्गते ।
सर्व दृश्ये बहिर्देशे लंकाते यद्रूपे स्थिता ॥

विपदे संकटे नित्य रक्षः भये समाश्रिता ।
एतद् गुह्य हृदिस्थले नित्य प्रेमास्पृहाकृति ॥

वाल्मीकि वचन

पुनश्च रभसे वाद्य वाजिल मधुरक्कणे ।
राम जय निनादिल कपि सह निशाचर ॥
आगत वरिते ऊषा राम सीता तथास्थले ।
दिव्य राज्य महीतले एतद् वार्ता प्रचारिते ॥
राजसिंहासनारूढ़ रावणे करिया जय ।
एकादश दिवा प्राते लंकाते जानकी सह ॥
वरिल उषसी अग्रे अन्य देवी अतःपरे ।
का का सर्व निनादिल अन्य पक्षी समन्वित ॥
राम जय प्रदानिल नाना कण्ठध्वनि क्रमे ।
गर्जिल कपि राक्षस नाना वाक्य समन्वित ॥
देव सर्व पृथक् पृथक् दिव्य-शंख निनादिल ।
सर्वेश्वर स्वरूपित राम अद्य प्रतिष्ठित ॥
राम सिंहासनारूढ़ सीतादेवी समन्वित ।
देवकुल शिरानते श्रेष्ठ मान्य प्रदानिल ॥
देवेन्द्र देवतासह पुरोभागे अवस्थित ।
याम्ये मित्र विभीषण रक्षःकुल समन्वित ॥
वाम पार्श्वे स-लक्ष्मण कपीश्वर अवस्थित ।
कपि सैन्य समन्वित युक्त-कर जने जने ॥
तद् प्रभातारुण्योदये प्रसन्ना पृथिवी स्वयं ।
पुण्यवायु प्रवाहित दिव्यगंध चतुर्दिके ॥
चित्ररथ तथाकाले राम हर्ष प्रवर्धने ।
गीति आज्ञा प्रदानिल गंधर्व अप्सरीकुले ॥
गंधर्वे वन्दना गीति नृत्ये रताप्सरीकुल ।
एकत्रे शुन तद् काले देव कपि निशाचर ॥
पुष्पांजलि प्रदानिल राम सर्वेश्वरप्रति ।
तद् काले पृथिवी स्वयं एतद् रूप स्तवे रत ॥
अहो किं सुंदर मधु दृश्य भूतले शिरानते स्थित कपि देव राक्षस ।
यथा स्तवे त्रिभुवन राघवे नमः नमस्तुते कहि रत अर्घ्य दानिते ॥

- इति श्रीमद्देवायण ब्रह्मकल्पे तृतीय खण्डे राम मण्डलान्तर्गतः रामायण वर्गे लंका काण्डे सीता अग्नि परीक्षान्ते श्रीराम-सीता मिलन दृश्य वर्णना नामः अष्टसप्ततितम सर्ग ।

— ☆ —

॥ ऊनाशीतितम सर्ग ॥

वाल्मीकि वचन

प्रसन्न करि राघवे देववृन्द अतःपरे ।
चले सर्वे स्व-वाहने लंकाधाम त्यजि क्रमे ॥
राजारूपे तथा अद्य रामे आज्ञा प्रदानित ।
कर अद्य समारोहे सत्कार तनु रावणे ॥

राज मान्य प्रदर्शने कर नित्य सुसज्जित ।
अन्य सर्व कलेवर निक्षेप कर सागरे ॥
रामचन्द्रे यथा आज्ञा कार्यारम्भ विभीषणे ।
उत्थित रक्षः वाहिनी दश शत निशाचर ॥
त्यजिल सर्व देवता लंकाधाम क्रमे शुन ।
रहे इन्द्र हुताशन शेष कार्य निरीक्षिते ॥
चले अग्नि विभीषण रामानुज समन्वित ।
राक्षस वाहिनी चले रावण तनु वहने ॥
चले शोभा समारोहे दक्षिण सिंधु सैकते ।
लाज रत्न सुवर्षणे उत्सवे रत राक्षस ॥
समुद्र सैकते सर्वे करे चिता सुसज्जित ।
चन्दन वृक्ष सेस्थले दाने एक सहस्रश ॥
अगुरु कस्तुरी धूप सुगंध घृत चन्दन ।
रावण अंग लेपने करे यत्न निशाचरे ॥
रामानुज विभीषण राखे देह चितापरे ।
पुनः वृक्ष सहस्रश तदूपरि प्रदानिल ॥
स्पर्शिल अग्नि देवता ज्वले चिता सगर्जने ।
शत भांड महासुरा ताहे रक्षः प्रदानिल ॥
अंतःकार्ये दशानने दिवाव्यापी ज्वले चिता ।
दर्शन करिते चिता रामचन्द्र समागत ॥
सुग्रीव सह एथले विपुल कपि वाहिनी ।
मृत सैन्य महाजले निक्षेपिते समुत्थित ॥
इन्द्रदेवे निवेदिल एतद् वाक्य कपीश्वर ।
कर किञ्चित् सुवर्षण मृत शुद्धि प्रदानिते ॥
संजीवक समाख्यात आह्वानिया बलाहके ।
कहिल वर्षिते तथा पुण्य वृष्टि यथामत ॥
एतद् वृष्टि निपातित यवे शुन महीतले ।
उत्थित मृत वानर राम जय निनादिया ॥
केह कहे विनाशह मकराक्ष निशाचरे ।
प्रहस्त केहवा कहे कुम्भकर्ण सहोदरे ॥
केहवा तरणी कहे वीरबाहु कहे केह ।
मेघनादे निपातह कहे केह दशानने ॥
एरूप गर्जिया सर्वे युद्धमान तथास्थले ।
हनुमान स्मिताधरे सर्व जने निवारिल ॥
राघव समरे जयी लंकेश्वर विभीषण ।
लंका-युद्ध समापित देखह रावणी चिता ॥
गृह सौध अतिक्रमि एतद् चिता समुत्थित ।
पर्वततुल्य रावण हेर चिता तथामत ॥
एतद् वाक्य यथा श्रुत गर्जिल कपि वाहिनी ।
राम जय निनादिया हर्षे नृत्य परायण ॥
अन्य मृत निशाचरे निक्षेपिते महाजले ।
दिल आज्ञा सुराधिप आरम्भे कपि वाहिनी ॥
इन्द्रप्रति कपीश्वर जिज्ञासे विस्मये इहा ।
छिल कपि निशाचर एकस्थले सुराधिप ॥
वर्षे दिव्य बलाहके उत्थित मात्र वानर ।
रहे सर्व निशाचर मृतकल्प तथामत ॥

इन्द्र वचन

शुन तथ्य कपीश्वर कहि वाक्य यथायथ ।
केवल मात्र वानर केन अद्य समुत्थित ॥
रक्षः चिता समन्वित पड़े कपि रणस्थले ।
भौतिक तनु धारणे इथे मुक्ति नहे कभु ॥
प्राणलोके छिल प्राण सूक्ष्म तनु विधारणे ।
एतद् वारि प्रभावेते वाह्ये आत्म प्रकाशिल ॥
ए कारणे समुत्थित कपिवृन्द दले दले ।
अपिच सर्व राक्षस राम नाम मने स्मरि ॥
निपतित रणस्थले राम चिन्ता क्रमागत ।
एतद् हेतु दले दले परागति लभे शुन ॥

वाल्मीकि वचन

एतद् वाक्य यथा श्रुत सुग्रीव अति विस्मित ।
अतःपरे चले त्वरा सह इन्द्र सुराधिप ॥
देवेन्द्र आज्ञामत युद्ध भूमिते संजीव मेघे रत वारि वर्षने ।
निष्पिष्ट युद्धे यत शस्त्र घातने तद् सर्व मध्ये कपि सैन्य उत्थित ॥

- इति श्रीमद्देवायण ब्रह्मकल्पे तृतीय खण्डे राम मण्डलान्तर्गतः रामायण वर्गे लंका काण्डे मृत कपि सैन्ये पुनर्जीवन लाभ वार्ता नामः ऊनाशीतितम सर्ग ।

— ✯ —

॥ अशीतितम सर्ग ॥

वाल्मीकि वचन

महावीरे प्रदानिया कार्यभार यथायथ ।
दर्शन करिते चिता राम पार्श्वे उपस्थित ॥
दिवाव्यापी ज्वले चिता महातेजे सगर्जने ।
संध्याकाले क्रमे मन्द सर्वे प्रत्यागत क्रमे ॥
प्रत्यागत महावीर मृत रक्षः विसर्जने ।
निक्षेपिया कलेवर पर्वत दिल चापन ॥
जाहे मृत अतःपरे कोन क्रमे समुत्थित ।
ए हेतु बहु पर्वत वारि मध्ये अवस्थित ॥
जलचर तथा अद्य करे भोज्य महोत्सव ।
विपुल राक्षसी तनु भक्ष्ये सर्वे महासुखे ॥
रावणीय चिता हेथा अनिर्वाण रहे सदा ।
निर्वाण करिते चिता नाहि केह महीतले ॥
पुत्रगण विनाशित मन्दोदरी स्वरालये ।
रावण कारणे शोके नाहि केह महीतले ॥
ए कारणे कहे राम सम्बोधिया विभीषणे ।
रावण मरणे शोक वैधव्ये करि बंटन ॥
एकादश यवे तिथि वैधव्ये रमणी यथा ।
एकाहार परित्यजे हवे शुद्धा सुनिश्चय ॥
रहिवे कामना मुक्त शुद्ध-चित्त प्रशान्तिते ।
अपिच वर्धिवे काम रक्षः कुल प्रभावित ॥

दिवाव्यापी अनाहारे रहि सेथा अतःपरे ।
करे कार्य समापन अंतक्रिया दशानने ॥
तद् परे रात्रिते सर्वे फलाहार यथाकृत ।
तद् रात्रि करि विश्राम पुनः प्राते समुत्थित ॥
प्रातःकाले सभातले हल सर्वे उपस्थित ।
सुग्रीव सह अंगद रामानुज विभीषण ॥
नल नील महावीर गवाक्षादि गय क्रमे ।
सर्व जन उपस्थित प्रभाते राम दर्शने ॥
द्वादश दिवसे शुन रामचन्द्र सभातले ।
अभिषेक विभीषणे करे इच्छा प्रकाशित ॥
दानि लंका विभीषणे स्व-राज्ये करिते गति ।
यवे इच्छा प्रकाशिल रामचन्द्र महाबली ॥
अभिषेक महोत्सव आरम्भिल तथास्थले ।
नाना वाद्य समन्वित यक्ष नृत्य यथामत ॥
बाजे लक्ष महाशृंग जगझम्प समन्वित ।
राक्षस सह वानर रत सर्वे महोत्सवे ॥
केह मत्त सुरापाने केह नृत्य परायण ।
अभिषेक विभीषणे लंकाव्यापी महोत्सव ॥
यद्रूप राघवे आज्ञा तथा मित्र विभीषण ।
सरमा सह सज्जित राज्यपदे अधिष्ठित ॥
हल अन्य महासभा अभिषेक विभीषणे ।
श्रीराम दानिल स्वयं रक्षः शिरे किरीटिनी ॥
एकत्रे कपि राक्षसे करे सेथा जयध्वनि ।
लंकेश्वर विभीषण एतन्मत पुनः पुनः ॥
प्रथम प्रहरे दिवा भक्त श्रेष्ठ विभीषण ।
राजसिंहासनारूढ़ सर्व इच्छा मनोमत ॥
राज्य दानि विभीषणे रामचन्द्र कहे तथा ।
स्व-राज्ये करिते गति यथा त्वरित मने स्मरि ॥
आयोजन कर त्वरा अद्य मित्र विभीषण ।
राम आज्ञा यथामत कार्योद्यम तदक्रमे ॥
पुष्पक स्यन्दनोत्तम रत्ने शस्त्रे सुसज्जित ।
दिव्य रथ प्रदानिते यद् संकल्प विभीषणे ॥
एस्थले जानकीदेवी सादरे सरमाप्रति ।
अयोध्या गमने वार्ता वक्षे धृत प्रदानिते ॥
विषन्न सरमा चित्ते पुण्य संगच्युत स्मरि ।
सम्वरिया क्षणान्तरे देवी यात्रा समुद्यमे ॥
प्रसन्ना स्वबले स्वयं पुण्य कार्य मने स्मरि ।
यद् यात्रा स्थिर निश्चय क्षोभ दुःख अकारण ॥
यद् मृत्युकाले अमरत्त्व रावणे श्रीराम साक्षात् भगवान दर्शने ।
यद् तेज रक्षेः दृढ़ कीर्त्ति भूतले गर्जे अनिर्वाण चिता महास्वने ॥

– इति श्रीमद्देवायण ब्रह्मकल्पे तृतीय खण्डे राम मण्डलान्तर्गतः रामायण वर्गे लंका काण्डे रावणी चिता वार्ता ओ विभीषणे राज्य प्रतिष्ठा वार्ता नामः अशीतितम सर्ग ।

— ✯ —

॥ एकाशीतितम सर्ग ॥

वाल्मीकि वंचन

यद् यात्रा सर्व मंगले　　लंकेश्वरी करि स्थिर ।
सरमा वरणे लक्ष्मी　　करे पुण्य समुद्यम ॥
दश शत निशाचरी　　एकत्रित तथास्थले ।
धूप दीप स-चन्दन　　पुष्पमाल्य परिग्रहि ॥
स-दुर्वा धान्य हरिद्रा　　दिव्य वस्त्र परिच्छद ।
मणि रत्न अलंकार　　नाना भोज्य समन्वित ॥
सरमा राक्षसेश्वरी　　सह सर्व निशाचरी ।
उपविष्टा पुरोभागे　　कहे नमि पदद्वये ॥

सरमा वचन

कर आज्ञा शुभांगिनी　　दिवसेक मनोमत ।
करि सेवा यथा विधि　　वरेण्या कारणे तव ॥
एतद् पुण्ये महत् कार्य　　नहे प्राप्त अतःपरे ।
अयोध्या गमनान्तरे　　कस्मिनकाले हवे साक्षात् ॥
अयोध्या वासिनी सर्वे　　सेविवे बहु तद्परे ।
सरमा अद्य केवल　　प्रार्थी स्मृति सुरक्षणे ॥

वाल्मीकि वचन

तद् वाक्य श्रवणे सीता　　रत वाक्ये स्मिताधरे ।
पुराकृत यथा बहु　　सेवा सखी निरंतर ॥
तद् सेवा स्मृति रक्षणे　　पर्याप्त किं मने स्मर ।
अशोके वाक्य आलापे　　नित्य सेवा अनुष्ठिले ॥
निसंग जीवने दुःख　　अपर्याप्त महत् स्मृति ।
नित्य कार्ये भविष्यते　　जाग्रत रहिवे स्मृति ॥
कहि वाक्य तथापिह　　तव संग मनोहर ।
प्रार्थी स्वयं पुनः पुनः　　कर स्मृति सुवर्धन ॥
एरूप कहिते वाक्य　　सरमा प्रति सादरे ।
सह सर्व निशाचरी　　वैदेही वरणे रत ॥
सर्वाग्रे अजराम्बरे　　करि अंग सुसज्जित ।
हस्त पदे कृत स्पर्श　　दुर्वा धान्य हरिद्रादि ॥
तद् परे देव-वैभव　　आपाद मस्तक क्रमे ।
मणि रत्न अलंकार　　तव क्रमे सुशोभिते ॥
अलक्त दानिया पदे　　मंडिल नूपुर द्वये ।
तद् पुण्य कटि मंडिल　　उत्तम स्वर्ण मेखले ॥
सुदृढ़ नीवि बंधने　　मणि द्युति विकीरित ।
कण्ठ-चिक प्रदानिल　　सप्त नवी समन्वित ॥
तन्मध्ये अति उत्तम　　गजमति सुशोभित ।
तदंतरे ललंतिका　　आनाभि मणि मंडित ॥
हस्त द्वये अतःपरे　　बाहुपाणि सुशोभिल ।
यथाक्षेत्रे यथाविधि　　अंगुरीय समन्वित ॥
तद् परे शिर भूषण　　सर्वोत्तम प्रदानिल ।
यद् दीप्त मणि वैदुर्ये　　तेजमाला विकीरित ॥

व्यवहृत यथा पूर्वे राणी मन्दोदरी कृत ।
यद् लब्ध रावण स्वर्गे इन्द्राणी शिर भूषण ॥
तद् कर्णभूषण द्वारा मंडिल सरमा क्रमे ।
तद् परे सिंथि रंजक ललाटे बिन्दु सिन्दुरे ॥
शोभिया जानकीदेवी सह सर्व निशाचरी ।
पुण्य पदे शिरानते एरूप कहिते रत ॥

सरमा वचन

क्षम लक्ष्मी कृपाभरे लंकाधामी स्त्रीयप्रति ।
स्पर्शि अद्य वरांग यद् सर्व देह सुसज्जिते ॥

वाल्मीकि वचन

एरूप कहिया भोज्य नानाविद्ध प्रदानिल ।
कहे सर्व इहा स्पर्श इहा स्पर्श सुरेश्वरी ॥
तव पुण्य सुख स्पर्शे प्रसाद कर सर्वत: ।
यद् प्रसाद परिग्रहि हवे धन्य जने जने ॥
भोज्यांते दिल राक्षसी सुगन्ध पूर्ण ताम्बुल ।
तद् चर्वणे स्मिताधर बिम्ब वर्णे विरंजित ॥
एतद् रूपे समादरे तद् वरण समापने ।
पुन: पदे शिरानते सरमा कहिते रत ॥

सरमा वचन

देव कार्ये प्रवेशिले लंकाधामे सुरेश्वरी ।
देव कार्य समापने परित्याग सुनिश्चय ॥
राखि तोमा किं सौभाग्ये एतद् पुण्य किंवा मम ।
पूर्वार्जित यथा स्वल्प लभि संग कियत् दिवा ॥
यद् वाक्य सीता सरमे परस्परे यात्राक्षणे वरणे वरांगना ।
रत्नादि अर्घ्ये नमि कातरे कहे देवी शरेण्या मम नित्य जीवने ॥

- इति श्रीमद्देवायण ब्रह्मकल्पे तृतीय खण्डे राम मण्डलान्तर्गत: रामायण वर्गे लंका काण्डे जानकी वरण प्रतिष्ठा वार्ता नाम: एकाशीतितम सर्ग ।

— ✯ —

॥ द्वयशीतितम सर्ग ॥

वाल्मीकि वचन

एतद् आलापने तथा बाहुबद्धा परस्परे ।
सरमा सह जानकी सभामध्ये प्रवेशिल ॥
राघव पुष्पकारूढ़ रामानुज समन्वित ।
सीतासह रथारूढ़ा त्रिजटा सेविका सम ॥
अन्य रथे समारूढ़ सुग्रीव सह अंगद ।
रहिल सरमा राज्ये चले मित्र विभीषण ॥
दश शत निशाचरे चले राजा विभीषण ।
विपुल कपि वाहिनी सह गति कपीश्वरे ॥
सर्वाग्रे पुष्पके स्थित जानकी राम लक्ष्मण ।
तद् पश्चाते महारथे रक्ष:राज विभीषण ॥

तद् पश्चाते रथारूढ़ सुग्रीव सह अंगद ।
नल नील समन्वित महावीर अत:परे ॥
सैन्यगण अत:परे किष्किंध्या गमने त्वरा ।
चले सेतु अतिक्रमि रामचन्द्र यवे शुन ॥
अग्रसरि जलेश्वर कहे वाक्य तथास्थले ।
हे राघव महाबली तव कार्य समापित ॥
बंधन करिया मुक्त देह मोरे कृपाभरे ।
उत्तरे वरुणे राम हवे कार्य तथामत ॥
लये सैन्य परोपारे दिल आज्ञा हनुप्रति ।
समुद्रपरि बंधन कर भग्न महाबली ॥
एतद् आज्ञा यथा प्राप्त सैन्यवृंद समन्वित ।
प्रवृत्त सेतु भंगने महावीर अत:परे ॥
राघव सह एस्थले विभीषण कपीश्वर ।
किष्किंध्यानगरी मध्ये धीर गति प्रवेशिल ॥
द्वितीय प्रहरातीते लंकात्यजि बहिर्गत ।
संध्याकाले प्रवेशिल किष्किंध्याते कपीश्वर ॥
किष्किंध्याते महोत्सव रामचन्द्र समागमे ।
सज्जित करिते पुरी दिल आज्ञा कपीश्वर ॥
रामोत्सव अनुष्ठिते आज्ञा प्राप्त प्रजाकुल ।
नृत्य गीति परायण राम नाम सुकीर्त्तने ॥
अर्चित जानकी राम राजगृहे स-लक्ष्मण ।
सर्व मान्य सुवन्दित रक्ष: मित्र विभीषण ॥
प्रणमे जानकी पदे तारा रूमा समागमे ।
परिचिता कपीश्वरे सीता सख्ये परिग्रहे ॥
यद्रूप कपि सम्राट राम सख्ये प्रतिष्ठित ।
रूमा तारा तथामत सीता सख्ये प्रहर्षिता ॥
जानकी रूप दर्शने उत्साही वानरीकुल ।
वार्ता प्राप्त दले दले राजगृहे उपस्थित ॥
यद् रूप दर्शने मुग्ध रक्ष:राज दशानन ।
जाहे वंश विनि:शेष नाहि त्यजे तथापिह ॥
त्रैलोक्येश्वर रावण विंश चक्षु विमोहना ।
एतद् सीता निरीक्षिते सर्वजन समागत ॥
दानिल उत्सवे आज्ञा कपिवृन्दे कपीश्वर ।
लक्ष लक्ष ज्वले द्वीप किष्किंध्याव्यापी सर्वत ॥
राजपथ सुसज्जित पत्र पुष्पे तथामत ।
सुगंध धूप चन्दने नगरी पूर्ण मोदित ॥
हेथा राजसभातले कपि सिंहासनोपरि ।
जानकी सह राघव रात्रिव्यापी अवस्थित ॥
सर्वागत दले दले राम सीता निरीक्षिते ।
करे सर्व नमस्कार आत्म-अर्घ्य प्रदानिया ॥
किष्किंध्याते निशाव्यापी कपिकुले महोत्सव ।
बहु भोज्य सुरा मधु कपीश्वर प्रदानिल ॥
श्रीरामे करि दर्शन सार्थक जीवने कपि ।
नवदुर्वादल श्याम विद्युत् वरणा सह ॥
यद् दृष्ट अब्जलोचन रामचन्द्र महाभुजे ।
रावण विजयी वीर अति शान्त स्मिताधर ॥

विद्युत् वरणा सीता तद् पार्श्वते अवस्थिता ।
यद्रूप घन कज्जले विद्युत्द्दाम सुशोभित ॥
तथामत निरीक्षिल राम सीता जने जने ।
अंतर्भेदी यथा दृश्य हृदिस्थले प्रवेशिल ॥
राम ध्याने अत:परे शान्त चित्त समाहित ।
एरूपे रजनीगत किष्किंध्यानगरे शुन ॥
श्रीराम सीतासह दृश्य दुर्लभे रोमांचित देहे कपि मुग्ध दर्शने ।
प्रेमाप्लुताश्रुद्गत चित्त विह्वले रामानु चिन्तारत सर्व वानरी ॥

- इति श्रीमद्देवायण ब्रह्मकल्पे तृतीय खण्डे राम मण्डलान्तर्गत: रामायण वर्गे लंका काण्डे श्रीराम कर्तृक किष्किंध्या प्रत्यागमन वार्ता नाम: द्वयशीतितम सर्ग ।

— ☆ —

॥ त्र्यशीतितम सर्ग ॥

वाल्मीकि वचन

पुनश्च पुष्पकारूढ़ प्रात:काले यथा त्वरित ।
अयोध्या गमने राम किष्किंध्यानगरी त्यजि ॥
तद् पश्चाते विभीषण दश शत निशाचरे ।
पंच लक्षे बहिर्गत कपि सैन्ये कपीश्वर ॥
लंका युद्धे यथा सैन्य सर्वे मुक्ति प्रदानिया ।
अंगदे राज्य रक्षणे महावीरे परिग्रहि ॥
पुष्पक सह मारुति दुर्वार गति धावने ।
यद् पार्श्वे राक्षसेश्वर रथारूढ़ चले द्रुत ॥
सुग्रीवे येस्थले मैत्री कहे हनु विभीषणे ।
जटायु वध यद् क्षेत्रे पंचवटी तदंतरे ॥
द्वितीय प्रहरागत पंचवटी महावने ।
अवतीर्ण तथा राम विगत स्मृति दर्शने ॥
पुण्य गोदावरी स्नाने रामचन्द अत:परे ।
पुनश्च पुष्पकारूढ़ लक्ष्मणसह जानकी ॥
पुण्य तीर्थे करि स्नान रक्ष:राज कपीश्वर ।
पुन: द्रुत प्रधावित वन पथ अतिक्रमि ॥
पुष्पके गति वर्धित चले गर्जि महारवे ।
भरद्वाजाश्रमे राम अपराह्ने उपस्थित ॥
स-सैन्ये राघव श्रेष्ठ ऋषि गृहे प्रवेशिल ।
हेरि रामे भरद्वाज महानन्दे परिप्लुत ॥
श्रवणे सर्व काहिनी लंका जय यथाक्रमे ।
राघवे धरिया वक्षे प्राज्ञ नृत्य परायण ॥
रामचन्द्रे निपातित रक्ष:राज दुराशय ।
यद् श्रुति सर्व मंगल भोज्योत्सव कृत स्थिर ॥
ऋषि वाक्ये हल स्थिर रात्रिवास तदाश्रमे ।
दैव बले महाऋषि राज भोज्य प्रदानिल ॥
सर्व जन चमत्कृत स-कपीश विभीषण ।
एतद् भोज्य सुसंग्रह स्वल्पक्षणे असम्भव ॥
किंरूपे ऋषिते साध्य राज साध्य नहे यथा ।
हवे सत्य भरद्वाज दैवी विद्या विशारद ॥

रात्रिव्यापी तदाश्रमे मुनिवृन्द समागत ।
पत्नी पुत्र समन्वित रामचन्द्रे निरीक्षिते ॥
यद् सर्व मुनि आश्रम चतुःपार्श्वे अवस्थित ।
रामचन्द्रे करे स्तव शिष्यवृन्द समन्वित ॥
रावण विजयी राम भगवान नमस्तुते ।
नवदुर्वादल श्याम धर्मपाल धनुर्धर ॥
सर्व त्यागे जगत् पाप सर्व ताप विताड़क ।
वेद रक्षी पुनर्यज्ञे नमि पदे महात्मन ॥
ऋषिवृन्द करे स्तव एतद् बहु सुकीर्त्तने ।
ऋषि-पत्नी करे सेवा रामचन्द्रे स-जानकी ॥
प्रभाते सह राघव भरद्वाज महाऋषि ।
पुत्रगण समन्वित पुष्पकारूढ़ सत्वरे ॥
आगत गुहकाश्रमे निर्देशि गुहकप्रति ।
अयोध्या गमने त्वरा रामचन्द्र बहिर्गत ॥
द्वितीय प्रहरातीते ममाश्रमे उपस्थित ।
आमिह पुष्पकारूढ़ चतुर्थ दिवसे शुन ॥
तृतीय प्रहरे सर्वे अयोध्या नगरे पशि ।
सर्व जने चमत्कृत एतद् बृहत् समागमे ॥
पंच लक्षे कपीश्वर दश शते विभीषण ।
अन्य अन्य तथा सर्वे छिल दश सहस्रश ॥
गुहक वाहिनी सह ऋषिवृन्द समावृत ।
अयोध्या नगरे हर्षे रामचन्द्र प्रवेशिल ॥
रामेक छत्राधिप सर्व भूतले देवेन्द्र अर्घ्ये यिनि विश्व वन्दित ।
यद् पार्श्वे शोभा ऋषि रक्षः वानरे छंदेन्द्र वंशांकुर तद् समागमे ॥

– इति श्रीमद्देवायण ब्रह्मकल्पे तृतीय खण्डे राम मण्डलान्तर्गतः रामायण वर्गे लंका काण्डे श्रीरामचन्द्रे अयोध्या प्रत्यागमन वार्ता कथन नामः त्र्यशीतितम सर्ग ।

। रामायण वर्ग लंका काण्ड समाप्त ।

— ☆ —

॥ रामायण वर्ग ॥

उत्तर काण्ड

॥ प्रथम सर्ग ॥

वाल्मीकि वचन

अयोध्या नगरे राम नन्दीग्रामे प्रवेशिल ।
वर्ष चतुर्दशान्तरे रक्षः कपि समन्वित ॥
भरतसह शत्रुघ्न तदग्रे त्वरितागत ।
श्रीराम चरणद्वये यवे उभे शिरानत ॥
रामचन्द्रे समीक्षित तद्रूप भरत व्रती ।
राज भोग परित्यजि जटा चीर विधारणे ॥

रामचन्द्र यथारण्ये पितृ सत्य सुपालने ।
वर्ष चतुर्दश स्थित जटा चीर विधारणे ॥
निरलस् तथा कर्मी आत्मत्यागी निरीक्षिया ।
धृत वक्षे भुजाश्लेषे प्रेम-अश्रु बहिर्गत ॥
स्नेहाश्लेश यथा लब्ध भरतह तथामत ।
प्रेम-अश्रु समन्वित रहे मौन बहुक्षण ॥
एतद् रूपे कतक्षण अतिगत यवे शुन ।
भरतसह राघव सभामध्ये प्रवेशिल ॥
तथा राम निरीक्षिल स्व-पादुका अवस्थित ।
राज सिंहासनोपरि भरते धृत चामर ॥
शत्रुघ्न छत्र धारक राज सेवा यथामत ।
भरत कार्य विस्मये रामचन्द्र निरीक्षिया ॥
अन्तरे अति मोदित प्रेम-अश्रु समन्वित ।
नन्दीग्राम परित्यजि चले राज सभातले ॥
वशिष्ठ ऋषि यद् क्षेत्रे नित्य कार्ये विराजित ।
सर्व सह उपस्थित रामचन्द्र तथास्थले ॥
प्रणत राघव ज्येष्ठ वशिष्ठ चरणद्वये ।
रामानुज क्रमे क्रमे कपीश्वर विभीषण ॥
रामचन्द्रे शुभाशिषे प्रश्नमान यथा गुरु ।
रक्षेश सह सुग्रीवे कहे राम प्रदर्शने ॥
पंचवटी वने यवे हरे सीता दशानन ।
तद् सन्धाने परिभ्रमि स-लक्ष्मण चतुर्दिके ॥
जटायु पितृ बांधव हरे सीता निरीक्षिया ।
रावण सह संग्रामे स्वीय आत्म विसर्जिल ॥
पक्षीवर महारण्ये मृतकल्प अवस्थित ।
मत् साक्षात् दानिया वार्ता पक्षी देह परित्यजे ॥
तद् सत्कार समापने तन्निर्देश यथामत ।
ऋष्यमुखे प्रवेशिया सुग्रीवे लभि बांधव ॥
यद् मित्र अग्रज द्वन्द्वे पितृ राज्य विताड़ित ।
बाली वीर्ये बली ज्येष्ठ नित्य क्षोभे करे स्थिति ॥
से सर्व काहिनी दीर्घ दिवाक्रमे प्रकाशिव ।
हे गुरु शुन तद् परे उभे सत्य यथा कृत ॥
सुग्रीव जानकी लाभे हवे सर्व सहायक ।
वधि बाली यदि स्वयं शक्य राज्य प्रदानिते ॥
तद् सत्ये कृत संकल्प अग्नि साक्षी सुरक्षणे ।
सुग्रीवे मित्रता स्थापि बाली शस्त्रे वधि स्वयं ॥
सुग्रीव कृत संग्रह विशाल कपि वाहिनी ।
समुद्र करि बंधन लंकाधामे उपस्थित ॥
तद् प्राते सह रावण घटे द्वन्द्व विभीषणे ।
मोरे सीता प्रदानिते कहे राज सभातले ॥
इथे क्रुद्ध दशानन पदाघाते विताड़िल ।
भ्रातृ संग परित्यजि मम पार्श्वे उपस्थित ॥
स्थापि सख्य परस्परे रावण करिया जय ।
उद्धार करिते सीता दिव राज्य विभीषणे ॥
युद्ध कार्य सहायके करे मैत्री विभीषण ।
महायुद्धे दिने दिने उभ कार्य महत् अति ॥

तद् सर्व विशदे गुरु	यथाकाले प्रकाशिव ।
एरूप कहिते राम	प्रसन्न मैत्र वारुणि ॥
धृत वक्षे विभीषणे	भुजाश्लेषे समादरे ।
तदन्तरे कपीश्वरे	कहे वाक्य प्रशंसिया ॥
वीरद्वय जगन्मध्ये	महत् कीर्त्ति प्रतिष्ठिले ।
कीर्त्तिवे भुवन त्रय	जय यश निरन्तर ॥
रामचन्द्र तदन्तरे	गुरु वाक्य शुभाशिषे ।
राज सिंहासनारूढ़	सह सीता शुभक्षणे ॥
संध्याकाले तथा राम	सिंहासनोपविष्ट यद् ।
राकाज्योत्सना समन्वित	पूर्णचन्द्र प्रकाशिल ॥
वैदेही सह राघव	लक्ष्मी नारायणादल ।
तद् पार्श्वे ऋषि वारुणि	भरद्वाज समन्वित ॥
रामानुज स्वयं अद्य	राजछत्र करे धृत ।
भरत सह शत्रुघ्न	चामर बीजने रत ॥
राम पार्श्वे कपीश्वर	सह मित्र विभीषण ।
पुरोभागे महावीर	युक्त करे अवस्थित ॥
धूप दीपे सुशोभित	राजसभा मनोहर ।
अद्य लक्ष्मी समागमे	सर्व चित्त प्रसादित ॥
यथा नभे शरच्चन्द्र	पुण्य ज्योत्सना परिप्लुत ।
तथा राजगृहे अद्य	रामचन्द्र प्रकाशित ॥
नारायण स्वयं राम	लक्ष्मी सह विराजित ।
सर्व चित्त प्रमोदित	दिव्य हर्षे प्रकम्पित ॥
बाजे वाद्य मधुक्कणे	शान्तभाव चतुर्दिके ।
सर्वे शान्ति प्रतिष्ठित	सर्व ताप विदूरित ॥
बाजे वाद्य मधुक्कणे	शान्तभाव चतुर्दिके ।
तद् सह पुण्य दर्शने	रोमांचित जने जने ॥
श्रीराम दर्शने क्रमे	प्रजावृन्द समागत ।
रावण विजयी वीर	अद्वितीय धनुर्धर ॥
देव दास्य विमोचक	ऋषि यज्ञ सुरक्षक ।
धर्म कर्म सुवर्धने	अवतीर्ण जनार्दन ॥
वन्दि लक्ष्मी नारायणे	अग्रे शंख निनादित ।
बहे पुण्य समीरण	दिव्य गंध समन्वित ॥
धूप धूम्र विघूर्णित	आवर्त्तिया चतुर्दिके ।
तद् पुण्य मधुर क्षणे	स्तावक निवहागमे ॥
नियुक्त वन्दना गीते	मृदंग पणवः स्वने ।
करताल समन्वित	वैतालीय मनोहर ॥
जय रघुपति राघवे नमः	जय सीतापति सुंदरे नमः ।
हे राजा राम भूतले	नमि जगदीश केशवः ॥
सुस्मिताधर अब्जलोचन	नव दुर्वादल वर्ण राघवे ।
धनुस्पाणि सर्व निर्भये	नमि हे रावण रक्षः सूदन ॥
निति वन्दित देव राजने	नमि देव दास्य मुक्ति दायके ।
नाम जपे नित्य संकटे	अग्नि वायु यम चन्द्र देवता ॥
नमि ऋषिकुल यज्ञ धारके	यदग्नि पूर्वे नष्ट राक्षसे ।
पुनश्च शुचि गंध निर्गमे	पृथिवी परिपूर्ण वायुमण्डले ॥

हे प्रभु अवतीर्ण भूतले लक्ष्मी सह वैकुण्ठ वर्जने ।
केवल भव दु:ख मोचने तारक ब्रह्मण रूप मानवे ॥

– इति श्रीमद्देवायण ब्रह्मकल्पे तृतीय खण्डे राम मण्डलान्तर्गत: रामायण वर्गे उत्तर काण्डे श्रीराम कर्तृक अयोध्या प्रत्यागमन वार्ता कथन नाम: प्रथम सर्ग ।

— ☆ —

॥ द्वितीय सर्ग ॥

वाल्मीकि वचन

स्तावकवृन्द एरूपे करे स्तव तथास्थले ।
शुनि मुग्ध प्रजावृन्द ऋषि सर्वे समाहित ॥
प्रहरेक सभास्थले अतिगत अत:परे ।
करि तुष्ट समागत प्रजावृन्द क्रमे क्रमे ॥
ऋषिवृन्दे नमस्कारे पुरीमध्ये प्रवेशिल ।
श्रीराम सह लक्ष्मण सीतादेवी समन्वित ॥
शुनि राम समागमे कौशल्या जननी गृहे ।
उद्ग्रीव नयने रत वातायने निरीक्षिते ॥
क्षणान्तरे उपस्थित सह भ्राता चतुष्टय ।
कौशल्या जननी हर्षे अश्रुपूर्ण सुलोचना ॥
जननी चरणद्वये रामचन्द्र शिरानत ।
अन्य सर्व तथामत नत पदे क्रमे क्रमे ॥
कौशल्या जननी तथा करि सर्वे शुभाशिष ।
रामचन्द्रे यथा स्नेहे बहु भोज्य प्रदानिल ॥
यद्रूप राघवे दान अन्य त्रये तथामत ।
भोजने रत राघव मातृ पार्श्वे यथा सुखे ॥
मध्यभागे उपविष्ट भरत सह शत्रुघ्न ।
मेघनाद निसूदन लक्ष्मण दक्षिणास्थित ॥
प्रवृत्त भोजने यवे सुमित्रा जननी तथा ।
आगत परिवेशने स्वर्णथाल करे धृता ॥
सुमित्रा नमिते पुन: सर्व जन समुत्थित ।
कहे माता यथा स्नेहे रह स्थिर स्व-भोजने ॥
भोज्य कार्य समापह वाह्ये किंवा प्रयोजन ।
अंतर्मध्ये यथा श्रद्धा एतद् प्राप्त निरन्तर ॥
रामचन्द्र तथापिह त्वरित गति समुत्थित ।
पद रज: परिग्रहि स्वयं शिरे प्रदानिया ॥
वाक्ये रत मधुस्वरे अन्नदा जननी नमि ।
क्षुधा शान्ति प्रदानह वर्ष चतुर्दशान्तरे ॥
वनमध्ये किंवा भक्ष्य अनाहारे निरन्तर ।
जननी हेर लक्ष्मणे एतद् व्रते प्रतिष्ठित ॥
एतद् वाक्ये नमस्कारे उपविष्ट यथासने ।
अन्य त्रय तथामत नमस्कार समापिल ॥
सुमित्रा जननी सह मैथिली परिवेशिका ।
कौशल्या वसिया पार्श्वे भोजन दर्शने रत ॥
पालान्न सह व्यंजन मृग मांस मनोहर ।
रामचन्द्र तथा सुखी मातृ स्नेहे प्रदानित ॥

भक्षणे रत राघव कहिल जननीप्रति ।
वने नित्य फलाहारे रहि वर्ष चतुर्दश ॥
कखन वा अनाहारे काल क्षय क्रमे क्रमे ।
रावण हरिले सीता वर्षेकानशने गत ॥
एरूप वन काहिनी कहे राम कथाच्छले ।
सहसा लक्ष्मणप्रति एक दृष्टि निरीक्षिल ॥
दानिछे जानकी अन्न भक्ष्ये वीर शिरानते ।
इहा भक्ष्य उहा भक्ष्य जानकी कथने रत ॥
गम्भीरास्य यथा राम कहे वाक्य क्षणान्तरे ।
भक्षिछ परमानन्दे यद्देय जानकी कृत ॥
शुनि वीर स्मिताधर कहे राम तदन्तरे ।
केन ना भक्ष्यिते फल यद्देय राघवे फल ॥

लक्ष्मण वचन

मेघनाद निपातने हेतु नित्य अभोजन ।
अन्येच दानिते फल कहिया धर लक्ष्मण ॥
एतद् हेतु करे धृत नाहि भक्ष्यि कदाचन ।
सीतादेवी कहे अद्य भक्ष्य वाक्य पुनः पुनः ॥
रघुकुल पति हृष्ट भोजने रत जननी कुल हर्ष वर्धने ।
कहि अतिगत चित्त विस्मये अनशन लक्ष्मण आत्म काहिनी ॥

- इति श्रीमद्देवायण ब्रह्मकल्पे तृतीय खण्डे राम मण्डलान्तर्गतः रामायण वर्गे उत्तर काण्डे स-भ्राता वृन्द श्रीराम भोजन ग्रहण वार्ता नामः द्वितीय सर्ग ।

— ✯ —

॥ तृतीय सर्ग ॥

वाल्मीकि वचन

यदुक्त लक्ष्मणे वाक्य शुनि सर्वे चमत्कृत ।
कह कह परिष्कृत अनाहार किं कारणे ॥

श्रीराम वचन

शुन सर्वे अनाहारे यथा स्मृति ममानुजे ।
वर्ष चतुर्दशास्थित निराहारे अजानिते ॥
भक्ष्यि स्वयं यथा दानि लक्ष्मण जानकीप्रति ।
रावण कृत तद्परे सीताहारा दुःखे भ्रमि ॥
नहि ज्ञात कदाचन दानि फल निरन्तर ।
भ्रमि मोरा अनाहारे वर्षेक यद् क्रमागत ॥
सन्धान करिते सीता उद्धार हेतु जानकी ।
लभिनु कपि बांधव लंकाधामे उपस्थित ॥
दिवा पंचे महायुद्धे रावण प्रिय नन्दन ।
मेघनाद महाबली रात्रिकाले समागत ॥
मायावी सृजने माया माया सीता वधे तथा ।
सीता अंग निरीक्षिया मोरा क्षोभ परायण ॥
एतद्काले तथास्थले कहे मित्र विभीषण ।
माया सीता विनाशिल अशोके सत्य दर्शह ॥

ए वाक्य श्रवणे हनु अशोके चलिल द्रुत ।
प्रत्यागत कहे वीर सत्य वाक्य विभीषणे ॥
वधिते राक्षसे परे परामर्शे समुद्यमे ।
नैराश्य विजये लंका शुनि सर्व चमत्कृत ॥
यज्ञागार पुरीमध्ये प्रहरीकुल वेष्टित ।
आचम्बिते तथा रक्षे आक्रमिया विनाशिते ॥
तद् परे वधिवे येवा रवे वर्ष चतुर्दश ।
अनाहारे अनिद्राते स्त्रीसंग विहने शुन ॥
तद् काले लक्ष्मणे वाक्य श्रवणे विस्मित स्वयं ।
कहे बली यथाकाले स्वयं दुष्टे विनाशिव ॥
सर्व वीर सविस्मये वीक्षणे रत लक्ष्मणे ।
इन्द्रजित यथा नाम रावण पुत्र दुर्जय ॥
एतद् वीरे विमर्दिते वीरदर्पे समुत्थित ।
भीत स्वयं यथास्थले सह मित्र कपीश्वर ॥
प्रश्नमान विभीषण ए वाक्य लक्ष्मणप्रति ।
कह वीर किं साधना व्यापी वर्ष चतुर्दश ॥

लक्ष्मण वचन

कहिनु मम साधना रक्षः मित्र विभीषणे ।
शुन माता यथा स्मृति कहि अद्य तथामत ॥
श्रीराम सह जानकी पंचवटी महावने ।
यद् काले कुटिरान्तरे रात्रिव्यापी अवस्थित ॥
रहिताम तथास्थले धनुर्बाण करे धृत ।
एतद् रूपे अतिक्रमे क्रमे वर्ष त्रयोदश ॥
वर्षेक जानकीहारा भ्रमि दुःखे अहर्निशि ।
एतद् वर्ष चतुर्दश निद्राहीन विभीषण ॥
तद् परे शुन हे मित्र यथा नित्य अनाशिन ।
दानित राघव ज्येष्ठ धर हे फल लक्ष्मण ॥
धरिताम करे फल भक्ष्यिव केमने कह ।
यदि आज्ञा नहे रामे एतद् हेतु अनाशिन ॥
हे अग्रज मने स्मर नाहि कह कदाचन ।
भक्षण कर लक्ष्मण एतद् फल प्रदानित ॥
देखह जानकीदेवी कहे अद्य निरन्तर ।
इहा भक्ष्य उहा भक्ष्य निर्देशि स्वीय अंगुलि ॥
त्यजिव केमने कह अन्नदान यथा क्रमे ।
भक्ष्यि स्वयं महत् सुखे मातृस्नेह समन्वित ॥

वाल्मीकि वचन

भरत श्रवणे कहे एतद् वाक्य तथास्थले ।
अद्भुत करिले कीर्त्ति सर्व लोक सविस्मय ॥

भरत वचन

मेघनाद जगत् ख्यात बलीश्रेष्ठ सुनिश्चय ।
सम्मुख समरे तुमि इन्द्रजिते विनाशिले ॥
तव कीर्त्ति जगत् श्रेष्ठ कहे इथे किं संशय ।
मेघनाद जयी बली त्रैलोक्ये तुमि वन्दित ॥

देव पूज्य महाबाहु देवेन्द्र कृत अर्चित ।
स्वर्ग मुक्ति प्रदायक सौमित्री तुमि दुर्जय ॥
शुनि रण जय वीर्य काहिनी चमकित दुर्जय रक्षः पीड़ने ।
कहिल भरत वाक्य लक्ष्मणे तुमि कुल गौरव देव वन्दित ॥

- इति श्रीमद्देवायण ब्रह्मकल्पे तृतीय खण्डे राम मण्डलान्तर्गतः रामायण वर्गे उत्तर काण्डे लक्ष्मणे चतुर्दश वर्ष अनिद्रानशन वार्ता कथन नामः तृतीय सर्ग ।

— ✭ —

॥ चतुर्थ सर्ग ॥

वाल्मीकि वचन

प्रशंसा शुनि एरूप भरत कृत लक्ष्मण ।
उत्तरिल तथास्थले एरूप प्रति उत्तरे ॥

लक्ष्मण वचन

इत्याधिक सुदुष्कर रावणे वधिते शुन ।
शिरच्छेद यथा स्कंधे पुनः शिर समुत्थित ॥
शक्ताश्रित यथास्थित स्वयं रक्षः दशानन ।
महाशक्ति करि ध्यान यद् लब्ध वर रावण ॥
मृत्युबाण महावीरे समानीत अतःपरे ।
एकत्रे सकले तथा देवकुल समन्वित ॥
नारिनु वधिते रक्षः किंवा युद्ध पराहते ।
एकाकी तद् परे राम मृत्युबाणे निपातिल ॥
चिर दुष्ट निशाचर भक्तोत्तम अतःपरे ।
भगवान स्वयं राम मृत्युकाले प्रचारिल ॥
यवे रक्षः रणस्थले यमाघाते रथच्युत ।
कहिल राघवे नमि तुमि राम जगत्पति ॥
शुन कहि यथा तथ्य पूर्व स्मृति उपस्थित ।
वर दाने प्रजेश्वरे यथा उक्त ममप्रति ॥
भगवान स्वयं युद्धे मृत्युबाण करे धृत ।
तोमा रणे निपातिवे एतद् मृत्यु निरूपण ॥
अद्य राम परिज्ञात तुमि स्वयं जगत्पति ।
कर मम शिरः स्पर्श मृत्युकाल समागत ॥
एतद् रूपे दशानन देह त्यजे रणस्थले ।
इत्याधिक किंवा वीर्य मेघनाद वधे कह ॥

श्रीराम वचन

इत्याधिक महावीर्य महावीरे समीक्षित ।
वधिनु रावणे मात्र सर्व कार्य हनुद्यमे ॥
कपि सर्व नहे क्षम महासिंधु अतिक्रमे ।
समुद्र शत योजन बहुल विघ्न संकुल ॥
अशोक कानने सीता हनुमाने समीक्षित ।
बहु विघ्न अतिक्रमि सीता वार्ता प्रदानिल ॥

लंकाधामे महायुद्ध करे हनु अतःपरे ।
शक्तिशेले निपातित यद् काले शुन लक्ष्मण ॥
विशल्याकरणी स्थित सुदूर गंधमादने ।
रात्रि मध्ये निपातिल कालनेमि निशाचर ॥
मास षष्ठ पदव्रजे पथ वार्ता निरूपित ।
गमने साहसी नहे कोन वीर तथास्थले ॥
ऊषागमे हवे मृत्यु एतद् भये सबे स्थिर ।
सर्व वीर अचंचल महावीर समुत्थित ॥
कालनेमि विनाशिया सूर्य कक्षे विधारणे ।
प्रत्यागत निशामध्ये सहित गंध मादन ॥

भरत वचन

अवतीर्ण अयोध्याते अत्र रात्रे महाबली ।
हेरिनु गंधमादन बहुशृंग समन्वित ॥

श्रीराम वचन

तद् परे महिरावण मायावीश्रेष्ठ निश्चय ।
रात्रि काले स-लक्ष्मण हरे दुष्ट निशाचर ॥

कौशल्या वचन

किं प्रकारे परिग्रहे सहसा महिरावण ।
शस्त्रधारी यथा तुमि लक्ष्मणह तथामत ॥

श्रीराम वचन

शक्ति ध्याने अवस्थित यवे माता छिनु स्वयं ।
मर्कट गढ़ निर्माणे धनुर्बाण परित्यजि ॥
ध्यानभंगे निरीक्षिणु नवक्षेत्रे उपस्थित ।
लक्ष्मणस्थित पश्चाते धनुर्बाण करे धृत ॥

शत्रुघ्न वचन

कह एतद् ममाग्रज यद् काले तुमि जाग्रत ।
धनुर्बाण करे धृत किं प्रकारे हरे महि ॥

लक्ष्मण वचन

नहि ज्ञात ममानुज निछनि प्रास लोचने ।
तन्द्रावेश तथामात्र चक्षुद्वये समागत ॥
तदावेश यवे गत नवक्षेत्र निरीक्षिणु ।
राघवसह सेस्थले शृंखलाबद्ध आस्थित ॥

वाल्मीकि वचन

श्रवणे अति विस्मये सुमित्रा जननी कहे ।
तद् परे राक्षसालये कह किंवा परिस्थिति ॥

श्रीराम वचन

शृंखलाबद्ध तद् क्षेत्रे करे उभे अवस्थिति ।
शुनिनु जन गुंजने नरः बलि प्रदानिवे ॥

राक्षस भैरवी अर्चि नरः बलि प्रदानिवे ।
विज्ञात आमरा बलि अद्य रक्षः कृत स्थिर ॥

वाल्मीकि वचन

कौशल्या जननी भीता नरः बलि यथा श्रुता ।
शिहरि अन्तरे कहे किं करिले अतःपरे ॥

श्रीराम वचन

किं करिव तथास्थले बन्दीरूपे अवस्थित ।
रहि मात्र अपेक्षाते देवीकार्य निरीक्षिते ॥
एतद् काले प्रवेशिल महावीर तथास्थले ।
भक्तश्रेष्ठ निरीक्षिया महानन्द ममान्तरे ॥
उद्धार करिते हनु करे यत्न अतःपरे ।
नरः बलि प्रदानिवे महावीर यथा श्रुत ॥
अन्तरे अति कुपित देवीपदे निवेदिल ।
हे राक्षसी महादेवी नह तुष्ट किं कारणे ॥
राघवे वधिवे अद्य मायावी महिरावण ।
यदि तुमि महाकाली एतद् कार्ये सहायक ॥
करि तोमा विचूर्णित स्वयं अग्रे त्वरित गति ।
वधिव तद् परे दुष्ट तव भक्त निशाचर ॥
ए वाक्य कहिया हनु उद्यत मूर्त्ति चूर्णिते ।
जाग्रत मूर्त्तिते देवी इत्यादेश प्रदानिल ॥
दानि आज्ञा निशाचरे मम खड्गे विनाशह ।
आज्ञा प्राप्त रहे हनु हृष्टान्तरे तथास्थले ॥
तद् परे महिरावण पूजास्थले समागत ।
देवी-नति प्रदर्शने शायित महिरावण ॥
एतद् काले महावीर देवी खड्गे विनाशिल ।
अन्य पंचसहस्त्रशः एका युद्धे विमर्दिल ॥
मारुति युद्ध कौशले मुक्त मोरा रसातले ।
तद् परे शुन लंकाते धरि रूप बृहस्पति ॥
मृत्युबाण हरे हनु मन्दोदरी विमोहिया ।
जाहे हत दशानन मम हस्ते रणस्थले ॥

वाल्मीकि वचन

एतद् गल्प यथाश्रुत राम आस्ये तथास्थले ।
सर्वजन चमत्कृत कार्य हनु निरीक्षिते ॥
अद्य भोज्य महासुखे नाना गल्पे समापित ।
दर्शन करिते हनु कल्य सभातले स्थिर ॥
अद्य सर्वे परिश्रांत विश्रामे रत निश्चय ।
संवादिल तथा रक्षी हनुसह कपीश्वर ॥
भोजन करिया अद्य हल अग्रे बहिर्गत ।
भोजन दानिते सैन्ये छिल व्यस्त अतःपरे ॥
भक्ष्ये राजा विभीषण करि सैन्य तदारक ।
विश्रामे रत राक्षस अद्य कार्य समापित ॥

प्रसन्न श्रवणे राम अद्य कार्ये समापित ।
विदाय करिया रक्षी जिज्ञासे जननी प्रति ॥
आदेश कर मा अद्य विश्रामे चलि तद् परे ।
कौशल्या कहिला त्वरा जाह शय्या सुसज्जित ॥
विश्राम करिया मनः यवे राम समुत्थित ।
भरत प्रति वीक्षणे कहे वाक्य अतःपरे ॥

श्रीराम वचन

हे भरत किंवा दृश्य जटा चीरे अवस्थित ।
व्रतकाल अतिक्रमे लह राज परिच्छद ॥

भरत वचन

मम व्रत समापित अद्यापिह नहे शुन ।
तोमा राज्य प्रदानिले हवे कार्य समापित ॥
रघुपति भरते समादरे रत कहिते त्यज चीर सत्वरे ।
व्रत अतिगत राज भूषणे कर तनु सज्जित पुण्य दर्शने ॥

– इति श्रीमद्देवायण ब्रह्मकल्पे तृतीय खण्डे राम मण्डलान्तर्गतः रामायण वर्गे उत्तर काण्डे लंका युद्धे श्रीराम कर्तृक मारुति वीरत्त्व वर्णना नामः चतुर्थ सर्ग ।

— ✯ —

॥ पंचम सर्ग ॥

वाल्मीकि वचन

राज्य दान यथा श्रुत रामचन्द्र चमत्कृत ।
कैकेयी जननी अद्य मम चक्षे अदर्शित ॥
जिज्ञासिल तथा राम कौशल्या जननी प्रति ।
कैकेयी जननी केन नहे पार्श्वे उपस्थित ॥

कौशल्या वचन

किं करिव इथे वत्स असाध्य मम कार्य यद् ।
सर्व कार्य प्रचालना अन्तराले करे स्वयं ॥
तव भोज्य सुनिर्मिते एतद् आज्ञा निरन्तर ।
स्वयं हस्ते करे तैरी यथासर्व तव प्रिय ॥
अन्य सर्वे प्रवेशिते नाहि दिल तथास्थले ।
यवे सर्वे सभातले गेल तोमा निरीक्षिते ॥
रहे स्वयं व्यतिव्यस्त रंधन कार्यते तथा ।
कहे राम समागत बहु जन समावृत ॥
सर्व जने यथा भक्ष्य परितृप्ति प्रदानिते ।
बहु भोज्य प्रयोजन इथे आत्म निवेदिल ॥
प्रस्तुत भोज्य यद्काले एले तुमि गृहान्दरे ।
प्रस्तुति सुकृत स्वयं भव भोज्य प्रदानिते ॥

श्रीराम वचन

यद्यपि जननी दृष्टि ममप्रति निरन्तर ।
केन चक्षे अदर्शित कह तथ्य परिष्कृत ॥

कौशल्या वचन

किं प्रकारे निरीक्षिवे कैकेयी जननी तव ।
प्रस्तुत करिया गृहे ममहस्ते प्रदानिल ॥
सुमित्रा प्रति निर्देश करिते परिवेशन ।
निर्देशिल ममप्रति तव भोज्य निरीक्षिते ॥
कहिनु रहिया स्वयं रामे भोज्य प्रदानह ।
उत्तरिल तथास्थले तुमि रामे निरीक्षह ॥
बहुजन समावृत राम अद्य समागत ।
तद् सर्व मित्र बांधव स्वयं अद्य निरीक्षिव ॥
तुमि भोज्य परिग्रह सह भ्राता चतुष्टय ।
होथा सर्व समागते स्वयं भोज्य प्रदानिल ॥
एतद् वार्ता प्रदानिते अग्रे रक्षी समागत ।
स्व-सैन्ये तुष्ट भोजने कपीश्वर विभीषण ॥
बृहत् जन समावेश करि स्वयं प्रचालना ।
कृत तुष्ट जने जने क्षिप्रकर्मा सदा स्मरि ॥

वाल्मीकि वचन

एतद् वाक्य यथा श्रुत गम्भीरानन राघव ।
चले क्षिप्र पदक्षेपे कैकेयी जननी गृहे ॥
तद् पश्चाते चले सर्व कौशल्या जननी सह ।
सुमित्रा जानकी क्रमे भरतादि समन्वित ॥
गम्भीरास्य जगत्पति मातृ गृहे प्रवेशिल ।
कैकेयी जननी यथा सर्व कार्य समापने ॥
कर्म क्लांत स्व-विश्रामे रत मनः निवेशिते ।
चिन्ता युक्त तथा मनः यद् स्मृति श्याम नन्दन ॥
भगवान स्वयं यदि रामचन्द्र महाबली ।
सत्य किं त्यजिवे मोरे अवहेलि अतःपरे ॥
वनवास यथा रामे देवकार्य मने स्मरि ।
निमित्त मात्र कैकेयी अज्ञात किं इहा राम ॥
राघव सम्मुखे अद्य किं प्रकारे प्रवेशिव ।
यदि राम परित्यजे अन्तराले निवासिव ॥
नाहि हव बहिर्गत राम अग्रे कदाचन ।
करिव कौशले सेवा राम पुत्र चिर प्रिय ॥
त्यजिव केमने रामे राम स्वयं जगत्पति ।
नित्य हृदिस्थले बाजे पुत्ररूपे समागमे ॥
एसो हे तनय श्याम मातृ पार्श्वे यथात्वरित ।
सम्बोधि जननी बलि प्राण शान्ति प्रदानह ॥
राम तुमि नह ज्ञात अंतर्यामी स्वयं विभु ।
यद् कातर मम प्राण तव आस्य निरीक्षिते ॥
वहि राज किरीटिनी महाभार निरन्तर ।
भरत मम नन्दन नहे दृष्ट कदाचन ॥
हे राम पुत्र वाक्य तद् तुमि बिना चराचरे ।
बांधव तुमि केवल अन्य सर्व वृथा गणि ॥
एरूपे भावना युक्त कैकेयी जननी यवे ।
गम्भीरास्य तथास्थले रामचन्द्र प्रवेशिल ॥

रघुपति उपनीत सत्वरे निवसति कैकय नन्दिनी यथा ।
स्मरि अतिगत भावनावली अवहित मिलित लोचन द्वया ॥

- इति श्रीमद्देवायण ब्रह्मकल्पे तृतीय खण्डे राम मण्डलान्तर्गतः रामायण वर्गे उत्तर काण्डे श्रीराम कर्त्तक कैकेयी साक्षात्कार वार्ता नामः पंचम सर्ग ।

— ✯ —

॥ षष्ठ सर्ग ॥

वाल्मीकि वचन

गृहमध्ये प्रवेशिया चक्षुद्वय निमीलिता ।
कैकेयी जननी हेरि श्रीराम कहिते रत ॥

श्रीराम वचन

अस्नेह केन गो माता परिदृष्ट ममप्रति ।
अयोग्य किं पदे तव रामचन्द्र शिरानते ॥

वाल्मीकि वचन

दिव्य कण्ठे यथा श्रुता ए वाक्य जननी तथा ।
स्थित नेत्रे निमीलिता त्वरित गति समुत्थिता ॥
राघवे हेरिया अग्रे अश्रुपूर्ण सुलोचना ।
एतद् वाक्य कहे देवी पुत्रस्नेहे सगद्‌गदे ॥

कैकेयी वचन

कर नित्य नमस्कार कौशल्या जननीप्रति ।
राजमाता यथा तिनि सर्व पूज्या महेश्वरी ॥
नहि स्वयं तथामत ज्ञान बुद्धि प्रतिष्ठिता ।
पुत्रस्नेह परिज्ञात अज्ञान जननी तव ॥
करिवे किं नमस्कार मम पदे शिरानते ।
मम वक्ष सुशोभिया रह तुमि निरन्तर ॥
दिग्विजयी बलीश्रेष्ठ एतद् भाव परित्यजि ।
एसो वत्स यथा स्नेहे करि वक्षे विधारण ॥

वाल्मीकि वचन

एतद् वाक्य यवे श्रुत रामचन्द्र महाबली ।
चित्ते अति प्रमोदित शिशु-भाव विधारणे ॥
आपतित हृदिस्थले कहे कण्ठ विधारणे ।
जननी करुणामयी नित्य स्नेह परायणा ॥
रामे वक्षे विधारणे कैकेयी जननी तथा ।
दिव्य हर्षे प्रकम्पिता रोमांचिता कलेवरा ॥
वात्सल्य स्नेह निर्झरे गंडद्वय अतिक्रमि ।
राम शिरे निपातने रामे तेज बहिर्गत ॥
दिव्य तेज बहिर्गत राम अंग विनिःसृत ।
सर्व जन निरीक्षिल ज्योतिश्चक्रे अवस्थिता ॥
ॐकार मण्डलावृता पार्वती जननी यथा ।
धृत वक्षे षडानन तारकारि बली यवे ॥

तारकारि यवे स्कन्द मातृ पार्श्वे समागत ।
धृत वक्षे जगन्माता तारक विजयी शुनि ॥
एतन्मत निरीक्षिल सर्व जन तथास्थले ।
कैकेयी वक्षते श्याम दिव्य प्रभा प्रभान्वित ॥
कौशल्या जननी मुग्ध सुमित्रादि तथामत ।
एतद् दृश्य निरीक्षिया दिव्य भाव लभे शुन ॥
तद् परे त्यजिया वक्ष रामचन्द्र पदे नत ।
शिरे हस्ते शुभाशिषे रोम हर्ष मुहुर्मुहु ॥
अन्य पुत्र अतःपरे भरतादि क्रमे क्रमे ।
राघव कृत येमति करे सर्वे तथामत ॥
सर्व मल्य विदूरित पुण्यभाव समुद्भवे ।
आनि राज किरीटिनी राम-शिरे प्रदानिल ॥

श्रीराम वचन

राखह जननी अद्य एतद्राज किरीटिनी ।
पितृ कार्य अनुष्ठिते सभास्थले प्रदानह ॥

वाल्मीकि वचन

पितृ नाम यथा श्रुत लक्ष्मण कहिते रत ।
पितृ वार्ता नहि ज्ञात कह पुण्य शुचिः स्मृति ॥
किं प्रकारे परित्यजि गेल पिता कलेवर ।
किं प्रकारे चले राज्य किंवा नीति प्रवर्धित ॥

कैकेयी वचन

सौमित्री शुन तद् वार्ता यवे रामे वने गति ।
तुमिह सह राघव राज्य त्यजि तिरोहित ॥
हेथा शुन ततक्षणे शय्यागत नराधिप ।
संन्यास व्याधि आक्रांते क्षण मध्ये अचेतन ॥
सम्राट हृत चैतन्ये रहि देहे कतक्षण ।
तनु त्यक्त पुरोवासी शोकार्त्त सकले तथा ॥
पुत्रशोके तनु त्यजि ऊर्ध्वगति नृपप्रति ।
ए सर्व घटनास्थले हेतु मात्र मने स्मरि ॥
रामचन्द्रे वने गति तनु त्यक्त नराधिप ।
भरत सत्वरागमे करे निन्दा ममप्रति ॥
मंथरा रमणी ज्ञाने नाहि प्राणे विनाशिल ।
मुष्टाघाते पदाघाते अर्ध मृत परित्यजे ॥
तद् परे राम सन्धाने यथा त्वरित बहिर्गत ।
मृत पिता परित्यजि तैलसारे निमज्जिया ॥
तद् परे पुनरागत पादुका वहि मस्तके ।
पादुका रक्षणे यत्ने पितृ कार्य समापिल ॥
पितृ श्राद्ध अनुष्ठिल सर्व राज्य निमंत्रणे ।
सेथा सप्त दिवाव्यापी करे दान निरन्तर ॥
अन्न दान गवी दान वस्त्र दान तथामत ।
मणि रत्न यथा साध्य वितरिल जने जने ॥

व्यापी वर्ष चतुर्दश राजकार्य निरूपणे ।
धन रत्न सुरक्षणे दान यज्ञ अत:परे ॥
आपन वस्त्र पर्यन्त परिधेय यत स्थित ।
सर्व क्रमे प्रदानिल आत्म त्यागे अकातर ॥

कौशल्या वचन

आत्म त्याग नहे मात्र तप: एतद् मने स्मरि ।
शुन कहि अत:परे नन्दीग्रामे प्रवेशिल ॥
भरते पुण्य जीवन सर्व ज्ञान विमंडित ।
नन्दीग्रामे प्रतिष्ठिल भिन्न सभा मनोमत ॥
राजसिंहासने तथा स्थापिया पादुकाद्वय ।
करित राज्य शासन भूमितले करि स्थिति ॥
त्यजि राज परिच्छद जटा चीर विधारणे ।
राज कार्य समापिया रहित गृह पार्श्वते ॥
राम ध्यान समाहित रात्रिव्यापी तथास्थले ।
शत्रुघ्ने कार्य तेमति फलाहार करे उभे ॥
वधु संग परित्यजि भ्राता द्वय रहे तथा ।
एतद् रूपे अदर्शित उभे वर्ष चतुर्दश ॥
राम सह प्रवेशिल अद्य राज गृहान्दरे ।
अन्नाहार करे अद्य फलाहार परित्यजि ॥
गत वर्ष चतुर्दश क्रमे श्रुत विशदे जननी द्वये कहे ।
निरलस भरते तप: यथा यथा रघुपति राघव विस्मयोद्भवे ॥

- इति श्रीमद्देवायण ब्रह्मकल्पे तृतीय खण्डे राम मण्डलान्तर्गत: रामायण वर्गे उत्तर काण्डे कैकेयी जननी सह श्रीराम वार्ता कथन नाम: षष्ठ सर्ग ।

— ✯ —

॥ सप्तम सर्ग ॥

वाल्मीकि वचन

ए वाक्य शुनि राघव मातृ पार्श्वे निवेदिल ।
वस्त्र द्वय प्रदानह उत्तरीय समन्वित ॥
समानीत त्वरित भृत्ये राम इच्छा यथा श्रुत ।
कहिल भरते राम अश्रुद्गत प्रहर्षित ॥

श्रीराम वचन

हे भरत ममानुज आत्म त्याग ममाधिक ।
राजकार्य सुचालने तव मध्ये प्रकाशित ॥
हे त्यागी मम कारणे त्यागानन्दे प्रतिष्ठित ।
केवा सुखी तवाधिक भोगमत्त महीतले ॥
आत्म त्यागे यथानन्द लब्ध अनुभवे सदा ।
अद्य राज्य परिग्रहि राजदंड परित्यज ॥
तव कार्य महत् अति विस्मय सर्व जीवने ।
अन्य केह नहे शक्य एतद् कार्य अनुष्ठिते ॥
भरत तुमि संन्यासी राज्य भोग परित्यजि ।
मम राज्य प्रतिष्ठिते तव व्रत निरन्तर ॥

एवे सिद्ध तव व्रत प्रदर्शिले महापथ ।
भरताख्या हवे पथ त्यागी श्रेष्ठ भविष्यते ॥
मम राज्य प्रतिष्ठिते भरत व्रत धारके ।
स्वयं आत्म प्रकाशिव अन्यथा ना इथे कभु ॥
तव नामे हवे राज्य दिव्य धर्मे प्रतिष्ठित ।
हे भरत जगन्मध्ये सर्वाधिक मम प्रिय ॥
भरत मम बांधव भरते नित्य आश्रय ।
भरत अधिक प्रिय नाहि केह चराचरे ॥
एकदिके महावीर कपीश्वर विभीषण ।
लंकायुद्धे ममानुज यथा वीर्य प्रकाशिल ॥
रावण वधिते शुन घोरतर महारणे ।
उद्धार करिते सीता यथा लक्ष्ये स्वयं तथा ॥
अन्य दिके तथामत हे भरत महाबली ।
राज्यलोभे सहोदरे करे युद्ध यथास्थले ॥
करि लोभ सुसंयम प्राप्त राज्य तथास्थले ।
राज्यभोग परित्यजि अंतर्युद्धे अवस्थित ॥
करि लोभ पराजित क्रोध सर्व तथामत ।
क्षोभ शून्य यथा चित्त मम ध्याने निरन्तर ॥
आत्मभोग विवर्जित मम अर्घ्य प्रदानिते ।
राज्य पत्नी परित्यजि सत्य धर्मे प्रतिष्ठित ॥
काम शून्य अहं शून्य भरत चित्त निर्मल ।
मम कृत प्रदानित लह वस्त्र परिच्छद ॥
ए सर्व मम राजत्त्व दानि तोमा महाबली ।
यथा इच्छा मनोमत अद्य तुमि परिग्रह ॥

भरत वचन

प्रसन्न यदि राघव मम कार्ये ममप्रति ।
निज इच्छा मनोमत देह वस्त्र परिच्छद ॥

वाल्मीकि वचन

एतद् वाक्य यथा श्रुत रामचन्द्र महाबली ।
स्वयं हस्ते प्रदानिल शुचि वस्त्र स्मिताधरे ॥
शत्रुघ्नप्रति तद् परे रामचन्द्र कहे इहा ।
आदर्श जगते भ्रात चरित्रे तुमि उन्नत ॥
भरते सेविले तुमि उच्चादर्श प्रतिष्ठिया ।
राज्य पत्नी परित्यजि त्याग व्रत विधारणे ॥
आत्मत्याग सहायके त्याग व्रत प्रतिष्ठित ।
मम राज्य प्रतिष्ठिते तोमा नित्य प्रयोजन ॥
मम राज्य सुरक्षिते तवादर्श प्रचारिव ।
शत्रुघ्ने कार्य उत्तम शुद्ध चित्त सुनिर्मल ॥
शत्रुघ्ने दानिया वस्त्र हल कार्य समापित ।
रामचन्द्रे यथा कृत हल सर्व मनोमत ॥
द्वितीय प्रहरागत एतद् कार्ये तथास्थले ।
सौहार्द स्थापिया पुनः गृह द्वन्द्व विदूरित ॥

सर्व क्षोभ विताड़ित सर्वानन्दे प्रतिष्ठित ।
गेल सर्वे अत:परे स्वीय गृहे यथायथ ॥
वर्ष चतुर्दशान्तरे पत्नी गृहे प्रवेशिल ।
भरत मांडवी गृहे लक्ष्मण उर्मिलालये ॥
शत्रुघ्न राघवाज्ञाते श्रुतिकीर्त्ति गृहे पशे ।
वधूगण महानन्दे अद्य सर्वे परिप्लुता ।
तद रात्र सुख यापने प्रात:काले समुत्थित ॥
वधूगण मिलने विभावरी गत पृथके पृथके चतुष्टये ।
अतिशय रभसे ऊषागमे मिलित पुन: सकले सभातले ॥

- इति श्रीमद्देवायण ब्रह्मकल्पे तृतीय खण्डे राम मण्डलान्तर्गत: रामायण वर्गे उत्तर काण्डे श्रीराम-भरत संवादे भरत व्रत पूर्ण वार्ता कथन नाम: सप्तम सर्ग ।

— ✯ —

॥ अष्टम सर्ग ॥

वाल्मीकि वचन

स्नान कार्य समापिया शोभि राज परिच्छदे ।
प्रवेशिल सभातले अद्य भ्राता चतुष्टय ॥
स्वसावृन्द समन्वित वैदेही राजनन्दिनी ।
सभामध्ये प्रवेशिल गाहे जय प्रजाकुल ॥
कौशल्यागत कैकेयी सुमित्रा जननीसह ।
महाराणी प्रवेशिले पुन: जय प्रदानिल ॥
आगत कपि सम्राट रक्ष:मित्र विभीषण ।
एक पार्श्वे अवस्थित महावीर शिरानते ॥
आगत ऋषि वारुणि आस्थित सचिवासने ।
विश्वामित्र समागत रामागम यवे श्रुत ॥
भरद्वाज उपस्थित सप्तपुत्र समन्वित ।
बार्हस्पत्य सुनूहोत्र पायु गर्ग ऋषि क्रमे ॥
सुहोत्र ऋजिश्वानर: उपविष्ट यथाक्रमे ।
राजकुल पुरोहित केशि पुत्र करिक्रत ।
अन्य षष्ठ समन्वित केशि अद्य समागत ॥
वातजुति तथाज्युति विप्रजुति वृषाणक ।
ऋष्यशृंग एतशादि करे सभा सुशोभित ॥
जमदग्नि समागत भृगुराम समन्वित ।
रक्ष:कपि मनुष्यते हल सभा मनोहर ॥
राम सिंहासनारूढ़ सर्व चित्त प्रसादिते ।
राजदंड प्रदानिल भरत कृत यद् धृत ॥
कैकेयी जननी तथा दानिल शिर भूषण ।
अमनि गरजे वाद्ये हर्षवान प्रजाकुल ॥
नाना वाद्य समन्वित तोपध्वनि क्षणे क्षणे ।
राम जय निनादिल कपि रक्ष: निशाचरे ॥
अग्रसरि कपीश्वर मणि माल्य प्रदानिल ।
करि सभा समुज्ज्वल पुण्यद्युति बहिर्गत ॥
इन्द्रनील महामणि राम-कण्ठे सुशोभिल ।
अग्रसरि विभीषण पद्महार प्रदानिल ॥

सम्राज्ञी जानकी हस्ते नाग हार प्रदानिल ।
रावण कृत संग्रह यद् पुण्य वैभवोत्तम ॥
दानिल अजराम्बर अम्लान पंकज क्रमे ।
अन्यान्य बहु सम्पद रत्नावली प्रदानिल ॥
पुष्पक स्यंदनोत्तम रामचन्द्रे प्रदानिल ।
स्वीय रथ प्रदानिल रामचन्द्र विभीषणे ॥
सुग्रीव दानिल प्रभु दिव्य रत्न किरीटिनी ।
मुकुट धारणे तथा इन्द्रतुल्य कपीश्वर ॥
एतद् रूपे महाहर्षे राजकार्य समापित ।
ऋषिवृन्द प्रसन्न यद् राजा राम निरीक्षिया ॥
द्रष्टासम अवस्थित स्थित प्राज्ञ महाऋषि ।
दिव्य राज्य महीतले सर्वे तुष्ट स्मिताधर ॥
अयोध्येश्वर राघव रावण रिपु शासक ।
एतद्रूपे पुनः पुनः जयध्वनि निनादिल ॥
राजकार्य समापने रामचन्द्र तथास्थले ।
सर्वे अन्नेषणे रत कोथा हनु अवस्थित ॥
सर्वजन महावीरे एतद्क्षणे मने स्मरे ।
पार्श्वे स्थित यथा हनु एवे आत्म प्रकाशिल ॥
रामचन्द्र पुरोभागे यवे हनु शिरानत ।
श्रीराम धरिया वक्षे कहे वाक्य समादरे ॥

श्रीराम वचन

देख सर्वे सभातले वानराकृत मारुति ।
यद् देव वायु नन्दन महावीर्ये प्रतिष्ठित ॥
सर्व युद्धे सदा हनु ममकार्ये सहायक ।
रक्षिल सर्वतो हनु सुग्रीव सेवकोत्तम ॥
एतद् हनु प्रसादिते पुरस्कार प्रदानिव ।
कह सर्व समागत किंवा दान तथास्थले ॥

सीता वचन

पुत्राधिक महावीर वीरेन्द्र श्रेष्ठ निश्चय ।
हनु कार्ये पुरस्कारे एतद् माल्य प्रदानिनु ॥
अपहृत मम सर्व राक्षसे तव कृत लब्ध सगौरवे पुनः ।
धन जन पति देवरावली लह हनु ए मम माल्य यौतुक ॥

– इति श्रीमद्देवायण ब्रह्मकल्पे तृतीय खण्डे राम मण्डलान्तर्गतः रामायण वर्गे उत्तर काण्डे रत्न यौतुक दान वार्ता नामः अष्टम सर्ग ।

— ☆ —

॥ नवम सर्ग ॥

वाल्मीकि वचन

एतद् वाक्ये प्रदानिल जन्माल्योत्तम जानकी ।
तथा लब्ध पुरस्कार हनुमान जावे शुन ॥
दशने करि चर्वण देखे हनु क्रमे क्रमे ।
एतद् कार्य निरीक्षिया सर्वजन स्मिताधर ॥

लक्ष्मण वचन

कपि जाति स्वभावत: हेर कार्य अत:परे ।
रत्न मूल्य किंवा बोध दशने रत चर्वणे ॥
रे मूढ़ हनु मर्कट रत्नमाल्य इहा शुन ।
भक्ष्य वस्तु नहे एतद् योग्य वक्षे विधारणे ॥

मारुति वचन

रत्न माल्य इहा सत्य ज्ञात सर्व महाबली ।
तव बुद्धि किंवा कह मत् कार्याबोध्य निश्चय ॥

लक्ष्मण वचन

चर्वण करिया दंते किंवा बुद्धि प्रकाशिले ।
रत्नमाल्य नहे भक्ष्य कह तथ्य परिष्कृत ॥

मारुति वचन

क्षत्रवीर्य यथामत ज्ञान कभु नहे तथा ।
बाहुबले बली तुमि नाहि ज्ञान कदाचन ॥
ज्ञान बिना किंवा बल बल ज्ञाने प्रतिष्ठित ।
एतद् तथ्य सदा गुह्य कहि वाक्य प्रकाशिया ॥
राघव सर्वतोव्यापी सर्व भूते विराजित ।
एतद् तथ्य निरन्तर मम चक्षे समीक्षित ॥
ऊर्ध्वे राम अधे राम राम सर्व सभामय ।
यद् हेतु माल्य चर्वणे रत्न मध्ये निरीक्षिणु ॥
यदि राम नहे तथा करि त्याग त्वरित गति ।
राम सीता नहे यथा हनुमान नहे तथा ॥

वाल्मीकि वचन

विस्मित श्रवणे सर्वे माल्य हनु परित्यजे ।
निक्षेपिल सभामध्ये तुच्छ ज्ञाने महाधन ॥
कुपित वीर लक्ष्मण भरतादि तथामत ।
सीता कृत प्रदानित निक्षेपि मर्कटाधम ॥

लक्ष्मण वचन

उपकृत महावीरे एतद् सत्य सुनिश्चय ।
शुन हे जानकीदेवी तथापि मूढ़ मर्कट ॥
रत्न दान पुरस्कारे किंवा बुद्धि निरीक्षह ।
दशने करि चर्वण निक्षेपिल महीतले ॥
कहिते कहिते क्रोधे समुत्थित धनुर्धर ।
रे मूढ़ मर्कटाधम राजमान्य किंवा तव ॥
राज्ञी तुष्टि प्रदानित यद् कृत अवहेलन ।
एतद् शिक्षा प्रदानिते आदर्श करिव स्थिर ॥
हेर सर्व सभास्थित मूढ़ कपि स्वभावत: ।
रत्न माल्य प्रदानित सीता कृत निरीक्षह ॥
किं सम्मान प्रदानिल किंवा बुद्धि समायुत ।
राजलक्ष्मी अमानने किंवा शास्ति निरीक्षह ॥

वाल्मीकि वचन

कहिया घोर गर्जने टंकारिल धनुर्गुण ।
सर्व जन भये भीत भीत हनु तथास्थले ॥
भीत भीत यथा हनु करयोड़े कृतांजलि ।
रामप्रति सकातरे दर्शे वीर पुनः पुनः ॥
सहसा राघवोत्थित गर्जिया जलदस्वने ।
हे लक्ष्मण ममानुज किंवा कार्य तवप्रति ॥

श्रीराम वचन

राज मान्य प्रदर्शने हनु शिक्षा प्रदानिते ।
तुमिह करिले अद्य मम पद अमानन ॥
तव अग्रे स्वयं हेर यद् प्रत्यक्ष उपस्थित ।
हनु शास्ति प्रदानिते तुमि त्वरित समुत्थित ॥
विचार करिले निजे हनु शास्ति प्रदानिते ।
वर्त्तमान यथा स्वयं जाह मोरे अतिक्रमि ॥

वाल्मीकि वचन

एतद् वाक्य यथा श्रुत लज्जित वीर लक्ष्मण ।
स्वीय कार्य अदर्शने त्वरित गति समुत्थित ॥
सम्वरिया धनुर्बाण वीरवर शिरानत ।
रामचन्द्र स्मिताधर स्मिताधर तथा हनु ॥
एतद् दृश्य निरीक्षिया भरत कहिते रत ।
कथित लक्ष्मणे वाक्य एवे राम विचारह ॥
रत्न माल्य अमानने यथा शास्ति प्रदानह ।
युक्तियुक्त यथा कार्य लक्ष्मण कृत ना यदि ॥
ए वाक्य श्रवणे तथा गम्भीरास्य जगत्पति ।
जिज्ञासे मेघमन्द्रणे दिव्य कण्ठे हनुप्रति ॥

श्रीराम वचन

राज्ञी कृत प्रदानित रत्न माल्य अमानने ।
किंवा युक्ति महावीर कह त्वरित सभास्थले ॥

मारुति वचन

रत्न माल्य अमानने क्षमः अद्य जगत्प्रभु ।
राम सीता बिना वस्तु नाहि स्पर्शि कदाचन ॥
ए हेतु चर्विया दंते यथा तथ्य निरीक्षिणु ।
तद् परे करिनु त्याग नहे माल्य मनोमत ॥

श्रीराम वचन

किंवा नहे मनोमत कह वाक्य परिष्कृत ।
किं हेतु करिले त्याग राज्ञी दान अमानने ॥

मारुति वचन

हेरिनु चर्विया दंते राम सीता नहे तथा ।
एतद् हेतु परित्यजि रत्न माल्य जगत्प्रभु ॥

शत्रुघ्न वचन

राम सीता किंवा तथा   रत्न मध्ये निरीक्षिले ।
राघव तव सम्मुखे   रत्न मध्ये किं दर्शन ॥

मारुति वचन

सर्व व्यापी जगत्प्रभु   एतद् ज्ञान ममप्रति ।
राम सीता यथा नाहि   एतद् सर्व परित्यजि ॥

भरत वचन

निज देहे निरीक्षिले   राम सीता उपस्थित ।
यद्यपि ना तथा राम   त्यज एतद् कलेवर ॥

मारुति वचन

निश्चय तनुने मम   राम सीता विराजित ।
हेर वक्ष विदारिनु   राम सीता हृदिस्थले ॥

वाल्मीकि वचन

एतद् वाक्ये निरीक्षिल   सर्व जन सभातले ।
हनु वक्ष विदारित   राम सीता तथास्थले ॥
सर्व जन चमत्कृत   एतद् दृश्य निरीक्षिया ।
विमूढ़ विस्मये चित्त   हेरिल भीत लक्ष्मण ॥
भरतादि तथामत   हनुमान अचेतन ।
रामचन्द्र स्मिताधर   स्मिताधर तथा ऋषि ॥
हेरि हनु अचेतन   स्पर्शि राम अनंतरे ।
दानिल चेतना पुन: महावीर समुत्थित ॥
एतद् रूपे सभास्थले   सर्व जन. चमत्कृत ।
भक्त श्रेष्ठ महावीर   एक वाक्ये कहे सबे ॥
एतद्रूपे सभातले   हल कार्य समापित ।
मध्याह्न भोजने सर्वे   रामसह बहिर्गत ॥
दिल जनकसुता समादरे   निज हृदि भूषण वायु नन्दने ।
लभि हनु अवहेलने त्यजे   प्रकुपित लक्ष्मण दंड दानिते ॥

- इति श्रीमद्देवायण ब्रह्मकल्पे तृतीय खण्डे राम मण्डलान्तर्गत: रामायण वर्गे उत्तर काण्डे हनु कर्तृक हृद् विदारणे राम सीता प्रदर्शने वार्ता नाम: नवम सर्ग ।

— ✯ —

॥ दशम सर्ग ॥

वाल्मीकि वचन

राघवसह भोजने   एकत्रित सभाकृत ।
वशिष्ठ पौत्र यद् शाक्त्य   समाख्यात पराशर ॥
विश्वामित्र महाऋषि   मधु छन्दा कत: सह ।
उपविष्ट भरद्वाज   सप्तपुत्र समन्वित ॥
जामदग्नि सह स्वयं   अन्यान्य बहु से स्थले ।
ऋषिकुल पुरोभागे   अपरे सह राघव ।
दक्षिणे कपि सुग्रीव   वामे रक्ष: विभीषण ॥

भरत सह शत्रुघ्न	तद् पार्श्वे वीर लक्ष्मण ।
श्रेष्ठ श्रेष्ठ यथा सर्व	एकत्रे भोजने रत ॥
कौशल्या सेस्थले स्वयं	सह वधू चतुष्टय ।
भोज्य स्नेहे प्रदानिया	करे तृप्त जने जने ॥
कहिल ऋषि वारुणि	भोज्ये रत स्मिताधरे ।
यद्यपि लक्ष्मणारण्ये	अनाहारे अवस्थित ॥
व्यापी वर्ष चतुर्दश	तद् प्रमाण किंवा कह ।
धरह कहि लक्ष्मणे	यथा रामे प्रदानित ॥

लक्ष्मण वचन

एतद् सर्व जमायत	तूणीमध्ये अवस्थित ।
आनो त्वरित महावीर	ऋषि साक्ष्य प्रदानिते ॥

वाल्मीकि वचन

हनुवाक्य यथा श्रुत	भोजने युक्त राघव ।
उत्तोलि त्वरिते आस्य	कहे वाक्य स्मिताधरे ॥

श्रीराम वचन

कुपित जानकी अद्य	हनु शास्ति प्रदानिते ।
आहा हनु निराश्रय	पान भोज्ये प्रवंचित ॥

विश्वामित्र वचन

कुपिता केन जानकी	भक्त श्रेष्ठ हनुप्रति ।
आहा सत्य महावीर	लोलुप दृष्टि वीक्षणे ॥

श्रीराम वचन

चर्विया दशने माल्य	गुरुपाप यथा कृत ।
अपराधी तथा हनु	पान भोज्ये प्रवंचित ॥

वाल्मीकि वचन

एतद् वाक्य यथा श्रुत	स्थित अग्रे अवस्थित ।
करे द्रुत पलायन	अत्र क्षेत्र परित्यजि ॥
तूर्ण हस्ते महावीर	क्षणान्तरे उपस्थित ।
फल पूर्ण तथा तूर्ण	सर्व जन निरीक्षिल ॥
एतद् रूपे कथाच्छले	भोज्य वर्ग समापिया ।
गेल सर्वे सभातले	राम संग सदा प्रिय ॥
आह्वानि तद् परे हनु	दानिल अन्न जानकी ।
दाने अन्न महावीरे	स्वहस्ते अद्य मैथिली ॥
भक्ष्ये वीर महानन्दे	यथा दान त्वरित गति ।
आनिते व्यंजन त्वरा	सर्व अन्न समापित ॥
पुनश्च आनिते अन्न	व्यंजनादि समापित ।
एतद् रूपे पुनः पुनः	आनिते अन्न व्यंजन ॥
एक अग्रे समापित	एकत्रित नहे दुटि ।
एरूप भक्षणे सीता	अति तुष्ट स्वयं मने ॥

दानिल मस्तके अन्न कहि शान्ति मृदुस्वरे ।
लज्जित हनु तद्परे भक्ष्ये शान्त मन स्थिरे ॥
एरूपे चोर्व चोष्य-वा लेह्य पेय समन्वित ।
अद्य हनु महाहर्षे पुण्य भोज्य समापिल ॥
प्रत्यह शुन एरूपे दिवाकार्य समापित ।
राज सभातले नित्य बहु गल्प दिने दिने ॥
जन्म कर्म तथा यज्ञ दिग्विजय दशानने ।
कहे नित्य विभीषण श्रोता राम सभासह ॥
कपि कुले यथा जन्म देव सर्व महीतले ।
एतद् सर्व सुकाहिनी कहे क्रमे कपीश्वर ॥
यथा उक्त महेश्वरे तव श्रुत अभीसुत ।
एतद् सर्व दिने दिने रामे श्रुत सभातले ॥
हनु हृदिगत राम जानकी किं मधुर दर्शन हृत् विदारणे ।
चिर अभिनव बाहिरान्तरे सह नीति पर्षद हर्ष भोजने ॥

- इति श्रीमद्देवायण ब्रह्मकल्पे तृतीय खण्डे राम मण्डलान्तर्गत: रामायण वर्गे उत्तर काण्डे स-पार्षद अन्न भोजन ओ जानकी कर्तृक हनु प्रति अन्न दान वार्ता नाम: दशम सर्ग ।

— ✩ —

॥ एकादश सर्ग ॥

वाल्मीकि वचन

पक्षकाल अत:परे अमावस्या निशागत ।
विभीषण परामर्शे शक्ति पूजा अनुष्ठित ॥
योद्धृ रूपा महाकाली कराली राष्ट्रधारिणी ।
अयोध्याते समारोहे समारम्भार्चना शुभे ॥
यद् शक्ति करुणा वरे रामचन्द्र जयी रणे ।
एतद् योद्धृ महारूप अर्चित राघवे स्वयं ॥
समस्त नगरीव्यापी करे अद्य महोत्सव ।
दीपमाला सुसज्जित अद्य सर्व गृहे गृहे ॥
एतद् रूपे करे स्तव रामचन्द्र तथास्थले ।
रात्रिव्यापी करि ध्यान शक्तार्चना समापने ॥

शक्ति स्तव

श्रीराम वचन

काली काली महाकाली कराल वदना स्मिता ।
रह राज्ये प्रतिष्ठित राजशक्ति स्वरूपिणी ॥
तुमि राष्ट्र विधारिका युद्धे अरि निपीड़ने ।
राज्यव्यापी महाशान्ति तव कृत प्रतिष्ठित ॥
प्रशान्त तुमि यद्यपि शान्त एतद् जगत् त्रय ।
यदि तुमि भयंकरी सर्व जगत् विचंचल ॥
राक्षसालय वर्जने कृत कृपा ममप्रति ।
रह नित्य ममालये शान्त रूप विधारणे ॥

वाल्मीकि वचन

सहसा राम सम्मुखे त्रिता रूप प्रकाशित ।
काल पदे प्रतिष्ठित तव तुल्य युगाधिप ॥
केवल चरणे खंज राम अग्रे उपस्थिते ।
कहे त्रिता मधुस्वरे ए वाक्य राघवप्रति ॥

त्रिता वचन

हे राघव महाबली विष्णु मूर्त्ति धरातले ।
तव राष्ट्र विधारणे मम शक्ति विराजिवे ॥

वाल्मीकि वचन

यद् दृष्ट राघवे अग्रे काल मूर्त्ति त्रिलोचन ।
दृढ़ भुजद्वये बली पदेके खंज केवल ॥
रामचन्द्र कहे एतद् करि पदे शिरानति ।
शुन त्रिता युगाधिप काल रूप महेश्वर ॥
शक्तिरूप यथा तव कर अद्य प्रकाशित ।
यद् श्रुत राघवे काम्य धृत मूर्त्ति मनोहर ॥
अकस्मात बहिर्गत यद् शक्ति लोचनत्रया ।
खड्ग शंखे सुशोभिता द्विभुजा सूर्यनन्दिनी ॥
दिव्य द्युति किरीटिते शुभ्रच्छटा बहिर्गत ।
अपूर्व रत्न मंडिता शोभिता अजराम्बरे ॥
प्रदीप्त दृष्टि वीक्षणे हास्ये जिह्वा बहिर्गत ।
दिव्य गंधानुलेपित सुंदर आनन त्रय ॥
त्रिआख्य नवलोचना प्रशान्ति करुणा धृत ।
प्रशान्ति करुणा स्नेह नव चक्षु विनिर्गत ॥
सम्बोधि राघवे वाक्य शक्ति वाक्य निनादित ।
हे राघव महाबली वर चाह मनोमत ॥

श्रीराम वचन

त्रैकानना महादेवी एतद् वर प्रदानह ।
राज्यव्यापी सदा शान्ति प्रजापुंजे प्रतिष्ठह ॥

त्रैकानना वचन

एतद् वर प्रदानिनु हवे सर्व मनोमत ।
वरणीय हवे नित्य तव राज्य जगत्त्रये ॥
ध्यानिवे सर्व मानवे राम राज्य निरन्तर ।
नित्य हर्षे विराजिवे राज्यव्यापी प्रजाकुल ॥

वाल्मीकि वचन

एरूप कहिया वाक्य देवी काली तिरोहिता ।
पुनः काल प्रकाशित राम अग्रे अतःपरे ॥
राज शोभ्य समन्वित नैवेद्यादि निवेदिया ।
करे तुष्ट त्रिता काल रामचन्द्र महाबली ॥
एतद् रूपे अयोध्याते शक्तार्चना समापित ।
प्रणमिल तथास्थले कपीश्वर विभीषण ॥

यथा शक्ति त्रिताप्रति धर्मश्वसा यमी स्मर ।
धर्म शान्ति प्रतिष्ठात्री त्रैकानना त्रिता युगे ॥
त्रि वदन धृत कालशक्ति यद् रत कहिते वरदायिनी स्मिता ।
युग गति परिचालने सदा रघुपति राजीव राष्ट्र मंगले ॥

- इति श्रीमद्देवायण ब्रह्मकल्पे तृतीय खण्डे राम मण्डलान्तर्गतः रामायण वर्गे उत्तर काण्डे श्रीराम कर्तृक कालशक्ति अर्चना जगत् शान्ति प्रतिष्ठा करण वार्ता नामः एकादश सर्ग ।

— ✯ —

॥ द्वादश सर्ग ॥

वाल्मीकि वचन

अमा निशा प्रभातिल शक्तार्चना समापित ।
प्राते राम समागत सह मित्र सभातले ॥
राम राज्य प्रतिष्ठित महाशक्ति प्रभावित ।
शान्तिपूर्ण चतुर्दिक शान्तिप्राप्त प्रजाकुल ॥
राम राज्य निरीक्षिया रक्षः राज विभीषण ।
रामादर्श प्रतिष्ठिते लंकाराज्ये चले त्वरा ॥
राघव पुण्य आदर्शे रक्षः राज्य प्रतिष्ठित ।
दिव्यभाव लभे क्रमे पूर्व दुष्ट निशाचर ॥
एतद् रूपे दिने दिने स्वभावे परिवर्त्तित ।
लंकाराज्ये यथा शान्ति हल क्रमे प्रतिष्ठित ॥
तेमति कपि सम्राट रामादर्श परिग्रहि ।
वानरे दानिया शिक्षा दिव्यभावे प्रतिष्ठिल ॥
एकदिके कपीश्वर जगत्जयी महाबली ।
राम नाम प्रचारिया करे राज्य महीतले ॥
ए कारणे क्रमे क्रमे क्षुद्र राज्य चतुर्दिके ।
सुग्रीव कृत शासने रामादर्श परिग्रहे ॥
अन्यदिके विभीषणे यत राज्य प्रभावित ।
रामादर्श लभे क्रमे राक्षस पुण्य शासने ॥
अयोध्याते स्वयं राम भरतादि समन्वित ।
दिव्यादर्श दिने दिने नरःकुले प्रचारिल ॥
कोशल मिथिला काशी गांधार कोल केकय ।
अंग बंग कलिंगादि सुमात्रा नगरावधि ॥
बहुदूर परिव्याप्त एतद् रूपे दिने दिने ।
वर्षेक अन्तरे शुन सर्व पृथिवी प्रभावित ॥
सुमेरु शिखरध्वनि कुमेरु शिखरे चले ।
राम नाम यथा शब्द वायुगति प्रकम्पने ॥
ऋषिवृन्द सदा तुष्ट दानि यज्ञे घृताहुति ।
दीप्त अग्नि अचंचले रामचन्द्र प्रभावित ॥
सर्व विघ्न तिरोहित नित्य पुण्य प्रवर्धित ।
गगने गगने ध्वनि राम नाम निरन्तर ॥
राघव सर्व पालक सर्वेश प्रभु राघव ।
आब्रह्म भुवनलोके राम नाम प्रभावित ॥

जपे नित्य स्वरालये	राम नाम सुराधिप ।
नित्य देव-सभारम्भ	राम गुण सुकीर्त्तने ॥
राक्षस पीड़ने राम	मुक्तिदाता जगत्प्रभु ।
वैकुण्ठे विष्णु यद् देव	राम स्वयं नराकृति ॥
श्रीराम देव वन्दित	अवतीर्ण महीतले ।
देव सर्व यथास्थले	सेवायुक्त स्वयं मना ॥
चित्ररथ महत् शिल्पी	दिव्य सुर प्रदानिते ।
उर्वशी मेनका रम्भा	नृत्य छन्दे प्रकाशिल ॥
जगन्मध्ये निनादित	राम नामे प्रतिध्वनि ।
देववृन्द स्वरालये	रोमांचित कलेवरे ॥
अप्सरी नर्त्तने स्वर्गे	शिहरि अमरावती ।
दिव्य धारा समन्वित	राम नामे सुधा झरे ॥
तन्नाम जपिते नरः	समाधि प्राप्त सत्वरे ।
केवल रभसे चित्त	कम्पे अंग मुहुर्मुहु ॥
एतद् रूपे जगत्त्रये	राम नाम प्रभावित ।
सर्व व्यापी लभे शान्ति	स्वर्ग मर्त्यसम क्रमे ॥
एकमात्र जपे नाम	राम राम चराचर ।
स्वर्ग मर्त्य समज्ञाने	महानन्दे परिप्लुत ॥
दिव्य हर्षे निमज्जित	नाहि भेद अतःपरे ।
स्वर्ग मर्त्ये यथा भेद	सर्व भावे विदूरित ॥
ए कारणे लभे आख्या	स्वर्ग राज्य महीतले ।
यवे राम अयोध्याते	स्व-प्रभावे विराजित ॥
राम राज्ये महत् शान्ति	सर्वानन्दे परिप्लुत ।
राघव करुणामय	कहे नित्य प्रजाकुल ॥
श्रीराम राज्य शासने	सर्व दुःख विदूरिते ।
प्रजा हर्ष प्रवर्धने	गुप्तचर नियोजिल ॥
यदि कोनस्थले क्षोभ	गुप्तभावे अवस्थित ।
अक्षम कहिते यदि	असन्तोष क्षणान्तरे ॥
यद्यपि केह संकोचे	दुःख प्राणे सुगोपने ।
ए तथ्य जानिते राम	गुप्तचर नियोजिल ॥
लागिल भ्रमिते चर	निशाव्यापी गृहे गृहे ।
यद्यपि गोपने कहे	शय्यने प्रिय पार्श्वते ॥
राम राज्ये रवे दुःख	प्रजा प्राणे सुगोपने ।
एतद् इच्छा नहे रामे	दुःखी प्रजा कदाचन ॥
दले दले भ्रमे चर	नित्य व्यर्थ चतुर्दिके ।
श्रुत वार्ता गृहे गृहे	श्रीराम गुण कीर्त्तन ॥
राम राज्य प्रतिष्ठित	शान्तिपूर्ण चतुर्दिके ।
नित्य दूते समानीत	यथा तथ्य क्रमागत ॥
राम कृत यथा त्वरित	सुव्यवस्था प्रदानित ।
धन रत्न गवी दाने	प्रजा हर्ष प्रवर्धने ॥
राम राज्ये सदा शान्ति	शान्तिपूर्ण चतुर्दिक ।
प्रजावृन्द महानन्दे	सर्व सुखे प्रतिष्ठित ॥
चोर दस्यु उपद्रव	नाहि अद्य तथास्थले ।
राघव कृत शासने	स्वभाव परिवर्त्तित ॥

चौर्य वृत्ति परित्यजि दान धर्मे प्रतिष्ठित ।
राघव देय वैभवे अभाव सर्व ताड़ित ॥
नगरे प्रहरी कार्ये दस्युगण नियोजित ।
निर्भय रात्रिते सुप्त राम राज्ये प्रजाकुल ॥
दुष्टा नारी तथाकाले पुरुषेक रहे वरि ।
वारांगना क्रमे क्रमे एतद् रूपे विलोपित ॥
राम नामे सुधा झरे दिव्य छन्द सुरे सुरे ।
रत नाम सुधापाने मद्यपान विदूरित ॥
त्रिभुवन जन यद् जपे सुखी करि गुण कीर्त्तन राम राघवे ।
भरपूर मधु छन्द जीवने सुर सह मानव ऐक्य वन्दने ॥

- इति श्रीमद्देवायण ब्रह्मकल्पे तृतीय खण्डे राम मण्डलान्तर्गत: रामायण वर्गे उत्तर काण्डे शान्ति प्रतिष्ठित राम राज्य वर्णना नाम: द्वादश सर्ग ।

— ✯ —

॥ त्रयोदश सर्ग ॥

वाल्मीकि वचन

मद्यासक्त दिने दिने राम नामे भजे मन: ।
नामानन्दे करे नृत्य मद्यपान परित्यजि ॥
राजाप्रति निरन्तर दिल मन: प्रजाकुल ।
राज चिन्ता क्रमागत प्रजा सुख प्रवर्धिते ॥
आत्म सुख परित्यजि मग्न मन: प्रजा सुखे ।
प्रजा कार्य तथामत राज हर्ष प्रवर्धन ॥
एतद् रूपे परिव्याप्त राम राज्य जगन्मय ।
देवता मानवे प्रीति धर्म कार्ये निरन्तर ॥
धर्मराज प्रवर्धित समस्त भुवनत्रये ।
दान धर्मे तथा त्यागे सर्व जन प्रतिष्ठित ॥
दाने हर्ष निरन्तर दाने सुख प्रवर्धित ।
धर्म रामे महत् तृप्ति दान धर्मे दिने दिने ॥
धर्म शक्ति दिवा क्रमे परिव्याप्त जगन्मय ।
लज्जा पुष्टि तथा क्षांति श्रीकान्ति तृप्ति वा क्षमा ॥
स्मृति मेधा दया धृति इत्यादि शक्ति धर्मते ।
राम राज्ये परिव्याप्त कन्या शान्ति समन्वित ॥
विचरण करे सर्वे नित्य सर्व गृहे गृहे ।
दया स्नेह क्षमा प्रीति धर्म शक्ति यथायथ ।
त्याग पुत्र समन्वित सर्व जने प्रभावित ॥
देव धर्मे प्रभावित धर्म शक्ति प्रचालित ।
राम राज्ये महीतले पूर्ण शान्ति प्रतिष्ठित ॥
अधर्म शनि एस्थले राम सत्य महाव्रते ।
रावणे त्यजिया त्वरा कालकेयालयागत ॥
अधर्म त्यजिया मर्त्य करे स्थिति रसातले ।
लंकाधामे विभीषण धर्म राज्य प्रतिष्ठित ॥
रावणे त्यजिया यवे एलो कलि रसातले ।
कालकेय सभातले परामर्श जन त्रये ॥

स्वर्ग मर्त्य विताड़ित अधर्म काल संहति ।
बहुक्षण परामर्शे कार्य स्थिर तदन्तरे ॥
कलि आस्य अमावस्या अतिशय विषादित ।
किञ्चित् हास्य प्रकाशित शनि वाक्ये तथास्थले ॥
परामर्श यथा स्थिर कार्ये शनि चले त्वरा ।
ज्योतिर्विद यथा रूपे मर्त्ये आत्म प्रकाशिल ॥
रक्त वस्त्रे सुशोभित उत्तरीय तथामत ।
वृद्ध रूप विधारित दंड हस्ते चले पथे ॥
क्षिप्रगति कहे भूत वर्त्तमान भविष्यत ।
पथिमध्ये समीक्षित पथिककुल यद्यपि ॥
क्षणमध्ये समावृत बहुजन तथास्थले ।
ज्योतिष रूप धारणे चले पथे शनैश्चर ॥
अयोध्यानगरी मध्ये प्रजाकुले प्रवेशिल ।
बहु दिन तथा रहि प्रजा मनः प्रभाविल ॥
कहि भूत भविष्यत तत्त्ववेत्ता यथामत ।
सृजिल दृढ़ प्रत्यय गणि भाग्य दिने दिने ॥
राम राज्ये यथा शान्ति किंवा स्वर्ग प्रयोजन ।
अवतीर्ण महत् स्वर्ग धर्मसह महीतले ॥
एरूप कथने नित्य करे तुष्ट जने जने ।
राम स्वयं जगत्पति राम राज्ये महत् सुख ॥
एतद् रूप अवस्थाने कत दिन तथास्थले ।
यद्रूप नगरीवासी तथामत शनैश्चरे ॥
हेरि तथा दिने दिने धर्म नित्य प्रवर्धित ।
ईर्षा क्षुब्ध ज्वले मनः धर्मद्वेषी शनैश्चरे ॥
तवु शान्त रहे तथा निरुपाय मने स्मरि ।
ज्योतिर्विद्या प्रभावेते जन मनः प्रभाविया ॥
स्वीय कार्ये समायुत एवे शुन शनैश्चर ।
एकदा गणना कार्ये राम राज्य सुवर्णिते ॥
एतन्मत कहे शनि ज्योतिर्विद्या परायण ।
राघव राजनोत्तम कह इथे किं संशय ॥
राम राज्ये यथा शान्ति नित्य कार्ये समीक्षित ।
राघवतुल्य भूपति नहे ज्ञात महीतले ॥
आत्म त्याग सदा व्रत क्षमा स्नेह समन्वित ।
एतद् हेतु सदा शान्ति राज्यमय प्रतिष्ठित ॥
तवुह कहि दुर्योग भाग्याकाशे समीक्षित ।
राज्ञी कृत यथा पापे हवे एतद् प्रकाशित ॥
राज्ञी कृत किंवा पापे कहे सर्वे तथास्थले ।
ज्योतिर्विद कहे शुन नाहि एतद् प्रकाशिव ॥
कुपित श्रवणे प्रजा ज्योतिर्विदे प्रहारिल ।
प्रहार प्राप्त ज्योतिष एतद् वाक्य कहे तथा ॥
एकदा स्मरिवे मने रावण आलये स्थिता ।
किंवा धर्मे प्रतिष्ठित नहे ज्ञात प्रजाकुल ॥
मम विद्या प्रभावेते ज्ञात मात्र यथा स्मृति ।
एतद् हेतु प्रहारिले पावे सत्य फलाफल ॥

सत्य नाहि रहे गुप्त हवे काले प्रकाशित ।
मोरे अद्य अकारणे वृथा क्रोधे प्रहारिले ॥
एतद् वाक्ये चले द्रुत ज्योतिर्विद तथा त्यजि ।
यवे स्थान परित्यजे धर्मद्वेषी शनैश्चर ॥
पाप छाया पड़े मने यारा शनि प्रहारिल ।
चिन्तान्वित अत:परे रत आलोचना क्रमे ॥
नहि ज्ञात किंवा तथ्य राज्ञी कार्ये लुकायित ।
वर्षेक रावणालये स्थिता सर्व अदर्शने ॥
निर्विचारे करे कार्य श्रीराम सकल प्रिय ।
राज्ञी कार्य नहे ज्ञात रामचन्द्र सुनिश्चय ॥
एतद् रूपे मन: धन्दे प्रत्यागत निजालये ।
रात्रिकाले मन: क्षोभे प्रियापार्श्वे कहे इहा ॥
ज्योतिर्विद कहे अद्य राज्ञी कीर्त्ति सुगोपन ।
वर्षेक रावणालये लोक चक्षु अदर्शने ॥
एतद् रूपे प्रियापार्श्वे पति सर्व कहे यवे ।
गुप्तचर भ्रमे तथा राजकार्ये निरन्तर ॥
सुख दु:ख कहे यवे निशाकाले प्रजाकुल ।
एतद् वार्ता निवेदिते संगृहित यथा दिने ॥
वर्षेक रावणालये लोक चक्षु अदर्शने ।
गुप्तचर इहा शुनि करे तथा अवस्थिति ॥
श्रीराम करुणामय इथे कह किं संशय ।
चरित्रे जानकी किंवा परिज्ञात नहे कभु ॥
चरित्रे दुष्ट यद्यपि राज्ञी राज्ये अवस्थित ।
तथा शान्ति नहे स्थायी एतद् सत्य सुनिश्चय ॥
शुभाशुभ किंवा ज्ञात ज्योतिर्विद कहे यथा ।
कहि अद्य तवप्रति सत्यासत्य अजानित ॥
अस्पष्ट भाषणे चर यद् कृत तथ्य संगृह ।
एतन्मत निवेदिल रामचन्द्रे अत:परे ॥
रामचन्द्रे कहे वाक्य नमस्कारे पुन: पुन: ।
आनिनु अद्य संवाद नहे शुभ जगत्प्रभु ॥

श्रीराम वचन

कह कह किं संवाद निर्विचारे शुभाशुभ ।
संवाद वह केवल एतन्मात्र मने स्मर ॥

दूत वचन

कर क्षमा जगत्पति अद्य मम यथा श्रुत ।
कहि सर्व यथायथ तव आज्ञा सुपालने ॥
अद्य कर्णे मम श्रुत राज्ञी तथ्य जगत्प्रभु ।
कहिछे निर्जने प्रजा प्रियापार्श्वे सुगोपने ॥
वर्षेक रावणालये लोक चक्षु अदर्शने ।
चरित्रे जानकी किंवा परिज्ञात नहे कभु ॥
चरित्रे दुष्ट यद्यपि राज्ञी राज्ये अवस्थिता ।
तथा शान्ति नहे स्थायी एतद् सत्य सुनिश्चय ॥

वाल्मीकि वचन

एतद् वाक्ये यथा श्रुत स्तब्ध राम तथास्थले ।
चिन्तान्वित बहुक्षण दूत कम्प कलेवरे ॥
क्षणेके राम सम्वरि कहे वाक्य चरप्रति ।
जाह तुमि यथा कार्ये किंवा त्रुटि तवप्रति ॥
यथा कार्ये नियोजित वार्तानीत यथायथ ।
किं निर्देश शुभाशुभे कह दूत तवप्रति ॥
विदाय करिया दूते चिन्तित चित्त राघव ।
प्रजाप्राणे असन्तोष किंवा कार्य तथास्थले ॥
इतस्ततः परिभ्रमि स्वीय कक्षे कतक्षण ।
प्रजानुरंजने राम यथा कार्य विचारिया ॥
सीता दूरे सुरक्षणे वनवास करि स्थिर ।
आह्वान करि लक्ष्मणे इत्यादेश प्रदानिल ॥
वर्ष विगत रावणालये सु-चरित निन्दित लोक संशये ।
श्रुत रघुपति चिन्तितान्तरे जनगण गुंजित वाक्य गोपने ॥

- इति श्रीमद्देवायण ब्रह्मकल्पे तृतीय खण्डे राम मण्डलान्तर्गतः रामायण वर्गे उत्तर काण्डे धर्म प्रभावे अधर्म कोपोद्भव वार्ता नामः त्रयोदश सर्ग ।

— ✯ —

॥ चतुर्दश सर्ग ॥

वाल्मीकि वचन

लक्ष्मण सत्वरागमे आज्ञातरे अपेक्षित ।
प्रश्नमान शिरानते रामचन्द्र कहे इहा ॥

श्रीराम वचन

हे लक्ष्मण यथा आज्ञा निर्विचारे अनुष्ठह ।
सीता संगे परिग्रहि वनवास प्रदानह ॥
राज्य हते यथा त्वरित बहिष्कार प्रयोजन ।
एतद् आज्ञा तवप्रति धीर चित्ते अनुष्ठह ॥

लक्ष्मण वचन

वनवास किं कारणे नाहि प्रश्न ममप्रति ।
जिज्ञासि केवल स्वयं कोथा क्षेत्र निरूपित ॥
किं प्रकारे वने स्त्रीय एकाकी रहिवे कह ।
यत्र गर्भे अवस्थित सूर्यकुल भविष्यत ॥

श्रीराम वचन

वाल्मीकि कवि आश्रम क्षेत्रोत्तम मने स्मरि ।
जाह वीर रथारूढ़ तथा सीता सुरक्षह ॥
प्रजावृन्दे असन्तोष सन्देह पूर्ण मानस ।
वर्षेक रावणालये किंवाचारे अजानित ॥
शुन हे प्रिय लक्ष्मण प्रजा क्षुब्ध यथास्थले ।
राज्ये शान्ति गत क्रमे दुराचार प्रवर्धित ॥

राजा पार्श्वे नहे श्रेष्ठ राज्ञी राज्य हते कभु ।
ज्ञात एतद महाबाहु राज्य अर्थे प्रजाकुल ॥
प्रसन्न करिते प्रजा राजकार्ये निरन्तर ।
प्रजान्तरे असन्तोष रामकार्ये भयावह ॥

लक्ष्मण वचन

अग्निवाणी प्रचारिया सर्वत्र जनमण्डले ।
सम्भव किं नहे तवु प्रजा मनः प्रहर्षिते ॥

श्रीराम वचन

प्रकाश्ये वाक्य यद्यपि कहित शुन लक्ष्मण ।
अग्नि वाणी प्रचारिया फल तथा मने स्मरि ॥
किंतु कहे सुगोपने अन्तराले करि स्थिति ।
नाहि किञ्चित् तथा फल एतद् वाक्य प्रचारिया ॥

वाल्मीकि वचन

राघवाज्ञा यथा श्रुत दृढ़ स्थिर सुनिश्चये ।
लक्ष्मण नीरवे तथा अश्रुजल विनिर्झरे ॥
रामचन्द्रे तथामत अश्रुधारा बहिर्गत ।
एतद् रूपे कतक्षण अतिगत अतःपरे ॥
गृहत्यजि बहिर्गमे यवे वीर समुद्यत ।
रामचन्द्र कहे पुनः आह्वान करि लक्ष्मणे ॥

श्रीराम वचन

कहि ए शुन लक्ष्मण यथा वाक्य अतःपरे ।
नाहि वाक्ये प्रकाशह वनवास कदाचन ॥
कहिया भ्रमणे वने कर राज्य बहिर्गत ।
वाल्मीकि आश्रमे पशि यथा सत्य प्रकाशह ॥

वाल्मीकि वचन

यथा आज्ञा हवे एतद् कहि वीर बहिर्गत ।
सीतापार्श्वे अनन्तरे रामानुज उपस्थित ॥
हेरिया सहसा प्राते रामानुजे तथास्थले ।
कहिला अति कौतुके जानकी लक्ष्मणप्रति ॥

सीता वचन

एसो हे देवरोत्तम प्रत्युषे किं प्रयोजन ।
गम्भीरास्य किं कारणे उर्मिला द्वन्द्व निश्चय ॥

वाल्मीकि वचन

यद् श्रुत जानकी वाक्य करि क्षोभ विदूरित ।
आनि आकर्षिया हास्य कहे वाक्य तथास्थले ॥

लक्ष्मण वचन

उर्मिला द्वन्द्व ना देवी वार्ता दाने समागत ।
राघव कृत यद् आज्ञा कहि एतद् शुन स्थिरे ॥

गर्भवती यथा तुमि निर्मल वायु सेवने ।
पवित्राश्रम दर्शने यदि इच्छा मनोमत ॥
मम सह रथारूढ़ भ्रमण करिवे चल ।
राजकार्ये व्यतिव्यस्त रामचन्द्रे असम्भव ॥
नाहि वाक्य प्रकाशह चल त्वरित सुगोपने ।
वधू सर्व यदि ज्ञात हवे क्रमे सुसज्जित ॥

सीता वचन

निश्चय भ्रमिते वने मम इच्छा निरन्तर ।
एकाकी कहि केवल वने भ्रमि नहे सुख ॥

लक्ष्मण वचन

राम इच्छा नहे कभु बहु जन समावृत ।
अरण्ये चल एकाकी करि सर्वे सुगोपन ॥

सीता वचन

तार इच्छा नहे यदि चले तवे सुगोपने ।
लभिव केमने कह दर्शन गमन क्षणे ॥

लक्ष्मण वचन

नहे एतद् प्रयोजन यथादेश प्रदानित ।
प्रस्तुत गमने रथ हओ त्वरित बहिर्गत ॥

सीता वचन

दर्शन विहने शुन नाहि जाव वने कभु ।
यद्यपि गमने इच्छा आह्वान कर अन्दरे ॥

वाल्मीकि वचन

एतद् वाक्य यथा श्रुत चिन्तित चित्त लक्ष्मण ।
क्षणान्तरे सभाकक्षे राम-कर्णे निवेदिल ॥
शुनि राम त्वरित गति गृहान्दरे उपस्थित ।
जानकी कहिते रत प्रणमि चरणद्वये ॥

सीता वचन

इच्छा किं भ्रमिते वने वन दृश्य मनोहर ।
यदि इच्छा प्रकाशह चलिव सह लक्ष्मण ॥

श्रीराम वचन

यदि इच्छा मनोद्गत किंवा विघ्न तथास्थले ।
भ्रमिते सह लक्ष्मण हवे हर्ष सुनिश्चय ॥

वाल्मीकि वचन

राम वाक्य यथा श्रुता सीता हर्षे प्रतिष्ठिता ।
तद् परे पुष्पकारूढ़ हल दोंहे बहिर्गत ॥

सुमंत्र सारथी रथे महावेगे चले रथ ।
बहु तीर्थ निरीक्षिया गोमती सैकतागत ॥
आस्थित गोमती तटे वाल्मीकि पुण्य आश्रमे ।
अवतीर्ण तथा उभे रथ त्यजि अत:परे ॥
रथ त्यजि पदव्रजे कियत् दूर समागमे ।
वाल्मीकि गृह सौन्दर्य यवे चक्षे प्रकाशित ॥
चन्दनसह गर्जने गंधवायु सुशीतले ।
कर्पूर केतकी गंधे परिपूर्ण चतुर्दिक ॥
गंधे दृश्ये मनोहर कविगृह तप:वन ।
रामानुज निवेदिल एतद् वाक्य तथास्थले ॥

लक्ष्मण वचन

हेर वन मनोहर वाल्मीकि कवि आश्रम ।
प्रासाद त्यजिया देवी एतद् वासे हरे मन: ॥

सीता वचन

एतद् सत्य असंशये मतेक मम लक्ष्मण ।
एतद् दृश्य मनोहर विरल जगते शुन ॥
प्रासाद त्यजिया सत्य एतद् वासे हरे मन: ।
रहिव केमने कह यदि इच्छा मनोदित ॥

लक्ष्मण वचन

राघव कृत निर्देश वनवास तवप्रति ।
भ्रमणे छल केवल राजपुरी बहिष्कृते ॥
मिथ्याचारे क्षम: देवी प्रजाकुले विनिन्दिता ।
अज्ञात रावणालये किंवाचार तवप्रति ॥
तद् श्रुत क्षुब्ध राघव वनवास प्रदानिल ।
सेवक मात्र लक्ष्मण किं कहिवे तथास्थले ॥
यथा आज्ञा ममप्रति कृत कार्य तद्क्रमे ।
क्षमिओ योग्य यद्यपि अपराधी यथा स्वयं ॥

वाल्मीकि वचन

एतद् वाक्य निवेदिया रामानुज शिरानत ।
वज्राहत यथा स्तब्ध सीतादेवी रहे स्थिर ॥
एतद् दृश्य निरीक्षिया लक्ष्मण अति कातर ।
दृढ़े चित्त सुसंयमे धीरे सीता परित्यजे ॥
परिहरि गहने ममाश्रमे जनक सुताचल यद् अचंचला ।
मरु सम वहने विशुष्कता कृत गति लक्ष्मण धीरे मंथरे ॥

- इति श्रीमद्देवायण ब्रह्मकल्पे तृतीय खण्डे राम मण्डलान्तर्गत: रामायण वर्गे उत्तर काण्डे सीता वनवास वार्ता कथन नाम: चतुर्दश सर्ग ।

— ✯ —

॥ पंचदश सर्ग ॥

वाल्मीकि वचन

सीतादेवी परित्यजि यवे वीर रथारूढ़ ।
निश्चल जानकी तथा पूर्व सम अवस्थित ॥
लक्ष्मण पुष्पकारूढ़ रामकार्य समापने ।
यंत्रतुल्य चले वीर चिन्ता बुद्धि विसर्जने ॥
चिन्ता बुद्धि विवर्जने प्रेम भक्ति विदूरित ।
कर्त्तव्य कर्म निष्ठाते अचंचल सदा स्थिर ॥
पशिल श्रवणे यवे पुष्पक रथ गर्जन ।
त्वरित स्वयं बहिर्गत रामागम मने स्मरि ॥
गृह त्यजि बहिर्गमे हेरि राम नभःस्थले ।
अयोध्याप्रति धावित हेतु मम अजानित ॥
तदन्तरे पुरोभागे मम दृष्टि निपातित ।
हेरिनु रमणी मूर्त्ति अदूरारण्य आश्रये ॥
चमकित हृदिस्थले सीता मूर्त्ति निरीक्षिया ।
अग्रसरि चलि त्वरा हेरि सीता पुनः पुनः ॥
मार्जना करिया चक्षु हेरि स्वयं पुनः पुनः ।
यथा दृश्य असम्भव जाग्रते स्वप्न वा किसे ॥
एतद् रूपे क्षणान्तरे स्वयं मने विचारिया ।
सिद्धांत करि जानकी राम कृत विसर्जिता ॥
चेतने करि सन्देह आह्वानिनु पुनः पुनः ।
वज्राहत अचेतन रहे सीता तथामत ॥
भेषजानीत तद् परे कर द्वये विमर्दने ।
दानि घ्राण क्रमे क्रमे सीता प्राणे सचेतन ॥
चेतन जानकी यवे आर्तनाद परायणा ।
आर्तनादे तथास्थले भूमितले विलुंठिता ॥
क्षणान्तरे सचेतन जानकी आह्वानि स्वयं ।
एतद् क्षेत्र परित्यजि चल मम गृहे त्वरा ॥
हे राज्ञी दुःखित स्वयं दर्शने तव दुर्दशा ।
राम कृत अमानने पीड़ित ऋषि वाल्मीकि ॥
एतद् वाक्ये समुत्थिता मम पदे शिरानता ।
कहिला मृदु भाषणे देह पिता कृपाश्रय ॥
प्रत्युत्तरे कहि स्वयं आश्रय किं प्रदानिव ।
चल कृपाभरे गृहे धन्य स्वयं पदार्पणे ॥
दानिते तव सम्मान किंवा साध्य ममप्रति ।
दरिद्र कवि निश्चय राज्ञी मान्य प्रदर्शने ॥
तवुह रह यद्यपि कृपाभरे ममप्रति ।
कविप्रतिं यथा स्नेहे अभावे जननी सम ॥
एतद् सर्व परिज्ञात पूर्व हते ममप्रति ।
चल हे जननी गृहे प्रजा कृत अमानिता ॥
तद् परे करुणाभरे मम गृहे अवस्थिता ।
आश्रम परिचालने नित्य कार्ये प्रतिष्ठिता ॥
रामराज्य अयोध्याते पूर्वमत चले शुन ।
प्रत्यागत यवे शुन रामानुज गृहे पुनः ॥

राजगृहे विपर्यय हल क्रमे दिने दिने ।
भरत शुनि कुपित गेल राज्य परित्यजि ॥
शत्रुघ्न क्षुब्ध अन्तरे रहे मात्र तथास्थले ।
राजमाता विषादित हेरि राज्ये परिस्थिति ॥
बहिर्देशे चले राज्य पूर्वमत यथा गति ।
सर्व जने परित्यजि एका राम अवस्थित ॥
इथे क्रमे परिव्याप्त सीता निन्दा चतुर्दिके ।
यद् स्थित गोपने वाक्य एवे सर्व प्रकाशित ॥
राम नित्य प्रशंसित सीता राज्ये विनिन्दिता ।
वर्षेक रावणालये दोष-दुष्ट प्रमाणित ॥
श्रीराम कृत वर्जने प्रकाश्ये कहिछे सबे ।
राम कार्य निरीक्षिया भीत स्वयं शनैश्चरे ॥
अधर्म कार्य वर्धिते नहे क्षम तथास्थले ।
यद् चिन्ता सूर्यनन्दने विपरीत घटे इथे ॥
राघव शासने शनि गति स्तब्ध अतःपरे ।
स्वर्ग राज्य प्रतिष्ठित वर्धे शान्ति प्रजाकुले ॥
एक मात्र यथा रंध्र राम कृत निवारित ।
रंध्र अन्वेशणे शनि व्यर्थ चित्त पराजित ॥
राज्ये शान्ति प्रतिष्ठिते धर्म कार्य तथामत ।
त्यजि पत्नी स्व-बांधव एका राम अवस्थित ॥
सर्व बंधु विषादित तवु राम अचंचल ।
निर्दोष ज्ञात राघव दृढ़ कार्ये तथापिह ॥
व्यक्ति स्वार्थ परित्यजि विश्व प्राणे प्रतिष्ठित ।
वैदेही करि वर्जन लोक चित्त करे जय ॥
जानकी त्यजिल रामे विस्मित सकले शुन ।
राघव कार्यते मुग्ध भक्ति श्रद्धा परायण ॥
सीताप्रति यदि त्रुटि राघव अति धार्मिक ।
प्रिया-प्रेमे कदाचन नहे धर्म विसर्जित ॥
प्रियात्यजि सुरक्षित लोकधर्म तथास्थले ।
ए हेतु राम वन्दित सर्व अग्रे गृहे गृहे ॥
सत्य धर्म सुरक्षिते स्वार्थ सुख विसर्जने ।
स्वर्गराज्य प्रवर्धित धर्मद्वेषी पराजित ॥
सर्वज्ञ ऋषि वारुणि राम कार्य निरीक्षिया ।
प्रशंसिया कहे प्राज्ञ प्रजा धर्म ऋत स्थित ॥
सीतादेवी परित्यजि रामचन्द्र प्रशंसित ।
यद्यपि क्षुब्ध बांधव दृढ़ राम तथापिह ॥
त्यजि रघुपति जानकी स्वयं नीति विरले स्थित शान्ति कारणे ।
अशुभ गति यतेक ताड़ने जनगण जीवन धर्म वर्धने ॥

- इति श्रीमद्देवायण ब्रह्मकल्पे तृतीय खण्डे राम मण्डलान्तर्गतः रामायण वर्गे उत्तर काण्डे श्रीराम कर्तृक अधर्म वारण वार्ता कथन नामः पंचदश सर्ग ।

— ☆ —

॥ षोडश सर्ग ॥

वाल्मीकि वचन

एस्थले शुन जानकी   मम गृहे प्रतिष्ठिता ।
हेरि गर्भवती कन्या   बहु दुःख ममान्तरे ॥
वशिष्ठ कार्यते मम   मनः क्षुब्ध निरन्तर ।
व्यक्ति स्वार्थ विसर्जने   महत् कीर्त्ति प्रतिष्ठिते ॥
प्रश्रय दानि सन्देहे   किंवा कीर्त्ति हवे तथा ।
वशिष्ठ नीति अज्ञेय   सर्व जन कहे सदा ॥
विश्वामित्र भरद्वाज   एतद् नीति समर्थने ।
वशिष्ठ सह संयोगे   रामचन्द्रे प्रशंसिल ॥
एकाकी केवल स्वयं   सीता दुःख निरीक्षिया ।
राघव सह संग्रामे   प्रस्तुति करि ए मनः ॥
आश्वास दानिया सीता   सुव्यवस्था हवे कहि ।
राघव कार्य निन्दाते   करि स्थिर अतःपरे ॥
प्रेरि स्वयं शतानन्दे   शिष्योत्तम यथा मम ।
जिज्ञासि राघवप्रति   हे राम सर्व सुन्दर ॥
तव कार्ये नहे तुष्ट   निश्चय कवि वाल्मीकि ।
अंतर्दृष्टि परित्यजि   बाह्य धर्म अनुष्ठिले ॥
निर्दोषी ज्ञात जानकी   तवु त्यक्ता किं कारणे ।
नीति-धर्म हल श्रेष्ठ   प्रेम धर्म परित्यजि ॥
उत्तरे प्राप्त संवाद   प्रेरित राघवे शुन ।
प्रजा-मने कु-सन्देह   राज्ये पाप प्रवर्धित ॥
हे कवीश क्षमः स्वयं   नाना पन्था ममप्रति ।
चिन्तिया सर्व कल्याण   करि सीता विसर्जन ॥
निर्दोषी ज्ञात मैथिली   ममान्तरे महाकवि ।
यथा सत्य हवे व्यक्त   दिवसेक सुनिश्चय ॥
एतद् वार्ता ममप्रति   राम कृत निवेदित ।
रहि स्थिर अतःपरे   यथाकाल निरूपणे ॥
एस्थले शुन तद् परे   मास त्रय गत क्रमे ।
सीता गर्भ विमोचित   सुजात नन्दन द्वय ॥
रामतुल्य यथा चक्षु   बाहु पाणि तथामत ।
सम्पूर्ण राघवाकृति   शिशु राम समीक्षित ॥
हेरिया नन्दनद्वय   किञ्चित् मम मनः स्थिर ।
करिते योग्य राघवे   राम हस्ते प्रदानिते ॥
करि स्थिर स्वयं मने   सीता निन्दा विदूरणे ।
यद्यपि नन्दनद्वय   अयोध्याते प्रतिष्ठित ॥
ज्ञात ध्याने अतःपरे   आगत इन्द्रनन्दन ।
स्वर्गधाम परित्यजि   ऐन्द्र लव वृषाकपि ॥
वृषाकपि कुशाख्यात   कुश नाम प्रदानिनु ।
अन्ये आख्या यथा लव   दानि नाम तथामत ॥
वैदेही श्रवणे तुष्ट   ऐन्द्रगण यथागत ।
पुत्र रूपे महीतले   रामचन्द्र समाकृति ॥
राम कार्ये यथा चिन्ता   एतद् सर्व परित्यजि ।
पालन करिते पुत्र   मम शक्ति नियोजित ॥

राघवे करि गोपन   पुत्र जन्म गृहे मम ।
राघवतुल्य शिक्षाते   करि यत्न अत:परे ॥
पुत्रद्वय कहे सदा   सीता वाक्ये पितामह ।
जानकी तनयातुल्य   मम कृत सुपालिता ॥
सीताप्रति अत:परे   कार्यभार प्रदानिया ।
यद् चरित्र महत् स्मृति   श्लोकाबद्ध करि स्वयं ॥
रामायण महाकाव्य   द्वादश वर्षावधि ।
एतद् क्षान्त अत:परे   शिक्षाकाल अतिक्रमे ॥
तद्दर्शने यथा त्वरित   पुत्रद्वये परिग्रहि ।
करि शिक्षा समारम्भ   ज्ञान दाने यथाविधि ॥
उत्तर काण्ड यद् क्षेत्रे   सीता समागमाश्रमे ।
असमाप्त रहे काव्य   पुत्रद्वय मने स्मरि ॥
काव्य चर्चा परित्यजि   पुत्रद्वय परिग्रहि ।
शास्त्र विद्या प्रदानिते   करि यत्न अत:परे ॥
षोडश वर्ष यद्काले   एतद् रूपे अतिक्रमे ।
बहु विद्या उपार्जित   मेधावी राम नन्दने ॥
पुराण वेद वेदान्त   न्यायशास्त्र तथामत ।
लव कुश हल क्रमे   शास्त्र विद्या विशारद ॥
तद् परे भार्गवाह्वानि   कहि शस्त्र प्रदानिते ।
भार्गव अति सन्तुष्ट   दाने शस्त्र अत:परे ॥
रामतुल्य बली एके   ताहे शस्त्र प्रदानिते ।
युगल धनु धारणे   कम्पमान मही यथा ॥
भृगुरामे महातुष्ट   बल वीर्य निरीक्षिया ।
दिवसेक कहे भृगु   पितृतुल्य महाबली ॥
पितृ नाम यथा श्रुत   जिज्ञासे भार्गवे उभे ।
पितृ नाम किंवा कह   परिचय प्रदानह ॥

भृगु वचन

जिज्ञासह कवीश्वरे   सर्व ज्ञात यथा जन ।
वाल्मीकि वाक्यते सर्व   हवे शुन परिष्कृत ॥

वाल्मीकि वचन

एतद् वाक्य यथा श्रुत   शस्त्र विद्या समापिया ।
मम पार्श्वे समागमे   कहे वाक्य शिरानते ॥
अविकल धृत रूप राघवे   युगल सुतद्वय वीर्य तेजसे ।
धृत धनु दृढ़मुष्टि येक्षणे   क्षुभित मही पद पीड्य राम वत् ॥

- इति श्रीमद्देवायण ब्रह्मकल्पे तृतीय खण्डे राम मण्डलान्तर्गत: रामायण वर्गे उत्तर काण्डे लव कुशे जन्म ओ शिक्षादि वार्ता कथन नाम: षोडश सर्ग ।

— ☆ —

॥ सप्तदश सर्ग ॥

वाल्मीकि वचन

पुत्रद्वये निरीक्षिया   कहि स्नेहे शुभाशिषे ।
शास्त्र विद्या समापित   अधीत किं यथायथ ॥

लव वचन

अधीत हे पितामह शस्त्र विद्या यथायथ ।
भृगु ज्ञान यथाविधि हल अद्य समापित ॥
मम विद्या समापने करिते शस्त्र कौशल ।
टंकारिनु धनुर्गुण ऋषिवर चमत्कृत ॥
अकस्मात कहे मुनि पितृतुल्य महाबली ।
पितृ नाम यवे श्रुत जिज्ञासि मुनि पुंगवे ॥
पितृ नाम किंवा कह परिचय प्रदानह ।
उत्तरिल महात्मन जिज्ञासह कविप्रति ॥
कह अद्य पितामह पितृ नाम यथायथ ।
कोन कुले समुद्भव केवा पिता महाबली ॥

वाल्मीकि वचन

चिन्तित अन्तरे स्वयं शुनि प्रश्न तथास्थले ।
एवे पुत्र वयोःप्राप्त किं कर्त्तव्य अतःपरे ॥
हेरिया मौन भाषणे जिज्ञासिल तथा कुश ।
कहिते किं तथा विघ्न अवस्थित पितामह ॥
उत्तरिनु कुशप्रति वर्त्तमाने रह स्थिर ।
किञ्चित् विघ्न अवस्थित कुल स्मृति प्रकाशिते ॥
क्षत्रकुले महावंशे जन्म तव सुनिश्चय ।
विप्रकुले नहे जन्म नह द्विज कदाचन ॥
क्षत्रकुले समुद्भवे क्षत्रोत्तम पिता तव ।
नरःकुले नरोत्तम बली श्रेष्ठ महाबली ॥
दिग्विजयी पिता तव अरिन्दम धनुर्धर ।
यद् धनुर्गुण टंकारे कम्पमान चराचर ॥
क्षत्रकुले यथा जन्म शस्त्र विद्या प्रदानिते ।
भर्ग हस्ते समर्पणे करि यत्न यथा स्वयं ॥
भृगु तव पितातुल्य धनुर्विद्या विशारद ।
तव भविष्यत स्मरि भृगु हस्ते प्रदानिनु ॥

लव वचन

कहिते पितृ सन्धान यदि विघ्न पितामह ।
कह किञ्चित् महत् कीर्त्ति बल वीर्ये यथा स्मृति ॥

वाल्मीकि वचन

एतद् प्रश्न पुनः पुनः ममप्रति यवे शुन ।
आह्वान करि जानकी पुत्र प्रश्न प्रकाशिनु ॥

जानकी वचन

शुन वत्स नहे अद्य कर्मव्यस्त पितामह ।
हवे श्रुत यथाकाले चल अद्य गृहान्दरे ॥

वाल्मीकि वचन

शुनि दोंहे विषादित माता सह चले क्रमे ।
आह्वान करिया पुनः कहि वाक्य अतःपरे ॥

शुन लव कुश द्वय　　कहि वाक्य यथा स्मृति ।
गोपने किं हवे स्मरि　　कहि सर्व प्रकाशिया ॥
रामचन्द्र समाख्यात　　परिचये पिता तव ।
सूर्यवंश समुद्भव　　बली श्रेष्ठ महाबली ॥
त्रैलोक्येश्वर रावणे　　करे युद्धे पराजित ।
एतद् हेतु जगत्पति　　रामचन्द्रे मने स्मर ॥
प्रजा द्वन्द्वे नराधिप　　तव माता परित्यजे ।
जानकी जननी तव　　राम प्रिया मने स्मर ॥
अयोध्या नगरे स्थित　　रामचन्द्र पिता तव ।
रामायण महाकाव्ये　　सर्व तथ्य प्रकाशित ॥
यद्यपि जानिते इच्छा　　पितृ कीर्त्ति अतःपरे ।
मम पुंथि अनुध्याने　　हवे ज्ञान यथायथ ॥

लव वचन

किं कारणे परित्यजे　　मम माता पिता मम ।
कह सर्व पितामह　　प्रत्यक्ष घटनावली ॥
राज्येश्वर पिता यदि　　किं हेतु जननी दुःखी ।
परित्यक्त किं कारणे　　पुत्र मोरा वनस्थले ॥

वाल्मीकि वचन

उत्तर काण्ड दर्शह　　रामायण यथा पुंथि ।
हेरिवे तुमि तद् क्षेत्रे　　यथा प्रश्न मनोदित ॥
ए वाक्य श्रवणे उभे　　चलिल पुंथि दर्शने ।
उत्तर काण्ड मोचने　　साग्रहे पठने रत ॥
राजसभा यथामत　　अयोध्याते समागमे ।
रामचन्द्र सभासीन　　सिंहासने स-जानकी ॥
रत्न माल्य प्रदानिला　　यवे सीता हनुप्रति ।
चर्विल दशने हनु　　एतद् माल्य सभास्थले ॥
उभे हास्य परायण　　कहिल जननीप्रति ।
रत्न माल्य प्रदानिले　　हनुप्रति किं कारणे ॥

लव वचन

हनु केवा तथास्थले　　किं कारणे समागत ।
रत्न माल्य पुरस्कार　　दिले माता किं कारणे ॥

वाल्मीकि वचन

किष्किंध्या काण्ड पाठे यद्　　परिचय हवे हनु ।
यथा पाठे समुद्यत　　कर अग्रे समापित ॥
पुत्र प्रश्ने तथा सीता　　अश्रुवारि समन्विता ।
कभु हर्षे समुज्ज्वला　　कहे लव कुश प्रति ॥

लव वचन

उठिल ऋषि लक्ष्मण　　हनुकार्य निरीक्षिया ।
टंकारिया धनुर्गुण　　उद्यत वधिते यवे ॥
राज्ञी दान अमानने　　सर्वे कोप समायुत ।
रामचन्द्रे निवारिल　　हनुमाने सभास्थले ॥

हनु वक्ष विदारिल राम सीता हृदिस्थले ।
शुन तथ्य तथा कुश किं आश्चर्य अतःपरे ॥
भक्तश्रेष्ठ महावीर कहे सर्वे सभातले ।
भोज्य वर्ग अतःपरे मारुति अन्न भोजने ॥
देखह जननी मम अन्न दाने पराजित ।
लव वाक्ये कवि स्मित सीता हास्य परायण ॥
कहे कुश निरीक्षह शुनि माता स्मिताधरा ।
तद् परे राज्य वर्णना शान्तिपूर्ण मनोहर ॥
राम राज्य जगन्मध्ये स्वर्ग राज्य यथा गणि ।
समाप्त राज्य वर्णना दूत संवाद तद् परे ॥
एवे सीता शिरानता गम्भीरास्य महाकवि ।
प्रवेशिल यवे दूत राम पार्श्वे सुगोपने ॥
कहे वाक्ये शिरानते क्षमः दौत्ये जगत्पति ।
प्रजावृन्दे असन्तोष सन्देहपूर्ण मानस ॥
वर्षेक रावणालये लोक चक्षु अदर्शने ।
चरित्रे जानकी किंवा परिज्ञात नहे कभु ॥
चरित्रे दुष्ट यद्यपि राज्ञी राज्ये अवस्थिता ।
तथा शान्ति नहे स्थायी एतद् सत्य सुनिश्चय ॥

वाल्मीकि वचन

क्रोधयुक्त तथा आस्ये लव कुश भयंकर ।
क्रोधकाल नहे एतद् कहि लव रह स्थिर ॥
एतद् हेतु सुगोपन नाहि वाक्य प्रकाशित ।
षोडश वर्ष प्राप्त कर कार्य विचारिया ॥
मम वाक्ये चमत्कृत संयमित करे मनः ।
पुनश्च पठने रत शान्त मने तथा लव ॥

लव वचन

एतद् वाक्य यथा श्रुत स्तब्ध राम तथास्थले ।
चिन्तान्वित बहुक्षण कम्पे दूत कलेवरे ॥
क्षणेके राम सम्वरि कहे वाक्य चरप्रति ।
जाह दूत यथा कार्ये तद् व्यवस्था हवे शुन ॥
विदाय करिया दूते चिन्तित चित्त राघव ।
प्रजा मने असन्तोष किंवा कार्य अतःपरे ॥
आह्वान करि लक्ष्मणे इत्यादेश प्रदानिल ।
वनवास प्रदानह पुनश्च जानकीप्रति ॥
निर्विचारे यथा आज्ञा कर कार्य तथामत ।
जिज्ञासे राघवानुज कोथा क्षेत्र निरूपित ॥
एकाकी रमणी सीता किंरूपे रहिवे वने ।
गर्भवती यथा देवी सूर्यकुल भविष्यत ॥
उत्तरिल तथा राम वाल्मीकि कवि आश्रमे ।
जाह वीर रथारूढ़ तथा सीता सुरक्षह ॥
सीतासह यथा वार्ता रुद्धश्वासे पड़े लव ।
अति त्वरित अतिक्रमे श्लोके श्लोके मधुस्वरे ॥

कहिते किं स्वयं कवि   शुनि मुग्ध तथास्थले ।
सीतादेवी तथामत   रुद्धश्वासे अवस्थिता ॥
पुष्पकारूढ़ लक्ष्मण   सीतासह बहिर्गत ।
नाना तीर्थ परिभ्रमि   वाल्मीकि आश्रमागत ॥
सेथा छले परित्यजि   रामानुज रथारूढ़ ।
एतद् क्षेत्रे समापित   नाहि श्लोक अत:परे ॥

वाल्मीकि वचन

जिज्ञासिल अत:परे   लव कुश ममप्रति ।
समाप्त करिवे कवे   तव काव्य महाकवि ॥
उत्तरिनु तथास्थले   राम इच्छा यवे शुन ।
हवे काव्य समापित   एतद् रूप विचारित ॥

लव वचन

राम इच्छा किंवा शुभ   तव काव्ये तवप्रति ।
प्रजानुरंजने राम   सदा मत्त निरीक्षह ॥

वाल्मीकि वचन

भगवान स्वयं राम   एतद् रूपे विचारित ।
प्रणम्य जगते तिनि   विश्व ऊर्ध्वे प्रतिष्ठित ॥

लव वचन

भगवान स्वयं यदि   पिता मम महाकवि ।
भगवती तथा माता   सीतारूप सुनिश्चय ॥

वाल्मीकि वचन

इथे कह किं संशय   सीता लक्ष्मी स्वरूपिणी ।
रामचन्द्र स्वयं विष्णु   अवतीर्ण महीतले ॥

कुश वचन

माता यदि स्वयं लक्ष्मी   अर्चि शिक्षा प्रदानह ।
मातृ पूजा प्रतिष्ठिते   करि यत्न अत:परे ॥
यदिच भगवती महीतले   मम जननी कहिले पितामह ।
कह शुचि शुभ मातृ वन्दना   नमि जननी जन मान्य वर्धने ॥

- इति श्रीमद्देवायण ब्रह्मकल्पे तृतीय खण्डे राम मण्डलान्तर्गत: रामायण वर्गे उत्तर काण्डे लव कुश कर्तृक रामायण पाठ वार्ता नाम: सप्तदश सर्ग ।

— ✯ —

॥ अष्टादश सर्ग ॥

वाल्मीकि वचन

मातृ वाक्ये सुपालने   मातृ चित्त प्रसादिले ।
नित्य प्राते नमस्कारे   मातृ पूजा अनुष्ठित ॥

लव वचन

एतद् नित्य स्वभावतः पुत्रगणे अनुष्ठित ।
मम माता प्रतिष्ठिते यथा शिक्षा प्रदानह ॥
यथा माता विनिन्दिता प्रजाकुले पितामह ।
राजकार्ये यथास्थले अविचार प्रकाशित ॥
कु-सन्देह प्रजामध्ये वाक्ये रत सुगोपने ।
राजा एतद् सहायक मिथ्याचार प्रवर्धने ॥
मिथ्याचारे अविचारे माता निर्वासिता यथा ।
मिथ्या निन्दा यथास्थले काम्य एतद् निरामये ॥
कह किंवा अनुष्ठेय पुनः सत्ये प्रतिष्ठिते ।
पूर्व मान्य पुनर्लाभे मातृ हर्ष प्रवर्धने ॥

वाल्मीकि वचन

शुन वत्स महत् काम्य यथा प्राणे समुद्भवे ।
मातृ मान्य पुनर्लाभे कु-संशय विताड़ने ॥
कर यज्ञ अनुष्ठान वत्सरेक यथा विधि ।
संकल्पे राष्ट्र मंगल पुण्य बुद्धि प्रदीपने ॥
मंत्रे अग्नि प्रदीपने घृताहुति प्रदानिया ।
कु-प्रभाव हवे दूर राज्य हते यथा त्वरित ॥
यद् सन्देह प्रजाकुले अधर्मादि प्रभावित ।
तद् प्रभाव हवे दूर पुण्य यज्ञे दिने दिने ॥
सूर्यतेजे यथामत नष्ट मेघ नभःस्थले ।
हवे नष्ट तथामत पुण्य यज्ञे कु-संशय ॥
यज्ञ कार्ये हवे क्रमे पुण्य तेज बहिर्गत ।
यद् तजसे हवे नष्ट राष्ट्र मला दिने दिने ॥
राष्ट्र मला परिष्कृते पुण्य बुद्धि समुद्भवे ।
परिज्ञात हवे प्रजा राज्ञी चरित्र निष्कल ॥
शुद्धा राज्ञी यदि ज्ञात अंतर्मध्ये प्रजाकुल ।
राज अग्रे पुनः क्षोभे राज्ञी मान्य प्रदर्शिवे ॥
राज्ञी मान्य प्रजाकुले यदि दृष्ट नराधिपे ।
अत्रकाले लवे राम सीता मान्य प्रदानिया ॥
एतद् कार्य महत् अति सर्व लोक हितप्रद ।
सर्व पुण्य प्रकाशिवे राष्ट्र पाप अकल्मषे ॥
हे वत्स दृढ़ संकल्पे पुण्य कार्य अनुष्ठह ।
स्वयं शिक्षा प्रदानिव चल अग्रे तपोवने ॥
मम कृत यथा पूर्वे तपः यज्ञ अनुष्ठित ।
एतद् क्षेत्र मनोहर चल वत्स निरीक्षिवे ॥
कहि एतद् बहिर्गत पुत्र द्वय परिग्रहि ।
यथा क्षेत्रे करि ध्यान वर्ष चतुर्दश स्वयं ॥
रामचन्द्र यथाकाले वनवासे अवस्थित ।
तद् सर्व करि दर्शन अंतर्चक्षु विमोचने ॥
दिव्य चक्षु निरीक्षणे सर्व दृष्ट ममप्रति ।
रामचन्द्रे यथा कीर्त्ति महारण्ये दिने दिने ॥
सीता हरण रावणे सुग्रीव सख्य राघवे ।
लंका युद्ध यथा क्रमे सर्व साक्षात् समीक्षित ॥

दिव्य श्रुति बले तथा सर्व श्रुत ममप्रति ।
दूर वने यथा उक्त लंकाधामे तथामत ॥
तद् सिद्धक्षेत्र दर्शने लव कुश प्रहर्षित ।
तद् कुटिर प्रदर्शने सीता-पुत्रद्वये कहि ॥
हे वत्स गोमती तटे तपः क्षेत्र यथा मम ।
एतद् क्षेत्रे अवस्थाने पुण्य यज्ञ अनुष्ठह ॥
अन्नाहार परित्यजि फल मूल परिग्रहि ।
वत्सरेके कर स्थिति यज्ञे व्रती बलीद्वय ॥
सत्वरे गोमती तटे समिध् कर संग्रह ।
निम्ब बिल्व वटाश्वत्थ शुष्क शाखा परिग्रह ॥
नाहि बले परिग्रह ना कर वृक्ष छेदन ।
हस्त स्पर्शे स्वभावतः यथा वृक्ष प्रदानिवे ॥
एतद् सर्व सचेतन पुण्य वृक्ष मने स्मर ।
यज्ञ कामी निरीक्षिले स्वयं शाखा प्रदानिवे ॥
वेदना दानिले वृक्षे यज्ञ पूर्ण नहे कभु ।
अपिच दानिले हृष्टे यज्ञ पूर्ण हवे तव ॥
वृक्षावली सचेतन स्थिर स्तब्ध अचंचल ।
तद् हेतु कार्य एरूपे नित्य वत्स अनुष्ठह ॥
शुष्क शाखा निरीक्षणे एतद् अग्रे उपस्थिते ।
कह वाक्य यथा मान्ये शाखा स्पर्शि मृदुस्वरे ॥
हे वृक्ष यज्ञ वर्धक नित्य ध्यान परायण ।
मत् संकल्पे सहायक हओ शाखा प्रदानिया ॥
तव शाखा प्रदानिया मम यज्ञ प्रवर्धह ।
यज्ञ धूम्र शुचि घ्राणे वर्धह आयु जीवने ॥
दुर्गन्धादि विनाशिया सुगंध दानि सर्वत ।
आयु वर्ध जने जने हे वृक्ष आयु वर्धक ॥
कहि एतद् नमस्कारे आकर्षह विमंथरे ।
बहु वृक्ष परिभ्रमि समिध् कर संग्रह ॥
मम वाक्य यथा श्रुत हर्षयुक्त चले उभे ।
यद् शीघ्र गोमती स्नाने वनमध्ये प्रवेशिल ॥
प्रहरेक अतःपरे बहु काष्ठ परिग्रहि ।
फल मूल समन्वित मम अग्रे उपस्थित ॥
यथा क्षेत्रे सुरक्षणे फल काष्ठ पृथक् पृथक् ।
प्रस्तुति करिते काष्ठ कहि स्वयं अतःपरे ॥
प्रस्तुति करि सत्वरे यथा क्षेत्रे सुसज्जित ।
यथा घृत समानीत मदाश्रमे यथा स्थित ॥
कहि मंत्र यथा विधि यज्ञ काष्ठ प्रदीपने ।
यज्ञे व्रती यथा द्वय मंत्र दीक्षा प्रदानिनु ॥
यद् प्रकारे घृताहुति वेद मंत्र विमन्द्रणे ।
कहि सर्व यथा विधि वत्सरेक अनुष्ठिते ॥
कहि नित्य अनिर्वाणे एतद् यज्ञ अनुष्ठह ।
आहुति दानिवे एके कर अन्ये सुसंग्रह ॥
एक अवसर क्रमे अन्ये भोज्य परिग्रह ।
निद्रा जये रह स्थिर दुष्ट रिपु निपीड़ने ॥
समागम क्षणे क्षणे हवे यज्ञ निरीक्षिते ।
प्रभाते प्रेरिव स्वयं नित्य घृत प्रयोजने ॥

मम वाक्य यथा श्रुत घृताहुति प्रदानिया ।
आरम्भिल महायज्ञ वेद मंत्र विमंद्रणे ॥
लव कुश कृत यज्ञ दीपने अतिशय तेजस धूम्र निर्गमे ।
परिवृत नभः वायुमण्डले शुचितम गंध पवित्र कारणे ॥

- इति श्रीमद्देवायण ब्रह्मकल्पे तृतीय खण्डे राम मण्डलान्तर्गतः रामायण वर्गे उत्तर काण्डे लव कुश कर्तृक यज्ञारम्भ करण वार्ता कथन नामः अष्टादश सर्ग ।

— ✯ —

॥ ऊनविंश सर्ग ॥

वाल्मीकि वचन

एके दाने घृताहुति अन्ये समिध् संग्रहे ।
प्रहरेकान्तरे यज्ञ करे क्रमे परस्परे ॥
रामायण करे पाठ एतद् सह यथा क्रमे ।
राम कीर्त्ति यथा पाठ युद्ध स्पृहा दिने दिने ॥
राक्षस वधिते इच्छा यथान्तरे क्रमोद्भवे ।
राम हस्ते समापित स्मरि सर्व निशाचर ॥
इथे क्षुन्नमना उभे करे यज्ञ यथा क्रमे ।
अनिर्वाण चले यज्ञ नहे एतद् निवारण ॥
यज्ञकाष्ठ सुसंग्रहे भ्रमे नित्य वने वने ।
कुटिरे रजनीकाले रामायणे समाहित ॥
यज्ञकार्ये दिने दिने सर्व क्षोभ विदूरित ।
प्रसन्न हेरि सर्वदा तेजस्मान कलेवर ॥
नित्य स्वयं उपस्थिते करि उभे निरीक्षण ।
यथा योग्य सुनिर्देशे उत्साहित करि क्रमे ॥
यज्ञे नित्य यथोत्साह हेरि स्वयं प्रहर्षित ।
एतद् रूपे अतिक्रमे मास षष्ठ तथास्थले ॥
एतद् स्थले शनैश्चर राम कार्ये पराजित ।
चिन्तायुक्त परिभ्रमे रंध्र संधानिया क्रमे ॥
कलिसह परामर्शे कार्य स्थिर अतःपरे ।
लवणाख्य यथा दैत्य सिंधु तट निवासिन ॥
बलीकुल समुद्भव धर्मद्वेषे प्रभावित ।
दैत्यराज महाक्रुद्ध हेरि धर्म प्रवर्धित ॥
किंतु साक्षात् करे द्वन्द्व नाहि पथ तथास्थले ।
रामचन्द्रे यथा निन्दा करे नित्य प्रचारित ॥
लोक सर्व प्रभावित रामचन्द्रे निरीक्षिया ।
कृत दैत्य प्रचारिते राम निन्दा चतुर्दिके ॥
अपरे गुहकद्वेषी प्रभावे कलि शम्बुके ।
ऋषिद्वेष प्रचारिते वेद व्याख्या करि क्रमे ॥
राम निन्दा यथा श्रुत दूत त्वरित समागमे ।
यथा राम सभातले पात्र मित्र समन्वित ॥
राज्ये शान्ति प्रतिष्ठिया अधर्मादि विताड़ने ।
सर्व पुण्य विधारणे ऋषिकुल समावृत ॥

दूत नित्य यथा गमे कहे वार्ता शिरानते ।
राम प्रश्न यथाक्रमे रत दूत निवेदिते ॥
हे प्रभु शुन संवाद लवण नाम दानव ।
दुष्ट कार्ये प्रवर्धित बलिकुल समुद्भव ॥
सिंधुतटे करे स्थिति तवद्वेषी महाबली ।
राम निन्दा करे नित्य दुष्ट कार्ये समायुत ॥
रावण विजयी रामे किंवा वीर्य तथास्थले ।
छले मात्र विनाशिल सह दुष्ट विभीषण ॥
भ्रातृद्रोही कुलांगार राज्यलोभी विभीषण ।
रामचन्द्र यथा दुष्ट तथा दुष्ट सखा निज ॥
दुष्ट दुष्टे करे सख्य एतद् रीति स्वभावत: ।
तद् दुष्टता प्रमाणित वनवासे स्त्रीयप्रति ॥
यदि ज्ञात निज स्त्रीय रक्ष:राजे अ-धर्षिता ।
तवे केन प्रजावाक्ये वनवास प्रदानिल ॥
विज्ञात यदि धर्षिता रामचन्द्र निज स्त्रीय ।
किं कारणे स्वयं तेज एतद् गर्भे प्रदानिल ॥
इथे सत्य प्रमाणित दुश्चरित्र यथा स्वयं ।
दुश्चरित्रा तथा स्त्रीय धृत सत्य प्रजाकुले ॥
प्रजाभये यथा त्वरित दुश्चरित्रा परित्यजि ।
स्वयं धर्म परायण करे सर्वे प्रचारित ॥
यद्यपिह छलान्विते मोहे सर्वे शिरानत ।
मम कृत उपेक्षित रामचन्द्र सुनिश्चय ॥
यद्यपि राघवे वीर्य हेरि स्वयं रणस्थले ।
एतद् नित्य कहे वाक्य राज्यमय चतुर्दिके ॥
एरूप कहिते दूत रामचन्द्र स्मिताधर ।
वशिष्ठास्य सगम्भीर महावीर प्रकुपित ॥
लक्ष्मण क्षुब्ध अन्तरे दूत नम्रे बहिर्गत ।
हेरि दूत विनिष्क्रांत वशिष्ठ कहिते रत ॥

वशिष्ठ वचन

हे राघव महाबली अश्वमेध अनुष्ठिया ।
राज्ये शत्रु प्रवर्धित कर त्वरित वशीभूत ॥

वाल्मीकि वचन

एतद् आज्ञा यथा प्राप्त रामचन्द्र महाबली ।
अश्वमेध अनुष्ठिते जिज्ञासिल गुरुप्रति ॥

श्रीराम वचन

अश्वमेध अनुष्ठान किं प्रकार इहा कह ।
करि कार्य तथामत यथा आज्ञा ममप्रति ॥

वशिष्ठ वचन

अश्वमेध महायज्ञ राजकार्य इहा शुन ।
राजा बिना नहे शक्य अश्वमेध अनुष्ठिते ॥
तव वंशे पुरास्मृति रघु नामे महाबली ।
त्रैलोक्य करिया जय एतद् यज्ञ करे शुन ॥

करि सर्व वशीभूत द्वेषीकुल विनाशिया ।
रघु यज्ञ अनुष्ठिल कर राम तथामत ॥
यज्ञ अश्व महाबाहु उक्त सर्व सुलक्षणा ।
जयपत्र हयः स्कंधे लेखने कर बंधन ॥
अश्वमेध महायज्ञे निर्मुक्त कृत राघवे ।
एतद् पुण्य तुरंगम नाहि स्पर्श कदाचन ॥
यदि केह तथा द्वेषी धरे मम तुरंगम ।
मम सैन्य महाबले हवे द्वेषी विमर्दित ॥
रामचन्द्र सह द्वन्द्वे सवंशे ध्वंस निश्चय ।
जगत् त्रय निरीक्षिल किं दुर्गति दशानने ॥
एतद् रूप फल स्मरि यज्ञ कर प्रदानह ।
कर-दाता निमन्त्रित अश्वमेधे सुनिश्चय ॥
एरूप करि लेखनी तुरंगे कर बंधन ।
अश्व रक्षी प्रदानह सैन्यसह महाबली ॥
पश्चाते रहिवे रक्षी जावे अग्रे हयोत्तम ।
स्वेच्छामत परिभ्रमि प्रत्यागत यवे हयः ॥
हवे यज्ञ तथाकाले कहि यज्ञ समुद्यम ।
एतद् जय अनुष्ठान कर अग्रे समापन ॥

वाल्मीकि वचन

इत्यादेश यथा लब्ध वशिष्ठ कृत राघव ।
अश्वमेध अनुष्ठिते त्वरित यत्न परायण ॥
लवण दैत्य केवल द्वेषी मात्र महीतले ।
एतद् शत्रु विनाशिते राम वाक्य सभातले ॥

श्रीराम वचन

लवणाख्य यथा दैत्य द्वेषी मात्र महीतले ।
एतद् दुष्ट विनाशिते के प्रस्तुत इहा कह ॥
अश्वमेधे तुरंगम हवे अद्य बहिर्गत ।
एतद् अश्व सुरक्षिते के इच्छुक इहा कह ॥

वाल्मीकि वचन

शत्रुघ्न उत्थित त्वरा कहे वाक्य शिरानते ।
यदि आज्ञा ममप्रति हव स्वयं बहिर्गत ॥

श्रीराम वचन

लवणे युद्ध भीषण एतद् वाक्य मने स्मर ।
धृत शेल भयंकर शक्तिशेल यथामत ॥
तपे तुष्ट महादेव एतद् शेल प्रदानिल ।
अव्यर्थ शूल निश्चय किं सन्देह इथे कह ॥
एकाघात हवे मात्र द्वितीय ना कदाचन ।
सहिते यदि सक्षम एकाघात तथास्थले ॥
हवे जय अतःपरे रह इथे किं संशय ।
लवणे वधिले शुन नाहि शत्रु महीतले ॥

शत्रुघ्न वचन

रावण विजयी तुमि रावणिजित लक्ष्मण ।
मम कीर्त्ति किंवा कह देह आज्ञा ममप्रति ॥

वाल्मीकि वचन

शत्रुघ्न वचने राम मृदुमंद स्मिताधर ।
कहे वाक्य समादरे शत्रुघ्नप्रति वीक्षणे ॥

श्रीराम वचन

यदि इच्छा मनोद्गत शत्रुजये महाबली ।
तुरंग रक्षिते जाह शस्त्रधारी रथारूढ़ ॥
लह सैन्य सुशिक्षित रथी दश सहस्त्रश: ।
लवणे करिते जय करि तोमा शुभाशिष ॥
हय: वर जयपत्र धारणे विधिमत सज्जित धाय सत्वरे ।
प्रहरण धृत निर्गत त्वरा बहुल बलावृत लक्ष्मणानुज ॥

- इति श्रीमद्देवायण ब्रह्मकल्पे तृतीय खण्डे राम मण्डलान्तर्गत: रामायण वर्गे उत्तर काण्डे श्रीराम कर्त्तृक अश्वमेध यज्ञोद्यम वार्ता कथन नाम: ऊनविंश सर्ग ।

— ☆ —

॥ विंश सर्ग ॥

वाल्मीकि वचन

तुरंग सह शत्रुघ्न स-सैन्ये पुर निर्गत ।
नाना शस्त्र विधारणे रथारूढ़ महाबली ॥
आयोजन यथा यज्ञे वशिष्ठ कहिते रत ।
एतद् काले पुन: दूत प्रविष्ट यद् शिरानत ॥

वशिष्ठ वचन

हे राम शुन तद् परे यज्ञे राज्ञी प्रयोजन ।
अश्वमेध बिना-राज्ञी सु-सम्पन्न नहे कभु ॥

वाल्मीकि वचन

चिन्तायुक्त तथा राम गुरु वाक्य यथा श्रुत ।
वनवासे रहे सीता यज्ञ कार्य किंवा पथे ॥
एतद्काले समीक्षित दूत अग्रे शिरानत ।
वार्ता दाने कहे राम दूतप्रति यथा त्वरित ॥
स-संकोचे कहे दूत सम्राटे हेरि चिन्तित ।
स्वीय त्रुटि विमोचने नमस्कारे पुन: पुन: ॥

दूत वचन

हे सम्राट पदे नमि स्व-तेजे जगदीश वत् ।
त्रैलोक्ये पूर्ण सर्वत्र जय यश यथा तव ॥
राम नाम जपे नित्य त्रैलोक्य स-चराचर ।
कहिते किं जपे नाम सतत शूद्र मण्डले ॥

गुहक मण्डलाधिपे यत सर्व प्रभावित ।
शुन प्रभु यथा दृष्ट तथा द्वेषी समुद्भवे ॥
गुहक कार्य विद्वेषी स्वयं प्राज्ञ प्रचारिया ।
वेद व्याख्या करे शुन ऋषिकुल विनिन्दिया ॥

श्रीराम वचन

कह के गुहकद्वेषी वेद वक्ता समुद्भवे ।
किं प्रकारे करे व्याख्या कह किञ्चित् प्रकाशिया ॥

दूत वचन

यद् दुष्ट गुहकद्वेषी शम्बुक शूद्र राजन ।
विकृत करिया वेद कहे व्याख्या यथा शुन ॥
शम्बुक कलि आश्रित वेद निन्दा परायण ।
कहे यज्ञ अनर्थक वाह्याचारे घृताहुति ॥
वेद वाक्य नहे सत्य जन्मात्र भ्रम कल्पित ।
ऋषिवृन्द कहे श्रेष्ठ स्व-प्राधान्य प्रचारित ॥
कतिपय दुरात्मन स्वाधिकार सुरक्षणे ।
पददम्भे कहे वाक्य वेद नित्य सनातन ॥
दुष्टगण तपोबले राजकुल प्रभाविया ।
राज बले प्रचारिया करे मिथ्या प्रतिष्ठित ॥
वेद वाक्य नहे सत्य मूढ़ता दृष्ट केवल ।
वेद यज्ञे किंवा फल अकारण घृताहुति ॥
घृत नष्ट अकारणे लोक भोज्य प्रवंचिया ।
मंत्र मात्र अनुस्वरे उपसर्ग विसर्गते ॥
अग्नि वारि मरुत् यम देव सर्व कहे ऋषि ।
महेन्द्र मेघ वाहन ताराकांत बृहस्पति ॥
चन्द्र सूर्य निरन्तर नित्य कार्ये प्रकाशित ।
ज्योतिश्चक्रे यथा गति ऋषि ध्यान तथास्थले ॥
अंधकार कहे द्वेषी यथा रात्रि स्वभावतः ।
यथा पृथिवी विघूर्णने छाया मात्र प्रकाशित ॥
चन्द्र सूर्ये निपातने पृथिवीछाया कच्चित् कच्चित् ।
कहे एतद् अमंगल मंत्र पाठे समायुत ॥
छायापथे यथा गति हिताहित किंवा कह ।
करे भाग्य निरूपण एतद् सह शुभाशुभ ॥
एतद् सत्य विमूढ़त्त्व कल्पित ज्ञान वर्जिते ।
अपौरुषे किंवा भाग्य स्व-कार्ये फल दर्शित ॥
प्रकृतिगत दुर्योगे दृष्ट किञ्चित् अविवेक्य ।
विपद्ग्रस्त क्षणे क्षणे तथा भाग्य किंवा कह ॥
कर्महीने किंवा लभ्य किं सम्पद उपार्जन ।
प्रकृति सर्व दायिनी मानवे नित्य संग्रह ॥
कर्महीने ललाट किं तथा दैव किंवा कह ।
आलस्ये यदि शायित केवा देव प्रदानिवे ॥
पान भोज्य तवानने मातृ वत् शिशु पालने ।
एरूप बहु मूढ़ता ऋषिवृन्दे समीक्षित ॥

घृत क्षये करे यज्ञ नित्य कार्य परित्यजि ।
राजकुल प्रभाविया उत्कृष्ट भोजने रत ॥
मुद्रित लोचन द्वये केह केह रहे स्थिर ।
चन्द्र सूर्ये यथा द्युति यद् काले पक्ष्म बिम्बित ॥
कहे साड़म्बरे एतद् देव द्युति प्रकाशित ।
मस्तिष्के कल्पना जात मूर्त्ति दृष्ट कच्चित् कच्चित् ॥
देव साक्षात् ऋषिप्रति कहे एतद् वरप्रद ।
निजान्तरे यथा वाक्य यद् श्रुत स्वल्प चेतने ॥
नर:श्रेष्ठ नहे देव सर्वोत्तम नर स्मर ।
देव वार्ता यथा श्रुत एतद् नरात्मनोद्गत ॥
अतएव जने जने कार्य गति यथा पृथक् ।
अंतर्वाक्य पृथक् पृथक् इथे देव किंवा कह ॥
परातत्त्व इथे किंवा किसे वेद सनातन ।
यथा वाक्य मनोद्गत उक्त नरे पृथक् पृथक् ॥
सत्यवादी यथा यदि कहे सत्य यथायथ ।
किञ्चित् सत्य यथा वाह्ये तदुक्त अति रंजने ॥
अग्नि वारि मरुत् वात देव उक्त जने जने ।
एतद् वाह्यक्रिया वेद ऋषिवृन्दे अनुष्ठित ॥

वाल्मीकि वचन

एरूप दीर्घ भाषणे यवे दूत निवेदिल ।
रामचन्द्र प्रकुपित जिज्ञासिल गुरुप्रति ॥

श्रीराम वचन

मत् शिर वेद वर्णित स्वयं वेद विधारक ।
हे गुरु वेद निन्दके किंवा शास्ति प्रकाशह ॥

वशिष्ठ वचन

आत्मा अध:गति प्राप्त वेद निन्दा परायणे ।
शिरच्छेदि स्वयं राम एतद् मुक्ति प्रदानह ॥

वाल्मीकि वचन

एतद् आज्ञा यथा प्राप्त रामचन्द्र समुत्थित ।
शस्त्र घृत रथारूढ़ अयोध्या त्यजि निर्गत ॥
रघुकुल पति कोपने कहे कह गुरु शास्ति किं वेद निन्दके ।
गुरुतर गुरु वाक्य निर्गते श्रुत शिरच्छेदन सर्व मंगले ॥

- इति श्रीमद्देवायण ब्रह्मकल्पे तृतीय खण्डे राम मण्डलान्तर्गत: रामायण वर्गे उत्तर काण्डे शम्बुक प्राणदण्ड निर्णय वार्ता कथन नाम: विंश सर्ग ।

— ✫ —

॥ एकविंश सर्ग ॥

वाल्मीकि वचन

श्रीराम पुष्पकारूढ़ अयोध्या नगरी त्यजि ।
एकाकी गुहकालये यवे शुन उपस्थित ॥

सहसा राम दर्शने गुहके अति विस्मय ।
पुण्यपदे शिरानते जिज्ञासिल इहा शुन ॥

गुहक वचन

कह प्रभु किं कारणे आचम्बिते समागम ।
किं आज्ञा गुहकप्रति कह त्वरित अनुष्ठिव ॥

श्रीराम वचन

हे गुहक प्रकाशह के शम्बुक अवस्थित ।
श्रुत ऋषिकुल द्वेषी वेद निन्दा परायण ॥

गुहक वचन

हे प्रभु शूद्र राजन योजने के अवस्थित ।
शम्बुक अति गर्वित प्राज्ञस्मन्य मम श्रुत ॥
स्वयं वेद करे व्याख्या ऋषिकुल विनिन्दिया ।
वेद बोध नहे मम किं कहिव तथास्थले ॥
वेद प्रभु सुदुर्बोध्य मंत्र ज्ञात नहि स्वयं ।
जपि राम निरन्तर राम सर्व ममप्रति ॥
वेद विधि यथा शास्त्र सर्व राम ममप्रति ।
रामाधिक नहे किञ्चित् ज्ञान विद्या कदाचन ॥
दिवाव्यापी कर स्थिति मम गृहे जगत्प्रभु ।
संध्याकाले करे सभा शम्बुक स्वीय आलये ॥
वेद व्याख्या करे तथा स्वयं छद्मे उपस्थिते ।
स्व-कर्णे श्रवणे मूढ़े यथा शास्ति विचारह ॥

वाल्मीकि वचन

यद् वाक्य गुहके श्रुत रामचन्द्र प्रहर्षित ।
स्वयं छद्मे निरीक्षिते अत्र क्षेत्रे अवस्थित ॥
श्रीराम गुहके सेवा दिवाव्यापी परिग्रहि ।
संध्याकाले बहिर्गत छद्मवेश विधारणे ॥
स-गुहक पदव्रजे रामचन्द्र उपस्थित ।
यद् क्षेत्रे शम्बुके स्थिति वेद चर्चा करे यवे ॥
द्वितीय प्रहरावधि करि नित्य महासभा ।
वेद व्याख्या समायुत विकृतार्थ यथामत ॥
पशि राम सभास्थले क्षणकाल अलक्ष्यिते ।
शम्बुक वेद भाष्यते अति क्षुब्ध निजान्तरे ॥
देवात्मा करि निन्दित आप अग्नि मरुत्बल ।
यथा नित्य समीक्षित एतद् अर्थ प्रदानिल ॥
चन्द्र सूर्य यथा ग्रह देवेन्द्र मेघवाहन ।
तारानाथ बृहस्पति कहे व्याख्या क्रमे क्रमे ॥
अन्य देव यथा भ्रांति दम्भे एतद् प्रचारिल ।
यद् व्याख्या श्रवणे राम अति क्रोध परायण ॥
खड्ग हस्ते महाक्रोधे स्वयं आत्म प्रकाशिल ।
सहसा हेरि सम्राटे भीत सर्व सभातले ॥

खड्ग हस्ते निरीक्षिया पलायने समुद्यत ।
रामचन्द्र कहे वाक्य नाहि भय रह स्थिर ॥
जिज्ञासि मात्र शम्बुके केवा गुरु इहा कह ।
स्तम्भित अद्य शम्बुक राघवे हेरि सम्मुखे ॥
सम्वरिया क्षणान्तरे कहे वाक्य तथास्थले ।
गुरु किंवा प्रयोजन आत्मज्ञान स्वयं गुरु ॥

श्रीराम वचन

वेद व्याख्या किंवा केह सर्व दुष्ट मने स्मरि ।
एतद् कार्य परित्यजि अन्ये मनः निवेशह ॥

शम्बुक वचन

सम्राट तुमि निश्चय राजनीति यथास्थले ।
राजकार्य नहे एतद् करि सत्य प्रचारित ॥

श्रीराम वचन

ऋषिकुल यथा क्षुब्ध एतद् मम नहे प्रिय ।
देव व्याख्या यथा श्रुत ज्ञान भ्रांति उपस्थित ॥
वेद सर्वे नहे बोध्य अन्य दृष्टि प्रयोजन ।
अधिकारी कच्चित् वेदे परिदृष्ट महीतले ॥
ऋषिवृन्द यथा हेतु सर्व त्यागी तपोवने ।
एतद् ज्ञान प्रकाशिते नित्य यत्न परायण ॥
उपरन्तु यथास्थले दूर्निरीक्ष्य निरीक्षणे ।
सत्यद्रष्टा बिना गुरु एतद् कार्य असम्भव ॥
हे शम्बुक ममादेशे एतद् कार्य परित्यज ।
वशिष्ठे शिरसानते क्षमाप्रार्थी हओ तथा ॥

शम्बुक वचन

अपराध किंवा मम क्षमा काम्य किं कारणे ।
कहि सत्य यथा दृष्ट मिथ्यावादी नहि स्वयं ॥
सत्य साक्षात् यथामत एतन्मत प्रचारिनु ।
हे राम तव विभ्रम ऋषिकुल प्रभावित ॥

श्रीराम वचन

रह स्तब्ध महामूढ़ ऋषिकुल विनिन्दिते ।
वशिष्ठ कृत आज्ञाते मृत्युदंड प्रचारिनु ॥
प्रस्तुति कर सत्वरे बिना वाक्ये निजप्रति ।
यद् शास्ति वेद निन्दके स्वयं हस्ते प्रदानिव ॥

शम्बुक वचन

अपराध किंवा मम नहि ज्ञात नराधिप ।
मृत्युदंड प्रचारिले किं कारणे इहा कह ॥

वाल्मीकि वचन

खड्ग उत्तोलने राम कहे एतद् सगर्जने ।
रे शम्बुक महामूढ़ अति दम्भे प्रवर्धित ॥

ऋषिकुल समन्वित वेद निन्दा परायण ।
अपराध यथेष्ठ ए प्राणदंड प्रदानिते ॥
कहिते कहिते राम खड्गाघात करे त्वरा ।
एकाघाते शिरच्छेद्य शिरः स्कंधे पृथक् कृत ॥
एतद् कार्य समापने स-गुहक यथा त्वरित ।
प्रत्यागत अयोध्याते अत्र क्षेत्र परित्यजि ॥
शम्बुक हत दर्शने शूद्रकुल महाभये ।
पूर्व ज्ञान परित्यजि राम नाम परायण ॥
रघुपति कृत खड्ग घातने निरखिल शम्बुक छेद्य मस्तके ।
अति भययुत शूद्र मण्डल द्रुत जपिते रत राम तारके ॥

- इति श्रीमद्देवायण ब्रह्मकल्पे तृतीय खण्डे राम मण्डलान्तर्गतः रामायण वर्गे उत्तर काण्डे श्रीराम कर्तृक शम्बुक वध वार्ता कथन नामः एकविंश सर्ग ।

— ☆ —

॥ द्वाविंश सर्ग ॥

वाल्मीकि वचन

निर्गत वीर शत्रुघ्न सैन्य दश सहस्त्रशे ।
एतद् अग्रे बहिर्गत यज्ञ अश्व सुलक्षणा ॥
भ्रमे अश्व मनोमत यथा इच्छा चतुर्दिके ।
नाना देश परिभ्रमि यवे सिंधु तटागत ॥
लवण राज्यते अश्व स्व-गतिते प्रवेशिल ।
दूर हते निरीक्षिल शत्रुघ्न पशिते हयः ॥
हेरि अश्व प्रवेशिते करे वीर तथा स्थिति ।
अश्वगति फलाफले हवे कार्य निरूपित ॥
प्रत्यागत पुनः यदि तुरंग सह दानव ।
कर दाने वशीभूत तवे युद्ध किंवा कह ॥
एतद् भावे बहुक्षण करे स्थिति तथास्थले ।
प्रत्यागत नहे तवु यज्ञ अश्व सुलक्षणा ॥
लवण राज्यते अश्व प्रवेशिल यवे शुन ।
रामचन्द्रे तुरंगम कुपित हेरि दानव ॥
बंधन करि घोटक गृहे त्वरित सुरक्षणे ।
मृगया कारणे दैत्य रथारूढ़ बहिर्गत ॥
प्रत्यागत नहे बाजी हेरि गत बहुक्षण ।
स-सैन्ये वीर शत्रुघ्न दैत्य राज्ये प्रवेशिल ॥
पुरीपार्श्वे समागमे पुरःद्वारे निरीक्षिल ।
बंधन कृत दानवे द्वारे अश्व अवस्थित ॥
शत्रुघ्न अति कुपित तुरंगे हेरि बंधन ।
लवण नाम गर्जने टंकारिल धनुर्गुण ॥
श्रवणे धनु टंकार रक्षीवृन्द बहिर्गत ।
हेरि रक्षी पुरोभागे उद्यत वधिते यवे ॥
कहे सर्वे पुरः रक्षी वधांजलि शिरानते ।
दैत्यराज बहिर्गत मृगया कारणे शुन ॥
अपेक्षा कर एस्थले हवे त्वरित समागत ।
शुनि दैत्य बहिर्देशे शत्रुघ्न अति मोदित ॥

एतद् आज्ञा प्रदानिल सैन्यवृन्दे अत:परे ।
वेष्टन कर हे पुरी सर्व द्वार निरोधिया ॥
दैत्यराज कदाचन नारे येन प्रवेशिते ।
करिल पुर वेष्टन महासैन्ये यथा त्वरित ॥
करि मुक्त तुरंगम करे वीर बहिर्गत ।
लवण दैत्य आगत क्षणान्तरे तथास्थले ॥
अदूरे रहिया दैत्य अश्व मुक्त निरीक्षिल ।
नगरी परिवेष्टित महासैन्य अवस्थित ॥
कुपित हेरि दानव रामचन्द्र मने स्मरे ।
वधिवे राघवे गर्जे राम नाम विधारणे ॥

लवण वचन

ओरे राम दुराशय संधानि सर्वदा स्वयं ।
वधिवाद्य सुनिश्चय क्षणकाल रह स्थिर ॥

वाल्मीकि वचन

दैत्यराज इहा कहि पुरीमध्ये प्रवेशिते ।
यवे शुन समुद्यत उत्तरे लक्ष्मणानुज ॥

शत्रुघ्न वचन

रामचन्द्र नहि स्वयं रामानुज मने स्मर ।
तव तरे अपेक्षित हेथा दैत्य दुराशय ॥
पुरीमध्ये प्रवेशिते नाहि पथ अत:परे ।
करि युद्धे पुराभूत पुरीमध्ये प्रवेशह ॥

वाल्मीकि वचन

एतद् वाक्य यथा उक्त टंकारिल धनुर्गुण ।
अत:परे महायुद्ध आरम्भिल परस्परे ॥
घोरतर रणारम्भ बहुक्षण शरे शरे ।
तुल्यबले महायुद्ध उभे युद्ध विशारद ॥
अग्नि वृष्टि शराघाते वारिपात तथामत ।
वायुवेगे प्रवाहित शिलावृष्टि क्षणे क्षणे ॥
प्रहरेक महायुद्धे शत्रुघ्ने करि कातर ।
तीक्ष्णाघाते अचेतन करे दैत्य त्वरितगति ॥
शत्रुघ्न चेतना हारा रथ मध्ये निपातित ।
दैत्यराज यथा त्वरित पुरीमध्ये प्रवेशिल ॥
पुरीमध्ये प्रवेशिया करे शेल बहिर्गत ।
शेल हस्ते पुन: दैत्य पुरत्यजि विनिर्गत ॥
चैतन्यप्रास शत्रुघ्न समुत्थित तद्क्षणे ।
टंकारिल धनुर्गुण महाशब्दे अत:परे ॥
पुनर्युद्ध तथास्थले घोरतर परस्परे ।
चले युद्ध बहुक्षण नाना शस्त्र प्रहरणे ॥
तद् परे अति कुपित दैत्य शेल करे धृत ।
शत्रुघ्नप्रति गम्भीरे कहे वाक्य यथा शुन ॥

लवण वचन

सर्व युद्ध हवे तुच्छ एवे युद्धे रह स्थिर ।
एकाघाते निपातिव द्वितीय ना प्रयोजन ॥

वाल्मीकि वचन

कहि वाक्य स-गम्भीरे वज्रनादे निनादिया ।
निक्षेपिल महाशेल शत्रुघ्नप्रति कोपने ॥
गर्जि शेल प्रधावित अग्निच्छुरि नभःस्थले ।
बहु शस्त्र प्रहारिल दैत्यशेल निवारिते ॥
नहे शेल निवारित घोर शब्दे प्रधावित ।
शत्रुघ्न त्यजिया धनु हस्तद्वये धृत त्वरा ॥
शेलाघात नहे अंगे यवे शेल करे धृत ।
वेगे शेल सुदुर्वार पृथिवी गर्भे प्रवेशिल ॥
अत्र वेगे निपातित रथच्युत महाबली ।
आघात प्राप्त केवल देहे किञ्चित् निपातने ॥
हेरि व्यर्थ तथा शेल दैत्यराज प्रकुपित ।
गदाहस्ते निपातित रथत्यजि उल्लम्फने ॥
शत्रुघ्नप्रति धावित गर्जि घोरे महास्वने ।
शत्रुघ्नह समुत्थित गदाहस्ते अतःपरे ॥
गदा-युद्ध तदन्तरे घोरतर परस्परे ।
मत्त करी यथामत प्रमत्त समरे शुन ॥
प्रहरेक महायुद्धे सह दैत्य रणस्थले ।
सुयोग लभि तद्परे शिरे गदा प्रहारिल ॥
लुंठित भूतले दैत्य गदाघात शिरे लभि ।
पतित हेरि दानवे गदाघात पुनः पुनः ॥
गदाघात क्रमागते दैत्य त्यक्त कलेवर ।
चूर्ण चूर्ण शरीरे तद् गत प्राण तथास्थले ॥
रण कुशलिन लक्ष्मणानुज प्रबल गदा द्रुत घूर्णि घातने ।
पतित लवण दैत्य विग्रहे अपहृत गौरव चूर्ण मस्तके ॥

- इति श्रीमद्देवायण ब्रह्मकल्पे तृतीय खण्डे राम मण्डलान्तर्गतः रामायण वर्गे उत्तर काण्डे शत्रुघ्न कर्तृक लवण दैत्य वध वार्ता नामः द्वाविंश सर्ग ।

— ☆ —

॥ त्रयोविंश सर्ग ॥

वाल्मीकि वचन

लवण समरे हत अन्ये भीत रण त्यजि ।
शत्रुघ्न चरणानते कृत आत्म समर्पण ॥
प्रसन्न राघवानुज दैत्य पुत्र मघापदे ।
अत्र राज्य प्रदानिया करि यज्ञे निमंत्रण ॥
दैत्यराज्य परित्यजि सह बाजी बहिर्गत ।
अग्रे अग्रे चले अश्व नाना देश परिभ्रमि ॥
अश्वमेध यवे श्रुत सर्वे हर्ष समायुत ।
यज्ञ कर प्रदानिल रामचन्द्रे शिरानते ॥

अत:परे प्रवेशिल वाल्मीकि आश्रमे हय: ।
आजानेय मनोहर लव कुश निरीक्षिल ॥
कुलीन हेरि सुन्दर भ्राताद्वय प्रहर्षित ।
क्षिप्रगति विधारणे जय पत्र निरीक्षिल ॥
तद् पत्र पठने उभे हृष्टान्तर परस्परे ।
करे स्थिर परामर्श राघव समर स्मरि ॥

लव वचन

रावण विजयी राम जगत्रये प्रतिष्ठित ।
मम माता परित्यजि किंवा कीर्त्ति निरीक्षिव ॥
यद्यपि आमरा पुत्र पितृ स्नेह प्रवंचित ।
किं अर्थ जीवने कह पितृ स्नेह बिना शुन ॥

वाल्मीकि वचन

एतद् रूपे करे क्षोभ धृत अश्व परस्परे ।
जीवन त्यजिया युद्धे होक शान्ति यथायथ ॥
पशिव छद्म संग्रामे पिता सह करि स्थिर ।
यदि युद्धे पराजित हवे मृत्यु तथास्थले ॥
जात देह पिता कृत पितृ शस्त्रे हवे क्षय ।
इत्याधिक किंवा सुख चिंत कुश मन स्थिरे ॥
यद्यपि समरे जयी रामचन्द्र पराजित ।
पितृ पार्श्वे समादर हवे कहि अत:परे ॥
किंवा राज्य प्रतिष्ठिव मातृ नामे पिता हते ।
आचम्बिते घटे यदि पितृ मृत्यु रणस्थले ॥

कुश वचन

पितृ मृत्यु किंवा कह नाहि युद्धे प्रयोजन ।
सहे दु:ख यथा माता सह दु:ख तद्क्रमे ॥

लव वचन

संग्रामे भीत निश्चय राम वीर्य यथा श्रुत ।
एका युद्ध अनुष्ठिव नाहि तोमा प्रयोजन ॥
एरूप व्यर्थ जीवने नहि तुष्ट कदाचन ।
यथाकाल उपस्थित करिते पितृ दर्शन ॥
बली मान्य बलीजन दाने नित्य समादरे ।
द्वेषी मित्र किंवा तथा वीर्य मान्य जने जने ॥
वीर्यवान प्रशंसित सर्व जने सुनिश्चय ।
किंवा शत्रु किंवा मित्र बली ख्यात जने जने ॥
अतएव रणस्थले बल वीर्य प्रकाशिले ।
हवे ख्याति समादर पितृ पार्श्वे अत:परे ॥
नतुवा जीवने भीत किं कार्य प्राण धारणे ।
मृत्यु श्रेय बिना स्नेहे मम मत इहा शुन ॥

कुश वचन

कह वाक्य यथा सत्य इथे किञ्चित् किं संशय ।
पिता पुत्रे हवे युद्ध एतद् चिन्ता ममप्रति ॥

लव वचन

माता राज्य विताड़ित पुत्र स्नेह प्रवंचित ।
के करिवे समादर पिता कृत विलांछित ॥
पिता सह महायुद्धे कर सत्य प्रतिष्ठित ।
पितृतुल्य महावीर्ये पुत्रगण करे स्थिति ॥

कुश वचन

प्रशंसा करि हे लव दृढ़ युक्ति मति स्थिर ।
करह अश्व बंधन राम सह हवे रण ॥

वाल्मीकि वचन

बंधन करिया अश्व एतद् रूप दृढ़ स्थिरे ।
पूर्व मत करे कार्य तपःवने परस्परे ॥
निरखि हयः कुलीन कौतुके रत पठने जयपत्र मस्तके ।
अवगत हयः मेध राघवे कृत दृढ़ बंधन युद्ध कारणे ॥

- इति श्रीमद्देवायण ब्रह्मकल्पे तृतीय खण्डे राम मण्डलान्तर्गतः रामायण वर्गे उत्तर काण्डे लव कुश कर्तृक यज्ञाश्व बंधन करण वार्ता कथन नामः त्रयोविंश सर्ग ।

— ☆ —

॥ चतुर्विंश सर्ग ॥

वाल्मीकि वचन

अश्वरक्षी क्षणान्तरे रथारूढ़ प्रवेशिल ।
तुरंगे हेरि बंधन कहे मुक्त कर त्वरा ॥
के साहसी जगन्मध्ये यज्ञ-अश्व निरोधिल ।
हे तापस शिशुद्वय कर मुक्त तुरंगम ॥
अग्रसरि कहे लव केवा तुमि महाशय ।
कार्यादेश प्रदानिते रत पशि तपोवने ॥
यद् श्रुत बालके वाक्य शत्रुघ्ने अति विस्मय ।
एरूप कहिते शक्य मर्त्ये व्यक्ति अजानित ॥
अज्ञान बालक स्मरि कहे वाक्य स्मिताधरे ।
राम राज्ये अवस्थित प्रजा तुमि सुनिश्चय ॥

लव वचन

रामराज्य हते पृथक् हेर मम तपोवन ।
तुरंग करि बंधन आह्वानि राघवे रणे ॥
उपदेष्टा यथा तुमि कर मुक्त तुरंगम ।
यद्यपि बाहुते वीर्य अश्व जये परिग्रह ॥

शत्रुघ्न वचन

राम वीर्य नह ज्ञात परिचये तथा कहि ।
रावण विजयी राम बाली जयी तथामत ॥
त्रैलोक्येश्वर रावण कपीश्वर तथामत ।
एतद् सर्वे विनाशिल रामचन्द्र रणस्थले ॥

लक्षाधिक यथा पुत्र   दशानने अवस्थित ।
सर्व पुत्र महाबली   जगत् जयी जने जने ॥
सर्व सह निपातिल   रामचन्द्र रणस्थले ।
वधिल समरे बाली   स्वयं वीर्य पराक्रमे ॥
राम मित्र तदानुज   बालीराज्ये प्रतिष्ठित ।
सुग्रीव नाम सम्राट   इन्द्रतुल्य कपीश्वर ॥
बांधव राघवानुज   लंकेश्वर विभीषण ।
हवे युद्धे उपस्थित   रामचन्द्र समन्वित ॥
कोटि कोटि महाकपि   घोर मूर्त्ति निशाचर ।
सर्व युद्धे महाबली   युद्धस्थले भयंकर ॥
राम सहोदर त्रय   हवे युद्धे समागत ।
रावण विजयी राम   द्वितीयतः तथामत ॥
तृतीय वीर लक्ष्मण   लंका युद्धे प्रकाशित ।
मेघनाद जयी बली   देव पूज्य धनुर्धर ॥
चतुर्थ तव सम्मुखे   राम भ्राता यथा स्वयं ।
लवण समरे जयी   मम कीर्त्ति यथा स्मर ॥
ए कारणे इहा कहि   कर मुक्त तुरंगम ।
कोमल तापसद्वय   शराघात भयंकर ॥
क्रीडा मात्र नहे युद्ध   जीवन्मृत्यु यथास्थले ।
मातृ क्रोड परित्यजि   अद्य युद्ध किंवा तव ॥
कहि शुभ पुनः पुनः   परित्यज तुरंगम ।
क्षत्रकुल करे युद्ध   तापस ना कदाचन ॥

लव वचन

यद्यपि राघव भ्राता   नमि तोमा महाबली ।
तर्के किंवा प्रयोजन   त्वरित युद्ध प्रदानह ॥
ज्ञात राम वधे बाली   अन्तराले करि स्थिति ।
सुग्रीव सह संग्रामे   रत यवे कपीश्वर ॥
आचम्बिते शरैषिक   गर्जि घोरे निपातित ।
निर्भेदिल हृदिस्थल   पतित सूर्यनन्दन ॥
इथे कह किंवा रूपे   बल वीर्य परीक्षित ।
बाली हते बली राम   नहे इथे प्रमाणित ॥
अन्तराले महाघाते   छले मात्र करे जय ।
द्वितीयतः दशानन   रामाधिक बली गणि ॥
कर्म फले दशस्कंध   हत मात्र रणस्थले ।
नहे इथे प्रमाणित   राघव रावणाधिक ॥
हेर युद्धे प्रमाणित   रावण रण पंडित ।
एकाकी समरे रत   यवे राजा दशानन ॥
सर्व देव समन्वित   करे युद्ध तवाग्रज ।
अक्षम वारिते तवु   रक्षःराजे रणस्थले ॥
संध्यावधि चले युद्ध   तवु रक्षः रणे जयी ।
रामचन्द्र करे सन्धि   प्रहरेक सहाहवे ॥
अत्र युद्धे नहे जय   एतद् सत्य प्रमाणित ।
शक्तार्चने अतःपरे   मृत्युबाण छले हरि ॥
युद्धे जयी सुकौशले   बल वीर्ये नहे कभु ।
दानिल सर्व सन्धान   भ्रातृद्रोही विभीषण ॥

यथा गुह्य दशानने कहे सर्व क्रमे क्रमे ।
नहेत भस्मलोचन विनाशित रणस्थले ॥
मेघनाद वधे शुन लक्ष्मण कौशले छले ।
छद्मवेशे प्रवेशिया यज्ञालये करे रण ॥
एतद् युद्ध अकस्माते अप्रस्तुत यथा बली ।
शस्त्रसज्जा तरे कहे रामानुजे पुनः पुनः ॥
नाहि दाने तथा पथ रामानुज भये शुन ।
आक्रमिल त्वरित गति इन्द्रजिते तथास्थले ॥
सम्मुख समरे रक्षः यज्ञ द्रव्य प्रहारणे ।
लक्ष्मण हत चैतन्य नाहि खड्गे विनाशिल ॥
लंकामध्ये प्रवेशिते रोधे द्वार विभीषण ।
शूल हस्ते करे युद्ध रक्षानुज बहुक्षण ॥
तद् परे लक्ष्मणोत्थित आक्रमिल निशाचरे ।
पुनर्युद्धे पराभूत पुनश्च हत चेतन ॥
ऊर्ध्वपथे चले वीर लंकामध्ये प्रवेशिते ।
रोधे पथ महावीर गदाघात करे शिरे ॥
गदाघाते निपातित यवे रक्षः महीतले ।
उत्थित पुनः लक्ष्मण आक्रमिल पुनः रणे ॥
अस्त्र शस्त्र बिना शुन महायुद्धे बहुक्षण ।
मेघनाद यवे क्लांत वधे वीर ततक्षणे ॥
इथे वीर्य किंवा कह अपिच ग्लानि लक्ष्मणे ।
वीरकुल चूड़ामणि मेघनाद निपातने ॥
बल वीर्य पराक्रमे नहे इथे प्रकाशित ।
छल मात्र मने स्मरि सर्व युद्धे चतुर्दिके ॥
एतद् गर्वे किंवा कह राम भीत नहि स्वयं ।
लवण विजये वीर्य कह किंवा तवप्रति ॥
शेल गर्वे भ्रमे दैत्य परिज्ञात जगत् जन ।
वाम बाहु यथा शक्य अत्र शेल विधारणे ॥
याम्य हस्ते शिरच्छेदि तद्क्षणाते तथास्थले ।
लवण घातने वीर्य नहे किञ्चित् प्रकाशित ॥
कर मुक्त तुरंगम यदि वीर्य कलेवरे ।
वाक्ये किंवा प्रयोजन स्वयं बल प्रकाशह ॥
लवण विजये तुच्छ निश्चय स्मरि तृण सन्निभ शेल घातन ।
यदि तव बल वीर्य बाहुते लह तव घोटक वीर विग्रहे ॥

- इति श्रीमद्देवायण ब्रह्मकल्पे तृतीय खण्डे राम मण्डलान्तर्गतः रामायण वर्गे उत्तर काण्डे शत्रुघ्न-लव संवाद नामः चतुर्विंश सर्ग ।

— ✯ —

॥ पंचविंश सर्ग ॥

वाल्मीकि वचन

एतद् वाक्य यथा श्रुत शत्रुघ्न अति कुपित ।
कहे गर्जि तथास्थले तापस बालकद्वये ॥
नितांत समरे इच्छा जाह अद्य यमालये ।
कहि घोरे महानादे वीर शंख निनादिल ॥

एतन्नादे दले दले योद्धाकुल प्रवेशिल ।
करे पूर्ण महावन क्षण मात्रे रथीकुले ॥
राजसैन्य महारथी एलो दश सहस्रश ।
श्रीरामे वाहिनी श्रेष्ठ सैन्य मध्ये यथा गणि ॥
आदेश दिल शत्रुघ्न कर मुक्त तुरंगम ।
कर युद्धे पराजित तापस बालके त्वरा ॥
आज्ञा प्राप्त रथीवृन्द घोरे शंख निनादिया ।
आरम्भिल महायुद्ध टंकारिया धनुर्गुण ॥
वधिते बालकद्वये सर्वे यत्न परायण ।
राजसैन्ये समाक्रांत लव कुश तथास्थले ॥
एकत्रे धरिया शंख महानादे निनादिल ।
टंकारिल महाधनु पदाघाते महीतले ॥
एतद् वीर्य पदाघाते सर्वारण्य प्रकम्पित ।
इथे बहु रथी त्वरित प्रसभे स्यन्दनच्युत ॥
टंकारित धनुर्गुणे शत्रु कर्ण विदारित ।
विद्युत्तुल्य शराघाते करे युद्ध महाबले ॥
क्षिप्र क्षिप्र शराघाते राजसैन्य विमर्दित ।
घूर्णमान यथा अग्नि महारण्य परिभ्रमे ॥
तथामत महासैन्ये भ्राताद्वय परिभ्रमे ।
प्रहरेक पराक्रमे सर्वसैन्य निपातित ॥
शत्रुघ्न अति कुपित हेरि सैन्य विमर्दन ।
टंकारिया धनुर्गुण अग्रसरे रणस्थले ॥
लवेकाकी रणे युक्त कुशे युद्ध निवारिया ।
शत्रुघ्न सह संग्राम आरम्भिल शरे शरे ॥
तीक्ष्ण तीक्ष्ण महाघात यद् शत्रुघ्ने लवप्रति ।
क्रीडाच्छले तथा लव सर्व शस्त्र निवारिल ॥
शर व्यर्थ महाक्रुद्ध शत्रुघ्न घोर गर्जने ।
लागिल हानिते शस्त्र दिव्य दिव्य यत स्थित ॥
तीक्ष्णाघात कृत क्रोधे शत्रुघ्ने समरे यवे ।
एतद् सर्व महाशस्त्र क्रीडाच्छले निवारित ॥
क्रीडामोदे प्रहर्षित राघवज महाबली ।
एतद् युद्ध बहुक्षण अतिगत यवे शुन ॥
करे एवे पराक्रम शत्रुघ्न घातने लव ।
खुल्लतात मने स्मरि सम्मोहन प्रहारिल ॥
सम्मोहन महाबाणे शत्रुघ्न आत्ममोहित ।
अवश शस्त्र धारणे रथच्युत अचेतन ॥
सत्वरे तुलिया यत्ने रथे देह सुरक्षित ।
भ्राताद्वय महानन्दे जय शंख निनादिल ॥
हेरि संध्या समागत धनुर्बाण परित्यजि ।
गोमती सलिल स्नाने गात्र धौते यथा त्वरित ॥
शुचिः वस्त्रे सुशोभित यज्ञ फोंटा प्रदानिया ।
हास्यमुखे चले त्वरित तपोवन परित्यजि ॥
तद् परे वाल्मीकि अग्रे युद्ध वार्ता प्रदानिल ।
चिन्तित श्रवणे कवि गम्भीरास्य कतक्षण ॥

लव वचन

एवे युद्ध निवारिते नाहि शक्य पितामह ।
रात्रिमध्ये उपस्थित हवे सैन्य पुनः शुन ॥
अद्य रात्रे तपोवने रव मोरा उपस्थित ।
मातृपार्श्वे कदाचना एतद् वाक्य प्रकाशह ॥

कुश वचन

एतद् युद्धे हवे जय कहि सत्य पितामह ।
रामचन्द्र पराजित हवे सर्व समन्वित ॥
वाल्मीकि वन रक्षके यज्ञ अश्व निवारिल ।
वशिष्ठ मंत्रणादाता रामचन्द्र प्रचालने ॥
अद्य मंत्री रणे तुमि तद् वशिष्ठ पराजये ।
तव आज्ञा प्रदानह पुनर्युद्धे प्रवेशिते ॥

वाल्मीकि वचन

एतद् वाक्य समुत्थित शिशुकण्ठे यवे शुन ।
अद्य मंत्री रणे तुमि लभि तृप्ति हृदिस्थले ॥
राम कृत परित्यागे सीताप्रति अमानने ।
छिल क्षोभ लुकायित एवे हर्षे प्रकाशित ॥
होक तवे महायुद्धे सर्व तथ्य प्रकाशित ।
कहि चल तपोवने रव स्वयं उपस्थित ॥
मम वाक्य यथा श्रुत प्रहृष्ट बालकद्वय ।
करे पदे शिरानति करि स्वयं शुभाशिष ॥
जययुक्त हवे युद्धे कहि स्नेहे ममाशिषे ।
रामचन्द्रे पराजय हवे सत्य सुनिश्चय ॥
वशिष्ठ मंत्रणा रामे नारिवे रक्षिते रणे ।
सर्वाघाते सुरक्षिव नाहि भय रणस्थले ॥
यद्यपि समरे हत करिव पुनरुत्थित ।
स्वीय वीर्य प्रकाशिया कर रामे चमत्कृत ॥
तद् परे करि आह्वान जानकीप्रति भाषणे ।
कहि स्नेह प्रकाशिया हव अद्य बहिर्गत ॥
शुन हे मैथिली तुमि रक्षणावेक्षनाश्रम ।
कर भार प्रदानिनु दिवात्रय तरे शुन ॥
तपस्यार्थे चलि स्वयं यथा क्षेत्र सुनिर्जन ।
पुत्रद्वय सुरक्षणे रक्षा हेतु तपोवन ॥

जानकी वचन

पुत्रद्वय किं कारणे जावे अद्य पिता कह ।
तपस्या करिवे तुमि हवे त्यक्त निरन्तर ॥

वाल्मीकि वचन

मृगया कारणे नित्य मृगशीर उपद्रवे ।
तपः शान्त वने शुन करे शब्दे विचंचल ॥
एतद् सर्वे निवारणे रवे दोंहे उपस्थित ।
करि कार्य समापन हवे त्वरित समागम ॥

पुत्र हेतु अचिन्तित   रह सीता निरन्तर ।
यथा स्वयं उपस्थित   नाहि भय कदाचन ॥
एतद् वाक्ये प्रहर्षिता   नमस्कार करे पदे ।
सीताप्रति शुभाशिषे   त्वरित पदे बहिर्गत ॥
ज्योत्सनास्नात महीतले   पुण्य वायु प्रवाहित ।
क्षिप्रपदे प्रवेशिनु   मोरा त्रये तपोवने ॥
युद्ध दृश्य निरीक्षिया   महानन्द ममांतरे ।
दानि आज्ञा उभप्रति   रणसज्जा कर त्वरा ॥
शिविर कर निर्माण   परित्यक्त महारथे ।
संग्रह कर हे सर्व   महाशस्त्र धनुः शर ॥
हेथा दूत त्वरित गति   अयोध्याते प्रवेशिल ।
रामचन्द्रे शिरानते   एतद् वाक्य निवेदिल ॥

दूत वचन

वाल्मीकि वन रक्षके   यज्ञ अश्व निवारिल ।
राम राज्य नहे एतद्   कहि दम्भ प्रकाशिल ॥
शत्रुघ्न सह संग्राम   बहुक्षण तथास्थले ।
स-सैन्य वीर तद् परे   निपतित रणस्थले ॥
अवनत शिरसे चरागमे   रत कहिते शुन वाल्मीकि वने ।
प्रभु विधृत तुरंग रक्षके   पतित तवानुज तद् रणस्थले ॥

- इति श्रीमद्देवायण ब्रह्मकल्पे तृतीय खण्डे राम मण्डलान्तर्गतः रामायण वर्गे उत्तर काण्डे लव युद्धे शत्रुघ्न पतन वार्ता नामः पंचविंश सर्ग ।

— ☆ —

॥ षड्विंश सर्ग ॥

वाल्मीकि वचन

दूतास्ये राघवे श्रुत   एतद् वाक्य यवे शुन ।
विदाय करिया दूते   करि चिन्ता क्षणान्तरे ॥
आह्वानि अनुजद्वय   भरत लक्ष्मण प्रति ।
कहे वाक्य सगम्भीरे   रामचन्द्र महाबली ॥

श्रीराम वचन

स-सैन्ये सत्वरे जाह   वाल्मीकि कवि आश्रमे ।
तपोवन सुरक्षके   यज्ञाश्व कृत बंधन ॥
शत्रुघ्न समरे तथा   सैन्यसह पराजित ।
लवणे करिया जय   शिशु हस्ते निपातित ॥
जाह वीर त्वरित गति   हेर किंवा परिस्थिति ।
बंधने अथवा वधि   कर मुक्त तुरंगम ॥
इतिमध्ये महावीर   जाह त्वरित निमंत्रणे ।
लंकाधामे विभीषणे   किष्किंध्याते कपीश्वरे ॥
सैन्यसह यथा त्वरित   अश्वमेधे समागमे ।
यद्यपि हे प्रयोजन   हवे युद्ध तपोवने ॥

वाल्मीकि वचन

एतद् आज्ञा प्रदानिया रामचन्द्र अतःपरे ।
वशिष्ठाग्रे उपस्थिते एतद् वाक्य निवेदिल ॥

श्रीराम वचन

शुन प्राज्ञ यथा वार्ता वाल्मीकि वन रक्षके ।
यज्ञाश्व कृत बंधने समारम्भ तथा रण ॥
वन रक्षी करे युद्ध शत्रुघ्न समरे हत ।
रथीदश सहस्रश एतद् युद्धे निपातित ॥
इथे चिन्ति ममप्रति विद्वेषी कवि वाल्मीकि ।
नतुवा वन रक्षके केन युद्धाश्व धारणे ॥
प्रतियोद्धा नहे तुच्छ शत्रुघ्न पतने स्मरि ।
भरत लक्ष्मणे प्रेरि यथा शास्ति प्रदानिते ॥
मारुति कृत संवाद प्रेरि अद्य तदूपरि ।
महासैन्य समावेशे स-कपीश विभीषणे ॥
राज्ञी बिना नहे पूर्ण अश्वमेध यथापुरा ।
राज्ञी स्थले किंवा कार्य आज्ञा गुरु प्रदानह ॥

वाल्मीकि वचन

रामचन्द्रे यथा उक्त श्रवणे मैत्र वारुणि ।
चिन्तायुक्त कहे वाक्य केवा योद्धा समागत ॥
हे राम वाल्मीकि वने केवा रक्षी महायुधि ।
यथा पराभवानुजे रथी दश सहस्रशे ॥
वाल्मीकि केन विद्वेषी आचम्बिते तवप्रति ।
नित्य कवि यथा हृष्ट राम गुण सुकीर्त्तने ॥
सीताश्रय प्रदायक नित्य यत्ने समादरे ।
हेतु अन्य तथा राम एतद् युद्धे मने स्मरि ॥
यथा युद्ध समारम्भ कर जय तथास्थले ।
यथा सत्य हवे व्यक्त काल मात्र अपेक्षाह ॥
राज्ञी हेतु यथा चिन्ता पूर्वे ममान्तरोद्गत ।
एवे भिन्न परिस्थिति कहि राम यथा शुन ॥
पूर्वे चिन्ति महायज्ञे कलंक जानकी प्रति ।
निर्मोचि वाल्मीकि वाक्ये जन पूर्ण सभातले ॥
नाम मात्र यथास्थले शुद्धि कार्य अनुष्ठिया ।
करि तुष्ट प्रजाकुल हवे राज्ञी प्रतिष्ठिता ॥
एवे भिन्न परिस्थिति हेरि युद्ध समुद्भवे ।
तन्मार्ग वाल्मीकि द्वन्द्वे अवरुद्ध मने स्मरि ॥
अतएव महाबाहु मम कृत इहा स्थिर ।
आह्वानि भास्कराचार्य राज शिल्पी यथोत्तम ॥
राज्ञी मूर्त्ति सुनिर्माणे कर राम नियोजन ।
तन्मूर्त्तिते समापिव यज्ञ प्राण प्रतिष्ठिया ॥
एरूप कहिते गुरु हृष्ट राम निजान्तरे ।
शिल्पी भास्कर आह्वाने प्रेरिल दूत सत्वरे ॥
प्रहरेक अतःपरे सह दूत यथा त्वरित ।
राज शिल्पी उपस्थित राम अग्रे शिरानते ॥

यद् शिल्पी पंडित श्रेष्ठ विश्वकर्मा तेजोद्भव ।
रामचन्द्र कहे वाक्य हे भास्कर शुन स्थिरे ॥
राज्ञी रूप प्रदानिते अद्य कार्य तवप्रति ।
यज्ञ कार्ये प्रयोजन दानो रूप यथायथ ॥
मूर्त्ति प्राण प्रतिष्ठिया यज्ञ कार्य समापने ।
गुरु आज्ञा यथामत कर एतद् समुद्यम ॥

भास्कर वचन

यथा आज्ञा जगत्प्रभु साक्षात् स्वयं उपस्थिते ।
कर रूप सुवर्णने रचि स्वयं तथामत ॥
कालप्राप्त नहे शिल्पी पूर्वे राज्ञी सुवीक्षणे ।
यद्काले सर्व सौन्दर्ये स्वयं राट् सभातले ॥
तव रूप परित्यजि किंवा अन्य निरीक्षिव ।
शिल्पी प्रति तथाहेतु राज्ञी स्पष्ट नहे प्रभु ॥

वाल्मीकि वचन

एरूप कहिते शिल्पी सम्मत वीर राघव ।
शिल्पी सह प्रवेशिल यथा कक्ष सुनिर्जने ॥
पशि रघुपति कक्ष निर्जने रत कहिते स्मृति रूप जानकी ।
अविकल गठने हिरण्मयी अवहित भास्कर रूप दानिते ॥

- इति श्रीमद्देवायण ब्रह्मकल्पे तृतीय खण्डे राम मण्डलान्तर्गत: रामायण वर्गे उत्तर काण्डे वशिष्ठ श्रीराम संवादे भास्कराचार्य वार्ता कथन नाम: षड्विंश सर्ग ।

— ✯ —

॥ सप्तविंश सर्ग ॥

वाल्मीकि वचन

एतद् क्षेत्रे स-लक्ष्मण भरत निर्गत त्वरा ।
महासैन्य प्रचालने चतुरंग बलान्वित ॥
धावित वाल्मीकि वने पंच लक्ष बलावृत ।
नाना शस्त्र विधारणे राम जय निनादने ॥
अन्ये त्वरित महावीर किष्किंध्या प्रति धावित ।
राम आज्ञा यथामत कपिराजे निवेदिते ॥
किष्किंध्याते महावीर प्रहरेके उपस्थित ।
कपिनाथे नमस्कारे यथा वार्ता निवेदिल ॥
श्रुत त्वरित कपीश्वर रात्रि मध्ये बहिर्गत ।
शत लक्ष महाशंख कपि सैन्य प्रचालने ॥
प्रेरि वार्ता तदूपरि कपिकुले चतुर्दिके ।
असंख्य यद् समावेशे अयोध्या नगरे त्वरा ॥
लंकाधामे यथा पूर्वे असंख्य वानरावली ।
एतद् सर्व समावेशे दाने आज्ञा कपीश्वर ॥
सुग्रीव कपिसम्राटे अयोध्या नगरे गति ।
एस्थले वीर मारुति लंकाधामे चले द्रुत ॥

राम वाक्ये विभीषणे यथाक्रमे निवेदिल ।
पंच लक्ष निशाचरे लंकेश्वर बहिर्गत ॥
चले सर्वे अयोध्याते चतुरंग बलान्वित ।
महासिंधु अतिक्रमि नाना शस्त्र विधारणे ॥
चले बहु नभःपथे वायु वेग यथामत ।
अन्य सिंधु अतिक्रमि स्थल पथे प्रधावित ॥
ए स्थले सह-लक्ष्मण भरत वाल्मीकि वने ।
यवे शुन उपस्थित लव कुश समुत्थित ॥
सैन्य सर्व निपातित शत्रुघ्न हतचेतन ।
एतद् सर्व निरीक्षिया कुपित वीर लक्ष्मण ॥
कहे गर्जि तथास्थले के करे अश्व बंधन ।
एसोहे समर स्थले युद्ध स्पृहा निवारिव ॥
शक्षुघ्न सह संग्रामे के गर्वित इहा कह ।
प्राण भये लुकायित हओ शीघ्र बहिर्गत ॥
ए वाक्य कहि लक्ष्मण टंकारिल धनुर्गुण ।
लव कुश यथा त्वरित एतद् अग्रे उपस्थित ॥
कहे गर्जि ततोधिक मत कृत अश्व बंधन ।
शत्रुघ्न तुच्छ संग्रामे नहे तृप्त रणस्पृहा ॥
किंवा नाम तव प्रति जिज्ञासि हे धनुर्धर ।
मात्रेक समरे हत अन्य त्रय अवस्थित ॥

लक्ष्मण वचन

लक्ष्मण कथित स्वयं हे तापस शिशुद्वय ।
मृत्युदंड तव प्रति रामचन्द्रे प्रदानित ॥
देखह मम पश्चाते द्वितीय मूर्त्ति राघवे ।
भरताख्या महाबाहु स्वयं युद्धे समागत ॥
तव शास्ति प्रदानिते रामचन्द्रे विचारित ।
अन्य वार्ता किंवा कहि मृत्यु काल मने स्मर ॥
यद्यपि समरे इच्छा कर युद्ध मनोमत ।
नाना पंथा समीक्षित स्वेच्छाते कर निर्णय ॥
एक किंवा तथा बहु यथा युद्ध मनोमत ।
ममाग्रज समन्वित अथवा मम संहति ॥

वाल्मीकि वचन

एतद् वाक्य यथा श्रुत अत्यंत कुपितान्तरे ।
कहे लव सगर्जने लक्ष्मण प्रति वीक्षणे ॥

लव वचन

ज्ञात तोमा महाबली नमस्कार पदे लह ।
वृथा दम्भ तवप्रति मेघनाद निपातने ॥
यज्ञालय नहे एतद् मेघनाद नहि स्वयं ।
लवाहं वाल्मीकि शिष्य मृत्युदंड तवप्रति ॥
एतद् मम कृत स्थिर रामचन्द्र सह त्रय ।
प्रेरि अद्य यमालय राज्य निष्कंटक स्मरि ॥

मातृ राज्य प्रतिष्ठिव पितृहीन यथा स्वयं ।
न्यायदंड विधारणे त्रैलोक्य स-चराचरे ॥
रामचन्द्र दुराचारी एतद् हेतु करि स्थिर ।
मृत्युदंड चतुष्टये बहु सह्ये अत:परे ॥
एक पूर्वे निपातित अन्य द्वय समागत ।
तव द्वयान्तरे राम हवे स्वयं उपस्थित ॥
एतद हेतु कहि स्वयं विलम्बे किं प्रयोजन ।
यदि शक्य रणे मम कर बले पराजित ॥
आक्रमह यथा शस्त्रे हे कुश भरते तुमि ।
प्रेरह राघवानुजे शस्त्राघाते यमालये ॥
रघुकुल पति राघवे किंवा कह अधिकार अजेय दंडिते ।
कहि शुन उपरंतु हे बली मम कृत दंड रणे चतुष्टये ॥

- इति श्रीमद्देवायण ब्रह्मकल्पे तृतीय खण्डे राम मण्डलान्तर्गत: रामायण वर्गे उत्तर काण्डे लक्ष्मण-लव वाद संवाद नाम: सप्तविंश सर्ग ।

— ★ —

॥ अष्टविंश सर्ग ॥

वाल्मीकि वचन

ए वाक्य कहिया लव टंकारिल धनुर्गुण ।
लक्ष्मणे शस्त्र घातने आक्रमिल त्वरित गति ॥
आक्रमे भरते कुश क्षिप्र हस्त यथा रणे ।
शत्रु कर्ण विदारणे महाशंख निनादिया ॥
टंकारिया धनुर्गुण क्षिप्र हस्त यथामत ।
विद्युत् तुल्य शराघाते करे युद्ध महाबले ॥
तीक्ष्ण तीक्ष्ण महाघाते करे युद्ध भयंकर ।
भरत सह लक्ष्मण युद्धमान तथास्थले ॥
सर्व बाण करे व्यर्थ यद् क्षिप्र लक्ष्मणे तथा ।
राम तुल्य महाबली राघवज यथा लव ॥
अर्ध चन्द्र महाबाण हानिल लक्ष्मण प्रति ।
चन्द्र तुल्य स्तिद्युति विच्छुरिया चले शर ॥
अर्ध चन्द्र निवारिते लक्ष्मण अति सत्वरे ।
ऐषिक बाण संधानि कृत चूर्ण नभ:स्थले ॥
तद् परे घोर गर्जने नभे बाण समुत्थित ।
लव प्रति प्रधावित यवे शुन महाशर ॥
निर्भेदिते हृदिस्थल गर्जे घोरे महारवे ।
सहसा लक्ष्मणान्तरे स्नेह भाव उपस्थित ॥
आचम्बिते कहे वीर रह स्थिर नभ:स्थले ।
लक्ष्मणे वाक्य येमति रहे बाण तथा स्थिर ॥
इतिमध्ये त्वरित लव सम्मोहन प्रयोगिल ।
एतद् बाणे विमोहित धनुर्बाण कर च्युत ॥
आविष्ट तनु लक्ष्मण रथ मध्ये निपातित ।
ए स्थले भरते कुश निक्षेपिल महागदा ॥
चक्राकारे चले घूर्णि गदा शब्द भयंकर ।
अक्षम वारिते गदा भरत शस्त्र घातने ॥

अकस्मात महास्वने शिरोपरि निपातित ।
अत्र गदा निपातने भरत हृतचेतन ॥
भूमितले अचेतने निपतित यवे शुन ।
भ्राताद्वय भुजाश्लेषे महानन्द समायुत ॥
तद् परे अति गौरवे घोरे शंख निनादिल ।
भरत सह लक्ष्मण युद्ध स्थले निपातने ॥
आक्रमिल तथा सैन्य घोर नादे निनादिया ।
चतुरंग बलान्वित से स्थले सैन्य नायक ॥
प्रहरेक करे युद्ध शरे शरे भयंकर ।
दावाग्नि तेज सन्निभ लव कुश रणस्थले ॥
तृण तुल्य करे ध्वंस सैन्य सर्व क्रमे क्रमे ।
रात्रिव्यापी महायुद्धे संग्रामान्ते उषागमे ॥
सैन्य सर्व समापित युद्धस्थले यवे शुन ।
चले दूत अयोध्याते ए संवाद प्रदानिते ॥
अयोध्याते त्वरित गति यवे दूत उपस्थित ।
निरीक्षिल कपीश्वर सह सैन्य समागत ॥
विपुल कपि वाहिनी सिंधु तुल्य निरूपित ।
व्यापिल दश योजन महासैन्ये तथास्थले ॥
एतन्मध्ये समागत रक्षःराज विभीषण ।
चतुरंग बलान्वित पंच लक्षे प्रवेशिल ॥
एतद् सर्व निरीक्षिया राजदूत त्वरित गति ।
युद्ध वार्ता निवेदिते सभामध्ये चले द्रुत ॥
ए स्थले समरे जयी लव कुश महाबली ।
वाल्मीकि चरणानत जय वार्ता प्रदानिल ॥
रामानुज पराजित शुनि हर्ष ममान्तरे ।
करि वक्षे विधारण राघवज महाबले ॥
एतन्मत कहि स्वयं कीर्त्ति हर्ष प्रवर्धिते ।
हे लव अति अद्भुत कीर्त्ति तव महीतले ॥
इन्द्र जयी यथा वीर मेघनाद महाबली ।
मेघनादे विनाशिल लक्ष्मण रण दुर्जय ॥
लोक त्रये नहे दृष्ट संग्रामे लक्ष्मणाधिक ।
देव पूज्य जगत् पूज्य सर्व पूज्य चराचरे ॥
इत्याधिक किंवा तेज जगन्मध्ये मने स्मरि ।
कृत यद् विस्मयोत्पन्न युद्धे श्रेष्ठ धनुर्धर ॥

लव वचन

एतद् सर्व कृपा तव स्नेहाशिष पितामह ।
जामदग्नि यथा विद्या यथा शस्त्र प्रदानित ॥

वाल्मीकि वचन

एतद् वाक्ये पुनः लव नमस्कार करे पदे ।
अत्र काले शुभाशिषे ब्रह्मध्यान प्रदानिनु ॥
सहसा अति तेजसे ब्रह्म तेजे प्रतिष्ठित ।
क्षत्र तेजे महाबाहु ब्रह्म तेज विधारणे ॥

अपूर्व मुख शोभन उभ तेज समायुत ।
हेरिनु मम सम्मुखे नव श्याम जगत्पति ॥
अयोध्या त्यजिया येन बालक रूप धारणे ।
स्वयं वीर्य प्रकाशिते मम अग्रे उपस्थित ॥
निरखिनु सम्मुखे बलीद्वये रघुपति येन धृत स्वयं रणे ।
त्रिभुवन जय तेज विक्रमे सम गुण रूप विभक्त बालके ॥

- इति श्रीमद्देवायण ब्रह्मकल्पे तृतीय खण्डे राम मण्डलान्तर्गत: रामायण वर्गे उत्तर काण्डे लव युद्धे भरत लक्ष्मणे पतन वार्ता कथन नाम: अष्टविंश सर्ग ।

— ✭ —

॥ ऊनत्रिंश सर्ग ॥

वाल्मीकि वचन

हेथा दूत प्रवेशिल राज सभातले यवे ।
वशिष्ठ वारुणि प्रति कहे एतद् शिरानते ॥

दूत वचन

युद्ध वार्ता यथा अद्य कहि शुन महात्मन ।
भरत सह लक्ष्मण लव कुशे निपातित ॥
दुर्जय समरे दृष्ट वाल्मीकि वन-रक्षक ।
हत रामानुज द्वय सर्व सैन्य समन्वित ॥
अग्नि तुल्य परिश्रमे सैन्य वधे रणस्थले ।
रात्रिव्यापी महायुद्धे सर्व सैन्य समापित ॥

वाल्मीकि वचन

एतद् वार्ता यथा श्रुत वशिष्ठ त्वरितोत्थित ।
विदाय करिया दूते राज सभातल त्यजे ॥
अत्र गृहे अवस्थित भास्कर सह राघव ।
स्वर्ण सीता सुनिर्माणे अत्र क्षेत्रे चले त्वरा ॥
ए स्थले राघव ज्येष्ठ रत अंग सुवर्णिते ।
सीता प्रति यथायथ शिर: हते पदावधि ॥
रत कुंदे सुकर्त्तने राज शिल्पी समाहित ।
निर्मित मूर्त्ति सुन्दरे सर्व भाव प्रकाशिते ॥
जीवंत करिते मूर्त्ति स्वयं सीता तथामत ।
राम पार्श्वे नृपासने स्व-भंगी यद् प्रकाशिया ॥
राघव कहिते रत चिह्नावली यथा क्रमे ।
भाव सर्व सुविन्यासे दाने शिल्पी तद्क्रमे ॥

श्रीराम वचन

हे शिल्पी केश विन्यास हेरि सर्व यथायथ ।
किरीटिनी तद्रूपरि प्रदानित बिना त्रुटि ॥
केवल मम दर्शित वाम पार्श्वे महामति ।
कर्णमूले नहे वक्र कतिपय तथास्थले ॥

येथा कर्ण अलंकार　　रहे केश प्रचापने ।
एतद् भार नहे प्राप्त　　केशावली निरीक्षह ॥
सन्निविष्ट सुकुंडल　　कर्णद्वये यथायथ ।
यद् भ्रू-चाप विनिन्दित　　टंकारित यथामत ॥
सिन्दुर बिन्दु यद् भाले　　ललाटे प्राप्त पूर्णता ।
यद् चक्षु अब्ज निन्दित　　परिदृष्ट यथायथ ॥
तन्मणि भ्रमराकृति　　पद्म दले अचंचल ।
किंवा पद्मे अवस्थित　　अन्त वृंत यथामत ॥
मंडित स्वर्ण केशरे　　जगत्शोभा निरीक्षणे ।
नासा दीर्घ यथायथ　　चिबुक गंड सर्वतः ॥
नासारंध्र यथायथ　　नासा निम्नतलौष्ठ तद् ।
ओष्ठ सूक्ष्म कृशाकृति　　तद् पार्श्वे वक्र तेमति ॥
यथा नित्य स्मिताधरे　　राजलक्ष्मी सुशोभिता ।
बिम्बतुल्य यथाधर　　तन्निम्नावर्त्त तेमति ।
परिदृष्ट नहे मात्र　　तिल चिह्न तथास्थले ॥
वामे ग्रीवा ईषत् वक्र　　चिबुक निम्न तेमति ।
कण्ठनिम्ने सुशोभित　　रत्नहार यथायथ ॥
अंसद्वये यथा शोभा　　परिदृष्ट तथामत ।
मृणालतुल्य तद् बाहु　　भ्रम हीन सुनिर्मित ॥
अलंकार यथायथ　　अभ्रांत मम दर्शित ।
पाणि मुष्टि करांगुलि　　पाणितल सुनिर्मित ॥
कहिते किं महात्मन　　रेखावली समीक्षित ।
अभ्रांत तव विन्यास　　मम चित्त चमत्कृत ॥
हेरि वक्ष पयोधर　　यथा पुत्रवती प्रति ।
दुग्धभारे दृढ़ स्तन　　ईषत् नत यथा पुरा ॥
परिधेय यथा वस्त्र　　विन्यास दृष्ट तादृश ।
वक्षपार्श्व कटि क्षीण　　अलंकार तथामत ॥
तद् जानु उपवेशने　　पद वक्रे यथाकृति ।
सन्निविष्ट महामति　　यद् स्वभाव तदक्रमे ॥
पदद्वय सुनिर्मित　　नूपुरद्वय मंडित ।
अभ्रांत भास्कराचार्य　　साफल्य सृजने तव ॥
तुमि स्रष्टा द्वितीयतः　　प्राणहीन तथापिह ।
येन प्राण प्रकाशित　　जीवन्ते यद् भ्रमोद्भवे ॥
तव सृष्टि किं अद्भुत　　स्मरि सृष्टि निशाचरे ।
लंकायुद्धे महामति　　मायासीता सुनिर्मिल ॥
वधे एतद् महाक्रोधे　　मेघनाद रणस्थले ।
कर्त्तित अंग दर्शने　　स्वयं क्षोभे विनिर्झरि ॥
एतद् युद्ध समुद्यम　　सर्व नष्ट अतःपरे ।
हाय सीता निराश्रये　　हत प्राणे निशाचरे ॥
अक्षम रक्षिते तोमा　　धृत शस्त्र अकारणे ।
पौरुष किं ममप्रति　　प्राण सिंधुजले त्यजि ॥
एतद्काले विभीषण　　कहे वाक्य ममप्रति ।
तव भ्रम समुत्पन्ने　　माया सृष्टि निरीक्षह ॥
अशोके जानकी देवी　　एसो हनु निरीक्षिया ।
तद् वाक्ये सत्वरे हनु　　एलो सीता निरीक्षिया ॥

प्रत्यय मम तद् परे माया सत्य विचारित ।
प्राण मात्र प्रदानिले माया सृष्टि पराजित ॥

वाल्मीकि वचन

प्राण स्वयं प्रदानिव रह राम असंशये ।
यज्ञकाले प्रयोजन अद्य विपद् यथा शुन ॥
एरूप श्रवणे वाक्य रामचन्द्र चमत्कृत ।
द्वारदेशे निरीक्षिल स्वयं गुरु उपस्थित ॥
गुरु द्वारे निरीक्षिया त्वरित राम समुत्थित ।
जिज्ञासिल किं विपद् कह अद्य उपस्थित ॥

वशिष्ठ वचन

वाल्मीकि वन-रक्षके सर्व सैन्य समन्वित ।
युद्धे तवानुज द्वय पराभूत निपातित ॥

वाल्मीकि वचन

तद् श्रुत विस्मयान्वित रामचन्द्र प्रकुपित ।
वशिष्ठ सह सत्वरे अत्र क्षेत्र परित्यजे ॥
रचित हिरण मूर्त्ति भास्करे अवयव राघव मुग्ध दर्शने ।
अविकल उपविष्ट जानकी प्रतिकृति विभ्रम सत्य निर्णये ॥

- इति श्रीमद्देवायण ब्रह्मकल्पे तृतीय खण्डे राम मण्डलान्तर्गतः रामायण वर्गे उत्तर काण्डे स्वर्ण-सीता प्रतिमूर्त्ति निर्माण वार्ता नामः ऊनत्रिंश सर्ग ।

— ✩ —

॥ त्रिंश सर्ग ॥

वाल्मीकि वचन

दूत वार्ता यथा श्रुत राघव अति कोपने ।
राज सभातलागमे मित्रद्वये निरीक्षिल ॥
दिल आज्ञा कपीश्वरे विभीषणे तथामत ।
कर सैन्य सुसज्जित लक्ष्मण समरे हत ॥
उत्थित रण नायक रूपे अद्य विभीषण ।
शृंगध्वनि निनादिल रक्षःराज भयंकर ॥
पुष्पक स्यन्दनारूढ़ रामचन्द्र त्वरित गति ।
नाना शस्त्रे सुसज्जित उठे सैन्य चतुर्दिके ॥
रक्षः कपि समन्वित अयोध्या वाहिनी सह ।
गुहक दल संहति रामचन्द्र बहिर्गत ॥
एक लक्ष महाशंखे कपीश्वर सुसज्जित ।
पंच लक्ष निशाचरे चले वीर विभीषण ॥
चले दश सहस्रशे गुहक शूद्र वाहिनी ।
दश लक्षे बहिर्गत अयोध्या राजवाहिनी ॥
चले सैन्य अतिक्रमि सरयु सरितोत्तमा ।
वारि सर्व उवापित कर्दमाक्त नदीपथ ॥
कर्दमाक्त अतःपरे धूलिमय नदी यथा ।
एतद् धूलि नभःस्थले मेघतुल्य समावृत ॥

जय राम निनादिया तपोवने प्रवेशिल ।
द्वितीय प्रहरातीते रामचन्द्र समन्वित ॥
विपुल सैन्य गर्जने शुनि सीता चमत्कृत ।
तपः वने किं कारणे सैन्य-नाद क्रमागत ॥
स्वयं मने कृत स्थिर एतद् रूप क्षणान्तरे ।
मृगया कारणे हवे राजा केह समागत ॥
स्थित अग्रे तपोवन आश्रम योजन त्रये ।
एतद् हेतु नहे दृष्ट सैन्यकुल तथा हते ॥
गर्जन मात्र केवल सीता कर्णे प्रवेशित ।
हेथा राम रणस्थले हेरि सर्व निपातित ॥
दिल आज्ञा विभीषणे कर हे युद्ध घोषणा ।
शृंगनाद करे रक्षः बाजे वाद्य स-भैरवे ॥
वाद्य नाद यथा श्रुत लव कुश बहिर्गत ।
युगल राम यद्रूप निरीक्षिल विभीषण ॥
अग्रसरि तथास्थले कपीश्वर विभीषण ।
जिज्ञासे बालकद्वये कोन कुल समुद्भवे ॥

लव वचन

युद्धस्थले निरीक्षिवे कोन कुलोद्भव स्वयं ।
तोमा साक्षात् मने स्मरि रक्षःराज विभीषण ॥
कपि-रूप यथाबली राम मित्र महायुधि ।
आह्वानि हे कपीश्वर मम युद्ध प्रदानिते ॥
उद्धारिते तुरंगम यदि वीर्य प्रकाशह ।
परिचय यथायथ हवे शुन रणस्थले ॥

वाल्मीकि वचन

आह्वाने समरे तवु नहे बाहु समुत्थित ।
एक दृष्टि निरीक्षिछे कपीश्वर लवप्रति ॥
सम बाहु समाकृति समास्य सम लोचन ।
जानकी गर्भ सम्भव एतद् द्वय मने स्मरि ॥
त्वरित युद्ध परित्यजि चले द्रुत कपीश्वर ।
रामचन्द्रे यथा क्रमे एतद् वाक्य निवेदिल ॥

सुग्रीव वचन

मत् श्रुत जानकी त्यजि विंश वर्ष पुरा स्मृति ।
लक्ष्मणकृत रक्षित वाल्मीकि कवि आश्रमे ॥
सीता गर्भ समुद्भव पुत्रद्वय तव स्मरि ।
हे राघव स्वयं चक्षे वारेक कर दर्शन ॥
प्रतिद्वन्द्वी पुरोभागे समास्य समलोचन ।
समबाहु समाकृति हेरि युद्धे निरस्तह ॥

वाल्मीकि वचन

एतद् वाक्य यथा श्रुत कहे राम सगर्जने ।
विचारे किं प्रयोजन युद्ध सखा अनुष्ठह ॥
ये संग्रामे समागत प्रतिद्वन्द्वी स्वरूपित ।
सौजन्य किं कपीश्वर शस्त्र धृत अरिप्रति ॥

शस्त्र धृत नहे मात्र बहु सैन्य विनाशिल ।
भ्रातृ त्रय समन्वित स्वजनात्म विचार किं ॥
अपराध नहे स्वल्प अग्रे प्राणे विनाशंह ।
स्वजनात्म विचारित हवे सखा अतःपरे ॥
अश्वमेधे यथा विघ्न अग्रे त्वरित विताड़ह ।
हे दोर्द्दन्ड प्रतापिनः कर मुक्त तुरंगम ॥
यदि पुत्र हवे शुन यज्ञ विघ्न तथापिह ।
शत्रु रूपे समागत युद्ध श्रेयः कपीश्वर ॥
समर यदि कपिश बांधवे द्रुत कर पीड़ने हार्द वर्जने ।
अपिच तुरंग बंधने क्रतुः प्रतिहत पुत्र किं विघ्न मंगले ॥

- इति श्रीमद्देवायण ब्रह्मकल्पे तृतीय खण्डे राम मण्डलान्तर्गतः रामायण वर्गे उत्तर काण्डे श्रीराम कर्तृक स-सैन्ये वाल्मीकि वने गमन वार्ता नामः त्रिंश सर्ग ।

— ✯ —

॥ एकत्रिंश सर्ग ॥

वाल्मीकि वचन

एस्थले समरे कुश आह्वानिल विभीषणे ।
युद्धे युक्त महाबली रक्षःराजे निपीड़िते ॥
अकस्मात् कपीश्वर धृत हस्ते महीधर ।
लव अग्रे उपस्थित घोर रवे निनादिया ॥
टंकारिल धनुर्गुण लव युद्धे महारवे ।
पदाघाते महीतले करि क्षुध वसुंधरा ॥
निक्षेपिल महीधर घोरनादे कपीश्वर ।
अर्धपथे विचूर्णिल शस्त्राघाते त्वरित लव ॥
कुपित कपि सुग्रीव गिरि व्यर्थ निरीक्षिया ।
धरि हस्ते महीरुह करे त्वरित विघूर्णित ॥
करि वृक्ष विघूर्णन निक्षेपिल स-भैरवे ।
क्रीडाच्छले द्विखंडिल लव त्वरित महीरुह ॥
विद्युत् गति शराघाते सुग्रीव क्षत विक्षत ।
नारे बाण निवारिते करका सम वर्षित ॥
एतद् रूपे करे युद्ध प्रहरेक कपीश्वर ।
तद् परे प्रबलाघाते कपिराज अचेतन ॥
कपिनाथ अचेतन महावीर उपस्थित ।
वृक्ष हस्ते बहुक्षण करे युद्ध तथास्थले ॥
सम्मोहन महाशरे हनुमान अचेतन ।
अमर स्मरि मारुति पाश बाण प्रहारित ॥
पाशबद्ध महावीर रहे युद्धे अचेतन ।
आगत वीर अंगद हेरि हनु निपातित ॥
वृक्ष हस्ते करे युद्ध अंगद कपि नन्दन ।
बहुक्षण महायुद्धे हल वृक्ष द्विखंडित ॥
वृक्ष भग्न निरीक्षिया अंगद अति कोपने ।
भूधर धारणे हस्ते आक्रमिल महाबले ॥

निक्षेपिल महाक्रोधे बृहत् गिरि लवप्रति ।
तीक्ष्ण बाणे द्विखंडिल कृत लवे त्वरित गति ॥
सम्मोहने विमोहित अंगदे कृत सत्वरे ।
पतित वीर अंगद गिरि हस्ते महीतले ॥
पतित हेरि अंगद नल नील समागत ।
करे युद्ध बहुक्षण नल नील महाबली ॥
करि युद्ध कतक्षण नल नील निपातित ।
सम्मोहने विमोहित अचेतन रणस्थले ॥
गवाक्ष गय तद् परे युद्धस्थले उपस्थित ।
लव सह करे युद्ध वीरद्वय कतक्षण ॥
तृतीय प्रहरातीत यवे रात्रि रणस्थले ।
पड़े गय गवाक्षादि वानर सैन्य नायक ॥
एस्थले कुश संहति विभीषण पराजित ।
सम्मोहने विमोहित पाशबद्ध तथास्थले ॥
रक्षः सैन्य निपातिल कुश युद्धे क्रमे क्रमे ।
रक्षः सर्व निपातने गर्जिया गुहकागत ॥
करे युद्ध बहुक्षण तीक्ष्ण भल्ल प्रचालने ।
विद्युत् गति शराघाते कुश युद्धे करे क्षत ॥
गुहके करिया क्षत निपातिल रणस्थले ।
एतद् रूपे महायुद्धे रात्रि अंते ऊषागत ॥
दिवाव्यापी महारणे सर्व सैन्य निपातिल ।
कपि रक्षः निपातने जय शंख निनादिल ॥
सैन्य सर्व समापित कुपित हेरि राघव ।
एकाकी समरे घोरे युद्धमान अवस्थित ॥
राघवे करि आह्वान टंकारिल धनुर्गुण ।
वीर लव कुश द्वय जय शंख निनादने ॥
स-कपिकुल कपीश विग्रहे निपतित राक्षसवृन्द संहति ।
पतित गुहक वाहिनी क्रमे लव कुश दुर्दम शस्त्र घातने ॥

- इति श्रीमद्देवायण ब्रह्मकल्पे तृतीय खण्डे राम मण्डलान्तर्गतः रामायण वर्गे उत्तर काण्डे लव कुश कर्त्तृक रामचन्द्र बिना सर्व योद्धा निपातन वार्ता कथन नामः एकत्रिंश सर्ग ।

— ✯ —

॥ द्वात्रिंश सर्ग ॥

वाल्मीकि वचन

युद्धाह्वानि कहे लव शंखनादे मधुस्वने ।
श्रीरामे पुष्पकारूढ़ रथीश्रेष्ठ निरीक्षिया ॥
नवदुर्वादल श्याम अपूर्व अब्जलोचन ।
तद् रूप दर्शने मुग्ध स्वभावतः शिरानत ॥

लव वचन

हे राघव जगत्जयी कर मुक्त तुरंगम ।
रावण विजयी वीर बाली युद्धे विनाशिले ॥

तवाधिक किंवा वीर्य धृत अन्ये महीतले ।
देवता ऋषि वन्दित सर्व पूज्य जगत्पति ॥
पितृतुल्य प्रजापाल नमि तोमा पुनः पुनः ।
क्षमः हे मम औद्धत्ये सर्व सैन्य निपातने ॥
धृत तव तुरंगम क्रीडा मात्र मने स्मरि ।
महासैन्य रणे प्रेरि कुपित दंड दानिते ॥
मम शास्ति प्रदानिते मृत्युदंड प्रचारिले ।
आत्मरक्षा तरे शुन करि युद्ध तथास्थले ॥
सर्व कर्त्ता यथामत प्राणदंडे तुमि क्षम ।
दंडे सक्षमता हेतु सर्वाधिक बली तुमि ॥
बल वीर्ये तवाधिक नाहि श्रेष्ठ चराचरे ।
रक्षारि तुमि राघव देव दास्य विमोचक ॥
एतद् हेतु जगत् पूज्य देव पूज्य महात्मन ।
भगवान स्वरूपित ऋषि प्राज्ञे उपासित ॥
उपकृत जगत् सर्व तव वीर्य पराक्रमे ।
भूतले सर्व मंगल द्वेषीकुल विमर्दने ॥
बलीश्रेष्ठ महाबली नमि पदे पुनः पुनः ।
तव वीर्य प्रशंसित श्रद्धानत यथा जगत् ॥
एतद् हेतु तव भ्रम नहे विश्वे विचारित ।
तोमा दंड प्रदानिते नाहि केह चराचरे ॥
मत् कृत शुन दर्शित महाभ्रम तवप्रति ।
रामायण यथा श्रुत वाल्मीकि गुरु वर्णित ॥
यद् काव्य मधुर श्रुति चरित्र वर्णने तव ।
यद् कीर्त्ति भूतले तव सर्व श्लोके सुवर्णित ॥
मुग्धाहं श्रवणे राजा कीर्त्ति श्रेष्ठ तवप्रति ।
अकीर्त्ति श्रुत केवल सीता वने परित्यजि ॥
यद् दृष्ट वाल्मीकि सद्मे सीता सर्व गुणान्विता ।
आश्रम-जननी रूपे सर्व शिष्य प्रचालिका ॥
मातृरूपे यथा पदे नित्य मोरा शिरानत ।
एतद् सीता परित्यागे अकीर्त्ति तव राघव ॥
सीता साध्वी स्वयं ज्ञात लंकाते अग्नि भीषणे ।
एतद् सीता परित्यागे अकीर्त्ति तव राघव ॥
यद् मिथ्या संशये उक्त प्रजाकुले विनिन्दिता ।
वर्षेक रावणालये किं प्रकारे अवस्थिता ॥
लोकचक्षु अगोचरे तद् वार्ता ज्ञात राघव ।
सरमा त्रिजटा सह अग्नि वाक्य यथा श्रुत ॥
प्रजा वाक्ये समाच्छन्न एतद् सत्य अतिक्रमि ।
वर्धे मिथ्या तवाश्रये अकीर्त्ति तव राघव ॥
तद् हेतु मम संकल्प अश्वमेध यथा श्रुत ।
उत्थित दंडिते मिथ्या लवाहं वाल्मीकि शिष्य ॥
स्वयं सत्य यथा ज्ञात तपः तेजे निवारिते ।
यथा मिथ्या प्रभावित रामचन्द्र महाबली ॥
यद् कृत राघव ज्येष्ठ राज्ये पुण्य प्रवर्धने ।
मिथ्या पाप विताड़ने पुण्य यज्ञ अनुष्ठित ॥
एतद् वने सुनिर्जने यज्ञे व्रती यथा स्वयं ।
पशे यज्ञस्थले मम अश्वमेधे तुरंगम ॥

अतएव स्वभावतः गर्जि स्वयं निजान्तरे ।
अश्वमेध अकारण रामचन्द्र तवप्रति ॥
आत्मत्यागे करि स्थिर मिथ्या द्वेषे समुत्थित ।
राम-मेध निवारणे तुरंग करि बंधन ॥
तुरंग बंधने हेर पहायुद्ध समुद्भवे ।
तेजस्मान स्वयं सत्ये वर्धि श्रेष्ठ पराक्रमे ॥
सत्यतेजे करि क्षय मिथ्यातेज तवप्रति ।
एतद् साक्षात् प्रमाणित महायुद्धे जयी स्वयं ॥
दिग्विजयी बलीश्रेष्ठ भ्राताात्रय समन्वित ।
महासैन्य निपातिनु हे राम कर दर्शन ॥

वाल्मीकि वचन

मधुर श्रवणे वाक्य पशे राम हृदिस्थले ।
वक्ष रक्त विचंचलि क्षोभोत्थित पुनः पुनः ॥
चिन्ता केवा पुरोभागे तापस बालकद्वय ।
एतद् वक्षे विधारणे केन प्राण विचंचल ॥
श्रुत मधुसम वाक्य बालके अनुभवि राघव हृद्यता रणे ।
विकल हृदय अश्रु निर्झरे धनु अवशे च्युत हस्त धारणे ॥

- इति श्रीमद्देवायण ब्रह्मकल्पे तृतीय खण्डे राम मण्डलान्तर्गतः रामायण वर्गे उत्तर काण्डे श्रीराम-लव वार्ता कथन नामः द्वात्रिंश सर्ग ।

— ✯ —

॥ त्रयोत्रिंश सर्ग ॥

वाल्मीकि वचन

किं हेतु चित्त उद्वेल स्नेहे वक्षे विधारणे ।
पुत्रस्नेहोद्भवे केन हेरि तापस बालक ॥
कहे वाक्य कपीश्वर मम तुल्य समीक्षित ।
सीता गर्भ समुद्भव तन्मन संशये कहे ॥
दूर हते सगर्जने कहि युद्ध कपीश्वरे ।
एवे साक्षात् नहि क्षम धनुर्बाण विधारणे ॥
उद्वेलित हृदिस्थले रक्तगति बहे द्रुत ।
स्नेहे प्राण सकातर पुत्र वक्षे विधारणे ॥
कहे साक्षात् स्वयं तेजे तापस वीर बालक ।
लवाहं वाल्मीकि शिष्य मिथ्या दंडे समुत्थित ॥
के अद्य तेज विक्रमे मम दंड प्रदानिते ।
न्यायान्याय विचारिते धरे यज्ञ तुरंगम ॥
यद्यपि मम नन्दन युद्ध अद्य किं कारणे ।
अज्ञात किं कवि स्वयं शिष्य द्वये रणोद्यम ॥
पुत्र कन्या नहि ज्ञात सीता गर्भवती यथा ।
वार्ता गर्भ विमोचने नाहि कवि प्रदानिल ॥
चिन्तायुक्त तथा राम एतद् नानाविध क्रमे ।
भ्राताद्वय महोत्साही निस्तेज हेरि राघवे ॥
धनुर्दन्ड विधारणे हेरि रामे निरुत्सुक ।
लव वाक्ये परान्मुख आरम्भिल तथा कुश ॥

कुश वचन

कुशाहं वाल्मीकि शिष्य कहि शुन अत:परे ।
रघुकुलावतंश हे राम चित्ते विचारह ॥
किं हेतु विजयी तुमि लंकायुद्धे महादुखे ।
एतद् वीर्य पराक्रम नहे सत्य तवप्रति ॥
लंकेश्वर तवाधिक छिल वीर सुनिश्चय ।
देवकुल प्रभाविया दुराचार परायण ॥
यद् तपस्या महातेजे देव भृत्य शिरानत ।
तद् पतन नहे राम वीर्याधिक्ये तवप्रति ॥
दुष्कृति कारणे रक्ष: क्षीणतेजा दिने दिने ।
सर्वान्ते हरणे सीता आयु नष्ट विशेषत: ॥
नष्टायु राक्षसेश्वरे बहु स्थले निपातिले ।
नहेत महिरावण बलि दान प्रदानित ॥
यदि ना भक्त मारुति अत्रस्थले उपस्थिते ।
ना वधित स्व-विक्रमे मायावी महिरावणे ॥
भक्त कृत सुरक्षित सर्व क्षेत्रे समीक्षित ।
इथे मात्र प्रमाणित न्याय पथे जयी तुमि ॥

श्रीराम वचन

हे तापस किं साहसे धृत यज्ञ तुरंगम ।
किंवा वीर्ये निपातिले दुर्जय लक्ष्मणे रणे ॥
कपीश्वर विभीषण महावीर तथामत ।
अमरकुल सन्निभ वीर सर्व महीतले ॥
किं प्रकारे परिज्ञात सीता तत्त्व इहा कह ।
किं प्रकारे परिज्ञात जानकी यद् प्रिया मम ॥

कुश वचन

न्याय पथे जयी राम लंकायुद्धे यथा तुमि ।
अन्याये अद्य तेमति हेर क्रमे पराजित ॥
तव भक्त महावीर हेर युद्धे निपातित ।
लंकायुद्धे यथा जने महत् कीर्त्ति प्रतिष्ठित ॥
आनीत गंधमादन अष्टोत्तर शताम्बुज ।
मृत्युबाण दशानने तवे राम रणे जयी ॥
हेर अत्र बले अद्य मोरा द्वय प्रतिष्ठित ।
वाल्मीकि गुरु शिक्षाते ब्रह्मतेज विधारणे ॥
धृत बाजी स्व-वीर्यते युद्ध क्रीडा मने स्मरि ।
सीता त्यागे क्रने क्षुन्न न्याय पथ विवर्जने ॥
जामदग्नि महाबली क्षत्रतेज प्रदानिल ।
वाल्मीकि ब्रह्मतेजसे महायुद्ध प्रचालित ॥
एतद् वीर्ये पराजित लक्ष्मण रणदुर्जय ।
वाल्मीकि कृत दानित सम्मोहन महाशर ॥
करि सैन्य विमोहित सेनापति समन्वित ।
सम्मोहन नहे सह्य कोन जने कदाचन ॥
पालित जानकी स्नेहे वाल्मीकि शिष्य सर्वत: ।
मोरा द्वय तथामत अत्र स्नेहे सुपालित ॥
रामायण अनुध्याने सर्व ज्ञात महामति ।
वाल्मीकि कृत वर्णित सप्त काण्ड महापुंथि ॥

तव कार्य महत् कीर्त्ति　　यथा सर्व सुवर्णित ।
एतद् मध्ये अवस्थित　　उत्तर काण्डते शुन ॥
प्रजानुरंजने राम　　स्वीय प्रिया परित्यजि ।
वनवास प्रदानिल　　निर्विचारे जगत्पति ॥
यथा गर्भवती प्रिया　　अष्ट मासे अवस्थिता ।
लक्ष्मणात कौशले　　त्यजिल वाल्मीकि वने ॥

वाल्मीकि वचन

एरूप कहिते वाक्य　　लव कुश निरीक्षिल ।
अग्निदत्त महाधनु　　शैथिल्ये कर विच्युत ॥
अश्रुधारा बहिर्गत　　तिति गंड हृदिस्थल ।
बाष्परुद्ध यथा कण्ठे　　कहे राम तथास्थले ॥

श्रीराम वचन

कह कह पुनर्वार　　राम निन्दा प्रचारिया ।
राघव अति निष्ठुर　　इथे भ्रम नहे कभु ॥
गर्भवती यथा प्रिया　　वनवास प्रदानिनु ।
एतद् गर्भे किंवा वार्ता　　यदि ज्ञात प्रकाशह ॥
मधुर श्रुत यद् कण्ठ　　मधुरतर भाषणे ।
अति हर्ष हृदिस्थले　　शुनि वाक्य क्रमागत ॥

वाल्मीकि वचन

एतद् वाक्य यथा श्रुत　　अवश अन्तरे लव ।
व्याकुल हृदयातीव　　पितृ वक्षे निपातने ॥
क्षणेके स्मरि दौर्बल्य　　उठे गर्जि निजान्तरे ।
इंगित करिया कुशे　　संयत रहिते लव ॥

लव वचन

राम तुमि रणे भीत　　हेरि सर्व पराजित ।
छले जय नहे कभु　　धर शस्त्र रणस्थले ॥
वाल्मीकि वन-रक्षक　　एतन्मात्र मने स्मर ।
रामायणे यथा ज्ञान　　कहि वाक्य तवप्रति ॥

कुश वचन

आश्रम पालिका यथा　　परिचय तथा शुधु ।
सन्धान लभिते यदि　　तव इच्छा मनोद्गत ॥
प्रिया दुःखे सकातर　　यदि राम रणस्थले ।
मृत्युदंड प्रदानिले　　चाह क्षमा ममाग्रते ॥
यद्यपि अति कातर　　जाह राज्य परित्यजि ।
वनवास प्रदानिनु　　लह सीता मनोमत ॥
अश्वमेध महायज्ञ　　मोरा दोंहे अनुष्ठिव ।
जगन्मय प्रचारिव　　रामचन्द्र पराजित ॥
प्राण-भिक्षा लये राम　　वनमध्ये प्रवेशिल ।
रावण विजयी राम　　राम जयी यथा लव ॥

लव राज्य प्रतिष्ठिव अश्वमेध अनुष्ठिया ।
क्षमि तोमा नराधिप जाह तुमि रण त्यजि ॥

वाल्मीकि वचन

एतद् वाक्य यथा श्रुत राघव अति कुपित ।
राजीव लोचनद्वय बालार्क वर्ण सन्निभ ॥
गर्जिल वज्र निस्वने टंकारिया धनुर्गुण ।
स्वर्ग मर्त्य प्रकम्पित यथा ध्वनि निनादने ॥

श्रीराम वचन

रे मूढ़ वन-रक्षक रामचन्द्रे अजानित ।
रणस्पृहा निवारिव धर शस्त्र त्वरित गति ॥
धर बाजी किं साहसे अद्य युद्धे निरीक्षिव ।
कहि स्नेहे यथा वाक्य मधुर श्रुत भाषणे ॥
धृत दृढ़तर मुष्टि कार्मुके शुनि अवहेलन वाक्य तापसे ।
अति अभिनव दृश्य कोपने क्षितितल कम्पित राम गर्जने ॥

- इति श्रीमद्देवायण ब्रह्मकल्पे तृतीय खण्डे राम मण्डलान्तर्गतः रामायण वर्गे उत्तर काण्डे श्रीराम-लव-कुश संवादे युद्धोद्योग वार्ता कथन नामः त्रयोत्रिंश सर्ग ।

— ✯ —

॥ चतुःत्रिंश सर्ग ॥

वाल्मीकि वचन

एतद् वाक्य महानादे गर्जि राम तथास्थले ।
टंकारित धनुर्गुणे यद् कृत शर योजना ॥
राम युद्धे समुद्यत हेरि सहोदर द्वय ।
टंकारिल धनुर्गुण पदाघाते महीतले ॥
पुष्पक त्यजिया राम अवतीर्ण धरातले ।
पदाघात करे राम करि क्षुब्ध वसुंधरा ॥
एकदिके जगत्पति अपरे नन्दन द्वय ।
त्रिराम तुल्य वीर्यते कृत क्षुब्ध महीतल ॥
ऐरावत महागज आक्रमिल करी द्वये ।
पद क्षुन्न करे मही रणोन्मत्त यवे गज ॥
तथामत पदाघाते करि क्षुब्ध वसुंधरा ।
आक्रमिल परस्परे महायुद्ध अतःपरे ॥
विद्युत् गति शराघाते विद्युत्ज्योति समुज्ज्वल ।
हाने बाण परस्परे महाघाते क्रमागत ॥
शरे शरे नभः व्याप्त करका पुंज येमति ।
वर्षे येन बलाहके घोर रवे महीतले ॥
विद्युत्ज्योति क्षणे क्षणे वज्र नाद तथास्थले ।
वायु तुल्य महावेगे शरपुंज चले द्रुत ॥
घूर्णि वात्या समुत्थित तन्मध्ये शर घूर्णने ।
अंधकार क्षणे क्षणे मेघच्छाया यथामत ॥

सूर्यसम महाद्युति तथा कभू प्रकाशित ।
घन कुंझटिका छाया तथा कभु समावृत ॥
एतद् रूपे महायुद्ध सह राम सुत द्वये ।
श्रीराम अपराजित सर्व युद्धे सदा शुन ॥
पुत्र द्वय तथामत संग्रामे अपराजित ।
एतद् रूपे महायुद्धे लवे बल प्रकाशित ॥
शराघाते करे व्यास रामचन्द्रे तथास्थले ।
इतिमध्ये तथा कुश सम्मोहन प्रयोगिल ॥
सम्मोहने विमोहित राम युद्धे निपातित ।
रामचन्द्रे रणस्थले हेरि कुश विमोहित ॥
राघव शिर भूषण आनि लवे प्रदानिल ।
एलो दोंहे जयी युद्धे मम पदे शिरानते ॥
रामचन्द्र पराजित युद्ध स्थले विमोहित ।
शुनि हर्ष ममप्रति करि वक्षे विधारण ॥
कहिनु जानकी प्रति एतद् वार्ता प्रदानह ।
कह सेथा पितामह नाहि माता उपस्थित ॥
राखिया वन रक्षणे गेल तपे पितामह ।
एतद् काले उपस्थित अश्वमेधे तुरंगम ॥
सैन्य कुल करे नष्ट कवि श्रेष्ठ तपोवन ।
एतद् वाधा प्रदानिते महायुद्ध उपस्थित ॥
सर्व सैन्य क्रमे क्रमे रामचन्द्र समागत ।
भ्रातागण समन्वित राम युद्धे निपातित ॥
निपातित विभीषण सह कपि कपीश्वर ।
बंधन करि मारुति आनि तोमा प्रदानिते ॥
एतद् रूपे परामर्शे हर्षान्वित मने उभे ।
हनुमाने करि स्कंधे गृहप्रति चले द्रुत ॥
चेतना प्राप्त मारुति पाशाबद्ध रहे शुधु ।
लव कुशे यथा कार्य हेरि हनु स्मिताधर ॥
राम हते बलाधिक्य राम पुत्र निरीक्षिया ।
महासुखे चले स्कंधे स्वल्पभार प्रदानिया ॥
राखि द्वारे महावीरे गृहमध्यें प्रवेशिल ।
जननी चरणे नमि दानिल शिर भूषण ॥
श्रीराम शिर-भूषण विस्मित हेरि जानकी ।
जिज्ञासिल किरीटिनी कोथा प्राप्त कह त्वरा ॥

लव वचन

जननी सह राघव तपःवने महारण ।
एतद् युद्धे पराजित रामचन्द्र महाबली ॥
अतःपरे क्रमे क्रमे मातृ पार्श्वे निवेदिल ।
कवि वाक्य यथामत कहे सर्व तथामत ॥
रघुपति सह युद्ध वर्णने अगणन वानर सैन्य राक्षसे ।
निपतित समरे यथा क्रमे लव कुश मातृपदे निवेदिल ॥

– इति श्रीमद्देवायण ब्रह्मकल्पे तृतीय खण्डे राम मण्डलान्तर्गतः रामायण वर्गे उत्तर काण्डे सीताप्रति लव-कुश कर्तृक युद्ध वार्ता प्रदान नामः चतुःत्रिंश सर्ग ।

— ★ —

॥ पंचत्रिंश सर्ग ॥

वाल्मीकि वचन

श्रवणे जानकी क्षुब्ध आर्तनाद परायणा ।
पिता युद्धे पराजित जयोल्लास किंवा कह ॥

जानकी वचन

पितृहत्या यथा कृत ज्येष्ठ पुत्र समुद्भव ।
करि अद्य परित्याग कुलांगार सुतद्वय ॥
नाहि पुत्रे प्रयोजन हओ दोंहे विदूरित ।
जाव स्वयं रणस्थले हेरि किंवा परिस्थिति ॥
यद्यपि सत्य राघव पुत्र शस्त्रे निपातित ।
स्वीय देह परित्यागे पाप मुक्ति हवे मम ॥
शत्रुसम मने स्मरि ओरे दुष्ट सुतद्वय ।
पितृहत्या तरे मूढ़ मम गर्भे प्रवेशिल ॥

कुश वचन

क्षमः माता कृपाभरे अपराध यथा कृत ।
क्षुब्ध मोरा तव क्षोभे करि युद्ध पितासह ॥

सीता वचन

रह स्थिर यथास्थले नाहि वाक्ये प्रयोजन ।
पितृ अंगे शराघाते वेदना ना तवान्तरे ॥
निष्ठुर अति दुर्मति हओ शीघ्र बहिर्गत ।
नाहि पुत्रे प्रयोजन स्वयं प्राण परित्यजि ॥

वाल्मीकि वचन

एतद् वाक्ये गृह त्यजि सीतादेवी बहिर्गत ।
गृहद्वारे निरीक्षिला मारुति पाश बंधने ॥
हनु बद्ध निरीक्षिया स-कोपे जानकी कहे ।
कर मुक्त त्वरित गति वेदना प्राप्त बंधने ॥
कर पदे नमस्कार अग्रज तुल्य मारुति ।
मातृ वाक्ये यथामत करे लव त्वरित गति ॥

सीता वचन

कह कह महावीर एतद् युद्ध किं कारणे ।
पुत्रसह किंवा युद्ध केन नाहि निवारिले ॥

वाल्मीकि वचन

बंधन मुक्त मारुति त्वरित गति समुत्थित ।
सीता पदे नमस्कारे कहे वाक्य अतःपरे ॥

मारुति वचन

नहि ज्ञात किं कारणे हल युद्ध उपस्थित ।
राम आज्ञा यथामत मोरा युद्धे प्रवेशिनु ॥

पुत्र बली कपीश्वर प्रभुपदे निवेदिल ।
गर्जि तथा कहे प्रभु विचारे किं प्रयोजन ॥
अश्वमेधे यथा विघ्न शत्रु मात्र मने स्मर ।
आक्रमह त्वरित गति सर्व बले कपीश्वर ॥

सीता वचन

विपरीत महावीर मम भाग्य निरन्तर ।
यथा पिता तथा पुत्र स्नेह शून्य परस्परे ॥
पुत्र दोषे महायुद्ध नहे सत्य कदाचन ।
शिशु पुत्र स्वयं ज्ञानी किंवा कार्य तथास्थले ॥
स्वीय कार्ये विपर्यय मम दुःख निरन्तर ।
चल चल महावीर युद्धस्थल निरीक्षिव ॥

वाल्मीकि वचन

एवे सर्वे चले द्रुत तपःवने यथा रण ।
शोकार्ता जानकी देवी युद्धस्थल निरीक्षिया ॥
रामचन्द्र निपातित रामानुज तथामत ।
भरत सह शत्रुघ्न कपीश्वर विभीषण ॥
लक्ष लक्ष महाकपि निशाचर समन्वित ।
युद्धाहत अचेतन देहे सर्वे अवस्थित ॥
भूतल तल शायित निद्रित येन सर्वत ।
प्राण शून्य अचेतने परिपूर्ण रणस्थले ॥
निरखिल हतचेतने रणे निपतित वानर रक्षःवाहिनी ।
त्रि अनुज सह राम भूतले मृतसम शायित आर्त जानकी ॥

– इति श्रीमद्देवायण ब्रह्मकल्पे तृतीय खण्डे राम मण्डलान्तर्गतः रामायण वर्गे उत्तर काण्डे सीता कर्तृक अति शोके युद्धक्षेत्र दर्शन नामः पंचत्रिंश सर्ग ।

— ★ —

॥ षड्त्रिंश सर्ग ॥

वाल्मीकि वचन

राम-तनु विधारणे शोकार्त्ता जानकी तथा ।
सर्व युद्धे जयी तुमि पुत्र हस्ते निपातित ॥
राक्षस समरे प्रभु कपिसैन्य समन्वित ।
पुनः पुनः समुत्थित यत वार निपातित ॥
एक्षणे केन ना उठ युद्धक्षेत्र परित्यजि ।
भूतल तल लुंठने मलिन यद् परिच्छद ॥
स्वीय पुत्रे स्वयं तुमि केन नाहि निवारिले ।
एतद् हेतु विपर्यय पुत्रसह महारणे ॥
एतद् रूपे बहु क्षोभे सीता शोक परायणा ।
क्षोभे देह परित्यागे उद्यता जानकी यवे ॥
तथा आत्म प्रकाशिनु करि सीता निवारित ।
आत्म हत्या महापाप तद् सर्व वर्णना क्रमे ॥
आत्म त्याग निवारणे मम पदे निवेदिल ।
पिता पुत्र महारणे हेर पिता विपर्यय ॥

उत्तरिनु तथा स्वयं वृथा क्षोभ परायण ।
पुत्र बलि नहे राम लव कुशे परिग्रहे ॥
एतद् हेतु विपर्यय समारम्भ महारण ।
राम कृत परित्यक्ता निर्विचारे यथा तुमि ॥
तेमति पुत्र हेलने अद्य युद्ध उपस्थित ।
पुत्रद्वये किंवा त्रुटि रामे बुद्धि विचार किं ॥

जानकी वचन

सर्व ऊर्ध्वे स्वयं तिनि माया मोह विवर्जित ।
पुत्र गण तथामत सहिव केमने स्वयं ॥
पुत्र दुःखे सदा दुःखी पति दुःखे तथामत ।
अमलिन पिता पुत्र सर्व दुःख ममप्रति ॥
सर्व दुःख निरन्तर सहि स्वयं सुनीरवे ।
एतद् हृदि विदारक अक्षम सहिते शुन ॥
ए हेतु मम संकल्प त्यजि अद्य कलेवर ।
पतिसह मृत गति कार्य श्रेय मने स्मरि ॥
नाहि अद्य निवारह सर्व ज्ञात पिता तुमि ।
चलि स्वयं पतिध्याने कर पिता शुभाशिष ॥

वाल्मीकि वचन

एतद् वाक्ये यवे सीता आत्म त्यागे समुद्यता ।
कहि स्वयं रह स्थिर करि रामे सचेतन ॥
सम्मोहन यथा बाणे छिल सर्वे विमोहित ।
उन्मोचन महामंत्रे करि मोह विदूरित ॥
शान्ति वारि प्रदानिया कहि उठ विमोहित ।
सर्व सैन्य समन्वित रामचन्द्र समुत्थित ॥
सुप्तोत्थित यथामत रामचन्द्र निरीक्षिल ।
सम्मुखे जानकी सह लव कुश मम स्थिति ॥
हेरि मोरे पुरोभागे रामचन्द्र महाबली ।
मम पदे शिरानते कहे वाक्य इहा शुन ॥

श्रीराम वचन

किं सौभाग्य महाकवि स्वयं युद्धे उपस्थित ।
किंवा आज्ञा ममप्रति कह देव कृपाभरे ॥

वाल्मीकि वचन

कहि रामे शुभाशिषे पिता पुत्रे महारण ।
एतद् दृश्य निरीक्षिते अद्य मम समागम ॥
कह राम किं कारणे पुत्र वधे समुद्यत ।
लव कुश ममाश्रित एतद् हेतु रणे जयी ॥
दानि वर अकम्पन सम्मोहन महाशर ।
केह शुन नहे शक्य एतद् जये कदाचन ॥

श्रीराम वचन

एवे सर्व परिज्ञात मम ऊर्ध्वे सुतद्वये ।
स्वयं तुमि प्रतिष्ठिले जययुक्त यथा रणे ॥

पितृ कार्य समापित यदि अद्य मने स्मर ।
त्यजि मर्त्य महीतल पुत्रे राज्य प्रदानह ॥

वाल्मीकि वचन

प्रिया प्रीति नहे तवु पुत्रद्वेष नहे गत ।
जावे तोमा परित्यजि सीतादेवी सुनिश्चय ॥

श्रीराम वचन

किंवा कह ममप्रति हे सर्वज्ञ महाऋषि ।
प्रजा सर्व वशीभूत कर तुमि तथास्थले ॥
अश्वमेधे निमंत्रण करि तोमा महाकवि ।
यज्ञे राज्ञी प्रयोजन यज्ञे सीता प्रदानह ॥

वाल्मीकि वचन

एतद् वाक्य यथा उक्त रामचन्द्रे तथास्थले ।
सीतादेवी शिरानत पादपद्मे अत:परे ॥
शिरे हस्त प्रदानिया करे राम शुभाशिष ।
लव कुश शिरानत राजीव चरणद्वये ॥
रामचन्द्र सुतद्वये कृत वक्षे विधारण ।
आशिष कृत तद् परे कह लव कुशप्रति ॥

श्रीराम वचन

योग्य पुत्र मने स्मरि सीता गर्भ समुद्भव ।
वाल्मीकि कृत शिक्षाते ब्रह्मतेजे प्रतिष्ठित ॥
क्षत्रतेजे पराजित स्वयं राम रणस्थले ।
केवा वीर तवाधिक लोकत्रये अत:परे ॥
जावे पुत्र अयोध्याते सह माता कवीश्वर ।
अश्वमेधे निमंत्रण एतद् वाक्य मने स्मर ॥
राज्ये सीता प्रतिष्ठिते मम कार्य नहे शुन ।
यज्ञस्थले प्रजा अग्रे हवे यथा विचारित ॥
मम कार्य तथामत हवे कहि सुनिश्चय ।
राजा मात्र प्रजा वाक्ये राज्यपदे प्रतिष्ठित ॥
राजकार्ये निरन्तर प्रजा सेवा मने स्मर ।
करि तुष्ट प्रजा मन: प्रजानुरंजने नृप ॥
राज्ञीपद तथामत प्रजा काम्य विवेचित ।
अर्चित नित्य सम्राज्ञी मातृ रूपे सुवन्दित ॥
यदि सेथा मतद्वैध असन्तोष प्रजाकुल ।
राजनीति तथा व्यर्थ विफल शिर-भूषण ॥
एवे पार्श्वे निरीक्षह खुल्लतात जगत्जयी ।
मेघनाद जयी वीर लक्ष्मण नाम वर्णित ॥
तद् परे भरते हेर राज्यपद परित्यजि ।
मम ध्याने रहे सदा मम तृप्ति अनुष्ठिते ॥
तद् परे हेर शत्रुघ्ने सर्वाधिक ममप्रिय ।
कर सर्वे नमस्कार ममतुल्य जने जने ॥

हेर मित्र विभीषण दशानन प्रियानुज ।
कर पदे नमस्कार लंकेश्वर ममप्रिय ॥
निरीक्षह कपीश्वरे अरण्ये प्रिय बांधव ।
दशस्कंध विनाशिते एकमात्र ममाश्रये ॥
अनन्त कोटि वानरे लंकायुद्ध करे बली ।
आत्म त्याग यथा जन उद्धारे जानकी मम ॥
कर पदे नमस्कार सुग्रीव प्रिय बांधवे ।
तद् परे अंगदे हेर लंकाते सैन्यनायक ॥
बाली पुत्र महाबली तवाग्रज मने स्मर ।
कर पदे नमस्कार पुत्र तुल्य यथांगद ॥
अत:परे निरीक्षह नल नील महाबले ।
समुद्र बंधने शुन शिल्पीश्रेष्ठ मने स्मर ॥
सर्व अन्ते महावीरे परिचय किंवा कहि ।
सर्व मम मरुत् सुत सुखे दु:खे निरन्तर ॥
मारुति मरण क्षणे मारुति नित्य उत्सवे ।
मारुति विपदे मम सेवकोत्तम मारुति ॥

वाल्मीकि वचन

राम वाक्य यथामत लव कुश करे तथा ।
सर्वे तथा महानन्दे करे वक्षे विधारण ॥
हेरि मात्र महावीरे कक्षतले विधारणे ।
लव कुश समन्वित दिल लम्फ नभ:स्थले ॥
अवतीर्ण पुन: वीर महानन्दे महीतले ।
हनु कार्य निरीक्षिया सर्वे हास्य परायण ॥
मम पदे अत:परे नमे सर्वे क्रमे क्रमे ।
करि सर्वे शुभाशिष अतिगत बहुक्षण ॥
जानकी चरणे नमि हल सर्व बहिर्गत ।
मिलि भ्राता चतुष्टय सर्व सैन्य समन्वित ॥
भरत कृत आज्ञाते एक रथ रहे तथा ।
अयोध्या गमने मम अनुरोध यथा कृत ॥
करि नति अनुरोध वाल्मीकि कवि गमने हय: मेध मंगले ।
लव कुश सह जानकी त्रये जनगण संशय नाश दानिते ॥

– इति श्रीमद्देवायण ब्रह्मकल्पे तृतीय खण्डे राम मण्डलान्तर्गत: रामायण वर्गे उत्तर काण्डे श्रीरामादि पुनर्जीवन लाभ ओ यज्ञे वाल्मीकि निमंत्रणे अयोध्या गमन वार्ता नाम: षड्त्रिंश सर्ग ।

— ✯ —

॥ सप्तत्रिंश सर्ग ॥

वाल्मीकि वचन

तद् परे शुन राघव प्रत्यागत गृहे यवे ।
अश्वमेध अनुष्ठिते आयोजन तथास्थले ॥
लोकत्रय निमंत्रणे सर्व जन समागत ।
ऋषि सर्व महायज्ञे क्रमे क्रमे उपस्थित ॥

देववृन्द समागत अत्र यज्ञ निमंत्रणे ।
इन्द्र चन्द्र बृहस्पति मरुत् यम हुताशन ॥
सर्व क्रमे उपस्थित महायज्ञे महीतले ।
आगत हंस वाहने पद्मयोनि प्रजापति ॥
आगत वृषभारूढ़ देव देव महेश्वर ।
अन्यान्य सर्व देवता एलो सर्व स्व-वाहने ॥
एलो सर्व नराधिप यत स्थित महीतले ।
व्यापिया दश योजन दृष्ट यज्ञे महासभा ॥
दानिल बहु यौतुक रामचन्द्रे जने जने ।
बहु अश्व गवी गज राज करे प्रदानिल ॥
सप्त दिवा अहर्निशि चले सभा क्रमागत ।
आंगिरस भरद्वाज कश्यप कण्व गौतम ॥
विश्वामित्र तथा अत्रि सप्तर्षि कृत मण्डले ।
चतुर्भ्राता समन्वित रामचन्द्र अवस्थित ॥
एक पार्श्वे विभीषण अन्य पार्श्वे कपीश्वर ।
सिंहासने समासीन रामचन्द्र जगत्पति ॥
जगत्पति यथा ऊर्ध्वे देव ऋषि विमंडित ।
तेमति भूतले अद्य वैकुण्ठेश्वर दर्शित ॥
लक्ष्मी बिना जनार्दन अन्य सर्व समन्वित ।
श्रीरामे श्री विवर्जित मात्र राम अवस्थित ॥
सर्व शोभा तथापिह श्रीहीन राम दर्शित ।
शत्रुघ्न भरत द्वय चामर वीजने रत ॥
विधृत छत्र लक्ष्मणे श्री वर्जित तथापिह ।
महावीरे कृतांजलि पूर्वतुल्य अवस्थित ॥
देववृन्द पुरोभागे समासीन यथा क्रमे ।
सर्व अग्रे प्रजेश्वर तद् पार्श्वते करिक्रत ॥
ऋत्त्विक वात रशना राजकुल पुरोहित ।
अश्वाहुति प्रदानिछे मुंडच्छेदि सुमंगले ॥
तद् पार्श्वते महेश्वर अत:परे सुराधिप ।
अग्नि वायु मरुत् यम तदन्तरे क्रमे क्रमे ॥
तद् सर्व देव पश्चाते आस्थित ऋषि मण्डल ।
ऋषिचक्र पुरोभागे वशिष्ठ गुरु शोभित ॥
सप्तर्षि मण्डलान्तरे राजा राम अवस्थित ।
वीजने रत सेस्थले भरतादि यथा क्रमे ॥
राज्ञी स्थान रहे शून्य तद् पश्चाते अवस्थित ।
यत सर्व नराधिप पार्श्वद्वये ऋषि क्रमे ॥
सर्व व्यापी चतुर्दिक कपि रक्षः समन्वित ।
राजसैन्य अवस्थित स्तरे स्तरे दले दले ॥
हेथा स्वयं निमन्त्रित रथारूढ़ चलि द्रुत ।
स-पुत्र जानकी सह महाकाव्य करे धृत ॥
वैदेही करिया अग्रे पार्श्वे लव कुश द्वय ।
धनुर्बाण करे धृत गज-गति विमंथरे ॥
पशि देव सभातले श्री वर्धित यथा स्वयं ।
म्लानभाव विदूरित उज्ज्वल श्री पदार्पणे ॥

देववृन्द नतास्याहं करि स्तव तथास्थले ।
नमः स्त्रष्टा प्रजापति वेधस चतुरानन ॥
हिरण्य गर्भ सुज्योति वेदकण्ठ नमः नमः ।
प्रणमि हंस वाहन स्वयं भुव नमः नमः ॥
नमः देव महादेव वृषभारूढ़ शंकर ।
नमि शान्त स्मिताधरे नमि रुद्र भयंकरे ॥
प्रणमि देव वासव देवेन्द्र मेघ वाहन ।
नमि सहस्रलोचन सुरनाथ स्वरीश्वरे ॥
नमि देव सुधापति सोमेश सोम धारक ।
आनन्द द्युति सौन्दर्ये प्रणमि चन्द्रदेवता ॥
नमि अग्नि हुताशन नमस्ते यम देवता ।
प्रणमि विश्वदेवता मरुत्वायु नमः नमः ॥
स्तविल मधुर देव सर्वतः लव कुश यद् मधुकण्ठ वन्दने ।
सुरकुल गुण गौरव क्रमे शुनि सकले अति हृष्ट अन्तरे ॥

- इति श्रीमद्देवायण ब्रह्मकल्पे तृतीय खण्डे राम मण्डलान्तर्गतः रामायण वर्गे उत्तर काण्डे यज्ञ सभातले कवि समागम नामः सप्तत्रिंश सर्ग ।

— ✯ —

॥ अष्टत्रिंश सर्ग ॥

वाल्मीकि वचन

एतद् रूपे करि स्तव लव कुश समन्वित ।
मधुकण्ठ मनोहर राघव नन्दन द्वये ॥
प्रसन्न सर्व देवता शुनि स्तव तथास्थले ।
कृत सर्वे शुभाशिष स-लव कुश मत् प्रति ॥
राज अग्रे प्रवेशिनु देववृन्द अतिक्रमि ।
राम स्तव करे अग्रे लव कुश तथास्थले ॥
राघव सर्व सम्राट लोकनाथ जगत्प्रिय ।
देव पूज्य जगत् पूज्य रघुपति नमः नमः ॥
प्रणमि भरताग्रज लक्ष्मणाग्रज राघव ।
शत्रुघ्न प्रिय अग्रजे नमि मोरा पुनः पुनः ॥
कौशल्यानन्दने नमः नमस्ते अब्जलोचन ।
नमः दशरथात्मज सीतापति नमः नमः ॥
प्रणमि कपि बांधवे रक्षारि राक्षसार्चित ।
नमः राम जगत्पति अयोध्येश नमः नमः ।
नमस्ते जानकीनाथ पादपद्मे पुनः पुनः ॥
एरूप मम शिक्षाते कृत स्तव शिरानते ।
प्रसन्न ऋषि सर्वतः शुनि कण्ठ मनोहर ॥
वशिष्ठ पार्श्वते स्थान छिल मम निरूपित ।
वारुणि कृत आह्वाने उपविष्ट तथास्थले ॥

वशिष्ठ वचन

कह कवि किंवा वार्ता समानीत अतःपरे ।
राघव कीर्त्ति वर्णने श्रुत काव्य प्रकाशिले ॥

मंत्र ध्वनि सदा छन्दे जीवनी किं तथास्थले ।
उद्‌गीत वेद केवल सप्त छन्द विमन्द्रणे ॥
वेद गाथा परित्यजि चरित्र काहिनी रचि ।
किंवा तत्त्व प्रकाशिले कह अद्य सभास्थले ॥

वाल्मीकि वचन

कहि स्वयं महात्मन सीता मान्य प्रदानह ।
योग्यासन प्रदानिया कहि काव्य अतःपरे ॥

वशिष्ठ वचन

पितृ पार्श्वे निरीक्षह हे जानकी तवासन ।
एवे अत्रासने रह हवे कार्य अतःपरे ॥

वाल्मीकि वचन

एक्षणे मैत्र वारुणि लव कुशे निरीक्षह ।
रामतुल्य महाबली सीता गर्भ समुद्भव ॥
हे लव गुरु वारुणि पदे कर शिरानति ।
सूर्यवंशे क्रमागत कुल गुरु चिरंतन ॥
लव कुश अतःपरे ऋषि पदे शिरानत ।
राम पुत्र निरीक्षणे प्राज्ञ स्नेह परायण ॥
एतद्‌ कार्य समापने ऋषि सर्व कहे तथा ।
छन्द गाथा चरित्रे किं कह हे मुनि चैवन ॥
सर्व ऋषि यथा क्रमे वेद मंत्रे प्रतिष्ठित ।
ॐ तत् सत् वाक्यते सदा ब्रह्म ध्यान परायण ॥
निराकार महत्‌ ब्रह्म चैतन्य सर्वतोगत ।
एतद्‌ ध्याने रहे सदा ऋषिकुल निरन्तर ॥
छन्द गाथा तथा मात्र वाङ्मय रूप वन्दित ।
सप्तदेव प्रतिष्ठित यथा छन्दे यथा गति ॥
तथा स्वर तथा वर्ण सप्त ऋषि विधारित ।
एतद्‌ क्षेत्रे किंवा अन्य महाश्चर्य जने जने ॥
यद्यपि विष्णु राघव नरः जन्म तथापिह ।
महत्‌ विष्णु महत्‌ ध्याने केवल वेद वन्दित ॥
परम पद निर्णीत द्रष्टा कुल समीक्षणे ।
सेथा कह किंवा छन्द राम जन्मे प्रवाहित ॥
एतद्‌ रूपे जने जने जिज्ञासिल यवे शुन ।
राम कीर्त्ति किंवा छन्दे एतद्‌ रूपे पुनः पुनः ॥
ऋषि कुले यथा प्रश्न शुनि तथास्थले स्वयं ।
जीवने छन्द मन्द्रणे करि काव्य प्रकाशित ॥
कहिनु स्वर गांधारे कल्लोलित अनुष्टुभ्‌ ।
एतद्‌ वाक्य परिज्ञात ऋषि सर्व यथायथ ॥
कण्ठ जिह्वा तथा तालु क्षेत्र त्रय निरूपणे ।
नाभि स्वर निनादित उदात्तादि ध्वनि क्रमे ॥
गांधार ध्वनि मध्यमे यद्‌ पंचमे प्रकाशित ।
ब्रह्म रंध्र प्रकम्पने तेज धारा प्रवाहित ॥

एतद् तेज महीस्पर्शि पुनः ऊर्ध्वे समुत्थित ।
ब्रह्म रंध्र पुनः स्पर्शि तेज उष्ण महागति ॥
क्षीर धारा प्रवाहित तनु मध्ये निरन्तर ।
प्रस्रवन शुचि स्निग्ध दिव्य हर्ष प्रवर्धक ॥
एतन्नादे अनुष्टुभे मध्यस्थले अवस्थित ।
जगन्मध्ये यथा उक्ति आत्म भाव प्रकाशिते ॥
गांधार स्वर सेस्थले भावोद्गत मने स्मर ।
भावाश्रित यथा जीव भावे नित्य प्रतिष्ठित ॥
एतन्मध्ये अनुष्टुभे दिव्य भाव प्रवर्त्तने ।
जीवने तुलि कल्लोल रामायण सुवर्णिया ॥
यथा विष्णु समागत एतद् मर्त्य महीतले ।
दिव्य भाव विधारणे नरः जन्मे नराकृति ॥
मनुष्य भाव आश्रये सुखे दुःखे निरन्तर ।
सर्व त्यागे यथा राम दिव्य भावे प्रतिष्ठित ॥
स्वार्थ भाव स्वभावतः कालमोहे विमोहित ।
रावण तदधीश्वर दिव्य भाव निपीड़ने ॥
आत्मत्यागे दृढ़ व्रते रामचन्द्र प्रतिष्ठित ।
संस्थापने पराभाव लोकधर्मे अवस्थित ॥
लोकधर्मे सदा रहि नित्यकर्म अनुष्ठिया ।
पराभावे प्रतिष्ठित रामचन्द्र जगत्पति ॥
पराभाव विधारणे नित्य कर्मे प्रचालित ।
प्रिया पुत्र सहोदरे चित्त वृत्ति प्रणोदित ॥
सर्व त्यागे तथापिह राम ऊर्ध्वे प्रतिष्ठित ।
नित्य कर्मे सदा युक्त नित्य मुक्त जगत्पति ॥
राघव जीवने कार्य एतद् गति प्रदर्शित ।
ऊर्ध्व हते अधःप्रति भाव व्यक्त यथा पथे ॥
अव्यक्त संयमे पुनः आत्मत्यागे यथा गति ।
एरूप नयने विष्णु रामागम महीतले ॥
पुनश्च परमे गति राम-जन्म परित्यजि ।
पराभाव प्रकाशिया रामायण इहा स्मर ॥
एतद् वाक्य यथा श्रुत ऋषि सर्व चमत्कृत ।
उत्तम कहिले तुमि कहे सर्व ममप्रति ॥

वशिष्ठ वचन

ज्ञान लब्ध यथा तुमि ब्रह्मध्यान परायण ।
जीवने करिले स्पर्श छन्द गाथा किं अद्भुत ॥
गाह गीति सभास्थले विरचित यथा तव ।
दिव्यभाव रसालिप्त विष्णुतथ्य प्रकाशिते ॥
यद्रूप जीवने विष्णु कीर्ति मान महीतले ।
त्यागी सर्वे सुखारस कर हे परिवेशन ॥

वाल्मीकि वचन

ऋषि सर्वे सदा यज्ञे ब्रह्म ध्यान परायण ।
नित्य कर्मे पराभाव एतद्रसे प्रवंचित ॥
कह कह कहे सर्वे चतुर्दिके मम प्रति ।
मत् कृत चक्षु इंगित लव कुशे अतःपरे ॥

मम आज्ञा यथा लब्ध लव कुश तथास्थले ।
टंकारिया धनुर्गुण आवर्त्तित करे स्वर ॥
गम्भीर मंत्र निःस्वने मधुकण्ठे करे ध्वनि ।
शराघात करे नभेः गर्जे मेघ गुरुस्वने ॥
टंकारे मेघ गर्जने सम्मिलित यथा ध्वनि ।
एतद् सह समारम्भ अरण्य काण्ड तेमति ॥
लव कुश कृत बाण घातने लभि मम इंगित यद् कृतोद्यम ।
गगन घन विदीर्ण शब्द तद् गुरु गुरु गर्जन गीति मूर्च्छने ॥

– इति श्रीमद्देवायण ब्रह्मकल्पे तृतीय खण्डे राम मण्डलान्तर्गतः रामायण वर्गे उत्तर काण्डे यज्ञ सभातले काव्य तत्त्व प्रकाश नामः अष्टत्रिंश सर्ग ।

— ✯ —

॥ ऊनचत्वारिंश सर्ग ॥

वाल्मीकि वचन

अरण्य काण्ड वर्णने राम कीर्त्ति यथा क्रमे ।
रत सहोदर द्वय मेघ ध्वनि समन्वित ॥

रामायण गीति

पंचवटी महारण्ये स-सीता राम लक्ष्मण ।
अयोध्या नगरी त्यजि नित्य हर्षे विराजित ॥
पितृ सत्य सुपालने त्याग व्रते महाबली ।
कुटिर करि निर्माण स्थित गोदावरी तटे ॥
लता पर्ण समावृत राघवे पुण्य आश्रम ।
क्षत्रकुल समुद्भव तपस्वी रूप सेस्थले ॥
शोभित जट वल्कले सर्व त्यागी दृढ़ व्रते ।
निद्राजयी निरन्तर सीता सह अवस्थित ॥
रामानुज तथामत प्रहरी कुटिरे सदा ।
एतद् रूपे क्रमे क्रमे गत वर्ष त्रयोदश ॥
पंचवटी महारण्य स्निग्ध छाया सुशीतल ।
शान्त भाव प्रवर्धित राम ध्याने दिने दिने ॥
पुण्य वायु प्रवाहित दिव्य भाव प्रवर्धक ।
एतद् सर्व विनष्टिल सूर्पणखा समागमे ॥
काल रूपा निशाचरी कामस्पृहा विधारणे ।
दिव्य भावे विपर्यय एतद् मूर्त्ति समागमे ॥
एतद् दृश्य निरीक्षिया रामानुज महाबली ।
आत्म त्यागी धनुर्धर शराघाते विताड़िल ॥
नासाकर्ण यथा छेद्य शराघाते निशाचरी ।
कहिल खर दूषणे प्रतिशोध प्रदानिते ॥
लक्ष्मण सह संग्रामे नियुक्त खर दूषण ।
शराघाते निपातित स-सैन्य राक्षस द्वय ॥
पतित खर दूषण सूर्पणखा त्वरित गति ।
लंकेश्वरे निवेदिल एतद् शास्ति प्रदानिते ॥
रावण पंडिते श्रेष्ठ तवु कामे विमोहित ।
मारीच रक्षः संहति पंचवटी वनागत ॥

मृगरूप विधारित मारीच तद् निशाचर ।
धृत रूप मनोहर सर्व लोक सविस्मय ॥
सुन्दर मृग वीक्षणे सीता देवी तथास्थले ।
कहिला राघव प्रति प्राप्ति आशा प्रकाशिया ॥
तद्परे राघव ज्येष्ठ धनु हस्ते बहिर्गत ।
माया सृजित मारीचे करे द्रुत पलायन ॥
क्षणे आत्म प्रकाशित क्षणे त्वरित लुकायित ।
एतद् रूप निरीक्षिया शराघात करे बली ॥
शराघाते निपातित मारीच दुष्ट राक्षस ।
मृत्यु काले करे ध्वनि राम स्वर अनुक्रमे ॥
एसो हे लक्ष्मण भ्राता मरि प्राणे रणस्थले ।
एतद् ध्वनि करे रक्षः उपकार दशानने ॥
सीतावाक्ये बहिर्गत रामानुज अतःपरे ।
लंकेश्वर समागत योगीरूप विधारणे ॥
भिक्षा देह यथा किञ्चित् सीतादेवी त्वरित गति ।
अन्य स्थले नहे चलि कर्म व्यस्त मने स्मर ॥
योगी भिक्षा प्रदानिते यवे सीता बहिर्गत ।
धृत हस्त त्वरित गति लंकेश्वर दशानन ॥
करे शीघ्र रथारूढ़ सीता लक्ष्मी स्वरूपिणी ।
हरे लक्ष्मी निशाचरे दिव्य प्रेम विपर्यये ॥
एतावधि यथा श्रुत ऋषिकुल चमत्कृत ।
कहे धन्य मम प्रति कहि काव्य मनोहर ॥
शुनि सुमधुर गीति मूर्च्छना ऋषिकुल हृष्ट स-देव मानव ।
कहिल सुकवि धन्य वाल्मीकि रचित अपूर्व अरण्य काण्ड यद् ॥

- इति श्रीमद्देवायण ब्रह्मकल्पे तृतीय खण्डे राम मण्डलान्तर्गतः रामायण वर्गे उत्तर काण्डे यज्ञ सभातले रामायणोद्बोधन नामः ऊनचत्वारिंश सर्ग ।

— ✯ —

॥ चत्वारिंश सर्ग ॥

वाल्मीकि वचन

लव कुशे प्रशंसिल ऋषि वृन्द तथास्थले ।
आरम्भिनु अतःपरे कहिते राघवे स्वयं ॥
हे राघव इहा कहि सर्व ज्ञात सदा तुमि ।
ज्ञात स्वयं यथा कीर्त्ति तव कृत अनुष्ठित ॥
यद् संशय प्रजाकुले तव कार्य विचारिते ।
ज्ञात स्वयं महालक्ष्मी आविर्भूता स्वरःच्युता ॥
अन्ये लक्ष्मी नहे प्रीति विष्णु त्यजि कदाचन ।
यद्यपि रावण गृहे धृत हस्त महाबले ॥
किं करिवे तथा नारी बली सह पराक्रमे ।
धृत हस्त रथारूढ़ आकर्षिया बले कृत ॥
शुन शुन प्रजावृन्द रामचन्द्र नहे तथा ।
रामानुज बहिर्गत एकाकी जानकी स्थिता ॥
सीता योगी मने स्मरि गेल भिक्षा प्रदानिते ।
विधृत हस्त तद्काले रथारूढ़ करे द्रुत ॥

करि क्षिप्र रथारूढ़ लंकाधामे चले त्वरा ।
मध्यपथे निरोधिल जटायु गरुडात्मज ॥
करे युद्ध महाबली रावण सह भीषण ।
तद् परे समराहत पक्ष छेदे निपातित ॥
जटायु पक्ष छेदने चले द्रुत दशानन ।
निरुपाय तथा सीता अलंकार परित्यजे ॥
एतद् रत्न अलंकार ऋष्य मुखे नभःच्युत ।
जिज्ञासह महावीरे यद् प्राप्त नूपुरद्वय ॥
चले सिंधु अतिक्रमि रक्षःराज दशानन ।
अशोके त्रिजटा पार्श्वे दशस्कंधे सुरक्षित ॥
व्यवहार किंवा तथा रावणे जानकी प्रति ।
जिज्ञासि त्रिजटा पार्श्वे हवे वाक्य परिष्कृत ॥
एतद् वाक्य यथा श्रुता त्रिजटा उत्थित त्वरा ।
दूर हते स-गर्जने कहे वाक्य सभाप्रति ॥

त्रिजटा वचन

त्रिजटा प्रहरी यथा खड्ग हस्ते महाऋषि ।
अन्य प्रति किंवा कथा भीत स्वयं दशानन ॥
एतद् साक्षात् प्रमाणेते जिज्ञासह विभीषणे ।
त्रिजटा अति भीषणा कहित नित्य रावण ॥
नित्य उपस्थित स्वयं सीता सह यथास्थले ।
रक्षःराज समागमे नाहि आस्य निरीक्षित ॥
निजे प्रेम निवेदिया प्रत्यागत निरुत्तरे ।
अभिशप्त नहे क्षम कभु बल प्रकाशिते ॥

वाल्मीकि वचन

एतद् वाक्य निशाचरी कहे यवे स-गर्जने ।
धन्य धन्य सभामध्ये करे सर्व प्रजाकुल ॥
यद् क्षेत्रे त्रिजटा साक्षी यथा स्वयं विभीषण ।
स्व-पत्नी सरमा कृत करे रक्षा निरन्तर ॥
शुचित्त्व जानकी प्रति स्मरि सत्य असंशये ।
सीता लक्ष्मी स्वरूपिणी राज्यासन प्रदानह ॥
भाग्याहत प्रजाकुल मिथ्या वाक्ये प्रभावित ।
किं प्रकारे प्रचारित सर्वजन अगोचरे ॥
हे राम वर्जने लक्ष्मी प्रजाभाग्य विपर्यय ।
तद् क्षालने त्रुटि क्षमि अद्य राज्ञी परिग्रह ॥
राज्ञी राम परिग्रह कहे कण्ठ सहस्रशे ।
ऋषि वृन्द प्रहर्षित देव सर्व स्मिताधर ॥
लह लह विभु राम मैथिली चिर सुचिता श्रुत यद् असंशये ।
कहिल शत सहस्र मानवे ऋषि कुल मोदित हृष्ट देवता ॥

– इति श्रीमद्देवायण ब्रह्मकल्पे तृतीय खण्डे राम मण्डलान्तर्गतः रामायण वर्गे उत्तर काण्डे वाल्मीकि कर्त्तृक सीता शुद्धि कथन नामः चत्वारिंश सर्ग ।

— ✯ —

॥ एकचत्वारिंश सर्ग ॥

वाल्मीकि वचन

तदन्तरे कहे वाक्य प्रजाकुल ममप्रति ।
कह कवि यथा स्मृति राम कीर्त्ति अत:परे ॥
आरम्भि वधि मारिच राम प्रत्यागमे यवे ।
अर्ध पथे निरीक्षिल अनुज लक्ष्मणागम ॥
रक्ष: माया प्रभावित स्मरि राम चमत्कृत ।
त्वरित पार्श्वे समागमे जिज्ञासि लक्ष्मण प्रति ॥
एका सीता परित्यजि समागम किं कारणे ।
उत्तरिल तथा वीर देवी आज्ञा यथामत ॥
रक्ष: माया मने स्मरि उभे एवे चमत्कृत ।
अति क्षिप्र उपस्थित कुटिरे सह लक्ष्मण ॥
कुटिर शून्य वीक्षणे भीत राम तथास्थले ।
जानकी नाम आह्वानि सन्धानिते बहिर्गत ॥
सर्वत्र परिदर्शने सीता शून्य निरीक्षिया ।
अति क्षोभ परायण गोदावरी तटागत ॥
गोदावरी तट त्यजि वनमध्ये प्रवेशिते ।
जटायु करि दर्शन सर्व वार्ता तथा श्रुत ॥
जटायु दानिया वार्ता परित्यजे कलेवर ।
अंत:क्रिया करे राम पितृसखा मने स्मरि ॥
जटायु तनु दाहने पितृ कार्य समापने ।
ऋष्य मुखे समागमे प्राप्त मित्र कपीश्वरे ॥
किष्किंध्याधीश्वरे मित्रे राज्य प्रदानिया ।
राम कीर्त्ति प्रतिष्ठित कपिकुले अत:परे ॥
सुग्रीव सकल प्रिय राम प्रीति लभे इथे ।
सुग्रीव बांधवोत्तम सीता अनवेषणे रत ॥
शत शत महाकपि नियुक्तिल चतुर्दिके ।
प्रत्यागत क्रमे सर्व सर्व लोक परिभ्रमि ॥
लंकाधामे चले हनु महासिंधु अतिक्रमि ।
सर्व बाधा विमंथिया लंकाधामे उपस्थित ॥
जटायु पुत्र सन्दीप सह हनु प्रवेशिल ।
अशोक काननान्तरे सीता देवी निरीक्षिल ॥
उत्सवे रत तद् रात्रे सुरामत्ता निशाचरी ।
एतद् काले महावीर सीता पदे शिरानत ॥
परिचय प्रदानिया अंगुरी दानिते तथा ।
सीता अश्रु समन्विता दाने माल्य त्वरित गति ॥
अशोक त्यजिते हनु चिन्तायुक्त अत:परे ।
किञ्चित् चिह्न प्रदर्शने आम्र कुंज विमर्दिल ॥
आम्र कुंज विमर्दने एलो सर्व निशाचर ।
महायुद्ध तथास्थले बन्दी हनु अत:परे ॥
बन्दी हनु परिग्रहे सभामध्ये निशाचरे ।
शुनि सर्व दशानन एतद् आज्ञा प्रदानिल ॥
करिया दग्ध लांगुल कर दुष्टे विताड़न ।
दानिल लांगुले अग्नि हनु गृहे प्रदानिल ॥

गृह अग्नि प्रदानिते प्रज्वलित महारवे ।
प्रत्यागत महावीर राम पार्श्वे अत:परे ॥
लभि वार्ता तथा राम करि हनु समादर ।
दाने आज्ञा कपीश्वरे लंकाधामे प्रवेशिते ॥
समुद्र बंधने सेतु नल नीले सुनिर्मित ।
स-सैन्ये राम लक्ष्मण लंकाधामे उपस्थित ॥
कोटि कोटि महाकपि करे लंका समावृत ।
उत्तरे वीर सुग्रीव दक्षिणे कपि अंगद ॥
नल नील रहे पूर्वे पश्चिमे राम लक्ष्मण ।
एतद् काले गृहद्वन्द्वे विभीषण समागत ॥
लंकाते रावण स्थित चतुर्द्वार निरोधिया ।
प्रेरिल राम अंगदे युद्धाह्वानि दशानने ॥
विद्युत्‌जिह्वा अत:परे मकराक्ष सहोदर ।
प्रहस्तादि महायुद्धे प्रथम दिवसे हत ॥
रात्रि काले दशानन महायुद्धे प्रवेशिल ।
द्वितीय दिवसे वीर मेघनाद समागत ॥
नाग पाश करे बद्ध स-सैन्ये राम लक्ष्मणे ।
वैनतेय समागमे नाग पाश विदूरित ॥
तृतीय दिवसागत कुम्भकर्ण महाबली ।
दिवा व्यापी महायुद्धे कुम्भकर्ण निपातित ॥
रात्रि काले समागत अतिकाय महाबली ।
रात्रि व्यापी महायुद्धे प्रात:काले निपातित ॥
चतुर्थ दिवसागत तपस्वी भस्म लोचन ।
तद् रात्रे तरणी सेन प्रिय सुत विभीषणे ॥
रात्रि व्यापी महायुद्धे प्रात:काले निपातित ।
पंचम दिवसे शुन वीरबाहु समागत ॥
दिवा व्यापी महायुद्धे वीरबाहु निपातित ।
रात्रि काले समागत मेघनाद पुन: रणे ।
माया सीता विनाशिया करे सर्वे चमत्कृत ॥
अत:परे प्रवेशिल यज्ञागारे यवे शुन ।
रामानुज प्रवेशिया मेघनाद वधे तथा ॥
मेघनाद निपातने अतिक्रुद्ध दशानन ।
शक्तिशेल प्रहारिल रामानुज अचेतन ॥
राम युद्धे पराजित करे द्रुत पलायन ।
संजीविल पुन: प्राण सुषेण भिषगोत्तम ॥
आनिया गंधमादन दिल हनु महौषधि ।
सप्तम दिवसे शुन संग्रामे राम रावणे ॥
इन्द्र रथ प्रदानिल तवु रक्ष: रणे स्थिर ।
अष्टम दिवसे शुन देव सर्व समागत ।
दिवा व्यापी महायुद्धे जयाजय अनिश्चय ॥
संध्याकाले महाशक्ति रक्ष:रणे निरीक्षिया ।
युद्ध सन्धि अत:परे शक्ति ध्याने समाहित ॥
शक्ति ध्याने यवे राम हरिल महिरावण ।
वधि महि महावीर राम मुक्त यथा कृत ॥
तुष्टा देवी अत:परे शताष्ट नील पंकजे ।

चक्षु दाने यवे राम शस्त्र धृत समुद्यत ॥
अत्रकाले महादेवी स्वयं आत्म प्रकाशिल ।
रावण वधिते रामे मृत्युवर प्रदानिल ॥
मृत्युवर यथा प्राप्त मृत्युबाण हरे हनु ।
दशम दिवसे राम रक्षः राजे विनाशिल ॥
कपिवृन्द अनुष्ठिल रात्रिव्यापी जयोत्सव ।
रक्षः मित्रे समानीत सीतादेवी सभातले ॥
परीक्षा तद् हुताशने रामहस्ते प्रदानित ।
प्रत्यागत अयोध्याते पुष्पके जानकी सह ॥
मम वाक्य समापने कहे सर्वे समस्वरे ।
सीता राम परिग्रह यथा मान्य प्रदानिया ॥
वशिष्ठ कहिते रत रह स्थिर सभाजन ।
पुनः शुद्धि प्रयोजन यज्ञाग्निते रह स्थिर ॥
गुरु वाक्य यथा श्रुत सीता क्षुब्धान्तरे कहे ।
अयि माता वसुंधरा परीक्षा किं पदे पदे ॥
सहिते अक्षम स्वयं देह क्रोडे समाश्रये ।
राज्यमय हवे शान्ति यदि सीता विलोपिता ॥
ए वाक्य कहिते सीता तथा दीर्ण वसुंधरा ।
सर्व अग्रे अकस्माते एतद् गर्भे निपातिता ॥
विस्मये रत दर्शने सर्व जन परस्परे ।
स्तम्भित तेमति स्वयं सीता त्वरित तिरोहिता ॥
लह मयि जननी वसुंधरा तव तनया चिर शीतला श्रये ।
क्षिति विदरित छन्द गर्जने तद्पर वक्त्र विलुप्त जानकी ॥

- इति श्रीमद्देवायण ब्रह्मकल्पे तृतीय खण्डे राम मण्डलान्तर्गतः रामायण वर्गे उत्तर काण्डे सीता पाताल प्रवेश वार्ता नामः एकचत्वारिंश सर्ग ।

॥ रामायण वर्गे उत्तर काण्ड सह राम मण्डल समाप्त ॥

— ✯ —

॥ लव मण्डल ॥

॥ रामानुज वर्ग ॥

॥ प्रथम संवर्ग ॥

देव वचन

अपूर्व कहिले अद्य हे वाल्मीकि महाकवि ।
विस्मित अंतरे स्वयं रोम हर्ष कलेवरे ॥
अयोध्याते यथा क्षेत्रे अश्वमेध अनुष्ठित ।
आचम्बिते यथा क्षेत्रे सीतादेवी तिरोहिता ॥
स्वीय तेज प्रकाशिया यवे लक्ष्मी तिरोहिता ।
कह किंवा परिस्थिति सभामध्ये अतःपरे ॥
रामचन्द्र किंवा कहे अनुज त्रय तेमति ।
किं कहिल तथास्थले वशिष्ठादि महाऋषि ॥

विश्वामित्र भरद्वाज किंवा कहे तथास्थले ।
लव कुश किंवा कार्य देव वृन्द किंवा कहे ॥
अश्वमेध समापिते किंवा कार्य अतःपरे ।
लक्ष्मी हारा रहे विष्णु कत दिवा महीतले ॥
तद् सर्व श्रवणे इच्छि कह सर्व कवीश्वर ।
कहिते कहिते देव भाव युक्त सगद्गद ॥

पिंगल वचन

देव चक्षु निरीक्षिणु बाष्पाकुल मनोहर ।
देव यज्ञ सभातले सर्वजन चमत्कृत ॥
सत्यदेवे निरीक्षिया वाल्मीकि कहित रत ।
देव सत्य अभीसुत धन्य स्वयं मने स्मरि ॥

वाल्मीकि वचन

काव्योत्तम यथा कह मम कृत सुवर्णित ।
तद पार्श्वे यथा प्रिय जगत् प्रिय सुनिश्चय ॥
सीता अंतर्हिता यवे मम काव्य समापित ।
कह एवे महेश्वर देवचित्त प्रसादिते ॥
स्तम्भित आमि तद्काले अन्ये दृष्टि नहे मम ।
भूगर्भ उत्थिता सीता भूमिगर्भे विलोपिता ॥
विनिहत यथा तत्त्व कालगर्भे निमज्जित ।
तवु किञ्चित् सुवर्णित काल कीर्त्ति सुसंग्रहे ॥
क्षमः स्वयं महेश्वर नमि तोमा पुनः पुनः ।
कालगर्भे यथा वाक्य यदि भ्रम तथास्थले ॥
नमि तोमा जगत्पति तव कीर्त्ति प्रचारित ।
यदि त्रुटि सुवर्णित क्षम प्रभु कृपाभरे ॥
क्षमः देवी महालक्ष्मी यथा ज्ञान प्रकाशिनु ।
कहिते केह ना शक्य तव वार्ता चराचरे ॥

विष्णु वचन

तुष्ट स्वयं निरन्तर हे वाल्मीकि तवप्रति ।
तव काव्य यथा पाठ रहि स्वयं तथास्थले ॥

लक्ष्मी वचन

तव गुण किंवा कहि पिता तुल्य ममाश्रय ।
ममप्रीति तवप्रति इथे कह किं संशय ॥

वाल्मीकि वचन

नमि तोमा प्रजेश्वर ममकाव्य समापित ।
यदि भ्रम अलंकारे उपमा दानिते स्रजा ॥
रत्नाकर प्रति स्नेहे क्षमः स्रष्टा स्वयं गुणे ।
दानह पूर्णता पाठे सर्व स्रष्टा यथा तुमि ॥

ब्रह्म वचन

रह तुमि असंशये पूर्णकाव्य यथायथ ।
स्वयं विष्णु यथा तुष्ट किं सन्देह अतःपरे ॥

कालगर्भे यथा तथ्य हवे काले प्रकाशित ।
यदि भ्रम हवे शुद्ध काल कण्ठे अत:परे ॥

शिव वचन

मम कार्य अनुष्ठिले मम पदे करि स्थिति ।
मम कार्य विराम यद् मम आज्ञा यथामत ॥
एतद् कार्य नहे भ्रम कस्मिन्काले कदाचन ।
काल इच्छा यथा गति सेथा भ्रम किंवा कह ॥
काल सर्व गुणातीत गुण त्रय विधारणे ।
काले सृष्टि प्रचालित देव वृन्द समन्वित ॥
यदग्रे सत्यदेवता रहे नित्य प्रतिष्ठित ।
विश्राम लह हे कवि कहि स्वयं अत:परे ॥
मम कार्य अनुष्ठाने करि तोमा शुभाशिष ।
अमर कुल सन्निभ मम मध्ये विराजह ॥

पिंगल वचन

एतद् वाक्य कहि स्नेहे महाकाल महेश्वर ।
रत्नाकर कवि प्रति करि पूर्ण शुभाशिष ॥
आरम्भिल अत:परे देवायण महास्मृति ।
सर्व देव महाऋषि एकाग्रे श्रवणे यथा ॥
कालगर्भे यथा कार्य स्वीय कार्य पुरास्मृति ।
दिव्य दिव्य यथा कीर्त्ति पूर्वे पूर्वे अनुष्ठित ॥
एतद् दिव्य महत्भाव पुन: काल प्रकाशिते ।
कालगर्भे विलोपित लुप्त कीर्त्ति यथा स्मृति ॥
आरम्भिल तथास्थले पंचमुखे महेश्वर ।
श्रोताकुल चतुर्दिके सर्व देव महाऋषि ॥
विलुप्त यद् विनिहित काल गह्वरे कहे महेश्वर रभसान्वित क्रमे ।
अभिसुत श्रवण नियुक्त ये स्थले चतुर्दिके ऋषि कुल देव सर्वत: ॥

- इति श्रीमद्देवायण ब्रह्मकल्पे तृतीय खण्डे लव मण्डलान्तर्गत: रामानुज वर्गे देव-वाल्मीकि संवाद कथन नाम: प्रथम संवर्ग ।

— ✯ —

॥ द्वितीय संवर्ग ॥

शिव वचन

शुन देव अत:परे यवे सीता तिरोहिता ।
रुष्ट भावे निरीक्षिणु दृश्य स्वयं तथास्थले ॥
दिव्य भाव विदूरित रुद्र क्रोधे उपस्थिते ।
रहि शांत तथापिह लयोद्भव मने स्मरि ॥
सती हारा यथा क्रोध मम मध्ये उपस्थित ।
सीता त्वरित तिरोधाने एतद् क्रोध समुत्थित ॥
संयम करि अंतर करि स्थिर अवस्थिति ।
अश्वमेध नहे पूर्ण सभा भंग अत:परे ॥
विश्वामित्र मन: क्षुब्ध वशिष्ठह तथामत ।
गेल लक्ष्मी परित्यजि अभिमाने यवे शुन ॥

रामचन्द्र तथा स्तब्ध सर्व वाक्ये निरुत्तरे ।
यद् कार्य वारुणि प्रति किंवा वाक्य तदूपरि ॥
देव वृन्द स्ववाहने चले धीरे स्वरालये ।
अर्ध यज्ञे करिक्रत यथा त्वरित बहिर्गत ॥
यवे सर्वे मनःक्षुब्धे छिन्न सभा चतुर्दिके ।
मम पार्श्वे उपस्थित प्रगाथज़ चतुर्भुज ॥

कलि वचन

नमि तोमा महेश्वर कृपा कर ममप्रति ।
राघव कृत पीड़ित हेर भ्रमि पथे पथे ॥
नमि हे गौरीवल्लभ आशुतोष जटाधर ।
करि युद्ध निरन्तर किंवा शान्ति ममप्रति ॥

शिव वचन

करि तोमा शुभाशिष कण्वपौत्र चतुर्भुज ।
एवे आत्म प्रकाशिते कर यत्न महीतले ॥
करि त्रिता विताड़न हओ मर्त्ये प्रतिष्ठित ।
आज्ञा प्राप्ते नमस्कारे त्वरित पदे बहिर्गत ॥
स्वयं सभा परित्यजि कैलासे चलिनु त्वरा ।
रामचन्द्र महीतले सीता हारा रहे दुखे ॥
लव कुश सुत द्वये करि वक्षे विधारण ।
सिंहासन प्रदानिया सभा त्यजि बहिर्गत ॥
प्रत्यागत पुनः राम किञ्चित् पथ गत क्रमे ।
भ्राता त्रये निवेदिल पुत्रे शिक्षा प्रदानह ॥
पुनः राम बहिर्गत सीताकक्षे प्रवेशिया ।
रुद्धद्वारे रहे तथा राजकार्य परित्यजि ॥
पृथिवीगर्भे तिरोहिता भ्राता पुत्र परित्यजि ।
सर्व स्नेह विवर्जित क्षण मात्रे सुतःप्रति ॥
पिता गृहे प्रवेशिल यज्ञ पूर्ण नहे तथा ।
सिंहासने किंवा कार्य चिन्तान्वित यवे लव ॥
लक्ष्मण वाक्यते तवु सिहांसने अधिष्ठित ।
भरत शोक संयुत एतद् चिन्ता समायुत ॥
राज्ये स्थिति किंवा कार्य राम-राज्य समापित ।
सीता बिना किंवा राज्य अयोध्याते अतःपरे ॥
सीता-निन्दा प्रचारित यथा पूर्वे प्रजाकुले ।
सीता-निन्दा तथाकाले छिल बल प्रजापति ॥
प्रजानुरंजने राम असती जानकी त्यजे ।
सीता राज्य विसर्जित वनवासे अवस्थिता ॥
अद्य सीता प्रमाणित सती रूपे प्रशंसिता ।
भूमिगर्भे तिरोहिता स्वयं राज्य परित्यजि ॥
हे शत्रुघ्न ममप्रति एवे कार्य समापित ।
सरयु सलिले स्वयं करि आत्म विसर्जन ॥
कहिते कहिते वाक्य नदी तटे समागमे ।
दानि एक उल्लम्फन नदीमध्ये निपातित ॥

पुनः नहे समुत्थित वारिमध्ये निमज्जित ।
आवर्त्तिया नदीजल क्रमे शान्त निवारित ॥
नदीजले निपतित सर्व वर्जने महाबली भरत वितृष्ण जीवने ।
निरीक्षणे तदानुज दृश्य सम्मुखे कृत स्थिर निज तनु वर्जने तथा ॥

- इति श्रीमद्देवायण ब्रह्मकल्पे तृतीय खण्डे लव मण्डलान्तर्गतः रामानुज वर्गे भरत कर्त्तृक सरयु सलिले देह विसर्जन नामः द्वितीय संवर्ग ।

— ★ —

॥ तृतीय संवर्ग ॥

शिव वचन

नदीतटे अवस्थित शत्रुघ्न वीर तद् परे ।
प्रस्थान भरते हेरि स्वयमापे निपातित ॥
निपतित तथा शोके सरयु सलिले त्वरा ।
समस्त चक्षु अज्ञाते वीर द्वय तिरोहित ॥
मर्त्यदेह परित्यजि पूषण भगदेवता ।
दिव्यदेह विधारणे सरयु आगत त्वरा ॥
सरयु जाह्नवीकन्या सर्व पुण्ये अवस्थिता ।
देवद्वय समागमे त्वरित अग्रे उपस्थित ॥
पदद्वये नमस्कारे एतन्मत करे स्तव ।
हे देव सत्यसम्भव सत्यद्युति प्रकाशक ॥
मर्त्य कार्य समापने प्रत्यागत ममालये ।
देवद्वय अनुष्ठिव तव हेतु किंवा कह ॥
प्रणमि ज्योतिसोत्तम सर्व नदीकुल प्रिय ।
सत्य तेज विधारक देवद्वय चराचरे ॥
एतद् स्तवे सचेतन पूषण भग देवता ।
नरःभाव परित्यजि दिव्यभावे प्रतिष्ठित ॥
सरयु स्तावने तुष्ट गंगोजे करि आशिष ।
ऊर्ध्वपथे करे गति सत्यलोक मने स्मरि ॥
एस्थले कलि तद् परे कण्वपुत्रे निरीक्षिल ।
दुर्वासा नाम यद् ऋषि नित्य उग्र भयंकर ॥
अश्वमेधे समागत मनः क्षुब्ध अनंतरे ।
देवकार्ये यथा विघ्न छिल उष्ण महाऋषि ॥
एतद् काले चतुर्भुज ऋषि पदे शिरानत ।
प्रगाथि हेरि दुर्वासा किञ्चित् शांत तथास्थले ॥
इष्टदेव यथा शिव ए हेतु मुनि दुर्वासा ।
भ्रातृष्पुत्रे करे स्नेह त्रिलोचन निरीक्षिया ॥
कलि निन्दा कदाचन दुर्वासा कृत ना कभु ।
इष्टतुल्य यथा रूप एतद भावे विमोहित ॥
यवे कलि पदे नत कहे हर्षे महामुनि ।
कोथा जाह चतुर्भुज किंवा कार्य त्वरित गति ॥

कलि वचन

कहि वार्ता मुनिश्रेष्ठ खुल्लतात इहा कहि ।
राघवप्रति शंकर अद्य रुष्ट मने मने ॥

दुर्वासा वचन

रामप्रति किं कारणे रुष्ट देव महेश्वर ।
कह सर्व परिष्कृत हे प्रगाथि त्रिलोचन ॥

कलि वचन

अश्वमेध नहे पूर्ण सीता पृथिवी विलोपिता ।
सीतादेवी परित्यागे रुष्ट देव महेश्वर ॥
करि मोरे शुभाशिष मोरे वर प्रदानिया ।
कहे त्रिता विताड़िते ममप्रति महेश्वर ॥
आनिव यवनाह्वानि मरुपारे अवस्थित ।
दानिव यवने राज्य करि त्रिता विताड़न ॥
कुल्मल कुल उद्भव यवनपुत्र यथा स्मृति ।
यवन कार्य सर्वदा नित्य वेद विगर्हित ॥
यवन तद् ममप्रिय मम भृत्य स्वरूपित ।
यवन राज्य प्रतिष्ठाते करि यत्न महीतले ॥

शिव वचन

दुर्वासा श्रवणे वाक्य रहे मौन बहुक्षण ।
नाहि कहे शुभाशुभ कलि प्रति निरीक्षिछे ॥
दुर्वासा हेरिया मौन कहे कलि अतःपरे ।
काल इच्छा मने स्मर यवने राज्य दानिते ॥

कलि वचन

खुल्लतात यथा कहि कर कार्य अतःपरे ।
राम कार्य निरीक्षिवे जाह हे राम दर्शने ॥
पुरीमध्ये प्रवेशिते नाहि दिवे कदाचन ।
राजकार्ये उदासीन रामचन्द्रे निरीक्षिवे ॥
पदार्जने युगपति रूप शंकरे चतुर्भुजे कथित शिरानते यवे ।
प्रसन्न तद् श्रुत दुर्वासा तथा पुनश्च जाह कहिल राम दर्शने ॥

- इति श्रीमद्देवायण ब्रह्मकल्पे तृतीय खण्डे लव मण्डलान्तर्गतः रामानुज वर्गे शत्रुघ्न कर्तृक देह वर्जन ओ दुर्वासा-कलि संवाद नामः तृतीय संवर्ग ।

— ✯ —

॥ चतुर्थ संवर्ग ॥

शिव वचन

सत्यासत्य निरीक्षिते कौतुहल समायुत ।
प्रत्यागत अयोध्याते कलिवाक्य यथा श्रुत ॥
हेथा कलि त्वरित गति अयोध्याते प्रवेशिल ।
त्रितापार्श्वे उपस्थिते कहे वाक्य सगर्जने ॥

कलि वचन

जाह राज्य परित्यजि नहे युद्ध प्रदानह ।
राम राज्य समापित रुद्रे स्वयं प्रतिष्ठित ॥

त्रिता वचन

राम राज्य समापित   किं प्रकारे इहा कह ।
लव राज्ये प्रतिष्ठित   रामपुत्र मने स्मर ॥
तव सह किंवा युद्ध   हओ त्वरित विदूरित ।
नहे दंड प्रदानिव   शुन कलि चतुर्भुज ॥

शिव वचन

कहि वाक्य सगर्जने   धृत हस्ते महाधनु ।
त्रिता-धनु निरीक्षणे   करे कलि पलायन ॥
एतद् पथ परित्यजि   त्रिता-मूर्त्ति विधारणे ।
रामपार्श्वे उपस्थिते   कहे वाक्य सुगोप्ने ॥

कलि वचन

शुन राम सुगोपने   कहिव यद् तवप्रति ।
रुद्ध गृहे करे स्थिर   मम वाक्य यतक्षण ॥
ना पशिवे तथा केह   वाक्ये रत यतक्षण ।
द्वारी दृढ़ सुरक्षणे   एतद् आज्ञा प्रदानह ॥
यदि मम उपस्थिते   केह गृहे प्रवेशिवे ।
वर्जने करिवे तारे   चिरतरे सुनिश्चये ॥
गुह्यतर महाबाहु   मम वाक्य सुगोपन ।
श्रोतव्य अपरे नहे   कर सत्य दृढ़ स्थिरे ॥

शिव वचन

राजकार्य मने स्मरि   राम वाक्ये विमोहित ।
मम बले प्रभावित   करे राम तथास्थले ॥
द्वारीप्रति प्रदानिल   एतद् आज्ञा अतःपरे ।
सर्व जने निवारिवे   यदि द्वारे उपस्थित ॥
रामचन्द्र इहा कहि   गृहमध्ये प्रवेशिल ।
काल सह अतःपरे   वाक्ये रत तथास्थले ॥

श्रीराम वचन

कह देव अतःपरे   किंवा वार्ता सुगोपने ।
यथा आज्ञा ममप्रति   सुव्यवस्था तथा कृत ॥

कलि वचन

शुन राम यथा कहि   कलि राज्ये प्रवेशिल ।
अधर्म कलि बांधव   धर्म-द्वेषी दुराशय ॥
यवने दानिते राज्य   करे यत्न अतःपरे ।
तव निन्दा प्रचारिया   भ्रमे कलि चतुर्दिके ॥

श्रीराम वचन

किंवा आज्ञा ममप्रति   कह देव तथास्थले ।
धर्मद्वेषी निपीड़न   किं प्रकारे किंवा पथे ॥

कलि वचन

शुन राम धनुर्धर कर शस्त्रे निपीड़न ।
आह्वानिया रणस्थले यथा शास्ति प्रदानह ॥
कलि प्रवेशिल तव राज्य अंतरे अधर्म बांधव सह राम हे बली ।
अलक्ष्यिते अरि तव सम्मुखे रणे विताड़ना कर तुमि शस्त्र घातने ॥

– इति श्रीमद्देवायण ब्रह्मकल्पे तृतीय खण्डे लव मण्डलान्तर्गत:
रामानुज वर्गे श्रीराम-कालपुरुष साक्षात्कार वार्ता नाम: चतुर्थ संवर्ग ।

— ☆ —

॥ पंचम संवर्ग ॥

शिव वचन

एस्थले मुनि दुर्वासा सभास्थले उपस्थित ।
कहिल लक्ष्मणे मुनि रामचन्द्रे प्रयोजन ॥
हेरिया मुनि दुर्वासा रामानुज तथास्थले ।
पाद्य अर्घ्य प्रदानिया करे बहु समादर ॥
उपविष्ट तथा मुनि करि सर्वे शुभाशिष ।
चलिल लक्ष्मण त्वरा रामचन्द्रे निवेदिते ॥
यवे द्वारे उपस्थित द्वारी द्वारे निवारिल ।
दौवारिक कहे नमि हेथा वीर रह स्थिर ॥
रामचन्द्रे नहे आज्ञा एवे गृहे प्रवेशिते ।
कर्मव्यस्त कहि प्रभु गृहमध्ये प्रवेशिल ॥
विघ्न किंवा तथा मम रामकार्य यथाकाले ।
दौवारिक नह ज्ञात नित्य संगी यथा स्वयं ॥
कर्मव्यस्त यथा राम नहे मम निवारण ।
मम तरे नहे द्वारी राम-वाक्ये तव भ्रम ॥
उत्तरिल तथा द्वारी हवे भ्रम ममप्रति ।
तव तरे नहे एतद् जाह स्वयं मनोमत ॥
एतद् वाक्ये शिरानत दौवारिक तथास्थले ।
रामानुज प्रवेशिल रामचन्द्र यथास्थले ॥
उन्मुक्त करिते द्वार उद्यत गमने कलि ।
कालकार्य निरीक्षिया क्रुद्ध राम निजांतरे ॥
प्रतिज्ञा स्मरिया निज कहिल लक्ष्मणप्रति ।
केन कक्षे प्रवेशिले अनुमति बिना मम ॥
कहे कलि वाजक्रोधे वर्जन कर लक्ष्मणे ।
सत्यरक्षा तरे राम कर कार्य यथायथ ॥
सत्यव्रते प्रतिष्ठित रामचन्द्र महाबली ।
राज्य धन परित्यजि पितृ सत्ये वने गति ॥
वनवास परिग्रह तुमि वर्ष चतुर्दश ।
पिता प्राण परित्यजे अरण्य गमने तव ॥
स्वयं सत्ये रह स्थिर लक्ष्मणे करि वर्जन ।
कालवाक्य यथा श्रुत राघव अति कातर ॥
पुनर्वार कहे काल लक्ष्मणे कर वर्जन ।
रामानुज कहे एतद् रहे राम निरुत्तरे ॥

लक्ष्मण वचन

किं सत्ये राघवाबद्ध हे काल कह सत्वरे ।
लक्ष्मण वर्जिते रामे किंवा अद्य परिस्थिति ॥

कलि वचन

सह राम मम स्थिर वाक्यहेतु सुगोपने ।
श्रोतव्य अपरे नहे रुद्धद्वारे इहा शुन ॥
यदि केह प्रवेशिवे रत वाक्ये यतक्षण ।
तज्जन करिवे त्याग एतद् सत्ये कर स्थिर ॥
एतद् सत्य करि स्थिर आलापने यवे रत ।
एतद् काले प्रवेशिले निषिद्ध यद् गृहांदरे ॥
कार्य स्थिर अत:परे कर स्वयं मनोमत ।
रक्षण करिते मत किंवा सत्य विसर्जने ॥
रामचन्द्र रहे मौन स्वयं सत्य सुपालने ।
अपिच राम सेस्थले पितृ सत्ये प्रतिष्ठित ॥

लक्ष्मण वचन

रामचन्द्रे यथा सत्य एतद् सत्य ममप्रति ।
वर्जने किं प्रयोजन स्वयं राज्य परित्यजि ॥
पितृसत्ये यथा राम स्वयं गृह परित्यजे ।
राम-सत्य सुरक्षणे अहमाद्य गृहत्यजि ॥

शिव वचन

एरूप कहि लक्ष्मण उद्यत गमने यवे ।
एतन्मत कहे वाक्य राघव अनुजप्रति ॥

श्रीराम वचन

किंवा वार्ता प्रदानिते तुमि अद्य समागत ।
सत्य रक्षा अत:परे अग्रे वार्ता प्रदानह ॥

लक्ष्मण वचन

आगत मुनि दुर्वासा सभाते तव दर्शने ।
एतद् वार्ता प्रदानिते त्वरित अग्रे उपस्थित ॥

शिव वचन

लक्ष्मण सह राघव वार्ता रत यवे शुन ।
काल तद् श्रवणे क्रुद्ध कहे राम सगर्जने ॥

कलि वचन

प्रतिज्ञा छिल राघव मम वाक्य यतक्षण ।
अन्य सह कदाचन वाक्यालाप नहे कभु ॥

शिव वचन

कालपुरुष गर्जने कहि एतद् चले द्रुत ।
नीरवे स्थित राघव रामानुज तथामत ॥

सगर्जने प्रकुपित काल राघवे कहे यथा तव कृत सत्य रक्षह ।
तवानुजे रघुपति अद्य वर्जने महत्तर प्रिय तव सत्य केवल ॥

- इति श्रीमद्देवायण ब्रह्मकल्पे तृतीय खण्डे लव मण्डलान्तर्गतः रामानुज वर्गे श्रीराम-कालपुरुष वार्ताकाले लक्ष्मणे उपस्थिति वार्ता नामः पंचम संवर्ग ।

— ✯ —

॥ षष्ठ संवर्ग ॥

शिव वचन

कलि गृह परित्यजि यवे द्रुत बहिर्गत ।
रामानुज समन्वित रामागत सभातले ॥
दुर्वासा मुनि दर्शने रामचन्द्र शिरानत ।
कहिल राघवप्रति दुर्वासा मुनि पुंगव ॥

दुर्वासा वचन

चिन्तित केन राघव किंवा अन्य परिस्थिति ।
शुष्क आस्य किं कारणे कह अद्य समीक्षित ॥

श्रीराम वचन

लक्ष्मणे वर्जिते मुनि मम प्राण सकातर ।
सहज त्यजिते सीता लक्ष्मण ना तथामत ॥

दुर्वासा वचन

लक्ष्मण त्यजिते अद्य उद्भवे किं परिस्थिति ।
चिन्तान्वित यथा मनः कह राम परिष्कृत ॥

श्रीराम वचन

काल सह हल स्थिर हवे वार्ता यतक्षण ।
केह नाहि प्रवेशिवे मुनिवर तथास्थले ॥
हवे वाक्य सुगोपने तथा केह प्रवेशिले ।
वर्जन करिते तारे एतद् सत्ये हल स्थिर ॥
अर्ध पथे यवे वार्ता ममानुज प्रवेशिल ।
तवागम निवेदिते शुन हे मुनि सत्तम ॥

दुर्वासा वचन

तव कृत यथा सत्य कर कार्य तथामत ।
हे राघव महाबली पितृसत्ये प्रतिष्ठित ॥
सत्यधर्म सदा श्रेय स्नेहाधिक नराधिप ।
सूर्यवंश निरन्तर सत्यधर्मे प्रतिष्ठित ॥
सत्याधिक किंवा श्रेय एतद वाक्य मने स्मर ।
सत्यधर्म तथा कर्म सत्य नित्य सनातन ॥
सत्ये जगत् प्रतिष्ठित सत्ये जगत् प्रचालित ।
सत्ये आत्मा विधारित वरेण्य सत्य सर्वदा ॥
एतद् हेतु इहा कहि नाहि कर इतस्ततः ।
लक्ष्मणे कर वर्जन कर सत्य प्रतिष्ठित ॥

शिव वचन

ऋषि वाक्ये इहा शुनि रामचन्द्र अत:परे ।
सत्यधर्म सुरक्षिते लक्ष्मणे वर्जिते दृढ़ ॥
रामानुज पद द्वये यवे धीरे शिरानत ।
राम चित्ते दृढ़ स्थिर कहिल लक्ष्मणप्रति ॥
जाह राज्य परित्यजि यथा इच्छा मनोगति ।
सत्यधर्म सुरक्षिते इत्यादेश तवप्रति ॥
लक्ष्मण श्रवणे वाक्य त्वरित पदे बहिर्गत ।
एकाकी स्थित नीरवे राघव निस्व: येमति ॥
एतद् रूपे बहुक्षण अति गत यवे शुन ।
कहिल मुनि दुर्व्वासा रामचन्द्रे तथास्थले ॥

दुर्वासा वचन

रह चित्ते अकातर रामचन्द्र महाबली ।
सत्यधर्म प्रतिष्ठिते दृढ़ व्रत प्रयोजन ॥

श्रीराम वचन

सर्व बंधु परित्यजि राज्ये वास अकारण ।
राज्ञी सीता प्रवेशिल अभिमाने महीतले ॥
लक्ष्मण अद्य वर्जित नित्य सहचर प्रिय ।
भरत सह शत्रुघ्न पूर्वे गृह परित्यजे ॥
नहि ज्ञात महात्मन कोन क्षेत्रे किंवा स्थिति ।
पृथिवीगर्भे पशे सीता भरतादि तिरोहित ॥
किं कारणे महामुनि राज्य धर्म अत:परे ।
इच्छा सर्व परित्यजि करि त्याग कलेवर ॥

दुर्वासा वचन

अद्यापिह नहे पूर्ण तव कर्म महीतले ।
रामचन्द्र निरीक्षह लव कुश अवस्थित ॥
असपत्न यथा तव लोक त्रय तवाश्रित ।
पुत्रद्वये प्रतिष्ठिह एतद् सर्व सुरक्षणे ॥

श्रीराम वचन

नाहि इथे प्रयोजन बली पुत्र महात्मन ।
स्वबले रहिवे दृढ़ लोक त्रय सु-शासने ॥
नमि अद्य महामुनि कर स्वयं शुभाशिष ।
गुरु साक्षात् प्रयोजन गुरु गृह मने स्मरि ॥
परित्यजे रघुपति दुर्वासा त्वरा यथास्थले स्थित गुरु सत्वरे तथा ।
उपस्थिते अवनत दृष्ट राघवे स्व-मण्डलावृत ऋषि सप्त सम्मुखे ॥

- इति श्रीमद्देवायण ब्रह्मकल्पे तृतीय खण्डे लव मण्डलान्तर्गत: रामानुज वर्गे श्रीराम कर्तृक लक्ष्मण वर्जन वार्ता नाम: षष्ठ संवर्ग ।

— ☆ —

॥ सप्तम संवर्ग ॥

शिव वचन

एतद् काले निवेदिल दूतेक तद् स्थलागमे ।
वशिष्ठ कृत आह्वान वशिष्ठ मन्दिरे प्रभु ॥
शुनि राम त्वरित गति वर्जने मुनि दुर्वासा ।
राजसभा परित्यजि गुरु पार्श्वे उपस्थित ॥
सप्तर्षि मण्डले स्थित वशिष्ठ गुरु सत्तम ।
विश्वामित्र भरद्वाज काश्यपात्रेय गौतम ॥
आंगिरसादि तद् क्षेत्रे सह कण्व अवस्थित ।
यवे राम समागत ए सप्त मुनि मण्डले ॥
स्वागत करि राघवे कहिल मैत्रवारुणि ।
शुन राम यथा कहि एवे जगत् परिस्थिति ॥

वशिष्ठ वचन

आप्तपुत्र यथा त्रिता युगाधिप मने स्मर ।
नारिल रक्षिते विश्व सत्यधर्मे प्रतिष्ठित ॥
कलि कार्ये विमोहित पराजित पदे पदे ।
कालपदे अधिष्ठित मिथ्याबले प्रवेशिल ॥
कालकार्य यथा शुन जगत् धर्म सुरक्षण ।
काले जगत् प्रचालित काले सृष्टि प्रतिष्ठित ॥
एक पदे यथा खंज आप्तपुत्र युगाधिप ।
चतुर्बाहु विधारित कण्वपौत्र महाबली ॥
सूर्यपुत्र शनैश्चर धर्मद्वेषी यथा स्मृति ।
अधर्म प्रिय बांधव कण्वपौत्रे निरन्तर ॥
हे राघव मने स्मर सत्य मिथ्या परस्परे ।
सृष्टि काले समुद्भवे एतद् तथ्य निरूपित ॥
आलोक सत्य येमति अंधकार तथामत ।
ज्योति पथ निरन्तर एतद् हेतु नहे स्थिर ॥
कहि सृष्टि पुरास्मृति तमःज्योति किंवा तथा ।
नहे ज्योति नहे तमः अव्यक्त तथ्य निश्चय ॥
अचिन्त्य अति दुर्ज्ञेय अव्यक्त अप्रकाशित ।
शाश्वत चिर निर्णये आत्मा सत्य सनातन ॥
जगदातीत विश्वात्मा सर्व सृष्टि विधारक ।
अरूप व्योम सन्निभ परिव्याप्त चराचर ॥
अनन्त गगने यथा ज्योतिर्लोक समुद्भव ।
कारण यद् अकारणे हेतु सर्व अजानिते ॥
कहे प्राज्ञ स्व-इच्छाते स्वयम्भु उद्भवे स्वयं ।
एतद् स्त्रष्टा पराइच्छा सर्व लोक पितामह ॥
इच्छा मात्र प्रकाशित धृत गति चतुर्विध ।
हव इच्छा मनोमत लभ्य मम मनोद्गत ॥
अहं नित्य सनातन रूपारूपे निरन्तर ।
सर्वोत्तम सदा स्वयं मम तेज भयंकर ॥
एरूप मनभावित उठे गति चतुर्विध ।
विश्वात्मा चिर अव्यक्त सर्वादि व्यक्त यद् पथे ॥

एतद् गति चतुर्विध चतुरास्य कहे सबे ।
स्वयम्भु चतुरानन एतद्रूपे विचारित ॥
ब्रह्मा नामे सुवर्णित इनि स्वयं प्रजापति ।
कथित सर्वतोगत पद्म योनि प्रजेश्वर ॥
सृष्टि इच्छा परात्परे कहे प्राज्ञ प्रजेश्वर ।
दीप्त आस्य चतुष्टय अति दीप्त यवे शुन ॥
सृष्टि इच्छा समन्वित महत्तेज बहिर्गत ।
चतुरास्य विनिर्गत शोभित तेज-मण्डल ॥
एतत्तेज महास्वने चतुरास्ये बहिर्गत ।
जगत् सृष्टि प्रकाशिते सप्त छन्द समन्वित ॥
एतद् ध्वनि चतुर्वेद चतुरास्य विमन्द्रित ।
साम यजु ऋकाथर्व आख्या प्राप्त चतुष्टय ॥
वेद ध्वनि विमन्द्रित यवे शुन नभःस्थले ।
ताहे दीप्त चतुर्दिक विपुल तेजमण्डले ॥
तद् तेज आद्य उद्भव शोभित मण्डलाकृति ।
आदित्ये ज्योतिरुद्भव आदित्य नाम वर्णित ॥
एतद् द्युति जगत् सृष्टि हेतु भूत सनातन ।
अजर नित्य शाश्वत जगदात्मा सुसंज्ञित ॥
अजर द्युति भास्वर भास्वान नाम धारक ।
जगत् सृष्टि प्रकाशिते दीप्त मान नभःस्थले ॥
आदित्ये करि आश्रय नव सृष्टि प्रकाशिते ।
ब्रह्म इच्छा समुद्भवे त्वष्टा नाम विधारणे ॥
शिल्पीवर समुत्पन्न जगत् सृष्टि प्रकाशिते ।
आवर्तित यथा सूर्य घोरस्वने नभःस्थले ॥
प्रतिघात करे त्वष्टा विपरीते क्रमागत ।
लागिल कुंदिते येन त्वष्टा सूर्ये महाबले ॥
एतद् घाते बहिर्गत स्फुर्जमान महाद्युति ।
क्षुद्र बृहत् क्रमे क्रमे नाना रूप चतुर्दिके ॥
एतद् कार्ये तथास्थले बहुलात्मा बहिर्गत ।
जगदात्मा परिच्युत घूर्णमान नभःस्थले ॥
कोटि कोटि तथा आत्मा शोभित गगने यवे ।
सूर्ये रूप प्रदानिल देव त्वष्टा मनोमत ॥
स्फुर्जमान तथा द्युति संग्रहिया क्रमे क्रमे ।
सृष्टि-रूप प्रदानिते करे वायु प्रचालित ॥
आवर्त्तित यथा सूर्य वायुवेग समुत्थित ।
एतद् वायु महोद्वेगे प्रतिघात यवे शुन ।
वारि-रूप प्रकाशित शिल्पी कार्ये क्रमे क्रमे ॥
वारिमध्ये समुद्भवे एतद् दृश्य महीतले ।
प्रतिघात यवे जले शिल्पी कृत प्रदानित ॥
एतद् रूपे चराचर हल क्रमे प्रकाशित ।
हेर ज्योति समुत्पन्न पार्श्वे तमः समीक्षित ॥
अरूपे स्थित यद् गुह्य ज्योतिः तमः समुद्भवे ।
अव्यक्ते व्यक्त यद् तथ्य रूपायित अरूप यद् ॥
छिल जाहा अगोचर गोचर तद् दिने दिने ।
सृष्टि क्रमे प्रकाशित कहि सर्व अतःपरे ॥

सूर्यदेव यवे स्त्रष्टा संज्ञा प्रिया तथास्थले ।
एतद् गर्भे समुद्भवे धर्मराज स्वयं यम ॥
पुनः सृष्टि तरे यवे तेजस्मान दिवाकर ।
तद् तेज सहनाक्षम करे संज्ञा पलायन ॥
प्रथम सृष्टिते सूर्य अरूपे यद् प्रकाशित ।
अति तेजे विवस्वान ज्योतिश्चक्र यथामत ॥
ताहे वायु प्रवाहित वारि पृथिवी क्रमे क्रमे ।
द्वितीय सृष्टिते सूर्य रूप धृत अतःपरे ॥
करे संज्ञा पलायन सूर्यदेव परित्यजि ।
राखि छाया तथास्थले दक्षालये उपस्थित ॥
दक्षालये कियत् दिवा करि संज्ञा अवस्थिति ।
सिंधुजले प्रवेशिल दक्षराजे परित्यजि ॥
हेथा सूर्य स्वयं तेज छाया गर्भे प्रदानिल ।
एतद् गर्भे समुत्पन्न धर्मद्वेषी शनैश्चर ॥
धर्माधर्मे सदा द्वन्द्व रामचन्द्र निरीक्षह ।
धर्म शांत निरंतर अधर्म नित्य चंचल ॥
अधर्मते यथा कार्य नित्य शनि प्रनोदित ।
धर्मद्वेषी दुराशय हेर वर्धे चतुर्दिके ॥
यद्काले कश्यप स्त्रष्टा देव दैत्य समुद्भवे ।
अदिति गर्भते देव दितिगर्भे महासुर ॥
देवद्वेषी निरन्तर दैत्यवृन्द महाबल ।
नित्य युद्ध सुरासुरे सृष्टिमय चतुर्दिके ॥
प्रगाथा कण्वनन्दन यवे शुन प्रजापति ।
जात कलि दुराचारी ऋषिकुले यथा अरि ॥
ऋषि कार्ये सदा विघ्न करे शनि समन्वित ।
एतद् दुष्ट जगन्मध्ये नाहि हेरि कदाचन ॥
काल तत्त्व विधारणे ऋषि सर्व अवस्थित ।
अतिदुष्ट तथा कलि कालपदे प्रतिष्ठित ॥
दुष्टकाल समागत धर्मद्वेषी समन्वित ।
धर्म मित्र यथा त्रिता कलिकार्ये पराजित ॥
आत्म दाने किंवा फल एवे तुमि निरीक्षह ।
यथाकाले यथाभाव ज्ञात क्रमे फलप्रद ॥
यवे स्त्रष्टा श्रवाऋषि करे सृष्टि सुतद्वय ।
कुबेर पुत्र देवता कतमा गर्भसम्भव ॥
रावणपुत्र राक्षस निकषा गर्भसम्भव ।
छिल कलि प्रभावित तुमि रक्षेः विनाशिले ॥
कुपित शुन राघव तव प्रति चतुर्भुज ।
नारिवे शास्तिते तुमि कालपदे प्रतिष्ठित ॥
हेर द्वन्द्व चराचरे सर्व व्यापी निरन्तर ।
राज्यमय करे व्याप्त दुष्टकलि चतुर्दिके ॥
नारे त्रिता सुरक्षिते करे कार्य अलक्ष्यिते ।
सम्मुखे ना प्रकाशित त्रिता शस्त्र पराक्रमे ॥
अधर्म वर्धित क्रमे हवे राम दिने दिने ।
कलि सर्व विताड़ित रावण पतने शुन ॥

एवे राज्ये प्रवेशिल छले भ्रमे चतुर्दिके ।
एतद् दुष्ट निवारिते नाहि पथ अतःपरे ॥
सीता मर्त्य परित्यागे कुपित देव शंकर ।
कालपदे प्रतिष्ठिल एवे कलि चतुर्भुजे ॥
मोरा मर्त्य परित्यागे करि स्थिर मने मने ।
पुत्रगणे प्रभावित हवे एतद् महीतले ॥
मोरा मर्त्य परित्यागे सप्त ऋषि हवे पुनः ।
कश्यप पुत्र देवल मारीच तद् महाऋषि ॥
बार्हस्पत्य भारद्वाज भौमि यद् अत्रि नन्दन ।
भार्गव कण्वपौत्र यद् कलिभ्राता सुवर्णित ॥
कलि सह महायुद्धे करि कलि पराजित ।
द्विता राज्य प्रतिष्ठिवे भार्गव मण्डलाधिपे ॥
आमि विश्वे प्रतिष्ठिनु दाता त्रिता युगाधिपे ।
मम काल समापित ऊर्ध्व लोके करि स्थिति ॥
अंगिरा मण्डलाधिप देव-युगे इहा स्मर ।
त्रेता युगे वशिष्ठ यद् द्वापरे रुद्र भार्गव ॥
कलिते मुनि शौणक क्रमश मण्डलाधिप ।
तव कार्य समापित रामचन्द्र कर त्वरित ॥
युगे युगे शुन परिवर्त्तित क्रमे विशेष मण्डल युग सृष्टि चालने ।
वशिष्ठ मण्डल कथित त्रिता युगे पुनश्च मण्डलपति भर्ग द्वापरे ॥

- इति श्रीमद्देवायण ब्रह्मकल्पे तृतीय खण्डे लव मण्डलान्तर्गतः रामानुज वर्गे श्रीराम-वशिष्ठ संवाद नामः सप्तम संवर्ग ।

— ☆ —

॥ अष्टम संवर्ग ॥

शिव वचन

राघवे कहिया वाक्य उद्यत गमने यवे ।
कहे राम नमस्कारे एतद् वाक्य ऋषिप्रति ॥

श्रीराम वचन

मम कार्य किंवा कह अवशिष्ट समापिते ।
करि कार्य तथामत तव इच्छा मनोमत ॥

वशिष्ठ वचन

भार्गवे करि आह्वान लव-भार प्रदानिया ।
लह राम परागति मर्त्यधाम परित्यजि ॥

शिव वचन

कहि वाक्य अतःपरे ज्योतिर्मय महाऋषि ।
ऋषिकुल समन्वित चले मर्त्य परित्यजि ॥
ये स्थले अंगिरा ऋषि त्यजि मर्त्य महीतल ।
देव जन्म तरे पुनः आत्म ध्याने अवस्थित ॥
एतद् पथे चले सर्वे मर्त्यधाम परित्यजि ।
ज्योतिर्मय यथा ऋषि अंगद्युति विनिर्झरे ॥

नक्षत्रपुंज येमति नभः नीले सुशोभित ।
तद् प्रकार समीक्षित ऋषिवृन्द चले यवे ॥
ऋषि वृन्द परित्यजे यवे मर्त्य महीतल ।
श्रीराम रहि भूतले ऋषिगति निरीक्षिया ॥
गुरु हारा बहुक्षण करि तथा अवस्थित ।
राम चिन्ता समायुत ऋषि वृन्द क्रमे क्रमे ॥
परित्यजे महीतल वशिष्ठ गुरु सत्तम ।
भरद्वाज महाऋषि विश्वामित्र तथामत ॥
कश्यप तद् प्रजापति अत्रिऋषि समन्वित ।
गौतम ऋषि पुंगव कण्व केशी ऋषि क्रमे ॥
गेल जुति बातजुति विप्रजुति वृषाणक ।
ऋष्यशृंग करिक्रत एतशादि क्रमे क्रमे ॥
अन्य अन्य चले बहु मर्त्यधाम परित्यजि ।
प्रत्यागत गृहे राम एतद् चिन्ता समन्वित ॥
एस्थले वीर लक्ष्मण अयोध्या नगरी त्यजि ।
राज पथ परित्यजि वनपथे बहिर्गत ॥
बहु पथ अतिक्रमि सरयु तट आगत ।
सरयु सैकतागत चिन्तायुक्त महाबली ॥
प्रथम प्रहरातीत ज्योत्स्नापूर्ण निशा यथा ।
पूर्व भागे बहे नदी अग्रे चन्द्र प्रकाशित ॥
सरयु जल कल्लोले तरंग दल उत्थित ।
ज्योत्स्नाते लहरी पुंजः रजताभ समीक्षित ॥
विगलित यथा रौप्य अग्नितापे प्रकम्पित ।
तथा मन्द प्रवाहेते अत्याद्भुत समीक्षित ॥
यथा रजत विगलित दीप्त रश्मिते चलोर्मि बिम्बित सरयु नदी जले ।
अपूर्व दर्शन निशि मुग्ध दर्शने निविष्ट लक्ष्मण कमलाक्ष वर्जने ॥

- इति श्रीमद्देवायण ब्रह्मकल्पे तृतीय खण्डे लव मण्डलान्तर्गतः रामानुज वर्गे वशिष्ठादि सप्तर्षि सह अन्यान्य ऋषिगणे भूतल त्याग वार्ता कथन नामः अष्टम संवर्ग ।

— ✯ —

॥ नवम संवर्ग ॥

शिव वचन

अपूर्व रजनी दृश्य स्निग्ध वायु प्रवाहित ।
दर्शिया लक्ष्मणे येन सर्वे स्तव परायण ॥
एसो हे रक्षः शासक मेघनाद विमर्दक ।
स्वर्गमुक्ति प्रदायक देवपूज्य महाबली ॥
नमि तोमा बलीश्रेष्ठ नमि पदे पुनः पुनः ।
मरुत्गण करे स्तव एतद् रूपे चतुर्दिके ॥
स्तविल जलदेवता जलदेवी समन्वित ।
करे नृत्य तथास्थले आह्वान करि लक्ष्मणे ॥
मरुत् सह करे स्तव समस्त वनदेवता ।
वृक्ष हते बहिर्गत देवदारु समाश्रित ॥

चिन्तायुक्त तथा वीर पूर्व कीर्त्ति मने स्मरि ।
यवे वर्ष चतुर्दश राजगृह परित्यजि ॥
एतद् पथे समागत सरयु तट सैकते ।
विश्वामित्र समन्वित राघव जानकी सह ॥
अद्य राम विवर्जित एका तटे समागत ।
ऋषिकुल परित्यक्त राम सत्य सुरक्षिते ॥
श्रवणे ना प्रविष्ठ यद् देववृन्दे तथा स्तव ।
अरण्ये वनदेवता सरसे जलदेवता ॥
एकाग्र भावनारत रामानुज तथास्थले ।
नृत्य गीति बहिर्देशे ध्वनि मात्र यथा श्रुत ॥
बाल्ये राम समन्वित पशिनु ताटका वने ।
एतद् नदी अतिक्रमि विनाशे राम ताटका ॥
साक्षात् लब्ध अतःपरे पथिमध्ये अथर्वणे ।
अहल्या करिया मुक्त मित्र वने प्रवेशिनु ॥
मारीच सह सेस्थले पंच लक्ष निशाचर ।
घोरतर महायुद्धे क्रमे सर्व निपातिनु ॥
मिथिला नगरे गति ऋषि सह अनन्तरे ।
जाह्नवी करि दर्शन मिथिलाते उपस्थित ॥
धनुर्भङ्गे तथास्थले मोरा भ्राता चतुष्टय ।
एकत्रित विवाहित स्वयं पितृ उपस्थिते ॥
प्रत्यागत पुनः राज्ये सुखे वर्ष अतिक्रमि ।
दश वर्ष गते यवे अभिषेक अनुष्ठित ॥
कैकेयी वचने पुनः वनवासे बहिर्गत ।
मत संगे जानकी राम त्यजिया उर्मिला वधू ॥
सह मित्र भरद्वाज सरयु सैकतागत ।
ऋषिद्वय चले अग्रे वनपथ प्रदर्शने ॥
वाल्मीकि कवि आश्रमे एक रात्रि सुखे स्थिति ।
पुनः प्राते बहिर्गत अरण्य दर्शन क्रमे ॥
अरण्य दृश्य सुन्दर मुग्ध मने निरीक्षिया ।
नाहि क्लांति तथास्थले दिवा गत क्रमे क्रमे ॥
संध्याते गुहकाश्रमे करि रात्रि अवस्थिति ।
पुनः प्राते बहिर्गत वनपथे यथा गति ॥
अपराह्ने उपस्थित चित्रकूट यथा गिरि ।
स्पर्शे गिरिशिरे मेघ यद् दृश्य अति सुन्दर ॥
राम गिरि लभे आख्या चित्रकूट अतःपरे ।
राम सह अवस्थाने अत्र क्षेत्रे कियत् दिवा ॥
भरत सह शत्रुघ्न अत्रस्थले उपस्थित ।
भरते त्यजिया पुनः रामचन्द्र बहिर्गत ॥
पूर्व कीर्त्ति मने स्मरि अश्रुजल समन्वित ।
धारावेगे बहिर्गत तिति गंड हृदिस्थल ॥
एतद् रूपे तथास्थले भावनायुक्त लक्ष्मण ।
सरयु जल कल्लोले इत्याह्वान तथा श्रुत ॥
एसो एसो महाबली कर गृहे पदार्पण ।
हे वीर वन्दित तोमा गंगा स्वयं उपस्थित ॥

ए वाक्य श्रवणे कर्णे रामानुज अतःपरे ।
दानि एक उल्लम्फन नदीगर्भे निपातित ॥
नदीगर्भे निपातने हल त्वरित तिरोहित ।
रामसंग विवर्जित नहे वीर कदाचन ॥
जन्म हते यथा कीर्त्ति अद्यावधि क्रमे क्रमे ।
रामे अद्य परित्यजि एका स्वयं तिरोहित ॥
उल्लम्फने निपतित वीर सत्वरे नदीजले स्थिर निज देह वर्जने ।
निपातने जल दल कम्पने क्षणः प्रशांत बिम्बित अप चन्द्रमा पुनः ॥

– इति श्रीमदेवायण ब्रह्मकल्पे तृतीय खण्डे लव मण्डलान्तर्गतः रामानुज वर्गे सरयु जले लक्ष्मण कर्त्तृक आत्म विसर्जन नामः नवम संवर्ग ।

— ✯ —

॥ दशम संवर्ग ॥

शिव वचन

लक्ष्मण त्यजिया भूमि वारिमध्ये निपातित ।
जलदेवी गणागत गंगादेवी समन्वित ॥
लक्ष्मण पार्श्वते त्वरा सर्व क्रमे उपस्थिते ।
लक्ष्मणे करि वन्दना एतन्मत स्तवे रत ॥

देव्या वचन

लक्ष्मण रूप धारक हे अर्यमा महाबली ।
मर्त्ये कार्य समापने वारिगृहे उपस्थित ॥
आजीवन महायुद्धे छिले लिप्त महाबली ।
सर्व भोग परित्यजि आत्म त्याग प्रतिष्ठित ॥
सत्यव्रत प्रचारिते राम सह निरन्तर ।
काम भोग प्रमत्तता दम्भ अहं समायुत ॥
सर्व पृथिवी निपीड़क स्वार्थ मोह विमोहन ।
सर्व त्यागे तथा जये तुमि देव प्रतिष्ठित ॥
जात देव महीतले आदर्श दानिते नव ।
आत्म त्यागे निरन्तर भ्रातृप्रेमे करि स्थिति ॥
अनाहारे अनिद्राते रहि वर्ष चतुर्दश ।
मेघनादे निपातिले एका युद्धे प्रवेशिया ॥
बलीश्रेष्ठ जगन्मध्ये इथे तुमि प्रमाणित ।
तव वीर्य असम्भव दुर्जय समरे तुमि ॥
यवे तुमि धनुर्धर सत्यतेजे अवारित ।
तव वीर्य स्वभावतः एतन्मत समीक्षित ॥
सूर्य मध्ये यथा तेज तमःध्वंसी महार्यमा ।
एतत्तेजे प्रतिष्ठित जगत् ऊर्ध्वे निरन्तर ॥
यथा रात्रि विनाशने सर्वलोक प्रदानित ।
जगत् हर्ष प्रवर्धिते तव कार्य निरन्तर ॥
एतत्तेज प्रतिष्ठित देव देवार्यमा स्वयं ।
पितृ स्वसा ऊषादेवी तव अग्रे प्रकाशित ॥
हे अर्यमा महाबली तमःबल विमर्दक ।
तुमि हे रात्रि अंतक निशांत कारक स्वयं ॥

रात्रिमध्ये प्रवेशिया कर युद्ध भयंकर ।
युद्धमान यवे तुमि रात्रि घोर विलोपिते ॥
जाग्रत करिते जगत् जीव तमः विमोहित ।
तथा घोर महारणे टंकारित धनुर्गुण ॥
श्रवणे धनु टंकार तव कृत सगर्जने ।
योगीवृन्द समुत्थित देव काल समागमे ॥
तमिस्राते रहे पूर्ण घोर अंध अमानिशा ।
एतद्काले समुत्थित योगी सर्व चतुर्दिके ॥
तुमि देव महाबले तमःवीर्य विलोपिते ।
सन्धानि सरमा प्रिय चले त्वरित तवाग्रते ॥
अंधकार तथा चोर छद्मवेश विधारणे ।
तमः राज्ये प्रवेशिया तमःवीर्य विमर्दिते ॥
मरुत्बल समन्वित संघाति घोर गह्वरे ।
करि भङ्ग तमः ध्यान आक्रमह महाबले ॥
तथा मौने स्थिर स्तब्धे उठे ध्वनि भयंकर ।
मोहप्राप्त यथा देव आचम्बिते चमत्कृत ॥
करि युद्ध भयंकर तमः वीर्ये विमर्दिया ।
जाग्रत करि देवता कर युद्ध समापित ॥
जाग्रत देवता सर्व रत जय निनादने ।
काम मोह विमोहन उठे रुषि भयंकर ॥
आक्रमिया पुनः रणे करे तोमा निपीड़न ।
एतद् काम महाघाते यवे तुमि अचेतन ॥
देवकुल विषादित यवे देव चतुर्दिके ।
उत्थित पुरुषोत्तम आनन्द तेज धारक ॥
विष्णु वीर्ये पराजित भोग मोह प्रमत्तता ।
रह तुमि अचेतन म्लान तेज रणस्थले ॥
एतद्काले समुत्थित वायुबल महारवे ।
तमः राज्य प्रकम्पिया गर्जे यवे मरुत्बल ॥
सर्व स्तब्ध विनोहन उठे कम्पि क्षणे क्षणे ।
दिव्यगंध विथारिया विपुल गंधमादने ॥
एतद् गंधे समुत्थित पुनः वीर महारणे ।
देवकुले महानन्द प्रसन्न सर्व देवता ॥
दिव्यबल तथास्थले गर्जमान क्षणे क्षणे ।
उत्थान हेरिया तव सर्व तुष्ट चतुर्दिके ॥
तुमि युद्धे यवे जयी ऊषादेवी प्रकाशित ।
पितृस्वसा यथा ऊषा दानि एतद् महीतले ॥
दिव्य पथ प्रदर्शने दिव्य कर्म अनुष्ठिया ।
कर हे आत्मसंवृत यवे हर्ष चतुर्दिके ॥
ऊषा मात्र प्रकाशित क्षणांतरे विलोपित ।
स्वयं सूर्य यवे दीप्त धर्म कर्म समन्वित ॥
तव तेज सुसंवृत दिव्य भोग प्रकाशित ।
धर्म कर्म प्रभावित यथा दिवा महीतले ॥
रक्षःजये तथामत काम्य भोग विदूरित ।
रावण रक्षः सम्राट परदारे प्रतिष्ठित ॥

एतद् दुष्ट विघातने अमरा श्री प्रकाशित ।
यथा ऊषा महीतले रात्रि अन्ते समीक्षित ॥
तथामत जगत् लक्ष्मी सीता ऊषा स्वरूपिन ।
तव युद्धे जये बली राज्ये आत्म प्रकाशिल ॥
स्वयं आत्म प्रकाशिल यद्काले सूर्य देवता ।
राम रूप महाबली भोग स्पृहा विमर्दने ॥
सत्यव्रते प्रतिष्ठित कामस्पृहा निपीड़ने ।
यवे राज्ये प्रकाशित सीतादेवी तिरोहिता ॥
सीतादेवी तिरोधाने नित्य कार्य स्वभावत: ।
दिव्य भोगे यथा शान्ति एतद्काल निरूपिया ॥
करि सर्वे सचेतन देव ध्याने जगन्मय ।
ध्याने सूर्य जगत्व्यापी ऊषादेवी तिरोहिता ॥
नाहि क्षोभ ऊषा तरे यवे सूर्य प्रकाशित ।
ऊषाकार्य समापित करि जगत् सुजाग्रत ॥
युद्धमान यवे तुमि ऊषा आत्म प्रकाशिते ।
मृदु स्पर्शि मरुत्बले दाने वार्ता प्रचारिया ॥
उठो उठो जगत्वासी आत्मा सर्व अचेतन ।
हेर एवे पुरोभागे जगदात्मा प्रकाशित ॥
चले वार्ता प्रचारिया मरुत्बल चतुर्दिके ।
एतद् कार्य महावीरे यवे शुन समापित ॥
अयोध्याते तथाकाले सीतादेवी प्रकाशित ।
तम: गृहे अवस्थिति ए निन्दा परिवर्जने ॥
रावण गृह दुष्टता सीतादेवी परित्यजि ।
कवि वाक्य प्रभाविता पुन: आत्म प्रकाशिल ॥
रहि सर्व पुरोभागे यथा कूत्स्य महाऋषि ।
नित्याह्वाने महारवे वेदमंत्रे यथा ध्वनि ॥
कूत्स्य मंत्र निनादने ऊषा विश्वे प्रकाशित ।
तेमति कवि वाल्मीकि रामायण कहे यवे ॥
सीता आत्म प्रकाशिल सर्व अग्रे सभास्थले ।
विश्वामित्र यथा स्वयं अतिबंध स्वरूपित ॥
गाथीपुत्र महातेजा सूर्य ध्याने अवस्थित ।
करि सूर्ये प्रियाह्वाने दिव्य ध्यान प्रकाशिल ॥
वन्दना करिया रामे लवे राज्य प्रदानित ।
एतद् हेतु निवारिल वशिष्ठादि महाऋषि ॥
ऋषि प्राज्ञ निवारणे सीता त्वरित तिरोहिता ।
सूर्य ध्याने निवारित स्वल्प द्युति यथा ऊषा ॥
नहे स्वच्छ नहे दीप्त सूर्यसम तथास्थले ।
तम: गृहे करि स्थिति किञ्चित् छाया विधारिता ॥
सीतादेवी तथामत किञ्चित् निन्दा विधारणे ।
त्यजि रामे महीतले स्वयं त्वरित तिरोहिता ॥
यवे सूर्य प्रकाशित तुमि हे आत्म संवृत ।
यथा ऊषा तिरोहिता अर्यमा तुमि तद् परे ॥
सूर्यमध्ये यथा तेज तुमि देव तथामत ।
तेज अंश यथा सूर्ये युद्ध-बल विधारणे ॥

एवे युद्ध समापित दीप्त दिवा प्रकाशित ।
राम-राज्य यथा सुखे शान्तिमय चतुर्दिके ॥
एसो देवार्यमा तुमि नमि पदे पुनः पुनः ।
स्वर्गद्वारे चल द्रुत यथाह्वान सुराधिपे ॥
नदी जले यत जलदेविकागमे स-जाह्नवी रत सरयु शिरानते ।
मधु स्तवे विधिमत वंधनार्यमे सुवर्णने अतिगत कर्म भूतले ॥

- इति श्रीमद्देवायण ब्रह्मकल्पे तृतीय खण्डे लव मण्डलान्तर्गतः रामानुज वर्गे जलदेवीगण कर्त्तृक अर्यमा स्तव करण नामः दशम संवर्ग ।

— ✯ —

॥ एकादश संवर्ग ॥

शिव वचन

एतद् वाक्ये तथास्थले त्यजि मर्त्य कलेवर ।
दिव्य रूप विधारणे कहे वाक्य तथार्यमा ॥

अर्यमा वचन

हे सर्वजन देविका कह सर्वे यथा क्रमे ।
तद् श्रवणे मने मम प्रत्यागत पुरास्मृति ॥
एतद् पथ प्रदर्शह यथा देव सुराधिप ।
मम तरे अपेक्षित स्वर्गद्वारे यथा कह ॥

शिव वचन

तद् वाक्ये जलदेविका गणार्यमा परिग्रहि ।
चले द्रुत हिमाचले स्वर्गद्वार यथास्थले ॥
अर्यमा हेतु यद् क्षेत्रे देवराज अपेक्षित ।
सत्यलोके प्रवेशिते एतद् पथ प्रदर्शने ॥

देव वचन

यदुक्त वाल्मीकि कृत पूर्वे देव महेश्वर ।
स्वयं विष्णु चतुर्रूपे मर्त्य रूप परिग्रहे ॥
तव उक्त तथामत दशरथ नराधिपे ।
पुत्रेष्टि यज्ञ उद्भव पुण्य चरु समाश्रये ॥
चतुर्भागे विभागिया स्वयं तेज जनार्दन ।
राज्ञी त्रये प्रवेशित चतुर्मूर्त्ति महीतले ॥
हे रुद्र कह तद् क्षेत्रे जात पूषा भगार्यमा ।
भ्रांत स्वयं यथा वाक्ये विष्णु जन्म निरूपणे ॥

शिव वचन

हे देव कहि तद् सर्व अवधान कर स्थिरे ।
यद् वाक्य चिर दुर्बोध्य नरःकुले अभीसुत ॥
अचिन्ता यद् महाक्षेत्र कल्पना क्षम ना मनः ।
एतद् हेतु महस् क्षेत्र रहे देव अवर्णित ॥
मात्र संज्ञा प्रदानिते उक्त मात्र जनार्दन ।
जात एतद् महीतले चतुर्रूप विधारणे ॥

जिज्ञासित यथा अद्य कहि देव तथा क्रमे ।
अचिंत्य अति दुर्ज्ञेय यद् सृष्टि परमोत्तम ॥
आविर्भूत स्वयं देव सत्य लोक परित्यजि ।
यज्ञोद्भव यथा मूर्त्ति अद्य देव धृत स्वयं ॥
यद् क्षेत्रे नित्य आश्रय जगत् कार्य परित्यजि ।
सत्य लोक इहा उक्त यद् शाश्वत चिर स्थिर ॥
कर्म हेतु यथा क्षेत्र तवकृत निरूपित ।
देवलोक इहा उक्त देवत्त्व तव कारणे ॥
अमरत्त्व लभे बहु स्वयं कर्मे चराचरे ।
केह यज्ञे महातपे पुण्य शीले सुकर्मते ॥
अमरत्त्व लभे श्रुत महावीर विभीषण ।
देवत्त्व ना कदाचन एतद् वाक्य मने स्मर ॥
देव इन्द्र सुराधिप देव चन्द्र सुधाकर ।
सूर्य यम मरुत्वायु देव उक्त जने जने ॥
अमरत्त्व यथा अन्ये देवत्त्व ना तथास्थले ।
यद् अमर प्रभावित तव कृत अभीसुत ॥
जगत् कार्य प्रचालने नित्य पुण्य प्रवर्धने ।
तव पदे अधिष्ठित देव आख्या जने जने ॥
तुमि बिना चराचरे नाहि देव द्वितीयतः ।
इन्द्र चन्द्र बृहस्पति मरुत् यम हुताशन ॥
देवाख्या लब्ध सर्वतः तव कर्म प्रभावित ।
तुमि सत्य स्वयं देव जगत् पुण्ये प्रचालक ॥
कर्म शून्य यथा क्षेत्रे युगत्रय अवस्थित ।
जगत् सृष्टि परित्यजि सत्य लोक इहा स्मर ॥
अहं कर्म समापने एतद् क्षेत्रे करि स्थित ।
विष्णादि पुरुष श्रेष्ठ अत्रक्षेत्रे अवस्थित ॥
एतद ऊर्ध्वे नहे सृष्टि किञ्चित् मात्र प्रकाशित ।
सर्वादि तुमि यद् क्षेत्रे नाना किञ्चित् तवोर्ध्वते ॥
कर्मक्षेत्रे यथा सृष्टि तव कृत अनुष्ठित ।
बीतिहोत्र समाश्रये कालचक्र प्रचालने ॥
तव कार्य समापने तव सृष्टि महाबली ।
निष्कर्मे निलये तव युगत्रय अवस्थित ॥
तव कार्य समापने हेरि नक्त प्रभावित ।
जगत् सृष्टि महाबाहु विष्णु कृत सुरक्षित ॥
अवतीर्ण क्षणे क्षणे द्वेषी बल विमर्दने ।
विभिन्न देवता मर्त्ये एतद् संग परिग्रहे ॥
पूषन् तव नन्दन कन्या ज्योतिस्मति ऊषा ।
ऊषा सृष्टि महीतले धर्मादि देवता सह ॥
पुण्य मार्ग जगत् काम्य ज्योति दीप्त निरन्तर ।
जगत् शुभे प्रचालने नित्य सर्व सुखप्रद ॥
पूषा सृष्टि स्वरालये भगार्यमा महाबली ।
दिव्य भोग सुरक्षणे बहुलांशे प्रवर्धने ॥
तद् हेतु विष्णु देवता युग धर्म सुरक्षणे ।
देव त्रय परिग्रहि अवतीर्ण महीतले ॥

एतद् तत्त्व जगत् गुह्य कहि मात्र तव प्रति ।
अन्ये बोध्य नहे एतद् कहि एक जनार्दन ॥
चतुरांशे विभागित अवतीर्ण महीतले ।
यद् क्षेत्र एकके स्थित कर्म हीन अचंचल ॥
एतद् पथ प्रदर्शने स्वर्ग द्वारे अपेक्षित ।
यदिन्द्र उभय क्षेत्रे संयोग योग रक्षक ॥
कर्म क्षेत्रे यथा देव नित्य कार्ये अवस्थित ।
तद् सर्वे जात तेजांशे देवपुत्र पृथक् पृथक् ॥
तेजांश जात वानर सुग्रीवादि यथा स्मृति ।
यद् सर्व देवता विश्वे नित्य कर्म समायुत ॥
यद् देव विजये वर्धे दैत्य रक्षः क्षणे क्षणे ।
तद् सर्व शासने विष्णु अवतीर्ण महीतले ॥
हे देव तव तेजसे एतद् सर्व निवारित ।
दैत्य रक्षेः किंवा प्रश्न सर्व सृष्टि विताड़ित ॥
तव वीर्य प्रभावित कालचक्र प्रचालने ।
दिव्य सर्व जगत् जीव तव कालोत्तम स्मृति ॥
अन्य काले यथा स्मृति कहि देव क्रमे क्रमे ।
त्रिता कार्य यथा श्रुत द्विता कार्य अतःपरे ॥
सर्वान्ते शुनिवे देव कलि कार्य स-वेदने ।
तद् परे उठिवे स्वयं दुष्ट काल विमर्दने ॥
देवार्यमा अतःपरे स्वर्ग द्वारे उपस्थित ।
जलदेवी गणावृत सम्वर्धित सुराधिपे ॥
इन्द्र संगे परिग्रहे सत्य लोक प्रदर्शने ।
पूषा भग यथा पूर्वे देवार्यमा तदंतरे ॥
चले परित्यजि अमरावती क्रमे सुरावली परिहरि देव अर्यमा ।
यदुक्त उत्तम ऋतलोक पण्डिते तथास्थले पशि परमाश्रये स्थिर ॥

- इति श्रीमद्देवायण ब्रह्मकल्पे तृतीय खण्डे लव मण्डलान्तर्गतः रामानुज वर्गे देवार्यमा कर्तृक सत्यलोके गति नामः एकादश संवर्ग ।

— ✯ —

॥ द्वादश संवर्ग ॥

शिव वचन

हेथा राम अयोध्याते चिन्तायुक्त अवस्थित ।
ऋषि वृन्द परित्यजि गेल यवे महीतले ॥
चिन्तायुक्त यवे राम किंवा कार्य अतःपरे ।
एतद् काले प्रवेशिल कश्यप पुत्र देबल ॥

देबल वचन

किंवा चिन्ता समायुत रामचन्द्र जगत् पति ।
केन आस्य विषादित मेघच्छाया समायुत ॥

शिव वचन

हेरिया देबले राम अति हर्ष समायुत ।
नमस्कारे कहे वाक्य पाद्य अर्घ्य प्रदानिया ॥

श्रीराम वचन

असमये समागत बहु कृपा मने स्मरि ।
यद् समस्या उपस्थित कहि सर्व क्रमे क्रमे ॥
अयोध्याते यथा मंत्री आस्थित मैत्र वारुणि ।
अन्य अन्य महाऋषि परामर्श प्रदायक ॥
भरद्वाज महाऋषि विश्वामित्र तथामत ।
कश्यप अत्रि गौतम कण्व सप्त यथा क्रमे ॥
सर्व कार्ये निरन्तर सप्तजन उपस्थित ।
एवे सर्वे परित्यजि गेल अद्य महीतल ॥
यद्यपि ऋषि सर्वतः गेल मर्त्य परित्यजि ।
किंवा राज्ये प्रयोजन धन पुत्र प्रजाकुले ॥
एतद् हेतु करि स्थिर जाव मर्त्य परित्यजि ।
लव कुशे प्रदानिया एतद् राज्य महाऋषि ॥
वशिष्ठ वाक्य येमति करि कार्य तथामत ।
सप्तर्षि करि आह्वान सृजन करि मण्डल ॥
प्रदीप्त ऋषि मण्डले लव कुशे करि स्थिति ।
मंत्रीत्त्व करिते सप्ते राज्य भार प्रदानिव ॥

देबल वचन

लवे राज्य प्रदानिवे इथे विघ्न किंवा कह ।
सप्तर्षि करि आह्वान मंत्री पद प्रदानह ॥
तुमि राज्य परित्यजि केन जावे इहा कह ।
बिना सूर्य नभःस्थले किंवा दिवा महीतले ॥
आह्वान करिवे राम कोन कोन महाऋषि ।
सृजिते ऋषि मण्डल किंवा राम कर स्थिर ॥

श्रीराम वचन

यथा पूर्वे महाऋषि सप्तर्षि मण्डलाधिप ।
एतद् सर्वे यथा पुत्र ब्रह्मज्ञानी अवस्थित ॥
कहि सर्व क्रमे क्रमे कश्यप नन्दन स्वयं ।
मारीचि यद् द्वितीयतः मम गुरु अपुत्रक ॥
गौतमज रहू गण भौमि तद् अत्रि नन्दन ।
बार्हस्पत्य भरद्वाजे प्रिय पुत्र मने स्मर ॥
गाथिन मित्र नन्दन प्रगाथि कण्व भार्गव ।
ए सप्ते सृजि मण्डल काम्य राज्य प्रतिष्ठिते ॥

देबल वचन

तव इच्छा मनोमत सृजन कर मण्डल ।
इथे विघ्न किंवा कह हवे राज्य सुचालित ॥
किंतु कहि किं कारणे जावे राज्य परित्यजि ।
राज्य लवे प्रदानिया कर स्वयं अवस्थिति ॥

श्रीराम वचन

लक्ष्मण करि वर्जन सीताहारा महाऋषि ।
भरत सह शत्रुघ्न हल अग्रे लुकायित ॥

रमणी कुल संहति रहि एका किं कारणे ।
एतद् हेतु करि स्थिर जाव त्यजि महीतल ॥

देबल वचन

साक्षात् सूर्य स्वरूपित रामचन्द्र महाबली ।
स्वर्ग राज्य प्रतिष्ठिते तुमि मर्त्ये समागत ॥
काम मोह प्रमत्तता करि सर्व विनाशित ।
दिव्य भोग प्रचारिते तव कार्य निरन्तर ॥
एतद् कार्य अनुष्ठिते राम मर्त्ये समागत ।
यथा सूर्य विवस्वान दीप्तमान नभ:स्थले ॥
रामचन्द्र तथामत तुमि मर्त्ये प्रकाशित ।
रात्रि तम: विदूरणे यथा दिवा समुज्ज्वल ॥
दिव्य दिवा प्रकाशित तवागमे महीतले ।
सर्व काम विवर्जित त्याग-व्रते प्रतिष्ठित ॥
सर्वैश्वर्य समन्वित राज्यपदे अधिष्ठित ।
हे राघव महाबली सर्व जयी यथा तुमि ॥
तव दिव्य प्रभावेते कर दीप्त महीतल ।
काम मोह निवारणे दिव्य शान्ति विथारह ॥
यथा सूर्ये दिवालोके कर्मे लोक प्रवर्त्तित ।
मोह सुप्ति विताड़ित यवे विश्व सचेतन ॥
शुन राम तवागमे सर्व विश्व समुत्थित ।
मोह निद्रा स्वरूपित आत्म भोग परित्यजि ॥
यवे सूर्य समुत्थित नभे: राम निरीक्षह ।
ताराकुल विलोपित रात्रिगते त्वरित गति ॥
रात्रिव्यापी छिल स्थित राघव नील शोभन ।
नक्षत्रपुंज सर्वत्र प्राते सर्व तिरोहित ॥
सप्तर्षि मण्डली यथा अन्य ऋषि समन्वित ।
तव राज्ये पुरा स्मृति करि पूर्ण महीतल ॥
तवागमे महत्द्युति सर्व दिके विभास्वर ।
एतद् हेतु तिरोहित ऋषि मर्त्य परित्यजि ॥
एतद् कार्ये विषाद किं किंवा चिन्ता अत:परे ।
सूर्यागमे नहे स्थिर तारापुंज नभ:स्थले ॥
किंतु तथा ऊषागमे गाहे सर्व विहंगम ।
हेर द्रष्टा महाकवि गाहे अद्य चतुर्दिके ॥
पिक कण्ठ यथा अग्रे करे कुंज निनादित ।
तेमति कवि वाल्मीकि तव कीर्त्ति प्रचारिल ॥
पक्षी-कण्ठ स्वभावत: सूर्य वार्ता प्रदायक ।
रामायणे तथामत तव कीर्त्ति प्रचारित ॥
राम तुमि स्वयं सूर्य सीतादेवी ऊषा यथा ।
एतद् कीर्त्ति प्रचारित दिव्य छन्दे चतुर्दिके ॥
हवे सर्वे परिव्याप्त एवे हेर नर:कुले ।
हर्षान्वित हवे मही तव कीर्त्ति प्रचारिया ॥
यदि सूर्य तिरोहित एतद्काले महाबली ।
किंरूपे गाहिवे पक्षी हवे रात्रि समागत ॥

सूर्य बिना जगत् अंध पक्षीकण्ठ निवारित ।
कर्मोद्यम तिरोहित सुप्त जगत् अत:परे ॥
एतद्काले परिव्याप्त करे काम चतुर्दिके ।
अंधरूपे करे कार्य जीव सर्व तथास्थले ॥
यदि राम परित्यज तुमि मर्त्य महीतले ।
कवि कण्ठ हवे रुद्ध दिव्य वार्ता प्रचारिते ॥
दिव्य कर्म हवे गत पुनः काम प्रभावित ।
पुनः अंध हवे नरः भोगमत्त महीतल ॥
पुनश्च वर्धिवे रक्षः सर्व व्यापी जगत्पति ।
हवे पृथिवी निपीड़ित अंधशक्ति प्रभावित ॥
एतद् हेतु निवेदने शुन राम यथा कहि ।
आत्म द्युति प्रकाशह सूर्यसम चतुर्दिके ॥
कर जगत् विभास्वर दिव्य भोग प्रवर्त्तने ।
आत्म त्यागे प्रतिष्ठित दिव्यभाव यथायथ ॥
रहि स्वयं महीतले कर भाव प्रकाशित ।
तव भावे प्रभावित शुचिः शुद्ध हवे जगत् ॥

शिव वचन

देबल वाक्य येमति शुनि राम तथास्थले ।
एतद् कार्य अनुष्ठिते कृत स्थिर स्वयं मने ॥
अर्चियसित देबले यथा गृह प्रदानिया ।
एतद् वाक्य नमस्कारे रामचन्द्र कहे तथा ॥

श्रीराम वचन

हे देबल महाऋषि राजगृहे कर स्थिति ।
आह्वान करिया सर्वे कर कार्य यथायथ ॥
यदुक्त वाक्य असित देबले तथा प्रहृष्ट राम निज हृदिस्थले कहे ।
मुनीश हे रह सृजिते सुमण्डल प्रसन्न अंतर नव कार्य उद्यमे ॥
- इति श्रीमद्देवायण ब्रह्मकल्पे तृतीय खण्डे लव मण्डलान्तर्गतः
रामानुज वर्गे श्रीराम-असित देबले संवाद नामः द्वादश संवर्ग ।

॥ रामानुज वर्ग समाप्त ॥

— ☆ —

॥ जनक वर्ग ॥

॥ प्रथम संवर्ग ॥

शिव वचन

सम्मत शुनि देबल राम कार्य अनुष्ठिते ।
राजगृहे करे स्थिति राघव कृत वन्दित ॥
रामचन्द्र अत:परे प्रेरि दूत चतुर्दिके ।
ऋषि सर्वे निवेदिल अयोध्याते उपस्थिते ॥
हल दूत बहिर्गत अश्वारूढ़ त्वरित गति ।
रामचन्द्र पुरीमध्ये प्रवेशिल अत:परे ॥

कौशल्या जननी यथा एतद् गृहे प्रवेशिल ।
कौशल्यासह अन्यान्य मातृकुल अवस्थित ॥
कौशल्यासह वाक्यते नियुक्त मिथिलापति ।
एतद्काले तथास्थले रामचन्द्र प्रवेशिल ॥
जनक चरणे नमि रामचन्द्र महाबली ।
कौशल्या जननी सह अन्य सर्व क्रमे क्रमे ॥
करि रामे शुभाशिष कहिल मिथिलापति ।
अयोध्या नगरी त्यजि जाव इच्छा मनोदित ॥

श्रीराम वचन

इच्छुक तुमि यद्यपि हवे कार्य तथामत ।
तवु कहि तवप्रति शुन हे मिथिलाधिप ॥
गेल मोरे परित्यजि वैदेही तव नन्दिनी ।
सर्व ज्ञात महात्मन मम भाग्य विपर्यय ॥
अभिमाने प्रवेशिल अकस्मात् महीतले ।
त्यजिया नन्दनद्वये करि सर्वे चमत्कृत ॥
भरत सह शत्रुघ्न गेल राज्य परित्यजि ।
मम सत्ये विवर्जित सौमित्री शूर केशरी ॥
केवल नन्दनद्वय मम पार्श्वे अवस्थित ।
त्यजिया गेल वाल्मीकि तद् कृत पुत्र पालित ॥
एवे राज्ये प्रदानिते शुन कार्य ममप्रति ।
वाल्मीकि कृत शिक्षाते सर्व शास्त्रे विशारद ॥
जामदग्नि प्रदानित धनुर्विद्या यथायथ ।
रह तुमि गृहे मम पुत्रोद्वाह समापिते ।
उद्वाह कार्य सम्पन्ने अभिषेक प्रदानह ॥
राज्यपदे प्रतिष्ठह लव कुश सुतद्वय ।
एवे स्वयं नहे क्षम ए कार्ये तुमि उत्तम ॥
सप्तर्षि करि आह्वान राज्यभार प्रदानिव ।
लह तुमि अतःपरे गृहभार महामति ॥
विश्राम स्मरि मानसे किञ्चित् दिवा गृहान्दरे ।
एकाकी करिते स्थिति इच्छि स्वयं सुनिर्जने ॥

जनक वचन

यद्यपि तुमि इच्छुक हवे कार्य तथामत ।
यदि श्रांत विशेषतः एतद् कार्य प्रयोजन ॥
जानकी विहने राज्य हेरि शून्य चतुर्दिक ।
घटे यथा अकस्मात् कह वाक्य किंवा तथा ॥
कालचक्रे विघूर्णित भाग्यचक्र महाबली ।
एतद् हेतु मने स्मरि किंवा वाक्य तथास्थले ॥
सर्व भाग्य मने स्मरि पितृ सत्य सुपालने ।
वनवास तवप्रति गत वर्ष चतुर्दश ॥
यवे राज्य प्रदानित दशरथ नराधिपे ।
पितृहारा तथामत बहु दुःखे वने भ्रम ॥
सीताहारा अतःपरे लंकाधामे महारण ।
एतद् सर्व समापने प्रत्यागत गृहे पुनः ॥

पुनः राज्य प्रतिष्ठित पुनः भाग्य विपर्यय ।
वनवास प्रदानिले जानकी प्रति राघव ॥
विंश वर्ष अत:परे पुनः सीता समागत ।
अकस्मात् सभातले सीता त्वरित तिरोहिता ॥
सहचर चिर प्रिय लक्ष्मणे बाध्य वर्जने ।
भाग्य बिना किंवा अन्य कह राम मने स्मरि ॥
अनिच्छाते घटे जाहा कालचक्र कहे इहा ।
कालचक्रे विघूर्णित भाग्यरूपे निरूपित ॥

श्रीराम वचन

शुन हे मिथिलाधिप घटना सत्य सर्वत: ।
किंतु भाग्य नहे एतद् नहे काल प्रचालित ॥
कालाधीन नहि स्वयं कालाधीश मने स्मर ।
एतद् सर्व नहे भाग्य मम इच्छा प्रचालित ॥
दुर्बले भाग्य निर्णय बलीप्रति नहे कभु ।
अपिच आमि त्रैलोक्ये नियन्ता रूप निश्चय ॥
सर्व काल पराजित मम हस्ते महामति ।
काल ऊर्ध्वे करि स्थिति नित्य काले निरन्तर ॥
जगत्व्यापी अनुष्ठित यत कार्य दिने दिने ।
एतद् सर्व ममेच्छाते काल कार्ये प्रदानित ॥
मम भाग्य यथा पूर्वे मम कृत निरूपित ।
एवे मात्र अनुष्ठित नित्य कार्ये महामति ॥

जनक वचन

तव इच्छा इहा कह राज्यहारा वने भ्रम ।
पितृ सत्य सुपालने नह बाध्य कदाचन ॥
केवा कह करे इच्छा राज्य त्यजि वने गति ।
एतद् स्थले किं कारणे वनवास तवप्रति ॥
पितृ सत्य सुपालने तुमि बाध्य यथास्थले ।
अनिच्छाते यथा कार्य क्षुब्ध चित्त तथास्थले ।
एतद् भाग्य कहे सबे काल-वीर्ये वशीभूत ॥
यदि कह रघुकुल नन्दन भाग्ये कभु नह तुमि पुरुषोत्तम बद्ध ।
अविदित चीर-सम के कह इच्छे त्यजि धन जन वनवास सहास्ये ॥

- इति श्रीमद्देवायण ब्रह्मकल्पे तृतीय खण्डे लव मण्डलान्तर्गत: जनक वर्गे श्रीराम-जनक संवादे भाग्य विपर्यय वार्ता कथन नाम: प्रथम संवर्ग ।

— ✯ —

॥ द्वितीय संवर्ग ॥

श्रीराम वचन

काल-वीर्ये वशीभूत नहि स्वयं कदाचन ।
सर्व ऊर्ध्वे अवस्थिति करि स्वयं निरन्तर ॥
नहि बाध्य कदाचन मम इच्छा बिना शुन ।
स्वयं सर्व परिज्ञात यथा पूर्वे कृत स्थिर ॥

विष्णु स्वयं गदाधर सर्व ऊर्ध्वे विराजित ।
शुन हे मिथिलापति यथा इच्छा तथास्थले ॥
एकदा सर्व देवता स्रष्टा सह समागत ।
मम पार्श्वे शिरानत रावण कृत पीड़ने ॥
स्वयं स्रष्टा निवेदिल देवकुल निपीड़ित ।
चले सृष्टि रसातले रक्ष सृष्टि जगत्प्रभु ॥
जिज्ञासिनु प्रजेश्वरे किं समस्या उपस्थित ।
उत्तरिल प्रजापति शुन सर्व गदाधर ॥
श्रवा पुत्र दशानन करि तपः भयंकर ।
सर्व जयी वर प्राप्त दुष्ट कार्ये प्रवर्धित ॥
एवे नित्य निपीड़ित करे देवे दशानन ।
करि युद्धे पराजित भृत्यतुल्य रहे सुर ॥
एतद् दुष्ट विनाशिते कर यत्न जनार्दन ।
केवल नरः वानरे वर प्राप्त नहे जये ॥
कहि सेथा प्रजेश्वरे हवे कार्य तदक्रमे ।
हवे मम समुद्भव नरःकुले सुनिश्चय ॥
जाह हे सर्व देवता कपि वीर्य विवर्धने ।
कर कार्य निरूपित तुमि स्रष्टा यथा मम ॥
कत दिवा महीतले मम स्थिति निरूपह ।
किं प्रकारे हवे कार्य कर सर्व विधि स्थिर ॥
एतद् वाक्ये चले स्रष्टा सर्व देव समन्वित ।
कियत् दिवा अतःपरे पुनः स्रष्टा समागत ॥
ममप्रति निवेदिल एतद् वाक्य प्रजेश्वर ।
शुन वाक्य गदाधर जन्म कर्म यथा तव ॥
अयोध्या नगरी श्रेष्ठे सूर्यकुल महीतले ।
दशरथ नृपालये तव जन्म निरूपित ॥
कौशल्या गर्भ आश्रये लह जन्म महीतले ।
उत्पन्ना जनकालये लक्ष्मी स्वयं मने स्मर ॥
जानकी नाम आख्यात हवे शुन तथास्थले ।
जानकी करिते लाभ नरः जन्मे विवाहते ॥
वनवास अतःपरे राज्यलाभ यवे शुन ।
रावण वधिते कार्य राज्यलाभ नहे तव ॥
रक्षः द्वन्द्वे अतःपरे सीताहारा हवे तुमि ।
रावण हरिवे सीता तव चक्षु अगोचरे ॥
उद्धार करिते लक्ष्मी तुमि दुष्टे विनाशिवे ।
कपिरूपे हवे तथा देववृन्द सहायक ॥
एतद् कार्य निरूपित नरः जन्मे तवप्रति ।
कहि वाक्य स्मिताधरे यथा आज्ञा जगत्स्रजा ॥
आह्वानि तद् परे काले महाकाल समागत ।
कहि काले नरः जन्मे कर मोरे प्रचालना ॥
कहे काल शिरानते तव भाग्य निरूपिया ।
करि शूल प्रचालित रह तुष्ट गदाधर ॥
केह ना मम चालने रहे तुष्ट कदाचन ।
मम शूले विघूर्णने अति द्रुत विचालने ॥

निर्भेदिया जगत्त्रये निक्षेपि भूतले यवे ।
दिव्य ज्ञान अकस्मात् हवे सर्व तिरोहित ॥
दिव्य ज्ञान तिरोधाने बहु दु:ख महीतले ।
मम शूल प्रचालने एतद् आत्म परिस्थिति ॥

जनक वचन

कहि स्वयं जटाधरे हवे ज्ञान तिरोहित ।
यदि शूल विचालने हव स्वयं अचेतन ॥
तव कार्य महीतले किं प्रकारे समापिव ।
नर:सम परिभ्रमि किंवा कार्य धरातले ॥
उत्तरिल तथा शूली मम शूल विचालने ।
हवे तुमि अचेतन एतद् सत्य सुनिश्चय ॥
जाग्रत करिवे तोमा ऋषिकुल तथास्थले ।
मम कार्ये अचेतने तोमा योग प्रदानिवे ॥
योगयुक्त यवे तुमि हवे तुमि सचेतन ।
मम कार्ये वशीभूत नह तुमि कदाचन ॥
एतद् रूपे समागत अहं मर्त्य महीतले ।
मम भाग्य किंवा कह केवा भाग्य निरूपिवे ॥
एतद् सर्व यथा कार्य मम इच्छा मने स्मर ।
कालचक्रे विघूर्णित नहि स्वयं कदाचन ॥
अवहित चित मिथिलापति सर्व श्रुत किं कखन नहि चालित काले ।
स्थिरकृत निज गति आगत विश्वे धृत नर:तनु सृजने मम भाग्य ॥

- इति श्रीमद्देवायण ब्रह्मकल्पे तृतीय खण्डे लव मण्डलान्तर्गत: जनक वर्गे श्रीराम-जनक संवादे तद् पद दैव कालातीत रूपे वर्णना करण नाम: द्वितीय संवर्ग ।

— ☆ —

॥ तृतीय संवर्ग ॥

शिव वचन

एतद् उक्त यवे शुन राघवे जनकप्रति ।
मिथिलेशे पुन: प्रश्न किञ्चित् हर्ष समायुत ॥

जनक वचन

कालचक्रे विघूर्णित नह यदि कदाचन ।
रावण वधिते तव जन्म यदि महीतले ॥
वनवास परिष्कृत पूर्वे वर्ष चतुर्दश ।
सीताहारा तथाहेतु परिज्ञात महात्मन ॥
कह किंतु किं कारणे वनवास अत:परे ।
सीताहारा तथा भाग्य छिले दु:खी परस्परे ॥
अन्तरे ज्ञात सर्वदा निर्दोषी जानकी तव ।
तवु हेर अनिच्छाते वनवास प्रदानिले ॥
तव कृत किंवा स्थिर कह राम तथास्थले ।
यद् संशय प्रजाकुले इथे बाध्य सुनिश्चय ॥

श्रीराम वचन

नहि बाध्य तथास्थले शुन हे मिथिलापति ।
मम कार्ये विचारित यथा क्षेत्र परिस्थिति ॥
यथा मनः प्रजाकुले तथा कार्य अनुष्ठित ।
अन्य पंथा तथा स्थित नहि बाध्य कदाचन ॥
लक्ष्मण कृत दर्शित राज-बल प्रयोगिया ।
अग्नि वाक्य प्रचारिया प्रजामध्ये चतुर्दिके ॥
यथाकाले मम च्युता सीता लक्ष्मी स्वरूपिणी ।
रक्षाकार्ये रहे स्वयं रत अग्नि हुताशन ॥
ए वाक्य ये प्रचारिवे जनक तनया सीता ।
राजदंड हवे सत्य एरूप निंदकप्रति ॥
रामचन्द्र स्वयं यथा परितुष्ट परिग्रहे ।
विचार किं तथास्थले प्रजावृन्द कु-भाषणे ॥

जनक वचन

एतद् पथ परित्यजि कह राम किं कारणे ।
वनवास प्रदानिले कह सर्व परिष्कृत ॥

श्रीराम वचन

वनवास अकारणे नहेत मिथिलाधिप ।
सीताधिक मम प्रिय प्रजाकुल प्रकाशिते ॥
प्रजावाक्ये विवर्जित सीता लक्ष्मी स्वरूपिणी ।
अन्तरे ज्ञात जानकी राजकार्ये अनुष्ठित ॥
प्रजा हर्ष प्रवर्धित प्रजावाक्ये प्रिया मम ।
ममादर्श प्रचारिते पथ स्वच्छ इथे शुन ॥
सीतादेवी परित्याग ए कारणे करि त्वरा ।
सर्वदा ज्ञात जानकी मम कार्य निजान्तरे ॥

जनक वचन

किं प्रकारे प्रमाणित ज्ञात सीता निजान्तरे ।
राज कार्ये अनुष्ठित वनवास प्रदानित ॥
विपरीत स्वयं स्मरि पृथिवी गर्भे प्रवेशिले ।
अभिमाने परित्यजि गेल सीता महीतल ॥
राम कृत निपीड़िता राज्ञीपदे विवर्जित ।
एतद् दुःखे प्रवेशिल सीता क्षोभे महीतले ॥

श्रीराम वचन

प्रथमतः हवे मने एरूप मिथिलाधिप ।
किंतु स्थिरे निरीक्षिले अन्य रूप प्रकाशिवे ॥
प्रजावाक्ये विवर्जिता यदि सीता मने स्मर ।
करि प्रजा चमत्कृत पृथिवीमध्ये प्रवेशिल ॥
असती वाक्य येमति प्रजाते छिल संशय ।
स्वयं तेज प्रकाशिया करि पृथिवी विदारण ॥
गेल लक्ष्मी स्वरालये प्रजा सर्व चमत्कृत ।
हेथा स्वयं अवस्थित दिव्यादर्श प्रचारिते ॥

चमकित जनगण भूतल गर्भे क्षिति परिहरि गमने शुन लक्ष्मी ।
इति परिचय सविशेष समस्ते नृपति जनक तनया चिर साध्वी ॥

- इति श्रीमद्देवायण ब्रह्मकल्पे तृतीय खण्डे लव मण्डलान्तर्गतः जनक वर्गे
श्रीराम-जनक संवादे सीता राम अविच्छेद्य वर्णना करण नामः तृतीय संवर्ग ।

— ✯ —

॥ चतुर्थ संवर्ग ॥

शिव वचन

एरूप कहिते राम प्रसन्न मिथिलापति ।
रामचन्द्रे शिरानते एतद् वाक्य निवेदिल ॥

जनक वचन

तव वाक्य परिष्कृत तुमि राम स्वयं प्रभु ।
तुमि सर्व परिज्ञात स्थिरभावे अवस्थित ॥
मम कन्या यथा शुन निर्दोषी ज्ञात निश्चय ।
किं प्रकारे पिता सहे भाग्य बिना विचारिया ॥
मम जन्मे किंवा कर्म नहि ज्ञात कदाचन ।
केन लक्ष्मी समागत गेल केन परित्यजि ॥

श्रीराम वचन

सेथा भाग्य किंवा कह मिथिलेश विचारह ।
मम आज्ञा यथा लब्ध लक्ष्मी मर्त्ये समागत ॥
स्व-कार्य साधने लक्ष्मी प्रत्यागत स्वरालये ।
रावण वधिते मर्त्ये यथा कार्य समापित ॥
सर्व व्यापी सदा स्वयं सर्व भूते अवस्थित ।
एतद् वाक्य परिज्ञात एवे स्वयं नरेश्वर ॥
सर्व भूते अवस्थित एतद् वाक्य सदा स्मर ।
तव मध्ये स्वयं राम आत्मा रूपे विराजित ॥
आत्म राम कहे सर्वे ए कारणे मने स्मर ।
छिल लक्ष्मी तवाश्रये नारी रूप विधारणे ॥
नरः जन्म यथा मम नारी लक्ष्मी स्वरूपिणी ।
येस्थले श्री यथा लक्ष्मी रूपे नृप निरीक्षह ॥
नित्य सर्व गत स्वयं लक्ष्मी सर्वे तथामत ।
लक्ष्मीहारा कदाचन नहि स्वयं नराधिप ॥
आत्म ज्ञाने निरीक्षह हे राजर्षि तवान्तरे ।
यथा स्वयं अवस्थित तथा लक्ष्मी विराजित ॥
मोरे त्यजि कदाचन क्षणमात्र नहे स्थिर ।
सर्व गत यथा स्वयं अत्रस्थले निरीक्षह ॥
सीता रूप हवे दृष्ट अत्र क्षेत्र निरीक्षणे ।
येथा स्वयं अवस्थित सीता नित्य तथास्थले ॥
योगयुक्त यथा योगी अन्तरे करि दर्शन ।
सर्व क्षोभे विमुक्त तद् मम पदे प्रतिष्ठित ॥

जनक वचन

अन्तर्दृष्टि किंवा कह　　किं प्रकारे निरीक्षिव ।
योगयुक्त यथा योगी　　हृदिस्थले किं दर्शन ॥
ममान्तरे यथा क्षोभ　　हवे जाहे विदूरित ।
एतद् सर्व यथा क्रमे　　कह अद्य महाबली ॥

श्रीराम वचन

योग विद्या महाविद्या　　गुह्य शास्त्र सुनिश्चय ।
वशिष्ठ कृत दानित　　कहि देव शुन स्थिरे ॥
एतद् देह मन प्राणे　　ये चैतन्य अवस्थित ।
ऊर्ध्वतर सुचेतने　　कर युक्त दिने दिने ॥
कर्मेन्द्रिये यथा कर्म　　संयत करि आसने ।
वायु कर्षि महाबले　　अर्पण ऊर्ध्व चेतने ॥
मनःमध्ये यथा चिंता　　भावोद्भव सुचेतना ।
संयम करि सर्वतः　　अर्पण ऊर्ध्व चेतने ॥
मन प्राणे कलेवरे　　आकर्षित सुचेतना ।
समत्त्व भाव सर्वतः　　प्रकाशे योग लक्षण ॥
योगयुक्त यथा चित्त　　प्रशान्त अति निश्चय ।
सर्व क्षोभ विवर्जित　　सर्व दुःख तथामत ॥
यथा लाभे महत् लाभ　　सर्व प्राप्ति सुखोद्भवे ।
प्रसन्न सर्वदा योगी　　सर्व शान्ति प्रतिष्ठित ॥
नाहि क्षोभ कदाचन　　तृष्णा भोगे अभावित ।
नित्य तृप्त महायोगी　　सर्व स्थैर्ये अचंचल ॥
नाहि कर्म प्रयोजन　　सर्व कर्म समापित ।
ज्ञानदीप्त यथा योगी　　पराज्योति प्रभासित ॥
शीत ग्रीष्मे अकातर　　स्पर्श बोधे सदा सम ।
सर्व स्थले सदा योगी　　अति वीर्ये प्रतिष्ठित ॥
सर्व ऊर्ध्वे सदा स्थिर　　सर्व भय विदूरित ।
योगीन्द्र आत्म निर्भरे　　स्मिताधरे अवस्थित ॥
स्वल्प वाक्य कहे योगी　　प्रार्थी प्रश्न प्रयोजने ।
शान्त स्थिर तथा स्तब्ध　　रहे मौन अनुक्षण ॥
सर्व वृत्ति समाश्रये　　यथा कर्म अनुष्ठित ।
एतद् ऊर्ध्वे अवस्थित　　रहे योगी निरन्तर ॥
योगयुक्त यथा योगी　　अन्तर्दृष्टि समन्वित ।
अत्रकाले समीक्षित　　आत्म राम हृदिस्थले ॥
अंगुष्ट प्रमाण रूपः　　विद्युत्द्युति सम प्रभा ।
दृष्ट प्रशान्ति निर्झर　　दीप्त नित्य हृदिस्थले ॥
अनुपम तनु पुरुषाकृति योगी　　जन कृत अभिनव दर्शित योगे ।
शत दिनमणि सम भास्वर तेजे　　शुन कहि हृदय गुहास्थित सर्वे ॥

- इति श्रीमद्देवायण ब्रह्मकल्पे तृतीय खण्डे लव मण्डलान्तर्गतः जनक वर्गे श्रीराम-जनक संवादे योगपथ ओ प्राप्ति वार्ता वर्णना नामः चतुर्थ संवर्ग ।

— ☆ —

॥ पंचम संवर्ग ॥

जनक वचन

योगीरूप यथा कह शान्तभावे मने स्मरि ।
किं प्रकारे लभे साक्षात् विद्युत्ज्योति हृदिस्थले ॥

श्रीराम वचन

पथ भिन्न क्रिया भिन्न शुन हे मिथिलेश्वर ।
समत्त्व यद् लभे योगी योग पथे दिने दिने ॥
नरे निरीक्षह स्थित मन प्राण कलेवर ।
त्रिविध क्षेत्र मानवे प्राज्ञकुले विचारित ॥
यदि योग क्रियारम्भ शरीर चेतनाश्रये ।
तद् गति संयमासने योगशास्त्र प्रवर्त्तित ॥
वीरासन सुखासन शीर्षासन शवासन ।
पद्मासन महासन सिद्धासन यथा क्रमे ॥
एतद् सप्त नराधिप योगासन सुवर्णित ॥
एतद् सप्ते अवस्थाने चित्त शान्त क्रमे क्रमे ॥
जीव दु:ख तरे शिवे कहे योग प्रजेश्वर ।
काल कृत प्रभावित जरा दु:ख विमोचने ॥
कहि अद्य तथामत यथा उक्त स्त्रजाकृत ।
जिज्ञासिल यवे शिव आत्म तत्त्व प्रजेश्वरे ॥
किं रूपे जीव आकारे परमात्मा प्रकाशित ।
सर्वातीत यदात्मन कालचक्रे विघूर्णित ॥
नाना दु:ख जरा व्याधि शोक क्षोभ समन्वित ।
एतद् प्रश्ने कहे शिवे कहि अद्य तथामत ॥
सर्व भाव पदातीत ज्ञान रूप निरंजन ।
वायु स्फूर्ज अत:परे अहंकारे समुत्थित ॥
पंच भूत समाश्रये धातु बद्ध गुणात्मक ।
सुख दु:ख समायुक्त जीव भाव विधारित ॥
काम क्रोध तथा भय लोभ मोह रजोद्भव ।
शोक तन्द्रा क्षुधा तृष्णा जन्म मृत्यु तथामत ॥
विषाद हर्ष इत्यादि लज्जा दु:ख समन्वित ।
एतद् दोष विनिर्मुक्त आत्मभाव कहे शुन ॥
एतद् दोष विनाशिते कहि पंथा यथा शुन ।
ज्ञान द्वारा कहे केह एतद् सर्व निवारित ॥
योग बिना नहे ज्ञान पूर्ण शिव कदाचन ।
योगे ज्ञान प्रकाशित ज्ञाने योग प्रतिष्ठित ॥
योगाभ्यासे यथा ज्ञान एतद् अग्रे प्रयोजन ।
अज्ञान किं किंवा ज्ञान बुद्धि क्रमे विचारित ॥
परम पद कैवल्ये स्व-स्वरूपे विजानित ।
दोषमुक्त यथा जीवे वाक्ये मात्र किंवा फल ॥
आत्मरूपे यथा ज्ञाने पूर्ण रूपे प्रकाशित ।
काम क्रोधादि दोषस्थ नहे भिन्न कदाचन ॥
ज्ञान लब्ध अत:परे निषेध किं किंवा विधि ।
विवेकी सर्वदा मुक्त संसार भ्रम वर्जित ॥

परिपूर्ण स्वरूप तद् पूर्ण सत्ये नराधिप ।
सतत शुद्ध निर्मल नित्य पूर्णे अवस्थिति ॥
परिपूर्ण यवे स्थित सर्ग भ्रमे निपातित ।
निष्कल गमनोपम कालकृत प्रचालित ॥
उत्पत्ति स्थिति संहारे स्फूर्त्त ज्ञान विवर्जित ।
एतद् रूप समायुत पतित मोह सागरे ॥
निमज्जित महाबाहु तत्त्व विद्या पुनः पुनः ।
सुख दुःख समाश्रित सर्गमध्ये करे स्थिति ॥
समज्ञानी यथा ज्ञानी संसार भावना धृत ।
तथा नास्ति विशेषत्त्व मोहग्रस्त भ्रमे सदा ॥
एतद् ज्ञान उपस्थिते अज्ञान तद् विदूरित ।
ज्ञाननिष्ठ विरक्त यद् धर्मज्ञ विजितेन्द्रिय ॥
योग बिना कदाचन नाहि मोक्ष गुनिश्चय ।
अपक्का परिपक्का यद् शरीरी द्विविध स्मर ॥
योगयुक्त यथा पक्का अपक्का योग वर्जित ।
अजड़ शोक निर्जित योगाग्नि दग्ध जीवन ॥
अपक्का यदि ध्यानस्त ध्यानच्युत क्षणे क्षणे ।
इन्द्रियादि विचालित आकर्षित बहिर्गति ॥
तथा नित्य पदे पदे इन्द्रियकुल चालित ।
शीतोष्ण सुख दुःखादि करे नित्य निपीड़ित ॥
नानाविध घटे शंका प्राणहानि मने स्मरि ।
एतद् रूपे मनः क्षुब्धे प्राणवायु विचंचल ॥
देह उत्क्रमणे जीव यथा भाव समन्वित ।
तद् भावे तद् पुनः जात कथित जन्म कारणे ॥
शरीरान्ते किंवा जन्म नहे ज्ञात नरःकुल ।
तत्त्व ज्ञान बिना शुन विफल श्रम केवल ॥
देहे पिपीलिका लग्ने यदि ध्यान विदूरित ।
वृश्चिक दंशने किंवा देहान्ते वा किंवा सुख ॥
मूढ़ सर्व अजानित अलीक तर्क वेष्टित ।
अहंकार विनष्टते नष्ट मूढ़ तथास्थले ॥
कारण विहने कार्य नहे दृष्ट कदाचन ।
अहंकार बिना तथा सुख दुःख किंवा स्मरि ॥
सर्वे देहे वशीभूत देह योगी वशीभूत ।
ए कारणे सदा योगी सुखे दुःखे अचंचल ॥
पंच भूत सुसंयमे योगी सर्व दिने दिने ।
सप्त धातु करे शुद्ध योगाग्नि दग्ध निर्मले ॥
योगी देहे म्हाबली देवतुल्य अतःपरे ।
भेद बंध विनिर्मुक्त नाना शक्ति विधारक ॥
यथाकाश तथा देह आकाशाधिक निर्मल ।
सूक्ष्म हते तथा सूक्ष्मे स्थूल हते तथा स्थूले ॥
स्वतंत्र सर्व योगीन्द्र इच्छारूपा जरा मरे ।
क्रीडाच्छले परिभ्रमे योगी सर्व जगत् त्रय ॥
अचिन्ता शक्तिते योगी नाना रूप विधारित ।
संयमित स्व-इच्छाते योगी तद् विजितेन्द्रिय ॥

योगीप्रति किंवा मृत्यु हठे मृत सदा तिनि ।
प्राणायाम परायणे किंवा मृत्यु मृतप्रति ॥
जाहे मृत्यु जने जने तथा योगी विराजित ।
जीवित मूढ़ येस्थले मृत योगी तथास्थले ॥
योगीप्रति किं कर्त्तव्य सर्व कार्य समापित ।
जीवन्मुक्त सदा स्वच्छ सर्व दोष विवर्जित ॥
योगीमात्र सदा मुक्त अन्ये बद्ध निरन्तर ।
मांसपिंडे सदा बद्ध नहे योगी कदाचन ॥
ज्ञानीवृन्द शरीरान्ते पुण्यफल लभे शुन ।
एतद् ज्ञानी पुनर्जन्मे पाप पुण्य क्षये स्मर ॥
लभे स्वर्ग यथा पुण्ये पुनः मर्त्ये समागत ।
योग बिना कदाचन नहे सिद्धि तथास्थले ॥
ज्ञान बिना कदाचन नहे सिद्धि नराधिप ।
ज्ञान लाभे लभे सिद्धि जन्म जन्मान्तरे क्रमे ॥
जन्मेके योग साधने लभे सिद्धि नराधिप ।
योगात् परःतर नास्ति मोक्ष मार्ग महामति ॥
बहु ज्ञाने विचारिया मुक्त अहं मने स्मरे ।
इथे मुक्ति किंवा कह योग चर्चा बिना नृप ॥
निरवद्य यति यतने पशि योगे अभिनव पद सुख चेतन मोक्षः ।
अधिगत बहु जन्मे कहि योगात् परतरः नरपति नाहित किञ्चित् ॥

- इति श्रीमद्देवायण ब्रह्मकल्पे तृतीय खण्डे लव मण्डलान्तर्गतः जनक वर्गे श्रीराम-जनक संवादे हठ योग वर्णना नामः पंचम संवर्ग ।

— ✯ —

॥ षष्ठ संवर्ग ॥

श्रीराम वचन

प्राणापाण समाश्रये चन्द्र सूर्य समायुत ।
सप्त धातु विरंजित अग्नि कृत तथास्थले ॥
परासुखे प्रतिष्ठित योगी सर्व निरन्तर ।
जन्म मृत्यु किंवा तथा पराकाशे अवस्थित ॥
तिनि वाह्य शरीरेते रूपे मात्र प्रकाशित ।
किंतु स्वयं अवस्थित कर्पूर दग्ध येमति ॥
सर्व जीव सदा बद्ध प्राणवायु विचक्रते ।
रजुबद्ध यथा पक्षी रहे जीव तथामत ॥
प्राणवायु बिना जये वशीभूत नहे मनः ।
प्राणवायु करे जय योगी स्व-चित्त संयमे ॥
शास्त्र तर्के किंवा फल वृथा युक्ति निरन्तर ।
नहे मन वशीभूत प्राणवायु बिना जये ॥
अज्ञाने आचरे योग निश्चय दुःख कारक ।
प्राणवायु वशी कृत विद्या ज्ञात नहे यदि ॥
वायु जये करे यत्न योग सिद्धि तरे शुन ।
अपक्व कुम्भके रत नष्ट मूढ़ दिने दिने ॥

प्राणवायु सुषुम्नाते सज्ञाने यदि निश्चल ।
तवे देह रहे स्थिर नहे मृत्यु तथास्थले ॥
शुद्ध चित्त यथास्थले काम क्रोध विवर्जित ।
तथा ज्ञान समुद्भवे एक जन्मे नराधिप ॥
एतद् हेतु मने स्मर सिद्धिपथे दिने दिने ।
प्राणवायु वशीभूत सर्व अग्रे प्रयोजन ॥
योगात् परतरः पुण्य योगात् परतरः शिव ।
योगात् परतरः सूक्ष्म योगात् परतरः नहे ॥
प्राणापान समाकृत्य स्व-रजः रेत संयुत ।
चन्द्र सूर्ये यथा योग जीवात्मा परमात्मने ॥
एतद् द्वन्द्व जये यति संयोगे योग वर्णित ।
दीप्त योगशिखा वक्षे सर्व ज्ञाने प्रतिष्ठित ॥
तथा मंत्र अनुध्याने गात्रकम्प उपस्थित ।
पद्मासने अवस्थित योगशास्त्र सुवर्णित ॥
निबद्ध दृष्टि नासाग्रे हस्त पद सुसंयत ।
मनः सर्वत्र संगृह्य ॐकारे स्थित भावना ॥
ध्याने रत सदा प्राज्ञ हृदिस्थ परमेश्वर ।
एक स्तम्भे नव द्वारे त्रिस्थूणे पंच दैवत ॥
ए प्रकारे शरीरेते हवे क्रमे समीक्षित ।
आदित्य मण्डलाकार रश्मिजाल समाकुल ॥
एतद् मध्ये हुताशन उज्ज्वल वर्त्तिकासम ।
दीपशिखा यथा मात्रा तन्मात्रा परमेश्वरे ॥
योगाभ्यासे प्रकाशित सूर्ययोगी जनान्तरे ।
द्वितीय सुषुम्ना द्वारे सर्व शुभ्र समीक्षित ॥
यिनि सिद्ध मरुत् जये करि सेवा सदा गुरु ।
गुरु वस्त्र प्रसादित प्राण जय करे बुध ॥
दैर्घ्ये द्वादश अंगुलि विस्तृत चतुरांगुलि ।
धवल अति कोमल वेष्टनाम्बरे लक्षण ॥
करिते शक्ति चालना निरुध्य गाढ़ मरुत ।
अष्टवा कुंडली कृत जाग्रत कर कुंडली ॥
करि पायु विकुंचन कर वायु प्रचालित ।
पतित मरणे यदि मृत्युभय नहे तथा ॥
वायुते ज्वालिया वह्नि कुंडलिनी विदाहने ।
संतप्त अग्निते जीव शक्ति त्रैलोक्यमोहिनी ॥
वह्नि योगे मरुत्बले कुंडली ग्रंथि भेदने ।
आस्थित रुद्रग्रंथिते विष्णुग्रंथि अतिक्रमि ॥
तद् परे गाढ़ कुम्भके वायु कर्षि पुनः पुनः ।
योग शिक्षा कर क्रमे कैवल्य प्राप्ति कारक ॥
निर्जने रहिया सदा लघ्याहारे करि स्थिति ।
वासना व्याधि नाशने कर यत्न निरन्तर ॥
सूर्यनाड्या समाकृष्य योगाभ्यास यदि प्रति ।
विधि-वत करि कुम्भक रेचकह तथामत ॥
उदरे बहु रोगघ्न कृमि दोष विनाशक ।
कर नित्य मुहुर्मुहु सूर्यभेद कहे इहा ॥

मुखे वायु समाकृष्य नासिका पथ रेचके ।
शीतल कर कुम्भक नाशे पित्त क्षुधा तृषा ॥
बहु रूपे करे योग प्राण वायु प्रचालने ।
सुषुम्ना पथ चालने मोक्षमार्गे करे स्थिति ॥
रजः विधृत जीवे यद् देवी तत्त्व समावृत ।
रजस रेतसे योगे राज योग कहे इहा ॥
करि विधिमत नृप कुम्भक वाते रिपुजित शुचितर निर्मल चित्ते ।
मरुत् गति रजस रेतस योगे अभिहित यतिवर राजस योगी ॥

- इति श्रीमद्देवायण ब्रह्मकल्पे तृतीय खण्डे लव मण्डलान्तर्गतः जनक वर्गे श्रीराम-जनक संवादे राज योग कथन नामः षष्ठ संवर्ग ।

— ✫ —

॥ सप्तम संवर्ग ॥

श्रीराम वचन

संक्षेपे कहि तद् वाक्य यद् तथ्य ब्रह्म भाषित ।
क्रमशः प्राप्य अप्राप्य योगाभ्यासे दिने दिने ॥
एक जन्मे कलेवरे योगाभ्यासे क्रमे क्रमे ।
प्राप्य चिरन्तरे मुक्ति उत्ताल मर्कट क्रमे ॥
योगसिद्धि बिना यदि मृत्युकाल उपस्थित ।
पुनर्वार कलेवरे कार्य क्रमे लभे गति ॥
सिद्धि पथे यथा कार्य गोपनीय सदा स्मर ।
प्रकाश विहने स्थिति योग सिद्धि सुलक्षण ॥
दश द्वार पुरी देह दश नाड्या महापथ ।
दश वायु परिव्याप्त दशेन्द्रिय परिच्छद ॥
चतुः पीठ समाकर्ण चतुर्दीप प्रदीपित ।
बिन्दु नाद महालिंग शिव शक्ति निकेतन ॥
कहे देह शिवालय सिद्ध देह यथा स्मर ।
गुद मेट्रान्तरालस्थ मूलाधार त्रिकोणक ॥
शंकर जीवरूप तद् एतद् स्थले समीक्षित ।
यथा कुंडलिनी नामे पराशक्ति प्रतिष्ठिता ॥
स्वाधिष्ठाने यथा चक्र लिंगमूले षड् स्रक ।
नाभिदेशे यथा चक्र दशारि मणि पूरक ॥
द्वादशारि महाचक्र हृदिस्थले अवस्थित ।
कण्ठ कूपे विशुद्धाख्या यद् चक्र षोडश स्रक ॥
जालांधर यथा पीठ अवस्थिति सुरेश्वरे ।
आज्ञा नामे भ्रू-मध्यते द्विदल चक्र उत्तम ॥
शिवशक्ति महामंत्र मूलाधार समुत्थित ।
हकार शिव बीज यद् सकार शक्ति बीज तद् ॥
सर्व मंत्रे यथा मूल मूलाधार समुद्भव ।
मूल रूपानुमीयते मूल मंत्र इहा स्मृति ॥
महामाया महालक्ष्मी महादेवी सरस्वती ।
आधार शक्ति अव्यक्ता जाहे विश्व प्रचालित ॥

सूक्ष्माभा बिंदु रूपे तद्	पीठ रूपे प्रवर्त्तित ।
बिन्दु पीठ विनिर्भेद्य	नाद लिंग उपस्थित ॥
गुरुपदेश मार्ग यद्	अकस्मात् प्रकाशित ।
स्थूल सूक्ष्म परा रूप	योगी चक्षे समीक्षित ॥
ब्रह्मे पंच यथा रूप	स्थूल वैराज वर्णित ।
हिरण्य गर्भ सूक्ष्मत:	नाद बीज त्रयात्मक ॥
परब्रह्म परासत्य	सच्चिदानन्द लक्षण ।
अप्रमेय अनिर्देश्य	अ-वाङ्गनस गोचर ॥
शुद्ध सूक्ष्म निराकार	निर्विकार निरंजन ।
अनंत अपरिच्छेद्य	अनुपम अनामय ॥
आत्म मंत्र सदाभ्यासे	पर:तत्त्व प्रकाशित ।
एतद् सिद्धि यथोपाय	कहि शुन क्रमे क्रमे ॥
दीप ज्वालेन्दु खद्योत	विद्युन्नक्षत्र भास्वर ।
सूक्ष्मरूपे कच्चित् दृश्य	अन्तरे युक्त योगीते ॥
नाहि नाद परे मंत्र	देव आत्मा परे नहे ।
स्व-संधान परार्चना	तृप्ति परे किंवा सुख ॥
गोपनीय प्रयत्न यद्	सर्वदा सिद्धि साधना ।
एतद् कार्ये अनुष्ठाने	परासुखे प्रतिष्ठित ॥
देव-भक्त यथा श्रेष्ठ	गुरु-भक्त तथामत ।
एतद् विद्या तथास्थले	प्रकाशह महात्मन ॥
यतिकुल अनुभव कम्पित मूले	ह-रव कथित शिव स-ध्वनि शक्ति ।
वर्णित शिहरि पुलके तनु हंसे	बुध कृत अभिहित मूल ह मंत्र: ॥

- इति श्रीमद्देवायण ब्रह्मकल्पे तृतीय खण्डे लव मण्डलान्तर्गत: जनक वर्गे श्रीराम-जनक संवादे षट्चक्र वार्ता ओ मूलमंत्र कथन नाम: सप्तम संवर्ग ।

— ✯ —

॥ अष्टम संवर्ग ॥

श्रीराम वचन

परम नाद अक्षर	शब्द ब्रह्म सुवर्णित ।
मूलाधार गताशक्ति	स्वाधारा बिन्दुरूपिणी ॥
एतद् नाद समुत्थित	सूक्ष्म बीजादि अंकुर ।
नाद श्रुत यथा योगी	सर्व ज्ञात महामति ॥
हृदिस्थले निनादित	घोरे पर्जन्य सन्निभ ।
धृत सप्त स्वरे गाथा	सर्व नाद समुद्भव ॥
सप्त स्वर विधारणे	यथा शक्ति अवस्थिता ।
इनि सरस्वती देवी	सर्व भूत गुहाश्रया ॥
वायु कृत प्रचालित	यथा वह्नि क्रमे क्रमे ।
तथामत प्रवर्धित	वाक्य देवी प्रचालित ॥
हृदये वैखरी शक्ति	योगी चक्षे समीक्षित ।
वाक सिद्धि लभे योगी	सरस्वती प्रसादित ॥
वेद शास्त्र पुराणे यद्	स्वयं कर्त्ता भविष्यते ।
नाद बिन्दु समन्वित	सोम सूर्याग्नि वायुते ॥

इन्द्रिय सर्वतोलये शान्त चित्त स्मिताधर ।
वायु लय यवे शुन मनः लय ततक्षणे ॥
यथा लाभे अतःपरे ना अधिक मने स्मरे ।
गुरु दुःखे अचंचल यथा पदे करि स्थिति ॥
निरुद्ध परमे चित्त सर्वदा योग सेवक ।
अन्तरात्मा प्रतिष्ठित प्रतुष्ट आत्म दर्शने ॥
आत्यन्तिक यथा सुख बुद्धि ग्राह्य अतीन्द्रिय ।
एतद् क्षरा क्षरातीत अनक्षर अनन्तरे ॥
सर्व भूत कहे क्षर कहे सूत्रात्मकाक्षर ।
अक्षर परम ब्रह्म निर्विशेष निरंजन ॥
अलक्षण अगोचर प्रतर्क्य यद् अनुपम ।
अपार पार अच्छेद्य अचिंत्य अति निर्मल ॥
आधार सर्व भूतेश अनाधार अनामय ।
अप्रमाण अनिर्देश्य अप्रमेय अतीन्द्रय ॥
अस्थूल अनन्तहृस्व दीर्घ तद् अज अव्यय ।
अशब्दास्पर्श स्वरूपः चक्षुः श्रोत्र अनामक ॥
सर्वज्ञ शान्त सर्वत सर्वतः हृदये स्थित ।
गुरु मतासुसंवेद्य सुदुर्बोद्य अचेतसा ॥
निष्कल शान्त निर्गुण निर्विकार निराश्रय ।
निर्लेपक निरापाय कूटस्थ अचल ध्रुव ॥
ज्योतिषाधिक तद् ज्योति तमः पारे प्रतिष्ठित ।
भावाभाव विनिर्मुक्त भावना मात्र गोचर ॥
भक्ति गण्य परातत्त्व अन्तर्लीन सुचेतना ।
भावना मात्र गोचर शुन तथ्य नराधिप ॥
यथा देहान्तर प्राप्ते कारण भावना नृप ।
विषय ध्यानिया मनः विषय रमणे रत ॥
चित्त सम अनुध्याने भावे आत्म समाहित ।
लभिया मम दर्शन सर्व सुखे प्रतिष्ठित ॥
कहि सिद्धि यथा पूर्ण सुखोपाय नराधिप ।
प्रशान्त विजितेन्द्रिय जितश्वास विचेतस ॥
श्रुत रव हृदिगत मेघ निनादे अधिगत यतिकृत दर्शन सिद्धि ।
जन्म मरण पथ वर्जित राजे अभिनव दर्शन तेजस माले ॥

- इति श्रीमद्देवायण ब्रह्मकल्पे तृतीय खण्डे लव मण्डलान्तर्गतः जनक वर्गे श्रीराम-जनक संवादे नाद बिन्दु तत्त्व वर्णना नामः अष्टम संवर्ग ।

— ✯ —

॥ नवम संवर्ग ॥

श्रीराम वचन

नाद सिद्धि महात्मन बिन्दु सिद्धि यथा क्रमे ।
कहि शुन अतःपरे यथा फल प्रदायक ॥
नाद लय मने यदि दूर श्रवण कारक ।
बिन्दु लय मने यदि योगीते दूर दर्शन ॥

कालात्मनि मनोलीने	त्रिकालज्ञ पदान्वित ।
पर:काय मनोयोगे	पर:काय प्रवेशक ॥
अमृत मूर्धनि चिन्तने	क्षुत तृष्णा विष शान्तक ।
पृथिवी धारणा चित्ते	पाताल गमने शक्य ॥
सलिले धारणा चित्त	जलमग्न नहे कभु ।
अग्निते धारना चित्त	नहे दग्ध कदाचन ॥
आकाश गमने शक्य	यदि वायु मने लय ।
अनिमादि महासिद्धि	आकाशे चित्त धारणे ॥
विराट रूप भावने	धृत बृहत् कलेवर ।
सृजने शक्य तद् योगी	चतुरास्य मन: युत ॥
इन्द्र रूपे स्मरे योगी	दिव्य भोगे प्रतिष्ठित ।
विष्णु रूपे महायोगी	पालक जगदाखिल ॥
रुद्र रूपे महायोगी	संहार कार्य सक्षम ।
नारायणे मन: युक्त	नारायण स्वरूपित ॥
वासुदेवे मन: युक्त	सर्व सिद्धि लभे नर: ।
वासुदेवे जगन्मय	सर्वत: गत ईश्वर ॥
गुरु ब्रह्मा गुरु विष्णु	गुरुदेव सदाच्युत ।
गुरुश्रेष्ठ नहे केह	लोक त्रये नराधिप ॥
दिव्य ज्ञानोपदेष्टक	देशिक परमेश्वर ।
भक्तियुक्त उपासने	ज्ञान फल लभे नर: ॥
यथा गुरु यथा ईश	यथा ईश तथा गुरु ।
ईश गुरु उभे पूज्य	नहे भेद कदाचन ॥
योगतत्त्व परिज्ञात	येवा मर्त्ये विराजित ।
पाप पुण्य नहे तथा	नादि दु:ख पराजय ॥
शुन नृप गुरु परदेश विरिंचि	गुरु शिव गुरुवर अच्युत विष्णु ।
गुरु पदयुग भजने दु:ख मुक्ति	गुरु जप गुरु तप केवल चित्ते ॥

– इति श्रीमद्देवायण ब्रह्मकल्पे तृतीय खण्डे लव मण्डलान्तर्गत: जनक वर्गे श्रीराम-जनक संवादे नाद बिन्दु सिद्धि वार्ता नाम: नवम संवर्ग ।

— ☆ —

॥ दशम संवर्ग ॥

जनक वचन

किं प्रकार उपासना	कह राम जगत्पति ।
जाहे मुक्ति समागत	परा शान्ति प्रतिष्ठित ॥

श्रीराम वचन

यद् प्रकारे उपासना	रहस्य श्रुति सार यद् ।
शुन हे मिथिलापति	गुह्य तत्त्व यथा कहि ॥
सुषुम्ना कुंडली सह	सुधा तद् चन्द्र मण्डले ।
कर देव नमस्कार	महाशक्ति चिदात्मन ॥
देह अभ्यन्तरे शत	नाड़ी भिन्न अवस्थित ।
तथा एक महानाड़ी	ब्रह्मरंध्रे करे गति ॥

एतद् नाड्या नराधिप सुषुम्ना नाम वर्णित ।
सुषुम्ना श्रेष्ठ ए सर्वे विरजा ब्रह्म रूपिणी ॥
वामे इला अवस्थित पिंगल दक्षिणे नृप ।
एतन्मध्ये परा स्थान वेद वेत्ता यथा नर ॥
श्वास गति निरोधिया करि वायु सुनिश्चल ।
सुषुम्ना सतत ध्याने योग-क्रिया अनुष्ठिवे ॥
गुह्य पृष्ठे अधे ऊर्ध्वे मेरुदंड अवस्थित ।
ईला पिंगल तद् पार्श्वे ब्रह्मज्ञान विधारिका ॥
एतन्मध्ये अवस्थित सुषुम्ना सूर्य रूपिणी ।
ब्रह्मणाड्या परिव्याप्त बहु रंध्र समन्वित ॥
ताहे सर्व प्रतिष्ठित सर्वग विश्वेतो मुख ।
एतन्मध्ये रवि स्थित सोमाग्नि परमेश्वर ॥
भूत लोक भूमि लोक समस्त सिंधु पर्वत ।
द्वीप नदी तथा वेद शास्त्र विद्या कलाक्षरा ॥
स्वर मंत्र पुराणादि त्रिगुण सर्व सर्वत: ।
बीज बीजात्मक स्मृति क्षेत्रज्ञ प्राणवायु तद् ॥
सुषुम्नांतर्गते विश्व ताहे सर्व प्रतिष्ठित ।
नाना नाड्या विधारिका सर्व भूतान्तरात्मन ॥
ऊर्ध्व मूल अध: शाखा वायुमार्ग यथा स्मृति ।
वायुवाही यथा नाड्या द्विसप्तक सहस्रश ॥
यद् काले परमानन्दे वायु तालु प्रवाहित ।
सुषुम्ना शाम्भवी शक्ति अन्य शेषे निरर्थका ॥
तथा ऊर्ध्व निरोधित मध्यम स्वर उत्तम ।
उच्चारिता परा शक्ति ब्रह्मरंध्र निवासिनी ॥
यिनी सर्व जगन्मय सर्व ऊर्ध्वे अवस्थित ।
अज्ञान दु:ख तारक हंसदेवे नम: नम: ॥
अनाहत महाध्वनि अनाहते निरन्तर ।
ध्वनि अन्तर्गत ज्योति ज्योतिर्मध्ये यथा मन: ॥
तन्मन विलये भाव तद्विष्णु परम पद ।
कच्चित् कहे सरस्वती सुषुम्नाधार कुंडली ॥
आधार गत यद् शक्ति कुंडलिनी सुवर्णित ।
गुरुकृपा प्रसादित कच्चित् शक्ति सुजाग्रत ॥
सर्व जगत रहे सुप्त आधारे शक्ति निद्रिते ।
एतद् शक्ति प्रबोधने त्रैलोक्य प्रति बोधित ॥
आधारे शक्ति चेतने सर्व दु:ख विमोचित ।
अज्ञान तमसा पारे ज्योतिमूर्त्ति समीक्षणे ॥
आधार चक्र निर्मुक्त विद्युत् पुंज सम प्रभा ।
इथे मुक्ति सुनिश्चय किंवा विघ्न अत:परे ॥
आधार चक्र जाग्रते पाप पुण्य विलोपित ।
लीन योगी मन नभे: आधारे वायु धारणे ॥
आधारे वायु धारणे शरीरे कम्प लक्ष्यित ।
योगी नृत्य परायण परा सुखे प्रतिष्ठित ॥
आधारे सर्व देवता वेद सह अवस्थित ।
आधारे स्थित यन्मन सर्व सुखे प्रतिष्ठित ॥

आधार पश्चिमे शुन त्रिवेणी संगम स्थित ।
सेथा स्नाने नराधिप सर्व पाप विमोचित ॥
आधार पश्चिमे लिंग कवाटेक अवस्थित ।
एतद् द्वार विमोचने विमुक्त भव बन्दने ॥
आधार पश्चिमे शुन चन्द्र सूर्य सदा स्थित ।
ईला पिंगल तद्परे परब्रह्म अवस्थित ॥
आधार पश्चिमे नृप संज्ञा मूर्त्ति अवस्थित ।
चक्र देहे बहिर्गत विदेह मुक्ति सम्भवे ॥
वामे देवी इला स्थित जाम्ये पुरुष पिंगल ।
मध्यस्थले सरस्वती कैवल्य पथ दर्शने ॥
सुषुम्ना तद् सरस्वती हंस मंत्रे प्रधावित ।
सुषुम्ना गमने हंस सर्व मुक्त महागति ॥
निरखह सुपुरुष पिंगल ईशे भव दुख परिहर लोहित चक्षुः ।
सतत रमित स-इला पर शक्ति नरपति कर शुचि दर्शन देहे ॥

- इति श्रीमद्देवायण ब्रह्मकल्पे तृतीय खण्डे लव मण्डलान्तर्गतः जनक वर्गे श्रीराम-जनक संवादे उपासना वार्ता कथन नामः दशम संवर्ग ।

— ☆ —

॥ एकादश संवर्ग ॥

श्रीराम वचन

क्षण मात्र सुषुम्नाते यदि योगी अवस्थित ।
विनष्ट सर्व संशये लभे योगी परा गति ॥
सुषुम्ना यद् परा तीर्थ सुषुम्ना यद् परा गति ।
सुषुम्ना तद् परा ध्यान सुषुम्नाते परा गति ॥
ब्रह्मरंध्रे महास्थले नित्य शिवा अवस्थिता ।
चित शक्ति परमादेवी मध्यमे सु-प्रतिष्ठिता ॥
ललाटाग्रे महामाया व्योमपद्मे विराजिता ।
बिन्दुशक्ति अधःभागे अपरांशे अवस्थिता ॥
बिन्दुमध्ये जीवात्मन सूक्ष्मरूपे अवस्थित ।
हृदये स्थूल रूपेते मध्यम रूप नाभिते ॥
चालित चित्त संसारे निश्चले मोक्ष वर्णित ।
एतद् चित्त यवे स्थिर स्थित प्राज्ञ मने स्मर ॥
मनस गगनाकार मनस सर्वतो मुख ।
मनस सर्व आत्मन मनस पर केवल ॥
मने कर्म अनुष्ठित मनस लिप्त पातके ।
सुसंयत यथा मनः पाप पुण्य किंवा कह ॥
मने मन सुवीक्षणे वृत्ति शून्य यवे शुन ।
परिदृष्ट परब्रह्म यद्दर्शने सुदुर्लभ ॥
मने मनः सुवीक्षणे युक्त योगी सुनिश्चय ।
योगी विश्वे उदासीन मने मनः निरीक्षणे ॥
मने मनः अवेक्षणे योगनिष्ठा समुद्भवे ।
शान्त चित्त यथा योगी परब्रह्मे प्रतिष्ठित ॥

मनः शान्ते नराधिप स्थित योगी परा सुखे ।
षड़ चक्र विनिर्मुक्त गुरु कृपा समन्वित ॥
कर्णधार तथा गुरु तद् वाक्य प्लव उत्तम ।
प्रयुक्त करि अभ्यासे तारक भव सागरे ॥
योगसिद्धि महामति संक्षेपे करि वर्णना ।
यथाक्षेत्रे यथाक्रिया वायुगति विचालने ॥
हृदये ज्योति दर्शन समज्ञान प्रकाशित ।
सर्व व्यापी तथा स्वयं नित्य तुमि निरीक्षिवे ॥
योग-क्रिया अनुष्ठाने सर्व क्षोभ विदूरित ।
कहि तोमा यथायथ एवे कार्य निरीक्षह ॥

जनक वचन

कहिले अति उत्तम योग सिद्धि उपासना ।
करि तोमा नमस्कार तुमि सत्य जगत्गुरु ॥
कहिले अति अद्भुत योगशास्त्र सुगोपन ।
जाहे मुक्ति लभे नरः योगेश्वर यथा तुमि ॥
योग तत्त्व सुवर्णना कर एवे जगत्पति ।
कर कृपा जगन्नाथ नमि तोमा पुनः पुनः ॥
सुकथित तव कृत राघव योगे विनिहित तनुगत गोपन वार्ता ।
प्रणमि पद युगल पंकज चक्षुः कह कह सुमधुर तत्त्व पुनश्चः ॥

- इति श्रीमद्देवायण ब्रह्मकल्पे तृतीय खण्डे लव मण्डलान्तर्गतः जनक वर्गे श्रीराम-जनक संवादे सिद्धि पद वर्णना नामः एकादश संवर्ग ।

— ✯ —

॥ द्वादश संवर्ग ॥

श्रीराम वचन

योग तत्त्व यथा कहि शुन एवे नराधिप ।
जीव सर्व सुखे दुःखे मायाते परिवेष्टित ॥
मुक्तिप्रद यथा मार्ग मायाजाल विदूरिते ।
जन्म मृत्यु जरा व्याधि नाशन दुःख तारक ॥
नाना मार्गे सुदुष्प्राप्य कैवल्य परमः पद ।
पतित शास्त्र जालके पंडित नित्य मोहित ॥
अनिर्वाच्य यथा तत्त्व अक्षम कहिते सबे ।
किं प्रकारे कहे शास्त्र स्वयं जाहा प्रकाशित ॥
निष्कल शान्त निर्मल सर्वातीत निरामय ।
तद् देव जीव रूपे तद् पाप पुण्य फलावृत ॥
परमात्मा स्वरूप यद् जीव रूप किं कारणे ।
सर्व भाव पदातीत ज्ञान रूप निरंजन ॥
वायुकृत प्रचालित वारि हते समुद्भव ।
पंचात्मक यथा पिंड धातुबद्ध गुणात्वक ॥
सुख दुःख समायुत जीवभावे प्रकाशित ।
विशुद्ध परमात्मन पंच भूत समाश्रये ॥
काम क्रोध तथा भय लोभ मोह अहं रजः ।
संहार जन्म कार्पण्य शोक तन्द्रा क्षुधा तृषा ॥

लज्जा भय तृषा दुःख	विषाद हर्ष मोदन ।
एतद् दोष विनिर्मुक्त	परमात्मा स्वरूपतः ॥
एतद् दोष विनाशिते	यथोपाय कहि क्रमे ।
योग-हीने यथा ज्ञान	हवे मोक्ष फलप्रद ॥
अज्ञाने बद्ध संसारे	ज्ञाने मुक्त निरन्तर ।
अग्रे ज्ञेय किंवा ज्ञान	तद् परे ज्ञेय साधना ॥
स्वरूप ज्ञात यद्यपि	कैवल्य परमः पद ।
निष्कल अति निर्मल	सच्चिदानंद रूप यद् ॥
उत्पत्ति स्थिति संहारे	स्फूर्ति ज्ञान विवर्जित ।
एतद् ज्ञान कहि क्रमे	शुन अद्य नराधिप ॥
हे नृप बहुधा योग	विभिन्न व्यवहारत ।
हठ वा राज योगादि	मंत्रयोग तथा लय ॥
चतुर्विध यथा योग	कहिव मिथिलापति ।
वर्ष वारः जपे मंत्र	मातृकादि समायुत ॥
लभे ज्ञान क्रमे क्रमे	अनिमादि गुणान्वित ।
अल्प बुद्धि तथा योगी	स्वचेष्ट साधकाधम ॥
लय-योगे तथा चित्त	लय क्रमे दिने दिने ।
ध्यानयुक्त सदा स्थिर	लय-योग कहे शुन ॥
लय-योग अतःपरे	हठ-योग यथा कहि ।
यम नियम वा तथा	आसन प्राण संयम ॥
प्रत्याहारादि धारणा	ध्यान-भ्रु मध्यमे हरि ।
समाधि समतावस्था	साष्टांगयोग वर्णित ॥
महामुद्रा महावन्धो	महावेधस खेचरी ।
जालंधर उड्डीयन	मूलवंध तथा क्रमे ॥
दीर्घ प्रणव संधान	सिद्धांते श्रवणे पर ।
वज्रोली चामरोली वा	सहजली त्रिधा मत ॥
ए सर्व गुण लक्षण	कहि तत्त्व क्रमे क्रमे ।
लघ्याहार तथा श्रेष्ठ	दशविध महायमे ॥
नियम दश रूपे यद्	अहिंसा ज्ञात उत्तम ।
सिद्ध पथ तथा सिंह	भद्रासन चतुष्टय ॥
प्रथमे योग अभ्यासे	बहु विघ्न उपस्थित ।
कखन धूर्ततालस्य	कामिनी कांचने मति ॥
लय विधि हठ विधि बंधन मुद्रा	रघुकुलपति कहिते रत तत्त्व ।
दशविध यम नियमासन सर्वे	सह सुकथित यत विघ्न तदंते ॥

- इति श्रीमद्देवायण ब्रह्मकल्पे तृतीय खण्डे लव मण्डलान्तर्गतः जनक वर्गे श्रीराम-जनक संवादे योगतत्त्व वार्ता कथन नामः द्वादश संवर्ग ।

— ✯ —

॥ त्रयोदश संवर्ग ॥

श्रीराम वचन

प्राणायाम अतःपरे	पद्मासने करि स्थिति ।
गुहासम यथा गृह	कर तथा अवस्थिति ॥

नहे उच्च नहे निम्न कुश वा अजिनासने ।
ऋजुकाये अवस्थाने वायुगति निरोधह ॥
आकर्षि दक्षिणे वायु किञ्चित् मात्र विधारणे ।
वाम रंध्रे अतःपरे कर त्याग शनै शनै ॥
पूरके रेचके वायु करि क्रमे सुसंयत ।
कुम्भके कर धारण क्षम तुमि यतक्षण ॥
एतद् रूपे हवे शुद्ध नाड़ी मास त्रये शुन ।
प्रकाशे योग लक्षणे क्षुधा वृद्धि क्रमे क्रमे ॥
लवण अम्ल सर्षप रुक्ष तीक्ष्ण विदाहिन ।
प्रातः स्नानोपवासादि कायक्लेश विवर्जिया ॥
पद्मासने अवस्थाने योगक्रिया अनुष्ठह ।
वीर्यवान हवे देह सर्व क्लेश विदूरित ॥
ॐकार जप तद् परे सर्व दोष-हरा ध्वनि ।
आयत्त कर कुम्भके वायुगति निरोधिया ॥
एतद् रूपे दिने दिने अनुभव हवे क्रमे ।
यथा दर्शन चक्षुते यद् सर्व श्रवणे श्रुत ॥
नासिका घ्राण यद् लब्ध जिह्वाते स्वाद यद् रस ।
यथा स्पर्श त्वके त्वके आत्माबोध अनुक्षण ॥
एतद् अनुभवे क्रमे दिव्यबोध प्रबोधने ।
सुषुम्नाते यवे वायु हय क्रमे प्रचालित ॥
सेस्थले धारणा यथा कहि क्रमे नराधिप ।
जानु हते पदावधि पृथिवी स्थान सुवर्णित ॥
चतुरस्त्र वसुंधरा पीत वर्ण ल-वर्णक ।
भू-क्षेत्रे वायु आरोपि ल-कारे यद् सुशोभित ॥
ध्याने चतुर्भुजाकार चतुर्वक्त्र हिरण्मयी ।
प्रहरेक सु-धारणे योगी पृथिवी जये क्षम ॥
जानु हते तथा पायु वारि स्थान मने स्मर ।
अर्धचन्द्र शुचिः वर्ण वं बीज परिकीर्त्तित ॥
वरुणे वायु आरोपि वं-कारे करिया स्थिति ।
देव नारायण स्मर चतुर्बाहु किरीटिन् ॥
शुद्ध स्फटिक संकाश गाढ़ पीताम्बराच्युत ।
प्रहरेक तथा ध्याने वारि जये हवे क्षम ॥
पायु हते हृदिस्थल वह्नि स्थान प्रकीर्त्तित ।
वह्नि त्रिकोण रक्तिम रे-काक्षर समुद्भव ॥
वह्निते वायु आरोपि रे-काक्षर समुज्ज्वल ।
वरद रुद्र त्रियक्ष तरुणादित्य सन्निभ ॥
भस्म धूलि विमंडित सुप्रसन्न स्मिताधर ।
प्रहरेक तथा ध्याने वह्नि जय सुनिश्चय ॥
हृदि हते भ्रु-पर्यन्त वायु स्थान प्रकीर्त्तित ।
षड़ कोण यथा वायु मकाराक्षर भास्वर ॥
प्रहरेक तथा ध्याने वायु जय सुनिश्चय ।
मरुत् मरुत् स्थले म-काराक्षर भास्वर ॥
भ्रु हते मूर्धकावधि व्योम स्थान कहे शुन ।
आकाशे वायु आरोपि ह-कारपरि शंकर ॥

बिन्दुरूपे महादेव व्योमाकार सदा शिव ।
शुद्ध स्फटिक संकाश धृत बालेंदु मौनि यद् ॥
पंच वक्त्र सदा सौम्य दश बाहु त्रिलोचन ।
सर्वायुधू धृताकार सर्व भूषण भूषित ॥
उमार्द्ध देह शंकर सर्व कारण कारण ।
आकाशे धारणा यथा भ्रमे योगी नभःपथे ॥
जीवन्मुक्त यथा योगी भ्रमे इच्छा मनोमत ।
कुम्भके करिया स्थिति जीवात्मा परमात्मन ॥
तदूपरि सुकथित आश्रय पंचे गगन-सलिल-मरुतानल भूमिः ।
लव रमह जपि विधारण चित्ते सतत विमल रभसान्वित योगी ॥

- इति श्रीमद्देवायण ब्रह्मकल्पे तृतीय खण्डे लव मण्डलान्तर्गतः जनक वर्गे श्रीराम-जनक संवादे पंच भूमि तन्मंत्र जप ध्यानादि वर्णना नामः त्रयोदश संवर्ग ।

— ✯ —

॥ चतुर्दश संवर्ग ॥

श्रीराम वचन

समाधि समतावस्था जीवात्मा परमात्मन ।
एतद् रूपे रहे योगी वायुयोगे समाधिते ॥
एतद् रूपे सदा सुखे रहे योगी निरन्तर ।
मर्त्यधामे विराजित योगी यथा महेश्वर ॥
एतद् कार्य करे योगी स्व-अभ्यासे निरन्तर ।
वाम पदे प्रचापने लिंगमूले नियोजिया ॥
प्रसारि पद दक्षिण धरे दृढ़ करद्वये ।
चिबुक हृदये स्थित वायु कर्षि पुनः पुनः ।
स्व-कुम्भके यथा शक्ति करे वायु विधारण ॥
वामांग शुन तद् परे करे योगी तथामत ।
वाम पद प्रसारित संकोचि पद दक्षिण ॥
महाबंध कहे एतद् योगाभ्यासे नराधिप ।
सिद्ध कृत निरन्तर महावेध अनुष्ठित ॥
धृत विवेक वैराग्य योगी योगे प्रतिष्ठित ।
विष्णुनाम महायोगी महाभूत महातपा ॥
तत्त्व मार्गे यथा दीप समीक्षित नराधिप ।
पूर्वे पीत यथा स्तन मातृ वक्ष निपीड़ने ॥
पूर्वे जन्म यथास्थले तथा सुख प्रमोदित ।
जन्माता पुनः तद्भार्या भार्या तद् जननी पुनः ॥
ये पिता पुनः से पिता ये पुत्र पुनः से पिता ।
एतद् जन्म समापित परा सुखे प्रतिष्ठित ॥
अग्नि त्रय गुण त्रय स्थित सर्व त्रयाक्षरे ।
त्रयाक्षरे यथा छंद एतद छंद महागति ॥
तिनि सर्वमय प्रभु तद् सत्य तद् परा पद ।
पुष्पमध्ये यथा गंध पाषाणे स्वर्ण येमति ॥

तिलमध्ये यथा तैल दुग्धमध्ये यथा घृत ।
स्थित पद्म हृदिस्थले एतद् वक्त्र अधः मुख ॥
ऊर्ध्व नाल अधः बिन्दु तथिमध्ये मनः स्थित ।
अ-कारे ऊर्ध्व आनन उ-कारे तद् विकाशित ॥
म-कारे नाद गर्जित अर्ध मात्रा सुनिश्चला ।
शुद्ध स्फटिक संकाश निष्कल पाप नाशन ॥
एतद् रूपे महायोगी परा पदे प्रतिष्ठित ।
परानंदे मुहुर्मुहु शिहरित कलेवरे ॥
योगतत्त्व यथायथ कहि सर्व नराधिप ।
जिज्ञासित यथा तव कहि तत्त्व तथामत ॥
एतद् तत्त्व विधारणे कार्यकाले निरीक्षह ।
यथास्थले यथा क्षेत्र तथा कार्य क्रिया गति ॥
अवहित भव मिथिलेश्वर योगे मम कृत सुकथित मुक्ति सुलाभे ।
परमतम पद महेश्वर तुल्यः यति विरहित विषये यत तृष्णा ॥

- इति श्रीमद्देवायण ब्रह्मकल्पे तृतीय खण्डे लव मण्डलान्तर्गतः जनक वर्गे उपनिषदाख्या ब्रह्मविद्या योगशास्त्रे श्रीराम-जनक संवादे परम पद प्राप्ति वार्ता कथन नामः चतुर्दश संवर्ग ।

— ✯ —

॥ पंचदश संवर्ग ॥

शिव वचन

राघव कृत एरूपे योगशास्त्र सुवर्णित ।
जनक अति मोदित राजीव चरणे नत ॥
श्रीराम चरण द्वये नमस्कारे पुनः पुनः ।
कहिल मिथिलाधिप शुन राम जगत्पति ॥

जनक वचन

कहिले योग साधना अत्याद्भुत सुनिश्चय ।
योगेश्वर यथा तुमि नमि तोमा पुनः पुनः ॥
तुमि सर्व जगत्गुरु नाहि गुरु तवाधिक ।
किञ्चित् तथ्य प्रदर्शने देह तृप्ति जगत्पति ॥
जामाता स्मरि राघव सामान्य मत् भावित ।
असामान्य नराकृति छिल तथ्य अजानित ॥
यद्यपि करुणा भरे स्वयं तथ्य प्रकाशिले ।
प्रत्यक्षे पूर्णता दानो नाशिते सर्व संशय ॥
क्षमः अद्य स्वयं गुणे पूर्व भाव विदूरित ।
यद् कृत मानव ज्ञाने व्यवहार जगत्पति ॥
देह साक्षात् चतुर्भुज शंख पद्म गदा धृत ।
सीता कन्या नहे मम लक्ष्मी आत्म प्रकाशिल ॥
नारायण तुमि स्वयं सीता लक्ष्मी स्वरूपिणी ।
एतद तथ्य प्रदर्शने कर कृपा ममप्रति ॥

श्रीराम वचन

नाहि बद्ध चराचरे मिथिलेश निरीक्षह ।
मम मध्ये जगत् सर्व नित्य रूपे विराजित ॥
यद् रूप जगदातीत नरः चक्षे अगोचर ।
दिव्यचक्षुः प्रदानिनु हेर मूर्त्ति मनोहर ॥

शिव वचन

एतद् उक्त यवे शुन रामचन्द्र महात्मने ।
शिर स्पर्शि नराधिपे लब्ध चक्षु तृतीय यद् ॥
यद् दृष्ट मिथिलाधिपे रामचन्द्र कलेवरे ।
अत्याद्भुत समीक्षणे वाह्य जगत् विलोपिया ॥
अनन्त भुजगासीन वैकुण्ठे विष्णु केशव ।
छत्रतुल्य फणीवर धृत फणा सहस्त्रश ॥
यदंग कुंडली कृत विष्णु लक्ष्मी विधारणे ।
ज्योतिर्मय भुजंगम अति दीप्त कलेवरे ॥
जाग्रत विष्णु सेस्थले लक्ष्मी पार्श्वे अवस्थिता ।
शंख चक्र गदा पद्मे चतुर्बाहु सुशोभित ॥
अत्याद्भुत किरीटिनी शिरः शोभा मनोहर ।
श्रवणे मणि कुंडल पुण्य आस्य स्मिताधर ॥
दिव्यगंध समन्वित माल्य कण्ठे प्रलम्बित ।
गाढ़ पीताम्बरांग यद् देववृंद समावृत ॥
यदग्रे वेधस स्वयं मंत्रोद्गीत परायण ।
तद् सह देव अन्यान्य स्तवे युक्त समस्वरे ॥
इन्द्र चन्द्र विवस्वान वायु यम हुताशन ।
सर्व देव पुरोभागे ज्योतिर्मय स्वयं प्रभु ॥
विश्वामित्र भरद्वाज वशिष्ठ अत्रि गौतम ।
कश्यप कण्व सर्वतः उपविष्ट सभाकृत ॥
दिव्योरग भुजंगम पार्श्वद्वये अवस्थित ।
विष्णुभक्त महात्मन एतद् धूलि विलुंठित ॥
मिथिलेशे महानन्द एतद् दृश्य निरीक्षणे ।
रोमांचित कलेवर शिहरित मुहुर्मुहु ॥
भावोद्गत तथास्थले कहे वाक्य सगद्गदे ।
जनक रभसाप्लुत अपूर्व दृश्य दर्शने ॥
अव्यक्त परमानंदे रोमांचित मुहुर्मुहु ।
प्रेमाश्रु लोचन द्वये निर्गमे स्तविते रत ॥
जनक परम पर दर्शन लाभे शिहरित अति पुलके घन देहे ।
निर्झरि नयन युगले मधुभावे अवनत घन शिरशे स्तव युक्त ॥

- इति श्रीमद्देवायण ब्रह्मकल्पे तृतीय खण्डे लव मण्डलान्तर्गतः जनक वर्गे श्रीराम-जनक संवादे श्रीराम कर्त्तृक आत्मस्वरूप प्रकाश करण नामः पंचदश संवर्ग ।

— ✯ —

॥ षोडश संवर्ग ॥

जनक वचन

के ज्ञात महिमा तव देव देव जगत्पति ।
तुमि एतद् मनोहर सर्व जगत् अजानित ॥
के तव दर्शने शक्य रह सर्व अगोचरे ।
सर्व जगत् विधारक तवु स्वयं तथास्थले ॥
तव मध्ये जगत् स्थित तुमि विश्व विधारक ।
देवता वृन्द संहति सर्व सृष्टि महात्मन ॥
तव मध्ये विराजित लोकत्रय चराचर ।
ऋषिवृन्द तथा स्थित वेद मंत्र विमंद्रणे ॥
देववृंद विराजित दिव्यकर्म अनुष्ठिते ।
दिव्यक्रिया महत् गति तव मध्ये समुद्भवे ॥
दिव्योरग विराजित महामणि विभूषित ।
सर्पारि विहग श्रेष्ठ वैनतेय महाबली ॥
मित्रभावे करे स्थिति तव पार्श्वे निरन्तर ।
सर्व द्वन्द्व विदूरित तव तेज प्रभावित ॥
तुमि स्रष्टा स्वयं रूपे जगत् सृष्टि प्रकाशिते ।
तुमि जगत् सुपालक विष्णु रूप विधारणे ॥
संहारक तथा तुमि तुमि रुद्र महेश्वर ।
सर्व शक्ति समन्वित शक्तिमान महाबली ॥
रुद्र मध्ये यथा शक्ति रुद्राणी अति भीषणा ।
शूल हस्ते विधारणे भैरवी प्रलयंकरी ॥
महाकाले यथा शक्ति महाकाली स्वरूपिणी ।
शान्तमध्ये यथा शक्ति दुर्गा दुर्गति नाशिनी ॥
तुमि स्वयं गदाधर श्री सौन्दर्य विमंडित ।
महालक्ष्मी महाद्युति त्रैलोक्य परिपालने ॥
स्रष्टा मध्ये यथा शक्ति स्रष्टा देवी सरस्वती ।
ब्राह्मणी रूपधारिका जगत् विश्व प्रकाशिका ॥
इन्द्र मध्ये यथा शक्ति जगत् राष्ट्र विधारक ।
चन्द्र मध्ये यथा शक्ति करि स्नेह प्रभावित ॥
सूर्यमध्ये यथा शक्ति संज्ञा सत्य सुचेतना ।
अग्नि मध्ये यथा शक्ति स्वाहा आत्म निवेदने ॥
एतद् सर्व विराजित तव मध्ये जगत्पति ।
सर्व शक्ति विधारक नाना कार्ये चतुर्दिके ॥
तव मंत्रे निरन्तर तव कीर्त्ति जपे ऋषि ।
कीर्त्तिमान यथा तुमि सर्व यश विधारक ॥
जय तुमि यशः तुमि कीर्त्ति स्वयं जने जने ।
तुमि पुण्य महत् बुद्धि क्षमा शक्ति दया स्मृति ॥
तुमि धर्म सनातन तुमि तेज महाबली ।
तोमा नित्य नमस्कार करि स्वयं पुनः पुनः ॥
मम मध्ये यथा त्याग यथा व्रत जगत्पति ।
तव कृत प्रदानित तुमि स्वयं विराजित ॥
सर्व देव समन्वित सर्व शक्ति विधारक ।
नित्य स्थित ममान्तरे विधृत मम चेतना ॥

यथाभाव यथा कार्ये तव कृत प्रचालित ।
मम कर्मे जगन्मध्ये सर्व शुभे जगत्पति ॥
अज्ञान सर्वदा स्वयं नहि ज्ञात सुचालना ।
इथे नित्य लभि क्षोभ कार्यापूर्ण पराजये ॥
तव सृष्टि जगन्मध्ये शुभाशुभ जगत्प्रभु ।
एतद् द्वन्द्वे निरन्तर हेरि फल हिताहित ॥
मम चक्षु यथा कर्ण पाणि पाद त्वक क्रमे ।
कार्ये रत निरन्तर तव कृत सुचालने ॥
किंतु मम अहं बुद्धि करे विघ्न क्रमागत ।
तव इच्छा व्यतिक्रमे करे दावी निरन्तर ॥
तुमि सेथा स्मिताधरे कर क्षमा क्रमागत ।
अत्याद्भुत तव स्नेह नारे वाक्य प्रकाशिते ॥
यद्यपि तव चालने जय शुभ तथास्थले ।
एतद् विघ्न विपर्यये घटे रिष्टि पराजय ॥
सर्व देव समन्वित शक्तिगण समावृत ।
तुमि जगत् सुचालना कार्ये नित्य समायुत ॥
लोक दुःख विनाशिते तुमि युद्धे समुद्यत ।
लोक त्रय रहे सुखे तुमि तथा स्मिताधर ॥
पिशाच भूत उत्पाते राक्षस दैत्य पीड़ने ।
व्याधि भये महाभये तुमि नित्य धनुर्धर ॥
देववृन्द क्रिया रत शक्तिवृन्द तथामत ।
जगत् सृष्टि सुपालने तव इच्छा मनोमत ॥
एतद् सर्व प्रकाशित मम चक्षे क्रमे क्रमे ।
सुग्रीव वानरेश्वरे इन्द्र कार्य महीतले ॥
महावीर मरुत्बल देवेन्द्र बल नायक ।
शुनि कार्य तथामत लंकामध्ये महास्मृति ॥
नल नील महत् शिल्पी समुद्र बंधने शुनि ।
किं विस्मय तथा यदि मित्र वरुण देवता ॥
यथा आज्ञा जलेश्वरे हवे कार्य तथा जले ।
विस्मय जगते मात्र अज्ञानता जगत्पति ॥
लंका युद्धे हवे जय विचित्र किं इथे कह ।
जाम्बवान् स्वरूपित येथा मंत्री बृहस्पति ॥
शुभाशुभ विचारिते किंवा दिवा निरूपणे ।
हवे भ्रम तथास्थले किंवा काल अतिक्रमे ॥
गवाक्ष गय आकृति येस्थले अश्विनी द्वय ।
काले किंवा प्रभावित शक्तिपुत्र यथास्थले ॥
स्वयं चन्द्र यथास्थले अंगद नाम धारणे ।
सूर्य पिता यथा स्मृति बलीश्रेष्ठ कपीश्वर ॥
ए सर्व छिल देवता सह कार्य निरन्तर ।
स्वयं तुमि पुरोभागे सह इन्द्र सुराधिप ॥
मर्त्यधामे प्रकाशित तुमि विष्णु नराकृति ।
वानर रूप धारणे प्रमूर्त्य सर्व देवता ॥
सीता लक्ष्मी स्वरूपिणी नित्य पार्श्वे अवस्थिता ।
मम गृहे पदार्पणे मम भाग्य सुनिश्चय ॥

कर कृपा युगे युगे एतन्मत जगत्पति ।
यवे कार्ये महीतले हवे पुनः प्रकाशित ॥
प्रणमि जगदीश्वर नमि तोमा पुनः पुनः ।
सर्व प्रश्न विदूरित दिव्य तनु समीक्षणे ॥
प्रणमि सतत जगदीश्वरे अग्रे प्रभु रघुकुल अवतांस नमस्ते ।
नमि शत शत पद पंकज रामः ऊर्ध्व अधस नमि पार्य सुपश्चात् ॥

- इति श्रीमद्देवायण ब्रह्मकल्पे तृतीय खण्डे लव मण्डलान्तर्गतः जनक वर्गे श्रीराम-जनक संवादे जनक स्तव वर्णना नामः षोडश संवर्ग ।

— ✯ —

॥ सप्तदश संवर्ग ॥

श्रीराम वचन

करि तोमा शुभाशिष हे राजर्षि महात्मन ।
पुनर्जन्म हवे मम द्वापरे भूतले शुन ॥
आविर्भूता हवे लक्ष्मी पुनर्वार महीतले ।
भीष्मक नाम राजन तथाकाले हवे तुमि ॥
भीष्मक नन्दिनी रूपे हवे लक्ष्मी समागत ।
तवालये युगे युगे हवे लक्ष्मी समुद्भव ॥

शिव वचन

एतद् रूपे समापित योग शिक्षा तथास्थले ।
प्रहृष्ट मिथिलापति रोम हर्षे मुहुर्मुहु ॥
रामचन्द्रे नमस्कारे चले राज सभातले ।
जनके करि आशिष रामचन्द्र जगत्पति ॥
विश्राम कक्षते यवे उद्यत गमने शुन ।
एतद्काले तथास्थले हनुमान शिरानत ॥
सहसा हेरि मारुति अति स्नेह निरीक्षणे ।
हनुप्रति शुभाशिषे कहे वाक्य मधुस्वरे ॥

श्रीराम वचन

किंवा वार्ता महावीर किंवा त्वरित प्रयोजन ।
राजसभा परित्यजि किं कारणे उपस्थित ॥

मारुति वचन

विश्रामे रहिवे तुमि राजसभा परित्यजि ।
ए हेतु तव दर्शन उपस्थित जगत्प्रभु ॥
यदि सभा परित्यज मम कार्य किंवा तथा ।
ममप्रति किं निर्देश एतद् आज्ञा प्रदानह ॥
विश्राम आलये यदि तव सेवा तरे प्रभु ।
कोन कार्य प्रदानह मनः तुष्ट हवे इथे ॥

श्रीराम वचन

मत् द्वारे प्रहरी रह　　यदि कार्य प्रयोजन ।
यत्रकाले यथादेश　　यथाक्षेत्रे प्रदानिव ॥
एवे द्वारे कर स्थिति　　यद्रूप प्रहरीकुल ।
करिते मम दर्शन　　यदि केह समागत ॥
एतद् वार्ता प्रदानिवे　　तुमि अग्रे प्रवेशिया ।
तद्परे दर्शके लह　　यथा आज्ञा तथास्थले ॥

शिव वचन

एतद् कार्य यथा लब्ध　　हृष्ट हनु निजान्तरे ।
राम कक्षे प्रवेशिल　　स्व-विश्रामे अतःपरे ॥
हनुमान रहे द्वारे　　रुद्ध द्वार यथा कृत ।
गृहद्वारे बहिर्देशे　　वेत्र हस्ते भ्रमे हनु ॥
जनक सह उपनिषद् कहि योगे　　परतरः अभिनव दर्शन दाने ।
पशिल पुरुष पर निर्जन कक्षे　　करि दृढ़ अनुगत मारुति रक्षी ॥

- इति श्रीमद्देवायण ब्रह्मकल्पे तृतीय खण्डे लव मण्डलान्तर्गतः जनक वर्गे श्रीराम कर्तृक निर्जन कक्षे प्रवेशावस्थान वार्ता नामः सप्तदश संवर्ग ।

— ✯ —

॥ अष्टादश संवर्ग ॥

शिव वचन

मिथिलेश प्रवेशिल　　राज सभातले यवे ।
लव कुश त्वरित गति　　पदद्वये शिरानत ॥
ऋषितुल्य समीक्षित　　जनक मिथिलाधिप ।
हेरि ऋषि समागम　　नमस्कृत पदद्वये ॥
पूर्व दृष्ट नहे कभु　　जनके जानकी सुते ।
वाल्मीकि आश्रमे जात　　वर्धे पुत्र तथास्थले ॥
जनक जननी-पिता　　एतन्मात्र उभे श्रुत ।
नहे ज्ञात कदाचन　　साक्षात् चक्षु निरीक्षणे ॥
राजर्षि जनकागत　　सभामध्ये यवे शुन ।
लव कुश करे यत्न　　पाद्य अर्घ्य प्रदानिया ॥

लव वचन

राजर्षि कह किं प्रार्थी　　भृत्याहं ऋषि सेवक ।
विश्रामे रत मत् पिता　　कह कार्य निवेदिव ॥

शिव वचन

लव वाक्य यथा श्रुत　　राजर्षि विस्मितान्तरे ।
लव कुश नहे ज्ञात　　एतद् वाक्य मने स्मरे ॥
मम रूप निरीक्षणे　　ऋषि मात्र मनोद्गत ।
एतद् हेतु कहे हास्ये　　जनक मिथिलापति ॥

जनक वचन

जाह वत्स यथा त्वरित रामचन्द्रे निवेदह ।
सभाते जनकागत किंवा स्वयं अनुष्ठिव ॥

शिव वचन

एतद् वाक्य यथा श्रुत विस्मित अन्तरे लव ।
जनक ऋषि दर्शन मातामह नहे स्मरि ॥
जनक मिथिलापति मातामह यथा श्रुत ।
ए जनक हवे अन्य नामेक भिन्न मानव ॥
एतद् चिन्ता समन्वित चले रामे निवेदिते ।
द्वारे हनु अवस्थित कहिल मारुतिप्रति ॥
पितृ आज्ञा किंवा कह केन द्वारे अवस्थित ।
हे महावीर अग्रज कह वाक्य यथायथ ॥

मारुति वचन

किंवा प्रार्थी इहा कह द्वारी स्वयं मने स्मर ।
प्रार्थी वाक्य निवेदन मम कार्य निरन्तर ॥
स्व-विश्रामे अवस्थित भगवान स्वयं लव ।
यदि त्वरित प्रयोजन कह वार्ता निवेदिव ॥

शिव वचन

कहे लव स्मिताधरे पितृपार्श्वे निवेदह ।
द्वारे लव उपस्थित स्व-कार्ये पितृ दर्शने ॥
हनु कक्षे प्रवेशिल द्वारे लवे परित्यजि ।
प्रत्यागत क्षणान्तरे अनुमति परिग्रहि ॥
लव सह प्रवेशिल राम अग्रे अत:परे ।
पर्यन्कपरि आसीन रामचन्द्रे करे नति ॥

श्रीराम वचन

हे लव किं प्रयोजन कह वाक्य यथायथ ।
तव राज्ये प्रतिष्ठिते अभिषेक हवे त्वरा ॥

लव वचन

शुन पिता प्रयोजन यथा कार्ये त्वरागत ।
राजर्षि जनकाख्यात सभातले समागमे ॥
कहे वत्स यथा त्वरित रामचन्द्रे निवेदह ।
सभाते जनकागत किंवा कार्य अनुष्ठिव ॥

श्रीराम वचन

जनक मिथिलापति ऋषितुल्य समीक्षित ।
मातामह तवप्रति नह ज्ञात इहा लव ॥
स्थित राज गृहांदरे प्रेरि अद्य सभातले ।
अभिषेक तवप्रति यथा कार्य अनुष्ठिते ॥
जाह वत्स त्वरित पदे सिंहासन प्रदानह ।
मम कार्य अनुष्ठिते मिथिलेशे करि स्थिर ॥

भार्गवादि महाऋषि सभाते यदि आगत ।
त्वरित मोरे निवेदह सृजिते ऋषिमण्डल ॥

शिव वचन

एतद् आज्ञा यथा प्राप्त स्नेह लब्ध प्रहर्षित ।
पितृ पदे शिरानते त्वरित पदे बहिर्गत ॥
सभास्थले प्रवेशिया राजर्षि वीक्षणे पुनः ।
ऋषितुल्य महाप्राज्ञे श्रद्धाभारे करे नति ॥
कहे वाक्य कुशप्रति मातामहे निरीक्षह ।
कुश पदे शिरानत युक्त करे कहे लव ॥

लव वचन

मातामह नहि ज्ञात पूर्वे दृष्ट नहे कभु ।
मत अज्ञता यथा स्नेहे अपराघ क्षम स्वयं ॥
पित्रासन परिग्रहि कार्य आज्ञा प्रदानह ।
तवाज्ञा प्रतिपालन मम कार्य अतःपरे ॥

शिव वचन

लव उक्त यथा वाक्य प्रहृष्ट मिथिलापति ।
हेरि पदे शिरानत कृत उभे शुभाशिष ॥
धृत वक्षे समादरे तिति अश्रुजले नृप ।
रहि मौन बहुक्षण कहिल नाति युगले ॥

जनक वचन

मातृहारा यथा पौत्र स्वयं वक्षे परिग्रहि ।
भगवान यथा इच्छा कार्यभार प्रदानिले ॥
तव कार्य अनुष्ठिते सक्षमता प्रदानह ।
वृद्धाहं वयसे तवु कार्यभार प्रदानिले ॥
यथा ज्ञान प्रदानिले योग सह महात्मन ।
तद् साफल्य प्रदानह आसक्ति परिवर्जने ॥

शिव वचन

आत्मगत इहा कहि निज कार्य करि स्थिर ।
पौत्रद्वये कहे वत्स एतद् अग्रे अनुष्ठह ॥
प्रस्तुत कर हे रथ मृगया कारणे त्वरा ।
राजयोग्य यथा विद्या अत्रस्थले निरीक्षिव ॥
यदि अवगत मृग धारण विद्या लव कुश शुन अभिषेक तदन्ते ।
इति परिचय जन पालन योग्य व्यज वचन गति विनिर्गत चंडी ॥

- इति श्रीमद्देवायण ब्रह्मकल्पे तृतीय खण्डे लव मण्डलान्तर्गतः जनक वर्गे लव-कुश साक्षात्कार नामः अष्टादश संवर्ग ।

॥ जनक वर्ग समाप्त ॥

— ★ —

॥ आन्दन वर्ग ॥

॥ प्रथम संवर्ग ॥

शिव वचन

एतद् वाक्य स्मिताधरे कहिते मिथिलाधिप ।
तद् वाक्य श्रवणे हृष्ट लव कुश समुत्थित ॥
सुमंत्र सारथीप्रति दिल आज्ञा अतःपरे ।
सज्जित रथ सत्वरे आनिते तोरणे त्वरा ॥
प्रत्यागत क्षणान्तरे राज सभातलागमे ।
सुमंत्र तद् निवेदिल प्रस्तुत तोरणे रथ ॥
अद्य गति यथा क्षेत्रे निर्देशि सारथीप्रति ।
देबले दानिया भार राजकार्य यथायथ ॥
लव कुश समन्वित राजसभा परित्यजि ।
मिथिलेश रथारूढ़ रथ पुरी विनिर्गत ॥
उत्थित गगने त्वरा पुष्पक स्यन्दनोत्तम ।
घोर रवे चले रथ मेघमाला विमंथिया ॥
रथमध्ये कहे लव मातामह किं कारणे ।
कह तद् मृगया अद्य राजकार्य परित्यजि ॥
उत्तरिल लवप्रति मिथिलेश स्मिताधरे ।
शस्त्र विद्या प्रमाणित मृगयाते यथायथ ॥
शिकारे यदि नैपुण्य शस्त्र वित् राज्य पालने ।
मृगतुल्य वधे शत्रु जनारण्य प्रकम्पने ॥
प्रहरेक चलि द्रुत विदर्भते पशे रथ ।
विदर्भ-मिथिलासह पूर्वे मैत्री अवस्थित ॥
विदर्भपति बांधव मिथिलेश यथा स्मृति ।
एतद्राज्ये प्रवेशिल घोर शब्दे महारथ ॥
प्रश्नमान यथा लव राज्ये रथ प्रवेशिल ।
मातामह नहे वन हेर भ्रम सुतप्रति ॥

जनक वचन

सुतप्रति नहे भ्रम निर्देशित इहा मम ।
मत बांधव विदर्भेश विदर्भ नगरागत ॥
विदर्भपति सम्भाषि हवे गति अतःपरे ।
मृगया कारणे लव विदर्भे हरिणी बहु ॥

शिव वचन

कहिते कहिते रथ अवतीर्ण महीतले ।
आगत तोरण द्वारे यद् काले मिथिलेश्वर ॥
पुरःरक्षी शिरानते एतद् वाक्य निवेदिल ।
विदर्भपति आन्दने किंवा वार्ता निवेदिव ॥

जनक वचन

कह वार्ता त्वरित गति मत प्रिय आन्दनप्रति ।
मिथिलेश पुरःद्वारे तव साक्षात् मने स्मरि ॥

शिव वचन

यथा आज्ञा कहि द्वारी　　पुरीमध्ये प्रवेशिल ।
राजर्षि श्रवणे द्वारे　　उत्थित आन्दन त्वरा ॥
स्वयं द्वारे उपस्थित　　रक्षीकुल समावृत ।
जनक हेरि आन्दने　　अवतीर्ण महीतले ॥
त्वरित बाहु प्रसारिया　　भुजाश्लेष करे उभे ।
एतद् दृश्य निरीक्षिया　　लव कुश पदे नमे ॥
विदर्भपति आन्दन　　जिज्ञासे जनक प्रति ।
रामतुल्य समीक्षित　　केवा कह शिशुद्वय ॥

जनक वचन

राम पुत्र मने स्मर　　सीता गर्भ समुद्भव ।
मृगया कारणे मोरा　　तव राज्ये उपस्थित ॥

शिव वचन

पुरीमध्ये प्रवेशिल　　समारोहे सखाद्वय ।
स्वर्णासन यथा योग्य　　लव कुशे प्रदानिल ॥
आन्दने करि इंगित　　मिथिलेश बहिर्गत ।
बहिर्देशे करे गति　　कथाच्छले सखाद्वय ॥
अत्र कक्ष परित्यजि　　किञ्चित् दूरे समागमे ।
कहिल आन्दनप्रति　　मिथिलेश स्मिताधरे ॥

जनक वचन

कहि मित्र यधायथ　　किं कारणे समागत ।
राम राज्ये यथा घटे　　विदित तुमि सर्वतः ॥
अश्वमेध महायज्ञे　　सीता मर्त्ये प्रवेशिल ।
राघव कृत वर्जित　　रामानुज अतःपरे ॥
भरत सह शत्रुघ्न　　निरुदेश त्वरित गति ।
पुत्रे राज्य प्रदानिते　　रामे इच्छा इहा शुन ॥
सर्व भार प्रदानिल　　रामचन्द्र ममप्रति ।
नहे पुत्र विवाहित　　अभिषेक किंवा कह ॥
सुन्दरी दुहिता श्रुत　　तव गृहे अवस्थित ।
यदि मित्र मनोमत　　कर कन्या समर्पण ॥
युगल राम नन्दने　　योग्य कन्या मने स्मरि ।
तव राज्ये समागम　　पौत्रद्वय समन्वित ॥
अवलोकि रामसम राम नन्दने　　स्मित देवता युगल मंगलागमे ।
जनके यदुक्त शुभ वाक्य गोपने　　श्रुत हृष्ट अन्तर विदर्भ राजन ॥

- इति श्रीमद्देवायण ब्रह्मकल्पे तृतीय खण्डे लव मण्डलान्तर्गतः आन्दन वर्गे जनकान्दन साक्षात्कार नामः प्रथम संवर्ग ।

— ☆ —

॥ द्वितीय संवर्ग ॥

शिव वचन

आन्दन अति आह्लादे स्व-वक्षे महात्मन ।
मित्रोत्तम सखा प्रिय कहे वाक्य पुनः पुनः ॥

आन्दन वचन

कन्या द्वय अवस्थित मम गृहे महात्मन ।
ऋतावरी नितावरी सत्य यद् ख्यात सुन्दरी ॥
षोडश वर्ष प्राप्त युगल दुहिता मम ।
एकत्रे जात भूतले तुल्य रूप समीक्षित ॥
युगल पुत्र राघवे समरूप समाकृति ।
तद्रूप तनयाद्वय सम वर्षे पदार्पित ॥
सौन्दर्य तद् किंवा कहि स्वयं चक्षे निरीक्षह ।
यदि तव मनोमत पौत्रद्वये प्रदानह ॥

जनक वचन

मम इच्छा किंवा कह दौहित्रे काम्य येमति ।
यदि उभे मनोमत किंवा अन्य अतःपरे ॥
तव कन्या यथेष्ट ए हे आन्दन ममप्रति ।
रामचन्द्र हवे तुष्ट तव कन्या निरीक्षिले ॥
भक्तश्रेष्ठ यथा तुमि परिज्ञात जगत्प्रभु ।
शान्त दांत महामति व्रत यज्ञ परायण ॥
पुत्रद्वये प्रदानह यदि कन्या मनोमत ।
लव कुशे यथा इच्छा नाहि इच्छा अतःपरे ॥

आन्दन वचन

किं प्रकारे हवे कार्य यथा युक्ति प्रदानह ।
एतन्मत अनुष्ठिव मिथिलेश सुबांधव ॥

जनक वचन

मोरा हेथा समागत मृगया कारणे शुन ।
पुत्रद्वये प्रकाशिनु विदर्भे हरिणी बहु ॥
हरिणी तव नन्दिनी मृगाशी राम नन्दन ।
एतद् रूपे अनुष्ठह तव कार्य महामति ॥
चंचला हरिणी सम अरण्ये भ्रमिवे यवे ।
पुत्रद्वय प्रवेशिवे मृगया कारणे तथा ॥
काम-शरे निपीड़ने पीड़ने तव नन्दिनी ।
लव कुश धरे यदि तवे कार्य शुभ स्मरि ॥

आन्दन वचन

एतद् पथे अनुष्ठिते कोन कार्य प्रयोजन ।
यथा रीति स्वभावतः अत्र पथ परित्यजि ॥

जनक वचन

शुन हे नृप वैदर्भ यद् रहस्य इथे कहि ।
तुमि सर्व परिज्ञात राम कीर्त्ति यथायथ ॥
वनवास प्रदानिल जानकीप्रति राघव ।
अष्ट मासे अवस्थिता पुण्य गर्भ विधारिका ॥
यवे सीता परित्यक्ता यद् स्मृति वाल्मीकि वने ।
लक्षण कृत आन्दन पूर्व वार्ता मने स्मर ॥
तद् परे करि पालिता प्रसविल तथा सुत ।
एतद् गर्भे समुद्भव लव कुश महामति ॥
वाल्मीकि कृत पालित युगल राम नन्दन ।
वाल्मीकि कृत शिक्षित नाना विद्या क्रमे क्रमे ॥
दानिल रुद्र भार्गव शस्त्र शिक्षा सुतद्वये ।
राम पुत्र यथात्रली भृगु शस्त्र प्रदानिते ॥
इथे पुत्र जगन्मध्ये बलीश्रेष्ठ मने स्मर ।
कहिते किं स्वयं राम राक्षसकुल शासक ॥
लव कुशे निर्पीड़ित युद्धस्थले मने स्मर ।
अश्वमेध अनुष्ठिते धृत अश्व सुतद्वये ॥
सह सर्व अनीकिनी राम युद्धे प्रवेशिल ।
सम्मोहन महाशस्त्रे सर्व सह विमोहिल ॥
तद् परे कवि वाल्मीकि कृत सर्वे सचेतन ।
परिचय तथास्थले पिता पुत्रे अतःपरे ॥
यद्यपि राम नन्दन राजपुत्र महामति ।
तथापिह तपः वने ऋषितुल्य परिभ्रमे ॥
ऋषितुल्य मनोगति भोग सुख विवर्जित ।
बल चर्चा करे नित्य उदासी रमणीप्रति ॥
विवाह दानिते तथा हवे विघ्न स्वभावतः ।
ए हेतु करि गोपन मृगयाते बहिर्गत ॥
चंचला हरिणी हेरि यदि मुग्ध तथास्थले ।
हवे कार्य अनायासे ममादेशे कर त्वरित ॥
कहि हेतु अद्य मम कार्य कौशले करि यज्ञ युद्धबल तेज साधने ।
गत बाल्यकाल शुन वाल्मीकि वने विमुख स्त्रीये युगल राम नन्दन ॥

- इति श्रीमद्देवायण ब्रह्मकल्पे तृतीय खण्डे लव मण्डलान्तर्गतः
आन्दन वर्गे जनकान्दन संवाद नामः द्वितीय संवर्ग ।

— ★ —

॥ तृतीय संवर्ग ॥

शिव वचन

एतद् वाक्य यथा श्रुत विदर्भपति आन्दन ।
आह्वानिया सिषासनि राज्ञीप्रति कहे इहा ॥

आन्दन वचन

शुन राज्ञी यथा वाक्य मिथिलेश समागत ।
जनक मम बांधव राम-पुत्र समन्वित ॥

एरूप जनके इच्छा मम कन्या परिग्रहे ।
पुत्रद्वय यथा रामे कन्याद्वय तथा मम ॥
राम-पुत्रे प्रदानिते ऋतावरी नितावरी ।
कर यत्न त्वरित गति यथा आज्ञा तदक्रमे ॥

शिव वचन

एतद् वाक्य यथा श्रुता विदर्भ ईश्वरी तथा ।
अति हर्षे प्रमोदिता कहे वाक्य नृपप्रति ॥

सिषासनि वचन

किं भाग्य रामनन्दन स्वयं पुरे उपस्थित ।
राजर्षि सह राजन धन्य स्वयं ममालय ॥
नीरव केन भूपति एतद् मान्य प्रदर्शने ।
केन वाद्यावली मौन सैन्य सर्व इतस्ततः ॥
श्रीरामे कर वन्दना रामोत्सव अनुष्ठह ।
पुत्रे मान्य प्रदर्शने भगवानार्चने नृप ॥
कन्याद्वय किंवा कथा सर्व रामे प्रदानह ।
राज्य धन समन्वित कन्या मम नराधिप ॥
रामे सर्व प्रदानिले मोक्ष पदे करे गति ।
आसक्ति परिवर्जने प्राज्ञकुले प्रचारित ॥
आसक्ति दुःख कारण संसारे नित्य मानवे ।
यथा रामे कृपा लब्ध किंवा सुख ततोधिक ॥
हवे मुक्ति जगत् चक्रे जन्म मृत्यु तथामत ।
रामे सर्व समर्पणे ऋषिकुल कहे इहा ॥
प्रेरित राघवे यदि पुत्रद्वय नराधिप ।
उन्मुक्त करे ए पथे संयोग सह राघव ॥

आन्दन वचन

रह स्थिर सिषासनि हवे कार्य यथायथ ।
यदाज्ञा मिथिलेश्वरे कर कार्य तदक्रमे ॥
राघवज समागत वैदर्भी ग्रहणे प्रिया ।
नाहि एतद् प्रकाशह कर वाक्य सुगोपन ॥
विमुख रमणीप्रति रामपुत्र निरन्तर ।
वाल्मीकि कृत शिक्षित तपःवने सुपालित ॥
विवाह श्रवणे क्षुब्ध हवे वाक्य मने स्मरि ।
पुत्रद्वये प्रकाशिल मृगया मिथिलेश्वर ॥
एतद् आज्ञा प्रदानिल जनक गोपने प्रिया ।
अरण्य भ्रमणे कन्या होक त्वरा बहिर्गत ॥
चंचल-चरणे यवे वने क्रीडा परायणा ।
लव कुश प्रवेशिवे मृगहेतु तथास्थले ॥
तपःवने सुवर्धित रामात्मज यथा स्मृति ।
लता वृक्ष समन्वित ममारण्य मनोहर ॥
चंचला हरिणी सम भ्रमिवे तनयाद्वय ।
निर्जन गहने राज्ञी दर्शि कन्या मनोरमा ॥

यदि इच्छा मनोदित कन्या लाभे सुतद्वये ।
हवे कार्य अतःपरे एतद् आज्ञा ममप्रति ॥
अतएव महाराज्ञी कर यत्न त्वरित गति ।
प्रेरण करिते अद्य अरण्य भ्रमणे सुता ॥
शुन हे सिषासनि सुताद्वये कह गमने वन-भ्रमण संवृता सखी ।
जनके यदुक्त मिलने सुकौशले चकिते सुदर्शि यदि मुग्ध निर्जने ॥

- इति श्रीमद्देवायण ब्रह्मकल्पे तृतीय खण्डे लव मण्डलान्तर्गतः आन्दन वर्गे आन्दन-सिषासनि वार्ता नामः तृतीय संवर्ग ।

— ★ —

॥ चतुर्थ संवर्ग ॥

शिव वचन

एतद् वाक्य यथा श्रुत वैदर्भिन सिषासनि ।
राजाप्रति कहे हर्षे हवे कार्य तथामत ॥
प्रत्यागत नृपान्दन यद् क्षेत्रे मिथिलेश्वर ।
राघवेय समन्वित वाक्यालापे यथा युत ॥
किं प्रकारे भ्रमे मृग कत संख्या दले दले ।
एतद् गल्प समायुक्त लव कुश समन्वित ॥
जनक कहिते रत परिदृष्ट कच्चित् कच्चित् ।
कृष्णसार भ्रमे मृग स्वर्णसार नहे तथा ॥
एतद् प्रश्नोत्तरे वाक्य जनक कहिले स्मित ।
जिज्ञासिल तथा लव विदर्भपति आन्दने ॥

लव वचन

विदर्भेश प्रकाशह स्वर्णसार किंवा मृग ।
तव वने भ्रमे कह कत जाति कुरंगम ॥

आन्दन वचन

कृष्णसार कुरंगम श्रेष्ठ जाति मने स्मर ।
कस्तुरिका शुचिःगंधा भ्रमे सर्व इतस्ततः ॥
स्वर्णसार किंवा मृग नहि ज्ञात कदाचन ।
जिज्ञासह यथा प्रश्न ऊक्त मातामहे यथा ॥

कुश वचन

मातामह कुरंगम स्वर्णसार किंवाकृति ।
किंवा वर्ण कलेवरे स-शृंग वा अशृंग तद् ॥

जनक वचन

स्वर्णसार बिनाशृंग कच्चित् कच्चित् वने भ्रमे ।
वधिते केह ना क्षम एतद् मृग कदाचन ॥
केह कच्चित् यदि प्राप्त करे रक्षा समादरे ।
स्वर्णसार कुरंगम निश्चय देवदुर्लभ ॥

छल छल सुलोचना आलिप्त आंखि कज्जले ।
स्वर्ण वर्ण कलेवर नाना शिल्प विचित्रित ॥
येन रत्न अलंकारे सर्व अंग सुशोभित ।
दूर दृश्ये मने हवे पीताम्बरे सुसज्जित ॥
नारीरूपे हवे भ्रम मृगी रूप विमोहने ।
नहे नारी कदाचन मृगी मात्र मने स्मर ॥
लता पत्रे लुकायित रहे कच्चित् वनस्थले ।
सर्व जगत् मनोहरा एतद् मृग मने स्मर ॥
यद्यपि नयने दृष्ट संतर्पने प्रवेशह ।
धनुर्बाण परित्यजि हस्तद्वये परिग्रह ॥
कभु इन्द्र समागत गजारूढ़ महीतले ।
एतद् कुरंगम प्राप्ति हेतु हर्ष सुराधिपे ॥
राजभाग्ये कदाचित लभ्य एतद् मृगोत्तम ।
स्वर्णसार यदि प्राप्त सार्थक मृगया तव ॥

शिव वचन

व्यज वाक्य विदेहेशे यथा छल अजानित ।
सहजे कृत विश्वास तुष्ट मनः तथास्थले ॥
स्वर्णसार कुरंगम यद् श्रुत देवदुर्लभ ।
विदर्भते कच्चित् दृष्ट शुनि हर्ष उभप्रति ॥
मिथिलेश युक्त कहिते व्यज क्रमे मृग हेमसार शुन देवदुर्लभ ।
स्त्रीय सन्निभ भ्रम समुद्भवे मने छल लोचनद्वय तदक्षि कज्जले ॥

- इति श्रीमद्देवायण ब्रह्मकल्पे तृतीय खण्डे लव मण्डलान्तर्गतः आन्दन वर्गे स्वर्णसार मृग वार्ता कथन नामः चतुर्थ संवर्ग ।

— ☆ —

॥ पंचम संवर्ग ॥

शिव वचन

हेथा राज्ञी सिषासनि आह्वानि तनयाद्वय ।
तुष्टान्तर यथा स्वयं कहे हर्ष समायुत ॥

सिषासनि वचन

शुन वत्से ऋतावरी नितावरी यथा क्रमे ।
देवपुत्र समागत विदर्भ नगरे शुन ॥

ऋतावरी वचन

विदर्भ देव नन्दन केवा कह समागत ।
किंवा नामे समाख्यात परिचय किंवा कह ॥

सिषासनि वचन

श्रीराम नन्दन द्वय सीता गर्भ समुद्भव ।
जात रघुकुले पुत्र देव मर्त्ये सुनिश्चय ॥

मृगया कारणे शुन विदर्भते उपस्थित ।
लव कुश समख्यात राम पुत्र महाबली ॥

नितावरी वचन

तव पार्श्वे पुरा श्रुत रावणजित राघव ।
देव पूज्य यथा राम जगत् पूज्य कहे ऋषि ॥
राम कृत परित्यक्त जानकी राघव प्रिया ।
प्रसवे वाल्मीकिवने पुत्रद्वय यथा स्मृति ॥
एतद् पुत्र अतःपरे अश्वमेधे तुरंगम ।
स्व-वीर्ये करि बंधन रामसह करे रण ॥
एतद् युद्धे पराजित रघुवंशावतंसक ।
लव कुश लभे ख्याति वीरश्रेष्ठ महीतले ॥

सिषासनि वचन

एतद् रामात्मज द्वय विदर्भते समागत ।
मिथिलेशे समानीत विवाह दानिते लवे ॥
पत्नी बिना कदाचन अभिषेक नहे शुन ।
अभिषेक प्रदानिते राज्ञी तथा प्रयोजन ॥
मिथिलेश समागत वैदर्भी मिलन स्मरि ।
यदि पुत्रे मनोमत हवे कार्य अतःपरे ॥
छिल पुत्र तपःवने शिक्षा दीक्षा तथास्थले ।
नारी प्रति उदासीन जनक हेरि चिन्तित ॥
यदि लवे मनोरमा हते क्षम ऋतावरी ।
दानिवे बहु सम्मान मिथिलेश तवप्रति ॥
आकर्षि रूप यौवने हओ लवे मनोमत ।
कहिते किं भविष्यते हवे यद् अखिलेश्वरी ॥
पुत्रवधू यथा रामे देवीतुल्य मने स्मर ।
इत्याधिक महापद नारीजन्मे किंवा कह ॥
जाह माता यथा कार्ये तव भाग्य निरूपिते ।
रघुवंश प्रदीपक लव कुश मने स्मर ॥
जाह सखीकुलावृत कर क्रीडा वनस्थले ।
मृगया कारणे शुन लव कुश प्रवेशिवे ॥

शिव वचन

एतद् वाक्य यथा श्रुत लज्जा राग सुरक्तिम ।
करे द्रुत पलायन माता हास्य परायणा ॥
लव लव जपे मनः रामपुत्र यथा लव ।
वक्ष ध्वनि चले द्रुत कर्णे श्रुत क्रमागत ॥
ऋतावरी नितावरी करे द्रुत पलायन ।
माता कन्या निरीक्षिया परितृप्त स्मिताधरा ॥
तदंतरे सखीवृन्दे आह्वानिया सिषासनि ।
करे कार्य सुवर्णना वनमध्ये प्रवेशिया ॥
श्रवणे अति चंचल सखीवृन्द तथास्थले ।
यथा वाक्य समापित ऋता गृहे प्रवेशिल ॥

सनका सुलता प्रभा चारु चन्द्रा मनोहरा ।
दले दले प्रवेशिल ऋतावरी गृहान्दरे ॥
नित्य सह यथा ऋता मौनभावे करे स्थिति ।
कुश नाम यथा श्रुत स्मरे नित्य पुनः पुनः ॥
स्वकर्णे शुनिते कुश किं प्रकारे इहा स्मरे ।
ऋता प्रति निरीक्षणे जिह्वा दंशे त्वरित गति ॥
ऋतावरी तथामत लव वाक्ये मधुस्वर ।
ध्वनि मात्र बहिर्गत जिह्वा दंशे तथास्थले ॥
उभये उभय प्रति जिह्वा दंशे निरीक्षिया ।
किं कहिते किंवा हवे रहे उभे भये भये ॥
एतद् काले प्रवेशिल सखीवृन्द दले दले ।
कहे सर्वे पुनः पुनः लव कुश समागत ॥

नितावरी वचन

लव कुश समागत किंवा कार्य मम प्रति ।
राघव युग्म नन्दन आगत मृगया तरे ॥

सनका वचन

मृगया करिते सत्य लव कुश समागत ।
मृगी नाहि परित्यजे यदि प्राप्त मनोमत ॥

सुलता वचन

चल चल वने सबे लव कुश निरीक्षिव ।
किंवा रूप सुपौरुष किंवा वीर्ये बलान्वित ॥

प्रभा वचन

राज्ञी आज्ञा यथा स्मर चलह भ्रमिते वने ।
पुष्प-मधु मनोहर पाने हर्ष प्रवर्धिते ॥
लव कुश तथास्थले यदि भाग्ये उपस्थित ।
हेरिव रामनन्दन किंवा रूप समीक्षणे ॥
चल हे सखी भ्रमि अरण्य निर्जने श्रुत वीर राघवज कानने भ्रमे ।
मृगया प्रमत्त हनने कुरंगिनी चल तद् विवाहविमुखास्य दर्शने ॥

- इति श्रीमद्देवायण ब्रह्मकल्पे तृतीय खण्डे लव मण्डलान्तर्गतः आन्दन वर्गे सिषासनि कर्तृक ऋता निता वन भ्रमण प्रेरण वार्ता कथन नामः पंचम संवर्ग ।

— ✯ —

॥ षष्ठ संवर्ग ॥

शिव वचन

एतन्मत कथा छले स-रहस्ये बहिर्गत ।
नाना वर्ण परिच्छदे करि नाना प्रसाधन ॥
विनाये कवरी गुच्छ ताहे पुष्प प्रदानिल ।
पीत वस्त्रे सुशोभित ऋता निता गृहत्यजि ॥

रथारूढ़ सखीकुले निर्गत भ्रमणे वने ।
किञ्चित् दूरे रहे रथ वने सर्वे प्रवेशिल ॥
नाना पुष्प परिग्रहि करे क्रीडा चतुर्दिके ।
हेथा राज्ञी यथा वार्ता राज पार्श्वे निवेदिल ॥
मिथिलेशे कहे एतद् विदर्भपति आन्दन ।
दानि वार्ता सिषासंति पान भोज्य प्रदानिल ॥
जनक नृप आन्दन लव कुश समन्वित ।
कृत अति समारोहे भोज्य कार्य समापित ॥
भोज्य हर्षे समापने मिथिलेश कहे लवे ।
जाह दोंहे रथारूढ़ संधान करिते मृग ॥
सुदूरे यद् घनच्छाया निरीक्षिवे महावन ।
करह मृगया तथा दिवा व्यापी मनोमत ॥
नाहि वध बहु प्राणी कर हे पाश बंधन ।
लवो किञ्चित् अयोध्याते अन्य हेथा परित्यजि ॥
मिथिलेश स्मिताधरे कहे वाक्य यवे शुन ।
लव कुश नहे ज्ञात वृद्धे हास्य किं कारणे ॥
सुमंत्र सारथी रथे पुष्पक स्यन्दनोत्तमे ।
त्वरित पुरी परित्यजि लव कुश बहिर्गत ॥
अंगे राज परिच्छेद राघव सदृशाकृति ।
तद्रूप अब्ज लोचन राम तुल्य भुजद्वय ॥
नव दुर्वादल श्याम अंग वर्ण तथामत ।
राम नित्य स्मिताधर एतन्मत स्मिताधर ॥
विशाल बाहुते धृत अग्नि दत्त महाधनु ।
व्यवहार्य यथा रामे धृत एतद् धनुः लवे ॥
इन्द्र-दत्त महाधनु धरे कुश महाभुजे ।
मेघनाद वधे इन्द्र दाने यद् धनु लक्ष्मणे ॥
धृत अग्निधनुः लव तेजद्युति बहिर्गत ।
विचित्र वर्ण रंजित इन्द्रधनु धरे कुश ॥
महारण्य समीपेते कतक्षणे उपस्थित ।
अवतीर्ण रथ त्यजि वनमध्ये प्रवेशिल ॥
कन्यागण यथा पूर्वे पूर्व दिके प्रवेशिल ।
पश्चिमे सु-प्रवेशित यथा आज्ञा नराधिपे ॥
तथामत उपस्थित सुमंत्र पश्चिमे त्वरा ।
तथा रथ सुरक्षणे बहिर्देशे अपेक्षित ॥
लव कुश प्रवेशिल वनमध्ये यवे शुन ।
नाहि चक्षे समीक्षित हरिण हरिणी तथा ॥
पदव्रजे बहुक्षण वनपथे परिभ्रमे ।
उपविष्ट स्मरि श्रांति वृक्ष छाया सुशीतले ॥
क्षणान्तरे चले पुनः वन गुल्म निरीक्षणे ।
कत दूर अतिक्रमि परिदृष्ट जलाशय ॥
हेर अग्रे जलाशय कहे लव कुशप्रति ।
जलाशय यथास्थले मृग मृगी रहे तथा ॥
मृगेन्द्र सम कौशले पत्रच्छाये चल स्थिरे ।
निःशब्द पद विक्षेपे अग्रे तीक्ष्ण निरीक्षणे ॥

मृगेन्द्र गमने यथा मृगकुल समीक्षणे ।
किञ्चित् पथ समागमे लव पदे तथा स्थिर ॥
अग्रभागे निरीक्षिल संचालित लता चय ।
किंतु मृग नहे दृश्य पत्रच्छाया घनायित ॥
हरिण करि संदेह कुशप्रति कहे लव ।
हरिण अति चंचल एतद् वाक्य मने स्मर ॥
पाशबद्ध असम्भव लता गुल्मे अदर्शित ।
हरिण स्थित निश्चय धर हस्ते सुकौशले ॥
वृक्ष कांडे कर स्थित धनुर्बाण कुश त्वरा ।
कांडे धनु सुरक्षणे कहे लव कुशप्रति ॥
अन्य पार्श्वे रह स्थिर ए पार्श्वे रक्षिव स्वयं ।
शृंगवान यथा मृग अक्षम भेदिते वन ॥
क्षीण रेखा समीक्षित पथचिह्न प्रदर्शने ।
तुमि अन्य दिके रह गुल्ममार्ग मने स्मर ॥
किञ्चित्काल अपेक्षाते यदि ना मृग निर्गत ।
तुमि कुंजे प्रवेशह अग्रसरि अतःपरे ॥
एतद् युक्ति परामर्शे कृत कार्य उभे स्थिर ।
एकमात्र यथा पथ उभ पार्श्वे रहे उभे ॥
स्मरि युक्तियुक्त गहने परस्परे अवलोकि गुल्मपथ शीर्ण जंगले ।
भ्रमणे कुरंग निकटे जलाशये धनु वर्जि नक्रगमने पुरःसरे ॥

- इति श्रीमद्देवायण ब्रह्मकल्पे तृतीय खण्डे लव मण्डलान्तर्गतः आन्दन वर्गे लव-कुश कर्तृक विदर्भारण्ये मृग सन्धान हेतु भ्रमण वार्ता कथन नामः षष्ठ संवर्ग ।

— ✯ —

॥ सप्तम संवर्ग ॥

शिव वचन

हेथारण्ये प्रवेशिया सखीवृन्द समावृत ।
ऋता निता करे क्रीडा इतस्ततः चतुर्दिके ॥
क्रीडाच्छले प्रवेशिल अत्र कुंज मनोहरे ।
पुष्प आहरणे यवे करे शाखा विचालन ॥
सहसा गोधिका एक अकस्मात् बहिर्गत ।
सत्वरे गोधिका भीत भ्रमे त्वरित चतुर्दिके ॥
गोधिका दर्शने भीता कन्या सर्व तथास्थले ।
स्थान त्यजि त्वरित गति पलायने समुद्यत ॥
क्षुद्र पथे यवे त्वरित सर्वे पलायने रत ।
अंगे अंगे जने जने संघर्षण परस्परे ॥
देहाघात तथाकाले त्वरित गति भये यवे ।
क्षुद्र पथे त्वराघाते निपतित महीतले ॥
निपतित धरातले पुनर्वार समुत्थित ।
एकयोगे समुत्थाने पुनः घात परस्परे ॥
अंगे अंगे पुनाघात पड़े पुनः महीतले ।
पुनः पुनः निपातने पुनः त्वरित समुत्थित ॥

एरूप पतने तथा समुत्थित पुनः पुनः ।
पलायने समुद्यत करे वन विचंचल ॥
उच्च रवे कहे सबे हेथा हेर करे स्थिति ।
गोधिका येन तेमति अंध प्राय परिभ्रमे ॥
कन्यादले पुनः पुनः भये त्वरित प्रवेशित ।
एलो एलो कहे सबे गेल गेल कहे पुनः ॥
हेर हेथा परिस्थिति सामान्य गोधिका पशि ।
किंवा कार्य करे तथा भय प्राप्त विचंचला ॥
वेश-वास करे छिन्न क्षत अंग इतस्ततः ।
पलायने समुद्यत करे वन विचालित ॥
करि वन विचालन उद्यत बाहिरे यवे ।
वृक्ष शाखा विचंचल बहु कण्ठे शुनि ध्वनि ॥
लव कुश तथास्थले पुरुष रमणी किंवा ।
अक्षम करिते स्थिर एतन्मत मने स्मरे ॥
मृगाशी अन्य केह वा अग्रे कुंजे प्रवेशिल ।
करे मृग विताड़न कुंजमध्ये चतुर्दिके ॥
एतद् रूप करि स्थिर हवे मृग बहिर्गत ।
कुंजमध्ये विताड़ने प्रस्तुत धरिते उभे ॥
हेरि वृक्ष विचालन रव लक्ष्यि त्वरित गति ।
उभ पार्श्वे चले उभे कुंजमध्ये प्रवेशिते ॥
एतद्काले अकस्मात् हेरि वृक्ष विचालन ।
लव त्वरित उल्लम्फने पड़े वेगे तथास्थले ॥
मृगकुल मने स्मरि नारीमध्ये निपातित ।
पड़े अन्य दिके कुश वेगे त्वरित उल्लम्फने ॥
एके पूर्वे भये भीता कन्यावृन्द अवस्थित ।
पुरुष व्यघ्र तद् क्षेत्रे अकस्मात् समीक्षित ॥
पुरुष हेरिया तथा भये भीता चमत्कृता ।
सहसा गमने स्तब्धा कन्यागण शिरानत ॥
लव कुश निरीक्षिल अपूर्व रूप यौवना ।
नवोद्गत पयोधरा घन श्वासे प्रकम्पिता ॥
दृष्ट ऋतावरी अग्रे सर्वाधिक मनोहरा ।
आरक्त मुख पंकज लज्जा राग प्रभायुत ॥
येन पद्म विकाशित सूर्यकरे समुज्वल ।
वनदेवी मने स्मरे लव कुश तथास्थले ॥
क्रीडा रत यथा देवी सखीकुल समावृत ।
एतद् रूप मने चिन्ति कहे लव ऋताप्रति ॥

लव वचन

हे देवी आमि अज्ञात क्रीडास्थले प्रवेशिनु ।
राजपुत्र यथा स्वयं मृग लुब्ध मने स्मर ॥
वने वृक्ष विचालन दूर हते निरीक्षणे ।
त्वरित स्वयं प्रवेशिनु तव क्रीडास्थले भ्रमे ॥

ऋतावरी वचन

मृगया कारणे यदि तुमि वीर समागत ।
कोथा तव धनुर्बाण शून्य हस्त किं कारणे ॥
द्रुत लम्फने पतित दृष्ट सम्मुखे लव विस्मये निरखि विनम्र शिरे ।
हृदये चमत्कृत सुवीक्षणे कहे तुमि के अरण्य वनशोभिता स्त्रीयः ॥

- इति श्रीमद्देवायण ब्रह्मकल्पे तृतीय खण्डे लव मण्डलान्तर्गतः आन्दन वर्गे मृग भ्रमे लव-कुश कर्तृक कन्याकुल मण्डले निपातन वार्ता नामः सप्तम संवर्ग ।

— ✯ —

॥ अष्टम संवर्ग ॥

शिव वचन

एवे आस्य समीक्षित चक्षुद्वय तथामत ।
एतद् कण्ठ निनादिल श्रवणे मधुरोपम ॥
कोथा तव धनुर्बाण शून्य हस्त किं कारणे ।
तथामत ऋता कर्णे ध्वने वाक्य पुनः पुनः ॥
मेघमन्द्र यथामत मृगलुब्ध मने स्मर ।
त्वरित वेगे प्रवेशिनु देवी क्रीडास्थले तव ॥
लवे मौन निरीक्षिया उत्तरिल तथा कुश ।
स्वर्णसार कुरंगम भ्रमे वने मने स्मरि ॥
एतद् वने प्रवेशिनु हस्तद्वये विधारणे ।
त्यजि धनु बहिर्देशे हेरि वृक्ष विचालन ॥

नितावरी वचन

स्वर्णसार किंवा मृग नहि ज्ञात कदाचन ।
बहु जाति समीक्षित स्वर्णसार अजानित ॥

शिव वचन

स्वर्णसार परिज्ञात कहे चारु स्मिताधरे ।
ऋता कर्णे कहे मृदु आरक्तिम ऋताननने ॥
एतद् राग समीक्षण लव चित्ते विमोहित ।
हिरण्यवरणा देह लज्जा रागे सुरक्तिम ॥
बालार्क सम दर्शित ऋता आस्य हिरण्मय ।
अपूर्व तद् मुखप्रभा देवी साक्षात् स्वयं प्रभा ॥
हरिणी सम कातर कज्जलित शुभानन ।
प्रसून करवी गुच्छे अर्धच्युत समीक्षित ॥

सुलता वचन

ज्ञात तोमा महाबली जगत् ख्यात यथा तुमि ।
राघवज किं कारणे विदर्भते समागत ॥

लव वचन

मातामहे समानीत मृगया कारणे शुन ।
विदर्भपति बांधव जनक मिथिलेश्वरे ॥
मातामह अवस्थित राजगृहे सखा सह ।
मृगया करिते अद्य मोरा वने प्रवेशिनु ॥
परिचय किंवा कह देवी किं मानवी कह ।
मम अग्रे अवस्थिता अपूर्व रूप दर्शना ॥

सनका वचन

सत्य वाक्य यथा कहि राघवज इहा शुन ।
विदर्भपति आन्दने कन्या एतद् ऋतावरी ॥
पार्श्वे हेर अवस्थित नितावरी द्वितीयतः ।
अन्य सर्व सखी मोरा सहचरी निरन्तर ॥

लव वचन

विदर्भ तनया ऋता देवीतुल्य समीक्षिता ।
नितावरी तथामत मानवी के कहे तथा ॥

ऋतावरी वचन

स्वयं देव स्वरूपित देव सृष्टि चतुर्दिके ।
रामचन्द्र जगत्पति देव ऋषि सुवन्दित ॥
देवपूज्य यथा राम लंकाजये प्रतिष्ठित ।
सीतादेवी स्वयं लक्ष्मी जगत् सर्वे सुमंगला ॥
पुण्यगर्भोद्भव स्वयं देव तुमि महीतले ।
रामतुल्य समीक्षित राजीवाक्ष तथाकृति ॥
विदर्भपति मानव रामभक्त मने स्मर ।
जनक प्रिय बांधव पितृ परिचये कहि ॥
सामान्य रमणी माता पिता मम तथामत ।
नमि तोमा नरः देव कर पुण्य शुभाशिष ॥

शिव वचन

एतद् वाक्ये ऋतावरी प्रणत चरणद्वये ।
प्रेमयुक्त निरीक्षिल ऋताप्रति तथा लव ॥

लव वचन

धन्य तुमि विदूषिणी पुण्यवती शुचिस्मिती ।
सामान्य किं पिता तव मिथिलेशे सखा तिनि ॥
यिनि लक्ष्मीपिता रूपे ख्यात एतद् महीतले ।
तद् बांधव नृपान्दन मित्रोत्तम निरीक्षिणु ॥

निता वचन

वाल्मीकि कवि पालित वाक्य स्रष्टा कवीश्वरे ।
देवतुल्य यथा स्वयं दिव्यवाक्य सदा कह ॥

वाल्मीकि मुनि सत्तम मनस्विन तथा तुमि ।
विदर्भ तनया मोरा ज्ञानहीना मने स्मर ॥
रामचन्द्र पिता तव जानकी गर्भसम्भव ।
नमि तोमा नरःदेव कर पुण्य शुभाशिष ॥

लव वचन

विदर्भ तनया तुमि वाग्मी कन्या मने स्मरि ।
करि तोमा शुभाशिष पुण्यवती शुचिस्मिती ॥
अतिथि आमरा उभे तव गृहे मने स्मर ।
लभिया तव दर्शन हर्षान्वित यथा मनः ॥

शिव वचन

कहे सर्व सखीवृन्दे हर्षान्वित चतुर्दिके ।
स्वागत करि हे लव आत्म अर्घ्य निवेदने ॥
जगत्पूज्य यथा राम जगत्पूज्य तथा तुमि ।
हे लव करुणामय देव साक्षात् महीतले ॥
रामचन्द्र पिता तव वैदेही गर्भसम्भव ।
नमि तोमा नरः देव कर सर्वे शुभाशिष ॥
कहि वाक्य समस्वरे यवे पदे शिरानत ।
करि सर्वे शुभाशिष कहे लव तथास्थले ॥

लव वचन

हे सर्व पुण्य भाषणा मम पदे निवेदिता ।
राजकन्या यथा अद्य वरि अद्य समादरे ॥
तुष्ट यदि ममप्रति आत्म अर्घ्य निवेदने ।
रत्नतुल्य यथा प्राप्ति वरि स्वयं समादरे ॥

प्रभा वचन

यदि तव मनोमत राजकन्या महाबली ।
राज अर्घ्ये प्रदानित हवे शुन अतःपरे ॥
रत्नतुल्य यथा कह युक्तियुक्त नहे इहा ।
मृगया कारणे तुमि वनमध्ये प्रवेशिले ॥
मृगयाते मृगी लब्ध एतद् दृश्य प्रमाणित ।
स्वर्णसार यथा प्राप्त मातामहे निवेदह ॥
लव हे मृगाशिन कुरंगिनी ऋता कह हेमसार हरिणी किं भूतले ।
मिथिलेश काम्य लह आन्दनात्मजा अभिषेक हेतु तव पार्श्वे शोभना ॥

- इति श्रीमद्देवायण ब्रह्मकल्पे तृतीय खण्डे लव मण्डलान्तर्गतः आन्दन वर्गे राघवज स्त्रीय संवाद वार्ता नामः अष्टम संवर्ग ।

— ☆ —

॥ नवम संवर्ग ॥

शिव वचन

एतद् वाक्ये चमत्कृत लव कुश तथास्थले ।
स्वर्णसारे किंवा अर्थ केन कहे स्मिताधरे ॥
मृगया छल केवल दुष्टवृद्ध छले भ्रमे ।
छले वाक्य कहे सदा छले हास्य निरन्तर ॥
विदर्भ तनया दाने हेथा वृद्ध समागत ।
स्व-मित्र सह पूर्वते करि स्थिर सुगोपने ॥
व्यवस्था कृत एरूपे दर्शने राजदुहिता ।
एतद् वाक्य मनोदये लव कुश चले द्रुत ॥
कहिते कहिते वाक्य हल द्रुत तिरोहित ।
कन्यागण गृहे जाह हवे साक्षात् यथाक्षणे ॥
एतद् वाक्य विमन्द्रित वृक्षे वृक्षे चतुर्दिके ।
श्रुत सर्वे तथा स्तब्धे हवे साक्षात् यथाक्षणे ॥
चिन्ते सर्वे असन्तोषे राघवज परित्यजे ।
विवाहे ग्रहणे ऋता यवे प्रभा निवेदिल ॥
व्यर्थ आशा तथास्थले भग्नोद्यम ऋतावरी ।
नहे तुष्ट विवाहते राघवज महाबली ॥
आत्म अर्घ्ये यथा गर्व लव पदे निवेदिनु ।
हेरि मम नमस्कार कृत मात्र शुभाशिष ॥
मानामान किंवा मम सर्व लज्जा परित्यजि ।
तवु दुःख नहे ज्ञात राघवज महाबली ॥
एतद् रूपे करे क्षोभ ऋतावरी स्वयं मने ।
अन्य सर्वे चतुर्दिके शुष्काधरे अवस्थिता ॥
लव कुश तथा हते त्वरित पदे बहिर्गत ।
पुष्पक स्यन्दनारूढ़ वन त्यजि चले द्रुत ॥
अति त्वरित प्रवेशिल नृपालये तदंतरे ।
जिज्ञासिल स्मिताधरे जनक मिथिलेश्वर ॥

जनक वचन

कह तथ्य किंवा प्राप्त भ्रमि अद्य वने वने ।
स्वर्णसार तथा लब्ध किना कह यथायथ ॥

लव वचन

स्वर्णसार कुरंगम मातामह निरीक्षिणु ।
मृगीरूपे दिवालोके भ्रमे सर्व वने वने ॥
रात्रिकाले नृपालये करे सर्व अवस्थिति ।
आन्दन कृत पालित रूपे सर्व मनोहरा ॥

जनक वचन

कत मृगी निरीक्षिले करे स्थिति तथास्थले ।
स्वर्णसार यथा कह स्व-चक्षुते निरीक्षिले ॥

कुश वचन

सम हास्य समाकृति समास्य सम लोचन ।
गात्र वर्णे हिरण्मयी कज्जलित सुवीक्षणे ॥
अष्ट मृगी भ्रमे तथा सर्वे अति मनोहरा ।
तथिमध्ये अति श्रेष्ठ दुटि मात्र समीक्षित ॥

जनक वचन

निश्चय चंचलागति धरिते नह सक्षम ।
अद्य दृष्ट मनोहरा हवे स्पर्श अत:परे ॥

लव वचन

यद्यपि गति चंचला हेरि तवु सकातरा ।
हेरिले नव पौरुष भये शान्त तथास्थले ॥

जनक वचन

यदि शान्त कुरंगिनी केन ना तुलिले रथे ।
हेरिया तव पौरुष यदि मृगी सकातरा ॥

कुश वचन

हेरिनु अति कातरा सजल लोचन द्वये ।
आन्दन कृत पालित तव भीति मने स्मरि ॥
आन्दन तव बांधव मित्रधन यवे चुरि ।
हवे बंधु प्रकुपित एतद् हेतु रहि स्थिर ॥
नहे मृगी छिल स्थिर मोरा तथा यतक्षण ।
अ-पलके निरीक्षिल परिहरि यवे स्थल ॥

जनक वचन

जावे मृगी अयोध्याते इत्याधिक किंवा प्रिय ।
कहिव आन्दन स्वयं तव इच्छा यथा कह ॥

लव वचन

मातामह विदर्भेशे एतद् वाक्य निवेदह ।
स्वर्णसार मनोहरा मम हस्ते प्रदानिते ॥
विदर्भते नहे योग्य अयोध्याते रवे सुखे ।
स्नेहे स्वयं सुपालिव प्रार्थी श्रेष्ठा मृगी द्वय ॥
अन्य सर्वे प्रयोजन मातामह किंवा कह ।
अवशिष्ट परित्यजि प्रार्थी मात्र मृगीद्वय ॥

शिव वचन

एतद् वाक्य यवे श्रुत प्रहृष्ट मिथिलेश्वर ।
करि वक्षे विधारण सेथा नृत्य परायण ॥
मातामहे यथा कीर्त्ति हेरि दोंहे स्मिताधर ।
मिथिलेश अत:परे कहे वाक्य परित्यजि ॥

जनक वचन

एतद्राज मनोभाव राजपुत्र यथा तुमि ।
अभिषेके यथा विघ्न एवे स्मरि विदूरित ॥
मृगाशी सर्व राजन छले बले हरे मृगी ।
युवराज यथा तुमि अयोध्या लोकपालक ॥
एतद् रूप मनोगति शिशुकाले तपोवने ।
राजभोग विवर्जित त्यागे चित्त प्रतिष्ठित ॥
तुमि वत्स भविष्यते अयोध्याते नरेश्वर ।
अन्यान्य अवणीपाल तवाधीन मने स्मर ॥

शिव वचन

एतद्काले प्रवेशिल विदर्भपति आन्दन ।
जिज्ञासे मिथिलेश्वरे किंवा वार्ता अत:परे ॥

जनक वचन

वार्ता शुभ मने स्मर शुन यथा कहे लव ।
स्वर्णसार मनोहरा मम हस्ते प्रदानह ॥
विदर्भते नहे योग्य अयोध्याते रवे सुखे ।
स्वयं स्नेहे सुपालिव प्रार्थी श्रेष्ठ मृगीद्वय ॥

आन्दन वचन

तुमि बंधु विचारह किंवा कार्य अत:परे ।
मम कृत सुपालित यथा योग्य प्रदानह ॥
स्वर्णसार यथा वाक्य नहे योग्य विदर्भते ।
प्रतिवाद इथे मम कर दाने विवेचना ॥
नहे योग्य विदर्भते इथे मृगी परित्यजि ।
एतद् वाक्य असम्मत नाहि लवे प्रदानिव ॥

शिव वचन

शुनि क्रुद्ध तथा लव कुश चक्षे प्रसारित ।
जनक ज्ञात तद् वाक्य कहे एतद् स्मिताधरे ॥

जनक वचन

शुन हे तुमि आन्दन लव कुश तथा शुन ।
आन्दन कृत पालित स्वर्णसार मृगीचय ॥
ताहे प्रार्थी लव द्वय अयोध्याते रवे सुखे ।
विदर्भेश असम्मत अयोग्य ना विदर्भते ॥
योगायोग विचारिते आह्वानि जगदीश्वरे ।
रामचन्द्रे विचार यद् हवे कार्य तथामत ॥
विचार यदि राघवे हवे सर्व सुसम्मत ।
वादी तुमि यथा लव प्रतिवादी विदर्भन ॥

कर ए विचार मिथिलेश बांधव　　प्रथमे अयोग्य किं विदर्भते मृगी ।
लववाक्य निश्चय असंगत स्मरि　　त्यजि काम्य यद् कथित पूर्णिते स्वयं ॥

- इति श्रीमद्देवायण ब्रह्मकल्पे तृतीय खण्डे लव मण्डलान्तर्गत: आन्दन वर्गे वैदर्भ वाक् विस्तार वार्ता नाम: नवम संवर्ग ।

— ✯ —

॥ दशम संवर्ग ॥

शिव वचन

लभिया उभ सम्मति　　जनक मिथिलेश्वर ।
लिखि पत्र त्वरित गति　　दूत हस्ते प्रदानिल ॥
स्नेहास्पदेषु राघव　　प्रणम्य जगदीश्वर ।
एसो त्वरित विदर्भते　　स्मरि कार्य प्रयोजन ॥
विदर्भेश समन्वित　　लवे द्वन्द्व उपस्थित ।
एतद् द्वन्द्व समाधाने　　स्वयं क्षम नहे शुन ॥
प्रार्थी तव विचार यद्　　आन्दन स-लवात्मज ।
अभिषेके यथा पूर्व　　कार्यारम्भ यथा क्रमे ॥
जनक तव आदिष्ट　　आयोजन कृत स्थिरे ।
तुमि कार्य समापह　　कहि पुनः परिष्कृत ॥
सुमंत्र सारथी द्रुत　　चले पत्र परिग्रहि ।
विदर्भ नगर त्यजि　　चले रथ नभ:पथे ॥
हेथा पुरे प्रवेशिल　　ऋता सखी समावृत ।
अप्रसन्न यथानन　　शुष्काधर तथामत ॥
जिज्ञासिल तथा माता　　कन्या द्वये सिषासनि ।
किंवा वार्ता वने भ्रमि　　कह सर्व यथायथ ॥

ऋतावरी वचन

मोरा सुखे करि क्रीडा　　वनमध्ये प्रवेशिया ।
सृजिल सर्व जंजाल　　तद् क्षेत्रे गोधिका पशि ॥
मोरा सर्वे इतस्तत:　　करि सर्वे पलायन ।
उत्थित पतित त्वरा　　गोधिका सभये भ्रमे ॥
एतद्काले अकस्मात्　　राघवज प्रवेशिल ।
वन द्रुत विचालने　　मृगी तथा मने स्मरि ॥

शिव वचन

कहे माता स्मिताधरे　　कह वाक्य अत:परे ।
किं कहिल तथास्थले　　राघवज समागमे ॥

नितावरी वचन

क्षणकाल करि स्थिति　　चक्षुद्वये निरीक्षणे ।
कहे वाक्य स्मिताधरे　　गुटि कत मधुस्वरे ॥
प्रशंसिया पिता माता　　प्रशंसि तनयाद्वय ।
क्षणान्तरे किं संशय　　करे द्रुत पलायन ॥

चारु वचन

अत्र वाक्य शराघाते मृगीद्वय सकातरा ।
किञ्चित् मोरा तथास्थले अत्र बाणे प्रपीड़िता ॥

चन्द्रा वचन

अति क्षिप्र शराघाते करे द्रुत पलायन ।
कहे प्रभा यवे शुन यदि तव मनोमत ॥
राज अर्घ्ये प्रदानित हवे हस्ते अत:परे ।
युक्तियुक्त नहे एतद् रत्नतुल्य यथा कह ॥

शिव वचन

एतद् वाक्य यथा श्रुता गम्भीरास्य सिषासनि ।
अत्र क्षेत्र चले त्यजि एतद् चिन्ता परायणा ॥
पछन्दे किं अपछन्दे लवारण्य परित्यजे ।
अनिच्छा किं विवाहते हा विधात: किंवा कहि ॥
हे राघव महाबली कर कृपा ममप्रति ।
कन्याद्वय रहे सुखे तद् पुत्रे प्रदानिले ॥
एतद् स्थले अयोध्याते रामचन्द्र समुत्थित ।
भक्ताह्वान यथा श्रुत अंतर्मध्ये पुन: पुन: ॥
हेथा राज्ञी सिषासंति राम नाम मने स्मरे ।
वाक्ये रत विदर्भेश जनक सह येस्थले ॥
अंतराले करि स्थिति शुनि वाक्यवली क्रमे ।
बोधगम्य नहे सर्व रामागम किं कारणे ॥
किंतु राम समागमे सर्व शुभ मने स्मरि ।
रहे राज्ञी सुनीरवे राम नाम जपि क्रमे ॥
हे राघव कृपामय कर विघ्न विदूरित ।
मम कन्या परिग्रहि स्वयं पुत्रे प्रदानह ॥
हेथा ऋता निता सह अप्रसन्ने अवस्थिता ।
सखी एक अत:परे संवादिल इहा शुन ॥
राघवज विवाहते असम्मत मम श्रुत ।
अनुरोधे पिता तव कहे एतद् पुन: पुन: ॥
तुमि बंधु विचारह किंवा कार्य अत:परे ।
मम कृत सुपालिता यथा योग्य प्रदानिते ॥
विदर्भपति चिन्तित चिन्तित मिथिलेश्वर ।
गेल दूत अयोध्याते रामचन्द्रे निवेदिते ॥
सर्व आशा तथा स्मर रामचन्द्रे कृपा यदि ।
रामकृपा बिना सखी एतद् कार्य असम्भव ॥
रामचन्द्र यदि प्रीत तवप्रति निरीक्षणे ।
सम्भव मिलने तव नहे सखी असम्भव ॥
एतद् वाक्य यथा श्रुत सखी आस्ये ऋतावरी ।
राम रूप करे ध्यान कृपा प्रार्थी सकातरा ॥
एतद् रूपे विदर्भते सर्वे ध्यान परायण ।
रामचन्द्र अयोध्याते गृहमध्ये परिभ्रमे ॥

भक्तकुले यथाह्वान स्पर्शे क्रमे हृदिस्थले ।
श्रीराम पदचारणा रत गृहे क्रमागत ॥
एतद्काले महावीर अत्र कक्षे प्रवेशिल ।
रामहस्ते मरुत् पुत्र दानि पत्र शिरानत ॥
पत्र पाठे परिज्ञात रामचन्द्र कृपामय ।
भक्तकुले यथाह्वान नित्य कार्ये विपर्यये ॥
रामचन्द्र बहिर्गत हनु सह अतःपरे ।
सुमंत्र सारथी रथे विदर्भ नगरी स्मरि ॥
रामचन्द्र रथारूढ़ चले रथ त्वरित गति ।
विदर्भते कतक्षणे रघुपति उपस्थित ॥
सहसा राघवागमे हर्षान्वित प्रजाकुल ।
तद् स्यन्दन निरीक्षणे लक्ष लक्ष समागत ॥
विदर्भपति आन्दन जनक सह तद्परे ।
श्रीराम वरिते त्वरा सबांधवे उपस्थित ॥
युक्तकरे कृतांजलि नमस्कार करे सबे ।
करि राम शुभाशिष रथ त्यजि बहिर्गत ॥
अवतीर्ण रथ त्यजि रामचन्द्र यवे शुन ।
विदर्भ नगरीवासी एतद्रूपे करे स्तव ॥

श्रीराम वचन

विदर्भ नगर प्रजा लह सर्वे ममाशीष ।
तव सर्व सुसान्निध्ये स्वयं चित्ते प्रहर्षित ॥

शिव वचन

राम वाक्य यथा श्रुत दिव्यकण्ठ विमन्द्रित ।
हर्षयुक्त प्रजाकुल एतद् स्तव परायण ॥
श्रीराम करुणाकर त्रैलोक्यजन पालक ।
हे त्रिभुवन सम्राट सर्वेश्वर जगत्पति ॥
हिरण्यगर्भ वासव पावक यम वन्दित ।
त्रैलोक्य परिपालक सीतापति नमस्तुते ॥
जगदाखिल कारण हेतु भूत सनातन ।
त्रैलोक्यजन वन्दित सीतापति नमस्तुते ॥
कृपानाथ प्रजापाल भूतस्त भूत भावन ।
सर्व व्यापकात्मनात्म भगवान नमस्तुते ॥
अपूर्व अब्जलोचन सु-श्यामल कलेवर ।
सर्व प्रेम स्मिताधर सीतानाथ नमस्तुते ॥
रावणकुल नाशक राक्षसारि धनुर्धर ।
दुर्गति भय तारक श्रीराघव नमस्तुते ॥
भव दुःख तारक विपद् विमोचक प्रभु हे धनुर्धर नमस्तुते पदे ।
नमि हे सहस्त्र शत अब्जलोचन त्रिजगत् उपास्य ऋषि देव वन्दित ॥

- इति श्रीमद्देवायण ब्रह्मकल्पे तृतीय खण्डे लव मण्डलान्तर्गतः आन्दन वर्गे विदर्भे श्रीरामागमन वार्ता नामः दशम संवर्ग ।

— ✯ —

॥ एकादश संवर्ग ॥

शिव वचन

एतद् रूपे करे स्तव राघवे करि वन्दना ।
विदर्भस्थ प्रजाकुल विदर्भनाथ संहति ॥
प्रसन्न चित्त राघव सर्व जने सुवीक्षणे ।
करि सर्वे शुभाशिष जिज्ञासे जनकप्रति ॥

श्रीराम वचन

किं वार्ता मिथिलाधिप किंवा त्वरित प्रयोजन ।
किंवा कार्य अनुष्ठिते तव आज्ञा ममप्रति ॥

जनक वचन

चल अग्रे गृहान्दरे हवे वाक्य तथास्थले ।
यथा कार्य प्रयोजने आह्वान करि राघव ॥

शिव वचन

एतद्काले तथास्थले लव कुश पदे नत ।
कुशल वाक्य जिज्ञासि कृत पुत्रे शुभाशिष ॥
विदर्भपति संहति वाक्य आलापन क्रमे ।
गृहमध्ये प्रवेशिल अन्य सर्वे परित्यजि ॥
लव कुश तथा मात्र तद् सह मिथिलेश्वर ।
गृहे सर्वे प्रवेशिले द्वार हनु निरोधिल ॥
वेत्र हस्ते महावीर करे द्वार निवारण ।
जनता करिते रक्षा चले छाट छटाछट ॥
जनता ताड़ने हनु गर्जे घोरे भयंकर ।
एतन्नादे निपातित बहु जन तथास्थले ॥
करे भये पलायन एवे द्वार परिष्कृत ।
यद्रूप वायु ताड़ने पत्रावली विदूरित ॥
हेथा राम गृहान्दरे विदर्भपति संहति ।
स्वर्णासने समासीन मिथिलेश तथामत ॥
लव कुश तथास्थले पार्श्वद्वये अवस्थित ।
जिज्ञासे जनकप्रति रामचन्द्र मधुस्वरे ॥

श्रीराम वचन

किंवा कार्य परिस्थिति कह हे मिथिलेश्वर ।
ममाह्वान किं कारणे किंवा त्वरित अनुष्ठिते ॥

जनक वचन

संकटे स्मरि राघव एतद् शास्त्र यथाविधि ।
मृगया हेतु आगत तव पुत्र यथा शुन ॥
विदर्भ नगरे अद्य मृगयाते प्रवेशिल ।
स्वर्णसार मृगी वने भ्राताद्वय निरीक्षिल ॥

यद् रूपे सुन्दरी श्रेष्ठा आन्दन कृत पालित ।
एतद् श्रेष्ठ मृगीद्वय प्रार्थी तव सुतद्वय ॥
कहे लव विदर्भेशे नहे योग्य विदर्भते ।
अयोध्याते रवे सुखे मृगीद्वय प्रदानह ॥
प्रतिवाद करे इथे विदर्भपति आन्दन ।
अयोग्य किं विदर्भते मम कृत सुपालित ॥
विदर्भते नहे सुखी एतद् वाक्य यथा श्रुत ।
विदर्भेश कहे लवे नाहि मृगी प्रदानिव ॥
ए वाक्ये अति कुपित राघव तव नन्दन ।
एतद् वाद विचारिते राम तोमा मने स्मरि ॥
आन्दन मम बांधव राघवज मम प्रिय ।
समस्या उभये मम उभ तुष्टि प्रदानिते ॥

शिव वचन

एतद् वाक्य यथा श्रुत रामचन्द्र स्मिताधर ।
सर्व तथ्य परिज्ञात जनक वाक्य वर्णने ॥
कहिल जनकप्रति श्रीराम अखिलेश्वर ।
हे प्राज्ञ कर्म कौशली भव स्वयं किं संशय ॥

श्रीराम वचन

हे आन्दन विदर्भेश कहि वाक्य यथा शुन ।
यदहं सर्व सम्राट मृगी मोरे प्रदानह ॥
मम इच्छा मनोमत स्वयं कार्य विचारिया ।
यथा क्षेत्रे प्रदानिव योग्य जन निरीक्षिया ॥
शुनि राघव स्मित विदर्भ संकटे जनके यदुक्त कहिते तदूत्तरे ।
यदहं विदर्भपति सर्व पालक स्मरि दान हे मम करे कुरंगिनी ॥

- इति श्रीमद्देवायण ब्रह्मकल्पे तृतीय खण्डे लव मण्डलान्तर्गतः
आन्दन वर्गे श्रीराम कर्तृक विदर्भ संकट श्रवण नामः एकादश संवर्ग ।

— ☆ —

॥ द्वादश संवर्ग ॥

शिव वचन

एतद्काले प्रवेशिल हनुमान तथास्थले ।
राम अग्रे शिरानते एतद् वाक्य निवेदिल ॥

मारुति वचन

द्वारदेशे उपस्थित कन्या एक जगतप्रभु ।
कांक्षित तव दर्शने किंवा आज्ञा इहा कह ॥

श्रीराम वचन

आनो हेथा पुरोभागे हे मारुति त्वरित गति ।
कांक्षित मम दर्शने सेथा अन्य विचार किं ॥

शिव वचन

महावीर तिरोहित प्रत्यागत क्षणान्तरे ।
ऋतावरी-यथा सखी स-सनका समागत ॥
रामचन्द्रे शिरानते कहिल सनका तथा ।
नमि श्यामल राघव सीतानाथ नमस्तुते ॥

श्रीराम वचन

मत दर्शने किंवा काम्य परिचय किंवा तव ।
पुरोवासी तुमि स्मरि अद्य स्वयं समागत ॥

सनका वचन

शुन हे राघव श्रेष्ठ तुमि सत्य विचारक ।
मम वाक्य निवेदिते तव अग्रे उपस्थित ॥

श्रीराम वचन

परिचिता नहे पूर्वे हे कन्या तुमि मत प्रति ।
कह परिचये सर्व तव आत्म निवेदन ॥

सनका वचन

राजकन्या ऋतावरी एतद् सखीद्वय स्मर ।
परिचय किंवा अन्य कहि मम निवेदन ॥
अभियोग यथा मम तव पुत्रद्वय प्रति ।
मोरा वने प्रवेशिनु क्रीडाच्छले यवे शुन ॥
सखीवृन्द समन्वित ऋतावरी स्वसा सह ।
आचम्बिते प्रवेशिल तथा तव सुतद्वय ॥
सखीप्रति शराघाते प्रेम-चक्षु निरीक्षणे ।
करि चित्ते प्रपीड़ित करे उभे पलायन ॥
एतद् शास्ति प्रदानह हे सम्राट विचारिया ।
क्रीडामध्ये प्रवेशिया ए अनर्थ किं कारणे ॥
निपीड़ता यथा लवे तनु क्षीणा ऋतावरी ।
कातर चित्त वेदने दीर्घश्वास क्षणे क्षणे ॥
नाहि रुचि तथा भोज्ये उदासीन यथा मन: ।
विमलिन कलेवर दिवसेके महाबली ॥
सुखक्रीडास्थले पशि अघटन करे लव ।
कुशप्रति निरीक्षणे नितावरी तथामत ॥

शिव वचन

गम्भीरे सनका कहे रामचन्द्र स्मिताधर ।
मिथिलेश स्मिताधर स्मिताधर विदर्भन ॥

श्रीराम वचन

अभियोग यथा श्रुत गुरुतर सखी तव ।
पशिले स्त्रीयमण्डले एतद् दोष सुनिश्चय ॥

एतद् शास्ति प्रदानिते रमणीकुल सक्षम ।
विचारिव यथा स्वयं कर कार्य तथामत ॥
राज आज्ञा इहा शुन बंधन कर वांछिते ।
सर्व सखी समावृत प्रसूण माल्य बंधने ॥
एतद् दोष विलांछिते कर हे गंधचन्दने ।
आनो सर्वे समारोहे कर शंखे जयध्वनि ॥

शिव वचन

राम वाक्य यथा श्रुत दाने सर्वे हुलुध्वनि ।
बहु शंख निनादिया सखीवृन्द प्रवेशिल ॥
सखीवृन्द प्रवेशिल बहुजन समावृत ।
पुष्पमाल्य करे धृत नाना गंध समन्वित ॥
राज आज्ञा यथा प्राप्त कन्यागण तथा जये ।
नियुक्त लाज वर्षणे हास्ये लव कुश प्रति ॥
कहे सर्वे स्मिताधरे आहा मरि महाबली ।
राज अग्रे अमानित नारीयुद्धे पराजित ॥
अति हर्षे कहे केह बंधन कर माल्यते ।
यथा दुष्ट तथा शास्ति सविशेषे प्रदानिते ॥

जनक वचन

किंवा भय अतःपरे दानो शास्ति मनोमत ।
हस्त पदे सुबंधने करि कर्ण विमर्दन ॥

शिव वचन

अतःपरे दले दले लव कुश सुवेष्टने ।
त्वरित हस्त पदे धृत प्रसूणमाल्य बंधन ॥
चन्दन कस्तुरी गंध दिल अग्रे प्रलेपिया ।
करि लाज सुवर्षण करे नृत्य चतुर्दिके ॥
दीपमाला ज्वले तथा दृश्य अति मनोहर ।
बाजे वाद्य चतुर्दिके अतीव मधुरक्कणे ॥
प्रणये प्रसूण कृत माल्य बंधने करि लाज वर्षण सखी सकौतुके ।
ध्वनि पुण्य शंख हुलु वाद्य नादने रत धूप दीप सह मंगलोत्सवे ॥

- इति श्रीमद्देवायण ब्रह्मकल्पे तृतीय खण्डे लव मण्डलान्तर्गतः आन्दन वर्गे सखीकुल कर्तृक विवाहोत्सव करंण वार्ता कथन नामः द्वादश संवर्ग ।

— ✯ —

॥ त्रयोदश संवर्ग ॥

शिव वचन

एतद्काले प्रवेशिला सिषासंति तथास्थले ।
ऋतावरी नितावरी कन्याद्वय समन्वित ॥
राघव चरणद्वये कहे नमि मृदुस्वरे ।
हे राघव महाबली नमि पदे पुनः पुनः ॥

सिषासनि वचन

तुमि विश्व जगत्पाल तुमि सत्य परात्पर ।
तुमि धर्म विधारक तुमि सृष्टि विधारक ॥
स्त्रीय धर्म सुपालक गृह कर्म नियामक ।
तुमि हेतु चराचरे प्रभु राम धनुर्धर ॥
तुमि सर्व अकिंचने कर पूर्ण मनःस्पृहा ।
धृत काम्य यवे नत पद पंकज धारणे ॥
करि धूलि विरंजित तव भक्त यवे कहे ।
तुमि नाथ जगन्नाथ रत अश्रु निपातने ॥
तुमि ब्रह्म सनातन तुमि विष्णु जनार्दन ।
भव सागर तारक तुमि सर्व परा गति ॥
तुमि पाप विमोचक विभु ताप विनाशक ।
तुमि शुद्धि प्रदायक शुचिः मंगल निस्कले ॥
नित्य तव कृपा झरे भक्तकुल सुखे दुःखे ।
मुक्त कर जगत् भारे पूर्ण कर यथा स्पृहा ॥
लह अद्य जगत्प्रभु मम आत्म निवेदने ।
तनया द्वय संहति मम भार समर्पिणु ॥
नमि राघव वैदेही वल्लभ श्यामसुन्दर ।
तारकब्रह्म कौशल्या नन्दन पुंडरीकाक्षः ॥

शिव वचन

एतद् स्तव यवे श्रुत रामचन्द्र समुत्थित ।
ऋता निता करे धृत दिव्यकण्ठ विमंद्रित ॥

श्रीराम वचन

मम हस्ते सिषासंति कन्याद्वय प्रदानह ।
प्रार्थना श्रवणे तव हेथा स्वयं उपस्थित ॥
नाहि भय अतःपरे मम कार्य निरीक्षह ।
मम हस्ते प्रदानिया तव कार्य समापित ॥
मद्भक्त तुमि हे राज्ञी यद् श्रुत तव आकूति ।
अयोध्या नगरी त्यजि त्वरित हेथा समागत ॥

शिव वचन

प्रसून माल्य बंधने लव कुश समन्वित ।
कन्यागण तथास्थले रामपार्श्वे उपस्थित ॥
एक पार्श्वे ऋता निता सह राज्ञी सिषासनि ।
अन्य पार्श्वे सखीकुल लव कुश समन्वित ॥
मध्यस्थले अवस्थित श्रीराम पुरुषोत्तम ।
ऋताप्रति कहे राम स्नेहे हस्त विधारणे ॥

श्रीराम वचन

लवे तोमा प्रदानिनु हे वैदर्भी ऋतावरी ।
लवप्रति निरीक्षह शुभकाल मने स्मरि ॥

करि तोमा शुभाशिष तद् पदे अखिलेश्वरी ।
रूपे नित्य विराजह लव सह भविष्यते ॥
त्रैलोक्य विजये पंद मम कृत प्रतिष्ठित ।
यद् वन्दित सुरासुरे रक्षादि सर्व राजने ॥

शिव वचन

एतद वाक्य यथा उक्त हस्ते हस्त प्रदानिते ।
सखीगणे त्वरित गति सुकृत माल्य बंधने ॥
एकत्रित कर द्वये करि माल्य सुबंधने ।
कृत शंख निनादन हुलुध्वनि समन्वित ॥
कुशप्रति तथामत निता हस्त विधारणे ।
यवे राम प्रदानिल सर्वे सुखी तथास्थले ॥
कहि रामचन्द्र लव-पाणि धारणे दिल सादरे प्रभु ऋता शुभक्षणे ।
कुश-पाणि दानिल तथा निता करे मिलने निनादित सुवाद्य निस्वणे ॥

- इति श्रीमद्देवायण ब्रह्मकल्पे तृतीय खण्डे लव मण्डलान्तर्गत: आन्दन वर्गे लव-कुश सह वैदर्भी मिलन वार्ता नाम: त्रयोदश संवर्ग ।

— ✯ —

॥ चतुर्दश संवर्ग ॥

शिव वचन

जनक हृष्ट अंतरे त्वरित वेगे समुत्थित ।
कन्याकुलान्तरे पशि कहे अंग विचालने ॥

जनक वचन

राज आज्ञा अत:परे शुन सर्वे सभाजन ।
शुन कन्यावली एतद् कहि अद्य हिते तव ॥
लव कुश शराघाते करे सर्वे निपीड़न ।
करि स्नेह सुवीक्षण करे द्रुत पलायन ॥
तोमरा वेदनायुक्त एतद् कार्ये तथास्थले ।
अत्याधिक ऋता निता रामचन्द्रे निवेदिल ॥
करुणासिंधु राघवे कृत कार्य विचारिया ।
बंधन करिते कहे दु:ख-शास्ति प्रदानिते ॥
नृपान्दनसह द्वन्द्वे यथा अद्य परिस्थिति ।
अयोध्याते रवे सुखे नहे योग्य विदर्भते ॥
ए विचार समापित नहे तवु सभास्थले ।
कन्याकुल निवेदने रामकृत अनुष्ठित ॥
एतद् द्वन्द्व समापिते यथा मम विचारित ।
सर्व जन सभास्थले शुन एवे मन स्थिरे ॥
आन्दन वाक्य येमति नाहि कन्या प्रदानिव ।
अतएव इहा कहि जाह सर्वे गृहान्दरे ॥
सर्व कन्या समावृत एतद् वाक्य करि स्थिर ।
लव कुश समन्वित वाक्-युद्ध जयाजये ॥

लव कुश पराजित एतद् युद्धे तथा यदि ।
रवे कन्या विदर्भते एतन्मत करि स्थिर ॥
अन्ये यदि जयी तथा लव कुश महाबली ।
जावे सर्व अयोध्याते लव इच्छा यथामत ॥
वाक्युद्धे निशाव्यापी कर स्थिर जयाजय ।
कल्य प्राते फल श्रुते हवे कार्य तथामत ॥

शिव वचन

मिथिलेशे यथा वाक्य हर्षध्वनि करे सबे ।
शंखध्वनि हुलुध्वनि नारीकुले तथास्थले ॥
सहर्षे गर्जि मारुति राम जय निनादिल ।
एतद् सह जने जने करे राम जयध्वनि ॥
जनक वचने राम मृदु मन्द स्मिताधर ।
कार्य अंते कहे हर्षे विदर्भपति आन्दन ॥

आन्दन वचन

मम वाक्य नहे पुनः शुन हे मिथिलेश्वर ।
मम कन्या नहे एवे किंवा स्वयं प्रदानिव ॥
मम कन्या यवे स्मरि कहि नाहि प्रदानिव ।
रामचन्द्रे प्रदानित एवे किंवा ममप्रति ॥
रामचन्द्रे यथा इच्छा हवे कार्य तथामत ।
योग्यायोग्य विदर्भते एतद् सर्व विचारिया ॥
रामचन्द्रे समर्पित मम कन्या इहा शुन ।
अयोध्याते रवे सुखी एतद् सत्य सुनिश्चय ॥
राघव चरणाधिक किंवा सुख अतःपरे ।
ये पद लभिले शुन पुनर्जन्म नहे कभु ॥
एतद् पदे समर्पिता मम कन्या सखा शुन ।
इत्याधिक किंवा सुख पितृ पार्श्वे अतःपरे ॥
सर्व भार प्रदानित रामचन्द्रे यथा मम ।
राम इच्छा मनोमत कहे कार्य अनंतरे ॥
रामचन्द्रे यथादेश कन्यागण इहा कर ।
मम सर्व तथामत रामचन्द्रे समर्पित ॥

शिव वचन

शुनि राम स्मिताधर कहिल जनकप्रति ।
शुन हे मिथिलाधिप तव युक्ति यथायथ ॥

श्रीराम वचन

कन्या सर्व कर स्थिर वासरे कर्म पद्धति ।
आत्मदाने तथा लाभे नारी इच्छा मनोमत ॥
यदि लव पराजित आत्म जये रह स्थिर ।
कन्यागण पराजये आत्म दान स्वभावतः ॥

पशि वासरे कर निरूपण क्रमे तव कर्म निश्चय यथा जयाजये ।
कह कल्य विग्रह फलाफल स्त्रीये पुरुषे विदर्भ नगरी विवर्जने ॥

- इति श्रीमद्देवायण ब्रह्मकल्पे तृतीय खण्डे लव मण्डलान्तर्गत: आन्दन वर्गे नव दम्पति प्रति जनक कौतुक वाक्य कथन नाम: चतुर्दश संवर्ग ।

— ☆ —

॥ पंचदश संवर्ग ॥

शिव वचन

राम वाक्य समापने कृत सर्वे हुलुध्वनि ।
गर्जमान महावीर शंखध्वनि तथामत ॥
शोभायात्रा करे सर्वे कन्यागण अत:परे ।
रामचन्द्रे नमस्कारे श्रेणीबद्ध चले सबे ॥
अग्रे राज्ञी सिषासंति गृहपथ प्रदर्शने ।
तद् पश्चाते ऋता लव निता कुश क्रमे क्रमे ॥
कन्यागण तदंतरे धूप पुष्प समन्वित ।
बाजे वाद्य चतुर्दिके दीपमाला समुज्ज्वल ॥
लव कुशे विवाहित आन्दन तनया द्वय ।
राघव कार्य वीक्षणे सर्व जन तथा सुखी ॥
राम नामे जयध्वनि करे सर्वे चतुर्दिके ।
राघव करुणासिंधु सर्वाश्रय परात्पर ॥
एतद् कार्ये विदर्भंते रामकीर्त्ति प्रचारित ।
नित्य प्राते प्रजाकुल राम नाम मने स्मरे ॥
एस्थले रमणीवृन्द लव कुश समन्वित ।
विवाह वासरे क्रीडा रात्रिव्यापी करे सबे ॥
प्रात:काले तथास्थले मिथिलेश उपस्थित ।
जिज्ञासे रमणीगणे जनक मिथिलेश्वर ॥

जनक वचन

किंवा कार्य कृत स्थिर रात्रिव्यापी तथा रणे ।
वाक्-युद्धे पराजित केवा कह रणस्थले ॥
केवा आत्म समर्पित शराघात क्रमागते ।
कटाक्ष दृष्टि वीक्षणे कातर किं तथा लव ॥
सलज्ज वदनप्रति लुब्धदृष्टि निपातने ।
कातर किं रणस्थले लव कुश महायुधि ॥
किंवा सर्व उपेक्षित धैर्ये स्थैर्ये रहि स्थिर ।
समस्त करि हेलन सर्व ऊर्ध्वे प्रतिष्ठित ॥
हेरि तद् दृढ़ पौरुष क्रुद्ध चित्त ऋतावरी ।
सर्व शक्ति प्रयोगिल राघवजे जये तथा ॥
क्रुद्धा शक्ति प्रयोगिले किंवा फल तथा कह ।
हेरि क्रुद्धा सुकोमला उत्साही किं तथा लव ॥
उत्साही लव यद्यपि क्रुद्धा स्नेहे सुवीक्षणे ।
कम्पचित्त नवोत्साहे वरे स्वयं पराजय ॥

अथवा किं ऋतावरी क्षोभे रोषे अत:परे ।
अश्रुजले निवेदिल स्वयं आत्म पराजय ॥

शिव वचन

एतद् रूपे तथास्थले जिज्ञासित सुकौशले ।
जनक कृत भाषणे सर्वे हास्य परायणा ॥
अंचल वदने केह केह पार्श्वे शिरानते ।
केह विनिमये दृष्टि हास्ययुक्त परस्परे ॥
तद् क्षेत्रे सनकास्थित वाग्मि ख्याति यथाजने ।
सर्व क्षेत्रे यथा नारी लज्जायुक्त स्वभावत: ॥
एतद लज्जा परित्यजि उत्तरे सनका तथा ।
ए कारणे सदा ख्याति सुवाग्मि सनका सखी ॥
उत्तरिल तथास्थले जनके शुनि भाषण ।
मिथिलेशे यथा प्रश्न प्रत्युत्तरे कहे क्रमे ॥

सनका वचन

मात्र युद्ध समारम्भ शुन हे मिथिलेश्वर ।
केवा तथा पराजित केवा जयी नहे स्थिर ॥
नानास्थले हवे युद्ध नाना रूप सुकौशले ।
कभु हवे अयोध्याते कभु शुन विदर्भते ॥
अटल समरे उभे शराघाते अकातर ।
वीरद्वय यथामत वीरांगना तथा शुन ॥

जनक वचन

उत्तम वचने तुमि प्रशंसि सनका सखी ।
परिवर्त्ति रणस्थल हवे युद्ध अत:परे ॥
बहुजने समावृत कर युद्ध सखीसह ।
एतद् हेतु रहे स्थिर वीरांगना रणस्थले ॥
एकाकी स्थित यद्यपि कहि सत्य पराजय ।
एकस्थले बहुक्षण युक्तियुक्त नहे रण ॥
ए कारणे इहा कहि कर कार्य त्वरित गति ।
परिवर्त्ति रणस्थल होक युद्ध अत:परे ॥
आमि स्वयं विचारिव युद्धे जय पराजय ।
आयोजन कर त्वरा अयोध्या गमने शुन ॥
चल हे अयोध्या नगरे ऋतावरी करि युद्धभूमि परिवर्जने पुन: ।
रण विग्रहे करह जयाजय स्थिर स्त्रीयवृन्द साज वरणे हुलुस्वने ॥

- इति श्रीमद्देवायण ब्रह्मकल्पे तृतीय खण्डे लव मण्डलान्तर्गत: आन्दन वर्गे अयोध्या गमनोद्यम वार्ता नाम: पंचदश संवर्ग ।

— ☆ —

॥ षोडश संवर्ग ॥

शिव वचन

यद् वाक्य मिथिलेश्वरे सर्व जन समुत्थित ।
प्रातःकाले त्यजि क्रीडा राज्ञीपार्श्वे निवेदिल ॥
अयोध्या गमने इच्छा मिथिलेशे प्रकाशित ।
श्रुत वार्ता सिषासंति रत आयोजने त्वरा ॥
प्रातःस्नान समापने कृत सर्वे सुसज्जित ।
श्रीरामे दानिया अर्घ्य रामार्चना समापिल ॥
बहु रत्न अलंकारे कन्याद्वय सुशोभिया ।
बहु भोज्य प्रदानिया लव कुश प्रतुष्टिल ॥
सज्जित गमने सर्वे पान भोज्य परिग्रहि ।
अति तुष्ट महावीर राज भोज्य निमंत्रणे ॥
भोजनान्ते सुगर्जित परितृप्त महाबली ।
बाजे वाद्य चतुर्दिके गंधवायु प्रवाहित ॥
वायुगंधे मनोरम मधुक्कणे प्रकम्पित ।
रामचन्द्र प्रभावित दिव्यभाव प्रकाशित ॥
दिव्यभाव प्रकाशने सर्वे हर्ष प्रवर्धित ।
पुण्यभाव प्रतिष्ठित सर्व जन तथास्थले ॥
सर्व जन तथा तृप्त सर्व क्षोभ विवर्जित ।
रामचन्द्र प्रभावित हर्षोद्गत स्वभावतः ॥
रामचन्द्रे स्मिताधर सर्वे तृप्ति प्रदायक ।
प्रजावृन्द दले दले राजद्वारे उपस्थित ॥
दर्शन करिते रामे पुण्य-लोभातुरा प्रजा ।
राजपथ सुशोभिया लक्ष लक्ष अवस्थित ॥
रामचन्द्र बहिर्गत राजगृह परित्यजि ।
राम जय निनादिल सर्व जन चतुर्दिके ॥
लव कुश ऋता निता मिथिलेश समन्वित ।
सह राम समुत्थित पुष्पक स्यन्दनोत्तमे ॥
सजल लोचना सर्वे सखीकुल तथास्थले ।
अश्रुपूर्ण सिषासंति विदर्भेश तथामत ॥
कणिष्ठ पुत्र आन्दने अष्ट वर्षे पदार्पित ।
नल नामे यथा पुत्र लभे ख्याति महीतले ॥
आन्दनपुत्र तद् नल त्वरित गति समागत ।
वेशवासे सुसज्जित अयोध्या गमने स्थिर ॥
नल कार्य निरीक्षिया राज्ञी तथा निवारिल ।
नियुक्त रोदने नल यद् दृष्ट गमनोत्सव ।
राम दृष्टि निपातित अत्रकाले नलप्रति ॥
बालक दृष्ट सुन्दर रोदने रत वीक्षणे ।
रामचन्द्र रथ त्यजि जिज्ञासे आन्दनप्रति ॥

श्रीराम वचन

कस्य पुत्र किं कारणे क्रन्दने रत आन्दन ।
सुन्दरास्य यथामत हेरि सर्व सुलक्षण ॥

आन्दन वचन

विदर्भे यद् भविष्यत्	वंशधर मने स्मर ।
नल नामे समाख्यात	पुत्र एक मम प्रिय ॥
भग्नीसह अयोध्याते	गति इच्छा प्रकाशिया ।
माताकृत निवारित	क्रन्दने रत राघव ॥

शिव वचन

राज्ञीप्रति कहे राम	तद् वाक्य श्रवणे तथा ।
पुत्र मोरे प्रदानह	किञ्चित् ज्ञान प्रदानिव ॥
वंशधर यथा तव	हवे राज्ये प्रतिष्ठित ।
मम विद्या प्रभावित	लोकपाल हवे शुन ॥
रामवाक्य यथा श्रुत	अति तुष्ट सिषासनि ।
आन्दन अति मोदित	राम हस्ते प्रदानिल ॥
नले वक्षे विधारणे	करे राम समादर ।
तदन्तरे रथारूढ़	चले रथ विमंथरे ॥
चले नल अयोध्याते	रामवक्षे सुशोभित ।
राजा राणी निरीक्षिया	परितृप्त तथास्थले ॥
धीरे धीरे चले रथ	बहु प्रजा चतुर्दिके ।
रत सर्वे नमस्कारे	पार्श्वद्वये क्रमागत ॥
क्षणे क्षणे जयध्वनि	जनता दल निस्वने ।
चले अग्रे महावीर	वेत्र हस्ते विधारणे ॥
रथगति परिष्कारे	अग्रे अग्रे चले हनु ।
हस्ते संचालने वेत्र	लोक भीति प्रदर्शने ॥
वज्रतुल्य निनादन	महावीरे क्षणे क्षणे ।
योजनेक चले रथ	एतद् रूपे विमंथरे ॥
योजनेक अतिक्रमि	त्यजिया जन सागर ।
गर्जित प्रसभे रथ	समुत्थान महारवे ॥
पक्षीतुल्य मही चापे	ऊर्ध्व पथे समुत्थित ।
हनु रथध्वजारूढ़	दृश्य अति मनोहर ॥
रथध्वजे महावीर	सुखासीन यवे शुन ।
चले रथ नभःस्थले	मेघमाला विमंथिया ॥
मेघ-नीरे करे स्नान	हर्षयुक्त मरुत् सुत ।
करि व्योमकणा पान	शक्ति वृद्धि क्रमे क्रमे ॥
एतद् रूपे कतक्षणे	अयोध्याते उपस्थित ।
अवतीर्ण पुरःद्वारे	पक्षी आवर्तने यथा ॥
श्रीरामे जननी त्रय	रथ पार्श्वे उपस्थित ।
गम्भीरे ऋषि देबल	स्वस्ति मंत्र निनादिल ॥
आगत जननी हेरि	रामचन्द्र त्वरित गति ।
नमस्कार करे त्रये	यथा विधि अनुक्रमे ॥
लव कुश तथामत	नमे पितामही त्रये ।
नमे वधू ऋतावरी	नितावरी नल क्रमे ॥
सुमित्रा सह कैकेयी	कौशल्या जननीप्रति ।
पुत्रवधू प्रदर्शने	रामचन्द्र निवेदिल ॥

श्रीराम वचन

हे जननी निरीक्षह विदर्भनन्दिनी ऋता ।
लव सह विवाहिता तव अग्रे अवस्थिता ॥
वरण करिया वधू लह माता यथा विधि ।
हवे राज्ञीपदे अन्ते अभिषेके प्रतिष्ठिता ॥
तद् पश्चाते नितावरी कुशसह विवाहित ।
सर्व कार्य अनुष्ठित मिथिलेशे विदर्भते ॥
जननी निरीक्षह विदर्भदुहिता लव नन्दनकृत विवाहिता ऋता ।
अनुजा विवाहित कुशे नितावरी वरणे गृहे लह नवीन दम्पती ॥

- इति श्रीमद्देवायण ब्रह्मकल्पे तृतीय खण्डे लव मण्डलान्तर्गतः आन्दन वर्गे लव-कुश विवाहान्ते अयोध्या प्रत्यागमन वार्ता नामः षोडश संवर्ग ।

— ★ —

॥ सप्तदश संवर्ग ॥

शिव वचन

एतद् वाक्य यथा श्रुत कौशल्यादि कृपामयी ।
वधू वक्षे विधारणे कृत बहु समादर ॥
ऋता वक्षे परिग्रहि कौशल्या जननी कहे ।
राज्ञीपद यथा शून्य कर पूर्ण विदूषिणी ॥
विदर्भपति विख्यात दान यज्ञे निरन्तर ।
आचारे विनये शौर्ये नाना गुण विमंडित ॥
एतद् कुले समुद्भवा नाना गुण समायुत ।
वरि तोमा विदूषिणी राजलक्ष्मी स्वरूपिणी ॥
कौशल्या वचने मधु श्रुत मुग्ध ऋतावरी ।
पुनश्च चरणद्वये नमस्कारे शिरानत ॥
ऋताप्रति शुभाशिषे राज्ञी त्रया तथा सुखी ।
सर्व जन समावृत गृहान्दरे प्रवेशिल ॥
राज्ञी सह वधूद्वय पशे राज पुरन्दरे ।
राम कक्ष सुनिर्जने लव कुश सभातले ॥
लव कुश समन्वित चलिल मिथिलेश्वर ।
आरम्भिल पुनः सभा राजकार्ये यथायथ ॥
एतद् दिवा त्रयान्तरे ऋषि क्रमे समागत ।
लव कुश दिवाव्यापी रहे राज सभातले ॥
रात्रिव्यापी करे क्रीडा नव वधू समन्वित ।
वधू कार्य गुणे मुग्ध व्यवहारे दिने दिने ॥
लव कुश यथा मुग्ध मातृगण तथामत ।
तृप्त सर्वाधिक प्रभु राम वधूद्वय प्रति ॥
रामे भोज्य प्रदानिते राम तृप्ति निरीक्षिते ।
तद्पर सर्वदा वधू अन्य सर्व परित्यजि ॥
सर्व जन इथे सुखी कौशल्यादि विशेषतः ।
वधू-गुण कहे सर्व दास दासी चतुर्दिके ॥

एतद् वार्ता क्रमे क्रमे राज्यव्यापी प्रचारित ।
सीतातुल्य महीयसी ऋता वधू समागत ॥
सर्व प्रजा समुत्सुक वधू मूर्त्ति निरीक्षिते ।
रूपे गुणे किं आश्चर्य अत्याद्भुत मने स्मरि ॥
रामचन्द्रे कृपा दृष्टि वधूप्रति निरन्तर ।
पितामाता सुविस्मृत राम स्नेहे दिने दिने ॥
कहिते किं नलावधि रहे सर्व सुविस्मृत ।
एतद् रूपे दिवा रात्रे मासेक गत येक्षणे ॥
आगत रुद्र भार्गव घोर मूर्त्ति सभास्थले ।
रुक्ष वर्ण जटाकेश परशु कर धारणे ॥
राजसिंहासने हेरि जनक मिथिलेश्वरे ।
जिज्ञासे जनकप्रति मेघ-मन्द्र महास्वने ॥

भृगु वचन

रामचन्द्रे किं संवाद विदेहेश कह त्वरा ।
सभामध्ये अदर्शित किं कारणे जगत्प्रभु ॥

शिव वचन

एतद् वाक्य महानादे भार्गवे जनकप्रति ।
भृगु मनः प्रतुष्टिते मिथिलेश कहे इहा ॥

जनक वचन

यथासन परिग्रह विश्रामे क्षण भार्गव ।
राम तत्त्व क्रमे क्रमे कहि तोमा अतःपरे ॥

शिव वचन

उपविष्ट पुरोभागे प्रदर्शित यथासने ।
जिज्ञासिल स-भैरवे भार्गवे किं प्रयोजन ॥

जनक वचन

ऋषिश्रेष्ठ यथा तुमि जगन्मध्ये प्रमाणित ।
वशिष्ठ कर्म तद् परे तव कर्म मने स्मरि ॥
सृजिते ऋषि मण्डल रामचन्द्रे मनोमत ।
मण्डल करिया सृष्टि तन्मंत्रीत्त्व परिग्रह ॥
अभिषेक प्रदानह लव कुशे अतःपरे ।
विश्राम चाहि राघव एतद् रूप करे स्थिर ॥
तद् वाक्य श्रवणे भृगु शान्तभाव विधारित ।
रुक्षभाव विदूरित उज्ज्वल मुखमण्डल ॥
अपूर्व मूर्त्ति भार्गवे हेरि सर्वे चमत्कृत ।
ज्योतिप्रभा विकीरित शिवतुल्य यथानन ॥
अग्रसरि तथास्थले कहिल ऋषि देबल ।
हे भार्गव निरीक्षह सर्व जन उपस्थित ॥
स्व-प्रभाव महातेजे सृजन कर मण्डल ।
तेजपुंज विकीरणे कर विश्व विभास्वर ॥

मारीचि ऋषि तद् परे | कहे वाक्य भृगुप्रति ।
गाथिन मित्रनन्दन | गौतमज रहूगण ॥
भौमि तद् अत्रिनन्दन | बार्हस्पत्य भरतसुत ।
भृगुप्रति कहे सर्वे | सृजिते ऋषि मण्डल ॥
एतद् वाक्य यथा श्रुत | भार्गव मुनि केशरी ।
लवप्रति कहे एतद् | येन सिंह-निनादने ॥

भृगु वचन

हे लव कह राघवे | मम वार्ता यथा त्वरित ।
सृजिते मुनि मण्डल | यदि कार्य ममप्रति ॥
एतद् कार्य समुद्यमे | प्रार्थी राम उपस्थिति ।
भारार्पणे ममप्रति | होक कार्य सभास्थले ॥
लव राघवे कह निवेदने त्वरा | यदि कार्यभार मम मंत्रणालये ।
मुनिमण्डले रहि सुचालने स्वयं | कह दानिते ममकरे सभातले ॥

- इति श्रीमद्देवायण ब्रह्मकल्पे तृतीय खण्डे लव मण्डलान्तर्गतः आन्दन वर्गे परशुराम-भार्गव समागम नामः सप्तदश संवर्ग ।

— ✯ —

॥ अष्टादश संवर्ग ॥

शिव वचन

एतद् वाक्य यथा श्रुत | सभा त्यजि चले लव ।
पितृ कक्ष पुरोभागे | चित्ताश्चर्ये निरीक्षिल ॥
स-संकोचे महावीर | एक पार्श्वे अवस्थित ।
संचालित नहे वेत्र | पूर्व सम यथा धृत ॥
व्यवहार निरीक्षिया | कहे लव स्मिताधरे ।
एक पार्श्वे अवस्थित | केन कह ममाग्रज ॥

मारुति वचन

खेद उक्ति यथा शुन | मम वीर्य तिरोहित ।
तव वधू समागमे | भये नित्य अवस्थित ॥

लव वचन

कह कह किं कारणे | तव भय उपस्थित ।
एकाकी दहिले लंका | निर्भये तुमि अग्रज ॥
बहिले गंधमादन | निज स्कंधे महाबले ।
पाताले पशिया तुमि | उद्धारिले पिता मम ॥
आनिले नील पंकज | कालीदह विमंथिया ।
मृत्युबाण समानीत | राणी मन्दोदरी छलि ॥
एतद् सर्व महाभये | छिले तुमि सुनिर्भये ।
अद्याग्रज गृहान्दरे | भीत भीत किं कारणे ॥

शिव वचन

तद् वाक्य श्रवणे हनु   कहे एतद् सगर्जने ।
मम वाक्य नहे बोद्य   किंवा बुद्धि शिरे तव ॥

मारुति वचन

आछिल लक्ष्मण प्रिय   रामचन्द्रे निरन्तर ।
किं हेतु वर्जिल भ्राता   ज्ञात तथ्य यथायथ ॥
सर्वाधिक सदा प्रिय   लक्ष्मण राघवे शुन ।
कालचक्रे परित्यागे   वाद्य राम तथास्थले ॥
काल कार्ये किंवा विघ्न   सर्वक्षण घटे इहा ।
लक्ष्मण यदि वर्जिते   नाहि बाधा तथास्थले ॥
मुंडिते हनु मस्तक   किंवा विघ्न तथा कह ।
राज आज्ञा यथा प्राप्त   साधिवे नर सुन्दरे ॥

लव वचन

नहे बोद्य किंवा कह   किं हेतु शिर मुंडन ।
काल कार्य किं कारणे   अकस्मात् तवप्रति ॥

मारुति वचन

यदि बोद्य तवप्रति   कहि स्वयं किंवा तथा ।
अज्ञात वानुरे भाषा   संस्कृते दड़ केवल ॥
कहि वाक्य परिष्कृत   यथा बोद्य तवप्रति ।
अग्रज आमि येमति   भाद्र-वधू समागत ॥
शास्त्रविधि नह ज्ञात   किं विद्या शिखिले कह ।
तव वधू ममप्रति   स्पर्शयोग्य नहे शुन ॥
रामगृहे करे गति   महानन्दे निरन्तर ।
राजकन्या ऋतावरी   वधू उमा मने स्मरि ॥
यदि स्वयं परिभ्रमि   यातायात करे वधू ।
अकस्मात् यदि स्पर्श   मुंडन शुन तद् परे ॥
केवल अंग रोमश   विरल केश मस्तके ।
एस्थले यदि मुंडन   किंवा दृश्य हवे कह ॥

शिव वचन

एतद् वाक्ये स्मिताधर   कहे लव हनुप्रति ।
इथे भीत किं कारणे   स्वयं पार्श्वे अवस्थित ॥
हे अग्रज यथा कार्ये   कर आज्ञा ऋताप्रति ।
जावे धीरे स-संकोचे   तव अग्रे महामति ॥

मारुति वचन

जाह जाह यथा कार्ये   नाहि बुद्धि प्रयोजन ।
नाहि कह वधूप्रति   कोन वाक्य रह स्थिरे ॥
यथा आज्ञा प्रदानह   राजकार्ये प्रजाकुले ।
नहे आज्ञा गृहान्दरे   वधूप्रति मने स्मर ॥

शिव वचन

यदुक्त जलदस्वने वाक्यवली तथास्थले ।
रुद्र हनु निरीक्षणे भये लव चले द्रुत ॥
जलदस्वने कथित यद् मरुत् सुते लव कम्पितान्तर भये तिरोहित ।
कहि छन्द शासन नहे गृहान्दरे वधू कोमलातिशय मंजुभाषिणी ॥

- इति श्रीमद्देवायण ब्रह्मकल्पे तृतीय खण्डे लव मण्डलान्तर्गतः आन्दन वर्गे लव-मारुति वार्ता नामः अष्टादश संवर्ग ।

॥ आन्दन वर्ग समाप्त ॥

— ★ —

॥ मुक्ति वर्ग ॥

॥ प्रथम संवर्ग ॥

शिव वचन

राघव कक्ष निर्जने लव त्वरित प्रवेशिल ।
पितृपदे नमस्कारे भृगु वार्ता निवेदिल ॥
आगत शुनि भार्गव राम त्वरित समुत्थित ।
लवसह चले द्रुत पदव्रजे सभातले ॥
रामचन्द्रे निरीक्षिया सैन्यगण शिरानत ।
स-शस्त्र अभिवादन अर्ध-नत प्रहरणे ॥
स्वागत करि राघवे बाजे वाद्य मधुक्कणे ।
सैन्यप्रति सुवीक्षणे सभामध्ये प्रवेशिल ॥
सर्वाग्रे राघव श्रेष्ठ तद् पश्चाते चले हनु ।
तद् पश्चाते प्रवेशिल लव क्रमे सभातले ॥
आसन त्यजिया सर्वे रामागमे समुत्थित ।
जनक पार्श्वते राम सिंहासने सुखासीन ॥
एक पार्श्वे रहे लव सह कुश महाबली ।
अपरे वीर मारुति अग्रे ऋषिकुल स्थित ॥
भार्गवे हेरिया राम कहे वाक्य मधुस्वरे ।
समाचार किंवा कह हे भार्गव अतःपरे ॥
उपास्य भार्गवे राम नित्य ध्येय स्वरूपित ।
श्रीरामे अभिवादने कहे भृगु तथास्थले ॥

भृगु वचन

कह प्रभु किं कारणे भृगुराम मनोदित ।
किंवा आज्ञा ममप्रति कह सर्व यथायथ ॥

श्रीराम वचन

हे भार्गव मम प्रिय कहि कार्य प्रयोजन ।
यद् कारणे मने स्मरि हेथा तव उपस्थिति ॥
लवे राज्य प्रदानिया जाव त्यजि महीतल ।
मम कार्य समापित एतद् स्थिर तथामत ॥

लवे राज्ये करि स्थिति तोमा ज्ञान प्रदानिया ।
युगकार्य समापित युगान्तरे महामति ॥

भृगु वचन

लवे राज्य प्रदानिवे इथे विघ्न किंवा कह ।
मोरे ज्ञान प्रदानिते तव कार्य प्रयोजन ॥
किंतु स्वयं नहि ज्ञात केन त्याग महीतल ।
अवतीर्ण यथा तुमि दिव्य राज्य प्रतिष्ठिते ॥
नहे शान्ति जगत्व्यापी अद्यावधि प्रतिष्ठित ।
देव धर्मे सचेतन अद्यावधि नहे नरः ॥
किं प्रकारे समापित तव कार्य इहा कह ।
तुमि नित्य महादु:खे लोक चक्षे कर स्थिति ॥
सीताहारा यथा राम भ्राता त्रय विवर्जित ।
एकाकी नि:स्व जीवने किं आदर्श प्रतिष्ठित ॥

श्रीराम वचन

हे भृगु शुन तद् वाक्य सर्व सत्य यथा कह ।
नहे वाक्य प्रचारित यथादर्श प्रतिष्ठित ॥
सतत जीवन व्रते सत्य धर्म सुपालित ।
काम स्वार्थ परित्यागे दिव्यभावे करि स्थिति ॥
सत्यतरे सुपालित वनवास शुन क्रमे ।
वने वर्ष चतुर्दश राजधर्म परित्यजि ॥
वनचारी यथामत वने नित्य परिभ्रमि ।
देव कार्ये विनाशित रक्ष:कुल अत:परे ॥
देव धर्म प्रतिष्ठिया प्रजा धर्म सुपालने ।
प्रजा वाक्ये करि त्याग सीता मम सदा प्रिया ॥
वनवास प्रदानिनु विंश वर्ष गत क्रमे ।
अश्वमेध अनुष्ठित वेद धर्म प्रतिष्ठिते ॥
वेद काल नहे एतद् ए कारणे महामति ।
यथाहेतु नहे तथा अश्वमेध समापित ॥
पुनर्युग समागमे एतद् ज्ञाने हवे स्थिति ।
जनक कृत सेस्थले हवे ज्ञान प्रचारित ॥
सर्व ज्ञान समन्वित जनक ऋषि उत्तम ।
सर्व तत्त्व विधारक पराज्ञाने प्रतिष्ठित ॥
मिथिलेशे प्रदानित ज्ञान योग महाबली ।
कर्म योग प्रदानिव तोमा कर्म समुद्यमे ॥
मम तुल्य बलान्वित मर्त्यधामे विराजिते ।
धर्माधर्म विचारिया कर कार्य तथास्थले ॥
मम पदे अवस्थाने शासन करिवे तुमि ।
दानि शिक्षा अधार्मिके दुष्ट वृत्ति परायणे ॥
सृजिया ऋषि मण्डली ए कारणे महाबली ।
ज्ञान वीर्य विधारणे कर कार्य चतुर्दिके ॥
हेरि कलि प्रवर्धित दुष्ट कार्ये दिने दिने ।
अधर्म वर्धिवे शुन कलि काल प्रभावित ॥
प्रकुपित महाकाल कलि वीर्य प्रवर्धिया ।
युग पदे प्रतिष्ठिल सृष्टि नाश मने स्मरि ॥

लय कर्त्ता यथा रुद्र सृष्टिलये समुद्यत ।
पूर्व सृष्टि विनाशिया नव सृष्टि प्रकाशिते ॥
काल कार्य मने स्मर जगत् सृष्टि विनाशन ।
एतद् हेतु प्रवर्धिल दुष्ट कलि दुराशय ॥
कलि कार्ये विवर्जित देखह प्रिय लक्षण ।
कलि कृत हवे क्षय देव धर्म दिने दिने ॥
धर्म क्षये अधर्मते हवे जगत् प्रतिष्ठित ।
यवे कलि जगन्मध्ये स्वयं आत्म प्रकाशिवे ॥
पूर्ण जगत् अधर्मते कलि आत्म प्रकाशिले ।
देव सृष्टि विलोपिया देव सत्ये यथा लय ॥
स्थित जगत् अधर्मते लय काल कहे इहा ।
यद्काले प्रलये जीव भासमान चतुर्दिके ॥
सत्यहारा निराश्रय आत्मभ्रमे महादुःखे ।
जरा व्याधि प्रपीड़ित दुष्ट कार्य समाश्रित ॥
यथा देव विनिन्दित आत्म ज्ञान विवर्जिते ।
मिथ्या जगत् कहे यवे लय काल इहा स्मर ॥
मिथ्या जगत् प्रचारिया जावे सन्त स्वरालये ।
जगत् सृष्टि विनिन्दित लय काल मने स्मर ॥
हवे जन्म हवे मृत्यु असहाय यथामत ।
जन्म मर्त्ये अकारण लय काल इहा स्मर ॥
आचरित हवे धर्म वाह्याचारे निरन्तर ।
धर्म कर्म अनर्थक लय काले मने स्मर ॥
लय चिह्न यथा कहि संक्षेपे हे महाबली ।
कलि कार्ये हवे एतद् सृष्टि गति दिने दिने ॥
कहि शुन भृगु ए भूतले भास्करे अहरह दिवसे नित्य पृथिवी भ्रमे ।
इति मत भुवने सर्व देवे दिवा भ्रमणरत चतुष्काल देवायणे ॥

- इति श्रीमद्देवायण ब्रह्मकल्पे तृतीय खण्डे लव मण्डलान्तर्गतः मुक्ति वर्गे श्रीराम-भार्गव संवादे लय काल वर्णना नामः प्रथम संवर्ग ।

— ✭ —

॥ द्वितीय संवर्ग ॥

शिव वचन

एतद् उक्त सभातले रामचन्द्रे यवे शुन ।
जिज्ञासिल सविस्मये भृगुराम तथास्थले ॥

भृगु वचन

स्वयं तुमि जगत्पति केन काले प्रभावित ।
लक्ष्मण वर्जिले केन कलि छल विमोहने ॥
केन कलि निवारिया नाहि कर विदूरित ।
तव कार्ये करे विघ्न देव धर्म विनाशक ॥

श्रीराम वचन

शुन हे भृगु केशरी　　तत्त्व वाक्य यथा पुरा ।
सर्व सृष्टिः पुरोभागे　　अवाङमन सगोचर ॥
गोचर तद् अतःपरे　　सृष्टि इच्छा समन्वित ।
तेज रूपे प्रकाशित　　आदित्य द्युति मण्डल ॥
एतद् तेज समुद्भवे　　महानाद निनादित ।
अकार तद् महाश्रुत　　उकार तेजमण्डल ॥
संयमित मकारे तद्　　महाद्युति समुद्भव ।
पुनः सृष्टि तमिस्राते　　शुन भृगु विलोपित ॥
जगत् सृष्टि प्रकाशिते　　एतद् चक्र परिभ्रमे ।
ॐकार तद् महानाद　　तेजमाला समन्वित ॥
तेज द्युति निरामये　　यथा रुद्र समुद्भव ।
एकक परमात्मन　　त्रिधा रूप विधारणे ॥
एतद् जगत् बृहत् सृष्टि　　ॐकार हेतु कारण ।
ॐकार तद् महाचक्र　　सर्वादिते प्रतिष्ठित ॥
आवर्त्ति प्रणवोंकारे　　यथा सृष्टि समुद्भवे ।
पराः सत्ये महाबली　　स्रष्टा कार्य इहा स्मर ॥
एतद् सत्य विधारण　　ज्योतिर्बले निरन्तर ।
मम कार्य महाबली　　यद् हेतु भूतभावन ॥
प्रलये धावित द्रुत　　मम कार्य समापने ।
रुद्रकाल कहे शुन　　तथा कलि प्रतिष्ठित ॥
रुद्रकाल समागमे　　मम कार्य समापित ।
प्रलये चलिवे सृष्टि　　नव सृष्टि प्रकाशिते ॥
एततेक विघूर्णने　　चतुर्युग समापित ।
देव सृष्टि निवर्त्तने　　देवायण कहे इहा ॥
देव युग हते सृष्टि　　देव युगे पुनर्गति ।
देवचक्र निवर्त्तने　　देवायण महास्मृति ॥
विपुल तमसा भेदि　　देव सत्य समुद्भवे ।
यथा सिंधुजल स्नान　　नभोत्थित दिवाकर ॥
प्रातःकाले समुत्थित　　संध्याकाले तिरोहित ।
एवे संध्या अतिक्रमि　　त्रिता युग समापित ॥
रात्रिकाले यथान्तरे　　रहे मग्न सुचेतन ।
रवे सत्य सुगोपन　　कलिकाले तथा स्मर ॥
एतद् रात्रि तमार्धेक　　द्विताकाल निरूपित ।
देव सत्य यथा दिवा　　कलि अंध निशा स्मर ॥
त्रेता अन्त यथा रात्रि　　सत्यवर्त्ते निरूपित ।
अर्ध रात्रि यथा नरे　　कार्यकाल मने स्मर ॥
गभीर रजनीयोगे　　कर कार्य अतःपरे ।
संयमिते जगत्जने　　पुनश्च आसिव स्वयं ॥
घोर रात्रि तमिस्राते　　कृष्णरूप विधारणे ।
आकर्षिया सुचेतना　　हवे ऊर्ध्वे पुनः गति ॥
सत्यहारा रवे जगत्　　आत्महारा अचेतन ।
लये जगत् विमोहित　　निराश्रय यथामत ॥
सावित्री शक्ति यद् क्षेत्रे　　देव सत्य सुचेतन ।
क्रियाशील हवे यवे　　हवे ऊषा समागत ॥

दिव्य ऊषा प्रकाशिवे आत्मबोध प्रबोधने ।
गाहिवे कवि पिंगल युगचक्र तथास्थले ॥
आलोकित हवे जगत् सर्व सुप्ति विलोपिया ।
सावित्री तेज दीपने सर्व सूर्य प्रकाशिते ॥
सावित्री शक्ति यद्काले सक्रिय जगदान्तरे ।
एतद्काले जगन्मध्ये हवे पुनः समुद्भव ॥
अब्ज नामे महामति पुनः आत्म प्रकाशिव ।
देव तथ्य प्रकाशिते देव राज्य प्रतिष्ठिते ॥
पुनरोपि जगते जीव लीलातरे शुन नर तनुते आसिव द्वापरे ।
अभिहित मधुरे कृष्ण नामे स्वयं अतिगत कलिते अब्ज नामे पुनः ॥

- इति श्रीमद्देवायण ब्रह्मकल्पे तृतीय खण्डे लव मण्डलान्तर्गतः मुक्ति वर्गे श्रीराम-भार्गव संवादे भविष्यत वार्ता कथन नामः द्वितीय संवर्ग ।

— ✯ —

॥ तृतीय संवर्ग ॥

शिव वचन

एरूप कहिते राम भृगु हृष्ट निजान्तरे ।
रामचन्द्रे शिरानते एतद् वाक्य निवेदिल ॥

भृगु वचन

एवे ज्ञात मनोगति यथा इच्छा जगत्प्रभु ।
कार्यभार प्रदानह तत्त्वसह ममप्रति ॥

श्रीराम वचन

मत विभूति स्वरूपित रह मर्त्ये महाबली ।
धाता रूपे जगन्मध्ये अन्त सृष्टि विधारणे ॥
कलिसह सदा द्वन्द्वे रहिते तुमि सक्षम ।
अग्रज तव येमति युगपदे प्रतिष्ठित ॥
तोमा अद्य प्रतिष्ठिनु धाता रूपे महीतले ।
सत्यधर्म विधारणे रह स्थिर महाबली ॥
तवाधिक किंवा वीर्य कलिमध्ये समीक्षित ।
आवर्त्तिया चतुर्भुजे रात्रि अर्ध सुरक्षह ॥
मध्य रात्रे पुनर्वार हवे मम समागम ।
हवे कार्य समापित अत्रकाले तवप्रति ॥
तदन्तरे रवे विश्व घोर निद्रा अचेतने ।
सत्यहारा तथा ज्ञान मूढ़ बुद्धि समाश्रित ॥
यथाकाले विनाशिव एतद् आत्म विमूढ़ता ।
मम कार्य समापने इन्द्र राज्य प्रतिष्ठित ॥
देव राज्य विधारक देव श्रेष्ठ सुराधिप ।
हेर लव पुरोभागे एतद् अंशे समुद्भवे ॥
लवे राज्य प्रदानिया मम कार्य समापित ।
स्वयं योद्धा यथास्थले देव द्वेषी विनाशिते ॥
स्वयं सर्व सुचालक साधुसन्ते सुरक्षिते ।
युद्धे जयी यथा स्वयं इन्द्रत्त्व व्यक्त सेस्थले ॥

भृगु वचन

यथा आज्ञा ममप्रति हवे कार्य तथामत ।
राजकार्य अनुष्ठिते सृजिया ऋषि मण्डल ॥

शिव वचन

राघवे लभि सम्मति सृजिते ऋषि मण्डल ।
एतद् रूप कहे तथा भृगुराम महामुनि ॥

भृगु वचन

अभिषेक हवे कल्य लवे राज्ये प्रतिष्ठिते ।
एतद् आज्ञा प्रचारह राजदूत चतुर्दिके ॥

शिव वचन

निर्गत दूत मण्डली भृगु वाक्य यथा श्रुत ।
राष्ट्रव्यापी करे राष्ट्र जयडंका निनादिया ॥
द्रुततर रटना अभिषेके लवे अवहित यतने दूत निष्क्रान्तरे ।
भृगु मुनि गठने मण्डली सप्तमे सुकथित पृथके सर्व कार्यावली ॥

- इति श्रीमद्देवायण ब्रह्मकल्पे तृतीय खण्डे लव मण्डलान्तर्गत: मुक्ति वर्गे श्रीराम-भार्गव संवादे ऋषि मण्डल गठने भारार्पण नाम: तृतीय संवर्ग ।

— ✯ —

॥ चतुर्थ संवर्ग ॥

शिव वचन

अभिषेक हवे कल्य लवे राज्य प्रदानिते ।
दूतवृन्द बहिर्गमे कहे भृगु सभास्थले ॥

भृगु वचन

शुन सर्व महाऋषि रामराज्य प्रतिष्ठिते ।
कलि कार्य निवारिया कहि वार्ता तथा क्रमे ॥
लव सिहांसनारूढ़ यदिन्द्ररूप भूतले ।
कर धर्म प्रवर्धित अधर्म करि पीड़न ॥
बार्हस्पत्य महाऋषि एतद् कार्य तवप्रति ।
नित्य राज शुभाशुभे कर लवे प्रचालित ॥
बृहस्पतिसम स्वर्गे भरतपुत्र पुरोहित ।
राज्य मध्ये यथा स्थित तुमि नित्य निरीक्षिवे ॥

शिव वचन

बार्हस्पत्य कहे तथा संकल्प वचने दृढ़ ।
राज्यमध्ये यथा हित स्वयं नित्य निरीक्षिव ॥

भृगु वचन

हे देबल महाऋषि कहि कार्य तवप्रति ।
कर नित्य अनुष्ठान धर्माधर्म विचारिया ॥

जाहे राष्ट्रे निरन्तर हवे धर्म प्रवर्धित ।
यज्ञ वृद्धि गवी वृद्धि अन्यान्य पशु सर्वतः ॥

शिव वचन

कहिल ऋषि देबल संकल्प वचने दृढ़ ।
धर्माधर्म निरीक्षिया राज हित अनुष्ठिव ॥

भृगु वचन

हे मारीच महाऋषि तव कार्य यथा कहि ।
राज्यव्यापी प्रजा वृद्धि तुमि नित्य निरीक्षिवे ॥
राज मार्ग निरीक्षण अन्य मार्ग तथामत ।
स्थले स्थले जलाशय राज्यव्यापी चतुर्दिके ॥
शस्य वृद्धि यथामत वस्त्र शस्त्र तथामत ।
कर धार्य यथा रीति राज्यव्यापी निरीक्षह ॥

शिव वचन

कहिल मुनि मारीच संकल्प वचने दृढ़ ।
हवे सर्व यथायथ राजकार्ये ममप्रति ॥

भृगु वचन

अतःपरे रहूगण तव कार्य यथा कहि ।
करि शास्त्र अनुध्यान कर्मविधि प्रदानह ॥
जन्म मृत्यु विवाहते शास्त्रमते यथाविधि ।
जन स्वास्थ्य निरीक्षह वर्धे जाहे दिने दिने ॥

शिव वचन

कहे विज्ञ रहूगण न्याय शास्त्र विशारद ।
हवे कार्य तथामत यथा आज्ञा ममप्रति ॥

भृगु वचन

शुन हे भौमि तद् परे तव कार्य यथा कहि ।
दूत कार्य निरीक्षह दुराचार निवारिते ॥
चौर्यवृत्ति परोदार दस्युवृत्ति तथामत ।
राजस्व धन लुण्ठन इत्यादि कर रक्षण ॥

शिव वचन

भौमि ऋषि कहे तथा संकल्प वचने दृढ़ ।
हवे कार्य तथामत यथा आज्ञा ममप्रति ॥

भृगु वचन

शुन हे ऋषि गाथिन यथा कार्य तवप्रति ।
कर हे सैन्यचालना यथा योग्य प्रयोजने ॥
यथा शत्रु समुत्थित यथा शस्त्रे सुकौशले ।
एतद् पथ निवारह सबले सैन्यचालने ॥

शिव वचन

उत्तरे मुनि गाथिन संकल्प वचने दृढ़ ।
हवे कार्य तथामत यथा आज्ञा ममप्रति ॥

भृगु वचन

कह वाक्य विचारिया एवे राम ममप्रति ।
एरूप मुनि मण्डल कह किना तव प्रिय ॥

श्रीराम वचन

सर्वोत्तम विधान यद् हवे इथे मने स्मरि ।
कार्यभार प्रदानित चलि स्वयं सुनिर्जने ॥

भृगु वचन

क्षणकाल रह स्थिर कहि वाक्य यथा शुन ।
कार्याकार्य निवेदिव यथाकाल प्रयोजने ॥
निर्जने करह स्थिति नाहि विघ्न अतःपरे ।
अन्तरात्मा यथामत अन्तराले कर स्थिति ॥
तव पुत्र बहिर्देशे राज्यपदे तवाकृति ।
अन्तराले रह स्वयं सर्व सूत्र विधारणे ॥
वधि रिपु निकरे स्व-प्रभावे रघुकुल अवतंसावतीर्ण प्रभुः ।
जनगण निवहे अन्तरात्मा हिते रह तुमि जगते अन्तरालास्थित ॥

- इति श्रीमद्देवायण ब्रह्मकल्पे तृतीय खण्डे लव मण्डलान्तर्गतः मुक्ति वर्गे भृगुराम कर्तृक ऋषिमण्डल गठन वार्ता नामः चतुर्थ संवर्ग ।

— ✯ —

॥ पंचम संवर्ग ॥

शिव वचन

एरूप कहिया वाक्य भृगुराम सभास्थले ।
आह्वाने मुनि मण्डली एतद् वाक्य सुमंगले ॥

भृगु वचन

एसो सर्व महाप्राज्ञ सभास्थ मुनि मण्डली ।
करि रामे शिरानति भगवान स्वयं यिनि ॥
आविर्भूत महीतले क्षत्रदेहे महात्मन ।
यद् साक्षात् परमेश्वर जाति वर्ण अतिक्रमि ॥
मनोज्ञ यिनि सर्वदा राम नाम विधारणे ।
तेज वीर्य पराक्रमे राक्षसकुल शासक ॥
स्वीय तेजे कतक्षण दुष्ट वृत्ति परायणे ।
यद्रूप पूर्णता चन्द्रे मर्दि अमाः कला क्रमे ॥
विहारे यति यद् नामे राम नाम जपि क्रमे ।
तदात्म रमणे नित्य राम नाम समुद्भवे ॥
इनि साक्षात् परब्रह्म निष्कल यद् कलेवर ।
ध्यान हेतु उपासके यद् ब्रह्मरूप कल्पना ॥

देवरूप यथा सर्व पुरुष स्त्रीय कल्पना ।
द्विभुज वा चतुर्भुज दश द्वादश षोडश ॥
अष्टादश सहस्त्रश हस्त शस्त्र समन्वित ।
विविध धर्म वाहन यद् छायारूप कल्पना ॥
शक्ति सेनादि कल्पना ब्रह्मणे पंचधा स्मृति ।
कल्पित देह तद् सर्व शक्ति सेनादि सर्वतः ॥
एतद् सर्व अतिक्रमि यद् राम परमेश्वर ।
तद् नाम तारकब्रह्म सर्व मोक्ष प्रदायक ॥
एतद् राम परब्रह्म परमात्मा स्वरूपित ।
विधृत मानवाकृति लीलाच्छले महीतले ॥
प्रकृति सहित श्याम पीतवासा जटाधर ।
द्विभुज धृत कुंडल रत्नमाल्य धनुर्धर ॥
प्रसन्न वदने जेता अष्टसिद्धि विभूषित ।
शोभित परमैश्वर्ये वामांके शक्ति आश्रित ॥
यद् वामे मिथिलापुत्री दक्षिणे वीर लक्ष्मण ।
धनुर्धर महाबाहु लंकेश्वर जयी यिनि ॥
राक्षस रिपु पीड़ने देव दास्य विमोचक ।
यद् काम्य अद्य निर्जने अवस्थान स्व-संयमे ॥
राजपुरान्दरे पशि परमात्मा स्वरूपित ।
सर्व जनान्तरात्मन रूपी राम परःप्रभु ॥
परमेश परःप्रभु राम राम जगत्पति ।
सर्वात्मक स्वरूपित पादपद्मे नमस्तुते ॥
वैदेही वल्लभे नमः नमस्ते श्याम राघव ।
सर्व जयी धनुर्धर पाद्मपद्मे नमस्तुते ॥
नमस्ते तारकब्रह्म रूप रामाखिलेश्वर ।
जीव जन्म परित्राता स्वर्ग मोक्ष प्रदायक ॥
नमि शत सहस्त्रशः पादपद्मे नमस्तुते ।
नमि अग्र पश्चात् पार्श्व सर्वतो सर्व हे प्रभु ॥

शिव वचन

एतद् रूपे करे स्तव तद् क्षेत्रे ऋषि मण्डली ।
भावयुक्त सगद्‌गदे अश्रुयुक्त शिरानते ॥
शुनि ऋषिकुले स्तव प्रसन्न परमेश्वर ।
धृत मूर्त्ति वरप्रद प्राज्ञकुले शुभाशिषे ॥

श्रीराम वचन

हे सर्व मुनि मण्डली प्रसन्न सु-स्तवे स्वयं ।
वरदाहं अतःपरे चाह काम्य मनोमत ॥

शिव वचन

एतद् वाक्य यथा श्रुत प्रसन्न ऋषि सर्वतः ।
कहे वाक्य विराजह जगन्मध्ये जगत्प्रभु ॥

श्रीराम वचन

विश्वे शाश्वत कालाहं नित्यरूपे विराजिव ।
ऋषिकुल यतक्षण जगत् हिते नियोजित ॥

एतद् काल बहिर्देशे साक्षात् दृष्ट क्षणे क्षणे ।
प्रच्छन्ने नतुवा स्वयं सर्व सिद्धि प्रदानिव ॥
अद्य काम्य यथामत ए शरीरे कहि स्वयं ।
शत वर्ष विराजिव नित्य देहे अत:परे ॥

शिव वचन

एरूप कहि राघव सभातल परित्यजि ।
जनके दानिया भार स्वीय कार्य अनुष्ठिते ॥
अभिषेक अनुष्ठाने लवे राज्य प्रदानिते ।
सृजिया ऋषि मण्डल रामचन्द्र बहिर्गत ॥
तद् पश्चाते चले हनु राजसभा परित्यजि ।
तन्मुनि मण्डले सर्व हर्षयुक्त जने जने ॥
प्रवेशि निर्जने राम पूर्व सम अवस्थित ।
हनुमान तथा द्वारी नियुक्त द्वार रक्षणे ॥
रघुपति पशिले तद् पुरे निर्जने दृढ़ अवस्थित रक्षी मरुत् नन्दन ।
रमित गुण चये राघवे निर्गुणे भृगुमुनि निकरे युक्त तद् कीर्त्तने ॥

- इति श्रीमद्देवायण ब्रह्मकल्पे तृतीय खण्डे लव मण्डलान्तर्गत: मुक्ति वर्गे भृगुराम कर्त्तृक श्रीराम वन्दना वार्ता नाम: पंचम संवर्ग ।

— ✫ —

॥ षष्ठ संवर्ग ॥

शिव वचन

हेथा दृष्ट सभास्थले भार्गव मुनि केशरी ।
तन्मुनि मण्डले स्वयं श्रेष्ठासने अवस्थित ॥
अभिषेक हवे कल्य आयोजन तथामत ।
मिथिलेशे परामर्शे सभाभंग तथास्थले ॥
गेल सर्व निजालये यथा पूर्वे निरूपित ।
विश्रामे रत रात्रिते ऋषि सर्व पृथक् पृथक् ॥
रात्रि गत यथाकाले का का सर्व निनादने ।
ऋषि सर्व समुत्थित सर्व अग्रे तथास्थले ॥
प्रात: स्नान समापने शुचि: वस्त्रे सुसज्जित ।
बाजिल वाद्य चौदिके अभिषेक यथा दिने ॥
राजसभा सुसज्जित करे सर्वे त्वरित गति ।
पत्र पुष्पे मनोहर धूप दीप तथामत ॥
पुण्य वायु प्रवाहित गंधमय चतुर्दिके ।
राजपथ सुसज्जित तोरण करि निर्मित ॥
आसे प्रजा दले दले लक्ष लक्ष क्रमागत ।
राजपथ करे पूर्ण व्यापिया योजन त्रय ॥
रत नृप कुलागमे रथ अश्व पदातिके ।
अयोध्या नगरी पूर्ण सर्वत्र जन सागरे ॥
रात्रिमध्ये उपस्थित सुग्रीव वानराधिप ।
लक्षेक कपि संहति नल नील समन्वित ॥
गवाक्ष गय अंगद जाम्बवान् तथामत ।
आगत लक्ष राक्षसे राम मित्र विभीषण ॥

आगत कोशलाधिप विदर्भपति आन्दन ।
केकयेश समागत सुमात्रापति आगत ॥
अंग बंग कलिंगेश सर्व क्रमे समागत ।
युधामन्ये यथा सुत एलो रुरु महाबली ॥
ऋषि सर्व समागत नाना देश हते शुन ।
कण्व वंश भरत वंश अत्रि वंश तथामत ॥
दत्तात्रेय उपस्थित एलो शाक्त पराशर ।
मित्र वंश स-गौतम अंगिरा वंश तेमति ॥
हल पूर्ण सभागृह राजा ऋषि समावृत ।
भासन्त परमानन्दे अयोध्या नगरी जने ॥
प्रवेशिल सभास्थले लव कुश अतःपरे ।
कौशल्यासह अन्यान्य स्त्रीयवृन्द क्रमे क्रमे ॥
कैकेयी जननीसह ऋतावरी सुसज्जिता ।
सीतातुल्य यथा रूप सर्व जन निरीक्षिल ॥
सर्व जन प्रहर्षित ऋता रूप निरीक्षणे ।
रामतुल्य यथा रूपे राघवज महाबली ॥
रामतुल्य यथा लव सीतातुल्य ऋतावरी ।
सभामध्ये प्रवेशिते हर्षे वाद्य निनादित ॥
वाद्यनाद महानन्दे दिव्य गंधे चतुर्दिके ।
पुण्य वायु प्रवाहित सर्व हर्ष प्रवर्धक ॥
जन पूर्ण सभातले यद् वार्ता मुनि मण्डले ।
जिज्ञासित भृगुप्रति कहिते रत भार्गव ॥

भृगु वचन

राम नामे यथा मुक्ति जिज्ञासित ममप्रति ।
मोक्ष जन्म गतिश्चक्रे मुक्ति संसार बंधने ॥
बृहत् कर्म समारम्भे एतद् तत्त्व प्रकाशिव ।
यद् क्षेत्रासक्ति बंधने बहु द्वन्द्व उपस्थित ॥
राम नाम प्रभावित विमुक्त सर्व बंधने ।
निर्लिप्त चित्त संयमे योगी नित्य सुखास्थित ॥
भासमान ननीतुल्य संसार सलिले शुन ।
राम नामे यथा मुक्ति शिव वाक्य ममप्रति ॥
एकदा श्रीमहादेव मम अग्रे उपस्थिते ।
मत प्रति कहिते रत मुक्ति तत्त्व यथा शुन ॥
हे भार्गव अतःपरे किं तपस्या प्रयोजन ।
यथा साक्षात् प्रकाशित श्रीराम परमेश्वर ॥
रामाधिक किंवा तपः किंवा ध्यान महामति ।
सर्व ध्यान तपस्यादि रामचन्द्रे समापित ॥
रामचन्द्रे लभे साक्षात् पुनर्जन्म नहे कभु ।
विमुक्त सर्व बंधने पराः गति लभे शुन ॥
यथा सूर्य प्रभावृत जीव जगत् समुज्ज्वल ।
तद् व्यास मुक्तिरानन्द राम नाम परायणे ॥
यथा नदी प्रवाहित सवेगे सागरप्रति ।
तद्रूप मुक्तिरानन्द राम नाम परायणे ॥
बहु वर्ष स्वयं पूर्वे राम नामे समाहित ।
प्रसन्न परमेश्वर राम साक्षात् प्रकाशित ॥

मम अग्रे उपस्थिते एरूप कहिते रत ।
हे देशे प्रसन्नाहं वर चाह मनोमत ॥
यदाहं परमेश्वर यथाभीष्ट प्रदानिव ।
एतद् वाक्य यथा श्रुत रामप्रति कहि स्वयं ॥
हे राम परमेश्वर ममाभीष्ट यथा शुन ।
करि ध्यान यथा क्षेत्रे तव नामे समाहित ॥
एतद् गंगा तटास्थित यद् भूमि मणिकर्णिके ।
नित्यरूपे विराजह एतद् क्षेत्रे स्वयं वरे ॥
काशीक्षेत्र परात्पर मुक्तिक्षेत्र कर स्थिर ।
प्रसन्न तुमि यद्यपि राम मुक्ति प्रदायक ॥
काशीक्षेत्रे तनुत्यागे आचण्डाल द्विज क्रमे ।
कृमि कीटादि पर्यन्त मुक्ति लाभे हवे क्षम ॥
सर्व पापे दुराचारे हवे मुक्ति यथास्थले ।
एतद् वर स्पृहा मम नाहि अन्य प्रयोजन ॥
मत वाक्य श्रवणे राम भगवान स्मिताधर ।
प्रसन्ने कहिते रत एतद् वाक्य ममप्रति ॥

श्रीराम वचन

हे देवादि महादेव यथा काम्य तवान्तरे ।
दानि वर तदक्रमे अवधान कर स्थिरे ॥
अविमुक्त तव क्षेत्रे सर्वे मुक्ति हवे शुन ।
अहं नित्य विराजिव पाषाण प्रतिमाश्रये ॥
एतद् क्षेत्रे यवे शिव मम नाम षडाक्षरे ।
मुमुर्षे दानिवे मंत्र हवे मुक्त सुनिश्चय ॥

भृगु वचन

एतद् उक्ति महादेवे ममप्रति यवे शुन ।
प्रसन्न किं स्तवे राम जिज्ञासिनु महेश्वरे ॥
तदूत्तरे ममप्रति कहे वाक्य सदाशिव ।
प्रसन्न राम यद् मंत्रे मम कृत उपासित ॥
विश्वाधार महाविष्णु नारायण अनामय ।
परिपूर्णानन्द विज्ञ पर:ज्योति स्वरूपिन ॥
एतद् स्तवे ममप्रति प्रसन्न परमेश्वर ।
वरप्रद यथा भृगु एतद् मंत्र कर स्तव ॥
शिव कृत यथा मंत्र ममप्रति प्रदानित ।
एतद् मंत्र जपि स्वयं काशीक्षेत्रे यवे स्वयं ॥
रामतत्त्व परिज्ञात अन्तर्मध्ये यथा त्वरित ।
रामचन्द्र अयोध्याते भृगुचिन्ता समायुत ॥
तद् तुल्य स्मरणे राम कर्मभार प्रदानिते ।
सायुज्य मुक्ति एरूपे मंत्र जपे लभे शुन ॥
अतएव सभाजन एतद् वाक्य मने स्मर ।
राम चिन्ता यथास्थले साक्षात् मुक्ति तथास्थले ॥
राम राज्य प्रतिष्ठिते रामपुत्र समाश्रये ।
समवेत यथा सर्वे कर्म श्रेष्ठ मने स्मर ॥
कर्म चिन्ताधिक श्रेष्ठ मुक्ति साक्षात् फलप्रद ।
कर्मे चिन्ता समायुत द्विगुण फल निश्चय ॥

अभिषेके तथामत राम-कर्म अनुष्ठिते ।
नित्य हर्षे निमज्जिते मोक्ष लाभे अतःपरे ॥
हे सर्व मुनि मण्डल हओ कर्मे नियोजित ।
मुक्ति हस्तगत स्मर राम कृत शुभाशिषे ॥
राम ध्यान समायुक्त राम-कर्म परायणे ।
सुलभे मुक्ति निश्चय हओ कर्म समायुत ॥
पद युग स्मरणे सर्वदा राघवे अवहित यतने पुण्य कर्मार्चणे ।
फल रहित सदानुष्ठितोपासने अधिगत सुलभे मुक्ति मोक्षान्तिमे ॥

- इति श्रीमद्देवायण ब्रह्मकल्पे तृतीय खण्डे लव मण्डलान्तर्गतः मुक्ति वर्गे श्रीभार्गव कर्त्तृक राम नामे मुक्ति लाभ वार्ता वर्णना ओ अभिषेक सभारम्भ वार्ता कथन नामः षष्ठ संवर्ग ।

— ☆ —

॥ सप्तम संवर्ग ॥

शिव वचन

कहि एतद् सभास्थले भृगुराम महाबली ।
आह्वान करिया लवे सिंहासन प्रदानिल ॥
लव सिंहासनारूढ़ राजछत्र धरे कुश ।
शोभे पार्श्वे ऋतावरी अपूर्व रूप शोभना ॥
स्वस्ति पाठ करे तथा देबल तद् महाऋषि ।
मंगल गीत मारीचे सर्वे हर्ष प्रवर्धिते ॥
पौरहित्य करे तथा बार्हस्पत्य महामुनि ।
नीति विधि करे पाठ गौतमज रहूगण ॥
एतद् रूपे जने जने स्वीय कार्य समापिल ।
दानिल मिथिलेश्वर राजदंड मनोहर ॥
लव जय समुत्थित सभामध्ये ततक्षणे ।
वाजिल रभसे वाद्य हर्षवान तथा प्रजा ॥
एतद् रूपे तथा लव ऋषि मंत्रे प्रतिष्ठित ।
गाहिल स्तावके वन्दि स्तव पाठ यथा विधि ॥
तथा सर्व सभाजने चित्त हर्षे प्रवर्धिते ।
नर्त्तकीवृन्द तद् परे करे नृत्य मनोहर ॥
सर्व हृत् हर्षकारक सभा शोभा तथास्थले ।
लव राज्ये प्रतिष्ठाते सर्व शोक विदूरित ॥
सीताहारा यथा राजा छिल दुःखे निरन्तर ।
एतद् स्थल करे पूर्ण ऋता आत्म प्रकाशिया ॥
राम सीता पुनर्वार नव रूपे प्रकाशित ।
जय ध्वनि करे तथा प्रजावृन्द पुनः पुनः ॥
जय ध्वनि समन्वित कलरव यथा श्रुत ।
चंचल हृदये हनु रामगृहे प्रवेशिल ॥

मारुति वचन

शुन प्रभु सभास्थले घन घन जय ध्वनि ।
लव सिंहासनारूढ़ हवे दृश्य मनोहर ॥

शिव वचन

हनु वाक्य यथा श्रुत रामचन्द्र स्मिताधर ।
हनुमान कहे पुनः राघवे हेरि नीरव ॥

मारुति वचन

मातृहारा यथा पुत्र सिंहासने प्रतिष्ठित ।
के हेरिवे तथास्थले एतद् दृश्य मनोहर ॥

शिव वचन

तवु राम रहे मौन पूर्व मत स्मिताधर ।
कुपित हनु अन्तरे रामकार्य निरीक्षिया ॥
एकदृष्टि निरीक्षणे रामचन्द्रे बहुक्षण ।
सजल लोचन द्वये कहे वाक्य अतःपरे ॥

मारुति वचन

मातृहारा यथा पुत्र परोकृत सुपालित ।
परभृत् पिक सन्निभ पितृस्नेह विवर्जित ॥
मातृहीने किंवा स्नेह पितृस्नेह विवर्जित ।
अपरे अभिनन्दित भाग्य मात्र कहे इहा ॥
रत हनु कहिते अश्रुपूर्ण क्षणे परभृत पितृ स्नेह यद् वंचित ।
पितृ धर्म अनुष्ठान कर्मोत्सवे प्रभु शुन सतत व्यर्थ तद् जीवने ॥

- इति श्रीमद्देवायण ब्रह्मकल्पे तृतीय खण्डे लव मण्डलान्तर्गतः मुक्ति वर्गे अभिषेकोत्सव ध्वनि श्रवणे मारुति व्याकुलता वर्णना नामः सप्तम संवर्ग ।

— ✯ —

॥ अष्टम संवर्ग ॥

शिव वचन

हनु वाक्य यथा श्रुत अश्रु-चक्षे निरीक्षिया ।
गम्भीरास्य जगत्प्रभु रत वाक्ये हनुप्रति ॥

श्रीराम वचन

रह स्थिर महावीर अद्य शोक किं कारणे ।
लव राज्ये प्रतिष्ठित हर्षध्वनि चतुर्दिके ॥

मारुति वचन

यत शब्द बहिर्देशे हर्ष रव जगत्प्रभु ।
तत अश्रु भरे चक्षे नाहि क्षम निवारणे ॥

श्रीराम वचन

योगी तुमि महावीर एतन्माया मने स्मर ।
सुख दुःख किंवा कह योगीप्रति महाबली ॥

मारुति वचन

कह माया किं कारणे तव पुत्र लवे प्रभु ।
इन्द्रात्मज समुद्भवे लक्ष्मीगर्भे महीतले ॥

श्रीराम वचन

बंधन हेतु सर्वतः माया सर्व विचारित ।
आबद्ध करिते माया करे चित्त विमोहित ॥
एतद् माया महाबाहु मम शक्ति मने स्मर ।
सर्व जगत् विमोहने करे सृष्टि दिने दिने ॥
नारी वक्षे यथा स्नेह प्रेम हास्य तथामत ।
पुरुषे करि मोहित करे सृष्टि दिवा क्रमे ॥
पुरुष सत्य शाश्वत अज नित्य सनातन ।
एतन्मध्ये महामाया नित्य सृष्टि समायुत ॥
आकर्षि रूप यौवने विगलित करे सुखे ।
विगलित हृदिस्थले पुरुष आत्म विह्वल ॥
प्राणशक्ति महाबले आकर्षित करे क्रमे ।
सृष्टि कार्ये महावीर महामाया प्रभावित ॥
शुन माया प्रभावित पुरुष चित्त दुर्बल ।
आकर्षित महाबले भ्रमे अंध महाभ्रमे ॥
दया स्नेह कृपा प्रेम माया शक्ति मने स्मर ।
इथे बद्ध जगत् सर्व जगदात्मा परित्यजि ॥
जगदात्मा परित्यजि भिन्न बोध समुद्भवे ।
जीव रूपे निराश्रय जगन्मध्ये प्रकाशित ॥
जीवे जीव प्रवर्धित एतद् माया प्रभावित ।
जीव मात्र जगन्मध्ये मायाबले नियंत्रित ॥
आकर्षण यथा स्नेहे तव मध्ये लवप्रति ।
एतन्माया प्रचालित रह स्थिर अरिन्दम ॥
आत्मध्याने रह स्थिर माया सर्व विवर्जित ।
स्नेहप्रेम परित्यजि मोरे चित्त निवेदह ॥
मायाधीश यथा स्वयं मम माया मने स्मर ।
विस्तार करि तन्माया जगत सृष्टि प्रकाशिते ॥

मारुति वचन

करि पदे निवेदन शुन वाक्य जगत्प्रभु ।
स्नेहप्रेम परित्यागे माया मुक्ति यथा कह ॥
किं प्रकारे तवे सृष्ट तुमि स्वयं जगत्पति ।
मायाधीश यथा कह मायाबद्ध नहे यदि ॥
प्रभु तुमि कहिले सृष्टि मायावशी नह यदि अवशीभूत मायाधिप ।
कह तुमि किमते जात ए भूतले इति मर-जगते राज राजेश्वरः ॥

– इति श्रीमद्देवायण ब्रह्मकल्पे तृतीय खण्डे लव मण्डलान्तर्गतः मुक्ति वर्गे श्रीराम-मारुति संवादे माया मुक्ति कथन नामः अष्टम संवर्ग ।

— ✯ —

॥ नवम संवर्ग ॥

श्रीराम वचन

स्व-प्रभावे स्व-मायाते स्वयं इच्छा मनोमत ।
करि सृष्टि जगत् त्रय स्वयमात्मा प्रवेशिया ॥
सृष्टिकाले मरुत्पुत्र यद् स्वयं परमात्मन ।
अखण्ड ज्योति विच्युत मनः स्वर्गे निपातित ॥
मनः मध्ये निपातने धृत मनस् कलेवर ।
देव रूपे प्रकाशित देव स्वर्गे महामति ॥
अरूप शाश्वत स्वयं ज्योतिर्मय कलेवर ।
अखण्ड मण्डलाकारे सर्व ऊर्ध्वे प्रतिष्ठित ॥
तथा हते यवे च्युत देव स्वर्गे अतःपरे ।
मनस्तनु विधारणे देव रूपे समीक्षित ॥
इन्द्र चन्द्र बृहस्पति वायु यम हुताशन ।
सूर्य मित्र वरुणादि रूपे स्वयं प्रकाशित ॥
एतद् सर्व बृहन्मने बृहस्पति प्रचालित ।
इन्द्र कृत सुचालित महर्लोक कहे इहा ॥
दिव्य आत्मा प्रकाशिते सृष्टि स्वर्गे निपातित ।
भिन्न भिन्न स्वभावेते करि रूप विभागित ॥
गुण त्रय प्रकाशिया गुण त्रय समाश्रये ।
आरोपिया गुण त्रय निज परि क्रमे क्रमे ॥
प्राणशक्ति प्रभावित करि आत्म समर्पण ।
प्राणशक्ति स्वरूपेते रहे विश्व विमोहिनी ॥
सृष्टिलोभ प्रकाशिया अग्निजिह्वा विलेहने ।
करि मोरे विलेहित हर्षे नृत्य परायणा ॥
एतद् हर्षे क्रमे क्रमे करि अंग विलेहन ।
करे मोरे अचेतन प्रबल प्रेमचुम्बने ॥
सेथा स्वेच्छा प्रणोदित सृष्टि इच्छा मनोदये ।
स्वयं आत्म विमोहने करि आत्म समर्पण ॥
मम आत्म समर्पणे महामाया प्रमोदिता ।
आकर्षि तेज तद् बले करे गर्भ विधारण ॥
प्राणमय शरीरेते शक्ति प्रसवित स्वयं ।
अन्तरीक्ष्ये करि स्थिति बहुरूपे दिने दिने ॥
आकर्षित अतःपरे महीकृत महाबली ।
पंचभूत समाश्रये मर्त्ये देह प्रकाशित ॥
जन्म पथ इहा कहि कालकृत प्रचालित ।
महामाया प्रभावित जगत् सृष्टि प्रकाशिते ॥
एतन्मध्ये महाबली आत्मज्ञाने रह स्थिर ।
आत्मारूपे निरन्तर सर्वे स्वयं अवस्थित ॥
मम ध्याने रह स्थिर माया सर्व विसर्जने ।
स्नेह प्रेम परित्यजि मोरे चित्त निवेदह ॥
मायाधीश यथा स्वयं मम माया चतुर्दिके ।
मोरे आत्म निवेदिले सर्व माया तिरोहित ॥
मोरे भक्ति निवेदने एकनिष्ठ समाहित ।
सर्व माया विवर्जित मम मध्ये रह स्थिर ॥

तव मध्ये निरीक्षिले यथा स्वयं अवस्थित ।
मम मध्ये निरीक्षह तुमि नित्य विराजित ॥
भक्तश्रेष्ठ महावीर हृदय भक्त हे मम ।
मम मध्ये कर स्थिति हनुमान युगे युगे ॥

मारुति वचन

शुनि वाक्य जगत्प्रभु माया मुक्ति मने स्मर ।
क्षमः मोरे कृपाभरे लोकनाथ गदाधर ॥
तव इच्छा मनोमत होक कार्य तथामत ।
माया मुक्ति यथापथे कह सर्व जगत्प्रभु ॥

श्रीराम वचन

साधुवाक्य महाबाहु जिज्ञासिले मम प्रिय ।
भक्तश्रेष्ठ यथा तुमि वेदान्त कहि हे शुन ॥

मारुति वचन

वेदान्त किं रघुश्रेष्ठ कोथा प्रभु अवस्थित ।
हनुप्रति कृपाभरे कह तथ्य यथायथ ॥

श्रीराम वचन

वेदान्त किं रहे कोथा कहि सर्व यथा शुन ।
मम श्वासे समुद्भुत महत् वेद चतुष्टय ॥
एतद् वेदे अवस्थित वेदान्त शुन मारुति ।
यथा तिले रहे तैल पयोमध्ये यथा घृत ॥

मारुति वचन

कत भागे विभक्त तद् वेद कह जगत्प्रभु ।
उपनिषद् किंवा कह कृपाभरे प्रकाशह ॥

श्रीराम वचन

चतुर्भागे विभागित वेद सर्व महामति ।
साम यजुः ऋकाथर्व शाखा उपनिषद् कहे ॥
ऋग्वेदे एकविंशति शाखा हनु अवस्थित ।
शत नय यजुर्वेदे सामवेदे सहस्त्रशः ॥
पंचाशेक अथर्वते उपनिषद् यथा कहि ।
एतद् मंत्र अनुध्याने मम पद लभे शुन ॥

मारुति वचन

केह मुक्ति कहे प्रभु तव नाम जपे सदा ।
जपिले तारकब्रह्म सर्व मोक्ष कहे शुन ॥
सांख्ययोगे कहे केह केह भक्तिपथे कहे ।
वेदान्त वाक्यते मुक्ति कहे सर्व महाऋषि ॥
प्रथमे मुक्ति सालोक्य सारूप्य तद् द्वितीयतः ।
सामीप्य यद् तृतीयतः सायुज्य तद् चतुर्थतः ॥

रत बुध कहिते मुक्ति सालोक्य यद् प्रभु तदूपरि सारूप्य सामीप्य वा ।
श्रुत अभिनव सायुज्य मुक्ति क्रमे कह कह विशदे पुण्य वार्ता स्वयं ॥

- इति श्रीमद्देवायण ब्रह्मकल्पे तृतीय खण्डे लव मण्डलान्तर्गतः मुक्ति वर्गे श्रीराम-मारुति संवादे वेदान्त उपनिषद् वार्ता कथन नामः नवम संवर्ग ।

— ✯ —

॥ दशम संवर्ग ॥

श्रीराम वचन

सालोक्यादि यथा मुक्ति चतुर्भागे विभागित ।
यथार्थ तद् नहे मुक्ति कैवल्ये मुक्ति निश्चय ॥
दुराचारी लभे मुक्ति मम नाम जपे यदि ।
प्राप्त यद् मुक्ति सालोक्य अन्य स्वर्ग नहे कभु ॥
ब्रह्म नाले तनु त्यागे मुक्तिलाभ सुनिश्चय ।
प्रत्यागत नहे कभु ए संसारे महाबली ॥
ब्रह्म नाले नहे मृत्यु काशीते मृत्यु यद्यपि ।
मुमुर्षे तारकब्रह्म दाने कर्णे महेश्वर ॥
सारूप्य मुक्ति से लभे मुक्ति भेद यथा कहि ।
गृहस्थ द्विज वा यदि सदाचार परायण ॥
सामीप्य मुक्ति लाभ यद् स-ईश्वर विहारिते ।
अनुरक्त सदा यदि भक्तचित्त ममप्रति ॥
एकचित्त मम ध्याने आचार्य वचने यदि ।
सायुज्य मुक्तिलाभ यद् ब्रह्मानन्दे प्रवेशिते ॥
चतुर्विध यथा मुक्ति मम ध्याने लभे नरः ।
किंरूपे लब्ध कैवल्य कहि एतद् अतःपरे ॥
मुक्ति इच्छान्तरे यदि मांडुक्य पाठ मंगल ।
एके यदि नहे मुक्ति पाठ्य उपनिषद् दश ॥
दशे ज्ञान नहे यदि द्वात्रिंश पठने शुभ ।
लभिवे मुक्ति निश्चय रह इथे असंशय ॥
विदेह मुक्ति यद्यपि इच्छा तवान्तरे हनु ।
कर पाठ शताष्टक उपनिषद् क्रमे क्रमे ॥
ईश केन कठ प्रश्न मुंड मांडुक्य तित्तिरि ।
पाठ्यैतरेय छांदग्य बृहदारण्यक क्रमे ॥
ब्रह्म कैवल्य जावाल श्वेताश्व हंस आरुणि ।
गर्भ नारायणः हंस बिन्दु नाद शिरः शिखा ॥
मैत्रायणी कौशितकी बृहत् जावाल तापनी ।
कालाग्नि रुद्र मैत्रेयी सुवाल क्षुरि मन्द्रिका ॥
सर्व सार निरालम्ब रहस्य वज्र सूचिक ।
तेज नाद ध्यान विद्या योग तत्त्वात्मबोधक ॥
परिव्राज त्रिशिखा सीता चूड़ा निर्वाण मण्डल ।
दक्षिण शरभ स्कंध महानारायणान्वय ॥
रहस्य राम तापन वासुदेव स-मुद्गल ।
शांडिल्य भिक्षु पैंगल महच्छाविरका शिखा ॥
तुरीयातीत संन्यास परिव्राजाक्ष मालिका ।
अव्यक्त पूर्ण अक्षय सूर्य अध्यात्म कुंडिका ॥

पाशुपात स-सावित्री परब्रह्मावधूतक ।
त्रिपुरा तपना देवी त्रिपुर कठ भावना ॥
हृदय कुंडली भस्म रुदाक्षगण दर्शन ।
तार सार महावाक्य पंचब्रह्माग्नि हे एक ॥
गोपाल तापना कृष्ण याज्ञवल्क्य वराहक ।
शाठायणी हयग्रीव दत्तात्रेय स-गरुड ॥
कलि जावालि सौभाग्य रहस्य ऋच मुक्तिका ।
उपनिषद् शटाष्टक वैराग्यज्ञान दायक ॥
श्रद्धाभरे शुचिः स्नाने पाठ नित्य द्विजोत्तमे ।
प्रारब्ध क्षय पर्यन्त जीवन्मुक्ति अतःपरे ॥
प्रारब्ध क्षय तद् परे मत भावे यद् अवस्थिति ।
विदेह मुक्ति लब्धते भ्रमे नित्य असंशये ॥
यदि सतत शताष्टः प्रशुद्धान्तरे पठित उपनिषद् हे मरुत् कोङर ।
विगत सकल पूर्वादि पाप क्षये प्रहृषित हृदय प्राप्त वैदेह यद् ॥

- इति श्रीमद्देवायण ब्रह्मकल्पे तृतीय खण्डे लव मण्डलान्तर्गतः मुक्ति वर्गे श्रीराम-मारुति संवादे उपनिषद् पाठे मुक्ति हेतु संख्या निर्णय करण नामः दशम संवर्ग ।

— ✭ —

॥ एकादश संवर्ग ॥

मारुति वचन

शान्ति मंत्र चतुर्वेदे यथा पाठ्य पृथक् पृथक् ।
साम यजुः ऋकाथर्वे कह मंत्र यथा क्रमे ॥

श्रीराम वचन

ऐतरेय कौषितकी नाद आत्म प्रबोधक ।
निर्वाण अक्षमालिका मुद्गल त्रिपुरा ऋच ॥
सौभाग्यादि यथा दशे शान्ति मंत्र यथा शुन ।
होक वाक्य प्रतिष्ठित मने मम निरन्तर ॥
यथा इच्छा मने मम वाक्य एतद् प्रकाशह ।
प्रकाशि ब्रह्म चैतन्य अविद्या कर मोचन ॥
हे वाक्य हे मनःमम वेद तत्त्व प्रकाशह ।
यथा ग्रंथे यथा धीत नहे येन कच्चित् भ्रम ॥
ए ग्रंथ पठने येन तत्त्वबोध ममप्रति ।
प्रयोग करिते सत्य सर्वदा कर सक्षम ॥
विसम्वाद नहे येन गुरु शिष्य परस्परे ।
अर्थ बोधे अविभ्रमे रहि तुष्ट निरन्तर ॥
शान्तिःशान्तिः तथा शान्तिः ॐ शान्ति शुन तद्परे ।
शिरः बृहदारण्यक परमहंस जावाल ॥
सुवाल हंस मंत्रिका त्रिशिखी ब्रह्म मण्डल ।
ब्राह्मण द्वय तारक तार सार निरालम्ब ॥
तुरीयातीत अध्यात्म पैंगल भिक्षु मुक्तिक ।
शाठ्यणी याज्ञवल्क्य शान्ति मंत्र यथा कहि ॥

एतद् पूर्ण उहा पूर्ण   पूर्णत्त्वे पूर्ण संज्ञित ।
तद् पूर्णे पूर्ण सम्भवे   पूर्णे पूर्ण अधिष्ठित ॥
शान्तिःशान्तिः तथा शान्ति   ॐ शान्ति शुन तद् परे ।
तैत्तिरीय कठोवल्ली   श्वेताश्व ब्रह्म कैवल्य ॥
बिन्दुनाद नारायण   कालाग्नि रुद्र सर्वदा ।
तेजगर्भ शुक ध्यान   क्षुरिका दक्षिणा मूर्त्ति ॥
ब्रह्मविद्या योगतत्त्व   योग शारीरिक स्कन्द ।
कठ् रुद्र हृदयाक्षि   एकाक्षर कुंडलिनी ॥
प्राणाग्नि होत्र वाराह   पंचब्रह्म सरस्वती ।
सह कलि संतरण   द्वात्रिंशे शान्ति येमति ॥
रक्षः ब्रह्म निरन्तर   गुरु शिष्य परस्परे ।
कर उभे सुपालन   उभे येन समर्थक ॥
सहजे दानिते विद्या   सफले लभिते तथा ।
होक पाठ्य सुतेजस   द्वन्द्वबिना परस्परे ॥
शान्तिःशान्तिः तथा शान्ति   ॐ शान्ति शुन तद् परे ।
छान्दग्य केन आरुणि   मैत्रायणी चूढ़ा मणि ॥
मैत्रेयी वज्र सूचिक   वासुदेव महत् क्रमे ।
जावाली रुद्र सावित्री   संन्यासाव्यक्त कुंडिका ॥
बृहत् जावाल दर्शन   षोडशे शान्ति येमति ।
साम शाखा अवस्थित   शान्ति पाठ कहि क्रमे ॥
चक्षुः कर्ण तथा प्राण   ममांग वाक् सर्वतः ।
इन्द्रियकुल संहति   होक पुष्ट दिने दिने ॥
उपनिषद् सुवर्णित   होक ब्रह्म प्रकाशित ।
ममप्रति निवारित   नहे ब्रह्म कदाचित ॥
ब्रह्मसह ममान्तरे   रहे प्रीति निरन्तर ।
मम मध्ये तथा ज्ञान   होक क्रमे प्रकाशित ॥
शान्तिःशान्तिः तथा शान्ति   ॐ शान्ति शुन तद् परे ।
मांडुक्य प्रश्न मांडुक   अथर्वा शिर अथर्व ॥
जावाल सिंह तापनी   परिव्राजक नारद ।
सीता महानारायण   शरभ राम तापनी ॥
रामरहस्य शांडिल्य   परःहंस परिव्राज ।
अन्नपूर्णा पाशुपात   सूर्य त्रिपुर पातन ॥
पाशुपात परःब्रह्म   जावाल भस्म भावना ।
अन्नपूर्णा महावाक्य   गोपाल कृष्ण गरुड ॥
गणपति हयग्रीव   दत्तात्रेय एकत्रिंश ।
अथर्व वेद आस्थित   शान्ति मंत्र यथा कहि ॥
देव कृपा यथा लब्ध   शुनि कर्णे सुमंगल ।
हेर चक्षे यथा शुभ   स्थिर देहे करि स्तुति ॥
देव हिते यथा तनु   करि नित्य विधारण ।
शान्तिःशान्तिः तथा शान्ति   ॐ शान्ति शुन तद् परे ॥
पाठ्य उपनिषद् यदि   एतद् रूपे शताष्टक ।
कैवल्य मुक्ति निश्चय   किं संशय इथे कह ॥

रघुपति कहिते शान्ति मंत्र क्रमे यदुपनिषद् पाठे शताष्टाश्रये ।
अधिगत सहजे मुक्ति कैवल्य नरे श्रुत हृषित महावीर एतद् पथे ॥

- इति श्रीमद्देवायण ब्रह्मकल्पे तृतीय खण्डे लव मण्डलान्तर्गतः मुक्ति वर्गे श्रीराम-मारुति संवादे शान्ति मंत्र कथन नामः एकादश संवर्ग ।

— ✯ —

॥ द्वादश संवर्ग ॥

मारुति वचन

विदेह मुक्ति लक्षण जीवन्मुक्ति किंवा कह ।
जीवन्मुक्ति विदेहादि किंवा सिद्धि फलाफल ॥

श्रीराम वचन

अहं कर्त्ता अहं भक्त अहं दुःखी अहं सुखी ।
चित्त धर्मे अहंकारे बंधन हेतु निश्चय ॥
एतद्धर्म निरोधने जीवन्मुक्ति कहे शुन ।
प्रारब्ध धृत कर्मान्ते विदेह मुक्ति निश्चय ॥
जीवनमुक्ति विदेहादि उपनिषद् शताष्टके ।
कर्तृत्त्व भाव ताड़ित नित्य सुखे प्रतिष्ठित ॥
प्रयत्न साधने लभ्य एतद् पद महाबली ।
पुत्रेष्टिते यथा पुत्र वाणिज्यते यथा धन ॥
ज्योतिष्टोमे यथा स्वर्ग प्रयत्न साधन क्रमे ।
वेदान्त श्रवणे लभ्य जीवन्मुक्ति विदेहादि ॥
सर्व काम क्षये शुन नित्यदेह लभे नरः ।
जीवन्मुक्ति विदेहादि यथा पुण्य सुखोत्तम ॥
द्विविध पौरुष स्थित अहंकार समन्वित ।
एक शास्त्र विगर्हित अन्य शास्त्रानुमोदित ॥
तथा शास्त्र विगर्हित अनर्थ फलदायक ।
शास्त्र मते सुपौरुषे पुरुषार्थ लभे नरः ॥
यद् क्षेत्रे लोकवासना अपिच शास्त्रवासना ।
अन्यतः देहवासना त्रिविध विघ्नकारक ॥
करे ज्ञान निवारित जाहे नित्य महाबली ।
द्विविध वासना कहे शुभाशुभ निरूपणे ॥
यद् वासना ममप्रति नित्यधामे प्रचालित ।
अशुभ वासना घोरे निक्षिप्त नित्य संकटे ॥
प्राक्तन वासना सर्व क्रर यत्न विसर्जन ।
अशुभ वासना नित्य घोर दुःखे प्रचालक ॥
चालित अशुभे चित्त अशुभ मार्ग धावित ।
शुभ भावे नियोजिया शुद्ध भाव प्रदानह ॥
प्रयत्न पुरुषाकारे एतद् कार्य स्व-पौरुषे ।
दृढ़ यत्ने परन्तप कर चित्त सुपालन ॥
अभ्यासे वासना द्वय तीक्ष्ण दृष्टि निरीक्षणे ।
साफल्याशुभ वारणे जानिवे अरि मर्दन ॥
सन्दिग्धचित्त यद्यपि शुभकामे मरुत्सुत ।
वर्जिह शुभवासना नाहि दोष कदाचन ॥

वासना क्षय विज्ञान मनोलय महामति ।
समकाले चिराभ्यस्त फलप्रद त्रिधा क्रमे ॥
यावत्काल अनभ्यस्त चेष्टा त्रय पुनः पुनः ।
ब्रह्मपद नहे प्राप्त शत वर्षे कदाचन ॥
वासना क्षय विज्ञान मनोलय दिने दिने ।
विच्छिन्न दृढ़ हृत्ग्रन्थि छिन्नसूत्र मृणाल यद् ॥
जन्म जन्मान्तराभ्यस्त मिथ्या संसार वासना ।
दीर्घाभ्यास बिनायोगे क्षयप्राप्त नहे कभु ॥
प्रयत्ने शुन हे सौम्य स्व-पौरुषे विवेकिया ।
भोग इच्छा विताड़ने मत त्रय समाश्रित ॥
एतद् हेतु कहे बुध वासनायुक्त यद् मनः ।
बद्धजीव निरूपित तन्मुक्त वासना क्षये ॥
कथित बुधकुल वासना मोदित प्रतिहत विषये मुक्त एतद् मनः ।
अविरत मनसे युक्त यद् वासना निगड़ित विषये बद्ध एतद् कहे ॥

- इति श्रीमद्देवायण ब्रह्मकल्पे तृतीय खण्डे लव मण्डलान्तर्गतः मुक्ति वर्गे श्रीराम-मारुति संवादे बद्ध मुक्त वार्ता कथन नामः द्वादश संवर्ग ।

— ✯ —

॥ त्रयोदश संवर्ग ॥

श्रीराम वचन

एतद् हेतु महावीर कहि यत्ने इहा शुन ।
सत्य सम्यक् समालोचि मुक्तकामे कर स्थिति ॥
वासना विलये चित्त शान्तदीप यथामत ।
चिन्मात्र विग्रहे स्थित सर्व काम विवर्जित ॥
कामशून्य समाधिस्थ कर्मे युक्त विमुक्त किं ।
योग किंवा प्रयोजन पुरुष उत्तमाशये ॥
नैस्कर्मते यथा स्थिति किंवा कर्म तथा कह ।
कर्म कर्मफल त्यागे नाहि किञ्चित् प्रयोजन ॥
तदिन्द्रिये तथा मने नाहि काम स्वभावतः ।
वासना कृत चालित स्वार्थ पथे प्रवर्त्तित ॥
यथा चक्षु बिना रागे आपतित निरीक्षणे ।
रागशून्य तथा धीर प्रवृत्त कार्यते स्वयं ॥
भाव संवित प्रकाशित अनुरूप मरुत्सुत ।
चित्तोत्पन्ने सविज्ञात निवृत्त वासना मुनि ॥
दृढ़ाभ्यस्त पदार्थते भावनायुक्त चंचल ।
चित्त संस्थापने जन्म जरा मरण कारक ॥
वासना वशतः प्राणे स्पन्दनयुक्त मारुति ।
बीजरूपे तथांकुरे कामोदय क्रमे क्रमे ॥
चित्तवृक्षे बीज द्वय प्राणस्पन्दन वासना ।
एक क्षये तथास्थले अन्य नष्ट अतःपरे ॥
संसार वासनायुक्त यद् जन संग वर्जित ।
शरीर नष्ट भाषणे शान्तभावे समाहित ॥
वासना शून्य मानस संकल्पादि विवर्जित ।
परमो पशमप्रद मनः शून्य मने स्मरे ॥

जावत्काल वशीभूत नहे मन मरुत्सुत ।
तावत् गुरु प्रदर्शित नाहि शास्त्रपथ त्यज ॥
हृदिस्थ वासनापुंज दूरीभूत यवे शुन ।
गत व्यथा महावीर शुभकाम परित्यज ॥
सर्व काम परित्यागे चित्त लय मने स्मर ।
द्विविध स-रूपारूप मुक्तिपथ कहे बुध ॥
अरूप मुक्ति वैदह जीवन्मुक्ति स्वरूपतः ।
चित्त लय यथा कहि शुन हे वायुनन्दन ॥
वासना शून्य यद् चित्त मैत्री गुण समायुत ।
पुण्यगुण यथा स्मर ताहे शान्ति सुनिश्चय ॥
जीवन्मुक्ते यथा चित्त पुनर्जन्म विवर्जित ।
स्वरूपे यद् मनोलय जीवन्मुक्त प्रतिष्ठित ॥
यदुक्त मुक्ति वैदेही अरूपे तद् मनस् लय ।
जीवन्मुक्ति विदेह यद् रूपारूपे निरूपित ॥
मन विलय अरूपे विदेही कहे यतिकुल रभसे मुक्ति सर्वोत्तम ।
मन विलय स्वरूपे तदुक्त क्रमे विरहित विषये प्राज्ञ जीवन्मुक्तः ॥

- इति श्रीमद्देवायण ब्रह्मकल्पे तृतीय खण्डे लव मण्डलान्तर्गतः मुक्ति वर्गे श्रीराम-मारुति संवादे विदेह मुक्ति जीवन्मुक्ति वार्ता कथन नामः त्रयोदश संवर्ग ।

— ✯ —

॥ चतुर्दश संवर्ग ॥

श्रीराम वचन

यद्रूप वासनागति कहि शुन मरुत्सुत ।
सहस्र पत्र पल्लवे संसार वृक्ष मारुति ॥
शाखा कांड समन्वित एतन्मूल प्रसारित ।
मनः मध्ये महाबाहु जात कर्मे दिने दिने ॥
संकल्पात्मक मानस संकल्प कर वारण ।
संकल्पाहत मानसे संसार वृक्ष नीरस ॥
निग्रह करिते मनः कहि पथ यथा शुन ।
मनोवृत्ति विनाशने उन्नति महती पथे ॥
कृती प्राज्ञ मनोलये मूढ़े बंधन कारण ।
काम दमे अनभ्यस्त जावत्काल मरुत्सुत ॥
तावत्काल महाभय भ्रमे नित्य चतुर्दिके ।
रात्रिव्यापी भ्रमे यथा बेतालकुल भीषण ॥
कामपूर्ण तरे भय सर्व जीवे अवस्थित ।
अपूर्ण कामना भीत जराव्याधि प्रपीड़ित ॥
कामशून्य यथा चित्त सर्व क्षेत्रे सुनिर्भय ।
जरा व्याधि जयी योगी आप्तकाम स्वरूपितः ॥
चित्तगत अहं क्षये इन्द्रियारि वशीकृत ।
हेमन्ते पद्मिनीसम भोग सर्व विदूरित ॥
हस्ते हस्त निपेषणे दन्ते दन्त निपीड़ने ।
अंगे अंग विमर्दने कर मनः वशीभूत ॥
एकाकी उपवेशने करि चिन्ता मुहुर्मुहुः ।
कर हे श्रुति सम्मत पथे नित्य मनः जय ॥

वशीकृत नहे मनः भ्रमे दुष्ट चतुर्दिके ।
कर दंडे वशीभूत शान्त यथा गजांकुशे ॥
अध्यात्म ज्ञान अर्जन साधुसंग अवासना ।
प्राणक्रिया निरोधने चित्त जये यथा पथ ॥
एतद् पथ परित्यजि चित्त जये समुद्यत ।
आलोक त्यजिया यथा अंधपथे करे गति ॥
चित्तजय अकस्माते करे इच्छा विमूढ़ तद् ।
मृणाल सूत्रते यथा काम्य करी निवारणे ॥
चित्त वृक्षे बीज द्वय वृत्तिरूप लता धृत ।
प्राण स्पन्दन तन्मध्ये अपरे दृढ़ भावना ॥
सर्व गत यथा ज्ञान प्राणस्पन्दे प्रचालित ।
हेतु चित्त एकाग्रते ज्ञानोत्पन्न इहा स्मर ॥
ध्यान तरे समुद्भुत ज्ञान शास्त्र समुज्ज्वल ।
अविकारे करि स्थिति ब्रह्म ध्यान समाहित ॥
अपानास्तंगत प्राण जावत् नहे समाधिते ।
तद् काले कुम्भकावस्था योगी अनुभवे सदा ॥
बहिरस्तंगत प्राण अपान ना यतक्षण ।
तावत् पूर्ण समावस्था वहिष्ठ नाम कुम्भक ॥
यवे अहं विलोपित ब्रह्म ध्याने समाहित ।
सं प्रज्ञात समाधि तद् ध्येय ज्ञान यथायथ ॥
प्रभाशून्य मनःशून्य बुद्धिशून्य चिदात्मक ।
निवृत्ति पर संज्ञित समाधि मुनि कांक्षित ॥
ऊर्ध्व पूर्ण अधः पूर्ण मध्य पूर्ण शिवात्मक ।
विधि मुख कहे एतद् समाधि परमार्थिक ॥
प्रत्यक्त दृढ़ भावना पूर्वापर विचारणा ।
दानित यद् पदार्थते वासना तद् प्रकीर्त्तित ॥
बहुविध जगते मार्ग मुक्तिप्रद अचल रह महावीर योगे स्वयं ।
स्थिर रह विलये चित्त चिन्ता जये अचपल हृदये कुम्भके कुम्भके ॥

– इति श्रीमद्देवायण ब्रह्मकल्पे तृतीय खण्डे लव मण्डलान्तर्गतः मुक्ति वर्गे श्रीराम-मारुति संवादे समाधि वर्णना नामः चतुर्दश संवर्ग ।

— ✯ —

॥ पंचदश संवर्ग ॥

श्रीराम वचन

चिन्तित तीव्र संवेगे अन्य काम समागत ।
करि एके विताड़ित अन्यागत तथास्थले ॥
कामकृत वशीभूत यद् पुरुषे यथा दृश ।
एतद् सत्य मने स्मरि मोह प्राप्त तथास्थले ॥
वासना वेग वैचित्र्य स्वरूप ना त्यजे कभु ।
दुष्ट दृष्टि यथा धृत मत्तता पर्यवेशित ॥
द्विविध वासना कहे शुद्धा वा मलिना तथा ।
मलिना जन्मकारक शुद्धा तद् जन्मनाशिनी ॥
अज्ञान सुघनाकार घनाहंकार शालिनी ।
पुनर्जन्म करी कहे मलिना वासना बुध ॥

पुनर्जन्मांकुर त्यक्त संभृष्ट बीज सन्निभ ।
बहु शास्त्र कथा कन्था रोमंथन वृथा स्मरि ॥
हृदयस्थ शुचिः ज्योति देखह यत्न पूर्वक ।
दर्शनादर्शने सदा रूपतः केवल स्वयं ॥
अध्ययनी चतुर्वेद बहु जन अवस्थित ।
अक्षम बुभ्फिते तत्त्व दर्वीस्वादे प्रवंचित ॥
स्वदेहाशुचि गंधते विरक्त ये नहे कभु ।
वैराग्य तत्त्व सेस्थले किंवा फल प्रदानिवे ॥
देह अति अनिर्मल देही नित्य सुनिर्मल ।
एतदूभे विचारिया शौच कार्य निरूपह ॥
वासना बद्ध तद् बद्ध मोक्ष तद् वासना क्षये ।
वासना सं परित्यजि मोक्ष आशा परित्यज ॥
विषय वासना त्यागे कर चित्त परिष्कृत ।
रह हे आत्मचैतन्ये सम्भावे निरन्तर ॥
अतःपरे परित्यजि मन बुद्धि समन्वित ।
मममध्ये समाहित रह हे नित्य मारुति ॥
अशब्द अस्पर्श अरूप आत्मा विहीन गंधाव्यय गोत्र हीन ।
अनाम वर्णे रसशून्य रूपे आकाशवत् ध्येय मरुत् कुमार ॥
अनन्त पूर्णाद्वय पूर्ण रूपे स्वयं सुदुर्ज्ञेय अलेपकात्मा ।
विशाल यद् व्याप्त समस्त जीवे अजात एकाक्षर वायुपुत्र ॥
द्रष्टा विकारी शुचिःशुद्ध नित्य स्वयं अनासक्त विहीन सत्त्वे ।
अवर्ण पूर्णाद्वय पूर्ण रूपे निम्ने समुर्द्धास्थित अग्र पश्चात् ॥
अहं जरा वर्जित मर्दि पीड़ा देवामराहं प्रभु मृत्यु नाशी ।
उपास्य विश्वे परिपूर्ण रूपे अतीत कार्ये गुण वर्जिताहं ॥
जीवन्मुक्त पद त्यक्त स्वदेह काल सात् यवे ।
मुक्तदेही कलेवरे कैवल्ये स्थित निश्चय ॥
तथा दृष्ट निरन्तर तद् विष्णु परमःपद ।
सदा प्राज्ञ सविस्मये नभःप्रति निरीक्षणे ॥
मेधा पूर्ण तथा विप्र पराःपद उपासने ।
पराःपदे प्रवेशित कहि मुक्ति यथा स्मृति ॥
परतर परमे वासुदेव स्वयं जनगण हृदये नित्य सूक्ष्माकृति ।
अहिवर बहुसास्थित वैकुण्ठपुरे पद युग भुवने लक्ष्यकारी सुधी ॥

- इति श्रीमदेवायण ब्रह्मकल्पे तृतीय खण्डे लव मण्डलान्तर्गतः मुक्ति वर्गे श्रीराम-मारुति संवादे मोक्षपद वर्णना नामः पंचदश संवर्ग ।

— ★ —

॥ षोडश संवर्ग ॥

शिव वचन

राम वाक्य समापने ज्ञान प्राप्त प्रहर्षित ।
अश्रुपूर्ण महावीर रोमांचित कलेवर ॥
रहि स्तब्ध बहुक्षण पुनः रामे निवेदिल ।
वाक्यवली यथा श्रुत एतद् सत्य निरूपणे ॥

मारुति वचन

नमस्कार लह प्रभु कहि वाक्य यथा श्रुत ।
सत्यासत्य निरूपणे अर्थ बोध यथा मम ॥
अरूप सर्वतोगत रूपे मात्र अवस्थित ।
रूपे तुमि अरूप यद् श्यामवर्णे अवर्णक ॥
मायामध्ये अवस्थाने मायाधीश जगत्प्रभु ।
सर्वमुक्त यथा तुमि सर्व स्नेह समायुत ॥
सर्व जगत् पिता तुमि सर्व सृष्टि विधारणे ।
नह लव कुश मात्र पिता भ्रांति विदूरित ॥
सर्वतोगत यद् हेतु नहे मात्र गृहान्दरे ।
तुमि नित्य सभास्थले सर्व मध्ये विराजित ॥
एतद् तत्त्व अजानिते खेद चित्ते समुद्भवे ।
वेदान्त कहिले प्रभु एवे क्षोभ तिरोहित ॥
ज्ञानसूर्य विभास्वरे सर्व तमः विदूरित ।
मुक्तितत्त्व यथा उक्त मुक्ति प्राप्त यथा स्वयं ॥
सर्व वेद विधारक वेदान्तकेशरीसम ।
गर्जिले हे जगत्हरि सर्व माया विदूरित ॥
अरण्ये सिंह गर्जने रड़े पशुकुल द्रुत ।
अत्र वन परित्यजि आत्मरक्षा तरे यथा ॥
हेतु एतद् पशुप्रति सिंह अग्रे निपातने ।
विनष्ट प्राण निश्चय अजेय यद् पराक्रम ॥
मत चित्तगहने तथा रत उपद्रवे बहु ।
पशुकुल स्वरूपित माया विमोह विभ्रम ॥
स्नेह प्रेम समायुक्त काम क्रोध दुरासद ।
आसक्त व्याप्त सर्वत्र करे क्षुब्ध पदे पदे ॥
हे हरि तव गर्जने एतद् सर्व विदूरित ।
मत चित्तगहने शत्रु कृत स्नेहे बहिष्कृत ॥
तवपद महत् अति राम राम परात्पर ।
वेद व्यास महात्मन तद् विष्णु परम स्वयं ॥
नमि तोमा पुनः पुनः कैवल्य मुक्ति दायक ।
कर प्रभु शुभाशिष तव ध्याने निरन्तर ॥

शिव वचन

कहि एतद् मरुत्पुत्र पुण्यपदे शिरानत ।
रामचन्द्र कहे एतद् शिरे हस्त प्रदानिया ॥

श्रीराम वचन

जीवन्मुक्ति यथा प्राप्त नित्य सुखे विराजह ।
अमरतुल्य मारुति पुण्यकार्ये महीतले ॥
अमर निकरे एतद् जीवन्मुक्ति सुदुर्लभ ।
मत प्रसादे महावीर अद्य प्राप्त यथा तुमि ॥
अत्रकाले प्रवेशिल सभाकार्य समापने ।
रामचन्द्रे नमस्कारे लव ऋता समन्वित ॥
राजपदे अधिष्ठित शोभा राजपरिच्छदे ।
नाना विध अलंकारे शिरे धृत किरीटिनी ॥

यद् दर्शने महावीरे चित्ते हर्ष परिप्लुत ।
ऋता लव शिरानत पितृ पदे यवे शुन ॥
वक्ष्यमान यथा स्नेहे रामचन्द्र पर:प्रभु ।
हे लव मुनि मण्डले कार्य स्थिर यथामत ॥
एतद् नित्य अनुष्ठह आज्ञावह यथा तुमि ।
स्वकर्णे शुनिवे नित्य प्रजा दु:ख निवेदन ॥
सर्व कार्य समुद्यमे जिज्ञासिवे भृगुप्रति ।
सर्वज्ञ मुनि भार्गव ममतुल्य विचारिवे ॥
दानह जनके मुक्ति स्वीय राज्य निरीक्षिते ।
मोरे वार्ता प्रदानह यदि कच्चित् प्रयोजन ॥
एरूप कहि राघव कृत स्नेहे शुभाशिष ।
लव ऋता प्रहर्षिता अत्र कक्ष परित्यजे ॥
निरखिल गगने चन्द्र नीलाश्रये सहित लव ऋता अंजना नन्दन ।
घनघन शिहरे अंग रामोद्गमे अभिनव मिलने छन्द यच्चन्द्रिका ॥

- इति श्रीमद्देवायण ब्रह्मकल्पे तृतीय खण्डे लव मण्डलान्तर्गत: मुक्ति वर्गे मारुति कर्तृक जीवन्मुक्ति लाभ वार्ता कथन नाम: षोडश संवर्ग ।

॥ मुक्ति वर्ग समाप्त ॥

— ☆ —

॥ कुशध्वज वर्ग ॥

॥ प्रथम संवर्ग ॥

शिव वचन

हेथा कलि चले द्रुत अयोध्या नगरी त्यजि ।
सृजित मुनि मण्डल भृगुरामे निरीक्षिया ॥
शक्तिशाली महाऋषि त्याग व्रत परायण ।
रहे नित्य लवे घेरि पुण्यबुद्धि प्रदानिया ॥
धर्म कर्म पुनर्वार पूर्णभावे अनुष्ठित ।
धर्मकार्य समारोहे नित्य दृष्ट प्रजाकुले ॥
भ्रातुष्पुत्र महातपा धर्माचारी निरीक्षिया ।
साक्षात् द्वन्द्वे नहे श्रेय पथ कलि विचारिया ॥
सजन बांधव स्नेहे हवे बृहत् विपर्यय ।
धर्म कर्म प्रवर्धित हेरि क्रोध परायण ॥
क्रोधयुक्त चतुर्भुज धर्मगति निवारणे ।
अयोध्या नगरी त्यजि चले द्रुत रसातले ॥
स्वीय काल प्रतिष्ठिते नित्य यज्ञ चतुर्भुजे ।
ताहे विघ्न भृगु स्वयं प्रगाथि अति कुपित ॥
आछिल मुनि अर्बुद सर्प भ्राता भयंकर ।
अमृतत्त्व तरे तप: बहु रूपे अनुष्ठिल ॥
लम्बमान भुजंगम वृक्ष शाखे करे तप: ।
अनाहारे अनिद्राते वर्ष शत सहस्रश: ॥

देव कृपा नहे तवु निर्वात शिखरे रहे ।
शत वर्ष निरन्तर दृष्ट तपः अकारण ॥
सिन्धुमध्ये रहे सर्प तिक्त वारि निमज्जने ।
वर्ष शत अतिक्रांत व्यर्थ तपः तथास्थले ॥
पुनः रहे गुहाश्रये वाताहारे निरन्तर ।
वर्ष शत अतिक्रमे देव कृपा नहे तवु ॥
कुपित देवताप्रति तपः त्यजे भुजंगम ।
प्रतिशोध प्रदानिते कृत स्थिर निजान्तरे ॥
देवता अति दाम्भिक अमरत्त्वे प्रतिष्ठित ।
एतद् हेतु मने स्मरे नाहि मृत्यु तथास्थले ॥
नारिव वधिते सत्य देववृन्द मने स्मरि ।
पीड़िव बहु निश्चय यथाक्षेत्रे करि स्थिति ॥
एतद् रूपे सगर्जने वाक्यार्बुद कहे यवे ।
ज्वलंत वह्नि सन्निभ चले श्वास चतुर्दिके ॥
मेघसम धूमायित कालकूट क्षणे क्षणे ।
कृष्ण वर्ण भुजंगम रक्तचक्षु प्रदीपित ॥
चले कलि रसातले कालकेये निरीक्षिते ।
विषवायु निरीक्षिया कलि चित्ते चमत्कृत ॥
केवा एतद् महाबली श्वासे विष बहिर्गत ।
स्व-वीर्ये अति दुर्जय किंवा रूप निरीक्षिवे ॥
एतद् चिन्ता चतुर्भुजे अत्र क्षेत्रे चले त्वरा ।
दूर हते कलि श्रुत गर्जिछे देवताप्रति ॥
कुपित देवताप्रति हेरि मूर्त्ति भुजंगमे ।
शत शत फना धृत महामणि विभूषित ॥
मणि द्यूति विकीरित उद्भासित चतुर्दिक ।
तथा कलि उपस्थिते कहे वाक्य इहा शुन ॥

कलि वचन

आशिष करि सर्पेन्द्र वर चाह मनोमत ।
राजतुल्य समीक्षित किंवा दुःखे विषादित ॥
तुमि राजतुल्य गर्वे धृत शोभा मणि रत्नपुंज शिरसे भुजंगेन्द्र ।
कह केन दुःखित विषादित चित्ते कह सत्य काम्य वर दानिव हर्षे ॥

- इति श्रीमद्देवायण ब्रह्मकल्पे तृतीय खण्डे लव मण्डलान्तर्गतः कुशध्वज वर्गे कलि-अर्बुद साक्षात्कार नामः प्रथम संवर्ग ।

— ✯ —

॥ द्वितीय संवर्ग ॥

शिव वचन

हेरि कलि चतुर्भुज लोचन त्रय मंडित ।
शिवतुल्य समीक्षणे मुग्धचित्त भुजंगम ॥
किञ्चित् शान्त तथास्थले कलि वाक्य यथा श्रुत ।
सर्पेश कहिते रत अत्र पदे शिरानते ॥

अर्बुद वचन

केवा तुमि समागत अपूर्व रूप धारणे ।
लह तुमि नमस्कार वर दाता महात्मन ॥

कलि वचन

कालपदे प्रतिष्ठित कलि नाम यथा स्मर ।
मम काल प्रकाशिते बलीश्रेष्ठ प्रयोजन ॥
ऋषिकुल विमर्दने देवभक्ते तथामत ।
अधर्म-राज्य विस्तारे स्वयं यत्न परायण ॥

अर्बुद वचन

तुमि काल महाबाहु देव श्रेष्ठ मने स्मरि ।
देवता पीड़ने कार्य मम स्थिर युगाधिप ॥
यदि योग्य मने स्मर तव कार्ये त्रिलोचन ।
करि तोमा नमस्कार मोरे भार प्रदानह ॥
देवकुल समन्वित ऋषिकुल निपीड़िव ।
यदि इच्छा मनोमत एतद् वर प्रदानह ॥

कलि वचन

वरि राजपदे तोमा मम युग प्रकाशिते ।
रहिव तव आलये तव कीर्ति प्रतिष्ठिते ॥
परिचित किंवा नामे कोन कुल समुद्भव ।
कर बले बलान्वित कह सर्व यथायथ ॥

अर्बुद वचन

कश्यप ऊरस जात कद्रु गर्भ समुद्भव ।
काद्रवेय सहस्रशे चतुर्थ कथित स्वयं ॥
अर्बुदाख्या ममप्रति ज्येष्ठ शेष यथा स्मृति ।
अनन्त यद् द्वितीयत: तृतीय वासुकी स्मर ॥
चतुर्थ अर्बुद स्वयं शुन कलि युगाधिप ।
मम वंश बृहत् अति तक्षक ज्येष्ठ नन्दन ॥
ऊर्ध्वग्रीवा द्वितीयत: हविरद्य तृतीयत: ।
विष्ठि युंख महामिषि सुर्भवा वृषभा मधु ॥
सुपर्णा हविषा वाच क्रतोप खर नर्त्तिक ।
सरभ्य अङ्गि क्रोशंतु पब्दि पुरु अनर्त्तिक ॥
विभ्रत: धूर निष्कृत प्रवहंत समाययु ।
अंख सस्त: अराविषु जग्रसाना वृषापति ॥
मादान अद्रि आशव दशाभ शंख पीयुष ।
सोमदा हरि निंसत अर्चत: सूत हर्षत: ।
मध्वि वृष रिषाथन सदमि कील अंशुन ।
रैवत सहसा स्थण मध्वणाजुष चारव ॥
अद्रिक तृदिला ध्रुव अतृदिला अनातुरा ।
सजरा श्रमणा जुंज अतृषिक सुपीवष: ॥
क्षेमक सदमा कुंज अयुर्जास अतृष्णज ।
शुश्रूवा पृथवाखेन हविषाच हरिद्रव ॥
तदिद्धक विमोशन धेहशब्दि यमान्नुज ।
वपता क्रुत्य बीजक सिनन्ति तूर पृंचतु ॥
क्रीड़क मुंत अक्रत: कालीय अश्व अद्रक ।
युजुध्व धूर्ष धर्मणा भीषघ उस्र दुर्मति ॥

महीयत सजोशषा त्रिशद्धाम प्रषन्तव ।
एतद् शत भुजंगम मम पुत्र महाबली ॥
घोर मूर्त्ति जने जने बहु आस्य समीक्षित ।
सर्व जन भयंकर तीक्ष्ण कूट हलाहले ॥
करे दग्ध लता गुल्म विष श्वासे निरन्तर ।
सिंधुसम सगर्जने तरङ्गित कलेवर ॥
चल चल युगाधिप मम गृह निरीक्षिवे ।
प्रतिष्ठा नहि यद्यपि अहं विश्व चराचरे ॥
तथापिह स्वयं बले शत पुत्र समावृत ।
पशु पक्षी पराजये विजयी सिंधु पर्वते ॥
प्रासाद मम पाताले शंख रत्ने सुनिर्मित ।
अर्च्चि तोमा यथा अर्घ्ये चल देव ममालये ॥
चल मत गृहे क्षितितले वरदाता पदयुग्म अर्च्चि यत्ने सह पत्नी ।
तव वाक्य पालन तरे कृतदास: सम पुत्र पौत्र निवहे वहि आज्ञा ॥

- इति श्रीमद्देवायण ब्रह्मकल्पे तृतीय खण्डे लव मण्डलान्तर्गत: कुशध्वज वर्गे अर्बुद कर्तृक स्व-वंश परिचय कथन नाम: द्वितीय संवर्ग ।

— ✯ —

॥ तृतीय संवर्ग ॥

शिव वचन

अर्बुदकृत आह्वाने तुष्ट कलि चतुर्भुज ।
पाताले गति सत्वरे अर्बुदालय दर्शने ॥
आगत अंध पाताले घोर पथ अतिक्रमि ।
अर्बुद मस्तके मणि अति दीप्त विभास्वर ॥
अर्बुद गमने पथ अग्रे दीप्त पथ क्रमे ।
तद् पश्चाते चले कलि हेरि पथ परिष्कृत ॥
शंखालये समागमे अत्याद्भुत समीक्षित ।
आवर्ते पथ आवर्ते रंध्रसम विघूर्णित ॥
सप्त आवर्तनान्तरे मुक्तक्षेत्रे उपस्थित ।
लक्ष लक्ष भुजंगम एलो पार्श्वे त्वरित गति ॥
सर्व शिर: मुखस्पर्शे कृत स्नेहार्बुदे क्रमे ।
जिज्ञासे कलि अर्बुदे ए सर्व तव नन्दन ॥
कलि प्रश्न यथा श्रुत कहिल स्मित अर्बुद ।
शत पुत्रे यथा जात हेर पौत्राबली मम ॥
शतेकप्रति नन्दने जात पुत्र युगाधिप ।
लक्ष पौत्र निरीक्षह मम वंश बृहत् अति ॥
कहे पौत्रगणे सर्वे कर नति युगाधिपे ।
ममप्रति कृपायुक्त कालपदे प्रतिष्ठित ॥
पितामहे यथा आज्ञा नमे पदे दले दले ।
लक्ष पौत्र क्रमे क्रमे करे कलि शुभाशिष ॥
पौत्रगणे सुवीक्षणे अर्बुद सर्पराजन ।
तक्षक शंख कालीय आह्वान कर सत्वरे ॥

आह्वानाज्ञा प्रदानिया गृहमध्ये प्रवेशिल ।
शंख द्वारा सुनिर्मित मणि रत्ने सुशोभित ॥
गृहमध्ये प्रवेशिते सर्प राज्ञी उपस्थित ।
पृश्निनामा भयंकरी वक्रदृष्टि निरन्तर ॥
बहु रत्ने सुशोभिता गर्विता अर्बुद प्रिया ।
कलिप्रति निरीक्षणे करे जिह्वा विलेहन ॥
सर्पराज कहे एतद् सर्प राज्ञीप्रति त्वरा ।
भक्ष्यजन नहे प्रिया नम्य एतद् युगाधिप ॥
कलि नामे समाख्यात कालपदे प्रतिष्ठित ।
त्रैलोक्ये स्थापिते राज्य दाने आज्ञा ममप्रति ॥
एतद् वाक्य यथा श्रुता कलिपदे शिरानत ।
पृश्निप्रति यथा स्नेहे कहे वाक्य चतुर्भुज ॥

कलि वचन

देव युग विलोपिया देव धर्म विनाशिते ।
ऋषिकुलोद्भव स्वयं कण्वकुल यथा स्मृति ॥
इन्द्रे निन्दा प्रचारिया देव युग करि क्षय ।
देव युग विलोपने त्रेतायुग समुद्भवे ॥
राम राज्य समापने त्रितायुग हवे क्षय ।
त्रिता गते द्वितागम काल स्मृति यथा श्रुत ॥
रावणे करि आश्रय त्रैलोक्य करिते जय ।
ममाश्रये दशानन स्वर्ग जयी महाबली ॥
एतद् त्रितायुग व्यापी करे राज्य दशानन ।
अवतरि स्वयं विष्णु विमर्दे राक्षसेश्वरे ॥
वरि मन्दोदरी पूर्वे अद्य तोमा तथामत ।
त्रैलोक्येश्वरी हे सर्पी हवे मम वरे तुमि ॥

शिव वचन

शुनि मन्दोदरीतुल्य पृश्नि चित्ते प्रमोदिता ।
श्रद्धाभरे नमे पुनः सर्पराज्ञी चतुर्भुजे ॥
करयोड़े कहे वाक्य पृश्नि राज्ञी कलिप्रति ।
कर गृहे अवस्थान अर्चि तोमा निरन्तर ॥
यदि तुष्ट युगाधिप मम सर्पकुल प्रति ।
तवादेशे हवे कार्य वरदाता यथा तुमि ॥
सर्पार्बुद कहे वाक्य कालेश्वर चतुर्भुज ।
किंवा आज्ञा प्रदानह वर दाता यथा तुमि ॥
एतद् वाक्य शुनि क्रमे धृत रूप भयंकर ।
भैरव मूर्त्ति धारणे भुजगात्रे अवस्थित ॥
काल रूप निरीक्षिया चतुर्बाहु त्रिलोचन ।
सर्पराज तथार्बुद सह पृश्नि प्रमोदित ॥
भैरव मूर्त्ति दर्शने रत्न अर्घ्य प्रदानिल ।
पशुमांस सुरासह अर्चिल कालभैरवे ॥
पूजाप्राप्त यथा कलि हर्षयुक्त सुगर्जित ।
गम्भीर मेघ निस्वने यथा ध्वनि बहिर्गत ॥
एतद् ध्वनि निवर्त्तने कालशक्ति प्रकाशित ।
एतद् शक्ति समाख्यात अर्बुदे कालभैरवी ॥

चतुर्बाहु समन्वित शोभिता लोचनत्रये ।
स्नेहे सर्प कुलप्रति कालदेवी निरीक्षिला ॥
प्रसन्न मूर्त्ति वीक्षणे पौत्रगण समावृत ।
स्वीय अंगे विधारणे सर्प मान्य प्रवर्धिल ॥
प्रहृष्ट पृश्नि अर्बुद देवी स्नेह निरीक्षिया ।
बहु रूपे करे स्तव भैरवार्घ्य प्रदानिया ॥
शक्ति वक्षे करे क्रीडा पौत्रगण तथास्थले ।
क्षुद्र क्षुद्र यथाकृति शक्ति स्पर्शे भयंकर ॥
कालशक्ति कृपास्पर्शे महत् वीर्ये प्रतिष्ठित ।
हल तीक्ष्ण हलाहले क्षुद्राकृति तथापिह ॥
एतद् सर्व बृहत् हते धृत तेज भयंकर ।
कालसर्प समाख्यात एतद् सर्व अत:परे ॥
सेस्थले कालभैरवी कहिल अर्बुदप्रति ।
वर चाह भुजंगम यथा इहा मनोमत ॥

अर्बुद वचन

वर देह महादेवी त्रैलोक्य करिते जय ।
त्रैलोक्य विजये स्वयं करि धर्म विताड़न ॥

भैरवी वचन

काले इच्छा यथामत हवे कार्य तथामत ।
त्रैलोक्ये करिवे राज्य देव ऋषि निपीड़ने ॥

शिव वचन

एतद् वाक्य महानादे कहि शक्ति तिरोहिता ।
पुन: आत्म प्रकाशिल तथा कलि चतुर्भुज ॥
यवे शक्ति तिरोहिता पृश्निसह नमे पदे ।
अर्बुद अहि-सम्राटे करे कलि शुभाशिष ॥
एतद्काले प्रवेशिल पुत्रगण दले दले ।
केह पक्ष समन्वित बहु शिर विधारणे ॥
पक्ष बिना तथा केह महामणि विभूषित ।
पुत्रगणे निरीक्षणे कहे वाक्य तथार्बुद ॥

अर्बुद वचन

पुत्रगण निरीक्षह अग्रे कलि युगाधिप ।
करि पदे नमस्कार लह कृपा वराशिष ॥

शिव वचन

पितृ वाक्य यथा श्रुत भुजंग सर्व विस्मित ।
विधृत मूर्त्ति भैरव कलिपदे शिरानत ॥
सेथा कलि चतुर्भुज करे सर्पे शुभाशिष ।
कहे वाक्य अत:परे सर्प सम्बोधने तथा ॥

कलि वचन

शुन सर्व भुजंगम करि अद्य शुभाशिष ।
त्रैलोक्य भ्रमणे वीर्य तव अंगे प्रदानिनु ॥

जाह इच्छा मनोमत स्वर्ग मर्त्य चतुर्दिके ।
दग्धि तीव्र हलाहले वध धर्म परायणे ॥
यथा इच्छा मनोमत भक्ष्य जीव चतुर्दिके ।
सर्वाधिक हवे बली छद्मकार्ये सुकौशली ॥
शुन कार्य भीषण भुजंगम सर्वे भ्रमि नित्य गोपनपथे मम आज्ञा ।
वध धर्म आश्रित नरे भय दाने दहि कालकूट विष दंशन दन्ते ॥

– इति श्रीमद्देवायण ब्रह्मकल्पे तृतीय खण्डे लव मण्डलान्तर्गत:कुशध्वज वर्गे पाताल सद्मे अर्बुद कर्तृक कलि उपासना वार्ता कथन नाम: तृतीय संवर्ग ।

— ✯ —

॥ चतुर्थ संवर्ग ॥

शिव वचन

कलि आज्ञा यथा प्राप्त महासिंधु परित्यजि ।
उठे सर्वे दले दले सर्पकुल महीतले ॥
कलि-कार्य प्रयोजने करे पूर्ण महीतल ।
रहि सर्व अलक्ष्यिते संयोग स्थापि सागरे ॥
अर्बुद निलये कलि नित्य हर्षे अवस्थित ।
मोदित पृश्नि अर्बुद अवस्थाने गृहे कलि ॥
सर्पकुल दले दले भ्रमे नित्य धरातले ।
बहु प्राणी करे क्षय नर:कुल समन्वित ॥
हेथा वर्ष शत प्राय लव राज्य अतिक्रमे ।
भृगु स-मुनि मण्डले पुण्यकार्य प्रचालने ॥
सर्व व्यापी पुनर्वार राम नाम परायण ।
सर्व हर्ष समायुत सर्व दिव्य चतुर्दिके ॥
स्वर्ग राज्य महीतले इन्द्रतुल्य यथा लव ।
रामचन्द्र प्रभावित सर्व पुण्य समीक्षित ॥
नित्य यज्ञ तपोवने दान व्रत गृहे गृहे ।
नित्य धर्म नर:कुले धर्म शक्ति गणावृत ॥
दुष्टकार्य दुराचार लज्जाकृत निवारित ।
लक्ष्मीश्री दृष्ट सर्वत्र कर्दमता परित्यजि ॥
विमूढ़त्त्वे जयी मेधा सर्व भ्रांति जयी स्मृति ।
आलस्य वर्जने कर्म कीर्त्ति नित्य प्रतिष्ठित ॥
दया सर्वे परिव्याप्त अक्षमता जय क्रमे ।
क्षमा सर्वे समाच्छन्न क्रोध रिपु विताड़ने ॥
रिपु सर्व निवारित त्यागे नित्य निरस्पृह ।
इथे शान्ति परिव्याप्त सर्व क्षेत्रे महीतले ॥
देवतुल्य यथाकाले भ्रमे नर: धरातले ।
रामचन्द्र स्वयं प्रभु यथा नित्य विराजित ॥
एतन्मध्ये भुजंगम सर्व जन अगोचरे ।
मृत्युशक्ति प्रचालित लोक क्षये समायुत ॥
एतद् कार्ये परिभ्रमे सर्पकुल चतुर्दिके ।
मर्त्ये कार्य परिस्थिति कहे नित्य कलिप्रति ॥
तद् वार्ता श्रवणे कलि रहे मौन मतामते ।
संगृहीत यथा वार्ता कहे नित्य भुजंगम ॥

सर्व शुभ सुमंगले अपघात निरीक्षिया ।
त्रिता चित्ते विचंचल लोक क्षय निवारणे ॥
भ्रमे नित्य चतुर्दिके मृत्युशक्ति निवारणे ।
मृत्यु शक्ति नहे दृष्ट अपघात क्रमागत ॥
तदन्तरे परिज्ञात सर्पकुल प्रभावित ।
मृत्युशक्ति समाश्रित साक्षात् काल स्वरूपित ॥
द्विता वार्ता यथा श्रुत त्रिता स्वयं सचेतन ।
कार्य स्थिरे निजप्रति राम अग्रे उपस्थित ॥
रामचन्द्र स्वयं कक्षे रुद्धद्वारे निरीक्षिल ।
आचम्बिते पुरोभागे त्रिता पुण्य युगाधिपे ॥
रामचन्द्रे कहे नमि स्वागत हे युगाधिप ।
किंवा आज्ञा ममप्रति कह अद्य अनुष्ठिव ॥

त्रिता वचन

करि तोमा शुभाशिष राघव हे महाबली ।
यथा कार्ये समागत अवधान कर स्थिरे ॥
जाह मर्त्य परित्यजि रामचन्द्र स्वयं प्रभु ।
मम काल समापित कार्यावली मने स्मरि ॥
अपघात समारम्भ अकाले जीव सर्वते ।
पुनः अधर्म वर्धित सर्पकुल समाश्रये ॥

श्रीराम वचन

अकाल मृत्यु कारण कह शीघ्र युगाधिप ।
धरि पुनः धनुर्बाण करि सर्व निवारण ॥

त्रिता वचन

सर्पकुल परिव्याप्त भूतले कलि चालित ।
यज्ञ धर्म परायणे दंशे तीव्र हलाहले ॥
प्रत्यक्षे ना समागत कार्य सर्व अगोचरे ।
कर्मव्यस्त घुमंत वा अमनस्क यवे नर ॥
अकाले मृत्यु जीवने अर्ध कलि प्रभावित ।
देव निन्दा पदेक यद् करे पूर्वे निवारण ॥
अकाले मृत्यु जीवने देव निन्दा तदूपरि ।
अर्ध सत्य रहे मात्र अर्ध मिथ्या प्रभावित ॥
एतद् क्षेत्रे द्विता कार्य मम कार्य नहे शुन ।
पूर्वे एतद् महादेवे रामचन्द्र यथा स्थिर ॥
तव कार्य समाश्रित युद्धोद्यम नहे पुनः ।
जय निन्दा चतुर्दिके हेर राम निरन्तर ॥
हेर ऐन्द्र जय म्लान जये निन्दा दिने दिने ।
राक्षस विजयी राम सीतादेवी परित्यजि ॥
पुत्रहस्ते पराजित पुत्रे राज्य प्रदानिले ।
अयश राघवे एतद् कहे सर्व चतुर्दिके ॥
रामचन्द्रे यथा जय पुत्रहेतु विनिर्जित ।
अश्वमेध नहे पूर्ण पुत्र-युद्धे पराजये ॥
जयी पुत्र लभे राज्य रामे जय किंवा कहि ।
एतद् वाक्य प्रजाकुल कहे नित्य दिके दिके ॥

देव-जय विनिन्दित जय स्वर्ग परित्यजे ।
सर्वाधिक बली विष्णु देव जय तथास्थले ॥
तव जये प्रतिष्ठित देव जय स्वरालये ।
पूर्वतुल्य नहे स्वर्गे एवे जय स्वरच्युत ॥
स्वयं देव स्वरत्यजे देव निन्दा प्रचारिते ।
सूर्यकुले महत् पुण्ये जय इन्द्र प्रतिष्ठित ॥
करि युद्ध पितापुत्रे देव जय विनिन्दित ।
स्वर्ग च्युत यथा जय लवे राज्य प्रदानिले ॥
लव इन्द्र हवे शुन त्यजि मर्त्य अतःपरे ।
कहि तत्त्व यथायथ शुन स्थिरे महाबली ॥
साक्षात् सूर्य स्वरूपित सूर्यवंशे प्रकाशित ।
रामचन्द्र स्वयं विष्णु अवतीर्ण महीतले ॥
अर्यमन्-रूप लक्षण देव अंश समुद्भव ।
सूर्य अग्रे तमः जये चले योद्धा यथामत ॥
तद् पश्चाते ऊषागत ऊषा क्रमे तिरोहित ।
ऊषागते यथा सूर्य करे जगत् विभास्वर ॥
सीता अन्ते तथामत तव राज्य समुज्वल ।
एतद्काले समापित हेर रात्रि समागत ॥
रात्रि घोरे नहे कार्य ममप्रति कदाचन ।
वैकुण्ठे चलह प्रभु मर्त्यधाम परित्यजि ॥
तुमि मर्त्य परित्यागे कालचक्र त्यजि स्वयं ।
संग्रामे कलि संहति द्विता हस्ते प्रदानिया ॥
चल रामचन्द्र भुवन त्यजि ऊर्ध्वे कर मर्त्य जीवन समापित अद्य ।
त्यजि कालचक्र मम कार्य समाप्ते उठिवे द्विता कलि निवारण कार्ये ॥

- इति श्रीमद्देवायण ब्रह्मकल्पे तृतीय खण्डे लव मण्डलान्तर्गतः कुशध्वज वर्गे श्रीराम-त्रिता साक्षात्कार वार्ता नामः चतुर्थ संवर्ग ।

— ☆ —

॥ पंचम संवर्ग ॥

श्रीराम वचन

शुन त्रिता युगाधिप एतद् पूर्वे मम स्थिर ।
मर्त्य धाम परित्यजि मम कार्य समापित ॥
केवल ऋषि कारणे अवस्थाने महीतले ।
शतवर्ष पुनः स्वयं करि त्रिता निरूपण ॥
एतद् वर्ष शत प्राय अतिक्रांत मने स्मरि ।
स्वल्प काल रहे मात्र मर्त्य त्याग तदन्तरे ॥
मत प्रति केवल प्रश्न जये निन्दा किं कारणे ।
पिता पुत्रे जयाजये निन्दा वाक्य किंवा तथा ॥
जय स्वर्ग परित्यजे किं कारणे युगाधिप ।
कोथा जय अवस्थित जय क्षेत्रे किंवा गति ॥

शिव वचन

रामचन्द्रे यथा प्रश्न उत्तरे आप्त्य नन्दन ।
कहि राम पुरा स्मृति अवधान कर स्थिरे ॥

त्रिता वचन

कथित कवषैलुषि कृषिक्षेत्रे अवस्थित ।
कुल्मलदुहिता हरि अलक्ष्मी नाम वर्णिता ॥
अलक्ष्मी कुल्मलात्मजा कवषे यद् विवाहित ।
अत्र गर्भे समुद्भवे अक्ष मौज सुतद्वय ॥
कवष शुक्र पालित क्षेत्रपति मने स्मर ।
प्रगाथि कवषक्षेत्रे शुक्रकृत प्रतिष्ठित ॥
कालचक्र विधारणे लभे विद्या सुगोपन ।
अधर्म सह बंधुत्त्वे मृत्युशक्ति विवाहित ॥
तद् कवषे सुतद्वय अक्ष मौज यथा स्मृति ।
कितव अक्षनन्दन शुक्रतेजे समुद्भवे ॥
अति तेज विधारणे यद्काले कितवोद्भव ।
प्रसन्न दर्शने कलि अक्षपुत्र निरीक्षिया ॥
यद् कितव कलिप्रिय कलिकृत समादरे ।
वर्धे नित्य महाबले सर्व जगत् भयप्रद ॥
कलि शस्त्र प्रदानिल कितव अक्षनन्दने ।
नाना शास्त्र विशारद अक्षात्मज महाबल ॥
शुक्राचार्य प्रदानिल यद् विद्या कितवप्रति ।
सर्व लोक वशीकरी सर्व मन विमोहन ॥
कहिते किं जगत्प्रभु यथा विद्या विमोहने ।
देव स्वयं प्रभावित जगत् सृष्टि परित्यजे ॥
यद् विद्या कितवे शुन कैतव-वाद वर्णित ।
कलियुगे यथा विद्या हवे सर्वजन प्रिय ॥

श्रीराम वचन

तद् कितवे किंवा कार्य कह त्रिता युगाधिप ।
यथा विद्या प्रभावित देव स्वयं तिरोहित ॥

त्रिता वचन

हे राघव कहि क्रमे यथा वार्ता अत:परे ।
मौज अक्ष सहोदर अलक्ष्मी गर्भसम्भव ॥
मौजकन्या समुत्पन्ना निन्दा नाम यथा स्मृति ।
निन्दा सर्व भयंकरी सर्व लोक भयप्रदा ॥
मौजकन्या निरीक्षिया अति हृष्ट शनैश्चर ।
जात कन्या समादरे निन्दा आख्या प्रदानिल ॥
मौजवान शनैश्चरे निन्दाभार प्रदानिल ।
हेरि कन्या अति प्रिया सूर्यपुत्रे मनोमत ॥
निन्दा-कन्या यथा प्राप्त मौजवाने प्रदानित ।
स्व-कार्य साधने शनि शिक्षा दाने समायुत ॥
कहित नित्य एरूप निन्दाप्रति शनैश्चर ।
हे निन्दा कर दर्शन जगत् सृष्टि चराचर ॥
मम पिता त्रिवस्वाने एतद् सृष्टि प्रकाशित ।
वैमात्रेय यम-भ्राता यद् कथित ममाग्रज ॥
आधिपत्य करे शुन शान्ति कन्या-समन्वित ।
सह पत्नी त्रयोदश त्रैलोक्य स-चराचर ॥

धर्म आख्या लभे यम ऋषिकुल प्रशंसित ।
धर्मराज्य निरीक्षह सर्व शान्ति प्रभावित ॥
अहं पुत्र विवस्वाने ऋषिकुल विनिन्दित ।
पितृक्षेत्रे स्वयं अंशे स्वाधिकारे प्रवंचित ॥
हे निन्दा शुन तद् परे मम कार्य यथा स्थिर ।
स्वयं अंश उपार्जने ऋषिकुल विताड़न ॥
ऋषिकुल विताड़ने स्वयं जगत् प्रभाविव ।
देव काल विताड़ने काल-मूर्त्ति हवे कलि ॥
सख्यता स्थापने स्वयं दानि स्वसा कलिप्रति ।
कालशक्ति स्वरूपिणी हवे मृत्यु भयंकरी ॥
देवगुरु जगत्गुरु यथा प्राज्ञ बृहस्पति ।
एतद् क्षेत्र प्रभाविवे शुक्राचार्य स्वयं बले ॥
धर्मक्षेत्रे विराजिव स्वयं पत्नीकुलावृत ।
कन्याहीन यथा स्वयं तोमा पद प्रदानिव ॥
धर्मराज्ये यथा शान्ति तद् मत भ्रमिवे तुमि ।
प्रभाविया जगत् सर्व मम कन्या स्वरूपित ॥
एतद् पद तरे निन्दा यथा शिक्षा प्रदानिव ।
मम कार्य प्रयोजने वयोवृद्धि क्रमे शुन ॥
रत सूर्यनन्दन शनैश्चर वाक्ये कहि वाक्य गुह्य शुन हे तुमि निन्दा ।
मम काम्य ताड़न ममाग्रज धर्मे त्रिजगत् उपास्य विनये अमरत्वे ॥

- इति श्रीमद्देवायण ब्रह्मकल्पे तृतीय खण्डे लव मण्डलान्तर्गतः कुशध्वज वर्गे श्रीराम-त्रिता संवादे निन्दा कितवोद्भव वार्ता नामः पंचम संवर्ग ।

— ✯ —

॥ षष्ठ संवर्ग ॥

श्रीराम वचन

शुनि अत्याद्भुत स्मृति अधर्मे यद् युगाधिप ।
निन्दाप्रति यथा शिक्षा कह एतद् महात्मन ॥

त्रिता वचन

एतद् उक्त शनैश्चरे निन्दाप्रति यवे शुन ।
कहे ह्यष्टान्तरे निन्दा एतद् वाक्य शनिप्रति ॥
तव कार्ये यथा शिक्षा ममप्रति प्रदानह ।
एतद् हर्षे अनुष्ठिव अहं नित्य सुनिश्चय ॥
तद् वाक्य श्रवणे शनि अति हर्ष समायुत ।
निन्दाप्रति समादरे शिक्षारम्भे कहे क्रमे ॥
हे निन्दा कर दर्शन देव नामे युगाधिप ।
जगत्सृष्टि प्रभाविया हेर अद्य विराजित ॥
एतद् देव प्रभावित धर्म नित्य प्रवर्धित ।
इथे शान्ति जगन्मय परिव्याप्त निरीक्षह ॥
अन्य स्वर्गे निरीक्षह देव जय प्रतिष्ठित ।
यद् प्रभावे जगन्मध्ये मम तेज अकारण ॥

कालचक्र विधारणे यदि देव अवस्थित ।
ऐन्द्र जय यद्क्षण स्वर्गधामे विराजित ॥
मम तेजे प्रभाविते जगत् सृष्टि नहे क्षम ।
एतद् हेतु यथा कार्य कहि गुह्य तवप्रति ॥
हे निन्दा करि आश्रय तुमि देव युगाधिपे ।
पुण्य कार्ये प्रचालना कालचक्रे कर च्युत ॥
कालचक्र परित्यजि यवे देव तिरोहित ।
कर स्वर्गे जयाश्रय स्वर्गच्युति तरे जये ॥
देव जय तिरोधाने स्वयं जगत् प्रभाविव ।
मत तेजसे महत् हर्षे तुमि विश्व विहारह ॥
आश्रय करिते देवे किं प्रकार किंवा पथ ।
जिज्ञासिल यवे निन्दा उत्तरिल शनैश्चर ॥
यथाकाले प्रवेशिव अद्य निन्दा रह स्थिर ।
अन्य शिक्षा प्रयोजन कहि अग्रे तथामत ॥
यद् प्रिय जगते शान्ति देव ऋषि समादृत ।
विपरीत हवे निन्दा तव कार्य गुणावली ॥
जाहे जगत् हवे भीत देव क्षोभ प्रवर्धने ।
ऋषिकुले घृणा वर्धि नित्य जगत् विहारह ॥
कौमार्ये रहिया शान्ति नित्य देव ऋषि प्रिय ।
विपरीत हवे गुण तवप्रति सुनिश्चय ॥
प्रसन्न वदने जगत् करे शान्तिः उपासना ।
तव गुणे जगत् निन्दा अप्रसन्न हवे सदा ॥
एतद् रूपे दिने दिने दाने शिक्षा शनैश्चर ।
विपरीत यथा गुण शान्तिप्रति तदक्रमे ॥
एतद् रूपे दिवा क्रमे तद् निन्दा प्राप्त यौवन ।
मद गर्वे स्व-यौवने नाना क्षेत्रे मनोमत ॥
पूर्वे उक्त तवप्रति कितव अक्षनन्दन ।
कलिकृत सुपालित मृत्यु सद्मे प्रवर्धित ॥
कितव कहिते वाक्य सुचातुर्य लभे शुन ।
कितवे त्यजिते क्षम नहे केह कदाचन ॥
कितव सकल-प्रिय रूपे विद्या लभे यथा ।
एतद विद्या प्रभावित सर्व क्षेत्रे परिभ्रमे ॥
स्वयं विद्याबले पशे कितव अक्षनन्दन ।
सर्व क्षेत्रे मनोमत सर्व जन अवारित ॥
कितव एकदा शुन छायाक्षेत्रे उपस्थित ।
स्वयं इच्छा मनोमत नाना क्षेत्र परिभ्रमि ॥
छायाक्षेत्रे उपस्थिते मौजकन्या निरीक्षिल ।
निज स्वसा नहे ज्ञात भिन्न क्षेत्रे सुपालित ॥
खुल्लतात यथा मौज सम्बंधे कितवप्रति ।
एतद् कन्या स्वसा निन्दा अज्ञात कितवे इहा ॥
निन्दा-रूप निरीक्षिया छायाक्षेत्र प्रभावित ।
यद् प्रभाव शनैश्चरे कितव मुग्ध दर्शने ॥
निन्दा-रूपे यथा मुग्ध कितव अक्षनन्दन ।
अत्र क्षेत्रे करे स्थिति निन्दा-हेतु अतःपरे ॥
निन्दा प्राप्ति तरे नित्य करे कार्य सुकौशल ।
काल संधानिते रत स्वीय वाक्य निवेदिते ॥

हे निन्दा तव कारणे एतद् क्षेत्रे करि स्थिति ।
हओ तुमि ममप्रिया एतद् काम्य ममप्रति ॥
ए वाक्य कहिते सत्य काम्य क्षेत्र सुनिर्जन ।
तद् सुयोग अत:परे कितव प्राप्त राघव ॥
एकदा पुष्पकानने लब्ध साक्षात् परस्परे ।
कितव कहिते वाक्य कहि पूर्वे विशारद ॥
कितव वचने मुग्ध त्वरित आत्म विमोहित ।
कितवे लभिते निन्दा क्रमे चित्ते विचंचला ॥
एतद् रूपे परस्परे समासक्ता यवे शुन ।
बाहुबद्धा अत:परे तद् मिलने कृत स्थिर ॥
एतद् वाक्य परस्परे शनिप्रति निवेदिल ।
असम्मत शनैश्चर संक्रुद्ध कितवप्रति ॥
कितवे निवेदित दिवाकर पुत्रे लभिते स्व-काम्य मिलने स्त्रीयनिन्दा ।
श्रवणे शनैश्चर कहे दृढ़ कण्ठे कह अक्षनन्दन असम्भव वार्ता ॥

- इति श्रीमद्देवायण ब्रह्मकल्पे तृतीय खण्डे लव मण्डलान्तर्गत: कुशध्वज वर्गे श्रीराम-त्रिता संवादे कितव-निन्दा साक्षात्कार नाम: षष्ठ संवर्ग ।

— ✯ —

॥ सप्तम संवर्ग ॥

त्रिता वचन

शनि वाक्य यथा श्रुत कितव क्षुब्ध अंतरे ।
अत्र क्षेत्र परित्यजि यथा त्वरित बहिर्गत ॥
कितव त्यजिले क्षेत्र शनि चिन्ता समायुत ।
मौज पार्श्वे सुरक्षणे कृत स्थिर अत:परे ॥
कार्य स्थिरे शनैश्चर निन्दा संगे परिग्रहि ।
मौजगृहे उपस्थिते मौजवाने कहे इहा ॥
हे मौज तव दुहिता तव पार्श्वे सुरक्षह ।
यत्रकाले नहे शक्य निन्दा विश्वे प्रतिष्ठिते ॥
यथा क्षेत्र निरूपणे मम कार्य प्रयोजने ।
निन्दा विश्वे प्रतिष्ठिव जगत् शान्ति विताड़ने ॥
कहि एतद् शनैश्चर मौज पार्श्वे सुरक्षणे ।
सूर्यपुत्र परित्यजे अत्र क्षेत्र यवे शुन ॥
मौजवान कहे वाक्य कन्या गृहे कर स्थिति ।
मम कन्या यथा तुमि सूर्यपुत्रे सुपालित ॥
एवे गृहे समागता हे निन्दा प्राप्त यौवना ।
शिक्षा प्राप्त यथा तुमि एवे पति परिग्रह ॥
उत्तरिला मृदुस्वरे एतद् निन्दा शिरानते ।
पिता तुमि यथा कह योग्य वाक्य इहा तव ॥
यौवन प्राप्त दुहिता आज्ञा दान विवाहते ।
किंतु कहे शनैश्चर विवाह परिवर्जने ।
शान्तितुल्य अवस्थाने कौमार्य अवलम्बने ॥
शान्तिस्थले प्रभाविते जगत् सृष्टि पिता शुन ।
अधर्म दुहिता रूपे धर्मकन्या विताड़ने ॥

एतद् वाक्य यथा श्रुत मौज हृष्टान्तरे कहे ।
इत्याधिक किंवा पद कह लभ्य विवाहते ॥
अधिकारी यथा मम धर्माधर्म जगत् त्रये ।
धर्मकन्या यथामत हओ निन्दा तथामत ॥
तेज-विद्या समाश्रये शनिकन्या स्वरूपित ।
हओ लोक प्रभाविका मम काम्य किंवाधिक ॥
एतद् वार्ता परस्परे हृष्टान्तरे अत:परे ।
मौजवानगृहे निन्दा अत्रकाले करे स्थिति ॥
तद् काले अक्ष यौवना भ्रातुष्पुत्री निरीक्षिल ।
रूपमुग्ध तथा अक्ष मौजवाने निवेदिल ॥
हे मौज तव दुहिता मम हस्ते प्रदानह ।
वय:प्राप्ता यथा कन्या विवाह ना किं कारणे ॥
उत्तरिल तथा क्रोधे मौज अक्षे इहा शुन ।
शिशुकन्या किं कारणे प्रार्थी तुमि ममाग्रज ॥
ज्येष्ठ तात: यथा तुमि भ्रातुष्पुत्री किं कामना ।
एतद् इच्छा परित्यज मति भ्रांति तवप्रति ॥
उपरंतु यथा आज्ञा निन्दाप्रति शनैश्चरे ।
विवाह परिवर्जने अवस्थाने पिता सह ॥
तद् वाक्य श्रवणे क्रुद्ध कहे अक्ष सहोदरे ।
उपदेश किं कारणे कन्या त्वरित प्रदानह ॥
नहे आज्ञा तवप्रति पत्नी कन्या परित्यजि ।
हओ शीघ्र विदूरित नतुवा प्राण संशय ॥
अक्ष वाक्य यथा श्रुत मौज भीतान्तरे चले ।
त्यजिया कवषक्षेत्र संधानिते शनैश्चरे ॥
हेथा अक्ष निरीक्षिल मौज गृह परित्यजे ।
हृष्टान्तरे परिग्रहे अत्र भार्या स-दुहिता ॥
अक्ष इच्छा मनोमत पत्नी कन्या परिग्रहि ।
कामक्रीडा परायण एकत्रे जननी सुता ॥
हे राघव किं वीभत्स अक्ष कार्य निरीक्षह ।
भ्रातृपत्नी सुता ग्रहि काम-क्रीडा परायण ॥
एतद् क्रीडा फले राम निन्दा गर्भ समुद्भवे ।
यद् गर्भे जात दानव हिरण्याक्ष महाबल ॥
शुन अक्ष मूढ़मति यौवनतृष्णे अपरूप दर्शित विमोहित चित्ते ।
विहरे सकाम सबले उपगम्ये धृत तेज गर्भ अति मोहित निन्दा ॥

- इति श्रीमद्देवायण ब्रह्मकल्पे तृतीय खण्डे लव मण्डलान्तर्गत: कुशध्वज वर्गे श्रीराम-त्रिता संवादे अक्ष कर्तृक निन्दागर्भोत्पत्ति वार्ता कथन नाम: सप्तम संवर्ग ।

— ✯ —

॥ अष्टम संवर्ग ॥

श्रीराम वचन

किं विचित्र कह त्रिता निन्दा जगत् विनिन्दिता ।
अक्ष गर्भ विधारणे किंवा कार्य अनुष्ठित ॥
मौजवाने किंवा कार्य किं कार्य कितवे कह ।
किंवा कार्य शनैश्चरे हिरण्याक्ष समुद्भवे ॥

त्रिता वचन

अत्याद्भुत यथा स्मृति निन्दा कार्ये शुन क्रमे ।
अक्ष-गर्भ विधारणे स्वयं लज्जा समायुत ॥
शनि आज्ञा विलंघने भयोद्भवे निजान्तरे ।
अतएव करे स्थिर भय लज्जा निवारणे ॥
अक्षगृह परित्यजि महारण्ये प्रवेशिते ।
शोके गर्भ प्रदर्शने यथा भीता निजान्तरे ॥
तद् हेतु एकदा रात्रे अक्षगृह परित्यजि ।
महारण्ये प्रवेशिल सर्व जन अगोचरे ॥
एस्थले मौज सत्वरे पत्नी पुत्री परित्यजि ।
चले त्वरित निवेदिते भ्रातृ द्वन्द्व शनैश्चरे ॥
शनि अग्रे उपस्थिते अक्ष वाक्य यथा क्रमे ।
मौजवान निवेदिल कुपित श्रवणे शनि ॥
तेजस्चक्र विधारणे त्वरित गति समुत्थित ।
मौजप्रति कहे गर्जि चा अक्षे निरीक्षिव ॥
मम आज्ञा अतिक्रमि कहे वाक्य किं कारणे ।
यथा शास्ति प्रदानिव ममाज्ञा अवहेलने ॥
गर्जमान शनैश्चरे हेरि तुष्टान्तरे चले ।
अक्ष क्षेत्रे त्वरित मौज छायापुत्र समन्वित ॥
कियत् मास अतःपरे मौज शनि समाश्रित ।
गृह शून्य निरीक्षिल स्वीय सद्म प्रवेशिया ॥
पत्नी कन्या हरे अक्ष एतद् क्षोभ समायुत ।
आर्तनाद परायण अति क्रुद्ध शनैश्चर ॥
गर्जिते गर्जिते शनि अक्षद्वारे उपस्थित ।
अक्ष अक्ष महारवे यवे शनि निनादिल ॥
तद् क्रुद्ध शनि गर्जने अक्ष भीतान्तरे रड़े ।
अन्य द्वारे बहिर्गमे स्वीय सद्म परित्यजि ॥
आत्म रक्षा तरे अक्ष वनाश्रय करि स्थिर ।
शनि कोप भयंकर किंवा रक्षा तथास्थले ॥
हेथा शनि पुनः पुनः आह्वाने अक्ष गर्जने ।
तवु ना अक्ष निर्गत क्रोधे पुरे प्रवेशिल ॥
मौज पत्नी निरीक्षिल अक्ष पत्नी समन्वित ।
निन्दा ना प्राप्त सेस्थले अक्ष गृहे अदर्शित ॥
चिन्ते शनि तथा हेतु अक्ष निन्दा परिग्रहि ।
अन्य क्षेत्र करे गति यथा सर्व सुनिर्जन ॥
वृद्धा पत्नीद्वय त्यजि निन्दा तद् बालिका ग्रहि ।
अक्ष गृह परित्यजे एतद् शनि निरूपणे ॥
एतद् चिन्ता समायुत अक्ष गृह परित्यजि ।
दृष्ट पलायने रत अक्ष दूरे शनैश्चरे ॥
यद् क्रुद्ध सूर्यनन्दन हेरि अक्ष पलायन ।
तद् पश्चाते प्रधावने वने तिरोहित स्मरि ॥
शिरच्छेद करि स्थिर चक्राघात करे त्वरा ।
एतद् चक्र महातेजे करि नभः समुज्वल ॥
करि शब्द भयंकर अक्ष स्कंधे निपातित ।
चक्राघात शिरच्छेद्य तदक्ष शुन राघव ॥

अति कोपने ज्वलिल धावित वेगे स्मरि अक्ष शासन शनैश्चर गर्जि ।
अवहेलने शनि अतिक्रमि आज्ञा लभि चक्रघातन विलुंठित मुंड: ॥

– इति श्रीमद्देवायण ब्रह्मकल्पे तृतीय खण्डे लव मण्डलान्तर्गत: कुशध्वज वर्गे श्रीराम-त्रिता संवादे शनि कर्त्तृक अक्ष वध वार्ता कथन नाम: अष्टम संवर्ग ।

— ★ —

॥ नवम संवर्ग ॥

त्रिता वचन

वधि अक्षे शनैश्चर संधानिल चतुर्दिके ।
निन्दा ना प्राप्त तद् परे मौजप्रति कहे इहा ॥

शनि वचन

स्वाच्छन्दे तुमि हे मौज अक्ष क्षेत्रे कर स्थिति ।
निहत अक्ष यद् शस्त्रे स्वीय भार्या परिग्रह ॥
अक्षपत्नी समन्वित तद् गृह कर पालन ।
स्वयं निन्दा निरीक्षिव संधानिया चतुर्दिक ॥

त्रिता वचन

कहि एतद् शनैश्चर मौजवाने अत:परे ।
कृषिक्षेत्र परित्यजे निन्दा संधानिते त्वरा ॥
दूतकुल नियोजिल शनि निन्दा निरीक्षिते ।
तद् निन्दा गहने पशि एकाकिनी परिभ्रमे ॥
यदि श्रुत वने शब्द रहे आत्म सुगोपने ।
पत्रच्छाये यथा कुंज किंवा रंध्र निरीक्षिया ॥
फलमूल परिग्रहि करे क्षुधा निवारण ।
निर्झरापे परिग्रहि करे तृष्णा विदूरित ॥
गभीर रात्रिते निन्दा प्रवेशि गिरि गह्वरे ।
निद्रा क्लांति हरे स्वयं यथा काम्य मनोमत ॥
एतद् रूपे अतिक्रमे दश मास यवे शुन ।
सर्व जन अगोचरे निन्दा आत्म सुगोपने ॥
तद् परे गर्भ वेदना अनुभवे यवे शुन ।
मृत्युकाल उपस्थित निजप्रति मने स्मरे ॥
के रक्षिवे निराश्रये गहने प्राण संकटे ।
एतद् गर्भ विमोचने के रक्षिवे अचेतने ॥
एतद् चिन्ता समायुत वर्धित वेदना क्रमे ।
लक्ष्यहीन चले क्रमे प्रहरेक अत:परे ॥
परिदृष्ट तथास्थले गहने मुनि आश्रम ।
किञ्चित् शान्त निजान्तरे निन्दा गति स्थिराचल ॥
अधिक वेदना गर्भे अत्र क्षेत्रे निपातित ।
पतित अर्ध चेतने स्वीय गर्भ विमोचिल ॥
निन्दा गर्भ विमोचने रहे क्षण अचेतन ।
तद् पार्श्वे नवजातक घोर रव परायण ॥
तद् कण्ठे विषम ध्वनि भीत निन्दा निजान्तरे ।
लोकागम मने स्मरि पुत्र रव निवारणे ॥

स्वयं वक्षे परिग्रहि स्तन्य दान समायुत ।
एस्थले मुनि एलुष कवषे यद् पिता स्मर ॥
बहुकाल गत स्मृति गृह धर्म परित्यजि ।
अक्ष क्षेत्रे करे स्थिति यज्ञ तपः अनुष्ठिते ॥
ज्ञान प्राप्त तदेलुष सर्वासक्ति विवर्जने ।
एकाकी गहनाश्रमे ब्रह्म ध्यान परायण ॥
आत्मध्याने अवस्थाने तद् रव एलुषे श्रुत ।
उत्थित विस्मितान्तरे शिशु रव किं कारणे ॥
निशान्त प्राय भूतले सर्व स्तब्ध चतुर्दिके ।
शिशु रव यथा श्रुत अत्र दिके चले त्वरा ॥
कियत् दूर समागमे रव शान्त तथापिह ।
अग्रसरे निरीक्षिते पूर्व शब्द यथा श्रुत ॥
हेथा जन समागम हेरि निन्दा कियत् दूरे ।
भय प्राप्त निजान्तरे त्वरित पुत्र परित्यजे ॥
लोक साक्षात् भये भीता तथा पुत्र परित्यजि ।
पशुकुल यथामत करे द्रुत पलायन ॥
निन्दा भये प्रधावित त्यजेलुष निरीक्षिल ।
पुत्र क्रोड परित्यक्त महारव परायण ॥
हेरि शिशु पुरोभागे घोर शब्द समायुत ।
त्वरित वक्षे परिग्रहे एलुष नवजातके ॥
नियुक्त मातृ संधाने तदन्तरे चतुर्दिके ।
अंधकारे नहे प्राप्त ऊषागम क्षणान्तरे ॥
अप्राप्त जननी प्राज्ञ निजाश्रमे प्रवेशिल ।
पुत्रस्नेहे समागम हवे स्मरि अतःपरे ॥
नियुक्त पालने शिशु दुग्ध आस्ये प्रदानिया ।
तपः ध्यान परित्यजि एलुष मुनि सत्तम ॥
एतद् रूपे अतिक्रमे बहु दिवा तथास्थले ।
शिशुस्नेहे तथा माता प्रत्यागत नहे तवु ॥
एलुष मुनि तद् परे स्वीय पुत्र यथामत ।
नियुक्त पालने स्वयं पितृस्नेह समायुत ॥
शिशु मातृहीन असहाय अरण्ये स्तन-दुग्ध वंचित दयाद्र पर चित्ते ।
नवजातके ग्रहि तदेलुष वक्षे निज आश्रमे पशिल पालन हेतु ॥

– इति श्रीमद्देवायण ब्रह्मकल्पे तृतीय खण्डे लव मण्डलान्तर्गतः कुशध्वज वर्गे श्रीराम-त्रिता संवादे निन्दा कर्तृक गर्भत्याग ओ पलायन वार्ता कथन नामः नवम संवर्ग ।

— ✯ —

॥ दशम संवर्ग ॥

त्रिता वचन

एस्थले शुन तद् परे निन्दा पुत्र परित्यजि ।
गर्भभार विमोचिता किञ्चित् शान्त निजान्तरे ॥
कियत् दिवा अतःपरे नाना चिन्ता समायुत ।
पुत्र हेतु विषेशत आकर्षिता क्षणे क्षणे ॥
क्षोभयुक्त चले निन्दा वनपथ अतिक्रमि ।
नाहि एकस्थले स्वस्ति पुत्रहारा प्रवेदने ॥

अनुभवे निजान्तरे एकाकी निःस्व जीवने ।
भ्रमिते भ्रमिते निन्दा नदीतटे उपस्थित ॥
हेरि स्त्रोतस्वती नदी स्पृहा प्राण विसर्जने ।
स्मरे निन्दा महादुःखे किं जीवन अतःपरे ॥
अक्ष संग यथा कृत कितव करि हेलन ।
हवे क्रुद्ध शनैश्चर प्रत्यागति गृहे किंवा ॥
किं आश्रय ममप्रति जगत् त्रये अतःपरे ।
यथा क्रुद्ध शनैश्चर किं स्थिति मम जीवने ॥
यदि साक्षात् पुरोभागे किं कहिवे शनैश्चर ।
हे निन्दा कह सत्वरे किंवा शिक्षा प्रदानिनु ॥
मम कन्या स्वरूपित तुमि जगत् प्रभाविवे ।
यथा पद भविष्यते शान्ति जगत् विताड़ने ॥
ए सर्व अद्य कल्पना स्वप्नसम तिरोहित ।
कोथा जगत्त्रये स्थान ममप्रति अतःपरे ॥
मत तुल्य सर्व ताड़िते पुनर्वार किं आश्रये ।
केवा निन्दा समादरे कहिवे प्रेमभाषण ॥
एतद् चिन्ता समायुत निर्झरे अति वेदने ।
स्वीय प्राण विसर्जने कृत स्थिर निजान्तरे ॥
तद् नदी पुलिने निन्दा शिरानते विनिर्झरे ।
जन शून्य यथास्थले किंवा अन्य समागम ॥
कितव शुन एस्थले शनि सद्य परित्यजि ।
नानाक्षेत्रे परिभ्रमे मृत्युभूमि विवर्जने ॥
निन्दा चिन्ता निरन्तर कितवाच्छन्न केवल ।
शुनि वाक्य अतिक्रमि निन्दा लाभ किंवा पथे ॥
तद् परे एकदा श्रुत निन्दा मौजालये स्थित ।
विस्मये कितवे दृष्ट अत्र क्षेत्रे उपस्थिते ॥
चक्राघाते महाकोपे वधे अक्ष शनैश्चर ।
अक्ष वध किं कारणे वार्ता हेतु परिभ्रमे ॥
तद् परे कृत संग्रह संवादे तद् यथा क्रमे ।
मौज इच्छा अतिक्रमि अक्ष निन्दा परिग्रहे ॥
इथे शनि प्रकुपित अक्ष प्राण विनाशिल ।
अक्ष हत यथा श्रुत किञ्चित् तुष्ट निजान्तरे ॥
निन्दा वार्ता तदन्तरे मौज साक्षात् लभि श्रुत ।
अक्ष बले परिग्रहे निन्दा गृह परित्यजे ॥
कातरता यथा निज निन्दा हेतु हृदिस्थले ।
कितव गोपने स्वयं त्वरितपदे बहिर्गत ॥
संधान करिते निन्दा महारण्ये प्रवेशिल ।
एरूपे करि संधान नदीतटे उपस्थित ॥
नदीतटे निरीक्षिल निन्दाश्रु मोचने रत ।
तद्दर्शने यथा हर्षे निन्दा पार्श्वे उपस्थित ॥
नहे ज्ञात तथापिह यद् पार्श्वे कितवागत ।
आत्मगत कहे वाक्य नदीगर्भे प्रवेशिते ॥
यद् प्रेम कितवे मम एतद् वक्षे विधारण ।
सर्वहारा यथा स्वयं जगत् सृष्टि परित्यजि ॥
के बुझिवे अतःपरे निन्दाप्रति किं वेदना ।
कहि यवे समुद्यत नदीगर्भे प्रवेशिते ॥

तद्काले अंस धारणे	कितव कहिते रत ।
निन्दा आत्म विसर्जने	मम वाक्ये रह स्थिर ॥
मम संग परित्यजि	मृत्यु संग किं कारणे ।
किंवा भार तवप्रति	मोरे अंश प्रदानह ॥
तप: क्लिष्ट मुमुर्षते	देव साक्षात् यथामत ।
एतन्मत निपातित	निन्दा आत्म निवेदने ॥
तद् बाहुयुगले वेगे	कितव कण्ठ धारणे ।
वक्ष:स्थले निपातित	कितवाश्लेष वेष्टित ॥
कितवे अकल्पित यदृष्ट अकस्मात्	हृदये प्रहर्षित लभि स्त्रीय निन्दा ।
प्रणयादरे प्रिय कहे धृत वक्षे	चल नीड़ निर्मि रहि सर्व अलक्ष्ये ॥

- इति श्रीमद्देवायण ब्रह्मकल्पे तृतीय खण्डे लव मण्डलान्तर्गत: कुशध्वज वर्गे श्रीराम-त्रिता संवादे निन्दा कितव मिलन वार्ता कथन नाम: दशम संवर्ग ।

— ✯ —

॥ एकादश संवर्ग ॥

त्रिता वचन

एतद् रूपे कतक्षण	अतिक्रमे तथास्थले ।
मौनभावे अवस्थाने	भुजाश्लेषे परस्परे ॥
तद् परे कितवे वाक्य	निन्दाप्रति समादरे ।
हे निन्दा गहने पशि	चल हर्षे विराजिव ॥
सर्व जन परित्यक्त	तुमि अद्य यथामत ।
हेर स्वयं तथामत	तव पार्श्वे उपस्थित ॥
चल वने प्रवेशिया	करि नीड़ सुनिर्मित ।
उभ प्रेमे परस्परे	सर्व सुखे विराजिव ॥
निन्दाश्रय यथा प्राप्त	एतद् वाक्यावली श्रुता ।
सहर्षे दानि सम्मति	उभे वने प्रवेशिल ॥
वनमध्ये प्रवेशिया	भूधर गह्वराश्रये ।
नित्य हर्षे करे स्थिति	फलमूल परिग्रहि ॥
हेथा चर शनैश्चरे	नानाक्षेत्रे परिभ्रमे ।
नित्य संधानिया निन्दा	जनपदे वने वने ॥
पल्ली वा नगरी क्रमे	अरण्य गिरि पर्वते ।
सर्व भ्रमि अत:परे	अत्र क्षेत्रे उपस्थित ॥
दिवसेक निरीक्षिल	निन्दा कितव संहति ।
अत्र क्षेत्रे भुजाबद्ध	वनमध्ये परिभ्रमे ॥
तद्दर्शने यथा त्वरित	शनि चर तिरोहित ।
तद्काले कितवे दृष्ट	शनि-चर समागम ॥
शनि-चर निरीक्षिया	उभये भीत अंतरे ।
कितव कहिते रत	निन्दाप्रति स-शङ्कित ॥
हे निन्दा हेरिले तुमि	शनि-चर समागम ।
एतद् क्षेत्रे अवस्थान	नहे श्रेय अत:परे ॥
चल क्षेत्र परित्यजि	करि अन्यस्थले गति ।
चर एवे निरीक्षिल	प्रभुपदे निवेदिवे ॥
कतक्षणे स्वयं शनि	हवे साक्षात् उपस्थित ।
ए प्रेमबंधने छिन्न	हवे शनि समागमे ॥

उत्तरिल सकातरे निन्दा तद् कितवप्रति ।
एतद् शंका ममप्रति चल अन्यस्थले त्वरित ॥
एतद् स्थिरे परस्परे अत्र क्षेत्र परित्यजि ।
सर्व जन अगोचरे अन्य वने प्रवेशिल ॥
कितव पशिया तथा स्वस्ति प्राप्त नहे तवु ।
निन्दाप्रति कहे वाक्य शनि-शंका समायुत ॥
हे निन्दा शुन ए क्षेत्र नहे शंका विवर्जित ।
कियत् दिवा गते पुनः हवे चर उपस्थित ॥
कहे निन्दा अवस्थान एतद् क्षेत्रे नहे यदि ।
कोथा शंका विवर्जित कोथा शनि निवारित ॥
त्रैलोक्य स-चराचरे कोन क्षेत्रे नहे गति ।
दुर्वार सूर्यनन्दन सर्व लोक भयंकर ॥
एतद् सत्य असंशये कितव कहिते रत ।
शनि सर्व भयंकर शनिश्चक्र ततोधिक ॥
किं प्रकारे निवारण अत्र कोप इहा स्मरि ।
शनि कोपे निपातने भस्मस्मात् कहि निश्चये ॥
उत्तरिल पुनः निन्दा कहि स्मृति यथामत ।
शुन हे कितव प्रिय शनि उक्ति ममप्रति ॥
अक्षम पशिते स्वयं देव क्षेत्रे स्व-तेजसे ।
देव सत्य युगाधिप यथा क्षेत्रे अवस्थित ॥
एतद् देव यद्क्षण काल-चक्रधर स्मर ।
मम तेजष्क्रिया नहे सृष्टिमध्ये ततक्षण ॥
हे निन्दा तुमि यद्काले देवाश्रिता हवे शुन ।
देव जगत् परित्यजि अंतर्हित हवे त्वरित ॥
अत्रकाले जगत् सृष्टि स्वयं तेजे प्रभाविव ।
तुमि कन्या स्वरूपित जगत् सर्व विहारिवे ॥
हे कितव यदि प्राप्त देवाश्रय सुकौशले ।
हवे कार्योत्तम स्मर ए समस्या निवारणे ॥
प्रथमतः हवे रक्षा शनि कोपे निपातने ।
देव सत्य तिरोधाने हवे फल द्वितीयतः ॥
प्रसन्न शनि तद् परे बहु मान्य प्रदानिया ।
जगन्मध्ये प्रतिष्ठिवे स्वयं सृष्टि प्रभाविया ॥
एतन्मात्र पथ श्रेय मम कृत समीक्षित ।
यद्यपि लभिते क्षम देवाश्रय सुकौशले ॥
नहे मृत्यु सुनिश्चय शनि कोप निपातने ।
क्रुद्ध शनैश्चराग्रते केह क्षम नहे स्थिरे ॥
एतद् रूप कथावार्ता परामर्शे करि स्थिर ।
अधर्म क्षेत्र वर्जने धर्म क्षेत्रे प्रवेशिल ॥
कितव वाक् कौशली सुचतुर तथामत ।
येन धर्म परायण पत्नीसह परिभ्रमे ॥
देव नाम सदा जपे देव क्षेत्रे प्रवेशिते ।
देव नाम बिना किञ्चित् वाक्य आस्ये प्रकाशित ॥
सत्य धर्म परायणे विश्वास नित्य सम्बल ।
कितव छद्म कौशले एतन्मध्ये प्रवेशिल ॥
यद्रूप कितवे धर्म कहि राम अनुष्ठित ।
लब्ध देवाश्रय क्रमे सत्यदेवे कलंकिते ॥

कितव प्रविष्ठ सह तद् स्त्रीय निन्दा शुचि शुद्ध भूमि करि भाण कलंक ।
तुषि देव सत्य लभिलाश्रय देवे कहि कौशले मधुर कैतव वाद ॥

- इति श्रीमद्देवायण ब्रह्मकल्पे तृतीय खण्डे लव मण्डलान्तर्गतः कुशध्वज वर्गे श्रीराम-त्रिता संवादे निन्दा-कितवे देव क्षेत्रे प्रवेश वार्ता कथन नामः एकादश संवर्ग ।

— ★ —

॥ द्वादश संवर्ग ॥

त्रिता वचन

देवाधिक किंवा श्रेष्ठ कितव कहिते रत ।
देव सर्व सुमंगले नित्य जगत् हिते रत ॥
सर्व शुभे प्रचालने जगत् कार्ये नियोजित ।
देव अभी कुलोद्भव देव सत्य युगाधिप ॥
देव सर्व सुपालक नित्य सर्वाश्रय स्मरि ।
देव पद महत् अति नमि शत सहस्रश ॥
एरूप कहिया वाक्य धर्म भूमि अतिक्रमे ।
कितव सह तद् निन्दा सर्व जन अगोचरे ॥
देव गुण सुकीर्त्तने छद्मवेश विधारणे ।
कितव वाक् कौशले देव सद्मे उपस्थित ॥
कितव तद् अवारित वाक्ये सर्व विमोहिया ।
देव अग्रे उपस्थिते कहे एतद् शिरानते ॥
हे देव देह आश्रय पुण्य भूमि मनोमत ।
नहे काम्य ममप्रति भोगाचार कदाचन ॥
सर्व भोग विसर्जने पत्नीसह महात्मन ।
तव पुण्य पदार्चने सर्व त्यागे उपस्थित ॥
देव सेवा करि स्वयं नित्य काम्य ममान्तरे ।
हे देव देह आश्रय तव सेवा अनुष्ठिते ॥
पूर्वे उक्त जगत्पति कितव वाक् विशारद ।
अधिगत महाविद्या वाक्ये सर्व प्रभाविते ॥
अपूर्व वाक्य कौशले देव मुग्ध यथास्थले ।
जिज्ञासे कितवप्रति देव स्नेह समायुत ॥
हे कितव प्रकाशह कोन क्षेत्र समागत ।
किंवा कार्य मनोमत कह अद्य प्रदानिव ॥
कितव कहिते रत किंवा स्वयं निरूपिव ।
सेवा मात्र यथा काम्य स्वयं देव कर स्थिर ॥
प्रसन्न श्रवणे देव कहिल कितवप्रति ।
तुमि वाग्मी समीक्षित वाक्य योगे कर स्थिति ॥
यथा वाक्य जगत् जने मम पार्श्वे निवेदिते ।
सदूत्तर जगत् प्रति विश्लेषणे प्रचारिते ॥
एतद् कार्य यथा प्राप्त कितव अति मोदित ।
निन्दासह प्रतिष्ठित वाक्य योगे अतःपरे ॥
तद् हेतु अति सत्वरे कितव कार्य कौशले ।
सर्व वाक्ये विपर्यय समानीत दिने दिने ॥

एके अन्ये यथा वाक्य उक्त बोध्य परस्परे ।
नियुक्त कितव क्रमे एतद् सर्व विपर्यये ॥
कितवे कार्य येमति रंध्र प्राप्त शनैश्चर ।
रंध्रगत प्रवेशिल छद्मवेशे अत:परे ॥
सर्व क्षेत्र परिभ्रमि निन्दा प्राप्त नहे यवे ।
कालचक्रे यथा गति कैतव वाद लक्ष्यित ॥
तद् संदेहे शनैश्चर देव क्षेत्रे प्रवेशिल ।
तथा दृष्ट शनैश्चरे देव पुण्य समाश्रये ॥
कितव कार्य कौशले निन्दा हर्षे अवस्थित ।
तथा निन्दा निरीक्षिया प्रसन्न सूर्यनन्दन ॥
देवलोके रहे निन्दा एतद् काम्य पुरातन ।
एतद् निन्दा प्रकाशिते देव अग्रे करे स्थिर ॥
ऋषि मूर्त्ति विधारणे देव अग्रे उपस्थिते ।
देवप्रति कहे वाक्य हे देव कह केमने ॥
एतद् पुण्य महत् लोके मौजकन्या प्रवेशिल ।
अधर्मे यद् प्रपालित अत्यंत दुष्टचारिणी ॥
पूर्वे अक्ष समन्वित एतद् कन्या विवाहित ।
वधे अक्ष शनैश्चर मौज द्वन्द्व यथा श्रुत ॥
अक्ष हत निरीक्षिया मौजकन्या द्विचारिणी ।
कितव अक्षनन्दन सह गृह बहिर्गत ॥
शनि कोपे नहे स्थान अधर्म भूमिते शुन ।
अधर्मे यद् नहे सह्य देव सह्य किंवा स्मरि ॥
एरूप कहिते वाक्य देव चित्ते सविस्मय ।
एतद् सत्य सुसंग्रह कह मुनि यथामत ॥
कर सत्य निरूपण स्वयं सत्य युगाधिप ।
कितव छलिया तोमा एतद् क्षेत्रे करे स्थिति ॥
आह्वानि कितवे स्वयं जिज्ञासह स्व-तेजसे ।
अंतर्लीन यथा सत्य हवे सर्व प्रकाशित ॥
छद्मवेश हवे क्षय हे देव तव तेजसे ।
आह्वाने कितवे देव ऋषिवाक्य यथा श्रुत ॥
देवाह्वान यथा श्रुत कितव आगत त्वरा ।
जिज्ञासे देव गम्भीरे कितव कोन् कुलोद्भव ॥
गर्भोद्भवे तद स्त्रीये मम क्षेत्रे किं कारणे ।
सर्व भोग विसर्जने हे कितव अवस्थित ॥
केवा एतद् कह स्त्रीय कोन्कुल समुद्भवा ।
किं हेतु छलिले तुमि मिथ्यावाक्ये ममप्रति ॥
एरूप कहिते रत यवे देव दृढ़स्वने ।
कितवे दृष्ट सम्मुखे छद्मवेशी शनैश्चरे ॥
हेरि शनि पुरोभागे कितवे देह कम्पित ।
कहे वाक्य नहे क्षम साक्षात् सत्ये किंवा कहे ॥
शनि दर्शने सरण निर्मम दंडे शुनि देववाक्य कितवे हृदि कम्पे ।
असहाय वृक्षसम मौन नतास्ये पद हस्त कम्पित कलेवर मध्ये ॥

- इति श्रीमद्देवायण ब्रह्मकल्पे तृतीय खण्डे लव मण्डलान्तर्गत: कुशध्वज वर्गे श्रीराम-त्रिता संवादे कितव कीर्त्ति प्रकाश नाम: द्वादश संवर्ग ।

— ✯ —

॥ त्रयोदश संवर्ग ॥

त्रिता वचन

एतद् रूपे अतिक्रमे क्षणकाल तथास्थले ।
कितव कहिते रत यथा सत्य अत:परे ॥
हे देव देह आश्रय हेर अग्रे शनैश्चर ।
एतद् भये लुकायित तवाश्रये महात्मन ॥
मौजकन्या अभीसुत पाणिप्रार्थी यथा स्वयं ।
असम्मत प्रदानिते देव शनि ममप्रति ॥
एतद् हेतु महादु:खे भ्रमि नित्य वने वने ।
निन्दा साक्षात् अत:परे यद् भावना अनुक्षण ॥
परिदृष्ट नदीतटे आत्म त्यागे समुद्यता ।
आत्महत्या निवारणे निन्दा प्रेमे परिग्रहि ॥
ममहारा निरन्तर निन्दा क्षोभ परायण ।
शनिभयें गृहत्यजि मत संधाने परिभ्रमे ॥
अप्राप्त शुन तद् परे आत्मनाशे समुद्यता ।
हे देव कह एक्षेत्रे अकार्य किं ममप्रति ॥
उत्तरिल सगम्भीरे पुन: देव अभीसुत ।
हे कितव इहा श्रेय कर्म तव अनुष्ठित ॥
मात्र प्रश्न तवप्रति मत क्षेत्रे आत्मगोपने ।
भोगाचारे समायुक्त निन्दा गर्भ समुद्भवे ॥

कितव वचन

हे देव कहि तद् क्षेत्रे भय मात्र शनैश्चरे ।
आत्मरक्षा तवाश्रये रहि आत्म सुगोपने ॥
एतद् क्षेत्रे नहे स्थान यथा सत्य प्रकाशिले ।
मात्र प्राणभये देव एतद् कार्य अनुष्ठित ॥
निन्दा गर्भ यथा कह एतद् पूर्वे वनस्थले ।
एतद् क्षेत्रे प्रकाशित पूर्ण गर्भ दिने दिने ॥
एतद् गर्भ नहे ज्ञात पूर्वे स्वयं अभीसुत ।
अपराध यथा कृत क्षम स्वयं युगाधिप ॥

देव वचन

हे कितव इहा सत्य यदि एतद् यथायथ ।
शनि-भय निवारणे करि क्षेत्र निरूपण ॥
धर्मक्षेत्रे कर स्थिति गृह धर्म समाश्रये ।
हओ धर्मे सुपालित पत्नी पुत्र समन्वित ॥
एतद् क्षेत्रे कदाचन गृह धर्म नहे शुन ।
धर्माधर्म अतिक्रमि एतद् क्षेत्र प्रतिष्ठित ॥
धर्म कार्य नहे हेथा मतकृत धर्म पालित ।
धर्मे जगत् सुपालित धर्म सेवा कर स्वयं ॥

त्रिता वचन

देव विधि यथा श्रुत कुपित अंतरे शनि ।
नारे वाक्य प्रकाशिते कम्पमान कलेवर ॥

छद्मवेशी शनैश्चरे   कम्पमान निरीक्षिया ।
देव उच्च्व निनादने   जिज्ञासिल शनिप्रति ॥

देव वचन

रे दुष्ट सूर्यनन्दन   छद्मवेश किं कारणे ।
हेथागम किं उद्देश्ये   हवे शास्ति सुनिश्चय ॥
मम क्षेत्रे किं साहसे   कह अद्य समागम ।
किं हेतु कर पीड़न   कितवे कह सत्वरे ॥

त्रिता वचन

कह देव महातेजे   धृत दंड यवे शुन ।
छाया गर्भोद्भवे यथा   शिक्षा दाने समुद्यत ॥
देव रोष निरीक्षिया   भीत एवे शनैश्चर ।
भीत शनि यथा दृष्ट   कितवे हर्ष वर्धित ॥
निन्दा क्षुब्ध निजान्तरे   अप्रसन्न विषादित ।
तदास्य दर्शने शनि   उत्साहितान्तरे स्वयं ॥
देव अग्रे शिरानते   हस्तद्वये कृतांजलि ।
विनये कहिते रत   देव कोप निवारणे ॥
धृत दंड देव यदि शास्ति विधाने   अति तेज निर्गत पराक्रमे वीर्ये ।
शनि भीत कम्पित सकातर चित्ते   कहिते नियुक्त निज वाक्य नतास्ये ॥

- इति श्रीमद्देवायण ब्रह्मकल्पे तृतीय खण्डे लव मण्डलान्तर्गतः कुशध्वज वर्गे श्रीराम-त्रिता संवादे देव प्रति कितव वाक्य नामः त्रयोदश संवर्ग ।

— ✯ —

॥ चतुर्दश संवर्ग ॥

शनि वचन

हे देव सर्व शासक   सर्व तेज बलान्वित ।
दंड दाता यथा तुमि   सर्व दंड विधारक ॥
तव दंड अतिक्रमे   के त्रैलोक्य चराचरे ।
शुनि मम निवेदन   यथा दंड प्रदानह ॥

त्रिता वचन

शनि वाक्य यथा श्रुत   देव दंड निवारणे ।
कहे वाक्य निवेदह   यद् सत्य रविनन्दन ॥

शनि वचन

हे देव शुन मत वाक्य   छद्मवेश विधारणे ।
तव क्षेत्रे समागम   तव कार्य सहायके ॥
कितवे करिते व्यक्त   छले वाक्य सुकौशले ।
यद् कितवे महाविद्या   तव चक्षे प्रदर्शने ॥
कितवे दानिते निन्दा   यथाहेतु असम्मत ।
हे देव श्रवणे स्वयं   हवे क्षुब्ध सुनिश्चय ॥
अधर्माहं तथापिह   नहे सह्य ममप्रति ।
देवे सह्य नहे कभु   ए मिलन कदाचन ॥

एतद् सर्व विगर्हित   भ्राता भग्नी परस्परे ।
किरूपे कह तद् गर्भ   सृष्टिमध्ये करे स्थिति ॥

त्रिता वचन

शनि वाक्य यथा श्रुत   देव चित्ते चमत्कृत ।
कहे शीघ्र प्रकाशह   यद् रहस्य शनैश्चर ॥

शनि वचन

शुन देव यथा स्मृति   निन्दा ए मौजदुहिता ।
मम कृत सुपालित   निन्दा नाम प्रदानिया ॥
पितृतुल्य यथा स्वयं   मौज कन्या तथापिह ।
अक्ष मौजाग्रज स्मर   कितव अक्षनन्दन ॥
देव तुमि परिज्ञात   कवषे नन्दन द्वय ।
अक्ष मौज समाख्यात   सहोदर परस्परे ॥
किंरूपे अक्षनन्दन   मौजकन्या परिग्रहे ।
ए हेतु करि वारण   निन्दा दाने असम्मत ॥
निवारि कितवे स्वयं   मौजेकन्या प्रदानिनु ।
मौज पार्श्वे अत:परे   पितृ पार्श्वे सुपालने ॥
तथा पुन: विपर्यय   अक्ष निन्दा निरीक्षिया ।
पाणि-प्रार्थी यथा स्वयं   कहे मौज निवारणे ॥

त्रिता वचन

एतावधि यथा श्रुत   देव क्लांत कलेवरे ।
विषादास्ये विमन्द्रित   अक्ष कीर्त्ति किंवा कह ॥
दृष्टान्तरे कहे शनि   देव क्लान्ति निरीक्षिया ।
शुन देव अत:परे   अक्ष कीर्त्ति यथामत ॥

शनि वचन

अक्षप्रति यवे मौज   कन्यादाने असम्मत ।
अक्ष क्रोध समायुत   करे मौज विताड़न ॥
अक्षे मौज विताड़ित   यवे गृह बहिष्कृत ।
मौज दारा सुता अक्ष   स्वयं सद्मे परिग्रहे ॥
मौज गृह विताड़ित   मम अग्रे निवेदिल ।
एतद् सह्य नहे मम   शास्तिदाने समुत्थित ॥
मौजालये उपस्थिते   पत्नी कन्या अदर्शने ।
अक्षद्वारे उपस्थिते   आह्वानि अक्षे गर्जने ॥
मत गर्जन यथा श्रुत   द्वारे अक्ष महाभये ।
अन्य द्वारे बहिर्गमे   करे द्रुत पलायन ॥
अक्ष अक्ष महारवे   आह्वानिनु पुन: पुन: ।
अदर्शने अत:परे   स्वयं पुरे प्रवेशिनु ॥
गृहमध्ये प्रवेशिया   दारा मात्र निरीक्षिणु ।
सुता दृष्ट नहे तथा   त्वरित पुरी परित्यजि ॥
परिदृष्ट पुरी त्यजि   दूरे अक्ष प्रधावित ।
चक्राघाते शिरच्छेदि   क्रोधे तद्दर्शने स्वयं ॥

त्रिता वचन

उत्साहित यथा किञ्चित् शुनि· देव अभीसुत ।
जिज्ञासिल शनिप्रति कह वार्ता अतःपरे ॥
देवोत्साही निरीक्षिया कहे दृष्टान्तरे शनि ।
तथा अक्ष विनाशिया मौजे पत्नी प्रदानिनु ॥
मौज हस्ते सुपालने अक्षपत्नी समन्वित ।
तथा निन्दा अदर्शने करि चर नियोजन ॥
मम चर परिभ्रमे निन्दा हेतु चतुर्दिके ।
एकदा शुन तद् परे वार्ता प्राप्त यथा स्वयं ॥
यद् वन एलुषाश्रमे निन्दा कितव संहति ।
हर्षयुक्त परिभ्रमे चर एतद् निवेदिल ॥
मम वाक्य अतिक्रमि भ्रमे कितव संहति ।
श्रुत वाक्य महाक्रोधे अत्र क्षेत्रे उपस्थित ॥
पुनः तथा अदर्शने करि चर नियोजन ।
सर्वान्ते प्राप्त ए वार्ता तव क्षेत्रे अवस्थित ॥
जिज्ञासिल पुनः देव मम क्षेत्रे करे स्थिति ।
किंरूपे प्राप्त संवाद कह एतद् शनैश्चर ॥
उत्तरे सूर्यनन्दन कितव गुण लक्षणे ।
वाक्य योगे विपर्यये मत संशय उपस्थित ॥
शुन देव विश्वमय निर्गत वाक्ये परिदृष्ट योगकृत कैतव वादे ।
स्मरि निश्चये कितव यद् स्थिति हेथा धरि छद्मवेश करिते तव साक्षात् ॥

- इति श्रीमद्देवायण ब्रह्मकल्पे तृतीय खण्डे लव मण्डलान्तर्गतः कुशध्वज वर्गे श्रीराम-त्रिता संवादे देव प्रति शनि वाक्य नामः चतुर्दश संवर्ग ।

— ☆ —

॥ पंचदश संवर्ग ॥

देव वचन

प्रशंसि सूर्यनन्दन तव कार्य यथा श्रुत ।
यद्यपि मम विद्वेषे कार्य एतद् अनुष्ठित ॥
कहि वाक्य तथापिह न्याय सत्य विचारिया ।
पुण्य कार्य यथा कृत रह स्थिर अतःपरे ॥

त्रिता वचन

एरूप कहिया देव गम्भीरास्ये अवेक्षणे ।
स्वतेजे कितवप्रति प्रश्नमान यथा शुन ॥

देव वचन

हे कितव प्रकाशह किं प्रणय स्वसासह ।
एतद् धर्म विगर्हित पाप कार्य विवेचित ॥
किंवा मुक्ति तवप्रति यथा उक्त शनैश्चरे ।
प्राणदंड इथे सत्य शनि हस्ते प्रदानिव ॥

त्रिता वचन

देव वाक्य यथा श्रुत वेपमान कलेवरे ।
कितव कहिते रत भीत एतद् शिरानते ॥

कितव वचन

देव पूर्वे नहि ज्ञात यदाहं अक्षनन्दन ।
मात्र निन्दा परिज्ञात मौजकन्या महात्मन ॥

त्रिता वचन

एतद् काले नभःस्थले मृत्यु-नाद समुत्थित ।
मेघच्छाये यथामत विद्युन्नाद भयंकर ॥
हे देव तव विद्वेषी कलि घोरे समुत्थित ।
अहं शक्ति स्वरूपिणी कहि सर्व यथा शुन ॥
कितव कलि पालित अक्ष वार्ता अजानित ।
कितव अक्षनन्दने निन्दा काम्य स्वभावतः ॥
अक्ष पिता नहे ज्ञात स्वसा निन्दा तथामत ।
हे देव पालने निन्दा जगत् क्षुब्ध तवप्रति ॥
उत्तरिल तथा देव एतद् वाक्य यथा श्रुत ।
केवा तुमि अगोचरे कह वाक्य ममप्रति ॥
परिचय प्रदानह साक्षात् आत्म प्रकाशिया ।
जगत् क्षुब्ध किं कारणे कह निन्दा सुपालने ॥
उत्तरिल पुनः ध्वनि अहं मृत्यु अभीसुत ।
कालशक्ति स्वरूपिणी कलि काल प्रतिष्ठिते ॥
तव तेजे नहे क्षम तव अग्रे प्रकाशिते ।
एतद् हेतु अलक्ष्यिते कहि वाक्य यथा शुन ॥
जगत् क्षुब्ध यथा हेतु देव गुह्य शुन क्रमे ।
मौज अक्ष सहोदर अलक्ष्मी गर्भ सम्भव ॥
निन्दा यद् मौजदुहिता करे आत्म सुगोपन ।
विपथगामिनी मूढ़े स्व-पाप कितवाश्रये ॥
एतद् निन्दा परिग्रहे अक्ष पूर्वे स्वयं बले ।
तद् तेजे गर्भ उद्भवे वने पुत्र परित्यजे ॥
यद् काले गर्भलक्षण परिदृष्ट निजप्रति ।
अक्षगृह परित्यजि रहे वने लुकायित ॥
विशेषतः महाभय साक्षात् हेतु शनैश्चरे ।
मम भ्राता महाकोपे यवे अक्षे विनाशिल ॥
तद् परे गहने भ्रमि यद् क्षेत्रे एलुषाश्रम ।
तथा गर्भ विमोचने त्वरित स्वयं लुकायित ॥
एलुष शिशु रोदने अत्र क्षेत्रे उपस्थिते ।
निन्दापुत्र परिग्रहि रत स्वयं सुपालने ॥
हेथा पुत्र परित्यजि अति क्षोभे निजान्तरे ।
यवे आत्म विसर्जने नदीजले समुद्यता ॥
कितव तद् निवारिल अत्र क्षेत्रे उपस्थिते ।
करे निन्दा सुगोपन यथा गर्भोद्भवे पुरा ॥
कितव सर्व अज्ञात स्वीयप्रेमे परिग्रहे ।
पुनः गर्भ समुद्भवे स्वयं साक्षात् निरीक्षह ॥
एकस्थले पिता पुत्रे गर्भाधान यथास्थले ।
निन्दा साक्षात् तथास्थले देव स्वयं निरीक्षह ॥
निन्दा सर्व परिज्ञात तथापि कार्य गोपने ।
छलना कितवप्रति निन्दा कार्य विचारह ॥

देव एतद् यवे श्रुत गम्भीरास्य विषादित ।
निन्दाप्रति निरीक्षिल नतास्य मौजदुहिता ॥
शुनि मृत्यु वाक्यचय पूर्ण रहस्ये परशे कलंक यद् लोक पवित्रे ।
रत भावना स्मरि विगर्हित कार्ये स-कलत्र मौज कितवाक्ष मजाले ॥

- इति श्रीमद्देवायण ब्रह्मकल्पे तृतीय खण्डे लव मण्डलान्तर्गत: कुशध्वज वर्गे श्रीराम-त्रिता संवादे देवप्रति मृत्यु वाक्य नाम: पंचदश संवर्ग ।

— ✯ —

॥ षोडश संवर्ग ॥

त्रिता वचन

रहे निन्दा शिरानते ज्ञात देव युगाधिप ।
निन्दा कार्य चरित्र यद् कहे मृत्यु महास्वने ॥
यद् क्षेत्रे पुरुष द्वये एक स्त्रीय परिग्रहे ।
स्वीय आत्म सुगोपने एतद् निन्दा निरीक्षह ॥
यद् निन्दा स्वजन प्रिये व्यभिचारे नियोजिया ।
करे सर्व कलंकित देव एतद् निरीक्षह ॥
एतद् पुण्य महत् क्षेत्रे कृत अद्य कलंकित ।
अशुचि पूर्ण सर्वत्र देव सत्य निरीक्षह ॥
निन्दा अग्रे निरीक्षिया मृत्यु वाक्य शुनि क्रमे ।
अनुभवे चतु:पार्श्वे अशुचित्त्व युगाधिप ॥
अशुचित्त्व स्मरि स्वयं हृदये प्राप्त वेदना ।
अतएव विवस्वाने आह्वानिले महारवे ॥
देवाह्वान महास्वने सूर्यदेव उपस्थित ।
कहे एतद् युगाधिप कालचक्र परित्यजि ॥
हे विश्वदेवता शुन मम कार्य समापित ।
कालचक्र परित्यजि तद् ब्रह्म सिंधुगाहने ॥
देव वाक्य यथा श्रुत आकस्मिक अभावित ।
सूर्यदेव चमत्कृत कहे एतद् शिरानते ॥
अपराध किंवा कह मम कार्ये युगाधिप ।
किं हेतु पुण्य चालने कर जगत् प्रवंचित ॥
तुमि बिना जगत् अंध देव अंध महात्मन ।
तव तेजे सुचेतन जीव जगत् चराचर ॥
ब्रह्मसिंधु किंवा काम्य सर्व पुण्य विधारके ।
कालचक्र परित्यजि जगत् अंधे निपातने ॥
उत्तरिल पुन: देव हे विश्व कर दर्शन ।
निन्दा गृहे प्रवेशिल कितवादि समन्वित ॥
पुत्र कन्या यथा तव छाया गर्भ समुद्भव ।
आह्वानिल यथा कार्ये कालरूप यथा कलि ॥
कालचक्र विधारणे मोरे आह्वानिले तुमि ।
देव धर्म समन्वित कर नित्य उपासना ॥
हे विश्व दानि दुहिता ऊषा कन्या तवप्रति ।
तद् गर्भे तव तेजसे जात धर्म महाबल ॥
अधिकारे जगत् सृष्टि धर्मे अंश यथामत ।
छाया गर्भोद्भवे विश्व अर्ध अंश तथामत ॥

अतएव निरीक्षह सह मृत्यु शनैश्चर ।
कालचक्रे समानीत वरि कन्या युगाधिपे ॥
अधर्मते यथा प्राप्य अर्ध अंश दिवाकर ।
एतद अद्य विचारिया कहि स्वयं प्रदानह ॥
अर्ध छाया प्रभावित हवे काल कलिप्रति ।
अर्ध ऊषा प्रभावित मम काल करि स्थिर ॥
समारम्भ हते अद्य यद्क्षण स्वयं स्थित ।
परिमाण ततक्षण करि काल कलिप्रति ॥
एरूप कहिते देव विवस्वान सकातर ।
पुनश्च कहिते रत हे विश्व शुन तद् परे ॥
निन्दालये प्रवेशिते अशुचित्त्व मने स्मरि ।
तद् हेतु ब्रह्मसागरे शुचिःस्नाने चलि स्वयं ॥
निन्दा गृहे प्रवेशिते बीतिहोत्र निरीक्षह ।
अशुचित्त्वे परिम्लान क्षीणद्युति दिवाकर ॥
अशुचित्त्वे तथाहेतु सर्व व्याप्त हवे शुन ।
सर्व सृष्टि हवे म्लान मृत्यु कलि प्रभावित ॥
हे विश्व अमृतोद्भव पुत्रगण महीतले ।
हवे एतद् समाच्छन्न आत्म क्षोभे दिने दिने ॥
काल वीर्य प्रचालित क्षोभ मात्र वृथा गणि ।
हवे मृत्युः वशीभूत अमरत्त्वे भ्रमोद्भवे ॥
अमृत पुत्र सर्वतः अमरत्त्व विवर्जित ।
मृत्युबले प्रचालित नित्य भीत विराजिवे ॥
एरूप कहिया देव कालचक्र परित्यजि ।
यद् काले गमनोद्यत कहे सूर्य निनादने ॥
हे देव हे महात्मन किं निर्णय जगत्प्रति ।
करे पुनः समागम कह देव तवप्रति ॥
हे विश्व कहि तद् वार्ता बीतिहोत्र विशुद्धिते ।
ममाह्वान यथाकाले हवे पुनः समागम ॥
एतद वार्ता विवस्वान जिज्ञासह ऋषिप्रति ।
ऋषिकुले हवे स्थिर एतद् कार्य अतःपरे ॥
देव एतद् कहि त्वरा महाव्योमे तिरोहित ।
रहे स्थिर विवस्वान एतद् गति निरीक्षिते ॥
कहि देव सत्य वचनोत्तम सूर्ये त्यजि कालचक्र चलिल द्रुत ऊर्ध्वे ।
स्मरि सर्व शुद्धि अशुचित्त्व विनष्टे परः सागरे पशिल कर्म विरामे ॥

- इति श्रीमद्देवायण ब्रह्मकल्पे तृतीय खण्डे लव मण्डलान्तर्गतः कुशध्वज वर्गे श्रीराम-त्रिता संवादे देव कर्तृक कालचक्र परित्याग वार्ता कथन नामः षोडश संवर्ग ।

— ✯ —

॥ सप्तदश संवर्ग ॥

श्रीराम वचन

गुह्याति गुह्य यद् वार्ता प्रकाशिले युगाधिप ।
कह कह विवस्वाने किंवा कार्य अतःपरे ॥

त्रिता वचन

देव सत्य तिरोहित स्थिर स्तब्ध दिवाकर ।
तथा आत्म प्रकाशिया कहे मृत्यु पिताप्रति ॥

मृत्यु वचन

देव वाक्य यथामत पिता कार्य अनुष्ठह ।
कालचक्रे यथा भार कलिप्रति प्रदानह ॥
कलिप्रति वरि स्वयं तुमि मान्य प्रदानह ।
देह जगत् सहोदरे धर्म कार्य निवारणे ॥

त्रिता वचन

एरूप कहिते मृत्यु क्रुद्ध देव दिवाकर ।
हेरि कोप विवस्वाने मृत्यु भीत रहे स्थिर ॥
एतद्काले तथास्थले ऊषा क्रोधे उपस्थित ।
श्रुत देव जगत् कार्ये कालचक्र परित्यजे ॥
श्रुत मृत्यु शनैश्चर देव सद्मे प्रवेशिल ।
प्रतर्क कितवाश्रये निन्दा गृह कलंकित ॥
तद हेतु देवदुहिता अति कोप समायुत ।
अत्र क्षेत्रे उपस्थिते प्रश्नमाना रविप्रति ॥

ऊषा वचन

कह प्रभु किं कारणे छाया गर्भद्वयागत ।
किं काम्य साधने कह मम गृहे प्रवेशिल ॥
कह पिता किं दुर्भाग्ये कालचक्र परित्यजे ।
अपराध किंवा कह मम सर्वे अनुष्ठित ॥

सूर्य वचन

हे संगा शुन तद् वाक्य अपराध नहे तव ।
नहे किञ्चित् ममप्रति देव विश्वे परित्यजे ॥
निन्दा गृहे प्रवेशिल गोपने कितवाश्रये ।
इथे देव स्वयं स्मृत अशुचित्त्व निजप्रति ॥
धर्माधर्मे जगत् क्षेत्र करि अर्ध विभागित ।
विभक्त करिया काल कलिसह निजप्रति ॥
तद् गति ब्रह्मसागरे अशुचित्त्व विदूरणे ।
दानि ऋषिकुले भार काल पुनः समागमे ॥

ऊषा वचन

पितृ गति महात्मन अशुचित्त्व विदूरणे ।
यद्यपि ब्रह्मसागरे हेथा स्वयं अवस्थित ॥
किं कारणे प्रवेशिल हेथा मृत्यु शनैश्चर ।
जगत् अंश नहे प्राप्य ऋषि वाक्य नहे यदि ॥
कर सर्वे विताड़न अग्रे स्वयं सुतेजसे ।
प्राप्य अंश हवे लब्ध ऋषिवृन्दे विचारिया ॥
एतद् कार्य नहे तव स्त्रष्टाकुल यथास्थले ।
विद्यमान जगत् हिते तपः यज्ञ अनुष्ठिया ॥

त्रिता वचन

ऊषा वाक्य यथा श्रुत युक्तियुक्त विवेचने ।
कहे देव विवस्वान एतद् मृत्यु शनिप्रति ॥
एवे क्षेत्र परित्यज संज्ञा काम्य नहे यथा ।
जगदंश यथाकाले हवे प्राप्य तवप्रति ॥
ऋषिकुल विचारिया तव अंश प्रदानिवे ।
एवे शान्त रह स्थिर एतद् क्षेत्र परित्यजि ॥
एतद्काले त्वरित जय वार्ता प्राप्त उपस्थित ।
निन्दा गृहे प्रवेशिते देव स्वर्ग परित्यजे ॥
एतद् हेतु महाकोपे जय शस्त्र विघातने ।
बिना वाक्य व्यये त्वरा सर्व सह विताड़िल ॥
जय कृत विताड़ित मृत्यु शनि प्रकुपित ।
कितवादि समन्वित यवे निन्दा बहिष्कृत ॥
अत्रकाले सम स्वार्थे कलि मृत्यु शनैश्चर ।
दानिल कितवे निन्दा एकत्रित करि स्थिर ॥
निन्दाकृत प्रभाविते जय स्वर्ग अतःपरे ।
नाना यत्न परायण संक्षेपे कहि राघव ॥
दक्ष यज्ञे विपर्यये निन्दा सुरे प्रभाविल ।
पुनश्च देवता सर्व करे एतद् विदूरित ॥
कालचक्रे विपर्यये देवकुल निरीक्षिया ।
आह्वानि ऋषि सर्वते कृत सभा अतःपरे ॥
ऋषिकुले कृत स्थिर मोरे पद प्रदानिया ।
कालचक्र प्रचालने देव क्षेत्रे युगाधिप ॥
सर्वे उक्त विवस्वाने यमी कन्या प्रदानिया ।
कालशक्ति स्वरूपिणी मम सह प्रतिष्ठित ॥
हे राघव अतःपरे ऋषिकुले यथा स्थिर ।
युगाधिप पदे स्वयं कालचक्रे प्रतिष्ठित ॥
मम युग समारम्भ हरिश्चन्द्र नराधिपे ।
स्वयं कलि निपीड़ने करि सृष्टि विताड़न ॥
साक्षात् युद्धे अपारग मम सह चतुर्भुज ।
अन्तराले करे युद्ध कालकेयादि वर्धने ॥
तद् हेतु राघव स्वयं नृपकुल प्रवर्धने ।
कलि कार्य निवारण करि दृढ़े क्षणे क्षणे ॥
सर्वान्ते वर्धि रावणे कृत ज्ये स्वरच्युत ।
तद् निन्दा राक्षसीबले देवकुल प्रभाविल ॥
कलि कार्य निरीक्षिया ऋषिकुल अतःपरे ।
आह्वानिल महीतले राजकुले जगत्प्रभु ॥
अवतीर्ण स्वयं राम राक्षसी बल पीड़ने ।
रावण पतने निन्दा स्वरच्युत यथा त्वरित ॥
तव वीर्ये नहे क्षम तिष्टिते अमरालये ।
तद् हेतु भूतले निन्दा करे यत्न प्रभाविते ॥
तव वीर्ये यथा जय पुनः स्वर्गे प्रतिष्ठित ।
तव वीर्य विनिन्दिते यथा यत्न कलिप्रति ॥
सीता तोमा परित्यागे लक्ष्मण वर्जने शुन ।
लव कुशे पराजित काम्य निन्दा प्रभाविते ॥

एतद् मूले अवस्थित मिथिपुत्र कुशध्वज ।
जनके यद् सहोदर कहि राम शुन क्रमे ॥
कहि सर्व मूल तव भूतल माझे जनके सहोदर कुशध्वज नामे ।
शुन हे यथा जड़ित राघवनिन्दा तव कर्मपुंज कितवे अपवादे ॥

– इति श्रीमद्देवायण ब्रह्मकल्पे तृतीय खण्डे लव मण्डलान्तर्गत: कुशध्वज वर्गे श्रीराम-त्रिता संवादे त्रिता कर्त्तृक कालचक्र गति वर्णना नाम: सप्तदश संवर्ग ।

— ☆ —

॥ अष्टादश संवर्ग ॥

श्रीराम वचन

के जनके सहोदर कुशध्वज युगाधिप ।
निन्दा गर्भ द्वितीयते किंवा जन्म समुद्भवे ॥

त्रिता वचन

जनक मिथिलापति तद् कनिष्ठ कुशध्वज ।
ये दानिल सुतात्रय धनुर्भङ्गे तवप्रति ॥
मांडवी उर्मिला श्रुति कीर्ति त्रयात्मजा स्मर ।
तव दावी यवे राम चतुर्भ्रातृ विवाहते ॥
एकत्रे मिथिलापुरे सीता लब्ध धनु-पणे ।
अन्य त्रया प्रदानिल कुशध्वज अत:परे ॥
निन्दा गर्भे अत:परे जात पुत्र महाबल ।
हिरण्य कितवाख्यात कशिपू वा कच्चित् कच्चित् ॥
यवे राम विताड़ित देवक्षेत्रे हते शनि ।
निन्दा मृत्यु समन्वित जय कृत बहिष्कृत ॥
सम स्वार्थे तथाकाले क्रोध त्यजि शनैश्चर ।
संज्ञा जगत् विताड़िते यद् संकल्प धृतान्तरे ॥
आह्वानि कितवादरे मौजगृहे उपस्थित ।
दानिल कितवे निन्दा एतद् वाक्य शुभाशिषे ॥

शनि वचन

हे कितव असम्मत पूर्वे निन्दा प्रदानिते ।
यद् मिलन स्वसासह विगर्हित विवेचित ॥
अद्य सर्व विपर्यये यथा भिन्न परिस्थिति ।
तन्मत परिवर्त्तने कहि वाक्य यथा शुन ॥
संग्रामे विपुल स्मरि स्वीय अंश उपार्जने ।
विमाता ना प्रदानिवे यथा अंश ममप्रति ॥
श्रुत कर्णे स्वयं देव गेल अंश विभागिया ।
विमाता शुन तद् क्षेत्रे कहे भिन्न अत:परे ॥
मोरे जगत् प्रवंचिते कृत छल यथा श्रुत ।
स्वयं तेजे उपार्जने करि स्थिर ममान्तरे ॥
हे कितव प्रयोजने हओ कार्य सहायक ।
एतद् हेतु प्रतिष्ठित करि निन्दा प्रदानिया ॥
पितृक्षेत्र इहा तव मौजकृत सुरक्षित ।
मौजकन्या परिग्रहि एतद् क्षेत्रे कर स्थिति ॥

मौजवाने बिना कन्या नाहि अन्य निरीक्षह ।
आनह स्वगृहे तव निन्दा गर्भ यथा पुरा ॥
शुक्राचार्ये निवेदिव स्वयं हेथा समागमे ।
यथा विद्या प्रयोजन पुत्र द्वये प्रदानिते ॥

त्रिता वचन

एरूप कहिते शनि कितव हर्ष संयुत ।
अनुगत स्वरूपित शनिपदे शिरानत ॥

कितव वचन

हे देव क्षमिले तुमि अपराध यथा पुरा ।
स्वाधिकार प्रदानिया कृत स्नेहे शुभाशिष ॥
कहि वाक्य तथास्थले नित्य अनुगत स्वयं ।
कितवे तव भृत्य वत कार्य आज्ञा प्रदानह ॥

त्रिता वचन

उत्तरिल शनैश्चर तुष्ट स्वयं तवप्रति ।
कार्य आज्ञा यथा अद्य पुत्रद्वय सुपालने ॥
देवद्वेषी यथा शिक्षा पुत्र द्वय प्रदानिवे ।
शुक्राचार्य समागमे हओ नित्य सहायक ॥
शनि वाक्य यथा श्रुत तथान्ते चरणे नत ।
हृष्ट शनि शुभाशिषे शुक्रालये चले द्रुत ॥
प्रसन्न कवषान्तरे मौजवान तथामत ।
हवे शुक्र समागम महाकीर्त्ति अतःपरे ॥
एतद् रूपे प्रतिष्ठित कर्मोद्यमे शनैश्चरे ।
निन्दा कितव राघव कृषिक्षेत्रे पुरास्मृति ॥
कितवे प्रदानिल शनैश्चर निन्दा करिया प्रतिष्ठित चले गुरु सद्मे ।
कृषि भूमिते कितव वर्धित हर्षे कृत हृष्ट मौज कवषे नमि मान्ये ॥

- इति श्रीमद्देवायण ब्रह्मकल्पे तृतीय खण्डे लव मण्डलान्तर्गतः कुशध्वज वर्गे श्रीराम-त्रिता संवादे कृषिक्षेत्रे निन्दा कितव प्रतिष्ठा वार्ता कथन नामः अष्टादश संवर्ग ।

— ✯ —

॥ ऊनविंश संवर्ग ॥

त्रिता वचन

कितव यद् प्रतिष्ठित प्रसन्न कवषान्तरे ।
सत्वरे एलुषाश्रमे पितृ अग्रे उपस्थित ॥
परिदृष्ट तथास्थले शिशुपुत्र समन्वित ।
तपस्या त्यजि एलुष इतस्ततः परिभ्रमे ॥
पितृपदे शिरानते कवष कहिते रत ।
किंरूपे कह हे पिता शिशु प्राप्त महावने ॥
तद् प्रश्ने स्नेह संयुत शिशुप्रति सुवीक्षणे ।
कहिते रत एलुष एरूप कवषप्रति ॥

हे पुत्र शुन आश्चर्य निशान्ते एकदा शुन ।
कियत् वर्ष पुरास्मृति तपासीन यवे स्वयं ॥
अरण्ये सर्व निस्तब्धे मत श्रुत शिशुरोदन ।
अशक्त उपवेशने कौतुहल ममप्रति ।
अतिशय प्रवर्धित उत्थित त्वरिते स्वयं ॥
मत कुटिर परित्यजि समीपस्थे निरीक्षिणु ।
अंधकारे तिरोहित छाया मूर्त्ति स्त्रीय स्मरि ॥
तद् क्षेत्रे करि दर्शन सद्यजात महीतले ।
विषम रोदने रत त्वरित क्रोडे परिग्रहि ॥
तद् परे स्त्रीय संधान करि स्वयं चतुर्दिके ।
अप्राप्त शुन यद्काले एतद् माता ममात्मज ॥
जीवात्माप्रति कारुण्ये करि स्वयं सुपालन ।
मत तपस्या परित्यजि बाल-सेवा परायण ॥
विचारि देख हे पुत्र बाल-सेवा महत् अति ।
तपस्याधिक वर्णित प्राज्ञकुले कच्चित् कच्चित् ॥
उत्तरे कवष स्मित पिता कार्य महत् स्मरि ।
अक्षपुत्र विवेचने कहे एतद् असंशये ॥
एतद् शिशु पिता तव वंशधर मने स्मर ।
अक्षतेजे यथा जन्म निन्दा गर्भ समुद्भव ॥
यद् वाक्य कवषे उक्त एलुषे श्रुत विस्मये ।
तद् विस्मय निवारणे एरूप कहिते रत ॥
चल पिता गृहे स्वयं एतद् शिशु समन्वित ।
निन्दा हस्ते प्रदानिया सर्व श्रुत हवे क्रमे ॥
कवष कहिते एतद् एलुष हर्ष संयुत ।
शिशु क्रोडे परिग्रहि पिता पुत्रे बहिर्गत ॥
हेथा शुक्रालये शनि यथा त्वरित उपस्थित ।
शुक्रपदे शिरानते सर्व क्रमे निवेदिल ॥
येरूपे कितवे निन्दा सम्मिलित सुगोपने ।
देवक्षेत्रे प्रवेशिल छद्मवेशे यथामत ॥
मम कृत प्रदर्शित मृत्यु सर्व सुवर्णिल ।
देव चित्त इथे क्षुब्ध अशुचित्त्वे जगत् त्यजे ॥
कलिसह विभागिया जगत् कार्य निजप्रति ।
यवे देव तिरोहित संज्ञा क्रुद्ध तथास्थले ॥
विमाता कोप संयुत अर्ध अंश यथा मम ।
कहे काले प्रदानिवे ऋषिकुल विचारिया ॥
ऐन्द्र-जय तथाकाले अति क्रुद्ध उपस्थित ।
बिना वाक्य व्यये रत शराघाते निपीड़िते ॥
जयकृत शराघाते यद् पीड़ित विताड़ित ।
यद् प्रकारे विलांछित पितृ सद्मे महामति ॥
तद् परे कितवे निन्दा दानि स्वयं प्रतिष्ठिनु ।
कृषिक्षेत्रे महात्मन मम कार्य तदन्तरे ॥
निन्दापुत्र द्वये शिक्षा स्वयं गुरु प्रदानह ।
जाहे धर्म जय द्वेषी हवे दृढ़ पराक्रमे ॥
शनि वाक्य यथा श्रुत शुक्राचार्य समुत्थित ।
कृषिक्षेत्र मने स्मरि शनिसह बहिर्गत ॥

कवषे यदुक्त गमने निज सद्मे अति विस्मये श्रुत तदेलुष वाक्य ।
श्रवणे सर्व शुक्र गुरु उत्थित कार्ये गति सत्वरे लभि शनैश्चर संगे ॥

- इति श्रीमद्देवायण ब्रह्मकल्पे तृतीय खण्डे लव मण्डलान्तर्गत: कुशध्वज वर्गे श्रीराम-त्रिता संवादे शुक्र-शनि संवाद नाम: उनविंश संवर्ग ।

— ☆ —

॥ विंश संवर्ग ॥

त्रिता वचन

सह शुक्र शनैश्चर कृषिक्षेत्रे उपस्थित ।
तदग्रे एलुषागत कवष पुत्र संहति ॥
शुक्राचार्य समागमे कितवादि जने जने ।
मौज कवष एलुष सर्व क्रमे शिरानत ॥
कुशलादि रत प्रश्ने सर्वे शुक्र शुभाशिषे ।
निन्दागत अत:परे पुत्रद्वय समन्वित ॥
यवे निन्दा शिरानत करि शुक्र शुभाशिष ।
पुत्रद्वय प्रदर्शने एरूप कहिते रत ॥
हे निन्दा कह नन्दने किंवा आख्या प्रदानिले ।
पुत्रद्वय महाबल हवे दृष्ट भविष्यते ॥

निन्दा वचन

सर्व ज्ञात महात्मन यद्रूपे प्राप्त नन्दन ।
बहु भाग्य विपर्यये निर्जित बहु संकटे ॥
एवे पुत्रद्वय प्राप्त मम पार्श्वे गृहाश्रये ।
हेर ज्येष्ठ नहे प्राप्त स्तन दुग्ध कदाचन ॥
कृपाभरे शनैश्चर गृहे स्थिति प्रदानिल ।
विचरणे महारण्ये महादु:ख तिरोहित ॥
पुत्रद्वय यथा स्नेहे एवे स्वयं परिग्रहि ।
दानो आख्या मनोमत यथा शिक्षा अत:परे ॥

त्रिता वचन

एरूप कहिते निन्दा शुक्राचार्य प्रहर्षित ।
कहे शिक्षा प्रदानिते तव पुत्रे समागत ॥
आख्या स्वयं प्रदानिव एवे निन्दा रह स्थिर ।
पुत्रहेतु अत:परे नाहि भय तवप्रति ॥
पुत्रद्वय हवे स्मरि दिग्विजयी चराचरे ।
मम शिक्षा परिग्रहि तेज वीर्य पराक्रमे ॥
पुत्रद्वय पराक्रांत देवद्वेषी हवे शुन ।
असुर आख्या हवे शुन सुरवृन्द निपीड़ने ॥
तद् परे श्रुत काहिनी ज्येष्ठ पुत्रे यथा क्रमे ।
भाग्ये हृत यथा पुत्र हरण्य यद् महावने ॥
तद् स्मृति रक्षणे नाम शुक्राचार्ये प्रदानित ।
करि अक्ष विसंयोग हरण्य यद् हिरण्यते ॥
हिरण्याक्ष कहे शुक्र ज्येष्ठ पुत्रे तथास्थले ।
कितव करि संयोग हिरण्य यद् सुरक्षणे ॥

हिरण्य-कितवाख्यात शुक्राचार्य करे स्वयं ।
कशिपू वा कच्चित् कच्चित् कहे शुक्र समादरे ॥
अत:परे यथा विद्या देव द्वेषे प्रवर्धित ।
एतद् शुक्र प्रदानिल निन्दा गर्भद्वये क्रमे ॥
यद् शिक्षा प्राप्त गर्वित विमूढ़त्त्वे दिने दिने ।
बलदम्भे मदोन्मत्त देवद्वेषे समुत्थित ॥
सुदीर्घ काहिनी एतद् संक्षेपे कहि राघव ।
निन्दा स्वर्गे प्रभाविते यथा कार्य शनैश्चरे ॥
मदोन्मत्त हिरण्याक्ष अति वीर्य पराक्रमे ।
देवकुल समन्वित करि जय विनिर्जित ॥
राज्य स्वर्गाधिक श्रेष्ठ कृषिक्षेत्रे प्रतिष्ठिल ।
गर्जे नित्य रणोन्मत्त देव सर्वे पराजयि ॥
केवा योद्धा चराचरे ममाधिक अवस्थित ।
त्वरित आत्म प्रकाशिया बल वीर्य प्रकाशह ॥
हिरण्याक्ष निनादने लोकत्रय प्रकम्पित ।
देवकुल महाभये विष्णुपदे निवेदिल ॥
अत्रकाले क्षितीश्वर क्षिति भारे करे स्तुति ।
अत्रकाले जनार्दन कहिले अवनीश्वरे ॥
हिरण्याक्षे प्रदर्शने महारण्ये वराकृति ।
तद् कृत अवनीपाले तथा स्वयं उपस्थित ॥
रणोन्मत्त हिरण्याक्ष अत्र युद्ध समायुत ।
वराहरूपे तथास्थले हिरण्याक्ष विनाशिले ॥
हिरण्य कितवोत्थित महारोषे अत:परे ।
भ्रातृहंता विमर्दने शत्रुबोधे तवप्रति ॥
प्रह्लाद पुत्र तद् परे एतद् गृहे समुद्भवे ।
भक्तोत्तम यथा तव नियुक्त नाम कीर्त्तने ॥
इथे द्वन्द्व समुद्भवे पिता पुत्रे यथा स्मृति ।
शत्रु नाम परित्यागे हिरण्यकशिपू कहे ॥
विपरीत कहे पुत्र नाम नाहि परित्यजि ।
हरि शत्रु किं कारणे जगत्बंधु यथा जन ॥
बहुतर प्रशंसिया कहे वाक्य पिताप्रति ।
हिरण्यकितव क्रुद्ध प्राणदंड प्रदानिल ॥
प्राण वधे नहे क्षम प्रह्लादे शुन सेस्थले ।
तव कृत सुरक्षित अविनाशी स्वरूपित ॥
तथापिह नहे क्षांत गर्जे साक्षात् तरे यवे ।
सर्वान्ते स्तम्भ निर्भेदे साक्षात् हरि प्रदानिले ॥
नृसिंह रूप धारणे गर्जिले विषमे तुमि ।
स्व-दंत नखराघाते तदूदर विदारिले ॥
निन्दा गर्भद्वये अंत एतद् पथे यवे शुन ।
नहे शान्त तथापिह शुक्र शनि तथास्थले ॥
प्रह्लादे दानिया राज्य कियत्काल रहे स्थिर ।
विष्णुभक्ते महत् कीर्त्ति ज्ञात राम यथायथ ॥
तद् शासने परित्यजे जगत् सृष्टि शनैश्चर ।
निन्दा कितव संहति अन्य सर्व दुरात्मन ॥
राजकार्य समापने प्रह्लादे यद् परागति ।
एतद् पुत्र विरोचन अत्र राज्ये प्रतिष्ठित ॥

विरोचने यथा पुत्र बलि नाम सुवर्णित ।
तद् परे बलि दानवे सर्व जगत् प्रकम्पित ॥
पुनः बलि प्रभाविल शुक्राचार्य शनैश्चर ।
तद् बलि दमने तव विप्ररूपे समुद्भव ॥
यद् देव वामनाकृति अदिति गर्भसम्भव ।
उपेन्द्र नाम वर्णित अति दान परिग्रहे ॥
बलि दान परिग्रहि त्रिपाद भूमि कारणे ।
पाद त्रये कृत व्याप्त स्वर्ग मर्त्य पदद्वये ॥
तृतीय चरण व्याप्त बलि शिरः प्रचापने ।
तद् तेज विक्रमे बलि रसातले करे गति ॥
तद् परे रावणोत्थित स्वयं शस्त्रे निपीड़िले ।
एतद् रूपे पुनः पुनः तव वीर्ये विनिर्जित ॥
शुक्र शनि प्रचालित यथा दैत्य समुद्भव ।
हे राम शुन तद् परे नरःकुले यथा गति ॥
शुन अक्षनन्दन सुवर्धित शुक्रे अमरावतीसह चराचर लब्धे ।
तवु ना रणे स्थिर रणस्पृह दैत्य हत देव विष्णुकृत निर्मम दंडे ॥

- इति श्रीमद्देवायण ब्रह्मकल्पे तृतीय खण्डे लव मण्डलान्तर्गतः कुशध्वज वर्गे श्रीराम-त्रिता संवादे हिरण्याक्ष, हिरण्य-कितव संवाद कथन नामः विंश संवर्ग ।

— ✯ —

॥ एकविंश संवर्ग ॥

त्रिता वचन

यद्रूप मानवे स्वयं रक्षःकुल विमर्दिले ।
नरःकुले तथामत शुक्र शनि प्रभाविल ॥
यद् काले तुमि राघव पितृ सत्य सुपालने ।
अरण्ये पशिले पूर्वे राजगृहे विपर्यये ॥
लक्ष्मण तव संहति राजगृह परित्यजे ।
भरत सह शत्रुघ्न त्याग व्रत परिग्रहे ॥
तद् काले दुहिता त्रये अंतर्क्षोभ मने स्मरि ।
अति क्षुब्ध कुशध्वज जनके कहिते रत ॥
हे अग्रज निरीक्षिले रामचन्द्रे किंवा कार्य ।
पितृ सत्य सुपालने स्वयं गृह परित्यजे ।
कह संगे किं कारणे सीता वने परिग्रहे ॥
नित्य दुःख हवे वने किंरूपे करिवे स्थिति ।
श्वापदकुल संकुल रक्षः भीति यथास्थले ॥
जनक श्रुत विस्मये यथा वाक्य कुशध्वजे ।
एतद् रूप नहे चिन्ता किञ्चित् पूर्वे निजप्रति ॥
कहिल हे कुशध्वज रामकार्ये विचार किं ।
अवतीर्ण स्वयं विष्णु रामरूप नराकृति ॥
एतद् कार्य विचारिते सक्षमता किंवा मम ।
श्रुत सीता स्वयं इच्छा राम सह करे गति ॥
साध्वी नारी करे सेवा पतिपद निरन्तर ।
सर्वभावे रतार्चने सर्व चित्त प्रदानिया ॥

किंवा सुख किंवा दुःख अगृह धन वर्जित ।
बंधुहीन व्याधिग्रस्त पति नाहि परित्यजे ॥
एतद् रीति पतिव्रते अज्ञात किं कुशध्वज ।
सीता संग परिग्रहे रामचन्द्रे अवारिता ॥
उत्तरिल कुशध्वज सीता संग परिग्रहे ।
पतिव्रते यथा कह किं व्रत लक्ष्मणे कह ॥
शत्रुघ्न भरते कह किंवा व्रत ममाग्रज ।
जनक उत्तरे पुनः कुशध्वज शुन स्थिरे ॥
भ्रातृभक्ति कहे एतद् नित्य अनुगत त्रय ।
एक संग परिग्रहे अन्य द्वय रहे गृहे ॥
आनुगत्य यथा कह गृहे किंवा प्रयोजन ।
राजकार्य किंवा कह किं कार्य पालने प्रजा ॥
अरण्ये भ्रमिवे सर्व भ्रातृ भक्ति परायण ।
उत्तरे मिथिलेश्वर विपरीत किं भावना ॥
एतद् चिन्ता नहे तव राम कार्य सुमंगले ।
एतद् रूप मने स्मरि स्थिरभावे कर स्थिति ॥
एरूप कहिते वाक्य मिथिलेश कुशध्वजे ।
उत्तिरल कुशध्वज तप्त-स्वरे यथा शुन ॥
हे अग्रज विचार ना अन्य कार्ये कदाचन ।
मत वेदना यथास्थले कहि वाक्य तथा शुन ॥
पुत्र एक सुता त्रय पत्नी गर्भे समुद्भवे ।
नित्य स्नेहे सुपालिता कन्या त्रय यथा मम ॥
किञ्चित् दुःख नहे प्राप्त मम पार्श्वे कदाचन ।
तव वाक्ये प्रदानिनु रामभ्राता त्रये सुता ॥
एक गृहे सुता त्रय नहे काम्य प्रदानिते ।
तव वाक्ये तथापिह अयोध्येश प्रदानिनु ॥
एवे नित्य विनिर्झरि सह पत्नी गृहान्दरे ।
कन्या दुःखे निरन्तर ज्ञात किं तद् ममाग्रज ॥
तुमि सर्व उदासीन जानकी दानि राघवे ।
मम क्षोभ अवारित कन्या त्रय तरे शुन ॥
मम दुःख केवल सुतात्रय हेतु स्मरि नित्य राजगृह निर्जन कक्षे ।
अति कातरा व्यथित यद् पतिहारा रत रोदने शुनि हृदिस्थल मध्ये ॥

- इति श्रीमद्देवायण ब्रह्मकल्पे तृतीय खण्डे लव मण्डलान्तर्गतः कुशध्वज वर्गे श्रीराम-त्रिता संवादे जनक-कुशध्वज वार्ता नामः एकविंश संवर्ग ।

— ✯ —

॥ द्वाविंश संवर्ग ॥

त्रिता वचन

कहि एतद् कुशध्वज क्षोभे अश्रु विनिर्झरे ।
जनक कहिते रत तद् सान्त्वना प्रदानिते ॥

जनक वचन

कर क्षोभ अकारणे कहि सत्य कुशध्वज ।
पात्रस्थ करिले कन्या पितृ सत्य किंवा कह ॥

सुख दु:ख सुताप्रति सौभाग्यादि ममानुज ।
जड़ित पति संहति कन्या दान समापने ॥
एतद् सर्व पितासह जड़ित ना तदन्तरे ।
गोत्रान्तरे रहे कन्या अत्रकुल प्रवर्धने ॥
तव कन्या कुशध्वज यथा जने विवाहित ।
तद् तेज गर्भधारणे तद् वंश वर्धिका स्मर ॥

कुशध्वज वचन

एतद् सर्व परिज्ञात नूतन किं तथास्थले ।
पिता सर्व तथापिह संवादादि परिग्रहे ॥
सुख दु:ख सुताप्रति किंवा भाग्य विपर्यय ।
कच्चित् स्वयं उपस्थिते व्यवस्थादि प्रदायक ॥
जामाता वा कच्चित् कच्चित् श्वशुराग्रे उपस्थिते ।
करे कार्य विपर्यये परामर्श यथा हिते ॥
एतद् क्षेत्रे किंवा कह रामचन्द्रे वने गति ।
पितृ सत्य सुपालने तद् सह लक्ष्मणे गति ॥
किं कार्य भरते कह दशरथ तनुत्यजे ।
जटा चीर विधारणे नियुक्त पादुकार्चने ॥
प्रार्थिल किं परामर्श तव पार्श्वे इहा कह ।
मम पार्श्वे निवेदिते किंवा विघ्न उपस्थित ॥
राज कार्य नहि ज्ञात मोरा सहोदर द्वय ।
पितृहीन यथाकाले पितृतुल्य यथा उभे ॥
वशिष्ठ मुनि संहति किंवा कार्य कृत स्थिर ।
नियुक्त राज्य शासने केन पत्नी परित्यजे ॥
दाने दु:ख किं कारणे कन्याचये परित्यजि ।
एतद् सर्व अकारणे कन्याकुल निपीड़न ॥
कर सह्य वृथा तुमि हे अग्रज सुनिश्चय ।
ममप्रति असम्भव एतद् सह्य दिने दिने ॥

जनक वचन

पर: कार्य समालोचि किंवा फल तवप्रति ।
वशिष्ठ मुनि यद् क्षेत्रे तव क्षोभ वृथा स्मरि ॥

कुशध्वज वचन

कह वाक्य अकारुण्ये मम कन्यावलीप्रति ।
तव कन्या पतिव्रता पति संगे प्रहर्षिता ॥
मम कन्यावली हेर पतिकुल परित्यजि ।
नित्य दु:खे विराजित सर्व जन अगोचरे ॥
हेर नित्य कहे सर्व प्रजाकुल चतुर्दिके ।
राम सीता प्रशंसिया पितृ सत्ये महत् व्रते ॥
राज्यपद परित्यजि वनवासे करे गति ।
लक्ष्मण गुण तेमति प्रशंसित प्रजाकुले ॥
भरत पादुकार्चने स-शत्रुघ्न प्रशंसित ।
मांडवी उर्मिला कीर्त्ति नित्य क्षोभ परायण ॥
आत्मत्याग सम त्रये नहे लोक प्रशंसिता ।
सर्व चक्षु अगोचरे स्व-वेदने विनिर्भरे ॥

एतद् दु:ख पिता स्वयं अनुभवि ममाग्रज ।
गृहवासे गत तृष्णा अरुचि भोजने मम ॥
दु:स्वप्न दर्शने स्वयं निद्राहीन दिने दिने ।
कहि दु:ख तवप्रति यथा नित्य ममान्तरे ॥
नहे एतद् समाधान चिन्ति गृह परित्यजि ।
दर्शि प्राकृत सौन्दर्य चिन्ता मुक्ति तरे स्वयं ॥

त्रिता वचन

तद् श्रुत मिथिलेश्वर कहे वाक्य कुशध्वजे ।
कन्या चिन्ता परित्यजि एतद् श्रेय मने स्मरि ॥
मिथिलेश यद् श्रुत विस्मित चित्ते कहिलानुजप्रति यथा शुभ वाक्ये ।
त्यजि दुहिताकुल अमंगल चिन्ता भ्रमणोत्तम स्मरि कुशध्वज अद्य ॥

– इति श्रीमद्देवायण ब्रह्मकल्पे तृतीय खण्डे लव मण्डलान्तर्गत: कुशध्वज वर्गे श्रीराम-त्रिता संवादे कुशध्वज कर्तृक देश भ्रमण स्थिर करण वार्ता नाम: द्वाविंश संवर्ग ।

— ✯ —

॥ त्रयोविंश संवर्ग ॥

त्रिता वचन

जनके कहि एरूप कुशध्वज अत:परे ।
पुरीमध्ये प्रवेशिया पत्नीप्रति कहे इहा ॥
हे प्रिया शुन मत वाक्य कियत् दिवा तरे स्थिर ।
करि स्वयं बहिर्गमे बहिर्देशे परिभ्रमि ॥
नाना चिन्ता समायुत बहु क्लांति समुद्भवे ।
तद् हेतु परिदर्शने नाना क्षेत्र परिभ्रमि ॥
तद् पत्नी श्रुत सम्मत कुशध्वज बहिर्गत ।
राजगृह परित्यजि रथारूढ़ यवे शुन ॥
अत्रकाले उपस्थित तद् पुत्र सज्जित त्वरा ।
अश्वतर युधामन्यु कहे वाक्य शिरानते ॥
हे पिता भ्रमणे स्थिर नानादेश तवप्रति ।
मोरे संगे परिग्रह सारथ्य करिते रथे ॥
पुत्रे इच्छा निरीक्षिया सुते त्यजि कुशध्वज ।
यद्यपि भ्रमणेच्छुक हओ त्वरित रथारूढ़ ॥
कुशध्वज अत:परे रथारूढ़ बहिर्गत ।
अश्वतर युधामन्यु रत रथ प्रचालने ॥
नानाक्षेत्र परिभ्रमि मथुराते उपस्थित ।
मधुसह कुशध्वजे पूर्व सख्य अवस्थित ॥
मथुरा नगरे मधु करे राज्य मने स्मरि ।
सह पुत्र कुशध्वज अत्र क्षेत्रे अवस्थित ॥
मधु साक्षात् यथा लब्ध हर्षयुक्त कुशध्वज ।
वार्ता रत यथा क्रमे कुशलादि समादरे ॥

मधु वचन

बहुदिन अत:परे तोमा अद्य निरीक्षिणु ।
कह मित्र किंवा कार्य तव हेतु अनुष्ठिव ॥

कुशध्वज वचन

तव साक्षात् तरे मधु एतद् क्षेत्रे उपस्थित ।
यवे भ्रमि इतस्ततः नाना क्षेत्र मनोमत ॥

मधु वचन

किं हेतु भ्रमणे रत नानाक्षेत्र कुशध्वज ।
किं वार्ता मिथिलेश्वरे कुशलादि गृहे तव ॥

कुशध्वज वचन

सर्व शुभ गृहे स्मर रहे हर्षे ममाग्रज ।
क्षुभित केवल स्वयं राजगृह परित्यजि ॥

मधु वचन

तव क्षोभ किं कारणे कह मित्र कुशध्वज ।
अयोध्यापति नन्दने कन्या त्रय प्रदानिले ॥
किं सौभाग्य तवाधिक अन्यजने महीतले ।
अश्वतरे किंवा कार्य अद्यकाले अनुष्ठित ॥

त्रिता वचन

दीर्घश्वास परित्यजि कहे वाक्य कुशध्वज ।
सौभाग्य किं ममप्रति एतद् प्रश्न निजप्रति ॥
पुत्र त्रय अयोध्येशे कन्या त्रय प्रदानिनु ।
रामचन्द्रे धनुर्भङ्गे यथा काम्य प्रकाशित ॥
दानि कन्या महाह्लादे यथा काम्य प्रकाशित ।
एतद् चिन्ता समायुत ज्ञात सर्व मधु स्वयं ॥
अद्यकाले परिस्थिति नह ज्ञात यदुद्भवे ।
रामचन्द्रे वने गति पितृ सत्य सुपालने ॥
लक्ष्मण जानकी उभे अत्र संग परिग्रहे ।
भरत सह शत्रुघ्न चीर अंगे विधारणे ॥
संन्यासी यद् अवस्थित श्रीराम पादुकार्चने ।
राजकार्य किंवा कह स्वीय पत्नी परित्यजि ॥
कहे प्रत्युत्तरे मधु पुण्य कार्य जने जने ।
सर्वे दृष्ट महाव्रते लोक हित परायण ॥
शुनि क्षुब्ध कुशध्वज शुन सर्व अतःपरे ।
कन्या त्रय गृहान्दरे पति संग विवर्जिता ॥
नित्य क्षोभ समायुता इथे किंवा हित व्रत ।
विक्षुब्धा स्त्रीय यद् गृहे महत् व्रत किंवा कह ॥
उत्तरिल पुनः मधु परिज्ञात कुशध्वज ।
विक्षुब्धा दुहिता त्रये नित्य क्षोभे गृहान्दरे ॥
उत्तरिल कुशध्वज क्षण चिन्ता समायुत ।
साक्षात् ज्ञात नहे मधु अनुभवि तथापिह ॥
एतद् चिन्ता परित्यज परः गृहे प्रदानिया ।
तद् विचार नहे तव कहे मधु कुशध्वज ॥
आत्म-चिन्ता कर स्वयं परः चिन्ता परित्यजि ।
तव पुत्र युवा दृष्ट विवाह किं प्रदानिले ॥

पुत्रवधू सुतातुल्य कर नित्य सुपालन ।
स्वीय कन्या परोगृहे हवे अन्ये प्रपालित ॥
कन्यास्नेह यथा तव दानो पुत्रवधू प्रति ।
उत्तरिल कुशध्वज किञ्चित् हर्ष समायुत ॥
योग्य वाक्य इहा तव एवे उक्त यथा मधु ।
नाना चिन्ता समायुत विभ्रांत येमति स्वयं ॥
विवाह दानिते पुत्रे नाहि चिन्ता समुद्भवे ।
यदि कन्या परिज्ञात संधानि कह हे सखा ॥
करि आत्म नियोजन पुत्र विभा प्रदानिते ।
कन्या हेतु यथा दुःख होक भ्रम दिने दिने ॥

मधु वचन

एतद् पंथा तवप्रति श्रेयस्कर मने स्मरि ।
मम गृहे अवस्थित मद दुहिता चतुर्दशी ॥
अश्वतर युधामन्यु तव पुत्र ममप्रिय ।
कन्या योग्य मने स्मरि स्वयं चक्षे निरीक्षह ॥
तव हस्ते प्रदानिले परितृप्त हव स्वयं ।
चल कन्या निरीक्षिवे पुत्रसह कुशध्वज ॥

कुशध्वज वचन

तव कन्या यथास्थले सर्वाग्रे काम्य निश्चय ।
मथुरेश गृहान्दरे चल कन्या निरीक्षिव ॥

त्रिता वचन

कहि एतद् मधुप्रति बाहुबद्ध परस्परे ।
गृहान्दरे प्रवेशिल पुत्रसह कुशध्वज ॥
मथुरेश हृष्ट अति अंतर मध्ये प्रिय बांधवे विधृत आपन वक्षे ।
स्व-पुरे प्रवेशिल कुशध्वज संगे रत माधवीप्रति यथा शुभ वाक्ये ॥

- इति श्रीमद्देवायण ब्रह्मकल्पे तृतीय खण्डे लव मण्डलान्तर्गतः कुशध्वज वर्गे श्रीराम-त्रिता संवादे कुशध्वज-मधु वार्ता नामः त्रयोविंश संवर्ग ।

— ✯ —

॥ चतुर्विंश संवर्ग ॥

त्रिता वचन

अतःपरे प्रवेशिल मधु स्वयं गृहान्दरे ।
कुशध्वज युधासह आह्वाने माधवी स्वने ॥
माधवी यद् मधु-प्रिया त्वरित पदे प्रवेशिला ।
कुशध्वजे प्रदर्शने कहिल माधवीप्रति ॥
हे माधवी कर दर्शन मिथिलेशे सहोदर ।
मम मित्र कुशध्वजे यथा मान्य प्रदानह ॥
अतःपरे यथा वाक्य कहे मधु मृदुस्वरे ।
श्रवणे हृष्ट माधवी त्वरित कार्ये समुद्यता ॥
स्वर्णासन प्रदानिल पाद्य अर्घ्य प्रदानिया ।
पान भोज्य तदन्तरे बहु मान्य प्रदर्शने ॥

अत्यन्त हृष्ट माधवी कन्यादाने युधाप्रति ।
अश्वतरे निरीक्षिया योग्य दान मने स्मरि ॥
समानीत क्षणान्तरे राजकन्या मृगाक्षिका ।
पिता माता प्रियाह्वाने करुणा ख्यातिका गृहे ॥
हेरि कन्या मृगाक्षिका हृष्ट युधा कुशध्वज ।
ग्रहण करिते कन्या स्वीय इच्छा प्रकाशिल ॥
सप्त दिवा करि स्थिति मधुगृहे कुशध्वज ।
पुत्रे विभा प्रदानिल सह कन्या मृगाक्षिका ॥
तद् विवाह समापने कहे वाक्य मधुप्रति ।
पुत्रे हेथा सुरक्षणे मिथिलाते चलि स्वयं ॥
मम इच्छा नहे पुनः मिथिलाते करि स्थिति ।
पितृ राज्य अवस्थित पूर्वकाले यथास्थले ॥
एतद् क्षेत्रे अवस्थान करि स्थिर यथा स्वयं ।
मिथिला नगरे मम पूर्व स्मृति दुःखप्रद ॥
अतएव ममाग्रजे एतद् वार्ता निवेदिया ।
पत्नी सह पुनर्वार नवगृह प्रतिष्ठिव ॥
मम श्रुत पिता मम रक्षःकुल उपद्रवे ।
मिथिलाते करे स्थिति अयोध्येशे सुरक्षित ॥
अद्य काल अराक्षस नाहि मधु उपद्रव ।
होक स्थिति अपुत्रक जनके मिथिलापुरे ॥
चन्द्र वंश प्रवर्धिते पुत्रे विभा प्रदानिया ।
पितृकुले यथा स्थिति करि क्षेत्र निरूपण ॥
एरूप कहिया वाक्य मधुप्रति कुशध्वज ।
रथारूढ़ बहिर्गत मिथिला नगर स्मरि ॥
जनकाग्रे उपस्थिते स्वीय इच्छा निवेदिल ।
जनक श्रवणे वाक्य दानिल स्वीय सम्मति ॥
क्षुभित अनुजे स्मरि कन्या दुःखे निरन्तर ।
एतद् चित्त प्रहर्षिते जनक कहिते रत ॥
प्रसन्नाहं कुशध्वज तव तुष्टि निरीक्षिले ।
जाह स्वयं कर स्थिति पितृकुल यथा पुरा ॥
दास दासी परिग्रह धन रत्न मनोमत ।
यद् काम्य प्रहरी रक्षी रथ अश्व लह स्वयं ॥
श्रुत वाक्य कुशध्वज परितृप्त निजान्तरे ।
मिथिलेशे शिरानते एरूप कहिते रत ॥
कुल वंश यथा पुरा वर्धे पितृ पितामहे ।
निर्दीप शुन सेस्थल नहे काम्य कदाचन ॥
अपिच परिवर्त्तने क्षेत्र अद्य ममाग्रज ।
वेदनापसृत स्वयं स्मरि शान्ति यथास्थले ॥
कहि एतद् कुशध्वज स्वीय पत्नी परिग्रहि ।
दास दासी समावृत कार्त्य क्षेत्रे करे गति ॥
अत्र क्षेत्रे निरीक्षिल भग्न प्राय महापुरी ।
महारण्ये परिव्याप्त क्षुब्ध चित्त कुशध्वज ॥
यथा शिल्पी समानीत दास दासी समावृत ।
संष्क्रिया कारणे त्वरा सर्व जने नियोजिल ॥

निरखे कुशध्वज विशाल अरण्ये तरु गुल्म वेष्टित लता परिपूर्णे ।
पुर यद् पुरातन जरा धृत जीर्णे यतने नियोजिल यथा बहु कर्मी ॥

- इति श्रीमद्देवायण ब्रह्मकल्पे तृतीय खण्डे लव मण्डलान्तर्गत: कुशध्वज वर्गे श्रीराम-त्रिता संवादे अश्वतर-मृगाक्षिका मिलन वार्ता नाम: चतुर्विंश संवर्ग ।

— ★ —

॥ पंचविंश संवर्ग ॥

त्रिता वचन

समासे संष्क्रिया गृह हृष्टान्तर कुशध्वज ।
पितृकुलार्घ्य तर्पणे गृहवासे प्रवेशिल ॥
प्रेरिल मथुरापुरे स्वीय दूत अत:परे ।
मथुरेशे समागमे स्व-बांधवे निमन्त्रणे ॥
दिवा त्रय गते मधु स्वीय कन्या परिग्रहि ।
अश्वतर समन्वित कुशध्वज गृहागत ॥
मधु संग यथा प्राप्त हृष्टान्तर कुशध्वज ।
कियत् दिवा करि स्थिति मथुराते करे गति ॥
दानिया रत्न यौतुक रथ अश्व करी सह ।
गंधद्रव्य परिच्छद नानाविध मनोमत ॥
मथुरा नगरे मधु स्वीय कन्या प्रदानिया ।
गेल कुशध्वजे त्यजि भुजाश्लेषे परस्परे ॥
पुत्रवधू मनोमत यद् काम्य श्वशुरप्रति ।
एतद् त्वरा अनुष्ठिते नित्य व्यग्र निरीक्षिया ॥
अति प्रीत कुशध्वज स्नेहवान वधूप्रति ।
सर्वदा भोजने गल्पे पुत्रवधू समक्षते ॥
एतद् रूपे अतिक्रमे वर्ष त्रय तथास्थले ।
पुत्रवधू प्रति स्नेहे कन्या दु:ख गत क्रमे ॥
गत वर्षत्रयान्तरे करुणा गर्भ सम्भवे ।
ताहे पुत्र समुद्भवे रुरु नाम महामति ॥
जात क्रिया समापने हर्षे काल अतिक्रमे ।
अश्वतर कुशध्वज वर्धे शिशु दिने दिने ॥
दिवसेक पितापुत्रे कहे वाक्य कथाच्छले ।
अयोध्याते सुतात्रय यथा दु:खे अवस्थित ॥
शुनि सर्व युधामन्यु कहे एतद् पिताप्रति ।
अयोध्याते उपस्थिते भरते कहिव स्वयं ॥
हे भरत प्रदानह स्वसा त्रय गृहे मम ।
पितृ पार्श्वे अवस्थाने अंतर्दु:ख विमोचने ॥
युधा वाक्य यथा श्रुत कहे हृष्ट कुशध्वज ।
जाह पुत्र इहा श्रेय हेरि साक्षात् सुतात्रय ॥
एतद् कार्य करि स्थिर युधामन्यु अत:परे ।
नन्दीग्रामे उपस्थित रथारूढ़ यथा त्वरित ॥
भरतसह साक्षाते स्वीय वार्ता निवेदिल ।
परिचय प्रदानिया शत्रुघ्न आगत त्वरा ॥
अश्वतरे परिग्रहि भिन्न कक्षे प्रवेशिया ।
हे संबंधी किंवा कार्य भरतसह दर्शने ॥

निमग्न भरतान्दरे राम ध्याने निरन्तर ।
योगीकुल यथामत एकासने अवस्थित ॥
एतद् काले नहे साक्षात् स-भरत कदाचन ।
सर्व भार ममप्रति कार्यावली अनुष्ठिते ॥
यथा इच्छा मनोद्‌गत मम अग्रे प्रकाशह ।
नतुवा करह स्थिति कियत्काल ममालये ॥
विराम ध्यान यद् काले तव वार्ता निवेदिव ।
चल मित्र युधामन्यु राजगृहे कर स्थिति ॥
शत्रुघ्नप्रति तद्काले अश्वतर निवेदिल ।
नव पुरे स्वसा त्रये इच्छा मनोद्‌गत ग्रहि ॥
एतद् वाक्य यथा श्रुत शत्रुघ्न विस्मितान्तरे ।
केवा बुद्धि प्रदानिल यवे सर्व विपर्यय ॥
सौहार्द कारणे काल नहे एवे मने स्मर ।
ए कार्य भरते नहे यथा इच्छा प्रकाशिले ॥
यदावस्था परित्यजि रामचन्द्र बहिर्गत ।
भरते परिवर्त्तन नहे किञ्चित् तथास्थले ॥
राजगृहे प्रवेशिया कर साक्षात् स्वसासह ।
स्वसात्रये किंवा इच्छा युधामन्यु निरीक्षह ॥
मम सह नहे साक्षात् बहु दिवा गत स्मृति ।
रामचन्द्र गृह त्यजे मोरा पत्नी परित्यजि ॥
विस्मिताश्वतर श्रुते चले राज गृहान्दरे ।
उर्मिला सत्वरागमे भ्रातृपदे शिरानत ॥
श्रुतिकीर्त्ति अतःपरे युधा हृष्ट शुभाशिषे ।
जिज्ञासे मांडवी कोथा नहे साक्षात् किं कारणे ॥
पितृ साक्षात् तरे चल ममालये कियत् दिवा ।
तद् वाक्य श्रवणे क्षुन्न विषन्नानन उर्मिला ॥
कहे वाक्य सगद्‌गदे अश्रुजले विनिर्झरि ।
हे अग्रज नह ज्ञात राजगृहे विपर्यय ॥
अत्र काले कुलस्त्रीय किं प्रकारे गृहत्यजे ।
पति गृहे विपर्यय केवा पितृगृहे चले ॥
दुष्टा नारी करे एतद् असम्बुद्धि समायुत ।
विपन्न गति यद्काले पितृस्नेह करे स्पृहा ॥
हे अग्रज निरस्तह नाहि वाक्य प्रकाशह ।
एतद् लज्जा जने जने स्वसा त्रय प्रति स्मर ॥
रामचन्द्र गृहत्यागी पितृ सत्य सुपालने ।
एतद् संग सुपालित भ्राता त्रये पृथक् पृथक् ॥
पत्नीत्रय तथा मोरा एतद् कार्य सहायक ।
ना आकर्षि कदाचन स्वीय प्रेमस्पृहा गत ॥
दूरे दूरे करि स्थिति आत्मत्यागे प्रतिष्ठिते ।
भिन्न कर्मे अवस्थाने एतद्राम उपासना ॥
एक आत्मा यथा राम भिन्न देह चतुष्टय ।
एक सीता तथा शक्ति अविच्छेदे स्वसात्रये ॥
वने सीता रहे पार्श्वे राम सेवा परायणा ।
राष्ट्रशक्ति सुरक्षणे मांडवी ध्यान संयुता ॥

यद् भरत बहिर्देशे मांडवी तद् गृहान्दरे ।
यद्रूप लक्ष्मण स्वयं राम पार्श्वे सदा स्थित ॥
तद्रूप मांडवी पार्श्वे स्वयं नित्य विराजिता ।
गृह कार्य प्रयोजने कीर्त्ति भार परिग्रहे ॥
शत्रुघ्ने हेरिले तुमि बहिर्देशे यथामत ।
पिताप्रति यथायथ एतद् वाक्य निवेदह ॥
पिता क्षोभ परित्यज कन्याकुल नहे दुःखी ।
नित्य राम विराजित अंतर्मय यथास्थले ॥
आचरित यथा कार्य बहिर्देशे दिवा क्रमे ।
राम इच्छा अनुष्ठिते लोकशिक्षा प्रयोजने ॥
रत उर्मिला प्रवेदने स्मृति वाक्ये कह हे ममाग्रज पिताप्रति एतद् ।
त्यज दुःख कल्पित यथा तव चित्ते तव दुहिता त्रय सुखी पति सद्मे ॥

– इति श्रीमद्देवायण ब्रह्मकल्पे तृतीय खण्डे लव मण्डलान्तर्गतः कुशध्वज वर्गे श्रीराम-त्रिता संवादे युधामन्यु कर्तृक अयोध्या गमन वार्ता कथन नामः पंचविंश संवर्ग ।

— ☆ —

॥ षड्विंश संवर्ग ॥

त्रिता वचन

यद् वाक्य उर्मिलानने युधा श्रुत सविस्मये ।
सर्व बोध्य नहे तवु महत् वाक्य इहा स्मरि ॥
राजपुरी परित्यजि यथा त्वरित बहिर्गत ।
शत्रुघ्न सह दर्शन स्मरि पुनः अकारण ॥
अयोध्या नगरी त्यजि युधामन्यु बहिर्गत ।
नाना चिन्ता समायुत पथिमध्ये स्वयं मने ॥
पितृ इच्छा यथा श्रुत अनुभव निरन्तर ।
नित्य दुःख स्वसा त्रये पति संग विवर्जिता ॥
नित्य अश्रु विनिर्भरे सर्व चक्षु अगोचरे ।
एतद् सर्व नहे सत्य विपरीत समीक्षित ॥
एकात्मा पति संहति रामचन्द्र उपासने ।
राघवे यद् महाशक्ति कृत मुग्ध जने जने ॥
नाहि राज्ये तथापिह स्मरे नित्य प्रजाकुल ।
भ्राताकुल करे द्वन्द्व राज्य लाभे स्वभावतः ॥
धन लाभे पदाकांक्षी नियुक्त बहु कौशले ।
विपरीत अयोध्याते मम कृत समीक्षित ॥
अरण्ये राघव स्थित भरते प्राप्त यद् पद ।
पितृ सत्य यथास्थले निरस्पृह तथापिह ॥
भरत मानव श्रेष्ठ इथे सत्य प्रमाणित ।
तपस्वी भरत त्यागे मुग्ध सर्व जगत् जन ॥
तपस्या करि मानव महत् पदे प्रतिष्ठित ।
तपः सर्वोत्तम स्मरि स्वयं तपः अनुष्ठिव ॥
एतद् रूप करि स्थिर युधामन्यु अतःपरे ।
स्वीय रथ परित्यजि पिताप्रति निवेदिल ॥
जाह दूत यथा त्वरित एतद् रथ परिग्रहि ।
पितृ अग्रे निवेदह युधामन्यु तपे रत ॥

तपस्याहीन मानवे वृथा जन्म मने स्मरि ।
तपे सिद्धि परा:गति तपे आत्म सचेतन ॥
तपे तेज प्रवर्धित काम क्रोध विदूरित ।
तपे चित्त अकल्मषे सर्व शान्ति लभे नर: ॥
आसक्ति बंधने मुक्ति माया मोह विमोचने ।
अधिगत तपस्याते पदोत्तम मने स्मरि ॥
विदाय करि सारथी एतद् वाक्ये अत:परे ।
घोर वने प्रवेशिया करे तप: भयंकर ॥
अनाहारे अनिद्राते एकासने करि स्थिति ।
क्रमे वर्ष चतुर्दश करे तप: महाबली ॥
कच्चित् ऊर्ध्व पदे रहि हेट मुंडे करे तप: ।
ऊर्ध्व बाहु रहे कच्चित् एक पदे करि स्थिति ॥
आगत वेधस स्वयं वरदाने तथास्थले ।
सीताहारा यवे राम अरण्ये रोदने रत ॥
वरदाने प्रजेश्वर कहे वाक्य युधाप्रति ।
तप: सिद्धि यथा लब्ध वर चाह मनोमत ॥

युधामन्यु वचन

यदि कृपा ममप्रति वर देह प्रजेश्वर ।
सर्व ऊर्ध्वे प्रतिष्ठह असपत्न महीतले ॥

त्रिता वचन

एतद् वाक्य बहिर्गत आचम्बिते युधानने ।
तद् वाक्य श्रवणे स्रष्टा एरूप कहिते रत ॥
दानि वर तवप्रति असपत्न महीतले ।
किंतु राम यद्क्षण मर्त्यधामे अवस्थित ॥
असपत्न नहे लभ्य अश्वतर ततक्षण ।
तव वंशे हवे नृप छत्राधिप भविष्यते ॥
कहि एतद् परात्पर अत्र क्षेत्र परित्यजे ।
तप: सिद्धि यथा लब्ध युधामन्यु समुत्थित ॥
एतद् रूपे वरप्राप्त अश्वतर प्रजेश्वरे ।
प्रसन्नमति मानस स्वीय गृहे चले त्वरा ॥
प्रत्यागत अयोध्याते यद् काले तुमि राघव ।
तप:सिद्ध युधामन्यु अत्रकाले पशे गृहे ॥
लभि हृष्ट अश्वतर वेधस साक्षात् असपत्न राज्य वरलब्ध यदन्ते ।
जगीश राम तव कार्य समासे परिपूर्ण उत्थित तप: परिहारे ॥

- इति श्रीमद्देवायण ब्रह्मकल्पे तृतीय खण्डे लव मण्डलान्तर्गत: कुशध्वज वर्गे श्रीराम-त्रिता संवादे युधामन्यु कर्तृक तप:सिद्धि लाभ वार्ता कथन नाम: षड्विंश संवर्ग ।

— ☆ —

॥ सप्तविंश संवर्ग ॥

त्रिता वचन

युधामन्यु तप:त्यजि वनपथे चले यवे ।
अत्र काले लभे साक्षात् पथिमध्ये शनैश्चरे ॥

रावण पतने राम अधर्मादि विदूरित ।
देवकुल पुनर्वार स्व स्व कार्ये समायुत ॥
गेल कलि रसातले रक्षःकुल परित्यजि ।
भ्रमे शनि चतुर्दिके पुनःक्षेत्र निरूपणे ॥
हेरि वने युधामन्यु तपःतेजे समुज्ज्वल ।
अग्रसरि शनैश्चर कहे वाक्य समादरे ॥
के तपस्वी महातेजे हेरि दीप्त कलेवरे ।
कोन कुल समुद्भव कह तुमि महाबली ॥
तपःसिद्धि किंवा कह केवा गुरु तवप्रति ।
किं हेतु गहने गति किंवा कार्य समायुत ॥
एतद् प्रश्न यथा श्रुत आगंतुके प्रबोधित ।
कहे वाक्य युधामन्यु देवतुल्य विवेचने ॥
केवा देव कृपाभरे स्वयं आत्म प्रकाशिले ।
जिज्ञासिले यथा प्रश्न कहि एतद् निवेदने ॥
मम नाम युधामन्यु अहं पुत्र कुशध्वजे ।
चन्द्र वंश समुद्भव भोमराज स्वरूपित ॥
राम त्रय सहोदरे स्वसात्रय प्रदानित ।
राजपुत्र जने जने संन्यासी वत अवस्थित ॥
रामचन्द्रे वने गति पितृसत्य सुपालने ।
कन्यादुःखे पिता मम नित्य क्षोभ परायण ॥
तद् प्रेरित अयोध्याते स्वयं पूर्वे उपस्थित ।
विपरीत निरीक्षिणु सर्वे तपः समायुत ॥
पतिकुल बहिर्देशे स्वसावृन्द गृहान्दरे ।
नित्य आत्म समाहित राम कार्य उपासने ॥
नाहि किञ्चित् यथा क्षोभ प्राप्याप्राप्य विवेचने ।
सर्वे आत्म समाहित रामध्यान उपासने ॥
पिता माता सहोदर नाहि चिन्ता यथास्थले ।
लाभालाभ विवर्जित राम चिन्ता परायण ॥
तद्दर्शने ममप्रति तपः-स्पृहा समुद्भवे ।
यथाहेतु स्वसाकुल मायामोह परित्यजे ॥
पिता नित्य विनिर्भरे स्वसा कुल दुःख स्मरि ।
भग्नीगण सुखी नित्य पितृचिन्ता परित्यजि ॥
तद्दर्शने ममप्रति तपः-स्पृह समुद्भवे ।
माया मोह विवर्जने किंवा सुखे अवस्थिति ॥
एतद् चिन्ता समायुत अयोध्या नगरी त्यजि ।
वनपथे यवे गति तपाकांक्षा प्रवर्धित ॥
मम पत्नी अवस्थित शिशु पुत्र समन्वित ।
अत्र गृहे पिता मम अत्यंत स्नेह संयुत ॥
पितृस्नेह प्रियाप्रेम पुत्रस्नेह परित्यजि ।
मत कृत दृढ़ संयम आसक्ति परिवर्जने ॥
रथ वने परित्यजि संवादिनु पिताप्रति ।
दूत आस्ये निवेदिनु तपः काम्य यथा मनः ॥
तदन्तरे तपासीन महारण्ये सुनिर्जने ।
ऊर्ध्वपदे अधःमुंडे कभु आत्म समाहित ॥
ऊर्ध्व बाहु कच्चित् कभु एक पदे करि स्थिति ।
शीतोष्ण अवहेलने बहु वर्ष अतिक्रमे ॥

तदन्तरे स्वयं स्रष्टा वर दाने समागत ।
जिज्ञासिल यवे ब्रह्मा किंवा काम्य मनोद्‌गत ॥
हे देव सुप्त आसक्ति आचम्बिते प्रकाशित ।
ब्रह्म पदे निवेदिनु असपत्न महीतले ॥
मम वाक्य यथा श्रुत वर दाने कहे स्रजा ।
अश्वतर हवे लब्ध असपत्न कुले तव ॥
रामचन्द्र यद्‌क्षण मर्त्य धामे अवस्थित ।
असपत्न ततक्षण नहे लब्ध तवप्रति ॥
कहि एतद प्रजेश्वर यथा त्वरित तिरोहित ।
एवे क्षोभ समायुत नित्य कामे प्रचालित ॥
मम प्रति किंवा तपः किंवा सिद्धि अतःपरे ।
स्व-वासने विचालित मुक्ति काम्य नहे मम ॥
एतद् मात्र तपे फल मम कृत समीक्षित ।
विधृत बृहदाकार मम काम प्रसुप्त यद् ॥
एतद् वाक्य यथा श्रुत हृष्ट शनैश्चरान्तरे ।
स्वीय कार्ये पुनर्वार पथ क्षीण निरीक्षिल ॥
स्थित काम सुप्त बृहदाकृति लब्धे असपत्न वाक्य मम निर्गत आस्ये ।
शुन वासना जड़ित मोहित चित्ते करि यद् अकारण समस्त तपस्या ॥

– इति श्रीमद्देवायण ब्रह्मकल्पे तृतीय खण्डे लव मण्डलान्तर्गतः कुशध्वज वर्गे श्रीराम-त्रिता संवादे शनि प्रति अश्वतर वाक्य कथन नामः सप्तविंश संवर्ग ।

— ✯ —

॥ अष्टविंश संवर्ग ॥

त्रिता वचन

हेरि शनि पथ क्षीण स्वयं यत्न परायण ।
युधासन प्रभाविते वर प्राप्त यथा तपे ॥
अश्वतरे समादरे कहे वाक्य शनैश्चर ।
तव जन्म महत् कुले महत् मना तुमि स्वयं ॥
चन्द्र वंश जगत् ख्यात महत् कार्य भविष्यते ।
हेरि ब्रह्म निरूपिल असपत्न कुले तव ॥
एतद् काम्य नहे तव अन्तर्गत प्रसुप्त यद् ।
ब्रह्म कृत निरूपित महत् कीर्त्ति भविष्यते ॥
ब्रह्म वाक्य यथा श्रुत इथे सत्य प्रमाणित ।
राम मर्त्य परित्यागे सूर्य वंश समापित ॥
तवकुल समुत्थाने असपत्ने महीतले ।
यथा ब्रह्मे कृत स्थिर वरदाने प्रकाशित ॥
रामचन्द्र हते राजा हरिश्चन्द्रावधि क्रमे ।
महत् कीर्त्ति यथा कृत असपत्ने महीतले ॥
राजदंड विधारणे इन्द्रतुल्य जने जने ।
धर्म कर्मे महत् पुण्ये लभे ख्याति चराचरे ॥
तव वंश तथामत दंडधर भविष्यते ।
कर्मे युक्त जगत् हिते प्राप्त वरे मने स्मरि ॥
क्षत्रकुले किंवा लब्ध इत्याधिक महत् वर ।
एतद काम नहे तव कहि वाक्य यथा शुन ॥

द्विविध जगते पथ कर्माकर्मे समीक्षित ।
कर्मकोद्यापने नित्य नैष्कर्मे अपर स्मर ॥
नैष्कर्मे ब्रह्मणास्थित आत्म ध्यान समाहिते ।
सर्व संकल्प वर्जित सर्व कर्मेन्द्रिया हते ॥
निर्वात दीप सन्निभ आत्मद्युति अचंचले ।
विराजे ब्रह्मचैतन्य सर्व मुक्त महात्मन ॥
कर्म उद्यापने अन्ये संकल्प काम कल्पित ।
मार्गे मनः प्रचालित यदुद्यम जगत् हिते ॥
सर्व जन नहे क्षमः सर्व कार्य अनुष्ठिते ।
कर्मकोद्यापिताखिले पूर्णत्त्वे पूर्णतातरे ॥
तद् कर्म पूर्णता यवे भुंजे फल जगत् हिते ।
यद् मनुष्ये अनुष्ठित पूज्य तिनि भुवन्मय ॥
भुंजित यद् महानन्दे सर्व जन समावृत ।
कर्मफल यथा व्यक्त एतद् पूज्य स्वरूपित ॥
भुंजे सर्व जनानन्दे एतद् कर्मी उपासना ।
इथे कर्मी प्रसादित सर्व, सह निरन्तर ॥
यद् कर्मे फल दीर्घता अधिक यद् अवस्थित ।
कर्मी तद् काल दीर्घत्त्वे सर्व क्षेत्रे उपासित ।
लोक हिते यथा कर्म नित्य लोक प्रशंसित ।
लोकाहिते यथा कर्म नित्य लोक विनिन्दित ॥
अतएव महाबाहु कर कार्य विवेचने ।
कर्म मुक्ति किंवा कह कर्म नित्य हितप्रद ॥
मुक्ति पथ नहे क्षत्रे कर्मी क्षत्र जगत् प्रिय ।
ब्रह्मे वर यथा प्राप्त अनुध्यान कर स्वयं ॥
द्विविध प्रकार गति गोचर विश्वे पथ एक कर्म रहित निश्चल योगे ।
सफलान्य कर्म सतत लोक हितार्थे यदि नित्य अनुष्ठित सुवन्दित सर्वे ॥

- इति श्रीमद्देवायण ब्रह्मकल्पे तृतीय खण्डे लव मण्डलान्तर्गतः कुशध्वज वर्गे श्रीराम-त्रिता संवादे अश्वतर प्रति शनि वाक्य कथन नामः अष्टविंश संवर्ग ।

— ✯ —

॥ ऊनत्रिंश संवर्ग ॥

त्रिता वचन

एतद् उक्त शनैश्चरे युधाप्रति यवे शुन ।
तद् वाक्य मुग्ध अंतरे कहे एतद् शिरानते ॥

युधामन्यु वचन

हे देव कहिले सत्य कर्म क्षत्रे निरूपित ।
नित्य लोकहिते कर्म ब्रह्म वाक्ये प्रमाणित ॥
मुक्ति मार्ग द्विजप्रति नैष्कर्म्य परमे स्थित ।
क्षत्रे कर्म स्वभावतः नित्य स्वर्ग प्रदायक ॥
अतएव ममप्रति अनुष्ठेय किंवा कह ।
परिचय प्रदानिया कर चित्त प्रहर्षित ॥

त्रिता वचन

एरूप कहिते वाक्य युधामन्यु तथास्थले ।
हृष्टान्तरे कहे शनि एतद् परिचये निज ॥

शनि वचन

अहं पुत्र विवस्वाने छाया गर्भ समुद्भव ।
देवत्त्व ना ममप्रति सत्यदेवे विवर्जित ॥
सूर्यपुत्र तथापिह जगदंश तरे स्वयं ।
करि देवे विताड़न मम कार्य सुकौशले ॥
देवत्त्व ना ममप्रति देव प्रिय नहे मम ।
अधिकार ममे यथा लव स्वयं करि स्थिर ॥
सूर्यवंशे यथा त्रिता हरिश्चन्द्रे प्रतिष्ठित ।
युधामन्यु तवाश्रये इच्छि कलि प्रतिष्ठिते ॥
देव सत्य युगाधिप जाहे धर्म प्रवर्धित ।
तथा कलि युगाधिप जाहे स्वयं प्रवर्धिव ॥
यथा काल सहायक सर्व पूर्ण तथास्थले ।
अनुष्ठित यथा कर्म काले पूर्ण मने स्मर ॥
काल द्वेषी यथास्थले नित्य कर्मे विपर्यय ।
अपूर्ण कर्म सर्वतः विनष्ट व्यर्थ निश्चय ॥
प्रतिकुल यथा काल कर्मे विघ्न पदे पदे ।
असमाप्त नहे सिद्ध कर्मावली कदाचन ॥
अतएव महाबाहु वरप्राप्त यथा तुमि ।
एवे कर्मोद्यमे कहि हओ काले प्रचालित ॥
सूर्यवंशे महीपाल त्रिता काले प्रचालित ।
लोकत्रये लभे ख्याति कर्मसिद्ध जने जने ॥

त्रिता वचन

एरूप श्रवणे वाक्य युधामन्यु शनैश्चरे ।
देवद्वेषी यथा काल स्मरि चिन्ता समायुत ॥
धर्मद्वेषी यथा देव शनि सर्व भयंकर ।
सतीपुत्र शिरः भस्मे यवे क्रोध परायण ॥
दशरथे प्रदानिल बहु दुःख यथा जन ।
अन्य काल तथापिह महातेज विधारक ॥
एतद् आज्ञा अपालने शिरः शून्य हवे मम ।
यथा साक्षात् शनैश्चर किंवा रक्षा ममप्रति ॥
एतद् आज्ञा सुपालने धर्मद्वेषी हव स्वयं ।
देवद्वेषी यथा काल मम कर्म प्रभाविवे ॥
अहो अद्य किं दुर्योगे आचम्बिते निपातित ।
तपः अन्ते किं विभ्राट स्वयं बले प्रभाविल ॥
सर्व जन महातपे सर्व सुखे प्रतिष्ठित ।
मम तुल्य सु-दुर्भाग्य नहे दृष्ट चराचरे ॥
केन ना प्रार्थिनु स्वयं मुक्ति आत्म हितप्रद ।
ब्रह्म अग्रे प्रसुप्त यद् काम त्वरित प्रकाशिल ॥
यथा काम बहिर्गत मुक्ति बिना शुचिःस्थले ।
एवे मुक्ति प्रयोजन साक्षात् अनुभवि स्वयं ॥

हे स्रष्टा विषमे अद्य मुक्ति मार्ग प्रदर्शह ।
अन्ततः शनि विभ्राटे हओ कृपा परायण ॥
असपन्न प्रयोजन नाहि स्रष्टा ममप्रति ।
नहे ममकुले कांक्षा सूर्यवंशे कर स्थिर ॥
एतद् बृहत् महत् कार्ये ज्ञात योग्य नहि स्वयं ।
मात्र अद्य अभिप्रेत शनि हस्ते सुरक्षह ॥
एवे स्रष्टा परिज्ञात अयोग्य सर्वथा स्वयं ।
काम क्रोधावृतान्तरे किं तपस्या किंवा फल ॥
शुद्धान्तर नहे यथा वर प्राप्ति अमंगल ।
अशुद्ध हृदि सत्वरे दुष्टशक्ति प्रभावित ॥
अहं अद्य तथामत आवेष्टित शनैश्चरे ।
एतद् मुक्ति प्रदानह प्रदानह प्रजेश्वर ॥
रहि मौन तथास्थले एतद् चिन्ता समायुत ।
प्रकम्पित कलेवरे कहे शनि क्षणान्तरे ॥
रहि मौन नीरव शनैश्चर अग्रे अति कातरे करि निज प्रति निन्दा ।
रत भावनाश्वतर कम्पित देहे कृत यद् प्रभावित पुराग्रह तेजे ॥

- इति श्रीमद्देवायण ब्रह्मकल्पे तृतीय खण्डे लव मण्डलान्तर्गतः कुशध्वज वर्गे श्रीराम-त्रिता संवादे शनैश्चर कर्तृक युधा कर्त्तव्य निर्णय नामः ऊनत्रिंश संवर्ग ।

— ✯ —

॥ त्रिंश संवर्ग ॥

त्रिता वचन

क्षण स्थिरे शनैश्चर युधाप्रति निरीक्षिल ।
कम्पमान कलेवरे हेरि वाक्य कहे इहा ॥

शनि वचन

अतीव दृष्ट दौर्बल्य तव मध्ये महातपा ।
ए दौर्बल्य विताड़ने शुक्राचार्ये प्रयोजन ॥
अश्वतर चल त्वरा शुक्राचार्यालये तुमि ।
शुक्रतेजे हओ दृढ़ कर्मोद्यमे अतःपरे ॥

त्रिता वचन

तन्निर्देश यथामत प्रकम्पित कलेवरे ।
यंत्रचालित वत् गति शनि तेज प्रभावित ॥
अग्रसरे युधामन्यु एतद् क्षोभ परायण ।
वासना प्रबल स्मरि मम मध्ये निरन्तर ॥
केवा अद्य निवारिवे अमंगले यथा गति ।
शुक्र गुरु परिग्रहि असुरत्त्व सुनिश्चय ॥
हे ब्रह्मण यथा त्वरित करह निष्फला वर ।
ममाग्रे देव विद्वेषी असत् मार्ग विमोचित ॥
नहि ज्ञात किंवा पापे एतद् घोरे निपातित ।
जन्म जन्मार्जित क्रमे नहे पुण्य ममप्रति ॥
पितृपुण्य नहे किञ्चित् रामद्वेषी यथा मनः ।
ज्येष्ठताते मने स्मरि पुण्य कार्य परायणे ॥

पुण्य अंश प्रदानिवे केवा अद्य ममप्रति ।
जाह त्वरित अध:पाते अश्वतर तप: क्षये ॥
एरूप अभिसम्पाते निजप्रति क्रमागत ।
शुक्रालये उपस्थित युधा शनि प्रचालित ॥
शुक्राचार्य पुरोभागे युधामन्यु शिरानत ।
जिज्ञासिल तथा शुक्र किंवा काम्य तवप्रति ॥
शुक्र वाक्य यथा श्रुत बल प्राप्त युधा स्वयं ।
तप: काम समाश्रित किंवा मुक्ति ममप्रति ॥
केह नाहि सुरक्षिते असत् पथे अमंगले ।
हे स्रष्टा सहजे लब्ध शुक्राचार्य ममप्रति ॥
एतद् चिन्ता समायुत युधामन्यु रहे स्थिर ।
परिचये कहे वाक्य एतद्रूप शनैश्चर ॥
चन्द्र वंश समुद्भव एतद् कुशध्वजे सुत ।
शिक्षा हेतु समानीत हे गुरु तव सम्मुखे ॥
वर लब्ध महातपे करि तुष्ट प्रजेश्वरे ।
असपत्न महीतले राम राज्य समापने ॥
एरूप कहिते शनि यंत्रतुल्य विचालित ।
कहे वाक्य युधामन्यु असपत्ने प्रतिष्ठह ॥
यथा ज्ञान प्रयोजन यथा बुद्धि प्रहरण ।
एतद् सर्व प्रदानह कृपाभरे ममप्रति ॥
अहं शिष्य तवप्रति हे आचार्य महात्मन ।
एरूप कहिया नत युधामन्यु यवे शुन ॥
कहे शुक्र शुभाशिषे कर हेथा अवस्थिति ।
यद् काम्य लभिवे शिक्षा सर्व क्रमे दिने दिने ॥
कुल जन्म कर्म वर लाभातपस्या करि वर्णना शनि यवे गुरु अग्रे ।
कथने निरस्त निरखे गुरु शिष्ये अवशङ्क शुक्र चरणे प्रणिपाते ॥

- इति श्रीमद्देवायण ब्रह्मकल्पे तृतीय खण्डे लव मण्डलान्तर्गत: कुशध्वज वर्गे श्रीराम-त्रिता संवादे युधामन्यु कर्त्तृक शुक्राचार्य साक्षात्कार वार्ता नाम: त्रिंश संवर्ग ।

— ☆ —

॥ एकत्रिंश संवर्ग ॥

त्रिता वचन

एतद् रूपे युधामन्यु शनि तेज प्रभावित ।
शुक्रालये रहे बद्ध शिक्षा हेतु अत:परे ॥
हेथा गृहे कुशध्वज युधा वार्ता यथा श्रुत ।
विदाय करि सारथी क्षुब्धान्तरे करे स्थिति ॥
एतद् रूपे कियत् दिवा अतिक्रमे तथास्थले ।
क्षुब्धता क्रमश: शान्त क्रमे कार्ये बहिर्गत ॥
नाहि गृहे युधामन्यु हवे सर्व निरीक्षिते ।
तप: हेतु रहे पुत्र महारण्य सुनिर्जने ॥
नहि ज्ञात किंवा वार्ता अयोध्याते सुता त्रय ।
पौत्र संगे परिग्रहि भ्रमे किञ्चित् इतस्तत: ॥

वर्ष गत अतःपरे कार्य बुद्धि समुद्भवे ।
वर्धे पौत्र दिने दिने शिक्षा दीक्षा प्रयोजन ॥
प्रत्यागत नहे पुत्र कवे तद् पुनरागति ।
के कहिवे पुनश्च तद् गृहागम भविष्यते ॥
एतद् रूप विचारिया पौत्रे शिक्षा प्रदानिते ।
मथुरा नगरानीत गुरु एक नियोजिल ॥
स्वल्प वाक्ये रहे मौन कुशध्वज निरन्तर ।
पुत्रवधू तथा पत्नी भीत भीत रहे स्थिर ॥
विशेष कार्य यद्यपि करे प्रश्न कच्चित् कच्चित् ।
नहे सर्व रहे मौन हेरि मूर्त्ति कुशध्वजे ॥
एतद् रूपे अतिक्रमे दश वर्ष यवे शुन ।
पौत्र विद्या समापने अष्टादशे पदार्पित ॥
शास्त्र विद्या समापने कहे एतद् पितामहे ।
शस्त्र विद्या प्रदानह तात स्वयं अतःपरे ॥
रुरु वाक्य यथा श्रुत रुरु आस्य निरीक्षणे ।
तेजस्मान युवा मूर्त्ति उत्साहित कुशध्वज ॥
तिक्त भाव विमौनता यथा क्षोभे पुरा स्थित ।
एतद् त्वरित तिरोहित रुरु आस्य निरीक्षणे ॥
कल्पना जाल विस्तारे अति बृहत् अतःपरे ।
एतद् पौत्र भविष्यते यद्यपि लोक पालक ॥
साधारण नहे रुरु स्वयं भावे प्रकाशक ।
शस्त्रविद्या यथा श्रेष्ठ अहं नित्य प्रदानिव ॥
कहिते रत हे रुरु शास्त्र विद्या समापने ।
क्षत्रकुले यथा विधि शस्त्रविद्या परिग्रहे ॥
करि काल निरूपण शस्त्रविद्या प्रदानिते ।
यद् कृष्णा पंचमी तिथि प्रशस्त दिवस स्मर ॥
अत्र दिवा यथा रीति शौच कार्य समापने ।
धनुर्दन्ड विधारणे लह विद्या दिवा क्रमे ॥
स्वयं शस्त्र प्रदानिव अधिगत यथा मम ।
तद् परे वर्धिते काम्य कर तपे प्रवर्धित ॥
एरूप कहिया पौत्रे अत्र दिवा रहे स्थिर ।
तदन्तरे समागत निरूपित दिवा यवे ॥
पौत्रसह बहिर्गत शिक्षाक्षेत्र करि स्थिर ।
तथा वर्ष चतुष्टय दाने शस्त्र दिवा क्रमे ॥
रुरुते शस्त्रचालना हेरि तुष्ट कुशध्वज ।
नाना शस्त्र प्रदानिल मन्त्रसह दिने दिने ॥
तद् रुरु शस्त्र पण्डित महातेज विधारणे ।
भोज्य राज्ये विवाहित राज्यपदे प्रतिष्ठित ॥
कुशध्वज तनु त्यजे पौत्रे राज्य प्रदानिया ।
अत्याद्भुत महत् कीर्त्ति रामचन्द्र रुरुप्रति ॥
यद् रुरु तेज विक्रमे निन्दाश्रित सुवर्धित ।
रुरु पत्नी करे रक्षा अर्ध आयु प्रदानिया ॥
यद् पत्नी सर्प दंशने रामचन्द्र तनु त्यजे ।
एतद् प्राण प्रदानिल अर्ध आयु विभागिया ॥
एतद् कार्ये महाबाहु रुरु सर्व प्रशंसित ।
पाताले गमने सीता तव कार्य विनिन्दिया ॥

एतद् रुरु हवे जयी ब्रह्मवरे दिने दिने ।
सूर्य वंश निवारणे हवे लव पराजित ॥
शुक्राचार्ये प्रभावित जय निन्दा इथे स्मर ।
भृगुराम नहे शक्य एतद् गति निवारणे ॥

श्रीराम वचन

नहि स्वयं परिज्ञात रुरु कीर्त्ति किंवा कह ।
जय निन्दा किं कारणे कह वाक्य परिष्कृत ॥
कह आप्त्यनन्दन किंवा बल वीर्ये रुरु कीर्त्तिमान भुवने गुण कार्ये ।
कह किं प्रताप परशे जय निन्दा जगते प्रभाविल अमंगल हेतु ॥

- इति श्रीमद्देवायण ब्रह्मकल्पे तृतीय खण्डे लव मण्डलान्तर्गत: कुशध्वज वर्गे श्रीराम-त्रिता संवादे रुरु शिक्षा वार्ता कथन नाम: एकत्रिंश संवर्ग ।

— ✯ —

॥ द्वात्रिंश संवर्ग ॥

त्रिता वचन

एतद् कार्य करे द्विता मम भ्राता मने स्मर ।
जय निन्दा प्रचारिया स्वयं युग प्रभाविते ॥
कहि राम क्रमे क्रमे द्विता कार्य यथा शुन ।
रुरु कार्य प्रभावेते रुरु राज्य प्रभाविल ॥
द्विता नामे ममाग्रज आप्त्यपुत्र मने स्मर ।
अम्भृणी जननी मम भरद्वाजे सुपालित ॥
यवे स्वयं प्रतिष्ठित कालचक्रे महाबली ।
अभिमाने परित्यजि गेल मोरे ममाग्रज ॥
द्विता मोरे परित्यजि मातृपार्श्वे उपस्थित ।
आत्मध्याने अवस्थिता यवे माता पितासह ॥
गृह धर्म परित्यजि पितामाता तपे रत ।
शिष्य मोरा भरद्वाजे भरद्वाजे सुपालित ॥
यवे देव तिरोहित ऋषिकुले कृत स्थिरे ।
अहं राम युगाधिप सत्य स्मृति सुरक्षणे ॥
स्वयं ऋषि भरद्वाज एतद् कार्ये पुरोहित ।
यमी कन्या प्रदानिया कालचक्रे प्रतिष्ठिते ॥
तव वंश समाश्रये मम कीर्त्ति यथा स्मर ।
हेथा द्विता निवेदिल मातृपार्श्वे तदन्तरे ॥
किं कार्य जीवने मम स्वयं स्नेह प्रवंचित ।
अनुजे करिया श्रेष्ठ गुरु पद प्रदानिल ॥
अहं ज्येष्ठ तथापिह नहे कृपा ममप्रति ।
गुरु तुष्टि बिना माता ए जीवन वृथा वहि ॥
त्रिता भाग्य महत् अति भरद्वाजे कृपा लभि ।
हेर अद्य युगाधिप कालकार्य प्रचालने ॥
एतद् क्षोभ यथा श्रुत कहे माता तथास्थले ।
हवे तुमि युगाधिप करि स्वयं शुभाशिष ॥
यद्यपि तुमि ना शक्य कालचक्र प्रचालने ।
मम शक्ति प्रदानिव तव अंगे निरन्तर ॥

ममार्चना प्रवर्तह द्विता नित्य चतुर्दिके ।
मम तेज प्रभावित कलि जये हवे क्षम ॥
एरूप कहि अम्भृणी तेज मूर्त्ति विधारणे ।
द्विताप्रति शुभाशिषे कहे एतद् अनर्गल ॥
देवीसूक्त यथा शुन यद् पूर्व वाक भावित ।
शुनि द्विता रहे स्तब्ध कहे माता क्रमागत ॥

अम्भृणी वचन

अहं रुद्र अहं वसु आदित्य विश्व देवता ।
अहं अग्नि हुताशन देवता अश्विनी स्वयं ॥
अहं मित्र जलेश्वर वरुण मित्र वा स्वयं ।
अहं चन्द्र अहं त्वष्टा पूषण भगदेवता ॥
अहं विष्णु महाबली अहं ब्रह्म प्रजापति ।
अहं हवि अहं यज्ञ ऋत्त्विकाहं सुवर्णित ॥
अहं यज्ञे पुरोहित देव हवि प्रदानिते ।
अहं राष्ट्र विधारिका वसुदात्री सुनिश्चय ॥

त्रिता वचन

एरूप कहिया माता आत्मरूपे प्रकाशिता ।
सेथा द्विता सविस्मये देव सर्वे निरीक्षिल ॥
ब्रह्मा विष्णु महेश्वर इन्द्र वायु हुताशन ।
चन्द्र यम कुबेरादि मित्र वरुण अश्विनी ॥
सर्व देव समावृत मातृ रूप प्रकाशित ।
अत्र पदे शिरानते द्विता स्तव परायण ॥

द्विता वचन

नमः देवी महादेवी अम्भृणी सर्व धारिणी ।
सर्व शक्ति शिवा तुमि सावित्री परमा स्वयं ॥
वैष्णवी सर्व धारिणी ब्राह्मणी सृजने जगत् ।
नमि माता जगन्माता सर्व लोक सुपालिनी ॥
चरणद्वये शत सहस्र सहस्रे नमि सर्व देव विधृता शुचिःदेही ।
तुमि सर्व शक्तिसह चेतह विश्वे तुमि सर्व मूल जननी मम सर्वे ॥

- इति श्रीमद्देवायण ब्रह्मकल्पे तृतीय खण्डे लव मण्डलान्तर्गतः कुशध्वज वर्गे श्रीराम-त्रिता संवादे अम्भृणी-द्विता संवाद नामः द्वात्रिंश संवर्ग ।

— ☆ —

॥ त्रयोत्रिंश संवर्ग ॥

त्रिता वचन

एतद् रूपे करे स्तव यवे द्विता महाबली ।
प्रसन्ना जननी मम वरदात्री कहे इहा ॥

अम्भृणी वचन

युगाधिप पदे अद्य कालचक्रे प्रतिष्ठिनु ।
कालेश्वर हवे तुमि ममाशिषे भविष्यते ॥
ममार्चना प्रवर्तह तव काले जगन्मय ।
त्रिता कार्य समापने तव पद करि स्थिर ॥

त्रिता वचन

माताकृत शुभाशिषे हृष्ट द्विता कहे नमि ।
किं प्रकारे हवे कह मम काल प्रतिष्ठित ॥

अम्भृणी वचन

त्रिता युग समापन यथाकाले मने स्मर ।
रामराज्य हवे पूर्ण सर्पकुल प्रवर्धिवे ॥
अकाले नाशिवे प्राण सर्पगण चतुर्दिके ।
कलिकृत प्रचालित नारिवे रक्षिते त्रिता ॥
राम नामे स्वयं विष्णु राक्षस करिया जय ।
दिव्य राज्य प्रतिष्ठिवे देव मुक्ति प्रदानिया ॥
इथे कलि हवे क्षिप्त शनैश्चर तथामत ।
देव-धर्म विनाशिते हवे क्रुद्ध भयंकर ॥
तमः गुण समाश्रित भुजंगकुल वर्धने ।
बहु प्राणी विनाशिवे यवे शुन महीतले ॥
दिव्य जय विनिन्दित हवे इथे क्रमे क्रमे ।
दिव्य राज्य प्रतिष्ठाते भिन्न फल प्रकाशिवे ॥
एतद् काले प्रवेशह चन्द्र वंशे द्विता तुमि ।
नारिवे रक्षिते त्रिता सूर्यवंश समाश्रये ॥
चन्द्रवंशे यथा नृप करि एतद् समाश्रय ।
कर यश प्रकाशित मम नामे निरन्तर ॥
अहिकुल निवारह मम मन्त्र प्रदानिया ।
यथा मन्त्र तवप्रति किञ्चित् पूर्वे द्विता कहि ॥

त्रिता वचन

मातृ आज्ञा यथा प्राप्त द्विता हर्ष समायुत ।
मातृ कृपा शुभाशिष मम प्रति निवेदिल ॥
एतद् मन्त्र प्रचारिनु लंका धामे महारणे ।
जाहे रक्षः जयी तुमि महाशक्तिर्कृपा लभि ॥
द्विता पार्श्वे यथा श्रुत मातृ पार्श्वे उपस्थिते ।
कृपा प्राप्त यथा द्विता कहिनु जननी प्रति ॥
हे जननी किंवा आज्ञा ममप्रति इहा कह ।
कहिल जननी मम एतद् वाक्य स्मिता धरे ॥
तुमि त्रिता स्वयं तेजे युग पदे प्रतिष्ठित ।
तुष्ट स्वयं तवप्रति ममानन्द निरन्तर ॥
बल क्षीण यथा द्विता दानि वीर्य तथास्थले ।
योग्यता लभिते इच्छा मम पार्श्वे प्रकाशिल ॥
तव कार्ये रह स्थिर सूर्य वंश सुरक्षणे ।
एतद् आज्ञा तव प्रति स्वयं क्षेत्र परित्यज ॥

सर्प कुल प्रवर्धिवे यवे कलि महीतले ।
चन्द्र वंश समुत्थाने द्विता आत्म प्रकाशिवे ॥
अहि वृन्द वर्धित यवे कलि कार्ये तुमि काल चक्र कर वर्जन शीघ्र ।
उठिवे द्विता शुन सुधाकर वंशे धृत काल विक्रम ममाशिष लब्धे ॥

- इति श्रीमद्देवायण ब्रह्मकल्पे तृतीय खण्डे लव मण्डलान्तर्गतः कुशध्वज वर्गे श्रीराम-त्रिता संवादे अम्भृणी कर्तृक द्विता प्रति आशीर्वाद कथन नामः त्रयोत्रिंश संवर्ग ।

— ✯ —

॥ चतुःत्रिंश संवर्ग ॥

श्रीराम वचन

मातृ आज्ञा यथा कह एतद् पथ सुनिश्चय ।
किं प्रकारे द्विता कह चन्द्र वंशे प्रवेशिल ॥

त्रिता वचन

युधाकार्य यथा पुरा कहि राम तव प्रति ।
शुक्रगृह परित्यजि पुनः राज्ये समागत ॥
प्रत्यागत गृहे युधा वर्धित हेरि नन्दने ।
पुत्रे राज्ये प्रतिष्ठिते परामर्शे पितासह ॥
पौत्रे राज्य प्रदानिते कुशध्वजे यवे स्थिर ।
अत्रकाले तथास्थले शुक्राचार्य समागत ॥
शुक्रसाक्षात् यथा लब्ध स्वयं धन्य मने स्मरि ।
पाद्य अर्घ्य प्रदानिया तद् कृत शुक्र वन्दना ॥
करि शुक्र पदार्चना गुरुपद प्रदानिल ।
तदन्तरे निवेदिल गुरुपदे शिरानते ॥
हे गुरु सर्व मंगले राज कार्य अनुग्रह ।
पौत्रे राज्य प्रदानिया कर स्वयं प्रचालना ॥
प्रसन्न शुक्र तद् वाक्ये कहे एतद् कुशध्वजे ।
मिथिपुत्र रह स्थिर कार्यभार परिग्रहि ॥
कार्यभार प्रदानिले एवे स्थिरे निरीक्षह ।
युधा शिष्य मम प्रति तद् पुत्र मत प्रिय स्मर ॥
अतःपरे कहे शुक्र स्वीय शिष्य युधाप्रति ।
रुरु राज्ये प्रतिष्ठिते कन्या अग्रे निरीक्षिते ॥
अग्रे विभा प्रदानिया अभिषेक अतःपरे ।
संवादिल युधामन्यु तद् हेतु मथुरेश्वरे ॥
यद् श्रुत मथुरेश्वर कालोद्वाहे रुरु प्रति ।
अति हृष्ट निजान्तरे भोज राज मनोद्गत ॥
भोज राज्ये चले द्रुत भोजकन्या मने स्मरि ।
मधु कर्णे पुराश्रुत भोजकन्या मनोहरा ॥
रथारूढ़ यवे मधु भोज राज्ये उपस्थित ।
भोज राज महानन्दे कहे वाक्य मधुप्रति ॥

भोज वचन

कह मधु किं कारणे   अद्य स्वयं समागत ।
उदित पश्चिमे सूर्य   बहु भाग्य मने स्मरि ॥
मधु राजा गुणी तुमि   कहे सर्व चतुर्दिके ।
बाल्यबंधु मम प्रति   बहु वर्ष अदर्शन ॥
केह कहे मधु श्रेष्ठ   स्वीय राज्ये प्रतिष्ठित ।
ताहे कन्या प्रदानिल   युधामन्यु महाबले ॥
सूर्य वंश जगत् श्रेष्ठ   सम्राट भुवनत्रये ।
चन्द्र वंश अत:परे   किञ्चित् नूनं बले स्मर ॥
एतद् हेतु मधु स्वयं   श्रेष्ठ पदे प्रतिष्ठित ।
बाल्यबंधु परित्यजि   दाने दु:ख जने जने ॥

मधु वचन

किञ्चित् सत्य यथा कह   अन्य सर्व स्वकल्पित ।
युधाप्रति इहा सत्य   मम कन्या प्रदानित ॥
भूधरे करि आश्रय   गिरि खण्ड परित्यजि ।
एतद् सत्य नहे कभु   इहा तव स्वकल्पित ॥
वाक्ये किंवा प्रयोजन   हवे कार्ये प्रमाणित ।
यथा कार्ये समागत   कहि वाक्य तथा शुन ॥
कन्या गर्भे समुद्भवे   युधा पुत्र यथा रुरु ।
रुरु योग्य विवाहते   कन्या एक प्रयोजन ॥
रुरु राज्ये प्रतिष्ठिते   युधा इच्छा प्रकाशिल ।
करि कन्या सुसंधाने   तव राज्ये समागत ॥
शुनि कन्या मनोहरा   अतिशय गृहे तव ।
तव पुत्री प्रदानह   विवाह रुरु संहति ॥

त्रिता वचन

एतद् वाक्य यथा श्रुत   भोज राज प्रहर्षित ।
मधुप्रति भुजाश्लेषे   कहे वाक्य यथा क्रमे ॥

भोज वचन

अद्य स्वयं परिज्ञात   विमुख ना ममप्रति ।
पूर्व तुल्य कर स्नेह   अद्यापिह मधु स्वयं ॥
मम कन्या प्रियम्वदा   सत्य सर्व मनोहरा ।
कहि वाक्य तथास्थले   किञ्चित् विघ्न उपस्थित ॥
स्व-इच्छाते नहे क्षम   विवाह दानिते शुन ।
प्रतिज्ञा यद् पुराकृत   अवधान कर स्थिरे ॥
मम चित्ते सविस्मय   जात कन्या निरीक्षिया ।
देवीतुल्य मने स्मरि   शापभ्रष्टा हवे यथा ॥
योग्य जने प्रदानिते   स्वयंवर करि स्थिर ।
स्वयंवरे प्रदानिव   मम कन्या प्रियम्वदा ॥
रत भोजराजन मधुप्रति वाक्ये   शुन मित्र मत कृत यथा स्थिर पूर्वे ।
वरिवे स्वयं यदि रुरु प्रियमाल्ये   लह दुहिता नृपतिवर्ग समक्षे ॥

- इति श्रीमद्देवायण ब्रह्मकल्पे तृतीय खण्डे लव मण्डलान्तर्गत: कुशध्वज वर्गे श्रीराम-त्रिता संवादे भोज-मधु वार्ता नाम: चतु:त्रिंश संवर्ग ।

— ★ —

॥ पंचत्रिंश संवर्ग ॥

त्रिता वचन

एतद् वाक्य यथा श्रुत कहे मधु तथास्थले ।
स्वयंवरे प्रदानिते यदि पूर्वे तव स्थिर ॥
कर तवे स्वयंवर भोज मित्र यथा त्वरित ।
स्वयंवरे यथा फल होक अग्रे समीक्षित ॥
एतद् वाक्य यथा श्रुत स्वयंवरे करि स्थिर ।
दिवा त्रये प्रचारिल दूत आस्ये चतुर्दिके ॥
हेथा मधु करे स्थिति भोज राज्ये प्रहर्षित ।
पान भोज्य परिग्रहि निद्रागत निशान्तरे ॥
प्रात:काले निरीक्षिल भोजकन्या प्रियम्वदा ।
सत्य तद् प्रियभाषिणी रूपे शान्त मनोहरा ॥
प्रिय वाक्य कहे सदा नित्य प्रिया स्मिता धरा ।
उद्भिन्ना रूप यौवने कलिका मुक्त येमति ॥
प्रसन्न दर्शने मधु कन्यारूप तथास्थले ।
भोज वाक्ये यथा उक्त देवीतुल्य मने स्मरे ॥
आह्वानि भोजनन्दिनी कहे वाक्य तथा मधु ।
मम परिचय ज्ञात भोजकन्या प्रियम्वदा ॥

प्रियम्वदा वचन

ज्ञात तोमा महात्मन सज्जन मथुरेश्वर ।
तुमि हे पितृ बांधव ज्येष्ठ तात: ममप्रति ॥
नमि तात: पदे तव किंवा आज्ञा ममप्रति ।
किं कारणे समागत पितृगृहे महामति ॥

मधु वचन

करि तोमा शुभाशिष तुमि हे प्रियवादिनी ।
मम कार्य यथा शुन तव हेतु समागम ॥
मत जामाता युधामन्यु पुत्र कुशध्वजे शुन ।
मिथिपौत्र यथा ख्याति चन्द्रवंश समुद्भव ॥
मम कन्या मृगाक्षिका युधाकृत विवाहित ।
एतद् गर्भे समुद्भवे रुरु नामे महाबली ॥
योग्य पुत्र निरीक्षिया अभिषेक प्रयोजने ।
कार्त्यराज्ये प्रतिष्ठिते विवाह हेतु निर्गत ॥
बले रुरु महाबली सुन्दर प्रिय दर्शन ।
रुरु तरे समागत भोजकन्या मने स्मरि ॥

त्रिता वचन

मधु वाक्य यथा श्रुता लज्जायुक्ता प्रियम्वदा ।
मधु अग्रे शिरानता भूमि पदे विलेखने ॥

मधु वचन

भोजराज्ये समागमे शुनि कन्या स्वयंवरा ।
मम चित्त चमत्कृत हेरिते उत्सुक स्वयं ॥

प्रियम्वदा वचन

केन चित्ते चमत्कृत कह तातः स्वयंवरे ।
समुत्सुक्य किं दर्शने कह सत्य प्रकाशिया ॥

मधु वचन

एतद् मम मने स्थिर छिल सत्य प्रियम्वदा ।
रुरुप्रिया हवे तुमि यद् कारणे समागम ॥
सेथा कन्या स्वयंवरा शुनि मने इतस्ततः ।
माल्यदान यथा इच्छा सर्व अग्रे सभातले ॥

प्रियम्वदा वचन

तव इच्छा यथामत हवे कार्य तदक्रमे ।
युधापुत्र प्रदर्शने करोपाय महामति ॥

त्रिता वचन

श्रुत प्रियम्वदे वाक्य संतुष्ट मथुरेश्वर ।
प्रियाप्रति समादरे कहे वाक्य इहा मधु ॥

मधु वचन

जाह एवे यथास्थले हवे कार्य अतःपरे ।
तुष्ट स्वयं तवप्रति एतद् हेतु करि स्थिति ॥
रत गोपने मधु नृप प्रिय वाक्ये शुन हे प्रियम्वदा यथा मम काम्य ।
मम पौत्र पार्श्व कर हे तुमि शोभा रुरु नाम तेजमय सुन्दर कान्तिः ॥

- इति श्रीमद्देवायण ब्रह्मकल्पे तृतीय खण्डे लव मण्डलान्तर्गतः कुशध्वज वर्गे श्रीराम-त्रिता संवादे मधु-प्रियम्वदा वार्ता नामः पंचत्रिंश संवर्ग ।

— ☆ —

॥ षड्त्रिंश संवर्ग ॥

त्रिता वचन

करि पदे नमस्कार गेल प्रियम्वदा यवे ।
भोज गृहे करे स्थिति मधु हर्ष समायुत ॥
एतद् पंच दिवा गते निमन्त्रितागत क्रमे ।
भोजराज्य करे पूर्ण अश्व गज महारथे ॥
भोजकन्या प्रति ख्याति शुनि सर्व नराधिप ।
भोजराज्य करे पूर्ण सर्वागमे दले दले ॥
इन्द्रवंश प्रतीक यद् सूर्यवंश तथामत ।
अग्निवंश समन्वित चन्द्रवंश समागत ॥
एलो सर्व महाऋषि स्वयंवर निरीक्षिते ।
श्रेष्ठ श्रेष्ठ महावंश तथा क्रमे उपस्थित ॥
इन्द्रवंशधरोद्भव ननक्तु नाम राजन ।
अश्व गज समन्वित एलो भोज सभातले ॥
सूर्यवंश समुद्भव शत्रुघ्न यद् तवानुज ।
भोजराज्ये निमन्त्रणे वीरवर उपस्थित ॥

अग्निवंश समुद्भुत अनरणी नराधिप ।
एलो सैन्ये सुसज्जित भोजकन्या स्वयंवरे ॥
चन्द्रवंशे युधामन्यु रुरु पुत्र समन्वित ।
अश्व गजे सुसज्जित भोजराज्ये प्रवेशिल ॥
एतन्मत यवे सर्वे प्रविष्ट तद् सभातले ।
अश्व गज रथ त्यजि सभामध्ये पदव्रजे ॥
पत्र पुष्पे सुशोभित धूप दीप समन्वित ।
पुण्यगंध बहिर्गत स्वयंवर सभास्थले ॥
राजपथ सुसज्जित तोरण पत्र पुष्पते ।
दीपमाला समुज्ज्वल बहु वर्णे चतुर्दिके ॥
अश्व गज महारथे सुव्यस्त योजनत्रय ।
राजरथ परित्यजि राजवृन्द सबांधवे ॥
हास्ययुक्त सकौतुके नाना रत्ने सुसज्जित ।
पदव्रजे दले दले प्रवेशिछे सभास्थले ॥
एतद्काले सहर्षते प्रासादे मथुरेश्वर ।
भोजकन्या समन्वित परिचय कहे क्रमे ॥

मधु वचन

हेर राजा ननक्तु ऐ देवतुल्य कलेवर ।
शान्त सौम्य गजारूढ़ बहु गज समावृत ॥
देख गज परित्यजि चले राजा पदव्रजे ।
सबांधवे स्मिताधर शत नारी विवाहित ॥
तद् पश्चाते हयारूढ़ अनरणी निरीक्षह ।
अग्नितुल्य यथा वर्ण तेजवंत महाबली ॥
हेर अश्व परित्यजि चले स्वयं पदव्रजे ।
सबांधवे स्मिताधर दश पत्नी गृहे स्थित ॥

प्रियम्वदा वचन

एतद् सर्व किं कारणे कह तातः समागत ।
शत पत्नी परित्यजि केह त्यजि दश स्त्रीय ॥

मधु वचन

चिर युवा मने स्मरे क्षत्रगण निरन्तर ।
तेज वीर्य विधारित राजभोगे अधिष्ठित ॥
रत्नतुल्य परिग्रहे नारीकुल समादरे ।
संधान लभिवे कभु चले त्वरित तथास्थले ॥
विषये विषयीप्रति वितृष्णा किं कदाचन ।
यद् प्राप्त परिग्रहे नृपति रमणीकुल ॥
रत्नतुल्य सुसज्जित करे गृह नराधिप ।
स्वीय पार्श्व सुशोभिते यवे राजा बहिर्गत ॥
प्रमोदे भ्रमणे नित्य विहार भोजने तथा ।
राजासह चले सर्वे राज हर्ष प्रवर्धिते ॥
अश्व गज पदातिके सैन्य बल सुसज्जित ।
मणि मुक्ता तथा रत्ने शोभे राज परिच्छद ॥
नारीवृन्दे चतुःपार्श्वे राजशोभा सुनिश्चय ।
उच्छवला रूप यौवना काम रागे सुरंजिता ॥

केह शान्त स्मिताधरा केन पीन पयोधरा ।
केह वाक्ये विचंचला उच्च रव परायणा ॥
केह वा राजनप्रति उत्साह परिवर्धने ।
बहु वाक्य कहे तथा धृत हस्त पुनः पुनः ॥
एतद् क्षत्र स्वभावतः राजकुल प्रवर्धित ।
बृहत् राष्ट्रे बृहत् कार्य बृहत् शोभा करे शुन ॥
देखह राघवानुज सूर्यवंश समुद्भव ।
दीप्त वर्ण महारथे शत्रुघ्न नाम वर्णित ॥
चतुर्भ्रात क्षितीश्वर मिथिलाते विवाहित ।
हेर रथ परित्यजि चले वीर पदव्रजे ॥
जगत् श्रेष्ठ महाबली इथे कह किं संशय ।
दशरथे यथा पुत्र दाशरथी महारथी ॥

प्रियम्वदा वचन

देवतुल्य यथाकृति रूपे श्रेष्ठ सुनिश्चय ।
शत्रुघ्न तुल्य राजन नहे केह समागत ॥

मधु वचन

विष्णुरूप यथा राम वनवासे करे स्थिति ।
राम कीर्त्ति जगत् ज्ञात पितृ सत्य सुपालने ॥
राघवानुज शत्रुघ्न रामतुल्य गुणे गुणी ।
देवतुल्य यथा कह एतद् सत्य सुनिश्चय ॥
हेर युधा समागत रुरुपुत्र समन्वित ।
चन्द्रतुल्य यथा कान्ति चन्द्रवंश समुद्भवे ॥
तव सम्मुखे कर सुवीक्षणे चक्षे क्षणिक प्रियम्वद युधासह पुत्रः ।
रुरु चन्द्रवंश अवतंश सुकान्ति स्फूर चन्द्रतुल्य निर्झरे कर-माला ॥

- इति श्रीमद्देवायण ब्रह्मकल्पे तृतीय खण्डे लव मण्डलान्तर्गतः कुशध्वज वर्गे श्रीराम-त्रिता संवादे मधु कर्त्तृक प्रियम्वदा प्रति राजन्य वृन्द प्रदर्शने वार्ता नामः षड्त्रिंश संवर्ग ।

— ★ —

॥ सप्तत्रिंश संवर्ग ॥

त्रिता वचन

रुरु-रूप निरीक्षिया मुग्धचित्त प्रियम्वदा ।
भातित नवयौवने करीतुल्य महाभुज ॥
सिंहतुल्य यथा कटि चक्षे तीक्ष्ण सुवीक्षण ।
सुतेज दृढ़ता धृत सौम्यानन स्मिताधर ॥
पुंखानुपुंख दर्शने रत रूप यद् क्रमे ।
गुरु गुरु करे वक्ष भीत दृष्टि चतुर्दिके ॥
अलक्ष्यिते शराघाते शर विद्ध यथा मृगी :
तथामत निरीक्षिछे असहाय रुरुप्रति ॥
एतद्काले कहे मधु चल निम्रे प्रियम्वदा ।
हल कार्य समापित यथा पूर्व प्रतिश्रुति ॥

कहे प्रियम्वदान्तरे हल कार्य समापित ।
मधु वृद्ध किंवा ज्ञात करि कार्य समापित ॥
करिते रुरु दर्शन रुरु मर्मे प्रवेशिल ।
तेजस्मान महाबले मम वक्ष विदारिल ॥
कहे वाक्ये मधुप्रति चल गृहे महामति ।
एवे कार्य समापित संघटे रुरु दर्शन ॥
उच्चारणे रुरु ध्वनि कण्ठे विजड़ित स्मर ।
ह-कार करणे रत परिष्कारे पुनः पुनः ॥
मधु प्रदर्शने रुरु करि कार्य समापन ।
चले राजसभातले भोज मित्र समन्वित ॥
स्वयंवरे समारम्भ सर्व जन समावृत ।
कतक्षणे उपस्थित सखीवृन्दे प्रियम्वदा ॥
पुष्पमाल्य करे धृता सभामध्ये प्रवेशिल ।
कन्यागत सभास्थले हेरि सर्व नराधिप ॥
निरीक्षिल परिच्छद वेश-वास यथायथ ।
करि हस्ते परिष्कृत रहे कन्यातरे स्थिर ॥
कन्या एवे सभास्थले क्रमे बहु अतिक्रमि ।
हेरि सर्व नराधिपे रुरु अग्रे उपस्थित ॥
करि सर्वे चमत्कृत स-सम्भ्रमे प्रियम्वदा ।
पुष्पमाल्य कर स्थित रुरुकण्ठे प्रदानिल ॥
रुरुकण्ठे प्रदानिया पुष्पमाल्य अतःपरे ।
करि पदे नमस्कार कहे वाक्य शिरानते ॥

प्रियम्वदा वचन

वरि तोमा महाबली आत्म अर्घ्य प्रदानिया ।
सर्वस्व तुमि हे मम अद्य हते निरूपित ॥

त्रिता वचन

एतद् वाक्य यथा श्रुत युवा रुरु स्मिताधर ।
उत्थित आसन त्यजि धृत हस्त कहे इहा ॥

रुरु वचन

तव तरे समागत भोज राज्ये प्रियम्वदा ।
मत श्रुत अति सुंदरी भोजकन्या विदूषिणी ॥
तव लाभे उपस्थित चित्ते एतद् कृत स्थिर ।
यदि स्वयं अनर्पिता लव हरि बले स्वयं ॥
यदि केह स्व-पौरुषे परिग्रहे प्रियम्वदा ।
पुण्य कार्य स्वयंवरे एतावधि छिल स्थिर ॥
सर्व जने परित्यजि मोरे माल्य प्रदानिले ।
मम मान्य प्रदर्शिले यथा अद्य सभास्थले ॥
तव मान्य तथामत मम राज्ये प्रकाशिव ।
सर्व श्रेष्ठ यथा तुमि कर मोरे सभास्थले ॥
करि सर्व जगत् जय श्रेष्ठपदे प्रतिष्ठित ।
हवे पूज्या जगन्मध्ये मम तेजे प्रियम्वदा ॥

रुरु सादरे विधृत द्वय हस्ते कहिते रत स्मित दिले बहु मान्य ।
वरिया मम प्रिय सभाजन अग्रे विजये स्वयं भुवन दानिव मान्य ॥

- इति श्रीमद्देवायण ब्रह्मकल्पे तृतीय खण्डे लव मण्डलान्तर्गत: कुशध्वज वर्गे श्रीराम-त्रिता संवादे प्रियम्वदा कर्तृक रुरु वरण वार्ता नाम: सप्तत्रिंश संवर्ग ।

— ✯ —

॥ अष्टत्रिंश संवर्ग ॥

त्रिता वचन

एतद् वाक्य कहे यदि युधापुत्र सभास्थले ।
अनरणी समुत्थित महाक्रोधे स्व-विक्रमे ॥

अनरणी वचन

रे विमूढ़ महादम्भी नारी रूपे विमोहित ।
कह अन्ये असम्माने योषित पद विलेहने ॥
ज्ञानहीन असंयमी ऊद्धत भाषणे रुरु ।
प्रिये श्रेष्ठ दिवे पद करि सर्व जगत् जय ॥

त्रिता वचन

कहिते कहिते वाक्य अनरणी महाबली ।
खड्ग हस्ते विधारणे रुरु वधे समुद्यत ॥
खड्ग हस्ते यवे शुन रुरुप्रति प्रधावित ।
प्रकम्पिता प्रियम्वदा हस्त पदे तथास्थले ॥
परित्यजि प्रियम्वदा रुरु त्वरित समुत्थित ।
कोषाबद्ध यथा खड्ग करे त्वरित बहिर्गत ॥
आघातिल बले खड्ग रुरु अनरणी प्रति ।
अनरणी करे यत्न खड्गाघात निवारिते ॥
भग्न अनरणी खड्ग महाघाते यथा त्वरित ।
हस्तच्युत यवे खड्ग भूमितले निपातित ॥
रुरु त्वरित धरे केशे आकर्षिया महाबले ।
केशाकर्षि पराक्रमे उद्यत वधिते यवे ॥
अनरणी महानादे आर्तनाद परायण ।
शत्रुघ्न वीर उत्थाने करे रुरु निवारित ॥
रुरु कार्य निवारिया कहे एतद् तवानुज ।
एतद कार्य नहे भद्र शुन रुरु सभास्थले ॥
शुन अनरणी नृप वीर कार्य नहे इहा ।
हेर मर्म उपस्थिते एतद् कार्य विगर्हित ॥
यद्यपि तोमरा सर्वे ममाधीने अवस्थित ।
शासन शान्ति शृंखला कार्य मम यद्क्षण ॥
करि मोरे अमानन उभे युद्धे समुद्यत ।
दंडविधि यथामत दंडार्ह उभये शुन ॥
रह शान्त यथास्थले कर कार्य यथा विधि ।
युद्ध क्षेत्र नहे एतद् स्वयंवरे उपस्थिते ॥

रक्त पात विवाहते शान्ति भंग सुनिश्चय ।
हेर कन्या प्रकम्पिता युद्धमान निरीक्षिया ॥
लज्जित रुरु येमति अनरणी तथामत ।
शत्रुघ्न कहिया यवे उपविष्ट यथासने ॥
शान्त भावे अतःपरे स्वयंवर समापित ।
चले सर्व नराधिप भोज राज्य परित्यजि ॥
प्रत्यागत युधा गृहे भोज राज्य परित्यजि ।
स्वयंवरे यथाकार्य सुसमाप्त यवे शुन ॥
प्रत्यागत रथारूढ़ रुरु सह प्रियम्वदा ।
स्वयंवरे यथा लब्ध मणि श्रेष्ठ मने स्मरे ॥
नव दम्पति सुख सुवर्धित राज्ये अति मुग्ध रूप गुण कौतुक वाक्ये ।
सुग्रीव यद् प्रणय विह्वल भावे करि यद् प्रगाढ़ भुज बंधन वक्षे ॥

- इति श्रीमद्देवायण ब्रह्मकल्पे तृतीय खण्डे लव मण्डलान्तर्गतः कुशध्वज वर्गे श्रीराम-त्रिता संवादे रुरु कर्त्तृक प्रियम्वदा सह स्वराज्ये गमन वार्ता नामः अष्टत्रिंश संवर्ग ।

— ✯ —

॥ ऊनचत्वारिंश संवर्ग ॥

त्रिता वचन

प्रणय सुगभीर यद् रुरु प्रियम्वदासह ।
राजीव दल येमति चक्षुद्वये सुलोचना ॥
द्विरेफ द्वय येमति पद्म दले सुशोभित ।
तेमति लोचन द्वये शोभे कृष्ण मणिद्वय ॥
अतिघन घनावली यवे वायु विचालित ।
मुक्त केश तथामत मलय वायु चंचल ॥
बालार्कसम रंजित ओष्ठाधर समीक्षित ।
दशन शुभ्र तेमति दृश्य केशरिणी यथा ॥
कटि तट तथामत क्षीणोदरी कहे सबे ।
शोभित उरसे चक्रे नीपसम स्तनद्वय ॥
हरिद्रा सरसा वर्ण कमनीय भुजद्वय ।
मृणाल अग्रते यथा पंचदल तथांगुलि ॥
पृथुल तद् नितंबते गुरुभार वहे सदा ।
हंस सम यथा गति अपटु चलने प्रिय ॥
नितम्ब बृहदाकार रुरु यद् कदली तरु ।
सुन्दर चरण द्वय रुरु मन मनोहरा ॥
लभि एतद् प्रियम्वदा रुरु मन विमोहित ।
निरखे सर्वदा रुरु राखि पार्श्वे प्रियम्वदा ॥
निरखि विस्मय क्रमे करे वक्षे विधारण ।
करि वक्षे विधारण सुंदरी नव यौवना ॥
रुरु चित्ते प्रमोदित प्रेम-रसे विमोहित ।
हेरि प्रियम्वदा रूप दिवस पलके गत ॥
पुष्पकुंजे भ्रमे नित्य सह प्रियम्वदा रुरु ।
तेमति अति मोहित रुरु रूपे प्रियम्वदा ॥

केशरी सम केशर स्कंधावधि निपातित ।
आकर्ण लोचनद्वय सर्वक्षण स्मिताधर ॥
अति दीर्घ ललाट यद् दीर्घ नासा स्थिरीक्षण ।
विरल केश गंडते गुम्फराजि नवोद्‌गत ॥
प्रशस्त वक्ष वीक्षणे आजानु भुज लम्बित ।
दृढ़ पेशी समन्वित कुंचित बाहु सर्वतः ॥
एतद् दृढ़ भुजद्वय प्रियम्वदा प्रियाश्रय ।
विशाल उरसे शान्त रहे स्थिर सुनिर्भये ॥
येन तद् परमाश्रय सर्व शान्ति प्रदायक ।
वक्षे शिरः करि स्थित निद्रागत प्रियम्वदा ॥
निमिषे सुख-निद्रित सुख-स्वप्ने अवस्थित ।
एतद् दृढ़ भुजाश्लेषे वेदना किं तथास्थले ॥
एतद् बाहु प्रचापने हर्षोद्‌गत निरन्तर ।
कभु हास्य परायणा बाहुबद्धा यवे शुन ॥
उरसे अधर स्पर्शि करे क्रीडा प्रियम्वदा ।
भावयुक्त अचंचल सुखे रुरु अवस्थित ॥
कपोले करि चुम्बन करे प्रिया समादर ।
कभु वक्षे कर द्वये करे स्नेहे प्रलेपन ॥
कभु-वा शिर पश्चाते चिबुके तद् कच्चित् कच्चित् ।
स्कंधमध्ये क्षणे क्षणे करिया कर चालना ॥
प्रत्युत्तरे करे तथा रुरु प्रति प्रियम्वदा ।
एतद् रूपे निशागत निमिषे यद् मने स्मरे ॥
एतद् रूपे करे क्रीडा महत् सुखे परस्परे ।
उभस्पर्शे उभे तथा रोमांचित कलेवर ॥
एतद् रूपे अतिक्रमे पक्षकाल यवे शुन ।
घटे महत् विपर्यय शुन राम तदन्तरे ॥
प्रणयावशे रुरु विमोहित चित्ते भ्रमि पुष्पकुंज कभु निर्जन वासे ।
वधू संग येन अमरामृत पाने सुख अंत केवल दिवागत ससे ॥

– इति श्रीमद्देवायण ब्रह्मकल्पे तृतीय खण्डे लव मण्डलान्तर्गतः कुशध्वज वर्गे श्रीराम-त्रिता संवादे रुरु-प्रियम्वदा क्रीडा वार्ता नामः ऊनचत्वारिंश संवर्ग ।

— ✯ —

॥ चत्वारिंश संवर्ग ॥

त्रिता वचन

एकदा कानने शुन उभे क्रीडा परायण ।
चयन करिया पुष्प आनि क्रमे प्रियम्वदा ॥
रुरुहस्ते प्रदानिले गांथे माल्य रुरु क्रमे ।
कवरी करि बंधन उभे हास्य परायण ॥
पुनश्च करिया मुक्त पुनः पुष्प प्रदानिछे ।
पुनश्च आनिछे पुष्प प्रियम्वदा तथास्थले ॥
अघटन अकस्माते संघटन अतःपरे ।
चयन करिते पुष्प वृक्षे हस्त प्रदानिते ॥
अर्बुदपौत्र दंशिल काल रूपे अवस्थित ।
काल शक्ति प्रचालने छिल सर्वे भयंकर ॥

ग्रंथि कालकूटे पूर्ण तीक्ष्ण दंत भुजंगम ।
अत्र क्षेत्रे अवस्थित छिल आत्म सुगोपने ॥
यथा सर्व नियोजित जीव क्षये महीतले ।
मृत्युकार्य प्रवर्धिते यमीकार्य निवारणे ॥
दंशन मात्र तद् क्षेत्रे प्रियम्वदा निपातित ।
अर्धस्वर स्फुरे कण्ठे सर्प प्रिय कहे शुधु ॥
हल ध्वनि निरामय प्राणवायु बहिर्गत ।
स्तब्ध देह तथास्थले रुरु चक्षे निरीक्षिल ॥
शुनि शब्द समुत्थित प्रियाप्रति प्रधावित ।
पौंछिते मात्र पूर्वाह्णे प्राण वायु बहिर्गत ॥
एतद् कार्य भुजंगमे महाक्रुद्ध तथा रुरु ।
आने त्वरित धनुर्बाण भुजंग कुल नाशिते ॥
दंशिल यद् भुजंगमे एतद् अग्रे विनाशिल ।
करि सर्प सुसंधान सर्व क्रमे विताड़ने ॥
बहु सर्प विनाशिल भ्रमि रुरु चतुर्दिके ।
उन्मत प्राय यद् रुरु संधानिछे भुजंगम ॥
करे तीक्ष्ण शराघात पत्रे शब्द यथास्थले ।
वायु शब्दे शराघात करे रुरु त्वरित गति ॥
शाखादंडे यदि स्थित हवे एतद् विनाशित ।
एतद् रूपे करे दग्ध बहु शाखा तथास्थले ॥
राजगृह परित्यजि वने रुरु प्रवेशिल ।
सर्प वध करे नित्य भ्रमि रुरु चतुर्दिके ॥
भुलि स्त्रीय प्रियम्वदा चले रुरु वने वने ।
उन्मत्त सर्प घातने शोके क्षोभे भयंकर ॥
एतद् वाक्य यवे श्रुत युधामन्यु महाबली ।
भुजंग दंशनाहत रुरुपत्नी प्रियम्वदा ॥
क्षोभे शोके तथा दुःखे निज प्रिया परित्यजि ।
रुरु क्रोधे बहिर्गत सर्प कुल विनाशिते ॥
मत्त रुरु भ्रमे सदा सर्प वधे चतुर्दिके ।
राजकुंजे निपातित मृतदेहे प्रियम्वदा ॥
एतद् वार्ता यथा श्रुत युधामन्यु चले त्वरा ।
सह राज्ञी मृगाक्षिका राजकुंजे उपस्थित ॥
तथा उभे निरीक्षिल पतित सर्प दंशने ।
स्वर्ण वर्णा प्रियम्वदा नील वर्णे विवर्ण यद् ॥
मुद्रिता लोचने स्थित असाड़ांग प्रियम्वदा ।
हृतस्पंदन विवर्जिता शोकयुक्ता मृगाक्षिका ॥
एतन्मत कहे क्षोभे अश्रुजले विनिर्झरि ।
बहु यत्ने समानीता भोजकन्या प्रियम्वदा ॥
मम पुत्र सदा तुष्ट तव प्रेमे तव प्रति ।
तेमति रूप यौवने छिल मुग्ध निरन्तर ॥
अन्य सर्व परित्यजि छिल रुरु सदा सुखी ।
तव प्रेमे पद प्राप्त हर्षयुक्त निरन्तर ॥
प्रसन्न रुरु सर्वदा एतद् आस्य निरीक्षिया ।
क्रीडा मत्त तथामत लभि स्त्रीय प्रियम्वदा ॥
उन्मत्त भ्रमिछे वने अद्य तोमा परित्यजि ।
यवे तुमि परित्यजि गेले सर्व प्रियम्वदा ॥

एतद् रूपे करे क्षोभ   राज राज्ञी मृगाक्षिका ।
कहे वाक्य तथास्थले   युधामन्यु महाबली ॥

युधामन्यु वचन

वृथा क्षोभ मृगाक्षिका   शोक वाक्य अनर्थक ।
यद्यपि दानिते प्राण   सम्भव हे कदाचन ॥
अति यत्ने समानीता   रुरु विभा प्रदानिया ।
पुत्रवधू यथा मम   कुल-लक्ष्मी मने स्मर ॥
कुल-लक्ष्मी कुले मम   रुरु तुष्टि प्रियम्वदा ।
एतद् प्राण प्रदानिते   यदि लभ्य महौषधि ॥

मृगाक्षिका वचन

औषधि प्राप्त यद् पथे   कर एतद् त्वरित गति ।
लभिवे किं वधू प्राण   हेर सर्व सुशीतल ॥

युधामन्यु वचन

शीतल किं मृगाक्षिका   असाड़ हेर सर्वतः ।
हेर तीव्र हलाहले   नीलाभ देह कांचन ॥
तवु कहि तथास्थले   असम्भव नहे कभु ।
सर्प विष विशोधने   सर्प दंशष्ट निरामये ॥

मृगाक्षिका वचन

यद्यपि कभु सम्भव   विष-क्रिया विशोधने ।
तवे केन रह स्थिर   कर कार्य त्वरित गति ॥

युधामन्यु वचन

त्वरित कार्य नहे श्रेय   शान्तभावे सदा शुभ ।
सर्वजन नहे ज्ञात   विष-क्रिया विशोधन ॥
परिदृष्ट कच्चित् कभु   प्राज्ञ रोजा महीतले ।
यिनि ज्ञात महौषधि   रहे गुप्त निरन्तर ॥

मृगाक्षिका वचन

यद्यपि ना कर त्वरा   हवे नष्ट कलेवर ।
यदि नष्ट शरीर ए   किंवा फल महौषधि ॥

युधामन्यु वचन

सर्प दंष्टे अकस्माते   श्वास रोध घटे शुन ।
हृद्यंत्रे क्रिया स्तब्धे   विष-क्रिया यवे द्रुत ॥
हृत् क्रिया सहसा स्तब्धे   प्राणवायु बहिर्गत ।
प्राणवायु रहे स्थिर   सप्त दिवा क्रमागत ॥
यदि कूट विशोधक   महौषधि प्रदानित ।
एतद् सप्त दिवामध्ये   व्यने यदि पुनर्गति ॥
प्राणाकर्षे पुनर्वार   व्यन-वायु विचंचले ।
रक्ते गति समारम्भ   एतद् मत अथर्वणे ॥
विष-क्रिया यवे नष्ट   पुनः देही अचेतन ।
प्राण-क्रिया बिना सत्य   देही नित्य अचेतन ॥

हेतु देही सदा व्यक्त प्राण बिना रहे स्थिर ।
अज नित्य सनातन देही नित्य मने स्मर ॥

त्रिता वचन

एतद् वाक्य कहे यवे युधा मृगाक्षिका प्रति ।
शुनि शान्त कहे वाक्य कर कार्य यथायथ ॥
तदन्तरे युधामन्यु वधूदेह परिग्रहि ।
राजगृहे सुरक्षणे चले राज सभातले ॥
मृगाक्षिका रहे तथा मृतदेह निरीक्षणे ।
सयत्ने यद् सुरक्षित सर्व स्नेहे समादरे ॥
दूत प्रति कहे एतद् राज सभातले युधा ।
सर्प दंष्ट निरामये यदि गुणी महीतले ॥
दूत वृन्द त्वरितगति जाह सर्व चतुर्दिके ।
यदि प्राप्त चराचरे आनो त्वरित समादरे ॥
लक्ष मुद्रा प्रदानिव महामणि समन्वित ।
यदि प्राण प्रदानिते सक्य गुणी महौषधे ॥
चर सर्व निर्गत युधाकृत वाक्ये यद् मन्त्रविद् छिल सहस्र सहस्र ।
कृत तद् बहिर्गत यथा दृढ़ आज्ञा चल सर्व राज निलये नृप कार्ये ॥

- इति श्रीमद्देवायण ब्रह्मकल्पे तृतीय खण्डे लव मण्डलान्तर्गत: कुशध्वज वर्गे श्रीराम-त्रिता संवादे युधामन्यु-मृगाक्षिका वार्ता नाम: चत्वारिंश संवर्ग ।

— ☆ —

॥ एकचत्वारिंश संवर्ग ॥

त्रिता वचन

युधा आज्ञा यथाप्राप्त दूत सर्व बहिर्गत ।
चले दूत चतुर्दिके रोजा तरे दले दले ॥
यद् क्षेत्रे यद् लभे रोजा समानीत युधालये ।
किञ्चित् मात्र परिज्ञात मन्त्र ध्वनि यथा जन ॥
फलाफल नहे ज्ञात उपस्थित दले दले ।
लक्ष्य मुद्रा पुरस्कारे मणि लभे तथापिह ॥
एतद् हेतु उपस्थित लक्ष लक्ष युधालये ।
लक्ष रोजा निरीक्षिया युधा प्रति सविस्मय ॥
मृत प्राण प्रदानिते एतद् गुणी महीतले ।
युधामन्यु स्वयं प्रश्ने जिज्ञासिल गुणी दले ॥
केवा श्रेष्ठ इहा कह एतन्मध्ये निरूपिया ।
बहु जने किंवा कार्य गुणी एक यथेष्ठ यद् ॥
सर्वजन कहे तथा अव्यर्थ मम औषधि ।
प्रत्यक्ष मन्त्र यद् मम कार्यस्थले निरीक्षिवे ॥
एतद् सर्व नहे गुणी अनुभवे युधा मने ।
तथापिह विपद्काले समस्त निरखे नर: ॥
यदि गुप्त रहे गुणी छद्मवेश विधारणे ।
यदि आत्म प्रकाशिते संकुचित सदा मन ॥
एरूप भावना युक्त युधामन्यु करे स्थिति ।
होथा गुणी क्रमागत वर्धे संख्या समागमे ॥

संवाद प्राप्त सत्वरे आगत मथुरापति ।
भोज राजा समन्वित दु:खपूर्ण परिस्थिति ॥
भोज राजा सकातरे मृत कन्या निरीक्षिल ।
कैशर पूर्ण केवले यद् यौवने पदार्पिता ॥
असाड़ स्तब्ध शीतले नीलाभ वर्ण लक्ष्यित ।
दर-दरे बहे अश्रु तिति गंड हृदिस्थल ॥
मथुरेश तथामत अश्रु पूर्ण निरीक्षणे ।
मृत रूप किंवा दृश्य नित्य हास्य परायणे ॥
नीलवर्ण तनु व्याप्त गाढ़ क्रमे दिने दिने ।
सर्वाङ्ग हिम शीतल दृढ़ काष्ट कलेवर ॥
कम्रता सर्वतोगत उष्ण भाव विदूरित ।
कान्ति क्रमे विवर्ण यद् क्रमे मूर्त्ति भयावह ॥
अश्रुपूर्ण यथा भोज तद्रूप मथुरापति ।
चक्षु अश्रुजले सिक्त कहे वाक्य मृगाक्षिका ॥

मृगाक्षिका वचन

हेर पिता परिस्थिति सर्व सुखे विपर्यय ।
सर्वजन अलक्ष्यिते हल रुरु बहिर्गत ॥
सर्पकुल विनाशिते श्रुत मोरा अत:परे ।
गेल रुरु गृह त्यजि रहे कुंजे प्रियम्वदा ॥
दूत वार्ता यथा श्रुत त्वरित कुंजे उपस्थित ।
समानीतान्तरे गृहे प्राणत्यक्त कलेवर ॥
वैवाहिक महाशय किंवा दु:ख निरीक्षह ।
तव कन्या तनु त्यजे शून्य मम निकेतन ॥
सर्व शान्ति धृता स्थित पुत्र मम नराधिप ।
लभि तव प्रियम्वदा अहो लक्ष्मी स्वरूपिणी ॥
भ्रमित तव नन्दिनी करि पुरी समुज्वल ।
यथा लक्ष्मी समागमे परिपूर्ण चतुर्दिके ॥
परिपूर्ण तथामत तव कन्या समागमे ।
प्रसन्न वदने रुरु भ्रमे क्रीडा परायण ॥
पुत्रक्रीडा निरीक्षिले के माता ना हवे सुखी ।
मम पुत्रे यथा हर्ष प्रियम्वदे प्रवर्धित ॥
एतद् हेतु प्रियम्वदा लक्ष्मी समागम स्मरि ।
अहो लक्ष्मी अकस्मात् गेल गृह परित्यजि ॥
मधु दूहित रत यवे अतिशोके नयनाश्रु निर्झर सुवाहित धारा ।
रत भोज राजन निजाश्रु निपाते मधु कातरार्त हृदये स्थिर मौन ॥

- इति श्रीमद्देवायण ब्रह्मकल्पे तृतीय खण्डे लव मण्डलान्तर्गत: कुशध्वज वर्गे श्रीराम-त्रिता संवादे मृगाक्षिका कर्त्तक शोक वाक्य कथन नाम: एकचत्वारिंश संवर्ग ।

— ☆ —

॥ द्विचत्वारिंश संवर्ग ॥

त्रिता वचन

एतद्काले युधामन्यु प्रवेशिल तथास्थले ।
कहिल राजनद्वये गुणी रोजा समागम ॥
ए वाक्ये मथुरेश्वर भोज राज तथामत ।
प्राण दाने प्रियम्वदे कार्ये मन नियोजिते ॥
सर्व शोक परित्यजि राजाद्वय समुत्थित ।
कर्मे शोक विदूरित रोगारोग्य विशेषतः ॥
रोगारोग्य तरे त्वरित भोज राज समुत्थित ।
प्रेरण कर हे रोजा हेथा स्वयं करि स्थिति ॥
कन्या पार्श्वे रहे भोज तद् द्वारे मथुरापति ।
करे स्वयं युधामन्यु रोजाकुल प्रचालित ॥
श्रेणीबद्ध चले रोजा सर्प विष विशोधने ।
लता गुल्म महौषधि दंड हस्ते चले क्रमे ॥
आवृत्ति करिते मंत्र ओष्ठाधर प्रकम्पित ।
पत्र पुष्प तथा मूल करि हस्ते विधारण ॥
चले सर्वे शिरानते ओष्ठाधर विघूर्णने ।
नाना चिह्न ललाटे तद् विद्युत वक्र बली यथा ॥
केह दंड धरे हस्ते तिर्यक भुजगाकृति ।
स-मूल भेषजावली सह दंड करे धृत ॥
केह सन्मार्जनीसह मृत् भांड कर धारणे ।
केह दंड करे स्कंधे पादुका करि बंधन ॥
रक्त वस्त्रे शिरव्यास समस्ते शिर बंधनी ।
केह खर्व कलेवरे केह दीर्घ महावपु ॥
आरक्त लोचनद्वये केह केह समीक्षित ।
केहवा अर्ध मुद्रित लोचने गमने रत ॥
केह शान्त सगम्भीरे मंत्रते ऋषभ ध्वनि ।
केहवा अति चंचल मंत्रते धैवत ध्वनि ॥
जीवन्त सर्प अंगते केह केह समागत ।
त्रिशूल कर धारणे योगीरूप यथा शिव ॥
जटाजूट समन्वित त्रिदंड कर धारणे ।
दंडी योगी समागत रोजा रूपे तथास्थले ॥
शून्य हस्ते समागत केह केह दिगम्बर ।
पठिल मंत्र गांधारे छन्द ज्ञान विवर्जित ॥
एतद् रूपे दिवा षष्ठ क्रमशः अतिवाहित ।
रोजा सर्व हल व्यर्थ रहे मृत प्रियम्वदा ॥
लक्ष लक्ष समागत केह कार्ये नहे क्षम ।
अव्यर्थ वाक्य केवल भंड रूप विधारणे ॥
युधामन्यु प्रकुपित रक्षीप्रति सगर्जने ।
कहिल कर बंधन भंड सर्व अकारण ॥
रोजा सर्व करे बंदी रक्षीवृन्द यथा त्वरित ।
स्कंधे हस्त प्रदानिया कारागारे परिग्रहे ॥
क्षणान्तरे उपस्थित ममाग्रज तथास्थले ।
रोजा-मूर्त्ति विधारणे भेषजादि परिग्रहि ॥

कहे वाक्य युधाप्रति एतन्मत ममाग्रज ।
सर्पविष विशोधने शक्य स्वयं सुनिश्चय ॥
पुत्रवधू यथा तव सर्पाघाते निपातित ।
व्यथित निश्चय स्वयं प्राण दाने उपस्थित ॥
अनशक्य आगत सहस्त्रश रोजा वधू चेतने कहिल राजन रोषे ।
यद् सर्व भंड निकरे कर बंदी तदन्तरे सुपुरुषागत अग्रे ॥

- इति श्रीमद्देवायण ब्रह्मकल्पे तृतीय खण्डे लव मण्डलान्तर्गतः कुशध्वज वर्गे श्रीराम-त्रिता संवादे मंत्र वित रोजा वार्ता कथन नामः द्विचत्वारिंश संवर्ग ।

— ✯ —

॥ त्रिचत्वारिंश संवर्ग ॥

त्रिता वचन

एतद् वाक्य यथा श्रुत युधामन्यु महाबली ।
रोजाप्रति निरीक्षणे तेजस्मान मने स्मरे ॥
दीर्घ जटा समन्वित ज्योति प्रभा बहिर्गत ।
रक्त फोटा ललाटेते रक्त वस्त्रे सुसज्जित ॥
द्विता मूर्त्ति निरीक्षणे तेजस्मान मने स्मरि ।
द्विता पदे नमस्कारे कहे वाक्य तथास्थले ॥

युधामन्यु वचन

सर्प विष विशोधने यदि शक्य महामति ।
दानो प्राण कृपाभरे पुरस्कार प्रदानिव ॥

द्विता वचन

पुरस्कार प्रयोजन नाहि मोर नराधिप ।
कहि वाक्य यथारूप कर कार्य तथामत ॥
चल अग्रे निरीक्षिव पुत्रवधू यथा तव ।
कहिव तद्परे स्वयं सम्भव केमने इहा ॥

त्रिता वचन

शुनि वाक्य युधामन्यु आह्वानिया ममाग्रज ।
गृहांदरे प्रवेशिल यथा मृत प्रियम्वदा ॥
शोकयुक्त तथास्थले भोज राज महादुःखे ।
तेमति मथुरेश्वर शोक क्षोभ परायण ॥
किञ्चित् आशा प्रदर्शित रोजाकुल समागमे ।
सर्व आशा क्रमे क्रमे निर्वापित तथास्थले ॥
अश्रुपूर्ण यथा भोज तेमति मथुरापति ।
शोकपूर्ण मृगाक्षिका एतद् वाक्य कहे द्विता ॥

द्विता वचन

शोकग्रस्त किं कारणे कह भोज नराधिप ।
ज्ञानी हे मथुरेश्वर जन्म मृत्यु किंवा स्मर ॥

अजरात्मा सुनिश्चय इथे कह किं संशय ।
मन प्राण शरीर यद् आत्मा काले परित्यजे ॥
इहा मृत्यु नहे कभु स्वक्षेत्र परिवर्त्तन ।
जीर्ण वस्त्र परित्याग यथा नृप मने स्मर ॥

मधु वचन

केवा तुमि नहि ज्ञात ज्ञानी श्रेष्ठ सुनिश्चय ।
आत्मा मृत नहे कभु एतद् वाक्ये किं संशय ॥
किंतु कहि महाशय जीर्ण देह नहे इहा ।
जीर्ण वस्त्र मने स्मर किं प्रकारे महामति ॥
देखह नव यौवना स्वल्प दिवा विवाहित ।
प्राणवन्ते हत प्राणे एतद् दुःख नहे वृथा ॥

त्रिता वचन

एतद् वाक्य यथा श्रुत उत्साही भोज राजन ।
कहिले सत्य निश्चय इथे दुःख नहे वृथा ॥

भोज वचन

जीर्ण वस्त्र महाशय जीर्णता हेरिले त्यजे ।
एतद् क्षेत्रे नहे हेर जीर्णत्त्व पूर्ण यौवने ॥
पूर्ण प्राण यथा स्तब्ध सर्प विष विदाहित ।
यदि शक्य यथा त्वरित कर विष विशोधन ॥

द्विता वचन

असाध्य ना ममप्रति एतद् प्राण प्रदानिते ।
एक्षणि करि जाग्रत नाहि विघ्न तथास्थले ॥

भोज वचन

कर एतद् महात्मन गुणी श्रेष्ठ महात्मन ।
करि पदे नमस्कार दानो प्राण प्रियम्वदे ॥
कहिल द्विता नहि अशक्य नृपाहं वधू चेतने क्षणिक काल समासे ।
करि जीवन कह सुजाग्रत एवे कर सत्वरे कहिल सर्व गुणीन्द्रे ॥

- इति श्रीमद्देवायण ब्रह्मकल्पे तृतीय खण्डे लव मण्डलान्तर्गतः कुशध्वज वर्गे श्रीराम-त्रिता संवादे युधालये छद्मवेशी द्विता समागम नामः त्रिचत्वारिंश संवर्ग ।

— ★ —

॥ चतुःचत्वारिंश संवर्ग ॥

द्विता वचन

अन्य विघ्न तथास्थले कह शुनि यथायथ ।
प्राण दाने किंवा विघ्न क्षम क्षणे प्रदानिते ॥
यदि प्राण प्रदानिव हवे प्रिय सचेतन ।
पुनश्च त्यजिवे प्राण नहि क्षम निवारिते ॥

त्रिता वचन

शुनि सर्व तथास्थले   कहे सर्वे समस्वरे ।
केन वा त्यजिवे प्राण   अद्य एतद् प्रदानिले ॥

द्विता वचन

शुन सर्वे यथा गुह्य   करि व्यक्त यथायथ ।
नवीना वधू यद्यपि   आयुष्काल समापित ॥
आयु बिना नहे स्थिर   क्षणकाल स्वजीवने ।
इथे कहि किंवा फल   अद्य प्राण प्रदानिले ॥
अतएव इहा कहि   सर्व शोक परित्यजि ।
आयुष्काल बिना मृत्यु   एतद् तत्त्वे रह स्थिर ॥

त्रिता वचन

एतद् वाक्य यथा श्रुत   युधामन्यु कहे तथा ।
के तुमि पुरुष श्रेष्ठ   परिचय प्रदानह ॥
तव वाक्ये प्रमाणित   साधारण नहे तुमि ।
करिछ छलना मात्र   कथा हते कथान्तरे ॥
एतद् रूप निवेदने   नमस्कार करे पदे ।
एवे द्विता स्मिताधर   कहे वाक्य अतःपरे ॥

द्विता वचन

अम्भृणी गर्भ सम्भव   आप्त्यपुत्र मने स्मर ।
द्विता नामे समाख्यात   कालपदे प्रतिष्ठित ॥

त्रिता वचन

कहे सर्वे समस्वरे   तुमि द्विता युगाधिप ।
तुमि देव महाकाल   आयुष्काल किंवा कह ॥
यदि हे आप्त्यनन्दन   तुमि द्विता युगाधिप ।
कर अद्य महाकाल   निज रूप प्रकाशित ॥
एतद् वाक्य कहे यवे   सर्व जन समस्वरे ।
पूर्व रूप परित्यजि   स्वयं रूप धरे द्विता ॥
सर्व जने निरीक्षिल   द्विता मूर्त्ति तथास्थले ।
दिव्य द्यूति विमंडित   आस्यद्वये सुशोभित ॥
आस्यद्वय तथा स्कंधे   शोभित षड् लोचने ।
षड् बाहु समन्वित   द्विता रूप मनोहर ॥
हेरि स्वयं युगाधिपे   करे सर्व तथा स्तव ।
प्रसन्न युगदेवता   नमि तोमा पुनः पुनः ॥

द्विता वचन

तव गृहे समागत   मम काल प्रतिष्ठिते ।
त्रिता गत यवे शुन   तव राज्य प्रवर्धिव ॥
तव पुत्रे प्रयोजन   मम कार्ये युधा शुन ।
तव गृहे करि स्थिति   मम काल प्रकाशिव ॥

युधामन्यु वचन

सर्प दंष्ट यवे वधु रुरु गृह परित्यजि ।
सर्पकुल विनाशिते भ्रमे नित्य वने वने ॥

द्विता वचन

ए संवाद प्रदानह रुरुप्रति युधा त्वरित ।
जीवन लभिवे पुनः तव वधू प्रियम्वदा ॥
सर्प नाश परित्यजि एसो गृहे यथा त्वरित ।
कल्य सूर्य लयावधि शेष क्षण मने स्मर ॥
इत्याग्रे पशिले गृहे लभिवे वधू जीवन ।
नतुवा चिर निःशेष हवे कल्य निशागमे ॥
कहिल द्विता कह अकारण कार्य त्यज सत्वरे रुरु भुजंग विनाश ।
यदि राजपुत्र वधूजीवन वांछा त्वरितागमे कर हे मम साक्षात् ॥

- इति श्रीमद्देवायण ब्रह्मकल्पे तृतीय खण्डे लव मण्डलान्तर्गतः कुशध्वज वर्गे श्रीराम-त्रिता संवादे द्विता कर्तृक आत्मप्रकाश वार्ता नामः चतुःचत्वारिंश संवर्ग ।

— ✭ —

॥ पंचचत्वारिंश संवर्ग ॥

त्रिता वचन

द्विताकण्ठे युधामन्यु एतद् वाक्य यवे श्रुत ।
आशालोक समीक्षणे उत्साहित समुत्थित ॥
निर्देशिल तथा दूते संधानिते रुरु त्वरित ।
द्विताकण्ठे यथा श्रुत एतन्मत सुवर्णिया ॥
अश्वारूढ़ गजारूढ़ हल दूत बहिर्गत ।
केह त्वरित रथारूढ़ चले सर्वे चतुर्दिके ॥
एतद् रूपे निशागत युधाराज्ये द्विता स्थित ।
प्रातःकाले द्विता अग्रे यवे रुरु उपस्थित ।
द्विता मृदु स्मिताधरे रुरुप्रति निरीक्षिल ॥

रुरु वचन

नमि तोमा युगाधिप नमि तोमा पुनः पुनः ।
ममप्रति किंवा आज्ञा कह कृपा परायण ॥

द्विता वचन

सर्पकुल विनाशिते नाहि कार्य अतःपरे ।
सर्प वधे निरस्तह सर्पकुल परित्यजि ॥
अहिकुल परित्यजि स्वीय गृहे रह स्थिर ।
एतद् कार्य नहे तव सर्प वध अनर्थक ॥

रुरु वचन

अति दुष्ट भुजंगम दंशे प्राणी अकारणे ।
दानिते दुःख केवल ढाले तीव्र हलाहल ॥
भ्रमे जीव मनोदुःखे प्रेम क्रीडाच्छले यवे ।
करे दग्ध हलाहले मृत्युज्वाला प्रवर्धक ॥

द्विता वचन

किञ्चित् मात्र अकारण नहे सृष्टि प्रजेश्वरे ।
प्राणी गण्य यथा सर्व अहिकुल तथामत ॥
अति बृहत् महासृष्टि बहु प्राणी तथास्थले ।
अज्ञान वशतः कह दंशे जीव अकारणे ॥
नाहि धृत वृथा विष कण्ठस्थले भुजंगम ।
नाहि दंशे अकारण सर्व स्त्रजा मनोमत ॥
यथा सृष्टि प्रकाशिते काम भोग प्रवर्धक ।
पुरुष स्त्री विचंचले करे उभे विमोहित ॥
तेमति सृष्टि नाशिते ढाले तीव्र हलाहल ।
काल कृत प्रचालित काल रूप भुजंगम ॥

रुरु वचन

दंशे मम प्रियम्वदा कह तथ्य किं कारणे ।
चयन करिया पुष्प करे क्रीडा यवे शुन ॥

द्विता वचन

क्रोधयुक्त इथे तुमि ज्ञात स्वयं महाबली ।
तव सुखे प्रवंचित क्रोधोद्भव स्वभावतः ॥
काम विघ्न यवे शुन क्रोधोद्वेगे समुत्थित ।
किंवा युक्ति विचार किं क्षोभयुक्त यथा मन ॥
मन क्षोभे यथा क्रुद्ध कर कार्य तदक्रमे ।
किंतु तुमि नह ज्ञात आयुष्काल समापित ॥
काल कृत प्रचालित मृत्युरूप भुजंगम ।
केमने वारिवे मृत्यु सर्व विषधरे वधि ॥
यदि ना सर्प दंशने मृत्युरूप तथा व्याधि ।
यदि व्याधि निवारिवे दानि तुल्य महौषधि ॥
तवु कहि तदन्तरे आकस्मिक घटे यद् ।
वाताघात महाघात जलमग्न निपातन ॥
अग्नि ग्रास महाभय किं प्रकारे निवारिवे ।
आयुष्काल समापने तनु त्याग सुनिश्चय ॥
आयुष्काल निरूपित शुन रुरु यद्क्षण ।
स्वयं काल करे रक्षा समस्त मृत्यु संकटे ॥
जलमग्न यवे नौका सर्व प्राण विनाशक ।
प्राण रक्षा लभे तथा केह कच्चित् सुकौशले ॥
काष्ठदंड लभे त्वरित प्राण नष्ट महाभये ।
करे रक्षा महाकाल काष्ठदंड प्रदानिया ॥
उत्तम करिया जीव प्राण रक्षा करे शुन ।
इथे कहे स्व-बुद्धिते प्राण रक्षा कृत स्वयं ॥
पश्चाते रहिया काल मृदुमन्द स्मिताधर ।
साथी सर्व तथा नष्ट बुद्धि भ्रष्टे मने स्मरे ॥
अंतराले करे कार्य कालशक्ति निरन्तर ।
यथा काल विनिर्देश करे प्राणी सुरक्षण ॥
जीव काल यद्क्षण काल कृत निरूपित ।
एतद् आयु समापने वधे शक्ति त्वरित गति ॥

हेथा हेर तव प्रिया क्षीणोदरी प्रियम्वदा ।
कालशक्ति प्रचालित विषधरे विनाशित ॥
आयुष्काल समापित अन्य तत्त्व विचार किं ।
वार्द्धक्ये यौवने तथा कैशरे शैशवे किंवा ॥
काल इच्छा निरूपित आयुष्काल महामति ।
कृषि कार्ये निरीक्षह कृषक कार्य येमति ॥
भूमि कर्षि क्रमागत वपन बीज भूमिते ।
वर्धे तथा दिने दिने भूमि स्नेह रसायित ॥
बीज भेदि समुत्थित शिशु वृक्ष लता चय ।
उत्तोलन करे बहु कृषक कृषि कार्यते ॥
किञ्चित् नाशे अत:परे रहे बहु तथास्थले ।
स्व-इच्छा वपने बीज उत्तोलन मनोमत ॥
आत्मा-बीज महाकाल सुवपने तथामत ।
प्राणभूमि सुकर्षणे प्राणमध्ये निपातने ॥
प्राणी जन्म तथास्थले प्राण स्नेह रसायित ।
एतद् सृष्टि यवे शुन काल कृषि विचारित ॥
करे बहु विनष्ट तद् स्वयं इच्छा मनोमत ।
रक्षे बहु तथास्थले अंतकाल यथावधि ॥
काल कार्ये हवे विघ्न सेथा बल प्रयोगिले ।
एतद् हेतु निवारण करि तोमा महाबली ॥
कालाधिक नहे वीर्य कस्मिन्काल नर:प्रति ।
काल क्रोध समुत्पन्न विघ्नोत्पात यथास्थले ॥
कहि सत्य हे रुरु रह स्थिर वाक्ये शुन मर्त्य जीवन विचलित काले ।
कभु नाहि कालगति शासन ऊर्ध्वे मर मानवे अधिक तेजस वीर्ये ॥

- इति श्रीमद्देवायण ब्रह्मकल्पे तृतीय खण्डे लव मण्डलान्तर्गत: कुशध्वज वर्गे श्रीराम-त्रिता संवादे द्विता-रुरु वार्ता नाम: पंचचत्वारिंश संवर्ग ।

— ✯ —

॥ षड्चत्वारिंश संवर्ग ॥

रुरु वचन

यदि आज्ञा ममप्रति सर्प वधे रहि स्थिर ।
किंतु शुन निवेदन तव पदे युगाधिप ॥
प्रिय प्राण प्रदानिते नाहि पथ तथास्थले ।
आयुष्काल समापन तव इच्छा महामति ॥

द्विता वचन

मम इच्छा इहा शुन आयुष्काल समापन ।
मम युग प्रतिष्ठिले तथाकाले हवे शुन ॥
तव कार्ये हवे शुन मम काल प्रतिष्ठित ।
एवे त्रिता युगाधिप त्रिता काल मने स्मर ॥

रुरु वचन

तव काल प्रतिष्ठाते कर आज्ञा महामति ।
ये प्रकारे अनुष्ठिले हवे कार्य यथायथ ॥

द्विता वचन

एतद् हेतु समागत तव गृहे स्वयं शुन ।
रामराज्ये समापने तव कार्य मने स्मर ॥
राघव त्यजिले मर्त्य तुमि राज्य प्रवर्धिवे ।
तव राज्ये प्रतिष्ठिव मम काल तवाश्रये ॥
चल एवे त्वरित गति मम सह त्रितागृहे ।
तथा कार्य प्रयोजन प्रिया-प्राण प्रदानिते ॥

त्रिता वचन

एतद् वार्तान्तरे उभे यथा त्वरित बहिर्गत ।
सर्व जन अलक्ष्यिते मम पार्श्वे उपस्थित ॥
हेरि ज्येष्ठे पुरोभागे करि प्रश्न प्रयोजन ।
कहिल घटना सर्व मातृ वाक्य यथायथ ॥
ए कारणे उपस्थित युधागृहे स्वयं द्विता ।
रुरुपत्नी प्रियम्वदा सर्पाघाते निपातित ॥
एतद् वाक्य कहे द्विता ममप्रति स्मिताधरे ।
शुन त्रिता युगाधिप अद्य रुरु ममाश्रित ॥
एतद् हेतु प्रियम्वदे दानो प्राण ममानुज ।
अनुरोध यथा मम कर कार्य तथामत ॥
मातृ आज्ञा ममाग्रज हवे कार्य तदक्रमे ।
हवे तुमि युगाधिप रामराज्ये समापने ॥
तव इच्छा यथा कह एतद् स्वयं अनुष्ठिव ।
कहि एतद् मने चिन्ति कालशक्ति यमी मम ॥
त्रैकानना यमीदेवी आविर्भूता यवे शुन ।
प्राण दानो प्रियम्वदे करि इच्छा प्रकाशित ॥
सहसा गर्जिला देवी ऐरावत समागत ।
कणिष्ठ अर्बुद भ्राता ऐरावत भुजंगम ॥
ऐरावत समागमे यमीपदे शिरानत ।
ममपदे अतःपरे जिज्ञासे किं प्रयोजन ॥

यमी वचन

के वधिल प्रकाशह रुरुपत्नी प्रियम्वदा ।
आह्वान कर तद् सर्प पुनः प्राण प्रदानिते ॥

त्रिता वचन

ऐरावत कहे गर्जि शुनि वाक्य तथास्थले ।
अश्रुसिक्त अतःपरे एतद् रूप निवेदिल ॥

ऐरावत वचन

मम पुत्र सुदंडक रुरु पत्नी विनाशिल ।
आयुष्काल समापने निर्देशित यथा तव ॥
इथे क्रुद्ध तथा रुरु मम वंश विनाशिल ।
शत पुत्र यथा मम पौत्रगण समन्वित ॥
मम वंश करे क्षय किंवा स्नेह रुरुप्रति ।
देहावधि करे दग्ध एतद् रूप विनिर्दय ॥

त्रिता वचन

एवे यमी ममप्रति प्रश्नयुक्त निरीक्षिल ।
कहि वाक्य रुरुप्रति दुष्ट कार्य अनुष्ठिले ॥
नाहि हवे पुनः आयु एतद् सत्य सुनिश्चय ।
द्विता वाक्य यथामत कहि शुन तदक्रमे ॥
प्रिया-प्राण प्रदानिव एतद् सत्य सुनिश्चय ।
आयु नाहि प्रदानिव कर अर्ध विभागित ॥
आयु अर्ध प्रदानिया लह रुरु प्रियम्वदे ।
यमी इच्छा यथामत रुरु प्रिया प्रचेतने ॥

यमी वचन

ऐरावत त्वरित जाह रुरु सह यथास्थले ।
रुरु-आयु विभागिया प्रिया-प्राण प्रदानह ॥
उभये विभागि लह आयु सपत्नी परमायु हे रुरु नहि क्षम दाने ।
उठिवे प्रियम्वद पुनश्च अशंके तुमि जाह कद्रुज भुजंगम संगे ॥

- इति श्रीमद्देवायण ब्रह्मकल्पे तृतीय खण्डे लव मण्डलान्तर्गतः कुशध्वज वर्गे श्रीराम-त्रिता संवादे द्विता-त्रिता-रुरु वार्ता नामः षड्चत्वारिंश संवर्ग ।

— ✯ —

॥ सप्तचत्वारिंश संवर्ग ॥

त्रिता वचन

एतद् आज्ञा यथा प्राप्त ऐरावत चले त्वरित ।
द्विता रुरु समन्वित पक्षभरे नभःस्थले ॥
वहि पृष्ठे द्विता रुरु मेघमाला विमंथने ।
सर्व जन अलिक्ष्यते रुरु राज्ये प्रवेशिल ॥
राजकुंजे प्रवेशिल ऐरावत अतःपरे ।
अवतरि महीतले कहे रुरु द्विताप्रति ॥

ऐरावत वचन

जाह रुरु गृहे तुमि कर गृह परिष्कृत ।
निर्जन कर आलय गृहमध्ये प्रवेशिया ॥
जनशून्य यवे गृह तवे स्वयं प्रवेशिव ।
रुद्ध द्वारे विराजह सह द्विता युगाधिप ॥

त्रिता वचन

एतद् वाक्य यथा श्रुत चले रुरु सह द्विता ।
पितृ पार्श्वे निवेदिल गृहमध्ये प्रवेशिया ॥
जाह सर्वे बहिर्देशे हवे गुणी समागम ।
द्वारे स्वयं करि स्थिति सह द्विता युगाधिप ॥
शुनि वाक्य युधामन्यु कहिल मथुरेश्वरे ।
श्रवणे निर्गत त्वरा मथुरेश मृगाक्षिका ॥
भोजराज तथामत युधामन्यु समन्वित ।
द्वार रुद्ध करे रुरु सह द्विता करि स्थिति ॥

द्वार बद्धे क्षणान्तरे   ऐरावत प्रवेशिल ।
वातायने यथा रंध्र   क्षुद्राकृति तथा पथे ॥
गृहमध्ये प्रवेशिया   धरे बृहत् कलेवर ।
गेल प्रियम्वदा पार्श्वे   छिल क्षत यथास्थले ॥
तद् क्षेत्रे करि दर्शन   करे विष विमोक्षण ।
करि कूट बहिर्गत   ऐरावत तदन्तरे ॥
करे रक्षा क्षत स्थले   शिर:मणि परिग्रहि ।
क्षणकाल अवस्थाने   यवे मणि क्षतच्युत ॥
एवे रुरुशिर: स्पर्शि   अर्ध आयु परिग्रहे ।
पुन: प्रियम्वदा शिर: करे स्पर्श भुजंगम ॥
शिर:स्पर्श यथा कृत   करे द्रुत पलायन ।
कहिते कहिते वाक्य   वातायने तिरोहित ॥

ऐरावत वचन

मम मूर्त्ति निरीक्षिले   हवे भीता प्रियम्वदा ।
क्षणमध्ये समुत्थिता   भोजकन्या हवे शुन ॥

त्रिता वचन

कहि वाक्य त्वरित गति   ऐरावत तिरोहित ।
क्षणान्तरे प्रियम्वदा   निद्रा त्यजि समुत्थिता ॥
शुन– कक्ष निर्गत यवे द्रुतवेगे   शिर:लेहने भुजग जीवन दाने ।
वधू येन सुप्तिगत उत्थित जाड्य   त्यजि जृम्भणे वदन रक्तिम चक्षे ॥

– इति श्रीमद्देवायण ब्रह्मकल्पे तृतीय खण्डे लव मण्डलान्तर्गत: कुशध्वज वर्गे श्रीराम-त्रिता संवादे जीवन प्राप्त प्रियम्वदा वार्ता नाम: सप्तचत्वारिंश संवर्ग ।

— ✯ —

॥ अष्टचत्वारिंश संवर्ग ॥

त्रिता वचन

व्यदित वदन जाड्ये   प्राण लब्धा प्रियम्वदा ।
शय्या त्यजि समुत्थाने   कहे वाक्य रुरुप्रति ॥
केन ना कर आह्वान   संध्याकाल समागत ।
निद्राघोरे अचेतन   कह प्रिय कतक्षण ॥
कहिते कहिते वाक्य   द्विता पार्श्वे निरीक्षिया ।
लज्जायुक्त शिरानत   कहे वाक्य तथा रुरु ॥
कह कह यथा वाक्य   तव इच्छा मनोमत ।
लज्जायुक्त किं कारणे   हेरि द्विता युगाधिपे ॥
रुरु वाक्य यथा श्रुता   हेरि द्विता युगाधिप ।
शय्या त्यजि यथा त्वरित   नमस्कारे पदे नत ॥

द्विता वचन

करि तोमा शुभाशिष   राजलक्ष्मी विदूषिणी ।
रुरु सह कथा कह   बहिर्देशे चलि स्वयं ॥

त्रिता वचन

एतद् वाक्ये त्वरित पदे द्विताग्रज बहिर्गत ।
यथा पूर्व निरूपित अत्र गृहे प्रवेशिल ॥
काल गृह प्रतिष्ठित इतिमध्ये युधालये ।
तथा द्विता करे स्थिति अद्यावधि जगत्पति ॥
यवे द्विता बहिर्गत हेरि प्रियम्वदोत्थिता ।
महानन्दे कहे रुरु करि वक्षे विधारण ॥

रुरु वचन

कत दुःखे पुनः लभि तोमा स्वयं प्रियम्वदा ।
तुमि अद्य मने स्मर निद्रा त्यजि समुत्थिता ॥

प्रियम्वदा वचन

कह दुःख किं कारणे मम तरे सह प्रिय ।
एतद् गृह परित्यजि कोथा गति इहा कह ॥

रुरु वचन

सर्व जने कहे यथा यमालय प्रियम्वदा ।
करि मोरे परित्याग तव गति तथास्थले ॥
आछिले मृत निस्पंद परित्यक्ता कलेवरे ।
सप्त दिवागते पूर्वे एतद् रूप घटे शुन ॥

त्रिता वचन

शुनि वाक्य सविस्मये विस्तारित सुलोचना ।
कहे वाक्य रुरु प्रति किं प्रकारे घटे इहा ॥

रुरु वचन

शुन सप्त दिवा पूर्वे कुंजे क्रीडा प्रमोदिता ।
सहसा सर्प दंशने तुमि प्रिय निपातिता ॥
नहे मात्र निपातित त्यजे प्राण कलेवर ।
असाड़ मृत निस्पंद हेरि स्वयं तथास्थले ॥
पतित सर्प दंशने मम क्रोध उपस्थित ।
धनुर्बाण करे धृत सर्प वधे बहिर्गत ॥
षष्ठ दिवा अतिक्रमे एतद् रूपे पथे पथे ।
बहु सर्प विनाशिनु षष्ठ दिवा क्रमागत ॥
षष्ठ दिवा नहि ज्ञात गृह वार्ता किंवा मम ।
षष्ठ दिने निशाकाले दूत अग्रे शिरानत ॥
राज वार्ता कहे दूत प्रत्यागमे गृहे त्वरित ।
पितृ आज्ञा यथा श्रुत रथारूढ़ गृहागत ॥
पितृ अग्रे उपस्थिते कहे द्विता प्रदर्शने ।
हेर रुरु युगाधिप तोमा काल द्विता स्मरे ॥
पितृ वाक्य यथा श्रुत द्विता पदे शिरानत ।
ए गृहे करिते स्थिति आगत युगदेवता ॥
करि मोरे शुभाशिष कहे वाक्य युगाधिप ।
काल कार्य प्रयोजने तव पार्श्वे समागत ॥

हवे लभ्य प्रियम्वदा नाहि भय तथास्थले ।
अंगीकार करो रुरु मम कार्य अनुष्ठिते ॥
अंगीकार यथा कृत कहे वाक्य युगाधिप ।
चल त्वरित त्रितागृहे प्रिया-प्राण प्रदानिव ॥
अत:परे त्रिता अग्रे द्विता सर्व निवेदिले ।
त्रिता शान्त युगाधिप कार्य इच्छा प्रकाशिले ॥
पुनः प्राण प्रदानिते कालशक्ति समागत ।
त्रैकानना यमीदेवी आह्वानि सर्पराजने ॥
तव प्राण प्रदानिते दाने आज्ञा भुजंगमे ।
तव आयु समापित मम अर्ध विभागिया ॥
सर्पराज त्वरितगति तव प्राण प्रदानिल ।
निद्रा त्यजि समुत्थिता तुमि येन तथास्थले ॥
लभिले प्राण तुमि हे प्रिय संगी अहि दंशने हत निपातित कुंजे ।
परशे पुनश्च अहि चालित काले विष मोक्षणे तव ममायु विभक्ते ॥

- इति श्रीमद्देवायण ब्रह्मकल्पे तृतीय खण्डे लव मण्डलान्तर्गतः कुशध्वज वर्गे श्रीराम-त्रिता संवादे रुरु-प्रियम्वदा मिलने रुरु वाक्य कथन नामः अष्टचत्वारिंश संवर्ग ।

— ★ —

॥ ऊनपंचाशत् संवर्ग ॥

त्रिता वचन

अत्याश्चर्ये समाकर्ण स्थिर चित्ते प्रियम्वदा ।
कहे शिरानते प्रिय किं कहिव तवप्रति ॥

प्रियम्वदा वचन

अर्ध आयु विभागिया दिले मोरे मम प्रिय ।
मम प्राणे किंवा कार्य हवे महत् अनुष्ठित ॥
तुमि सत्य महत् प्राण मम प्राण प्रदानिले ।
यदि प्राण बहिर्गत यदि आयु समापित ॥
हे नाथ पुरुषश्रेष्ठ कह गुह्य कह प्रिय ।
केन नाहि परिग्रह अन्य मोरे परित्यजि ॥
रूपवती ममाधिक मिलित तव निश्चय ।
मम गुण किंवा कह सर्व प्रभु कृपा तव ॥
तव गृहे समानीत स्नेहे वक्षे समादरे ।
पुण्य प्रेम समाश्रये नित्य सुखी तवालये ॥
यदि आयु समापित केन अर्ध प्रदानिले ।
आयु अर्ध विनष्ट यद् महत् कार्य अनुष्ठिते ॥
किं कह मरणे दुःख इत्याधिक किंवा सुख ।
ये-वा लब्ध पतिस्नेह एरूप जीवने प्रिय ॥
जाग्रत अंतरे यदि प्रेमदीप प्रिय स्मृति ।
जीवने किं प्रयोजन जीवन्मृत तथा सम ॥
आयु अर्ध प्रदानिले नाथ तुमि ममप्रति ।
किं कहिवे प्रियम्वदा नमस्कारे पदद्वये ॥

कहि मात्र कथाचय   शुन शुन प्रियोत्तम ।
जीवन तव जीवने   प्राणे प्राण सदा युत ॥
तव प्राणे लभि प्राण   तद् प्राणे प्राण धारण ।
तव प्राणे ममाश्रय   प्राणेश्वर नमः नमः ॥
यद् प्राणे जाग्रत स्वयं   छिनु पूर्वे अचेतन ।
चेतना दानिले तुमि   चैत्य नाम ममप्रिय ॥
गति लब्ध तव प्राणे   चेतन तव चेतने ।
परिदृष्ट जगत् पुनः   हे नाथ तन्मय स्वयं ॥
अनुभवि मने मने   प्राणे प्राणे निरन्तर ।
हृदिस्पंदे क्रमागत   शुनि यद् महिमा तव ॥
रक्त गति शिरामध्ये   कोषे कोषे क्रमागत ।
जाग्रत तव चैतन्ये   सर्व मय यथा प्रिय ॥
यद् दूर प्रसारित   एवे मम सुचेतना ।
नत दूर जगन्मध्ये   तव स्पर्श शुन प्रिय ॥
तोमाते रहि जीवित   तोमाते लय यद् मम ।
तव आयु विभागित   एक आयु उभप्रति ॥
तव प्राण विभागित   एक प्राण प्रकाशित ।
एक तव सुचेतना   भिन्न देहे अवस्थित ॥
तुमि सर्वमय प्रिय   रक्तकोषे गति प्रति ।
अनुभव निरन्तर   सर्वस्व तुमि वल्लभ ॥
एतद् वाक्ये पुनः पुनः   नमस्कार करे पदे ।
रुरु एवे महत् सुखे   अर्धनेत्र समीक्षित ॥
कर चित्त विस्मित तवायु विभक्ते   मम सर्व वायुगति शोणित कोषे ।
नुमि नाथ जीवनमयान्तर माझे   हृदयस्थ वल्लभ निवासिन देहे ॥

- इति श्रीमद्देवायण ब्रह्मकल्पे तृतीय खण्डे लव मण्डलान्तर्गतः कुशध्वज वर्गे श्रीराम-त्रिता संवादे रुरु-प्रियम्वदा मिलने प्रियम्वदा वाक्य कथन नामः ऊनपंचाशत् संवर्ग ।

— ✯ —

॥ पंचाशत् संवर्ग ॥

त्रिता वचन

एतद् रूपे कतक्षण   अतिगत यवे शुन ।
पिता माता मने स्मरि   रुरु त्वरित बहिर्गत ॥
करि द्वार विमोचन   यवे रुरु बहिर्गत ।
हेथा प्रियम्वदा त्वरित   वेशवासे सुसज्जित ॥
हेरि रुरु विनिष्क्रांत   सर्व जन समागत ।
युधामन्यु मृगाक्षिका   तद् सह मथुरेश्वर ॥
भोज राज समन्वित   सर्व जन समस्वरे ।
कहे वार्ता किंवा कह   रुरु अद्य प्रियम्वदे ॥

रुरु वचन

चल गृहे निरीक्षिवे   प्राण प्राप्त प्रियम्वदा ।
करि कृपा युगाधिप   प्रिया प्राण प्रदानिल ॥

त्रिता वचन

एतद् वाक्य यथा श्रुत सर्व जन समावृत ।
रुरुकक्षे प्रवेशिल यथा स्थिता प्रियम्वदा ॥

श्रीराम वचन

रुरु कीर्त्ति यथा कह अत्याद्भुत मने स्मरि ।
दिव्य जय विनिन्दित इथे सत्य सुनिश्चय ॥
धर्मे जय अवस्थित कालदंडे निरूपित ।
कालगति पराजये रुरुप्रेम प्रतिष्ठित ॥
काल धर्म पराजित तव कार्य समापित ।
दिव्य जय विनिन्दित नहे कार्य अतःपरे ॥
त्यजि मर्त्य युगाधिप तव वाक्य यथामत ।
होक द्विता प्रतिष्ठित तव काल समापने ॥
प्रश्न एक तवप्रति एतन्मात्र प्रकाशह ।
शुक्राचार्ये किंवा वार्ता युधामन्यु यथा गुरु ॥
रुरु विभा यथाकाले कह शुक्र अवस्थिति ।
कियत् दिवा अतःपरे हत सर्पे प्रियम्वदा ॥
शुक्राचार्य तथाकाले कोन क्षेत्रे अवस्थित ।
किं प्रकारे प्रवेशिल कह द्विता तवाग्रज ॥

त्रिता वचन

तद् काले शुक्र राघव रुरु विभा प्रदानिया ।
अभिषेक दिवा स्थिरे स्वीय सद्मे करे गति ॥
तद् काले सर्प दंशने आकस्मिक विपर्यये ।
यवे भ्रांत युधामन्यु शुक्रपार्श्वे निवेदिते ॥
एतद्काले प्रवेशिल द्विता छद्मे ममाग्रज ।
माता कृत प्रदर्शित यथा क्षेत्र प्रभाविते ॥
मातृ मंत्र महाबले मम तेज सहायके ।
द्विता रुरु प्रभाविल युधामन्यु समन्वित ॥
शुक्र स्वयं रहे दूरे हेरि द्विता प्रभावित ।
क्रोधयुक्त युधाप्रति यथा शास्ति प्रदानिते ॥

शिव वचन

रात्रि अंते ऊषागते कहिल राघवे त्रिता ।
राम वार्ता समापित चलि स्वयं अतःपरे ॥
चलि राम जगत्पति मम कार्य समापित ।
दिव्य जय लुकायित तपः बल़ करे स्थिति ॥
दैवी बल हवे शून्य तपः बले रवे ऋषि ।
तपः बले विधारित हवे जगत् अतःपरे ॥
कहिते कहिते वाक्य त्रिता त्वरित बहिर्गत ।
मर्त्ये ऊषा समागमे पूर्व नभः विरंजित ॥

ऊषसी निरीक्षह निशा गत विश्वे पद वन्दिते तव विहंगम गीते ।
तव दर्शने फुल विमोचित चक्षुः श्रुत राम छन्द भुवने कलहंसे ॥

- इति श्रीमद्देवायण ब्रह्मकल्पे तृतीय खण्डे लव मंडलान्तर्गतः कुशध्वज वर्गे श्रीराम-त्रिता संवादे त्रिता वार्ता समाप्त नामः पंचाशत् संवर्ग ।

॥ कुशध्वज वर्ग समाप्त ॥

— ☆ —

॥ मोक्ष वर्ग ॥

॥ प्रथम संवर्ग ॥

शिव वचन

श्रीराम अभिनन्दने तपः वायु प्रवाहित ।
राम कीर्त्ति स्तवे पक्षी प्रभाती मधु वन्दने ॥
मुक्त द्वारे जगत्पति द्वारदेशे अवस्थित ।
सर्व अग्रे ऊषादेवी नमस्कार करे पदे ॥
पक्षीकुल महानन्दे स्तवे राम चतुर्दिके ।
श्रीराम भक्तवत्सल श्रीराम करुणाकर ॥
राम राम कृपासिंधु राम राम जगत्पति ।
राम राम जगत्बंधु राम राम पराःगति ॥
हरे राम नव श्याम राम रूप मनोहर ।
राम नामे महत् शान्ति राम नाम मधुपम ॥
राम जपे महातेजः राम ध्याने पराः सुख
राम नामे लभे मोक्ष पुनर्जन्म नहे कभु ॥
एतद् काले महावीर प्रभुपदे शिरानत ।
लभे प्राते शुभाशिष प्रत्यह भक्त मारुति ॥
तदन्तरे प्रवेशिला राघव जननीकुल ।
दश शत यथा पत्नी दशरथे पुरास्मृति ॥
तद् सर्व जननीकुल कौशल्यादि समन्वित ।
सुमित्रा सह कैकेयी राम अग्रे उपस्थित ॥
करि सर्वे नमस्कार 'रामचन्द्र कहे तथा ।
कर ना उपवेशन किञ्चित् कार्य प्रयोजन ॥
उपविष्ट तथास्थले मातृकुल यथायथ ।
कहे राम अनन्तरे कौशल्या जननीप्रति ॥

श्रीराम वचन

शुन हे जननी श्रेष्ठा मम कार्य समापित ।
अवसान हवे युग एतद्काल समागत ॥
त्रेतायुग समापने हवे द्विता युगाधिप ।
चन्द्रवंश प्रवर्धिवे एतद्काले मने स्मर ॥
द्विता युग प्रतिष्ठित कार्त्यराज्ये युधा गृहे ।
मम कार्य समापित चलि मर्त्य परित्यजि ॥

कौशल्या वचन

मम गति किंवा कह राम तुमि अतःपरे ।
तव कार्य समापित यदि मर्त्ये मने स्मर ॥
हे राम मम संसार पूर्ण किना प्रकाशह ।
अतएव यथा गति कर अग्रे ममप्रति ॥

शिव वचन

सुमित्रा सह कैकेयी अन्य अन्य कहे सबे ।
रामचन्द्र यथा गति कर अग्रे ममप्रति ॥
राम तोमा परित्यजि रहि मर्त्य महीतले ।
इत्याधिक किंवा दुःख राघव-शून्य जीवन ॥
भगवान स्वयं राम पुत्ररूपे समागत ।
मातृभक्ति प्रकाशिया कर कृपा जने जने ॥
राम तोमा करि स्नेह मोरा धन्य सुनिश्चय ।
पान भोज्य प्रदानिया यथा स्नेहार्चना कृत ॥

श्रीराम वचन

मदग्रे जननी सर्व पृथिवी स्नेह परित्यजि ।
मर्त्यवास समापने लह माता पराःगति ॥
कहि अद्य महावाक्य शुन सर्वे मन स्थिरे ।
जाहे हवे पराःगति त्यजि मर्त्य कलेवर ॥
यद् धामे सर्वदा स्थित योगी सिद्ध पराःसुखे ।
एतद् क्षेत्रे विराजिते मत् सह नित्य दर्शने ॥
मम धाम दीप्त परिपूर्ण तेजसे रवितुल्य भास्वर सुरश्मि मण्डले ।
कर बद्ध चक्षु गतिमार्ग दर्शने कहि मात वाक्य शुन तद्क्षण स्थिरे ॥

- इति श्रीमद्देवायण ब्रह्मकल्पे तृतीय खण्डे लव मण्डलान्तर्गतः मोक्ष वर्गे श्रीराम-मातृगण संवादे मातृगण साक्षाते मोक्ष वार्तारम्भ नामः प्रथम संवर्ग ।

— ✯ —

॥ द्वितीय संवर्ग ॥

मातृगण वचन

राम तुमि जगत्पाल नित्य सहचरी करि ।
पराःधामे अवस्थाने तव पार्श्व प्रदानह ॥

श्रीराम वचन

शुन माता महावाक्य उपनिषद् यथा कहि ।
जाहे मोक्ष सुनिश्चय मम पदे करे स्थिति ॥
चक्षुद्वय निमीलने कर माता अवस्थिति ।
चक्षु कर्णे महत्श्रुति महावाक्य यथा कहि ॥
चक्षुद्वय निमीलने तमः घोर समीक्षित ।
मुक्तिहेतु यथा कहि विद्याविद्या अतिक्रमि ॥
अंधकार यथा घोर चक्षुद्वये समीक्षित ।
कथित अपर ब्रह्म आत्मज्योति परिच्युत ॥

किंतु भ्रु-युगले दृष्टि करि माता निरीक्षह ।
हेरिवे ज्योतिमण्डल भास्वर सूर्य येमति ॥
एतद् ज्योति निरीक्षणे कर माता मन स्थिर ।
एतद् द्युति परा:विद्या यद् स्वयं परमात्मन ॥
आदित्य रूप विष्णाहं निर्देश श्रुति निर्णये ।
एतद् ज्योति महत् प्रभा कर माता मन स्थिर ॥
अहं ब्रह्म अहं विष्णु अहं देव महेश्वर ।
एतद् रूपे करि ध्यान तनु त्यागे परा:गति ॥
क्रमे व्यक्त महाज्योति क्रमे तम: तिरोहित ।
प्राणापाने समायुक्त रुद्धश्वासे निरीक्षह ॥
यथा तत्त्व लभे नर यथा शान्ति यथा सुख ।
बहु तप: अनुष्ठाने बहु ध्याने दिने दिने ॥
एतद् तत्त्व निरीक्षणे परा:सुख प्रवर्धित ।
क्रमे सुख प्रवर्धने देह माया परित्यजे ॥
देहमाया परित्यजि क्षुधा तृष्णा विताड़ने ।
सर्व सुख महत्ज्योति इथे चित्त निवेशह ॥
संसार गत भावना एतद् तेजे विताड़िया ।
सर्वेश्वर सदा मुक्त परमात्मा निरीक्षह ॥
यथा रूप चतुर्भुज शंख चक्र गदा धृत ।
दिव्य माल्ये सुशोभित दिव्य गंध बहिर्गत ॥
दिव्य वस्त्र परिच्छदे स्वयं विष्णु हिरण्मय ।
तथा चित्त निवेशिया कर सुखे अवस्थिति ॥
अहं ज्योति पर:ज्योति अहं सूर्य दिवाकर ।
आत्मद्युति अहं शिव अहं शुभ्र शुचि स्वयं ॥
सर्व ज्योति पर:ज्योति ॐकार रूप यद् मम ।
सर्व शुद्धि इथे लब्ध कहि वाक्य अत:परे ॥
परमे स्वयं परम परात्पर: पुरुष स्वयं शिव शुनि स्वयं प्रभ: ।
तपन स्वयं अजर तेजमण्डले प्रणव स्वयं त्रिगुण धारणे स्थित: ॥

- इति श्रीमद्देवायण ब्रह्मकल्पे तृतीय खण्डे लव मण्डलान्तर्गत: मोक्ष वर्गे श्रीराम-मातृगण संवादे महावाक्य कथन नाम: द्वितीय संवर्ग ।

— ✯ —

॥ तृतीय संवर्ग ॥

श्रीराम वचन

अमृत बिन्दु सुस्वाद अमृत मधु निर्झर ।
एतद् ज्योति समाश्रित शुद्ध चित्त क्रमे क्रमे ॥
विगत देह बन्धने हवे मुक्त यथा मन ।
अमृत करिया स्वाद देहमाया परित्यज ॥
द्विविध मन जन्माता शुद्धाशुद्ध निरूपणे ।
अशुद्ध कार्य संकल्पे शुद्ध काम विवर्जित ॥
मन यथा मनुष्यते बन्धन मोक्ष कारण ।
बन्धन विषयासक्ति मुक्ति निर्विषये कहे ॥
विषय मुक्त जन्मन माया मोह विवर्जित ।
निर्विषय करे मन नित्य यत्ने मुमुक्षते ॥

निरस्त विषयासंग रुद्ध मन हृदिस्थले ।
आत्म भाव तथास्थले तद् पद परमे मम ॥
हृदिमध्ये निरोधिया मनस् अति चंचल ।
ऊर्ध्व अधे समायुक्त कर माता क्रमे क्रमे ॥
एतद् स्थले करे योगी शान्त आत्म समाहित ।
पक्षपात विनिर्मुक्त ब्रह्म पदे अधिष्ठित ॥
त्र्यक्षर मंत्र धारणे नीरव ध्यान संयुत ।
ब्रह्मभाव मने स्मर बहिर्भाव परित्यजि ॥
तद् क्षेत्रे ब्रह्म निष्कल निर्विकल्प निरंजन ।
अहं ब्रह्म यथाश्रुत महत् पदे प्रतिष्ठित ॥
निर्विकल्प अनन्त यद् हेतु दृष्टांत वर्जित ।
अप्रमेय अनादि यद् यद् ज्ञाने युक्त पंडित ॥
अविरोध अनुत्पत्ति यद् योगी मुक्त बन्धने ।
लभे नित्य मुमुक्षत्त्व एतद् भाव अतःपरे ॥
सर्वत्रेक यथात्मन भूते भूते अवस्थित ।
एकधा बाहुधा दृश्य चन्द्र बिम्ब यथा जले ॥
घट संवृत आकाश परिदृश्य घटे यथा ।
नीत यदि घटाकाश तथा जीव नभोपम ॥
घट वत् विविधाकार भिद्य मान पुनःपुनः ।
एतद् भग्ने नहे ज्ञात ज्ञात आत्म तनु क्षये ॥
शब्दाक्षर परःब्रह्म तथा क्षीणे यथाक्षर ।
विद्वान अक्षर ध्याने रहे नित्य समाहित ॥
बहु वर्णे गवी दृष्ट क्षीर वर्ण तथा सम ।
क्षीरवत् निरखे योगी ब्रह्मणेक जगन्मय ॥
ज्ञाननेत्र समादाये ऊर्ध्वे ब्रह्म निरीक्षह ।
निष्कल शान्त निश्चल ब्रह्मज्योति सुनिर्मल ॥
सर्वभूताधिवासी यद् वासुदेव तथा स्मृति ।
सर्वजने अनुग्रहे वासुदेव स्वयं स्मर ॥
शुन सर्व भूत हृदयाधिवास यद् स्मृति वासुदेव कथित स्वयं भवे ।
जगदाखिल प्रति अनुग्रहे स्वयं भुवनस्थ माता बहु मूर्ति धारणे ॥

- इति श्रीमद्देवायण ब्रह्मकल्पे तृतीय खण्डे लव मण्डलान्तर्गतः मोक्ष वर्गे श्रीराम-मातृगण संवादे अमृत बिन्दु वार्ता कथन नामः तृतीय संवर्ग ।

— ☆ —

॥ चतुर्थ संवर्ग ॥

श्रीराम वचन

सर्व भूतात्मन स्वयं व्याप्त सर्व जगन्मय ।
वासुदेव समाख्यात सर्व भूत हृदिस्थित ॥
एतद् आत्म महाशक्ति परिचये यथा कहि ।
कालिका ब्रह्म रूपिणी सर्व ऐश्वर्य शालिनी ॥
कालिका त्रिगुणातीता ब्रह्मरंध्रे अवस्थिता ।
एतद् उपनिषद् कहि शुन माता पराःगति ॥
त्रिगुण मुक्त कालिका ब्रह्म पदे करे स्थिर ।
आकर्षि सर्व चैतन्य यथा व्याप्त चतुर्दिके ॥

क-कार स-कारेते ई-कार बिन्दु संयुत ।
क्रीं काली कालिका मंत्र समष्टि रूपिणी यिनि ॥
क्रीं वार त्रय मन्द्रणे चूर्च्च बीज ह-कार यद् ।
ऊ-कार बिन्दु संयुत तद् वाक्य ध्वनि हूं द्वये ॥
तद् परे भुवना बीज व्योम ज्वलन इन्दिरा ।
करि युक्त अनुस्वर वार द्वय विमन्द्रणे ॥
ॐक्रींक्रींक्रींहूंहूंह्रींह्रीं दक्षिणे कालिके स्वाहा ।
ॐक्रींक्रींक्रींहूंहूंह्रींह्रीं दक्षिणे कालिके स्वाहा ॥
एतद् सप्त महाबीज स्वाहा युक्त जपे यदि ।
जीवने मानव श्रेष्ठ सद्गति अन्तिमे शुन ॥
एतद् ध्यान यथा कहि कर चित्ते विधारण ।
महाशक्ति महाध्याने महत् गति प्रदायिका ॥
अभिनव जलधर संकाश नव घन कुच कुटिला द्रंष्ट्रा ।
घोररूपा शवासना कालिका परा:गति प्रदायिनी ईश्वरी ॥
त्रिकोण नव कोण यद् पद्मदले अवस्थिता ।
काली कपालिनी कुल्ला कुरु कुल्ला विरोधिनी ॥
विप्रचित्ता उग्रप्रभा उग्रा दीप्ता घनालीला ।
बलाका अमृता मात्रा मुद्रामृता यथा क्रमे ॥
पंचदश महादेवी पंचदशे अवस्थिता ।
ॐ ब्राह्मणी महेश्वरी कोमारी ऐन्द्रि चामुंडा ॥
वाराही अपराजिता नरसिंही यथाष्टक ।
अष्ट दले महादेवी रूपाष्टके अवस्थिता ॥
एतद् रूपे महाध्याने जपे मंत्र निरन्तर ।
अणियादि विभूतिस्थ लभे तद् कालिकाश्रय ॥
हे माता यद् सदा ध्यान दक्षिणा कालिकाकृति ।
सर्व कार्ये लभे मुक्ति अन्तकाले परा:गति ॥
नील तोयद मध्यस्थ तड़ित तुल्य विभास्वर ।
सूर्यसम नीला देवी पीत देवी मने स्मर ॥
शिखामध्ये शिर: ऊर्ध्वे कर तद् कालिका ध्यान ।
सर्वासक्ति हवे मुक्ति ऊर्ध्व पथे हवे गति ॥
यद् चैतन्याधाराद्ध एतद् उत्क्रमणे कहि ।
महाशक्ति महाध्यान शुन माता अत:परे ॥
मम शक्ति यद् कथित कालिका परा: नव मेघवर्ण कुटिला घनस्तनी ।
कर भावना शिरशिखान्तर स्थले ध्वनि बीज संहति विमुक्ति कारणे ॥

- इति श्रीमद्देवायण ब्रह्मकल्पे तृतीय खण्डे लव मण्डलान्तर्गत: मोक्ष वर्गे श्रीराम-मातृगण संवादे कालिका वार्ता कथन नाम: चतुर्थ संवर्ग ।

— ✯ —

॥ पंचम संवर्ग ॥

श्रीराम वचन

सर्व सारे यथा स्मृति कहि उपनिषद् क्रमे ।
अहं काली अहं शिव सर्व सारे निरूपित ॥
देहात्म बोध बन्धन एतद् वाक्य मने स्मर ।
इन्द्रिय बोध मोचने मोक्ष नाम कहे बुध ॥

यद् काले यद् क्षणे जीव	अच्युत चन्द्र शंकरे ।
वायु सूर्य चतुर्मुखे	वरुण अश्विनी द्वये ॥
विष्णु मित्रे हुताशने	देव सर्व अधिष्ठित ।
मन बुद्धि अहंकार	चक्षु कर्ण त्वक क्रमे ॥
उपस्थ रसना घ्राण	वाक् पाणि पायुः पादे ।
एतद् क्षेत्र चतुर्दशे	भिन्न भिन्न क्रियारत ॥
जाग्रत काल तद् काले	एतद् माता मने स्मर ।
अन्य सर्व विलोपित	बुद्धि चित्त अहं मन ॥
क्रियाशील यवे शुन	स्वप्नावस्था इहा स्मर ।
सर्व यवे विलोपित	अविद्या वृत्ति केवल ॥
एतद् काले सुषुप्ति यद्	आत्म हारा अवस्थित ।
एतद् त्रये यवे मुक्त	सुषुप्ति स्वप्न जाग्रते ॥
साक्षी भावे अवस्थित	निर्लेपक स्वयं प्रभु ।
एतद् सर्व विमुक्त यद्	अद्वैत भाव आश्रित ।
तुरीय भाव वर्णित	त्रयातीत चतुर्थतः ॥
अस्थि मर्ज्जा त्वक स्नायू	मेद मांस तथा षड ।
पितृ शुक्रे समुत्पन्न	एतन्मध्ये यथा त्रय ॥
अन्य तद् मातृ शोणिते	षड कोषे सुसज्जित ।
एतद् अन्नमय कोष	अन्ने अन्ने प्रवर्धित ॥
प्राणापान तथा व्यान	समान वा उदानादि ।
एतद् पंच महावायु	देहमध्ये करे स्थिति ॥
कृकर नाग कूर्मण	देवदत्त धनंजय ।
एतद् पंच विरम्भण	प्राणमय कहे कोष ॥
आत्मा अन्नमये यवे	प्राणमये समायुत ।
शब्द गंध रस स्पर्श	चित्त बुद्धि अहं मने ।
रूपादि पंच विषये	कहे कोष मनोमय ॥
अन्नमय यवे आत्मा	प्राणमय मनोमय ।
कोष सर्व समायुत	ब्रह्म ज्ञाने अवस्थित ॥
वट बीजे बृहत वट	यथारूपे अवस्थित ।
तथामत चतुर्कोष	आनन्देते करे स्थिति ॥
आत्म कृत यवे स्मर	मम सुख समुद्भव ।
सर्व द्वन्द्व अतिक्रमि	महत्सुख तथास्थले ॥
कर्त्ताभाव इहा स्मर	सर्व द्वन्द्व अतिक्रमि ।
सर्व गत यथा आत्मा	सर्वान्तरे अवस्थित ॥
स्व-प्रकाशे स्वयं साक्षी	उत्पत्ति स्थिति वा लये ।
तिनि साक्षी यिनि द्रष्टा	स्व-चैतन्ये निजान्तरे ॥
यवे आत्मा सचेतन	ब्रह्म पिपीलिकावधि ।
कूटस्थ तिनि वर्णित	सर्व भूते करि स्थिति ॥
सूत्रे मणि गणा सम	सर्व युक्त यवे शुन ।
अन्तर्यामी तथा नाम	सर्वान्तरे सदा स्थित ॥
तत्त्वमसि महावाक्ये	शोभित तिनि तद् ध्वनि ।
प्रत्यागात्मा सुवर्णित	चैतन्य रूप दीपने ॥
सत्यज्ञानानंतानन्द	चैतन्य परमात्मन ।
परःब्रह्म सुवर्णित	शुन माता अतःपरे ॥

कहि सर्व सार शुन मातृमण्डली पुरुष स्वयं शिव परात्पर स्वयं ।
प्रकृति स्वयं भुवन विश्वपालिका परमात्म शक्ति परः कालिका स्वयं ॥

- इति श्रीमद्देवायण ब्रह्मकल्पे तृतीय खण्डे लव मण्डलान्तर्गतः मोक्ष वर्गे श्रीराम-मातृगण संवादे सर्व सार वार्ता कथन नामः पंचम संवर्ग ।

— ✮ —

॥ षष्ठ संवर्ग ॥

श्रीराम वचन

अमृत नाद भैरव उत्तम गति निश्चय ।
जगत् सर्व परित्यजि जाह माता परा:पथे ॥
पांच जन्य यथा ध्वनि मम कृत निनादित ।
हेर अग्रे महारथ दिव्यद्युति विकीरत ॥
ॐकार स्यन्दनारूढ़ देखह विष्णु सारथी ।
छेदिता भव-वन्दन चले रथ महाबले ॥
एतद् रथे सुखासने कर माता अवस्थिति ।
अमृत नाद भैरवे हवे माया विलोपित ॥
मम रथे रह स्थिर सर्वजन समावृत ।
मम लोके हवे गति जाव स्वयं अत:परे ॥
मात्रा लिंग पद त्यक्त शब्द व्यंजन वर्जित ।
अकारुकार निर्मुक्त मकारेते कर स्थिति ॥
हेर तव पुरोभागे सूर्यालोके विभास्वर ।
मम पुरे पुरद्वार खर दीप्त हिरण्मय ॥
एतद् द्वार अतिक्रमि जगत् तत्त्व विदूरित ।
सूर्यलोके विभास्वर पर:धाम ममालय ॥
एक्षेत्रे करिले गति पुनर्जन्म नहे कभु ।
यद् गति लभिले माता परा:गति इहा स्मर ॥
एक्षेत्रे करिवे स्थिति मम सह निरन्तर ।
पुनश्च द्वापरान्तके पुनर्जन्म हवे मम ॥
मथुराते हवे जन्म वसुदेव गृहे शुन ।
कौशल्या जननी तुमि देवकी नाम धारणे ॥
मम गर्भ विधारिका हवे पुन: महीतले ।
कैकेयी जननी तुमि यशोदा रूप धारिणी ॥
गोपकुले अवस्थाने करिवे मम पालन ।
यद् काम्य तव ए-जन्मे तद् जन्मे पूर्णिव स्वयं ॥
सुमित्रा जननी तुमि रोहिणी नाम धारणे ।
पालन करिवे मोरे नित्य स्नेहे महीतले ॥
अत्र जन्मे हव स्वयं मातृ त्रये सुपालित ।
एतद् जन्मे अपूर्ण यद् काम्य धृतान्तरे रह ॥
अन्य सर्वे तथास्थले यशोदा जननी सह ।
गोपी रूपे हओ सर्वे मातृ तुल्य सुपालिका ॥
सतत करिव क्रीडा अत्र जन्मे मनोमत ।
एतद जन्म समापित वैकुण्ठे कर हे स्थिति ॥

शुन पांचजन्य मम नाद भैरवे   परःधाम तोरण विमुक्त सम्मुखे ।
तव पुत्र तुल्य लभिवे द्वितायुगे   कर अद्य जन्म जगते समापित ॥

- इति श्रीमद्देवायण ब्रह्मकल्पे तृतीय खण्डे लव मण्डलान्तर्गतः मोक्ष वर्गे श्रीराम-मातृगण संवादे नाद भैरव वार्ता कथन नामः षष्ठ संवर्ग ।

— ✯ —

॥ सप्तम संवर्ग ॥

शिव वचन

एतद् रूपे यवे राम   निज वाक्य समापिल ।
रहे पूर्ण समाधिते   सर्व जन तथास्थले ॥
कहे राम महावीरे   कर स्पर्श जने जने ।
चेतन किं अचेतन   देख हनु क्रमे क्रमे ॥
हेरिल वीर मारुति   करि स्पर्श जने जने ।
सहस्रेक तथा नारी   निस्पन्द तनु सर्वतः ॥
निश्चल हिंम शीतल   महावीर निरीक्षिया ।
रामचन्द्रे कहे हनु   मृतरूप मने स्मरि ॥
कहे राम हनुप्रति   हल सर्वे पराःगति ।
कह लवे अतःपरे   सत्कार करिते तनु ॥
शुनिते शुनिते तत्त्व   हल त्यक्त कलेवर ।
महाश्चर्ये मरुत् पुत्र   राम प्रति निरीक्षिल ॥
रामचन्द्र स्मिताधरे   कहे वाक्य हनु प्रति ।
कर कार्य यथा अग्रे   कहिव सर्व तद्परे ॥
सत्कार करिते हनु   यथा क्षिप्र समुत्थित ।
सहस्र रमणी देह   सरयु सैकते ग्रहि ॥
लव कुश सहायके   भस्मीभूत करे त्वरा ।
दिव्यव्यापी महावीर   दाह कार्य अनुष्ठिल ॥
यवे व्यस्त रहे हनु   दाह कार्ये नदी तटे ।
श्रीराम दर्शने त्वरा   ऋषि वृन्द प्रवेशिल ॥
उपविष्ट यथा राम   मातृ मुक्ति प्रदानिया ।
मर्त्यधाम परित्यागे   प्रस्तुति करिते स्वयं ॥
ऋषि सर्व यवे श्रुत   संकल्प राघवे कृत ।
मर्त्यधाम परित्यजि   विष्णुलोके यथा गति ॥
मातृ मुक्ति प्रदानिया   प्रस्तुत राघव स्वयं ।
शुनि एतद् दले दले   ऋषि वर्ग प्रवेशिल ॥
भौमि असित देबल   बार्हस्पत्य रहूगण ।
मारीच सह गाथिन   समस्त भर्ग मण्डल ॥
रामदेव तथा नोधा   मधुच्छन्दा ऋषि क्रमे ।
ऋजिश्वा पायुः सुहोत्र   सुनुहोत्र अतःपरे ॥
सह गर्ग महामति   एलो शाक्त्य पराशर ।
मेधातिथि मेधातिथि   देवातिथि निपातिथि ।
दत्तात्रेय महाऋषि   बालखिल्य दले दले ॥
राम पार्श्वे समागमे   एतन्मत कहे सबे ।
नमि तोमा जगत् प्रभु   श्रीराम पुरुषोत्तम ॥

जावे अद्य जगत् त्यजि श्रुत राम जगत्पति ।
किञ्चित् ज्ञान प्रदानह जगते करिते स्थिति ॥
श्रुत मर्त्यधाम परिवर्जने कृत स्थिर रामचन्द्र जगदीश्वर प्रभुः ।
नमि संकटे तव विवर्जित स्थले किमते अवस्थिति अत:परे कह ॥

- इति श्रीमद्देवायण ब्रह्मकल्पे तृतीय खण्डे लव मण्डलान्तर्गतः मोक्ष वर्गे श्रीराम-मातृगण संवादे मोक्ष लाभ ओ ऋषि समागम वार्ता नामः सप्तम संवर्ग ।

— ✩ —

॥ अष्टम संवर्ग ॥

श्रीराम वचन

एसो सर्व जगत् पूज्य स्थित प्राज्ञ महाऋषि ।
नमि आत्म महाद्युति मम तुल्य जने जने ॥
यथासन परिग्रह कहि वाक्य अत:परे ।
स्वल्प काल हवे स्थिति मर्त्य धामे ममप्रति ॥
पर:तत्त्व परा:ध्यान यात्रा काले प्रदानिव ।
येथा तत्त्व प्रतिष्ठित नित्य सुखे विराजिवे ॥

शिव वचन

राम वाक्य यथा श्रुत उपविष्ट तथास्थले ।
राम पार्श्वे चतुर्दिके ज्योतिर्मय ऋषि क्रमे ॥
मध्यस्थले सुशोभित रामचन्द्र जगत्पति ।
परिदृश्य यथा नभेः स-चन्द्र तारकावली ॥
नील नभेः समुज्वल तारापुंज चतुर्दिके ।
मध्यस्थले मनोहर शुभ्र ज्योति सुधापति ॥
यथा द्युति सित ज्योत्सना करे पृथिवी परिप्लुत ।
ऋषि मध्ये तथा राम चन्द्र तुल्य समुज्वल ॥
ज्योतिर्मय तथा ऋषि तप:दीप्त प्रभाच्छुरे ।
स्वयं द्युति पर:द्युति रामचन्द्र समन्वित ॥
अपूर्व दृष्ट तद् दृश्य ज्योतिर्मय महासभा ।
दिव्य तेजे तप:तेजे हल क्षेत्र मनोरम ॥
पुण्य वायु प्रवाहित दिव्य गंध बहिर्गत ।
उपविष्ट तथा ऋषि कहे राम मधुस्वरे ॥

श्रीराम वचन

शैलसम यथा पाप विस्तीर्ण बहु योजन ।
ध्यान योगे विनष्टह अन्य पथ नहे कभु ॥
बीजाक्षर परा:बिंदु नाद स्थित तदूपरि ।
स-शब्द अक्षरे क्षीण नि:शब्द परमेपद ॥
समुत्थित अनाहत तदुक्त परम ध्वनि ।
तद् परे स्थिर बिन्दुते तद् योगी छिन्न संशय ॥
अति सूक्ष्म तथा रूप बिंदु भाग सहस्रश ।
एतद् भागे महाभाग परिदृश्य निरंजन ॥
पुष्पमध्ये यथा गंध पयोमध्ये यथा धृत ।
तिलमध्ये यथा तैल पाषाणे स्वर्ण येमति ॥

सर्वभूते तथामत	सूत्रे मणिगण सम ।
स्थिर बुद्धि असंमूढ़	ब्रह्मवित ब्रह्मणे स्थित ॥
तिलमध्ये यथा तैल	पुष्पे गंध यथामत ।
पुरुष सर्व अन्तरे	करे नित्य अवस्थिति ॥
वृक्षसम तथा विद्या	स्निग्ध छाया सुशीतल ।
एतद् शुद्धि सुनिर्मले	आत्मा सर्व गत स्थित ॥
त्र्यक्षर शुन ॐकार	ब्रह्म ध्यान समन्वित ।
ध्याने नित्य मुमुक्षते	ब्रह्मपदे प्रतिष्ठित ॥
पृथिवी अग्नि ऋग्वेद	सृष्टिसह पितामह ।
अ-कारेते अवस्थित	अ-कार लय येक्षणे ॥
अन्तरीक्ष्ये यजुर्वेद	उकार तद् समुत्थित ।
सह विष्णु जनार्दन	उकार लय येक्षणे ॥
स्वर्लोक साम सूर्यते	मकार तद् समुत्थित ।
सृष्टि लय मकारेते	सह रुद्र महेश्वर ॥
पीत वर्ण अकारेते	रजःगुण समन्वित ।
उकार शुल्क सात्त्विक	मकार कृष्ण तामस ॥
अष्ट अंग चतुष्पाद	त्रिस्थान पंच देवता ।
पूर्ण ब्रह्म निरूपित	सर्व ऊर्ध्वे विराजित ॥
धृत सर्व सृष्टि अतितेज विक्रमे	शुन सर्व भूतगत नित्य अन्तरे ।
तिल तैल गंध कुसुमे यथा स्थित	पुरुष स्वयं त्रिभुवनान्तरे तथा ॥

- इति श्रीमद्देवायण ब्रह्मकल्पे तृतीय खण्डे लव मण्डलान्तर्गतः मोक्ष वर्गे श्रीराम-ऋषिगण संवादे सर्वत्रस्त वार्ता नामः अष्टम संवर्ग ।

— ✯ —

॥ नवम संवर्ग ॥

श्रीराम वचन

ॐकार ये नहे ज्ञात	ब्रह्मज्ञान किंवा तथा ।
प्रणव धनु वर्णित	लक्ष्य ब्रह्म शरात्मन ॥
स्थिर चित्ते निरन्तर	कर हे शरयोजना ।
प्रणव धनु टंकारि	एकाग्र ब्रह्म लक्ष्यते ॥
ॐकारे स्थित देवता	ॐकारेते स्थित स्वर ।
ॐकारेते जगत् धृत	त्रैलोक्य स-चराचर ॥
ह्रस्वते पाप नाशन	दीर्घे ज्ञान प्रवर्धक ।
अर्धमात्रा समायुक्त	प्रणव मोक्ष दायक ॥
तैलधारा समाच्छन्न	दीर्घ घंटा निनाद वत ।
ॐकार मंत्र मन्द्रणे	सर्व ज्ञाने प्रतिष्ठित ॥
हृत्पद्म कर्णिकामध्ये	स्थिर दीप समाकृति ।
अंगुष्ठ मात्र निश्चल	ॐकार ध्यान वर्णित ॥
पूर्ण वायु इलामध्ये	उदरे करिया स्थिति ।
ॐकार देह मध्यते	ज्योति ध्यान कर क्रमे ॥
कथित ब्रह्म पूरक	कुम्भक विष्णु केशव ।
रेचक रुद्र शंकर	प्राणायामे यथा सुर ॥
अचल स्थिर ॐकारे	कोटि रवि प्रदीपित ।
दर्शन कृत यद् जने	हंसरूपे विराजित ॥

सृष्टि स्थिति जगत् लये वासना पूर्ण यद् मन ।
तद् मन विलये शुन तद् विष्णु परमे पद ॥
हृतपद्म अष्ट पत्रते द्वात्रिंश केशरान्वित ।
एतन्मध्ये रहे भानु भानुमध्ये रहे शशी ॥
शशीमध्ये रहे वह्नि वह्नि मध्ये महाप्रभा ।
प्रभामध्ये महापीठ नाना रत्न प्रवेष्ठित ॥
एतन्मध्ये रहे देव वासुदेव निरंजन ।
श्रीवत्स कौन्तभारस्क मणि मुक्ता विभूषित ॥
शुद्ध स्फटिक संकाश कोटि चन्द्रसम प्रभः ।
एतद् विष्णु महाध्याने साधक विनयान्वित ॥
अतसी पुष्प संकाश नाभिस्थले प्रतिष्ठित ।
पूरके कर तद् ध्यान महाविष्णु चतुर्भुज ॥
कुम्भके हृदयस्थले यद् ध्यान कमलासन ।
वेधस रक्त सौरभ चतुर्वक्त्र पितामह ॥
रेचकेते मने स्मर ललाटस्थ त्रिलोचन ।
शुद्ध स्फटिक संकाश निष्कल पाप नाशन ॥
अब्ज पत्र अधः पुष्प ऊर्ध्वनाल अधःमुख ।
कदली पुष्प संकाश वेदमय महेश्वर ॥
शतांश शत पत्रते विस्तृत कर्णिकादले ।
सूर्य चन्द्र तथा वह्नि कर चिंता निरन्तर ॥
पद्मदल विमोचित दीप्त ज्ञान प्रसादित ।
एतद् आत्मा निरीक्षण ब्रह्मपदे करि स्थिति ॥
त्रिस्थाने वा त्रिमात्राते ब्रह्म त्रय त्रयाक्षर ।
त्रिमात्रा अर्ध मात्राते वेद ज्ञान प्रकाशित ॥
तैलधारा समाच्छन्न दीर्घ घंटा निनाद वद् ।
बिंदु नाद कलातीते वेदवेत्ता कहे शुन ॥
अति दीर्घ घंटन निनाद वत् यथा श्रुत तैलधार सम नाद मंगले ।
शुचि तेजबिन्दु परम प्रतिष्ठिते परिदृष्ट वेदमय निष्कलात्मने ॥

- इति श्रीमद्देवायण ब्रह्मकल्पे तृतीय खण्डे लव मण्डलान्तर्गतः मोक्ष वर्गे श्रीराम-ऋषिगण संवादे नाद बिन्दु वार्ता कथन नामः नवम संवर्ग ।

— ✭ —

॥ दशम संवर्ग ॥

श्रीराम वचन

उत्पल नाल येमति सतताकर्षणे जल ।
आकर्षण करे वायु योगी योगपदे स्थित ॥
आकर्षणे यथा रज्जु यथा पद्मकूप स्थित ।
अर्धमात्र तथाकर्षे नाल मार्गे भ्रु-मध्यते ॥
ललाटे नासिका मूले भ्रु-मध्ये कर दर्शन ।
कथित अमृत स्थान अमृत परमात्मन ॥
सिंह भद्र तथा सिद्ध पद्मासन चतुष्टय ।
आधार आदिते चक्र स्वाधिष्ठाने द्वितीयतः ॥
योनि स्थान तदन्तरे कामरूप समीक्षित ।
गुद स्थाने यदाधारे पंकजिनी चतुर्दल ॥

तन्मध्ये योनि दर्शित कामाख्यासिद्ध वन्दिता ।
योनिमध्ये रहे लिंग पश्चिम मुख लम्बित ॥
हृदिस्थले महापद्म अष्ट दले समीक्षित ।
तन्मध्ये स्थित जीवात्मा ज्योतिरूपानु आकृति ॥
शनैः सर्व समाकृष्ट हृत्सरोरुह कोटरे ।
प्राणापान तथाबद्धा उच्चारि प्रणव ध्वनि ॥
संकोच करिया कर्ण लिंग संकोच तेमति ।
मूलाधारे सुषुम्नाने पद्मतंतुसम स्थित ॥
अद्भुत ध्वनि विश्रुत वीणादंड समुत्थित ।
शंखनाद यथामत वक्ष्यमध्ये क्रमे श्रुत ॥
ब्रह्मरंध्रे यथा नाद मयूर ध्वनि येमति ।
कपाल कुहरे किंवा चतुर्द्वार सुमध्यमे ॥
तथा आत्म महत् द्युति यथा व्योमे दिवाकर ।
कोदंड द्वय मध्यते ब्रह्मरंध्रे प्रदीपित ॥
एतद् आत्म महाज्योति ब्रह्मरंध्रे प्रदीपित ।
तद्काले श्रुत यद् ध्वनि कहि शुन क्रमे क्रमे ॥
श्रुत शब्द यद् विविध अन्तरस्थले कभु शंखनाद कभु वीणा निक्कण ।
कभु वा मयूर वर कण्ठ मन्द्रित मुरली मृदंग कभु छन्द मूर्च्छणे ॥

– इति श्रीमद्देवायण ब्रह्मकल्पे तृतीय खण्डे लव मण्डलान्तर्गतः मोक्ष वर्गे श्रीराम-ऋषिगण संवादे नाद वार्ता कथन नामः दशम संवर्ग ।

— ☆ —

॥ एकादश संवर्ग ॥

श्रीराम वचन

नादबिन्दु समाख्यात उपनिषद् यथा शुन ।
किंवा पथे किंवाचारे नादध्वनि समुद्भवे ॥
अ-कार पक्ष दक्षिण उ-कार उत्तर स्मृति ।
म-कार पुच्छ वर्णित अर्ध मात्रा कहे शिरः ॥
रजः तम पदद्वय शरीर सत्त्व वर्णित ।
धर्म दक्षिण लोचने अधर्म उत्तर स्मृति ॥
भूलोक चरणद्वय भुवर्लोक कहे जानु ।
स्वर्लोक कोटि वर्णित नाभिदेश महर्जगत् ॥
जनलोक हृदिस्थल कण्ठदेश तपः स्तर ।
सत्यलोक ललाटेते अवस्थित यथा क्रमे ॥
ॐकारेते यथा मात्रा कर सर्व सुधारणा ।
मात्रा त्रय त्र्याक्षरे त्रिगुण कृत सर्वतः ॥
घोषिणी प्रथमा मात्रा विद्युन्माली द्वितीयतः ।
पतंगिनी तृतीयतः चतुर्थ वायुवेगिनी ॥
नाम धेया पंचमे यद् षष्ठे ऐन्द्री सुवर्णित ।
सप्तमे वैष्णवी नाम शंकरी नाम अष्टमे ॥
नवमे महती नाम ध्रुव तद् दशमी कहे ।
एकादशे कहे मौनी ब्राह्मी यद् द्वादशी स्मृति ॥
यन्मात्रा प्रथमे यदि योगी त्यक्त कलेवर ।
राजगृहे लभे जन्म सर्व भौम महीपति ॥

द्वितीयते समुत्क्रांत   हल यक्ष महात्मन ।
विद्याधर तृतीयते   गंधर्व तद् चतुर्थते ॥
पंचमे यद् समुत्क्रांत   देवत्त्व प्राप्त निश्चय ।
देवलोके करि स्थिति   चन्द्रलोके करे गति ॥
षष्ठे यदिन्द्र सायुज्य   विष्णुत्त्व प्राप्ति सप्तमे ।
त्यक्ताष्टमे कलेवर   धृत रूप महेश्वर ॥
नवमेते महर्लोक   दशमेते लभे ध्रुव ।
एकादशे तपःलोक   द्वादशे ब्रह्म शाश्वत ॥
अतःपरे परः शुद्ध   व्यापक शिव निष्कल ।
स्व-उदित परःब्रह्म   सर्व ज्योति प्रकाशक ॥
अतीन्द्रिय गुणातीत   मन लीन तथा शुन ।
अन्यान्य भाव संयुक्त   योगयुक्त निरन्तर ॥
महत्तेज प्रकाशित   योगीमध्ये ततक्षणे ।
तेज बिन्दु यथा तत्त्व   कहि शुन क्रमे क्रमे ॥
तेज बिन्दु पराःध्यान   विश्वातीत हृदि स्थित ।
आनव शक्ति शाम्भव   स्थूल सूक्ष्म परात्पर ॥
दुःसाध्य यद् दुराराध्य   दुस्प्रेक्ष्य तद् दुराश्रय ।
दुर्लक्ष्य दुस्तर ध्यान   सर्व मुनि मनीषिते ॥
जिताहार जितक्रोध   जित संग जितेन्द्रिय ।
निर्द्वन्द्व निरहंकार   निवासारि परिग्रह ॥
अगम्य गम्य तद् कर्त्ता   गुरु पूजा समायुत ।
हंस मंत्रे करे स्थिति   त्रिगुणातीत सर्वदा ॥
अति गुह्य कहे पद   परःब्रह्म निराश्रय ।
व्योमरूप कला सूक्ष्म   तद् विष्णु परमः पद ॥
त्र्यम्बक त्रिगुण स्थान   त्रिधातु रूप वर्जित ।
निश्चल निर्विकल्प यद्   निराधार निराश्रय ॥
उपाधि रहित स्थान   मनातीत अगोचर ।
स्वभाव भावना ग्राह्य   सर्वातीत कहे सदा ॥
आनन्द नन्दनातीत   दुस्प्रेक्ष्य अज अव्यय ।
चित्त वृत्ति विनिर्मुक्त   शाश्वत ध्रुव अच्युत ॥
तिनि ब्रह्म तथाध्यात्म   तन्निष्ठा तद् परायण ।
अचित्त चित्त आत्मन   तद् व्योमे परमे स्थित ॥
अशून्ये शून्य भाव यद्   शून्यातीत अवस्थित ।
नाहि ध्यान नहे ध्याता   नाहि ध्येय तथास्थले ॥
सर्व तद परमे शून्य   परः परः परात्पर ।
अचिन्ता अप्रबुद्ध यद्   आत्मा सत्ये चिर स्थिर ॥
काम क्रोध तथा लोभ   भय मोह विवर्जित ।
शीतोष्ण क्षुत पिपासाते   योगीश्रेष्ठ अचंचल ॥
भय मोह वर्जित सदा अचंचले   यिनि वीतराग विषये विमोचित ।
यति शीत उष्ण गत शान्त निष्कले   जित काम कल्प विहने जितेन्द्रिय ॥

- इति श्रीमद्देवायण ब्रह्मकल्पे तृतीय खण्डे लव मण्डलान्तर्गतः मोक्ष वर्गे श्रीराम-ऋषिगण संवादे नादबिन्दु ओ तेजबिन्दु कथन नामः एकादश संवर्ग ।

— ★ —

॥ द्वादश संवर्ग ॥

दत्तात्रेय वचन

कहिले सर्व मंगल राम तुमि जगत्पति ।
एतद् मर्त्य अवस्थाने मम कार्य किंवा कह ॥
तव संग परित्यक्त मर्त्ये वास महादुःखे ।
आलिंगन प्रदानह यात्राकाले महात्मन ॥

श्रीराम वचन

आलिंगन नहे अद्य दत्तात्रेय महामति ।
सर्व कार्य समापने सर्व मुक्त यथा स्वयं ॥
तव जन्म समुत्पत्ति अवधान कर स्थिरे ।
ब्रह्मतेजे शिरः तव नाभिस्थल यथा स्मृति ॥
मम तेजे भुजद्वय वक्ष कण्ठ हृदिस्थल ।
रुद्रतेजे पदद्वय स-ललाट अधोदर ॥
एतद् रूप त्रितेजसे तव जन्म महीतले ।
कहि कार्य यथा शुन मम अन्ते तवप्रति ॥
असमाप्त यथा कार्य मम कृत अतःपरे ।
योग तत्त्व विधारणे सर्वे ज्ञान प्रदानह ॥
भार्गव भौमि गाथिन बार्हस्पत्य रहूगण ।
मारीचासित देबल सह सप्त महाऋषि ॥
अवतार यथामत हवे गण्य महीतले ।
व्यास जन्म यथाकाले जाह मर्त्य परित्यजि ॥
रहिवे मात्र भार्गव व्यास शिक्षा प्रदानिते ।
अन्य सर्वे पुनर्जन्म मम सह महीतले ॥
सखा रूप विधारणे हवे क्रीडा निरन्तर ।
भुजाश्लेष तथाकाले हवे इच्छा मनोमत ॥

दत्तात्रेय वचन

शुनि वाक्य महत् अति रामचन्द्र कृपामय ।
पुनश्च स्पर्शिवे पृथिवी इत्याधिक किंवा सुख ॥
भुजाश्लेष प्रदानिवे राखि पार्श्वे निरन्तर ।
कह राम किंवा क्रीडा अत्रकाले अनुष्ठिवे ॥

शिव वचन

एतद् वाक्य यथा श्रुत रामचन्द्र स्मिताधर ।
दत्ताप्रति सुवीक्षणे कहे वाक्य मधुस्वरे ॥

श्रीराम वचन

अद्य कार्य समापित यथास्थले मने स्मर ।
आरम्भ शुन तद् परे आत्मयोग प्रकाशिते ॥
मधु वंशे मने स्मर माधव नाम धारणे ।
देवकी गर्भ सम्भव यशोदा कृत पालने ॥
हवे कार्य निरन्तर आत्ममाया प्रकाशिते ।
करिते ज्ञान संकोच उपनिषद् यथा कहि ॥

काल जगत् प्रभाविवे	ज्ञान लुप्त हवे शुन ।
प्रेमक्रीडा समाश्रये	स्वयं माया प्रकाशिले ॥
वृन्दावने हवे क्रीडा	बाल्यकाले वने वने ।
गोप गोपी समावृत	प्रेमभाव प्रकाशिया ॥
प्रेम सख्य प्रकाशिव	ज्ञान लुप्त तथा क्रमे ।
घोर कलि पुरोभागे	यथा कार्य तथा कहि ॥
रात्रितुल्य महाघोर	हवे कलि प्रभावित ।
द्वापर युग पर्यन्त	द्विप्रहर निशा शुन ॥
गभीर रात्रिते शुन	सर्व कर्म परित्यजि ।
ज्ञान हारा अचेतन	रहे सुप्त नरावली ॥
एतन्मध्ये करे क्रीडा	येमति सर्व दम्पती ।
सर्व कर्म परित्यजि	प्रेमक्रीडा परायण ॥
तथामत हवे शुन	जगत् कलि प्रभावित ।
सर्व कर्म परित्यजि	हवे आत्म अचेतन ॥
कृष्ण रूपे तथा स्वयं	लीला धर्म प्रकाशिव ।
सर्व कर्म परित्यजि	मोरे आत्म समर्पणे ॥
संकोचि ज्ञान तद् काले	मम मध्ये सुरक्षिव ।
सर्व जगत् विराजिवे	मम मध्ये अचेतने ॥
नारिवे बुझिते तत्त्व	आत्म मोह विमोहित ।
रवे प्रेम भुजाश्लेषे	मम संज्ञा प्रदानिते ॥
स्पर्शसुख रवे मात्र	घोर निद्रा अचेतने ।
ए कारणे भुजाश्लेषे	हवे सर्व सुखोदय ॥
पति प्रिया यथा भाव	सुख भाव प्रवर्धने ।
एतद् क्रीडा प्रकाशिते	हवे मम सहायक ॥
तपः ज्ञान परित्यजि	मत् सह ऋषि सर्वतः ।
सख्यभाव प्रियाप्रेम	शिशुलास्य प्रकाशिते ॥
कलियुग हवे पूर्ण	एतद् रूपे यवे शुन ।
प्रभाते पुनरुत्थित	निद्रा त्यजि यथा नरः ॥
तथा आत्म प्रकाशिव	अब्ज नामे महामति ।
करिते सूर्य वन्दना	विकचे पथ येमति ॥
तथामत पुनः मर्त्ये	स्वयं आत्म प्रकाशिव ।
देव तत्त्व प्रदानिते	दिव्य ज्ञान तथामत ॥
दिव्य ज्ञान तथा कर्म	स्वयं क्रमे प्रकाशिव ।
संकोचित यथा पूर्वे	तथा मुक्त हवे पुनः ॥
संकोचित हवे ज्ञान	लीला धर्म प्रकाशिले ।
कृष्ण नामे महीतले	एतद् कार्य ममप्रति ॥
अभ्युदये पुनर्युग	यवे कलि समापित ।
पुनः ज्ञान प्रकाशिव	सह ज्ञान महामति ॥
लीला धर्म यथा तत्त्व	संकोचित हवे शुन ।
अब्ज नामे महीतले	तथा सर्व प्रकाशिव ॥
शुन भूतले मम पुनश्च उद्भवे	कहि कृष्ण नाम धृत देवकी सुतः ।
अवतीर्ण साधुकुल धर्म रक्षणे	शुभकर्म पालक युगे युगे स्वयं ॥

- इति श्रीमद्देवायण ब्रह्मकल्पे तृतीय खण्डे लव मण्डलान्तर्गतः मोक्ष वर्गे श्रीराम-ऋषिगण संवादे भविष्य वार्ता कथन नामः द्वादश संवर्ग ।

— ☆ —

॥ त्रयोदश संवर्ग ॥

शिव वचन

एतद् वाक्य यथा श्रुत ऋषि सर्व प्रमोदित ।
नमस्कारे करे रामे पुनः पुनः शिरानते ॥
करि पदे नमस्कार ऋषिवृन्द कहे तथा ।
ज्ञानप्राप्त महात्मन कांक्षित रूप दर्शने ॥
ॐकार ज्योति मण्डले यथा रूप तवप्रति ।
तद् दर्शने यदाकांक्षा कर पूर्ण अतःपरे ॥
किंरूपे करिव स्थिति मर्त्यधामे अतःपरे ।
एतद्काले यथा स्मृति किञ्चित् प्रभु प्रदानह ॥
यथा ध्याने करि स्थिति काल गति अतिक्रमि ।
यद्यपि दर्शने शक्य कर कृपा जगत्प्रभु ॥

शिव वचन

एतद्काले प्रवेशिल लव कुश समन्वित ।
जनक मिथिलेश्वर महावीर ऋता निता ॥
पश्चाते आन्दनात्मज यद् नल प्रियदर्शन ।
रामचन्द्र नलप्रति कहे वाक्य समादरे ॥

श्रीराम वचन

शुन नल अतःपरे कहि वाक्य तवप्रति ।
पितृराज्य परिग्रहि आत्म धर्म प्रकाशह ॥
आत्मत्यागे प्रतिष्ठित आत्म धर्म मने स्मर ।
स्वार्थ भोग परित्यजि प्रजाकुल निरीक्षह ॥
प्रजावृन्दे प्रवर्धित राजा सर्व धने जने ।
हर्षवान प्रजा यदि राज्यमध्ये निरन्तर ॥
राजसुख प्रवर्धित इथे कह किं संशय ।
राजा प्रजा परस्परे सुख वृद्धि दिने दिने ॥
यथा मेघ महीतले वर्षे वारि क्षणे क्षणे ।
एतद् वारि लभे मही दाने पुनः नभःस्थले ॥
नभः पिता मही माता आत्मदान परस्परे ।
वर्धे सृष्टि तथा मेघ यज्ञ कार्य कहे इहा ॥
राष्ट्र माता पिता राजा आत्मदान परस्परे ।
वर्धे प्रजा तथा धर्म राजयज्ञ कहे इहा ॥
एतद् यज्ञ अतःपरे कहि नल यथा क्रमे ।
राष्ट्रनीति यथा धर्म राजाकृत प्रचालित ॥
आत्मदाने करे पूजा पुरुष रमणी प्रिय ।
शक्तिमान बलीश्रेष्ठे पति पद प्रदानिया ॥
सर्व दम तथा पति काम स्वार्थ निपीड़क ।
हर्षान्विता पतिप्रेमे सती नारी यथामत ॥
एतद् मत् मने स्मर राष्ट्रप्रिया नराधिपे ।
राष्ट्रप्रिया करे पूजा आत्म अर्घ्य प्रदानिया ॥
राष्ट्र तुष्टि निरन्तर राजप्रिय मने स्मर ।
प्रजाकुल समन्वित गठे राष्ट्र महीतले ॥

यथा राज्ञी रहे गृहे — व्यक्तिरूपे नृपप्रिया ।
सर्व नारी तथामत — राजप्रिया गृहे गृहे ॥
एक द्वय यथा पुत्र — राजगृहे सुपालित ।
सर्व गृहे तथामत — राजपुत्र प्रपालित ॥
यथा स्वीय उपार्जन — प्रिया पुत्रे प्रदानित ।
तथामत हवे व्यय — राजकोष प्रजातरे ॥
आपत्काले महाघोरे — प्रिया पुत्रतरे नरः ।
संचित अर्थ भांडार — रोगे शोके करे व्यय ॥
तथामत हवे व्यय — राजकोषे प्रजातरे ।
संचित कोष एहेतु — राष्ट्र धर्म अनुष्ठिते ॥
आक्रांत यदि वा राष्ट्र — अरिकृत महाभुज ।
संचित अर्थ भांडार — कर व्यय तथास्थले ॥
रक्षण करिते राष्ट्र — अस्त्र शस्त्र सुनिर्मिते ।
सैन्यबल प्रवर्धिते — अर्थकोष हवे व्यय ॥
प्रबल अरि यद्यपि — कर दान चतुर्दिके ।
धन अर्थ गवीकुल — वस्त्र शस्य मनोमत ॥
सक्षम येन ना कभु — प्रजा मनः जये अरि ।
दाने प्रजा वशीभूत — दान धर्म प्रचारह ॥
शुन लोकचित्त जय अर्थ सम्पदे — कर दान नित्य बहुल प्रजाकुले ।
दमह स्वयं रिपु महापराक्रमे — स्व-वशे वशीकर भृत्य मण्डली ॥

- इति श्रीमद्देवायण ब्रह्मकल्पे तृतीय खण्डे लव मण्डलान्तर्गतः मोक्ष वर्गे श्रीराम-नल संवादे राष्ट्र गठन वार्ता कथन नामः त्रयोदश संवर्ग ।

— ✯ —

॥ चतुर्दश संवर्ग ॥

श्रीराम वचन

अज्ञात शत्रु यद्यपि — कोन अंश प्रभाविवे ।
अन्तराले करे यदि — आह्वानारि प्रजाकुल ॥
प्रत्यक्ष शास्ति ना दानि — कर कार्य सुकौशले ।
कर सैन्य समावेश — शत्रु वृद्धि निवारणे ॥
गभीर रात्रिते त्वरा — योगायोग निवारह ।
शत्रु निन्दा प्रचारह — अरि भीति समन्वित ॥
कर दान तथास्थले — श्रेष्ठ श्रेष्ठ निरीक्षिया ।
पद श्रेष्ठ प्रदानह — यथा पूर्वे ततोधिक ॥
स्तावककुल रक्षणे — कर स्तवे नियोजित ।
एतद् पथे दिने दिने — वशीभूत कर प्रजा ॥
अधिकृत यथा अंश — अरि कृत महाबली ।
निश्चिह्न कर तद् सर्व — प्रजाकुलापसारणे ॥
अन्यत्र रक्षणे प्रजा — कर क्षेत्र विमर्दन ।
कर भस्म प्रजागृह — सेतु भग्न यथा क्रमे ॥
कर गर्त्त स्थले स्थले — सरणी खनने त्वरा ।
राजपथ प्रशस्तता — खनने कर दुर्गम ॥
कंटकपूर्ण पादपे — कर पूर्ण स्थले स्थले ।
झंझा वृष्टि अतःपरे — यथा दृश्य महीतले ॥

कर दृश्य तथामत करि ध्वंस चतुर्दिके ।
सरोवर यथा सर्व इतस्ततः अवस्थित ॥
कर पूर्ण हलाहले एतद् कार्य सुगोपने ।
अरिकुल समागमे कर युद्ध तथास्थले ॥
करि शत्रु विताड़न गठन कर सर्वतः ।
पूर्वे ध्वंस यथा कृत कर सृष्टि ततोधिक ॥
दुष्टजने निपीड़न कर नित्य महाबले ।
पुण्यव्यक्ति सुपालने एतन्मत अनुष्ठह ॥
देवभक्ति परायणे कर दान अहेतुक ।
देवभक्ते यथा काम्य कर पूर्ण त्वरित गति ॥
धन रत्न तथा गवी यथा काम्य मनोमत ।
इच्छाधिक प्रदानह देवभक्ति प्रवर्धिते ॥
शुद्धाचारी यदि द्विज धर्म-कर्मा गृही यदि ।
कर दान यथा स्पृहा धर्म-कर्म प्रवर्धिते ॥
कर दान तथा भूमि बिना करे द्विजप्रति ।
उच्चपद प्रदानह राजकार्ये गृहीकुले ॥
सात्त्विक अथवा ज्ञानी गृहधर्मे अवस्थित ।
एतद् रूपे सुपालन कर तुमि महाबली ॥
राजकर्मी यथा सर्वे बहु अर्थ प्रदानह ।
यथा व्यय प्रयोजन प्रदानिवे ततोधिक ॥
कर्मीमध्ये रहे यदि देवभक्ति परायण ।
एतद जने पदश्रेष्ठे कर तुमि प्रतिष्ठित ॥
ब्रह्मज्ञानी सदा पूज्य एतद् वाक्य मने स्मर ।
यदि राज सभातले ब्रह्मज्ञानी समागत ॥
सिंहासन परित्यजि कर पदे शिरानति ।
ज्ञानी मान्य समस्ताग्रे अन्य सर्व अतःपरे ॥
विद्वान श्रेष्ठ सर्वत्र विद्या मान्य प्रदानिवे ।
सर्वक्षण ससम्माने विद्वानाग्रे रह स्थिर ॥
सर्व विद्वान पुरोभागे कह वाक्य शिरानते ।
उच्च शिरे तथास्थले नाहि कह कदाचन ॥
निज विक्रमे तव कार्य कौशले अरि पीड़ने करह यत्न हे बली ।
लह भक्त मानव बुक्के समादरे नमि मान्य देह तुमि विप्र पंडिते ॥

- इति श्रीमद्देवायण ब्रह्मकल्पे तृतीय खण्डे लव मण्डलान्तर्गतः मोक्ष वर्गे श्रीराम-नल संवादे राज्य रक्षण वार्ता कथन नामः चतुर्दश संवर्ग ।

— ★ —

॥ पंचदश संवर्ग ॥

श्रीराम वचन

विनय राजभूषण अस्त्र शस्त्रे सुसज्जित ।
सर्व जयी महोश्वर्ये विनय गुण भूषित ॥
विनय अक्षमे यदि दुर्बलता सुनिश्चय ।
दुर्बले विनयाचार तमः भाव प्रवर्धक ॥
विनय यदि अक्षमे कर दंडे विताड़न ।
धर्म निन्दा इहा शुन विनय दुर्बले यदि ॥

अक्षम यदि गर्वित स्वकार्यते महाबली ।
दानो तथा पुरस्कार उत्साहे करिते क्षम ॥
नहे सह्य तथापिह विनय यदि दुर्बले ।
दंडाघात विताड़ने अधमे कर जाग्रत ॥
देवभावे करे सैन्य तामसिक नराधम ।
एतद् शास्ति प्रदानह यवे दृष्ट स्व-चक्षुते ॥
सक्षम विनयी यदि बहु मान्य प्रदानिवे ।
एतद् जने प्रदानह श्रेष्ठासन निजाधिक ॥
सक्षम यदि गर्वित स्वीय कार्ये निरन्तर ।
कर एतद् निवारण अन्ये मान्य प्रदानिया ॥
अन्तरे राखह श्रद्धा सतत सक्षमप्रति ।
किंतु वाह्ये प्रकाशह अन्य भाव निरन्तर ॥
सज्ञान यदि मानव सक्षमता स्वगर्वते ।
उद्देश्य जानि कौशले साहाय्य कर सेस्थले ॥
काल धर्म विलोपिते एतद् कार्य अनुष्ठिते ।
करे गर्व प्रकाशित तमः भाव विनाशिते ॥
यवे तमः परिव्याप्त एतद् कार्य अनुष्ठित ।
स्वयं वेद प्रकाशित शुन नल तथास्थले ॥
सदाचारे कदाचारे आचार भेद वर्णित ।
गृह धर्मे सदाचार कर नित्य प्रवर्धित ॥
देव भावे शुचिशुद्ध सदाचार कहे इहा ।
सदाचार प्रवर्धिते कहि कार्य अतःपरे ॥
जन्म मृत्यु विवाहते किंवा अन्य शुभोत्सवे ।
यदाचार अनुष्ठित सेस्थले सत प्रतिष्ठह ॥
कहि एवे सदासद यद् प्रकारे विचारित ।
सर्व जन सुमंगले शुन अभिनिवेशने ॥
सुरवृन्द यद् कथित अन्य यद् असत् इति सत्-असत् गति विभेद निर्णये ।
यदि राज आचरण नित्य सत् पथे गति मानवे सकल मंगले सदा ॥

- इति श्रीमद्देवायण ब्रह्मकल्पे तृतीय खण्डे लव मण्डलान्तर्गतः मोक्ष वर्गे श्रीराम-नल संवादे सदासद वार्ता कथन नामः पंचदश संवर्ग ।

— ✯ —

॥ षोडश संवर्ग ॥

श्रीराम वचन

सदुक्त देवतावृन्द एतद् बिना कहे असत् ।
देव भाव सदाचारे दिव्यभाव सते स्थित ॥
दिव्यभाव प्रवर्धित देव ध्याने मने स्मर ।
सदाचार सुवर्धित इथे नरे दिने दिने ॥
सर्व कार्य अनुष्ठाने देव चिन्ता सुभावना ।
सर्वाग्रे देव भावना परे कार्य अनुष्ठिवे ॥
देव ध्याने क्रमे क्रमे दिव्यभाव प्रवर्धक ।
कर्म मध्ये सदाचार देव ध्याने यथा कृत ॥
इन्द्र देव मने स्मर राज्यपदे अधिष्ठित ।
स्वर्गराज्ये प्रतिष्ठित देव राज सुराधिप ॥

भोजने उत्सवे नित्य अग्निदेव मने स्मर ।
सर्व कार्ये हुताशने देव अर्घ्य प्रदानित ॥
दाने यज्ञे निरन्तर देव अग्नि प्रतिष्ठित ।
ध्याने अध्ययने नित्य स्मर गुरु बृहस्पति ॥
पुत्र सृष्टि प्रजा वृद्धि स्मर देव दिवाकर ।
सर्व दुःख निरानन्दे स्मर चन्द्र सुधापति ॥
करिते राष्ट्र शासन स्मर देव जलेश्वरे ।
मित्र वरुण देवता मैत्री बल प्रवर्धक ॥
जन स्वास्थ्ये सदा स्मर अश्विनी देवता द्वय ।
सैन्यबले सदा स्मर देव स्कंधे मरुत्बल ॥
ध्वंसे रुद्र महाबल सृष्टि कार्ये महेश्वर ।
काव्य सृष्टि प्रकाशिते स्मर नित्य प्रजेश्वर ॥
रूप सृष्टि तथामत रूप त्वष्टा प्रदानिते ।
नव भाव अभिव्यक्ते नव कल्प प्रकाशिते ॥
लभिते पूर्णता सिद्धि स्मर नित्य गजानन ।
विपदे संकटे नित्य स्मर विष्णु गदाधर ॥
सर्व कार्य समारम्भे देव तत्त्व प्रकाशह ।
स्वयं कार्य अनुष्ठिया लोक शिक्षा प्रदानह ॥
कर क्रमे सदाचार नित्य कार्ये प्रवर्त्तन ।
देव-धर्मे सदाश्रित कर्मावली मने स्मर ॥
देव ध्याने करे कार्य सदाचार कहे इहा ।
यथा देवे यथा क्षेत्रे स्वयं बले प्रभावित ॥
तथा कार्य अनुष्ठिले देव भाव प्रवर्धिवे ।
देव भाव प्रवर्धक सदाचार कहे शुन ॥
सदाचारी यदि द्विज किंवा गृही तथास्थले ।
व्यवहार कर स्वयं देव मान्य प्रदर्शने ॥
सम्मानित नराधिपे यथा व्यक्ति महीतले ।
लोक मान्ये सदार्चित सम्मानित जने जने ॥
सम्मान प्राप्त यद् व्यक्ति यथा गुण विमंडित ।
आचरित तथा अन्ये नित्य सर्व समादरे ॥
एतद् हेतु नलप्रति गुरु कार्य सुनिश्चय ।
लोकशिक्षा प्रदानिते पुण्यादर्श प्रतिष्ठित ॥
आचरित यथा कार्य यद् गुणादि विमंडित ।
राजमान्य प्रदानिवे सदासद विचारिया ॥
कर्म मात्र नहे काम्य क्षुद्र बृहत् निरूपणे ।
श्रेष्ठाश्रेष्ठ सदासदे राजकार्ये विचारह ॥
सदाचारी यथा नरः देवतुल्य महीतले ।
नित्य कर्मे प्रयुक्त से दिव्य कर्म प्रवर्त्तक ॥
नित्य भोगे प्रयुक्त से देवतुल्य अवस्थित ।
देवरूप जगन्मध्ये नराकारे प्रकाशित ॥
आह्वान कर सर्वदा समस्ते सर्व कार्यते ।
उच्चासन प्रदानह सर्व अग्रे सभास्थले ॥
इथे क्रमे प्रवर्धिवे सदाचार महीतले ।
एतद् बिना सदा अन्ये राजकार्ये निवारह ॥
सदाचारी चले यदि कभु पथे पदव्रजे ।
यदि तुमि रथारूढ़ पथिमध्ये निरीक्षह ॥

करि अश्व सुसंयम अवतरि महीतले ।
सदाचारी जने मान्य शिरानते प्रदानिवे ॥
एतद्‌रूपे सदाचार राज्ये नित्य प्रवर्धह ।
कर जाति विभागित गुण कर्म निरूपिया ॥
गुण कर्म लक्षण समाश्रये स्वयं कृत यद् चतुष्टय विभाग मानवे ।
द्विज क्षत्र वैश्यसह शूद्र वर्णते जगते विभक्त नल जाति निर्णये ॥

- इति श्रीमद्देवायण ब्रह्मकल्पे तृतीय खण्डे लव मण्डलान्तर्गत: मोक्ष वर्गे श्रीराम-नल संवादे सद्वासद विचार ओ जाति वार्ता नाम: षोडश संवर्ग ।

— ✯ —

॥ सप्तदश संवर्ग ॥

श्रीराम वचन

मम सृष्टि चतुवर्ण गुण कर्म विभागित ।
कहि सर्व यथामत कार्ये एतद् अनुष्ठह ॥
वर्ण श्रेष्ठ द्विजोत्तम शुद्धाचारे अवस्थित ।
वेदविधि अनुष्ठित यज्ञे रत निरन्तर ॥
सत्त्व गुणे प्रतिष्ठित ब्राह्मणकुल सर्वत: ।
तपस्या यज्ञ स्वाध्याय शम दमे अवस्थित ॥
द्विविध यज्ञ वर्णित वाह्यन्तर निरूपणे ।
वाह्ये यज्ञ अनुष्ठित काष्ठे अग्नि घृताहुति ॥
वेदमंत्र विमंद्रणे दाने नित्य घृताहुति ।
संकल्प कृत यज्ञते फल प्राप्ति तरे शुन ॥
अन्तर्यज्ञ अनुष्ठित लभि स्पृहा परात्परे ।
अग्निरूपे ज्वले स्पृहा बुद्धि मेधा घृताहुति ॥
परा:ध्याने अनुष्ठित पर:ब्रह्म समीक्षणे ।
वर्जित सर्व संकल्प व्योमध्याने अवस्थित ॥
तपस्या द्विविध क्रमे अध्यायन तथामत ।
वाह्ये तप: करे नर: कृश तनु दिने दिने ॥
तनु क्षीणे अनाहारे वाह्याचार कहे शुन ।
अनाहारे अनिद्राते बहुविध महासने ॥
शीत उष्ण क्षुधा तृष्णा करे जय क्रमे क्रमे ।
सर्वाङ्ग करि संयत इन्द्रियकुल निग्रहे ॥
अन्तर्गत यथा तप: कहि शुन अत:परे ।
यथा भावे अवस्थाने इन्द्रियकुल संयत ॥
नहे किञ्चित् विचालित क्षुधा तृष्णा विचालने ।
दृढ़ इच्छा तप: धृत शान्तभावे अवस्थित ॥
स्वाध्याय द्विविध ख्यात वाह्याचारे यथा शुन ।
वर्ण स्वर विमन्द्रणे छन्द नृत्य सुगुंजने ॥
आवृत्ति अथवा पाठ अर्थबोध स्वराक्षरे ।
पद सन्धि समासेते विभक्तादि विचारिया ॥
स्वाध्याय अन्तरे यथा कहि शुन अत:परे ।
स्वयं बोध प्रबोधित करि मन: समुज्ज्वल ॥
युक्ति तर्क विलोपिया सर्व अर्थ प्रकाशिया ।
करि तथ्य प्रमाणित छत्रे छत्रे यथा गति ॥

वाह्यान्तर यथा पथे एतद् कार्य अनुष्ठित ।
शौच शम दम व्रते विप्रकुल अवस्थित ॥
शुद्ध ज्ञाने दयाशीले निष्ठावाने यथा स्मृति ।
ब्रह्मचारी तथा गृही ब्राह्मण कार्य वर्णित ॥
कर्मे दक्ष त्वरित गति संग्रामे अ-पलायन ।
ईश्वरभाव धारणे स्ववीर्ये राज्य शासक ॥
प्रजाकुल सुपालन शत्रु जय रणस्थले ।
विद्वेषीकुल शासन क्षत्रकार्य स्वभावतः ॥
बल वीर्ये प्रतिष्ठित कर्मे दृढ़ निरन्तर ।
जय लब्ध स्वयं बले क्षत्रकार्य सुवर्णित ॥
वाणिज्यते प्रकाशित वैश्य कार्य स्वभावतः ।
वाणिज्य वा गवी रक्षा कृषि कार्ये करे स्थिति ॥
धन वृद्धि दिने दिने लक्ष्मी वृद्धि तथामत ।
शस्य वृद्धि गवी वृद्धि वैश्य कार्य स्वाभवतः ॥
शूद्र कार्य अतःपरे लोकसेवा निरन्तर ।
ब्राह्मण अथवा क्षत्रे किंवा वैश्य प्रयोजने ॥
जाति त्रये करे सेवा शूद्र कार्य स्वभावतः ।
एतन्मध्ये द्विजप्रति श्रेष्ठासन प्रदानिवे ॥
सेवा हते धन श्रेष्ठ बल श्रेष्ठ धनाधिक ।
ज्ञानोत्तम नहे किञ्चित् ज्ञान श्रेष्ठ बलाधिक ॥
शुन सेवकाधिक धनी यदुत्तम धनिकाधिक स्मर बली महाबले ।
स्मर हे बलीपर महान पंडिते कहि ज्ञान सर्व निर्मलोत्तम ॥

- इति श्रीमद्देवायण ब्रह्मकल्पे तृतीय खण्डे लव मण्डलान्तर्गतः मोक्ष वर्गे श्रीराम-नल संवादे जाति वर्ण श्रेष्ठत्त्व कथन नामः सप्तदश संवर्ग ।

— ★ —

॥ अष्टादश संवर्ग ॥

श्रीराम वचन

वेद वाक्य यथा कहि नल नित्य मने स्मर ।
ब्राह्मण मम मस्तक क्षत्र मम भुजावली ॥
वैश्यमध्ये कलेवर शूद्र मम पदद्वय ।
वेद वाक्य महत् ज्ञान गुह्य तत्त्व सुनिश्चय ॥
वेदमय मने स्मर स्वयं सर्व जगत्पति ।
नित्य वेदे अवस्थित वेदान्त मम वर्णित ॥
वेद सार सुसंग्रहि परोयुग तरे शुन ।
वेदान्त करि वर्णना उपनिषद् यथा स्मृति ॥
अहं नित्य सनातन वेदरूपे अवस्थित ।
वेद सर्व ममान्तर वेद मंत्रे विराजित ॥
वेद वाक्य यथा कहि वर्ण भाग चतुष्टय ।
एतद् सर्व सुपालने ममार्चना सुनिश्चय ॥
वेद मंत्रे ऋषि स्वर छन्ददेव पृथक् पृथक् ।
व्यक्तहेतु महत् सत्य कर्मयज्ञे प्रतिष्ठित ॥
वेद ऊर्ध्वे नहे वाक्य वेद सत्य प्रकाशक ।
वेदश्रेष्ठ नहे किञ्चित् वेद अनादि शाश्वत ॥

तद् वेद ब्रह्मणोद्भव वाक्य श्रेष्ठे प्रकाशित ।
वेद ऊर्ध्वे किंवा वाक्य पराज्ञाने प्रतिष्ठित ॥
वेद सर्व चले अद्य मम सह निरीक्षह ।
वेद ज्ञान स्वयं नल चलि मर्त्य परित्यजि ॥
आसिव द्वापरे पुनः नाहि ज्ञान प्रकाशिव ।
संकोच करि वेदान्त हवे कार्य समापित ॥
कृष्णरूपे महीतले अवतरि भविष्यते ।
सर्व ज्ञान विलोपिया लीला धर्म प्रचारिव ॥
ज्ञानहीन यथा धर्म् हवे प्रेमे प्रतिष्ठित ।
निद्रित दम्पतीकुल भुजाश्लेषे रहे यथा ॥
प्रेमधर्म तथामत अत्रकाले प्रचारिया ।
करि सुप्त जगत् सर्व शेष शय्या हवे मम ॥
विपुल जीवनोर्मिते ज्ञानहीन पयोधिते ।
पुनः ज्ञान प्रकाशिले कलि अन्त यवे शुन ॥
अब्ज नामे प्रकाशिव वेद ज्ञान समन्वित ।
देव युग प्रकाशिते पुनः कर्म प्रदानिते ॥

शिव वचन

कहिते कहिते वाक्य स्मरिल गरुडे प्रभु ।
सर्व जन निरीक्षिल एलो बृहत् विहंगम ॥
व्यापिया योजन त्रय वैनतेय महाबली ।
क्षुद्राकृति धरे त्वरित कामरूप विहंगम ॥
गजवर यथाकृति तदाकृति विधारणे ।
राम पार्श्वे समागमे करे पदे शिरानति ॥
चंचु स्पर्श करे पृष्ठे नरःतनु विमोचित ।
दिव्यदेह विधारणे नारायण चतुर्भुज ॥
मर्त्यदेह करि त्याग उत्थित गरुडे प्रभु ।
शंख चक्र गदा पद्म एतद् पृष्ठे अवस्थित ॥
धृत सर्व प्रहरण गरुडासीन राघव ।
करि सर्वे समाहित चले मर्त्य परित्यजि ॥
पक्ष द्वय विथारिया वैनतेय महाबली ।
चले घोरे महानन्दे वैकुण्ठे द्रुत धावने ॥
धृत शंख चक्र शुचि माल्य अम्बरे उपविष्ट विष्णु गरुडासने यवे ।
त्यजि राम-रूप जगदीश भूतले द्रुत वैनतेय रत धावने नभेः ॥

- इति श्रीमद्देवायण ब्रह्मकल्पे तृतीय खण्डे लव मण्डलान्तर्गतः मोक्ष वर्गे आत्म योगे श्रीरामचन्द्र कर्तृक उत्क्रमण वार्ता नामः अष्टादश संवर्ग ।

— ☆ —

॥ ऊनविंश संवर्ग ॥

श्रीशिव वचन

स्थित क्षण विमोहित महावीर तथास्थले ।
अन्य सर्वे अचेतन रहे पूर्ण समाधिते ॥
रहि सर्व समाधिते विष्णु गति निरीक्षिछे ।
वाह्य ज्ञान बिना शुन अन्तर्दृष्टि विमोचित ॥

यद् गति गरुडासने रामचन्द्र जगत् प्रभु ।
गरुड वहिया पृष्ठे करे द्रुत पलायन ॥
एतद् वाक्य मनोदये मारुति अति कुपित ।
एक लम्फे चले गर्जि धरिते गरुडे हनु ॥
किञ्चित् पथ समागमे वाम पद धरे त्वरा ।
गरुड-पद धारणे आकर्षिल महाबले ॥
कहिल गरुड प्रति मारुति अति कुपित ।
स्थिर रह विहंगम कर केन पलायन ॥
रामचन्द्र ममप्रभु ज्ञात सर्व जगत् इहा ।
मम प्रभु परिग्रहि कर द्रुत पलायन ॥
एतद् वाक्ये महावीर यवे आकर्षणे रत ।
आकर्षित पदे पक्षी वैनतेय महाबली ॥
पदाघात प्रदानिल नभेः हनु विघूर्णित ।
हनु दृश्य निरीक्षिया कहे राम जगत् पति ॥
हे गरुड पदाघात नाहि कर हनु प्रति ।
ममतुल्य मने स्मर भक्त जने निरन्तर ॥
एतद् वाक्य यथा श्रुत सत्वरे विनतासुत ।
घूर्ण्यमान महावीरे धृत याम्य पदे त्वरा ॥
तद्परे धृत चंचुते पृष्ठदेशे करे स्थित ।
वैनतेय पदाघाते छिल हनु अचेतन ॥
लभि विष्णु पदस्पर्श चैतन्य प्राप्त सत्वरे ।
वक्ष्यमान कहे विष्णु रामरूप जगत् प्रभु ॥

विष्णु वचन

रामाकृति परित्यक्त शुन हनु महीतले ।
राम-भक्त मरुत्पुत्र जाह पुनः तथास्थले ॥
अमर तुमि मारुति मम तत्त्व प्रकाशिते ।
जाह तुमि महीतले कर कार्य यथायथ ॥

गरुड वचन

जाह त्वरित महावीर जाह स्थान परित्यजि ।
महाद्वारे उपस्थित हवे नष्ट कलेवर ॥

शिव वचन

एतद् वाक्य कहि त्वरा पक्षाघात करे बली ।
पक्षाघाते विचालित मारुति शत योजन ॥
पश्चाते शत योजन निक्षिप्त वीर मारुति ।
घोर रवे महाद्वारे वैनतेय प्रवेशिल ॥
हनुमान अयोध्याते यथा शीघ्र उपस्थित ।
पूर्व उक्त स्थलागमे वीरवर निरीक्षिल ॥
ऋषि कुल समावृत जनक मिथिलेश्वर ।
वाह्य ज्ञान विनिर्मुक्त स्थित आत्म समाधिते ॥
राघव-तनु तेमति रहे स्थिर अचंचल ।
मृत किंवा समाधिते नहे शक्य विचारिते ॥
भक्तिभावे यथाविष्ट पुनः पुनः सुवीक्षणे ।
अश्रुधारा बहिर्गमे वक्षस्थल परिप्लुत ॥

परिदृष्ट राघव अचंचल स्थिरे उपविष्ट तेमति सुखासने स्वयं ।
क्षण वायुपुत्र नयनाश्रु निर्भरे गत रामचन्द्र मरदेह वर्जने ॥

- इति श्रीमद्देवायण ब्रह्मकल्पे तृतीय खण्डे लव मण्डलान्तर्गत: मोक्ष वर्गे मारुति आत्मसम्वित लाभ वार्ता नाम: ऊनविंश संवर्ग ।

— ✯ —

॥ विंश संवर्ग ॥

शिव वचन

एतद् रूपे कतक्षण अतिक्रांत यवे शुन ।
जाग्रत करिते सर्वे करे स्पर्श जने जने ॥
उन्मीलित तथा नेत्र हनुस्पर्शे सचेतन ।
कह राम पुनर्वार मधुर-तम भाषण ॥
एतद् रवे सचेतन सर्वजन तथास्थले ।
कहिल मिथिलेश्वर कह राम अत:परे ॥
वेदमय जगत् प्रभु वेद सर्व विधारक ।
नित्य वेदे अवस्थित वेदांग सर्वत: स्वयं ॥

मारुति वचन

किं कह मिथिलेश्वर कोथा राम जगत्पति ।
गेल मर्त्य परित्यजि वैकुण्ठे गरुडासने ॥
किंवा स्वप्ने अवस्थिति किंवा आत्मसमाधिते ।
गेल जगत् परित्यजि रामरूप जगत् प्रभु ॥

शिव वचन

एतद् वाक्य यथा श्रुत सर्वजन समुत्थित ।
राम तनु करे स्पर्श प्राणहीन निरीक्षिल ॥
एतद् वार्ता प्रचारित हनुकृत चतुर्दिके ।
सप्त दिवा अहर्निशि प्रजाकुल निरीक्षिल ॥
योगासने अवस्थित रामचन्द्र जगत्पति ।
अविकृत तथा अन्य जीवन शून्य केवल ॥
धूप दीप तथा पुष्पे करे पूजा जने जने ।
विग्रह सम्मुखे यथा उद्देश्ये करि अर्पण ॥
शोकयुक्त नहे केह सर्वे शान्त तथास्थले ।
यद्यपि केह चंचल करे हनु निवारण ॥
स्वयं चक्षे निरीक्षिणु गरुडे चलिते प्रभु ।
सर्वत्र सर्वदा स्थित एतद् वाक्य मने स्मर ॥
सप्त दिवा अत:परे भस्मीभूत करे तनु ।
भस्म स्थापि यथाक्षेत्रे निर्मल पुण्य मन्दिर ॥
राजा लव कृतादेशे शिल्पीकुल समागमे ।
राम सीता सु-निर्मिल सिंहासने अवस्थित ॥
छत्र धारी तथा पार्श्वे रामानुज अवस्थित ।
भरत सह शत्रुघ्न चामर बीजने रत ॥
एतद् दृश्ये सुनिर्माणे रामस्मृति प्रतिष्ठित ।
जीवन्त सर्व आकृति सुव्यक्त शिल्प चातुर्ये ॥

शिल्पी कार्य निरीक्षिया तुष्ट सर्वे तथास्थले ।
धन मान्य प्रदानिल हर्षे शिल्पीकुले लव ॥
एरूपे राघवाकृति मणि रत्ने सुनिर्मित ।
श्याम मूर्त्ति यथा राम भरतह तथामत ॥
सप्त दिवा महाभोज आरम्भिल अतःपरे ।
राज गृहे दिवा सप्त भक्ष्ये प्रजा क्रमागत ॥
प्रत्यह लक्ष भोजन ऋषिकुल समन्वित ।
राघव स्मृति दर्शने यत सर्व समागत ॥
यथा मूर्त्ति अवस्थित हनु सदा रहे तथा ।
लक्ष लक्ष तथागत राघव मूर्त्ति दर्शने ॥
सप्त दिवा क्रमागत करिल पुण्य दर्शन ।
विपुल राज भोजन सप्त दिवा क्रमागत ॥
एतदन्ते दिवा सप्त दान कार्य निरन्तर ।
धन रत्न गवी अश्व करे दान क्रमागत ॥
यथा इच्छा मनोमत भक्ष्ये नरः तथास्थले ।
यथा इच्छा मनोद्‌गत मणि रत्न परिग्रहे ॥
पक्ष काल अयोध्याते एतद् रूपे महोत्सव ।
पक्ष काल अतःपरे हल कार्य समापित ॥
गेल प्रजा यथास्थले लव राज्ये प्रतिष्ठित ।
हनुमान रहे नित्य राघव पुण्य मन्दिरे ॥
लव सिंहासनासीन नित्य राज सभातले ।
सप्त ऋषि समावृत प्रजावृन्द तथामत ॥
प्रभाते उठिया लव प्रातः स्नान समापने ।
राघव मन्दिरे नित्य करे ध्यान बहुक्षण ॥
माता पिता नमस्कारे राज कार्ये बहिर्गत ।
एकदा शुन मारुति लव प्राते समागमे ॥
कहे वाक्य महावीर लव प्रति मधुस्वरे ।
शुन लव यथा कहि मम इच्छा मनोदित ॥

मारुति वचन

लव तुमि परिज्ञात वाल्मीकि कृत वर्णित ।
राघव कीर्त्ति अद्‌भुत रामायण पुरा स्मृति ॥
यद्यपि नित्य संध्याते कर एतद सुकीर्त्तन ।
हवे पुण्य समावेश इथे कह किं संशय ॥

लव वचन

पुण्योत्तम यथा इच्छा वीरश्रेष्ठ ममाग्रज ।
गाहिव नित्य संध्याते रामायण महत् स्मृति ॥
वाल्मीकि हस्त लेखनी रहे पुंथि तथास्थले ।
आनो एतद् प्रयोजने नित्य पाठ हवे शुन ॥
तुमि जाह वीरवर वाल्मीकि वने त्वरितान हे पुंथि कवीश वर्णित ।
पितृ पुण्य कार्य यद् कीर्त्य भूतले स्मृति पाप तापहर गाहिव स्वयं ॥

- इति श्रीमद्देवायण ब्रह्मकल्पे तृतीय खण्डे लव मण्डलान्तर्गतः मोक्ष वर्गे देह सत्कार वार्ता नामः विंश संवर्ग ।

— ★ —

॥ एकविंश संवर्ग ॥

शिव वचन

एतद् वाक्य यथा श्रुत मरुत्पुत्र बहिर्गत ।
वाल्मीकि कवि आश्रमे त्वरित वीर उपस्थित ॥
वाल्मीकि आश्रमे यवे वीरवर उपस्थित ।
दूर हते निरीक्षिल महावीरे कवीश्वर ॥
त्वरित प्राज्ञ बहिर्गत स्वीय गृह परित्यजि ।
आह्वान करिया हनु एतद् मत् कहे तथा ॥

वाल्मीकि वचन

एसो एसो महावीर महत् कीर्त्ति प्रकाशक ।
सदाश्रमे उपस्थिते मत् सौभाग्य मने स्मरि ॥
अयोध्याते किं संवाद वायुपुत्र प्रकाशह ।
सीता पृथिवी प्रवेशिले नहि ज्ञात अतःपरे ॥
तद्काले विमुख स्वयं राज कार्य विचारिते ।
मंत्रीकृत परामर्शे हवे कार्य यथास्थले ॥

मारुति वचन

पृथिवीगर्भे प्रवेशिले सीतादेवी कवीश्वर ।
हल बृहत् विपर्यय अयोध्याते अतःपरे ॥
सीतादेवी यवे गत लक्ष्मण त्याग तद् परे ।
भरत सह शत्रुघ्न निरुद्देश यथा क्रमे ॥

वाल्मीकि वचन

किं हेतु लक्ष्मणे त्याग अत्याद्भुत इहा शुनि ।
मम चिंता चहिर्भुत लक्ष्मण त्याग राघवे ॥

मारुति वचन

शुन कवि यथा स्मृति कहि सर्व क्रमे क्रमे ।
लक्ष्मण त्याग राघवे घटे यथा परिस्थिति ॥
एकदा मुनि दुर्वासा अयोध्याते उपस्थित ।
लक्ष्मणे दुर्वासा कहे राघवे काम्य दर्शन ॥
मुनिवरे निरीक्षिया रामानुज सभातले ।
पाद्य अर्घ्य प्रदानिया चले रामे निवेदिते ॥
काल सह रहे प्रभु वार्ता रत गृहान्दरे ।
काल सह यथा पूर्वे प्रतिज्ञाबद्ध राघव ॥
वार्ता रत यथाकाले केह नाहि प्रवेशिवे ।
प्रविष्ट केह यद्यपि परित्याग तथाजने ॥
प्रतिज्ञाबद्ध एरूपे रामचन्द्र तथास्थले ।
रामानुज प्रवेशिते द्वारी द्वारे निरोधिल ॥
कहे द्वारी शिरानते एरूप लक्ष्मण प्रति ।
नाहि जाह महावीर आज्ञाबिना गृहान्दरे ॥
उत्तरिल तथा वीर एतद् वाक्य यथा श्रुत ।
द्वार रुद्ध ममप्रति नहे रक्षी कदाचन ॥

यथा राम तथानुज सर्वे ज्ञात यथा स्मृति ।
एतद् विधि कदाचन मम तरे नहे कभु ॥
शुनि रक्षी परित्यजे लक्ष्मणे द्वार सत्वरे ।
वाक्य सत्य मने स्मरि यथा राम तथानुज ॥
अतएव गृहान्दरे रामानुज प्रवेशिल ।
लक्ष्मणे हेरिया तथा प्रभु स्वयं चमत्कृत ॥
कहे काल स्मिताधरे वर्जह लक्ष्मणे त्वरा ।
प्रतिज्ञा कृत येमति कर कार्य तथामत ॥

वाल्मीकि वचन

एतद् स्थले यथा किञ्चित् महावीर रह स्थिर ।
लिखिव उपसंहारे वर्जन प्रिय लक्षणे ॥
उत्तर कांड सम्पूर्ण करि इथे महाबली ।
अद्भुत कार्य राघवे रामायणे रवे स्मृति ॥

शिव वचन

करि पुंथि बहिर्गत लिखिते रत वाल्मीकि ।
रेखायित बली भाले गम्भीरास्य महाकवि ॥
परिवर्जनानुज अकीर्त्ति राघवे हनु वर्णित श्रुत सविस्मये यवे ।
लिखिते नियुक्त पुंथि वाल्मीकि कवि द्रुत भाल कुंचित बली विचित्रणे ॥

- इति श्रीमद्देवायण ब्रह्मकल्पे तृतीय खण्डे लव मण्डलान्तर्गतः मोक्ष वर्गे वाल्मीकि-मारुति संवादे काल-विपर्यय वार्ता कथन नामः एकविंश संवर्ग ।

— ★ —

॥ द्वाविंश संवर्ग ॥

शिव वचन

कवि श्रुत यथाविधि रचि श्लोक तथाविधि ।
कहे वाक्य किंवा परे मारुति प्रति वीक्षणे ॥
अश्रुपूर्ण अवेक्षण वाल्मीकि लोचनद्वये ।
प्रव्यथित मरुत्पुत्र कहे वाक्य सगद्गदे ॥

मारुति वचन

शुन कवि अतःपरे कालवाक्य यथा श्रुत ।
वर्जिते लक्ष्मणे राम हेरि काल सकातर ॥
कहिल अति कोपने रुक्षस्वरे सगर्जने ।
पितृ सत्य सु-पालने वने वर्ष चतुर्दश ॥
स्वीय सत्य सुरक्षणे वर्जिते अद्य लक्ष्मणे ।
कह राम किं कारणे तुमि चित्ते सकातर ॥
भत्सित कालभाषणे रामचन्द्र तथास्थले ।
लक्ष्मण उत्तरे तथा एतद्रूप दृढ़स्वरे ॥
प्रतिज्ञाकृत राघवे हवे अद्य सुपालित ।
काल तुमि रह स्थिर क्षण मात्र तथास्थले ॥
दुर्वासा ऋषि आगत शुन राम सभातले ।
कांक्षित तव दर्शने कहि वीर बहिर्गत ॥

एतद् वाक्य निवेदिया रामचन्द्रे महाबली ।
अयोध्या नगरी त्यजि वनपथे बहिर्गत ॥
दिवसेक अत:परे लोकवाक्ये इहा श्रुत ।
त्यजिल देह लक्ष्मण सरयुते प्रवेशिया ।

वाल्मीकि वचन

भरत सह शत्रुघ्न किंवा वार्ता इहा कह ।
त्यजिल देह लक्ष्मण अन्य द्वये किंवा स्मृति ॥

मारुति वचन

अन्य द्वये किंवा वार्ता नहि ज्ञात महाकवि ।
सीता पृथिवी प्रवेशिले निरुद्देश अत:परे ॥
सरयु सलिले कवि कहे केह प्रवेशिल ।
गेल जगत् परित्यजि सत्यासत्य अजानित ॥

शिव वचन

सयतने रचि श्लोके एतद् सर्व महाकवि ।
कहे वाक्य हनुप्रति संवाद कह राघवे ॥

मारुति वचन

वेदान्त दानिल प्रभु जनक मिथिलेश्वरे ।
उपनिषद् प्रदानिया योगतत्त्व समन्वित ॥
यदुक्त मिथिलानाथे लवे नीति प्रदानिते ।
अभिषेक प्रदानिया करि राज्ये प्रतिष्ठित ॥
लवे राज्य प्रदानिते राजनीति तथामत ।
विदर्भ नगरे पशि लवे ऋता प्रदानिल ॥

वाल्मीकि वचन

लव कुश विवाहित नहि ज्ञात महाबली ।
कह कह यथा सर्व विस्तारित अत:परे ॥

शिव वचन

एतद् वाक्ये कवीश्वर उत्साही श्रवणे तथा ।
पार्श्वे पुंथि सुरक्षणे उपविष्ट सुखासने ॥
लागिल वर्णिते हनु यथारूपे विवाहित ।
सीतातुल्य ऋतावरी नितावरी तथामत ॥
जा़वे कवि अयोध्याते एतद् इच्छा प्रकाशिल ।
लव कुशे विवाहित ऋता निता निरीक्षिते ॥
श्रवणे हनु मोदित कहे कवि अत:परे ।
किंरूपे स्थित राघव पुत्रवधू समागमे ॥
जनकात्मजासम ऋता सुदर्शिता लव यद् विवाहित विदर्भ दुहिता ।
श्रवणे समुत्सुक कवीश दर्शने स्मरि जानकीसुत स्वशिष्य बालके ॥

- इति श्रीमद्देवायण ब्रह्मकल्पे तृतीय खण्डे लव मण्डलान्तर्गत: मोक्ष वर्गे वाल्मीकि-मारुति संवादे वाल्मीकि अग्रे हनु कर्त्तृक लक्ष्मण वर्जन वार्ता कथन नाम: द्वाविंश संवर्ग ।

— ✩ —

॥ त्रयोविंश संवर्ग ॥

शिव वचन

कविप्रश्ने महावीर अश्रुजले परिप्लुत ।
तिति गंड हृदिस्थल निपतित महीतले ॥
शरत्काले उषागमे हिमसिक्त सरोजिनी ।
मृदु वायु प्रकम्पित हिमवारि विनिर्झरे ॥
तथामत महावीरे अश्रु चक्षु विमोचित ।
बिन्दु बिन्दु महीस्पर्शे चमत्कृत कहे कवि ॥

वाल्मीकि वचन

कह कह महावीर किं रहस्य महाबली ।
नीरवे अश्रु निर्झरे केन कह क्रमागत ॥
कहे वाक्य तथा हनु अश्रुरुद्ध सगद्गदे ।
किं कहिव महाकवि रामतत्त्व अतःपरे ॥

मारुति वचन

इहलोक परित्यजि गेल राम जगत्पति ।
किं प्रकारे तथा कहि वधू हेरि किंवा सुख ॥

वाल्मीकि वचन

निज कार्य समापित स्वीय इच्छा मनोमत ।
अन्य जने नहे ज्ञात किंवा तथ्य तथास्थले ॥
कह कह महावीर किं प्रकारे घटे इहा ।
किञ्चित् मात्र नहि ज्ञात पूर्वाभाष महाबली ॥

मारुति वचन

आस्थित ऋषि मण्डले उपनिषद् कहे प्रभु ।
मातृ मुक्ति प्रदानिया प्रस्तुत गमने यवे ॥

वाल्मीकि वचन

कौशल्या जननी सर्वे परामुक्ति प्रदानिया ।
अयोध्या नगरी शून्य पराधामे चले प्रभु ॥

मारुति वचन

लक्ष्मण वर्जिल प्रभु मातृ मुक्ति किंवा कथा ।
कहि शुन अतःपरे पराधामे यथा गति ॥
ऋषिवृन्दे सुवर्णिया उपनिषद् परःप्रभु ।
राजनीति प्रदानिते विदर्भज नले यवे ॥
वेद मय स्वयं विष्णु एतद् वाक्य प्रचारिया ।
स्मरिल गरुडे प्रभु यवे सर्व समाधिते ॥
छिल सर्वे विमोहित मधुवाक्ये तथास्थले ।
नारिल हेरिते सर्वे वैनतेय समागम ॥
आगत विहंगश्रेष्ठ बृहत् पक्ष विथारिया ।
क्षुद्राकृति धरे त्वरित महीस्पर्शे महाबली ॥

गजतुल्य धरे रूप कामरूप विहंगम ।
करे पदे नमस्कार प्रभुपार्श्वे समागमे ॥
चंचुस्पर्श करे पृष्ठे मरदेह रहे तथा ।
दिव्य तनु विधारित नारायण चतुर्भुज ॥

शिव वचन

भावभरे कहे हनु मुद्रित लोचने कवि ।
करे तथा अवस्थिति कवि भाव समाहित ॥
भावयुक्त मने स्मरि कहे वाक्य यथाक्रमे ।
गरुड पृष्ठते प्रभु शंख चक्र गदा धृत ॥
विष्णुरूप विधारणे यद्काले गरुडासन ।
चले पक्षी महीत्यजि अति क्षिप्र नभःपथे ॥
एतावधि कहे हनु शुनि शब्द चमत्कृत ।
हेरिल कवि वाल्मीकि तनुत्यजि बहिर्गत ॥
कवि वाल्मीकि निज शरीर वर्जने कहिते नियुक्त शुन हे मरुत्सुत ।
पुंथि ए परिग्रहि लवे प्रदानिया कह रामकीर्त्ति जगते प्रचारह ॥

- इति श्रीमद्देवायण ब्रह्मकल्पे तृतीय खण्डे लव मण्डलान्तर्गतः मोक्ष वर्गे वाल्मीकि-मारुति संवादे श्रीरामे मर्त्य त्याग वार्ता नामः त्रयोविंश संवर्ग ।

— ✯ —

॥ चतुर्विंश संवर्ग ॥

शिव वचन

रहे देह महीतले कवि ऊर्ध्वे अवस्थित ।
हनुप्रति कहे कवि एरूप मधुभाषणे ॥

वाल्मीकि वचन

रामचन्द्र परित्यजि गेल हनु महीतल ।
मम कार्य समापित रामायण सुरक्षित ॥
रामायणे यथा पुंथि लवे तुमि प्रदानह ।
रामकीर्त्ति प्रचारिते कर कार्य चतुर्दिके ॥

शिव वचन

कहि वाक्य हनुप्रति ऊर्ध्वलोके चले कवि ।
नीरवे हेरि मारुति अश्रुसिक्त तथास्थले ॥
एतद् रूपे बहुक्षण अतिगत अतःपरे ।
उत्थित वीर मारुति त्यक्तदेह निरीक्षिल ॥
आह्वानिया शतानन्दे कहे वार्ता यथायथ ।
यद् प्रकारे त्यजे देह वाल्मीकि कवि सत्तम ॥
शतानन्द करे क्षोभ त्यक्तदेह निरीक्षिया ।
एतद् वार्ता निवेदिल कविशिष्ये चतुर्दिके ॥
कवि मर्त्य परित्यागे सर्वागत दले दले ।
हनुमान तथाबद्ध कविदेह सुरक्षणे ॥
शतानन्दे यथा पुत्र शौणक नाम वर्णित ।
बालक अति मेधावी तेजपुंज विधारणे ॥

शतानन्द कहे वाक्य शौणक नन्दनप्रति ।
हे शौणक महाबुद्धि जाह त्वरित अयोध्याते ॥
तद् क्षेत्रे वाल्मीकिशिष्य भृगुराम अवस्थित ।
भृगुप्रति निवेदह हेथा त्वरित समागमे ॥
कहिवे भार्गवे नमि कवि देह परित्यजि ।
ऊर्ध्वलोके करे गति स्वयं इच्छा मनोमत ॥
सत्कार करिते देह पुण्यकार्य यथा विधि ।
एतद् स्वयं उपस्थिते शेष कृत्य अनुष्ठह ॥
शिष्यकुले तुमि श्रेष्ठ तवागम प्रयोजन ।
शतानन्दे स्मरे तोमा पुण्यकार्य सहायके ॥
पितादेश यथा प्राप्त शौणक मुनिनन्दन ।
अयोध्या नगरीप्रति क्षिप्रपदे करे गति ॥
हेथा लव अयोध्याते संवादिते कपीश्वरे ।
किष्किंध्याते त्वरित जाह कहे वाक्य कुशप्रति ॥

लव वचन

पिता मर्त्य परित्यजि वैकुण्ठे गत येमति ।
हे कुश कह सुग्रीवे सर्व पितृसखा प्रति ॥
खुल्लतात कपीश्वरे एतद् वार्ता निवेदिया ।
लंकाधामे अतःपरे जाह तुमि यथा त्वरित ॥
सेथा तातः विभीषण रक्षेश्वरे निवेदह ।
पितृदेवे यथा गति यथा राज्ये परिस्थिति ॥
कुश सत्वरे कह कपीश्वरे पिता गत मर्त्यदेह परिवर्जने यथा ।
तदन्तरे कह विभीषणे क्रमे तव वाकछन्द करह प्रबोधित ॥

– इति श्रीमद्देवायण ब्रह्मकल्पे तृतीय खण्डे लव मण्डलान्तर्गतः मोक्ष वर्गे श्रीराम वार्ता श्रवणे वाल्मीकि कर्तृक मोक्ष लाभ नामः चतुर्विंश संवर्ग ।

॥ मोक्ष वर्ग समाप्त ॥

— ✯ —

॥ कुश वर्ग ॥

॥ प्रथम संवर्ग ॥

शिव वचन

एतद् वाक्य यथा श्रुत रथारूढ़ चले कुश ।
किष्किंध्या नगरीप्रति चले द्रुत महाबली ॥
किष्किंध्याते उपस्थित रथारूढ़ यवे कुश ।
हेरि कुशे कपीश्वर त्वरित पदे बहिर्गत ॥
हेरि अग्रे कपीश्वरे कुश पदे शिरानत ।
सुग्रीव अति मोदित करे बहु समादर ॥
करि वक्षे विधारणे बहु स्नेह समादरे ।
जिज्ञासिल कुशप्रति एतद् वाक्य कपीश्वर ॥

सुग्रीव वचन

किं संवाद अयोध्याते कह कुश यथा त्वरित ।
किंवा युद्ध उपस्थित किंवा अन्य महोत्सव ॥

कुश वचन

युद्ध कोथा कपीश्वर वीर केवा महीतले ।
रामद्वेषी अवस्थित कहि अन्य यथा शुन ॥

शिव वचन

आरम्भिल तथा कुश लक्ष्मण त्याग राघवे ।
स्थिरभावे रहे वीर कहे कुश क्रमागत ॥
अश्रुसिक्त क्षणे क्षणे शुनि वार्ता क्रमे क्रमे ।
दीर्घश्वास बहिर्गत घोर शब्दे क्षणे क्षणे ॥
वर्जिल लक्ष्मणे राम त्यजे प्राण नदीजले ।
भरतसह शत्रुघ्न निरुद्देश क्रमे श्रुत ॥
मातृगणे यथा मुक्ति दिव्यज्ञान प्रदानिया ।
उपनिषद् प्रदानिते ऋषिवृन्दे अतःपरे ॥
ज्ञान गुह्य यथा वार्ता ऋषिवृन्दे प्रदानिया ।
नले विद्या प्रदानिते समानीत यथा पुरा ॥
बहु तत्त्व प्रचारिल सर्व अग्रे पिता क्रमे ।
वेद मय कहे स्वयं यथा वेदे प्रतिष्ठित ॥
शुनिते शुनिते वाक्य हल सर्व विमोहित ।
तद्काले गरुडे स्मरि परित्यजे महीतल ॥
शुन शुन कपीश्वर हनु आस्ये यथा श्रुत ।
छिनु मोरा विमोहित यवे त्यक्त कलेवर ॥
कहे सर्व महावीर यवे मोरा सचेतन ।
गरुडे गरुडासन चतुर्बाहु विधारणे ॥
करि सर्वे शुभाशिष पिता मर्त्य परित्यजे ।
त्यक्त देह रहे तथा योगासने अवस्थित ॥
कहिल विनम्रशिरे यवे कपीशे कुश नमि हे पितृबंधु खुल्लतातः ।
त्यजिल पिता मरदेह आत्मयोगे धृत गरुडासन गेल ऊर्ध्वलोके ॥

- इति श्रीमद्देवायण ब्रह्मकल्पे तृतीय खण्डे लव मण्डलान्तर्गतः कुश वर्गे कुश-सुग्रीव साक्षात्कार वार्ता नामः प्रथम संवर्ग ।

— ✯ —

॥ द्वितीय संवर्ग ॥

शिव वचन

एताविधि यथा उक्त कुश अग्रे निरीक्षिल ।
ऊर्ध्वलोके कपीश्वर निश्चले रत दर्शने ॥
एक दीस शुचिःज्योति वीर आस्ये निपातित ।
मेघावृत यथा रश्मि सूर्य हते बहिर्गत ॥
नील व्योम विदारिया महाद्युति विभास्वर ।
एतद् द्युति निरीक्षिछे एकदृष्टे कपीश्वर ॥

किं दृष्टि वानरेश्वरे नहे ज्ञात तथा कुश ।
अति शुभ्र महाद्युति स्व-चक्षुते निरीक्षिल ॥
एतन्मात्र प्रकाशित वीर आस्ये क्षणे क्षणे ।
कभु तृप्ति स्मिताधरे सुखपूर्ण समुज्वल ॥
गम्भीरास्य क्षणान्तरे सुतीक्ष्ण दृष्टि लोचने ।
रेखायित बली भाले दृढ़ पेशी भुजद्वये ॥
मुष्टिबद्ध क्षणे क्षणे करे ऊर्ध्वे समुत्थित ।
उन्मादसम दर्शित कुश चक्षे क्रियावली ॥
क्षणान्तरे निरीक्षिल नल नील समागत ।
जिज्ञासिते कुशप्रति समाचार यथा श्रुत ॥
सुग्रीव आनने ज्योति हेरि स्तब्ध तथास्थले ।
क्षणान्तरे निरीक्षिल द्युतिप्रति अवेक्षणे ॥
नल नील करे तथा सुग्रीवे कृत येमति ।
चिन्तित कुश सेस्थले घटे एतद् किं कारणे ॥
गवाक्ष गय आगत क्षणान्तरे तथास्थले ।
गवाक्ष गय तेमति दीप्तद्युति सुवीक्षणे ॥
जाम्बवान् तथांगद सुषेणादि क्रमे क्रमे ।
सर्वागमे तथास्थले हेरि द्युति रहे स्थिर ॥
एकत्रित तथास्थले वीर सर्व यवे शुन ।
एक रूपे क्रियाचार कपिवृन्दे निरीक्षिया ॥
उन्माद स्मरिया सर्वे भीत कुश स्वयं मने ।
वाह्य दृश्य निरीक्षिया यथा त्वरित तिरोहित ॥
रामशोके यदुन्माद कपिवृन्द दले दले ।
रामभक्त जने जने एतद्रूप कुश स्मरे ॥
स्वजन बंधु बांधवे एतद् शोक स्वभावत: ।
ए शोक तीव्रतागत हवे शान्त क्षणान्तरे ॥
अतएव ततक्षणे कहि वार्ता विभीषणे ।
प्रत्यागमे पुनर्वार नमस्कार प्रदानिव ॥
एतद् चिन्ता मनोद्गते चले कुश त्वरित गति ।
किष्किंध्या नगरीत्यजि लंकाधामे अत:परे ॥
यदालोक कपीश्वरे स्थिर भावे अवेक्षित ।
कुश भ्रांत नहे ज्ञात तथा त्रिता समागम ॥
कालगुह्य यथा वार्ता कुश कर्णे नहे श्रुत ।
शुन त्रिता स-सुग्रीवे आलापन अत:परे ॥
कपिकुल नीरव लक्ष्य ऊर्ध्वपाने स्फुरित यथा अति दीप्त तेजमाला ।
शुधु परिदृष्ट विचित्र भावभंगी कुश सभये क्षण भीत चित्त दर्शे ॥

- इति श्रीमद्देवायण ब्रह्मकल्पे तृतीय खण्डे लव मण्डलान्तर्गत: कुश वर्गे कपिकुले अद्भुत आचरणे भीत कुशे अत्र स्थान त्याग नाम: द्वितीय संवर्ग ।

— ✭ —

॥ तृतीय संवर्ग ॥

शिव वचन

हेथा सर्व पुरोभागे महाद्युति निपातने ।
कहे वार्ता कपीश्वरे स्वयं त्रिता युगाधिप ॥

एतद् वार्ता नहे श्रुत अन्यजने कदाचन ।
आयुष्काल समापित यद् जने ना महीतले ॥
देव तेजे समुत्पन्न कपि सर्व धरातले ।
रामचन्द्र महीत्यागे देव कार्य समापित ॥
कार्य शेष तथाकाल आयु क्षय तथा स्मृति ।
कालवाक्य निनादित पुण्य व्यक्ति निरूपणे ॥
कपि सर्व महत् पुण्ये देवतुल्य महीतले ।
कपि कर्णे तथा हेतु कालकण्ठ निनादित ॥

त्रिता वचन

शुन वाक्य कपीश्वर इन्द्रतेज समुद्भव ।
स्वर्गधामे प्रवेशह मर्त्ये कार्य समापित ॥
ममप्रति निरीक्षह अहं त्रिता युगाधिप ।
मम वीर्ये विधारित तव कार्य निरन्तर ॥
देव रूपे महत् स्वर्गे स्थित यिनि युगाधिप ।
यथा कार्यस्थले स्वयं कालचक्र प्रचालक ॥
मम काल अतिक्रमे द्विताकाल समागत ।
मम वाक्य यथा श्रुत रामचन्द्र तनुत्यजे ॥
हे सुग्रीव तथाहेतु कहि वाक्य तवप्रति ।
यदुक्त राघवे शुन कालगुह्य यथास्मृति ॥
स्वर्गधामे यथा जय प्रकाशे देवगौरव ।
तेमति तुमि भूतले ऐन्द्र जय स्वरूपित ॥
तव कृत महायुद्धे महत् हित चराचरे ।
देवदास्य विमोचने प्रकाशे देव गौरव ॥
जय रूपे अवस्थित तुमि अद्य महीतले ।
दिव्यजय महाबाहु मम काले प्रकाशिते ॥
कपिरूप विधारणे जय साक्षात् महाबली ।
दिव्य राज्य प्रतिष्ठिते रक्षःसह महारणे ॥
अर्य्यमा नाम लक्षण तमः ध्वंसी महाबली ।
रक्षःकुल जये शुन तव वीर्य प्रकाशिल ॥
दिव्यजय स्वयं तुमि हुंकारिले चतुर्दिके ।
महासैन्य समावेशे कर जय महीतल ॥
दिव्यभोग स्वयं राम दिव्यजये प्रतिष्ठित ।
एतद् जय विनिन्दिया चन्द्र वंश समुत्थित ॥
शुन रुरु महाबली द्विता वीर्य समाश्रित ।
सर्प दंष्ट मृतप्रिया करे पुनः सचेतन ॥
मातृशक्ति समाश्रित शुन द्विता ममाग्रज ।
स्वयं माता प्रतिष्ठित करि द्विता युगाधिप ॥
द्विता काल समागत शक्ति तेज प्रकाशित ।
दिव्यजय विनिन्दित एकारणे महाबली ॥
तव कार्य समापित लह तुमि पराःगति ।
कालचक्रे यथा गति हवे कार्य तथामत ॥

शिव वचन

एताविधि कहे यवे अन्य सर्वे समागत ।
देव कार्य समापित कहे त्रिता जने जने ॥

ए वार्ता शुनिते सर्वे रहे स्थिर यवे शुन ।
भाव आस्ये प्रकशित उन्माद यद् स्मरे कुश ॥
त्रिता वाक्य यथाश्रुत जिज्ञासिल कपीश्वर ।
पूर्व मत रहे स्थिर अन्य सर्व तथास्थले ॥
कहिल युगाधिप तद् त्रिता कपीशे शुन कपिवल्लभ कार्य कालचक्रे ।
करि सु-समास्र विराम हेतु कर्मे त्यजह शरीर महाबली स्वभावे ॥

- इति श्रीमद्देवायण ब्रह्मकल्पे तृतीय खण्डे लव मण्डलान्तर्गतः कुश वर्गे सुग्रीव त्रिता साक्षात्कार वार्ता नामः तृतीय संवर्ग ।

— ✯ —

॥ चतुर्थ संवर्ग ॥

शिव वचन

शुन त्रिता युगाधिप किंवा कार्य ममप्रति ।
यदि जय विनिन्दित रक्षः जये महीतले ॥

त्रिता वचन

रक्षः जये महीतले दिव्य जय प्रतिष्ठित ।
रुरुप्रिया प्रियम्वदा कालगति करे जय ॥
कालविधि अतिक्रमि लभे प्राण प्रियम्वदा ।
ए विस्मय जगन्मध्ये शुन व्यास्र कपीश्वर ॥
दान व्रत अतिक्रमे प्रेम बले तथा रुरु ।
सत्य व्रत नहे स्तव सती निन्दा महीतले ॥
त्याग व्रते कपीश्वर करि रक्षः पराजय ।
सती निन्दा समुत्थित सर्व व्यास्र अवारित ॥
आत्मत्याग तथा दान सत्यनिष्ठा शुचि व्रत ।
ममधर्म प्रकाशित रामचन्द्रे महीतले ॥
पराःतेजे विधारित युग-धर्म महाबली ।
एतद् धर्म तथा जये हल निन्दा प्रचारित ॥
करि रक्षःपराजित रामचन्द्र महाबली ।
दुष्ट कलि प्रभावित करे क्षय तथास्थले ॥
हल दुष्ट विदूरित लंका जये कपीश्वर ।
एतद् छाया अताड़ित रहे व्यास्र चतुर्दिके ॥
येहेतु राम लक्ष्मण अग्नि-शुद्ध करे सती ।
सीता अग्नि परीक्षित तुमि चक्षे निरीक्षिले ॥
तवु हेर अयोध्याते सीता निन्दा समुत्थित ।
वनवास यथाहेतु विंश वर्ष सतीप्रति ॥
नहिले केह सक्षम एतद् कार्य निवारिते ।
वनवास समापने समागत सभास्थले ॥
स्वचक्षुते निरीक्षिले शुनिले श्रवणे तथा ।
अग्नि शुद्धि पुनर्वार विश्वामित्र कहे तथा ॥
लोकाचारे अमानिता सीतादेवी सभास्थले ।
पृथिवी गर्भे प्रवेशिला मनः क्षुन्न महाकवि ॥
एवे स्मर परिस्थिति कोथा जय करे स्थिति ।
करि सीता अमानिता दिव्य जय विनिन्दित ॥

कालचक्रे क्रमे हेर दुष्टभाव प्रवर्धित ।
ज्ञात सर्वे सती सीता तवु कार्ये नहे क्षम ॥
दुष्टकार्य निवारिते केह क्षम नहे तथा ।
एतद् काले प्रवर्धित मातृस्नेहे द्वितागज ॥
चन्द्रवंश समुद्भव रुरु प्रेमे प्रतिष्ठित ।
ताहे द्विता प्रवेशिल मातृशक्ति प्रदानिया ॥
रुरुपत्नी प्रियम्वदा सर्पदंष्ट यवे शुन ।
जीवन दानिते पुनः ममपार्श्वे समागत ॥
मातृ आज्ञा निवेदिल ममपार्श्वे द्वितागज ।
ममकार्य समापने हवे द्विता युगाधिप ॥
अतएव रुरुस्नेहे कहे वाक्य ममप्रति ।
जीवन दान हे पुनः त्रिता तुमि युगाधिप ॥
मातृ आज्ञा ममप्रति कहे यवे द्वितागज ।
मातृ आज्ञा सुपालन विचारिनु स्वयं मने ॥
अतएव पुनः तथा मम शक्ति महाबले ।
रुरुपत्नी प्रियम्वदा जीवन लभिला तथा ॥
एवे हेर परिस्थिति सूर्य वंशे मम स्थिति ।
अख्याति लभिया सीता पृथिवीगर्भे प्रवेशिला ॥
चन्द्र वंशे करे स्थिति हेर द्विता ममागज ।
सीता त्यागे तथा निन्दा ममकाले प्रवर्धित ॥
रक्षः जये किंवा फल हल निन्दा प्रचारित ।
दिव्य जय विनिन्दित इथे कहि कपीश्वर ॥
हेर अन्ये द्विता तथा स्वयं युग प्रवर्धिते ।
मातृस्नेह यथा प्राप्त वर्धे नित्य दिने दिने ॥
रुरुप्रिया प्रियम्वदा पुनर्जन्म लभे तथा ।
एतद् हेतु महाख्याति चन्द्र वंश प्रसारित ॥
जगन्मध्ये प्रचारित धन्य रुरु युधासुत ।
सूर्य वंशे प्रसारित सीता निन्दा चतुर्दिके ॥
राम मर्त्य परित्यजे एतद् दृश्य निरीक्षिया ।
नहे लव प्रशंसित मातृनिन्दा समायुत ॥
एतद् हेतु प्रजाकुल चाहिछे रुरु-शासन ।
लव राज्य परित्यजि वर्धे रुरु महीतले ॥
एतद् हेतु कपीश्वर कहि तोमा शुन स्थिरे ।
जाह मर्त्य परित्यजि तव कार्य समापित ॥
बहु राष्ट्र प्रवर्धिवे स्व-वीर्यते महीतले ।
द्विता युगे महाद्वन्द्व हवे शुन चतुर्दिके ॥
रवे मात्र महावीर अन्य दिके विभीषण ।
उठिवे रुद्र भार्गव जगत् सृष्टि विनाशिते ॥
शुनह कपीश्वर भूतले मदंते युग परिचालक यद् द्विता शविष्ट ।
बहुतर वाद-विवाद सर्वमध्ये निरवधि विग्रह युद्ध पाप-पुण्ये ॥

- इति श्रीमद्देवायण ब्रह्मकल्पे तृतीय खण्डे लव मण्डलान्तर्गतः कुश वर्गे सुग्रीव प्रति त्रिता वाक्य नामः चतुर्थ संवर्ग ।

— ☆ —

॥ पंचम संवर्ग ॥

शिव वचन

एतद् वाक्य यथा श्रुत कपीश्वर तथास्थले ।
सम्मति दानिया त्रिते संगीवृन्दे कहे इहा ॥
सर्व जन सुसम्मत शुनि कार्य समापित ।
शरीर त्यजिते तथा चिन्तायुक्त समष्टिते ॥
मधु पान करे सर्वे भांड भांड क्रमागत ।
आरक्त लोचन द्वय मधु-पाने सुविह्वल ॥
करे क्रीडा तथास्थले सर्व जन समावृत ।
कुश वार्ता यथा सर्व मधु-पाने हल भ्रम ॥
बहु कपि समावृत कपिराज तथास्थले ।
मधु पाने करे नृत्य हर्षे चित्त सुविह्वल ॥
एतद् काले प्रवेशिल अश्वल रुरुनन्दन ।
प्रिय पुत्र प्रियम्वदे अश्वल प्राप्त यौवन ॥
दिग्विजये बहिर्गत बहु सैन्य समावृत ।
कपिराज्ये प्रवेशिल शुनि वीर कपीश्वरे ॥
मधुमत्त परिभ्रमे कपि सर्वे तथास्थले ।
कपिनाथ पुरोभागे करे सर्वे हुलुध्वनि ॥
एतद् दृश्य निरीक्षिया सुस्मित वीर अश्वल ।
आह्वान करि सुग्रीवे एतन्मत कहे तथा ॥

अश्वल वचन

हे सुग्रीव किंवा कार्य हेरि सर्व चतुर्दिके ।
राम मित्र यथा तुमि जगत् पूज्य कहे सबे ॥
छिल इच्छा मने मने हेरि साक्षात् कपीश्वरे ।
यथा अद्य निरीक्षिणु जाग्रत मम विस्मय ॥
राघव प्रिय बांधव लंकाजयी महाबली ।
सुरा पाने करे नृत्य अति तुच्छ मने स्मरि ॥
किं प्रकारे नहे ज्ञात लंकायुद्ध अनुष्ठिले ।
सुरामत्त निरन्तर किंवा युद्ध तवप्रति ॥
रावण जानकी हरे सीतासह रहे तथा ।
तथापि जानकी मुग्ध राज्ञीपद प्रदानिल ॥
दुष्कार्य राघवे यथा नाहि सहे प्रजाकुल ।
प्रतिवाद करे तथा राम सीता परित्यजे ॥
अश्वमेध अनुष्ठिते विंश वर्ष अतःपरे ।
यद् काम्य लभिते सीता ऋषि विघ्न समुद्भवे ॥
बहु ऋषि प्रजाकुल सीता निन्दा प्रचारिल ।
श्रीराम सर्व निन्दित ए कारणे इहा कहि ॥
राघव अनुशासने राघव नीति पालने ।
कर कार्य कपीश्वर अन्य नीति प्रचारह ॥
गेल मर्त्य परित्यजि रामचन्द्र कपीश्वर ।
सूर्य वंशे नराधिप राघवज यथा लव ॥
कहि प्रिय इहा शुन वीर तुमि कपीश्वर ।
राम-नीति परित्यजि रुरु-नीति परिग्रह ॥

रामकार्य विनिन्दित हेर सर्व महीतले ।
अन्ये रुरु प्रशंसित व्यापी सर्व प्रजाकुले ॥
रुरुप्रिया प्रियम्वदा पुनर्जन्म लभे शुन ।
दिव्यप्रेमे प्रतिष्ठित रुरु स्वयं महाबली ॥
वरिया रुरु वश्यता रुरु-नीति कपीश्वर ।
रह रुरु अधीनस्थ किञ्चित् कर प्रदानिया ॥

शिव वचन

गर्जिल शुनि अंगद एतद् वाक्ये तथास्थले ।
परिचय किंवा तव कोथा हते समागत ॥
अंगदे शुनि गर्जन कहिल स्मित अश्वल ।
गर्ज तुमि अकारणे शुन हे कपि पुंगव ॥

अश्वल वचन

अश्वल नाम आख्यात रुरुपुत्र मने स्मर ।
दिग्विजये बहिर्गत राजकर प्रदानह ॥
नतुवा कर संग्राम राजकर प्रदानिते ।
यथा इच्छा मनोमत कर कार्य इहा कहि ॥
प्रस्तुत आमि संग्रामे शुन हे कपि पुंगव ।
नहे कर प्रदानिया राम-राज्य परित्यज ॥

शिव वचन

एतद् वाक्य यथा श्रुत कहे गर्जि कपीश्वर ।
उद्धत तव भाषण नहे सह्य कदाचन ॥
कर युद्ध यथा शक्ति तुमि हे रुरुनन्दन ।
रणक्षेत्रे जयी यदि तवे कर लवे तुमि ॥

अश्वल वचन

धर शस्त्र कपीश्वर वाक्ये किंवा प्रयोजन ।
कर युद्ध यथा शक्ति मम अग्रे रह स्थिर ॥
कर किं अकारण अद्य वाद्वितंडा प्रहरण धारण काम्य वीर हस्ते ।
यदि बल वीर्य पराजये शरीरे करह परास्त पराक्रम प्रकाशि ॥

- इति श्रीमद्देवायण ब्रह्मकल्पे तृतीय खण्डे लव मण्डलान्तर्गत: कुश वर्गे सुग्रीव-अश्वल वार्ता नाम: पंचम संवर्ग ।

— ✯ —

॥ षष्ठ संवर्ग ॥

शिव वचन

कहिते कहिते वाक्य सप्त जन समुत्थित ।
घोर रवे निनादिया रक्ष:जयी महाबली ॥
करे धृत महीरुह वीर सप्त समुत्थित ।
गर्जिल वीर अश्वल टंकारिया धनुर्गुण ॥
विपुल सैन्यवाहिनी छिल संगे सुसज्जित ।
गर्जिया सर्व वाहिनी आक्रमे कपि सर्वत: ॥

कपि नरे तथा युद्ध मासावधि क्रमागत ।
कपि वीर्य क्रमे क्षीण त्रिताकाल समापने ॥
उपरंतु यथा पूर्वे देह त्यागे कृत स्थिर ।
अवसाद इथे क्रमे मधुपाने बल क्षये ॥
स्वीय वीर्ये करे युद्ध कपिकुल तथास्थले ।
युगशक्ति प्रभावित अश्वल रुरुनन्दन ॥
मातृशक्ति करे कार्य राजसैन्ये रणस्थले ।
गर्जिल सर्व मानव कपिकुल निपातने ॥
एके एके निपातिल कपि बल तथास्थले ।
नल नील पड़े तथा अश्वल शर घातने ॥
नल नील निपातित गवाक्ष गय अंगद ।
जाम्बवान् तथामत सुषेणादि क्रमे क्रमे ॥
बहु युद्धे निपातित पूर्वे सर्वे पुनः पुनः ।
अद्य युद्धे निपातने नहेत पुनरुत्थित ॥
सर्व अन्ते कपीश्वर करि तथा महारण ।
पड़े वीर तथास्थले त्रिता वाक्य मने स्मरि ॥
कपि राज्य करे जय अश्वल रुरुनन्दन ।
मास द्वय महायुद्धे तवु कुश समागत ॥
राजगृह परित्यजि हल त्वरित बहिर्गत ।
अवतीर्ण रथ त्यजि यवे कुश महाबली ॥
रक्षःराज महानन्दे करे बहु समादर ।
जिज्ञासिल किंवा वार्ता कह कुश यथायथ ॥

विभीषण वचन

किंवा राज्ये परिस्थिति किं कारणे समागम ।
किं वार्ता राघवे कह कह सर्व परिष्कृत ॥

शिव वचन

नमि वीर विभीषणे कहे कुश शिरानते ।
चल तातः गृहान्दरे सर्व वार्ता निवेदिव ॥
शुनि वाक्य सचेतन कहे एतद् विभीषण ।
सर्वाग्रे कर विश्राम चल कुश गृहान्दरे ॥
हवे वार्ता अतःपरे नाहि त्वरित प्रयोजन ।
कहिते कहिते वाक्य पुरीमध्ये प्रवेशिल ॥
द्विप्रहरे उपस्थित कुश वीर तथास्थले ।
सरमा जननीतुल्य पान भोज्य प्रदानिल ॥
कहिल विभीषण सादरे सहर्षे कुश करि धारण बाहुबद्ध वक्षे ।
कह शुनि राघवपुत्र अद्यकाले किमत अवस्थित मित्र रामचन्द्रे ॥

- इति श्रीमद्देवायण ब्रह्मकल्पे तृतीय खण्डे लव मण्डलान्तर्गतः कुश वर्गे अश्वल-युद्धे कपिकुल क्षय वार्ता नामः षष्ठ संवर्ग ।

— ★ —

॥ सप्तम संवर्ग ॥

शिव वचन

समुद्रे करिते स्नान अग्रे इच्छा प्रकाशिल ।
भोज कार्य अतःपरे कहे कुश विभीषणे ॥
हे तातः सागर स्नाने चल चित्त प्रहर्षिव ।
हवे वार्ता अतःपरे स्थिर भावे परस्परे ॥
रामपुत्र निरीक्षिया तुष्ट सर्व तथास्थले ।
जानकी गर्भ सम्भव् शुनि कुश समागत ॥
राक्षस राक्षसी सर्व महानन्दे समागत ।
रामतुल्य यथा रूप कुशाकृति निरीक्षिल ॥
रामतुल्य महाबाहु श्रीराम सदृशाकृति ।
राघवसम लोचन आस्य हास्य तथामत ॥
मधुर वाक्य तेमति उत्थित मधु-मन्द्रणे ।
रामपुत्र अवेक्षणे सर्व जन प्रमोदित ॥
परिव्याप्त चतुःपार्श्वे दर्शनार्थी निशाचर ।
विपुल जनता त्यजि चले कुश महाजले ॥
अद्य स्वयं विभीषण सिंधु स्नाने बहिर्गत ।
करे बहु समारोहे रक्षःकुल चतुर्दिके ॥
सर्व जन परित्यजि रथारूढ़ चले द्रुत ।
लंकापुरी परित्यजि महासिंधु तटावधि ॥
पशे कुश विभीषण समुद्रे अवगाहने ।
सिंधुजले महानन्दे करे स्नान कतक्षण ॥
करि स्नान जलक्रीडा पुनः तीरे समुत्थित ।
स्नान कार्य समापने करिल सेतु दर्शन ॥
नल कृत सुनिर्मित सेतु दृश्य मनोहर ।
कोटि कोटि महाकपि गेल एतद् अतिक्रमि ॥
गिरि वृक्षे यथा सेतु भासमान महाजले ।
अभावनीय यद् शिल्प महाश्चर्ये निरीक्षिल ॥
विस्मये भाव विह्वले पूर्व स्मृति मनोद्गत ।
गिरि वृक्ष विधारणे महायुद्ध यथा पुरा ॥
हेथा पिता समागत खुल्लतात समन्वित ।
कपि सैन्य महाबले महायुद्ध अनुष्ठिल ॥
एतद् रूप क्रमागत नाना स्मृति मनोदये ।
यथा रामायण श्लोके लंकाकांड सुवर्णित ॥
तद् सर्व स्मरणे कुश कहे वाक्य विभीषणे ।
कर किञ्चित् सुवर्णना सेतु वार्ता पुरास्मृति ॥
करि अवगाहन वारि हर्षयुक्ते निरखिल सुन्दर सिंधु वक्ष शोभा ।
अभिनव अद्भुत सेतु भासमान रत कहिते स्मृति रामकीर्त्ति साक्षी ॥

- इति श्रीमद्देवायण ब्रह्मकल्पे तृतीय खण्डे लव मण्डलान्तर्गतः कुश वर्गे विभीषण-कुश साक्षात्कार वार्ता नामः सप्तम संवर्ग ।

— ✯ —

॥ अष्टम संवर्ग ॥

विभीषण वचन

हेर अग्रे महासेतु नल कृत सुनिर्मित ।
एतद् पथे प्रवेशिल कपि सैन्य दले दले ॥
गणिवे उर्मि यद्यपि तारा यदि नभ:स्थले ।
तथापिह नहे शक्य गणिते कपि सर्वतः ॥
देखह अष्ट योजन पश्चिम सिंधु सैकत ।
एतन्मत चतुर्दिके परिसर महातटे ॥
एतद् सर्व करे पूर्ण विपुल वानरावली ।
रहे पूर्ण तथामत महासेतु अतिक्रमि ॥
अन्यपारे रहे सैन्य यद् व्याप्त दश योजने ।
प्रशस्त हेर ए सेतु योजनेक सुविस्तृत ॥
सुदीर्घ शत योजन समस्त पूर्ण वानरे ।
करह कल्पना एवे किंवा सैन्य निरूपण ॥
अग्रसरि गृहे चल स्नान कार्य समापित ।
कहि रामे यथा वार्ता लंकाधामे पुरास्मृति ॥
चतुर्दिके निरीक्षह शून्यक्षेत्र यत स्थित ।
महासैन्य परिव्याप्त दिवसेक ऊषागमे ॥
प्रातःकाले निरीक्षिल सविस्मये दशानन ।
कियत् दूरे निरीक्षह सद्मेक मम निर्मित ॥
एस्थले राम लक्ष्मण युद्धकाले अवस्थित ।
राघव शिविराख्यात राम स्मृति सुरक्षित ॥
अग्रसरि गृहान्दरे चल कुश निरीक्षिवे ।
कहिते कहिते उभे अत्रक्षेत्रे उपस्थित ॥
द्वारी द्वार करे मुक्त यदिंगित विभीषणे ।
गृहमध्ये समीक्षित विस्मये राघव स्मृति ॥
टंकारित धनुर्गुणे आस्थित राम लक्ष्मण ।
जीवन्त मूर्त्ति सेस्थले प्रस्तर रत्न निर्मित ॥
कुश चित्ते सविस्मय शिल्पी कार्य निरीक्षिया ।
पलक पड़िछे येन स्व-पलक करि भ्रम ॥
करे कुश नमस्कार स्वयं पिता मने स्मरि ।
नित्यप्राते नमे यथा भक्ति अर्घ्ये विभीषण ॥
प्रणमि राम लक्ष्मणे गृहपार्श्वे निरीक्षिल ।
सर्व मणि महारत्ने शिल्पी कार्ये सुनिर्मित ॥
कहि धन्य विभीषणे पुण्य स्मृति सुदर्शने ।
पुनः दोहे बहिर्गत पुरीद्वारे चले द्रुत ॥
करि अवगाहन नील सिंधुनीरे कुश अति मोदित रक्षःराज संगे ।
निरखिल राघवमूर्त्ति युद्धवेशी धृत शर कार्मुक खुल्लतात पार्श्वे ॥

- इति श्रीमद्देवायण ब्रह्मकल्पे तृतीय खण्डे लव मण्डलान्तर्गतः कुश वर्गे कुश कर्तृक सागरस्नान वार्ता नामः अष्टम संवर्ग ।

— ✯ —

॥ नवम संवर्ग ॥

विभीषण वचन

हेथा कुश निरीक्षह रामचन्द्र समन्वित ।
प्रथम दर्शने स्नेहे भुजाश्लेष ममप्रति ॥
शक्तिशेले निपातित एस्थले वीर लक्ष्मण ।
एस्थले गंधमादन हनु कृत सुरक्षित ॥
एस्थले प्रहरीरूपे रहित वायुनन्दन ।
एतद् क्षेत्रे महाबली अतिकाय पड़े रणे ॥
वीरश्रेष्ठ महावपु कुम्भकर्णे यथा सुत ।
कुम्भकर्ण पड़े हेथा राघव शर घातने ॥
पर्वततुल्य तद् देह सर्व जन भयंकर ।
एतद् मुंड पड़े घोरे शिखरच्युत पर्वते ॥
निपतित महाशब्दे करि क्षुब्ध महीतल ।
तद्रूप कुम्भ मस्तक पतित राम घातने ॥
वीरबाहु पड़े हेथा रावण प्रियनन्दन ।
एस्थले तरणीसेन मत् पुत्र समरे हत ॥

कुश वचन

शुनि चित्त चमत्कारे चरित्र तव अद्भुत ।
स्वीय पुत्र विनाशिले स्वयं तुमि रणस्थले ॥

विभीषण वचन

पुत्र कन्या किंवा श्रेष्ठ रामाधिक महाबली ।
सर्व श्रेष्ठ ममप्रति रामचन्द्र कृपामय ॥
राघवे करुणा लब्ध केवा चिन्ते सुतासुत ।
लभिले परमाशिष सर्व माया विदूरित ॥
सेवि विष्णुपद स्वयं राघवकार्य साधने ।
रामकार्ये यथा विघ्न किंवा मम प्रयोजन ॥
राघव सेविते प्राण सर्व सह समर्पिणु ।
दया माया तथा स्नेह प्रिया पुत्र समन्वित ॥
राम हस्ते निपातित पुण्यलोके हवे गति ।
जन्म यथा महीतले हवे मृत्यु सुनिश्चय ॥
जन्म मृत्यु कहि भ्रांति रामसेवा परित्यजि ।
एतद् चिन्ता समायुत रहि स्थिर रणस्थले ॥

शिव वचन

विस्मये हेरिया आस्य नमस्कार करे पुनः ।
विभीषण पदे कुश कहे वाक्य अतःपरे ॥

कुश वचन

क्षुल्लतातः तुमि श्रेष्ठ लोक चक्षे पिताधिक ।
कह राम जगत्पति हवे सत्य यथायथ ॥
एतद् तत्त्व किंवा ज्ञात ऋषि वृन्द कहे शुनि ।
यथा कार्ये निरीक्षिणु तुमि श्रेष्ठ महाबली ॥

विभीषण वचन

एस्थले भस्मलोचन भस्मीभूत त्वरित गति ।
स्व-आस्य दर्पणे दर्शि युद्धस्थले समागमे ॥
एतद् सर्व महत् कीर्त्ति रामचन्द्रे महाबली ।
पुरीद्वारे समागत परे अन्य निरीक्षिवे ॥
रत कहिते स्मृति नैकषेय वीर पतित यथामत रक्षवृन्द युद्धे ।
परिचय जानिल तेज वीर्य वर्णि दर्शि तथास्थले कीर्ति रामचन्द्रे ॥

- इति श्रीमद्देवायण ब्रह्मकल्पे तृतीय खण्डे लव मण्डलान्तर्गतः कुश वर्गे विभीषण कर्त्तृक कुश प्रति युद्धक्षेत्र प्रदर्शन ओ वीर स्मृति वर्णना नामः नवम संवर्ग ।

— ✯ —

॥ दशम संवर्ग ॥

शिव वचन

एतद् वाक्ये प्रवेशिल पुरीमध्ये विभीषण ।
दानिल सरमा भोज्य बहुयत्न समादरे ॥
कहिल सरमा प्रति भोज्ये रत विभीषण ।
श्रीराम कीर्त्ति सर्वतः पुरीमध्ये प्रदर्शह ॥
उत्सुक दर्शने कुश पितृस्मृति पुरातन ।
कहि वाक्य महानन्दे भोज्ये मनः निवेशिल ॥
नानाविध रसालिस भोज्य पेय समन्वित ।
करि भोज्य समापित चले रक्षः सभातले ॥
हेथा कुश क्षणान्तरे भोज्यकार्य समापने ।
सरमा सह निर्गत पितृकीर्त्ति निरीक्षिते ॥
सर्व अग्रे उपस्थित रक्षः राज सभातले ।
सरमा हेरि आगत उठे सर्व सभासद ॥
इंगित उपवेशने राज्ञी सर्व सभासदे ।
भ्रमि राज सभातले कहे वाक्य कुशप्रति ॥

सरमा वचन

हेर मूर्त्ति सुरक्षित रत्न सिंहासने कुश ।
रावण विजयी यवे पुरीमध्ये प्रवेशिल ॥
एतद् सिंहासने राम उपविष्ट तथादिवा ।
तद् परागत जानकी रामपार्श्वे विराजित ॥
एतद् मूर्त्ति सुरक्षित सिंहासन समन्वित ।
प्रत्यह राक्षसेश्वर पशि अग्रे सभातले ॥
राघवे करि वन्दना राजकार्ये समायुत ।
अन्यासने वसे नित्य प्रत्यह राक्षसाधिप ॥

शिव वचन

निरीक्षिल तथा कुश जीवन्त विग्रह द्वय ।
शिरे राज किरीटिनी महार्घ मणि शोभित ॥
रत्नमाल्य विलम्बित करि वक्ष सुशोभित ।
गोमेद मिश्रणे नीला नव श्याम कलेवर ॥

नाना रत्न अलंकार सर्व अंगे सुशोभित ।
पद्मराग महामणि महाद्युति प्रदीपित ॥
स्फटिकशुभ्रताच्छटा नीलामध्ये समुज्वल ।
एतद् दिव्य महादृष्टि चक्षुद्वये विभास्वर ।
राजछत्र तदूपरि रचित मणि कांचने ॥
पद्मराग हिरण्यते सीतामूर्त्ति समीक्षित ।
बहु रत्न समन्वित रामपार्श्वे अवस्थिता ॥
राजेश्वर स्वरूपित रामचन्द्र तथास्थले ।
राजेन्द्राणी स्वरूपिणी सीतादेवी निरीक्षिया ॥
अतुल्य मणि वैभवे मूर्त्ति द्वय सुशोभित ।
नमिल चरणे कुश भक्ति श्रद्धा समन्वित ॥
हेरिल तद् परे सभा अत्याद्भुत मनोहर ।
पूर्वे कुश अयोध्याते स्वर्णलंका यथा श्रुत ॥
प्रत्यक्ष दर्शने अद्य हल चित्त प्रमोदित ।
कहे धन्य विभीषणे सार्थक तव जीवन ॥

विभीषण वचन

एसर्व देववैभव कुबेर प्रति दानित ।
कुबेरे करिया जय लभे सर्व दशानन ॥
बहु वर्ष करे राज्य नैकषेय महाबली ।
राघव कृत तद्परे महायुद्धे पराजित ॥
राघवे करुणालब्ध एतद् सर्व ममप्रति ।
यद् लब्ध राघवे सर्व ममगुण किंवा कह ॥

शिव वचन

यद् दृष्ट विनया पूर्व कहे कुश तथास्थले ।
केवल नह सम्पदे वाक्ये तात: महाधनी ॥
कहि एतद् बहिर्गत अन्य सर्व निरीक्षिते ।
राजसभा परित्यजि सरमा सह तद् परे ॥
पशिल प्रमीलालये राजसभा परित्यजि ।
मेघनादे यथा प्रिया यद् पुरीते अवस्थिता ॥
निरक्षिल राघवपुत्र हृष्टचित्ते मणिकुल मंडित दीप्त रत्नजाले ।
अमरसभाचय निन्दि रक्ष: राजे त्रिभुवन विस्मय यद् सभा अपूर्व ॥

- इति श्रीमद्देवायण ब्रह्मकल्पे तृतीय खण्डे लव मण्डलान्तर्गत: कुश वर्गे कुश कर्तृक रावणीय सभा दर्शने विस्मय प्रकाश वार्ता नाम: दशम संवर्ग ।

— ✯ —

॥ एकादश संवर्ग ॥

शिव वचन

प्रमीला प्रति एवाक्य कहिल सरमा सती ।
देखह रामनन्दन सीता गर्भ समुद्भवे ॥
प्रमीला श्रवणे वाक्य त्वरित अग्रे उपस्थित ।
करे कुश नमस्कार सहर्षे सरमा कहे ॥

सरमा वचन

मेघनादे यथा प्रिया प्रमीला नाम धारिणी ।
लक्ष्मण कृत मर्दित मेघनाद महाबली ॥

कुश वचन

नाहि द्वेष तवप्रति नह रुष्ट ममप्रति ।
तात:कार्ये यदुद्भवे एतद् सर्व पुरास्मृति ॥
हेरिनु जननी तुल्य तोमासर्वे निशाचरी ।
वात्सल्य स्नेह वीक्षणे ममप्रति निरीक्षह ॥

प्रमीला वचन

ललाट लिपि येमति राघवज घटे इहा ।
यद् कार्य रावणे भ्रम रक्ष:कुल हल क्षय ॥
मम स्वामी निपातित लक्ष्मणशायके यथा ।
तेमति तरणीसेन सरमा प्रिय नन्दन ॥
दिल स्थिरे रणाहुति शत्रुता किं तवप्रति ।
निष्पाप अन्तरे तुमि एले लंका निरीक्षिते ॥
चल सर्व निरीक्षिवे यथा सर्व पुरास्मृति ।
मृत्युकाले कहे राजा राम स्वयं जगत्पति ॥
श्रीराम कोमलान्तर सर्व जीवे कृपामय ।
एतद् सर्व कहे नित्य खुल्लतात: विभीषण ॥
तेमति हेरि ये तोमा कोमल मुखपंकज ।
मधुर तव भाषण रामचन्द्र समाकृति ॥
कहिते कहिते पशे निकुम्भिला गृहान्दरे ।
लक्ष्मणसह रावणि रे युद्ध यथास्थले ॥
यथा वीर करे पूजा यथा युद्धे निपातित ।
एतद् सर्व निरीक्षिया हल कुश बहिर्गत ॥
प्रमीला सरमासह बहु नारी बहिर्गत ।
कुशसह दले दले चले क्षेत्र प्रदर्शने ॥
अतिकाये यथा गृह कुम्भकर्ण यथा स्थित ।
लंकेश्वर यथा स्थित मन्दोदरी समन्वित ॥
रहित तरणी यथा एतद् सर्व निरीक्षिल ।
चले सर्वे दले दले अशोक कानने परे ॥
अशोक भग्न तेमति हनुमाने यथा कृत ।
भक्त कीर्त्ति यथामत विभीषणे सुरक्षित ॥
तथा कुश निरीक्षिल मंजिल अति सुन्दर ।
दृष्ट चूड़ा नभ:स्पर्शी मेघमाला विमंडित ॥
नभे: तारावली यथा दीपतुल्य समुज्वल ।
तथा गात्र सुमंजिले मणि रत्न प्रदीपित ॥
कुश सरमासह राक्षसी कुलस्त्री निरखिल सर्व पुरी समस्त कक्ष: ।
भ्रमि अति मोदित पुण्य सर्व दृश्ये अभिनव मंजिले दर्शने अशोके ॥

– इति श्रीमद्देवायण ब्रह्मकल्पे तृतीय खण्डे लव मण्डलान्तर्गत: कुश वर्गे कुश कर्तृक लंकापुरीमध्ये पूर्व स्मृति दर्शन नाम: एकादश संवर्ग ।

— ☆ —

॥ द्वादश संवर्ग ॥

शिव वचन

सरमासह मंजिले राघवज प्रवेशिल ।
अत्याद्भुत निरीक्षिल तथा कुश सविस्मये ॥
एक वस्त्रे अवस्थिता सीता मूर्त्ति तथास्थले ।
निर्मल मणि कांचने एतद् मूर्त्ति सुनिर्मित ॥
सर्वाङ्ग आवृता सीता एक वस्त्र तथापिह ।
एतद् वस्त्रे परिस्फुरे स्वर्ण आभा स्थले स्थले ॥
नाहि रत्न अलंकार देहे एक तथास्थले ।
अश्रुसिक्त तथा चक्षु रहे किञ्चित् शिरानते ॥
उपविष्टा तथा देवी रुक्ष केश एलायित ।
जीवंत येन जानकी संक्षुब्धा रोदने रत ॥
एतद् दृश्य निरीक्षिया रहे स्तब्ध तथा कुश ।
करे सर्व निशाचरी देवी स्तव शिरानते ॥
एरूप जननीमूर्त्ति हेरि कुश रहे स्थिर ।
अप्रणामे रहे स्तब्ध बहुक्षण तथास्थले ॥
एरूप केन ये मूर्त्ति लोक--दृश्ये सुरक्षित ।
यद्यपि भक्त राक्षस तवु क्षुब्ध तथा कुश ॥
कुश आस्य निरीक्षिया सुस्मिता सरमा सती ।
कुश प्रति कहे वाक्य एतन्मत मधुस्वरे ॥

सरमा वचन

चिन्तित केन हे कुश मातृमूर्त्ति निरीक्षिया ।
पति पूजातरे सती एकाकिनी यथा दृढ़ ॥
एक वस्त्रे अवस्थिता विपुल राजवैभवे ।
रावणागत सम्मुखे रहे दृढ़ा शिरानते ॥
त्रैलोक्येश्वर रावण करिया अवहेलन ।
नारीकुल शिरोमणि सतीश्रेष्ठा महीतले ॥
तेजस्विनी महातेजे निन्दिया रूप यौवन ।
पतिध्याने अवस्थिता यद् दृश्य देव-दुर्लभ ॥
विष्णुलोके नहे दृश्य लक्ष्मीरूपे सुकोमला ।
शैवलोके महादुर्गा अस्त्रशस्त्रे सुशोभिता ॥
गजारूढ़ा तथा ऐन्द्री इन्द्रलोके अवस्थिता ।
केह शस्त्रे विभीषणा बहु हस्ते प्रकाशिता ।
केहवा अति कोमला सर्व जगत् विमोहिनी ।
किंतु हेर महीतले द्विभुज रूप धारिणी ॥
मानवी अति सुन्दरी सर्व लोभ विवर्जिता ।
तेजस्विनी महातेजे स्वभावे अति कोमला ॥
ए दृश्य हेरिते सर्व विधवा राक्षसीकुल ।
नित्य प्राते उपस्थित लभिते दृढ़ता मने ॥
शुन एतद् अत:परे शोकप्राप्त निशाचरी ।
तद् सीता दुर्दशा दृष्टे किञ्चित् शान्ति लभे शुन ॥
केनना जानकी यवे लंकामध्ये अवस्थिता ।
पतिहारा निराश्रया क्रीडामत्ता जने जने ॥

केहना बुझिल प्राणे यथा दुःख सीताप्रति ।
वीर पति यथा निज केह नाहि निवारिल ॥
एकत्रे केह ना कहे रावणे हित भाषण ।
रक्षाःनुजे यथा उक्त पदाघाते विताड़ित ॥
यथा कर्म तथा फल फले शुन निरन्तर ।
सतीप्राणे यथा व्यथा स्त्रीयवृन्दे नहे श्रुत ॥
लंका दग्ध इथे शुन वीर सर्व पड़े रणे ।
पुत्रहारा यथा स्वयं पतिहारा तथामत ॥
रोदन करि एस्थले नित्य सर्वे समावृत ।
करि धौत सतीपद अश्रुजले जने जने ॥
लभि तेज तथास्थले लभि स्वयं मनोबल ।
करि पूजा प्रति प्राते मोरा सर्व निशाचरी ॥
शताष्ट स्वर्ण चम्पके अर्चि यद् चरणद्वय ।
धूप दीप प्रदानिया नाना पुष्पे सुशोभिया ॥

शिव वचन

एतद् वाक्य यथा श्रुत कुश चित्ते सविस्मय ।
सर्व जने निरीक्षिछे श्रद्धाभरे पुनः पुनः ॥
कुश आस्य निरीक्षिया एवे सर्वे स्मिताधर ।
बालक अति कोमल अपक्क बुद्धि तेमति ॥
सरमा वाक्य निर्देशे अतःपरे तथा कुश ।
मातृपदे करे नति भक्ति श्रद्धा समन्वित ॥
जानकी पुण्य मंजिल दर्शन करि तद् परे ।
सर्व जन समावृत पुरीमध्ये प्रवेशिल ॥
एतद्रूपे परिभ्रमि संध्याकाले उपस्थित ।
राजकार्य समापिया पशे गृहे विभीषण ॥
नाना दीप ज्वले तथा रत्न मणि समुज्वल ।
आस्थित सरमा गृहे वार्ता रत यवे कुश ॥
पशिल नभःस्पृश मंजिले अशोके निरखिल भूषणशून्य एक वस्त्रे ।
कुशजननी नतमस्तके विराजे धृत वसनेक किं दृश्य दुःखकाले ॥

- इति श्रीमद्देवायण ब्रह्मकल्पे तृतीय खण्डे लव मण्डलान्तर्गतः कुश वर्गे कुश कर्तृक अशोक कानन दर्शन वार्ता नामः द्वादश संवर्ग ।

— ✯ —

॥ त्रयोदश संवर्ग ॥

शिव वचन

एतद्काले प्रवेशिल रक्षःराज विभीषण ।
लंकेश्वरे निरीक्षिया महानन्द कुशप्रति ॥
जिज्ञासे राक्षसेश्वर कुश सम्बोधने तथा ।
सर्व कीर्त्ति निरीक्षिले लंकाधामे यत स्थित ॥

कुश वचन

हेरि सर्व महामति सर्व दृश्य मनोहर ।
जड़ित राघवस्मृति अत्याद्भुत यथायथ ॥

लंकाधामे यथा कीर्त्ति पिताकृत अनुष्ठित ।
सर्व स्मृति अत:परे तव कृत प्रतिष्ठित ॥
कृतज्ञता प्रकाशिते नाहि भाषा तवप्रति ।
तोमाते तुमि केवल उपमास्थल निश्चय ॥
भक्तश्रेष्ठ विभीषण कीर्त्तिमान विभीषण ।
ब्रह्मज्ञानी जगत् पूज्य विभीषण महात्मन ॥

शिव वचन

एतद्रूपे कहे यवे उच्छ्वासित तथा कुश ।
रहे स्तब्ध विभीषण अश्रुसिक्त सुलोचने ॥
प्रेम-अश्रु विनिर्झरि कहे वाक्य अत:परे ।
शुन हे रामनन्दन कहि वाक्य यथा शुन ॥

विभीषण वचन

रामस्नेह यथा प्राप्त किं प्रकारे प्रकाशिव ।
सर्वस्व दानिले तथा हवे किञ्चित् प्रकाशित ॥
यथा कीर्त्ति अनुष्ठित रक्ष:कुल विमर्दिते ।
यथास्थले अवस्थित राखि स्मृति तथास्थले ॥
अयोध्याते किंवा कीर्त्ति कह वार्ता अत:परे ।
किं कारणे समागत कह कुश यथायथ ॥

कुश वचन

शुन तात: मम स्मृति कहि सर्व यथा क्रमे ।
राघव कृत वर्जित रामानुज गृह त्यजि ॥
करे आत्म विसर्जन सरयु सलिले यवे ।
शोकार्त नगरी सर्व काल कार्ये घटे यथा ॥

शिव वचन

शुनि वाक्य विभीषण कहे एतद् सविस्मये ।
विस्तारि लोचन द्वय वर्जन केन लक्ष्मणे ॥

कुश वचन

काल गृहे समागत वार्ता रत पितासह ।
प्रतिज्ञा छिल एरूप केह नाहि प्रवेशिवे ॥
प्रवेशे केह यद्यपि त्यजिवे सत्य तद् जने ।
एतद् सत्य करि स्थिर वार्ता रत पितासह ॥
आगत मुनि दुर्वासा एतद्काले सभातले ।
खुल्लताते कहे तथा रामे त्वरा प्रयोजन ॥
ए कारणे प्रवेशिल खुल्लतात तथास्थले ।
प्रतिज्ञा छिल अज्ञात ए सत्ये हल वर्जित ॥
खुल्लतात यवे गत लव राज्ये प्रतिष्ठित ।
पिता गृहे प्रविष्ट यद् निर्जने करिते स्थिति ॥
कियत् दिवा अत:परे मर्त्य त्याग मनोदित ।
आह्वानि ऋषि सर्वत: उपनिषद् प्रदानिल ॥
वेदान्त दानिया पिता स्वयं वेद प्रचारिल ।
वेद रूपे प्रतिष्ठित सर्व विश्वे निरन्तर ॥

ऋषि सर्व विमोहित एतद्काले महामति ।
महाज्ञान प्रकाशिते रहे सर्व समाधिते ॥
तद् काले गरुडे स्मरे वैनतेय उपस्थित ।
पितृपदे नमस्कारे स्पर्शिल पृष्ठ चंचुते ॥
इथे त्यक्त कलेवर दिव्य देह विधारित ।
गरुडे गरुडासन गेल मर्त्य परित्यजि ॥

शिव वचन

विभीषण रहे स्तब्ध शुनि वाक्य तथास्थले ।
तेमति सरमा सती अश्रुसिक्त रहे उभे ॥
अतिगत बहुक्षण मात्र झिल्लि ध्वनि श्रुत ।
रक्षःराजे कहे कुश एतद् वाक्य क्षणान्तरे ॥
एतद् वार्ता यथायथ खुल्लतात निवेदिनु ।
अयोध्या नगरीमध्ये यथा अद्य परित्यजि ॥

विभीषण वचन

नाहि अन्य प्रयोजन रह शान्त यथायथ ।
रात्रिते कर विश्राम कल्य अन्य प्रकाशिवे ॥

शिव वचन

अतःपरे निशाभोज्य कुशे त्वरित प्रदानिया ।
विश्राम क्षेत्र निर्णिया राजशय्या प्रदर्शिल ॥
एतद् शय्या मनोरमे सुविश्रामे रहे कुश ।
विभीषणे यथा कीर्त्ति स्मरि मने सविस्मये ॥
नाना चिन्ता समन्वित निद्रागत अतःपरे ।
एतद् स्थले विभीषण राक्षसी सरमा सह ॥
रहे रात्रे अनाहारे राम त्यक्त कलेवर ।
क्षोभयुक्त विभीषण स्मरे क्रमे पुरास्मृति ॥
एकाकी सरमा तथा नाना चिन्ता समायुत ।
सुप्ति घोरे निपातित सर्व लंका क्रमे क्रमे ॥
राम ध्यान परायण गुण कीर्त्ति समन्वित ।
स्मरि सख्य विनिर्भरे रक्षःराज विभीषण ॥
शुनि अति कातर राघव प्रयाणे स्मरि गत कीर्त्ति सुसख्य रामचन्द्रे ।
विगलित केवल चक्षु अश्रुधारे सह सरमा स्त्रीय रक्षःराज रात्रे ॥

- इति श्रीमद्देवायण ब्रह्मकल्पे तृतीय खण्डे लव मण्डलान्तर्गतः कुश वर्गे कुश कर्त्तृक विभीषण प्रति अयोध्या वार्ता कथन नामः त्रयोदश संवर्ग ।

— ✯ —

॥ चतुर्दश संवर्ग ॥

शिव वचन

एस्थले अर्बुदालये पाताले कलि तामस ।
रामचन्द्र धरा त्यजे एतद् वाक्य यथा श्रुत ॥
आह्वान करि अर्बुदे एतद् वाक्य कहे तथा ।
शुन हे भुजगेश्वर यथा वाक्य तवप्रति ॥

कलि वचन

रामचन्द्र मही त्यजे शुभकाल समागत ।
राम मर्त्य परित्यजे त्रितायुग समापित ॥
एवे द्विता समागत काल पदे करे स्थिति ।
करि द्विता विताड़ित मम काल प्रतिष्ठिव ॥
वीर्यवान त्रितातुल्य नहे द्विता कदाचन ।
एवे अर्ध प्रभाविव द्विताकाले स्वयं बले ॥
मम सह महारणे द्विता नित्य पराजित ।
मातृ शक्ति महाबले कालचक्रे प्रतिष्ठित ॥
एतद् हेतु प्रकारेते मृत्युशक्ति प्रभाविव ।
भृगुराम ममानुज सूर्यवंशे करे स्थिति ॥
सृजिया ऋषि मण्डल लव राज्य सुरक्षिछे ।
नारिवे रक्षिते भृगु त्याग व्रत अनुष्ठिया ॥
चन्द्रवंशे प्रतिष्ठित द्विता काल त्रिताग्रज ।
मातृशक्ति महाबले त्याग व्रत पराजिवे ॥
चंद्रवंश समुत्थित हवे शुन दिने दिने ।
रुरुराज्य प्रतिष्ठिवे एकछत्र चतुर्दिके ॥
एवे शुन यथा कार्य स्वयं क्रमे अनुष्ठिव ।
प्रवर्धिवे छले भृगु चन्द्रवंश विनाशिते ॥
द्विता कार्य विचालने अर्ध अंश प्रभाविव ।
द्विता अंते हवे पूर्ण मम काल यथायथ ॥
अधिक ना प्रकाशिव मम कार्य यथा शुन ।
कार्य क्रमे प्रकाशित हवे सर्व दिने दिने ॥
आह्वान करि एक्षणे यथा कार्य प्रयोजने ।
कर एतद् त्वरित गति रात्रिमध्ये महाबली ॥
शत पुत्र तथा पौत्र शत लक्ष समावृत ।
जाह स्वयं यथा त्वरित लंकाधामे भुजंगम ॥
दिव्य धन रहे तथा लंकाव्यापी चतुर्दिके ।
एतद् बृहत् महाधन अधिकार कर त्वरा ॥
राघव समरे हत लंकेश्वर दशानन ।
लंकाधामे प्रतिष्ठित रक्षःराज विभीषण ॥
धार्मिक रावणानुज निश्चिंत सर्व देवता ।
एतद्राज्य विमर्दन कर त्वरित महाबली ॥
रात्रिमध्ये विनाशह रक्षःकुल त्वरित गति ।
निद्रागत यवे शुन एतद् काले विनाशिवे ॥
नाहि युद्धे प्रयोजन कर कार्य सुकौशले ।
अधिकार कर त्वरा समस्त देव वैभव ॥
धनबल महाबल देवशक्ति समन्वित ।
अधिकार करि त्वरा कर राज्य प्रतिष्ठित ॥
विपुल धन संवादे अत्यंत तुष्ट अर्बुद ।
उत्साहित भुजंगम स्वीय राज्य प्रतिष्ठिते ॥
कालपदे नमस्कारे गर्जे हर्षे सभैरवे ।
अर्बुदे शुनि गर्जन अन्य सर्व समागत ॥
सर्पराजे किं कारणे महानन्द उपस्थित ।
ए तथ्य शुनिते सर्वे यवे पार्श्वे समागत ॥

स्वयं सर्व समागमे अति तुष्ट तथार्बुद ।
स्वीय जय मने स्मरि कहे वाक्य तथास्थले ॥

अर्बुद वचन

शुन हे सर्व नन्दन पौत्रगण यथा कहि ।
बृहत् तनु महाकृति सर्व जन महाबली ॥
अद्य कार्य समागत तेज वीर्य प्रकाशह ।
अतुल धन वैभव लंकामध्ये अवस्थित ॥
समस्त देव वैभव करे रक्षा निशाचरे ।
रावण कृत अर्जित प्राप्त अद्य विभीषणे ॥
अमर श्रुत राक्षस धर्मप्राण विभीषण ।
विभीषणे परित्यजि अन्य सर्वे विनाशह ॥
लंकाधामे महावीर्ये चल सर्वे त्वरित गति ।
रात्रिमध्ये समापित कर कार्य हलाहले ॥
रत कहिते कलि वाक्य सर्पराजे विपुल महाधन यद् कुबेर राज्य ।
अधिकृत रावण रक्षःराज युद्धे लह तुमि अर्बुद राक्षसे विताड़ि ॥

- इति श्रीमद्देवायण ब्रह्मकल्पे तृतीय खण्डे लव मण्डलान्तर्गतः कुश वर्गे कलि कर्तृक अर्बुदप्रति दिव्य ऐश्वर्य हरण वार्ता कथन नामः चतुर्दश संवर्ग ।

— ✯ —

॥ पंचदश संवर्ग ॥

शिव वचन

एतद् आज्ञा यथा श्रुत सर्पराजे प्रदानित ।
उठे सर्व भुजंगम विस्तारिया फणा चय ॥
केह दशे शते केह केह केह सहस्रशे ।
करि पुच्छ सुनर्त्तन दीर्घ ग्रीवा समुत्थित ॥
कुटिल लोचन द्वय घन श्वासे तरंगित ।
द्विधा-भक्त यथा जिह्वा घन घन बहिर्गत ॥
जिह्वा घन बहिर्गत दोले बृहत् महावपु ।
चले सर्वे त्वरित गति लंकाधामे दले दले ॥
लक्ष शत भुजंगम विस्तारिया फणा चय ।
लंकाधामे उपस्थित समुद्र सरणी पथे ॥
द्वितीय प्रहरातीते लंकातटे समुत्थित ।
कहिल सर्प अर्बुद एतद् वाक्य जने जने ॥

अर्बुद वचन

स्वर्ण-लंका निरीक्षह मणि रत्ने सुनिर्मित ।
समस्त नगरी दीप्त रात्रि घोरे समुज्ज्वल ॥
प्राचीर अन्तरे रहे विपुल दिव्य वैभव ।
समस्त लह पाताले स्वर्ण लंका विचूर्णिया ॥
एतद् अग्रे निशाचर कर सर्व विनाशित ।
तद् परे रहिवे सर्व रत्न मणि यथायथ ॥
प्रवेश कर निःशब्दे निद्रित हेर राक्षस ।
दंशि तीव्र हलाहले कर सर्व निपातन ॥

शिव वचन

एतद् आज्ञा यथा प्राप्त सर्पकुल चले द्रुत ।
संयत करिया फणा चतुर्दिके प्रवेशिल ॥
रहे सर्व पथे पथे गृहपार्श्वे चतुर्दिके ।
छिल दश सहस्रश क्षुद्र बृहत् तथा गृह ।
सर्प विंश सहस्रश गृहमध्ये प्रवेशिल ॥
प्रति गृहे अहि द्वय विपरीत पथे पशे ।
लागिल दंशिते सर्व रक्षःकुल भुजंगम ॥
निद्रित सर्व राक्षस सर्पाघात लभे तथा ।
केहवा वेदना प्रासे आर्तनादे समुत्थित ॥
केह केह त्वरित मृत नहेत पुनरुत्थित ।
जाग्रत केहवा तथा अन्य शब्दे त्वरितगति ॥
जाग्रते चलिछे द्रुत गृहद्वारे निरीक्षिल ।
विस्तारित फणा शत उद्यत दंशने अहि ॥
त्वरित सेथा महाघाते भीत रक्षः निपातिल ।
करे केह पलायन पथे सर्प विनाशिल ॥
एरूपे बहु राक्षस सर्पगणे विनाशिल ।
एतद् सह विनाशित राघवज तथा कुश ॥
राजगृह समापिया सैन्यकुले प्रवेशिल ।
अस्त्रे शस्त्रे सुसज्जित सैन्यगण बहिर्गत ॥
किंतु वृथा धनुर्बाण खड्ग भल्ल तथामत ।
अहिकुल लुकायित रहे सर्वे चतुर्दिके ॥
पश्चाते दंशिछे सर्वे अकस्मात् महाघाते ।
अस्त्र शस्त्र समन्वित पड़े तथा निशाचर ॥
एतद् रूपे वधे तथा सर्पकुल निशाचरे ।
रात्रिमध्ये करे सर्व रक्षःकुल समापित ॥
एस्थले सर्प अर्बुद विभीषण गृहे पशि ।
निकषा नन्दने कहे एतद् वाक्य सगर्जने ॥

अर्बुद वचन

शुन रक्षः विभीषण कहि वाक्य यथा शुभ ।
एक रथ प्रदानिव जाह त्वरित हिमाचले ॥
अर्बुद कथित स्वयं लंकाधामे प्रवेशिनु ।
लंका अद्य ममप्रति जाह क्षेत्र परित्यजि ॥
स्वेच्छाते यदि ना जाह कर युद्ध महाबली ।
अन्य सर्व निशाचर अहि सर्वे विनाशिल ॥
अमर तुमि केवल एतद् हेतु इहा कहि ।
यद्यपि समरे इच्छा हओ त्वरित समुत्थित ॥

विभीषण वचन

युद्धे किंवा प्रयोजन लंकामध्ये कर स्थिति ।
सुमेरु शिखरे वास करि इच्छा मनोमत ॥
रामचन्द्र त्यजे मर्त्य राज्ये नाहि प्रयोजन ।
धन रत्न समन्वित लह लंका भुजंगम ॥

सह सरसा स्त्रीय तद् सुमेरु श्रृंगे   चलिल विभीषण वर्जने स्वराज्य ।
द्रुत अहिवृंद विनष्टि सर्व लंका   धन मणि रत्न परिग्रहे सहर्षे ॥

- इति श्रीमद्देवायण ब्रह्मकल्पे तृतीय खण्डे लव मण्डलान्तर्गत: कुश वर्गे सर्पकुल कर्तृक लंका ध्वंस करण वार्ता नाम: पंचदश संवर्ग ।

— ✯ —

॥ षोडश संवर्ग ॥

शिव वचन

किञ्चित् पूर्वे यथा श्रुत   प्रयाण राम राघवे ।
वितृष्णा विषमे इथे   छिल रक्ष: विभीषणे ॥
अतएव गृह त्यजि   रक्ष: राज बहिर्गत ।
तद् संगे सरमा सती   पश्चाते भुजगेश्वर ॥
तृतीय प्रहरे शुन   रथारूढ़ विभीषण ।
लंकाधाम परित्यजि   सुमेरु शिखरे चले ॥
पूर्वे त्रिता युगारम्भे   देव तुमि मने स्मर ।
तृतीय प्रहर रात्रे   एकदा सह रावण ॥
रक्ष: राज विभीषण   विताड़िया धनाधिपे ।
लंकाधामे प्रतिष्ठित   अद्यावधि निशाचर ॥
देववृन्द विताड़िया   रक्ष:कुल प्रवेशिल ।
हेर पुन: परिस्थिति   कालचक्र विवर्त्तने ॥
रक्ष:कुल विताड़िया   सर्पकुल प्रवेशिल ।
गभीर रात्रिते तथा   रक्ष:राज समागत ॥
निद्रित सर्व गंधर्व   रात्रिकाले निपीड़िया ।
गभीर रात्रिते तथा   सर्पराज प्रवेशिल ॥
निद्रित सर्व राक्षस   विषाघाते विनाशिया ।
रक्ष:राज विभीषणे   करे अद्य विताड़न ॥
सुमेरु शिखरे चले   रथारूढ़ विभीषण ।
रथमध्ये प्रकम्पिता   राक्षसी सरमा सती ॥
क्रन्दन किं तथास्थले   भये मूर्च्छा मुहुर्मुहु ।
करि शान्त विभीषण   कहे वाक्य तथास्थले ॥

विभीषण वचन

शोक सती परित्यज   सर्व कालक्रमे घटे ।
रामचन्द्र स्वयं प्रभु   गेल त्यजि कलेवर ॥
एरूप यदि सम्भव   कालचक्रे क्रमागते ।
एतद् कार्ये किं विस्मय   किंवा भय तथास्थले ॥

सरमा वचन

हेरि सर्प भयंकर   मम अंग प्रकम्पित ।
मृत्यु रूप स्वयं येन   अर्बुद मम लक्ष्यित ॥
रात्रिमध्ये विनाशिल   हेर सर्व निशाचर ।
नहे मात्र निशाचरे   राघवज तथा कुशे ॥

विभीषण वचन

काल कार्ये यथा घटे	कह केवा निवारिवे ।
श्रीराम कृत वर्जित	रामानुज मने स्मर ॥
इत्याधिक किंवा कहि	उपमे सरमा सती ।
रामराज्ये अयोध्याते	विशृंखल यथा श्रुत ॥
तुच्छ स्वयं तथास्थले	काल कार्य निवारिते ।
येथा राम स्वयं प्रभु	स्व-इच्छाते परित्यजे ॥

शिव वचन

एरूप वचने रत	कालचक्र महागति ।
काले रक्षः प्रवर्धित	कालकृत विताड़ित ॥
एस्थले सर्पवाहिनी	रक्षःकुल विनाशिया ।
लंकाधाम परित्यजे	यवे राजा विभीषण ॥
आह्वानि सर्व अर्बुद	इत्यादेश प्रदानिल ।
लंकाधामे नहे स्थिति	एतद् सत्य मने स्मर ॥
प्रत्यक्ष समरे मोरा	देवसह नहे क्षम ।
अतएव कर त्वरा	वहिते धन वैभव ॥
मात्र सप्त दिवा मध्ये	पाताले लह वैभव ।
प्रतिपक्षे समागत	चित्ररथ निरीक्षिते ॥
समस्त दिव्य वैभव	किं प्रकारे अवस्थित ।
संवाद लभिले चित्र	महायुद्ध हवे शुन ॥
नारिवे रहिते स्थिर	चित्ररथे महारणे ।
तपस्या करि रावण	करे चित्रे पराजित ॥
तपःबले बलीयान	छिल रक्षः दशानन ।
एतद् हेतु जयी वीर	चित्ररथे महारणे ॥
कालशक्तिर्महाबले	लंकाधामे प्रतिष्ठित ।
तपःवीर्ये जयी रक्षः	कालतेजे प्रवर्धित ॥
नहि मोरा तपःसिद्ध	तपःवीर्य नहे तथा ।
एतद् हेतु कहि त्वरा	पाताले लह वैभव ॥
एतद् वाक्य यथा श्रुत	गर्जे हर्षे भुजंगम ।
करि पुच्छ विघातन	करे भग्न क्रमे क्रमे ॥
यथा भग्न महारत्न	गृहद्वार समन्वित ।
वहे सर्प महाबले	करि पुच्छे विधारण ॥
मणि रत्ने बृहस्तम्भ	करि पृष्ठे विधारण ।
वहे शत सहस्रशः	नभःपथे चले द्रुत ॥
नभः त्यजि अतःपरे	जलमध्ये प्रवेशिल ।
वारिमध्ये प्रवेशिया	त्वरित रत्न परिग्रहे ॥
पाताले धन रक्षणे	प्रत्यागत पुनः पुनः ।
एतन्मत दले दले	करे कार्य तथास्थले ॥
एतद् रूपे दिवा षष्ठ	करे कार्य भुजंगम ।
प्राय धन परिग्रहे	किञ्चित् मात्र अवस्थित ॥
शतांश धन वैभवे	एक अंश अवस्थित ।
एतद्काले प्रवेशिल	चित्ररथ तथास्थले ॥
रोषयुक्त तथा चित्र	लंका दृश्य निरीक्षिया ।
टंकारिया धनुर्गुण	आक्रमिल भुजंगमे ॥

चित्ररथे निरीक्षिया करे त्वरित पलायन ।
अर्बुद सह अन्यान्य सर्पकुल यत स्थित ॥
अति त्वरित महाजले करे सर्व पलायन ।
शतांश त्यजिया सर्प स्वयं सद्मे उपस्थित ॥
क्षोभयुक्त तथा चित्र सर्पकुल लुकायित ।
अहिकुल विनाशिते संकल्प कृत मानसे ॥
अवशिष्ट यथा धन दाने चित्र धनाधिपे ।
स्व-रथे वहिया सर्व अलकाते समानीत ॥
किञ्चित् धन समानीत चित्रकृत स्वरालये ।
सर्व सर्प परिग्रहे धन तत्त्वे पुरास्मृति ॥
निरखिल चित्ररथागमे विषादे नभः परशे शिर वैजयंत निन्दि ।
मणि कुलमंडित यद् पूर्व लंका अहिकुल नष्टिल सर्व रत्नलोभे ॥

- इति श्रीमद्देवायण ब्रह्मकल्पे तृतीय खण्डे लव मण्डलान्तर्गतः कुश वर्गे अहिकुल कर्तृक लंका नष्ट करण ओ रत्न वैभव हरण वार्ता नामः षोडश संवर्ग ।

— ✯ —

॥ सप्तदश संवर्ग ॥

शिव वचन

शौणक मुनि एस्थले अयोध्याते उपस्थित ।
भृगु पार्श्वे निवेदिल कवि त्यक्त कलेवर ॥
विस्मित श्रवणे भृगु त्वरित गति समुत्थित ।
आह्वानि लव सम्राट एरूप कहिते रत ॥

भृगुराम वचन

हे लव शुन ए वाक्य कवि त्यक्त कलेवर ।
जाव स्वयं तथास्थले सर्व भार परिग्रहि ॥
अन्यान्य ऋषि सर्वतः जावे शुन तथास्थले ।
राजकार्य निरीक्षिते रह तुमि महाबली ॥
मारुति स्थित सेस्थले कुश कार्ये बहिर्गत ।
सर्व भार करे लह चलि कवि-तपोवने ॥

लव वचन

कवि त्यक्त कलेवर कह गुरु किं कारणे ।
आकस्मिक तनुत्यक्त श्रवणे शुनि अद्भुत ॥

भृगुराम वचन

किं विस्मये इथे कह यदि त्यक्त कलेवर ।
जीवने करिते स्थिति आछे सत्य सविस्मय ॥
तनु त्यागे किं विस्मय विरत समरे शुधु ।
जीवने रहिते सत्य महायुद्ध निरन्तर ॥
श्वासे श्वासे करे युद्ध जीववृन्द स्वभावतः ।
ग्रहण करिते श्वास निःश्वास त्यजिते तथा ॥

आकर्षणे विकर्षणे किंवा युद्ध निरीक्षह ।
रहिते जीवने मात्र हेर यत्न निरन्तर ॥
एतद् यत्न निरन्तर आशा मात्र प्रचालित ।
यथा आशा यथा लक्ष्य तद् पूर्णता तरे रण ॥
जीवमात्रे वहे आशा जीवने करिते स्थिति ।
सज्ञाने वा अज्ञानेते आशामात्र प्रचालित ॥
एतद् आशा यवे व्यर्थ युद्ध स्पृहा विदूरित ।
रणस्पृहा यवे गत भार क्लांति उपस्थित ॥
एतद् भारे महोत्साहे प्रतिघात नहे यवे ।
अक्षम तिष्ठिते प्राण शरीरेते महाबली ॥

लव वचन

हेर आशा चतुर्दिके क्षुधा तृष्णा समन्वित ।
आशा जीवे स्वभावत: काम क्रोध प्रचालित ॥
वाल्मीकि जीवने मुक्त किंवा आशा विधारित ।
सर्व त्यक्त महाऋषि नित्य काव्ये प्रतिष्ठित ॥
किंवा आशा तथास्थले कह कह महामति ।
वाल्मीकि कवि जीवने किंवा आशा प्रवाहित ॥

भृगुराम वचन

द्विविध यद कहे आशा शुभाशुभ निरूपणे ।
जाहे सर्व जगत् हित एतद् आशा कहे शुभ ॥
स्वार्थ आशा कहे तथा शुभाशुभ विवर्जित ।
केवल स्वार्थ पूरणे तदाशा कुटिला कहे ॥
सर्व हिते वहे आशा तदाशा राधना कहे ।
राधना कुटिला द्वय आशा जगत् प्रचालित ॥
दिव्यभाव महाध्याने वहे आशा सुराधना ।
सर्व शान्ति प्रतिष्ठिते एतदाशा महागति ॥
सर्व आशा नहे पूर्ण सर्व काले महामति ।
कालस्रोते प्रवाहित आशावेग त्वरित गति ॥
काल इच्छा यथामत आशा पूर्ण तथामत ।
ऊर्ध्ववाही अध:वाही आशाकाले अवस्थित ॥
तरंग तुलि जीवने आशावेग प्रवाहित ।
एतद् आशा महानदी कालकृत प्रचालित ॥
ऊर्ध्वगामी अध:गामी चले वेगे महानदी ।
राधना कुटिला द्वय कालकृत प्रचालित ॥
ज्ञानी भक्त तथा कवि राधना गति चालित ।
हवे शुभ जगत् हित सर्व शान्ति चतुर्दिके ॥
दृढ़भावे करे कर्म आशावेग प्रचालित ।
देखह कवि वाल्मीकि राधनाते अवस्थित ॥
राम-राज्ये प्रतिष्ठिते करे इच्छा निरन्तर ।
एतद् आशा जगत् सर्व रामपदे हवे नत ॥
रामचन्द्र जगत्पति सर्व शान्ति हवे तथा ।
राघव सर्व मंगले जगत् हिते समुद्भव ॥

एतद् आशा नहे पूर्ण राम मर्त्य परित्यजे ।
आशाते इथे कवि उत्साह गत जीवने ॥
त्यजे मर्त्य कलेवर वृथा स्थिति अत:परे ।
राम बिना किंवा कार्य एतद् वाक्य मने स्मरे ॥
नव युग आगत दर्शने स्वलोके परिहरि राघव मर्त्य गेल ऊर्ध्वे ।
अपिच समाप्त भवे अपूर्ण आशा कृत परिवर्जन वाल्मीकि शरीर ॥

- इति श्रीमद्देवायण ब्रह्मकल्पे तृतीय खण्डे लव मण्डलान्तर्गत:
कुश वर्गे भृगुराम-लव संवाद नाम: सप्तदश संवर्ग ।

— ✯ —

॥ अष्टादश संवर्ग ॥

शिव वचन

शुनि लव रहे क्षुन्न भृगुराम बहिर्गत ।
एतद् सह चले भौमि बार्हस्पत्य रहूगण ॥
गाथिनासित देबल मारीचसह शौणक ।
सूनुहोत्र तथा गर्ग सुहोत्र पायु ऋजिश्वा ॥
मेधातिथि मेध्यातिथि देवातिथि निपातिथि ।
वामदेव मधुछन्दा गृत्समद कत क्रमे ॥
शंयुबाहु महावसु ब्रह्मातिथि हरिम्बिठि ।
त्रिशोक मेध्य सुध्वंस पुष्टिगु आयु पर्वत ॥
पृषध्र घोर नाभाक मातरिश्वा शशाकर्ण ।
श्रुष्टिगु कश सौभरि वत्स बाहु कुरूसुति ॥
कुसीद पर्ण नारद ईष गय वसुश्रुत ।
कुमार गविष्टवारा पुरु वभ्रि सुतम्भर ॥
विश्व सामा प्रयस्यत द्युम्न गातु सदापृण ।
प्रतिरथ प्रतिक्षत्र प्रतिभानु प्रतिप्रभ ।
अर्चनाना श्यवस्वस्त्य उरूचित्र ससश्रवा ॥
सप्त वध्रि बाहु वृक्त निघ्रुधि वेन आमरू ।
एलो नोधा महाऋषि गौतम प्रियनन्दन ॥
सोमाहुति अवास्तर जमदग्नि पराशर ।
रेभ सूनु तथा गाथी ऋषभ कुशिकान्दन ॥
ऐषिरथि शुन: शेप आजिगर्त्ति परुच्छेप ।
अगस्त्य मुनि दुर्वासा कक्षीवान प्रतर्दन ॥
एलो शत प्रभेदन सह नभ: प्रभेदन ।
वार्ष्टि हव्य उपस्तुत दीर्घतमा महाऋषि ॥
एतद् शत सहस्त्रश शिष्यकुले समावृत ।
एतन्मध्ये समाख्यात कहि नाम तदक्रमे ॥
याज्ञवल्क्य उद्दालक जावाल मन्यु आरुणि ।
उपमन्यु पराशर सनकादि तथा बहु ॥
सर्व ऋषि समावृत करे पूर्ण तप:वन ।
तथा सर्वे निरीक्षिल पद्मासने रहे कवि ॥
युक्त करे अवस्थित प्राणहीन कलेवर ।
तवु येन स्मिताधर लिप्त कवि समाधिते ॥

एतद् दृश्य निरीक्षिया ऋषिकुल प्रमोदित ।
गाहे सर्वे समस्वरे राम नाम तथास्थले ॥
दग्धकार्ये असम्मत एतद् पुण्य कलेवर ।
कविस्मृति प्रतिष्ठिल भूमिमध्ये सुरक्षणे ॥
सप्त दिवा तथास्थले राम नाम क्रमागत ।
एतद् कार्य समापने भृगुराम कहे तथा ॥

भृगु वचन

एस्थले रह मारुति राम नाम प्रचारिते ।
ऋषिवृन्द समावृत राम कीर्त्ति सदा कह ॥
कवि इच्छा यथामत राममय हवे जगत् ।
कर आत्म नियोजित एतद् कार्ये महाबली ॥
करह नियोजन आत्म पुण्य कर्मे ऋषिकुल मंडित भक्तवृन्द संगे ।
तव मुख निर्गत भक्ति शुद्ध वाक्ये कर हनु कीर्त्तन कीर्त्ति रामचन्द्रे ॥

- इति श्रीमद्देवायण ब्रह्मकल्पे तृतीय खण्डे लव मण्डलान्तर्गतः कुश वर्गे ऋषि समागम वार्ता नामः अष्टादश संवर्ग ।

— ✯ —

॥ ऊनविंश संवर्ग ॥

शिव वचन

भृगु वाक्य यथा श्रुत संतुष्ट चित्त मारुति ।
कहे कार्य मनोमत कह अद्य महाऋषि ॥
बहु ऋषि करे स्थिति वसवासे तथास्थले ।
विराट नगरी सम हल तथा प्रतिष्ठित ॥
भृगु वाक्ये तथास्थले बहु शिल्पी समागत ।
बहु गृह सुनिर्मित त्वरित कार्ये समापित ॥
गोमती तट सैकते ऋषि दश सहस्रश ।
गृह निर्मि करे स्थिति राम-तथ्य प्रकाशिते ॥
भृगुरामे यथादेश हल सभा सुनिर्मित ।
अर्ध क्रोश परिव्याप्त अष्टांश क्रोश विस्तृत ॥
अति बृहत् महासभा हल तथा सुनिर्मित ।
नाना रूप तथा शिल्पे स्तम्भ शोभा मनोहर ॥
राजसभा यथामत अति बृहत् समीक्षित ।
नाना शिल्प विचित्रित राजशिल्पी यथा कृत ॥
वत्सरेके समारोहे गठे शिल्प महासभा ।
ऋषि सर्व चमत्कृत हेरि दृश्य मनोहर ॥
ए कार्ये वत्सराधिक भृगुराम तथा स्थित ।
लव सह परामर्शे अयोध्याते कच्चित् गति ॥
बहु गृह महासभा हल यवे समापित ।
एलो लव त्वरित गति दिवसेके निरीक्षिते ॥
हेरि लव चमत्कृत अत्याद्भुत महासभा ।
आछिल येस्थले वन क्रीडातरे पुरास्मृति ॥

निर्मित नगरीसम बहु गृह तथास्थले ।
उपरंतु महासभा दृश्य अति मनोहर ॥
वाल्मीकि कवि आश्रये बहु ऋषि समावृत ।
अद्य लव पुरोभागे उद्बोधन करे सभा ॥
ऋषि दश सहस्रशे सभा पूर्ण यवे शुन ।
संध्याकाले ज्वले दीप धूप गंध समन्वित ॥
एतदृशि सभास्थले यवे लव प्रवेशिल ।
ऋषि सर्व समादरे मध्यस्थले परिग्रहे ॥
मध्यते ऋषि मण्डल यद् सप्त मण्डलाधिपे ।
एतद् अग्रे रहे स्थिर हनुमान महाबली ॥
पुण्यासन तथास्थले शून्य एक सुरक्षित ।
इत्यासन प्रदर्शिल महावीर लवप्रति ॥
धृत हस्त मरुत्पुत्रे कहे लव तथास्थले ।
हनु मान्य प्रदर्शने प्रतिष्ठा करिते हनु ॥

लव वचन

शुन सर्व समागत ज्ञानी श्रेष्ठ महाऋषि ।
मातृपार्श्वे परिज्ञात महावीर ममाग्रज ॥
पितृ राज्ये प्रतिष्ठित यथा स्वयं प्रजाकृत ।
यवे सिंहासनारूढ़ लव राज्ये कहे सबे ॥
एहेतु कहि ए वाक्य करि सर्व निवेदन ।
शून्यासन यथा स्थित वीरवरे प्रदानह ॥
लोकराष्ट्रे यथा लव भक्तिराज्ये तथा हनु ।
ज्ञानी सर्व प्रदानह एतद् पद ममाग्रजे ॥

शिव वचन

एतद् वाक्य यथा श्रुत भृगुराम तथास्थले ।
कहिल मारुति प्रति एतद्रूप मधुस्वरे ॥

भृगु वचन

भक्तश्रेष्ठ महावीर इत्यासन परिग्रह ।
कहे लव महाबुद्धि योग्य तुमि यथासने ॥
कर पूर्ण तथास्थल राम वार्ता प्रचारिते ।
ज्ञानीश्रेष्ठ महाप्राज्ञ तुमि सत्य सुनिश्चय ॥

शिव वचन

शुनि वाक्य महावीर कहे धीरे सभाप्रति ।
करि सर्वे नमस्कार यथास्थल प्रदानित ॥

मारुति वचन

शुन सर्व समागत प्राज्ञ श्रेष्ठ महाऋषि ।
योग्यायोग्य नहि ज्ञात यथासन प्रदानिले ॥
लव इच्छा मनोमत भृगु वाक्य यथामत ।
करि कार्य तथामत इत्यासन परिग्रहि ॥

इति महदासन लब्ध मान्य दाने करि उपवेशन राम नाम तेजे ।
श्रुत दृढ़ भाषण सर्व चित्ते कहि कुश वर्ग मृगेन्द्र नाम छन्दे ॥

- इति श्रीमद्देवायण ब्रह्मकल्पे तृतीय खण्डे लव मण्डलान्तर्गत:
कुश वर्गे लव कर्तृक हनु मान्य प्रवर्धन नाम: ऊनविंश संवर्ग ।

॥ कुश वर्ग समाप्त ॥

— ✯ —

॥ हनुमान वर्ग ॥

॥ प्रथम संवर्ग ॥

शिव वचन

उपविष्ट तथासने महावीर अत:परे ।
अति दीर्घ कलेवर वृक्षसम समीक्षित ॥
पूज्यासने वसे यवे सम्भ्रमे वायुनन्दन ।
पुष्पमाल्य प्रदानिल हनुकण्ठे स्वयं लव ॥
पुष्पमाल्य प्रदानिया नमस्कार करे पदे ।
लवकार्य निरीक्षिया धन्य धन्य कहे ऋषि ॥
धन्य लव महाबुद्धि हनु मान्य प्रदर्शने ।
भक्ति ज्ञाने हनु श्रेष्ठ कह केवा महीतले ॥
एतद् रूप कहे सर्वे ऋषिकुल चतुर्दिके ।
भृगुराम समुत्थित कहे वाक्य सभास्थले ॥

भृगु वचन

शुन सर्व समागत वेदवेत्ता महाऋषि ।
ज्ञानीश्रेष्ठ यथा हनु भक्तश्रेष्ठ तथामत ॥
कर्मीश्रेष्ठ महावीर त्रि-वैभवे प्रतिष्ठित ।
ज्ञानी श्रेष्ठ यथा कहि उपनिषद् विजानित ॥
स्वयं राम जगत्पति उपनिषद् यथोत्तम ।
मुक्तितत्त्व समन्वित दाने राम हनुप्रति ॥
मोक्षतत्त्व नहे ज्ञात सर्व जन सभास्थले ।
एतद् तत्त्व परिज्ञात कृपा लब्ध यथा हनु ॥
ज्ञान सार यथा मुक्ति परिज्ञात इहा हनु ।
ज्ञानीश्रेष्ठ महावीर ए कारणे प्रकाशिनु ॥
भक्तश्रेष्ठ द्वितीयत: कहि स्वयं सभातले ।
विश्वास भक्तिते श्रेष्ठ भक्ति सार यथा स्मृति ॥
समुद्र शत योजन एक लम्फे अतिक्रमे ।
वीरश्रेष्ठ महाकपि करे येथा इतस्तत: ॥
संधान करिते सीता कपिकुल यवे शुन ।
महासिंधु तटागत लंकाधाम निरीक्षिते ॥
विशाल हेरि अम्बुधि तरंगदल संकुले ।
सूदीर्घ शत योजन पारे वीर्य विचारिते ॥
दश मात्र कहे केह केहवा विंश योजन ।
केह त्रिंश चत्वारिंश पंचाश केहवा तथा ॥

केहवा षष्ठि सत्तर केह ना शत योजन ।
एतद् चिन्ता समायुत वीर सर्वे यवे शुन ॥
तथा हनु अवस्थित सुग्रीव कपि सेवक ।
कहे वाक्य समुत्थाने लंकाते करिते गति ॥
विस्मित सर्व वानर स्व-विश्वासे चले हनु ।
महासिंधु अतिक्रमि लंकाधामे उपस्थित ॥
भक्ति पथे महाबल सिद्धिपथ कहे इहा ।
प्रह्लाद सिद्ध विश्वासे भक्ति पथे पुरास्मृति ॥

लव वचन

कह स्मृति महात्मन प्रह्लादे कार्य तेमति ।
हनु कार्य परिज्ञात सर्व जन सभास्थले ॥
अपूर्व संवाद शुनि उत्सुकान्तरे कहे यवे राघवज वर्णिते स्मृति ।
सभास्थ सर्वोत्सुक कहे समस्वरे यथा परिज्ञात कह तद् महात्मन ॥

- इति श्रीमद्देवायण ब्रह्मकल्पे तृतीय खण्डे लव मण्डलान्तर्गतः हनुमान वर्गे हनु गुण वर्णना नामः प्रथम संवर्ग ।

— ✯ —

॥ द्वितीय संवर्ग ॥

शिव वचन

लव वाक्ये कहे तथा ऋषिकुल समस्वरे ।
प्रह्लाद काहिनी कह पुण्यतम यथा स्मृति ॥

भृगु वचन

शुन लव यथा प्रश्न ऋषिवृन्द तथामत ।
प्रह्लाद काहिनी पूर्वे अत्याद्भुत सुनिश्चय ॥
सत्य युगे समुत्पन्न दैत्य द्वय महाबली ।
अधिकार करे स्वर्ग करि इन्द्रे पराजित ॥
निन्दा गर्भ समुद्भव शुक्र कृत प्रवर्धित ।
युद्धोन्माद बलीश्रेष्ठ भ्रमे नित्य चराचर ॥
हिरण्यकशिपु ख्यात हिरण्याक्ष द्वितीयत ।
बल दम्भे निनादने करे सर्व प्रकम्पित ॥
हिरण्याक्ष यथाग्रज हिरण्यकितवानुज ।
भ्रातृद्वये परस्परे अत्यंत दृष्ट सौहार्द ॥
देव स्वर्ग विताड़ित भ्रमे सर्व महीतले ।
रहिल ऋषि आश्रये ऋषिमूर्त्ति विधारणे ॥
देव युग समापने यवे काल उपस्थित ।
अंगिरा गृहते अग्नि अग्नि गृहे बृहस्पति ॥
भरद्वाज गृहे सूर्य मित्र गृहे सुधापति ।
कश्यपे विश्व देवता वशिष्ठे मित्रवरुण ॥
गौतम गृहते इन्द्र ऋषिरूपे अवस्थित ।
दैत्यद्वय नहे प्राप्त देववृन्द निपीड़िते ॥
युद्धोन्माद महासुर हिरण्याक्ष महाबली ।
स्वयं सर्व बलीश्रेष्ठ एतद् सत्य प्रमाणिते ॥

करि देवे पराजित भ्रमे नित्य चराचर ।
यथा योद्धावली श्रुत त्वरित तथा उपस्थित ॥
एतद् रूपे क्रमे क्रमे वीर सर्व पराजये ।
ऋषिकुले उपस्थित केवा बली अवस्थित ॥
हिरण्याक्ष निरीक्षिया सर्वे भीत प्रकम्पित ।
विप्रकुल कहे वाक्य तद् निधन मने स्मरि ॥
हिरण्याक्ष महाबल बलीश्रेष्ठ चराचरे ।
समयोद्धा चराचरे कोथा अद्य समीक्षित ॥
तव कृत निपीड़ित देववृन्द समन्वित ।
बलीकुल चराचरे कहि सत्य असंशये ॥
एतद् वाक्य यथा श्रुत हिरण्याक्ष महासुर ।
अत्यंत हृष्ट अन्तरे कहे एतद् ऋषिप्रति ॥
एतद् सत्य प्रमाणित यदि श्रेष्ठ बली स्वयं ।
ऋषिवृन्द तवोद्गाथा गाह वीर्य सुकीर्त्तने ॥
नित्य शिक्षा प्रदानह सर्व सृष्टि चराचरे ।
हिरण्याक्ष महासुर सर्व जगत् उपासित ॥
एतद् वाक्य यथा श्रुत ऋषिवृन्द कहे इहा ।
एतद् शिक्षा प्रचारिते विघ्न एक अवस्थित ॥
सृष्टि ऊर्ध्वे बली अन्य विष्णु नामे अवस्थित ।
तद् जये ना यतक्षण नहे क्षम महाभुज ॥
उद्गीते करि संकट नित्य भये करि स्तव ।
यदि युक्त तव स्तवे एतद् जन परित्यजि ॥
सर्व जगत् विमर्दिवे गदा चक्रे यथा त्वरित ।
एतद् घोर निनादने सर्व जगत् प्रकम्पित ॥
हर्यक्षे शुन येमति पशुकुले महाभय ।
तद्रूप हरि वीर्यते नित्य भीत जगत् जन ॥
एतद् जन पराजये तवोद्गीत हवे शुन ।
एतद् वाक्य यथा श्रुत हिरण्याक्ष प्रकुपित ॥
कहे गर्जि महारवे कोथा हरि अवस्थित ।
उत्तरिल तथा ऋषि एतद् रूप समस्वरे ॥
हरि सर्व जगत् ऊर्ध्वे नित्य एका विराजित ।
हरि सर्व जगन्मध्ये भूते भूते अवस्थित ॥
निर्जन गहने हरि अतल सागरे हरि ।
हरि सर्व अध:स्थले सर्व सृष्टि विधारक ॥
हरि साक्षात् सुदुष्कर स्वयं इच्छा प्रकाशित ।
एक ध्यान यथास्थले तथा हरि उपस्थित ॥
ऋषि वाक्य यथा श्रुत हिरण्याक्ष महाबली ।
हरि साक्षात् तरे नित्य नानाक्षेत्र परिभ्रमे ॥
किंवा वीर्य किंवाकृति एतद् चिन्ता परायण ।
यथा जन पराजये सर्व जय अत:परे ॥
स्मरे हिरण्याक्ष भुवन भ्रमि क्रमे किं वीर्य तेजाकृति पराक्रमे हरि ।
अनन्त विश्वे विपुल सृष्टि सर्गते त्रिलोकवासी सकल भीतिकारक ॥

- इति श्रीमद्देवायण ब्रह्मकल्पे तृतीय खण्डे लव मण्डलान्तर्गत: हनुमान वर्गे भृगुराम-मुनिगण संवादे हिरण्याक्ष-उद्भव वार्ता कथन नाम: द्वितीय संवर्ग ।

— ✯ —

॥ तृतीय संवर्ग ॥

भृगु वचन

भिक्षु तदंगिरा पुत्र देव-दुःखे सकातर ।
उद्धार करिते स्वर्ग करे चिन्ता निरंतर ॥
अत्रकाले महीतले पुरुकुत्स्य क्षितीश्वर ।
हिरण्याक्षे निवारित कुत्स्य भ्राता यथा गुरु ॥
एतद् अग्रे उपस्थिते कहे वाक्य नराधिपे ।
पुरुकुत्स्य यवे देव दैत्य युद्धे पराजित ॥
स्वर्गधाम विताड़ित यज्ञभागे प्रवंचित ।
अत्रकाले क्षितीश्वरे कार्योत्तम यथा शुन ॥
देव नरे यथा यज्ञे वर्धे नित्य परस्परे ।
तद् यज्ञ रक्षणे कार्य तवप्रति सुनिश्चय ॥
नहे दैत्य प्रभावित हवे क्षीण दिने दिने ।
नर:कुल क्रमे ध्वंसे हवे क्षय समापित ॥
एरूप कहिते भिक्षु पुरुकुत्स्य कहे तथा ।
एतद् क्षेत्रे अनुष्ठेय किंवा कार्य ममप्रति ॥
उत्तरिल तथा भिक्षु कार्योद्यमे क्षितीश्वरे ।
देवकुल प्रवर्धिते कर तपः नराधिप ॥
कर तुष्ट महातपे नारायण जनार्दने ।
यिनि विष्णु महाबल शंख चक्र गदा धृत ॥
कर एतद् उपासना देव-दुःख निरामये ।
यद् विष्णु अपराजेय सर्व बल विमर्दक ॥
भिक्षु वाक्य यथा श्रुत पुरुकुत्स्य नराधिप ।
कुत्स्य गुरु समन्वित परामर्शे कृत स्थिर ॥
देव हिते जगत् हिते तपः श्रेय मने स्मरि ।
दानि कुत्स्य गुरुप्रति कार्यभार यथायथ ॥
तपासीन तदन्तरे एकासने क्षितीश्वर ।
बहु वर्ष गत क्रमे विष्णुध्याने समाहित ॥
तद् परे विष्णु देवता आकर्षित नराधिपे ।
तपः वीर्ये यवे शुन आत्म ध्यान विमोचित ॥
उत्थित गरुडासन शंख चक्र गदा धृत ।
पुरुकुत्स्य समीपेते मेघमन्द्रे कहे इहा ॥
वर चाह मनोमत पुरुकुत्स्य क्षितीश्वर ।
दिव्य कण्ठ निनादने हृष्टान्तरे महीपति ॥
हेरि साक्षात् चतुर्भुज तद्विष्णु गरुडासने ।
नानाविध करे स्तव कहे नमि पदद्वये ॥
वैकुण्ठेश्वर हे प्रभु नमि पदे पुनः पुनः ।
हिरण्याक्ष समुद्भवे जगत् दुःखे निमज्जित ॥
देव स्वर्ग विताड़ित यज्ञ नष्ट महीतले ।
हिरण्याक्षे विनाशिया सर्व दुःख विमोचह ॥
पुरुकुत्स्ये यथा वाक्य श्रवणे स्मित केशव ।
मेघमन्द्रे कहे पुनः तथास्तुह नराधिप ॥
वराह रूप धारणे हिरण्याक्ष विनाशिव ।
कह त्वरित महासुरे मम स्थिति रसातले ॥

कहि एतद् जनार्दन अत्रक्षेत्र परित्यजे ।
हेथा कुत्स्य नराधिप तपः त्यजि समुत्थित ॥
वर लब्ध यथा वार्ता भिक्षुप्रति निवेदिल ।
भिक्षु हर्ष समायुत अत्रक्षेत्र परित्यजे ॥
संधानिया परिभ्रमे हिरण्याक्षे चतुर्दिके ।
भिक्षु अद्य स्वयं दूत दैत्य अग्रे निवेदिते ॥
देव-दुःखे सकातर भ्रमे नित्य पथे पथे ।
पथिमध्ये अतःपरे हिरण्याक्षे निरीक्षिल ॥
गर्जमान निरन्तर पथे भिक्षु निरीक्षिया ।
जिज्ञासिल सगर्जने वाक्य एतद् महासुर ॥

हिरण्याक्ष वचन

केवा तुमि किं कारणे भ्रम अद्य पथे पथे ।
कह यदि परिज्ञात कोथा विष्णु महाबली ॥

भिक्षु वचन

विष्णु रसातले स्थित वराह रूप धारणे ।
जाह तुमि तथास्थले कर हे विष्णु दर्शन ॥
रसातले दर्शह महाबली यथा वराह रूपे अति बले पराक्रमे ।
सवीर्यघाते द्रुत विचालना क्रमे स्वदंत उत्तोलित मही अकातरे ॥

- इति श्रीमद्देवायण ब्रह्मकल्पे तृतीय खण्डे लव मण्डलान्तर्गतः हनुमान वर्गे भृगुराम-मुनिगण संवादे हिरण्याक्ष भीति संकट वार्ता नामः तृतीय संवर्ग ।

— ✯ —

॥ चतुर्थ संवर्ग ॥

भृगु वचन

कहि वाक्य हिरण्याक्षे तुष्ट भिक्षु निजान्तरे ।
दानवे करिते ध्वंस यथा बुद्धि उपस्थित ॥

हिरण्याक्ष वचन

कोथा विष्णु अवस्थित एतद् क्षेत्र प्रदर्शह ।
करि विष्णु पराजित दानिव बहु यौतुक ॥

भृगु वचन

प्रसन्न श्रवणे वाक्य कहे एतद् स्मिताधरे ।
चल चल महावीर यथा क्षेत्र प्रदर्शिव ॥
भिक्षुसह हिरण्याक्ष चले एवे रसातले ।
स्मरि विष्णु कहे भिक्षु हओ हरि प्रकाशित ॥
दुर्जय दैत्य नाशिते वराहाकृति यद् स्थिर ।
कर दैत्य विमर्दन स्वयं वीर्ये गदाधर ॥
दैत्य वधे नहे क्षम देवरूपे महाबली ।
वराह रूप दर्शित कर आत्म प्रकाशित ॥
एतद्काले अलक्ष्यिते विष्णुरूप निरीक्षिल ।
आश्वास दानि इङ्गिते कहे वाक्य यथायथ ॥

लभिया विष्णुराश्वास चले भिक्षु त्वरित गति ।
वराह रूप धारणे दंताघाते महीप्रति ॥
क्रीडा रत यथा विष्णु कहे वराह प्रदर्शने ।
देखह दानवेश्वर विश्वे श्रेष्ठ महाबली ॥
वीर सर्व चराचरे यथा भ्रमे निरीक्षिले ।
एवे देख जगत्श्रेष्ठ रत उत्तोलने मही ॥
दंताघाते थरे पृथिवी क्रीडाच्छले निरीक्षह ।
वप्रक्रीडा परायण पृथिवी उत्तोलने रत ॥
कर युद्धे पराजित एतद् श्रेष्ठ महाबले ।
कर पृथिवी स्वयं बले उत्तोलन अतःपरे ॥
एतद् कार्य अनुष्ठिते नाहि बली द्वितीयत ।
शूकरे वधिले दैत्य अद्वितीय हवे तुमि ॥
भिक्षु वाक्य यथा श्रुत गर्जे दैत्य सभैरवे ।
काँपे पृथिवी महीतल सह सर्व चराचर ॥
सर्व विश्व प्रकम्पित निश्चिन्ते स्थित शूकर ।
एवे दैत्य महाक्रोधे गदाघात करे शिरे ॥
गदाघात यथा प्राप्त उत्तोलि रक्तलोचन ।
युद्धोन्माद महादैत्ये आक्रमिल महाबले ॥
तदन्तरे महायुद्ध दैत्य विष्णु तथास्थले ।
दंताघात वराहते गदाघात महासुरे ॥
रोमगुच्छे गदाघाते वराह तद अकातर ।
दंताघाते पुनः पुनः कातर क्षत दानव ॥
बहुक्षण महाघाते दानव क्षत विक्षत ।
क्षरे रक्त क्रमागत बल शून्य क्रमे क्रमे ॥
रक्तहीने बल क्षये क्षीण वीर्य महासुर ।
दंताघाते निपातित सृष्टि शान्त अतःपरे ॥
निरक्त देहे बल गते कलेवरे यवे हिरण्याक्ष पतिताहवे स्तवे ।
शिरानते भिक्षु कभु युक्त वन्दने अनन्त विश्वे कहि अनादि शाश्वत ॥

- इति श्रीमद्देवायण ब्रह्मकल्पे तृतीय खण्डे लव मण्डलान्तर्गतः हनुमान वर्गे भृगुराम-मुनिगण संवादे हिरण्याक्ष वध वार्ता वर्णना नामः चतुर्थ संवर्ग ।

— ✯ —

॥ पंचम संवर्ग ॥

भृगु वचन

दुष्ट दैत्य हिरण्याक्षे स्वयं तेजे विमर्दने ।
वराह मूर्त्तिते प्रभु रोमगुच्छे प्रकम्पित ॥
शोणिताक्त कलेवरे गर्जमान तथास्थले ।
तेज शान्ति तरे भिक्षु एतद् स्तव परायण ॥
ऋभु आदि महामुनि एकत्रित तथास्थले ।
तपः शुद्धि यथा लब्ध द्वादश वर्षान्तरे ॥
जय जय जनार्दन पशुरूप विधारक ।
शुभ्र दंती महत् मूर्त्ति हिरण्याक्ष निसूदन ॥
जय जय जगत्पति देव मुक्ति प्रदायक ।
स्वयं वीर्ये प्रतिष्ठित शोणिताक्त कलेवरे ॥

दुष्ट दैत्य वसा रक्ते शुभ्र दंत विचर्चित ।
वधि अद्य हिरण्याक्ष एतद् सत्य प्रमाणित ॥
तव श्रेष्ठ महाबली नाहि विश्वे द्वितीयत ।
अद्वय तुमि सृष्टिते लोकपाल परात्पर ॥
अरूप तुमि शाश्वत रूपे क्षण प्रकाशित ।
दैत्यवध प्रयोजने नारायण गदाधर ॥
तव रोष समुद्भवे रिपुकुल विनाशित ।
सर्व शुभ जगत् हिते रोष तव जगत्प्रभु ॥
कृपा कर जगत्पति रोषमूर्त्ति परित्यजि ।
दैत्य वध्ये भयंकर नमि तोमा पुनः पुनः ॥
ऋतु मुनि समन्वित भिक्षु स्तव यथा श्रुत ।
स्तवे तुष्ट जगत्पति शान्तभाव विधारणे ॥
भिक्षुप्रति कहे वाक्य एतद् रूप मधुस्वरे ।
स्तवे तुष्ट तवप्रति वर चाह मनोमत ॥
कहे भिक्षु शिरानते स्वार्थ काम्य नहे मम ।
देव हिते जगत् हिते कहि वाक्य यथा शुन ॥
शास्त्रविधि अतिक्रमि तुमि मोक्ष प्रदायक ।
देव स्वर्ग लभे मुनि शास्त्रविधि अनुष्ठिया ॥
देव स्वर्ग सुरक्षक हरि तुमि महाबली ।
एतद् ज्ञान प्रकाशह स्वयं आस्ये महात्मन ॥
यथा कार्य अनुष्ठित तव कृत गदाधर ।
इत्याधिक किंवा वर भिक्षुप्रति प्रयोजन ॥
देव द्वेषी विनाशित तव कृत गदाधर ।
तवुह वर यद्यपि इच्छा प्रभु प्रदानिते ॥
एतद् वर प्रदानह भिक्षुप्रति कृपामय ।
हिरण्याक्ष विनाशिले यथा वीर्ये जगत्पति ॥
हिरण्यकशिपु दैत्य एतद् वीर्ये विनाशह ।
देव मुक्ति प्रदानह वधि दैत्य महाबली ॥

वराह वचन

हिरण्यकशिपु वधे संकल्प कृत यद् मम ।
मम इच्छा यथामत प्रार्थी तुमि तदक्रमे ॥
जाह भिक्षु त्वरित गति हिरण्यकशिपु गृहे ।
हिरण्याक्ष विनाशित हरि कृत इहा कह ॥
देव अंशे समुद्भुत हिरण्यकशिपु सुत ।
पुत्रे शिक्षा प्रदानह हरि सर्व जगन्मय ॥

भृगु वचन

तदन्तरे ऋभुप्रति कहे वाक्य जनार्दन ।
तव काम्य किंवा कह करि पूर्ण त्वरित गति ॥
उत्तरिल तथा ऋभु स्वार्थ काम्य नहे मम ।
स्व-स्वरूप प्रकाशिया ब्रह्म विद्या कह प्रभु ॥
यद् परोक्ष नहे ज्ञान युक्त बुद्धि विचारित ।
प्रत्यक्ष यद् महात्मन एतद् मात्र प्रकाशह ॥

स्तवे प्रसन्नास्य विभु विश्वपालक वराहरूपी रत सुवाक्य मन्द्रणे ।
किं काम्य हे भिक्षु कह पूर्णि सत्वरे विमोक्ष यद् ज्ञान तद् मनोमत ॥

- इति श्रीमद्देवायण ब्रह्मकल्पे तृतीय खण्डे लव मण्डलान्तर्गतः हनुमान वर्गे भृगुराम-मुनिगण संवादे भिक्षु कर्त्तृक वराह स्तव करण नामः पंचम संवर्ग ।

— ✯ —

॥ षष्ठ संवर्ग ॥

भृगु वचन

ऋभु वाक्य यथा श्रुत वराह रूप ईश्वर ।
कहे एतद् ऋभुप्रति यथा इच्छा शुन क्रमे ॥

वराह वचन

केह तत्त्व कहे शुन चतुर्विन्श यथा स्मृति ।
कहे केह षड्त्रिंश षन्नवति तथामत ॥
एतद् सर्व कहि क्रमे अवधान कर स्थिरे ।
ज्ञानेन्द्रिय यथा पंच चक्षु श्रोत्र त्वक क्रमे ॥
कर्मेन्द्रिय तथा पंच वाक् पाणि यथा क्रमे ।
पंच वायु यथा स्मृति शब्द पंच तदक्रमे ॥
मन बुद्धि अहंकार चित्त एतद् चतुष्टय ।
एतद् तत्त्व चतुर्विन्श ब्रह्मविदे प्रचारित ॥
पूर्वे उक्त चतुर्विन्श तत्त्व ऋभु यथा स्मर ।
पंच भूत अतःपरे क्षित्यापृतेज मरुत् व्योम् ॥
स्थूल सूक्ष्म कारणादि जगत् स्वप्न सुषुप्ति वा ।
आत्मा सह षड्त्रिंश उक्त तत्त्वविदे स्मर ॥
अपर पंडिते उक्त जन्म वृद्धि सह क्षय ।
विद्यमान परिमान विनाशादि षड् क्रमे ॥
शोक मोह जरा मृत्यु पिपासा अशना सह ।
एतद् षड् तरंगोक्त हेतु चित्त विचंचला ॥
रक्त मांस त्वकास्थि वा मेद मज्जा समन्वित ।
काम क्रोध लोभ मोह मद मात्सर्य षट् क्रमे ॥
विश्व तेजस वा प्राज्ञ जीव सत्त्व रजः तमः ।
प्रारब्ध भविष्यातीत वचनादान गमन ।
स-आनन्द विसर्गादि पंच उक्त यथा क्रमे ॥
वाक् पाणि पायु पाद उपस्थादि महामति ।
कर्मेन्द्रिय कहे पंच अवधान कर स्थिरे ॥
संकल्प अध्यवसाय अभिमानावधारणा ।
दिग्वायु सूर्य वरुण इन्द्र उपेन्द्र देवता ॥
चन्द्र अग्नि यम ब्रह्मा रुद्र जीव तदीश्वर ।
षन्नवति कहे तत्त्व एतद् सर्व एकत्रित ॥
एतद् तत्त्वावली सर्व यद् मानव अतिक्रमि ।
वराह रूप धारक मम ध्यान परायण ॥
स्वकार्य मूढ़ता गते जीवन्मुक्त तथा जन ।
उक्त षन्नवति तत्त्वे जटामुंडी शिखा धृत ॥
यदाश्रमे अवस्थित मुक्ति लाभे तिनि क्षम ।
सर्व त्यागी महात्मन कहि वाक्य असंशये ॥

जटाशिरे षन्नवति तत्त्वबोधकाथवा यथा मुंडित शिरे परिभ्रमे ।
महात्मन त्यक्त विषये यदाश्रमे स्थित स्थिरे निश्चय विमुक्त जीवने ॥

– इति श्रीमद्देवायण ब्रह्मकल्पे तृतीय खण्डे लव मण्डलान्तर्गत: हनुमान वर्गे भृगुराम-मुनिगण संवादे वराह देव कर्तृक त्रितत्त्व कथन नाम: षष्ठ संवर्ग ।

— ✯ —

॥ सप्तम संवर्ग ॥

भृगु वचन

ऋभु नाम महायोगी वराह रूप धारक ।
भगवाने कहे वाक्य ब्रह्मविद्या प्रकाशह ॥
एतद् जिज्ञासित प्रभु भक्त दु:ख विमोचक ।
रत वाक्ये रमापति ऋभुप्रति समादरे ॥
स्ववर्णे आश्रमे धर्मे तपस्या गुरु तोषणे ।
संजात ब्रह्म जिज्ञासा साधनादि चतुर्विध ॥
नित्यानित्ये यथा भेद ऐहिक वा पारत्रिके ।
सम दम समाधाने मोक्ष इच्छा चतुष्टय ॥
ब्रह्मज्ञान स्पृहावाने इत्याभ्यास प्रयोजन ।
एतद् रूपे वशीभूत स्वकृत इन्द्रियावली ॥
अहंभाव परित्यजि मत् चैतन्ये प्रतिष्ठित ।
सर्व भूते तिनि द्रष्टा द्रष्टारूपे विवेचित ॥
बहु पुण्ये यथा लब्ध मानव जन्म दुर्लभ ।
विप्र जन्म तदूपरि वेद शास्त्र परित्यजे ॥
भक्ति हीन ममप्रति वेद श्रद्धा विवर्जित ।
तद् जन्म विफल स्मर नहे मुक्ति कदाचन ॥
आनन्द स्वरूपात्मन निरानन्द अनात्मने ।
यद् वस्तु अप्रयोजन आत्माप्रति महात्मन ॥
आत्माप्रति नहे एतद् प्रिय ऋभु कदाचन ।
आत्माहेतु अनुष्ठित प्रिय एतद् निरन्तर ॥
परम प्रीति कारण आत्मा सर्वे महामुनि ।
अहं नित्य विराजित मम सत्त्वाजर स्थिर ॥
एतद् अनुभव क्रमे आत्मबोधे महात्मन ।
स्वयं साक्षी स्वरूपत: स्वयं ब्रह्म निरूपित ॥
अप्रकाशी यथा स्वयं आत्मबोध नहे इहा ।
स्वयं प्रकाश यद् बोध आत्मबोध इहा स्मर ॥
स्व-पूर्णात्मा व्यतिरेके जगत् जीवेश्वर क्रमे ।
मायादिते नहे सत्त्वा आत्मा हते पृथक् स्मर ॥
धर्म कर्म यथा सर्व अज्ञानांध तमावृत ।
स्व-प्रकाश यथात्मन नाहि स्पर्शे कदाचन ॥
धर्म वर्णाश्रमत्यक्त तत्त्वदर्शी यथा जन ।
ब्रह्मरूप तदात्मन स्वयं ब्रह्म स्वरूपत: ॥
भासमान इहा सर्व जान रूप परा:पद ।
वेदान्त प्रमाणे दर्शे यथा साक्षात् जने जने ॥
देहात्म ज्ञान विभ्रमे बद्ध जीव जगत्तले ।
आत्माते बोध देहात्म तद् मुक्ति कारण स्मर ॥

ब्रह्मानन्दे प्रतिष्ठित कर्मे बद्ध किंवा कथा ।
त्रिधा साक्षी स्वरूपत: सच्चिदानन्द लक्षण ॥
तथाहं शब्द लक्ष्यार्थ सर्व दोष विमोचित ।
सर्वज्ञ सच्चिदात्मन ज्ञानचक्षु निरीक्षणे ॥
अज्ञान-चक्षु वीक्षणे भासन्त भानु अंध वत् ।
तद्रूप अज्ञ मानव अक्षम ब्रह्म दर्शने ॥
तद्ब्रह्मानन्द वर्णित शीतोष्ण सुख दु:खादि ।
द्वन्द्व सर्व विवर्जित मानवे मुक्ति कारक ॥
तद्ब्रह्म गुण वर्जित नित्य ज्ञान स्वरूपत: ।
सर्व व्यापी सनातन परिपूर्ण स्वभावत: ।
आत्मा नित्य सचेतन अद्वितीय परात्पर ।
आत्मा ब्रह्म अभेद यद् ज्ञात नर: अकम्पित ॥
यदात्मन ब्रह्म शुन भेद वर्जित अनन्त चैतन्यमय सर्वतो गत ।
सनातनाद्वैत शुचि निर्गुणात्मन प्रकाश यद् नित्य शत सूर्य सन्निभ ॥

- इति श्रीमद्देवायण ब्रह्मकल्पे तृतीय खण्डे लव मण्डलान्तर्गत: हनुमान वर्गे भृगुराम-मुनिगण संवादे आत्म-ब्रह्म अभेद वर्णना नाम: सप्तम संवर्ग ।

— ✯ —

॥ अष्टम संवर्ग ॥

वराह वचन

साक्षात् ब्रह्म स्वरूपत: आत्मा ब्रह्म अभेद यद् ।
सृष्टि अज्ञे दु:खप्रद ज्ञानीप्रति सुखप्रद ॥
अंधपार्श्वे जगत् अंध प्राज्ञ पार्श्वे प्रकाश-वत् ।
सत्य ज्ञान सुखाकृति वराहरूप यथास्वयं ॥
अद्वैत भाव तद् दृष्टे किं बंधन अत:परे ।
चिन्मात्र सर्वदा देही वराह रूप दर्शने ॥
आत्मा भिन्न नहे सत्त्वा जगत् सृष्टि चराचरे ।
अज्ञ जने पृथक् दृष्टि भेद बुद्धि समायुत ॥
आत्मा नित्य अनाशिन भोक्तारूप स्वकल्पित ।
आत्मा पूर्ण स्वयं तृप्त क्षुधा तृष्णा विवर्जित ॥
यदि सत्त्वा विवेचित एतद् ब्रह्म मने स्मर ।
सर्वत्र मम दर्शने ब्रह्मविद् प्रतिष्ठित ॥
ब्रह्मज्ञ जगदाखिल नित्य चक्षु निरीक्षिया ।
आत्मा पृथक् नहे दर्शि अविद्यादि अतिक्रमे ॥
इन्द्रियातीत यद् ज्ञात आत्मारूप महात्मन ।
पंडित तिनि वर्णित अहं ब्रह्म स्वरूपत: ॥
अहं ब्रह्म परिज्ञात प्रपंच मुक्त पंडित ।
आत्मदर्शी स्वयं तोषे बद्धाबद्ध अतिक्रमे ॥
सर्व प्राणे अवस्थान मत् स्वरूप महात्मन ।
एतद् ध्यान परायण विमुक्त सर्व बंधने ॥
सर्व भूतान्तर स्थित नित्य मुक्त चिदात्मन ।
प्रत्यागात्मा स्वरूपत: नमस्कार ममप्रति ॥
हे देव भगवान हे मत् स्वरूप तुमि स्वयं ।
तुमि आमि अभेद यद् चिदात्मन नम: नम: ॥

नमि शिव तवप्रति नमि स्वयं परात्पर ।
किंवा कार्य ममप्रति सर्व कर्म विमोचित ॥
किंवा प्राप्य किंवा लाभ कोथा गति ममप्रति ।
किंवा कह परित्यजि यद् पूर्ण प्रलये तिनि ॥
सर्व संग परित्यक्त सर्वासक्ति विवर्जित ।
मत् पद प्राप्त सत्वरे कहि एतद् असंशये ॥
जन संग परित्यजे सर्पतुल्य यथा नरः ।
सुन्दरी रमणी त्यजे शवतुल्य विवेचने ॥
सर्व काम परित्यक्त वैराग्ये यद् प्रतिष्ठित ।
संसार विषयावली विषतुल्य परित्यजे ॥
परमहंस तद् व्यक्ति वासुदेव स्वयं स्मृति ।
तद् पुरुषे ममप्रति नाहि भेद कदाचन ॥
एतद् सत्य इहा सत्य सत्य एतद् प्रकाशित ।
अहं सत्य परःब्रह्म नाहि किञ्चित् ममातीते ॥
जीवात्मा परमात्मने वास उपसमीपे यद् ।
उपवास कहे प्राज्ञ कभु ना देह शोषणे ॥
किं फल काय शोषणे तत्त्व ज्ञान विवर्जित ।
वाल्मीक ताड़ने सर्प किं प्रकारे विनाशित ॥
विद्यामान परःब्रह्म ज्ञान एतद् परोक्ष यद् ।
स्वयं ब्रह्म स्वरूपतः साक्षात् ज्ञान इहा स्मर ॥
यस्मिन्काले महायोगी स्वयमात्मा प्रतिष्ठित ।
जीवन्मुक्त तथा योगी अत्रकाले सुवर्णित ॥
अहं ब्रह्म स्वरूपतः तद् ज्ञान मुक्ति कारण ।
ममोक्ति हेतु बंधने निर्मम मुक्ति कारण ॥
बद्ध नरः धनासक्त विमुक्त ममता बिना ।
सर्व चिन्ता परित्यजि हओ मुक्त ऋभु स्वयं ॥
संकल्प मात्र केवल जगत् हेतु विचक्षण ।
तद् संकल्प जगत् स्फूर्त्त व्यक्त एतद् चराचर ॥
तद् संकल्प परित्यजि सर्व चित्तान्तरस्थल ।
ममप्रति प्रदानिया मत् भावने रह स्थिर ॥
मम चिन्ता परायण मत् वाक्य गुण कीर्त्तने ।
आलापने परस्परे हओ सत्ये प्रतिष्ठित ॥
यथानु नाड्या वहि विसंचरे मन विवेच्य तद स्वप्न चिरचेतन स्वयं ।
विमुक्त निद्रा मम सजाग्रतान्तरे विकार यद् वर्जित सुचेतनास्थित ॥

- इति श्रीमद्देवायण ब्रह्मकल्पे तृतीय खण्डे लव मण्डलान्तर्गतः हनुमान वर्गे भृगुराम-मुनिगण संवादे वराह कर्त्तृक ऋभुप्रति आत्म चैतन्य स्वप्न वार्ता कथन नामः अष्टम संवर्ग ।

— ✯ —

॥ नवम संवर्ग ॥

वराह वचन

चैतन्यमय आत्मन समस्त चिन्मय स्मर ।
चित् स्वरूप जगत् सृष्टि कर ध्यान इहा तुमि ॥
वीतराग हओ तुमि सर्व संग विवर्जित ।
वेदान्त ज्ञान दीपने अज्ञानादि विताड़ह ॥

अनात्मत्त्व परित्यजि निर्विशये कर स्थिति ।
अद्वितीये मन स्थिरे एकनिष्ठ हओ तुमि ॥
घटाकाश मठाकाश महाकाशे प्रतिष्ठित ।
मन्मध्यस्थ चिदाकाशे जीवेश परिकल्पित ॥
आत्मज्ञान बिना माया सर्व व्यापी अवस्थित ।
आत्म ज्ञान प्रदीपने माया सर्व विदूरित ॥
शुद्ध ब्रह्मे जीवत्त्व वा ईश्वरत्त्व विकल्पना ।
ब्रह्मवादी कहे माया एतद् बुद्धि भ्रमोद्भव ॥
संसार विलय प्राप्त माया त्वरित तिरोहित ।
जीवेश्वरत्त्व यद् बोध मायासह विदूरित ॥
शुद्ध चैतन्य रूपाहं व्योम वद् निरुपाधिक ।
शुद्ध ब्रह्म स्वरूपाहं माया संयुक्त चेतन ॥
जीव रूप अचेतन ईश्वर चेतन स्मृति ।
चिद्रूप यद्यपि स्वयं माया रूप उपाधिते ॥
जीवेश्वर तथाकाले मन्मध्ये परिकल्पित ।
जीवेश्वर अचेतन ब्रह्म स्वरूप चेतन ॥
ईक्षणादि प्रवेशान्त सृष्टि ईश्वर कल्पित ।
जाग्रतादि विमोक्षांत संसार जीव कल्पित ॥
चयने नचिकेताग्नि ईश पर्यन्त विभ्रम ।
चार्वाक सांख्य पर्यन्त जीव विश्रांति आश्रित ॥
जीव-वादे विमूढ़त्त्व ईश-वादे मुमुक्षत्त्व ।
युक्तियुक्त नहे एतद् ब्रह्मतत्त्व विचारह ॥
ब्रह्मतत्त्व यथाद्वैत नहे ज्ञात यथाजन ।
भ्रांतिपूर्ण यथा मने किंवा मुक्ति किंवा सुख ॥
ब्रह्मतत्त्व अनज्ञात श्रेष्ठाश्रेष्ठ अवस्थित ।
तद् विचारे किंवा फल उत्तमाधम निर्णये ॥
केह राजा यदि स्वप्ने भिक्षुक अथवा यदि ।
स्वप्नद्रष्टा जन प्रति सत्य किं नृप भिक्षुक ॥
एतद् सत्य नहे कभु ब्रह्मतत्त्व अजानिते ।
सर्व अज्ञ निरूपित श्रेष्ठाश्रेष्ठ किंवा कह ॥
अज्ञाने विलये बुद्धि निद्रा नाम कहे बुध ।
चैतन्य रूप जन्मध्ये निद्रारूप किंवा कह ॥
बुद्धि पूर्ण प्रकाशित जाग्रत रूप वर्णित ।
विकारादि विवर्जित जाग्रत निद्रा किंवा मम ॥
सूक्ष्म नाड्याकुले बुद्धि यवे संचरणे रत ।
स्वप्नकाल कहे एतद् नाहि स्वप्न ममप्रति ॥
वराह आकार मम नित्य भावना यथा सुखालापन परस्परे कहि ।
प्रहृष्ट यद् वाक्य गुण कीर्त्तने सदा विमुक्त माया निगड़ जीव जीवने ॥

– इति श्रीमद्देवायण ब्रह्मकल्पे तृतीय खण्डे लव मण्डलान्तर्गत: हनुमान वर्गे भृगुराम-मुनिगण संवादे वराह कर्तृक ऋभुप्रति अहं ब्रह्मास्मि वर्णना नाम: नवम संवर्ग ।

— ★ —

॥ दशम संवर्ग ॥

वराह वचन

आत्मा सुषुप्तिकालीन विलीन तमसावृत ।
निमग्न परमानन्दे सर्व संग विवर्जित ॥
वस्त्रे सूत्र ओत:प्रोत वत् चैतन्य प्रसारित ।
सर्व व्यापी यथा द्रष्टा तिनि ब्रह्मा हरि शिव ॥
दीर्घ स्वप्न जगत् दृष्ट यद् दीर्घ चित्त विभ्रम ।
अति दीर्घ मनोराज्य संसार दु:ख सागर ॥
सुप्ति भंगे समुत्थाने ब्रह्मैक कर भावना ।
अद्वैत भावना मात्र सर्व संग विवर्जित ।
शरीराद्य विनष्ट वा चन्द्र सूर्यावधि स्थित ॥
व्यतिक्रम नहे इथे ममप्रति कदाचन ।
कलसी नष्ट यद्यपि भेदाभेद किंवा जले ॥
निर्मोक यद् अहि त्यक्त वर्जित वाल्मीकस्तुपे ।
अभिमान नहे तथा भुजंग दर्शने पुन: ॥
शास्त्रवेत्ता तथामत सर्पतुल्य विमोचित ।
अभिमान तनुप्रति स्थूल सूक्ष्म उभप्रति ॥
शास्त्रज्ञान प्रभावित सत्यबोध जगत्प्रति ।
मायाविद्या निरोधाने आत्म सत्ये प्रतिष्ठित ॥
आत्मा ब्रह्म स्वरूपित यदि ध्यान परायण ।
तथा जीवत्त्व ना नष्ट अद्वैते मुक्त सर्वत: ॥
प्रारब्धादि क्षयप्राप्ते मायागत तनु क्षय ।
अस्ति वाक्य यथा उक्त जगत् ब्रह्म स्वरूपित ॥
ब्रह्म भान यथा मात्र जगत् सृष्टि प्रकाशित ।
यथा मरीचिका दृष्ट मरुमध्ये स्व-विभ्रमे ॥
नित्य ज्ञान स्वरूप यद् अज्ञान किं तथास्थले ।
जीवेश्वर किंवा गुरु शुद्धत्त्व पूर्ण कल्पना ॥
पूर्ण शशधर ग्रासे राहु यवे नभ:स्थले ।
तद्काले पृथिवीवासी दान धर्म परायण ॥
दान जप अनुष्ठाने मुक्ति लाभ मनुष्यते ।
नहे मुक्ति यतक्षण दान कार्य ततक्षण ॥
सैन्धवसलिले यथा भेद शून्य विमिश्रित ।
तद्रूपात्मा मने युक्त समाधि परिकीर्त्तित ॥
दुर्लभ विषय त्याग दुर्लभ तत्त्व दर्शन ।
दुर्लभ सहजावस्था सद्गुरु करुणा बिना ॥
ज्ञान शक्ति समुत्पन्न सर्व कर्म परित्यजि ।
योगीते सहजावस्था एतद् स्वयं प्रकाशित ॥
पारद अथवा मने चंचलत्त्व स्वभावत: ।
रस मन वशीभूते किं असिद्ध चराचरे ॥
मंन सर्वेन्द्रिय प्रभु मन नाथ मरुत् स्मर ।
मरुत् नाथ लयात्मन लयात्मने कर स्थिति ॥
उत्सन्न सर्व संकल्प सर्व चेष्टा समापित ।
आत्मलये कर स्थित सर्व चिन्ता विवर्जित ॥
यद्रूप नर्त्तकीकुल कुम्भ शिरे विधारणे ।
ताल लये करे नृत्य कुम्भ लक्ष्य रहे स्थिर ॥

अभ्रांत ब्रह्म दर्शने चित्त ब्रह्मे करि स्थिर ॥
यद् काम्य योग साम्राज्य संधानी नाद सर्वदा ।
सर्व चिन्ता परित्यजि सावधाने सचेतने ॥
निमज्जितानन्द विमलात्म निष्कले विसर्जि चिन्ताकुल विमुक्त मानसे ।
सजग योगी सतत नाद निर्णये सुलब्ध साम्राज्य निज योग साधने ॥

- इति श्रीमद्देवायण ब्रह्मकल्पे तृतीय खण्डे लव मण्डलान्तर्गत: हनुमान वर्गे भृगुराम-मुनिगण संवादे वराह कर्तृक योगसाम्राज्य पद कथन नाम: दशम संवर्ग ।

— ☆ —

॥ एकादश संवर्ग ॥

वराह वचन

एक वस्तु नहे कभु नानारूप कदाचन ।
अहं भिन्न नहे अन्य अखण्डाहं स्वरूपत: ॥
कर्णे श्रुत यथा वस्तु दृष्ट चक्षे यथाकृति ।
ब्रह्म भिन्न नहे अन्य सर्व ब्रह्ममय स्मर ॥
नित्य शुद्ध विमुक्त तद् अखण्डानन्द अद्वय ।
सत्य ज्ञान अनन्त यद् पर:ब्रह्म स्वयं स्मर ॥
अखण्ड बोध केवल महानन्द स्वरूपत: ।
चित्घनाहं प्रकाशित सर्व श्रेष्ठ परात्पर ॥
ना स्पर्शेखे यथा मेघ सर्व व्यापी परिभ्रमि ।
संसारे दु:ख तेमति नाहि स्पर्शे ममप्रति ॥
यथा सर्व दु:खीभावे नित्य सुख ममप्रति ।
असत्य विलये मम सर्व नित्य स्वरूपत: ॥
अखण्डमय चैतन्य रूप मम प्रकाशित ।
एतद् योगीजन प्रति जन्म मृत्यु तिरोहित ॥
यातायात परित्यक्त शुद्धाशुद्ध विवर्जित ।
सर्व साक्षात् प्रकाशित ज्ञान रूप स्वयं भव ॥
सत्य ज्ञानाकृति स्वयं अखण्ड व्याधि वर्जित ।
प्राप्य दृश्य परित्यक्त शिवाहं मौनताश्रित ॥
जन्म मृत्यु अतिक्रांत सुख दु:ख विवर्जित ।
जाति गोत्र विदूरित नीतिकुल पराहत ॥
चैतन्ये यद् प्रतिभास भुवन हेतु कारण ।
तद् हेतु मौनताश्रये अवस्थान सुनिर्जने ॥
चैतन्ये पूर्ण केवल अखण्ड अद्वैत स्वयं ।
अभेद भुवने स्वयं विज्ञाने मौनताश्रय ॥
कस्मिन्काले नहे विघ्न विद्यमान त्रि-कालाहं ।
एतद् सद्रूपता मम नित्यकाले अवस्थिति ॥
यथा नित्य स्वभावत: यथा सुप्ति सुखाधिक ।
सुख स्वरूपता मम नित्यानन्दे अवस्थिति ॥
यथा रात्रि तम: घोर सूर्यरश्मि बिना स्थिर ।
हरि-सूर्य बिना तथा संसाराज्ञान संकुल ॥
मत् चरणार्चना ध्याने जीवाज्ञान विमोचित ।
हेतु ध्यान बिना पद जन्म मृत्यु नहे क्षय: ॥
धन लोभे यथादरे धनी स्तव परायण ।

धन लोभे यथादरे धनी स्तव परायण ।
तद्रूप परमेश्वरे स्तवे विमुक्ति बंधने ॥
सूर्योदये यथा जीव स्वीय कार्ये समायुत ।
तद्रूप मत् सन्निधाने जगत् कार्य परायण ॥
शुक्ति कलेवरे रौप्य कल्पना भ्रम येमति ।
महत् तत्त्व जगत् माया मन्मध्ये परिकल्पित ॥
चण्डालादि गवी पशु स्थावर ब्रह्म विग्रहे ।
तारतम्ये सदा स्वयं सर्व क्षेत्रे अवस्थित ॥
दिग्भ्रम विगते यथा पूर्व वत् दिग् प्रकाशित ।
तथाज्ञाने जगत् नष्टे मदग्रे ना विभासित ॥
नहे देह नहेन्द्रिय प्राण बुद्धि मनः अहं ।
नहे चित्त नहे मन नहे व्योम जगत् स्वयं ॥
नहे कर्त्ता नहे भोक्ता नहे भोज्य स्वरूपतः ।
केवल चित् सदानन्द ब्रह्म स्वयं जनार्दन ॥
चंचल वारि यद्यपि चंचलत्त्व रविप्रति ।
संसाराहं प्रभावित असंसारी सदात्मन ॥
संसार चित्त मूलक सयत्ने कर शोधन ।
चित्त महत्त्व विश्वासी अत्याधिक किं कारणे ॥
कोथा धन महीपाले कोथा विप्र जगत् गति ।
पूर्व तुल्य चले परे सृष्टि परम्परा क्रमे ॥
कोटि कोटि गत ब्रह्मा असंख्य नृप धूलिस्मात् ।
द्वेष्टिभावाभिमानत्त्व यथा ज्ञान परोक्षतः ॥
विद्वयजने असुरत्त्व तत्त्व ज्ञान तथा वृथा ।
राग द्वेष समुत्पन्ने तत्त्वाग्नि दग्ध यद्यपि ॥
तद् क्षेत्रे अंकुरोत्पत्ति किं प्रकारे मने स्मर ।
पर दोष निरीक्षणे तद्पर नर केवल ॥
पर दोष परित्यजि स्व-दोष दर्शने रत ।
त्वरित दोषावली मुक्त तद् व्यक्ति मुक्त बंधने ॥
द्रव्य मंत्र क्रियाकाल अष्टसिद्धि यथा स्मृति ।
ए सर्व आत्म तत्त्वज्ञे प्राप्तव्य ना कदाचन ॥
आत्मज्ञ रत केवल सर्वदा आत्म दर्शने ।
यिनि आत्माकृत प्रीत आत्मान्तरे अवस्थित ॥
यथा सर्व जगत् वस्तु अविद्यादि परित्यजि ।
संतुष्ट पंडितान्तरे सर्वाज्ञान विवर्जित ॥
अविद्या हीन आत्मज्ञ अनासक्त भव द्रव्ये ।
मंत्र काल क्रिया मुक्ति साधु सिद्धिप्रद स्वयं ॥
परमात्म पद प्राप्ते उपकार क्रिया गते ।
समस्त वासना शान्ते अष्ट सिद्धि परित्यजे ॥
यथा अनासक्त विषये अचंचले मनाष्ट सिद्धि त्यजि मुक्त बंधने ।
परोपकारे विरत संग वर्जने परात्मन प्राप्त पद वासना क्षये ॥

– इति श्रीमद्देवायण ब्रह्मकल्पे तृतीय खण्डे लव मण्डलान्तर्गतः हनुमान वर्गे भृगुराम-मुनिगण संवादे वराह कर्तृक जीवन्मुक्ति पद वार्ता कथन नामः एकादश संवर्ग ।

— ✯ —

॥ द्वादश संवर्ग ॥

वराह वचन

आद्या भूमि शुभेच्छाख्य द्वितीयतः विचारना ।
तृतीय तनु मानसी सत्त्वपत्ति चतुर्थतः ॥
पंच भूमि असंसक्ति षष्ठ पदार्थ भावना ।
तुर्यगा भूमि सप्तम कहि भूमि क्रमे फल ॥
शास्त्र अध्ययने स्वयं मूढ़ रूपे विराजिव ।
शुभेच्छा रूप वैराग्य ज्ञान भूमि प्रथमतः ॥
शास्त्रादि साधु संगते यद्वैराग्य समुद्भवे ।
तदाभ्यासे सदाचारे प्रवृत्ति यद् विचारणा ॥
शुभेच्छादि विचारना भूमि कृत प्रभावित ।
विषयानुराग क्षये कथित तनु मानसी ॥
यवे भूमि त्रयाभ्यासे विषयादि विदूरित ।
शुद्धसत्त्व स्वरूपित सत्त्वापत्ति सुवर्णित ॥
भूमि चतुष्टयाभ्यासे यवे सत्त्व प्रवर्धित ।
विमुक्त विषये पूर्ण असंसक्ति इहा शुन ॥
पंचे तद् भूमि अभ्यासे प्रीत आत्मा यवे स्वयं ।
बहिर्चिन्ता परित्यजि पदार्थ भावना इति ॥
यवे भूमि षडाभ्यासे भेद ज्ञान विदूरित ।
अखण्ड चेतना स्थित तद् क्षेत्र तुर्यगा स्मृति ॥
शुभेच्छा तनु मानसी विचारणा यथा त्रय ।
भेदाभेद समायुक्त जाग्रत् जगत् प्रतिष्ठित ॥
अद्वैत स्थिरता प्राप्ते द्वैत बुद्धि निरामये ।
चतुर्थ भूमिते युक्त भूर्लोक स्वप्नवत् यथा ॥
यद्रूप शारदी मेघ छिन्न भिन्न नभःस्थले ।
तद्रूप विलय प्राप्त ज्ञानीप्रति जगत् भुर ॥
विद्वान सुप्ति प्रतिष्ठित विशेषांश विनिवृत्त ।
यदात्मा केवलाद्वैत वर्त्तमान यथास्थले ॥
समान्यांश विशेषांश सर्व क्षेत्रे अवस्थित ।
सामान्यांश घटत्त्व यद् विशेषांश तथा घट ॥
तदरूप पुरुष ज्ञानी वाह्य शब्द यथा श्रुत ।
अन्तर्मुखी तथापिह निद्रालु सम दर्शित ॥
पूर्वोक्त भूमि अभ्यासे विद्वान् विमुक्त वासना ।
प्रगाढ़ सुप्ति सप्तमी क्रमे प्राप्त पुरातनी ॥
नाहि यथा सदासद नाहंकार अतर्क यद् ।
अद्वैते चिर निर्भीक पूर्णभावे अवस्थित ॥
अन्तःशून्य बहिःशून्य शून्य कुम्भ यथाम्बरे ।
अन्तःपूर्ण बहिःपूर्ण पूर्ण कुम्भ तथार्णवे ॥
सदासद त्यक्त यिनि सर्व मंगले उदार निर्भीक शुचिशुद्धः अन्तरे ।
विराट शून्यत्त्व लभि वास अम्बरे कदापि पूर्णत्त्व धृत विश्व अर्णवे ॥

- इति श्रीमद्देवायण ब्रह्मकल्पे तृतीय खण्डे लव मण्डलान्तर्गतः हनुमान वर्गे भृगुराम-मुनिगण संवादे वराह कर्त्तृक भूमि वर्णना नामः द्वादश संवर्ग ।

— ☆ —

॥ त्रयोदश संवर्ग ॥

वराह वचन

कर्तृत्वे अनभिमानी विषय वासना मुक्त ।
वर्जने सर्व वासना एक चित्ते रह स्थिर ॥
द्रष्टा स्वयं सवासना दर्शन दृश्य सर्वतः ।
सर्व भावे परित्यजि कर आत्मा उपासना ॥
अस्तमित यथाजने लौकिक वस्तु सर्वतः ।
जीवन्मुक्त सुवर्णित एतद् जन महामति ॥
मनोवृत्ति सुखे दुःखे नहे अस्त प्रकाश वा ।
वस्तु सर्व यथा प्राप्त जीवनमुक्त तथा स्थिर ॥
सुप्तिकाले सचेतन जाग्रतकाल नहे यथा ।
वासनाशून्य यद् बोध जीवन्मुक्त तथाजन ॥
राग द्वेष भया दीन आकाश वत् तथापिह ।
सर्व दोष विवर्जित जीवन्मुक्त सुवर्णित ॥
नहे चिन्ता अहं कृत बुद्धि लिप्त नहे यथा ।
कर्माकर्म किंवा कथा जीवन्मुक्त जन प्रति ॥
यिनि अन्ये अनुद्विग्न अन्योद्वेगकरी नहे ।
हर्षामर्ष भयोन्मुक्त जीवन्मुक्त सुवर्णित ॥
सर्व द्रव्य यथाजन व्यवहारे स्थिरे स्थित ।
परः कार्ये नियोजित जीवन्मुक्त सुवर्णित ॥
सर्व चित्तगतास्थित काम प्रतिहते यिनि ।
मम सर्वात्मके तुष्ट जीवन्मुक्त सुवर्णित ॥
चैत्यधर्म विवर्जित चैतन्ये परः पावने ।
अक्षुब्ध चित्त विश्रांत जीवन्मुक्त सुवर्णित ॥
एतद् जगत् स्वयं साक्षात् रूप दृश्य विवर्जित ।
चित्ते नाहि यथास्फुरे जीवन्मुक्त तथाजन ॥
सद्ब्राह्मणे स्थिरे स्फुरे पूर्ण विषय वर्जित ।
यद् शास्त्र गुरु निर्देशे सुपालने हओ स्थिर ॥
शिव गुरु शिव वेद शिव देव शिव प्रभु ।
नाहि शिव बिना किञ्चित् शिव सर्व शिव स्वयं ॥
धीर आचार्य निर्देशे ज्ञात शास्त्र कृतात्मन ।
बहु वाक्य परित्यजि मौनात्मक हओ स्थिर ॥
मुक्ति लब्ध यथा शुक वामदेव तथामत ।
एतद् बिना नहे ज्ञात मुक्तिमार्गापरे स्मर ॥
शुकमार्ग यथाजन अनुसरे महीतले ।
सद्य मुक्ति लभे एतद् कहि वाक्य असंशये ॥
वामदेवे यथा मार्ग यदि अनुसरे नर ।
जन्म मृत्यु पुनः पुनः लभे मुक्ति क्रमे क्रमे ॥
वामदेवे तथा शुके द्विमार्ग देव निर्मित ।
शुक उक्त विहंगम वामदेव पिपीलिका ॥
तत्त्वमसि महावाक्ये इतरता परित्यजि ।
सांख्ययोगे समाधिते पद प्राप्त रजोगुणे ॥
बहु क्लेशे हठाभ्यासे यद् यम नियमासने ।
अष्टसिद्धि महौश्वर्ये विघ्नजाले निपातित ॥

एतद् योगी नहे लब्ध योगफल यथायथ ।
जात पुनः महत् कुले पूर्व स्मृति समन्वित ॥
पुनः योग अनुष्ठिया बहु क्लेशे अतःपरे ।
वाम याजी लभे मुक्ति विष्णुपद निरीक्षणे ॥
पूर्व उक्त पथ द्वय ब्रह्म प्राप्ति शुभप्रद ।
सद्य मुक्तिप्रदेक यद् क्रमे मुक्तिप्रदा परः ॥
एकत्त्वे दृष्ट सर्वत्र ब्रह्म सर्व जगन्मय ।
तद् पुरुषे किंवा मोह कोथा शोक अतःपरे ॥
तद् ब्रह्मदर्शि गोचरे सर्वे पाप विमोचित ।
सर्व भूचर खेचर ब्रह्म सृष्टि सगोचरे ॥
कोटि जन्मार्जितः पाप एतद् दृष्टि निपातने ।
क्षये त्वरित यथा सूर्ये मेघजाल विदूरित ॥
अनेक जन्मार्जित सहस्र कल्मष क्षये यद् ब्रह्मपद लब्ध ईक्षणे ।
पयोद यद् वत द्रुत विनष्ट भास्करे विनष्ट योगीजन पाप तेमति ॥

– इति श्रीमद्देवायण ब्रह्मकल्पे तृतीय खण्डे लव मण्डलान्तर्गतः हनुमान वर्गे भृगुराम-मुनिगण संवादे वराह कर्तृक जीवन्मुक्ति वार्ता कथन नामः त्रयोदश संवर्ग ।

— ✯ —

॥ चतुर्दश संवर्ग ॥

वराह वचन

योगाभ्यासे यथा विधि शुन ऋभु अतःपरे ।
पंचभूते विनिर्मित एतद् देह महामति ॥
पंच मण्डल पूरित भिन्न गुण समायुत ।
काठिन्य पृथिवी धर्म वारि एतद द्रवाकृति ॥
तेज एतद् प्रकाशक वायुगति स्वभावतः ।
सत्त्वायुक्त तदाकाश ज्ञान एतद् प्रयोजन ॥
संघाते वायुमण्डले श्वासवायु प्रवाहित ।
अहोरात्रे षड् शत सहस्रेक विंशति यद् ॥
तद् पृथिवीमण्डल क्षीणे शरीरे बलि उद्भवे ।
शुभ्र वर्ण लभे केश वारि क्षीणे क्रमे क्रमे ॥
तेज क्षये क्षुधा नाश कांति नष्ट मरुत् क्षये ।
जले ना जीवित प्राण देहे कम्प उपस्थिते ॥
एतद् रूप क्षये वृद्धे प्राण रक्षा हत क्रमे ।
हेतु विहंगमाकृति ऊर्ध्वगामी सदात्मन ॥
उड्डीयन निवारणे बंधगति यथा स्मृति ।
तद् बंधने यथा सिंहे मृत्यु हस्ती निवारित ॥
काया क्षीणे नहे बद्ध मुक्तिलाभ सुदुष्कर ।
कुक्षिदेशे भ्रमे अग्नि वेदनाकारक स्मर ॥
बंध ना क्षुधितप्रति औदरी मूत्रपीड़िते ।
भोज्य परिमित स्वल्पे भक्ष्ये योगी पुनः पुनः ॥
यद् गृह मध्यमे मंत्रे लय हठ सुवर्णित ।
लय मंत्रे हठे योग अष्टांग कथित स्मर ॥
यद् यम नियमासन प्रत्याहार प्राणायाम ।
समाधि ध्यान धारणा अष्टांग योग वर्णित ॥

अहिंसा सत्य अस्तेय ब्रह्मचर्य दया क्षमा ।
आर्जव मितभोजन धैर्य शौच कहे यम ॥
तपस्या दान संतोष आस्तिक्य ईश्वरार्चना ।
लज्जा बुद्धि जप व्रत शास्त्र सिद्धांत यद् श्रुत ॥
दशे तद् नियम स्मर तद् परे कहि आसन ।
चक्रासन पद्मासन मयूर कुक्कुटासन ॥
कुर्मासन वीरासन स्वस्तिक गोमुखासन ।
भद्रासन सिंहासन मुक्तासन यथा क्रमे ॥
एतद् एकादशासन श्रेष्ठ योगीजन प्रति ।
वामोरु गुम्फ दक्षिणे वाम गुम्फोरु दक्षिणे ॥
ऋजुदेहे समासीन चक्रासन कहे इहा ।
पूरक रेचक क्रमे प्राणायाम स-कुम्भके ॥
एतद् रूपे पुनः पुनः वायु कर्षे यथा पथे ।
नाड़ी उक्त इहा स्मर बहुविध अवस्थित ॥
सर्व जीव कलेवर षन्नवत्यांगुलि स्मृति ।
तन्मध्ये अंगुलि द्वय पायु ऊर्ध्वे यथास्थल ॥
उपस्थाधे द्वि-अंगुलि मध्य नाम सुवर्णित ।
उपस्थे नव अंगुलि ऊर्ध्वे क्षेत्र तथा स्थित ।
नाड़ी कन्दा महामति परिमापे निरूपह ॥
उन्नत चतुरंगुलि विस्तृत चतुरंगुलि ।
मेद मजास्थि शोणिते वेष्टित अंड सन्निभ ॥
तद् अंड सदृश क्षेत्रे द्वादशार प्रतिष्ठित ।
नाड़ीश्चक्र यथा उक्त शरीर धारणे स्थित ॥
तद् क्षेत्रे कुंडली दृष्ट अन्तर्चक्षे निरीक्षह ।
ब्रह्मरंध्र सुषम्रा यद् स्ववदने समावरि ॥
यथाक्षेत्रे अवस्थित एतद् अग्रे अलम्बुसा ।
कुहू नाड्या अवस्थित चंचला कुहू वा तथा ॥
अनन्तरे अरद्वये नाड्या द्वय अवस्थित ।
वारुणी ओ यशस्विनी समाख्यात महामति ॥
सुषम्रा दक्षिणे नाड़ी पिंगला कथित स्मर ।
एतन्मध्ये अवस्थित पूषा पयस्विनी द्वय ॥
सुषुम्रा पश्चिमे नाड़ी सरस्वती अवस्थित ।
एतन्मध्ये अवस्थित गांधारी शंखिनी द्वय ॥
सुषुम्रा उत्तरे नाड़ी इड़ा नामे अवस्थित ।
हस्तिजिह्वा अनन्तरे विश्वोदरी अवस्थित ॥
वायुवाही तथा नाड्या चक्राकारे अवस्थित ।
प्रदक्षिण क्रमे स्थित विविध वर्ण संयुत ॥
पटमध्ये यथा स्थान नाड़ीचक्र सुवर्णित ।
नाड़ी प्रकाशमाना यद् नादाश्रय स्वरूपिणी ॥
पर:रंध्र सुषम्रा यद् रत्नपूर चतुष्टय ।
ब्रह्मरंध्र स्थले व्याप्त कुंडी नाड्या चतुर्दिके ॥
नाड़ीमण्डल सर्वत्र दश वायु परिभ्रमे ।
नाड़ी गति विचारह वायुगति समाश्रये ॥

यथा सुषम्नास्थित समुर्द्धगामिनी तथास्त रन्ना पूरक चतुष्टय क्रमे ।
समस्त नाड्यामय परिभ्रमे मरुत् दश प्रकारे दश पथे निरीक्षह ॥

- इति श्रीमद्देवायण ब्रह्मकल्पे तृतीय खण्डे लव मण्डलान्तर्गत:
हनुमान वर्गे भृगुराम-मुनिगण संवादे वराह कर्त्तृक प्राणायाम ओ
नाड़ी तत्त्व कथन नाम: चतुर्दश संवर्ग ।

— ☆ —

॥ पंचदश संवर्ग ॥

वराह वचन

समग्रीवा शिर: काया संवृतास्य सुनिश्चल ।
नासाग्रे हृदये किंवा बिन्दुमध्ये तुरीय यद् ॥
स्वनेत्रे अमृत स्रावी एकाग्रे कर दर्शन ।
पायू आकर्षणे दृढ़ अपान ऊर्ध्व चालने ॥
ॐकारे करि उत्थान श्रीबीजे तद् निवारणे ।
स्वयमात्मा श्रिय ध्याने अमृत प्लावने सुखी ॥
एतद् सर्वोत्तम स्मर कथित काल वंचन ।
चिंतित यद् मने कार्य सिद्ध एतद् मने स्मर ॥
जले अग्नि प्रदीपित शाखा पल्लव उद्भवे ।
यद् वाक्य भव संबंधे मिथ्या एतद् नहे कभु ॥
क्रिया कर्म विपर्यये विपरीत समुद्भवे ।
जले अग्नि प्रदीपित विपरीत सुनिश्चय ॥
मार्गे बिन्दु नियोजिया जले अग्नि प्रदीपने ।
सलिल करि शोधन कर दृढ़ कलेवर ॥
गुद योनि समायुत एककाले सकुंचने ।
अपान ऊर्ध्व चालने समानान्ने नियोजह ॥
स्वयमात्मा श्रिय ध्याने अमृत प्लावने रत ।
विभागि द्वार मध्यम कर देहे बलार्जन ॥
प्राणापान समायुक्ते ऊर्ध्वगति सुभावना ।
योग श्रेष्ठ कलेवरे एतद् सिद्धि प्रकाशक ॥
नदीमध्ये यथा सेतु तद् प्रवाह निरोधक ।
देह छाया तथामत ज्ञातव्य योगीते सदा ॥
एतद् सर्व महामति नाड़ी बंध सुवर्णित ।
एतद् बंध अनुग्रहे देववृन्द प्रकाशित ॥
एतद बंध चतुस्पथी मार्ग त्रय निरोधक ।
एक मार्ग प्रकाशिया सिद्धिप्रद यथा स्मृति ॥
प्रानुदाने समायुक्त ऊर्ध्वपथे विचालने ।
नाड़ीबंध उपस्थित सर्व गति निवारणे ॥
संपुट योग आख्यात मूलबंध इहा स्मृति ।
योगाभ्यासे दिने दिने सिद्ध बंध त्रय स्मर ॥
यथा क्रिया संपुटक योग साधने यदुक्त हे धीर मूलबंध वर्णित ।
तथास्तु बंध त्रय महात्मन स्मर दिवाक्रमाभ्यास परिपूर्णताप्रद ॥

- इति श्रीमद्देवायण ब्रह्मकल्पे तृतीय खण्डे लव मण्डलान्तर्गत: हनुमान वर्गे
भृगुराम-मुनिगण संवादे वराह कर्त्तृक मूलबंध कथन नाम: पंचदश संवर्ग ।

— ☆ —

॥ षोडश संवर्ग ॥

वराह वचन

दिवारात्र अविछिन्न यामे यामे यथास्थले ।
नित्य अनन्य अभ्यासे कर वायु वशीभूत ॥
मरुदाभ्यास यद् क्रमे वर्धे अग्नि कलेवरे ।
वर्धे वह्नि यवे देहे जीर्ण भोज्य यथा त्वरित ॥
परिपाके तथा अन्न रस वृद्धि कलेवरे ।
रस वृद्धि यथा क्रमे धातु वृद्धि दिने दिने ॥
धातु वृद्धि यवे देहे ज्ञान शक्ति प्रकाशित ।
कोटि जन्मार्जिताध यद् दग्ध सर्व क्रमे शुन ॥
गुह्य मेढ्रन्तरालस्थ मूलाधार त्रिकोणक ।
बिन्दुरूपे यथास्थले महादेव प्रकाशित ॥
यथा कुंडलिनी नामे परा:शक्ति प्रतिष्ठिता ।
जाहे वायु समुत्पन्न जाहे अग्नि प्रवर्धित ॥
यद् क्षेत्रे बिन्दु उत्पन्न हंस मनः महामति ॥
साधिष्ठान मूलाधार मणिपुर अनाहत ।
विशुद्धाज्ञा यथा क्रमे षट्चक्र शक्ति आश्रय ॥
पिंडनाड़ी कुलाश्रय नाड़ी प्राणाश्रय स्मर ।
प्राण जीव निकेतन जीव हंसाश्रय स्मर ॥
हंसे शक्ति अधिष्ठित यिनि व्याप्त चराचरे ।
निर्विकल्प प्रसन्नात्मा प्राणायाम परायण ॥
सम्यक् बंध त्रय स्थित लक्ष्य लक्षण कारण ।
भूत ज्ञेय पदार्थ यद् उद्धार कर सर्वदा ॥
दृश्यमान यथा ब्रह्म तथा स्वयं समाश्रित ।
रेचक पूरके कुम्भे कर वायु निरोधन ॥
वाह्यस्थ विषये सर्व रेचक यद् अनुष्ठित ।
पूरके शास्त्र विज्ञान कुम्भके स्वगत स्वयं ॥
अभ्यासे यिनि एरूप चित्त निवारणे क्षम ।
कुम्भक पूरणे कुम्भ मुक्तिलाभ सुनिश्चय ॥
कुम्भके करिया कुम्भ शिवतुल्य रह स्थिर ।
कण्ठ मुद्रा करि स्थिरे करह वायुचालना ॥
पूरके कुम्भके वायु करि अंगे विधारण ।
भूमि आस्फालने रह समे हस्त पद द्वये ॥
ब्रह्मादि ग्रन्थि वेध यद् योग त्रये चतुस्पीठे ।
विस्तृत करिवे वायु मेरुदंड विताड़ने ॥
नासापुटद्वयाकर्षि द्रुत वायु प्रवर्धने ।
सूर्याग्नि चन्द्र संयुत मुक्ति हेतु सुनिश्चय ॥
मेरुदंड विचालने देवता सर्व चालित ।
ब्रह्मग्रन्थि इथे वेध कहि वाक्य असंशये ॥
ब्रह्मग्रन्थि विभेदिया विष्णुग्रन्थि अत:परे ।
विष्णुग्रन्थि विभेदने रुद्रग्रन्थि तदन्तरे ॥
रुद्रग्रन्थि विभेदने मोहमला विदूरिवे ।
अनेक जन्म संस्कार योगी गुरु प्रसादित ॥
यदीड़ा पिंगलामध्ये सुषुम्ना यद् अवस्थित ।
मुद्रा बंध अनुष्ठाने वायु ऊर्ध्वे प्रचालने ॥

ह्रस्वे नाद क्षये पाप दीर्घे मोक्ष प्रदायक ।
करे आप्यायणाप्लुत त्रिविधोचारण क्रमे ॥
तैलधारा समाच्छन्न दीर्घ घन्टा निनाद वद् ।
अवाच्य प्रणवास्याग्र वेदविदे विजानित ॥
नादबिन्दु गते ह्रस्वे ब्रह्मरंध्रे सुदीर्घ यद् ।
द्वादशान्तर्गताप्लुते मंत्र सिद्ध सुनिश्चय ॥
सर्व विघ्न हरोंकार सर्व दोष विनाशक ।
घट परिचयारम्भ निष्पत्ति यद् चतुष्टय ॥
कथित प्रणव क्षेत्र योगीकुले प्रचारित ।
वाह्य कर्म परित्यजि आंतकर्मे समायुत ।
इत्यारम्भ कहे योगी कहि भूमि क्रमे शुन ॥
पश्चात् वेध यवे वायु स्थिरभावे अवस्थित ।
घटभूमि कहे प्राज्ञ एतद् क्षेत्र महामति ॥
जैवभाव परित्यजे यवे योगी कलेवरे ।
वायु देहे सुनिश्चल समाधिते अवस्थित ॥
एतद् भूमि कहे प्राज्ञ परिचय यथा स्मृति ।
यथा वायु स्थिराकाशे एतन्मत विराजित ॥
जीवन्मुक्ति दशा प्राप्त सृष्टि लय यदात्मने ।
आत्मयोगालम्बने निष्पत्ति भूमिका स्मर ॥
एतद् उपनिषद् पाठे अग्नि शुद्ध तथा जन ।
पवित्र मरुते तिनि सर्व पापे विमोचित ॥
जीवन्मुक्त महात्मन तद्विष्णु परम:पद ।
आकाशे चक्षु विस्तारि दर्शने रत सर्वदा ॥
अप्रमत्त महाविद्वान् मेधावी विप्र सर्वदा ।
विष्णुपद उपासने लभे पुण्य पदोत्तम ॥
यथा तपस्वीकुल तपो उपासने समस्त ज्ञानीकुल नभ:स्थले स्थिरे ।
स्वलोचनोन्मोचनि नियुक्त दर्शने महान यद् विष्णुपद मोक्षकारक ॥

- इति श्रीमद्देवायण ब्रह्मकल्पे तृतीय खण्डे लव मण्डलान्तर्गत: हनुमान वर्गे भृगुराम-मुनिगण संवादे वराह कर्तृक परम दर्शन कथन नाम: षोडश संवर्ग ।

— ☆ —

॥ सप्तदश संवर्ग ॥

भृगु वचन

कहि एतद् जनार्दन वराह रूप वर्जने ।
व्योम पथे तिरोहित दिव्य मूर्त्ति विधारणे ॥
दैत्यालये चले भिक्षु ऋभु गति स्वरालये ।
त्वरित दैत्यालये भिक्षु कतक्षणे उपस्थित ॥
हिरण्यकशिपु दृष्ट भिक्षु राजसभातले ।
भिक्षुप्रति कहे वाक्य मेघमन्द्र महास्वने ॥

हिरण्यकशिपु वचन

एसो ह अंगिरा पुत्र भिक्षु सर्व सुरप्रिय ।
मम पार्श्वे किं कारणे कह अद्य समागत ॥
नह दैत्यकुल प्रति तुष्ट भिक्षु कदाचन ।
देव प्रिय यथा तुमि देव वार्ता किंवा कह ॥

भिक्षु वचन

किं कहि दानवेश्वर देव वार्ता अजानित ।
तव कृत विताड़ित देव स्वर्ग इहा स्मृति ॥
दैत्याधिप नहि ज्ञात कोथा देव अवस्थित ।
भ्रमि पृथिवी चतुर्दिके नाहि हेरि कदाचन ॥
संधानि नित्य सर्वत्र देवता असुरेश्वर ।
कोनस्थले नहे दृष्ट भ्रमि सृष्टि अकारणे ॥
एतद् रूपे परिभ्रमि यवे सृष्टि वृथा स्वयं ।
भ्रमिते भ्रमिते शुन रसातले उपस्थित ॥
घोर नाद यथा श्रुत उपनीत तथास्थले ।
हेरिनु हरि संहति हिरण्याक्षे महारण ॥
कतक्षणे महायुद्धे हिरण्याक्ष निपातित ।
युद्धे जयी जगत् हरि गर्जमान भयंकर ॥
एतद् वार्ता निवेदिते तव पार्श्वे समागत ।
कहि वाक्य यथा साक्षात् मम कृत पदे तव ॥

भृगु वचन

हिरण्यकशिपु दैत्य एतद् वाक्य यथा श्रुत ।
क्रोधे सिंहासन त्यजि गदा हस्ते समुत्थित ॥
घोर रवे निनादने दैत्येश कहिते रत ।
किंवा वीर्ये प्रतिष्ठित हरि अद्य निरीक्षिव ॥
दैत्यराज महाक्रोधे गदा हस्ते बहिर्गत ।
हरि-शत्रु विनाशिते प्रधावित रसातले ॥
प्रह्लाद नाम आख्यात कणिष्ठ पुत्र दानवे ।
पितृ पार्श्वे तथा स्थित हिरण्याक्ष वध श्रुत ॥
अति क्रोध समायुक्त हेरि पिता बहिर्गत ।
भिक्षुप्रति कहे वाक्य प्रह्लाद दैत्यनन्दन ॥

प्रह्लाद वचन

पितृपार्श्वे यथावार्ता कहिले तुमि हे मुनि ।
ज्येष्ठ तात निपातित हरिकृत निरीक्षिले ॥
हरि रूप किंवा कह कत वीर्य धरे हरि ।
किं प्रकारे विनाशिल हिरण्याक्ष महाबले ॥
किं वीर्यरूपाकृति किं युद्ध विक्रमे रणे विनाशे दनुज राजनाग्रजे ।
निवास कोथा कह किं मूर्त्ति दर्शने भ्रमे हिरण्याक्ष रिपु कोनस्थले हरि ॥

- इति श्रीमद्देवायण ब्रह्मकल्पे तृतीय खण्डे लव मण्डलान्तर्गत: हनुमान वर्गे भृगुराम-मुनिगण संवादे वराह कर्त्तृक भिक्षु-हिरण्याकशिपु: वार्ता कथन नाम: सप्तदश संवर्ग ।

— ☆ —

॥ अष्टादश संवर्ग ॥

भिक्षु वचन

शुन हे दैत्यनन्दन हरि वीर्य किंवा कहि ।
वीर्यवान हरिश्रेष्ठ नाहि केह चराचरे ॥

शुन हरि जगन्मय सर्व रूपे अवस्थित ।
ज्येष्ठतात यथा तव युद्धोन्माद निरीक्षिया ॥
वराह मूर्त्ति धारणे स्वयं आत्म प्रकाशिल ।
युद्ध तृष्णा निवारिते महायुद्ध अनुष्ठित ॥
एतद् हेतु कहे ज्ञानी कल्पतरु जगत् हरि ।
भक्तप्रति स्मिताधर वर दाता तथास्थले ॥
युद्ध स्पृहा रिपुप्रति धृत मूर्त्ति भयंकर ।
द्वेषी रूपे प्रकाशित काम्य वर प्रदानिते ॥
यथा काम्य जगत् जने धरे रूप तथामत ।
हरि स्वयं जगत्पति वरदाता निरन्तर ॥
मृत्युवर रिपुप्रति अमरत्त्व प्रियप्रति ।
यथा कर्म तथा फल हरि कृत प्रदानित ॥
ए हेतु प्रिय बांधव ज्ञानी सर्व स्मरे हरि ।
अज्ञान यद् हरिद्वेषी मदोद्धत स्वयं बले ॥
हरिद्वेषी अत:परे हरि कृत विनाशित ।
हरिद्वेषी महामूढ़ अंधलोके करे गति ॥
हेर दैत्य हिरण्याक्ष मदोन्मत्त महाबले ।
आह्वानिल रणे हरि एतद् युद्धे निपातित ॥
हरिसह करि द्वेष अन्ते केह नहे स्थिर ।
हरिकृत विनाशित हवे सत्य सुनिश्चय ॥
हरिप्रिय यथा व्यक्ति चिरसुखी चिरस्थिर ।
नाहि स्पर्शे भये मृत्यु एतद् जने कदाचन ॥
हरि कृपा समाश्रित वर्मावृत रहे सदा ।
केह ना हानिते क्षम मृत्युदंड तथास्थले ॥
एतद् रूपे हरि प्रिय अमरत्त्वे प्रतिष्ठित ।
जगत्बंधु लभे नाम हरिप्रिय यथा जन ॥

प्रह्लाद वचन

एतद् सत्य प्रमाणित किं प्रकारे महामति ।
अमरत्त्व लभे कह हरि भक्त यथा जन ॥

भिक्षु वचन

कह अन्य प्रमाण किं कार्ये एतद् प्रमाणित ।
कार्ये अनुष्ठिले तुमि सत्यासत्ये निरीक्षिवे ॥

प्रह्लाद वचन

किं प्रकारे हरि प्रिय हव कह महामति ।
एतद् युक्ति प्रदानह जाहे लभि कृपा वर ॥

भिक्षु वचन

तवकुल हरिद्वेषी हरि भक्त हवे तुमि ।
कुलद्वन्द्व हवे इथे पितृ क्रोध समन्वित ॥
दैत्यकुल हरिद्वेषी हेर नित्य प्रमाणित ।
गदा हस्ते बहिर्गत हरिद्वेषी पिता तव ॥

प्रह्लाद वचन

दैत्यकुल करे सदा　　अमृत लभिते यत्न ।
एतद् पथ यदि प्राप्त　　हवे कुले महत् शुभ ॥
हरिप्रिय यथा पथे　　एतद् तत्त्व प्रदानह ।
दैत्यकुल हवे क्रमे　　एतद् पथे प्रचालित ॥
यथा सकाम्ये सतत यत्न दानवे　　तपे पद श्रेष्ठ अमरत्त्व जीवने ।
इहा यदि प्राप्ति हरि तुष्टि साधने　　महान माहात्म्य कह तद् महात्मन ॥

- इति श्रीमद्देवायण ब्रह्मकल्पे तृतीय खण्डे लव मण्डलान्तर्गत: हनुमान वर्गे भृगुराम-मुनिगण संवादे प्रह्लाद भिक्षु संवाद नाम: अष्टादश संवर्ग ।

— ☆ —

॥ ऊनविंश संवर्ग ॥

भृगु वचन

देव अंशे समुद्भवे　　दैत्यपुत्र कहे हरि ।
तद् प्रमाण यथा लब्ध　　दानवजे कहे तथा ॥

भिक्षु वचन

हरिप्रिय हवे तुमि　　एतद् वाक्य मने स्मरि ।
हरि नाम जपे मत्त　　रह तुमि निरन्तर ॥
नाम यथा तथा हरि　　एतद् सत्य सुनिश्चय ।
हरि सर्व जगन्मय　　सर्वे हरि अवस्थित ॥
हरि नाम हरि नाम　　हरि नाम सदा जप ।
अविश्राम हरि नाम　　हरि नाम महामति ॥

भृगु वचन

एतद् शिक्षा प्रदानिया　　भिक्षु त्वरित बहिर्गत ।
प्रह्लाद जपिते रत　　हरि नाम क्रमागत ॥
हरि नाम हरि नाम　　हरि हरि जगन्मय ।
हरि नाम हरि नाम　　हरि नाम मधुध्वनि ॥
जपे नित्य हरि नाम　　प्रह्लाद रहि निर्जने ।
एरूप पूर्ण विश्वास　　हरि जगन्मयास्थित ॥
हिरण्यकशिपु हेथा　　प्रत्यागत गृहे पुन: ।
दर्शे मृत हिरण्याक्षे　　ना हल हरि दर्शन ॥
हेरि हत हिरण्याक्ष　　कुपित दानवेश्वर ।
ना लभि हरि दर्शन　　एतद् वाक्य प्रचारिल ॥
केहवा दृष्ट यद्यपि　　हरि पथे कदाचन ।
संवादिवे त्वरित गति　　तद् वार्ता दनुजेश्वरे ॥
केह ना करिवे कभु　　हरि नाम कदाचन ।
हरि दैत्यकुल प्रति　　श्रेष्ठ शत्रु मने स्मर ॥
एतद् रूपे चतुर्दिके　　यवे वार्ता प्रचारित ।
दैत्यरिपु यथा हरि　　हरिनिन्दा करे सबे ॥
हिरण्यकशिपु तुष्ट　　हरि निन्दा यवे श्रुत ।
प्रदाने बहु यौतुक　　हरि निन्दा परायणे ॥
एतद् रूपे प्रचारित　　दैत्यकुले दिने दिने ।
हरि सत्य दुराचारी　　छद्मवेशे भ्रमे सदा ॥

हिरण्यकशिपु कहे शुक्राचार्य गुरु प्रति ।
हरि निन्दा प्रचारह दैत्यराज्ये चतुर्दिके ॥
दैत्यादेश यथा लब्ध दैत्यगुरु कहे इहा ।
षंडामर्क यथा नाम: आह्वानिया सुतद्वय ॥
शुन षंड अमर्क हे यथा कार्य तवप्रति ।
दैत्यकुले अवस्थित यद् सर्व बालकावली ॥
नित्य शिक्षा प्रदानिते हरि निन्दा प्रचारिवे ।
दैत्यादेश यथामत कर कार्य तथामत ॥
शिक्षाचार्य स्वरूपेते षंडामर्क अवस्थित ।
पित्रादेश यथा प्राप्त एतद् कार्य अनुष्ठिते ॥
दैत्य विद्यालये नित्य गुरु यत्न परायण ।
आह्वानि सर्व बालके एतन्मत कहे क्रमे ॥

षंडामर्क वचन

शुन हे सर्व बालक दैत्यादेश यथा कहि ।
नाहि कह हरि नाम विद्यालये कदाचन ॥
ये कहिवे हरि नाम त्वरित वार्ता प्रदानिवे ।
निन्दित हरि सर्वदा दैत्यकुल अरि स्मर ॥
अमर्क षंडद्वय कहे सगर्जने समस्त हे बालक इहा शुन स्थिरे ।
सुपाल्य दैत्येशकृत वाक्य सर्वदा विनिन्द्य कार्ये हरि अराति दानवे ॥

- इति श्रीमद्देवायण ब्रह्मकल्पे तृतीय खण्डे लव मण्डलान्तर्गत: हनुमान वर्गे भृगुराम-मुनिगण संवादे हरि माहात्म्य कथन नाम: ऊनविंश संवर्ग ।

— ✯ —

॥ विंश संवर्ग ॥

भृगु वचन

एतद् रूपे यथा उक्त समस्त दैत्यबालके ।
क्षणान्तरे निवेदिल दैत्यशिशु तथास्थले ॥
शुन गुरु यथा वार्ता हरि नाम निषेधिले ।
प्रह्लाद राजनन्दन हरि नाम करे सदा ॥
राजादेश यथा कह निन्दित हरि सर्वदा ।
हरि गुण कहे तथा प्रह्लाद राजनन्दन ॥
कहे हरि जगन्मय सर्वभूते अवस्थित ।
हरितुल्य महाबली नाहि केह चराचरे ॥
हरिप्रिय यथा व्यक्ति चिरसुखी चिरस्थिर ।
नाहि स्पर्शे भये मृत्यु एतद् जने कदाचन ॥
हरि नाम हरि नाम हरि नाम मधुध्वनि ।
हरि नाम अविश्रामे हरि नाम सदा जप ॥
तद् वाक्य श्रवणे क्रुद्ध षंडार्मक गुरुद्वय ।
आह्वानि दैत्यनन्दने एतद् रूप कहे तथा ॥

षंड वचन

हे प्रह्लाद किंवा कार्य विद्यालये अनुष्ठित ।
निज पाठ्य परित्यजि हरि नाम किं कारणे ॥

दैत्याधिप कहे एतद्   हरि निन्दा प्रचारिते ।
हरि गुण सदा कह   दैत्येश वाक्य हेलने ॥

अमर्क वचन

हे प्रह्लाद यथा कहि   हरि नाम विसर्जने ।
कर हे मन संयोग   नित्य पाठे यथा तव ॥
निन्दित हरि सर्वदा   दैत्यरिपु मने स्मर ।
हरितुल्य दुराचारी   नाहि केह चराचरे ॥

भृगु वचन

दुराचारी यथा श्रुत   प्रह्लाद गुरु भाषणे ।
श्रवणे दानि अंगुलि   हरि नाम जपे रत ॥
तद्दर्शने प्रकुपित   षंडामर्क गुरुद्वय ।
करि वेत्र सुनर्त्तन   कहे भीति प्रदर्शने ॥

षंड वचन

पुनश्च ना हरि नाम   उच्चारह तवानने ।
निन्दित हरि सर्वदा   वेत्राघात यवे शुन ॥

प्रह्लाद वचन

हरितुल्य गुणाधिप   नाहि केह चराचरे ।
वीर्यवान हरि श्रेष्ठ   केवा अन्य बली कह ॥
हरिद्वेषी यथा व्यक्ति   हरिकृत विनाशित ।
हरिद्वेषी महामूढ़   अंधलोके करे गति ॥
हेर दैत्य हिरण्याक्ष   मदोन्मत्त महाबले ।
आह्वानिल रणे हरि   एतद् युद्धे निपातित ॥
हरिसह करि द्वेष   अन्ते केह नहे स्थिर ।
हरिकृत विनाशित   हवे सत्य सुनिश्चय ॥
हरि कृपा समाश्रित   वर्मावृत रहे सदा ।
केह ना हानिते क्षम   मृत्युदंड तथास्थले ॥
हरि नाम हरि नाम   हरि नाम सदा जप ।
हरिद्वेष परित्यजि   हरि नामे रह स्थिर ॥

भृगु वचन

हेरि एतद् अवाध्यता   रक्त चक्षे कहे गुरु ।
हरि नाम परित्यागे   हे प्रह्लाद कहि क्रमे ॥
विद्यालये हरि नाम   कह तुमि पुनः पुनः ।
गुरु निन्दा हवे इथे   तव शिक्षा यथामत ॥

प्रह्लाद वचन

सर्व शुभ हरि नामे   किंवा निन्दा तथास्थले ।
हरि नाम हरि नाम   हरि नाम सदा कह ॥

षंड वचन

कह हरि कृपाश्रित   वर्मावृत रहे सदा ।
केह ना हानिते क्षम   मृत्युदंड तथास्थले ॥

वेत्र दंड प्रदानिव रह हरि कृपाश्रित ।
किंरूपे रक्षिवे हरि मम हस्ते निरीक्षिवे ॥
किंरूप वर्मावृत निरीक्षिव स्वयं रह स्थिरे अद्य मम वेत्र घातने ।
अमान्य राज गुरु किं साहसान्तरे प्रकोप षंडे किमत रक्षिवे हरि ॥

- इति श्रीमद्देवायण ब्रह्मकल्पे तृतीय खण्डे लव मण्डलान्तर्गतः हनुमान वर्गे भृगुराम-मुनिगण संवादे प्रह्लाद षंडामर्क वार्ता नामः विंश संवर्ग ।

— ★ —

॥ एकविंश संवर्ग ॥

भृगु वचन

एतद् वाक्य कशाघात करे षंड क्रमागत ।
प्रह्लाद राजनन्दने करे वेत्रे निपीड़न ॥
हरि नाम परित्यजि नहे रक्षा कदाचन ।
गुरु आज्ञा यथामत प्रह्लाद कर पालन ॥
हरि नाम परित्याग नाहि कर यतक्षण ।
वेत्राघात हवे शुन निस्तार नाहि जीवने ॥
कहि क्रुद्ध कशाघाते करे षंड निपीड़न ।
गर्दभप्रति येमति रजक दंड निर्दये ॥
प्रह्लाद कहिछे तथा कर इच्छा मनोमत ।
हरि नाम हरि नाम हरि नाम सदा जप ॥
वक्षे पृष्ठे पदे शिरे वेत्राघात करे गुरु ।
हरि नाम हरि नाम प्रह्लाद जपिछे क्रमे ॥
वेत्राघाते यवे षंड यवे क्लांत कलेवरे ।
घर्मसिक्त परिश्रांत उपविष्ट अतःपरे ॥
आरम्भिल अमर्क तद् वेत्र दंड विधारणे ।
वेत्र दंडे प्रहारिछे महाशब्दे पुनः पुनः ॥
प्रह्लाद जपिते रत हरि नाम निरन्तर ।
हरि नाम हरि नाम हरि नाम सदा जप ॥
अमर्क प्रायः उन्मत्त प्रहारिछे पुनः पुनः ।
हरि नाम हरि नाम प्रह्लाद जपिछे सुखे ॥
गुरु मूर्त्ति भयंकर प्रह्लाद तद् स्मिताधर ।
अन्य सर्व रहे स्तब्ध भीत भीत निरीक्षणे ॥
प्रह्लाद कहिछे यत हरि नाम तथास्थले ।
वेत्रदंडे प्रहारिछे निर्दय हृदये गुरु ॥
अमर्कह तथा क्लांत वेत्राघाते क्रमागत ।
प्रह्लाद जपिछे सुखे हरि नाम निरन्तर ॥
उपविष्ट घन श्वासे गुरुद्वय यवे शुन ।
प्रह्लाद जपिछे हरि उत्साही सर्व बालक ॥
वेत्रदंडे पराजित घोर मूर्त्ति गुरुद्वय ।
सर्व भय तिरोहित संयुक्त सर्व बालक ॥
संयुक्त सर्व बालक प्रह्लाद जपिछे हरि ।
हरि नाम हरि नाम हरि नाम सदा जप ॥
हरि नाम किंवा भय सर्व भय विदूरित ।
हरि नाम हरि नाम हरि नाम मधुध्वनि ॥

विद्यालय परिव्याप्त हरि नाम मधुस्वने ।
मिलित सर्व बालके अवहेलि गुरुद्वय ॥
षंडामर्क महारोषे उभे पुनः समुत्थित ।
वेत्र द्वय विधारणे करे सर्व विताड़न ॥
उद्यत हानिते यवे कशाघात शिशुप्रति ।
प्रह्लाद देह पश्चाते करे आत्म सुरक्षण ॥
वेत्राघात लभे तथा प्रह्लाद सुस्मिताधरे ।
कहे भय किंवा कह हरि नाम यथास्थले ॥
एतद् रूपे क्षणान्तरे सर्वे भय विदूरित ।
क्रीडातुल्य मने स्मरे वेत्राघात तथास्थले ॥
वेत्राघाते हरि नाम करे सर्वे पुनः पुनः ।
करे नृत्य महाहर्षे हेरि गुरु पराजित ॥
उत्साह बालके वर्धे हेरि गुरु पराजय ।
यथा कार्ये निवारित तथा कार्ये महत् सुख ॥
हरि नाम हरि नाम कहे सर्वे सगर्जने ।
करि वेत्र समुद्यत यवे गुरु समागत ॥
उच्च रवे हरि नाम हरि नाम कहे तथा ।
गुरु क्लांति निरीक्षिया सर्वे नृत्य परायण ॥
क्रोधयुक्त श्रमे क्लांत त्यजि शिशु विताड़न ।
राजगृहे चले दोहे एतद् वार्ता निवेदिते ॥
पश्चाते चलिछे सर्वे हरि नाम प्रदानिया ।
हरि नाम हरि नाम गुरु तुमि सदा जप ॥
आरक्तलोचने चाहे चलिते चलिते पथे ।
रक्तनेत्रे किंवा भय हरि नाम जपे सदा ॥
हरि नाम हरि नाम गुरु अद्य पराजित ।
शिक्षादंड निवारित हरि नाम सदा जप ॥
हरि नाम हरि नाम हरि नाम निरन्तर ।
शिशु नृत्य परायण राजगृहे चले गुरु ॥
अतीव कोपे गुरु चले नृपालये पराजय क्षुब्ध यत दैत्यबालक ।
सुदर्शि तृसान्तरे स-राजनन्दन समष्टि एकत्र हरि नाम गर्जने ॥

- इति श्रीमद्देवायण ब्रह्मकल्पे तृतीय खण्डे लव मण्डलान्तर्गतः हनुमान वर्गे भृगुराम-मुनिगण संवादे प्रह्लाद-षंडामर्क क्रोध वर्णना नामः एकविंश संवर्ग ।

— ★ —

॥ द्वाविंश संवर्ग ॥

भृगु वचन

अति क्रोधे उपस्थित राज सभातले गुरु ।
हिरण्यकशिपु पार्श्वे षंडामर्क कहे इहा ॥

षंडामर्क वचन

दैत्येश्वर इहा शुन विद्यालये परिस्थिति ।
हरि निन्दा प्रचारित यथा आज्ञा ममप्रति ॥
कहिनु सर्व बालके एतन्मत कथाच्छले ।
दैत्यारि हरि निन्दित दुराचार परायण ॥

हिरण्यकशिपु वचन

एतद् आज्ञा तवप्रति कर कार्य यथायथ ।
हरि सत्य दुराचारी दैत्यारि नित्य निन्दित ॥

षंड वचन

किंतु विघ्न उपस्थित एतद् स्थले यथा शुन ।
प्रह्लाद तव नन्दन सर्व पाठ परित्यजि ॥
हरि नाम हरि नाम कहि नृत्य परायण ।
ए हेतु सर्व बालक हरि नाम करे शुन ॥
कहे हरि जगत्श्रेष्ठ हरि सर्व जगन्मय ।
हरि यद् सर्व वन्दित हरि नाम मधुध्वनि ॥
इत्याचार निरीक्षिया वेत्रदंड प्रहारिनु ।
पूर्वाधिक करे नृत्य वेत्रदंडे नहे स्थिर ॥
पूर्वाधिक हरि नामे करे नृत्य दले दले ।
वेत्रदंड प्रहारिते मोरा क्लांत तथास्थले ॥

भृगु वचन

एतद् वाक्य यथा श्रुत हिरण्यकशिपु तथा ।
कोपयुक्त सगर्जने कहे वाक्य गुरुद्वये ॥

हिरण्यकशिपु वचन

वेत्रदंडे नहे शान्त राजदंड हवे तथा ।
प्रह्लादे कर आह्वान मम अग्रे सभातले ॥

भृगु वचन

एतद् आज्ञा यथा प्राप्त रक्षीगण चले द्रुत ।
प्रह्लाद सह अन्यान्य येथा नृत्य परायण ॥
प्रह्लाद कर धारणे कहे रक्षी तथास्थले ।
प्रह्लाद चल हे तुमि राज आज्ञा सभातले ॥
रक्षी वाक्य यथा श्रुत प्रह्लाद चलिल त्वरा ।
अन्य सर्व समावृत हरि नाम जपे सदा ॥
सभामध्ये उपस्थिते हरिध्वनि समायुत ।
बालककुल संहति हरि नाम सगर्जने ॥
हिरण्यकशिपु तथा कहे वज्र विनिस्वने ।
हरि नामे रह स्तब्ध नहे दंड सुनिश्चय ॥
श्रवणे दैत्य गर्जन भीत यद् सर्व बालक ।
हल शान्त हरि नामे हिरण्यकशिपु कहे ॥

हिरण्यकशिपु वचन

रे प्रह्लाद किंवाचार कर नित्य इहा शुनि ।
विद्यालये हरि नाम नित्य पाठ परित्यजि ॥
देखह गुरु कुपित तव कार्ये तथास्थले ।
मम शत्रु यथा हरि हरि गुण सदा कह ॥

प्रह्लाद वचन

हरि निन्दा प्रचारिले　　कह पिता किं कारणे ।
हरि सर्व जगत्श्रेष्ठ　　हरि गुण इथे कहि ॥

हिरण्यकशिपु वचन

रे प्रह्लाद सदा स्मर　　दैत्यकुले महारिपु ।
हिरण्याक्ष विनाशिल　　मम शत्रु इथे शुन ॥

प्रह्लाद वचन

युद्धोन्माद हिरण्याक्ष　　आह्वानिल रणे हरि ।
इथे युद्ध प्रदानित　　कभु हरि नहे रिपु ॥
हिरण्याक्ष वधे दृष्ट　　बलीश्रेष्ठ जगत् हरि ।
रिपु कार्य नहे एतद्　　वीर्य मात्र प्रकाशित ॥
हरिसह करि द्वेष　　अन्ते केह नहे स्थिर ।
हरिकृत विनाशित　　हवे सत्य सुनिश्चय ॥
हरिप्रिय यथा व्यक्ति　　चिरसुखी चिर स्थिर ।
नाहि स्पर्शे भये मृत्यु　　एतद् जने कदाचन ॥
हरिकृपा समाश्रित　　वर्मावृत रहे सदा ।
केह ना दानिते क्षम　　मृत्युदंड तथास्थले ॥
एतद् रूपे हरिप्रिय　　अमरत्त्वे प्रतिष्ठित ।
जगत्बंधु लभे नाम　　हरिप्रिय यथा जन ॥
एतद् हेतु पिता कहि　　हरिद्वेष परित्यजि ।
हरि नाम हरि नाम　　हरि नाम सदा जप ॥

भृगु वचन

सघोरे सर्व बालक　　एतद् सह निनादिल ।
हरि नाम हरि नाम　　हरि नाम सदा कह ॥
शुनि सर्वे हरि नाम　　हिरण्यकशिपु बली ।
वज्रनादे निनादिल　　रह स्तब्ध सभातले ॥
समस्त निर्भीक हरि नाम कीर्त्तने　　प्रविष्ठ हर्षान्वित स-राजनन्दन ।
प्रकम्पि दैत्येश्वर सभा समस्वरे　　विदीर्ण देवारि हृदि शत्रुवन्दने ॥

- इति श्रीमद्देवायण ब्रह्मकल्पे तृतीय खण्डे लव मण्डलान्तर्गत: हनुमान वर्गे भृगुराम-मुनिगण संवादे प्रह्लाद हिरण्यकशिपु वार्ता कथन नाम: द्वाविंश संवर्ग ।

— ☆ —

॥ त्रयोविंश संवर्ग ॥

भृगु वचन

हिरण्यकशिपु ध्वनि　　सर्व ध्वनि अतिक्रमि ।
करे स्तब्ध सभातले　　कहे वाक्य अत:परे ॥

हिरण्यकशिपु वचन

राजदंड हवे शुन　　हरि नाम परित्यज ।
राजदंडे शिरच्छेद　　एतद् सत्य सुनिश्चय ॥

प्रह्लाद वचन

राजदंड किंवा कह   हरि नाम यथास्थले ।
नाहि स्पर्शे भये मृत्यु   हरि नाम परायणे ॥
हरि कृपा समाश्रित   वर्मावृत रहे सदा ।
केह ना दानिते क्षम   मृत्युदंड तथास्थले ॥
हरि नाम पिता कह   हरि नाम मधुत्तम ।
हरि द्वेष परित्यजि   हरि नाम सदा जप ॥

भृगु वचन

एतद् वाक्य यथा श्रुत   दैत्य आस्य भयंकर ।
दशाने लह ए पुत्र   रे घातक यथा त्वरित ॥
वज्रनादे कहे दैत्य   सर्व सभा प्रकम्पित ।
कयाधु जननी स्नेहे   प्रह्लादे कहिते रत ॥

कयाधु वचन

पितृ आज्ञा यथामत   रे प्रह्लाद कर त्वरा ।
पितृक्रोधे प्रवर्धिते   नहे श्रेय कदाचन ॥

प्रह्लाद वचन

वृथा दम्भे प्रतिष्ठित   शुन माता पिता मम ।
हरिश्रेष्ठ कदाचन   नहे दृष्ट चराचरे ॥
वरदाता सदा हरि   हरि निन्दा अनर्थक ।
युद्धस्पृहा निवारिते   धरे मूर्त्ति भयंकर ॥
युद्धोन्माद हिरण्याक्षे   युद्ध तृष्णा निवारिल ।
कल्पतरु यथा हरि   दाने रण रणस्पृहे ॥
नहे शत्रु कदाचन   जगत् बंधु जगत् हरि ।
यदि भ्रांत पिता तथा   केन नाहि निवारिव ॥
कर माता हरि नाम   हरि नाम मधुध्वनि ।
हरि नाम हरि नाम   हरि नाम निरन्तर ॥

भृगु वचन

हिरण्यकशिपु गर्जि   कहे वाक्य तथास्थले ।
हरि नाम यथा श्रुत   वज्रनादे कहे बली ॥

हिरण्यकशिपु वचन

रे घातक इतस्ततः   केन अद्य अकारणे ।
एतद् पुत्र पुरोभागे   शत्रुरूपे विवेचह ॥
यथा आज्ञा शिरच्छेदे   मशाने लह सत्वरे ।
हरि नाम यथा शिक्षा   पुत्र वधे प्रचारह ॥
उच्चारिले हरि नाम   एतन्मत हवे वध ।
प्रह्लाद वधह त्वरा   हरि निन्दा प्रचारिते ॥
हरि गुण कहे पुत्र   मम अग्रे किं साहसे ।
एतद् शिक्षा प्रदानह   शिरच्छेदि त्वरित गति ॥

भृगु वचन

भयाल मूर्त्ति घातके प्रह्लाद हस्त धारणे ।
करे शृंखलित त्वरा कयाधु कातरे कहे ॥

कयाधु वचन

सर्व नाश हव पुत्र हरि नाम परित्यज ।
एतद् कार्य अकारणे हव पुत्रे प्रवंचित ॥
पुत्रशोके महाशोक केन मोरे प्रदानिवे ।
हरि नाम परित्यागे हवे तुष्ट पिता तव ॥

प्रह्लाद वचन

हरि नाम जपे येवा कह माता किंवा भय ।
नाहि स्पर्शे भये मृत्यु हरि भक्ति परायणे ॥
हरि कृपा समाश्रित वर्मावृत रहे सदा ।
केह ना हानिते क्षम मृत्युदंड तथास्थले ॥
घातक हानिते खड्ग हवे व्यर्थ सुनिश्चय ।
कर माता हरि नाम हरि नाम निरन्तर ॥
रह स्थिरे माता हरिनाम कीर्त्तने यदंग वर्मावृत किं शक्ति घातके ।
अबोध अज्ञान धृत शस्त्र पाणिते प्रहारिते तद् प्रहरणे ममप्रति ॥

- इति श्रीमद्देवायण ब्रह्मकल्पे तृतीय खण्डे लव मण्डलान्तर्गत: हनुमान वर्गे भृगुराम-मुनिगण संवादे प्रह्लाद प्राणदंड वार्ता कथन नाम: त्रयोविंश संवर्ग ।

— ✯ —

॥ चतुर्विंश संवर्ग ॥

भृगु वचन

खड्गाघाते हवे व्यर्थ यद् वाक्य घातक श्रुत ।
अति कोपे समायुक्त आकर्षण करे बले ॥
ऊर्ध्वे उत्तोलिया खड्ग चल चल कहे घन ।
मशाने हेरिवे साक्षात् साफल्य यद् ममप्रति ॥
सूर्यसम झले खड्ग विद्युतप्रभा यथामत ।
चले पुत्र मशाने तद् घातककुल वेष्टित ॥
मरण स्थिर निश्चये भुलुंठिता महीमती ।
कयाधु शुन यद्काले भूमितले अचेतन ॥
घातककुल वेष्टित प्रह्लाद मेघ गर्जने ।
करि सभा प्रकम्पित करे घन हरि ध्वनि ॥
मशाने गति निर्भये हरि नाम परायण ।
घातकप्रति वीक्षणे हरि नाम कहे घन ॥
प्रह्लाद यदि निर्गत राजसभा परित्यजि ।
हिरण्यकशिपु तथा करे शान्त महीपति ॥

हिरण्यकशिपु वचन

एक पुत्र दुराचारी कुलनष्ट सुनिश्चय ।
प्रह्लाद यदि जीवित दैत्यकुल हवे क्षय ॥
बृहत्कुल सुरक्षिते अन्य पुत्र समन्वित ।
एक पुत्र विसर्जने तुमि क्षोभ परित्यज ॥

भृगु वचन

राज वाक्य नहे श्रुत राजदंड तथास्थले ।
ए कारणे महीमती राज वाक्ये रहे स्थिर ॥
प्रह्लाद वध्य भूमिते घातककुल वेष्टित ।
मशान करि कम्पित हरिध्वनि करे घन ॥
घातकप्रति वीक्षणे हरि नाम परायण ।
हरि नाम हरि नाम हरि नाम सदा जप ॥
हरि नाम यथा श्रुत घातक अति कुपित ।
उत्तोलिल महाखड्ग महाघाते महाबले ॥
मुद्रित लोचनद्वये रहे सर्वे शिरानते ।
हानिल खड्ग घातक मुद्रित लोचने स्वयं ॥
करताल द्विखंडित महाशब्दे तथास्थले ।
हरि नाम हरि नाम हरि नाम क्रमागत ॥
विस्मित सर्व घातक दर्शककुल तेमति ।
खड्ग भग्न महाशब्दे प्रह्लाद जपिछे हरि ॥
हरिकृपा समाश्रित वर्मावृत रहे सदा ।
हरि नाम हरि नाम हरि नाम मधुस्वन ॥
पुनश्च खड्ग हानिल घातक अति कोपने ।
अत्याद्भुत यथा दृश्य प्रत्यक्ष सर्व दर्शने ॥
स्पर्शि खड्ग कलेवरे भग्न मध्यस्थले मुनि ।
हरि नाम हरि नाम प्रह्लाद जपिछे क्रमे ॥
कृतांतसम घातक खड्गाघात करे पुनः ।
खड्गाघात पुनः पुनः भग्न खड्ग क्रमागत ॥
एतद् रूपे बहुक्षण करि यत्न अतःपरे ।
प्रह्लाद कहिते रत हरि नाम निवारह ॥

प्रह्लाद वचन

रे घातक महामूढ़ ज्ञानोदय नहे तवु ।
किं महिमा हरि नामे स्वलोचने निरीक्षिले ॥
हरि नाम कृपाश्रित वर्मावृत रहे सदा ।
एतद् वर्मे निवारित तीक्ष्ण खड्ग पुनः पुनः ॥
देव कृपा समाच्छन्ने रहे वर्म चतुर्दिके ।
अंधता मूढ़ता वशे तव चक्षे अदर्शित ॥
भग्न खड्ग निरीक्षिले इथे वर्म प्रमाणित ।
वर्मावृत हरि नामे रहे जीव सदा स्मर ॥
एतद् वर्म विचूर्णिते पार्थिव शस्त्र ना क्षम ।
हरि नाम हरि नाम हरि नाम सदा जप ॥

भृगु वचन

यथा दृश्य समीक्षित हरि नाम यथा श्रुत ।
सर्व जन महानन्दे हरि नाम परायण ॥
हरि नाम हरि नाम हरि नाम सदा जप ।
वर्मावृत हरि नामे हरि नामे सुनिर्भय ॥
प्रधानतम घातक सर्व कार्य निरीक्षिया ।
दैत्यराजे निवेदिल एतद् वाक्य शिरानते ॥

घातक वचन

प्रह्लादे वधिते क्षम   दैत्येश्वर नहे शुन ।
तीक्ष्ण तीक्ष्ण महाखड्ग   वारंवार प्रहारिणु ॥
भग्न खड्गावली क्रमे   महाघाते पुनः पुनः ।
स्पर्शि खड्ग कलेवरे   भग्न अद्य निरीक्षिणु ॥

भृगु वचन

दैत्येश्वर महाश्चर्ये   कहिल घातकप्रति ।
स्पर्शि खड्ग कलेवरे   भग्न एतद् किंवा कह ॥

घातक वचन

दैत्येश्वर इहा सत्य   चल साक्षात् निरीक्षिवे ।
तव अग्रे महाबले   महाशस्त्रे प्रहारिव ॥

हिरण्यकशिपु वचन

नाहि मम अविश्वास   तव कार्ये कदाचन ।
खड्ग भग्न कलेवरे   अत्याद्भुत मने स्मरि ॥
यद्यपि तुमि अक्षम   खड्गाघाते विनाशिते ।
दृढ़ शृंखलिताबद्धे   निक्षेप कर सागरे ॥
विभग्न दैत्येश करवाल घातने   कहे सकोपे शुनि यथा वृथायूधु ।
पुनश्च हे घातक अवध्य बंधने   अराति निक्षेपह महार्णवे त्वरा ॥

- इति श्रीमद्देवायण ब्रह्मकल्पे तृतीय खण्डे लव मण्डलान्तर्गतः हनुमान वर्गे भृगुराम-मुनिगण संवादे हरि नामे अच्छेद्य प्रह्लाद स्मृति कथन नामः चतुर्विंश संवर्ग ।

— ✭ —

॥ पंचविंश संवर्ग ॥

भृगु वचन

एतद् वाक्य यथा श्रुत   घातक चलिल त्वरा ।
करि हस्त पदाबद्ध   प्रह्लाद राजनन्दने ॥
पर्वत शिखरे तुलि   निक्षेपिल महाजले ।
एवे चूर्ण शरीर तद्   सर्व जन मने स्मरे ॥
दैत्यराज पुरोभागे   कहिल नमि घातक ।
तव आज्ञा यथामत   निक्षेपिनु महाजले ॥

घातक वचन

स्वहस्ते करि बंधन   दृढ़ हस्त पदद्वये ।
पर्वत शिखरे तुलि   निक्षेपि सागरे प्रभु ॥
एवे सर्वे सुनिश्चय   प्रह्लाद चूर्ण सेस्थले ।
पुनः ना उठिते क्षम   हरि नाम विदूरित ॥
प्रह्लाद कारणे वाह्ये   सर्व शोक परित्यजे ।
राज आज्ञा सुपालने   रहे स्नेह विसर्जने ॥
हिरण्यकशिपु तुष्ट   हरि नाम विदूरित ।
दूतप्रति कहे वाक्य   राज्ये वार्ता प्रचारिते ॥
दूत राज्ये प्रचारह   वार्ता एतद् चतुर्दिके ।
प्रह्लाद मम नन्दन   यद् कारणे विनाशित ॥

येवा रत हरि नामे एतद् गति हवे शुन ।
प्रह्लाद दुर्गति स्मरि हरि नाम विसर्जह ॥
हरि निन्दा प्रचारिले पुरस्कार प्रदानिव ।
संवाद ये प्रदानिवे कोथा हरि अवस्थित ॥

भृगु वचन

राज आज्ञा यथा श्रुत हल दूत बहिर्गत ।
दैत्येश्वरे नमस्कारे राजपथे यवे शुन ॥
प्रह्लाद सिंधु निक्षिप्त शृङ्खलाबद्ध येमति ।
शिखरच्युत यद् काले मध्ये गति निवारित ॥
अति धीरे निपातित बंधनच्युत तद् क्षणे ।
प्रह्लाद बंधनच्युत संघात लभि उर्मिते ।
आगत सैकते त्वरा अक्षत तनु सर्वतः ॥
हरि नाम हरि नाम प्रह्लाद जपिछे तथा ।
जपिते जपिते हरि पुनः राज्ये प्रवेशिल ॥
सर्व जन परिज्ञात प्रह्लाद गिरि विच्युत ।
निक्षेपित महाजले इथे मृत्यु सुनिश्चय ॥
अकस्माते हरि नामे पुनः सर्वे सचेतन ।
प्रह्लादे हेरिते एवे आसे दैत्य दले दले ॥
निश्चय मृत्यु यद् क्षेत्रे किं प्रकारे रहे तनु ।
जिज्ञासिछे जने जने एतद् वाक्य सविस्मये ॥
हे प्रह्लाद किं विस्मय केमने प्राण रक्षित ।
निश्चित मृत्यु यद् क्षेत्रे परित्राण किंवा कह ॥

प्रह्लाद वचन

हरिप्रिय यथा व्यक्ति चिरसुखी चिर स्थिर ।
नाहि स्पर्शे भये मृत्यु एतद् सत्य निरीक्षिले ॥
हरि कृपा समाश्रित मृत्युभय अतिक्रमे ।
अमरत्त्वे प्रतिष्ठित जगत्बंधु हरिप्रिय ॥
एतद् सत्य प्रमाणित किं विस्मय इथे कह ।
हरि नाम हरि नाम हरि नाम सदा जप ॥
सविस्मये सर्व जन वीक्षणे पथे चले सहर्षे दनुज वल्लभात्मज ।
कहे सुरक्षा कवच जीवने यथा हरि नाम हरि नाम केवल ॥

- इति श्रीमद्देवायण ब्रह्मकल्पे तृतीय खण्डे लव मण्डलान्तर्गतः हनुमान वर्गे भृगुराम-मुनिगण संवादे हरि नामे प्रह्लाद अविनष्ट स्मृति कथन नामः पंचविंश संवर्ग ।

— ★ —

॥ षड्विंश संवर्ग ॥

भृगु वचन

कहे सर्वे तथास्थले एतद् शिक्षा प्रदानह ।
जाहे हरि कृपालब्ध जाहे मृत्यु अतिक्रमे ॥

प्रह्लाद वचन

हरि तत्त्व नहे गुह्य नामे नित्य प्रकाशित ।
हरि सर्व जगन्मय दुःख त्राता सदा हरि ॥

नामे नित्य प्रकाशित हरि नाम सदा जप ।
जपे हरि सन्निकटे रहे हरि चतुर्दिके ॥
हरि नाम हरि नाम हरि नाम सदा जप ।
हरि नाम हरि नाम हरि नाम निरन्तर ॥

भृगु वचन

एतद् सह जपे सर्वे दैत्यवृन्द चतुर्दिके ।
हरि नाम हरि नाम हरि नाम निरन्तर ॥
समुद्र गर्जने हरि मेघ स्वने नभःस्थले ।
दैत्य कण्ठे विमन्द्रित प्रकृति सह मिश्रित ॥
गगने गगने जले अरण्ये वायुमर्मरे ।
एकत्रित हरि नाम हरि नाम चतुर्दिके ॥
हरि नाम हरि नामे दैत्य नृत्य परायण ।
हरि नामे दले दले राजपथे बहिर्गत ॥
हरि नाम सुकीर्त्तने नाना छन्द प्रकाशिया ।
हरि नाम हरि नाम हरि नाम क्रमागत ॥
एतद् रूपे महाहर्षे हरिध्वनि चतुर्दिके ।
दैत्य शत सहस्रश प्रह्लादसह धावित ॥
प्रह्लाद गमने रत हरि नाम महामदे ।
तद् पश्चाते चले सर्व नामे विमुग्ध दानव ॥
प्रह्लाद कहिते रत हरि नाम सदा जप ।
हरि नाम हरि नाम हरि नाम निरन्तर ॥
एतद् सह हरि नामे दैत्यगण समायुत ।
अत्रकाले तथास्थले राजदूत प्रवेशिल ॥
प्रह्लाद मृत ए वार्ता राज्यमय प्रचारिते ।
राजदूत बहिर्गत राजपथे यवे शुन ॥
राजपथे निरीक्षिल प्रह्लाद अति मोदित ।
हरि नामे करे नृत्य दैत्यकुल समन्वित ॥
एतद् दृश्य निरीक्षिया राजदूते सविस्मय ।
राजगृहे चले द्रुत राजपदे निवेदिते ॥
हिरण्यकशिपु पार्श्वे एतद् वार्ता निवेदिल ।
दैत्येश्वर इहा शुन प्रह्लादे हेरि जीवित ॥
किं प्रकारे लभे प्राण अज्ञात दानवेश्वर ।
हरि नामे करे नृत्य राजपथे निरीक्षिणु ॥
हेरि पूर्वे स्वलोचने शिखरच्युत यद् क्षणे ।
आतङ्कित हवे प्राण हेरि क्षेत्र भयंकर ॥
अतले दश योजन गभीर यद् अधःस्थले ।
एतद् क्षेत्रे महाबले शृङ्खलित निपातित ॥
लभिल केमने रक्षा विस्मय मम मानसे ।
राजपथे निरीक्षिणु स्वचक्षे दनुजाधिप ॥
गम्भीरास्य महासुर शुनि वाक्य तथास्थले ।
रेखायित बलीपुंज तद् ललाटे क्रमागत ॥
हिरण्यकशिपु कहे कतक्षण रहि स्थिर ।
माहुते कर आह्वान जाह दूत त्वरित पदे ॥
दैत्येश्वरे यथा आज्ञा चले दूत त्वरित गति ।
प्रत्यागत क्षणान्तरे माहुत श्रेष्ठ संहति ॥

आगत माहुत श्रेष्ठ दैत्यपदे शिरानत ।
माहुते हेरिया अग्रे कहिल दानवेश्वर ॥

हिरण्यकशिपु वचन

हे माहुत इहा शुन यथा आज्ञा तवप्रति ।
दुर्वार मत्त मातंगे सज्जित कर वाहिनी ॥
कर मत्त सुरापाने उन्मत्त गति येमति ।
मत्त दंती भयंकर कर हे परिचालना ॥
राजपथे यथास्थले दैत्यकुल समन्वित ।
प्रह्लादे नृत्य यद् क्षेत्रे हरि नाम प्रचारिते ॥
बहु जन हरि नामे यथा नृत्य परायण ।
उन्मत्त गजवाहिनी सेस्थले कर चालना ॥
सर्व जन समन्वित दंतीपद प्रचापने ।
ए कार्ये यदि सक्षम पुरस्कार प्रदानिव ॥
प्रमत्त सर्वे शमनतुल्य माहुते विचाल्य निष्क्रांत मधु पान विह्वले ।
भयंकरारक्त नयने महामदे निनादि दंती दश सहस्र वृंहति ॥

- इति श्रीमद्देवायण ब्रह्मकल्पे तृतीय खण्डे लव मण्डलान्तर्गतः हनुमान वर्गे भृगुराम-मुनिगण संवादे उन्मत्त गज चालने प्रह्लाद नाशोद्यम वार्ता नामः षड्विंश संवर्ग ।

— ✯ —

॥ सप्तविंश संवर्ग ॥

भृगु वचन

एतद् आज्ञा यथा प्राप्त माहुत निर्गत त्वरा ।
विपुल गजवाहिनी सज्जित करि सत्वरे ॥
साजे दश सहस्रश मदमत्त महाकरी ।
मधुपाने यथा मत्त प्रमत्त गमने तथा ॥
माहुतकुल संहति माहुतश्रेष्ठ निर्गत ।
नाना वाद्य समन्वित दंती चमू बहिर्गत ॥
बाजे वाद्य महाघोरे करि सर्व प्रकम्पित ।
अलक्ष्ये हरि संहति येन युद्ध विघोषणा ॥
प्रतक्ष्ये ना यथा हरि हरिभक्त निपीड़िते ।
दैत्य बल समुत्थित वाद्यनादे सगर्जने ॥
बाजे शृंग महाशब्दे जगझम्प तथामत ।
खत्ताल ताल संहति दंती नृत्य परायण ॥
राजपथे बहिर्गत विपुल गजवाहिनी ।
चले दश सहस्रश मत्त दंती महाबले ॥
सुरापाने यथा मत्त दंतीकुल तथास्थले ।
रक्तचक्षु गजारूढ़ माहुतकुल तेमति ॥
रक्तचक्षु यथा दंती सुरापाने प्रमत्त तद् ।
आस्फालन करे शुण्ड ऊर्ध्व निम्रे क्रमागत ॥
आगत समुखे सर्वे प्रह्लाद हरि कीर्त्तने ।
चलिछे गजवाहिनी दलिते पद विक्रमे ॥
प्रह्लादे हेरि सम्मुखे राज आज्ञा यथामत ।
माहुत अंकुशाघाते करे क्षिप्त करीकुल ॥

तन्माहुतांकुशाघाते क्षिप्त करी भयंकर ।
निस्वने बृंहति ध्वनि अति क्रोध प्रकाशिया ॥
करि उच्च पदद्वय महाशुण्ड तथामत ।
दुर्वार गति धावने चले क्षिप्र त्वरित गति ॥
राजकार्य निरीक्षिया हरिभक्त तथास्थले ।
भीत सर्व मने मने गज पद विमर्दने ॥
एतद् हेतु मृदुस्वरे हरि नाम करे सबे ।
प्रह्लाद हेतु विज्ञात कहे वाक्य तथास्थले ॥

प्रह्लाद वचन

हरि कृपा समाश्रित वर्मावृत रहे सदा ।
एतद् सत्य निरीक्षिवे हरि नामे यथा बल ॥
विश्वास विहने सत्य नहे कभु प्रकाशित ।
स्व-विश्वासे रह स्थिर तुच्छ तद् गजवाहिनी ॥
यद्यपि लभि संघात हवे चूर्ण करीबल ।
अक्षत रहिवे सर्व एतद् सत्य सुनिश्चय ॥
हरि नाम हरि नाम हरि नाम सदा जप ।
हरि नाम हरि नाम कह सर्व सगर्जने ॥

भृगु वचन

गर्जिल सर्व दानव प्रह्लादसह सेस्थले ।
हरि नाम हरि नाम हरि नामे महाबल ॥
प्रह्लादसह यद् काले गर्जिल हरिवाहिनी ।
गर्जिल गजवाहिनी विषमे बृंहति स्वने ॥
कृष्ण वर्ण महाकाय गज मूर्ति भयंकर ।
रक्तचक्षु समन्वित बृंहति ध्वनि तेमति ॥
ऊर्ध्वशुण्ड यथा कृत आसे ऊर्ध्व पदद्वये ।
मद्यमत्त महादंती भीत सर्वे तथास्थले ॥
भीषण मत्त मातंग पदद्वये विचूर्णिवे ।
एतद् चिन्ता मनोदये करे सर्व पलायन ॥
प्रह्लादे कहिछे सर्वे कर कर पलायन ।
मद्यमत्त महाकरी पदद्वये विचूर्णिवे ॥
प्रह्लादे यत पार्ष्यद हेरि भीत तथास्थले ।
उत्साही सर्व माहुत मातंग परिचालने ॥
प्रह्लाद स्थित एकाकी अन्य सर्व तिरोहित ।
अदूरे रहिया सर्वे भीत भीत अवेक्षणे ॥
प्रचालितोन्मत्त गज पीड़िताकुशे अतीव संक्रुद्ध यमतुल्य दर्शने ।
निरस्त सर्वे रत पलायने त्वरा अशंक राज्ये हरि नाम कीर्त्तने ॥

- इति श्रीमद्देवायण ब्रह्मकल्पे तृतीय खण्डे लव मण्डलान्तर्गत: हनुमान वर्गे भृगुराम-मुनिगण संवादे गजाग्रे प्रह्लाद वार्ता कथन नाम: सप्तविंश संवर्ग ।

— ✯ —

॥ अष्टविंश संवर्ग ॥

भृगु वचन

मातंगे अंकुशाघाते क्रुद्ध दंती महारवे ।
केवल अंकुशाघाते विषम बृंहति ध्वनि ॥
प्रह्लाद जपिछे तथा हरि नाम निरन्तर ।
हरि नाम हरि नाम हरि नामे महाबल ॥
गर्जे दंती मुहुर्मुहु घोरस्वने तथास्थले ।
हरि नाम हरि नाम हरि नाम निरन्तर ॥
पार्श्वस्थित कहे सर्वे प्रह्लाद चूर्ण निश्चय ।
हरि नाम हरि नाम हरि नाम सदा जप ॥
हे माहुत निवारह मत्त दंती कहे सबे ।
हरि नाम हरि नाम प्रह्लाद जपिछे क्रमे ॥
प्रह्लाद राजनन्दन हे माहुत मने स्मर ।
भीतचित्ते कहे सबे उत्साही सर्व माहुत ॥
करिछे अंकुशाघात हस्तीशिरे पुनः पुनः ।
वेदना प्राप्त वारण अति क्रुद्ध अवारित ॥
प्रह्लादाग्रे समागत ऊर्ध्वपदे यवे शुन ।
गेल गेल महारवे दैत्य सर्व शिरानत ॥
मुद्रित चक्षु माहुते अंकुशाघात निर्दये ।
प्रह्लाद जपिछे तथा हरि नाम निरन्तर ॥
प्रधान मत्त मातंग प्रह्लादाग्रे अवस्थित ।
मुद्रित चक्षु माहुत पीड़िल अंकुशे पुनः ॥
करिल बृंहति ध्वनि मत्त दंती तथास्थले ।
हरि नाम हरि नाम केवल श्रवणे श्रुत ॥
प्रधान गजपृष्ठते प्रधान माहुत स्थित ।
मुद्रित लोचनद्वये किंवा स्पर्श सविस्मये ॥
हरि नाम हरि नाम करीपृष्ठे समुत्थित ।
उन्मुक्त लोचने दृष्ट प्रह्लाद गजपृष्ठते ॥
हरि नामे रहे मत्त कुपित अति माहुत ।
निक्षेपिल पुनः अग्रे धरि हस्ते भुजद्वय ॥
हरि नाम हरि नाम प्रह्लाद जपिछे तथा ।
यद निक्षिप्त पुरोभागे धरे शुण्डे करीवर ॥
उत्तोलित करे पद नृत्यभंगी यथामत ।
हरि नाम हरि नाम रहि शुण्डे अवस्थित ॥
प्रह्लादे धरिया शुण्डे उत्तोलन करे करी ।
हरि नाम हरि नाम दुल्यमान तथास्थले ॥
करी पदे विमर्दिवे एवे सर्वे असंशय ।
हरि नाम हरि नाम हरि नाम सगर्जने ॥
किं विस्मय अतःपरे मदमत्त महाकरी ।
धरि शुण्डे करे स्थित पृष्ठदेशे पुनः स्वयं ॥
हरि नाम हरि नाम कर सर्वे निरन्तर ।
हरि नाम हरि नाम हरि नाम सदा जप ॥
एतद् दृश्य निरीक्षिया माहुतकुल मोहित ।
हेरिया महिमा नामे हरि नाम करे सबे ॥

माहुतकुल संहति हरि नाम करे तथा ।
मत्तहस्ती करे नृत्य हरि नाम समन्वित ॥
एतद् दृश्य निरीक्षिया यत सर्व पलायित ।
प्रत्यागत पुनः सर्वे हरि नाम करे तथा ॥
मत्तहस्ती करे नृत्य बाजे वाद्य तथास्थले ।
माहुतसह अन्यान्य प्रायः त्रिंश सहस्त्रश ॥
सर्वे नृत्य परायण हरि नाम समन्वित ।
हरि नाम हरि नाम हरि नाम निरन्तर ॥
हस्तीपृष्ठे करे नृत्य प्रह्लाद हरि कीर्त्तने ।
दंतीकुल प्रमोदिते सर्वे नृत्य परायण ॥
एतद् सह करे नृत्य दैत्य त्रिंश सहस्त्रश ।
हरि नाम हरि नाम हरि नाम महास्वने ॥
एतद् दृश्य निरीक्षिया राजदूत तथास्थले ।
हिरण्यकशिपु पार्श्वे एतद् वार्ता निवेदिल ॥

दूत वचन

दैत्येश्वर इहा शुन अत्याद्भुत निरीक्षिणु ।
नाहि पदे विमर्दिल प्रह्लादे मत्त वारण ॥
धरि शुण्डे स्वपृष्ठते रक्षित मत्त वारणे ।
हेरिया श्रेष्ठ माहुत निक्षेपिल महीतले ॥
करिल अंकुशाघात दंतीशिरे पुनः पुनः ।
वेदना प्राप्त वारण नादिल बृंहति ध्वनि ॥
तवु नाहि पदद्वये राजपुत्रे विमर्दिल ।
दीर्घ शुण्डे धरि स्नेहे राखे पुनः स्वपृष्ठते ॥
एतद् दृश्य निरीक्षिया सर्व जन तथास्थले ।
प्रह्लादसह आश्चर्ये हरि नामे समायुत ॥
प्रायः त्रिंश सहस्त्रश हरि नाम करे तथा ।
प्रह्लाद कार्यते मुग्ध किंवा आज्ञा अतःपरे ॥
प्रमत्त मातंग तुलि पृष्ठते स्वयं नृपात्मजे हृष्ट पशु युक्त नर्त्तने ।
विमुग्ध सर्वे निरखि कार्य वारणे यथा हरि नाम हरि नाम केवल ॥

- इति श्रीमद्देवायण ब्रह्मकल्पे तृतीय खण्डे लव मण्डलान्तर्गतः हनुमान वर्गे भृगुराम-मुनिगण संवादे प्रह्लादप्रति गज वन्दना नामः अष्टविंश संवर्ग ।

— ★ —

॥ ऊनत्रिंश संवर्ग ॥

भृगु वचन

हिरण्यकशिपु शुनि गर्जिल विषम स्वने ।
सभासह प्रकम्पित सभासद चतुर्दिके ॥

हिरण्यकशिपु वचन

जाह दूत यथा त्वरित प्रधान माहुते कह ।
हस्तीपृष्ठे अवस्थित सप्रह्लाद समागमे ॥

भृगु वचन

राज आज्ञा यथा प्राप्त दूत त्वरित बहिर्गत ।
कहिल माहुते एतद् अकुस्थले उपस्थिते ॥
पुरीमध्ये प्रवेशह प्रह्लादसह माहुत ।
राज आज्ञा तवप्रति एका मात्र प्रवेशिवे ॥
दैत्य आज्ञा यथा श्रुत माहुत भीत अन्तरे ।
हरि नाम निवारिते हरि नाम करे तथा ॥
माहुत भीत अन्तरे मातंग करि ताड़न ।
पुरीमध्ये करे गति सर्व जने परित्यजि ॥
चलिछे वारण श्रेष्ठ प्रह्लाद स्थित पृष्ठते ।
हरि नामे रहे मत्त पूर्व वत राजनन्दन ॥
पुरीमध्ये चले दंती पश्चाते चलिछे सबे ।
वारणश्रेष्ठ यद्काले पुरीमध्ये प्रवेशिल ॥
अन्य सर्वे निवारित द्वारदेशे अत:परे ।
आगत वारणश्रेष्ठ सभाग्रे प्रांगणे यवे ॥
प्रह्लादे हेरिया दैत्य एतद् आज्ञा प्रदानिल ।
संक्षुब्ध दानवेश्वर रक्षीप्रति सगर्जने ॥
हरि नाम हरि नाम प्रह्लाद जपिते रत ।
हरि नाम हरि नाम हरि नाम निरन्तर ॥

हिरण्यकशिपु वचन

रक्षीवृन्द यथादेश कर कार्य त्वरित गति ।
करिया शृङ्खलाबद्ध कारागारे सुरक्षह ॥
प्रस्तर दानिया वक्षे कर प्राण बहिर्गत ।
मृतदेह निरीक्षिते मोरे त्वरित निवेदिवे ॥

भृगु वचन

एतद् आज्ञा यथा प्राप्त भीषण मूर्त्ति दानवे ।
हल क्रोधे भयंकर प्रह्लादे वधिते तथा ॥
आनिया लौह शृङ्खल करिल दृढ़ बंधन ।
हस्त पदे कलेवरे सर्व क्षेत्रे चतुर्दिके ॥
बंधन करिया स्कंधे यथा शीघ्र परिग्रहे ।
हरि नाम हरि नाम प्रह्लाद जपिछे क्रमे ॥
करे कारालये बद्ध अंधकार यथा गृह ।
शत मन महाश्मन दिल वक्षे प्रचापन ॥
हरि नाम हरि नाम हरि नाम सदा जप ।
हरि नाम हरि नाम हरि नाम मधुस्वन ॥
शत मन महाभार तद् पाषाणे अकातर ।
हरि नाम हरि नाम हरि नाम जपे सदा ॥
रक्षी सर्व महारोषे पुनः शत प्रदानिल ।
द्विशत मन पाषाणे प्रह्लाद यद् अकातर ॥
हरि नाम हरि नाम जपे सुखे निरन्तर ।
हेरि क्रोधे पुनः पुनः दाने शत शताश्मन ॥
कक्षाकाश करे स्पर्श अक्षम दानिते पुनः ।
प्रह्लाद जपिछे हर्षे हरि नाम मधुस्वरे ॥

एतद् रूप निरीक्षिया रक्षी दैत्ये निवेदिल ।
कक्षाकाश करे स्पर्श पाषाण दानिते क्रमे ॥
प्रह्लाद जपिछे हरि अकातरे तथापिह ।
मन दश सहस्त्रश गिरिखण्डे प्रचापिनु ॥
तवु अकातरे स्थित हरि नाम परायण ।
किञ्चित् मात्र नहे भार एतद् मत् रहे तथा ॥
कक्षाकाशे यथा बद्ध किंवा कार्य अत:परे ।
नाहि क्षेत्र पुन: दानि तवादेश किंवा कह ॥
रक्षी आस्ये यथा श्रुत विक्षुब्ध दानवेश्वर ।
कहे वाक्य सजर्गमे मुष्टिबद्ध करद्वये ॥

हिरण्यकशिपु वचन

मन दश सहस्त्रश रहे पुत्र अकातर ।
पाषाणे कर हे मुक्त शृङ्खलह तथामत ॥
कर मात्र गृहे बद्ध कारारुद्ध यथामत ।
हवे कार्य अत:परे पुत्रप्राण विनाशिते ॥

भृगु वचन

एतद् वाक्य यथा श्रुत रक्षी कार्य करे तथा ।
पाषाण मोचने त्वरा शृङ्खलह तथामत ॥
कारारुद्ध रहे पुत्र एस्थले दानवेश्वर ।
दूतप्रति कहे वाक्य आनह अहितुंडिक ॥
दैत्य वाक्य यथा श्रुत चले दूत चतुर्दिके ।
आनिल आहितुंडिक शत शत सहस्त्रश ॥
एतन्मध्ये विशेषज्ञ सर्व श्रेष्ठ यथा जन ।
प्रधान अहितुंडिके कहिल दानवेश्वर ॥

हिरण्यकशिपु वचन

शुन हे अहितुंडिक यथा आज्ञा तवप्रति ।
राजदंडे यथा बन्दी मृत्युदंड प्रदानित ॥
नारिल वधिते अन्ये करि बहु सुकौशल ।
सर्पाघाते विनाशह आनि दुष्ट भुजंगम ॥

भृगु वचन

एतद् आज्ञा यथा श्रुत कहिल अहितुंडिक ।
त्वरित कार्य समापिव दैत्येश्वर पदे नमि ॥

हिरण्यकशिपु वचन

सक्षम यदि एकार्य दानिव बहु यौतुक ।
बन्दीपुत्रे विनाशह अति तीव्र हलाहले ॥
विरक्त दैत्येश अहितुंडिके कहे प्रचालने सर्प यदि सक्षम त्वरा ।
विनाशिते प्राण तुमि दंडितात्मजे प्रतुष्टिवाहं बहु धनोपढौकने ॥

- इति श्रीमद्देवायण ब्रह्मकल्पे तृतीय खण्डे लव मण्डलान्तर्गत: हनुमान वर्गे भृगुराम-मुनिगण संवादे अपिष्ट प्रह्लाद वार्ता नाम: ऊनत्रिंश संवर्ग ।

— ✯ —

॥ त्रिंश संवर्ग ॥

भृगु वचन

आज्ञा प्राप्त चले द्रुत कुटिल अहितुंडिक ।
बहु सर्पे करे क्रीडा महाविषधराहि यद् ॥
एतन्मध्ये विचारित यारा तीक्ष्ण हलाहले ।
एरूप भुजंग द्वये विधृत अहितुंडिके ॥
गर्जे सर्प महाक्रोधे विस्तार करिया फणा ।
कृष्णवर्ण महाकाय रक्तचक्षु समुज्वल ॥
करे जिह्वा बहिर्गत घन घन निरन्तर ।
दुल्यमान कलेवरे गर्जिछे सघने अहि ॥
एतद् भुजंगम द्वय करि हस्ते विधारण ।
कारागारे उपस्थित द्वारी द्वार विमोचिल ॥
सर्व रंध्रे करे रुद्ध किञ्चित् द्वार विमोचने ।
निक्षेपे अहितुंडिक तद् सर्प पुच्छ कर्त्तने ॥
कर्त्तित पुच्छ तद् सर्प गृहमध्ये प्रवेशिल ।
द्वाराबद्ध करे त्वरित गर्जे क्रुद्ध भुजंगम ॥
क्षुद्र रंध्रे निरीक्षिल विस्मये अहितुंडिक ।
भुजंग पुच्छ कर्त्तित भ्रमे क्रोधे चतुर्दिके ॥
प्रह्लाद जपिछे तथा हरि नाम क्रमागत ।
हरि नाम हरि नाम हरि नाम निरन्तर ॥
गर्जिते गर्जिते सर्प प्रह्लाद पार्श्वते स्थिर ।
हरि नाम हरि नाम हरि नाम मधुध्वनि ॥
विराम सर्व गर्जने सर्प शान्त तथास्थले ।
हरि नाम हरि नाम एतद् ध्वनि समुत्थित ॥
द्वार मुक्त यथा कृत हेरिल अहितुंडिक ।
सर्प क्रोडे सुशायित करे अंगे समादर ॥
प्रह्लाद छेद्य पुच्छते स्पर्शे स्नेहे पुनः पुनः ।
कर्त्तन वेदना मुक्त रहे शान्त भुजंगम ॥
अत्याद्भुत महाशक्ति महाश्चर्ये निरीक्षिल ।
दर्शने अहितुंडिक त्वरित पार्श्वे उपस्थित ॥
प्रह्लाद चरणे नमि कहे वाक्य सकातरे ।
कर सर्प वशीभूत कोन शक्ति महाबले ॥
दुरंत ज्ञात निश्चय एतद् कृष्ण भुजंगम ।
ताहे पुच्छ विकर्त्तित नारि स्वयं निवारिते ॥
कर्त्तित पुच्छ ए सर्प निक्षेपिनु बहिर्गते ।
मंत्रे कभु नहे शक्य कह विद्या किंवा तव ॥
महाविद्या परिज्ञात गुरुसम मने स्मरि ।
मोरे विद्या प्रदानह नमि तोमा पुनः पुनः ॥

प्रह्लाद वचन

किंवा विद्या किंवा मंत्र परिज्ञात गुणी स्वयं ।
जपि मंत्र हरि नाम हरि नाम निरन्तर ॥
तद् नामे यदि विश्वास जप नाम निरन्तर ।
हरि नाम हरि नाम हरि नाम मधुध्वनि ॥

भृगु वचन

हरि नाम हरि नाम जपिते अहितुंडिक ।
सर्पसह बहिर्गत प्रह्लादे करिया नति ॥
एतद् वार्ता निवेदिल दूत दैत्येश्वरे त्वरा ।
शुनि वाक्य यथायथ चिन्तित दानवेश्वर ॥
रहि मौन बहुक्षण भूमितले परिभ्रमे ।
सभाते पदचारणे गम्भीरास्य महासुर ॥
विद्युत सम बलीरेखा रेखायित पुनः पुनः ।
चिन्तायुक्त कतक्षण कहे वाक्य अतःपरे ॥

हिरण्यकशिपु वचन

प्रह्लादे करिया मुक्त आनो हेथा त्वरित गति ।
पुनः स्वयं विचारिव यथादेश अतःपरे ॥

भृगु वचन

शुनि रक्षी बहिर्गत कारागारे चले त्वरा ।
प्रह्लादे करिया मुक्त आने त्वरित सभास्थले ॥
प्रह्लाद दूत संहति सभामध्ये समागमे ।
हरि नाम हरि नाम हरि नाम जपे रत ॥
विमौन दैत्येश अति विस्मये श्रुत प्रविष्ट संक्रुद्ध अहिपुच्छ कर्त्तने ।
विनम्र अग्रे विरत दंशने यथा कहे पुनश्चानह विचारिव स्वयं ॥

- इति श्रीमद्देवायण ब्रह्मकल्पे तृतीय खण्डे लव मण्डलान्तर्गतः हनुमान वर्गे भृगुराम-मुनिगण संवादे सर्प वशीभूत प्रह्लाद वार्ता कथन नामः त्रिंश संवर्ग ।

— ✯ —

॥ एकत्रिंश संवर्ग ॥

भृगु वचन

प्रह्लाद जपिते रत हरि नाम सभातले ।
हिरण्यकशिपु क्षुब्ध कहे वाक्य तथास्थले ॥

हिरण्यकशिपु वचन

रे प्रह्लाद हरि नाम कर तुमि निरन्तर ।
हरि दैत्यकुलप्रति अरि श्रेष्ठ सुनिश्चय ॥
शुनि मंत्र परिज्ञात सर्व जन कहे इहा ।
कर सर्प वशीभूत निज प्राण सुरक्षिते ॥
शस्त्रे देह सुरक्षिले निपातने तथामत ।
गिरिखण्ड प्रचापने आत्मरक्षा यथाकृत ॥
कर दंती वशीभूत सर्व लोक चमत्कृत ।
यदि प्राप्त महामंत्र अमरत्त्वे प्रतिष्ठित ॥
एतद् मंत्र प्रदानह दैत्यकुलेसुमंगले ।
हरि नाम परित्यजि सुखे राज्ये कर स्थिति ॥
लभिवे बहु सम्मान दैत्यकुले निरन्तर ।
एतद् मंत्र प्रदानिले पूजिवे सर्व दानव ॥
मृत्युंजयी यथा मंत्र दैत्यगणे प्रदानिले ।
दैत्यपूज्य हवे तुमि एतद् सत्य सुनिश्चय ॥

प्रह्लाद वचन

मंत्र तंत्र नहि ज्ञात शुन पिता यथा कहि ।
हरि नामे सुरक्षित मम प्राण निरन्तर ॥
हरि दैत्यकुले अरि नहे शुन कदाचन ।
दैत्यराज स्मरे नित्य हरि शत्रु निपातिवे ॥
युद्धोन्माद हिरण्याक्ष आह्वानिल रणे हरि ।
वांछा कल्पतरु स्वयं हरि सत्य सुनिश्चय ॥
कल्पतरु यथा हरि वरदाता निरन्तर ।
द्वेषीसह करे द्वेष द्वेषी वांछा यथामत ॥
मित्रसह करे मैत्री सखा वांछा मनोमत ।
हरि शत्रु सखा बंधु हरि सर्व जगन्मय ॥
द्वेषीभावे निरीक्षिले महाद्वेषे समुद्भवे ।
करे ध्वंस महाबले विद्वेष पूर्णता तरे ॥
मित्रभावे निरीक्षिले मित्ररूपे प्रकाशित ।
करे नित्य भुजाश्लेष रहि नित्य चतुर्दिके ॥
हरि ऊर्ध्वे अधे हरि पार्श्वद्वये सदा हरि ।
हरि मित्र यवे शुन मृत्युभय किंवा कह ॥
मंत्र स्वयं नहि ज्ञात हरि नाम सदा जपि ।
हरि नामे निरीक्षिले अमरत्त्व सुनिश्चय ॥
एतद् हेतु इहा कहि हरिद्वेष परित्यजि ।
हरि नाम हरि नाम हरि नाम सदा जप ॥
हवे सर्व सुमंगल हरि नामे पिता कहि ।
हरि नाम हरि नाम हरि नाम निरन्तर ॥
शस्त्राघाते ममप्रति हरि शस्त्र निवारिल ।
तीक्ष्ण शस्त्रे द्विखंडित करे यथा सुनिश्चय ॥
घातक शुन यद्काले शस्त्राघात करे बले ।
स्वयं अंग समाश्लेषे रहे हरि स्मिताधरे ॥
नारे अन्ये निरीक्षिते शस्त्राघात सहे हरि ।
स्वयं मात्र हरि नाम हरि नाम सदा जपि ॥
शृंखलित निपातित यवे स्वयं महार्णवे ।
शून्यस्थले परिग्रहे हरि बहु समादरे ॥
पुत्रप्रति पिता यथा स्नेहवान तथामत ।
करि स्नेहे समादर सुरक्षित महीतले ॥
दानवकृत निक्षिप्त हरिकृत सुरक्षित ।
स्वयं मात्र हरि नाम हरि नाम सदा जपि ॥
राजपथे प्रवेशिनु बहुरूपे उपस्थित ।
मम सह स्वयं नामे हरि नृत्य परायण ॥
मम हर्ष प्रवर्धिते हरि नाम जपे स्वयं ।
अहं मात्र हरि नाम हरि नाम मने स्मरि ॥
एतद् नाम परित्यजि हरि क्रीडा परायण ।
कहे पथ परित्यज हेर दंती समागत ॥
एतद् वाक्य यथा श्रुत हरि आस्ये पिता शुन ।
कहि स्वयं सकातरे हरि तुमि कृपा कर ॥
नाम-पथ परित्यजि करि कोथा पलायन ।
सर्व भूते सदा नामे तुमि हरि विराजित ॥

एवे हरि करे नृत्य दंतीरूप विधारणे ।
धरि शुण्डे महास्नेहे स्वयं पृष्ठे करे स्थित ॥
स्वयं पृष्ठे विधारणे नृत्ये रत चतुर्दिके ।
अहं मात्र हरि नाम हरि नाम सदा जपि ॥
राजगृहे प्रवेशिल स्वयं हरि अत:परे ।
हरि नाम हरि नाम हरि नाम सदा जपि ॥
अहं हरि नाम हरि नाम केवले भ्रमि स्वयं नित्य हरि नाम कीर्त्तने ।
प्रदानि सर्वक्षण सुसंग सख्यते पशे जगद्‌बंधु हरि राज आलये ॥

- इति श्रीमद्देवायण ब्रह्मकल्पे तृतीय खण्डे लव मण्डलान्तर्गत: हनुमान वर्गे भृगुराम-मुनिगण संवादे हिरण्यकशिपु प्रति प्रह्लाद कर्त्तृक हरि माहात्म्य कथन नाम: एकत्रिंश संवर्ग ।

— ✯ —

॥ द्वात्रिंश संवर्ग ॥

भृगु वचन

राजगृहे प्रवेशिल हरि वाक्य यथा श्रुत ।
हिरण्यकशिपु दर्शे स्वयं पार्श्वे चतुर्दिके ॥
राजगृहे प्रवेशिल महाशत्रु नहे शुभ ।
कोथा लुकायित स्थित तद् संशय उपस्थित ॥
गृहे शत्रु प्रवेशिल आतङ्कित महासुर ।
अलक्ष्यिते रहे हरि गृहमध्ये महाबली ॥
भीत क्रोधे धरे गदा दृढ़हस्ते महासुर ।
लागिल कहिते पुन: प्रह्लाद राजनन्दन ॥

प्रह्लाद वचन

राजगृहे प्रवेशिया दैत्यरूप धरे अरि ।
शृंखलित करे मोरे प्रस्तर कर धारणे ॥

भृगु वचन

हिरण्यकशिपु भीत चौदिके रत दर्शने ।
सर्व दैत्ये निरीक्षिछे के प्रस्तर करे धृत ॥
दैत्यरूप विधारणे केवा हरि सभातले ।
सर्व जने निरीक्षिछे प्रह्लाद कहिछे तथा ॥

प्रह्लाद वचन

ममसह करे क्रीडा गिरिखण्ड प्रचापिते ।
सर्वभार वहे स्वयं मम अंगे करि स्थिति ॥
एतद् क्रीडा समापने अहिरूपे प्रवेशिल ।
कहिल वेदना प्राप्त हे प्रह्लाद निरीक्षह ॥
हेरिनु पुच्छ कर्त्तने रक्तधारा प्रवाहित ।
हरि दु:खी निरीक्षिया मम दु:ख उपस्थित ॥
हरि सेवा करि स्वयं राखि अंगे समादरे ।
क्षणान्तरे प्रवेशिल अन्यरूपे जगत् हरि ॥
कहे हरि नमस्कारे हरि-माया सुदुस्तर ।
तुमि मंत्र परिज्ञात मोरे मंत्र प्रदानह ॥

श्रवणे अति विस्मय कहि वाक्य हरिप्रति ।
किंवा विद्या परिज्ञात हरि नाम बिना शुन ॥
कहे हरि कथाच्छले मम चित्त विमोहिते ।
कर सर्प वशीभूत एतद् मंत्र प्रदानह ॥
एतद् वाक्य यथा श्रुत हरि क्रीडा मने स्मरि ।
कहि वाक्य हरिप्रति हरि तुमि जगन्मय ॥
सर्प तुमि ओझा तुमि गिरि तुमि मही तुमि ।
शस्त्र तुमि शस्त्री तुमि अम्भ तुमि करी तुमि ॥
दैत्य तुमि नरः तुमि देव तुमि जगत्पति ।
शत्रु तुमि सखा तुमि पिता तुमि परात्पर ॥
कहिते कहिते हेर सभातले उपस्थित ।
हरि नाम सदा जपे संगे हरि निरन्तर ॥

हिरण्यकशिपु वचन

हे प्रह्लाद यथा कह हरि सर्व जगन्मय ।
तव सह प्रवेशिल अद्य राज सभातले ॥
मम चक्षे अदर्शित कह कोथा अवस्थित ।
यदि हरि सभातले काम्य हरि निरीक्षिते ॥

प्रह्लाद वचन

सर्व भूते अवस्थित स्मर सत्य असंशये ।
जीवे मात्र नहे पिता सर्व क्षेत्रे अवस्थित ॥
ऊर्ध्वे हरि महानीले हरि व्योमे नभःस्थले ।
अधे हरि महाजले वन श्यामे महीतले ॥
अरण्य भूधरे हरि लता वृक्षे सदा हरि ।
भूचर खेचरे हरि हरि सर्व चराचरे ॥
मत्स्य वा पशुते हरि हरिमय जगत् शुन ।
कहिते किं सभास्थले स्तम्भे स्तम्भे अवस्थित ॥
जले स्थले नित्य हरि पर्वते वने चराचरे व्योममय भूतले हरि ।
समस्त जीवे हरि सदेव दानवे विचित्र किं स्तम्भमय सर्वतो स्वयं ॥

- इति श्रीमद्देवायण ब्रह्मकल्पे तृतीय खण्डे लव मण्डलान्तर्गतः हनुमान वर्गे भृगुराम-मुनिगण संवादे हरि सर्वत्र विद्यमान नामः द्वात्रिंश संवर्ग ।

— ✯ —

॥ त्रयोत्रिंश संवर्ग ॥

भृगु वचन

स्तम्भे हरि अवस्थित एतद् वाक्य यथा श्रुत ।
हिरण्यकशिपु गर्जि गदा हस्ते समुत्थित ॥

प्रह्लाद वचन

द्वेषीभाव परित्यज नहे शुभ कदाचन ।
द्वेषीभावे निरीक्षिले हवे मृत्यु सुनिश्चय ॥
चरम हरि दर्शन नाहि दृश्य अतःपरे ।
द्वेषीरूपे निरीक्षिले दर्शके मृत्यु निश्चय ॥

मित्ररूपे निरीक्षिले अमरत्त्व हवे कहि ।
शत्रुभाव परित्यजि मित्रभावे निरीक्षह ॥

भृगु वचन

प्रह्लाद कृत विश्वासे प्रत्यय तद् महासुरे ।
स्तम्भे हरि करे स्थिति बद्धावस्था मने स्मरि ॥
उत्तम क्षेत्र निर्णये दृढ़ हस्ते गदा धृत ।
वज्रतुल्य महास्वने एतद् वाक्य निनादिल ॥

हिरण्यकशिपु वचन

ओरे हरि दुराचारी त्वरित आत्म प्रकाशह ।
वधि दुष्ट हिरण्याक्ष कर द्रुत पलायन ॥
तदवधि लुकायित परिभ्रम चतुर्दिके ।
अद्य स्तम्भे प्रवेशिले पशि राजसभातले ॥
प्रह्लादे करित रक्षा रह पार्श्वे चतुर्दिके ।
कर कार्ये सुगोपने शिशुपुत्रे प्रवर्धिया ॥
गृह-द्वन्द्व अनुष्ठिले तुमि दुष्ट महाछले ।
शिशुमन वशीभूत कर माया विमोहने ॥
स्वयं वीर्ये बली यदि त्वरित आत्म प्रकाशह ।
भ्रातृहंता अग्निश्रेष्ठ केन भीत लुकायित ॥

भृगु वचन

कहिते कहिते वाक्य अति घोर विनिस्वने ।
आघातिल जड़ स्तम्भे गदाघात महाबले ॥
गदाघात यथा कृत हल स्तम्भ विदारित ।
नृसिंह रूप धारणे हरि आत्म प्रकाशिल ॥
शत वज्र निनादने नृसिंहाकृति गर्जिल ।
लागिल दुलिते सभा सर्व लोक समन्वित ॥
सिंहास्य मानवाकृति केशरकुल कम्पने ।
हिरण्यकशिपु प्रति तीक्ष्ण दृष्टि निरीक्षणे ॥
विशाल वक्त्र विस्तारि गर्जे हरि पुनः पुनः ।
महाद्रंष्टा विकाशित चक्षे वह्नि बहिर्गत ॥
हिरण्यकशिपु अंगे गदाघात करे बले ।
दिव्य अंग प्रकम्पित हल गदा विचूर्णित ॥
नृसिंह देव कुपित धरे दैत्ये महाबले ।
महाद्रंष्ट्रा विघातने महोदर विदारिल ॥
दैत्योदरे विदारित रक्तधारा बहिर्गत ।
अंत्राशय रहे दंते त्यक्त दैत्य महीतले ॥
दैत्येश्वरे परित्यजि नृसिंह मूर्त्ति भीषण ।
गर्जिल अति भैरवे पुनः पृथिवी प्रकम्पित ॥
नृसिंह आकार धृत निर्गत त्वरा विभेदने स्तम्भ हरि पीड़ने नखे ।
विदारि दंते उदर अन्त्र चर्वणे निनादि घोरे वधि दैत्य राजने ॥

- इति श्रीमद्देवायण ब्रह्मकल्पे तृतीय खण्डे लव मण्डलान्तर्गतः हनुमान वर्गे भृगुराम-मुनिगण संवादे हिरण्यकशिपु वध वार्ता कथन नामः त्रयोत्रिंश संवर्ग ।

— ✯ —

॥ चतुःत्रिंश संवर्ग ॥

भृगु वचन

दैत्येश्वर गत प्राण परित्यक्त महीतले ।
प्रह्लाद स्तविते रत एतद् रूपे तथास्थले ॥

प्रह्लाद स्तव

नमि तोमा जगत्पति हरि रूप विधारित ।
सर्व भूते अवस्थित एतद् साक्षात् प्रमाणित ॥
ज़ड़ स्तम्भ विदारिले सर्व जगत् चमत्कृत ।
केशरदल कम्पने भयाल ध्वनि उत्थित ॥
दैत्यरक्ते विरंजित महाद्रंष्टा महाबली ।
तव वीर्य निरीक्षिया हतवीर्य पिता मम ॥
अपूर्व सुन्दर द्युति देह हते बहिर्गत ।
गदाघात करे पिता ए सौन्दर्ये किं विस्मय ॥
दैत्येश्वरे महाघाते नह किञ्चित् विचालित ।
वर्धिते क्रोध तेजस गदाघात कर स्पृहा ॥
गदाघात अकारण नहे प्रभु सुनिश्चय ।
तव इच्छा इहा मात्र एतद् रूप मने स्मरि ॥
तव इच्छा नहे यदि शक्य किं दानवेश्वर ।
तद संगे गदाघाते सर्व इच्छा तवप्रति ॥
तवेच्छा विहने कभु नहे कार्य जगत्त्रये ।
तव प्रीति यथा लाभ तव इच्छा मनोमत ॥
एतद् सत्य प्रमाणित कहिनु दानवेश्वरे ।
भजिते चरण द्वय तत्त्वसह महात्मन ॥
तव तेज प्रभावित अंधदृष्टि पिता मम ।
जीवन दानिते हरि जीवन नाशिते हरि ॥
एतद् सत्य प्रमाणित शस्त्रे गिरि निपातने ।
लभि प्राणे परित्राण तव कृपा समाश्रित ॥
निमेषे वधिले तुमि दैत्येश्वर पिता मम ।
शान्तभाव विधारणे कर शान्त जगत् तुमि ॥
प्रव्यथित जगत् सर्व तव तेज प्रभावित ।
हेर भीत सभातल मम अंग प्रकम्पित ॥
नमि तोमा जगत्प्रभु नमि तोमा पुनः पुनः ।
तुमि सर्व जगन्मय एतद् सत्य प्रमाणित ॥
ऊर्ध्वे तुमि अधे तुमि तुमि देव चतुर्दिके ।
सर्प तुमि ओझा तुमि तुमि सिंधु महीधर ॥
शस्त्र तुमि यथा तीक्ष्ण शस्त्री तुमि महाबल ।
नारायण जले तुमि अम्भः तुमि करी तुमि ॥
दैत्य तुमि नरः तुमि देव तुमि जगत्पति ।
प्राण तुमि मनः तुमि सर्वत्र बहुलाकृति ॥
शत्रु तुमि सखा तुमि पिता तुमि परात्पर ।
कर स्नेह प्रकाशित भीत सर्वे सभातले ॥
महातेज बहिर्गत अंग हते महात्मन ।
नारे सर्वे निरीक्षिते मुद्रित लोचने स्थिर ॥

कहे ऋषि स्वस्ति पुरवृन्द संहति त्रिलोकवासी असह तेज विक्रमे ।
सभीत तवाग्रे प्रणत कातर स्तवे नमः नमस्ते अखिल विश्वपालक ॥

- इति श्रीमद्देवायण ब्रह्मकल्पे तृतीय खण्डे लव मण्डलान्तर्गतः हनुमान वर्गे भृगुराम-मुनिगण संवादे प्रह्लाद स्तव वार्ता नामः चतुःत्रिंश संवर्ग ।

— ✮ —

॥ पंचत्रिंश संवर्ग ॥

भृगु वचन

प्रह्लाद स्तविते रत एतद् रूपे क्रमागत ।
त्यजिया मूर्त्ति भीषण शान्त क्रमे जगत्पति ॥
शान्त मूर्त्ति विधारणे स्नेह चक्षे बहिर्गत ।
प्रह्लादे धरिया वक्षे देव नृत्य परायण ॥
रक्तजिह्वा विलेहने देव नृत्य विलेहित ।
किञ्चित् शान्त निरीक्षिले देव ऋषि करे स्तव ॥

देवगण वचन

अव्यक्त व्यक्त शाश्वत गोचर हे अगोचर ।
परम पुरुषोत्तम तुमि देव परात्पर ॥
अचिन्ता हे सनातन सर्व मंगलकारक ।
हिरण्यकशिपु वधि जगत् हित यथा कृत ॥
सर्व जगत् निपीड़ित दैत्यकृत महात्मन ।
देव भीति विदूरित मुक्त अद्य स्वरालय ॥
धर मूर्त्ति मनोहर होक सृष्टि मनोरम ।
दुष्ट दैत्य विनाशित तव तेज प्रभावित ॥
देवेश्वर नमः नमः नमि हे भूतभावन ।
नमि पदे पुनः पुनः शंख चक्र गदा धृत ॥

भृगु वचन

देव-स्तवे तथास्थले त्यजिया सिंह विक्रम ।
शंख चक्र गदा पद्मे धृत मूर्त्ति मनोहर ॥
सृष्टिध्वंसी यथाकृति परित्यजि जगत्पति ।
दिव्यरूप विधारित दिव्यगंध समन्वित ॥
दिव्यकण्ठे प्रलम्बित दिव्यमाल्य मनोहर ।
दिव्य वस्त्र अलंकारे अत्याद्भुत समीक्षित ॥
दिव्यस्नेह विनिर्भर दिव्यचक्षुद्वये तथा ।
दिव्य-आस्य स्मिताधरे एतद् वाक्य विमन्द्रित ॥

विष्णु वचन

शुन हे सर्व देवता सर्व विघ्न विदूरित ।
स्वर्ग मुक्त यथा कृत सुखे स्वर्गे कर स्थिति ॥
हे प्रह्लाद इहा शुन दानि स्वर्ग प्रदानित ।
रह तुमि महीतले देव कार्य अनुष्ठिते ॥
देव कार्य अनुष्ठिया दैत्ये शिक्षा प्रदानह ।
कर जगत् सुपालन मम स्नेह रवे तथा ॥

मम कार्य समापित वर चाह मनोमत ।
प्रीत स्वयं सुर स्तवे वर स्वयं प्रदानिव ॥
प्रदानि सम्राज्यपद दानवात्मज प्रचालने दैत्यकुल शासने जगत् ।
मनुष्य सख्ये सुरकुल स्तवार्चने मम प्रणामे करह भक्ति वर्धन ॥

– इति श्रीमद्देवायण ब्रह्मकल्पे तृतीय खण्डे लव मण्डलान्तर्गत: हनुमान वर्गे भृगुराम-मुनिगण संवादे देवगण स्तवे सौम्य मूर्त्ति धारण नाम: पंचत्रिंश संवर्ग ।

— ★ —

॥ षड्त्रिंश संवर्ग ॥

भृगु वचन

एतद् रूपे यथा श्रुत प्रह्लादसह देवता ।
कहे वाक्य तथास्थले ऋषिवृन्द समन्वित ॥
किंवा वर अत:परे सर्व कार्य समापित ।
हिरण्यकशिपु वधि सर्व दु:ख निवारिले ॥
तवूह वर दानिते यदि इच्छा महात्मन ।
एतद् वर प्रदानह यथा काम्य मनोमत ॥
यदि पुन: उपद्रव कर रक्षा तथास्थले ।
स्वप्रभावे समुद्भवे कर शान्त जगत् पुन: ॥
एतद् उक्त हरिप्रति ऋषि देवे शिरानते ।
दिव्यकण्ठ निनादित मेघमन्द्रे तथास्थले ॥

हरि वचन

हिरण्यकशिपु वधि हिरण्याक्ष तथामत ।
हरि मूर्त्ति विधारणे अरूप शाश्वत स्वयं ॥
हरि मूर्त्ति विधारित सत्ययुगे यथा स्मृति ।
दैत्यद्वय विनाशिते शुन कार्य अत:परे ॥
जन्मिवे दानव द्वय त्रेतायुगे अनन्तरे ।
हिरण्याक्षे हवे जन्म कुम्भकर्ण निशाचर ॥
हिरण्यकशिपु हवे रक्ष:राज दशानन ।
राम रूपे नर:कुले हवे जन्म ममप्रति ॥
वधिव राक्षस द्वय महायुद्धे रणस्थले ।
हिरण्याक्ष हवे कंस पुनश्च द्वापरे शुन ॥
हिरण्यकशिपु हवे शिशुपाल मने स्मर ।
नर:कुले यथा जन्म स्वयं हस्ते विनाशिव ॥
कृष्ण नामे हवे जन्म अत्रकाले मने स्मर ।
एतद् जन्म त्रये मम मुक्ति दैत्यद्वये कहि ॥
दैत्यद्वय यवे मुक्त दैत्यतेज प्रभावित ।
कृष्णछाया परिव्याप्त हवे शुन महीतले ॥
अत्रकाले जगत्त्रय हवे कलि प्रभावित ।
सर्वे द्वन्द्व प्रभाविवे भूमि खण्ड विभागिया ॥
हवे धर्म विभागित राष्ट्र देश तथामत ।
स्वप्रभावे प्रतिष्ठित हवे जगत् यवे शुन ॥
एतद् द्वन्द्व निवारिते ऐक्य सूत्र प्रदानिते ।
अब्ज नामे पुनर्जन्म हवे शुन अनन्तरे ॥

एतद् जन्मे कलि क्षय सत्य द्युति प्रकाशिवे ।
मर्त्यधामे हवे शुन देव स्मृति समुद्भव ॥
अखण्ड देवताकाले अम्लान ज्योतिते शुन ।
हवे जगत् प्रतिष्ठित देवकाल समागमे ॥
कहिते कहिते वाक्य हरि मूर्त्ति तिरोहित ।
सत्यकाल समापने समारम्भ त्रिता यवे ॥
एरूप कहिया भृगु ध्यान मग्न तथास्थले ।
सर्वे चक्षु निमीलने ध्यान स्थिर यथामत ॥
क्षणेक रहि एरूप आरम्भिल पुनः भृगु ।
ऋषिवृन्द समावृत यथा सभा महीतले ॥
प्रदानि देवे वर परात्पर प्रभु प्रतुष्टि वाक्ये ऋषि भविष्य भाषणे ।
यदुक्त मर्त्यागम पुनः जगत् हिते प्रसन्न अन्तर्हित नृसिंह देवता ॥

- इति श्रीमद्देवायण ब्रह्मकल्पे तृतीय खण्डे लव मण्डलान्तर्गतः हनुमान वर्गे भृगुराम-मुनिगण संवादे नृसिंह कर्तृक भविष्यत् वार्ता कथन नामः षड्त्रिंश संवर्ग ।

— ☆ —

॥ सप्तत्रिंश संवर्ग ॥

भृगु वचन

प्रह्लाद कृत विश्वासे हरि वीर्य प्रकाशित ।
प्रह्लाद नाम आश्रये दैत्यकुले प्रतिष्ठित ॥
देखह दृढ़ विश्वास सर्वत्र हरि दर्शने ।
तेमति हनु कार्यते राम नाम प्रकाशित ॥
जय राम जगत्पति एतद् ध्वनि विनिस्वने ।
सामान्य कपि मारुति महत् वीर्ये प्रतिष्ठित ॥
राम नामे दहे लंका एकाकी वीर मारुति ।
राम नामे महायुद्ध करे वीर तथास्थले ॥
आनिल गंधमादन राम नाम मने स्मरि ।
बहु शृंगे सुशोभित योजनेक महागिरि ॥
राम नामे असम्भव मारुति कृत सम्भव ।
पशि एका महीतले वधिल महीरावण ॥
अति दुष्ट निशाचर मायाधर तथामत ।
सर्व माया विचूर्णिल राम नामे महाबली ॥
रक्षःमाया विचूर्णिया वधे अहि अतःपरे ।
रामचन्द्रे करे मुक्त राम नामे महाबली ॥
कालीदहे चले वीर राम नाम मने स्मरि ।
सहस्र योजन त्वरा प्रहरार्द्धे अतिक्रमे ॥
सर्व लोक सविस्मय आनिल नील पंकज ।
राम कृत यथा पुष्पे शक्ति पूजा समापित ॥
मायाविद्या लभे हनु राम नाम जपि क्रमे ।
पशे मन्दोदरी गृहे गुरु रूप विधारणे ॥
मृत्युबाण हरे हनु राम हस्ते प्रदानिते ।
यथा शस्त्रे विनाशिल रामचन्द्र दशानने ॥
प्रह्लादतुल्य विश्वासे हेर हनु प्रतिष्ठित ।
प्रह्लाद यद् जपे हरि राम नाम जपे हनु ॥

प्रह्लाद स्थिर विश्वासे　हरि भक्ति प्रचारिल ।
स्वविश्वासे महावीर　राम भक्ति प्रचारिल ॥
प्रह्लाद यद् हरि नाम　राम नाम मरुत् सुते ।
इथे मंत्र जप क्रमे　हरे राम निरन्तर ॥
सत्ययुगे हरि नाम　राम नाम त्रितायुगे ।
हरे राम हरे राम　युगान्तरे इहा स्मृति ॥
हरे राम हरे राम　राम राम कह क्रमे ।
हरे राम हरे राम　राम राम हरे हरे ॥
वरेण्य सीतापति नमः नमस्तुते　राम हे दाशरथि नित्य धीमहि ।
अभिन्न रामे हरि अभेद दर्शने　जपे हरे राम कहि राम केवल ॥

- इति श्रीमद्देवायण ब्रह्मकल्पे तृतीय खण्डे लव मण्डलान्तर्गतः हनुमान वर्गे भृगुराम-मुनिगण संवादे राम नाम कीर्त्तन नामः सप्तत्रिंश संवर्ग ।

— ✯ —

॥ अष्टत्रिंश संवर्ग ॥

शिव वचन

हरि नाम यथास्थले　हरि भक्त तथास्थले ।
वीणा हस्ते समुत्थित　नारद तन्महामुनि ॥
वीणा तंत्रे करे ध्वनि　राम नाम मनोहर ।
हरे राम हरे राम　राम राम हरे हरे ॥
वंशीध्वनि करे भिक्षु　अति हर्षे तथास्थले ।
सर्व मुनि समावृत　गाहे हर्षे समस्वरे ॥
हरे राम हरे राम　राम राम हरे हरे ।
रामचन्द्र स्वयं हरि　हरि विष्णु पुरा स्मृति ॥
हरे राम हरे राम　राम नाम निरन्तर ।
हरे राम हरे राम　राम राम हरे हरे ॥
एतद् रूपे कतक्षण　राम नाम करे सबे ।
विरत नाम तद् परे　भृगुराम कहे पुनः ॥

भृगु वचन

ज्ञानीश्रेष्ठ महावीर　अग्रे एतद् प्रकाशिनु ।
ज्ञानसारे यथा मुक्ति　विज्ञात वीर मारुति ॥
भक्तश्रेष्ठ द्वितीयतः　कहि स्वयं सभातले ।
विश्वास भक्तिते श्रेष्ठ　हनु एतद् प्रकाशिल ॥
नामे भक्त समुत्थित　नामे भक्त प्रतिष्ठित ।
सर्व जयी सदा भक्त　नाम मात्र समाश्रये ॥
राम नामे समुत्थित　क्षुद्र हते बृहत् हनु ।
राम नामे प्रतिष्ठित　करि सेवा निरन्तर ॥
सर्व विघ्न करे जय　राम नाम समाश्रये ।
कह सर्वे हरे राम　राम राम हरे हरे ॥

शिव वचन

ऋषि सर्व समस्वरे　राम नाम जपे तथा ।
हरे राम हरे राम　राम राम हरे हरे ॥

ऋषिकण्ठ विमन्द्रणे ज्वले वह्नि तथास्थले ।
मम चित्त करे स्पर्श राम नाम महास्वने ॥
राम नाम सदा सत्य राम नाम जगत्प्रिय ।
पंचमुखे समुत्थित राम नाम यवे शुन ॥
लागिल ध्वनिते विश्वे कम्पित वायुमण्डले ।
हरे राम हरे राम राम राम हरे हरे ॥

भृगु वचन

भक्तश्रेष्ठ महावीर एतद् सत्य प्रमाणित ।
राम नाम प्रकाशिल सर्व विघ्न पराजये ॥
कर्मीश्रेष्ठ महवीर एतद् तथ्य किंवा कहि ।
सर्व जन परिज्ञात लंका-रणे यथा स्मृति ॥
रावण वधिते रामे यथा कीर्त्ति महीतले ।
सर्व क्षेत्रे महावीर सर्व कर्मे निरन्तर ॥

शिव वचन

एतद् रूपे प्रतिष्ठित हनुमान तथास्थले ।
भृगुवाक्य समापने राम नाम करे सबे ॥
हनुमाने प्रतिष्ठिया सभा भंग अतःपरे ।
प्रत्यागत अयोध्याते भार्गव लव संहति ॥
किञ्चित् किञ्चित् करे गति अन्य सर्व रहे तथा ।
नित्य हनु तथास्थले नाना तथ्य कहे सदा ॥
जिज्ञासित यथा क्रमे कहे वाक्य तदक्रमे ।
उपनिषद् महाज्ञान यथा रामे प्रदानित ॥
सर्व अन्ते हरे राम राम नाम निरन्तर ।
हरे राम हरे राम जपे सर्व महाऋषि ॥
करे यत्न महावीर राम नाम प्रचारिते ।
ऋषिकुल समावृत बहुल वाल्मीकि वने ॥
प्रत्यागत पुनः लव अयोध्याते यवे शुन ।
सप्त ऋषि समन्वित करे सभा तथास्थले ॥
सिंहासने वसे लव हर्षान्वित प्रजाकुल ।
सर्व जन कहे लव रामतुल्य नराधिप ॥
धर्मते अति धार्मिक गुणे सत्य महागुणी ।
रामतुल्य महावीर्ये राजा लव धनुर्धर ॥
सीतातुल्य ऋता गुण कहे सर्वे चतुर्दिके ।
ऋता रूपे पुनः सीता येन राज्ये प्रकाशिता ॥
सीताहारा यथा शोक हल क्रमे विदूरित ।
कहे सर्व अयोध्याते धन्य राजा विदर्भन ॥
विदर्भ नगरी धन्य ऋता जन्म विदर्भते ।
एतद् रूपे प्रशंसित प्रजाकुले निरन्तर ॥
गुणमुग्ध प्रजा सर्व व्याप्त शान्ति चतुर्दिके ॥
मास द्वय अतिक्रमे एतद् रूपे दिने दिने ।
तवु कुश अनागत चिन्तायुक्त लवान्तरे ॥
किष्किंध्याते करे गति मास द्वय अतिक्रमे ।
संधान नाहि सुग्रीवे प्रत्यागत नहे कुश ॥

जिज्ञासे लव एहेतु भृगुरामे अत:परे ।
प्रत्यागत नहे कुश कह ऋषि किं कारणे ॥

लव वचन

किस्किंध्याते करे गति कहिते वानराधिपे ।
अयोध्याते यथा वार्ता लंकेश्वरे तथामत ॥
मास द्वय अतिक्रमे प्रत्यागत नहे तवु ।
कह ऋषि किं कारणे किंवा कार्य अत:परे ॥

भृगु वचन

जाह लव स्वयं तुमि हेर किंवा परिस्थिति ।
कर गति रथारूढ़ संधान लभिवे त्वरा ॥
स्वयं राज्य निरीक्षिव जाह तुमि मन स्थिरे ।
किञ्चित् देश परिभ्रमि कर मन प्रफुल्लित ॥
चले रथारूढ़ लव हेतु निर्णये त्वरा अयोध्यापुर वर्जने स्वयं ।
अरण्य वर्त्मे नृपतिकुंज दर्शने प्रहृष्ट छन्दे कुसुम मुंजहासिनी ॥

- इति श्रीमद्देवायण ब्रह्मकल्पे तृतीय खण्डे लव मण्डलान्तर्गत: हनुमान वर्गे हनुमान कर्तृक राम तत्त्व प्रचार करण ओ तद् पद प्रतिष्ठा वार्ता कथन नाम: अष्टत्रिंश संवर्ग ।

॥ हनुमान वर्ग समाप्त ॥

— ✯ —

॥ अश्वल वर्ग ॥

॥ प्रथम संवर्ग ॥

शिव वचन

एतद् वाक्य यथा श्रुत लव भृगुपदे नत ।
भृगुरामे नमस्कारे यथा त्वरित बहिर्गत ॥
अयोध्या नगरी त्यजि रथारूढ़ चले लव ।
किष्किंध्याते उपस्थिते लव चित्ते चमत्कृत ॥
नाहि तद् कपि शासन कपिकुल विदूरित ।
जन पूर्ण तथास्थले राजगृह सुनिर्मित ॥
जिज्ञासिया परिज्ञात अश्वल नाम राजन ।
कपिकुल विताड़िया तथा राज्य प्रतिष्ठिल ॥
महारण्य परिष्कारे करे पुरी सुनिर्मित ।
वानरकुल संधाने भ्रमे लव चतुर्दिके ॥

देव वचन

अश्वल के महेश्वर कोन कुल समुद्भव ।
किष्किंध्याते समागमे नव राज्य प्रतिष्ठिल ॥

शिव वचन

अश्वल रुरुनन्दन चंद्रवंश समुद्भव ।
कहि पूर्वे यथा स्मृति चन्द्रवंशे पुन: स्मर ॥

कार्त्यार्जुने यथा पुत्र मिथि नाम महाबल ।
रक्षःकुल उपद्रवे पितृ राज्य परित्यजि ॥
अयोध्या नगरी पार्श्वे निर्मिल मिथिलापुरी ।
जनक मिथिनन्दन कुशध्वज द्वितीयत ॥
जनक दुहिता सीता रामचन्द्रे विवाहित ।
रामभ्राता त्रये दाने कन्या त्रय कुशध्वजे ॥
मांडवी उर्मिलासह श्रुतिकीर्त्ति यथा स्मृति ।
तद् कनिष्ठ सहोदर अश्वतर युधामन्यु ॥
अयोध्याते विपर्यय क्षुब्ध चित्त कुशध्वज ।
मिथिला नगर त्यजि मथुराते करे स्थिति ॥
मधु नामे नराधिप तद् काले मथुरापुरे ।
अत्रकाले कुशध्वजे मित्रता मधु संहति ॥
मधु सख्ये कुशध्वज शान्तिप्राप्त करे स्थिति ।
तद् परे मधुदुहिता मनोहरा निरीक्षिया ॥
स्वीय पुत्र युधामन्यु सह विभा प्रदानिल ।
पुत्र विभा प्रदानिया संसार कारणे पुनः ॥
पितामहे यथा राज्य अत्रक्षेत्रे उपस्थित ।
रामे रक्षःकुल ध्वंसे गत सर्व उपद्रवे ॥
करि संष्क्रिया तद् पुरी करि वन परिष्कृत ।
स्वल्प जन समावृत निर्मिल वस्ति स्थल ॥
एतद् पुत्र युधामन्यु महत् कर्मा प्रमाणित ।
अत्रक्षेत्र दिवा क्रमे राज्यरूपे प्रसारिल ॥
नव क्षेत्र निरीक्षिया दृश्य अतीव सुन्दर ।
अन्य राज्य परित्यजि प्रजावर्ग उपस्थित ॥
समृद्ध नगरी क्रमे प्रजाकुल समागमे ।
अनुर्वर यथा भूमि शस्य पूर्ण सुशोभिल ॥
शस्य पूर्ण यथा क्षेत्र धन वृद्धि स्वभावतः ।
वाणिज्ये धन वर्धित समृद्धि सुख वर्धित ॥
एतद्रूपे युधामन्यु राजा कुशध्वजात्मज ।
भौमराज स्वरूपित दानि कर क्षितीश्वरे ॥
यथाकाले क्षितीश्वर रामचन्द्र महाबली ।
जात मृगाक्षिका गर्भे युधापुत्र रुरु स्मृति ॥
एतद् रुरु विवाहित भोज राज्ये मने स्मर ।
भोजकन्या प्रियम्वदा लब्ध रुरु स्वयंवरे ॥
अतीव सुन्दरी प्रिया प्राप्त रुरु प्रहर्षित ।
नित्य प्रियम्वदा सह कुंजे क्रीडा परायण ॥
यथा काल विपर्यय कालभुजंग दंशने ।
क्रीडाकाले प्रियम्वदा सर्पाहत निपातित ॥
सर्पाहत प्रियम्वदा विक्षुब्ध दर्शने रुरु ।
सर्पकुल विमर्दिते धनु हस्ते समुत्थित ॥
रुरु-प्रियम्वदा शोके बहु सर्प विनाशिल ।
षष्ठ दिवान्तरे साक्षात् सह द्विता युगाधिप ॥
द्विता साक्षात् यथा लब्ध काल कृपा समायुत ।
लब्ध प्रिया पुनर्वार अर्ध आयु विभागिया ॥

स्वल्पायु रुरु तद् हेतु स्वल्पकाल गृहे स्थिति ।
जात प्रियम्वदा गर्भे तद् पुत्र स्मर अश्वल ॥
जीवन पुनर्भव प्राप्तायु विभक्ते अर्ध निज दानिया पत्नी परिलब्धे ।
हृष्ट रुरु अन्तरे यद्वापरतेजे अश्वल सुजात तद् गर्भे अति वीर्ये ॥

- इति श्रीमद्देवायण ब्रह्मकल्पे तृतीय खण्डे लव मण्डलान्तर्गतः अश्वल वर्गे कात्यार्जुनवंश स्मृति कथन नामः प्रथम संवर्ग ।

— ✯ —

॥ द्वितीय संवर्ग ॥

देव वचन

सर्पाहत प्रियम्वदा प्राण प्राप्त पुनः कह ।
रुरुसह विभागिया अर्ध आयु महेश्वर ॥
मृत पत्नी पुनः प्राप्त रुरु प्रेम सुदुर्लभ ।
एतद् स्मृति सविस्तारे श्रवणेच्छु उमापति ॥

शिव वचन

रुरु प्रेम सुदुर्लभ एतद् सत्य अभीसुत ।
तद् स्मृति श्रवणाकांक्षा महत् चित्ते स्वभावतः ॥
द्विता युग प्रभाविते चन्द्रवंश करि स्थिर ।
अत्रकाल निरूपणे रुरु साक्षात् प्रदानिल ॥
युग रीति अनुष्ठिते दानिल रुरु सम्मति ।
दाने प्रियम्वदा प्राण सुप्रसन्न इथे द्विता ॥
अत्रकाल प्रभावित त्रिता कृत चराचर ।
तदायु स्वल्पता हेतु आयुष्काल समापने ॥
पुनः प्राण असम्भव त्रिता वाक्ये यवे श्रुत ।
स्वीय अर्ध विभागिया पत्नी प्राण लभे पुनः ॥
ए हेतु भूतले ख्याति लब्ध रुरु महत् मना ।
भूगर्भ गमने सीता अयश राघवप्रति ॥
रुरु सर्वे प्रशंसित द्विताकाल प्रभावित ।
निन्दित कार्य राघवे त्रिता कालापसारणे ॥
यशस्वी रुरु भूतले आयु अर्ध विभागिया ।
रुरु सत्य महत् यशा रुरु कार्य प्रशंसित ॥
एतद् कार्ये प्रजाकुल मुग्धचित्त चतुर्दिके ।
सकामा रुरु शासने वशीभूत दिने दिने ॥
नाहि युद्धे प्रयोजन जय हेतु महीतल ।
येथा स्वेच्छा वशीभूत कीर्त्ति मुग्ध दिने दिने ॥
अकीर्त्ति भूतले देव अयश हेतु सर्वदा ।
यथा कार्य स्वभावतः साधारणे असम्भव ॥
सर्व जने अनुष्ठिते स्वार्थ काम विमोहने ।
एतद् कार्य महाबाहु कच्चित् केह अनुष्ठिले ॥
कीर्त्तिमान कहे भवे प्रशंसित जने जने ।
प्राणमाया अतिक्रमे कीर्त्तिमान तथाजन ॥

प्राणमाया स्वभावतः सर्व जीवे अवस्थित ।
प्राणमाया अतिक्रान्ते विस्मय सर्व मानवे ॥
भूमि जय जगत् जय प्राण जय ततोधिक ।
शत्रु जय रणस्थले वायु जय तदूपरि ॥
व्याधि जय जरा जय आयु जय ततोधिक ।
काम क्रोधादि यद् जय संकल्प विजयोत्तम ॥
कर्म त्याग धन त्याग आत्म त्याग ततोधिक ।
जटाचीरे गृह त्याग त्याग श्रेष्ठ नहे शुन ॥
आत्मत्यागी स्त्रीय त्यागे कीर्त्तिमान महीतले ।
विपरीते यथा कार्य अकीर्त्ति भूतले स्मर ॥
अन्य दार परिग्रह नरः कार्य स्वभावतः ।
यवे पत्नी तनु त्यजे अन्यप्रति प्रधावित ॥
स्वीय आयु विभागिया स्त्रीय काम्य यथा जने ।
एतद् कार्य असम्भव विस्मय सर्व मानवे ॥
स्त्रीयकुले विशेषतः एतद् काम्य स्वभावतः ।
सर्वस्व दानिवे पति स्वयं प्रेम समादरे ॥
इत्यादर्श सुनिश्चय नरःकुले अभीसुत ।
स्वीय स्वार्थ प्रचालित शुभाशुभ कहे शुन ॥
भागवत चरित्र यद् एतद् पथे विनिन्दित ।
रामचन्द्रे महत् कीर्त्ति नहे बोध्य जने जने ॥
एरूप मानव स्वार्थे रुरु नित्य प्रशंसित ।
देव स्वार्थ परित्यक्त रुरु प्रेम प्रतिष्ठित ॥
पुनः प्राण यवे प्राप्त रुरु प्रेमे प्रियम्वदा ।
पतिपद विधारणे एतद् वाक्य निवेदिल ॥
हे वल्लभ किं कारणे निज आयु विभागिले ।
किं काम्य मम जीवन तव आयु क्षये कह ॥
यद्यपि दानिवे प्रेमे तवायु अर्ध मतप्रति ।
एतद् सुख ममप्रति सुख सर्व स्त्रीयप्रति ॥
कहि वाक्य तथापिह ज्ञान लब्ध यथा स्वयं ।
तव हेतु कह स्वयं किंवा कार्य अनुष्ठिव ॥
पुत्र गर्भे विधारण राजवंश सुरक्षिते ।
इत्याधिक किंवा कार्य कह अन्य ममप्रति ॥
पुत्र लाभ तवप्रति स्त्रीयमात्रे हवे तव ।
एतद् कार्ये प्रियम्वदा नहे सत्य प्रयोजन ॥
बहुल लभिते तुमि राजकन्या मनोहर ।
आयु क्षय तवप्रति अकारण मने स्मरि ॥
तुमि हे राजनन्दन पितृ राज्य परिग्रहि ।
लोकपाल भविष्यते जगत् हित अनुष्ठिते ॥
यद् कार्ये काम्य दीर्घायु सर्व जने महीतले ।
हे नाथ आमि तद् क्षेत्रे तदायु क्षयकारिणी ॥
कहि एतद् प्रियम्वदा अश्रुजले विनिर्झरे ।
रुरु प्रेम समादरे कहे वक्षे विधारणे ॥
सर्व सत्य नहे एतद् रह स्थिर प्रियम्वदा ।
स्त्री-पुरुषे किं कारणे एतद् भेद विचारह ॥

स्त्रीय मात्र नहे काम्य पुत्र गर्भे विधारणे ।
एतद् कार्ये भविष्यते स्मृति मात्र सुरक्षण ॥
स्त्री-पुरुषे विदूषिणी यथा प्रेम समुद्भवे ।
एतद् स्मृति सुरक्षणे पुत्रलाभ जने जने ॥
स्त्रीय संग रजःकाले तद् गर्भ प्रेम वर्जित ।
पशु जन्म कहे एतद् सृष्टि मात्र प्रकाशित ॥
परार्थे स्वीय जीवन आत्म त्यागे प्रतिष्ठित ।
एतद् गुणावली मुक्त वर्धे प्रेम स्त्रीयप्रति ॥
तद् पुण्य स्मृति रक्षणे यथा गर्भ समुद्भवे ।
एतद् पुत्र स्वभावतः आत्मत्यागे प्रतिष्ठित ॥
आत्मत्यागे महत् कर्मा सर्व लोक प्रशंसित ।
आयुकाले दिवा गण्य प्रेमे गण्य नहे दिवा ॥
स्पल्पकाल रहे प्राण यदि प्रेमे प्रतिष्ठित ।
अमरत्त्वे प्रविष्ट तद् महाप्राण सुनिश्चय ॥
दीर्घकाल रहे प्राण प्रेमशून्य महीतले ।
प्राणी मात्र पुनः पुनः जन्म मृत्यु परिभ्रमे ॥
अमरत्त्वे गति प्रेमे अप्रेमे मृत्यु पीड़ित ।
स्वयं चित्ते विचारह पथ द्वय प्रियम्वदा ॥
आत्म परिपूर्णता प्राणे यदि अन्ते प्राप्त अमरत्त्व यद् प्रेमे गति लक्ष्ये ।
कालकृत दीर्घता किंवा किं विचार ह्रस्व परिसंहतायुष्काल मनुष्ये ॥

- इति श्रीमद्देवायण ब्रह्मकल्पे तृतीय खण्डे लव मण्डलान्तर्गतः अश्वल वर्गे रुरु-प्रियम्वदा वार्ता कथन नामः द्वितीय संवर्ग ।

— ✯ —

॥ तृतीय संवर्ग ॥

शिव वचन

एरूप कहिते रुरु प्रश्नयुक्त प्रियम्वदा ।
कहे वाक्य सविस्तारे प्रेमतत्त्व प्रकाशह ॥
श्रवणे मधुर प्रभु यथा अद्य प्रकाशिले ।
अमरत्त्व तथा मृत्यु पथ द्वय समन्वित ॥
एतद् प्रश्न समाकर्णे उत्तरे राजनन्दन ।
इत्याधिक नहि ज्ञात प्रेमतत्त्व प्रियम्वदा ॥
रूपमुग्ध यथा स्वयं काम स्वार्थ प्रचालित ।
काम प्रतिहते क्षुब्ध तव मृत्यु अवेक्षणे ॥
रत सर्पकुल ध्वंसे अति कोप समायुत ।
प्रेमतत्त्व किंवा ज्ञात निवारित युगाधिपे ॥
यथा कार्य अनुष्ठिनु सर्प जधे प्रियम्वदा ।
दुष्ट एतद् कहि द्विता मम कार्य निवारिल ॥
तद् कार्य वारणे तत्त्व यथा किञ्चित् प्रकाशिल ।
एतन्मत प्रकाशिनु मम स्मृति यथामत ॥
द्विताकण्ठे यवे श्रुत अत्रकाले परिष्कृत ।
प्रेमतत्त्व ममप्रति सुदुर्बोध्य पुनः मम ॥

ज्ञान गति प्रियम्वदा एतद्रूप समीक्षित ।
कच्चित् व्यक्त सुचेतना येन सर्व परिष्कृत ॥
अंधकार समाच्छन्न पुनर्वार यथा त्वरित ।
यद्काले चेतना व्यक्त सुव्यक्त वाक्य सर्वतः ॥
जाहे अन्यजन प्रति तद् प्रभावे परिष्कृत ।
अन्यप्रति किंवा वाक्य अंधकारे यवे स्वयं ॥
विस्तारे श्रवणे इच्छा यदि अद्य तवप्रति ।
चल साक्षात् युगाधिपे जिज्ञासिव यथा क्रमे ॥
एतद्रूप कहि स्नेहे प्रियम्वदा समन्वित ।
द्विता सद्मे प्रवेशिल साक्षात् हेतु युगाधिपे ॥
हेरि रुरु पुरोभागे प्रियम्वदा समन्वित ।
जिज्ञासिल द्विता स्नेहे एतद् वाक्य रुरुप्रति ॥
कह रुरु किं कारणे मम अग्रे उपस्थित ।
लब्ध प्रियम्वदा तव पुनः काम्य किंवा कह ॥
कर क्रीडा मनोमत रुरु-प्रियम्वदा सह ।
अद्य विश्वे महत् यशे तव प्रेम प्रकाशित ॥
एतद् सत्य युगाधिप यशे प्रेम प्रकाशित ।
तद् सर्व करुणा तव प्रश्नेक मम केवल ॥
यथा प्रेम प्रकाशित महत् यशे युगाधिप ।
एतद् प्रेम स्वरूपित किंवा तत्त्व प्रकाशह ॥
जिज्ञासित प्रियम्वदे अर्ध आयु विभागिया ।
आयु क्षय करि स्वयं स्त्रीय हेतु अकारण ॥
यद् पत्नी गर्भधारणे काम्य वंश सुरक्षणे ।
अन्य एक गते लब्ध आयु क्षय अकारण ॥
तदुत्तरे कहि स्वयं तव उक्ति यथा पुरा ।
अमरत्त्वे प्रविष्ठ तद् प्रेमपथे यवे गति ॥
तद् तत्त्व श्रवणे इच्छा प्रियम्वदा प्रकाशिल ।
एतद् तत्त्व नहि ज्ञात यथायथ महात्मन ॥
स्वयं आस्ये प्रकाशह प्रेम तत्त्व यथा महत् ।
आयु दान यथास्थले नहे सत्य अकारण ॥
एरूप कहिया रुरु द्वितापदे शिरानत ।
सह पत्नी प्रियम्वदा कहे द्विता स्मिताधरे ॥
यद्यपि विचालितायुष्काल रहस्ये प्रेमगति तत्त्व विस्तारे अमरत्त्वे ।
प्रश्नरत दुहितात्मजे श्रवणेच्छु तद् रुरु चले द्वितापार्श्वे श्रुतिकाम्ये ॥

- इति श्रीमद्देवायण ब्रह्मकल्पे तृतीय खण्डे लव मण्डलान्तर्गतः अश्वल वर्गे प्रेमतत्त्व श्रवण हेतु द्वितापार्श्वे रुरु-प्रियम्वदा गमन वार्ता नामः तृतीय संवर्ग ।

— ✯ —

॥ चतुर्थ संवर्ग ॥

शिव वचन

प्रश्नवान यथा रुरु प्रियम्वदा शिरानत ।
तदुत्तरे कहे द्विता स्वस्नेहे दम्पतिप्रति ॥

द्विता वचन

अमरत्त्वे गति प्रेम अप्रेमे मृत्यु पीड़ित ।
शुन रुरु-प्रियम्वदा यथा प्रश्न कहि क्रमे ॥
ज्ञानेन्द्रिय यथा पंच कर्मेन्द्रिय तथामत ।
मनसह एकादश कथित सर्व मानवे ॥
चक्षे दृष्टि त्वके स्पर्श कर्णे श्रुति यथा क्रमे ।
जिह्वाते स्वाद नासाते घ्राण सर्वे परिग्रहे ॥
हस्ते कर्म अनुष्ठित मुखे भोज्य परिग्रहे ।
पायु त्यागे पदे गति उपस्थ सृष्टि कारणे ॥
मने चिन्ता समायुत सर्वेन्द्रिय प्रचालने ।
एतद् एकादशेन्द्रिय प्रति नरे अवस्थित ॥
तदन्तरे रहे आत्मा विधृत इन्द्रियवली ।
जाहे मन क्रियाशील प्राणशक्ति समायुत ॥
सर्वान्तरे यथात्मन जन्मे देह परिग्रहि ।
मृत्युकाले तनु त्यजि चिदाकाशे परिभ्रमे ॥
एतद् आत्मा महाबाहु जीवात्मा कथित स्मर ।
सृष्टि माया विमोहने जन्म मृत्यु परिभ्रमे ॥
देह प्राण मनाश्रये यदात्मन अवस्थित ।
जन्म मृत्यु अतिक्रान्त अजर नित्य शाश्वत ॥
मायामोहे तथापिह जन्म मृत्यु भ्रमे ।
एतद् माया परिक्रान्ता जगत् सृष्टि तरे शुन ॥
जीवात्मन नहे क्षम एतद् वीर्य अतिक्रमे ।
तद् वीर्य तद् पराक्रमे चालित अवशे स्मर ॥
काम क्रोधे यथा षड् आत्महंत्री महारिपु ।
सत्त्व रजः तमः गुण एतद माया समुद्भव ॥
गुण त्रय समुद्भव बंधु रिपु द्वय क्रमे ।
देवभाव समुत्पन्न सत्त्व गुणे जने जने ॥
देवद्वेषी यथा भाव समुत्पन्न रजः गुणे ।
अकर्म भ्रम आलस्ये तमः गुण प्रकाशित ॥
यवे आत्मा महाबाहु सत्त्व गुणे प्रभावित ।
ज्ञान गुणे प्रसादित दैवी माया समाश्रित ॥
कर्मदम्भे यवे आत्मा रजः गुण प्रभावित ।
आच्छन्न आसुरी माया अहं कर्त्ता स्वरूपित ॥
निद्रालस्ये यवे आत्मा तमः गुण प्रभावित ।
आच्छन्न राक्षसी माया मूढ़ भोग परायण ॥
माया एक नृपात्मज त्रिविध गुण मंडित ।
सत्त्व रजः तमोगुणे कर्मगति पृथक् पृथक् ॥
जीवात्मने असम्भव एतद् माया अतिक्रमे ।
नित्य माया वशीभूत गुण त्रय प्रचालित ॥
यत कर्म जगन्मध्ये जगदूर्ध्वे अनुष्ठित ।
एतद् माया प्रभावित गुण त्रय समायुत ॥
सत्त्व किंवा रजः गुण किंवा रुरु तमोगुण ।
जीवात्मने यथावस्था सर्व माया प्रभावित ॥
सत्त्वगुणे तनु त्यजे देवलोके करे गति ।
अंधलोके करे गति अन्य द्वये तनु त्यजि ॥

देवलोके प्रविष्ठ तद् जीवात्मन तथापिह ।
मायामुक्त नहे शुन जन्म मृत्यु परिभ्रमे ॥
जीवात्मन जगन्मध्ये सत्त्वगुण प्रभावित ।
पुण्यकर्म अनुष्ठाने करे पुण्य उपार्जन ॥
जीवात्मा कृत संचित पुण्य सत्त्व समाश्रित ।
उत्क्रमणे प्रवेशिया देवलोके करे स्थिति ॥
देवलोके अवस्थाने हर्षे काल अतिक्रमे ।
यथा पुण्य उपार्जित एतद क्षये दिने दिने ॥
पुनश्च भूतलागत पुण्यक्षये निराश्रये ।
जीवात्मने पुनर्जन्म दैवीमाया प्रभावित ॥
पर्वततुल्य यद्यपि पुण्य जीवे उपार्जित ।
पुण्यक्षये तथापिह पुनर्जन्म महीतले ॥
अन्य गुणद्वये रुरु क्रमे पाप प्रवर्धित ।
पापे दुःख निरन्तर देह किंवा विदेहते ॥
पुनर्जन्म सुनिश्चय एवे ज्ञात स्वयं रुरु ।
विस्तारे कहिते वाक्य वृथा अद्य मने स्मरि ॥
प्रेमाश्रित यवे जीव गुण त्रय अतिक्रमे ।
अमरत्त्वे प्रविष्ठ तद् गुण मुक्तात्मन स्मर ॥
यद्यपि महीतले जीवात्मन माया वर्जित गुणत्रयातीते वसवासे ।
मुक्त विषये मन प्रेमाश्रित हर्षे लब्ध अमरत्त्व तद् प्राणे परिणामे ॥

- इति श्रीमद्देवायण ब्रह्मकल्पे तृतीय खण्डे लव मण्डलान्तर्गतः अश्वल वर्गे द्विता-रुरु संवादे गुणत्रयातीत प्रेम वार्ता कथन नामः चतुर्थ संवर्ग ।

— ✯ —

॥ पंचम संवर्ग ॥

रुरु वचन

एतद् प्रेम प्रकाशह तत्त्वसह युगाधिप ।
गुण मुक्त यथा पथे जन्म मृत्यु अतिक्रमे ॥

द्विता वचन

एतद् प्रेम नहे रुरु देह प्राण मनोगत ।
युक्त जीवात्मनाश्लेषे जीवात्मन यवे शुन ॥
आत्माते मिलितात्मन प्रेम आख्या लभे शुन ।
आत्माश्लेष बिना रुरु नहे प्रेम कदाचन ॥
देहाश्लेष नहे प्रेम प्रेम आत्मगत स्मर ।
इन्द्रियादि विवर्जित अन्तर्वासी यदात्मन ॥
देह मध्ये अवस्थाने देही गण्य जने जने ।
देहप्राण समाश्रये कार्यकर्म समायुत ॥
यथा आत्मा विमोहित आत्म ज्ञान विवर्जित ।
इन्द्रिय निकराश्रित देह बुद्धि निजप्रति ॥
जगन्माया प्रभावित बहिर्मुखी तदात्मन ।
सर्वदा विषयासक्त धावित विषये मन ॥

तद् बुद्धि विषये सुख विषय प्राप्ति कामना ।
तद् विषय सुसंग्रहे नित्य दुःखे निमज्जित ॥
भोज्य वस्त्र विलासादि गृहद्रव्य सुसंग्रहे ।
नानाविध करे दुःख किञ्चित् सुख तरे शुन ॥
गृहहीन दुःखी हते सम्राटावधि दर्शह ।
एक माया प्रभावित धावित विषये मन ॥
अतृप्त विषये काम सर्वदा क्षुभित स्मर ।
क्षुद्र किंवा बृहत् लाभ नहे तृप्ति कदाचन ॥
राज काम्य पुनः राज्य असपत्न तथापिह ।
विशालत्त्वे नहे पूर्ण स्वर्गधामे प्रधावित ॥
मर्त्य जय समापने स्वर्गजय मने स्पृहा ।
विनष्ट विषमाघाते स्वर्गजय समुद्यमे ॥
अन्य दिके निरीक्षह घट काम्य दुःखिप्रति ।
बद्धांजले नहे तृप्त पानपात्र प्रयोजने ॥
घट हते स्वरावधि यथा काम्य नर प्रति ।
तद् सर्व विषये स्पृहा उक्त बहिर्मुखी मन ॥
बहिर्मुखी यथा मन लाभालाभे विचालित ।
प्राप्त तद् विषये हृष्ट अप्राप्ते क्षुब्ध केवल ॥
एतद् माया प्रचालित नाना दुःखे निमज्जित ।
विषय वासना त्यजि प्रेम आत्म प्रतिष्ठित ॥
संघटन यथा प्रेम राज्य धन परित्यजे ।
राजकन्या दुःखिजने समासक्त स्थले स्थले ॥
धनीपुत्र कच्चित् कच्चित् दुःखि कन्या परिग्रहे ।
यदि प्रेम समासक्त धन तुच्छ सुनिश्चय ॥
प्रेमासक्त कच्चित् कच्चित् राजगृह परित्यजे ।
विराजे कुटिरे हर्षे हृष्ट वने परिभ्रमि ॥
गभीर प्रेम यद् क्षेत्रे मृत्यु तुच्छ मने स्मरि ।
प्रेमास्पद तरे रुरु सम्मुखीन विपद् चये ॥
आह्वान करिया मृत्यु हास्यमुखे तनु त्यजे ।
तनुत्यक्त कच्चित् कच्चित् प्रेम बले समुत्थित ॥
नीतिबद्ध नहे प्रेम एतद् हेतु करे नर ।
जातिभेदे समुत्पन्न स्वयं इच्छा मनोमत ॥
विचित्र गति तद् प्रेमे कालाकाल परित्यजि ।
अमरत्त्वे प्रवष्ठि तद् क्षेत्र भेद विवर्जित ॥
नीति परिवर्जित प्रेमास्पद लाभे जाति धर्म गोत्र वा वर्ण परिहारे ।
धर्म कुल कार्य देशाचार विमुक्ते धावित पुरःसरानन्दे अमरत्त्वे ॥

- इति श्रीमद्देवायण ब्रह्मकल्पे तृतीय खण्डे लव मण्डलान्तर्गतः अश्वल वर्गे द्विता-रुरु संवादे जाति धर्मातीत प्रेमवार्ता कथन नामः पंचम संवर्ग ।

— ★ —

॥ षष्ठ संवर्ग ॥

द्विता वचन

जाति धर्म अतिक्रमि प्रेम नित्य प्रकाशित ।
जात्याभिमान वर्जित धर्माचार परित्यजि ॥
प्रकाशे महदादर्शे प्रेम कच्चित् मनुष्यते ।
धर्म कर्म परित्यक्त प्रेमबाण यथा नर ॥
धर्म कर्म यथा त्यक्त पाप पुण्य विमोचित ।
यद् पापे नरके गति प्रेमे एतद् निवारित ॥
स्वेच्छामत करे कार्य प्रेमबाण निरन्तर ।
तुषि प्रेमास्पदे नित्य हर्षयुक्त निजान्तरे ॥
एतद् हेतु विषादादि सर्वभावे परित्यजि ।
अन्ये तुषि स्वयं तुष्ट पापच्छाया विवर्जित ॥
प्राप्त शुद्धि पवित्रता लाभालाभ परित्यजि ।
त्यक्त जय पराजय नित्य तुष्ट निजान्तरे ॥
स्वर्गे गति यथा पुण्ये प्रेमी एतद् परित्यजे ।
पुण्यार्जन शुभाचारे प्रेमी काम्य नहे कभु ॥
तुषि प्रेमास्पदे नित्य यथा हर्ष निजप्रति ।
तद् परितोषणे आत्मा आश्लेषित महत् सुखे ॥
परितुष्ट स्वयं प्रेमे परिपूर्ण हृदिस्थले ।
स्वर्गसुख स्मरे तुच्छ प्रेम-पथ सुविस्तृत ॥
यद् काले मानवे दृष्ट स्वर्गालोक परिप्लुत ।
समुदार सुविस्तृत पुरोभागे महत् पथ ॥
तद् काले अमरावती मार्ग म्लान समीक्षित ।
विपुल भोगसम्पदे मणि रत्न विमंडित ॥
प्रेमी प्रति अति म्लान भोगैश्वर्य समीक्षित ।
सर्व त्यागे महत् प्राण आत्माश्लेषे प्रहर्षित ॥
अति सुखे शरीरे तद् कम्पयुक्त मुहर्मुहुः ।
अन्य सर्व सुख म्लान आत्म सुखे विभोर यद् ॥
सर्व काम्य परित्यक्त एतद् क्षेत्रे प्रवेशिले ।
जन्म मृत्यु परित्यजे आत्माश्लेषे महात्मन ॥
संकल्प सर्व कामना हेतु रुरु मने स्मर ।
तद् संकल्प विसर्जने सर्व काम विदूरित ॥
आत्माश्लेषी यवे प्रेम हृदिस्थले प्रकाशित ।
कामादि हेतु संकल्प सर्वभावे तिरोहित ॥
संकल्प कुल वर्जित सर्व काम विसर्जित ।
अमरत्त्वे प्रविष्ट तद् स्वर्गसुख अतिक्रमि ॥
नित्य परिवर्जने संकल्प विभावे मर्दित सकामना सन्ताप विमोह ।
तिष्ठित नरोत्तम स्वर्धाम विसृष्टे स्वात्मन सुख प्रविष्ठात्मा अमरत्त्वे ॥

- इति श्रीमद्देवायण ब्रह्मकल्पे तृतीय खण्डे लव मण्डलान्तर्गतः अश्वल वर्गे द्विता-रुरु संवादे प्रेमसुख तत्त्व वर्णना नामः षष्ठ संवर्ग ।

— ☆ —

॥ सप्तम संवर्ग ॥

द्विता वचन

स्वर्गसुख स्मरे तुच्छ प्रेम तोषे यथास्थले ।
एतद् प्रेम महत् स्मृति कहि रुरु अत:परे ॥
एतद् प्रेम महाबाहु कथित देव दुर्लभ ।
देववृन्द नहे लब्ध भोगैश्वर्ये विमंडित ॥
देव कुल समाश्लिष्ट दिव्य भोगे निरन्तर ।
शस्त्र रत्न अलंकारे सुखपूर्ण स्वरालय ॥
विचित्र भवने देव देवीकुल समायुत ।
दिव्य भोगे निमज्जित दैत्यकुले निपीड़ित ॥
शोभित अजराम्बरे दिव्य माल्ये विभूषित ।
स्व-दिव्य वाहनारूढ़ काम्य वर प्रदायक ॥
विचित्र दर्शने स्वर्ग नाना शोभा विमंडित ।
अति विचित्र देवता वाहन रत्न भूषणे ॥
सृष्टि मध्ये यथा श्रेष्ठ रत्न वस्त्र विभूषण ।
प्रासाद प्राज्ञ वर्णित यथा सर्व सुखप्रद ॥
देवकुलाधिपत्ये तद् सर्व नित्य सुरक्षित ।
तद् सर्व रक्षणे देव दैत्य युद्ध परायण ॥
कच्चित् दैत्ये पराजित स्वर्गधाम विताड़ित ।
पुन: ब्रह्मार्चने प्राप्त बहु क्लेशे अत:परे ॥
एतद् हेतु कहे प्रेमी स्वर्गसुख नहे स्थिर ।
बिना भोग विसर्जने सुख स्थायी नहे कभु ॥
देवकुल कच्चित् कच्चित् प्रेममार्ग अवेक्षणे ।
स्वर्गधाम परित्यजि नर:देहे उपस्थित ॥
ए पृथिवी जगन्मध्ये सृष्टिमध्ये चराचरे ।
सर्वोत्तम कहे प्राज्ञ प्रेमक्रीडा अनुष्ठिते ॥
देवक्षेत्र स्वरालय ज्ञान पुण्ये समुज्ज्वल ।
दिवैश्वर्य विमंडित अमृत प्राप्ति येस्थले ॥
ज्ञानशून्य महीतल अबोध बाल सन्निभ ।
प्रेमक्षेत्र विशिष्ट यद् भोग स्वार्थ विवर्जित ॥
भोग स्वार्थ विवर्जित प्रेमक्रीडा स्थलोत्तम ।
एतद् पृथिवी महाबाहु देव काम्य मने स्मर ॥
देववृन्द क्षणे क्षणे नर:देह विधारणे ।
मर्त्यधामे उपस्थिते प्रेमक्रीडा परायण ॥
तद् क्रीडा दर्शने नर: विस्मित मर्त्य जीवने ।
तद्रूपाचरणे युक्त स्त्रीयकुल समन्वित ॥
निर्बुद्धिते स्वयं मूढ़ भोग सुख परायण ।
प्रेममार्ग परिच्युत दु:खे द्वन्द्वे निपीड़ित ॥
एतद् हेतु महामूढ़ दारा पुत्र परित्यजि ।
दूर देशे पलायने करे आत्म सुरक्षण ॥
अत्र काले कहे माया दारा पुत्र अकारण ।
नरक तुल्य दर्शने नारीसंग परित्यजे ॥
केह केह महादु:खे स्त्रीय सेवा परायण ।
नित्य दु:ख प्रदायिका स्त्रीपद लेहने रत ॥

हेतु काम विमोहित तोषामोद परायण ।
पुरुष दर्शने नारी गर्विता रूप यौवने ॥
करे वाक्ये पदाघात तद् पौरुष शिरोन्नते ।
स्व पौरुषे विलांछित किं प्रेम पुरुषे कह ॥
पुरुष सिंह वर्णित नारी मृगी स्वरूपिणी ।
तद् वीर्य तेजसे मुग्ध करे आत्म समर्पण ॥
तेज मुग्धानत स्त्रीय पुरुषात्म निवेदने ।
करे चित्त प्रहर्षित नित्य सेवा अनुष्ठिया ॥
तद् काले सादरे स्त्रीय आत्म त्यागी परिग्रहे ।
काम भोग परित्यजि प्रेमारम्भ तथास्थले ॥
तद् प्रेमे पुरुष स्त्रीय सर्व दु:ख अतिक्रमि ।
नित्यानन्दे प्रविष्ठ यद् अमरत्व महत् स्मृति ॥
यद् पुरुष सिंह रूपाख्यात समस्ते वर्णित कुरंगिनी नारीकुल विश्वे ।
तद् स्त्रीय समर्पिताश्लेषे अमरत्त्वे अंग शिहरे महानन्दे पति संगे ॥

- इति श्रीमद्देवायण ब्रह्मकल्पे तृतीय खण्डे लव मण्डलान्तर्गत: अश्वल वर्गे द्विता-रुरु संवादे प्रेमसुख स्वर्गसुख श्रेष्ठ वर्णना नाम: सप्तम संवर्ग ।

— ✯ —

॥ अष्टम संवर्ग ॥

द्विता वचन

काम दोष विवर्जित प्रेम शुद्ध सुनिश्चय ।
स्त्रीय भोग विमुक्त तद् आत्माश्लेषे प्रकाशित ॥
सुख भोग यथा रुरु मिलने लक्ष्य केवल ।
एतद् काम प्रचालित नहे प्रेम कदाचन ॥
पत्नी गर्भ समाश्रये पुत्र कन्या लभे नर ।
प्रेम एतद् नहे रुरु सृष्टि काम विमोहित ॥
सृष्टि काम विमोहित स्त्रीय संग समायुत ।
पशु पक्षी मनुष्यते तुल्य सृष्टि जने जने ॥
रज:काले स्त्रीयप्रति गर्भदाने प्रचालित ।
प्रकृति कृत शिक्षित सृष्टिकार्य प्रणोदित ॥
एतद् कार्य महाबाहु जीवमात्रे अनुष्ठित ।
निद्राहार यथामत क्षुधा क्लांति प्रभावित ॥
उपगति स्त्रीयप्रति जीवमात्रे स्वभावत: ।
स्वभाव कृत चालित सृष्टि काम विमोहित ॥
इथे प्रेम किंवा कह तद् विलास प्रवर्धने ।
पुत्र लाभे किंवा शान्ति किं पूर्णता तथास्थले ॥
जीवन विघ्न संकुल बहु दु:ख प्रवर्धक ।
पुत्र कन्या यथा लब्ध मायाजाले समावृत ॥
मायाजाले क्रमे बद्ध दग्ध दु:खे बहु क्रमे ।
पुत्र कन्या यथा लब्ध आशापाशे निपेषित ॥
प्रेम लब्ध नहे यथा पुत्र कन्या समावृत ।
जन्म मृत्यु सह व्याधि नाना दु:खे प्रपीड़ित ॥

अद्य जात यथापुत्र कल्य मृत तथा सुता ।
परश्व व्याधि पीड़ित मृतप्राय सुतासुत ॥
पत्नी व्याधि प्रपीड़ित विवर्ण हतयौवन ।
यद्दर्शन बहु क्लेश आत्मक्षोभ परायण ॥
अहं मूढ़ सुनिश्चय वृथा दार परिग्रहि ।
स्त्रीय लाभे किंवा सुख नित्य दुःख यथास्थले ॥
तद काले रत दर्शने परिहास निज प्रति ।
स्त्री यौवनान्तरालस्थ केवा व्यंग परायण ॥
ओहे मूढ़ निरीक्षह कोथा प्रेम अवस्थित ।
स्त्री यौवने समासक्ते कामदंडे निपीड़ित ॥
एतद् व्यंग यवे शुन दारा पुत्रे मनुष्यते ।
विषन्ने शुन तद्काले जगत् शुष्क मने स्मरे ॥
जगत् शुष्क यवे रुरु विशुष्क जीवन क्रमे ।
अतृप्त सर्वदा प्राण हाहाकार परायण ॥
कामे शुष्क करे प्राण तेजहीन दिने दिने ।
निष्कामे अति तेजसे प्रेम हर्षे प्रहर्षित ॥
अन्तरात्मा समाश्लेषे अन्तर्मध्ये समाहित ।
वहिर्विषय वर्जने हर्ष कम्प मुहुर्मुहुः ॥
यद् विषय वर्जितात्म स्त्रीसह राजे शोक दुःख वेदना माया परिताप ।
कल्प परिकल्पना चिन्ता परिहारे नित्य सुख कम्पित प्रेमे परिरम्भे ॥

- इति श्रीमद्देवायण ब्रह्मकल्पे तृतीय खण्डे लव मण्डलान्तर्गतः अश्वल वर्गे द्विता-रुरु संवादे प्रेमान्तर वास ओ बहिर्वास वर्णना नामः अष्टम संवर्ग ।

— ☆ —

॥ नवम संवर्ग ॥

द्विता वचन

आत्माते आत्मनाश्लेषे प्रेम आख्या लभे शुन ।
प्रेम लब्धे महाबाहु अमरत्त्वे गति स्मर ॥
अमरत्त्व पद प्राप्ते प्रेमाश्रित नरोत्तम ।
देवतुल्य परिभ्रमे नर देहे महीतले ॥
देवतुल्य करे क्रीडा पत्नी पुत्र सखासह ।
भोजने शयने हृष्ट क्रीडा रूप अनुष्ठित ॥
कर्मभार विमोचित पूर्णात्मनान्तरे स्वयं ।
यथा नित्य प्रयोजन कार्य मात्र अनुष्ठित ॥
देह रक्षातरे मात्र विषय वस्तु संग्रहे ।
यथा स्वेच्छा समागत केवल स्मरणे मने ॥
अनुद्विग्न सदा स्वयं प्राप्ति हेतु निजप्रति ।
योगायोगे यथागत प्राकृत दान यौतुके ॥
एतन्मात्र परिग्रहे स्वयं हर्षे सकौतुके ।
भोगाकांक्षा नहे किञ्चित् सर्व संग विवर्जिते ॥
प्राप्याप्राप्ये नहे यत्न लाभालाभे पराङमुख ।
सख्य हेतु नहे काम्य मित्रजन समागम ॥

नाहि द्वेषी यथास्थले द्वन्द्वशून्य यथान्तर ।
शत्रुभावे यथागम मित्रभावे परिग्रहे ॥
हेतु सर्व सखा बंधु जगन्मय अवस्थित ।
आत्माश्लेषे नृपात्मज आश्लेषित जगत् त्रय ॥
शत्रु मित्र जगन्मध्ये सर्वजने अवस्थित ।
काम स्वार्थ यतक्षण शत्रुबोध ततक्षण ॥
काम्य विघ्नकारी जने शत्रु बोध स्वभावत: ।
स्वेच्छाते वा अनिच्छाते शत्रु मित्र समीक्षित ॥
काम पूर्ण यथास्थले मित्र बोध्य तथास्थले ।
एतद् शत्रु सखा बोध काम नष्टे तिरोहित ॥
नष्ट-काम मनुष्यते यवे प्रेम प्रकाशित ।
विश्व जगत् भुजाश्लेषे हर्ष-कम्प कलेवर ॥
कहिते किं तथाकाले पशुपक्षी मृगादिते ।
प्रेमाश्लेषित सद्भावे रोम हर्षे मुहुर्मुहु ॥
एतद् चक्षे समीक्षित प्रेमाश्लिष्ट चराचर ।
आश्लेषित नभ:प्रेमे एतद् पृथिवी प्रहर्षिता ॥
एतद् प्रेमे लभे मुक्ति जगत्‌बंधन मानव ।
अमरत्त्वे प्रतिष्ठित गुण द्वन्द्व अतिक्रमि ॥
विश्व निज अन्तरे विश्वान्तर मध्ये मुक्ति लभि बंधने प्रेमीजन राजे ।
नित्य हृदि पूर्ण आत्माश्लेषित हर्षे विश्वजन वन्दित प्राप्ते अमरत्त्वे ॥

- इति श्रीमद्देवायण ब्रह्मकल्पे तृतीय खण्डे लव मण्डलान्तर्गत: अश्वल वर्गे द्विता-रुरु संवादे प्रेमपथे देवत्त्व प्राप्ति वार्ता कथन नाम: नवम संवर्ग ।

— ☆ —

॥ दशम संवर्ग ॥

द्विता वचन

एतद् भागवत प्रेम भक्तजने प्रचारित ।
इष्टरूपे यवे लब्ध आत्माश्लेष निजान्तरे ॥
प्रेम एक महाबाहु नित्य शुद्ध शुचिप्रद ।
इष्ट भेदे समीक्षित भिन्नता तद् पृथक् पृथक् ॥
अग्निरूपे ज्वले नित्य सर्व हृदिस्थले रुरु ।
पूतशिखा अकम्पित अनिर्वाण चिरन्तन ॥
अनिमेष शिखा प्रेमे प्रेमास्पद निरीक्षणे ।
परितृप्त नहे चक्षु युग युग अतिक्रमे ॥
इत्याश्लेष अविच्छिन्न अविराम भुजद्वये ।
वक्षे वक्ष करि स्पर्श कल्प कल्प अतिक्रमे ॥
एतद् बिना किंवा अन्य अमरत्त्व रुरु स्मर ।
दर्शन स्पर्शनाश्लेषे कल्प युग अतिक्रमे ॥
कल्पे कल्पे विवर्त्तन अमरत्त्व तथापिह ।
तद् सृष्टि कल्प पर्यन्त पर:ब्रह्म निरूपित ॥
हेतु यद् कल्पित ब्रह्मे एतद् सृष्टि प्रकाशित ।
देव वृन्द समन्वित कल्पकाल ततक्षण ॥

देव वृन्दे विवर्त्तन युगे युगे समीक्षित ।
संवत्सरे मनुष्यते जीव प्रति दिवा क्रमे ॥
किन्तु प्रेम प्रतिष्ठिते नाहि किञ्चित् विवर्त्तन ।
कल्प कल्प अतिक्रमे आत्माश्लेषे अचंचल ॥
हेतु आत्मा स्थिर स्थानु निर्विकार अचंचल ।
निंस्कल सर्वतोगत सर्व सृष्टि विधारक ॥
एतद् आत्मा विधारणे नाहि अन्यजन स्थित ।
स्वप्रभावे स्वयं तेजे जगत् धर्त्ता स्वयं स्थित ॥
एतद् आत्मा नहे जात कस्मिन्काले चराचरे ।
वर्णित अज शाश्वत सृष्टि हेतु स्वयं भुव ॥
एतद् आत्मा नहे मृत कस्मिन्काले कदाचन ।
जन्म मृत्यु विवर्जित साक्षात् ब्रह्म स्वरूपित ॥
आत्मा प्रिय किंवा कह अप्रिय किं चराचरे ।
यिनि सर्व जगत धर्त्ता प्रियाप्रिय किंवा कह ॥
किं ग्रहण समादरे वितृष्णाते किं वर्जन ।
यथा सर्वान्तरे धृत स्व-निस्कले शुभाशुभ ॥
एतद् आत्माजरद्युति सुस्पर्शे मर्त्यचेतना ।
माया मुक्तिप्रद स्मर इष्टरूपे पृथक् पृथक् ॥
अग्नि रूपे समद्युति इष्टरूपे पृथक् पृथक् ।
एकात्मने स्वये तेजे प्रेमाश्लेषे जगत् धृत ॥
भिन्न गुण भिन्नताकारे मधुच्छन्दे इष्टजन अन्तरे सर्वान्तरयामी ।
अग्निसम तेजसे दीप्तोज्वल चित्ते शुद्ध अजरात्मना भिन्ने जगदीशः ॥

- इति श्रीमद्देवायण ब्रह्मकल्पे तृतीय खण्डे लव मण्डलान्तर्गतः अश्वल वर्गे द्विता-रुरु संवादे प्रेम अग्नि वार्ता कथन नामः दशम संवर्ग ।

— ✯ —

॥ एकादश संवर्ग ॥

द्विता वचन

अग्नि रूपे यथात्मन दीप्त सर्वान्तर स्थले ।
सर्व मुक्ति शुचिप्रद प्रेम हर्षे निमज्जने ॥
एतद् मानव चैतन्ये अन्तस्थः अग्नि दर्शने ।
एतद् साक्षात् अवेक्षणे भुजाश्लेषे परस्परे ॥
आनुगत्य तथास्थले तन्निर्देश प्रचालने ।
कहे वाक्य मनोमत हर्षप्रद परस्परे ॥
एतद् भागवत द्युति साक्षात् अग्नि हृदिस्थले ।
एतद् संग निरन्तर प्रेमहेतु नर प्रति ॥
तद् अग्नि नर-चैतन्ये यवे दीप्त सुतेजसे ।
तन्मानव जगत् पूज्य प्रेमवाण महीतले ॥
एतद् पदे शिरानत सर्व जगत् प्रिय स्तवे ।
स्त्रीय पूज्य किंवा कह जगत् पूज्य यथाजन ॥
हे रुरु कहि विस्तारे प्रेमतत्त्व सुगोपन ।
शुनिले किं मन स्थिरे अमरत्वे यथा पथ ॥

काम भोग विसर्जने स्त्रीयात्मन समन्वित ।
आत्म देहे भुजाश्लेषे पूज्य प्रेमे प्रवेशह ॥
सृष्टि कार्ये स्वभावत: समासक्त परस्परे ।
स्त्री पुरुष महाबाहु प्रेमारम्भ तथास्थले ॥
सृष्टि कार्य परित्यजि नहे प्रेम कदाचन ।
वर्जने भोग मत्तता लभे प्रेम सह स्त्रीय ॥
स्त्रीय संगे करे क्रीडा प्रेम हेतु जने जने ।
तद् प्रेम भोग वर्जने लब्ध केह कच्चित् कच्चित् ॥
काम भोग विसर्जन बिना प्रेम नहे कभु ।
प्रेमस्पर्श हृदिस्थले काम स्पर्श कलेवरे ॥
काम नित्य बहिर्देशे विराजे प्रेम अन्तरे ।
ज्ञानेन्द्रिय समाश्रित प्रेम शुद्ध निरन्तर ॥
कर्मेन्द्रिय प्रवर्त्तित काम कृत अशुद्धिते ।
सर्व प्राज्ञ कहे इथे कर्मेन्द्रिय निवारह ॥
कर्मेन्द्रिय निवारणे ज्ञानेन्द्रिय समाश्रये ।
स्त्रीय सह कर प्रेम नित्य शुद्धान्तरे तुमि ॥
प्रेमतत्त्व यथा श्रुत हे रुरु सर्वमंगले ।
आयुष्काल किंवा कह प्रेम लब्ध जन प्रति ॥
स्वदेहे किं विदेहते आत्मप्रेम समायुत ।
कालाकाल अतिक्रमे आयुष्काल विचार किं ॥
आयुष्काल मनुष्यते जन्म कर्मे निरूपित ।
प्रेम एतद् अतिक्रमि नित्य काले प्रतिष्ठित ॥

शिव वचन

एरूप कहिया द्विता यवे मौन तथास्थले ।
नमि द्विता युगाधिप स्तवे रुरु-प्रियम्वदा ॥
कारुण्ये हे युगाधिप प्रेमतत्त्व प्रकाशिले ।
तद् पथे गमने नित्य हओ स्वयं सहायक ॥
तव तेज यथास्थले कर्म सिद्धि प्रदायक ।
अन्तर्मार्ग सुदुर्गम स्वयं पथ प्रदर्शह ॥
एरूप कहिते रुरु प्रियम्वदा शिरानते ।
सुप्रसन्न कहे द्विता योग्य प्रेम पथे रुरु ॥
मम कार्य भविष्यते जगन्मध्ये सुरक्षणे ।
पुत्रेक कर उत्पन्न राजवंश तरे रुरु ॥
पुत्रेक मम निर्देशे समुत्पन्ने महामति ।
नाहि भोगे कच्चित् भीति स्वयं मुक्ति प्रदानिव ॥
एतद् आज्ञा यथा प्राप्त द्विता प्राज्ञ युगाधिपे ।
तद् पदे नमि निर्गत सह प्रियम्वदा रुरु ॥
यत्न कर पालने अग्रे रुरु वाक्य राजकुल रक्षणे पुत्रेक सुलाभे ।
यद् मम विधान निर्देशे युग कार्ये नाहि तव भीति आशंका कभु भोगे ॥

- इति श्रीमद्देवायण ब्रह्मकल्पे तृतीय खण्डे लव मण्डलान्तर्गत: अश्वल वर्गे द्विता-रुरु संवादे प्रेमतत्त्व कथन समाप्त नाम: एकादश संवर्ग ।

— ☆ —

॥ द्वादश संवर्ग ॥

शिव वचन

तदन्तरे अतिक्रमे कियत् वर्ष तथास्थले ।
जात प्रियम्वदा गर्भ द्विता तेज प्रभावित ॥
एतद् गर्भे समुद्भवे अश्वल रुरु नन्दन ।
काल तेज विधारणे तदश्वल महाबली ॥
यद् युद्धे कपि सम्राट तेज क्षये पराजित ।
प्रतिष्ठा अश्वले राज्य कपिकुल विताड़ने ॥
पूर्वे उक्त अभिसुत लव वने परिभ्रमे ।
मर्कटेक पूरा दृष्ट पथिमध्ये निरीक्षिल ॥
ऋषभाख्यात वानर लंकायुद्धे अवस्थित ।
ऋषभ हेरि विज्ञात रामपुत्र यथा लव ॥
राघवजे निरीक्षिया ऋषभ वानरागमे ।
लवपदे नमस्कारे एतद् वाक्य निवेदिल ॥

ऋषभ वचन

रामपुत्र मने स्मरि तव मूर्त्ति निरीक्षिया ।
सत्य एतद् किना कह किं कारणे समागत ॥

लव वचन

रामपुत्र अहं सत्य कपिराज्ये समागत ।
तोमा वीर नहि ज्ञात परिचय प्रदानह ॥

ऋषभ वचन

सुग्रीव सैन्य नायक लंका युद्ध अनुष्ठिनु ।
ऋषभ नाम हे मम किं कारणे समागत ॥

लव वचन

सुग्रीव सैन्य नायक नमि तोमा महाबली ।
किं संवाद कपीश्वरे यदि ज्ञात प्रकाशह ॥

शिव वचन

लव वाक्य यथाश्रुत अश्रुपूर्णाकुले क्षण ।
कहे वाक्य अतःपरे एतन्मत लवप्रति ॥

ऋषभ वचन

कहि तद् दीर्घ काहिनी करुण अति निश्चय ।
शुन लव यथा कहि कपि राज्य परिस्थिति ॥
मालये मातुलालये मास त्रय पुरास्मृति ।
करि गति तथास्थले पक्ष पूर्वे समागत ॥
पक्ष पूर्वे समागमे यथा दृश्य निरीक्षिणु ।
किं कहिव महाबली अश्रुजले विनिर्भ्भरि ॥
हेरिनु कपि सर्वत वनमध्ये परिभ्रमे ।
राज्य हारा विताड़ित पुत्र कन्या समन्वित ॥

वृक्षे वृक्षे करे स्थिति भक्ष्ये पत्र नवोद्‌गत ।
जिज्ञासिनु अत:परे किंवा राज्य परिस्थिति ॥
कहे सर्वे मम प्रति एतद् रूप महादु:खे ।
अश्वल नाम राजन चन्द्रवंश समुद्भुत ॥
किष्किंध्याते उपस्थित दिग्विजये महाबली ।
बहु सैन्ये समावृत महावीर मने स्मरि ॥
सुग्रीव वाहिनी सह मासावधि महारण ।
एतद् युद्धे निपातित अन्य सह कपीश्वर ॥
पतित वानराधिप गय गवाक्ष अंगद ।
नल नील सुषेणादि जाम्बवान् क्रमे क्रमे ॥
युयुधान यत स्थित एतद् युद्धे निपातित ।
वीर कपि निपातने राज्य मध्ये प्रवेशिल ॥
राजगृहे प्रवेशिल अश्वल तद् युधासुत ।
सैन्यकुल प्रवेशिल अन्य गृहे यथाक्रमे ॥
कपि सर्व विताड़ने नर:कुल प्रवेशिल ।
मोरा राज्य विताड़ित नित्य वने परिभ्रमि ॥
एतद् वाक्य यथा श्रुत पतित शोकसागरे ।
क्रोधे स्वयं क्षणान्तरे वृक्ष हस्ते समुत्थित ॥
कपि सर्व निवारिल काल शुभ नहे शुन ।
वीरमध्ये महाकपि मात्र तुमि अवस्थित ॥
आश्रय कर निर्माण हवे युद्ध अत:परे ।
तद् वाक्य श्रवणे तथा युक्तियुक्त मने स्मरि ॥
शोक क्रोध निवारिया ऋष्यमुखे चलि द्रुत ।
कपिकुल समन्वित करि स्वयं तथा स्थिति ॥
एवे नित्य परिभ्रमि हेरि स्वयं चतुर्दिके ।
यदि केह लुकायित वनमध्ये रहे भये ॥
हेरि मोरे बहिर्गत नित्य शत सहस्रश ।
विराजे बहु कोटरे ऋष्यमुखे महाबली ॥
कपिकुले दुरावस्था चल स्वयं निरीक्षिवे ।
स्वल्पक्षेत्रे रहे बहु खाद्याभाव तथामत ॥
उद्धारि केमने राज्य एतद् चिन्ता निरन्तर ।
करिते सैन्य संग्रह करि यत्न चतुर्दिके ॥

लव वचन

पूर्वे कुश ममानुज सुग्रीवसह दर्शने ।
एलो हेथा महाबाहु ज्ञात तथ्य किंवा कह ॥

ऋषभ वचन

कवे कुश समागत नहि ज्ञात नराधिप ।
चल ऋष्यमुखे तुमि जिज्ञासिव जने जने ॥
सर्व विदित स्वयं ना हे क्षितिपाल आगत कवे तव भ्राता कुश हेथा ।
ऋष्यमुख पर्वते जिज्ञासिवे सर्वे ज्ञातयदि केह तद् वार्ता चल संगे ॥

- इति श्रीमद्देवायण ब्रह्मकल्पे तृतीय खण्डे लव मण्डलान्तर्गत:
अश्वल वर्गे लव-ऋषभ वार्ता नाम: द्वादश संवर्ग ।

— ★ —

॥ त्रयोदश संवर्ग ॥

शिव वचन

एतद् वाक्य यथा श्रुत कहिल ऋषभे लव ।
चल ऋष्यमुखे हेरि कपिकुले किंवा स्थिति ॥
तदन्तरे रथारूढ़ ऋष्यमुखे चले उभे ।
ऋष्यमुख महागिरि बहु शृंग समन्वित ॥
व्यापिया योजन त्रय गिरिवर अवस्थित ।
त्रिंश लक्ष तथा कपि एकत्रित समावृत ॥
सर्पकुल यथामत करे तथा अवस्थिति ।
महागोल निरन्तर करे द्वन्द्व परस्परे ॥
स्वल्पक्षेत्रे हुड़ाहुड़ि बहुजने जड़ाजड़ि ।
स्वल्प खाद्य तथा बहु टानाटानि निरन्तर ॥
दंड धृत कतक्षण करे युद्ध तथास्थले ।
वेदना प्राप्त तद् परे रणे भंग क्षणान्तरे ॥
एतद् रूप तथा युद्ध लव एक निरीक्षिल ।
हेरि युद्ध तथा लव जिज्ञासे ऋषभप्रति ॥

लव वचन

वानरे वानरे युद्ध कह वीर किं कारणे ।
गृह-द्वन्द्व नहे शुभ विपद्काले महाबली ॥

ऋषभ वचन

किं करिव नराधिप स्वल्पक्षेत्र मने स्मर ।
स्वल्प खाद्ये हुड़ाहुड़ि करे द्वन्द्व निरन्तर ॥
स्यन्दन सहसा हेरि युद्धे विरत वानर ।
केवा अद्य समागत एलो सर्वे निरीक्षिते ॥
वास्तुहारा यथा कपि गुहामध्ये करे स्थिति ।
हेरि लवे तथास्थले एतद्रूप कहे सबे ॥

वानर वचन

शुन शुन अयोध्येश मोरा गृह विताड़ित ।
नाहि खाद्य तथा गृह हेर दुःस्थ परिस्थिति ॥

शिव वचन

दर्शने कपि दुर्दशा लव यद् अति दुःखित ।
कहिल सर्वे वानरे इत्याश्वास प्रदानिया ॥

लव वचन

हवे कार्य यथायथ रह द्वन्द्व परित्यजि ।
उद्धारिव स्वयं राज्य प्रवेशिया स्वयं रणे ॥

शिव वचन

लव वाक्य यथा श्रुत जय जय करे सबे ।
कुश वार्ता अतःपरे जिज्ञासिल कपिप्रति ॥

कुश केह नहे ज्ञात निरीक्षिछे परस्परे ।
बहु दूरे अवस्थित वानरेक समागमे ॥
लवपदे नमस्कारे एतद् वाक्य निवेदिल ।
स्वयं पूर्वे निरीक्षिणु तव भ्राता नराधिप ॥
मास द्वय पुरास्मृति एकदा राजकानने ।
सुग्रीवसह वार्ताते छिल रत बहुक्षण ॥
किञ्चित्काल अत:परे वीर सर्व समागत ।
रहे सर्वे तथा स्थिर वाक्ये रत यवे कुश ॥
सर्वे स्तब्ध रहे तथा गेल कुश रथारूढ़ ।
महासिंधु अतिक्रमि हवे लंका मने स्मरि ॥
छिल सर्वे तथास्थले वाक्य शून्य बहुक्षण ।
मधुपाने यवे मत्त स्वयं स्थान परित्यजि ॥
एतद् वाक्य यथा श्रुत कहिल ऋषभे लव ।
संवाद प्राप्त येमति शुन वीर यथा कहि ॥

लव वचन

लंकाधामे करे गति कुश तथ्य यथा शुनि ।
मम वार्ता प्रदानिते लंकाधामे विभीषणे ॥
लंकाधामे चलि त्वरा संधान करिते कुशे ।
मास द्वय अनागत राज्य त्यजि बहिर्गत ॥

ऋषभ वचन

तव राज्य परिस्थिति किंवा कह महाबली ।
निज कार्ये व्यतिव्यस्त सर्व भ्रम क्षम: नृप ॥
विभ्रम ममप्रति व्यस्ते निज कार्ये यद् कुशल वाक्य जिज्ञासा तव राज्ये ।
तद् क्षमह यद् सौजन्ये तुमि सर्व श्रेष्ठ करुणामय श्रीरामात्मज राजा ॥

- इति श्रीमद्देवायण ब्रह्मकल्पे तृतीय खण्डे लव मण्डलान्तर्गत:
अश्वल वर्गे ऋषभ कर्तृक कपि दु:ख वर्णना नाम: त्रयोदश संवर्ग ।

— ☆ —

॥ चतुर्दश संवर्ग ॥

लव वचन

किं विस्मये इथे कह जीवे भ्रम निरन्तर ।
मम राज्य परिस्थिति कहि सर्व विपर्यय ॥
अश्वमेध महायज्ञे माता मम अनादृता ।
एतद् पृथिवी विदारणे आचम्बिते तिरोहिता ॥
अश्वमेध नहे पूर्ण काल कार्य यथा शुन ।
पिताकृत परित्यक्त खुल्लतात: यथा मम ॥
सरयु सलिले प्राण रामानुज विसर्जिल ।
अन्य द्वय निरुदेश राज्य त्यजि बहिर्गत ॥
अयोध्या नगरी शोके परिपूर्ण यवे शुन ।
मोरा दोहे विवाहित पितृ इच्छा यथामत ॥

विवाहित यवे मोरा किञ्चित् दुःख विदूरित ।
स्वयं राज्ये प्रतिष्ठित पितृपद परिग्रहि ॥
मोरे राज्य प्रदानिया योगेश्वर पिता मम ।
ऋषिवृन्द समागमे उपनिषद् प्रदानिल ॥
उपनिषद् कहे यवे वेद स्वयं प्रचारिल ।
शुनिते शुनिते वाक्य सर्वजन समाहित ॥
सर्वजन समाहित रोमांचित कलेवर ।
सहसा गरुडागमे पितृ पदे शिरानत ॥
नमि विष्णु जगत्पति वैनतेय महाबली ।
पृष्ठदेश करे स्पर्श परित्यक्त नर:तनु ॥
नर:देह परित्यजि दिव्यरूप विधारणे ।
वैकुण्ठ नगरे गति गरुडे गरुडासन ॥

शिव वचन

इत्यावधि यथाश्रुत सर्वे अश्रु विनिर्भरे ।
शुनि रामे परा:गति रत नभेः निरीक्षणे ॥
एतद् रूपे कतक्षण अतिक्रमे तथास्थले ।
श्रीरामे स्मरि नीरवे कपिकुल विनिर्भरे ॥
कहे लव क्षणान्तरे सुस्वरे ऋषभ प्रति ।
लंकाधामे चलि द्रुत उठे रथ नभ:स्थले ॥
कर सैन्य समावेश कपि कुल सुसंग्रहि ।
उद्धारिते पुनः राज्य हवे युद्ध इहा शुन ॥
ए वाक्य ऋषभ प्रति रथारूढ़ तथा लव ।
लंका धामे चले द्रुत उठे रथ नभ:स्थले ॥
वीर लव गर्जने निर्देशिल एतद् रौरवे निपीड़ने क्रोधान्वित चित्ते ।
हे ऋषभ राज्य उद्धारे रह तैरी सैन्यकुल संग्रहे संग्राम पुनश्च ॥

- इति श्रीमद्देवायण ब्रह्मकल्पे तृतीय खण्डे लव मण्डलान्तर्गतः अश्वल वर्गे लव कर्तृक श्रीराम प्रयाण वार्ता कथन नामः चतुर्दश संवर्ग ।

— ✯ —

॥ पंचदश संवर्ग ॥

शिव वचन

ऋष्यमुख परित्यजि किष्किंध्या नगरी त्यजि ।
चले रथ महावेगे महासिंधु अतिक्रमि ॥
प्रहरेक चले रथ सिंधुवारि अतिक्रमि ।
लंका धामे उपस्थित पुष्पक स्यन्दने लव ॥
द्वीप मात्र रहे तथा पुरी शून्य निरीक्षिल ।
शून्य क्षेत्र तथास्थले अवतीर्ण महारथ ॥
सारथी सह तद्क्षेत्रे अवतीर्ण रथ त्यजि ।
पदव्रजे परिभ्रमि रत सर्व निरीक्षणे ॥
जन शून्य पुरी शून्य शून्य भूमि अवस्थित ।
कोथा राजा विभीषण के कहिवे अतःपरे ॥

लंका द्वीपे परिभ्रमे यवे लव चतुर्दिक ।
द्वितीय पुत्र अर्बुदे ऊर्ध्वग्रीवा निरीक्षिल ॥
सहसा सम्मुखे सर्प हेरि लव चमत्कृत ।
अति दीर्घ कलेवर बहु फणा समन्वित ॥
हेरि सर्प पुरोभागे कहे लव भुजंगमे ।
केवा तुमि किंवा नाम परिचय प्रदानह ॥

ऊर्ध्वग्रीवा वचन

ऊर्ध्वग्रीवा समाख्यात अर्बुद प्रिय नन्दन ।
परिचित किंवा नामे केवा तुमि महाशय ॥

लव वचन

राघव नन्दन स्मर लव नामे क्षितीश्वर ।
लंका अद्य पुरीशून्य कह सर्प किं कारणे ॥
कह कोथा विभीषण कोथा अन्य निशाचर ।
लंकाद्वीप पुरी शून्य किं प्रकारे इहा कह ॥

ऊर्ध्वग्रीवा वचन

सुमेरु शिखरे गेल राज्य त्यजि विभीषण ।
किञ्चित् दिवा पुरास्मृति सर्पकुल प्रवेशिते ॥
चित्ररथ परिग्रहि धनरत्न यत स्थित ।
किञ्चित् मात्र भुजंगमे परिग्रहे रसातले ॥
अवशिष्ट रहे यदि एतद् हेतु परिभ्रमि ।
तुमि अद्य किं कारणे लंका द्वीपे समागत ॥

लव वचन

मम भ्राता समागत लंका धामे पुरास्मृति ।
प्रत्यागत नहे तवु एतद् हेतु समागत ॥

ऊर्ध्वग्रीवा वचन

परिचय नहि ज्ञात तव भ्राता यथा कुश ।
लंका त्यजि यथारूढ़ गेल राजा विभीषण ॥
एतद् सह हवे गति सुमेरु शिखरे स्मरि ।
सुमेरु शिखरे पशि हवे साक्षात् नराधिप ॥
जाह तुमि सत्वरे उच्चोत्तर श्रृंगे वर्णित सुमेरु यद् आश्लिष्ट तुषारे ।
यद् शिर विमंडित स्वर्गामर वृन्दे दर्शह विभीषणे तद्क्षेत्र अधस्थे ॥

- इति श्रीमद्देवायण ब्रह्मकल्पे तृतीय खण्डे लव मण्डलान्तर्गत: अश्वल वर्गे लव-ऊर्ध्वग्रीवा साक्षात्कार नाम: पंचदश संवर्ग ।

— ☆ —

॥ षोडश संवर्ग ॥

शिव वचन

शुनि वाक्य अतःपरे युक्तियुक्त विवेचने ।
चले वीर रथारूढ़ लंकाधाम परित्यजि ॥
सुमेरु शिखर प्रति अति द्रुत चले रथ ।
दिवा द्वय चलि क्रमे सुमेरु शिखरागत ॥
स्वर्ग द्युति बहिर्गत शुभ्र तुषार मंडित ।
दिव्यलोक विधारणे गिरिश्रेष्ठ अवस्थित ॥
देव-गिरि कहे सर्वे देववृन्द तथा स्थित ।
विचित्र रत्न वैभवे सुमेरु गिरि उज्ज्वल ॥
दुर्लभ रत्न भेषज तथास्थले समुज्ज्वल ।
सुमेरु अति सुन्दर लव चक्षे निरीक्षिल ॥
पुण्य वायु प्रवाहित पुण्यमय महागिरि ।
दिव्य गंध बहिर्गत पुण्य तद् गिरिमण्डले ॥
गिरि मध्ये प्रवेशिते विभीषणे निरीक्षिल ।
हेरि लवे विभीषण त्वरित पदे उपस्थित ॥
करे लव विभीषणे साग्रहे पद वन्दना ।
विभीषणे भुजाश्लेषे कहे वाक्य अतःपरे ॥

विभीषण वचन

संवाद लभिले तुमि किं प्रकारे इहा कह ।
सुमेरु शिखरे अद्य करि स्वयं अवस्थिति ॥

लव वचन

आगत आमि लंकाते संधान करिते कुशे ।
मास त्रय पुरास्मृति गृह त्यजि बहिर्गत ॥
एहेतु करि संधान लंकाधामे उपस्थित ।
हेरि लंकापुरी शून्य द्वीप मात्र अवस्थित ॥
कह तातः घटे किंवा कोथा कुश प्रकाशह ।
अत्यन्त चित्त चंचल कुश तथा अदर्शने ॥

विभीषण वचन

किं कहिव महाबली सर्व भाग्य विपर्यय ।
हवे तथ्य परिज्ञात कहि सर्व यथायथ ॥
एकदा कुश आगत लंकाधाम निरीक्षिते ।
अयोध्याते यथा कीर्त्ति कहे कुश क्रमे क्रमे ॥
राघव कृत वर्जित रामानुज यथा स्मृति ।
अन्य द्वय निरुदेश तुमि राज्ये प्रतिष्ठित ॥
विदर्भते विवाहित कहे वाक्य यथा क्रमे ।
सर्व अन्ते जगत्पति त्यजे मर्त्य कलेवर ॥
वेदमय स्वयं राम एतद् वाक्य प्रचारिया ।
ऋषि सर्व समाहित वैनतेय समागमे ॥
त्यजि मर्त्य कलेवर दिव्य देह विधारणे ।
शंख चक्र गदाधर गेल मर्त्य परित्यजि ॥

एतद् सर्व कहे कुश द्वितीय प्रहरावधि ।
तद् परे गेल विश्रामे वर्धे रात्रि क्रमे क्रमे ॥
चिन्तायुक्त तथास्थले निःशब्द नगरी शुन ।
तृतीय प्रहरे प्रायः तन्द्रायुक्त यवे स्वयं ॥
तन्द्राघोरे महाबली आर्तनाद मम श्रुत ।
त्वरित गति समुत्थित शय्या त्यजि अतःपरे ॥
कहि एतद् विनिर्भरे रक्षःराज विभीषण ।
लव स्तब्ध रहे मौन अत्यन्त विस्मितान्तरे ॥
स्तब्ध अति विस्मये आकर्ण समस्त अश्रुजल निर्भरे रक्षेश दुःखे ।
नीरव कतक्षण आरम्भिल वार्ता संघटन यद् अतीते भीषण रात्रे ॥

- इति श्रीमद्देवायण ब्रह्मकल्पे तृतीय खण्डे लव मण्डलान्तर्गतः
अश्वल वर्गे लव-विभीषण साक्षात्कार वार्ता नामः षोडश संवर्ग ।

— ✯ —

॥ सप्तदश संवर्ग ॥

विभीषण वचन

हे लव शुन तद् परे आर्तनाद यवे श्रुत ।
शय्या त्यजि समुत्थाने सर्प एक निरीक्षिणु ॥
सर्पराज कहे स्वयं परिचये भुजंगम ।
अर्बुद कद्रु नन्दन शेष भ्राता महाबल ॥
सर्पे शिरःसहस्त्रश सहस्त्र मणि मंडित ।
कहे सगर्जने सर्प एतद् वाक्य मम प्रति ॥
लंकामध्ये प्रवेशिनु शुन अद्य विभीषण ।
वधे सर्व निशाचर पुत्रगण चतुर्दिके ॥
एवे सर्व समापित तुमि मात्र अवस्थित ।
अमर हेतु केवल कहि वाक्य यथा शुन ॥
एतद् पुरी परिग्रहि धनरत्न समन्वित ।
अधिकृत स्वयं बले जाह लंका परित्यजि ॥
एक रथ प्रदानिव ज़ाह इच्छा मनोमत ।
नतुवा कर संग्राम मम सह विभीषण ॥
सर्प वाक्य यथा श्रुत चिन्ति स्वयं जगत्पति ।
कालक्रमे परिस्थिति किंवा युद्ध अतःपरे ॥
अद्य युद्ध किं कारणे यदि सर्व समापित ।
निद्रित छिल राक्षस पशे सर्प सुगोपने ॥
निद्रागत निशाचर गृहमध्ये प्रवेशिया ।
अतर्किते विषाघात रक्षः प्रति भुजंगमे ॥
अतर्किते विषाघाते सुप्त सर्व निशाचर ।
नहे यद् पुनरुत्थित तथा त्यक्त कलेवर ॥
अप्रस्तुत यथा रक्षः दहे तीक्ष्ण हलाहले ।
असहाय निशाचर सुप्ति भंग नहे पुनः ॥
यदि सर्व समापित प्रिय बंधु यत स्थित ।
बंधु शून्य किंवा राज्य राजकार्य प्रयोजन ॥

वितृष्णा विषये मम पूर्व हते उपस्थित ।
गेल मर्त्य परित्यजि जगत्प्रभु यवे श्रुत ॥
तद् हेतु कहि अर्बुदे चलि लंका परित्यजि ।
नाहि राज्ये प्रयोजन स्यन्दनेक प्रदानह ॥
मम वाक्य यथाश्रुत अर्बुद सर्प राजन ।
दिल आज्ञा मम प्रति एसो गृह परित्यजि ॥
सरमा सह तद्परे गृह त्यजि बहिर्गत ।
सर्पकुल समावृत रथ पार्श्वे उपस्थित ॥
लंकापुरी परित्यजि अत्र रात्रे महाबली ।
स्वयं लंका परित्यजि सुमेरु शिखरागत ॥
अन्य सर्व निपातित शुन अग्रे भुजंगमे ।
एतद् सह निपातित तवानुज मने स्मरि ॥

शिव वचन

क्रोधयुक्त इहा श्रुत राघवज तथास्थले ।
अश्रुबिन्दु भरे चक्षे मुष्टिबद्ध कर द्वय ॥
क्षणेके आत्म सम्वरि कहे लव तथास्थले ।
लंकापुरी करे शून्य द्वीप मात्र अवस्थित ॥
किं कहिव महात्मन सर्व भाग्य विपर्यय ।
लंकापुरी विनष्टिल रत्नलोभी भुजंगमे ॥
नाहि किंचित् पुरीचिह्न द्वीप मात्र अवस्थित ।
शून्यक्षेत्रे बहे वायु शून्य ध्वनि जलस्वने ॥
अवतीर्ण तथास्थले भुजंगेक निरीक्षिणु ।
ऊर्ध्वग्रीवा यथा नाम अर्बुद सर्प नन्दन ॥
तव वार्ता प्रदानिल ऊर्ध्वग्रीवा भुजंगम ।
कहे चित्ररथे नष्ट एतद् पुरी मनोहर ॥

विभीषण वचन

एतद् वाक्य नहे सत्य चित्रे पुरी सुनिर्मित ।
चित्ररथ किं कारणे कह पुरी विनष्टिवे ॥
एतद् सर्व करे शुन रत्न लोभी भुजंगमे ।
तव अग्रे कहे मिथ्या हेरि तोमा भये स्मरि ॥

लव वचन

परिज्ञात परिस्थिति शुन एवे महामति ।
नाहि अन्य प्रयोजन सर्व कीर्त्ति भुजंगमे ॥
करि तोमा निवेदन यथा भाग्य विपर्यय ।
चल तुमि अयोध्याते सुमेरु शिखर त्यजि ॥
पितृहीन यथा स्वयं खुल्लतातः कृपाभरे ।
मम कार्य परामर्शे मम राज्ये कर स्थिति ॥
खुल्लानी सरमा पदे मम नति निवेदह ।
चल उभे अयोध्याते मम काम्य यथा कहि ॥

दुःखित लवान्तरे सर्व श्रवणान्ते नीरव कतक्षणे वाक्ये रत तातः ।
नित्य तव यद् परामर्शे मम राज्ये सर्वगत यद् अयोध्याते चल कार्ये ॥

- इति श्रीमद्देवायण ब्रह्मकल्पे तृतीय खण्डे लव मण्डलान्तर्गतः अश्वल वर्गे लव-विभीषण वार्ता नामः सप्तदश संवर्ग ।

— ✯ —

॥ अष्टादश संवर्ग ॥

शिव वचन

एरूप कहिते वाक्य राजा लव विभीषणे ।
रहि मौन कतक्षण कहे वाक्य अतःपरे ॥

विभीषण वचन

जाव स्वयं अयोध्याते तव सह महाबली ।
सुमेरु शिखरे नित्य एकाकी निर्जन स्मरि ॥
तुमि सर्व प्रवंचित किं कहिव अतःपरे ।
यवे भाग्य विपर्यय विपरीत चतुर्दिके ॥

शिव वचन

एतद् वाक्ये विभीषण अश्रु पूर्ण सुलोचन ।
स्तम्भित हेरिया लव भीत चित्ते करे स्थिति ॥
पुनश्च किं कहे अन्य खुल्लतातः विभीषण ।
एकि भाग्य मम प्रति भये स्तब्ध तथा लव ॥
भग्नकण्ठे विभीषण अश्रु पूर्ण सुलोचने ।
कहे वाक्य क्षणान्तरे शुन स्मिृति अतःपरे ॥
रथारूढ़ यवे स्वयं सुमेरु शिखरागत ।
अति शैत्ये सकातर त्यजे मर्त्य कलेवर ॥
एतद् रूप मम प्रति कहिल सरमा स्वयं ।
अयोध्या नगरे चल यवे शैत्ये सकातरा ॥
तव नाम पुनः पुनः कहे लव तथास्थले ।
नारिनु रक्षिते प्रिया क्षये प्राण पले पले ॥
हेर वीर महाशैत्य नहे सह्य कलेवरे ।
जानुते शिर रक्षणे सती प्राण परित्यजे ॥
तुषारे करि रक्षण चल देह निरीक्षिवे ।
हेर ऊर्ध्वे महाद्वार एतद् निम्ने करि स्थिति ॥
पुण्य आत्मा समीक्षित हेथा नित्य महाबली ।
एतद् पथे कदाचित् केह केह समागत ॥
एतद् संग कच्चित् लब्ध नहे एका निरन्तर ।
सरमा हेरिवे चल प्राणत्यक्त कलेवर ॥
अतःपरे यथा क्षेत्रे हल उभे उपस्थित ।
देवीरूपा निशाचरी अपूर्व सरमा सती ॥
कहे केवा गत प्राण मृत तवु स्मिताधर ।
सर्व ताप विवर्जित येन आत्म समाधिते ॥

एतद् दृश्य निरीक्षिया कहे लव विभीषणे ।
करिव सरमा सती महाद्वारे प्रतिष्ठित ॥
एतद देह चिरन्तन रवे शैत्ये महामति ।
यदि केह स्वर:भ्रष्ट पूजिवे सरमा सती ॥
नन्दन राघवे स्वयं सीतागर्भ समुद्भव ।
कहि सत्य महामति स्वर्गलाभ हवे पुनः ॥
यदि केह महाद्वारे महापुण्ये उपस्थित ।
स्वल्प पापे यदि भ्रष्ट महत् स्वर्ग प्रवंचित ॥
सेथा सत्य यथा कहि शुन तातः विभीषण ।
लभिवे सरमा पूजि महत् पुण्ये परा:गति ॥
सरमा स्मरणे नित्य सूर्यद्वार विमोचिवे ।
दिव्यलोके विभास्वर अकस्मात् हवे शुन ॥
योगी यदि महीतले सरमा स्मरिवे कभु ।
सूर्य ज्योति निरीक्षिवे ध्याने ज्योति प्रवंचित ॥
कहि वाक्य विभीषणे करे मूर्त्ति प्रतिष्ठित ।
करि मूर्त्ति प्रतिष्ठित पद द्वय नमे लव ॥
करि कार्य समापित सह राजा विभीषण ।
सुमेरु शिखर त्यजि उठे रथ नभ:स्थले ॥
मूर्त्ति सरमे प्रतिष्ठा यद् कृत शृंगे राघवज तृप्त चित्ते कार्य पवित्रे ।
आनत शिरे नमस्कारे वरि मान्ये बांधव विभीषणे संगे गृह यात्रा ॥

- इति श्रीमद्देवायण ब्रह्मकल्पे तृतीय खण्डे लव मण्डलान्तर्गतः अश्वल वर्गे सरमा स्मृति रक्षण वार्ता नामः अष्टादश संवर्ग ।

— ★ —

॥ ऊनविंश संवर्ग ॥

शिव वचन

दिवाद्वय चलि द्रुत लंकाद्वीपे उपस्थित ।
अर्बुद पुत्र एस्थले बहु भ्राता समावृत ॥
नियुक्त मणि संधाने इतस्ततः चतुर्दिके ।
चित्ररथ परित्यक्त अवशिष्ट रहे यदि ॥
कच्चित् कभु लभे सर्प भ्रमे सर्व चतुर्दिके ।
नित्य कार्य भुजंगमे लंका द्वीप निरीक्षण ॥
प्रभाते आगत द्वीपे पाताले नित्य रात्रिते ।
एतन्मत व्यतिव्यस्त नित्य कार्ये भुजंगम ॥
सर्प कुल भ्रमे यवे तथा लव उपस्थित ।
बहु सर्प निरीक्षिया कुश शोक मनोद्गते ॥
कहे लव विभीषणे करिते रथ चालना ।
टंकारिया धनुर्गुण सर्प वधे समुद्यत ॥
श्रवणे धनुटंकार रोषे सर्व भुजंगम ।
विद्युत्वेगे चले बाण खण्ड खण्ड करे अहि ॥
एक द्वय यवे हत अति क्रुद्ध भुजंगम ।
ऊर्ध्वग्रीवा महामिषि हरिवद्य वृषापति ॥

सर्वे शिरः सहस्रश उठे त्वरित नभःस्थले ।
रहि नभे: महाक्रोधे विष-वृष्टि समायुत ॥
विष तेजे दहे देह असह्य रहिते रणे ।
मेघसम परिव्याप्त विषधरे नभःस्थल ॥
अक्षम वारिते लव विष-वृष्टि तथास्थले ।
हेरि विपद् विभीषण लव प्रति कहे इहा ॥
वायुबाण प्रचालने झंझा वृष्टि अनुष्ठह ।
एतद् वाक्य यथाश्रुत वायुबाण धरे गुणे ॥
वायुबाणे महावात्या घोर स्वने प्रवाहित ।
अस्थिर गगने सर्प वाताघात महाबले ॥
अक्षम तिष्टिते एवे वाताघाते निपीड़िते ।
पड़े सर्व महीतले तीक्ष्णाघात करे लव ॥
तीक्ष्ण तीक्ष्ण प्रहरणे करे खण्ड भुजंगमे ।
खण्ड खण्डोरग क्रमे बहु हत निपातित ॥
एतद् रूपे दिवा त्रय करे युद्ध भुजंगम ।
पर्वत तुल्य तद् देह पुंजीभूत महीतले ॥
बहु खण्ड कलेवरे बहु सर्प हत क्रमे ।
प्राय दश सहस्रशः यवे हत निपातित ॥
लवे तीक्ष्ण शराघाते असह्य भुजंग यव ।
एवे युद्ध परित्यजि करे द्रुत पलायन ॥
सर्पकुल पराजये द्रुत पलायने रत ।
तद् पश्चाते विभीषण करिल रथ चालना ॥
रत पलायने सर्प पश्चाते रथ धावने ।
खण्ड खण्ड करे बहु तीक्ष्ण शर विघातने ॥
पुनश्च नाहि बाहुड़ि सर्प जले प्रवेशिल ।
सर्पकुल करि ध्वंस तुष्ट लव-विभीषण ॥
लंकाद्वीप परित्यजि किष्किंध्याते उपस्थित ।
किष्किंध्या नगरी त्यजि ऋष्य मुखे समागत ॥
ऋष्य मुखे उपस्थित लक्ष लक्ष महाकपि ।
संवाद प्राप्त यद् काले युद्धे हत कपीश्वर ॥
उपस्थित वृषाणक बहु कपि समन्वित ।
कृतान्त कालभैरव ऋषभ गंधमादन ॥
एतद् वीर चतुष्टय नमस्कार करे लवे ।
विभीषणे निरीक्षिया सर्वजन चमत्कृत ॥
चमत्कृत अतःपरे महानन्दे पदे नत ।
करि सर्वे शुभाशिष जिज्ञासिल विभीषण ॥

विभीषण वचन

किष्किंध्या नगरी मध्ये किंवा कह परिस्थिति ।
केन सर्वे अवस्थित ऋष्य मुखे इहा कह ॥

शिव वचन

नहे ज्ञात विभीषण अनुभवि वृषाणक ।
कहे सर्व क्रमे क्रमे विस्तारित यथा श्रुत ॥

युद्धोद्यम पुनः शुनि उत्साहित विभीषण ।
कहे युद्ध अनुष्ठिते रक्षःराज लव प्रति ॥

लव वचन

एतद् सर्व पुरा स्थिर कपि सैन्य समावृत ।
पीड़िव अश्वले युद्धे एतद् सत्य सुनिश्चय ॥

विभीषण वचन

किञ्चित् कार्य प्रदानह एतद् युद्धे मम प्रति ।
सुग्रीव स्मरणे कार्य हवे हर्ष सुनिश्चय ॥

लव वचन

इच्छुक यदि कार्यते सारथ्य करहे मम ।
लभिले दक्ष सारथी युद्धे जय सुनिश्चय ॥
यद् कपि सदा हिताकांक्षी नरवृन्दे मित्रजन रक्षणे इच्छा यदि तातः ।
अश्वकुल चालने सारथ्य सुयोग्ये मत् बल विवर्धने युद्धे लह कार्य ॥

- इति श्रीमद्देवायण ब्रह्मकल्पे तृतीय खण्डे लव मण्डलान्तर्गतः
अश्वल वर्गे लव कर्तृक सर्पकुल पीड़न वार्ता नामः ऊनविंश संवर्ग ।

— ✯ —

॥ विंश संवर्ग ॥

शिव वचन

एतद् रूप करि स्थिर कहिल ऋषभ प्रति ।
चतुर्श्रेष्ठ महाकपि चतुर्भागे विभागिया ॥
कर सैन्य समावेश किष्किंध्या नगरी यथा ।
करह नगरावृत सर्व कपि समावृते ॥
पीड़िव अश्वले स्वयं अन्यान्य तोमरा सबे ।
एतद् आज्ञा यथा प्राप्त जय लव करे ध्वनि ॥
जय लव करि ध्वनि कपि सैन्य बहिर्गत ।
किष्किंध्या नगरावृते कपिवृन्द करे स्थिति ॥
निःशब्दे वेड़िया पुरी लव जय करे घन ।
चकित शुनि अश्वल बहिर्भागे जय स्वने ॥
दूत वाक्ये परिज्ञात कपि सैन्य समागत ।
अतएव यथा त्वरित युद्ध हर्षे समुत्थित ॥
आह्वानि सैन्य नायके एतद् आज्ञा प्रदानिल ।
कपि सैन्य समागत आक्रमह त्वरित गति ॥
करिया कपि पीड़न कर सर्वे विदूरित ।
अवशिष्ट नहे येन कपि एक अतःपरे ॥
कपिकुल विमर्दिते उठे सैन्य महाबल ।
बाजिल वाद्य भीषण तद्रूप सैन्य गर्जन ॥

अश्व गज सुसज्जित रक्षीकुल तथामत ।
अश्वल वाहिनी श्रेष्ठ चतुरंग बलान्वित ॥
अश्वल जय निस्वने गर्जिल सर्व वाहिनी ।
अश्वल धनु धारणे रथारूढ़ बहिर्गत ॥
गर्जिल कपि वाहिनी जय लव निनादिया ।
अत:परे बहिर्गत राज सैन्य दले दले ॥
तदन्तरे महायुद्ध कपिसह मनुष्यते ।
धरे गिरि महीरूह दुर्वार कपि वाहिनी ॥
धृतहस्ते धनुर्बाण रथीकुल तथास्थले ।
गदा हस्ते गजारूढ़ प्रवेशिल दले दले ॥
भल्ल हस्ते हयारूढ़ गर्जि घोरे प्रवेशिल ।
खड्ग हस्ते पदातिक आक्रमिल चतुर्दिके ॥
कपि सैन्ये नर: सैन्ये महायुद्ध तथास्थले ।
नाना शस्त्र प्रहारिछे राज सैन्य चतुर्दिके ॥
गिरि वृक्ष प्रहारिया करे कपि निवारण ।
वधिल बहु संग्रामे बृहत् गिरि प्रचापने ॥
गिरि चापे निपातित बहु सैन्य तथास्थले ।
आघातिया महीरूह करे चूर्ण तथा बहु ॥
अद्य युद्धे जयी कपि जयनाद करे घन ।
एतद् रूपे दिवाव्यापी महायुद्ध अत:परे ॥
राजसैन्य पराजित हेरिया वीर अश्वल ।
गर्जि युद्धे प्रवेशिल टंकारिया धनुर्गुण ॥
टंकारिया धनुर्गुण हानिल तीक्ष्ण शायक ।
तीक्ष्ण तीक्ष्ण महाशरे कपिकुल निपीड़िल ॥
अश्वल समरे ध्वस्त कपिकुल भये रड़े ।
बहु कपि निपातित अन्ये युद्ध परित्यजे ॥
निरुत्साह रणे कपि लव एतद् निरीक्षिया ।
एवे स्वयं प्रवेशिल टंकारिया धनुर्गुण ॥
कपि सैन्य पराजित राज सैन्य निरीक्षिया ।
पुन: युद्धे प्रवेशिल घोर नादे निनादिया ॥
अश्वल सम्मुखे यवे वीर लव प्रवेशिल ।
हेरि लवे चमत्कृत कहे लवे युधासुत ॥

अश्वल वचन

शुन लव किं कारणे तुमि युद्धे समागत ।
कपिकुल विताड़िया करि राज्य प्रतिष्ठित ॥
कपिबल प्रवर्धिते केन युद्धे उपस्थित ।
कपितरे नरे नरे हवे युद्ध किं कारणे ॥
जाह युद्ध परित्यजि करि कपि विताड़न ।
कपि राज्य अकारण नर: वंश प्रवर्धिते ॥

शिव वचन

तद् वाक्य श्रवणे लव अति क्षुब्ध निजान्तरे ।
टंकारिया धनुर्गुण कहे एतद् सगर्जने ॥

अश्वल सगर्जने टंकारि धनुर्ज्या　　युक्त कहिते लवे किं द्वन्द्व मनुष्ये ।
अद्य कपि कारणे हे वीर अकार्ये　　जाह रण वर्जने सद्भावे मम संगे ॥

- इति श्रीमद्देवायण ब्रह्मकल्पे तृतीय खण्डे लव मण्डलान्तर्गतः अश्वल वर्गे लव-अश्वल साक्षात्कार वार्ता नामः विंश संवर्ग ।

— ☆ —

॥ एकविंश संवर्ग ॥

लव वचन

कपि राज्य अकारण　　कह तुमि किं कारणे ।
रक्षःकुल विनाशिते　　कपि योद्धा महाबली ॥
करे पृथिवी परिष्कृत　　दुष्ट रक्षः विमर्दने ।
छिल पूर्ण यवे शुन　　पृथिवीव्यापी निशाचर ॥
कपिराज्य प्रतिष्ठाते　　मम इच्छा इहा शुन ।
जाह तुमि स्वराज्यते　　किष्किंध्या नगरी त्यजि ॥

शिव वचन

एतद् वाक्य यथा श्रुत　　कुपित वीर अश्वल ।
टंकारिया धनुर्गुण　　एतद् वाक्य कहे बली ॥

अश्वल वचन

वीरश्रेष्ठ कदाचन　　नह तुमि महीतले ।
मोरे आज्ञा प्रदानिते　　अक्षम स्मरि निश्चय ॥
जाह लव यथा आज्ञा　　कपि सैन्य परित्यजि ।
कपिकुल विताड़िव　　एतद् सत्य सुनिश्चय ॥
यदि आज्ञा सुपालने　　कुण्ठित तुमि हे लव ।
स्ववीर्ये यदि गर्वित　　कर युद्ध तवे तुमि ॥
कपि तरे नरे नरे　　गृह-द्वन्द्व अकारण ।
मम इच्छा सुपालने　　त्वरित युद्ध परित्यज ॥

लव वचन

औद्धता तव अश्वल　　नाहि सहि कदाचन ।
कर युद्ध किं साहसे　　स्वेच्छाते मम शासने ॥
जाह त्वरित यथा कहि　　युद्धस्थल परित्यजि ।
सैन्य क्षय अकारण　　ममाज्ञा कर पालन ॥

अश्वल वचन

तवाज्ञा पालने अद्य　　प्रस्तुत ना लव स्वयं ।
शस्त्रे आज्ञा प्रदानह　　स्वीय वीर्य प्रकाशिया ॥

शिव वचन

एतद् वाक्य यथा श्रुत　　राघवि अति कुपित ।
टंकारिया धनुर्गुण　　एतद् वाक्य कहे बली ॥

लव वचन

नितान्त समरे इच्छा	कर युद्ध अत:परे ।
संग्रामे रहिते स्थिर	सक्षम तुमि यद्यपि ॥

शिव वचन

कहि वाक्य महाबली	शराघाते समायुत ।
तीक्ष्ण तीक्ष्ण महाशरे	करे पूर्ण नभ:स्थल ॥
पतित अश्वलप्रति	यथा वृष्टि महीतले ।
अश्वल अति वीर्यते	गर्जि घोरे रणस्थले ॥
शर चूर्ण करे त्वरित	निक्षेपित यथा लवे ।
करे स्वच्छ नभ:स्थल	शरपुंज विचूर्णिया ॥
पुनश्च हानिल क्रोधे	अग्निबाण लवप्रति ।
वरुण बाण घातने	लव शीघ्र निवारिल ॥
अग्निबाण निवारणे	वारि पूर्ण करे मही ।
वायुबाणे उवापित	तद् जल अश्वले कृत ॥
वायुबाणे उपावित	सर्व जल यथा त्वरित ।
महावात्या उपस्थित	कपिकुल विघूर्णित ॥
हेरिया कपि पीड़न	राघवज महाबली ।
निक्षेपिल महाक्रोधे	बाणश्रेष्ठ महाचल ॥
वायु स्तब्ध महाचले	कपि सर्व हल स्थिर ।
राजसैन्य हल स्थिर	मंत्रमुग्ध यथा मही ॥
सर्व सैन्य रहे स्थिर	यथा शस्त्र करे धृत ।
उद्यत केहवा हस्ते	केह आस्फालने रत ॥
व्यदित वक्त्र केहवा	खड्ग ऊर्ध्वे विधारणे ।
उद्यत वधिते कपि	रहे स्थिर तथास्थले ॥
कपिकुल महोत्साहे	एतद् दृश्य निरीक्षिया ।
मुष्टाघाते करे वध	बहु सैन्य त्वरित गति ॥
युद्धमान तथा कपि	राजसैन्य रहे स्थिर ।
वधिछे वानरे नर:	नानारूप विघातने ॥
कुपित हेरि अश्वल	टंकारिया महाधनु ।
व्योमबाणे करे चूर्ण	लव शस्त्र महाचले ॥
अचलता विदूरित	सर्व सैन्य निनादिल ।
अश्वल जय निस्वने	कपि सर्व प्रभावित ॥
व्योमबाणे प्रभावित	भारशून्य तथा कपि ।
भारशून्य कलेवरे	बलहीन मने स्मरे ॥
वायु मात्रे विताड़ित	त्र्यसरेणु यथा नभे: ।
राजसैन्य वधे कपि	एतद् क्षणे त्वरित गति ॥
सम्मार्जनी विचालने	यथा धूलि निपातित ।
तथामत पड़े कपि	शस्त्राघाते दले दले ॥
एतद् दृश्य निरीक्षिया	अति क्रोधे तथा लव ।
वज्रबाण प्रयोगिल	टंकारिया धनुर्गुण ॥
वज्रबाणे निवारित	व्योमबाण महास्वने ।
गर्जिल कपि सर्वत:	द्विगुण बल वर्धित ॥

गर्जि सर्व महाकपि राजसैन्य निपातित ।
पतित निमेषे बहु राजसैन्य तथास्थले ॥
एतद् रूप महायुद्ध दिवा त्रय क्रमागत ।
जय किंवा पराजय नहे उभे निरूपित ॥
अश्वल वीर्य वीक्षणे लव मने प्रशंसिल ।
युद्ध जये महाबली यत्नवान अतःपरे ॥
सम्मोहन मने स्मरि संयोजिल धनुर्गुणे ।
निक्षेपिल सगर्जने कवि गुरु मने स्मरि ॥
सम्मोहन महाशरे हल सर्व प्रभावित ।
पड़े सर्व रणस्थले स-अश्वल विमोहित ॥
सर्व जन तथास्थले सम्मोहने विमोहित ।
यथा शस्त्र करे धृत धराशायी तथामत ॥
करि सर्वे अचेतन युद्धे जयी तथा लव ।
करि युद्ध निवारण कहे वाक्य कपिप्रति ॥

लव वचन

स्वराज्यते प्रवेशह शत्रु शस्त्रे विमोहित ।
नाहि युद्धे प्रयोजन रह स्थिर वृषाणक ॥
कपि सर्वे प्रदानह यथा गृहे अवस्थित ।
कृतान्त कालभैरव कर कार्य यथा कहि ॥
निरस्त्र कर अश्वले सैन्यगणे तथामत ।
एकत्रे राखिया सर्वे कर रक्षा चतुर्दिक ॥
हे ऋषभ महाबली राज्यपद परिग्रहि ।
सुशृङ्खल यवे सर्व मोरे वार्ता प्रदानह ॥
अश्वल पराजये सम्मोहन बाणे मोहित रणस्थले आविष्ट सशस्त्रे ।
यद् विजय वानरे युद्धे लववीर्ये हृष्टमति सर्व किष्किंध्यापुर लाभे ॥

- इति श्रीमद्देवायण ब्रह्मकल्पे तृतीय खण्डे लव मण्डलान्तर्गतः अश्वल वर्गे लव युद्धे अश्वले पराजय वार्ता कथन नामः एकविंश संवर्ग ।

— ✯ —

॥ द्वाविंश संवर्ग ॥

शिव वचन

एतद् आज्ञा यथा प्राप्त करे कार्य चतुर्दिके ।
लव सह विभीषण वार्ता रत अतःपरे ॥

विभीषण वचन

एतद् श्रेष्ठ महाबाण लोकत्रये अदर्शित ।
सर्व वीर्य पराजित एतद् शस्त्र विमोहने ॥
नाहि हेरि कदाचन त्रैलोक्यजित रावणे ।
नहे इन्द्रे नहे चन्द्रे नहे वायु हुताशने ॥
बहु शस्त्र निरीक्षिणु बहु वीर्ये प्रकाशित ।
एतद् रूप असम्भव नाहि हेरि कदाचन ॥

कोटि कोटि रहे युद्धे पड़े युद्धे त्वरित गति ।
ए शस्त्रे अपराजित तुमि वीर जगत् त्रये ॥
कहिते किं जगत्पति रामचन्द्र पराजित ।
अमर वीर मारुति एतद् शस्त्रे विमोहित ॥
स्वयं मृत्यु नहे क्षम मोरे दंड प्रहारिया ।
स्वर्ग-युद्धे प्रमाणित एतद् शस्त्रे विमोहित ॥
इत्याधिक किं विस्मय युद्ध जये रणस्थले ।
सम्मुख समरे केवा तोमा वीर पराभवे ॥

लव वचन

त्रैलोक्ये केह ना क्षम शुन तातः पराजये ।
एतद्रूप शुभाशिष कविकृत ममप्रति ॥
त्रैलोक्ये श्रेष्ठ विक्रमे तोमा अद्य प्रतिष्ठिनु ।
सर्वजित यथा विद्या दानि लव तवप्रति ॥
ए शस्त्र घातने युद्धे नाहि केह रवे स्थिर ।
सर्व जन विमोहित हवे कहि रणस्थले ॥
कहि वाक्य पितामह एतद् शस्त्र प्रदानिल ।
वाल्मीकि कविराशिषे सर्व जयी मने स्मर ॥

शिव वचन

एतद् वार्ता कतक्षण लवसह विभीषणे ।
प्रहरेक अतिक्रमे प्रत्यागत क्रमे क्रमे ॥
सेनानीवृन्द संवादे लवप्रति शिरानते ।
यथा आज्ञा सुपालित कपि पुरे प्रवेशिल ॥
अधिकृत पुरी एवे कपि वीर प्रभावित ।
किंवा आज्ञा अतःपरे कहे लव वृषाणके ॥

लव वचन

बंधन करि रौरवे आनो हेथा त्वरित गति ।
संजीवक महाशर लवकृत प्रहारित ॥
अश्वल चेतना प्राप्त सैन्यकुल समन्वित ।
हस्त पदे यथा बद्ध कहे वीर वृषाणक ॥
यथा आज्ञा नराधिपे शुन हे वीर अश्वल ।
सत्वरे चल दर्शने सर्वाधिप क्षितीश्वरे ॥
बन्दीप्रति यथा आज्ञा बन्दीकृत सुपालित ।
आगत वीर अश्वल लव अग्रे शिरानते ॥
अश्वल विवंधनावस्थागत अग्रे लज्जित शिरानते सम्मोहन युक्के ।
चेतन पुनश्च यद् संजीवक शस्त्रे राघवज दर्शने स्नेहे रत वाक्ये ॥

- इति श्रीमद्देवायण ब्रह्मकल्पे तृतीय खण्डे लव मण्डलान्तर्गतः अश्वल वर्गे लव कर्तृक अश्वलके सम्मोहन मुक्त करण नामः द्वाविंश संवर्ग ।

— ☆ —

॥ त्रयोविंश संवर्ग ॥

शिव वचन

अश्वले हेरिया लव　　कहे वाक्य स्मिताधरे ।
एवे कह किंवा आज्ञा　　वीरवर ममप्रति ॥

अश्वल वचन

युद्धे जय पराजय　　आछे सत्य सुनिश्चय ।
ज्ञात विद्या आलौकिक　　इथे तुमि जयी रणे ॥
कर इच्छा मनोमत　　किं कहिव अत:परे ।
जयी तुमि रणस्थले　　राघवज महाबली ॥

लव वचन

व्यवहार किंवा इच्छा　　कह वाक्य परिष्कृत ।
किष्किंध्या करिया जय　　कपि हस्ते प्रदानिनु ॥

अश्वल वचन

स्ववीर्यते प्रतिष्ठित　　तुमि हे अवनीश्वर ।
राख प्राण वध प्राण　　तव इच्छा मनोमत ॥
कपि हस्ते प्रदानिले　　किष्किंध्यानगरी तुमि ।
जयी तुमि यथा इच्छा　　जिज्ञासा किं ममप्रति ॥
प्राणदंड प्रदानिते　　सक्षम तुमि एक्षणे ।
प्राणदंड प्रदानिया　　कर कार्य समापित ॥

लव वचन

हे अश्वल किंवा कह　　नह ज्ञात लवे तुमि ।
ए कारणे भये भीत　　मृत्युदंड मने स्मरि ॥
करह मुक्त अश्वले　　वीरश्रेष्ठ वृषाणक ।
मृत्युदंड किंवा कह　　जाह इच्छा मनोमत ॥

शिव वचन

शुनि वाक्य वृषाणक　　कृत मुक्ताश्वले त्वरा ।
अश्वल मुक्त येमति　　सैन्यगण तथामत ॥

लव वचन

एवे मुक्त महावीर　　कर कार्य मनोमत ।
कह वाक्य ममप्रति　　यथा इच्छा मनोदित ॥
एवे बन्दी नहे तुमि　　सर्व भय परित्यजि ।
स्वाधीन आछिले यथा　　तथामत मने स्मर ॥

शिव वचन

लव कार्य निरीक्षिया　　अश्वले अति विस्मय ।
करि लवे नमस्कार　　एतद् वाक्य कहे तथा ॥

अश्वल वचन

धन्य लव महत् प्राण निर्भय चित्त तेमति ।
शत्रु-मित्र समज्ञाने सम्भाव निरन्तर ॥
नमि हे अवनीश्वर कर आज्ञा असंशये ।
तवाज्ञाते लभि प्राणे हवे हर्ष सुनिश्चय ॥

लव वचन

जाह गृहे महाबली अन्य आज्ञा किंवा कहि ।
किष्किंध्या कपि साम्राज्य कपि सर्व ममाश्रित ॥
कपिकुल निपीड़न नाहि कर कदाचन ।
द्वन्द्वशून्य रहे सदा स्व-इच्छाते वने वने ॥
हिंसक जाति वानर नहे शुन कदाचन ।
नाहि वधे कभु प्राणी फलाहारी स्व-भक्षणे ॥
पशुश्रेष्ठ मने स्मर नर:तुल्य भ्रमे सदा ।
महाबुद्धि धरे कपि नर:कार्ये सहायक ॥

शिव वचन

एतद् आज्ञा यथा प्राप्त अश्वल रुरुनन्दन ।
कपिराज्य परित्यजि स्वराज्यते करे गति ॥
कहिल ऋषभे लव कर राज्य सुशासन ।
चलि स्वयं अयोध्याते बहु कार्य चतुर्दिके ॥
एतद् वाक्य यथा श्रुत कपिकुल समागत ।
करि लवे नमस्कार बहुल वन्दना कृत ॥
कृतज्ञपूर्ण लोचने रहे सर्वे अवस्थित ।
कपिकुल परिव्याप्त यवे शुन चतुर्दिके ॥
सह लव-विभीषण अयोध्याते करे गति ।
किष्किंध्या नगरी त्यजि उठे रथ नभ:स्थले ॥
जय जय करे कपि महावेगे चले रथ ।
किष्किंध्या नगरी त्यजि चले गोदावरी तटे ॥
मुक्त करि अश्वले सौहार्द्द विवर्धि तद् ऋषभ राजधर्म स्थापन कार्ये ।
राघवि नियोजि किष्किंध्यापुर भारे हृष्ट निजान्तरे प्रत्यागम राज्ये ॥

- इति श्रीमद्देवायण ब्रह्मकल्पे तृतीय खण्डे लव मण्डलान्तर्गत: अश्वल वर्गे लव कर्त्तृक वानर राज्य पुन: प्रतिष्ठा करण वार्ता नाम: त्रयोविंश संवर्ग ।

— ✭ —

॥ चतुर्विंश संवर्ग ॥

देव वचन

किं कार्य कह अश्वले लव-युद्धे पराजित ।
प्रत्यागमे गृहे स्वयं किंवा कर्मे समायुत ॥
तद् काले कह अश्वले किंवा गृह परिस्थिति ।
पितृकुले विराजित केवा कह महेश्वर ॥

शिव वचन

किष्किंध्या त्यजि अश्वल प्रत्यागत गृहे स्वयं ।
लवसह यथा संधि दिग्विजय परित्यजि ॥
स्वसैन्य परिवारित पुनर्युद्ध परित्यजि ।
स्वीयराज्ये प्रवेशिल आत्मक्षोभ विमोचित ॥
लव हस्ते पराजित नाहि क्षोभ तथास्थले ।
लवसह महायुद्धे रामचन्द्र पराजित ॥
लव श्रेष्ठ महाबली साक्षात् युद्धे असंशये ।
दानि मान्य यथायथ स्वीयराज्ये प्रवेशिल ॥
स्वल्पायु रुरु तद्काले मर्त्यदेह परित्यजे ।
सह पत्नी प्रियम्वदा तुल्यायु यद् विभागित ॥
रुरुसह प्रियम्वदे पूर्व आयु विभागित ।
रुरु प्रेमे पुनर्जाता आयुहीन प्रियम्वदा ॥
पूर्वे उक्त अभीसुत आयुशून्य प्रियम्वदा ।
प्राण त्यक्त कलेवरे आयु रुरु प्रदानिल ॥
स्वीय आयु विभागिया प्रियम्वदे प्रदानिते ।
पुनर्जाता अति क्षुब्ध आयु भाग यथा श्रुता ॥
संवेदने रुरुप्रति प्रश्नमाना यथा पुरा ।
शुन एतद् समाधाने द्विता अग्रे उपस्थित ॥
यथा! प्रश्ने कहे द्विता प्रेमतत्त्व सुगोपन ।
एतद् श्रुत महाबाहु कहि शुन अतःपरे ॥
प्रेमतत्त्व प्रकाशिया कहे द्विता रुरुप्रति ।
पुत्र एक समुत्पन्ने राजकुल सुरक्षिते ॥
तद् वाक्ये पालने रुरु पुत्रोत्पन्ने नियोजित ।
जात प्रियम्वदा गर्भ यद् गर्भे अश्वलोद्भव ॥
भूमिष्ट पुत्र यद्काले रुरु हर्ष समायुत ।
द्विता अग्रे निवेदिल पुत्रमुख निरीक्षिते ॥
युधामन्यु समन्वित द्विता प्राज्ञ युगाधिप ।
त्वरितपदे उपस्थित यथा प्रियम्वदा सुत ॥
अति हृष्ट युधामन्यु पौत्र वक्षे विधारणे ॥
प्रसन्न दर्शने द्विता कहे अश्वतर प्रति ।
हे अश्वतर राजन जात पौत्र महाबल ॥
दिग्विजयी हवे पुत्र मम तेज प्रभावित ।
मम युग प्रकाशिते हवे भित्ति स्वरूपतः ॥
मदश्वतुल्य भूतले हवे मम प्रकाशक ।
वंशधर यथा तव तव स्मृति सुरक्षणे ॥
अश्वलाख्या प्रदानिनु जात पौत्र महाबले ।
चन्द्रवंशे महत् कीर्त्ति स्थापना अश्वल शुन ॥
कहि एतद् द्विता यवे अश्वतरे प्रहर्षिया ।
स्वगृहे गमनोद्यत बद्धांजलि तथा रुरु ॥
कहे नमि शिरानते यथा आज्ञा सुपालित ।
एवे कार्य किंवा कहं कृपाभरे युगाधिप ॥

जात तनय द्वितातेजे रुरुवीर्ये भोज नृपदुहिता गर्भाश्वल नामः ।
अश्वतर पालित स्नेहाप्लुत बाल्ये वर्धित दिने दिने प्राप्ते बहु विद्या ॥

- इति श्रीमद्देवायण ब्रह्मकल्पे तृतीय खण्डे लव मण्डलान्तर्गतः
अश्वल वर्गे अश्वल जन्म वार्ता कथन नामः चतुर्विंश संवर्ग ।

— ⁂ —

॥ पंचविंश संवर्ग ॥

शिव वचन

रुरु वाक्य यथा श्रुत कहे द्विता स्मिताधरे ।
जात पुत्र गृहे यथा कार्य तद् पालने तव ॥
अन्य कार्य नहे एवे कर पुत्र सुपालन ।
वयःप्राप्त यवे पुत्र पुनः आज्ञा प्रदानिव ॥
एरूप कहिते वाक्य रुरु हर्ष समायुत ।
हृष्ट राजा युधामन्यु द्विता स्थान परित्यजे ॥
रुरु-पुत्र परिग्रहि युधा हर्ष समायुत ।
पुत्रवधू समीपेते क्षणे क्षणे उपस्थित ॥
पौत्र वक्षे विधारणे करि बहु समादर ।
नानारूप करि क्रीडा दाने पुनः प्रियम्वदे ॥
युधा कार्य निरीक्षिया अति तृप्त प्रियम्वदा ।
अत्यन्त श्वशुरे स्नेह स्व-पुत्रे स्मरि दुर्लभ ॥
हृष्ट रुरु ततोधिक पुत्रप्रति निरन्तर ।
पितृस्नेह निरीक्षिया तृप्त निजान्तरस्थले ॥
एतद् रूपे अतिक्रमे कियत् वर्ष तथास्थले ।
वर्ष त्रय अतःपरे अश्वल भ्रमणे रत ॥
माता पिता परित्यजि पितामह समन्वित ।
पितामह सह क्रीडा नाना प्रश्न समायुत ॥
युधामन्यु तथामत सर्व कार्य परिग्रहि ।
पौत्रसह निरन्तर करे काल अतिक्रम ॥
पुनश्च वर्ष द्वय एतद् रूपे यवे गत ।
अश्वल जननी पार्श्व रात्रिकाले परित्यजे ॥
पूर्वे स्थिति दिवाव्यापी युधामन्यु समन्वित ।
रात्रिते जननी पार्श्वे नित्य निद्रागताश्वल ॥
पंच वर्षे पदार्पणे मातृपार्श्व परित्यजे ।
पितामह समन्वित सर्वक्षण करे स्थिति ॥
पान भोज्य परिग्रहे यत्रकाले पितामह ।
अश्वल भोजने रत तुल्यासन परिग्रहि ॥
उपविष्ट युधामन्यु उपविष्ट तदश्वल ।
यथा भंगी पितामहे तदनुकरणे स्थिर ॥
यद् काले भ्रमणे रत युधामन्यु इतस्ततः ।
अश्वल भ्रमणे रत एतद् हस्त विधारणे ॥
रात्रिकाले युधामन्यु यवे शय्या परिग्रहे ।
तद् पार्श्वे अश्वल स्थित नित्य कार्य इहा स्मर ॥

भोजने शयने पार्श्वे भ्रमणे अवगाहने ।
आसक्त अश्वलप्रति युधामन्यु दिने दिने ॥
अति स्नेहे समासक्त पौत्रप्रति पितामह ।
रुरु एतद् निरीक्षिया स्वयं मुक्त मने स्मरे ॥
मुक्त बोध निजप्रति कहे वाक्य प्रियम्वदे ।
हे प्रिया सहजे मुक्त मायामोह सुतप्रति ॥
हेर पिता निरन्तर पौत्र स्नेह परायण ।
यद् हेतु नित्य अश्वल पितृपार्श्वे विराजित ॥
निज मातापिता त्यजि दाने मुक्ति उभप्रति ।
विजड़ित किंवा माया किंवा मोह अपालने ॥
एवे साक्षात् द्वितासह कहि कार्य समापित ।
यथा प्रेमे अमरत्त्वे मुक्ति पथ प्रदर्शह ॥
रुरु वाक्य यथा श्रुत हृष्टा प्रियम्वदान्तरे ।
दानिया स्वीय सम्मति द्विता सह्ये चले उभे ॥
पुत्रसह यद् पितास्नेहे अति मोहे बद्ध जगते महामाया पर:भावे ।
मुक्तिलभिनु स्वयं कार्ये यदि अद्य हे प्रिय चले द्विता पार्श्वे करि साक्षात् ॥

- इति श्रीमद्देवायण ब्रह्मकल्पे तृतीय खण्डे लव मण्डलान्तर्गत: अश्वल वर्गे अश्वतरे अत्यासक्ति ओ रुरु संसार वितृष्णा वर्णना नाम: पंचविंश संवर्ग ।

— ★ —

॥ षड्विंश संवर्ग ॥

शिव वचन

द्विता अग्रे उपस्थिते रुरु-प्रियम्वदा सह ।
कह रुरु किं संवाद जिज्ञासिल युगाधिप ॥
द्वितापदे शिरानते रुरु एतद् निवेदिल ।
यथा आज्ञा प्रदानिले राजवंश सुरक्षिते ॥
जात प्रियम्वदा गर्भे अश्वल यद् ममात्मज ।
वर्धे मम पितृस्नेहे तदानुसक्त केवल ॥
पितामाता परित्यजि पितामह समन्वित ।
भोजने भ्रमणे स्नाने शयने रत अश्वल ॥
मम कार्य समापित एतद् हेतु मने स्मरि ।
यद् आज्ञा पुत्र पालने तव कृत प्रदानित ॥
अमरत्त्वे यथा गति प्रेमपथे प्रदर्शह ।
तव कृत यथा उक्त पूर्वकाले ममप्रति ॥
एतद् साक्षात् प्रदर्शह नमि सह प्रियम्वदा ।
आयुस्वल्प यथा मम विभक्त यद् परस्परे ॥
स्वल्पकाल अत:परे प्राणमध्ये अवस्थिति ।
आयुक्षये महात्मन प्राण त्यक्त सुनिश्चय ॥
प्राणहीने किंवा कार्य किं उद्यम अत:परे ।
संकल्प मात्र चालित वायु भूत निराश्रय ॥
अत्रक्षेत्रे यथोत्तम पुण्यगति प्रदानिते ।
यवे प्राण परित्यक्त नित्याश्रये प्रदर्शह ॥

एरूप कहिते वाक्य द्विता अग्रे शिरानते ।
प्रत्युत्तरे कहे द्विता एतद् रूप रुरुप्रति ॥
अश्वल पालने यदि युधामन्यु नियोजित ।
तव कार्य समापित यदि रुरु मने स्मर ॥
मत् तेजस प्रभावित मम स्पर्शे महाबली ।
अन्तर्मध्ये निरीक्षह पुण्य मार्ग यथायथ ॥
यदात्मन भुजाश्लेषे धृत जगत् चराचर ।
यदाश्लेष जगत्त्रय नित्यानन्दे निमज्जित ॥
एरूप कहिया द्विता स्पर्शे रुरु-प्रियम्वदा ।
तद् पुण्य परशे हर्षे बहिर्बुद्धि परित्यजे ॥
बहिर्बुद्धि परित्यक्ते अन्तर्दृष्टि विमोचित ।
अन्तर्मध्ये समीक्षित सर्व मुक्त यथापथ ॥
क्षेत्रकाल अतिक्रमि विमुक्त सर्व बंधने ।
देह गत यथा भेद सर्व भावे तिरोहित ॥

द्विता वचन

हे रुरु कर दर्शन अमृतत्त्वे यथा पथ ।
मृत्युपथ यथा त्यक्त भेद द्वन्द्व समाश्रित ॥
हे रुरु कर दर्शन मम पथ कहे इहा ।
धर्म शान्ति समाश्रित अमरत्त्वे गतिप्रद ॥
पूर्वे बहु महात्मन एतद् पथे प्रवेशिया ।
धर्मराज्य अतिक्रमि अमरत्त्वे प्रवेशिल ॥
देवमार्ग इहा स्मर देवयान यथास्थले ।
अन्य पार्श्वे निरीक्षह मृत्युपथ महाबली ॥
यथा मृत्यु समन्वित कलि स्वयं प्रतिष्ठित ।
अधर्ममार्ग यद् उक्त महाघोरे निमज्जिते ॥

शिव वचन

द्विता वाक्य यथा श्रुत तद् सर्व दर्शन क्रमे ।
रुरु-प्रियम्वदा सह जगन्माया अतिक्रमे ॥
देहमाया परित्यजि पर:धामे प्रवेशिल ।
नित्य प्रेमे यथास्थले आश्लेषित प्रहर्षित ॥
देहगत मोह-तन्माया परिहारे स-प्रिय पशे पर:धामे रुरु हर्षे ।
तेजमय दीप्त आलोके पथ लक्ष्ये देह अजरत्त्व सुप्राप्ते अमरत्त्वे ॥

- इति श्रीमद्देवायण ब्रह्मकल्पे तृतीय खण्डे लव मण्डलान्तर्गत: अश्वल वर्गे रुरु-प्रियम्वदा कर्तृक पर:धामे प्रवेश वर्णना नाम: षड्विंश संवर्ग ।

— ✯ —

॥ सप्तविंश संवर्ग ॥

शिव वचन

द्विता तेज प्रभावित गेल प्रियम्वदा रुरु ।
मर्त्यमाया परित्यजि अमृतत्त्वोत्तम स्थले ॥

अश्वल शुन एस्थले दश वर्षे पदार्पित ।
शास्त्रविद्या तरे युधा गुरुगृहे नियोजिल ॥
शास्त्रशिक्षा तरे यवे नियुक्त पौत्र अश्वल ।
नित्य संग परित्यक्त दृढ़ माया श्लथ क्रमे ॥
सर्व क्षण यथा पूर्वे पौत्र पार्श्वे अवस्थित ।
शयने भोजने स्नाने भ्रमणे यद् निरन्तर ॥
तद् हेतु सर्वदा चिन्ता युधामन्यु नराधिपे ।
अश्वल पौत्र केवल अन्य चिन्ता विवर्जित ॥
एवे गुरुगृहे पौत्र विद्याहेतु अवस्थित ।
प्रथमे पौत्र दर्शने नित्य गुरुगृहे गति ॥
तदन्तरे यवे दृष्ट रुरु-प्रियम्वदा सह ।
मर्त्यमाया परित्यजि पर:धामे प्रवेशिल ॥
पौत्रपार्श्वे परित्यक्त गुरुगृहे करे स्थिति ।
पुत्रवधू समन्वित ऊर्ध्वलोके करे गति ॥
एतद् रूपे श्लथ क्रमे मायासक्ति युधाप्रति ।
बोधोदय क्रमे क्रमे नाना चिन्ता प्रभावित ॥
चिन्ताजाल सुविस्तारे क्षोभयुक्त अत:परे ।
कहे वाक्य निजान्तरे आसक्ति मोह दर्शने ॥
अहं मूढ़ सुनिश्चय आसक्ति मोह सज्जित ।
पुण्यवान ममात्मज पुत्रवधू समन्वित ॥
पुत्र माया परित्यजि ऊर्ध्वलोके करे गति ।
अहं मूढ़ विमूढ़त्त्वे समासक्त दिने दिने ॥
पुत्रमाया जने जने पौत्रे माया कदाचित् ।
अत्यन्तासक्ति यद् क्षेत्रे पौत्रे माया तथास्थले ॥
बालतुल्य करे क्रीडा पौत्रसह पितामह ।
सर्वासक्ति विवर्जित विषये युक्त यद् मन ॥
संसार दानिया पुत्रे आत्मयोग परायण ।
परमात्मा करे ध्यान आत्म मुक्ति तरे स्वयं ॥
एरूपे सर्वदा ध्याने परमात्मा समाहित ।
पुण्यगति लभे नर: जगन्माया परित्यजि ॥
शिशुतुल्य करे क्रीडा केह केह कियत् दिवा ।
स्वजन्मार्जित संस्कार क्षये देहे करे स्थिति ॥
एतद सर्व महाप्राज्ञ जन्म कर्म अतिक्रमि ।
जीवन्मुक्त करे स्थिति किञ्चित् दिवा कलेवरे ॥
अहं मूढ़ सुनिश्चय आत्म ज्ञान विवर्जित ।
संसारभार मस्तके पौत्रासक्ति समायुत ॥
मम पुत्र महत् पुण्ये स्वर्गधामे करे गति ।
यद् संसार दिवा स्वल्प मायामोह विवर्जित ॥
एरूपे निर्जने एका युधामन्यु नराधिप ।
क्षोभे अश्रु विनिर्झरे पुत्रशोक समायुत ॥
पौत्रमाया समासक्त स्मरि चित्त प्रवेदने ।
परिताप समायुत उद्वेगपूर्ण अन्तरे ॥
राजदु:ख परिज्ञात यथाकाल अवस्थित ।
परिताप नृपान्तरे साम्य हेतु उपस्थित ॥

स्वर्गदोक्त यथास्थले	अहो मूढ़ नराधमे ।
मायासक्ति निपेषणे	के रक्षिवे अत:परे ॥
स्वयं काल नराधिप	सर्व रक्षाकरी स्मर ।
रक्षिव सर्व संकटे	आत्म शंका परित्यज ॥
यथा कार्ये नियोजित	यथासक्त नराधिप ।
एतद् मम प्रचालित	युग धर्म प्रवर्त्तने ॥
आत्मगत काम संकल्पे धृत काले	युक्त नर:वृन्द नित्योद्यापन कार्ये ।
अश्वतर रक्षिवाहं संकट सर्व	दु:ख परिवर्जने चित्ते रह शान्त ॥

- इति श्रीमद्देवायण ब्रह्मकल्पे तृतीय खण्डे लव मण्डलान्तर्गत: अश्वल वर्गे अश्वतर कर्तृक आत्मक्षोभ करण वार्ता कथन नाम: सप्तविंश संवर्ग ।

— ✯ —

॥ अष्टविंश संवर्ग ॥

शिव वचन

एरूप कहिते द्विता	युधा चित्ते चमत्कृत ।
अकस्मात् पुरोभागे	करि साक्षात् युगाधिपे ॥
साष्टाङ्गे चरणे नमि	एरूप कहिते रत ।
यद् वेदना मनोद्गत	परिज्ञात युगाधिप ॥
परितापे अहं दग्ध	मम कर्मफले शुन ।
अहं पौत्रे समासक्त	अत्याधिक महात्मन ॥
पौत्र चिन्ता निरन्तर	आत्म चिन्ता परित्यजि ।
वार्द्धक्य हेर आगत	क्षीणदेह दिने दिने ॥
ममासक्ति तथापिह	प्रवर्धित निरीक्षह ।
यद् वयसे लभे मुक्ति	पुत्रे भार प्रदानिया ॥
स्ववार्द्धक्य अवेक्षणे	प्रौढ़काल अतिक्रमि ।
स्वपुत्रे दानि संसार	वाणप्रस्थ लभे शुन ॥
पुत्र विषय कर्मादि	धन भोग स्पृहा यत ।
सर्व भावे परित्यजि	कठोर संयमे रहि ॥
ध्यान यज्ञ अनुष्ठाने	चित्त शुद्धि करि क्रमे ।
आत्म निष्फलता प्राप्ते	परमात्मा समाहित ॥
तद् वयसे ममप्रति	विपरीत समीक्षित ।
संसार वर्जने पुत्र	सर्व माया विमोचित ॥
पुत्रवधू समन्वित	पुण्यलोके कर गति ।
अहं मूढ़ जगत्बद्ध	पौत्रमाया समायुत ॥
तद् हेतु कर दर्शन	अद्य स्वयं अपुत्रक ।
राजकार्य प्रचालने	मोहवशे नियोजित ॥
किंवा मुक्ति ममप्रति	अंधलोके हवे गति ।
मृत्युकाले परित्राहि	विषय भावनागत ॥
एकदिके महाबले	विषयाकर्षिवे मम ।
अन्यदिके अवारित	मृत्यु कण्ठ निपीड़िवे ॥
तद् काले मरणे मम	किंवा दृश्य विचारह ।
विषये मरणे ध्वस्त	युधामन्यु नराधिप ॥

एरूप कहि कातरे अश्रुजल विनिर्झरे ।
यवे राजा युधामन्यु द्विता वाक्ये समायुत ॥

द्विता वचन

अश्वतर किं कारणे एतद् रूप विचंचल ।
मम कृत नियोजित नित्य कार्ये यथा तुमि ॥
यद्यपि सेस्थले तुमि मायाबले विचालित ।
कहि वाक्य तथापिह ममकृत नियोजित ॥
सर्वाग्रे स्वीय संकल्प काल योग अतःपरे ।
माया स्नेह तदन्तरे युधामन्यु प्रभावित ॥
मम इच्छा व्यतिरेके नाहि कर्म कदाचन ।
तद् क्षेत्रे तुमि शोकार्त हेरि एतद् अकारण ॥
पूर्वे पूर्वे यथा कर्म यद् संकल्प अवस्थित ।
मम कृत प्रचालित एतद् सर्व विधारणे ॥
मत् कर्म शुन सर्वदा कर्माकर्मे नियोजिते ।
दारा पुत्र गृहे धने करि मन वशीभूत ॥
कच्चित् कच्चित् लभे मुक्ति मम कृपा समाश्रये ।
सर्व क्षेत्रे महाबाहु काल श्रेष्ठ मने स्मर ॥

अश्वतर वचन

ब्रह्मवादी कहे नित्य ब्रह्महेतु जगन्मय ।
ब्रह्मोद्भव जगत् सर्व ब्रह्म कर्मे नियोजित ॥
एतद् वाक्य महात्मन यदि सत्य सुनिश्चय ।
काल कार्य तथास्थले जीव कर्मे नियोजने ॥
किं प्रकारे समुत्पत्ति किंरूपे प्राण धारण ।
कस्य कृत विचालित सुखे दुःखे निरन्तर ॥
काल किंवा तथा ब्रह्मे नहि ज्ञात यथायथ ।
शोक हेतु किंवा कह मायामोह प्रभावित ॥
हेतुसृजने जगत् उत्पत्ति महात्मा काल अथवा परःब्रह्म कह केवा ।
कस्यकृत पृथिवी आवर्त्ते ग्रहपुंजे ब्रह्मविद् वर्णित ब्रह्मोद्भव सृष्टि ॥

- इति श्रीमद्देवायण ब्रह्मकल्पे तृतीय खण्डे लव मण्डलान्तर्गतः अश्वल वर्गे अश्वतर द्विता संवाद नामः अष्टविंश संवर्ग ।

— ✯ —

॥ ऊनत्रिंश संवर्ग ॥

लव वचन

अश्वतर यथा अद्य योग्य प्रश्न कृत स्वयं ।
तद् ब्रह्म सर्व कारण उत्पत्ति हेतु चालने ॥
यदृच्छाकाश भूतादि काल स्वभाव नियति ।
आत्मा मन नहे कभु उत्पत्ति हेतु कारण ॥
नहेत जगदुत्पत्ति हेतु कालादि संयोग ।
तद् कारण नहे जीव सुख दुःख समाश्रित ॥

पुण्यापुण्य अधीनस्थ जीवहेतु नहे कभु ।
ब्रह्ममात्र जगत् हेतु अश्वतर प्रमाणित ॥
परिणामप्रदः काल स्वभाव गति दायिनी ।
यदृच्छा प्रसभोत्पत्ति नहे हेतु कदाचन ॥
कालस्थ पुरुषावधि पृथिवी योनि वर्णित ।
संयोग पक्ष संहति अष्ट पक्ष कहे शुन ॥
यद्यपि जीव चेतन कर्माधीन तथापिह ।
स्वेच्छाते सुख ना प्राप्त दुःख ना त्यजिते क्षम ॥
जीव नित्य पराधीन सुख दुःख प्रभावित ।
जीव ना जगदुत्पत्ति हेतु ब्रह्म सुनिश्चय ॥
पूर्वे ब्रह्मविद् ध्याने गुण त्रय समावृत ।
तद् ब्रह्म परमेश्वर हेतु रूपे निरीक्षिल ॥
गुण त्रय समावृत पंचभूत दशेन्द्रिय ।
एतद् विकार षोडश यद् नाभि छिद्रवेष्टन ॥
अष्टसिद्धि नरः तुष्टि अशक्ति अष्टविंशति ।
वृत्ति दशेन्द्रिये दश विषय विंश प्रत्यय ॥
तद् ब्रह्म प्रत्यकाष्टक धात्वष्टकैश्वर्याष्टक ।
भावाष्टक गुणाष्टक देवाष्टक सुवर्णित ॥

अश्वतर वचन

इत्याष्टकावली ब्रह्मे किं प्रकार प्रकाशह ।
संक्षेपे मम दुर्बोध्य कह एतद् सविस्तारे ॥

द्विता वचन

अग्नि वायु जलाकाश मन बुद्धि अहंकार ।
प्राकृत्याष्टक वर्णित प्राज्ञकुले नराधिप ॥
रक्त मांस वसाचर्म मज्जा शुक्र त्वकास्थि यद् ।
शुक्राष्टक सुवर्णित अश्वतर मने स्मर ॥
अनिमा लघिमा प्राप्ति प्रकाम्य सह ईशित्त्व ।
वशित्त्व कामावसायित् अनिमाद्यैश्वर्याष्टक ॥
देव प्रजापति ब्रह्मा गंधर्व यक्ष राक्षस ।
पितासह पिशाचादि देवाष्टक मने स्मर ॥
दया क्षमा अनसूया शौचानायास मंगल ।
अकार्पण्यादि अस्पृहा एतद् गुणाष्टक स्मर ॥
एतद् षडाष्टके नित्य जगत् सृष्टि प्रभावित ।
एतद् ऊर्ध्वे परःब्रह्म सर्व धृत विराजित ॥
पूर्वे उक्त यथा चक्र एवे नदीसम स्मर ।
ज्ञानेन्द्रिय यथा पंच वारि तुल्य विवेचित ॥
पंचभूते यदुग्र वा वक्रतुल्य समीक्षित ।
कर्मेन्द्रिय यथा पंच तरंगादि विवेचित ॥
शब्दादि पंच आवर्त्त पंच दुःख यथावेग ।
भेद पंचाश अक्षर पंच पर्व अविद्यादि ॥
एरूप चित् नदी ध्वनि अश्वतर निरन्तर ।
ब्रह्मसिंधु समुद्भुत यद् नदी सुप्रवाहित ॥

अश्वतर वचन

पंच पंच यथा उक्त वेग पर्व महामति ।
चित् नदी भेद आवर्त्ते दुःखसह यथा कह ॥

द्विता वचन

चक्षु कर्ण जिह्वा नासा त्वक ज्ञानेन्द्रिय स्मर ।
पाणि पाद मुख क्रमे कर्मेन्द्रिय सुवर्णित ॥
शब्द रूप रस स्पर्श गंधादि पंच विषय ।
गर्भ-दुःख व्यधि-दुःख जन्म-दुःख जरा-दुःख ॥
मृत्यु-दुःख यथा पंच वेग एतद् सुवर्णित ।
पंचाश अक्षरे भेद यद् बुद्धि भेदकारक ॥
अविद्या अस्मिता द्वेष रागादि अभिनिवेश ।
पंच पर्व इहा स्मर नदीरूप यथास्थले ॥
व्यक्त परमेश्वरे यद्वत् धृत सृष्टि ब्रह्मण षड्ष्टके स्वाधिष्ठित चक्रे ।
कल्पित पुनः नदी यद् वेग तरंगे वर्णित युगाधिपे श्रोताश्वतराग्रे ॥

- इति श्रीमद्देवायण ब्रह्मकल्पे तृतीय खण्डे लव मण्डलान्तर्गतः अश्वल वर्गे द्विता-अश्वतर संवादे ब्रह्मविद्या उपनिषद् कथने चक्र ओ नदी वर्णना नामः ऊनत्रिंश संवर्ग ।

— ✯ —

॥ त्रिंश संवर्ग ॥

द्विता वचन

ब्रह्मचक्रे सदा जीव तिर्यक पशु मानव ।
रूपे नित्य परिभ्रमे यदुत्पत्ति स्थितिः लये ॥
सजीव परमेश्वरे भेद बुद्धि यथास्थले ।
एतद् बुद्धि प्रचालित जन्म मृत्यु परिभ्रमे ॥
तद् कृपायुक्त यद् काले अभिन्नेश्वर दर्शने ।
अत्रकाले लभे मुक्ति अश्वतर असंशये ॥
यद् प्रभावे लभे मुक्ति तद् पुरुष सुनिर्मल ।
ॐकार वेद संयुक्त समाधि कारण स्मर ॥
विभेद ईश्वरे जीवे अविनाशी विकार वा ।
यद् कार्य कारणात्मक विश्वधर्त्ता परस्परे ॥
ईश्वरत्त्व बिना जीव सुख दुःख प्रचालित ।
यदैक्य परमात्मने मुक्ति हेतु सुनिश्चय ॥
जीवेश्वर अभेद यद् भेद प्राप्त तथापिह ।
मायामध्ये विराजित यथा माया स्वकल्पित ॥
भेद माया विदूरित एकत्त्व जीव ईश्वरे ।
विमुक्त सर्व बंधने अद्वैते यद् प्रतिष्ठित ॥
माया विनाशकारिणी अविनाशी परात्मन ।
तदेक परमेश्वर माया जीव-प्रभु स्मर ॥
स्वप्रकाश परात्मन विज्ञात मुक्त बंधने ।
अविद्यादि दुःख क्षये जन्म मृत्यु तिरोहित ॥

तदीश्वर अभिध्याने देह पात यवे शुन ।
विश्वैश्वर्ये विराटत्त्वे आप्तकाम स्वरूपित ॥
काष्ठमध्ये हुताशन अव्यक्ते यद् अवस्थित ।
जन्मने व्यक्त केवल तद्रूपात्मा मने स्मर ॥
देह प्राण मनाविष्ट यदात्मन अवस्थित ।
ॐकार मथने नित्य हृपंकजे प्रकाशह ॥
हृदय यद् शरीरस्थ अधः काष्ठ मने स्मर ।
ॐकार उत्तरारणि ब्रह्म चिन्ता विघर्षण ॥
यथा यंत्र निपीड़ने तिले तैल बहिर्गत ।
दधिमध्ये यथा घृत दृष्ट भूमितले पयः ॥
तद्रूप सत्य भाषणे तपस्यादि अनुष्ठित ।
अव्यक्त आत्म दर्शने आत्मपदे प्रतिष्ठित ॥
सर्वमय विराजित एतद् आत्मा नराधिप ।
दुग्धमध्ये यथा घृत तपे ज्ञान समीक्षित ॥
आत्म विद्या प्रभावित सक्षम ब्रह्म दर्शने ।
एतद् विद्यातरे यत्न कर तुमि निरन्तर ॥
दुग्धमय सर्वत्रव्यापी धृत राजे आत्मन सदान्तरे तद्वत अधिवासी ।
यंत्र मथने यथा क्षीरोद्भव आज्य हृप्रणव मंथने दृष्टात्मन साक्षात् ॥

- इति श्रीमद्देवायण ब्रह्मकल्पे तृतीय खण्डे लव मण्डलान्तर्गतः अश्वल वर्गे द्विता-अश्वतर संवादे ब्रह्मविद्या उपनिषद् कथने आत्मा सन्धान नामः त्रिंश संवर्ग ।

— ✯ —

॥ एकत्रिंश संवर्ग ॥

द्विता वचन

प्रथमे सवितृ ध्याने युक्त तत्त्व तरे मन ।
ब्रह्मज्योति प्रकाशक ज्ञात पृथिवी विधारक ॥
युक्त देवकुले मन स्वर्गधामे प्रतिष्ठित ।
बृहत् ज्योतिः प्रकाशह सवितृ देवता स्वयं ॥
अद्वितीय यिनि स्वयं साक्षी भूत जगन्मय ।
तिनि एतद् चराचरे होत्र कार्ये विधिप्रद ॥
विप्रकुल तदात्मने मनादि इन्द्रियावली ।
करि युक्त रत स्तवे तद् सर्वज्ञ महत् रवि ॥
एरूप सविता ध्याने नित्य विप्रकुल स्तवे ।
हेतु भूत जगत् सर्वे परःब्रह्मे नमि स्वयं ॥
ब्रह्मे चित्त समाधाने एतद् रूप दिने दिने ।
साधु पथे जगन्मध्ये बहु कीर्त्ति प्रकाशिते ॥
यद् सर्व अमृतोद्भव पुत्र विश्वे विराजित ।
दिव्यधामे अधिष्ठित शुन एतद् मम स्तव ॥
यथा अग्नि समुत्पन्न यथा वायु निरोधित ।
यथा चन्द्र समुज्ज्वल करि मन तथा स्थिर ॥
प्रसवि सविता शस्य ब्रह्म सेवा परायण ।
तत्र योनि समायुक्त ज्ञानाग्नि दग्ध कर्म यद् ॥

प्राज्ञ वक्ष शिरः ग्रीवा दृढ़ समुन्नत स्थिरे ।
संयमि इन्द्रियावली हओ ब्रह्मे समाहित ॥
नियुक्त प्रणवोंकारे सर्वेन्द्रिय सुसंयमे ।
उत्तीर्ण घोर संसारे ब्रह्मोडुप समाश्रये ॥
युक्त प्राण प्रपीड़ने चेष्टा क्षीणे प्रवाहिते ।
यद् नासिका प्रवाहित नव द्वार निरोधने ॥
दुष्टाश्व युक्त वाहने निपुन सारथी यथा ।
विद्वान प्राण प्रचालक तद्रूप वायु धारणे ॥
पवित्र अग्नि पाषाण बालुका वर्जित स्थले ।
शीतल शब्द संकुल चक्षु पीड़ा प्रदायक ॥
करि क्षेत्र विवर्जन निःशब्द निर्जन स्थले ।
गुहामध्ये अवस्थाने परमात्मा समाहित ॥
दर्शे योगी क्षणे क्षणे नीहार धूम्र अर्क वत् ।
कभु अग्नि मरुत् तुल्य स्फटिक वत कच्चित् कच्चित् ॥
कभु विद्युत् महोज्योति खद्योत चन्द्रमा सम ।
दर्शे योगी क्षणे क्षणे ब्रह्म साक्षात् पुरःसरे ॥
क्षिति वारि मरुत् व्योम तेज जय अतःपरे ।
योगीदेह धृत प्रति जरा मृत्यु नहे शुन ॥
प्रवृत्ति यद् चतुष्टय ज्योति गंध रस स्पर्शे ।
एकके युक्त तन्मध्ये प्रवृत्त योग वर्णित ॥
लघुत्त्व वर्ण उज्वल्य आरोग्य अलोलुपत्त्व ।
वर्धित शुभ सौष्ठव शुभ गंध प्रवाहित ॥
स्वल्प मूत्र पुरीषादि दृष्ट योगीजन प्रति ।
प्रवृत्त प्रथमा योगे योगीकुल सुवर्णित ॥
यद्रूप मृत्तिकालिप्त स्वर्ण रौप्ये प्रभा गत ।
वारिधौत यवे शुन तेज वर्णे प्रकाशित ॥
तद्रूप आत्म दर्शने देही शोक अतिक्रमे ।
अद्वये कृत कृतार्थ तेज वर्णे प्रकाशित ॥
योगीकुल यवे शुन दीप तुल्यात्मने रत ।
ब्रह्मतत्त्व अवेक्षणे एक चित्त समाहित ॥
ब्रह्मतत्त्व परिज्ञाते सर्व शुद्ध अज ध्रुव ।
सर्व पाश विमोचक मुक्ति लब्ध महात्मन ॥
तद् श्रेष्ठ पुरुषोत्तम सर्वाग्रे-जात वर्णित ।
स्वयं प्रकाश सर्वत्र गर्भे अद्य अवस्थित ॥
सर्वाग्रे यद् समुत्पन्न हिरण्य गर्भ आकृति ।
अद्यापि विराटाकारे गर्भमध्ये विराजित ॥
सर्व मुख स्वरूपित सर्व मध्ये अवस्थित ।
स्वयं प्रकाश यद् ब्रह्म अग्नि जले विराजित ॥
यद् ब्रह्म भुवने सर्व औषधि निकरे स्थित ।
वनस्पति अधिष्ठित तद् देव शरणे नमः ॥
विश्व भुवनान्तरस्थ ब्रह्म नमस्ते व्यास यिनि औषधि सर्वे तृण गुल्मे ।
पर्वत वनस्पति व्योमे ग्रहपुंजे सर्व पशु मानवान्तर्यामिन रूपे ॥

– इति श्रीमद्देवायण ब्रह्मकल्पे तृतीय खण्डे लव मण्डलान्तर्गतः अश्वल वर्गे द्विता-अश्वतर संवादे ब्रह्मविद्या उपनिषद् कथने ब्रह्म वार्ता नामः एकत्रिंश संवर्ग ।

॥ द्वात्रिंश संवर्ग ॥

द्विता वचन

अद्वितीय परात्मन स्वयं माया प्रभावित ।
सर्वत्र यद् अवस्थित सर्व प्रभु स्वरूपित ॥
तन्माया शक्तिते तिनि सर्व सृष्टि प्रचालक ।
उत्पत्ति स्थिति संसारे एका स्वयं अवस्थित ॥
यिनि एतद् परिज्ञात मृत्यु मार्ग अतिक्रमि ।
अमृतत्त्वे प्रविष्ट यद् विमुक्त सर्व बंधने ॥
सर्व ब्रह्मविद प्रति रुद्र मात्र अवस्थित ।
नाहि अन्य द्वितीयत एतद् सृष्टि चराचरे ॥
सर्व लोक यिनि स्वयं शक्ति कृत वशीभूते ।
विद्यमान् यिनि सर्वत्र पुरुषे पुरुष क्रमे ॥
ए भुवन चतुर्दश करि सृष्टि स्वयं यिनि ।
पालने रत सर्वदा प्रलये ध्वंसकारक ॥
सर्व प्राणीकुले चक्षु यद् लोचन सुवर्णित ।
सर्व जने यथा मुख मुख एतद् महात्मने ॥
सर्व जने यथा बाहु तस्य बाहु सुवर्णित ।
सर्व जने पद द्वय पद एतद् महात्मने ॥
तद् अद्वैत स्वयं व्यक्त शाश्वत परमेश्वर ।
द्युलोक सह भूलोक उत्पन्न पालने क्षये ॥
धर्माधर्माश्रये नरे किंवा बाहुद्वयाश्रये ।
पक्षद्वारा विहंगमे कर्मे संयोजिते रत ॥
सर्वात्मक परात्मन विश्वतः चक्षु वर्णित ।
विश्वतास्य विश्वतस्पात् विश्वतः बाहु ईश्वर ॥
यदिन्द्रादि सुरावली उत्पत्ति स्थिति कारक ।
अविद्या नष्ट कारक सर्वज्ञ विश्वपालक ॥
यिनि सृष्टि समारम्भे हिरण्य गर्भ जायक ।
तिनि ज्ञान प्रदायक ब्रह्मे संयुक्त कारक ॥
हे रुद्र यद् गिरि स्थित सर्व जीव सुखप्रद ।
हृष्ट करी शुचिःप्रद यद् मूर्त्ति शुभकारिणी ॥
तद् मूर्त्ति शुभ वीक्षणे त्रैलोक्य कर दर्शन ।
हे रुद्र पर्वत स्थित सर्व जीव सुखप्रद ॥
लोक ध्वंस तरे हस्ते यदायुधू विधारित ।
तद् कृत कर मंगल प्राणी हिंसा परित्यजि ॥
हिरण्य गर्भ विश्वादि हते श्रेष्ठ बृहत् तिनि ।
सर्व भूत कलेवरे गुप्तभावे अवस्थित ॥
तिनि एका जगत् ध्वंसी तद् ब्रह्म परमेश्वरे ।
परिज्ञात यवे जीव जन्म मृत्यु अतिक्रमे ॥
तद् पुरुष महात्मन आदित्य वरुणोज्वल ।
तमःपारे प्रकाशित परिज्ञात अहमेतद् ॥
तुमि जाह तद् ज्ञाने मृत्यु माया अतिक्रमि ।
मुक्ति हेतु नहे अन्य पंथा दृष्ट अतःपरे ॥

ज्ञात परमे तमःपारे अहमेतद्   दीप्त पुरुष महानादित्य सुवर्णे ।
अश्वतर जाह तद् ज्ञाने मरमाया   वर्जि अपरे नहे पंथा परिदृष्ट ॥

- इति श्रीमद्देवायण ब्रह्मकल्पे तृतीय खण्डे लव मण्डलान्तर्गतः अश्वल वर्गे द्विता-अश्वतर संवादे ब्रह्मविद्या उपनिषद् कथने रुद्र वार्ता वर्णना नामः द्वात्रिंश संवर्ग ।

— ☆ —

॥ त्रयोत्रिंश संवर्ग ॥

द्विता वचन

तद् पुरुष हते श्रेष्ठ   नाहि वस्तु चराचरे ।
इत्याधिक नहे किञ्चित्   अनुतर बृहत्तर ॥
तमेक परमात्मन   वृक्षतुल्य सुनिश्चल ।
स्वमहिमा प्रकाशिया   नित्यकाले विराजित ॥
अद्वय परमात्मन   विश्वव्यापी विराजित ।
यद् कार्य कारण शून्य   रूपादि परिवर्जित ॥
योग विरहित ब्रह्म   एरूपे ज्ञात यद् जन ।
मुक्तिप्राप्त त्वरित तिनि   अज्ञानी सर्वदा दुःखी ॥
सर्वानन शिरः ग्रीवा   सर्व भूत गुहाशय ।
सर्वस्थ भगवान ये   तिनि सर्व गत शिव ॥
तद् पूर्ण पुरुष श्रेष्ठ   सर्व बुद्धि प्रवर्त्तक ।
अविद्या दोष नाशक   अव्यय दीप्त निर्मल ॥
अंगुष्ठ मात्र पुरुष   अन्तरात्मा अवस्थित ।
सर्व हृदि अधिष्ठित   तिनि ज्ञानमय प्रभु ॥
यद् देव हृदय स्थित   मन द्वारा सुलभ्य यद् ।
यिनि एतद् सविज्ञात   अमृतत्त्व लभे त्वरा ॥
सहस्र शीर्ष पुरुष   सहस्राक्ष सहस्रपात् ।
पृथिवी विश्व सर्वत्र   व्यापी स्थित दशांगुलि ॥
तद् पुरुष स्वरूपित   भूत अद्य भविष्यते ।
अन्न द्वारा यथा वर्धे   तिनि सर्व स्वरूपित ॥
तिनि सर्व विधारक   तिनि ए सर्व पालक ।
तिनि सर्वमय प्रभु   तिनि मोक्ष प्रदायक ॥
सर्वतः पाणि पाद यद्   सर्वतः मुख मस्तक ।
सर्वतः श्रुति लोचन   सर्वावृत अधिष्ठित ॥
सर्वेन्द्रिय गुणाभ्यास   सर्वेन्द्रिय विवर्जित ।
सर्वाश्रय स्वरूपित   सर्वेश्वर बृहत् प्रभु ॥
नवद्वार समाश्रित   देह युक्त परात्मन ।
जीवात्मा रूप धारणे   बर्हिविषय धावित ॥
तद् हंस भुवन त्रये   सर्व स्थावर जंगमे ।
नियन्ता रूप सर्वत्र   सर्वव्यापी अवस्थित ॥
नाहि हस्त पद द्वय   सर्व ग्राही तथापिह ।
सर्वत्र भ्रमणे क्षम   दूरगामी मनाधिक ॥
अचक्षु दर्शने क्षम   अश्रोत्र श्रवणे क्षम ।
सर्व तथ्य परिज्ञात   सर्वज्ञ कारणे तिनि ॥

तद् द्रष्टा केह वा विश्वे　　सर्व द्रष्टा स्वयं तिनि ।
तिनि पूर्ण महत् श्रेष्ठ　　प्राज्ञकुले सुवर्णित ॥
सूक्ष्माधिक यथा सूक्ष्म　　महत् हते महत्तर ।
आत्मा रूपे गुहावासी　　सर्व जीवे निरन्तर ॥
यिनि विधि अनुग्रहे　　चित्ते निर्मलता लभि ।
तदीश दर्शने क्षम　　विमुक्त शोक वर्जने ॥
विज्ञाताहं चिराजर　　पुराण सर्वशात्मन ।
सर्व गत जगत् विभु　　उक्त ब्रह्मविदे इहा ॥
सक्षम अवेक्षणे आत्मा निजदेहे　　यद्विधि अनुग्रहे चित्ते लभि शुद्धि ।
मुक्त भव बंधने शोक त्यजि मंत्रे　　ज्ञात अमृताजरात्माहं जगदीश ॥

- इति श्रीमद्देवायण ब्रह्मकल्पे तृतीय खण्डे लव मण्डलान्तर्गतः अश्वल वर्गे द्विता-अश्वतर संवादे ब्रह्मविद्या उपनिषद् कथने विश्वत रूप वर्णना नामः त्रयोत्रिंश संवर्ग ।

— ★ —

॥ चतुःत्रिंश संवर्ग ॥

द्विता वचन

पुनश्च कहि तद् सत्य　　अश्वतर शुन स्थिरे ।
गभीरार्थ पुनः पुनः　　समाकर्ण प्रयोजन ॥
अद्वितीय परात्मन　　जन्म कर्म विवर्जित ।
माया शक्ति समाश्रित　　अनपेक्ष प्रयोजने ॥
जगत् सृष्टि पुरोभागे　　विश्वधर्त्ता यिनि स्वयं ।
पालक सृष्टि वर्धने　　संहारे प्रलयंकर ॥
स्वप्रकाशे परात्मन　　ब्रह्मे मति प्रदायक ।
सर्वत्र व्यापकात्मन　　सर्व क्षेत्रे विराजित ॥
आत्मा अग्नि मरुत् वायु　　चन्द्र सूर्य प्रजापति ।
आत्मा ब्रह्म स्वरूपित　　शुद्ध वारि शुचिप्रद ॥
एरूप स्तुति तद् प्रति　　आत्म ध्याने प्रकाशित ।
प्रतिभात परःब्रह्म　　आत्मान्तरे यवे शुन ॥
तुमि तद् पुरुष स्त्रीय　　कुमार वा कुमारिणी ।
तुमि वृद्ध स्वरूपित　　दंड हस्ते विधारणे ॥
तुमि नील पतंग वत्　　हरिद्वर्ण विहंगम ।
लोहिताक्ष तड़ित गर्भ　　ऋत वा सिंधु सर्वतः ॥
आदि अन्त विवर्जित　　अनादि तुमि हे प्रभु ।
सर्वत्र व्याप्त यद विभु　　सर्वशोत्पन्न कारक ॥
पुरुषेक जगत्बद्ध　　बहु सृष्टि प्रकाशिनी ।
यन्माया पृथिवी रूपा　　तेज वारि स्वरूपिणी ॥
सेवि माया स्वयं तृप्त　　अज्ञानांध विताड़िया ।
यद् मुक्त पुरुषापर　　माया त्यागे अवस्थित ॥
पक्षीद्वय सखा रूपे　　युक्तभावे अवस्थित ।
एक वृक्षे समाश्रित　　जीवात्मा परमात्मन ॥
जीवात्मा भोजने रत　　कर्मफल तथास्थले ।
परमात्मा अनाशिन　　केवल दर्शने रत ॥

तद् वृक्षे पुरुष द्वय सम्भावे अवस्थित ।
मग्न अनीश्वरत्त्वेक मुह्यमान सदा शोके ॥
ईश्वरत्त्वे तथा अन्य तन्महिमा अवेक्षणे ।
वीतशोके सदा तुष्ट महानन्दे निमज्जित ॥
तद्ब्रह्म ये अविज्ञात ऋक-मंत्रे किंवा फल ।
यिनि ब्रह्म परिज्ञात सर्व सार्थक तद् जने ॥
मंत्र छन्द क्रतुः यज्ञ व्रत भूत भविष्यते ।
वेद उक्त यथा सर्व ब्रह्म माया समुद्भव ॥
ब्रह्म कृत जगत् सृष्टि तन्माया परिवारित ।
मायाबद्ध तथा जीव नित्य दुःखे निमज्जित ॥
प्रकृति तन्महामाया मायाविद् महेश्वर ।
एतद् सर्व जगत् व्याप्त तद् शरीर समाश्रये ॥
स्व प्रकृति तन्महामाया धृत अंगे रुद्र परमेश्वरः मायाविद उक्त ।
दर्शि हृदये तदात्मा पुण्य शुचित्त्वे मुक्त मरबंधने माया परिहारे ॥

- इति श्रीमद्देवायण ब्रह्मकल्पे तृतीय खण्डे लव मण्डलान्तर्गतः अश्वल वर्गे द्विता-अश्वतर संवादे पक्षीद्वय वर्णना नामः चतुःत्रिंश संवर्ग ।

— ✯ —

॥ पंचत्रिंश संवर्ग ॥

द्विता वचन

तदेक परमेश्वर मायायोनि अधिष्ठित ।
जगत् सृष्टि प्रकाशक संहारक तिनि स्वयं ॥
आकाशादि स्वरूपतः मुक्त भावे विराजित ।
मोक्षदाता नियन्ता तद् वन्दि देव महेश्वर ॥
निवृत्त दुःख यद् साक्षात् सर्व शान्ति समावृत ।
यद् देवोत्पत्ति कारण विश्वकर्त्ता रयिप्रद ॥
महर्षि रुद्र वर्णित हिरण्य गर्भ दर्शित ।
यद् जन्म शुभ कारण शुभबुद्धि प्रकाशिते ॥
अग्नादि देवता सर्वे यिनि पूज्य अधीश्वर ।
जन्मध्ये लोक भूरादि समस्त परिकल्पित ॥
यद् द्विपद मनुष्यादि श्वापदादि चतुष्पद ।
प्राणीवृन्दे नियन्ता यद् तद् देवे किं हविःप्रद ॥
सूक्ष्मातिसूक्ष्म यद् देव अविद्या कार्य कारण ।
तद् दुर्ग मध्ये आस्थित जगत् सृष्टि प्रकाशक ॥
नाना रूपे जगत् व्यापी यिनि नित्य विराजित ।
तद् शिव परमेश्वर दर्शि शान्ति लभे नर ॥
तद् देव परमेश्वर स्थिति काले सुपालक ।
जगत् विश्व सुरक्षक सर्व साक्षीसम स्थित ॥
ब्रह्मर्षि देवता सर्व ज्ञात युक्त यथास्थले ।
तद् ज्ञाने मुक्त मानव मृत्युपाश अतिक्रमे ॥
घृतोपरि अवस्थित दधि मंड यथामत ।
सर्व जीवान्तरे सूक्ष्मे गुप्तभावे विराजित ॥

यिनि विश्व परिव्यास ज्ञात शिव महेश्वरे ।
शुचित्त्व लब्ध तद् व्यक्ति सर्व पापे विमोचित ॥
एतद् विश्व विधारक सर्व हृदि अधिष्ठित ।
जन्महात्मा परिज्ञात मृत्यु माया अतिक्रमे ॥
अज्ञान नष्ट यद्काले दिवा रात्रि सदासद ।
एतद् बोध तिरोहित मात्र शिव स्वरूपित ॥
विद्यमान पर:ब्रह्म वरेण्य यिनि भास्करे ।
यद् पुराण महत् प्रज्ञा एतद् क्षेत्र विनि:सृत ॥
अन्य लोक नहे कभु एतद् आत्मा अध:स्थले ।
ऊर्ध्व किंवा तथामध्ये क्षम कच्चित् विधारणे ॥
यिनि सर्व यशप्रभ समाख्यात महत्यशा ।
अनुपम तिनि स्वयं नित्य जय यशान्वित ॥
तदीश्वर महत् रूप दृष्टिग्राह्य नहे कभु ।
यद् मानव परिज्ञात शुद्ध बुद्धि समाश्रये ॥
हृदिगुहा अवस्थित तद् ब्रह्म परमेश्वर ।
विमुक्त सर्व बंधने मृत्यु माया अतिक्रमि ॥
जन्मादि षड् प्रकार विकार यद् विवर्जित ।
रुद्र तोमा परिज्ञात विशुद्ध निष्कले सदा ॥
संसारे भीत मानव तोमा नित्य समाश्रये ।
कल्याण प्रार्थने रत हे रुद्र रक्ष सर्वदा ॥
हे रुद्र तुमि सर्वदा पुत्र पौत्र सुरक्षह ।
नाहि भृत्य विनाशह गवी अश्व यथा प्रिय ॥
हे वीर हे महारुद्र यज्ञे हवि प्रदानिया ।
आह्वान करि सर्वदा शान्त मूर्त्ति कृपामय ॥
ध्वंस परिवर्जने कल्याण समीक्षा रुद्र तव पुत्रगोभृत्याश्व सुरक्षे ।
यज्ञ परिपूर्णता दाने परमात्मा अद्य हवि अर्पणे आह्वानि महेश ॥

- इति श्रीमद्देवायण ब्रह्मकल्पे तृतीय खण्डे लव मण्डलान्तर्गत: अश्वल वर्गे द्विता-अश्वतर संवादे ब्रह्म सृष्टिरूप वर्णना नाम: पंचत्रिंश संवर्ग ।

— ✯ —

॥ षड्त्रिंश संवर्ग ॥

द्विता वचन

विद्याविद्या द्वि अक्षर पर:ब्रह्म तदनन्ते ।
निहित गूढ भावे यद् कहि वाक्य तथा क्रमे ॥
अविद्याक्षर वर्णित विद्याभिहित अक्षर ।
अविद्याक्षर संसारे बद्ध हेतु कहे बुध ॥
अक्षर मोक्ष कारण विद्याविद्या पथ द्वय ।
ज्ञात संयमने रत तिनि उभ हते पृथक् ॥
अद्वितीय परात्मन नित्य सर्व कलेवरे ।
नानारूप विधारणे सर्व कार्ये अधिष्ठित ॥
सर्वज्ञ कपिले यिनि प्रसूत व्यक्त कारण ।
तद् कपिले ज्ञानैश्वर्य धर्म वैराग्य दानिया ॥

कृतपुष्ट पुराकाले कपिले कृत रक्षण ।
तद् रुद्र परमेश्वर सर्व जन उपासित ॥
स्व-प्रकाश तदात्मन देव मानव तिर्यक ।
मायाजाल सुनिर्माणे पुनः ध्वंसे रत स्वयं ॥
तन्महात्मा पुनर्वार सृजि बहु प्रजापति ।
पुनः सृष्टि प्रकाशिया तद् सर्वाधिपति स्वयं ॥
यथा सूर्य अधः ऊर्ध्व सह प्राच्य चतुर्दिक ।
करि सर्व प्रकाशित दीप्तिमान यथा स्वयं ॥
वरेण्य परमैश्वर्ये स्व प्रकाशे परात्मन ।
जगत् पृथिवी समन्वित सृष्टि संयमने रत ॥
ये जगत् हेतु कारण अद्वय परमेश्वर ।
स्वभार परिचालने पच्यमान महीप्रति ॥
परिणति प्रदायक अद्वितीय तथापिह ।
सर्व संयमने रत सत्त्वादि गुण चालने ॥
तद् आत्मन स्वरूपतः वेदमध्ये प्रकाशित ।
तद्त्वमसि यथा वाक्य एतन्मध्ये अवस्थिति ॥
हिरण्य गर्भ तद् आत्मा वेद प्रमाण विज्ञात ।
रुद्रादि देवतावृन्द वामदेवादि तद् ऋषि ॥
विज्ञात तद् परःब्रह्म आत्म स्वरूप दर्शने ।
तद् माया बंधने सर्व मुक्ति लब्ध प्रहर्षित ॥
यिनि गुण समन्वित सुख दुःख फलप्रदा ।
धर्माधर्म तथा कर्म फल भोक्ता स्वरूपित ॥
गुण त्रय समायुत मार्ग त्रय समन्वित ।
नित्य प्राणे अधिष्ठाता कर्मस्वोपार्जिते स्वयं ॥
इहलोक परःलोक स्वकर्मे प्राप्त सर्वदा ।
यथा कर्मे फले गति गति प्राप्त तथा क्रमे ॥
कर्मफल चालित स्वोपार्जित कर्मे मोह निगड़े महामाया कृत बद्ध ।
लब्ध जगते पुनर्जन्मे इहलोके प्राप्त परःलोक कालान्ते निजदेह ॥

- इति श्रीमद्देवायण ब्रह्मकल्पे तृतीय खण्डे लव मण्डलान्तर्गतः अश्वल वर्गे द्विता-अश्वतर संवादे क्षराक्षर वार्ता कथन नामः षड्त्रिंश संवर्ग ।

— ✯ —

॥ सप्तत्रिंश संवर्ग ॥

द्विता वचन

अंगुष्ठ मात्र तद् रूप सूर्यतुल्य विभास्वर ।
संकल्प परिवेष्ठिते अहंकार समायुत ॥
जल बिम्बान्तरे यथा मार्तन्ड परिलक्षित ।
आराग्र मात्र यद्यपि जीवात्मा सूक्ष्म दर्शन ॥
बुद्धिगुणे तथापिह कार्यादि गुण संयुत ।
चैतन्य गुण कारणे नित्य गुण विभूषित ॥
शत विभाग केशाग्रे शत भाग पुनोरपि ।
तदेक अंश यद् भाग परिमाण तथा जीवे ॥

जीवरूप स्वभावत: अनन्त स्मर केवल ।
उपाधि कारणे सूक्ष्म परिमाण निरूपित ॥
तदात्मन नहे स्त्रीय ना क्लीव पुरुषात्मन ।
तदात्मा पुरुष स्त्रीये क्लीवदेहे अवस्थाने ॥
तद् देह अभिमानत्त्वे अत्र रूप स्मरे स्वयं ।
आत्मा कभु नहे क्लीव पुरुष ना स्त्रीय स्वयं ॥
जीवात्मा स्वीय संकल्पे स्पर्श विमोह दर्शने ।
करे कर्म शुभाशुभ अज्ञान परिचालित ॥
तदन्तरे क्रमे क्रमे स्वीय कर्मफले स्वयं ।
देव मानव तिर्यक नाना रूप विधारणे ॥
स्त्रीय पुरुष क्लीवत्त्व प्राप्त देही यथा क्रमे ।
वर्धित तद् कलेवर अन्न पाने दिवा क्रमे ॥
जीव विहित यद् कार्य निषिद्ध यद् क्रिया विधि ।
एतद् मार्गे प्रभावित स्थूल सूक्ष्म यथा क्रमे ॥
धर्माधर्म अनन्तरे शब्दादि वासना कृत ।
गुण संयोग कारणे जीव दृष्ट स्वरूपे तद् ॥
आदि अन्त विवर्जित संसार गहनान्तरे ।
विश्वस्त्रष्टा जगन्मध्ये बहु रूपे अवस्थित ॥
तद् देव ज्ञात मानव सर्व पाशे विमोचित ।
यद् शुद्ध अ-कलेवर अविद्या परिवर्जित ॥
कलासर्ग समन्वित स्त्रष्टा स्वयं प्रकाशक ।
ज्ञात मुक्त तदात्मन पुन:देह नहे कभु ॥
अन्त परिवर्जित स्त्रष्टा बहुरूपे मोह कलिले जगन्मध्ये जगदीश ।
तद् परम दर्शने माया परिहारे मानवपाशे महानन्दे अमरत्त्वे ॥

- इति श्रीमद्देवायण ब्रह्मकल्पे तृतीय खण्डे लव मण्डलान्तर्गत: अश्वल वर्गे द्विता-अश्वतर संवादे रूप गुणादि वर्जित आत्मा तत्त्व कथन नाम: सप्तत्रिंश संवर्ग ।

— ✯ —

॥ अष्टत्रिंश संवर्ग ॥

द्विता वचन

कच्चित् कवि कहे मोहे स्वभाव सृष्टि कारण ।
केह केह कहे काल हेतु जगत् प्रकाशिते ॥
भ्रमणे रत यद् ईश कालचक्र स्वयं बले ।
तन्महिमा नहे ज्ञात माया मोहे कदाचन ॥
यिनि एतद् जगत् नित्य परिव्याप्ते अवस्थित ।
ज्ञानरूप यदात्मन कालकर्त्ता महात्मन ॥
पापादि परिवर्जित सर्वज्ञ परमेश्वर ।
तद् प्रसिद्ध प्रचालने भूत पृथिवी प्रकाशित ॥
तन्मात्र भावना नित्य याग-यज्ञ अनुष्ठिया ।
विशुद्धत्त्व यवे प्राप्त यवे कर्मे निवारित ॥
जीवात्मा परमात्मने योगयुक्त अत:परे ।
प्राकृत गुण वर्जने मुक्तिपदे प्रतिष्ठित ॥

सत्त्वादि गुण युक्त यद् कर्मावली अनुष्ठिया ।
समस्त परमेश्वरे कृत नित्य समर्पण ॥
तद् ब्रह्मज्ञान संयुक्ते कर्मावली निरामये ।
पंचभूते पृथक् आत्मा स्वयं पदे प्रतिष्ठित ॥
तदीश सर्व कारण तद् कारण अदर्शित ।
तिनि शरीर संयोगे अविद्या हेतु कारण ॥
काल त्रय हते श्रेष्ठ ब्रह्मविदे सगोचर ।
नाना रूपे प्रकाशित सर्वजन उपासित ॥
तद् श्रेष्ठ परमेश्वर वृक्ष कालाधिक स्मर ।
अविद्याधिक उत्कृष्ट सृष्टि हते सदा पृथक् ॥
तद् धर्म पुण्य कारण सर्व पाप विनाशक ।
सर्वैश्वर्य नियन्ता यद् आत्मास्थित यथाजन ॥
विश्वाधार परिज्ञात मृत्युमाया अतिक्रमि ।
आत्म स्वरूप यद् लब्ध पुण्यपदे प्रतिष्ठित ॥
तिनि स्रष्टाकुलोत्तम परम तन्महेश्वर ।
तद् सर्व देवतावृन्दे परम देवता तिनि ॥
प्रजापति कुले पति सर्वोत्तम सुवर्णित ।
तद् वन्दना उपासना स्तवे साक्षात् लभे नरः ॥
कार्य कारण वर्जित देहशून्य यदात्मन ।
सर्वेन्द्रिय विवर्जित सर्वात्मक मने स्मर ॥
तद् समान किंवा श्रेष्ठ दृष्ट श्रुत नहे कभु ।
सर्व ऊर्ध्वे सदा तिनि सर्वोत्तम सुवर्णित ॥
आत्मा-पाल नहे केह नियंता ना कदाचन ।
अग्नि धूम्रे यथा दृष्ट तद्रूप चिह्न ना तथा ॥
सर्व मूल तिनि स्वयं देव कुल अधीश्वर ।
तदुत्पादक ना केह सर्वोत्पाद्य स्वयं तिनि ॥
ऊर्ननाभ यथाबद्ध स्वशरीर बहिर्गत ।
सूत्र द्वारा तदात्मन नाम रूपे समावृत ॥
स्वयं कर्मे सदाबद्ध नित्य दुःखे निमज्जित ।
स्वयं ज्ञाने विमुक्त यद् तदीश परमेश्वर ॥
एक देव जगन्मय सर्वभूते अवस्थित ।
सर्व व्यापी रहे गूढ़ सर्वभूतान्तरात्मन ॥
कर्माध्यक्षः स्वयं सर्वे सर्वभूताधिवास यद् ।
साक्षी सर्वे सुचेतन केवल निर्गुण स्मर ॥
एक जगदीश विश्वव्याप्त विराजे निर्गुण सुचेतने साक्षी परमात्मा ।
गूढ़ परमेश कर्माध्यक्ष समस्ते तद् परम मानवे सर्वान्तर्यामी ॥

- इति श्रीमद्देवायण ब्रह्मकल्पे तृतीय खण्डे लव मण्डलान्तर्गतः अश्वल वर्गे द्विता-अश्वतर संवादे स्वप्रकाश माया वर्णना नामः अष्टत्रिंश संवर्ग ।

— ✯ —

॥ ऊनचत्वारिंश संवर्ग ॥

द्विता वचन

सर्व जगत् नियंता यद् अद्वैत परमेश्वर ।
एक बीज यथा प्रभु विभागे भूत भौतिके ॥
जितेन्द्रिय महात्मन अन्तस्थ आत्म दर्शने ।
नित्य सुखे प्रहर्षित ज्ञानहीने किंवा सुख ॥
यिनि नित्य समाख्यात चेतने ख्यात चेतन ।
देव भोग्य विधायक सर्व शुद्ध विजानत ॥
यद् मानव लभि ज्ञान किंवा ध्याने अवेक्षणे ।
सर्व पाशे विमोचित मुक्ति पदे प्रतिष्ठित ॥
तद् ब्रह्म करिते व्यक्त सूर्य क्षम नहे कभु ।
चन्द्र तारा नहे क्षम नहे विद्युत् कदाचन ॥
अग्नि वार्ता किंवा कहि व्यक्त यद् तेजसे रवि ।
चन्द्र तारा गुहावली तिनि सर्व पुरा जात ॥
हंस रूप परात्मन त्रैलोक्य व्यापिया स्थित ।
अग्नि रूपे स्वयं ब्रह्म जड़े जले अवस्थित ॥
तदात्मा दर्शने नरः मृत्यु माया अतिक्रमे ।
ज्ञान बिना नहे मुक्ति अन्य पथ अदर्शित ॥
विश्व कर्त्ता स्वयं मूर्त्त सर्वज्ञ तद् परात्मन ।
ये सर्व सृष्टि कारण यिनि काल अधीश्वर ॥
सर्वविद् यिनि स्वयं जीवात्मा परिपालक ।
हेतु गुणत्रयेश्वर संसार स्थिति बंधने ॥
ज्योतिर्मय महेश्वर आत्मा रूपे अवस्थित ।
जरा मृत्यु विवर्जित साक्षात् ज्ञान स्वरूपतः ॥
सर्व व्याप्त जगत्पाल यिनि सर्व जगत् प्रभु ।
जगत् संयमने अन्य नाहि केह बिना तिनि ॥
सर्वादिते यिनि स्वयं स्रष्टा हिरण्यगर्भादि ।
तद् साक्षी परमेश्वरे अहं तद् शरणागत ॥
निष्कल शान्त निष्क्रिय निरवद्य निरंजन ।
अमृतत्त्वे पराःसेतु यद् व्यक्ति अग्नि सन्निभ ॥
चर्मदेह सुवेष्टित यद् व्योमे नरःवेष्टित ।
अहं ब्रह्म स्वरूपतः सर्व दुःख निरामये ॥

शिव वचन

एरूप कहिते द्विता अश्वतर समाहित ।
अत्ररूपे अतिक्रमे बहुकाल तथास्थले ॥
अश्वतर अतःपरे लब्ध देव अनुग्रहे ।
तद् ब्रह्म परम ज्ञात उक्त अत्याश्रमी प्रति ॥
अश्वतर तद् द्विता वाक्ये स्थिरभावे मग्न निजान्तरे साक्षात् स्मरि आत्मा ।
निश्चल समाधि लब्धानुग्रह देवे ज्ञान शुचि निर्मले माया अपसारे ॥

- इति श्रीमद्देवायण ब्रह्मकल्पे तृतीय खण्डे लव मण्डलान्तर्गतः अश्वल वर्गे द्विता-अश्वतर संवादे आत्मा सर्व भूतस्थ वर्णना नामः ऊनचत्वारिंश संवर्ग ।

— ☆ —

॥ चत्वारिंश संवर्ग ॥

शिव वचन

एतद् रूपे द्विता वाक्ये अश्वतर नराधिप ।
अन्तर्मध्ये समाहित नियुक्त आत्म दर्शने ॥
ज्ञान लब्ध अनन्तरे शुद्धि लाभे महात्मन ।
अश्वतर लभे शुद्धि माया मोह विमोचने ॥
आत्म ब्रह्म अवेक्षणे द्रष्टा ऋषि पदान्वित ।
श्वेताश्वतर लब्धाख्या शुचित्त्वे शिष्यमण्डले ॥
यन्महात्मा अतःपरे राज्य धन परित्यजि ।
शिष्यकुल समावृत तपःवने करे स्थिति ॥
यद् काले राम भार्गव क्षत्रकुल विमर्दने ।
रुद्र मूर्त्ति विधारणे करे ध्वंस चतुर्दिके ॥
भर्ग कार्य निरीक्षिया वैराग्ये जगतप्रति ।
श्वेताश्वतर राजन मर्त्यधाम परित्यजे ॥
एतद् सर्व भविष्यते सविस्तारे हवे श्रुत ।
वर्तमाने यथा वार्ता शुन देव अतःपरे ॥
अश्वतर समाहित आत्मयोगे यवे शुन ।
प्रत्यागत तथाकाले अश्वल राजनन्दन ॥
शास्त्रविद्या समापने राजगृहे प्रवेशिया ।
यद् दृष्ट शृङ्खलाहीन राजकार्य चतुर्दिके ॥
तद् दर्शने अति क्षुब्ध अश्वल रुरुनन्दन ।
राजगृहे श्रुत क्रमे वैराग्य यद् पितामहे ॥
तद् वार्ता श्रवणे त्वरा अश्वल विस्मयान्वित ।
यथा क्षेत्रे पितामह त्वरित पदे उपस्थित ॥
निश्चल स्थिर काष्ठ वत अश्वतरे निरीक्षिया ।
किंकर्त्तव्य विमूढ़ तद् वयःप्राप्त युवाश्वल ॥
समाधि ना परिज्ञात तत्त्व ज्ञान विवर्जित ।
पितामहे सचेतने यत्नवान यवे शुन ॥
अत्रकाले कहे द्विता हे अश्वल रह स्थिर ।
हेर आत्म समाधिते मग्न तव पितामह ॥
आत्मज्योति विभास्वरे महानन्दे परिप्लुत ।
सर्व मुक्त यदात्मन सर्व संग विवर्जित ॥
एतद् जने बहिर्देशे काम्य आकर्षणे नहे ।
आत्ममार्गे प्रविष्ठ यद् ससम्माने परित्यज ॥
कच्चित् एतद् पथे गति करे सर्व परित्यजि ।
कस्मिन्काले लभे केह एतद् प्राप्ति सुदुर्लभ ॥
एतद् जने नहे काम्य विषयाकर्षणे पुनः ।
वयःप्राप्त यथा तुमि राजकार्य निरीक्षह ॥
आयुष्काल क्षये दृष्ट कालान्त मानवे यवे ।
तद बांधव नहे लभ्य पुनर्वार स्वकार्यते ॥
एरूप दृढ़ निश्चये योगयुक्त महात्मने ।
हे अश्वल परित्यज राज्य स्वयं परिग्रह ॥
एरूप कहिते द्विता अश्वल स्थिर सेस्थले ।
जिज्ञासिल युगाधिपे एतद् आत्म निवेदने ॥

अश्वल वचन

तव आज्ञा सदा पाल्य हे द्युमन्त युगाधिप ।
पितृकुले सुपालित तव आज्ञा यथा क्रमे ॥
पालिव तद् स्वयं नित्य तवाज्ञा यद् ममप्रति ।
अयोध्या कारणे मात्र कहि वाक्य यथा शुन ॥
राज्यभार परिग्रहि किं प्रकारे अनुष्ठिव ।
राजकार्ये महात्मन राजनीति अजानित ॥
तदूपरि नहि ज्ञात शस्त्रविद्या यथायथ ।
शत्रु आक्रमणे राज्य किं प्रकारे सुरक्षिव ॥
एतद् हेतु कहि स्वयं यथा सत्य प्रयोजन ।
मत् कार्ये योग्यता हेतु राज्यभार प्रदानिते ॥
किञ्चित् दिवा तरे काल कर मुक्त पितामहे ।
मम शिक्षा प्रदानिते सर्वार्थक समाधिते ॥

शिव वचन

यद् वाक्य अश्वले श्रुत द्विता मृदु स्मिताधर ।
कहे स्नेह प्रकाशिया एरूप रौरव प्रति ॥
हे अश्वल यथा कह युक्तियुक्त प्रयोजने ।
ज्ञान पूर्ण नहे किन्तु वाक्य मात्र विवेचित ॥
ज्ञान वाक्य यथा कहि अवधान कर स्थिरे ।
कालमार्गे यवे गति प्रत्यागम नहे पुनः ॥
आत्ममार्ग ततोधिक प्रत्यागति असम्भव ।
वैराग्ये विषये मुक्त जन्म कर्म अतिक्रमे ॥
मृत्यु जन्मे यथा अन्त यथा कर्म निरामय ।
अद्य एतद् पदारूढ़ अश्वतर समाधिते ॥
मायाहेतु यथा स्नेह यद् सम्बंध तवप्रति ।
अद्य आत्मपदारूढ़े सर्व माया विदूरित ॥
हे अश्वल किंवा स्नेह पुत्र पौत्र गृहप्रति ।
यवे आत्मपदारूढ़ सर्व मुक्त महात्मन ॥
मायाते सृष्टि केवल माया स्नेह प्रभावित ।
ममत्त्वे विषयासक्त आत्म ज्ञान विवर्जित ॥
आत्म ज्ञान यवे प्राप्त सर्व संग परित्यजि ।
के पत्नी पुत्र वा पौत्र राज्य धन अकारण ॥
यद्काले आत्म साम्राज्ये योगविद्या प्रभावित ।
पशे नरः सुकौशले सर्व माया तिरोहित ॥
यवे सूर्य प्रकाशित रात्रि गत यथा त्वरित ।
आत्म सूर्य तथा व्यक्त जगंन्माया विदूरित ॥
अतएव पुनर्वार नहे स्नेह तवप्रति ।
राजकार्ये करोद्यम स्वीय विद्या यथामत ॥
कार्यकाले अभिज्ञता लभे ज्ञान नरःकुल ।
गत शोक विसर्जने राज्ये मन नियोजह ॥

यद् गत कलेवरात्मा वर्जित माया | नागत पुनश्च तद् साक्षात् मरधामे ।
तेमति समाधिते दृष्टात्मन मुक्त | नागत पुनः जगत् स्नेहे युत सद्मे ॥

- इति श्रीमद्देवायण ब्रह्मकल्पे तृतीय खण्डे लव मण्डलान्तर्गतः
अश्वल वर्गे अश्वल-सन्ताप वार्ता कथन नामः चत्वारिंश संवर्ग ।

— ✯ —

॥ एकचत्वारिंश संवर्ग ॥

शिव वचन

एरूप कहिते द्विता | अश्वलाश्रु समाकुल ।
कातर हेरि रौरवे | कहे पुनः युगाधिप ।

द्विता वचन

हे अश्वल किंवा ज्ञान | लब्ध शास्त्र समाचरि ।
यद्यपि मृत मानव | प्रत्यागत गृहे पुनः ॥
यवे त्यक्त कलेवर | आयुष्काल समापने ।
एतद् कार्य असम्भव | चिन्ति एतद् रह स्थिर ॥

अश्वल वचन

एतद् वाक्ये कच्चित् कच्चित् | वैषम्यादि समीक्षित ।
बाल्ये पूर्वे मम श्रुत | माता त्यक्त कलेवर ॥
आयुष्काल समापित | प्राण प्राप्त तथापिह ।
पितृ अर्ध विभागिया | तुमि स्वयं प्रदानिले ॥
किं हेतु कर नैराश्य | एतद् क्षेत्रे युगाधिप ।
स्नेहवन्त पिताप्रति | निष्करुण ममप्रति ॥

द्विता वचन

अकारुण्य नहे वत्स | तवप्रति कदाचन ।
रुरुप्रति यथा स्नेह | स्नेह एतद् तवप्रति ॥
रुरु काम्य यवे युक्त | मम कार्य प्रयोजने ।
लब्ध एतद् मनोमत | मम कृत प्रदानित ॥
तव काम्य नहे युक्त | मम कार्य प्रयोजने ।
एतद् हेतु नहे लभ्य | अद्य काम्य मनोद्गत ॥
अहं काल महाबल | सर्व इच्छा अतिक्रमि ।
करि सर्व वशीभूत | मम कार्य प्रयोजने ॥

अश्वल वचन

तव इच्छा किंवा कह | एतद् अद्य अनुष्ठिव ।
काल सर्व बलीश्रेष्ठ | पितृकुले मम श्रुत ॥

द्विता वचन

मम इच्छा यथामत | प्राण प्राप्त प्रियम्वदा ।
अश्वतरे लभे मुक्ति | आत्मयोगे प्रवेशिया ॥

देहान्त रुरुते लब्ध प्रियम्वदा समन्वित ।
अद्यापिह नह ज्ञात वार्ता एतद् तुमि स्वयं ॥
योगमार्गे प्रवेशिल नहे मात्र पितामह ।
मातासह पिता तव स्वर्गधामे करे गति ॥
हे अश्वल तवप्रति मम कार्य निरूपित ।
राज्यभार परिग्रहि कर प्रजा सुपालन ॥

शिव वचन

एतद् वाक्य यथा श्रुत दृढ़ कण्ठ युगाधिपे ।
अश्वल सभये स्तब्ध अश्रुजले विनिर्झरे ॥
एतद् रूपे कतक्षण अतिक्रान्त तथास्थले ।
भीत भीत अत:परे कहे वाक्य सगद्गदे ॥

अश्वल वचन

तव इच्छा युगाधिपे त्यक्त पिता पितामह ।
सर्व स्नेह विवर्जित तव कार्य अनुष्ठिते ॥
तव आज्ञा अतिक्रमि नाहि शक्ति ममप्रति ।
मात्र प्रश्न अनुष्ठिव किं प्रकारे इहा कह ॥
ज्ञानहीन यथा स्वयं राजनीति अजानित ।
शस्त्रविद्या नहि ज्ञात शत्रुकुल निवारणे ॥
किंरूपे राज्य शासन विद्रोह दमने कह ।
हेरि अज्ञ यदि प्रजा दुराचार परायण ॥

द्विता वचन

हे अश्वल रह स्थिर मम कृत नियोजित ।
राजकार्ये यथा ज्ञान नित्य स्वयं प्रदानिव ॥
मत् कृत लभिवे तुमि यथा शस्त्र प्रयोजन ।
यथा मंत्र प्रचालने एतद् विद्या समन्वित ॥

शिव वचन

एतद् वाक्य यथा श्रुत अश्वल हृष्ट अन्तरे ।
पितामहे परित्यजि कर्मोद्यमे बहिर्गत ॥
अश्वल रह स्थिरे मत् कार्य नियुक्ते दानिव निति स्वयं शस्त्रादि सुविद्या ।
नीति जन पालने यद् कर्म समस्या शत्रुकुल वारणे विद्रोह निरस्ते ॥

- इति श्रीमद्देवायण ब्रह्मकल्पे तृतीय खण्डे लव मण्डलान्तर्गत: अश्वल वर्गे द्विता-अश्वल संवाद नाम: एकचत्वारिंश संवर्ग ।

— ☆ —

॥ द्विचत्वारिंश संवर्ग ॥

शिव वचन

तदश्वल अत:परे पशि राज सभातले ।
राजकार्य परिग्रहे द्विता आज्ञा यथामत ॥

राजकार्य परिग्रहे द्विता आज्ञा यथामत ॥
राज सिंहासनारूढ़ मंत्रीकुल समावृत ।
राजकार्य समायुत वर्धे बुद्धि दिने दिने ॥
मंत्रीकुल समाश्रये नित्य द्विता युगाधिप ।
नीति शिक्षा प्रदानिते रत काल दिवा क्रमे ॥
एरूप अश्वल क्रमे काल कृत प्रचालने ।
नीति लब्ध अभिज्ञता प्रजाकुल सुशासने ॥
नीति लब्ध यथा क्रमे भ्रमे नित्य प्रजाकुले ।
स्वप्रजा दर्शन क्रमे अभियोग निरामये ॥
स्वराज्ये दर्शने प्रजा परितुष्ट यवे शुन ।
हेरि प्रजाकुले शान्ति राष्ट्रोन्नति मने स्मरि ॥
पार्श्वे पार्श्वे यथा राज्य चले क्रमे निरीक्षणे ।
परिदृष्ट यथा क्षेत्रे यथा श्रेष्ठ समुन्नति ॥
एतद् सर्व समादरे करि शिक्षा स्वयं त्वरा ।
स्वीय राज्ये प्रचारिते नित्य यत्न परायण ॥
यथा शस्त्र यथा शिल्प वाणिज्य शस्य सम्पद ।
गवी अश्व यथामत स्वराज्ये वर्धने रत ॥
सर्व काल सहायके वर्धित धन सम्पदे ।
तद् दर्शने यथा तुष्ट अवन्ती नगरीश्वर ॥
कर्म सक्षमताश्वले राजवृन्द प्रहर्षिल ।
अवन्तीश्वर तद्रूप हृष्टान्तरे उपस्थित ॥
सादरे अश्वलप्रति इच्छे कन्या प्रदानिते ।
अवन्तीशे यथा वाक्य अश्वल शुनि सम्मत ॥
अवन्तीश प्रदानिल सालांकारा स्वदुहिता ।
धन रत्न गवी अश्व दानिल बहु यौतुक ॥
तद् कन्या मालवी नामा रूप गुण समन्विता ।
मालवी प्राप्त अश्वल सर्व हर्ष समायुत ॥
कियत् काल अतःपरे ईप्सित राज्य वर्धने ।
दिग्विजये बहिर्गत रथारूढ़ महाबली ॥
बहु क्षेत्र करे जय स्वाधिकारे प्रभाविया ।
राज्यसीमा प्रवर्धिल काल कृत धनुर्विद ॥
बहु शस्त्र यथा प्राप्त सह मंत्र प्रचालने ।
तद् सर्व शस्त्र घातने बहु क्षेत्र करे जय ॥
एतद् रूप जय क्रमे दाक्षिणात्य परिभ्रमे ।
विस्तारि राज्य अश्वल किष्किंध्याते प्रवेशिल ॥
किष्किंध्याते यथा वार्ता पुरा उक्त तवप्रति ।
प्रत्यागत पुनः राज्ये लव कृत निवारित ॥
स्वीय राज्ये प्रवेशिया द्विता अग्रे निवेदिल ।
अद्य स्वयं युगाधिप लव कृत निवारित ॥
अपूर्व शस्त्र घातने सम्मोहित रणे स्वयं ।
एतद् काले प्रभाविल यद् सैन्य सर्व वानरे ॥
व्यवहार अतःपरे मुग्ध स्वयं रणस्थले ।
लवे दृष्ट गुणाधिक्य वीर्याधिक्य महात्मन ॥
एतद् वाक्य यथा श्रुत कहे द्विता युगाधिप ।
हे अश्वल रह स्थिर दिग्विजये अतःपरे ॥

लवे मर्त्ये यतक्षण असपत्न नहे तव ।
दिग्विजय परित्यजि स्वयं राज्ये कर स्थिति ॥
अत्याद्भुत महाशस्त्र प्रदाने कवि वाल्मीकि ।
तद् तेज वारणे क्षम काल स्वयं नहे तवु ॥
अहं काल किंवा कहि त्रिता क्षम नहे यथा ।
रामचन्द्र बलाधार नहे क्षम यथास्थले ॥
समस्त पृथिवी सह यदि सृष्टि चराचरे ।
वीरश्रेष्ठ समायुत एकत्रित करे रण ॥
युद्धे लव पराजये नहे क्षम तथापिह ।
लवेन्द्र भूतले स्मर अजेय अपराजित ॥
एतद् वाक्य यथा श्रुत अश्वल तुष्ट अन्तरे ।
रहे काल अपेक्षिते लव मर्त्ये यतक्षण ॥
अश्वल पराजये सम्मोहने शस्त्रे दिग्विजय वर्जने प्रत्यागत राज्ये ।
युक्त कहिते द्विताकाल प्रति नम्रे कूटज गतिक्रमे वार्ता मधुछन्दे ॥

- इति श्रीमद्देवायण ब्रह्मकल्पे तृतीय खण्डे लव मण्डलान्तर्गतः अश्वल वर्गे अश्वले राज्यपद ग्रहण ओ दिग्विजय वार्ता कथन नामः द्विचत्वारिंश संवर्ग ।

॥ अश्वल वर्ग समाप्त ॥

— ☆ —

॥ शवर वर्ग ॥

॥ प्रथम संवर्ग ॥

शिव वचन

हेथा गोदावरी तटे समागमे विभीषण ।
कहे लवे महारण्य पंचवटि प्रदर्शने ॥
श्रीरामे एस्थले स्थिति प्राय वर्ष चतुर्दश ।
शुनि लव विभीषणे कहे लव सुतप्रति ॥

लव वचन

कर रथ मही स्पर्श एतद् वन निरीक्षिव ।
पितृ स्मृति किंवा तथा पुण्यक्षेत्र मने स्मरि ॥

शिव वचन

यदाज्ञा सारथीप्रति मही स्पर्शे महारथ ।
अवतीर्ण रथ त्यजि सह लव विभीषण ॥
तनमध्ये प्रवेशिल पदव्रजे अतःपरे ।
कहे लवे विभीषण एतद् वाक्य तथास्थले ॥

विभीषण वचन

हेर लव किं सुंदर पंचवटि महावन ।
गर्जन धूप चन्दन गंध वृक्ष चतुर्दिके ॥

आमलकी हरीतकी बहेड़ा निम्ब शिंजल ।
अन्यान्य बहु पादपे परिपूर्ण यथास्थले ॥
अशोक वक किंशुक पुष्प वृक्ष निरीक्षह ।
गोदावरी नदीतटे हेर शोभा मनोहर ॥
गोदावरी नदी स्पर्शे अश्वत्थ वट अर्जुन ।
बहे नदी कलस्वने पुण्य गीति सुकीर्त्तने ॥
हेर वृक्षे विहंगम ध्यानयुक्त निरन्तर ।
मुद्रित लोचने सर्वे शाखे शाखे अवस्थित ॥
रामध्याने समाहित सर्वारण्य मने स्मरि ।
अदूरे हेर तद् स्मृति कुटिर पर्ण निर्मित ॥
अद्यावधि रहे स्थिर लक्ष्मण हस्त निर्मित ।
चन्दन वृक्ष चौदिके कुटिर मध्यते स्थित ॥

शिव वचन

कहिते कहिते वाक्य तथास्थले उपस्थित ।
कहे पुनः विभीषण नानाक्षेत्र प्रदर्शने ॥
पदचिह्न निरीक्षह कुटिर द्वार सम्मुखे ।
रामानुज यथा नित्य निशाव्यापी अवस्थित ॥
एकस्थले रहे वीर ध्यान मग्न महाबली ।
टंकारित धनुर्गुणे करिया शर योजना ॥
ज्याकर्षण महाबले पदचापे क्षत क्षिति ।
पदद्वये दशांगुलि पश्चादग्रे सुचिह्नित ॥
याम्य पद सदा अग्रे यद् चिह्न पद लक्ष्मणे ।
पश्चाते वाम पाद तद् अर्ध चिह्न समीक्षित ॥
रामानुज निरन्तर धनु याम्यकरे धृत ।
वाम हस्ते धनुर्गुण अति क्षिप्र महारणे ॥
पदचिह्न निरीक्षिया नमस्कार करे लव ।
मुकुटे उरसे धूलि करे स्पर्श यथाक्रमे ॥
महीपाल चिह्न क्रमे दृष्ट चक्षे तद् अतीते पितृव्ये महारण्ये वासन्ते ।
यथा कीर्त्ति तद्भाव गोदावरी तीरे यदुक्त क्रमे काहिनी रक्षःसम्राटे ॥

- इति श्रीमद्देवायण ब्रह्मकल्पे तृतीय खण्डे लव मण्डलान्तर्गतः शवर वर्गे लव कर्त्तृक पंचवटि प्रवेश नामः प्रथम संवर्ग ।

— ✯ —

॥ द्वितीय संवर्ग ॥

शिव वचन

कुटिर द्वार मोचने ऋषि एक निरीक्षिल ।
मनुष्य पद शब्दते योगीवर समुत्थित ॥

ऋषि वचन

परिचित किंवा नामे राजवेश समीक्षित ।
मम गृहे अजानिते किं कारणे प्रवेशिले ॥

विभीषण वचन

लक्षण कृत निर्मित एतद् गृह महामुनि ।
राघवपुत्र सम्मुखे लव नामे क्षितीश्वर ॥

शिव वचन

लव नाम यथा श्रुत नमस्कार करे लवे ।
जिज्ञासिल पुनः मुनि के तुमि लव पार्ष्यद ॥

विभीषण वचन

मम नाम विभीषण लव मित्र मने स्मर ।
चलि अद्य अयोध्याते लव राज्य निरीक्षिते ॥
पथिमध्ये निरीक्षिया पंचवटि महावन ।
राघव स्मृति दर्शने एतद् क्षेत्रे प्रवेशिनु ॥
केवा तुमि महामुनि ए कुटिरे कर स्थिति ।
परिचय प्रदानह श्रवणे उत्सुक स्वयं ॥

मुनि वचन

तुमि राजा विभीषण श्रीराम प्रिय बांधव ।
करि पदे नमस्कार परिचय यथा कहि ॥
शवरकुल सम्भव जाताहं शवरी गर्भे ।
शद्वल नाम हे मम करि हेथा अवस्थिति ॥
शवरी जननी मम राम साक्षात् पुराकृत ।
आछिनु अति बालक यवे राम गृहागत ॥
राम स्मृति यथा किञ्चित् मम मने अवस्थित ।
वर्धित आमि यद्काले जिज्ञासि जननीप्रति ॥
राम कीर्त्ति कहे यवे मम माता मधु स्वरे ।
श्रवणे कीर्त्ति राघवे कहि वाक्य यथा शुन ॥
कहिले कीर्त्ति राघवे शुनि मुग्ध पुरास्मृति ।
कह के राम राघव चरित्र मधुरोपम ॥

शवरी वचन

शुन वत्स स्वयं प्रभु रामचन्द्र महाबली ।
अवतीर्ण महीतले पृथिवीभार विमोचने ॥
अवतीर्ण स्वयं विष्णु रक्षःकुल विनाशिते ।
राम नाम सदा स्मर राम ध्यान निरन्तर ॥
राम नाम जपे शुन महापाप हवे क्षय ।
इहलोके सदा सुखी परलोके पराःगति ॥
राम नाम जपे नित्य सर्व बंधु परित्यजि ।
एकान्त राघवे स्मरि एकाकी निर्जने स्थित ॥
देहान्ते मानवे प्राप्ति राघव करुणाश्रय ।
परम पद राघवे यद् पद सुर वांछित ॥

शद्वल वचन

एरूप कहिया माता कहे पुण्य शुभाशिषे ।
हे वत्स जप केवल राम राम हरे हरे ॥

जननी कृत दानित राम नाम सदा जपि ।
एकाकी रहि निर्जने लभि शान्ति ममान्तरे ॥
राघव-करुणा शान्ति परिव्याप्त ममान्तरे ।
महाशान्ति महानन्दे दिवा मम अतिक्रमे ॥
परिपूर्ण रहे चित्त राम ध्याने प्रहर्षित ।
सतत रहि निर्जने राम नाम सदा जपि ॥
एकदा शुन तद् परे जननी त्यजिवे तनु ।
आह्वाने शेष दर्शने आमि पार्श्वे उपस्थित ॥
अन्तकाले कहे माता जाह हे तुमि शद्बल ।
पंचवटि महावने कर नित्य अवस्थिति ॥
रामचन्द्रे परित्यक्त यद् कुटिर अवस्थित ।
कुटिर कर मार्जना कर ध्यान तथास्थले ॥
एकदा आसिवे तथा रामपुत्र लव स्वयं ।
करि लवे नमस्कार पुण्यगति हवे तव ॥
राघवजे नमस्कारे परिचय प्रदानिले ।
हवे त्यक्त कलेवर लभिवे परमे गति ॥
कहिते कहिते माता स्वीय तनु परित्यजे ।
अन्त कार्य समापिया हेथा स्वयं समागत ॥
विनम्रे तथा शद्बले वाक्य सम्राटे कहे मत् समाकर्ण बाल्ये यथापूर्वे ।
महीपाल वर्णि श्रुताहं सविस्तारे हरे राम मंत्रे प्रलब्ध स्वयं दीक्षा ॥

- इति श्रीमद्देवायण ब्रह्मकल्पे तृतीय खण्डे लव मण्डलान्तर्गतः शवर वर्गे लव-शद्बल साक्षात्कार नामः द्वितीय संवर्ग ।

— ✯ —

॥ तृतीय संवर्ग ॥

शिव वचन

एरूप कहि शद्बल राम नाम जपे तथा ।
जपिते जपिते नाम श्वासवायु हल स्थिर ॥
श्वासवायु क्रमे स्थिर त्यजिल देह शद्बल ।
तनु त्यक्त निरीक्षिया कहे लव विभीषणे ॥

लव वचन

किं कर्त्तव्य अतःपरे कह तातः ममप्रति ।
त्यजिल तनु शद्बल पुण्य स्मृति मने स्मरि ॥

विभीषण वचन

सत्कार कर ए तनु भक्तश्रेष्ठे तुमि स्वयं ।
जटायु गरुडात्मजे सत्कार कृत राघवे ॥

शिव वचन

एतद् वाक्य यथा उक्त लवप्रति विभीषणे ।
सत्कार करिते देह चले गोदावरी तटे ॥

चन्दनकाष्ठ संग्रहि करे चिता सुसज्जित ।
सेथा देह सुरक्षणे ताहे अग्नि प्रदानिल ॥
सर्व शुचि: प्रभावित घोरस्वने ज्वले चिता ।
अवस्थान करे तथा सह लव विभीषण ॥
जिज्ञासिल विभीषणे लव क्षणान्तरे तथा ।
शवर शवरी स्मृति कह तात: यथा पुरा ॥

विभीषण वचन

शुन लव पुरा स्मृति शवर शवरी यथा ।
पर:ब्रह्म मनोद्भव यथा सप्त प्रजापति ॥
तन्मध्ये अंगिरा ऋषि तेजस्मान स्त्रजा स्मर ।
ऋषिराज अभीवर्त्त यद् तेजसे समुद्भवे ॥
तद् तुल्य जात नन्दन त्रिंशाधिक महातपा ।
यद् कुले परम स्मृति सत्यदेव समुद्भवे ॥
त्रिंशाधिक यथास्थले आंगिरस समुद्भवे ।
उचथ्य एक तन्मध्ये सर्वे स्त्रष्टा पृथक् पृथक् ॥
उचथ्ये जात नन्दन दीर्घतमा महाऋषि ।
जात दीर्घतमा पुत्र कक्षीवान पुरा स्मृति ॥
स्वबुद्धि भ्रम कारणे कक्षीवान विमोहित ।
स्वर्गवी सुरभी संग विमूढ़त्वे यथा कृत ॥
तद् तेजे सुरभी गर्भे जात सुत सुता द्वय ।
गवी संग ऋषिप्रति सुरभी विस्मये स्थिर ॥
गर्भ दान समापने कक्षी निन्दि कहे बहु ।
अभिशाप भये कक्षी सेविल सुरभी बहु ।
सेवा प्राप्त यथा तुष्ट गवी गर्भ विधारिका ।
दाने सुत सुताद्वय स्वयं गर्भ विमोचने ॥
कक्षीवाने प्रदानिया पुत्र कन्याद्वय स्वयं ।
कक्षीगृह परित्यजे गवी माता अत:परे ॥
गोमाता सुरभी गर्भे कक्षीवान प्रजापति ।
गवीवंश प्रवर्धने लब्ध सुत सुताद्वय ॥
कक्षीवान करे स्नेहे पुत्र कन्या सुपालन ।
कक्षीवाने यथा पुत्र गवीरूप महाबली ॥
काक्षीवत कहे नाम कक्षी स्नेहे सुतप्रति ।
कहे काक्षीवती नाम यथा स्नेहे सुताप्रति ॥
कक्षीवाने सुतासुत काक्षीवत वती स्मर ।
काक्षीवते सुत द्वय सुकीर्त्ति शवर स्मर ।
जात काक्षीवती गर्भे घोष नामे यथा सुत ॥
एतद् सर्व गवीरूपे बृहत वंश प्रकाशिल ।
मर्त्यलोके यथा गवी एतद् वंश बहिर्गत ॥
गवोरूप यथा पुत्र पौत्रगण समावृत ।
कक्षीवान प्रजापति करे देव उपासना ॥
सत्यदेव यथाकाले कक्षीगृहे उपस्थित ।
लभे मुक्ति तथाकाले गवीरूप विदूरित ॥
सत्यदेवे महत् स्पर्श शुद्धि प्राप्त कलेवरे ।
रूपान्तर लभे देहे गवीरूप परित्यजि ॥

काक्षीवत स्वनन्दन काक्षीवती तथामत ।
दिव्य देह यथा प्राप्त देव स्पर्शे पुरा स्मृति ॥
गवी जन्मे यथा मुक्त काक्षीनन्दन शवर ।
सत्ययुगे परिभ्रमे दिव्यदेह विधारणे ॥
यथा प्राप्त अंगे शुचिस्पर्श यद्देवे लभे मुक्ति काक्षीवत पुत्र गोजन्मे ।
चले दिव्यदेहे धरित्री त्यजि स्वर्गे ज्योतिर्मय ज्योतिदीप्त प्रभानन्ते ॥

– इति श्रीमद्देवायण ब्रह्मकल्पे तृतीय खण्डे लव मण्डलान्तर्गत: शवर वर्गे शवर स्मृति कथन नाम: तृतीय संवर्ग ।

— ✯ —

॥ चतुर्थ संवर्ग ॥

विभीषण वचन

शवर भ्रमणे रत स्वर्गे दिव्य कलेवरे ।
पर्जन्य देवता पुत्र सुदा सद्मे उपस्थित ॥
गवी जन्मे यथा मुक्त बहु वर्ष गत क्रमे ।
सुदागृहे उपस्थित दिवसेक मनोमत ॥
एतद् सुदा लभे आख्या पैजवन पुरा स्मृति ।
पैजवनकुले जात पैजवन सुदा स्मर ॥
पैजवन समाख्यात पर्जन्य देवता पुरा ।
कहि एतद् पुरा स्मृति शुन लव यथा क्रमे ॥
पर्जन्य देवता पूर्वे वशिष्ठ ऋषि आलये ।
पत्नी पुत्र समन्वित शिक्षाहेतु उपस्थित ॥
यद् काले देवता सर्व ऋषि अग्रे उपस्थिते ।
नानाविद्या लभे क्रमे वर्धे ज्ञान दिने दिने ॥
गौतम आलये इन्द्र भरद्वाजालये रवि ।
वशिष्ठ आलये तथा पर्जन्य देवता शुन ॥
पर्जन्य देव सश्रद्ध वशिष्ठ ऋषि सम्मुखे ।
ऋषि उक्त यथा विद्या नित्य नम्रे परिग्रहे ॥
पर्जन्य देवता पुत्र सुदाप्रति निरीक्षणे ।
शक्तिप्रति कहे वाक्य ऋषि स्नेह परायण ॥
पर्जन्ये दानिते विद्या स्वयं व्यस्त निरन्तर ।
हे शक्ति तुमि सेस्थले सुदाभार परिग्रह ॥
शक्ति सुदा परिग्रहि ज्ञानदाने समायुत ।
कियत् वर्ष अत:परे विपरीत परिस्थिति ॥
ब्रह्मतत्त्व कहे शक्ति यवे शिष्य सुदाप्रति ।
यद् श्रुत अक्षर ब्रह्म सुदा हास्य परायण ॥
सुदा हास्य निरीक्षिया शक्ति कोप समायुत ।
अभिशाप प्रदानिल मंडुकत्त्व तरे शुन ॥
मंडुकत्त्व लभे सुदा शक्ति शापे पुरा स्मृति ।
मंडुक रूप धारणे लभे ज्ञान तदक्षरे ॥
ॐकार सर्व कारण सर्व सृष्टि प्रकाशक ।
ॐकार जपि मंडुक लभे मुक्ति अत:परे ॥

मंडुकत्त्व यथाकाले पर्जन्य नन्दने शुन ।
पर्जन्य कथित क्रमे पैजवन यथा स्मृति ॥
पैजवन-स्थले सुदा पैजवन सुवर्णित ।
प्रलब्ध अक्षरे सिद्धि मुक्ति लब्ध अतःपरे ॥
मंडुकत्त्वे अवस्थाने पैजवन महाऋषि ।
पुत्र पौत्रे समावृत मांडुक्यकुल वर्धित ॥
तद् मांडुक्ये महास्मृति महाज्ञान प्रकाशक ।
पैजवन लभे मुक्ति लब्ध ज्ञानाक्षरे यवे ॥
सत्यदेव यथाकाले द्रबिनोदा समन्वित ।
पैजवन गृहागत मंडुकत्त्वे विमोचित ॥
देव स्पर्श यथा लब्ध मंडुकत्त्व तिरोहित ।
दिव्यदेह विधारणे सुदा स्वर्गे उपस्थित ॥
बहु वर्ष अतःपरे पर्जन्य लब्ध नन्दन ।
सुदा वक्षे विधारणे अश्रुजले विनिर्झरे ॥
पुत्रलाभे महानन्दे पर्जन्यदेव तद् परे ।
अभिशप्त यथा सुदा लभे मुक्ति यथा क्रमे ॥
देवराजे निवेदिल सुदा स्थिति मने स्मरि ।
सर्व श्रुत सुराधिप ज्ञानलब्ध सुदा शुनि ॥
कहे सर्वहरि प्रति दानिते चपला सुता ।
सुदा स्थिति प्रतिष्ठाते देवराजे मनोद्गत ॥
स्वीय पौत्री प्रदानिया पर्जन्ये हर्ष वर्धने ।
पितृ आज्ञा यथा श्रुत सर्वहरि प्रहर्षित ॥
दानिल चपला कन्या सुदाप्रति समादरे ।
सुदा तद् चपला प्राप्त महानन्दे निमज्जित ॥
पर्जन्य निलये नित्य चपला वधू संहति ।
मेघारण्य परिभ्रमि प्रेमक्रीडा परायण ॥
तद् दर्शि हृष्ट पर्जन्य पूर्व क्षोभ गत क्रमे ।
क्रीडोन्मत्त सुदा क्रमे प्रणये चपलाप्रति ॥
मेघारण्ये करे क्षुन्न सृष्टि बिना अकारण ।
आह्वाने दर्शि पर्जन्य सृष्टि कार्ये नियोजित ॥
सुरेन्द्र प्रतुष्ट प्रदाने स्वयं पौत्री सुदा हृष्ट अत्यंत देवांगना लाभे ।
सचक्षु स्मितास्या सदा कौतुके पूर्ण यथाकर्ण सुभ्रुव पीनस्तनी वक्षे ॥

- इति श्रीमद्देवायण ब्रह्मकल्पे तृतीय खण्डे लव मण्डलान्तर्गतः शवर वर्गे पैजवन सुदा स्मृति कथन नामः चतुर्थ संवर्ग ।

— ✫ —

॥ पंचम संवर्ग ॥

विभीषण वचन

पर्जन्य कृत आह्वाने सुदा अग्रे उपस्थित ।
पुत्रप्रति कहे पिता एतद् रूप समादरे ॥
हे सुदा रमणीसह नहे क्रीडा अकारण ।
वृथा कार्य नहे कभु पत्नीप्रेम कदाचन ॥

अहं पुत्र निरीक्षह सृष्टि कार्य यथा कृत ।
पत्नीप्रेम समाश्रय तव जन्म यथास्थले ॥
हे पुत्र तुमि तेमति वृथा क्रीडा परित्यजि ।
कर पुत्र समुत्पन्न पत्नी मान्य प्रवर्धने ॥
तव तेज विधारणे वधूगर्भ यवे शुन ।
तद् गर्भ जात मातृत्वे स्त्रीय मान्य प्रवर्धिवे ॥
स्त्रीमान्य वर्धने पुत्र गर्भ काम्य सुनिश्चय ।
नहे क्रीडा वृथा प्रेम मेघारण्य क्षय क्रमे ॥
मेघारण्य यथा क्षुन्न पृथिवी वारि विवर्जित ।
लोक दु:ख हवे बहु एतद् कार्य परित्यज ॥
वृक्षे पुष्प विकाशित नहे फल यथास्थले ।
एतद् पुष्प अकारण शोभा मात्र तरुप्रति ॥
तद्रूप स्त्री-रज: पुत्र गर्भ बिना अकारण ।
तद् पुष्प यौवनोन्मेष काल शोभा वृथा स्मरि ॥
एरूप कहिते वाक्य पैजवन सुदाप्रति ।
सुदा सृष्टि सचेतन पत्नी गर्भ प्रदानिल ॥
तद् गर्भे जात नन्दन कन्या एक मनोहरा ।
पौत्र पौत्री निरीक्षिया पैजवन प्रहर्षित ॥
पर्जन्यकृत आह्वाने देव मुनि अत:परे ।
एरम्मद समागमे जात क्रिया समापिल ॥
एरम्मदे प्रदानिते विद्युत् नाम सुतप्रति ।
दिल सौदामिनी नाम कन्याप्रति समादरे ॥
सौदामिनी सुदा कन्या विद्युत् पुत्र समन्वित ।
सर्वदा चपला पार्श्वे मेघलोके परिभ्रमे ॥
कदाचित् गिरि पर्वते पुत्र कन्या समन्वित ।
चपला भ्रमणे रत सुदा हर्ष प्रवर्धने ॥
पुत्रे हर्ष निरीक्षिया पिता हर्ष समायुत ।
सर्वहरि तथामत हृष्ट इन्द्र सुराधिप ॥
देवराज अत:परे पुण्यक्षेत्र विवेचने ।
यद् सृष्टि शृंखला हेतु सुदा स्थिति प्रदानिल ॥
त्वष्टाप्रति प्रदानित सुनिर्माणे सुदा-पुरी ।
त्वष्टाकृत सुनिर्मित पुण्यपुरी यथा त्वरित ॥
पुण्य पुरी सुनिर्माणे देवराज शुभाशिषे ।
सुदा स्वर्गे प्रतिष्ठिल पर्जन्य हर्ष वर्धने ॥
सुदा स्वर्गधामे महानन्द लब्ध स्व प्रतिष्ठा यथा देवराजाशिष स्नेहे ।
यथापूर्व शिल्पे पुरी निर्मित त्वष्टे यथा पुत्र कन्याद्वयानन्दित क्रीडा ॥

- इति श्रीमद्देवायण ब्रह्मकल्पे तृतीय खण्डे लव मण्डलान्तर्गत:
शवर वर्गे सुदा प्रतिष्ठा वार्ता कथन नाम: पंचम संवर्ग ।

— ✮ —

॥ षष्ठ संवर्ग ॥

विभीषण वचन

एकदा शुन तद् परे हेरि दृश्य सुदापुरे ।
शवर मुग्ध अन्तरे एतन्मध्ये प्रवेशिल ॥
पुरीमध्ये प्रवेशिया पुष्पकुंजे परिभ्रमे ।
कुंजमध्ये अकस्मात् सौदामिनी निरीक्षिल ॥
अपूर्व रूप यौवना चंचला गमने स्त्रीय ।
क्षणे दृश्य अदृश्य वा शवर मन मोहिनी ॥
शवर हेरि तद् कन्या प्रेमाकृष्ट यथा मन ।
यद्रूप यंत्र चालित एतद् अग्रे उपस्थित ॥
सहसा शवरे हेरि सौदामिनी चमत्कृत ।
यद् पुरुष पुरोभागे तेजदीप्त कलेवर ॥
तेज दीप्त महाबाहु शवरे करि दर्शन ।
सौदामिनी गति स्थिरे अपलके अवस्थिता ॥
अत्र काले क्षणान्तरे तथा विद्युत् उपस्थित ।
प्रेमाकृष्ट परस्परे अपलके गति स्थिरे ॥
भग्नी प्रति कहे वाक्य सौदामिनी सचेतने ।
केवा एतद् पुरोभागे परिचित नहे मम ॥
विद्युन्नादे सचेतन सौदामिनी कहे इहा ।
परिचय नहि ज्ञात कोन कुल समुद्भव ॥
केवल दर्शने मम गति शक्ति तिरोहित ।
नहे तृप्ति मम प्रति यद् पुरुष मनोहर ॥
मममध्ये यथा बल एतन्मध्ये प्रवेशिल ।
दृष्टि मात्रे ममानुज चलत् बल तिरोहित ॥
एरूप पुरुष श्रेष्ठ पुरा दृष्ट नहे मम ।
एतद् संग सदा काम्य अन्तरात्मा सकातर ॥
सौदामिनी कहे एतद् शुनि विद्युत् चमत्कृत ।
प्रेमाकृष्ट स्वसा मम पुरस्थ पुरुष प्रति ॥
भग्नीचित्त निरीक्षिया कहे विद्युत् समादरे ।
केवा तुमि किंवा नाम कोन कुल समुद्भव ॥
किं प्रकारे किंवा कार्ये सुदा-कुंजे उपस्थित ।
विद्युन्नादे यवे उक्त एरूपे शवर प्रति ॥
उत्तरे शवर स्थिरे विद्युत् प्रति समादरे ।
केवा तुमि नहि ज्ञात सुदापुरी किंवा कह ॥
अहं काक्षीवतात्मज कक्षीकुल समुद्भव ।
देवत्त्व प्राप्त सौभाग्ये देवस्पर्शे पुरा स्मृति ॥
तद् हेतु भूतल त्यजि स्वर्गलोक परिभ्रमि ।
एतद् क्षेत्र मनोहर हेरि साक्षात् प्रवेशिनु ॥
अपूर्व दर्शने कुंज मुग्ध स्वयं अवेक्षणे ।
अति क्षुब्ध अत:परे हेरि कुंजे सुरंगना ॥
चित्त ना दर्शने तृप्त अवस्थान करि स्थिरे ।
सौन्दर्य दर्शने मन: समाकृष्ट स्वभावत: ॥
परिचय किंवा तव केवा एतद् सुरांगना ।
यद् श्रुत शवरे वाक्य विद्युत् गर्व समायुत ॥

कहिल शवर प्रति कुलीनाहं मने स्मर ।
देवकुल समुद्भुत विशुद्ध देवता स्वयं ॥
पर्जन्य देवनन्दन प्राज्ञ सुदा पिता मम ।
ब्रह्मज्ञानी कच्चित् देव स्वर्गधामे अवस्थित ॥
देवत्त्वे कथित श्रेष्ठ ब्रह्म ज्ञाने पदान्वित ।
पर्जन्य देवता ज्ञानी ज्ञानी सुदा पिता मम ॥
तद्रूप परम ज्ञानी देवराज शतक्रतु ।
तद् पुत्र सकले ज्ञानी सर्वहरि विशेषतः ॥
पुष्ट सर्वहरि स्नेहे मत् माता चपला स्मर ।
सर्वहरिसुता सर्व देव कुले समादृता ॥
जाताहं चपला गर्भे सुदातेज समुद्भव ।
एतद् सौदामिनी स्वसा विद्युत् नाम मम प्रति ॥
एरूप कहिते विद्युत् आत्मगर्वे प्रसादित ।
क्षुब्ध सौदामिनी चित्ते विषन्न शवरानने ॥
अहं पुत्र विद्युत् समाख्यात सर्वत्र सुदा स्वर्गधामे सुतश्रेष्ठ पर्जन्ये ।
लभे इन्द्रपौत्री पिता संगिनीरूपे स्वसा हेर सौदामिनी यद् कहे गर्वे ॥

- इति श्रीमद्देवायण ब्रह्मकल्पे तृतीय खण्डे लव मण्डलान्तर्गतः शवर वर्गे शवर-विद्युत् संवाद नामः षष्ठ संवर्ग ।

— ✯ —

॥ सप्तम संवर्ग ॥

विभीषण वचन

अप्रसन्न तथापिह सौदामिनी रहे स्थिर ।
शवर कातरे स्वयं अन्तर्मध्ये निरीक्षिल ॥
येन विद्युत् परिग्रहे अन्तर्शक्ति महाबले ।
देवत्त्वे करि ताच्छिल्य कौलीनत्त्वे निपीड़िल ॥
शवर चेतन स्वयं प्रेम सौदामिनी प्रति ।
ताच्छिल्य हेतु वंचना वेदना संयमे स्थिर ॥
कहे विद्युत् तथापिह देवत्त्व किं तव प्रति ।
देवकन्या तरे स्पृहा हे शवर त्वरित त्यज ॥
कक्षीवान नहे ख्यात देवऋषि कुलान्तरे ।
कक्षीवान विवाहित कोन कुशे इहा कह ॥
तद् श्रुत शवर क्षुब्ध विद्युत् प्रति कहे इहा ।
नहि ज्ञात पितामही कोन कुल समुद्भवा ॥
पितामाता जगन्मध्ये गवीकुल सुपालक ।
ज्ञाताहं प्राप्त देवत्त्व सत्यदेव समागमे ॥
इत्याधिक नहि ज्ञात कर प्रश्न अकारण ।
एरूप श्रवणे विद्युत् कहे क्रुद्ध सगर्जने ॥
यद् सामान्य कुल ज्ञान नहे मूढ़ तव प्रति ।
रे अज्ञान यथा त्वरित देव क्षेत्र परित्यज ॥
सविशेष सुदाक्षेत्र सर्व ज्ञान विमंडित ।
एतद् क्षेत्र परित्यज परित्यज यथा त्वरित ॥

विद्युत् क्रुद्ध निरीक्षिया शवर क्षुब्ध अन्तरे ।
अत्र क्षेत्र परित्यागे यवे शीघ्र समुद्यत ॥
अग्रसरि यथा त्वरित शवर हस्त धारणे ।
कहे सौदामिनी एतद् क्षणकाल रह स्थिर ॥
अहं सौदामिनी अद्य देवमान्य प्रदानिते ।
करि पदे नमस्कार मम माल्य परिग्रहि ॥
कहि एतद् सौदामिनी पुष्प माल्य कर स्थित ।
अर्पणे शवरे त्वरा अत्र कण्ठ सुशोभिया ॥
तद् परे चरणे नत शवरे हर्ष वर्धित ।
गत क्षोभ अत:परे शिरे हस्त प्रदानिया ॥
कहे सौदामिनी प्रति एतद् वाक्य मधुस्वरे ।
अहं प्राण स्वरूपित तवमध्ये करि स्थिति ॥
तुमि वाक् स्वरूपिणी मम कण्ठे विराजह ।
तव मध्ये अहं नित्य तुमि ममान्तरे सदा ॥
यद् मिलन परस्परे अन्तर्मध्ये प्रवेशिया ।
नहे क्षम पितामाता भ्राता बंधु निवारणे ॥
यद् प्रणय पति प्रति सर्वाधिक मने स्मरि ।
अन्तर्मध्ये पति प्रति सर्व बंधु अतिक्रमि ॥
कहे क्षुब्ध सौदामिनी अन्तरे प्राणे किंवावाक्य विद्युत् कहे दम्भसंयुक्त ।
मम प्रेममाल्ये प्रणामे वरि स्वामी नमस्य प्रसन्ने ममार्घ्ये रह स्वर्गे ॥

- इति श्रीमद्देवायण ब्रह्मकल्पे तृतीय खण्डे लव मण्डलान्तर्गत: शवर वर्गे सौदामिनी कर्तृक शवर वरण नाम: सप्तम संवर्ग ।

— ☆ —

॥ अष्टम संवर्ग ॥

विभीषण वचन

एरूप कहिते रत शवर प्रेम संयुत ।
करि हस्त विधारण उत्तोलने समादरे ॥
धरि वक्षे भुजाश्लेषे यद् काले रत चुम्बने ।
गर्जे विद्युत् भयंकर अमानित तथास्थले ॥
रे शवर किं साहस अपमाने मम प्रति ।
मम भग्नी कर स्पर्श ममाज्ञा विहने तुमि ॥
मम तेज निरीक्षह कहि वाक्य यथा शुन ।
स्वर्गभ्रष्ट हओ तुमि सौदामिनी परित्यजि ॥
एरूप कहिते विद्युत् विद्युत्वेगे विताड़ित ।
स्वर्ग हते अकस्मात् शवर नभ: चालित ॥
सौदामिनी अति क्षुब्ध विद्युत् कार्य निरीक्षिया ।
प्रेमाश्लेषे प्रिय च्युत शवरे हेरि ताड़ना ॥
सौदामिनी कहे वाक्य हे स्वामिन: रह स्थिर ।
मम प्रेम समाश्रये स्वर्गधामे कर स्थिति ॥
यथा सौदामिनी उक्त विद्युत्वेग निवारित ।
अत्र क्षेत्र रहे स्थिर अक्षम पुनरागमे ॥

तथा सौदामिनी कृत हेरि विद्युत् निवारित ।
अति कोप समायुत कहे वाक्य स्वसाप्रति ॥
सौदामिनी किंवा कार्य अद्य तव अनुष्ठित ।
पतित्त्वे शवरे वरि पितृकुल अमानने ॥
जाह स्वर्ग परित्यजि शवर सह सत्वरे ।
निषादसम भूतले सर्व संग विवर्जने ॥
दाम्पत्य जीवने तुमि घृण्य रूपे विराजह ।
यत काल पतिप्रेमे पतिसंगे हवे स्थिति ॥
तद् काल शवरी रूपे शवर प्रेमसंगिनी ।
दिव्यज्ञान विवर्जिता घृण्य रूपे विराजिवे ॥
अरण्ये पशु बांधव मात्र तव मने स्मर ।
मम तेजे हओ त्वरा स्वर्गधाम बहिष्कृत ॥
एरूप कहिते वाक्य विद्युत्वेगे विचालित ।
शवरसह सत्वरे सौदामिनी प्रकम्पिता ॥
आर्तनादे निनादिल पिता पिता महारवे ।
उत्तरिल सुदा घोरे रह स्थिर रह स्थिर ॥
एतद् काले समुज्ज्वलि महातेजे चतुर्दिक ।
शवर ओ सौदामिनी स्वर्गभ्रष्ट महीतले ॥
नभःच्युत महारवे विद्युत्वेगे विचालित ।
पतित कदली वने स्तब्ध स्थिर तथास्थले ॥
गर्जे विद्युत् तथापिह घोर शब्दे पुनःपुनः ।
विद्युत्चित्त नहे तृप्त सौदामिनी निपातने ॥
अपमाने महाक्रोधे धृत रूप भयंकर ।
सर्व नभः निपातने येन यत्न परायण ॥
एतद् काले उपस्थित विद्युत् अग्रे सुदा त्वरा ।
कहे पुत्र किं कारणे एतद् रूप निनादन ॥
पितृ प्रश्न यथा श्रुत कहे मर्त्य प्रदर्शने ।
हे पिता कर दर्शन मर्त्यलोके क्षणस्थिरे ॥
कहे गर्जि विद्युत् महाघोरे आरावे पिता मर्त्यधामे महारण्य अलक्ष्ये ।
यथाहेतु वार्ता हवे प्राप्त मत् क्रोधे क्षण प्रेक्षणे दृष्ट दृश्ये सुदा क्षुब्ध ॥

- इति श्रीमद्देवायण ब्रह्मकल्पे तृतीय खण्डे लव मण्डलान्तर्गतः शवर वर्गे शवर अभिशाप वार्ता नामः अष्टम संवर्ग ।

— ★ —

॥ नवम संवर्ग ॥

विभीषण वचन

विद्युत् वाक्य यथा श्रुत सुदा मर्त्य अवेक्षणे ।
हेरिल पुरुष स्त्रीय महारण्ये अवस्थित ॥
सामान्य मानवी रूपे हेरि सौदामिनी तथा ।
सुदान्तर सकातर प्रश्नमान सुत प्रति ॥
हे विद्युत् कह कारण सौदामिनी महीतले ।
नारीरूपे अवस्थित पुरुषान्य समन्वित ॥

पितृ प्रश्ने कहे विद्युत् पूर्व कार्य यथा क्रमे ।
कहिया शवर स्मृति पुष्पकुंजे समागम ॥
प्रेमाकृष्ट परस्परे मम कृत विताड़ित ।
प्रेममाल्य तथापिह सौदामिनी प्रदानिल ॥
स्वर्गच्युत इथे कृत शवर सह दामिनी ।
निषादसम भूतले अभिशप्त करि स्वयं ॥
विद्युत् वाक्य यथा श्रुत सुदा क्षोभ समायुत ।
कहे सौदामिनी शापे अधिकार किंवा तव ॥
कन्याकुल नह ज्ञात स्व इच्छाते वरे पति ।
तथाक्षेत्रे शुभाशुभ मम कार्य निरीक्षिते ॥
अभिशाप प्रदेय ना यथा स्त्रीय वरे पति ।
स्वयं कार्ये शुभाशुभ भुंजे फल यथा क्रमे ॥
हे विद्युत् कार्य गर्हित अभिशाप प्रदानिया ।
चण्डालत्त्व तव प्रति इथे मात्र प्रकाशित ॥
एवे विद्युत् सकातर चण्डालत्त्व मने स्मरि ।
कहे वाक्य सुदा प्रति किं विहित इहा कह ॥
हेरि पुत्र सकातर सुदा शान्त निजान्तरे ।
विद्युत् प्रति कहे वाक्य चल मर्त्ये यथा त्वरित ॥
एतद् स्थिरे पितापुत्रे मर्त्यधामे उपस्थित ।
शवर शवरी राजे यदुक्त कदलीवने ॥
सुदा विद्युत् पुरोभागे तेजस्मान कलेवरे ।
शवरी कम्पिता देहे विद्युत्तेज निरीक्षिया ॥
मर्त्यधामे निपातने स्वर्गस्मृति तिरोहित ।
तेजभीति तथा मात्र अन्तर्मध्ये अवस्थित ॥
तद् हेतु शवरी त्वरा स-शवर लुकायित ।
सघन कदली वृक्ष अन्तराले यथा त्वरित ॥
तद्दर्शने सुदा स्नेहे आह्वानिल मधुस्वरे ।
सुदा-स्वर यथा श्रुत सौदामिनी सचेतन ॥
पितृ अग्रे उपस्थिते पदतले निपातित ।
आर्तनादे कहे पिता अभिशापे सुरक्षह ॥
वर्त्तमान यथा तुमि यद् शासन ममानुजे ।
अधिकार किंवा कह वृथा शाप निवारह ॥
कहि एतद् सरोदने अश्रुजले विनिर्भरे ।
कहे सुदा यथास्नेहे शिरे हस्त प्रदानिया ॥
सौदामिनी रह स्थिर सुव्यवस्था तरे स्वयं ।
अद्य हेथा समागत अश्रुजल निवारह ॥
कहि एतद् सुदास्नेहे सौदामिनी शुभाशिषे ।
उत्तोलन तथा कृत हस्तद्वय विधारणे ॥
अति क्षुब्ध सौदामिनी भूतलारण्ये विराजे यथा शापदग्ध च्युत स्वर्ग ।
सुदा स्नेह संयुक्त उत्तोलने हस्त कहे शान्तचित्ते स्वभावे अवस्थाने ॥

- इति श्रीमद्देवायण ब्रह्मकल्पे तृतीय खण्डे लव मण्डलान्तर्गतः शवर वर्गे सुदा कर्त्तृक मर्त्ये आगमन वार्ता कथन नामः नवम संवर्ग ।

— ☆ —

॥ दशम संवर्ग ॥

सुदा वचन

देव वाक्य नहे मिथ्या कस्मिन्काले कदाचन ।
सौदामिनी कर स्थिति शवर सह भूतले ॥
हे शवर परिग्रह कन्यादाने ममाशिष ।
दाम्पत्यजीवने मर्त्ये यथा सुखे विराजह ॥

शवर वचन

निषादसम भूतले देवत्त्व परिवर्जने ।
दाम्पत्ये किं हवे सुख स्वर्गे गति प्रदानह ॥

विभीषण वचन

शवर कहिते इहा सुदा स्नेह परायण ।
कहिल शवर प्रति एतद् रूप शुभाशिषे ॥
हे शवर नहे मिथ्या देव वाक्य कदाचन ।
विद्युत् कृत यथा शाप किञ्चित् काल रह स्वयं ॥
शुद्धमति अतःपरे अभिशाप निरामये ।
कहि पथ यथा क्रमे अवधान कर स्थिरे ॥
हिमाचल प्रमाण यद् महापाप महामति ।
प्रक्षालित तपे त्वरित सलिले धौत धूलि यद् ॥
मेघतुल्य यथा घोर वृष्टिपाते विदूरित ।
गत रात्रि यथा सूर्ये पाप ताप तपे तथा ॥
हे वत्स शाप मोचने तपः नित्य अनुष्ठह ।
शापदग्ध यथा तनु तपे शुद्ध हवे शुन ॥
तपे शुद्ध यवे देह देवत्त्व लभिवे पुनः ।
अमरत्त्वे पुनर्वार मम धामे प्रवेशिवे ॥
अजरत्त्वे तथास्थले नित्यानन्दे विराजिवे ।
तपे शुद्धि परिग्रह ममाशिषे दिने दिने ॥
एरूप शवरे कहि कहे सौदामिनी प्रति ।
हे वत्से शवरी रूपे पतिसेवा अनुष्ठह ॥
पति प्रति यथा गति स्त्रीय प्रति तथा गति ।
एतद् वाक्य मने स्मरि प्रसन्न रह सर्वदा ॥
पति सेवा पतिव्रते कर्मोत्तम मने स्मर ।
धर्मोत्तम जगन्मध्ये प्राज्ञकुले विचारित ॥
हे विद्युत् विषम क्रोधे चण्डालत्त्व प्रकाशित ।
अभिशापे स्वसाप्रति यद् कृत अति गर्हित ॥
चंड क्रोधे यथा गति अवधान कर स्थिरे ।
चंड क्रोधे स्वरच्युत स्वर्गे स्थान नहे कभु ॥
संकल्प कामना क्रोधे देव स्वर्गच्युत स्मर ।
तव क्रोधे तुमि च्युत स्वर्गधाम ममात्मज ॥
तद् हेतु कहि केवल यथा हित तव प्रति ।
पतन हेतु यद् क्षेत्रे उत्थान सेतु तद् स्थले ॥
मर्त्यधामे अवस्थाने मालीरूप विधारणे ।
शवर शवरी सह कर सेवा निरन्तर ॥

द्वि प्रकार इथे फल तव कार्ये हवे स्मर ।
प्रथमतः स्वसास्नेहे भग्नीपति समन्वित ॥
तद् गृहे वस्ति क्रमे कर्तृत्त्व वर्धिवे तव ।
द्वितीय तव सद्भावे हवे शाप द्रुत क्षय ॥
शाप क्षये अतःपरे स्वर्गधामे प्रवेशह ।
स्वजन बंधु संहति नित्य हर्षे विराजिते ॥
एरूप कहिते सुदा विद्युत् विषन्न दर्शने ।
पुनः वाक्य कहे एतद् विद्युत् हर्ष प्रवर्धिते ॥
विद्युताहं भ्रमोत्पन्ने तव दुःख निरामये ।
आकर्षिव स्वर-स्मृति नर स्मृति प्रदानिया ॥
सुदावाक्य शापक्षये यद् सगम्भीरे रह क्रुद्ध विद्युत् अकार्ये जगत्माली ।
यथा दम्पतीवृन्द सेवा स्वयं कार्ये पुनः स्वर्गवास क्षये क्रोध शापान्ते ॥

- इति श्रीमद्देवायण ब्रह्मकल्पे तृतीय खण्डे लव मण्डलान्तर्गतः शवर वर्गे सुदा कर्तृक शाप अन्तःकरण वार्ता कथन नामः दशम संवर्ग ।

— ★ —

॥ एकादश संवर्ग ॥

विभीषण वचन

एरूप कहिया सुदा पाशशस्त्र विधारणे ।
विद्युत् शिरे करे स्पर्श विद्युत् क्रमे अचेतन ॥
तद् परे शवर प्रति क्रमे सौदामिनी प्रति ।
यवे सर्व अचेतन सर्व कर्णे कहे सुदा ॥
तोमरा पुरुष स्त्रीय मानव मानवी स्मर ।
देव स्मृति नहे पुनः शापकाल यतक्षण ॥
शाप अन्ते पुनर्वार लभिवे दिव्य चेतना ।
दिव्य स्मृतिभ्रमे शान्त रह मर्त्ये अतःपरे ॥
तिरोधान यवे मम चेतना लभिवे पुनः ।
यद्रूप मानव भ्रमे मर्त्य धामे स्वजीवने ॥
भ्रमण कर तद्रूप दाम्पत्य जीवने सुखे ।
शवर शवरी सह पुत्रोत्पन्ने यथा विधि ॥
संसारे रह तद् काल प्रेम शुद्धि तरे उभे ।
तद् परे कर सन्धान स्वर्गधाम मनोमत ॥
एरूप कहिया सुदा अन्तरीक्ष्ये करे गति ।
निशान्ते जाग्रत त्रये नव ऊषा निरीक्षणे ॥
जाग्रत अति विस्मये रत त्रये निरीक्षणे ।
कोथा अद्य समागत किंवा कार्य प्रयोजने ॥
नहे शक्य निरूपणे किं सम्बंध परस्परे ।
व्यवहार किंवा तथा सर्व भ्रम उपस्थित ॥
तद् काले कहिते रत सुदा नभः निनादने ।
पुरुषारक्त वर्ण यद् पैजवनात्मज स्मर ॥
पैजकन्या पुरोभागे तव स्वसा मने स्मर ।
पुरुषान्य स्वसापति कर नित्य समादर ॥

पुरोभागे निरीक्षह गिरि गुहा अवस्थित ।
एतद् गृहे सुपालित पिताकृत पुरा स्मृति ॥
पितृ हारा यथाकाले रह आत्म अचेतन ।
पिता स्वर्गे करे गति एतद् गति स्वभावतः ॥
भ्राता भग्री रह स्थिर मर्त्य धामे स्वजीवने ।
अन्न पान परिग्रह पितृ दुःख परित्यजि ॥
अन्न पाने विदूरित सर्व क्षोभ हवे स्मर ।
यथाकाले हवे आज्ञा यथा अन्य प्रयोजन ॥
नभःवाणी समापने प्रलब्ध सम्वित त्रये ।
मर्त्यवासी यथामत जात मर्त्ये यथा पुरा ॥
अग्रभागे यथा गुहा एतन्मध्ये प्रवेशिया ।
पान भोज्य निरीक्षिल येन पूर्वे सुरक्षित ॥
अन्न पान निरीक्षणे अनुभवे क्षुधा त्रये ।
क्षुधा तृष्णा प्रचालित अन्न पान परिग्रहे ॥
अन्न पान परिग्रहि मर्त्यबुद्धि समायुत ।
महारण्य परिभ्रमे कर्मबुद्धि मनोदये ॥
नरः संग दिने दिने लोकालये प्रवेशिल ।
करे गृह सुनिर्माण जन संग समाश्रये ॥
पार्वत्यारण्य निर्गत वनचारी नरःकुले ।
शवर लभिल ख्याति निषाद जाति भूतले ॥
निषाद त्रये मर्त्यधामे च्युत स्वर्गः भ्रमे सर्व लोकालये लभि ख्याति ।
महारण्यचारी अनार्यः गुहावासी क्रमे सभ्य कार्ये निवासे मनुष्यार्थे ॥

- इति श्रीमद्देवायण ब्रह्मकल्पे तृतीय खण्डे लव मण्डलान्तर्गतः शवर वर्गे अरण्यचारी निषाद रूपे मर्त्ये शवर वास नामः एकादश संवर्ग ।

— ✯ —

॥ द्वादश संवर्ग ॥

विभीषण वचन

एतद् रूपे अतिक्रमे बहु वर्ष धरातले ।
स्वर्ग स्मृति यथा किञ्चित् पूर्ण भावे विलोपित ॥
करे गृह सुनिर्माण नरःतुल्य यथायथ ।
स्वयं हस्ते जगत्माली पुष्प कुंजे सुशोभिल ॥
सुन्दर गृह निर्माणे शवर हृष्ट अन्तरे ।
स-माली शवरी सह यथा सुखे विराजित ॥
तद् काले शवरी गर्भे शवरे हर्ष वर्धित ।
जगत्माली प्रहर्षित स्वसा-गर्भ निरीक्षिया ॥
तदन्तरे यथा काले अत्र गर्भ विमोचित ।
हर्षयुक्त जगत्माली स्वसापुत्र अवेक्षण ॥
विप्रकुल अवस्थित किञ्चित् दूरे गृहाश्रमी ।
जातक्रिया अनुष्ठिते अत्र द्वारे उपस्थित ॥
श्रवणे विप्र सर्वतः कहे वाक्य निरस्पृह ।
कुल गोत्र यथा तव नहि ज्ञात यथायथ ॥

पार्वत्यारण्य निर्गत निषाद जाति वर्णित ।
नाहि गोत्र परिचय शवरे अथवा तव ॥
पैजवन नहि ज्ञात कोन काले अवस्थित ।
कोन क्षेत्रे किंवा गोत्रे पैजवने समुद्भव ॥
उत्तरिल जगत्माली गोत्र किंवा प्रयोजन ।
नर:मात्र मने स्मरि जातक्रिया अनुष्ठह ॥
तव सर्व यथा पुत्रे जातक्रिया अनुष्ठित ।
एतन्मत अनुष्ठह एतद् मत् प्रार्थना शुन ॥
विप्र कुल समस्वरे एतद् वाक्य निनादिल ।
जन्म मात्रे नहे सर्वे जातक्रिया अनुष्ठित ॥
कुल गोत्र बिना कवे जातक्रिया करे द्विज ।
मंत्र पाठ्य नहे कभु गोत्रहीन जन प्रति ॥
हेर जात दले दले गवी अश्व विहंगम ।
वानरादि यथा क्रमे यद् सर्व अर्ध मानव ॥
वन्य-नर निषादादि अनार्य जाति सर्वत ।
अर्ध-नर विवेचित जात क्रिया अकारण ॥
कुल गोत्र विधारणे स्रष्टावंश समुद्भव ।
आर्य जाति महीतले जात क्रिया करे शुन ॥
वेद मंत्रे करे कार्य कुल गोत्र विधारणे ।
जन्म मृत्यु विवाहते आर्य जाति महोत्सव ॥
यद् प्रकारे जगत्माली तव स्वसा विवाहित ।
कर तद् गर्भ संचार कार्य एतद् पथे तुमि ॥
विप्रकुल कहे एतद् सर्व एक मते यवे ।
अप्रसन्न जगत्माली प्रत्यागत गृहे त्वरित ॥
अद्य माली परिज्ञात आर्य मध्ये तथापिह ।
वन्य जाति विवेचने कार्य कर्मे विवर्जित ॥
अतएव अवस्थान जन संगे वृथा स्मरि ।
प्रत्यागमे सहे दु:ख नाम स्वयं प्रदानिल ॥
शवर शवरी सह संयुक्त नाम शद्वल ।
तुष्ट किञ्चित् प्रदानिया चिन्तायुक्त अत:परे ॥
अनार्य कहि गर्वित आर्यकुल यथास्थले ।
प्रतिवित्सा विधारणे क्रुद्ध चित्ते परिभ्रमे ॥
आर्यकुल विवर्जने घोर वने भ्रमे सदा ।
पार्वत्यारण्य सन्धानि अनार्य अन्य यद्यपि ॥
बहु क्षेत्र परिभ्रमि करे किञ्चित् बहिर्गत ।
आर्यकुल भये सर्व करे वास इतस्तत: ॥
जगत्माली परिभ्रमि एकत्रित करे सर्व ।
एकस्थले करे वास सर्व सम्मिलित क्रमे ॥
एकत्रित अवस्थाने अनार्यत्त्व विवर्जने ।
विप्रकुल यथा कार्य जन्म मृत्यु विवाहते ॥
एतन्मत करे सर्व जगत्माली प्रचालित ।
तद् सर्व कार्य दर्शने आर्यकुल प्रहर्षित ॥
पान भोज्य परित्यजि अन्य संग प्रदानिल ।
गृहकार्ये गवी पाल्ये कृषि कार्य नियोजिल ॥

विप्र संग इथे लब्ध परामर्श क्षणे क्षणे ।
सावधाने करे विप्र मात्र वेदे प्रवंचना ॥
श्रेष्ठत्त्व करिते रक्षा तपः यज्ञ समाश्रये ।
मंत्र गुह्य कहे नित्य श्रोतव्य ना बिना द्विज ॥
अप्रसन्न इथे माली शवरह तथामत ।
वेद ज्ञान तरे यत्न करे शुन अतःपरे ॥
यथा विप्र संगे परामर्श तद् कार्ये अनार्यत्त्व मुक्त प्रसन्ने जगत्माली ।
तथापि प्रवंचे तपस्या क्रिया यज्ञे सदा सावधाने छले वेद मंत्रादि ॥

- इति श्रीमद्देवायण ब्रह्मकल्पे तृतीय खण्डे लव मण्डलान्तर्गतः
शवर वर्गे अनार्य स्मृति कथने शवर वार्ता नामः द्वादश संवर्ग ।

— ✯ —

॥ त्रयोदश संवर्ग ॥

विभीषण वचन

विप्रकुल यथा उक्त शवर श्रवणे इहा ।
तपः यज्ञ तरे स्वयं यथा यत्न परायण ॥
वेद ज्ञान यथा काम्य तपः यज्ञ अनुष्ठिते ।
स्वयं कार्य करि स्थिर करे प्रश्न द्विज प्रति ॥
किं प्रकारे अनुष्ठेय तपः यज्ञ महामति ।
वेद ज्ञाने प्रवेशिते किंवा पथ प्रकाशह ॥
श्रवणे शवरे वाक्य तद् विप्र विस्मयान्वित ।
प्रत्युत्तरे कहे वाक्य सर्व कार्य नहे इहा ॥
तपः यज्ञ अनुष्ठिते भक्ष्याभक्ष्य विचारित ।
स्वल्प भोज्ये फलाहारे किंवा अनशने तप ॥
दारा पुत्र परित्यजि सर्व माया विसर्जने ।
अत्यंत दृढ़ संयमे एकासने अवस्थित ॥
शीत ग्रीष्म उपेक्षित प्राप्याप्राप्य शुभाशुभ ।
देहचक्रे महानन्दे तपः यज्ञे प्रतिष्ठित ॥
वेद ज्ञान लभे इथे देवतत्त्व समन्वित ।
वेद ज्ञान यथा लब्ध अनार्यत्त्व विमोचित ॥
शवर श्रवणे हृष्ट द्विज वाक्य यथा क्रमे ।
कहे सर्व द्विज प्रति नहे एतद् अनुष्ठित ॥
दारा पुत्र समन्वित दृष्ट बहु गृहाश्रमी ।
वेद पाठ करे नित्य विप्रकुल तथापिह ॥
कहे सर्वे कुलप्रथा वेद ज्ञान नहे इहा ।
आचरित इहा सर्वे पितृकुले यथा कृत ॥
विप्रकुले कच्चित् कच्चित् तपः कार्य अनुष्ठित ।
दारा पुत्र परित्यजि तपोवने करे स्थिति ॥
हेर वन परिभ्रमि केह यज्ञ परायण ।
स्वल्प भोज्ये निराहारे शिष्यकुल विमंडित ॥
एतद् सर्व द्विज श्रेष्ठ तपः यज्ञे समाहित ।
ज्ञान लब्ध कवि द्रष्टा एतन्मध्ये अवस्थित ॥

शुनि वाक्य अत:परे आशान्वित मने स्वयं ।
ज्ञानस्पृहा धृतान्तरे तप: वने प्रवेशिल ॥
विप्रकुले यथा उक्त एतद् क्रमे निरीक्षिल ।
तप: यज्ञ परायण तेजस्मान कलेवरे ॥
तदन्तरे जने जने कहे शिक्षा प्रदानिते ।
हृष्ट शिष्यागमे सर्व शिक्षा दान समुद्यमे ॥
कुल परिचय श्रुते सर्वे त्वरित परित्यजे ।
तद् हेतु शवर क्षुब्ध परित्यक्त जने जने ॥
एकान्ते क्षुभितान्तरे उपविष्ट नदीतटे ।
क्लान्त छाया सुशीतले तन्द्रायुक्त क्षणान्तरे ॥
तन्द्राते शवरे श्रुत दैववाणी यथा क्रमे ।
हे शवर निरीक्षह अन्तर्मध्ये अवस्थित ॥
देवतत्त्व यथा काम्य वेद ज्ञान समन्वित ।
तप: यज्ञ निजान्तरे अन्यत्र किं प्रयोजन ॥
एरूप श्रवणे वाक्य शवर त्वरितोत्थित ।
ज्ञान सन्धानिते रत अन्तर्मध्ये अत:परे ॥
सन्धानिते निजान्तर एकाकी रहि निर्जने ।
शवर दिवस क्रमे अन्तर्मध्ये समाहित ॥
विनिष्क्रान्त सन्धानि नानास्थले प्रान्ते अरण्ये वने सानुदेशे गुहाशृंगे ।
नहे प्राप्त नानास्थले दर्शि सर्वान्ते नदी पार्श्व छायातटे दृष्ट आत्मस्थ ॥

- इति श्रीमद्देवायण ब्रह्मकल्पे तृतीय खण्डे लव मण्डलान्तर्गत: शवर वर्गे शवर आत्मयोग वार्ता कथन नाम: त्रयोदश संवर्ग ।

— ✯ —

॥ चतुर्दश संवर्ग ॥

विभीषण वचन

एतद् क्षेत्रे जगत्माली शवरी सह चिन्तित ।
शवर गृह निर्गत बहु दिवा अतिक्रमे ॥
प्रत्यागम तथापिह नाहि हेरि तदन्तरे ।
सन्धान शवर स्मरि जगत्माली बहिर्गत ॥
नाना क्षेत्र परिभ्रमि नदीतटे उपस्थित ।
तद् क्षेत्रे शवरे दृष्ट वृक्ष छाया सुशीतले ॥
ध्यानासीन यथामत उपविष्ट अचंचले ।
तद् दर्शने जगत्माली क्षणकाल रहे स्थिर ॥
लोक समागमे स्थिर हेरि दृढ़ अचंचल ।
नियुक्त शवराह्वाने देह स्पर्शि पुन: पुन: ॥
शवर चेतन स्पर्शे चक्षु-पक्ष्म विमोचने ।
हेरि अग्रे जगत्माली ज्ञान प्राप्त समाधिते ॥
देवतत्त्व परिज्ञात आत्मतत्त्व विजानित ।
शवर कहिते रत माली प्रति मधुस्वरे ॥
हे माली जगते तुमि नर मात्र नहे स्मर ।
देव तुमि स्वर:च्युत मर्त्यधामे समागत ॥

एरूप कहिते वाक्य जगत्माली प्रकुपित ।
विकृत हेरि मस्तिष्क कहे वाक्य असम्भव ॥
एतद् हेतु करे स्थिरे पुनर्बुद्धि सचेतने ।
एतद् वाक्य किंवा कह चल गृहे यथा त्वरित ॥
हे शवर सचिन्तित शवरी तव कारणे ।
बहु दिवा गृह त्यजि भावित करिले बहु ॥
नानाक्षेत्र परिभ्रमि सन्धानिया बहु स्थले ।
अद्य एतद् स्थले प्राप्त चल गृहे यथा त्वरित ॥
स्वगृहे गमने माली करि यत्न निरन्तर ।
तुमिह कर तेमति मत् पार्श्वे उपवेशने ॥
अभिशप्त यथा स्वयं कर्मफल यथा मम ।
एतद् क्षये दिने दिने करि यत्न महातपे ॥
हे माली चल सत्वरे कर्मफल क्षये तपे ।
तव गृह सुदालोके सुदापुत्र स्वयं तुमि ॥
शुनि माली महाश्चर्ये कहिल शवर प्रति ।
हे शवर सुदा केवा कोथा सुदा अवस्थित ॥
उत्तरिल सगम्भीरे आत्मतत्त्व अजानित ।
सुदा पर्जन्यनन्दन सृष्टियज्ञ सुपालक ॥
सर्वोर्ध्वे इन्द्र देवता वैजयन्ते प्रतिष्ठित ।
तद् निम्ने देव पर्जन्य एतद् अधःस्थले सुदा ॥
तुमि विद्युत् सुदापुत्र जामाताहं मने स्मर ।
हे विद्युत् चल सत्वरे आत्मलोके यथा स्थिति ॥
एरूप कहिते रत शवर अद्भुत स्मृति ।
नहे पूर्ण अविश्वास विश्वास ना यथायथ ॥
शवर कहिते रत माली प्रति तथापिह ।
आत्मतत्त्व अजानित विश्वास किं तव प्रति ॥
स्थिर भावे तपासने अन्तर्मध्ये निरीक्षह ।
जगत्माली यथा सत्य आत्मतत्त्व यथा तव ॥
एतद् वाक्ये प्रभावित जगत्माली तथास्थले ।
तद् पार्श्वे उपवेशने नियुक्त मन संयमे ॥
अन्तर्मध्ये प्रवेशिया मनः संयमने रत ।
अत्र कार्ये समुत्साही मन शान्त क्रमे क्रमे ॥
शान्त मनः यथास्थले आत्म ज्ञान विभास्वर ।
देवतत्त्व क्रमे ज्ञात अन्तर्मध्य समाहित ॥
ऊर्ध्व अधः करे योग अन्तर्मध्ये समाधिते ।
देवलोक पुरोभागे साक्षात् वार्ता यथा क्रमे ॥
पिता पितामहे क्रमे वार्तारत महत्सुखे ।
विस्मृत यद् जगत् सृष्टि रहि आत्म समाहित ॥
एतद् रूपे अतिक्रमे बहुवर्ष तथास्थले ।
पति भ्राता अदर्शने शवरी अति चिन्तित ॥
सुरेन्द्र अधस्थे यथादेव पर्जन्य प्रशान्तात्म तेजे पर ज्योतिविस्फुर्ज ।
विशुद्धात्मलोके सुदाक्षेत्र तद् निम्ने सुदापुत्र विद्युत् तवाख्या स्थित स्वर्गे ॥

– इति श्रीमद्देवायण ब्रह्मकल्पे तृतीय खण्डे लव मण्डलान्तर्गतः शवर वर्गे शवर आत्मज्ञान प्रकाश वार्ता नामः चतुर्दश संवर्ग ।

॥ पंचदश संवर्ग ॥

विभीषण वचन

स-पुत्र शवरी गृहे कियत्काल करि स्थिति ।
सन्धानिते पति भ्राता शद्वलसह निर्गत ॥
नाना वन परिभ्रमे पुत्रहस्त विधारणे ।
उपविष्ट कच्चित् श्रान्त वृक्ष छाया सुशीतले ॥
फल मूल परिग्रहि दानिया पुत्र शद्वले ।
यथा प्राप्त यथारण्ये भक्ष्ये एतद् मनोमत ॥
कियत् वर्ष गतक्रमे नदीतटे उपस्थित ।
परिदृष्ट यथास्थले पति भ्राता उपासने ॥
वृक्षतले समासीन योगीतुल्य अचंचल ।
तद् दृष्टे रोदने रत सपुत्र शवरी तथा ॥
सक्षोभे कहिते रत अहो भाग्य किंवा मम ।
शिशु पुत्र परित्यजि गृहत्यागी यथा पति ॥
तद् भाग्य विषमे घोरे सर्व नष्ट विपर्यये ।
किं कार्य जीवने मम गृह कार्ये अतःपरे ॥
नदी स्रोते निपातने होक दुःख निरामय ।
तव पुत्र परिग्रह मम मुक्ति प्रदानह ॥
शवरी कहिते एतद् शवर ध्यान मोचने ।
कहे वाक्य यथास्नेहे हे शवरी रह स्थिर ॥
निषाद जाति ना स्वयं निषादी ना तुमि स्मर ।
देवकन्या सुदा पुत्री अभिशप्त महीतले ॥
देवपुत्र तव भ्राता अहं देव स्वरूपतः ।
परिज्ञात महातपे अन्तर्मध्ये प्रवेशिया ॥
विमुक्त शाप बंधने ज्ञान लब्ध तपे स्वयं ।
मर्त्य कार्य समापित हे शवरी मम प्रति ॥
स्वर्गे गति मने स्मरि तव हेतु अपेक्षित ।
देवकन्या यथा तुमि एतद् वार्ता प्रदानिते ॥
अद्य वार्ता प्रदानिनु मम कार्य समापित ।
चलि स्वयं स्वरालये हवे साक्षात् अतःपरे ॥
हेर अग्रे तव भ्राता आत्म ज्ञाने समाहित ।
कर्मफल करे क्षय स्वयं तपे दिने दिने ॥
देवतत्त्व परिज्ञात विद्युत् नामः सुदासुत ।
मुक्ति हेतु करे यत्न आत्मतत्त्व विजानित ॥
तत्त्ववार्ता प्रदानिते मम कार्य मने स्मर ।
स्वयं यत्ने हवे मुक्ति अभिशप्त सुरात्मज ॥
एरूप श्रवणे वाक्य शवरी विस्मये कहे ।
देवात्मन यथा तुमि देवकन्या कह स्वयं ॥
अभिशप्त महीतले यथा अद्य अवस्थिति ।
मुक्त कह तपे तुमि मम मुक्ति किंवा पथे ॥
कोन देव सुता स्वयं भ्राता प्रति किंवा स्मृति ।
यदि ज्ञात स्वयं तपे कह सर्व यथायथ ॥
शवरी कहि संक्षेपे सुदापुत्री तुमि स्मर ।
स्वर्गे सौदामिनी नामे पूर्व काले अवस्थिता ॥

विद्युत् नाम तव भ्राता पर्जन्य कुल सम्भव ।
भ्रातृ शापे स्वर:च्युत तुमि मर्त्ये निपातिता ॥
तव भ्राता जगत्माली अभिशाप प्रदानिया ।
पितृ वाक्ये महीतले तवसह करे स्थिति ॥
तुल्य शापे निपातित अहं मर्त्ये मने स्मर ।
ज्ञान प्राप्त तव भ्राता चलि उभे स्वरालये ॥
वाक्य मात्र यथा कहे तुमि मुक्ति परिग्रह ।
मम गति किंवा कह पुत्र प्रति तथामत ॥
शवरी कहिते एतद् शवरोक्ति अत:परे ।
तपाचारे यथा त्वरित सर्व मला तिरोहित ॥
पर्वत तुल्य कल्मष क्षण:मात्रे तिरोहित ।
तप: बिना यथा अन्य कहि पाप क्षये पथ ॥
तपाचारे लभे मुक्ति स्वल्प काले मने स्मर ।
तप: बिना कृपा लब्धे दीर्घ काल प्रयोजन ॥
हे शवरी तुमि स्त्रीय तप:क्षम नहे तनु ।
कोमलत्त्वे निग्रहादि स्त्रीय प्रति असम्भव ॥
तद् हेतु शवरी कहि निग्रह परिवर्जने ।
हओ भक्ति परायणा वासुदेवे मने स्मरि ॥
सर्व चित्त गुहावासी वासुदेव जगत्पति ।
कालक्रमे अयोध्याते अवतीर्ण हवे प्रभु ॥
राम रूपे महाबली राक्षस कुल पीड़ने ।
तद् परम पदाश्रये हवे मुक्ति तवप्रति ॥
तपाक्षम यथा नर स्त्रीय कुल महीतले ।
तद् सर्व तारणे राम तारकब्रह्म स्वरूपित: ॥
हे शवरी तथाकाले तुमिह लभिवे मुक्ति ।
रामस्पर्श कृपाश्रये स्वर्गधामे प्रवेशिवे ॥
उद्धारिते भवार्णव श्रीराम केवल स्मर ।
सर्व पापे विमोचित स्वर्गधामे प्रवेशिवे ॥
शवर कहि एरूप स्वर्गधामे करे गति ।
जगत्माली समन्वित तपे मुक्त कलेवरे ॥
शवरी रोदने रत अत्र स्थले निपातने ।
नभ:वाणी कहे तथा हे शवरी रह स्थिर ॥
राम मुक्ति प्रदायक वासुदेव मने स्मर ।
एकदा लभिवे साक्षात् राम नामे सुनिश्चय ॥
निनादे असीमे अशक्ते तपाचारे सदा रामनामे हवे मुक्ति सर्वान्ते ।
करि ध्यान अब्जाक्ष दुर्वादल श्यामे लभे वासुदेवे महात्मा जगत्व्यापी ॥

- इति श्रीमद्देवायण ब्रह्मकल्पे तृतीय खण्डे लव मण्डलान्तर्गत: शवर वर्गे शवर मुक्ति नाम: पंचदश संवर्ग ।

— ☆ —

॥ षोडश संवर्ग ॥

विभीषण वचन

एरूप कहिया यवे नभ:वाणी निरामय ।
शद्बल कहिते रत ए वाक्य जननी प्रति ॥
हे माता कह कारण सपिता मातुल त्वरा ।
कोन क्षेत्रे तिरोहित स्वशरीरे इहा कह ॥
पुत्रप्रश्न यथा श्रुत शवरी लब्ध सम्वित ।
स्वरोदन परित्यजे स्वयं आत्म सचेतने ॥
पुत्र प्रति कहे वाक्य स्वीय शोक निवारणे ।
स-मातुल पिता तव स्वर्ग धामे करे गति ॥
पुनश्च शद्बले वाक्य मम गति कवे कह ।
कोथा स्वर्ग करे गति कह माता तव प्रति ॥
पुत्र हस्त विधारणे स्वगृहे गमने रत ।
कहे पुत्रे यथाकाले स्वर्गे गति हवे शुन ॥
कुटिरे चल सत्वरे पान भोज्य प्रदानिव ।
एवे क्षुधा समायुत स्वर्ग वार्ता अत:परे ॥
शद्बल जननी वाक्ये अनुभवे क्षुधा स्वयं ।
अतएव चले त्वरा सर्व वाक्य परित्यजि ॥
आगत शवरी गृहे शिशुपुत्र समन्वित ।
नियुक्त पुत्र पालने पान भोज्य प्रदानिया ॥
पति वाक्य यथामत स्वर्ग स्मृति विधारणे ।
राम ध्यान समायुक्त राम नाम परायणा ॥
शद्बल वर्धित क्रमे करे क्रीडा चतुर्दिके ।
पितृहीन यथा पुत्र बंधुजने समादृत ॥
शद्बल गहने नित्य दिवा व्यापी करे क्रीडा ।
मातृ पार्श्वे निशाकाले सुखनिद्रा समायुत ॥
एतद् रूपे अतिक्रमे बहु वर्ष तथास्थले ।
यंत्रतुल्य करे कार्य शवरी पुत्र पालने ॥
राम ध्यान समायुत सर्वक्षण निजान्तरे ।
राम नाम तथा ध्यान कहे पुत्रे कच्चित् कच्चित् ॥
शद्बले श्रुत विस्मये रामतत्त्व यथा क्रमे ।
बहु वर्ष अत:परे दिवसेक गृहागमे ॥
शद्बल कहिते रत एरूप जननी प्रति ।
हे माता गहने अद्य राम साक्षात् निरीक्षिणु ॥
विक्षृत जटवल्कल सीतापत्नी समन्वित ।
तद् पार्श्वे लक्ष्मण भ्राता दृष्ट महा धनुर्धर ॥
नव दुर्वादल श्याम राजीव लोचनद्वय ।
अपूर्व दर्शने राम गजगति विमंथर ॥
विप्रकुल यथा सर्व वनमध्ये अवस्थित ।
सर्वे त्वरित समागमे अत्र पदे विलुंठित ॥
योगी सर्व तपोवने यथा पूर्वे अवस्थित ।
आत्म ध्याने समाहित सर्व संग विवर्जने ॥
एतद् सर्व समुत्थित रामागमे त्वरित गति ।
केह धृत भुजाश्लेषे केह पदे विलुंठित ॥

राम नाम करे सर्वे — ऋषि हर्ष समायुत ।
पंचवटि वने गति — एतद् वन अतिक्रमि ॥
अयोध्या नगरी त्यजि — पितृ सत्य सुपालने ।
एतद् वने समागत — रामचन्द्र महाबली ॥
स्वयं दर्शि माता महाबाहु सभ्राता — सह स्त्री अरण्ये भ्रमे पुंडरीकाक्षः ।
कहे विप्र सर्व अयोध्यापुरी त्यक्ते — जगत्पाल यज्ञेश रामागतारण्ये ॥

– इति श्रीमद्देवायण ब्रह्मकल्पे तृतीय खण्डे लव मण्डलान्तर्गतः शवर वर्गे शवरी प्रति राम वार्ता कथन नामः षोडश संवर्ग ।

— ✯ —

॥ सप्तदश संवर्ग ॥

विभीषण वचन

शवरी शुनि ए वार्ता — स्वयं चित्ते चमत्कृत ।
ध्यान रूप कहे पुत्र — कहे दृष्ट यथा मम ॥
आगत करुणासिंधु — राजगृह परित्यजि ।
मुक्ति काल समागत — शवर वाक्य येमति ॥
एतद् चिन्ता समन्वित — महानन्दे प्रतिष्ठिता ।
पुत्र प्रति कहे वाक्य — एतन्मत अतःपरे ॥

शवरी वचन

हे पुत्र जाह सत्वरे — यथा दृष्ट तथास्थले ।
आह्वाने शवरी गृहे — वंचिते शवरी तथा ॥
हे राघव निरीक्षह — संध्याकाल समागत ।
करि पदे नमस्कार — एतद् वाक्य निवेदह ॥

विभीषण वचन

मातृ आज्ञा यथा श्रुत — शद्वल चलिल त्वरा ।
राम अग्रे उपस्थिते — नमस्कारे निवेदिल ॥
हे राघव निरीक्षिह — संध्याकाल समागत ।
आह्वाने शवरी तोमा — वंचिते शवरी तथा ॥
यद् वाक्य शद्वले श्रुत — राम चित्ते चमत्कृत ।
जिज्ञासे शद्वल प्रति — एतद् प्रश्न मधुस्वरे ॥

श्रीराम वचन

परिचय किंवा तव — के शवरी इहा कह ।
आह्वाने शवरी केन — वंचिते शवरी तथा ॥

विभीषण वचन

नीरवे स्थित शद्वल — किंवा कहे अतःपरे ।
के शवरी किंवा रूपे — परिचय प्रदानिवे ॥
शवरी जननी मम — किंवा वार्ता अतःपरे ।
शद्वले हेरि नीरव — कहे गर्ग महाऋषि ॥

गर्ग वचन

पैजवन सुदा कन्या शवरी नाम राघव ।
अभिशप्ता सहोदरे एकाकिनी रहे वने ॥
शवर सहितोद्वाहे विद्युत् कोप समायुत ।
ऋषि काक्षीवतात्मज शवर कथित स्मर ॥

श्रीराम वचन

शवर यदि कक्षीज वेद विद्या प्रतिष्ठित ।
हे प्राज्ञ शवरोद्वाहे विद्युत् क्रोध किं कारणे ॥

गर्ग वचन

पर्जन्य देवनन्दन पैजवन सुदा स्मर ।
विद्युताख्या सुदा पुत्र कन्या सौदामिनी शुन ॥
शवर भ्रमणे स्वर्ग सौदामिनी निरीक्षिल ।
अपूर्व रूप यौवना देवकन्या अवेक्षणे ॥
प्रेमाकृष्ट परस्परे सुदा कुंजे महाबली ।
तथा विद्युत् समागमे शवरे प्रेम दर्शने ॥
परिचये करे प्रश्न सौदामिनी प्रदानिते ।
कक्षी परिचय श्रुते कौलीन्य गर्व संयुत ॥
शवर अवहेलने करे स्वर्ग विताड़न ।
विद्युत् कार्ये अति क्षुब्धा सौदामिनी निवारिया ॥
स्वयं प्रेमे समादरे कण्ठे माल्य प्रदानिल ।
इथे विद्युत् अमानित शापिल अति कोपने ॥
अद्य सौदामिनी मूढ़े पितृ मान्य अतिक्रमि ।
दानिले शवरे माल्य कहि एतद् अध:गति ॥
जाह मर्त्ये स्वरच्युत शवर प्रेम गर्विता ।
निषाद जाति अस्पृश्य रूपे मर्त्ये विराजह ॥
एरूप कहिते विद्युत् स्वर्गच्युत निपातित ।
निषादी शवरी नामे सुदा कन्या महीतले ॥

श्रीराम वचन

अत्याद्भुत महास्मृति कह गर्ग महाऋषि ।
एकाकी शवरी अद्य किं कारणे अवस्थित ॥

गर्ग वचन

विद्युत् शापे स्वर:च्युत शवर शवरी सह ।
सुदा सौदामिनी वार्ता विद्युत् पार्श्वे यवे श्रुत ॥
मर्त्य धामे उपस्थित पुत्रसह यथा त्वरित ।
शापकाल तदन्तरे मर्त्यलोके निरूपिल ॥
सस्नेहे शवर प्रति तपे मुक्ति कहे सुदा ।
विद्युत् क्रोधे कहे निन्दि चण्डालत्त्वे कर स्थिति ॥
एरूप कहिया सुदा पुत्र कन्या परित्यजि ।
स्वर्गधामे करे गति मुक्तिकाल निरूपिया ॥
शुन विद्युत् जगत्माली नाम धृत महीतले ।
बहुकाल रहे मर्त्ये हीनजाति स्वरूपित ॥

मर्त्यधामे करि स्थिति बहु वर्ष महीतले ।
अस्पृश्यता विसंघाते यवे आत्म सचेतन ॥
यद् काले शवरी-गर्भ जात राम महीतले ।
जातक्रिया अनुष्ठिते विप्रकुल परित्यजे ॥
तद् हेतु क्षोभ संयुत अस्पृश्यता प्रपीड़ने ।
तपस्या शवरे कृत दारा पुत्र परित्यजि ॥
तपस्याते लभे मुक्ति शवरात्म सचेतन ।
एतद् सह जगत्माली तपे मनः नियोजिल ॥
तपे शुद्धि यथा लब्ध स्वर्गधामे करे गति ।
स्वर्गे गति यथाकाले शवरी रोदने रत ॥
कहिल शवरी प्रति नभःवाणी निनादने ।
हे शवरी रह स्थिर कहि मुक्ति बिनातपे ॥
स्त्रीय तुमि असम्भव तपः कार्य तव प्रति ।
अवतीर्ण हवे विष्णु राम नामे महीतले ॥
एतद साक्षात् यवे शुन हवे मुक्ति तव प्रति ।
श्रीराम सर्व तारक सर्व मोक्ष प्रदायक ॥
शवर सत्वरे स्वर्गे कहि वाक्य तिरोहित ।
एकाकी शवरी वने अत्रकालाधि स्थित ॥
तद् शवरौरसे जात शवरी गर्भ सम्भव ।
तव अग्रे शिरानत शद्वल नाम राघव ॥

विभीषण वचन

एतद् वार्ता यथा श्रुत राम ध्याने समाहित ।
चक्षु द्वय निमीलने रहि स्थिर बहुक्षण ॥
उन्मोचि चक्षु तद् परे शद्वल प्रति वीक्षणे ।
एतद् वाक्य कहे राम अनुकम्पा समन्वित ॥

श्रीराम वचन

शद्वल जननी प्रति एतद् वाक्य निवेदह ।
पितृसत्य सुपालने स्वयं अद्य वनागत ॥
व्रत रक्षा तरे शुन ना पशिव गृहाश्रमे ।
वर्ष चतुर्दशान्तरे हेरिव शवरी सती ॥
कहे राम वाक्यानुकम्पा समायुक्त नहे शक्य यद्दर्शने शद्वल स्नेहे ।
वने सत्य रक्षांतरे यद् प्रविष्ठाहं हवे चौदह वर्षान्तरे शवरीसाक्षात् ॥

- इति श्रीमद्देवायण ब्रह्मकल्पे तृतीय खण्डे लव मण्डलान्तर्गतः
शवर वर्गे शद्वल-राम संवाद नामः सप्तदश संवर्ग ।

— ☆ —

॥ अष्टादश संवर्ग ॥

विभीषण वचन

एतद् वाक्य यथा श्रुत शद्वल चलिल त्वरा ।
रामचन्द्रे नमस्कारे स्वीय गृहे उपस्थित ॥

रामचन्द्रे यथा उक्त मातृ पार्श्वे निवेदिल ।
हेथा राम प्रवेशिल पंचवटि महावने ॥
हवे राम समागम वर्ष चतुर्दशान्तरे ।
शवरी श्रवणे हृष्ट यदुक्त शङ्कले तथा ॥
रामागम प्रतीक्षाते करे ध्यान निरन्तर ।
सर्व कार्ये स्मरे राम श्यामकांति धनुर्धर ॥
सर्व कार्ये सदा चिन्ता भोजने शयने तथा ।
सर्वक्षण जपे राम राम ध्यान परायणा ॥
भक्ष्ये फल यवे शुन शवरी अधरोपम ।
किञ्चित् मुखे प्रदानिया यत्ने अन्य सुरक्षित ॥
आसिवे एकदा राम गुणमणि जगत्पति ।
दानिवे भोजने रामे मधुमय यथा फल ॥
नित्य कार्य समापने पुत्रे भोज प्रदानिया ।
अवशिष्ट यथा काल राम कार्य समायुत ॥
करे दर्भे सुनिर्माण कुशासन मनोहर ।
एकदा वसिवे राम एतद चिन्ता निरन्तर ॥
कुशासन सुनिर्माणे क्षौमवासे सुचित्रिल ।
शिल्प कला अनेक तद् राम हर्ष प्रवर्धिते ॥
एरूप आसन त्रय शवरी कृत निर्मित ।
स्वहस्ते शवरी निर्मि करे रक्षा पृथक् पृथक् ॥
एतद् पार्श्वे कमंडुलु पद प्रक्षालने स्थित ।
रक्षित वस्त्र मार्जने प्रक्षालनान्तरे पद ॥
वनपुष्पे गठे माल्य वर्ष चतुर्दश स्मरि ।
रामागम स्मरे नित्य गठे माल्य मनोमत ॥
एक शुष्क गठे अन्य नित्य कार्ये निरन्तर ।
अर्धाहारे अनाहारे राखे फल मनोहर ॥
मधुमय रसास्वादे निज स्वाद प्रवंचिया ।
राम तरे सुरक्षित राम हर्ष हवे स्मरि ॥
करित गृह मार्जना प्राङ्गणह तथामत ।
राजपुत्र यथा राम काम्य सर्व परिष्कृत ॥
हवे क्षुन्न मने राम यद्यपि अपरिष्कृत ।
स्मरि एतद् स्वयं हस्ते गोमये लेपने रत ॥
चन्दन जल सर्वत्र निक्षेपित निरन्तर ।
गंध पुष्प मनोहर निश्चय राघवे प्रिय ॥
एतद् रूप मने स्मरि रोपिल सरणी द्वये ।
जाति युथी मनोहरा केतकी चन्द्रमल्लिका ॥
हेना पुष्पे सुनिर्मिल सुन्दर तोरण द्वय ।
नाना चित्र विचित्रित पत्र वृक्ष चतुर्दिके ॥
राम हर्ष प्रवर्धिते सर्वत्र कृत सुन्दर ।
फुल्ल पुष्प यवे शुन गंधमय चतुर्दिक ॥
गोमये करि लेपन पथ सर्व चतुर्दिके ।
आलिम्पना प्रदानित कारु कार्य सुचित्रणे ॥
पदचिह्न स्थले स्थले अङ्कित शवरी कृत ।
पदचिह्न यथा ध्यान रामागम मने स्मरि ॥

यथा फुल्ल पुष्पे चित्रितालये शोभा शुचिःवर्ण गंधे चतुःपार्श्वे आमोदे ।
जपे राम चित्ते भजे पुंडरीकाक्षः सदापेक्ष्यमाना स्मरे तारक ब्रह्मः ॥

- इति श्रीमद्देवायण ब्रह्मकल्पे तृतीय खण्डे लव मण्डलान्तर्गतः शवर वर्गे शवरी प्रतिक्षा नामः अष्टादश संवर्ग ।

— ☆ —

॥ ऊनविंश संवर्ग ॥

विभीषण वचन

क्रमे वर्ष चतुर्दश एतद् रूपे अतिक्रमे ।
एवे ध्यान निरन्तर ऐ ये राम समागम ॥
यदि शब्द बहिर्देशे पक्षी शाखा विचालने ।
शद्बल शवरी कहे जाह त्वरित निरीक्षह ॥
यदि राम समागत नाहि केह तथास्थले ।
रामचन्द्र हवे क्षुन्न शून्य स्थल निरीक्षिया ॥
जाह पुत्र कर स्थिति सर्वदा बाहिरे तुमि ।
राज रथ निरीक्षिले आह्वानिवे त्वरित गति ॥
प्रत्यह शवरी कहे एरूप कल्पना प्रति ।
किञ्चित् दूरे अवस्थिति कर तुमि यथात्मज ॥
संकेत ध्वनि दानिवे राज रथ निरीक्षिले ।
शब्दगति यथा त्वरित कर ध्वनि तथाहते ॥
प्रांगण बाहिरे रह शद्बल हे निरन्तर ।
यदि अश्व खुरध्वनि हओ त्वरित बहिर्गत ॥
राम दृष्ट यथास्थले कर ध्वनि तथाहते ।
राम राम जगत् प्रभु संकेत शुन निश्चय ॥
रामा साक्षात् अपेक्षाते मातापुत्र करे स्थिति ।
उषा हते निशावधि जाग्रत राघव स्मृति ॥
किञ्चित् मात्र ध्वनि श्रुत उत्कर्ण शवरी तथा ।
चले स्वयं बहिर्देशे शद्बल वाक्य नीरवे ॥
हस्ते पदे करे कार्य मन प्राण बहिर्देशे ।
यद् काम्य राघवागम उत्कीर्ण श्रवणे ध्वनि ॥
बहिर्देशे चले द्रुत प्रत्यागति पुनः पुनः ।
किञ्चित् शब्द यथा श्रुत शवरी बहिरागमे ॥
एकदा शुन तद् परे अयोध्या गमने प्रभु ।
वर्ष चतुर्दशान्तरे लंका जय समापने ॥
पुष्पक स्यन्दनारूढ़ पंचवटि परित्यजि ।
आगत शवरीवने रामचन्द्र महाबली ॥
बहु सैन्य समन्वित राज रथ प्रवेशिल ।
आमिह छिनु पार्श्वते तद् काले शुन हे लव ॥
शवरी वन दर्शने हृष्ट राम जगत्पति ।
सर्व सैन्य परित्यजि राज रथ तथामत ॥
पार्श्वेक कपि सुग्रीव अन्ये विभीषण स्वयं ।
पश्चाते जानकी देवी रामानुज समन्वित ॥

तद् पश्चाते महावीर मारुति सेवकोत्तम ।
अन्य सर्व बहिर्देशे राम वाक्ये करे स्थिति ॥
हेरिनु शवरी वृद्धा प्रवेशि शवराश्रमे ।
अद्यापिह मनोद्गत आहा भक्ते मधुस्मृति ॥
अपूर्व दृश्य हेरिनु भक्त आस्य मनोहर ।
दिव्य भावे समुज्ज्वल सर्व प्राप्ती यथानन ॥
पुंजीभूत यथा दुःख आछिल हृदयान्तरे ।
विनिःशेषे बहिर्गत अश्रुजले क्रमागत ॥
नमे भक्त पदद्वये शवरी सर्व उत्तमा ।
एमन दिवसे शुन भगवान निरीक्षिणु ॥
अश्रुजले करे सिक्त शवरी चरण द्वय ।
राम आस्ये तथाकाले अपूर्व द्युति निर्गत ॥
आनत स्वपदे चक्षु पराःस्नेह प्रकाशित ।
उत्साहित तथास्थले दिव्यतेज सुदुर्लभ ॥
परम करुणा झरे शवरीप्रति वीक्षणे ।
शवरी करिल स्नान एतद् धारा विनिर्गमे ॥
रामचन्द्र महाबाहु हेरिनु बहु विक्रम ।
शुन लव रणस्थले लंकायुद्धे क्रमागत ॥
किंतु अत्र दिवा हेरि तेजमाला असम्भव ।
हल सर्वे प्रभावित एतद् तेजे महाबली ॥
हनुमाने निरीक्षिणु अश्रुजल समन्वित ।
रामानुज कपीश्वर सीतादेवी तथामत ॥
कहिते किं मम प्राणे हल दुःख उपस्थित ।
स्मरिणु शवरी धन्य आहा आत्मा निवेदने ॥
यदि शक्य विभीषण एतद् रूप निवेदने ।
कहे यवे सगद्गदे सुस्वरा शवरी तथा ॥

शवरी वचन

तुमि बिना जगन्मध्ये रामचन्द्र जगत्पति ।
स्वजन नाहि ये अन्य सर्व तोमा सदा स्मरि ॥
जीवित मात्र जीवने करि ध्यान पदद्वय ।
पिता पति विवर्जित एकाकिनी निरन्तर ॥
अभिशप्त पिताकृत पतिकृत विवर्जित ।
सर्व जन परित्यजे तुमि नाहि कदाचन ॥
सर्वे स्वार्थे अवस्थित कुल मान समन्वित ।
सर्व कुल विवर्जित अनाथे नाथ राघव ॥
त्यजिल शवरी सर्वे तुमि संग प्रदानिले ।
हे परम परात्पर शुन मम निवेदन ॥
आसिव कहिले गृहे सत्य व्रत समापने ।
वर्ष चतुर्दशाग्रते एतद् उक्त ममात्मजे ॥
एतद् वाक्य नहे भ्रम वर्ष चतुर्दशान्तरे ।
एले स्वयं गृहे मम शवरी स्मरणे प्रभु ॥
महत् कर्मे व्यतिव्यस्त रहि दुःखे निरन्तर ।
शवरी तवु ना भ्रम सर्व मध्ये जगत्प्रभु ॥

एतद हेतु प्रमाणित तोमा सर्व प्रदानित ।
सार्थक मम जीवन पदे आत्म समर्पणे ॥
नमस्ते महात्मा पदाब्जे नमः श्याम महत् कार्यकर्मे व्यतिव्यस्त संग्रामे ।
हरे रक्षः सीता नहे भ्रांति तत्रापि यथा वाक्य पूर्वे वने शवरी हेतु ॥

- इति श्रीमद्देवायण ब्रह्मकल्पे तृतीय खण्डे लव मण्डलान्तर्गतः शवर वर्गे श्रीराम-शवरी साक्षात्कार वार्ता नामः ऊनविंश संवर्ग ।

— ✯ —

॥ विंश संवर्ग ॥

विभीषण वचन

शुन आत्म निवेदन कहे राम जगत्पति ।
क्षुधार्त्त शवरी स्वयं किञ्चित् भोज्य प्रदानह ॥
क्लान्त स्वयं पथश्रमे देह तव कुशासन ।
भृङ्गार सत्वरे आनो प्रक्षालने पदद्वय ॥
शुनि वाक्य चमत्कृता व्यापी वर्ष चतुर्दश ।
यथा कृत निरन्तर एतद् सर्व हल भ्रम ॥
प्रार्थे अद्य स्वयं प्रभु स्वीय काम्य छले प्रिय ।
कहि स्वयं प्रयोजने मम स्मृति प्रदानिल ॥
ओ गो नाथ जगन्नाथ सर्वज्ञ तुमि राघव ।
विज्ञात शवरी सर्व नमि तोमा पुनः पुनः ॥
स्वगत कहि ए वाक्य लज्जित स्वीय अन्तरे ।
दिल अर्घ्य कुशासन भृङ्गार गंध वारिते ॥
दिल सर्वे अतःपरे मनोहर कुशासन ।
सुगंध वारि भृङ्गारे करि सर्वे समादर ॥
फल मूल अतःपरे बहु भोज्य प्रदानिल ।
तद् सर्व फल भोजने रामचन्द्र कहे इहा ॥

श्रीराम वचन

क्षुधा तृप्त नहे मम शुन हे शवरी तुमि ।
यदि किञ्चित् अवस्थित गृहे तव प्रदानह ॥

शवरी वचन

नाहि गृहे अतःपरे लज्जा दिले जगत्प्रभु ।
यद् किञ्चित् छिल संग्रह सर्व क्रमे प्रदानिनु ॥
रह क्षण अपेक्षाते करि पुनः सुसंग्रह ।
पुत्रप्रति कहे वाक्य देखह कानने त्वरा ॥

विभीषण वचन

शवरी कहिते रत ए वाक्य शद्बलप्रति ।
कहे राम निवारणे शुनह शवरी सती ॥

श्रीराम वचन

संग्रह यदि ना गृहे	नाहि तवे प्रयोजन ।
किञ्चित् दूरे भरद्वाज	गृहे पूर्ण हवे शुन ॥
कहि वर्ष चतुर्दश	पूर्वे तोमा समागम ।
संग्रह करिले तुमि	अद्य मात्र तथा फल ॥

विभीषण वचन

एतद् वाक्य यथा श्रुत	पूर्व कार्य मने स्मरे ।
राघवे दानिते फल	अर्ध भक्ष्य सुरक्षित ॥
पुरास्मृति मनोदित	कहिला राघवप्रति ।
स्वीय भावे सुरक्षित	अर्धभक्ष्य यथा मम ॥
लज्जित दानिते एवे	एतद् फल जगत्विभु ।
उच्छिष्ट मम आस्यते	किं प्रकारे प्रदानिव ॥
एतद् फल दिवा क्रमे	शुष्क रस विवर्जित ।
दानिव केमने एतद	राघव तव भोजने ॥
देव पूज्य जगत् पूज्य	राजपुत्र यथा तुमि ।
किं रूपे दानि तद् फल	शवरी कृत भक्ष्यित ॥

श्रीराम वचन

यद्यपि शवरी तुमि	मम तरे सुरक्षिले ।
अर्धभक्ष्य विचार किं	आनो अंश यथायथ ॥
बहु वर्ष अतिक्रमे	रस शून्य स्वभावत: ।
मम अंश प्रदानह	ममप्रति त्वरित गति ॥

विभीषण वचन

एतद् वाक्य यथा श्रुता	शवरी मलिनानना ।
अनिच्छाते प्रवेशिल	राम आज्ञा यथा क्रमे ॥
पात्र हस्ते क्षणान्तरे	राम अग्रे प्रवेशिल ।
विषन्न वदने पात्र	धृत अग्रे कहे इहा ॥

शवरी वचन

रघुनाथ निरीक्षह	सर्व रस विवर्जित ।
दर्शन कर केवल	नहे भक्ष्य जगत्प्रभु ॥

विभीषण वचन

नाहि कर्णे पशे एतद्	कहे अश्रु विनिर्भ्भरि ।
हेरि पात्र महानन्दे	राम आस्य समुज्ज्वल ॥
त्वरित हस्ते परिग्रहि	क्षिप्र आस्ये प्रदानिया ।
अर्धभक्ष्ये यथा फल	चर्वणे रत राघव ॥
सर्व रस विवर्जित	श्रीराम चर्वणे रत ।
दंतमध्ये महाशब्द	शवरी अति शंकिता ॥
कहे राम किं सुंदर	दिव्य गंध बहिर्गत ।
एरूप फल गोपने	कर छल ममप्रति ॥
परितृप्त क्षुधा एवे	पूर्ण दिव्य रसे फल ।
कर किञ्चित् रसास्वाद	मित्रवर विभीषण ॥

कहे राम दृष्टान्तरे मत् क्षुधा तृष्णा　　यथा तृप्त एवे सुगंधे मधुस्वादे ।
स्वयं पूर्ण हे रक्षःराजा रसास्वादे　　हओ तृप्त मत् तुल्य आनंद संयुक्त ॥

- इति श्रीमद्देवायण ब्रह्मकल्पे तृतीय खण्डे लव मण्डलान्तर्गतः शवर वर्गे शवरी कर्त्तृक श्रीराम प्रति फल दान वार्ता नामः विंश संवर्ग ।

— ✯ —

॥ एकविंश संवर्ग ॥

विभीषण वचन

किञ्चित् राम ममप्रति　　दाने हस्त प्रसारिया ।
शवरी चरणद्वये　　अश्रुजले निपातिता ॥

शवरी वचन

क्षमः तुमि जगत्प्रभु　　किंवा शास्ति ममप्रति ।
भक्तश्रेष्ठ विभीषणे　　नाहि फल प्रदानह ॥
दानिनु शवरे माल्य　　पितृ आज्ञा बिना शुन ।
अभिशप्त इथे राम　　पतित शवरी प्रभु ॥
हीनजाति यथा स्वयं　　उच्छिष्ट मम भोजन ।
भक्ष्य अद्य निजे तुमि　　भक्तश्रेष्ठे प्रदानिया ॥
महापापे हवे लिप्त　　निश्चय शवरी तव ।
कृपा कर जगन्नाथ　　विरत रह भोजने ॥

विभीषण वचन

एरूप शवरी कहे　　राम कर्णे नहे श्रुत ।
उपेक्षि शवरी वाक्य　　ममप्रति कहे प्रभु ॥
रक्षःराज इतस्ततः　　मम वाक्ये किं कारणे ।
भक्षण कर हे फल　　दिव्य स्वाद समन्वित ॥
एवे स्वयं सचेतन　　मम कार्ये यथा द्विधा ।
त्वरिते करि भोजन　　यथा द्रव्य प्रदानित ॥
भक्ष्यिते रत यद् काले　　जिज्ञासिल जगत् प्रभु ।
किंवा गंध किंवा स्वाद　　कह तुमि यथायथ ॥
ना दानि उत्तरे काल　　दाने किञ्चित् कपीश्वरे ।
राखे मुखे कपीश्वर　　बिना वाक्य व्यये त्वरा ॥
लक्ष्मणे दानिल प्रभु　　जानकीप्रति तेमति ।
सर्व अन्ते महावीरे　　यवे राम प्रदानिल ॥
किं विस्मय तथास्थले　　शुन लव अतःपरे ।
हनु आस्ये प्रदानिया　　शिरे हस्त सुघर्षणे ॥
दिव्य गंध बहिर्गत　　सर्वानने तथास्थले ।
हल दिव्य रसे पूर्ण　　मम आस्य महत् सुखे ॥
अमृततुल्य यद् रस　　फलास्वादे सुधामय ।
दिव्य गंधे चतुर्दिक　　हल पूर्ण तथास्थले ॥
कहिनु शवरी प्रति　　एतद् वाक्य अतःपरे ।
एतद् रूप महाफल　　नाहि वर्धे महीतले ॥

स्वर्ग हते समानीत किना कह विदूषिणी ।
एतद् गंध बहिर्गत स्वर्गफले निरन्तर ॥
एतद् वाक्य यथा श्रुता मुग्धा चित्ते सविस्मये ।
क्रन्दन करि वर्जन मौन स्तब्ध निरीक्षिछे ॥
एतद् काले स्मिताधरे कहे वाक्य जगत्पति ।
हे शवरी क्षुधा तृप्त दिव्य भक्ष्य प्रदानिले ॥
एतद् सह समस्वरे कहि सर्वे तथास्थले ।
हे शवरी क्षुधा तृप्त दिव्य भोज्य प्रदानिले ॥
राम वाक्य यथा श्रुता सर्व जन प्रशंसिता ।
विस्मिता लोचने मौना रोमांचिता मुहुर्मुहु ॥
कहे राम तदन्तरे एतद् रूप मधुस्वरे ।
परितृप्त सुनिश्चय कह इथे किं संशय ॥

श्रीराम वचन

हे शवरी किंवा कहि तृप्त स्वयं यथायथ ।
क्षुधार्त सैन्य वाहिनी कर तृप्त तथामत ॥
देड़ लक्ष महासैन्य मम सह अवस्थित ।
उद्धार करिते सीता मम सह करे रण ॥
युद्धस्थले परिप्राप्त नहे भोज्य मनोमत ।
कर सर्व क्षुधा तृप्त आतिथ्य पूर्ण कारणे ॥
स्वयं प्रीत हे शवरी दान भक्तार्घ्ये सखाभक्त संगे सपत्नी सहभ्राता ।
महायुद्ध अन्ते मत् सैन्य रणक्लान्ते क्षुधार्ते कर प्रीत भोज्यप्रदाने तद् ॥

- इति श्रीमद्देवायण ब्रह्मकल्पे तृतीय खण्डे लव मण्डलान्तर्गत: शवर वर्गे श्रीराम कर्त्तृक फल भोजन वार्ता नाम: एकविंश संवर्ग ।

— ✯ —

॥ द्वाविंश संवर्ग ॥

विभीषण वचन

श्रवणे शवरी भीता तुष्टिते राम-वाहिनी ।
हस्त पदे प्रकम्पिता रामपदे निपातिता ॥
शुष्क फल यथा किञ्चित् रक्षित अर्ध भोजने ।
देड़ लक्ष महासैन्य किं प्रकारे हवे इथे ॥
पंच जने यथा किञ्चित् नाहि फल प्रदानिते ।
देड़ लक्ष महासैन्य परितृप्त हवे किसे ॥
वस्तु अग्रे प्रयोजन किञ्चित् हस्ते प्रदानिते ।
उदर पूर्ण तद् परे तृप्ति वार्ता तदन्तरे ॥
एहेतु अति विह्वला रामपदे कहे इहा ।
किं पापे दानिवे शास्ति एतद् रूप मम प्रति ॥
पंच जने प्रदानिते नाहि फल गृहे मम ।
शुष्क रस विवर्जित दिव्य गंध यथा कह ॥
उपेक्षा करि ए वाक्य कहिल शवरी प्रति ।
कर अग्रे उपस्थित यथा भांडे अवस्थित ॥

श्रवणे राघवे वाक्य उत्थितता पद कम्पिता ।
आने पात्र चतुष्टय राम अग्रे यथा त्वरित ॥
कहे राम महानन्दे हेरि पात्र चतुष्टय ।
एक पात्रे हवे तृप्त समस्त सैन्य वाहिनी ॥
अन्य त्रय सुरक्षण कर तुमि यथायथ ।
आजीवन हवे तृप्त एतद् फले सुनिश्चय ॥
आदेशिल जगत्प्रभु एतद् कार्य हनु प्रति ।
पात्र एक लह त्वरा मारुति परिवेशने ॥
राम वाक्य यथा श्रुत महावीर समुत्थित ।
पात्र हस्ते बहिर्गत सैन्यगण यथास्थले ॥
क्षणान्तरे समुत्थित एतद् ध्वनि तथास्थले ।
परितृप्त महाभोज्ये विदूषी शवरी जय ॥
एतद् नाद समुत्थाने सर्व जने तथा श्रुत ।
शवरी करिछे स्थिति लज्जा युक्त शिरानते ॥

श्रीराम वचन

करि तोमा शुभाशिष शुन हे शवरी सती ।
परितृप्त महाभोज्य सर्व जन समन्वित ॥
एतद् रूप महातृप्ति पर:लोके हवे तव ।
लभि नित्य ममाश्रय पर:धामे रवे सुखे ॥
आयुष्काल कर स्थिति मर्त्यधामे महीयसी ।
परे मर्त्य परित्यजि स्वर्ग धामे विराजह ॥

विभीषण वचन

शद्वल प्रति तद्परे रामचन्द्र शुभाशिषे ।
त्यजिया शवरी गृह बहिर्गत सबांधवे ॥
चलिते चलिते राम कहिल शवरी प्रति ।
पुष्प शोभा किं सुंदर एक माल्य प्रदानह ॥
सर्व भ्रम पदे पदे शवरी अति विह्वला ।
वर्ष व्यापी रचे माल्य रहे सर्व अजानित ॥
एवे गृहे गति त्वरा आने माल्य मनोहर ।
सीता हस्ते प्रदानिया कहे कण्ठे सुशोभिते ॥
जानकी स्मित ए वाक्ये कहिला शवरी प्रति ।
स्वीय कण्ठे प्रदानह इतस्तत: किं कारणे ॥
वैकुण्ठे शोभिवे तुमि मम तुल्य विदूषिणी ।
बहु कीर्त्ति उपार्जित अद्य प्रभु समादरे ॥
सीता वाक्य यथाश्रुत स्वयं कण्ठे प्रदानिल ।
शोभान्वित तथा राम दिव्य माल्ये गदाधर ॥
शवरी कृत भूषित पुष्प माल्ये जगत्पति ।
पुष्पक स्यन्दनारूढ़ राम जय स्वने कपि ॥
हेर लव अत:परे निर्वापित चिता प्राय ।
करि कार्य समापित चल गृहे अत:परे ॥

यथा राम शोभा महानन्द उद्भासे महाबाहु सुश्याम देही धनुर्बाणे ।
महातेज राजीव आस्ये शुचि: माल्ये यथा दिव्यगंधे परिव्याप्त सर्वत्र ॥

- इति श्रीमद्देवायण ब्रह्मकल्पे तृतीय खण्डे लव मण्डलान्तर्गत: शवर वर्गे शवरी कर्तृक श्रीराम सैन्यवृन्दे भोज्य दान वार्ता नाम: द्वाविंश संवर्ग ।

— ✮ —

॥ त्रयोविंश संवर्ग ॥

शिव वचन

शद्वल करि सत्कार लव सह विभीषण ।
रथारूढ़ अत:परे पंचवटि परित्यजे ॥
धावित रथ पुष्पक महावेगे नभ:स्थले ।
जिज्ञासिल विभीषणे राघवज महाबली ॥

लव वचन

शवरी भक्ति काहिनी अत्याद्भुत मम श्रुत ।
कहिल किं पिता कह शवरात्मज शद्वले ॥
शद्वल अति सज्जन परा:भक्ति परायण ।
जपिते जपिते नाम त्यजे मर्त्य कलेवर ॥

विभीषण वचन

उद्यत गमने राम त्यजिया शवरी गृह ।
शद्वल नत एकाले राघव चरण द्वये ॥
शवरी पुत्र विज्ञात शवरी मुख चिह्नित ।
रामचन्द्र कहे तथा शवरी पुत्र दर्शने ॥
शुन हे शवरीसुत कहि तोमा शुभाशिषे ।
ब्रह्मकुले समुद्भुत विप्रधर्म विवर्जित ॥
विद्युत् पैजवन क्रोधे अभिशप्त यथा तुमि ।
वेद ज्ञान तव प्रति नाहि पृथक् प्रयोजन ॥
हे शद्वल स्वयं वेद सर्व ज्ञान विधारित ।
मम ध्याने हवे पूर्ण ज्ञान तव सुनिश्चय ॥
एरूप कहि राघव अत्र स्थल परित्यजे ।
राम कीर्त्ति यथा सर्व जिज्ञासे जननी प्रति ॥
कहिल शवरी तथा राम कीर्ति यथा क्रमे ।
कहिला जपिते नाम सर्व कीर्त्ति सुवर्णिया ॥
नामे राम प्रतिष्ठित दिव्य ज्ञाने निरन्तर ।
भक्ति निष्ठा तथा श्रद्धा एतद शक्ति समन्वित ॥
जप: नाम निरन्तर कर ध्यान तथामत ।
एरूप शुनि शद्वल जपे रत अत:परे ॥
अयोध्या त्यजिया यवे लंकाते गमने स्वयं ।
शवरी दर्शने पुन: एतद् स्थले समागत ॥
शद्वलसह यद् वार्ता अत्र काले मम श्रुत ।
तद् परे शुनिले लव शद्वले कार्य येमति ॥

कहिते कहिते रथ चित्रकूटे उपस्थित ।
एतद् क्षेत्र निरीक्षिते अवतीर्ण महारथ ॥
यथा रक्ष:राजे क्रमे शवरी वार्ता समाकर्ण वाक्य प्रसन्ने महीपाल ।
सुसत्कार कार्ये त्वरा शङ्खली देह रथारूढ़ तुष्टान्तरे कन्दुकी छन्दे ॥

- इति श्रीमद्देवायण ब्रह्मकल्पे तृतीय खण्डे लव मण्डलान्तर्गत: शवर वर्गे लव कर्त्तृक पंचवटि त्याग वार्ता नाम: त्रयोविंश संवर्ग ।

॥ शवर वर्ग समाप्त ॥

— ☆ —

॥ मंत्र वर्ग ॥

॥ प्रथम संवर्ग ॥

शिव वचन

चित्रकूट निरीक्षिल बहु ऋषि समावृत ।
राम नाम करे जप अविराम अहर्निशि ॥
राम शून्य जगत् शून्य एतन्मत विवेचने ।
विराम वाक्य वर्णित विश्राम हेतु निर्णये ॥
अविराम तथा राम वाक्य हेतु निरूपित ।
एतद् रूपे करे व्याख्या रामतत्त्व ऋषि क्रमे ॥
श्रीराम सर्व जीवन दृष्टि यद् अब्ज लोचन ।
हरे राम हरे राम राम राम हरे हरे ॥
नर: नामे यथा पुत्र भरद्वाज ऋषि प्रति ।
वर्धिते नर जीवन एतद् व्याख्या करे तथा ॥
सर्वे आत्म समाहित चक्षुद्वय निमीलने ।
लव सह विभीषण यवे तथा उपस्थित ॥
रहे सर्वे तथामत राम नामे समाहित ।
अज्ञात किं तथा ज्ञात राघवज उपस्थिति ॥
नहे तथ्य परिष्कृत राम नामे समाहित ।
मुग्ध चित्त विभीषण श्रवणे राम कीर्त्तन ॥
कहे अग्रे नर: ऋषि स्वरचित पदावली ।
एतद् सह सहस्रश जपे नाम समस्वरे ॥
गाहे नर नरप्राण रामचन्द्र महाबली ।
हरे राम हरे राम राम राम हरे हरे ॥
जगते दिव्य जीवन राम रूप प्रकाशित ।
हरे राम हरे राम राम राम हरे हरे ॥
सत्य व्रत तथा धर्म राम कार्ये प्रकाशित ।
हरे राम हरे राम राम राम हरे हरे ॥
रक्ष: कुल निपीड़िते महत् वीर्ये समुद्भव ।
हरे राम हरे राम राम राम हरे हरे ॥
अंतरे बाहिरे राम ऊर्ध्व अध: चतुर्दिके ।
हरे राम हरे राम राम राम हरे हरे ॥
श्रीराम लोचन द्वये राम सूर्य समुज्ज्वल ।
हरे राम हरे राम राम राम हरे हरे ॥

निश्वास वायुते राम   राम नाम महाश्रुति ।
हरे राम हरे राम   राम राम हरे हरे ॥
वायु स्पर्श त्वके त्वके   राम स्पर्श निरन्तर ।
हरे राम हरे राम   राम राम हरे हरे ॥
वक्ष मध्ये हृदि स्पन्दे   रक्ते राम यथा ध्वनि ।
हरे राम हरे राम   राम राम हरे हरे ॥
राम नामे महास्वाद   क्षरे सुधा निरन्तर ।
हरे राम हरे राम   राम राम हरे हरे ॥
नृत्ये रत सदा जिह्वा   रकारते मकारते ।
हरे राम हरे राम   राम राम हरे हरे ॥
मत्त जिह्वा महारसे   राकारे करि नर्त्तन ।
हरे राम हरे राम   राम राम हरे हरे ॥
प्रत्येक गति भंगीते   राम वीर्य प्रकाशित ।
हरे राम हरे राम   राम राम हरे हरे ॥
सर्वजयी यथा राम   राम श्रेष्ठ धनुर्धर ।
हरे राम हरे राम   राम राम हरे हरे ॥
दुर्जय रावण ध्वंसी   सर्व काम निपीड़क ।
हरे राम हरे राम   राम राम हरे हरे ॥
काम शत्रु महारिपु   राम कृत विनिर्जित ।
हरे राम हरे राम   राम राम हरे हरे ॥
सत्य व्रते अवस्थित   आत्म त्यागे प्रतिष्ठित ।
हरे राम हरे राम   राम राम हरे हरे ॥
परा:प्रेमे अवस्थित   राघव अब्ज लोचन ।
हरे राम हरे राम   राम राम हरे हरे ॥
हृदये स्थित राघव   नयने अब्ज लोचन ।
हरे राम हरे राम   राम राम हरे हरे ॥
श्रीराम शिरसोर्ध्वते   ललाटे श्यामसुन्दर ।
हरे राम हरे राम   राम राम हरे हरे ॥
बाहुते रावण ध्वंसी   दन्ते कुम्भ विनाशक ।
हरे राम हरे राम   राम राम हरे हरे ॥
जंघाते बालि घातक   हनुके हनु पालक ।
हरे राम हरे राम   राम राम हरे हरे ॥
कपीश प्रिय पार्श्वते   रक्ष नाथ तथामत ।
हरे राम हरे राम   राम राम हरे हरे ॥
भार्गव गुरु नाभिते   रघुनाथ तथान्तरे ।
हरे राम हरे राम   राम राम हरे हरे ॥
सीता पति पदद्वये   सर्वस्व स्थित राघव ।
हरे राम हरे राम   राम राम हरे हरे ॥
एरूप नाम विन्यासे   स्तब्ध सर्व समाधिते ।
नीरव हेरिया सर्वे   अत्र स्थल परित्यजे ॥
नामे मुग्ध विभीषण   जपे स्वयं निरन्तर ।
जपिते जपिते नाम   रथारूढ़ अत:परे ॥
उठे रथ नभ:स्थले   अयोध्याते चले द्रुत ।
राम नाम यथास्थले   जपे नित्य अहर्निशि ॥

अति तुष्ट तथा लव एतद् आख्या प्रदानिया ।
रामगिरि यथा नाम प्रजालोके प्रचारिल ॥
रामगिरि परित्यजि आगत गुहकालये ।
गुहक गृह वीक्षणे अवतीर्ण तथा रथ ॥
सह लव विभीषण पशिल गुहकालये ।
गुहक मित्र राघवे चण्डाल कुल संहति ॥
स्वीय गृहे करे सभा राम कीर्त्ति प्रचारिते ।
गुहक रत व्याख्याते कीर्त्तिते तथ्य येमति ॥
चण्डाल कुल से स्थले विमुग्ध श्रवणे रत ।
राघव महिमा यत गुहक कहिछे क्रमे ॥
हनु लम्फ प्रदानिल महासिन्धु अतिक्रमे ।
साधारण नहे कार्य विश्वास हनुते शुधु ॥
राम नाम सदा सत्य राम सर्व जगन्मय ।
नामे वीर्य असम्भव नाम सत्य चिरंतन ॥
एतद् काले पुरोभागे रक्ष:राजे निरीक्षिल ।
लव सह समागत आह्वानिल तथाहते ॥
अवहित केवल राम नाम गीते ऋषिकुल कीर्त्तन मत्त हृष्ट चित्ते ।
निरखि विभीषण मुग्ध चित्रकूटे स्मरि गुहके लव जाय दिव्य याने ॥

- इति श्रीमद्देवायण ब्रह्मकल्पे तृतीय खण्डे लव मण्डलान्तर्गत:
मंत्र वर्गे लव कर्त्तृक चित्रकूट दर्शन वार्ता नाम: प्रथम संवर्ग ।

— ✯ —

॥ द्वितीय संवर्ग ॥

शिव वचन

रक्ष: राज विभीषण सह लव निरीक्षिया ।
गुहक हर्ष संयुक्त आह्वानिल समादरे ॥

गुहक वचन

एसो लव विभीषण किं सौभाग्य मम प्रति ।
एले स्वयं क्षितीश्वर सह मित्र विभीषण ॥
यथा भक्त समागम तद् क्षेत्रे पुण्य वर्धित ।
भक्तोत्तम विभीषण कह इथे किं संशय ॥

विभीषण वचन

गुहक केन वारिले यथा कार्ये समायुत ।
श्रवणे इच्छुक स्वयं यद् वार्ता मधुरोपम ॥

गुहक वचन

तव अग्रे किंवा कहि ज्ञानी श्रेष्ठ विभीषण ।
रामतत्त्व किंवा ज्ञात कह स्वयं तवाधिक ॥

विभीषण वचन

दृष्टि मात्रे नहे ज्ञान भक्ति लाभ तथामत ।
हेरिनु शवरी पूर्वे रामचन्द्रे अदर्शिता ॥

राम भक्ति निरीक्षिया स्वयं स्तब्ध तथास्थले ।
प्रथमे दर्शने रामे यथा रूप प्रकाशित ॥
दर्शने श्रवणे नहे नहे ध्याने कदाचन ।
रामतत्त्व यथा ज्ञान कृपा मात्रे प्रकशित ॥
हे गुहक कृपा प्राप्त तुमि सत्य सुनिश्चय ।
श्रीराम महिमा कह परिज्ञात यथा तुमि ॥

गुहक वचन

कहि तथ्य यथा ज्ञात शुन मित्र विभीषण ।
कर संशोधन भ्रमे यदि त्रुटि अवस्थित ॥
परिग्रह यथासन राघवज नराधिप ।
कीर्त्ति तत्त्व यथा कहि क्षमिह त्रुटि यद्यपि ॥
आनिल गंधमादन शुन हे मारुति त्वरा ।
मास षष्ठ यथा पथ एक रात्रे अतिक्रमि ॥
प्रत्यागत पुनः हनु भानु कक्षे विधारित ।
साधारण नहे कार्य विश्वास हनुते शुधु ॥
राम नाम सदा सत्य राम सर्व जगन्मय ।
नामे वीर्य असम्भव नाम सत्य चिरंतन ॥
एतद् तत्त्व प्रमाणित हनु कार्ये बहु स्थले ।
केनना हनु दुर्बल सामान्य मात्र सेवक ॥
हेर पुनः महावीर कालीदहे चले द्रुत ।
नील पद्म शताष्टक दिवसेके समानीत ॥
सहस्र शत योजन छिल दीर्घ महापथ ।
हेर वीर्य असम्भव दिवसेके समागत ॥
राम नाम सदा सत्य राम सर्व जगन्मय ।
नामे वीर्य असम्भव नाम सत्य चिरंतन ॥
राम नाम सदा सत्य राम नामे महाबल ।
राम नाम महत् पुण्य राम नामे परा:गति ॥
आछिल शवरी वने ऋषिकन्या पुरास्मृति ।
अभिशप्ता पिताकृत ब्राह्मण कुल वर्जित ॥
राघवे करि दर्शन राम नामे लभे मुक्ति ।
राम नामे यथा पुण्य शवरीते प्रमाणित ॥
राम नामे सदा सत्य राम नामे परा:गति ।
राम नामे महत् पुण्य अमरत्त्व तथामत ॥
हेर रक्षः विभीषण राघव शरणागत ।
लंकेश्वरे परित्यजि युद्ध काले यथा स्मृति ॥
राम कार्य अनुष्ठिया हनुमान तथामत ।
अमरत्त्व पदे स्थित महावीर विभीषण ॥
राम नाम सदा सत्य धर्म कर्मे निरन्तर ।
राम नाम सदा कह अग्रे वाक्य प्रकाशिते ॥
राघव सकल श्रेष्ठ एक राम जगन्मय ।
एक स्थल परिवर्त्ति कह राम निरन्तर ॥
यथा ज्येष्ठ यथा श्रेष्ठ कह राम तथास्थले ।
यथा बृहत् यथा महत् कह राम तथास्थले ॥

सर्वाग्रे स्मर राघव सर्व कार्ये निरन्तर ।
राम श्रेष्ठ जगन्मय राम श्रेष्ठ महीतले ॥
एतद् हेतु निरन्तर राम नाम मने स्मर ।
राघव सर्वदायक स्वर्ग गति महाफल ॥
राम जन्म यथास्थले महातीर्थ मने स्मर ।
राम कीर्त्ति यथा क्षेत्रे पुण्यतीर्थ तथा कहि ॥
राम आस्ये यथा वाक्य वेद वाक्य मने स्मर ।
वेद रूपे स्वयं राम सर्व वेदे प्रतिष्ठित ॥
ज्ञान वाक्य यथा उक्त जिज्ञासु प्रति राघवे ।
वेदान्त नाम वर्णित उपनिषद् मने स्मर ॥
कथित राघवे वाक्य परा:ज्ञान प्रतिध्वनि ।
उपनिषद् महावाणी ऋषि कुले सुरक्षित ॥
राम स्मृति महत् स्मृति ज्ञान ज्येष्ठ यथा स्मृति ।
राघव पुण्य वाक्यते वेद तत्त्व बहिर्गत ॥
गुहके सुवर्णित रामतत्त्व गाथा करि गुण कीर्त्तन रूप कान्ति वर्णे ।
रिपु दमने अति तेजवीर्य युद्धे अरि निकरे महिमा प्रकाश रामे ॥

- इति श्रीमद्देवायण ब्रह्मकल्पे तृतीय खण्डे लव मण्डलान्तर्गत: मंत्र वर्गे लव कर्तृक गुहक साक्षात्कार नाम: द्वितीय संवर्ग ।

— ★ —

॥ तृतीय संवर्ग ॥

शिव वचन

गुहक कहि एरूप क्षणकाल रहे स्थिर ।
येन राम रत स्वयं अंतर्मध्ये निरीक्षिते ॥
कर्म श्रेष्ठ बलीश्रेष्ठ रामचन्द्र प्रमाणित ।
देववृन्द नहे शक्य रावण वधिते कभु ॥
देववृन्द पराजित रक्ष: हस्ते निपीड़ित ।
भृत्यसम करे कार्य रावण वाक्य चालित ॥
सम्मुख समरे पड़ि स्वयं वीर्ये विमर्दित ।
दासत्त्व मोचने देव करे स्तव तथास्थले ॥
रामचन्द्र जगत्पति देव कार्य विधारक ।
देव मुक्ति प्रदायक राम राम नराधिप ॥
प्रजानुरंजने राम सीताप्रेम परित्यजि ।
राज पदे प्रतिष्ठित लोक सेवा मने स्मरि ॥
सत्यव्रते अवस्थित आत्म त्यागे प्रतिष्ठित ।
स्वार्थ त्यागे पर:हिते लोक सेवा अनुष्ठित ॥
अपूर्व कीर्त्ति राघवे चरित्रे अति अद्भुत ।
लव वीर्य असम्भव रूपे राम मनोहर ॥
राम रूप जगन्मध्ये जगत् सर्व विमोहन ।
नामे रूप प्रकाशित विजड़ित महास्मृति ॥
राम नाम यथा उक्त जगत् श्रेष्ठ समीक्षित ।
आविर्भूत तथा राम रूप तेजे मनोहर ॥
सर्वत: गत राघव सर्वभूते अवस्थित ।
राम नाम विमन्द्रित यवे कण्ठे सकातरे ॥

मन्द्रे राम हृदिस्थले अपूर्व मधुर स्वरे ।
सुनिर्देश करे मार्ग यथोपाय प्रयोजन ॥
सन्निकटे सदा राम पार्श्वे पार्श्वे निरन्तर ।
नहे दृश्य कदाचन विपद्‌काल बिना शुन ॥
यदि विपद् महाघोर मूर्त्त राम तथास्थले ।
जले स्थले महाभये अथवा युग संकटे ॥
राम सर्व परित्राता राम सर्व प्रदायक ।
राम सर्व सुमंगल राम सत्य चिरंतन ॥
गुहक तत्त्व वर्णित शुनि मुग्ध विभीषण ।
करे त्वरित भुजाश्लेष करि वक्षे विधारण ॥

विभीषण वचन

हे गुहक यथा कह सर्व सत्य मने स्मरि ।
रामतत्त्व परिज्ञात तुमि प्राज्ञ महात्मन ॥
श्रवणे धन्य जीवने रामतत्त्व महत् स्मृति ।
परा:गति हवे तव इत्याधिक किंवा कहि ॥

लव वचन

धन्य तात: यथा श्रुत पितृ तत्त्व सुवर्णित ।
लह मम नमस्कार प्राज्ञ श्रेष्ठ यथा तुमि ॥
शुनि गुहके मधु वर्णना विमुग्ध स-लव विभीषण हृष्ट मौन भावे ।
विहरि बहुक्षण वक्षमान वाक्ये गुहक गुणी तुमि सर्वपूज्य विश्वे ॥

- इति श्रीमद्देवायण ब्रह्मकल्पे तृतीय खण्डे लव मण्डलान्तर्गत: मंत्र वर्गे गुहक कर्तृक राम-तत्त्व वर्णना नाम: तृतीय संवर्ग ।

— ★ —

॥ चतुर्थ संवर्ग ॥

शिव वचन

गुहके करि वन्दना पुन: लव बहिर्गत ।
पुष्पक स्यन्दनारूढ़ चले रथ नभ:स्थले ॥
रथ वेगे प्रधावित मेघमाला विमंथिया ।
कतक्षणे उपस्थित वाल्मीकि ऋषि आश्रमे ॥
विराट वर्स्ति हेरि कहे लव विभीषणे ।
कोन क्षेत्र समागमे अवतीर्ण महारथ ॥

लव वचन

आगत वाल्मीकि वने तात: तुमि निरीक्षह ।
यवे त्यक्त कलेवर बहु ऋषि समागत ॥

विभीषण वचन

केवा त्यक्त कलेवर बहु ऋषि समागत ।
कवि कोथा अवस्थित अन्य ऋषि किं कारणे ॥

शिव वचन

कवि त्यक्त कलेवर नहे ज्ञात विभीषण ।
वाक्ये एतद् प्रमाणित कहे लव यथा क्रमे ॥

लव वचन

वाल्मीकि कविसम्राट त्यजे देह समाधिते ।
पिता त्यक्त महीतले हनु वार्ता प्रदानिले ॥
कवि त्यक्त कलेवर बहु ऋषि समागत ।
राम नामे करे सर्वे सप्त दिवा निरन्तर ॥
कवि-देह समावृत ऋषि कुल अवस्थित ।
राम नामे रहे मत्त सप्त दिवा निरन्तर ॥
राखे देह अतःपरे पुष्पशय्या सुनिर्मिया ।
चन्दन काष्ठ आस्तरे घेरि देह महीतले ॥
सर्व ऋषि अनन्तरे करे हेथा अवस्थिति ।
गेल किञ्चित् गृहे स्वयं अन्य सर्वे रहे तथा ॥
एतद् वार्ता मम प्रति भृगु स्वयं प्रदानिल ।
करिते गृह निर्माण शिल्पी कुल नियोजिल ॥
वत्सरेक परिव्याप्त हल कार्य तथास्थले ।
भृगु इच्छा मनोमत महासभा सुनिर्मित ॥
नगरी तुल्य एक्षेत्र सुप्रस्तुत दिने दिने ।
एतद् क्षेत्रे महावीरे करि तातः प्रतिष्ठित ॥
नगर करिते रक्षा पितृ तत्त्व प्रचारिते ।
अध्यात्म नगरीश्वर स्वरूपे स्थित मारुति ॥
अध्यात्म नगराख्यात एतद् स्थल महामति ।
महावीर महाज्ञानी अध्यात्म राज्य पालक ॥

शिव वचन

लव वाक्य यथा श्रुत महानन्द विभीषणे ।
अध्यात्म राष्ट्र सम्राटे चल शीघ्र निरीक्षिव ॥
परिहरि तद् गुहकालये स-तूर्ण लव अवनीश्वर वाल्मीकि अरण्ये ।
हर्षित आगत वायुपुत्र येथा ऋषिकुल मंडित युक्त मंत्र वर्गे ॥

- इति श्रीमद्देवायण ब्रह्मकल्पे तृतीय खण्डे लव मण्डलान्तर्गतः मंत्र वर्गे लव कर्तृक वाल्मीकि वने गमन वार्ता नामः चतुर्थ संवर्ग ।

— ☆ —

॥ पंचम संवर्ग ॥

शिव वचन

क्षिप्र पदे चले उभे राज रथ परित्यजि ।
राज पथ यथा दीर्घ तथा पार्श्वे सुविस्तृत ॥
अरण्य स्थित यद् क्षेत्रे पूर्व काले चतुर्दिके ।
परिदृष्ट तथा अद्य वन सर्व विदूरित ॥
नाना वृक्ष स्थले स्थले जलाशय तथामत ।
चले उभे पदव्रजे राज पथ अतिक्रमि ॥

सभागृह यथास्थले एलो उभे तथास्थले ।
शान्त भाव चतुर्दिके धूप गंध निरन्तर ॥
पुष्पकुंज स्थले स्थले दृश्य अति मनोहर ।
दिव्य भाव प्रवर्धित अनुभवे विभीषण ॥
रक्ष:राजे महत् हर्ष बृहत् सभा निरीक्षिया ।
वाल्मीकि कवि आलये हल उभे उपस्थित ॥
अध्यात्म नगरीश्वर अध्यात्म नगरीश्वर ।
एतद् रूप निनादने आह्वानिल विभीषण ॥
परिचित यथा स्वरे हनु त्वरित बहिर्गत ।
हेरि अग्रे विभीषणे मारुति अति मोदित ॥
त्वरित पदे समागमे नमे हनु विभीषणे ।
करे लवे भुजाश्लेष अति स्नेह समादरे ॥
हनु प्रति स्मिताधरे कहे वाक्य विभीषण ।
अध्यात्म नगरीश्वर कह वार्ता अत:परे ॥
एतद् वाक्य निवेदिल महावीर विभीषणे ।
लंकाधामे किंवा वार्ता कह शुनि यथायथ ॥

विभीषण वचन

धाम नाहि यथास्थले द्वीप मात्र अवस्थित ।
लंका वार्ता किंवा कहि हल सर्व समापित ॥

शिव वचन

कहे हनु सविस्मये कह सर्व परिष्कृत ।
द्वीप मात्र अवस्थित धाम नष्ट किं कारणे ॥

विभीषण वचन

धाम नष्ट यथा पथे कहि शुन क्रमे क्रमे ।
एकदा कुश लंकाते रथारूढ़ उपस्थित ॥
अयोध्याते यथा वार्ता मम पार्श्वे निवेदिल ।
राघव कृत वर्जित रामानुज यथामत ॥
पितृ पदे अनन्तरे लव राज्ये प्रतिष्ठित ।
त्यजे मर्त्य जगत्प्रभु उपनिषद् प्रदानिया ॥
एतद् सर्व निवेदिल द्वितीय प्रहरावधि ।
विश्रामे रत तद् परे स्वयं शय्या परिग्रहि ॥
तृतीय प्रहरे शुन जाग्रत घोर गर्जने ।
हेरिनु सर्प अर्बुदे मम अग्रे अवस्थित ॥
कहिल अति गर्जने सर्पराज मम प्रति ।
जाह लंका परित्यजि रक्ष:राज विभीषण ॥
अधिकृत पुरी मम रक्ष:कुल विनाशिया ।
अनिच्छा वाक्य पालने आह्वानि समरे शुन ॥
अमर तुमि केवल एतद् हेतु विभीषण ।
कहि जाह परित्यजि लंकाधाम त्वरित गति ॥
एतद् वाक्य यथा श्रुत हेरि चक्षे चतुर्दिके ।
पतित सर्प दंशने सर्व रक्ष: स्थले स्थले ॥

कालक्रमे घटे एतद् वृथा युद्ध मने स्मरि ।
ए हेतु त्यजिते लंका करि स्थिर मने मने ॥
राम जगत् परित्यजे एतद् वार्ता यथा श्रुत ।
वितृष्णा विषये मम जाग्रत हेरि सेक्षणे ॥
लंका त्याग समुद्यमे अर्बुद सर्पनायक ।
एक रथ प्रदानिले आमि लंका परित्यजि ॥

मारुति वचन

एक रात्रे विनाशित लंकावासी निशाचरे ।
एतद् सह विनष्ट किं राघवज लवानुज ॥
कहिल विभीषण सर्व वायुपुत्रे यदमत राक्षसवृन्दे नष्ट लंका ।
अहिपति अर्बुद ताड्य रक्षःराजा पशिल सुमेरु तुषारपूर्ण शृंगे ॥

- इति श्रीमद्देवायण ब्रह्मकल्पे तृतीय खण्डे लव मण्डलान्तर्गतः मंत्र वर्गे लव-विभीषण-हनुमान साक्षात्कार वार्ता नामः पंचम संवर्ग ।

— ✯ —

॥ षष्ठ संवर्ग ॥

विभीषण वचन

एतद् सत्य महाबली कुश तथा विनाशित ।
सुमेरु शिखरे स्वयं चलिनु सरमासह ॥
सुमेरु पर्वते पशि अति शैत्य प्रभावित ।
त्यजिल सरमा देह असह्य शैत्य तापित ॥
किञ्चित् दिवा अतःपरे तथा लव उपस्थित ।
स्थापिल सरमा मूर्त्ति महाद्वारे महाबली ॥
पुण्य पथ प्रदर्शिते एतद् मूर्त्ति प्रतिष्ठित ।
अत्र कार्य समापने मोरा क्षेत्र परित्यजि ॥
सुमेरु शिखर त्यजि लंका द्वीपे उपस्थित ।
नाहि गृह तथा एक चिह्न शून्य पुरी तथा ॥
लंका द्वीपे समागमे अर्बुद पुत्र दर्शित ।
लव सह महायुद्ध सर्पवृन्दे तथास्थले ॥
लव तीक्ष्ण शराघाते अहिवृन्द पराजित ।
बहु सर्प विनष्ट यद् करे अन्य पलायन ॥
लंकाधाम परित्यजि ऋष्य मुखे उपस्थित ।
हेरिनु कपि सर्वत युद्धमान अवस्थित ॥

मारुति वचन

युद्धमान किं कारणे कपि कुल तथास्थले ।
कह मित्र विभीषण किंवा वार्ता कपीश्वरे ॥

विभीषण वचन

शुन वार्ता महावीर ऋष्य मुखे समागमे ।
यथा सर्व मम श्रुत कहि क्रमे यथायथ ॥
ऋषभ स्थित केवल कपि मध्ये महाकपि ।
अश्वल सह संग्रामे अन्य सर्व निपातित ॥

गवाक्ष गय अंगद नल नील कपीश्वर ।
जाम्बवान् सुषेणादि यत सर्व महाकपि ॥
अश्वल रुरु नन्दन किष्किंध्या आक्रमे यवे ।
ऋषभ मातुलालये अत्र काले करे स्थिति ॥
एस्थले रुरु नन्दन वीर कपि विनाशिया ।
करि अन्ये विताड़ित स्वयं राज्ये प्रतिष्ठित ॥
प्रत्यागत यवे तथा ऋषभ कपि उत्तम ।
कपि सर्वे निरीक्षिल महावने लुकायित ॥
वृक्षे वृक्षे करे स्थिति स्वजन परिवारित ।
हेरि दृश्य तथास्थले शुनि तथ्य अत:परे ॥
एकत्रित करे सर्वे ऋष्य मुख महीधरे ।
किञ्चित् काल गते शुन लव तथा समागमे ॥
सर्व लवे निवेदिल ऋषभ कपि नायक ।
आश्वासि ऋषभे लव पुन: युद्ध अनुष्ठिते ॥
लंकाधामे करे गति प्रत्यागत अत:परे ।
वीर सर्व समागत बहु कपि समावृत ॥
वृषाणक महाकपि कृतान्त काल भैरव ।
युद्धयुक्त तथास्थले लव कपि समन्वित ॥
सारथ्य करि से स्थले लव रथ सुचालने ।
महायुद्ध तथास्थले रुरुपुत्र पराजित ॥
पुनश्च कपि राज्यते कपि सर्व प्रवेशिल ।
स्वराज्ये गेल अश्वल निर्देशित यथा लवे ॥
पंचवटि महावने हेरिनु शवरीसुत ।
लव स्पर्शे तनु त्यजे परा:धामे करे गति ॥
चित्रकूटे निरीक्षिणु ऋषि सर्व समावृत ।
हरे राम हरे राम करे जप निरन्तर ॥
अद्भुत करि विन्यास भारद्वाजि नर: ऋषि ।
राम नाम समन्वित कहे बहु पदावली ॥
आगत शुन तद् परे उभये गुहकाश्रमे ।
गुहक करिछे सभा रामतत्त्व प्रकाशिया ॥
गुहके श्रवणे व्याख्या मम चित्त प्रहर्षित ।
अध्यात्म नगरागत तव कार्य निरीक्षिते ॥

शिव वचन

शुनि सर्व महावीर यथा उक्त विभीषणे ।
कहिल दीर्घ निश्वासे काल क्रमे घटे इहा ॥

मारुति वचन

ज्ञानी तुमि विभीषण ज्ञात सर्व यथायथ ।
ए कारणे स्व-इच्छाते तुमि लंका परित्यज ॥
अज्ञात लव सर्वत: करे युद्ध महाबले ।
महाकपि शुभाशिषे करे जय स्थले स्थले ॥
त्रेता काल समापित शुन वीर विभीषण ।
सूर्य वंश हवे अन्त चन्द्र वंश प्रवर्धिवे ॥

अस्तगत यवे सूर्य चन्द्रोदय स्वभावत: ।
एतद् वाक्य मम प्रति कहे शुन जगत्पति ॥
उपनिषद् प्रदानिल योग-शास्त्र समन्वित ।
संयमिते सुचेतना यथा आज्ञा मम प्रति ॥
चल वीर निरीक्षिवे मम कृत यथा सभा ।
ऋषि कुल समन्वित अध्यात्म शास्त्र वर्णिते ॥
चल चल वीर निरीक्षिवे सभा यद् ऋषि कुल मंडित नित्य राम नामे ।
जन परिपूर्ण यथा स्वयं सुवक्ता लव प्रसादित भार्गवे नियुक्त ॥

- इति श्रीमद्देवायण ब्रह्मकल्पे तृतीय खण्डे लव मण्डलान्तर्गत: मंत्र वर्गे विभीषण-हनुमान संवाद नाम: षष्ठ संवर्ग ।

— ✯ —

॥ सप्तम संवर्ग ॥

शिव वचन

विश्राम करिया क्षण आप्यायित फले जले ।
श्रांति क्लांति विदूरित तुष्ट लव विभीषण ॥
तद् परे सह मारुति सभातरे बहिर्गत ।
संध्याकाल समागमे चन्द्र नभे: समुत्थित ॥
हेरिल विस्मये सर्वे हिरण्य वर्ण चन्द्रमा ।
अस्तगत यथा सूर्ये सूर्यतुल्य प्रकाशित ॥
अत:परे सभास्थले जन त्रये प्रवेशिल ।
ऋषि कुल समागत पूर्व हते तथास्थले ॥
उपविष्ट सभास्थले लव सह विभीषण ।
मध्यस्थले महावीर स्वस्ति वाक्य ऋषि प्रति ॥
उपविष्ट यवे हनु जिज्ञासे मारुति प्रति ।
सनक अति मेधावी गौतम पौत्र यद् ऋषि ॥

सनक वचन

वायुपुत्र महाबाहु कह तत्त्व प्रकाशिया ।
रहस्योत्तम राघवे सत्य तथ्य समन्वित ॥
हे मारुति स्वयं पूर्वे राम संग यथाकृत ।
रामतत्त्व परिज्ञात तुमि सर्व यथायथ ॥

मारुति वचन

हे सनक इहा शुन जिज्ञासित यथा तव ।
रहस्य राघवे यथा भव दु:ख विनाशक ॥
समस्त देवता मध्ये एकक ब्रह्मतारक ।
परम तत्त्व राघव पर:ब्रह्म सनातन ॥
रामचन्द्र परात्पर रामचन्द्र परा:तप ।
तारकब्रह्म राघव सर्वोत्तम सदा स्मर ॥

सनक वचन

राम अंग किंवा कह किंवा राम उपासना ।
एतद् सह किं देवता छन्द ऋषि कह क्रमे ॥

मारुति वचन

वाणी दुर्गा गजानन चन्द्र सूर्य मरुद्दल ।
नरसिंह वराहादि नारायण तथामत ॥
भरत लक्ष्मणानुज लक्ष्मण जानकी तथा ।
कपीश्वर विभीषण राम अंग मने स्मर ॥
ॐकारे स्थित राघव एतद् सर्व समन्वित ।
ए सर्व अर्चना ध्याने राम तृप्त निरन्तर ॥

सनक वचन

कह हे अंजनात्मज अधिकारी यथामत ।
उपयुक्त किं लक्ष्मणे नित्य कार्ये गृहीगृहे ॥

मारुति वचन

रामचन्द्रे यथा उक्त कहि वाक्य तथामत ।
शुन रां राघवे नमः एतद् मंत्र षडाक्षर ॥
एतद् मंत्र प्रबोधने प्रणव नाद जाग्रत ।
ए-कारते उ-कारते अर्धमात्रा स-कारते ॥
राम मंत्र जपे नित्य पूर्णाभीष्ट तथास्थले ।
राम तुल्य धरे रूप रामपदे प्रतिष्ठित ॥
शुनह एकदा पूर्वे रामचन्द्र जगत्पति ।
सिंहासने समासीन जिज्ञासिल विभीषण ॥
रघुनाथ महाबाहु कहिले तुमि केवल ।
सुलभ अंग राघवे सुलभ तर वर्णिते ॥
प्रत्युत्तरे कहे राम एतद् रूप विभीषणे ।
पंच विध महापाप घटे यदि महीतले ॥
ब्रह्मघ्न गुरु मातृघ्न सर्व पाप विदूरित ।
यदि नाम षन्नवति कोटि वार जपे स्थिरे ॥
जपे कोटि षन्नवति तारकब्रह्म राघव ।
पाप किंवा विदूरित ब्रह्मपदे प्रतिष्ठित ॥
जिज्ञासिल पुनर्वार राम पार्श्वे विभीषण ।
अक्षम जपिते यदि किं उपाय तथास्थले ॥
शुनि प्रश्न स्मिताधरे कहे राम विभीषणे ।
अशक्त जपिते यदि उपनिषद् यथायथ ॥
गीता नाम सहस्रश नारदोक्त यथान्तर ।
षडाक्षर यथा मंत्र करि ध्यान निरन्तर ॥
शुनह षडाक्षर मंत्र रामचन्द्रे कथित 'र' दीर्घ अनुस्वरे यथा रां ।
सह कह केवल राघवे नमः तद् सतत जपे परमे लभे प्रतिष्ठा ॥

- इति श्रीमद्देवायण ब्रह्मकल्पे तृतीय खण्डे लव मण्डलान्तर्गतः मंत्र वर्गे हनुमान कर्तृक राम अंग मंत्र वर्णना करण नामः सप्तम संवर्ग ।

— ☆ —

॥ अष्टम संवर्ग ॥

सनक वचन

कह हे वायुनन्दन तारकब्रह्म राघव ।
एतद् मंत्रे यथा व्याख्या कह सर्व यथा क्रमे ॥

मारुति वचन

रे के युक्त असीमे यद् अनुस्वर अतःपरे ।
रां शब्द राघवे मंत्र एकाक्षर यथा स्मृति ॥
एतद् मंत्र सकल श्रेष्ठ सर्वाभीष्ट प्रदायक ।
इथे ऋषि स्वयं ब्रह्मा गायत्री छन्द वर्णित ॥
श्रीराम देवता हेथा वह्नि रेफ र-कारते ।
दीर्घ स्वर समायुक्त अंग न्यास यथा कहि ॥
एतद् रां हृदये नमः रीं स्वाहा शिरसे क्रमे ।
रूं शिखाते वषट्कार रैं कवचे हुं तद् परे ।
रौं चक्षुद्वये वौषट् रः समस्त अंगते फट् ॥
कर न्यास यथा कहि रां अंगुष्ठद्वये नमः ।
रैं अनामिकाद्वये हुं रूं मध्यमे वषट्कार ॥
रौं कनिष्ठाद्वये वौषट् रः सर्वत्र सर्वदा फट् ।
बीज शक्ति कीलकह एतद् बीजे प्रतिष्ठित ॥
रां बीज शक्ति कीलक यथा ध्यान कहि क्रमे ।
सरयू सैकते स्थित मन्दार वेदि शोभित ॥
पंकज निर्मितासने वीरासने अवस्थित ।
श्यामवर्ण समुज्वल देह कान्ति विकीरित ।
ज्ञान मुद्रा समन्वित याम्य हस्त समीक्षित ॥
तद् वाम हस्त जानुते सीता पार्श्वे अवस्थिता ।
लक्ष्मण दक्षिणे स्थित स्वयं आत्मा अवेक्षित ॥
आत्मा राम सदा स्मर एकाक्षर जपे यदि ।
द्वादश लक्ष साधके पुरश्चरण साधित ॥
वह्नि नारायणे युक्त जाठर ध्वनि केवल ।
राम द्व्यक्षर वाक्य ए सर्वाभीष्ट प्रदायक ॥
एकाक्षरे यथा न्यास छन्द ऋषि कहि क्रमे ।
ॐ राम ह्रीं राम राम श्रीं राम क्लीं राम राम ।
ऐं राम रां राम राम त्र्यक्षर मंत्र वर्णित ॥
राम ए अक्षरद्वय चन्द्र भद्र पृथक् पृथक् ।
राम चन्द्र राम भद्र एरूपे चतुराक्षर ॥
त्र्यक्षर चतुराक्षरे पूर्व मत निरूपित ।
अंग न्यासे कर न्यासे यथा छन्द यथा ऋषि ॥
रा-कारेते घ संयुक्त व-कारान्ते नमः युक्त ।
पंचाक्षर यथा मंत्र जप हे राघवे नमः ॥
इथे मित्र स्वयं ऋषि पंक्ति छन्द सुवर्णित ।
राम भद्र तथा देव बीज शक्ति पुरासम ॥
भुवते हृदये तथा नाभि स्थले उरूद्वये ।
एतद् मंत्र सु विन्यासे कर ध्यान यथायथ ॥

कल्पतरु वनान्तरे फुल्ल पुष्प लतासने ।
लक्ष्मण कृत सज्जित शायक वीक्षणे रत ॥
बीजने रत जानकी श्याम वर्ण कलेवर ।
शिर:देशे महाशोभा जटाजूट समन्वित ॥
मुनि कुल समावृत लक्ष्मण छत्र धारणे ।
पुष्पक स्यन्दना स्थित रावण ध्वंस कारक ॥
शान्त मूर्त्ति समीक्षित पुरोभागे विभीषण ।
कपीश्वर समन्वित ध्यान रूप मने स्मर ॥
अभिनव सुन्दर दृश्य फुल्ल पुष्पे सुरमित राघव कल्प वृक्ष पुंजे ।
जनक सुतारत बीजने सुपार्श्वे अवहित लक्ष्मण वीर छत्रधारी ॥

- इति श्रीमद्देवायण ब्रह्मकल्पे तृतीय खण्डे लव मण्डलान्तर्गत: मंत्र वर्गे तारकब्रह्म मंत्र तत्त्व कथन नाम: अष्टम संवर्ग ।

— ☆ —

॥ नवम संवर्ग ॥

मारुति वचन

रां क्लीं ह्रीं श्रीं ऐं ॐ षष्ठ संयोगि राघवे नम: ।
रां राघवे नम: यथा क्लीं राघवे नम: तथा ॥
ह्रं राघवे नम: क्रमे ऐं राघवे नम: कह ।
श्रीं राघवे नम: नित्य ॐ राघवे नम: स्मर ॥
द्व्यक्षर राम वाक्यते स-बीज चतुराक्षर ।
श्रीं राम श्रीं ह्रीं राम ह्रीं क्लीं राम क्लीं ॐ राम ॐ ॥
स्वाहायुक्त षडाक्षरे एतद् रूप कर ध्वनि ।
श्रीं राम श्रीं स्वाहा श्रीं राम श्रीं हुं फट् ॥
रां राघवे नम: स्वाहा क्लीं राघवे नम: स्वाहा ।
ह्रीं स्वाहा राघवे नम: ऐं स्वाहा राघवे नम: ॥
श्रीं स्वाहा राघवे नम: ॐ स्वाहा राघवे नम: ।
एतद् सर्वे पृथक् देव पृथक् ऋषि मने स्मर ॥
प्रथमत: ऋषि ब्रह्मा सम्मोहन द्वितीयते ।
शक्ति ऋषि तृतीयत: चतुर्थे दक्षिणा मूर्त्ति ॥
अगस्त्य पंचमे ऋषि षष्ठे शिव स्वयं ऋषि ।
गायत्री छन्द वर्णित श्रीराम देवता शुन ॥
मेघवर्ण यथा कान्ति राघवांग सुकोमल ।
वीरासने अवस्थित ज्ञान मुद्रा समन्वित ॥
पार्श्वे सौदामिनी वर्णा पद्महस्ता यथा सीता ।
जानकी प्रति वीक्षणे रत राम तथास्थले ॥
शिरे रत्न किरीटिनी नाना मणि विभूषित ।
एतद् रूपे कर ध्यान ऋषिवृन्द निरन्तर ॥
राम सह समायुक्त चन्द्र भद्र यथा क्रमे ।
ते-कारान्ते नम: युक्त सप्ताक्षर यथा शुन ॥
प्रणव युक्त यद्यपि सर्वाभीष्ट प्रदायक ।
ॐ राम चन्द्रते नम: ॐ राम भद्रते नम: ॥
किंवा तथा फट् स्वाहा प्रणव वाक्य संहति ।
ॐ राघवे फट् स्वाहा छन्द देव ऋषि स्वयं ॥

अर्धचन्द्र शूलधर त्रि-नेत्र राघवे स्मरि ।
गात्रभस्म विलोपित जटाजूट समन्वित ॥
रामाभिराम सौन्दर्य पाशांकुश धनुर्धर ।
अर्धचन्द्र विभूषणा ध्यानि नित्य त्रिलोचन ॥
एतद् रूपे करे ध्यान जपे लक्ष स-तर्पणे ।
बिल्वपत्र फले पुष्पे घृतादि तिल पंकजे ॥
लभे तद् देव कांक्षित पदोत्तम सुनिश्चय ।
अनिमादि करायत्त्व अष्ट सिद्धि स्वयं तथा ॥
त्रिनयन राघवमूर्त्ति भस्म गात्रे स्मरि शशीशेखर राम शूलधारी ।
करि तिल तर्पण बिल्वपत्र पुष्पे अधिगत तद अनिमादि अष्टसिद्धि ॥

- इति श्रीमद्देवायण ब्रह्मकल्पे तृतीय खण्डे लव मण्डलान्तर्गत: मंत्र वर्गे षड् ओ सप्ताक्षर मंत्र कथन नाम: नवम संवर्ग ।

— ✯ —

॥ दशम संवर्ग ॥

मारुति वचन

केयुरांगद कंकण मणिमाला समुज्वल ।
कान्ति कोटि शशीतुल्य दीप्त श्वेत प्रभायुत ॥
आतपत्र समन्वित बांधव परिवेष्टित ।
उज्वल मंडपान्तरे श्यामल कान्ति राघव ॥
ॐ स्वाहा राघवे नम: जानकी वल्लभे नम: ।
हूं क्ली बीजे कर न्यास अंग न्यास अनुष्ठित ॥
शिर: ललाट भ्रू-द्वय तालु कण्ठे हृदिस्थले ।
नाभि जानु पदद्वये कर न्यास षडाक्षरे ॥
मस्तके लुं नम: ललाटे जां नम: ।
भ्रुमध्ये नं नम: तालुते कीं नम: ॥
कण्ठते वं नम: हृदये लं नम: ।
नाभिते भां नम: ऊरूते यं नम: ॥
जानुते स्वां नम: चरणे हां नम: ।
एतद् मंत्र न्यास सह कहि शुन यथायथ ॥
अयोध्या नगरे राम सुवर्ण मंडपान्तरे ।
मंदार पुष्प शोभित हेरि बृहत् सुतोरण ॥
पुष्पक स्यन्दनोपरि रामचन्द्र अवस्थित ।
देवता रक्ष: वानरे करे स्तव चतुर्दिके ॥
मुनिवृन्द चतुर्दिके शोभा वर्धन कारक ।
वामांगे जानकी देवी बीजने रत लक्ष्मण ॥
प्रसन्न वदन श्याम सर्वालंकार भूषित ।
राम ध्यान मनोहर कहि यथा मम स्मृति ॥
राघव धनुष्पाणिते स्वाहा मंत्र दशाक्षर ।
एतद् मंत्रे ऋषि ब्रह्मा वैराज पाद वर्णित ॥
रामचन्द्र तथा देव पूर्व मत मने स्मर ।
अंग न्यास कर न्यास ध्यान राम धनुर्धर ॥
एतद् मंत्रे समायुक्त ॐ ह्रीं श्रीं क्लीं ऐं रां क्रमे ।
इथे एकादशाक्षर जपे नित्य मनीषिण ॥

ॐ राघव धनुष्पाणिते स्वाहा   ह्रीं राघव धनुष्पाणिते स्वाहा ।
श्रीं राघव धनुष्पाणिते स्वाहा   क्लीं राघव धनुष्पाणिते स्वाहा ।
ऐं राघव धनुष्पाणिते स्वाहा   रां राघव धनुष्पाणिते स्वाहा ।
एरूप मंत्र एकादशाक्षर   न्यास ध्यानादि षडाक्षरे यथा ॥

– इति श्रीमद्देवायण ब्रह्मकल्पे तृतीय खण्डे लव मण्डलान्तर्गतः मंत्र वर्गे षडाक्षर हइते एकादशाक्षर मंत्र वर्णना नामः दशम संवर्ग ।

— ✯ —

॥ एकादश संवर्ग ॥

मारुति वचन

यन्मंत्रे द्वादशाक्षर   श्रीराम देवता यथा ।
कथित जगती छन्द   श्रीराम ऋषि वर्णित ॥
ॐकार बीज क्लीं शक्ति   ह्रीं कीलक इहा स्मर ।
एतद् मंत्र ॐ ह्रीं   भरताग्रज राम क्लीं स्वाहा ॥
ॐ नमः भगवत राम   चन्द्रते तदंतरे ।
ॐ नमः भगवत राम   भद्रते यथा क्रमे ॥
ऋषि छन्द तथा ध्यान   पूर्वतुल्य मने स्मर ।
मंत्र वर्णे कर न्यास   अंग न्यास यथा स्मृति ॥
श्रीराम जय राम जय जय राम   त्रयोदशाक्षर सर्वाभीष्ट दायक ।
कर आवृत्ति मंत्र त्रयोदशाक्षर   न्यास ध्यानादि मंत्र दशाक्षरे यथा ॥
ॐ श्रीराम जय राम   जय जय राम ।
मंत्र चतुर्दशाक्षर   ध्यान पुरासम ॥
मंत्र पंचदशाक्षर   पुनः राम समायुत ।
यद् श्रीराम जय राम   जय जय राम राम ॥
नमः सीतापति हे   राघव हन हन हुं फट् ।
ए मंत्रे षोडशाक्षर   अगस्त्य ऋषि एस्थले ॥
अनुष्टुभ् तथा छन्द   देवता राघव स्मर ।
वां बीज फट् शक्ति स्मर   हुं कीलक यथा क्रमे ॥
नमः इत्याक्षर द्वय   सीतापति हे पंचत्र ।
राघव वर्ण त्रय यद्   हन हन चतुर्वर्ण ॥
सर्व वर्णे यथा क्रमे   अंग न्यास मने स्मर ।
नमः हृदिस्थले नमः   सीतापति शिरे स्वाहा ॥
राघव शिखाते वषट्   इत्यादि सर्व अंगते ।
मंत्र सप्त दशाक्षर   ॐकार करि संयुत ॥
ॐ नमः भगवत राघव   महापुरुष हे नमः ॥
मंत्र अष्टदशाक्षर   विश्वामित्र यथा ऋषि ।
गायत्री छन्द राघव   तद् क्षेत्रे देव वर्णित ॥
ऊनविंशाक्षररामंत्र   क्लीं युक्ताष्टादशाक्षरे ।
ॐ क्लीं नमः भगवते   राघव महापुरुष हे नमः ॥
ॐ नमः भगवते राघव   सर्व सौभाग्यदायक स्वाहा ।
एतद् विंशाक्षरा मंत्र   वैराज पाद वर्णित ॥
ॐ नमः भगवते राघव   सकल पापनिवारक स्वाहा ।
एकविंशक्षरा मंत्र   सर्वाभीष्ट प्रदायक ॥
ॐ श्रीं रां दाशरथि   सीतावल्लभ हे सर्वाभीष्ट दायक नमः ।

द्वाविंश अक्षरे मंत्र सर्व सिद्धि प्रदायक ॥
ॐ नमः भगवते वीर राघव हे कल शत्रु हन हन स्वाहा ।
त्रयोविंशाक्षरा मंत्र सर्व शत्रु विनाशक ॥
विश्वामित्र तथा ऋषि गायत्री छन्द वर्णित ।
देवता वीर राघव बीज न्यास पुरासम ॥
इन्द्ररथे प्रतिष्ठित रामचन्द्र महाबली ।
एतद् ध्याने महामंत्र कर जप निरन्तर ॥
हर्षित इन्द्ररथे महा प्रतिष्ठा अभिनव दर्शन वीर रामचन्द्रे ।
कर-धृत कार्मुक बाण सैन्यवृन्दे सह जप चिंतह राम बीज मंत्रे ॥

- इति श्रीमद्देवायण ब्रह्मकल्पे तृतीय खण्डे लव मण्डलान्तर्गतः मंत्र वर्गे द्वादशाक्षर हइते त्रयोविंशाक्षर मंत्र वर्णना नामः एकादश संवर्ग ।

— ★ —

॥ द्वादश संवर्ग ॥

मारुति वचन

ॐ नमः भगवते श्रीराघव तारक ब्रह्मण परित्राता नमः ॐ ।
चतुर्विंशाक्षरे मंत्र बीज शक्ति षडाक्षरे ॥
ॐ क्लीं भगवते रामचन्द्र हे सकल जन वश्यकारक स्वाहा ।
एतद् मंत्रे वशीभूत सर्व जन मने स्मर ॥
ॐ क्लीं ॐ नमः भगवते रामचन्द्र हे सकल जन वश्यकारक स्वाहा ।
मंत्र षड्विंशाक्षरे सर्व शत्रु वशीकर ॥
ॐ क्लीं ॐ नमः भगवते रामचन्द्रो सकल जन वश्यकारक स्वाहा ॐ ।
सप्तविंशाक्षरे मंत्र लोक त्रय वशीकर ॥
ॐ नमः भगवते रक्षोघ्न विशादय सर्व विघ्न निवारह निवारह स्वाहा ॐ।
अष्टविंशाक्षरे मंत्र कर्म विघ्न निवारक ॥
ॐ नमः भगवते रक्षोघ्न विशादय सर्वविघ्न निवारह निवारह स्वाहा ॐ ।
ऊनत्रिंशाक्षरे मंत्र शत्रु विघ्न विनाशक ॥
रां ॐ नमः भगवते रक्षोघ्न विशादय सर्व विघ्न निवारह निवारह स्वाहा ॐ ।
एतद् त्रिंशाक्षरे मंत्र अदृश्य विघ्न वारक ॥
रां ॐ नमः भगवते रक्षोघ्न विशादय सर्व विघ्न निवारह निवारह स्वाहा ॐ रां ।
एकत्रिंशाक्षरे मंत्र विघ्नाकस्मिक वारक ॥
राम भद्र महेश्वास रघुवीर नृपोत्तम ।
दशास्य ध्वंसकारक देह शौर्य परात्पर ॥
रामचन्द्र धनुर्धर श्याम वर्ण कलेवर ।
रावण रक्षःनाशक त्रैलोक्यजन पालक ॥
पार्श्व द्वये कपीश्वर विभीषण यथा स्थित ।
एतद् रूपे कर ध्यान दश लक्ष महाजपे ॥
ॐ दाशरथि विद्महे सीतावल्लभ धीमहि। एतद् राम प्रचेतक ॥
गायत्री मंत्र राघवे सर्व मोक्ष प्रदायक ।
एतद् मंत्र यथा ध्यान स्वयं साक्षात् उपस्थित ॥
ॐ नमः भगवते रघुनन्दन हे रक्षोघ्न विशादय ।
मधुर प्रसन्न वदन हे अमित तेजस श्रीराघव विष्णवे नमः ॥
एतद् मंत्रे ऋषि ब्रह्मा शंकरी छंद वर्णित ।
देवता राम राघव न्यास ध्यान दक्षाकरे ॥

मधुवदन स्मितहास्य रक्षःअघ्नः भगवत राघव विष्णवे नमस्ते ।
अमितपराक्रम पूज्य देववृन्दे नमः रघुनन्दन नित्य पादपद्मे ॥

- इति श्रीमद्देवायण ब्रह्मकल्पे तृतीय खण्डे लव मण्डलान्तर्गतः
मंत्र वर्गे चत्वारिंश ऊर्ध्व पर्यन्त मंत्र वर्णना नामः द्वादश संवर्ग ।

— ✯ —

॥ त्रयोदश संवर्ग ॥

मारुति वचन

पुनः श्रीसीता हे स्वाहा सीता मंत्र षडाक्षर ।
देवी भगवती सीता गायत्री छन्द वर्णित ॥
जनक ऋषि यन्मंत्रे श्री बीज स्वाहा शक्ति यद् ।
सीता है कीलक स्मर न्यास ध्यान यथा कहि ॥
श्रीं सीता शिरसे स्वाहा श्रीं सीता हृदये नमः ।
स्वर्णकान्ति समुज्ज्वला पद्महस्ता मनोहरा ॥
रामप्रति निरीक्षणे रामक्रोड़े अवस्थिता ।
षड्दले कर ध्यान मूर्त्तिद्वय निरन्तर ॥
लं लक्ष्मणे नमः इहा लक्ष्मण मंत्र वर्णित ।
अगस्त्य ऋषि एक्षेत्रे गायत्री छन्द निर्णय ॥
लक्ष्मण देवता स्मर लं बीज नमः तद् शक्ति ।
एतद् मंत्र विनियोग चतुर्वर्ग महाफल ॥
भं भरते नमः इहा भरत मंत्र वर्णित ।
नमः तद् शक्ति भं बीज भरत देवता स्मर ॥
श्याम वर्ण सदा शान्त राघव प्रिय सेवक ।
शं शत्रुघ्ने नमः इहा शत्रुघ्न मंत्र वर्णित ।
अगस्त्य ऋषि ए मंत्रे गायत्री छन्द वर्णित ॥
नमः तद् शक्ति शं बीज शत्रुघ्न देवता स्मर ।
स्वर्णकान्ति मनोहर शत्रु-दम महाबली ॥
हं हनु समते नमः रामचन्द्र तथा ऋषि ।
गायत्री छन्द देवता हनु स्वयं सुवर्णित ॥
द्विभुज स्वर्ण वर्णते मम कान्ति प्रकाशित ।
कोपीन मेखला धृत मम ध्यान मने स्मर ॥

सनक वचन

शुन हे वायुनन्दन पूजा मंत्र यथा कह ।
प्रकरण किंवा कह अनुष्ठान यथायथ ॥

मारुति वचन

षट्कोण करि निर्माण रां श्रीं निम्ने सुचित्रणे ।
साध्य नाम यथायथ साधक नाम तद् परे ॥
उभ पार्श्वे बीज द्वय प्राणशक्ति चतुर्दिके ।
वश्य-बीज यथा क्रमे ॐकार बीज पार्श्वते ॥
चतुष्कोणे कर न्यास अंग न्यास सु-अंकणे ।
मध्यते क्लीं निवेशिया लिखह ऐं चतुर्दिके ॥

अष्ट पत्र वृत्त त्रय   रचना कर तद् परे ।
अष्ट वर्ग यथा क्रमे   प्रति पत्रे षटाक्षर ॥
सर्वान्ते पंचमाक्षर   एतद् दल पुरोभागे ।
अष्टाक्षर तथा लिपि   पुनश्च कर अङ्कन ॥
अष्टदल यथा पद्म   अङ्कित करि सेस्थले ।
ॐ नमः नाराणाय   लेख वाक्यदल प्रति ॥
श्री बीज लिखिवे ऊर्ध्वे   अन्य वृत्त अनंतरे ।
द्वादश दल पंकज   करि तथा सु-अङ्कन ॥
ॐ नमः भगवते वायु   देवाय तथा लिखि ।
द्वादश नाम आदित्ये   दल गंडे कर स्थित ॥
पुनश्च रचिया वृत्त   षोडश दल पंकज ।
प्रति पत्रे हुं फट नमः   ॐ भगवते नमः रामचन्द्रे हे ॥
प्रति दले स्थ्रं स्त्रं भ्रं त्रं   भ्रम श्रुं ज्रं लरख हे तथा ।
मंत्राक्षर दलप्रति   वारद्वय क्रमे क्रमे ॥
द्वात्रिंश दल संयुत   पुनः पद्म सुचित्रणे ।
पद्मपत्रे नृसिंहेर   लिखि मंत्र अनुष्टुभ् ॥
एतद् मंत्र महत् पूजा   करि सर्व महाफल ।
पृथक् मंत्रे पृथक् फल   एतद् प्राज्ञ निरूपित ॥
भगवत राघव वासुदेव मंत्रे   प्रकरण अङ्कित वृत्त अष्ट पत्रे ।
तदूपरि षोडशपर्ण चित्रि पद्मे   प्रति दल मंडित राम बीज मंत्रे ॥

- इति श्रीमद्देवायण ब्रह्मकल्पे तृतीय खण्डे लव मण्डलान्तर्गतः मंत्र वर्गे प्रकरण कथन नामः त्रयोदश संवर्ग ।

— ☆ —

॥ चतुर्दश संवर्ग ॥

सनक वचन

पुरश्चरण जिज्ञासि   राम मंत्रे किंवा कह ।
एतद् विधि यथायथ   कह वीर कृपा भरे ॥

मारुति वचन

प्रत्यह प्रात मध्याह्ने   प्रदोषे अवगाहने ।
फल दुग्ध परिग्रहि   अथवा मिष्ट भोजने ॥
हविष्यान्न परिग्रहि   षड् रस परित्यजि ।
वर्णाश्रमे यथा धर्म   एतद् सर्व सुपालने ॥
कामिनी कांचन त्यजि   एकाग्र चित्त निस्पृह ।
शयन भूतले शुचिः   ब्रह्मचर्य व्रते स्थित ॥
नारी चिंता परित्यजि   त्यजिया रूप कीर्त्तन ।
अष्टविध यथा दोष   मैथुन परिवर्जने ॥
निष्काम चित्त निस्पृह   गुरु भक्ति परायण ।
स्नान पूजा जप ध्यान   प्रभृति होम तर्पण ॥
एकाग्र चित्त मानसे   गुरु दृष्ट यथा पथे ।
रामचन्द्रे यथा ध्यान   कर नित्य असंशये ॥
एक चित्त अहर्निशि   धूप दीप समन्वित ।
नैवेद्यादि प्रदानिया   देव ध्यान अनुष्ठिवे ॥

तुलसी वा बिल्वमूले व्यघ्र चर्मासने स्थित ।
पद्मादि स्वस्तिकासने अवस्थान करि स्थिरे ॥
पद्मबीज विनिर्मित अथवा तुलसी काष्ठे ।
रुद्राक्ष माल्य धारणे कर जप निरन्तर ॥
वैष्णवी मंत्रे एरूप करि पूजा अत:परे ।
लक्ष जप तथास्थले करिवे साधकोत्तम ॥
एतद् दशांश संख्याते कर हे दुग्ध तर्पण ।
पुन: दशांश संख्याते गो-घृत होम निश्चय ॥
एतद् कार्य समापने मूल मंत्र जपि क्रमे ।
पुष्पांजलि प्रदानिले मंत्र सिद्धि सुनिश्चय ॥
एतद् क्रिया अनुष्ठाने मंत्र सिद्ध यवे शुन ।
सिद्ध मंत्र मुनिप्रति जीवन्मुक्ति पद प्राप्ति ॥
युवापश्चात प्रधाविता यथा नव विवाहिता ।
अनिमादि तथामत तद् पश्चाते प्रधावित ॥
जीवन्मुक्ते अनिच्छाते अनिमादि करायत्त ।
इहलोके यथा दु:ख आपद् विघ्न निवारणे ॥
राम मंत्र प्रयोग ना कर तुमि कदाचन ।
राम मंत्रे परा:मुक्ति मोक्ष पद प्रदायक ।
साधारण प्रयोजने प्रयोग ना कदाचन ॥
इहलोके उपस्थित यदि भय कदाचित ।
यद् रूप स्मरिवे नित्य सर्व भय विताड़िते ॥
यद् हेतु आमि सेवक कार्यभार ममप्रति ।
यद् व्यक्ति शरणापन्न एकांत राघवप्रति ॥
भक्ति श्रद्धा समन्वित करे ध्यान महामुनि ।
तथा भक्त मनोरम नित्य पूर्ण करि स्वयं ॥
एतद् व्रते प्रतिष्ठित नित्य स्वयं मने स्मर ।
रामभक्त सुरक्षिते मम कार्य निरन्तर ॥
एतद् हेतु महीतले रहि नित्य महामुनि ।
भक्ते सिद्धि प्रदानिते मम कार्य निरन्तर ॥
अवहित केवल आमि सिद्धि दाने सतत मनोरथ पूर्णि भक्तवृन्दे ।
मम कृत दर्शित रामचन्द्र सेवा रत यदि मानव नित्य एक चित्ते ॥

- इति श्रीमद्देवायण ब्रह्मकल्पे तृतीय खण्डे लव मण्डलान्तर्गत: मंत्र वर्गे पुरश्चरण वर्णना नाम: चतुर्दश संवर्ग ।

— ✯ —

॥ पंचदश संवर्ग ॥

सनक वचन

हे मारुति महाबली कह अद्य कृपाभरे ।
राम मंत्रे यथा अर्थ एतद् गुह्य सुवर्णिया ॥

मारुति वचन

राम मंत्र षडाक्षर सर्व श्रेष्ठ इहा स्मर ।
एतद् मंत्र षडाक्षर नाना भागे विभागित ॥

एतद् अर्थ परिज्ञात स्वयं शिव महेश्वर ।
मंत्रार्थ राघवे यथा कहि क्रमे शुन स्थिरे ॥
ॐ नमः नारायणाय मंत्र अष्टाक्षरा शुन ।
नमः शिवाय ए मंत्र पंचाक्षरे प्रकाशित ॥
राम मंत्राक्षर द्वय सार्थक मंत्र ए स्मर ।
योगी योगे यथा मुक्त राम तिनि मने स्मर ॥
र-कार वह्नि वाचक एतद् शब्द प्रकाशक ।
र-कार सच्चिदानन्द पर:ब्रह्म स्वरूपतः ॥
व्यंजन वर्ण निष्कल ब्रह्मबोध प्रबोधक ।
स्वर वर्ण प्राणमाया एरूप अर्थ वाचक ॥
व्यंजने स्वर संयुक्त ब्रह्म प्राणे समायुत ।
र-कार वह्नि बोधक ज्योतिर्मय मने स्मर ॥
ब्रह्मे प्राण समायुक्त आत्मभाव कहे इहा ।
राम शब्दे करे स्थिति म-कार तद् प्रकाशक ॥
म-कारेते रहस्य यद् माया शब्द प्रकीर्त्तित ।
राम बीज महामंत्र माया ध्वंसि सुचेतना ॥
तिनि बिन्दु स्वरूपतः शिव सूर्य तथास्थले ।
पुरुष चन्द्र सन्निभ रामचन्द्र मने स्मर ॥
एतद् ज्योतिशिखा रूप प्रकृति सह संयुत ।
नाद-रूपे अभिव्यक्त सर्वमध्ये निरन्तर ॥
प्रकृति पुरुषे युक्त माया सह अवस्थित ।
ब्रह्म हते अभिव्यक्त सर्व लोक सविस्मय ॥
बिन्दुनाद स्वरूपित बीज मंत्र हुताशन ।
चन्द्रकला यथामत राम बीजे प्रतिष्ठित ॥
यथा वट महीरूह बीजमध्ये अवस्थित ।
सूक्ष्म रूपे यथा पूर्वे महीस्पर्शे प्रवर्धित ॥
तथारूप चराचर राम बीजान्तरे स्थित ।
बीजमध्ये समीक्षित माया ब्रह्म तथाद्वय ॥
बीज माया विनिर्मुक्त परम ब्रह्म वर्णित ।
साधके मुक्तिदायक एतद् बीज मने स्मर ॥
राम बीजान्तरे स्थित म-कार मुक्तिदायक ।
बीज लक्ष्मी स्वरूपित सर्व भोग प्रदायक ॥
भोग मुक्ति प्रदायक राम नाम मने स्मर ।
राम मंत्र सदा ध्येय गृहत्यागी निरन्तर ॥
राम मंत्र परिज्ञात जीवन्मुक्त मने स्मर ॥
राम अर्थ परिज्ञात जीवन्मुक्त असंशये ।
रामतुल्य परिभ्रमे सिद्ध भक्त महीतले ॥
रघुवर तुल्य परिभ्रमे विमुक्त जन नीति भूतल सिद्ध राम मंत्रे ।
भव दुःख तारक जन्म मृत्युवर्त्मे पद तरणीसम राम सिंधुपारे ॥

- इति श्रीमद्देवायण ब्रह्मकल्पे तृतीय खण्डे लव मण्डलान्तर्गतः मंत्र वर्गे राम मंत्रार्थ वर्णना नामः पंचदश संवर्ग ।

— ✯ —

॥ षोडश संवर्ग ॥

शिव वचन

एतद् व्याख्या समापने प्रसन्न ऋषि सर्वतः ।
राम राम करे सर्वे भोग मोक्ष प्रदायक ॥
शुनि व्याख्या विभीषण अति हृष्ट तथास्थले ।
धृत वक्षे भुजाश्लेषे कहे वाक्य हनुप्रति ॥

विभीषण वचन

रामचन्द्र स्वयं शुन तवमध्ये करि स्थिति ।
पुण्य व्याख्या प्रदानिल मम कृत इहा श्रुत ॥
राघव कण्ठ येमति तव वाक्य तथा स्मर ।
वेद सर्व विमंथिया तत्त्व वाक्य प्रकाशिले ॥
धन्य हे वायुनन्दन धन्य तुमि चराचरे ।
सेवक चिर सार्थक रामचन्द्रे यथा हनु ॥

शिव वचन

एरूप कहिया तथा प्रेम अश्रु विनिर्झरे ।
हनुमाने नमस्कार करे सर्वे तथास्थले ॥
तदन्तरे कहे वाक्य राम मित्र विभीषण ।
शुनह ऋषि सर्वतः पूर्व स्मृति यथायथ ॥

विभीषण वचन

अयोध्या नगरे राम पात्रमित्र समन्वित ।
सिंहासने समासीन सीता वामे अवस्थित ॥
लक्ष्मण छत्र धारणे तद् पश्चाते विराजित ।
भरत सह शत्रुघ्न चामर बीजने रत ॥
याम्य भागे कपीश्वर वामभागे स्वयं स्थित ।
अन्य अन्य तदक्रमे पार्श्वे पार्श्वे अवस्थित ॥
एतद् पुण्य सभातले पुलस्त्य मुनि एकदा ।
प्रणमि रावण ध्वंसी एतद् वाक्य निवेदिल ॥
रघुनाथ महाबाहु तव उक्त पुरा श्रुत ।
तवांग सुलभात्यंत एतद् तथ्य प्रकाशह ॥

श्रीराम वचन

यथा प्रश्न महामुनि कहि वाक्य तदक्रमे ।
पितृ हत्यादि पातक पंचविध मने स्मर ॥
दंडयोग्य महापापी पितृ ब्रह्म विघातक ।
संन्यासी गुरु घातक ए सर्व पातकी यदि ॥
षन्नवति करे जप मम नाम कच्चित् कभु ।
तद् पापे मुक्त पातकी प्राप्त ब्रह्मपद स्मर ॥

विभीषण वचन

जिज्ञासिल पुनर्वार पुलस्त्य तद् महामुनि ।
अशक्त जपिते यदि नाम तव महात्मन ॥

श्रीराम वचन

तत्रापिह परित्राण कहि मुनि शुन स्थिरे ।
ए पुरश्चरणाशक्त नाम जपे यथाक्षम ॥
राम रहस्य मत गीता उपनिषद् मुनीश्वर ।
मम नाम सहस्त्रश विश्वरूप यथा मम ॥
नारदोक्त यथा नाम अष्टोत्तर शत स्तव ।
यथा उक्त महावीरे गीता मंत्रावली स्तव ॥
एतद् सर्व षडाक्षरी मम मंत्र गुण स्तवे ।
मत् सदृश पदारूढ़ कहि वाक्य असंशये ॥

विभीषण वचन

एतद् वाक्य यथा श्रुत पुलस्त्य तुष्ट अंतरे ।
रामचन्द्रे नमस्कारे राजसभा परित्यजे ॥
निर्जन गहने पशि राम ध्यान परायण ।
अंते ब्रह्म पदारूढ़ लब्ध ख्याति चराचरे ॥
राम सिद्धि प्रदानिते तथा विघ्न विदूरिते ।
हनुमाने यथा उक्त एतद् नित्य फलप्रद ॥

शिव वचन

कहि एतद् विभीषण निरविल यवे शुन ।
महावीरे नमस्कारे कहे सर्वे पुनः पुनः ॥
रामसिद्धि प्रदानह महावीर कृपाभरे ।
सर्व विघ्न विताड़िया एतद् पदे प्रतिष्ठह ॥
एरूप मधुभाषणे ज्ञान लब्ध यथा ऋषि ।
हनुमान नमस्कारे सभा भंग करे तथा ॥
हनुमान अतःपरे सह लव विभीषण ।
सभाक्षेत्र परित्यजि स्वीय गृहे उपस्थित ॥
मधुपान फलाहारे हनु गृहे अतःपरे ।
करिया रात्रि यापन रथारूढ़ ऊषागमे ॥
प्रशंसिया महावीरे लवसह विभीषण ।
अध्यात्म नगर त्यजि अयोध्याते करे गति ॥
करि फल भोजन वायुपुत्र सद्मे मधु रस पान जन त्रये सहर्षे ।
करि निशि यापन सत्वरे प्रभाते सुगति मृगेन्द्र सुख प्रकाश छन्दे ॥

- इति श्रीमद्देवायण ब्रह्मकल्पे तृतीय खण्डे लव मण्डलान्तर्गतः मंत्र वर्गे विभीषण कर्तृक हनु प्रशस्ति कथन नामः षोडश संवर्ग ।

॥ मंत्र वर्ग समाप्त ॥

— ✯ —

॥ नर्त्तिक वर्ग ॥

॥ प्रथम संवर्ग ॥

शिव वचन

एस्थले त्यजिया लंका लव कृत निपीड़ित ।
भुजंगदल सर्वतः स्वीय गृहे उपस्थित ॥
शस्त्राघाते तनुक्षते भुजंगवृन्द कोपने ।
अर्बुदाग्रे उपस्थिते एतद् वाक्य निवेदिल ॥

सर्पा वचन

शुन पिता यदुद्भवे लंकाधामे परिस्थिति ।
मोरा सर्वे परिभ्रमि सन्धानि रत्न वैभव ॥
एतद्काले उपस्थित रामपुत्र तथास्थले ।
जिज्ञासिल पुरी शून्य केन लंका भुजंगम ॥
उत्तरिल तथा ऊर्ध्व चित्ररथे यथा कृत ।
विभीषण विताड़ित सुमेरु शिखरे रहे ॥
एतद् वाक्य यथा श्रुत गेल लंका परित्यजि ।
दिवा द्वय अतःपरे पुनः तथा उपस्थित ॥
सर्व वार्ता परिज्ञात हेरि पार्श्वे विभीषणे ।
प्रत्यागत महाबली अति क्रुद्ध अरिप्रति ॥
टंकारिल महाधनु सर्पकुल विनाशिते ।
ऊर्ध्वग्रीवा महामिषि हविरद्य वृषापति ॥
करे युद्ध तथास्थले लवसह भयंकर ।
हेरि लवे महायोद्धा निपातिल चतुर्जने ॥
सर्पमध्ये बलीयोद्धा निपातिल चतुर्जन ।
अन्य सर्व पलायने यवे शुन समुद्यत ॥
पश्चाते प्रतिधावित तीक्ष्ण शरे लव त्वरित ।
प्राय दश सहस्रश तव वंश निपातिल ॥
सामान्य जन केवल निष्कृति लभि जीवने ।
करि त्वरा पलायन लंका त्यजि पिता शुन ॥

शिव वचन

एतद् वाक्य यथा श्रुत विक्षुब्ध भुजगेश्वर ।
पुत्रशोके सकातर रहे स्तब्ध कतक्षण ॥
दीर्घश्वासे क्षणान्तरे गर्जिल सर्पराजन ।
सहस्रदल पंकज तुल्य फणा विचालने ॥
कलिसह परामर्शे कालगृहे उपस्थित ।
कलिपार्श्वे निवेदिल यथा दुःख परिस्थिति ॥
श्रवणे कलि नीरव रहे स्थिर बहुक्षण ।
कार्य सिद्धि यथा पथे करि स्थिर कहे इहा ॥

कलि वचन

पुत्रशोक निवारणे कहि पथ यथा शुन ।
सर्पराज स्वयं अद्य तव दुःखे सकातर ॥

कहि शोक परित्यज गत शोक अकारण ।
जाह केह अयोध्याते प्रतिशोध प्रदानिते ॥
यथा श्रेष्ठ महाबली एतन्मध्ये अवस्थित ।
दंशन करि राघवि विनाशह सुगोपने ॥
दंशि लवे कतक्षण अत्रस्थले कर स्थिति ।
भृगु साक्षात् निरीक्षिले कर द्रुत पलायन ॥
धावित भृगु यद्यपि रुरु राज्ये प्रवेशह ।
इथे कार्य हवे शुन परिस्थिति भयंकर ॥
मम काल प्रवर्धिते तव राज्य प्रतिष्ठिते ।
हे अर्बुद स्मरि क्षण कर कार्य यथा त्वरित ॥
सर्पार्बुदे श्रुत कलिवाक्य विस्मये रामात्मजे कह वधिया किं कारणे ।
साक्षात् तरे भृगु रहिते प्रयोजन तुष्टान्तरे रत कहिते युगाधिपे ॥

- इति श्रीमद्देवायण ब्रह्मकल्पे तृतीय खण्डे लव मण्डलान्तर्गत: नर्त्तिक वर्गे पुत्रशोकार्त अर्बुदप्रति कलि वार्ता कथन नाम: प्रथम संवर्ग ।

— ✯ —

॥ द्वितीय संवर्ग ॥

शिव वचन

एरूप कहिते कलि प्रश्नमान तथार्बुद ।
नहे बोध्य किं कारणे रुरु राज्ये युगाधिप ॥
वधि लवे प्रवेशिवे भृगु साक्षात् प्रदानिया ।
तदुत्तरे कहे वाक्य युगेश अर्बुदप्रति ॥

कलि वचन

कार्य द्वय सुसम्पन्न सर्पराज हवे इथे ।
प्रतिशोध हवे यथा पुत्रशोके लवे वधि ॥
द्वितीयत: द्विता वर्धे त्रिता कार्य समापने ।
द्विता अर्ध प्रभाविते मम कार्य यथा शुन ॥
विनाशि लव सत्वरे भृगु साक्षात् प्रदानिया ।
यद्यपि अश्वलाश्रये यथा त्वरित प्रवेशह ॥
लव-शत्रु विमर्दने हवे भर्ग समुत्थित ।
स्वयं शस्त्र विधारणे सर्पपश्चात् प्रधावने ॥
रुरुराज्य प्रवेशिले रक्षिते अश्वलाश्रिते ।
भृगु गति निवारिले भर्ग कोप प्रवर्धिवे ॥
तद् कोपे हेरिवे भर्ग लव शत्रुसमाश्वले ।
क्रोधे स्वयं पराक्रमे वधिवे अश्वले त्वरा ॥
इथे क्षत्रकुल क्षुब्ध हवे युद्ध समुत्थित ।
तद काले भर्ग भीषण हवे क्षत्रकुलांतक ॥
नि:क्षत्रिया हवे पृथिवी भर्गतेज पराक्रमे ।
विषादाच्छन्न भूतले स्वयं अर्ध प्रभाविव ॥

शिव वचन

एतद् वाक्य यथा श्रुत प्रसन्न सर्पराजन ।
पुत्रशोक निरामये कालकार्य प्रयोजने ॥
आह्वानिल सगर्जने अर्बुद पुत्र नर्त्तिक ।
पितृनाद यथा श्रुत नर्त्तिकागत सत्वरे ॥
नर्त्तिके हेरि अर्बुद एतद् आज्ञा प्रदानिल ।
जाह त्वरित अयोध्याते राघवजे विनाशह ॥

अर्बुद वचन

तुमि श्रेष्ठ महाविषे दंशन कर राघवि ।
दंशि लवे तथास्थले क्षणकाल कर स्थिति ॥
उद्यत वधिते यवे भृगुराम समागमे ।
कर त्वरित पलायन रुरु राज्ये महाफणी ॥
प्रायः पुत्र सहस्रश लव कृत विनाशित ।
एतद् शास्ति प्रदानिते दग्धि विषे विनाशह ॥
हे नर्त्तिकात्मज मम जाह सत्वरे रामात्मजे वधि भृगुराम कोपने ।
स्व प्राण रक्षण कर अश्वलाश्रये निर्देश कालकृत इहा अनुष्ठिते ॥

- इनि श्रीमद्देवायण ब्रह्मकल्पे तृतीय खण्डे लव मण्डलान्तर्गतः नर्त्तिक वर्गे नर्त्तिक-अर्बुद वार्ता नामः द्वितीय संवर्ग ।

— ☆ —

॥ तृतीय संवर्ग ॥

शिव वचन

कातर छिल नर्त्तिक भ्रातृशोक तथास्थले ।
एतद् आज्ञा यथा प्राप्त प्रतिशोधे समुत्थित ॥
जिह्वाधरे विलेहने शत फणा विचालने ।
अयोध्या नगरी प्रति हल त्वरित बहिर्गत ॥
रसातल परित्यजि समुत्थित महीतले ।
कालवेगे प्रचालित भ्रातृशोक परायण ॥
शून्यपथे महावेगे विहंगतुल्य धावित ।
चलि नभे कतक्षण चिन्तायुक्त भुजंगम ॥
किंरूपे वधिवे लव साक्षात् कार्य असम्भव ।
त्रैलोक्य विजयी वीर लव श्रेष्ठ धनुर्धर ॥
एतद् साक्षात् प्रमाणित लंकाधामे रणस्थले ।
क्षणे शत सहस्रश योद्धा सर्प निपीड़िल ॥
सर्पकुले बलीश्रेष्ठ ऊर्ध्वग्रीवा महामिशि ।
हविरद्य वृषापति क्षणे लव विनाशिल ॥
एतद् वीर विनाशिते साक्षात् कार्य असम्भव ।
विनाश किं असम्भव एतद् अग्रे उपस्थिति ॥
एतद् चिन्ता समायुत प्राण भय समुद्भवे ।
गति ह्रस्व क्रमे क्रमे वर्धे चिन्ता क्रमागत ॥
तदूपरि अवस्थित भृगुराम तथास्थले ।
तेजस्मान महातपा शस्त्रविद मम श्रुत ॥

तिष्ठे प्राण महाभाग्ये   यद्यपि लव सम्मुखे ।
पितृ पुण्यफले किंवा   काल कृत शुभाशिषे ॥
तथापि नाहि निस्तार   कुपित भृगु सम्मुखे ।
जलंत अग्नि सन्निभ   तृणतुल्य विदाहिवे ॥
लव अग्रे ततक्षण   भय मात्र समीक्षित ।
यदि साक्षात् नहे तथा   अन्तरीक्ष्ये यदि स्थिति ॥
शस्त्राघात सुकौशले   यदि कभु अतिक्रमि ।
तथापि नाहि निस्तार   भृगु कोपे निपातने ॥
अन्तरीक्ष्ये जले स्थले   सर्वग मुनि केशरी ।
सर्व क्षेत्रे प्रधावने   शक्य मुनि ममाधिक ॥
भ्रमे सिंधु पदक्षेपे   पक्षीतुल्य भ्रमे नभे: ।
वारिते गमन क्षम   जलचर यथामत ॥
सर्पकुल यथामत   रंध्रावली अतिक्रमे ।
देवतुल्य स्वरालये   भ्रमे मुनि कच्चित् कच्चित् ॥
विप्रतुल्य महातपे   वर्ष वर्ष अतिक्रमे ।
क्षत्रतुल्य कच्चित् कच्चित्   धरे शस्त्र पराक्रमे ॥
बहु गुण समायुक्त   बहु रूप धरे मुनि ।
एतद् कोपे निपातने   निष्कृति किं अत:परे ॥
पिता आत्म सुरक्षणे   निर्देशे अश्वलाश्रये ।
तद् क्षेत्रे किं हवे गति   नहि ज्ञात यथायथ ॥
एतद् चिन्ता समायुत   अग्रसरे विमंथरे ।
लोकालय परित्यजि   अयोध्याते उपस्थित ॥
लोकालय त्यजि गहने प्रवेशिया   चिन्ता समायुत गहने गतिश्लथे ।
राजान्दरे पशि वधिते महाबली भाग्य   किंवा गति किं परिस्थिति स्मरि ॥

- इति श्रीमद्देवायण ब्रह्मकल्पे तृतीय खण्डे लव मण्डलान्तर्गत: नर्त्तिक वर्गे लव वधे नर्त्तिक यात्रा नाम: तृतीय संवर्ग ।

— ✯ —

॥ चतुर्थ संवर्ग ॥

शिव वचन

हेथा लव उपस्थित   प्रहरेक दिवा यवे ।
सह राजा विभीषण   भृगुपदे शिरानत ॥
हेरि रक्ष: विभीषणे   भृगुराम प्रमोदित ।
करि स्नेहे भुजाश्लेषे   करे पुण्य शुभाशिष ॥
जिज्ञासिल अत:परे   भृगुराम लवप्रति ।
कुश वार्ता किंवा कह   प्रत्यागत नहे कुश ॥
एतद प्रश्न यथा श्रुत   लव चक्षे विनिर्झरे ।
भृगुराम सविस्मये   रहे स्तब्धे निरीक्षिते ॥
लव अश्रु निरीक्षिया   रहे स्तब्ध सभाजन ।
क्षणान्तरे कहे वाक्य   लव एतद् सगद्गदे ॥

लव वचन

शुन गुरु यथा भाग्य	परिदृष्ट परिस्थिति ।
अश्वल सह संग्रामे	कपीश्वरे निपातित ॥
पुरी शून्य निरीक्षिणु	लंकाधामे उपस्थिते ।
सुमेरु शिखरे स्थित	पितृ सखा विभीषण ॥
तात: पार्श्वे परिज्ञात	यथा ध्वंस परिस्थिति ।
रात्रिमध्ये विनाशित	लंकाधामे निशाचर ॥
खुल्लताते विताड़िल	अर्बुद सर्पराजन ।
पुरी सर्व करे ध्वंस	रत्नलोभी भुजंगमे ॥
एतद् सह विनाशित	कुश भ्राता महामति ।
भुजंग दंशने रात्रे	विषदग्ध कलेवरे ॥
असहाय बिना युद्धे	कुश प्राण परित्यजे ।
अहो गुरु किंवा भाग्य	प्राज्ञ स्वयं विचारह ॥
राज त्यक्त पितृ त्यक्त	माता मम वने स्थित ।
मिथ्या वाक्ये कुसन्देहे	प्रजाकुल विनिन्दिता ॥
वनवासे कवि स्नेहे	गर्भवती सुपालिता ।
अत्र गर्भे स्वयं जात	कुशभ्राता समन्वित ॥
हेर भाग्य विपर्यय	जात राजकुले सुत ।
रघुवंश सुरक्षणे	अन्य कृत सुपालित ॥
राजवेश नहे प्राप्त	राजस्नेह कदाचन ।
ऋषिपुत्र यथामत	तपोवने प्रवर्धित ॥
अश्वमेध महायज्ञे	वर्धित वयसे शुन ।
मत् कृत प्रथम श्रुत	रामचन्द्र पिता मम ॥
रावण विजयी राम	त्रैलोक्य पूज्य राघव ।
कहिते किं पराक्रमे	देव पूज्य धनुर्धर ॥
करि ध्यान पितृ स्मृति	उभे हर्ष प्रवर्धित ।
परित्यक्त मने स्मरि	अभिमान प्रकाशित ॥
यद् गौरवे यशान्वित	पिता सर्व चराचरे ।
तद् गर्व करिते क्षुन्न	परामर्श उभप्रति ॥
अतएव धृत स्थिरे	अश्वमेधे तुरंगम ।
महायुद्ध अनुष्ठिनु	भ्राताद्वय पराक्रमे ॥
स-सैन्ये राघव स्वयं	भ्रातात्रय समन्वित ।
मम युद्ध पराजित	निपातित रणस्थले ॥
अत्र युद्धे यथा वीर्य	मम कृत प्रकाशित ।
तुल्य वीर्य प्रकाशित	कुश कृत तथास्थले ॥
मत् तुल्य विक्रमी कुश	शस्त्रवेत्ता धनुर्धर ।
त्रैलोक्य विजयी राम	यथा शस्त्रे सकातर ॥
यद् राघव पराक्रम	ऊर्ध्वे नाहि पराक्रम ।
सवंशे रावण ध्वंसि	लंका युद्धे प्रमाणित ॥
तद् विक्रम यथास्थले	पराहत महात्मन ।
तद् कुश हत दुर्भाग्ये	लंकाते सर्प दंशने ॥

शिव वचन

कहि एतद् पुनर्वार	लव अश्रु विनिर्झरे ।
सजल चक्षु भार्गवे	रहे स्तब्ध सभाजन ॥

पूर्व स्मृति स्मरि कहिते विनिर्झरे   यद्भाग्य दुःखमय परिस्थिति क्रमे ।
लंकापुरे कुश हत सर्प दंशने   निस्तब्ध भार्गव शुनि वाक्य विस्मये ॥

- इति श्रीमद्देवायण ब्रह्मकल्पे तृतीय खण्डे लव मण्डलान्तर्गतः नर्त्तिक वर्गे लव कर्त्तृक भृगुप्रति कुश स्मरणे शोक वाक्य कथन नामः चतुर्थ संवर्ग ।

— ✯ —

॥ पंचम संवर्ग ॥

शिव वचन

लव अश्रु विनिर्झरे   मौन भावे कतक्षण ।
मौन स्तब्ध सभाजन   कहे लव भृगुप्रति ॥

लव वचन

पूर्व स्मृति महात्मन   पशि चित्ते क्षणे क्षणे ।
करे चित्त विचंचल   सकातर तथा क्रमे ॥
महायुद्ध समापने   यवे राम अचेतन ।
महासैन्य समन्वित   भ्राता त्रय रणस्थले ॥
माता शोके सकातर   संजीविल पुनः कवि ।
प्राण लब्ध सचेतन   ससैन्ये राघवोत्थित ॥
मुग्ध राम तथास्थले   मम वीर्य पराक्रमे ।
परिचये प्रहर्षित   कृत स्नेहे समादर ॥
राम कृत समादृत   अश्वमेधे निमन्त्रित ।
कवि माता समन्वित   यज्ञस्थले उपस्थित ॥
रामायण यवे गीत   भ्राताद्वय सभास्थले ।
विमुग्ध श्रवणे काव्य   प्रशंसित जने जने ॥
सर्व जने प्रशंसित   मोरा सर्वे यवे शुन ।
तद् काले राघवप्रति   कवि स्वयं निवेदिल ॥
पुनश्च ग्रहणे सीता   सर्व शुचि सुनिर्मला ।
तथापिह अनादृता   प्राज्ञकुले महात्मन ॥
अग्नि शुद्धि पुनर्वार   यवे श्रुता सभास्थले ।
अपमाने अति क्षुब्धा   पति पुत्र परित्यजे ॥
नारिनु रक्षिते माता   दुर्भाग्य मम केवल ।
पृथिवी गर्भ विदारणे   यवे त्वरित तिरोहिता ॥
हे प्राज्ञ शुन तद्काले   शरीर अवशे स्वयं ।
अकर्मण्य मने स्मरि   हेरि पुत्तलिका सम ॥
पृथिवी गर्भे पशे माता   अश्वमेधे विपर्यय ।
स्तब्ध सर्व प्रजाकुल   सभा भंग यथा त्वरित ॥
अहो भाग्य विपर्यय   हेर प्राज्ञ पुनः पुनः ।
अपूर्व राम साम्राज्य   यद् श्री शोभा विमंडित ॥
अन्तर्धान यवे सीता   क्षणे सर्व तिरोहित ।
अत्रकाले परिज्ञात   सीता लक्ष्मी प्रजाकुल ॥
तद् काले ज्ञान संप्रासे   फलोत्पन्न किंवा कह ।
बिना अश्रु निपातन   हाहाकार बिना कह ॥

समस्त पृथिवी व्यापी शोकव्याप्त चतुर्दिके ।
यद् शोके राघव त्रय रामचन्द्र बिना पर ॥
सर्वे राज्य परित्यजे मर्त्यधाम अतःपरे ।
भ्राताद्वय विनिर्झरि मातृशोके क्रमागत ॥
तद् काले जनकोत्तम रामचन्द्र मन स्थिर ।
राजगृहे परिग्रहे भ्राता द्वये समादरे ॥
साम्राज्य कारणे पुनः जनक कृत उद्यमे ।
रामचन्द्र प्रभावित क्रमे शोक तिरोहित ॥
विदर्भ दुहिता दाने मोरे राज्य प्रदानिते ।
क्रमे शान्त प्रजाकुल शान्ति व्याप्त दिने दिने ॥
किंवा स्वस्ति तथापिह जगन्मध्ये महामति ।
त्यजे मर्त्य पितामही पितृदेव अतःपरे ॥
पितृ तुल्य पितामह वाल्मीकि कवि सत्तम ।
मर्त्यधाम परित्यागे कृत सर्वे सकातर ॥

शिव वचन

एरूप कहिया लव पुनः अश्रु विनिर्झरे ।
एतद् सह विनिर्झरे सभाजन भृगु स्वयं ॥
यद् निन्दिता बहु अपमानिता मही गर्भे पशे अतिशय वेदने दुःखे ।
सीता स्वयं परिहरि पुत्र सत्वरे तद् पुत्र केवल जगते विडम्बना ॥

- इति श्रीमद्देवायण ब्रह्मकल्पे तृतीय खण्डे लव मण्डलान्तर्गतः नर्त्तिक वर्गे पूर्व दुःख कथन नामः पंचम संवर्ग ।

— ✯ —

॥ षष्ठ संवर्ग ॥

शिव वचन

यद् वाक्य शोक संवाद लव उक्त सभास्थले ।
यद् करुण गत स्मृति सर्व जन प्रभावित ॥
सर्वे शोक प्रभावित सर्वे क्षुब्ध विनिर्झरे ।
पुनश्च कहिते रत तथा लव क्षणान्तरे ॥

लव वचन

वाल्मीकि भूतल त्यजे पितृ कार्य समापने ।
सत्वरे धावित स्वयं कवि क्रिया अनुष्ठिते ॥
यद् कवि सकल स्नेहे मत् सर्व पुण्यपालक ।
तद् कार्य करिते स्वयं पितृतुल्य मने स्मरि ॥
मारुति यदग्रज वत् पितृसेवा परायण ।
करि कार्य अनुष्ठिल महत् स्मृति सुरक्षणे ॥
राम नाम यथा नित्य मुखरित करे स्वयं ।
रामतत्त्व प्रचारिया करे सर्व प्रहर्षित ॥
यद् श्रवणे ममान्तर महानन्दे परिप्लुत ।
हनु संग प्रभावित कर्मोद्यम ममप्रति ॥

यदुद्यमे चतुर्दिके प्रेरि वार्ता जने जने ।
दूत प्रेरि यथा त्वरित सर्व नराधिप प्रति ॥
केवल पितृ बांधव कपीश रक्षः राजने ।
प्रेरि कुश सहोदरे स्मरि स्वयं निवेदने ॥
पुनः तथा विपर्यय भाग्य मात्र इहा मम ।
हतभाग्ये समीक्षित यद् क्षेत्र शुष्क सत्वरे ॥
कुश गृह परित्यजे बहु दिवा अतिक्रमे ।
करिते कुश सन्धान स्वयं त्वरा बहिर्गत ॥
कपि राज्ये उपस्थिते हेरि यथा परिस्थिति ।
अति क्षोभे विनिर्झरि बहुक्षण तथास्थले ॥
तद् परे ऋषभे साक्षात् श्रुत सर्व यथा क्रमे ।
यद् प्रकारे कपीश्वर मर्त्यधाम परित्यजे ॥
अश्वल सह संग्रामे अन्यान्य वीर सर्वतः ।
मर्त्यधाम परित्यजे कपिप्रजा विताड़ित ॥
स्थापित अश्वले राज्य कपिवृन्द विताड़िया ।
कपिवृन्द निराश्रय भ्रमे नित्य महाभये ॥
तद् सर्वे दानि आश्वास राज्योद्धारे अतःपरे ।
लंकाधामे उपस्थिते पुरी शून्य निरीक्षिणु ॥
हे भाग्य ममप्रति दुर्भाग्य किं अतःपरे ।
केवल करि संग्राम धनुर्बाण अकारण ॥
करि जय अकारण किं प्रतिष्ठा ममप्रति ।
सर्पकुल निपीड़ने किं सौभाग्य समुद्भवे ॥
अश्वले करि ताड़ना किंवा लभ्य ममप्रति ।
आजीवन वृथा युद्ध जय सर्व अकारण ॥
मातृहारा पितृ त्यक्त भ्रातृहारा मने स्मरि ।
राज्यपद अकारण वितृष्णा जीवने मम ॥
वितृष्णा विषये मम राज्यपदे तथामत ।
देह शिक्षा महामति आत्मयोगे प्रवेशिते ॥
एरूप कहिया लव अश्रुजले विनिर्झरे ।
भृगुराम निवारिया स्वीय अश्रु कहे इहा ॥
क्षोभे नियुक्त निरखि रामनन्दने आश्वासि भार्गव रत भाषणे क्रमे ।
हे राजनन्दन रह सुस्थिरे स्वयं उद्वेलितान्तर बहु विघ्नकारक ॥

- इति श्रीमद्देवायण ब्रह्मकल्पे तृतीय खण्डे लव मण्डलान्तर्गतः नर्त्तिक वर्गे सन्तप्त लव वार्ता कथन नामः षष्ठ संवर्ग ।

— ✯ —

॥ सप्तम संवर्ग ॥

शिव वचन

लव क्षुब्ध निरीक्षिया सम्वरि भार्गव स्वयं ।
आश्वासि कहिते रत एतद् वाक्य लवप्रति ॥

भार्गव वचन

राघवज रह स्थिर यथा काल विपर्यय ।
इथे क्षोभ अकारण दुर्भाग्य किं तवप्रति ॥
रामपुत्र जगत् पूज्य तुमि लव सुनिश्चय ।
तव भाग्य किंवा कह राम भाग्य किंवा स्मर ॥
राम दशरथात्मज अंधे षष्ठि यथामत ।
राम बिना अवस्थाने निमेष राज ना क्षम ॥
तद् पुत्र वयस प्राप्ते राज्यपद प्रदानिते ।
प्राप्ति राज्य पदोद्योगे वनवास निरीक्षह ॥
यथा राज परिच्छदे हवे सिंहासने स्थिति ।
तद् क्षेत्रे गमनारण्ये जटा चीर विधारणे ॥
तद् परे गहने स्मर पुनः दुःख समागत ।
वनवासे नहे पूर्ण हरे सीता दशानन ॥
उद्धार करिते सीता किंवा दुःख मने स्मर ।
कपिसैन्य सहायके लंकाधामे महारण ॥
देव जयी निशाचर एक जन विनाशिते ।
किं दुःख राम लक्ष्मणे शत सहस्र तद्रूप ॥
लंका युद्धे निपातिया उद्धार कृत जानकी ।
अयोध्या नगरागमे किं सुख हेर तद् परे ॥
गुंजे कूत्सा प्रजाकुल राम सीता परित्यजे ।
वर्ष चतुर्दशान्तरे पुनः साक्षात् सभातले ॥
सीताप्रति अकस्मात् तद् काले गति भूतले ।
भगवान स्वयं राम नित्य दुःखी निरीक्षह ॥
एतद् हेतु प्रमाणित महत् चरित्र जीवन ।
सर्वदा दुःख संग्रामे तन्माहात्म्य प्रकाशित ॥
तद् माधुर्य परिस्फुट नित्य दुःखे निरीक्षह ।
सर्वदा सुखलालित तज्जीवने किंवा व्यक्त ॥
शस्त्राघाते महायुद्धे जय लव प्रतिष्ठित ।
तद् जये ख्याति सर्वत्र सर्व मान्य लभे शुन ॥
वीर गण्य नहे कभु यदि शस्त्रे नहे क्षत ।
संसारे स्मर तद्रूप सुख्याति विजये दुःख ॥
नित्य दुःखे परिव्याप्त नहे क्षुब्ध सकातर ।
तन्मानव महीतले सर्व श्रेष्ठ मने स्मर ॥
नित्य सुखे सुलालित तद् चरित्र किंवा कह ।
त्रिविध व्यसने रत मूढ़ भोग परायण ॥
मर्त्यधामे सदा युद्धे दुःखक्षेत्रे जयीजन ।
स्थापि मर्त्ये यशः कीर्त्ति नित्य स्वर्गे प्रतिष्ठित ॥
अपिच व्यसने लिप्त सुख भोग परायण ।
अख्याति लभिया मर्त्ये अंधलोके करे गति ॥
अधिकतर तद् क्षेत्रे भुंजे दुःख निरन्तर ।
मर्त्ये दुःख ससंकोचे जन्मानव परित्यजे ॥
अतएव महाबाहु एतद् सर्व नहे दुःख ।
मन चिन्ता विघूर्णने हवे त्वरित तिरोहित ॥

मर्त्ये यथा अविरत युद्ध मानवे   दुःखे जयी परिहरि शोक जीवने ।
सुख्याति लब्ध अतुल कीर्त्ति भूतले   तन्मानव त्रिभुवन पूज्य राघवि ॥

- इति श्रीमद्देवायण ब्रह्मकल्पे तृतीय खण्डे लव मण्डलान्तर्गतः नर्त्तिक वर्गे लव प्रति भृगु वाक्य कथन नामः सप्तम संवर्ग ।

— ✯ —

॥ अष्टम संवर्ग ॥

लव वचन

एतद् सत्य महात्मन   मन चिन्ता विघूर्णने ।
हवे क्षोभ तिरोहित   तव वाक्ये प्रमाणित ॥
तीव्र क्षोभ यथा पूर्वे   एवे स्वल्प मने स्मरि ।
निर्बुद्धिता परिज्ञात   ज्ञानहीन यथा स्वयं ॥
हे महात्मा कृपा भरे   ज्ञान किञ्चित् प्रदानह ।
यद् वाक्ये लभिवे स्वस्ति   पूर्णभावे ममान्तरे ॥

भार्गव वचन

हे लव क्षितिपालक   कर्मोद्यम मने स्मरि ।
अज्ञान नह यद्यपि   तुमि लव तथापिह ॥
कर्मक्षेत्र यथा बृहत्   तद् क्षेत्रे स्वल्पता स्मरि ।
पूर्णता हेतु सम्राट   कहि स्मृति शुन स्थिरे ॥
वितृष्णा जीवने तव   अद्य लव यथा कह ।
राजकुले नहे पुत्र   अद्यापिह मने स्मर ॥
राजधर्म सुरक्षण   अग्रे कार्य तवप्रति ।
यदुक्त नारदप्रति   स्रष्टा वाक्य शुन क्रमे ॥
अव्यक्त ब्रह्मणोद्भव   व्यक्त ब्रह्म स्वरूपतः ।
कण्व स्रष्टा प्रजापति   तद् पुत्र नारद स्मर ॥
तदग्रे नारदेकदा   तत्त्वप्रश्ने शिरानत ।
तद् ब्रह्म नारदप्रति   एरूप कहिते रत ॥

कण्व वचन

हे नारद प्रसिद्ध सत   कलोत्पन्न यथा जन ।
पिता माता सुपालन   नित्य सेवा परायण ॥
शास्त्रानुरक्त वेदज्ञ   सरल प्रकृति नर ।
सद्भाव गुण सम्पन्न   गुरुपदे शिरानते ॥
द्वादश वर्ष पर्यन्त   शास्त्र ज्ञान परिग्रहि ।
गुरु आज्ञाक्रमे हओ   गृही दारा समन्वित ॥
पंचविंशति वत्सर   व्यापी गुरुकुले स्थित ।
गुरु आज्ञा क्रमे चलि   हओ धर्म परायण ॥
संयम करि जीवन   शुचिः कार्य अनुष्ठिया ।
पुत्र एक समुत्पन्ने   स-वंश रक्षणे शुन ॥
वानप्रस्थ परिग्रहि   कर चित्त सुसंयम ।
वैराग्ये विषये शुन   मुक्तिलाभ नरःप्रति ॥

नपुंसक विकलांग वधिर पतित स्त्रैण ।
वेदद्वेषी पाषंड यद् शिशु मूक विखानस ॥
विष्णुद्वेषी निरग्नि वा राजद्वेषी विचिह्नित ।
स्वयं प्राते नहे युक्त होम कार्ये कदाचन ॥
तद् सर्वयोग्य संन्यासे ज्ञान लाभे नहे क्षम ।
संन्यास ग्रहणे योग्य अत्र दोष विवर्जित ॥
संन्यास विहने ज्ञान नहे लब्ध कदाचन ।
हे नारद लह ज्ञान सर्व संग परित्यजि ॥

भार्गव वचन

एरूप नारद प्रति स्रष्टा उक्ति यथा पुरा ।
हे लव ज्ञान कारणे संन्यास यद् प्रयोजन ॥
राजवंश सुरक्षिते पुत्रोत्पन्न प्रयोजन ।
सर्वाग्रे तुमि हे लव तथा मन निवेशह ॥
कुल धर्म सुरक्षणे कर्मोद्यम मने स्मरि ।
ए वैराग्य नहे काम्य शोक ताप समुद्भवे ॥
एतद् क्षणे तिरोहित पुनर्भोगे प्रधावित ।
सर्व सुखे अवस्थाने सर्व क्रमे परित्यजे ॥
एतद् सत्य समागत ज्ञान काल मने स्मर ।
अपिच सकल व्यर्थ ज्ञानलाभे प्रयास यद् ॥
क्षत्रायुधू धृत समर स्वभावत: तद् काम्य नहे द्विज निकरे कदाचन ।
त्यागे प्रतिष्ठित गृहे धर्म निस्पृहे संन्यास विप्रजन सुकार्य वर्णित ॥

- इति श्रीमद्देवायण ब्रह्मकल्पे तृतीय खण्डे लव मण्डलान्तर्गत: नर्त्तिक वर्गे भृगु-लव संवादे संन्यास वार्ता कथन नाम: अष्टम संवर्ग ।

— ✯ —

॥ नवम संवर्ग ॥

लव वचन

संन्यास किं महात्मन किंरूप शुन लक्षण ।
जाहे ज्ञान अभिव्यक्त कह एतद् प्रकाशिया ॥

भार्गव वचन

प्रश्नोत्तम मने स्मरि यद्यपि ना तवप्रति ।
एतद् कार्य अनुष्ठेय कहि वाक्य तथापिह ॥
वैराग्य विषये प्राप्त सरल चित्त मानव ।
संन्यास कथित श्रेय: ज्ञानोन्मेषे महाबली ॥
क्षत्रकुले नहे काम्य संन्यास नृपनन्दन ।
विप्रकुले अनुष्ठेय एकान्त यद् प्रयोजन ॥
यदि क्षत्र नहे ज्ञात क्षत्रावली विधारण ।
युद्ध कार्य परित्यजे तद् क्षत्र सर्व निन्दित ॥
तद्रूप विप्र यद्यपि संन्यास ना परिग्रहे ।
तत्त्व ज्ञान विवर्जित तद् विप्र सर्व निन्दित ॥

गोरक्षा कृषि वाणिज्य अज्ञात वैश्य यद्यपि ।
शूद्र सेवा परित्यक्त तद् सर्व जन निन्दित ॥
यद् विप्र धर्म संन्यास अलिप्त विषये सदा ।
यद्यपि गृही द्विज नित्य ब्रह्म परायण ॥
निर्लोभ चित्त संयमी ब्रह्मचारी शुचि द्विज ।
संन्यास ग्रहणे योग्य नहे अन्य कदाचन ॥
संसारे संयमी गृही सर्व त्यागी अत:परे ।
गृहस्थाश्रम यद् विप्रे क्रीडातुल्य कियत् दिवा ॥
पुत्रेक दानिया कुले दारा पुत्र परित्यजे ।
संहृत विषये चित्त नित्य ब्रह्म परायण ॥
संन्यास तद् सुवर्णित प्राज्ञकुले महाबली ।
एक ध्यान पर:ब्रह्मे अन्तर्मध्ये निरन्तर ॥
संन्यासीप्रति देवता स्वर्ग काम्य नहे कभु ।
अव्यक्त परमात्मने कृत चित्त निवेशित ॥
सर्व काम्य विवर्जित लाभालाभे निरस्पृह ।
तद् संन्यासी महाबाहु सर्व त्यागे प्रतिष्ठित ॥
सर्व द्रव्ये अनासक्त चित्त ब्रह्मे निवेशित ।
ऐश्वर्य पद साम्राज्य नहे काम्य कदाचन ॥
कहिते किं नहे काम्य अपूर्व अमरावती ।
सर्वैश्वर्य विमंडित विस्मय सर्व सृष्टिते ॥
एतद् सर्व परित्यक्त ब्रह्मे आत्म समाहित ।
यद् ब्रह्मरूप शाश्वत सर्वेन्द्रिय अगोचर ॥
अन्तर्दृष्टि समाश्रये संन्यासी रत दर्शने ।
तद् ब्रह्म सर्वत: व्यापी सर्वधृक् एकक स्वयं ॥
नित्य साक्षात् तरे विप्र तद् ब्रह्माश्रित केवल ।
ध्यान सूत्र सदा धृत उपवीत परित्यजि ॥
ब्रह्मदंड विधारणे वाह्य दंड परित्यजे ।
शिखा माला परित्यक्त संन्यासी मुक्त सर्वत: ॥
यद् विप्र निर्मल विषये विमोचित त्यागे प्रतिष्ठित परमार्थ कारणे ।
नित्य प्रसन्न हृदय यद् परिभ्रमे संन्यास तद् कथित सुकाम्य सर्वदा ॥

- इति श्रीमद्देवायण ब्रह्मकल्पे तृतीय खण्डे लव मण्डलान्तर्गत: नर्त्तिक वर्गे भृगुराम-लव संवादे संन्यास योग्य व्यक्ति नाम: नवम संवर्ग ।

— ☆ —

॥ दशम संवर्ग ॥

भृगु वचन

भिक्षान्न ग्रहणे यिनि जीवन यापने रत ।
संन्यासी तिनि निश्चय नहे अन्ये कदाचन ॥
यिनि अन्ये नमस्कृत पूजा प्राप्ये प्रहर्षित ।
तुष्ट तुल्य प्रहारित संन्यास ग्रहणे क्षम ॥
यिनि ब्रह्माक्षर स्वयं वासुदेवाख्य अद्वय ।
एतद् भावे अवस्थिति संन्यास ग्रहणे क्षम ॥

यिनि शान्ति शमे दमे सत्य संतोष आर्जवे ।
संन्यासी निरहंकारी आकिंचणत्त्व वर्जने ॥
व्यवहारे स्वभावने सर्व पाप विवर्जित ।
संन्यास ग्रहणे क्षम तिनि अन्ये नहे कभु ॥
धर्म दश अनुष्ठाने वेद विधि सुपालने ।
पितृ ऋणे विमोचित संन्यास ग्रहणे क्षम ॥
दमः धृति क्षमास्तेय शौच इन्द्रिय निग्रह ।
धीः विद्या सत्य अक्रोध धर्म दश सुलक्षण ॥
यिनि पूर्व सुख भ्रमे अक्षोभे सर्वदा स्थित ।
केवल तिनि सक्षम संन्यास ग्रहणे लव ॥
यिनि इन्द्रिय संयमी अन्तर्मुखी निरन्तर ।
बहिर्विषय वर्जने संन्यासी तिनि केवल ॥
कौपीन युग्म केवल कन्था दंड परिग्रहि ।
मुक्ताकाश तले वास संन्यासी श्रेष्ठ वर्णित ॥
पवित्र वसने कन्था वस्त्र गैरिक रंजित ।
कौपीन धारणे किंवा नग्नभावे करि स्थिति ॥
अनन्य दृष्टि निक्षेप केवल परमात्मने ।
सर्व लोभ निवारणे एकाकी चरणे रत ।
वर्षाकाले गुहामध्ये अन्यकाले नभःतले ॥
आत्मीय स्वजन त्यजि पुत्र पत्नी विवर्जने ।
विद्याभिमान निर्मुक्त उपवीत विसर्जने ॥
रहि आत्म सुगोपने षड् रिपु निपीड़ने ।
निर्मम निरहंकार राग द्वेष विवर्जित ॥
मृत पिंड स्वर्ण पाषाणे सम बुद्धि यथास्थले ।
प्राणी हिंसा विवर्जित मुनि सर्व निरस्पृह ॥
खलता पर पीड़न सर्व भावे परित्यजि ।
आत्म ज्ञान विधारणे सुलभ मोक्ष निश्चय ॥
ब्रह्मपद नहे लभ्य भोग सुखे कदाचन ।
सर्वेन्द्रिय सुसंयम दृढ़भावे प्रयोजन ॥
शान्त अग्नि पुनर्दीप्त घृत प्राप्ते पुनः यथा ।
तद्रूप इन्द्रियावली भोग प्राप्ते असंयत ॥
विम्लान शान्त पुनरपि प्रदीप्त यद् वैश्वानरोज्ज्वल घृत अर्पणे त्वरा ।
भोगे पुनः स्ववश विमुक्त लालसे प्रत्याहृतेन्द्रिय विषये प्रधावित ॥

- इति श्रीमद्देवायण ब्रह्मकल्पे तृतीय खण्डे लव मण्डलान्तर्गतः नर्त्तिक वर्गे भृगुराम-लव संवादे संन्यासावस्था वर्णना नामः दशम संवर्ग ।

— ✯ —

॥ एकादश संवर्ग ॥

भृगु वचन

गीत वाद्य सुख स्पर्शे प्रिय स्त्री अवलोकने ।
चन्दन करि आघ्राण पुष्पमाल्य विधारणे ॥

हर्षित ना कदाचन किंवा अभक्ष्य भोजने ।
दृढ़ द्रव्ये तिरस्कारे अदर्शनीय दर्शने ॥
अनाघ्रेय करि घ्राण नहे ग्लानि यथास्थले ।
एतद् जन जगन्मध्ये अभिहित जितेन्द्रिय ॥
यथा वाक्ये पवित्रता मने शुद्धि निरन्तर ।
वृथा वाक्ये परित्यजि मौनी मोक्ष क्षम स्मर ॥
उद्वेग हेतु सम्मान विषतुल्य विवेचित ।
पक्षान्तरे असम्मान अमृत वद् मने स्मरे ॥
अमानित यथा जन मान रक्षा अकारण ।
सर्व क्षेत्रे सुखी तिनि शयने भ्रमणे सदा ॥
सम्मान लभिते यिनि निराकांक्षी निरन्तर ।
तद् जने सुख सर्वत्र इथे कह किं संशय ॥
एतद् जने करे येवा अपमान महाबली ।
विनष्ट तद् यथा त्वरित इथे कह किं संशय ॥
गर्व वाक्य यथा अन्ये कर सह्य रहि स्थिर ।
नाहि कर असम्मान अन्य जने कदाचन ॥
देह धृत विनश्वर शत्रुभाव किं कारणे ।
क्रुद्धजन प्रति क्रोध नाहि कच्चित् प्रकाशह ॥
अभिशाप लभि स्वयं प्रतिशापे रह स्थिर ।
परंतु कुशल प्रश्ने कह वाक्य तथास्थले ॥
द्वि-नेत्र नासिका द्वय कर्ण रंध्र द्वयानने ।
नाहि मिथ्या प्रकाशिवे वाक्यभावे कदाचन ॥
अध्यात्म विषये यिनि एक काम्य मन स्थिरे ।
स्वतंत्र यद् निराकांक्षी एक क्षेत्रे अवस्थित ॥
तिनि सर्व सुखे जगत् विचरणे सदा क्षम ।
वृत्तेन्द्रिय बहिर्मुखी यिनि अन्तर्मुखी करि ।
राग द्वेष परित्यजि प्राणी हिंसा विवर्जने ॥
तिनि मोक्ष पदारूढ़ भूत गृह कलेवर ।
स्नायु यद् बन्धन रज्जु अस्थि स्तम्भ यथास्थले ॥
चर्माबद्ध सुदुर्गन्ध मांस शोणित लेपित ।
पूर्ण मूत्र पुरीषे यद् नश्वरे तद् कलेवर ॥
जरा शोक समाच्छन्न रोगायत्न वर्णित ।
यद् देह व्यथितापटु रजः दोष समाश्रित ॥
रक्त मांस वसा मज्जा विष्ठा मूत्र शिरा पूये ।
नरक तुल्य यद् देह ज्ञानीवृन्द मने स्मरे ॥
सद्व्यवहार सुप्रिये दुर्व्यवहार अप्रिये ।
समबुद्धि परित्यजि ध्याने ब्रह्म सनातन ॥
सर्व द्रव्ये अनासक्त एतद् पथे दिने दिने ।
सुख दुःख विनिर्मुक्त ब्रह्मभावे करे स्थिति ॥
संन्यासी आत्म दर्शने एकाकी रहि निर्जने ।
सिद्धि यत्न परायण तद् संन्यास महत् स्मर ॥

यन्मानव त्रिभुवन संग वर्जने निःसंग भोग परिहृत हृष्ट सर्वदा ।
संन्यास तन्महत् समाधि निर्जने संसिद्धिदायक पद सर्व मंगले ॥

- इति श्रीमद्देवायण ब्रह्मकल्पे तृतीय खण्डे लव मण्डलान्तर्गत: नर्त्तिक वर्गे संन्यासी भाव वर्णना नाम: एकादश संवर्ग ।

— ✯ —

॥ द्वादश संवर्ग ॥

भृगु वचन

नरः कपाल यद् पात्र वृक्षमूले अवस्थिति ।
छिन्न वस्त्र कलेवरे निःसहाय निराश्रय ॥
सर्वत्र सम दर्शने मुक्त पुरुष वर्णित ।
सर्व विकार वर्जित सर्व भूते हिते रत ॥
दंड त्रय कमंडुलु हस्ते मात्र विधारणे ।
ब्रह्मभावे परिभ्रमे भिक्षार्थे ग्राम सर्वतः ॥
एक यथा कहे भिक्षु द्वि यथा मिथुन स्मर ।
त्रये ग्राम समाख्यात तदूर्ध्व नगर स्मृति ॥
संन्यासीते अकर्त्तव्य मिथुन नगर ग्राम ।
संन्यास धर्म विच्युत यथा बहु अवस्थित ॥
मिलित बहु यद्यपि विषयालोचने रत ।
किं चरित्र नृपप्रति वदान्य किं तथास्थले ।
किंवा दान किंवा प्राप्ति कोथा भिक्षा मनोमत ॥
तद् क्षेत्रे खलता स्नेहे युक्त वाक्ये शुभाशुभे ।
तद् पथे दिवस क्रमे ईर्षा द्वेष परायण ॥
सर्व संग परित्यागी सर्व विषय निस्पृह ।
प्रार्थीजने कहे वाक्य दाता नारायण प्रभु ॥
मन वाक्य कलेवर कर्मे यत्न परायण ।
ब्रह्म ध्याने अनुष्ठिवे जीवन्मृत्यु गत स्पृह ॥
यावत काल समाप्त ना आयुष्काल महीतले ।
तावत् काल अपेक्षह मृत्यु चिन्ता परित्यजि ॥
प्रभु वाक्ये यथा भृत्य कार्यतरे अपेक्षित ।
अपेक्षा कर तद्रूप सर्व चिन्ता परित्यजि ॥
वधिर पंगु वा मुग्ध अजिह्व अंध षंडक ।
षड् प्रकार संन्यासी सर्व त्यागे विधिप्रद ॥
भोजने रत संन्यासी वर्जे तत्त्व प्रियाप्रिये ।
संयत सत्य भाषणे अजिह्व कथित स्मर ॥
सद्य जात यथा कन्या षोडशी युवती यथा ।
शतवर्षी यथा वृद्धा निर्विकारे समीक्षित ॥
सर्व स्त्री सम दर्शने षंडक कथित स्मर ।
मल मूत्र परित्यागे भिक्षालाभे यथा जन ॥
सर्व कार्य प्रयोजने कभु नाहि अतिक्रमे ।
योजनेक यथा पथ तद् पंगु कथित स्मर ॥
दृष्टि निक्षेप यद् जने भ्रमणे हस्त षोडश ।
किंवा मही अवस्थाने तदंध वर्णित स्मर ॥

यिनि वाक्य हिताहित शोक किंवा मनोरम ।
श्रवणे यद् उदासीन वधिर तद् मने स्मर ॥
भोग्यवस्तु यथा प्राप्त विकलांग अचेतन ।
सम यिनि अवस्थित मुग्ध आख्या तथा स्मर ॥
संन्यासी नृत्य दर्शन अक्षक्रीडा रज स्वला ।
भक्ष्य भोज्य तथा स्त्रैण नाहि दर्शे कदाचन ॥
राग द्वेष मद द्रोह माया मोह परप्रति ।
एतद् षड् निवारित यति चित्ते निरन्तर ॥
शुक्ल वस्त्र विधारण संचोत्थान तथामत ।
स्त्रीय कथास्थले लौल्य मानारोह यतिप्रति ॥
दिवा निद्रा यथा क्रमे पाप कार्य मने स्मर ।
आत्म चिन्ता परायण दीर्घ यात्रा परित्यजि ।
यद् विद्या मुक्तिदायिनी अभ्यासे रत सर्वदा ॥
तीर्थ भ्रमि उपवासे नित्य अध्ययने रत ।
शास्त्र व्याख्या यतिप्रति नहे कार्य कदाचन ॥
तीर्थ भ्रमणाध्ययन सदा कथाच्छले स्त्री लौल्य पोषण उपवास यापन ।
व्याख्या यतिप्रति बहुशास्त्र भाषणे तद्कार्य नहे कभु रहि मौन निर्जने ॥

- इति श्रीमद्देवायण ब्रह्मकल्पे तृतीय खण्डे लव मण्डलान्तर्गत: नर्त्तिक वर्गे भृगुराम-लव संवादे संन्यासी कार्य वर्णना नाम: द्वादश संवर्ग ।

— ☆ —

॥ त्रयोदश संवर्ग ॥

भृगु वचन

कूर्म अंग स्वयं देहे संयमिया रहे यथा ।
तद्रूप इन्द्रियावली संयमने रहे यति ॥
चरित्रे नित्य निष्पाप अकुटिल अवंचक ।
बहिर्वृत्ति यथा क्षीण अन्तर्मुखी यथेन्द्रिय ॥
यिनि नित्य निराकांक्षी त्यागी सर्व परिग्रह ।
शीतोष्ण द्वन्द्व वर्जित अन्य अग्रे नहे नत ॥
नहे कारो अपेक्षित यिनि सर्व निरस्पृह ।
सर्वदा निर्जने स्थिति मुक्ति लाभे तिनि क्षम ॥
शान्त काम्य विवर्जित ज्ञान भक्ति समायुत ।
निरपेक्ष स्व-वैराग्ये ब्रह्मचारी गृही यदि ॥
वानप्रस्थ परिग्रहि संन्यास यद् तदन्तरे ।
अपरे यदि वैराग्य ब्रह्मचर्याश्रमे यदि ॥
तदाश्रमे परिव्राज् प्रशस्त ग्रहणे स्मर ।
यदाश्रमे अवस्थित वैराग्यागत यद्यपि ॥
प्रशस्त ग्रहणे स्मर संन्यास सत्वरे तथा ।
आग्नेयीष्टि अनुष्ठाने प्राण पुष्टि मने स्मर ॥
अयंते योनि ऋत्विज: यतो जातो अरोचथा ।
ए मंत्रे अग्नि आघ्राण विधिप्रद मने स्मर ॥
अग्नि बिना ज्वले होम स्वाहा वाक्य समन्वित ।
सघृत करिवे पान ज्वले होम अनुष्ठिया ॥

मुक्तिप्रद शुचिः धृत सर्व रोगापह स्मर ।
एतद् होम अनुष्ठिया उपवीत शिखा त्यजि ॥
पत्नी पुत्र पिता सह निषिद्ध कर्म वर्जने ।
वेद पाठ उपासना सर्व मंत्र परित्यजि ॥
संन्यास ग्रहणे क्षम आत्मविद् मने स्मर ।
ब्रह्माज्ञा भिन्न तद् ब्रह्म धातु त्रय विशोधित ॥
प्राज्ञ व्यक्ति शिखासह मुंडन करि मस्तक ।
उपवीत परित्यजि निर्विकारत्त्व संग्रह ॥
निर्विकारत्त्व यद प्राप्त ब्रह्म सूत्र इहा स्मर ।
यथा सूत्र परःब्रह्म ज्ञात वेदज्ञ तद् द्विज ॥
मुनिगण यथा सूत्रे ब्रह्म सूत्रे तथा जगत् ।
तत्त्वदर्शी यथा योगी अत्र सूत्र विधारणे ॥
योगयुक्त अनासक्त बहिर्सूत्र परित्यजे ।
ब्रह्मसूत्र विधारणे चित् ब्रह्म प्राप्त निश्चय ॥
अत्र सूत्र विधारणे अशुद्ध ना कदाचन ।
अग्राह्य ना महात्मन लोक त्रये प्रपूजित ॥
यद् ब्रह्म सूत्र विधृत युक्त चेतने कार्पास निर्मित उपवीत ना तथा ।
ज्ञाने शिखाधृत यदि आत्मदर्शने ना केशगुच्छ विधृत मात्र मस्तके ॥

- इति श्रीमद्देवायण ब्रह्मकल्पे तृतीय खण्डे लव मण्डलान्तर्गतः नर्त्तिक वर्गे भृगुराम-लव संवादे संन्यासीर ब्रह्मणत्त्व लाभ वार्ता कथन नामः त्रयोदश संवर्ग ।

— ☆ —

॥ चतुर्दश संवर्ग ॥

भृगु वचन

ब्रह्म सूत्र यथा धृत सूत्रज्ञ तन्महात्मने ।
कार्पास सूत्र ना मात्र उपवीत सुसार्थक ॥
यथा ज्ञान शिखा रूप अन्तरग्नि प्रदीपित ।
केशगुच्छ नहे मात्र तद् शिखा सार्थक स्मर ॥
तत्त्वज्ञानी शिखाधारी वर्णित यद् महाबली ।
तत्त्वज्ञान बिना मात्र केशगुच्छ शिरे धृत ॥
ब्रह्मसूत्रे उपवीत ब्रह्मे युक्त जने धृत ।
शरीरे धृत तद् बिना कार्पास सूत्र केवल ॥
याग यज्ञ क्रियाचारे वेद उक्त यथा विधि ।
एतद् सर्व अनुष्ठाने उपवीत प्रयोजन ॥
कहि वाक्य तथापिह सार्थक उपवीत तद् ।
ब्रह्मयोगे प्रतिष्ठाते नहे सूत्र वृथा स्मरि ॥
वाह्याचारे समारम्भ अन्तर्ज्ञाने समापित ।
ब्रह्मज्ञाने महत् योगे यन्मानव प्रतिष्ठित ।
योग सूत्रोपवीत तद् ज्ञान शिखा सुसार्थक ॥
एतद् ज्ञाने परिग्रहि संन्यास तद् महामति ।
पत्नी पुत्र सखा बंधु काम्य कर्म विसर्जने ॥
मुंडित मुंड कौपीने मुक्त गात्रे निरन्तर ।
ब्रह्मयोगे अवस्थाने सर्व द्रव्य उपेक्षित ॥

शीतोष्ण दुःख द्वन्द्वादि मानामान विवर्जने ।
क्षुत पिपासा जरा मृत्यु निद्रा मोह अतिक्रमि ॥
शोक ताप परित्यक्त काम दम्भ अहं सुख ।
निन्दा द्वेष विमोहादि क्रोध लोभ विसर्जने ॥
शवतुल्य कलेवर करि नित्य विवेचना ।
वाह्यान्तरे स्वयं बिना नाहि अन्य द्वितीयतः ॥
देदीप्यमान सर्वत्र स्वयं आत्मा स्वरूपतः ।
एतद् ध्यान समायुत होमार्चना परित्यजे ॥
श्राद्ध कार्य परित्यक्त निन्दा स्तुति अतिक्रमि ।
स्वाधीन भ्रमणे रत यथा इच्छा मनोमत ॥
यदृच्छा लाभ संतुष्ट स्वर्णादि अपरिग्रह ।
आह्वान नहे काम्य यद् विरक्त ना विसर्जने ॥
मंत्र जप नहे यथा मंत्रहीन नहे कभु ।
पूजा ध्यान उपासना लक्ष्यालक्ष्य अनिश्चय ॥
नहे पृथक् अवस्थान अपृथक् ना कदाचन ।
अन्यक्षेत्रे नहे मात्र सर्वावास परित्यजि ॥
स्थिर बुद्धि गृह त्यजि वृक्षमूले देवालये ।
कुम्भकार गृहे किंवा यज्ञशाले करे स्थिति ॥
गृहशून्य लताकुंजे अग्निकोणे नदीतटे ।
भूगर्भ गिरि गह्वरे अरण्य निर्जने स्थिति ॥
ऋषभ ऋभु दुर्वासा श्वेतकेतु यथा मुनि ।
निदाघ मुनि संवर्त्त दत्तात्रेय यथामत ॥
वैरतके नहे कभु वाह्याचार प्रकाशित ।
एतन्मत करे स्थिति अन्तर्योगे महात्मन ॥
पिशाचोन्मत्त बालक तुल्य नित्य परिभ्रमे ।
स-कौपीन शिखादंड दानि जले विसर्जन ॥
उन्मत्त वत् परिभ्रमे प्रकृतिस्थ कच्चित् कच्चित् ।
ब्रह्म साक्षात् तरे मति भ्रमे आत्म सुगोपने ॥
कौपीनदंडसह शिखा विसर्जने उन्मत्तवत् कभू शिशु वा पिशाच वत् ।
साम्य स्वभाव अति कच्चित् सुनिर्जने ब्रह्मान्तरे दर्शन काम्य केवल ॥

- इति श्रीमद्देवायण ब्रह्मकल्पे तृतीय खण्डे लव मण्डलान्तर्गतः नर्त्तिक वर्गे भृगुराम-लव संवादे संन्यासी मुक्तावस्था वर्णना नामः चतुर्दश संवर्ग ।

— ☆ —

॥ पंचदश संवर्ग ॥

भृगु वचन

लोकसंग तथा वेद यद् सेवा विषयेन्द्रिये ।
वर्जि ब्रह्म परायण लभे सत्य पराःगति ॥
नाम गोत्र तथा वर्ण देश काल कुल श्रुति ।
सर्व भावे परित्यजि आत्म ध्यान परायण ॥
वाक्यालाप सह स्त्रीय पूर्व दृष्ट स्त्रीय स्मृति ।
स्त्री वाक्य रूप वर्णना पत्रपाठ विवर्जने ॥

नारी सम्भाषण स्मृति तद् चिन्ता लिपि दर्शन ।
संन्यास धर्म विच्युति विकारोत्पत्ति कारण ॥
विषय कामना क्रोध लाभ मोह प्रियाप्रिय ।
अभिलाष असत्यादि अनुराग प्रतिग्रह ॥
चिकित्सा ममता धर्म दुःसाहसिकता अहं ।
प्रवास सजने पीड़ा प्रायश्चित्त हलाहल ।
मंत्र दान तथाशिष संन्यास च्युति कारण ॥
एसह अथवा जाह तिष्ठ मम स्थले क्षण ।
संन्यासीप्रति गर्हित लौकिकता प्रदर्शन ॥
विरत स्व प्रतिग्रहे सौजन्ये विमुख स्वयं ।
प्राप्ति काम्य नहे निज नहे अन्ये प्रदर्शित ॥
दारा पुत्र सहोदर बंधु वर्गे अमंगले ।
संन्यासी तद् अकम्पित आत्मध्याने अवस्थित ॥
शोक हर्ष परित्याग दृढ़ कार्य यतिप्रति ।
अहिंसा सत्य सारल्य चौर्य वृत्ति विलोपन ॥
ब्रह्मचर्या परिग्रह अनौद्धत्य अग्रहण ।
प्रसन्न दीनता शून्य अस्नेह स्थैर्य निर्मम ॥
शास्त्र वाक्ये दृढ़ श्रद्धा गुरु सेवा परायण ।
यम शम दम क्षमा उपेक्षा विषये सदा ॥
तितिक्षा धैर्य माधुर्य दयापूर्ण महत् हृदि ।
शास्त्र ज्ञान समायुत चित्त वृत्ति निरोधने ॥
प्रहृष्ट लघु भोजने विपद्काले अकातर ।
सुसंयत मना योगी योग धर्मे प्रतिष्ठित ॥
दारा सहोदर सुत मित्र बांधवे शोकादि यद् अशुभ वाक्य विश्रुते ।
संन्यासी तद् अविचल आत्म संयमे तद् ब्रह्मण स्मरण सदा समाहिते ॥

– इति श्रीमद्देवायण ब्रह्मकल्पे तृतीय खण्डे लव मण्डलान्तर्गतः नर्त्तिक वर्गे भृगुराम-लव संवादे संन्यास जीवन यापन वार्ता नामः पंचदश संवर्ग ।

— ☆ —

॥ षोडश संवर्ग ॥

भृगु वचन

निर्द्वन्द्वे नित्य सत्त्वस्थ सर्वत्र सम दर्शने ।
परमहंस तद् यति साक्षात् नारायण स्वयं ॥
एकरात्रि रहे ग्रामे नगरे पंचयामिनी ।
वर्षाकाले चतुर्मास एकस्थले अवस्थिति ॥
द्विरात्र ना रहे ग्रामे योगी भिक्षु कदाचन ।
अनुराग तथा यदि नरके गति निश्चय ॥
ग्रामान्ते निर्जनस्थले नियतात्म निकेतने ।
आत्मध्यान परायण सर्व संग विवर्जित ॥
एक वस्त्रे अवस्त्रे वा तद् ब्रह्मे दृष्टि लोलुप ।
अन्य लोभ परित्यजि एक चित्त समाहित ॥

साधुवेशे असाधुत्त्वे   अन्य द्वेष निवारणे ।
आत्मध्याने परिभ्रमे   योगीकुल महीतले ॥
भिक्षु नित्य स्वयं धर्मे   करि आत्म नियोजन ।
दृष्टि भूमितल प्रति   पर्यटन शुचि:स्थले ॥
मध्याह्ने रजनी घोरे   शून्ये वा दुर्गमस्थले ।
विचरण परित्यजे   प्राण पीड़ प्रदायक ॥
योगी प्राणी स्वयं तुल्य   ब्रह्मवत् अवलोकने ।
अंध वा कुब्ज वा मूक   वधिरोन्मत्त सन्निभ ॥
सर्व संग विवर्जित   मर्त्यधामे परिभ्रमे ।
कोन दोष गुणे लिप्त   नहे तिनि कदाचन ॥
वनस्थ वा बहुदके   त्रि-स्नान यद् विधिप्रद ।
वारेक हंस संन्यासे   परहंसे नहे विधि ॥
एक दंडि यथा गति   मौनभावे अवस्थित ।
स्वस्तिकादि यथासने   योगक्रिया समायुत ॥
द्वन्द्व सहिष्णु शीतोष्ण   निरस्पृह सुनिर्जने ।
सर्व भूते यथा यति   सम दृष्टि समायुत ॥
मेदास्थि रक्त त्वक् मांसे   विष्ठा मूत्र समायुत ।
अपवित्र कलेवरे   ऐकांतिक स्पृहा यथा ॥
क्रिमि कीट समन्वित   किं पार्थक्य तथास्थले ।
कफ श्लेष्मा यथा देह   कम्र शोभा किंवा तथा ॥
एतद् देहे यदि प्रीत   कोन मूढ़ कदाचन ।
तज्जने नरके वास   मूत्र पूरीष भोजने ॥
अवाच्य यद स्त्रीय स्थान   नित्य क्लेद समायुत ।
यथा बुद्धि नहे क्लेद्य   अनुभवे स्वयं सुखे ॥
चर्म खण्ड द्विधाभक्त   अपान गंध निर्गत ।
यद् विमूढ इथे प्रीत   नमस्कार तथास्थले ॥
चर्मावृतास्थि निरमेद मांसते   श्लेष्मा कफे यति अपवित्र सर्वदा ।
दुर्गन्ध निर्गत मरदेह धारणे   शोभा किं कह परितृप्त जीवने ॥

- इति श्रीमद्देवायण ब्रह्मकल्पे तृतीय खण्डे लव मण्डलान्तर्गत: नर्त्तिक वर्गे भृगुराम-लव संवादे संन्यास बुद्धि वर्णना नाम: षोडश संवर्ग ।

— ✯ —

॥ सप्तदश संवर्ग ॥

भृगु वचन

आत्मज्ञान समायुक्ते   किं कर्त्तव्य अत:परे ।
सर्व संग विवर्जिते   आश्रम किं प्रयोजन ॥
ममत्त्व बुद्धि निर्मुक्त   द्वैतज्ञान विवर्जित ।
द्वन्द्व सहिष्णु शीतोष्ण   निर्विकार सुनिर्भय ॥
वर्ण धर्म अतिक्रांत   कौपीन मात्र धारणे ।
आत्म ज्ञाने प्रविष्ठ तद्   नग्न ध्यान परायण ॥
यदाश्रमे अवस्थित   योगी यत्नपरायण ॥

ज्ञान मात्र यथास्थले मुक्ति हेतु सुनिश्चय ॥
चिह्नावली निरर्थक सज्जन वा असज्जन ।
शास्त्र ज्ञान समायुक्त किंवा शास्त्र विवर्जित ॥
सद्वृत वा असद्वृत तारतम्य नहे यथा ।
तत्त्वज्ञानी निरन्तर वेशभूषा विवर्जने ॥
स्वचरित्र सुगोपने एकाकी भ्रमणे रत ।
योगी सर्व असन्देहे भ्रमे सर्व अगोचरे ॥
स्वरूप केह ना क्षम उपलब्धि तरे कभु ।
मूकांध जड़वत् भ्रमे वर्णाश्रम अतिक्रमि ॥
अन्यप्रति शुभाशुभ कभु विचारे ना रत ।
निर्विकार यथा योगी देववृन्द निरीक्षिले ॥
तदवस्था सुरस्पृह सर्व चिह्न विलोपने ।
मोक्षलाभ सुनिश्चय एतद् ब्रह्मानुशासन ॥
संन्यास विधि तद् परे कहि शुन नराधिप ।
स्रष्टा कृत यथा उक्त कण्वेय नारदप्रति ॥
आतुरक्रम संन्यास द्विविध कथित स्मर ।
एतदुभ पथ द्वये संन्यास ग्रहणे शुन ॥
प्रायश्चित्त अनुष्ठाने प्राजापत्य क्रिया पथे ।
अष्ट श्राद्ध अनुष्ठित देवश्राद्ध ऋषिश्राद्ध ॥
भूतश्राद्ध नर:श्राद्ध मातृश्राद्ध पितृश्राद्ध ।
दिव्य श्राद्धात्मन श्राद्ध अष्ट श्राद्ध इहा शुन ॥
देव श्राद्धे अनुष्ठित वसु सत्य समन्वित ।
ब्रह्मा विष्णु महेश्वर विश्वदेवार्चना स्मर ॥
ऋषिश्राद्धे अनुष्ठित क्षत्रिय ऋषि मानव ।
देव ऋषि समन्वित त्रिविध अर्चना स्मर ॥
दिव्य श्राद्धे अनुष्ठित वसु रुद्र समन्वित ।
आदित्यादि सुरावली यथा विधि प्रपूजित ॥
अर्चित मानव श्राद्धे सनक सह नन्दन ।
मुनि सनत् कुमार वा सह सनत् सुजात यद् ॥
भूत श्राद्धे महाबाहु पंच भूतार्चित स्मर ।
वारि तेज मरुत् व्योम यथा पंच सह क्षिति ॥
चक्षु आदि यदेन्द्रिय अन्य भूत चतुर्विध ।
उद्भिज स्वेदजांडज जरायुज चतुष्टय ॥
पितृ श्राद्धे पिता सह पितामहार्चित स्मर ।
तद् परे प्रपितामह सप्त पुरुष पूजित ॥
मातृश्राद्धे प्रपूजित मातासह पितामही ।
तद् परे प्रपितामही सप्त माता यथाक्रमे ॥
यद्यपि जीवित पिता पितृ श्राद्ध परित्यजि ।
पिता महार्चना क्रमे पुरुष प्रपितामह ॥
सर्वत्र युगल द्विज पूजार्चना विधिप्रद ।
माता जीवित यद्यपि मातृ श्राद्ध परित्यज ॥

माता पितास्थित यदि देहधारणे श्रद्धात्मन परिहरि तद् जनद्वये ।
यद् श्राद्ध पितामहसह तद् पिताक्रमे सप्तस्तरे पुरुष उपासितार्चन ॥

- इति श्रीमद्देवायण ब्रह्मकल्पे तृतीय खण्डे लव मण्डलान्तर्गत: नर्त्तिक वर्गे भृगुराम-लव संवादे संन्यासी श्राद्धविधि कथन नाम: सप्तदश संवर्ग ।

— ✯ —

॥ अष्टादश संवर्ग ॥

भृगु वचन

श्राद्ध कार्य समापने विप्रार्चना विसर्जन ।
ताम्बुल दक्षिणा दानि विप्र तुष्टि प्रदानिया ॥
संन्यास सिद्धि कारणे शश्रु केशादि कर्त्तने ।
सप्त स्थाने यथा केश क्षौर कर्म समापने ॥
सांय संध्या सुवन्दना करि क्रमे समापित ।
गायत्री जप तद् परे वार संख्या सहस्रश: ॥
ब्रह्म यज्ञ समापन स्वाधीनाग्नि प्रतिष्ठिया ।
आत्मादि यथा मंत्रे घृताहुति प्रदानिवे ॥
शक्तु हस्ते परिग्रहि आचमने अत:परे ।
अग्नि रक्षा करि स्वयं उत्तरे अजिनासने ॥
उपविष्ट यथा सुखे कृष्णा दिने सुखासने ।
पुराण श्रवणे रात्रि हर्षे स्वयं अतिक्रमे ॥
चतुर्दश प्रहरान्ते स्नान कार्य समापने ।
अग्निते चरु पाकान्ते पुरुष सूक्त मन्द्रणे ॥
दानिया षोडशाहुति विरजा होम कारणे ।
आचमन करि स्वयं सदिक्षिणा प्रदानिवे ॥
वस्त्र सुवर्ण पात्र गो करि यज्ञ समापन ।
सह उद्वासन ब्रह्मे विसर्जन प्रदानिया ॥
सलिले नाभि पर्यन्त संन्यासी अवगाहने ।
स्व-गायत्री विसर्जने सावित्री व्यहृति स्थले ॥
ॐ संन्यास्तं मया मन्त्रे व्यहृति त्रय संहति ।
करि जप यथा क्रमे ध्यान मंत्र यथा कहि ॥
वेद सार यिनि श्रेष्ठ विश्वरूप यदुत्तम ।
यद् अमृत स्वरूपत: वेद ऊर्ध्वे अधिष्ठित ॥
तद् सर्वान्तर्यामी प्रभु सत धृति परिपालक ।
येन स्वयं अमृतत्त्व देवतुल्य धृति क्षम ॥
होक मम कलेवर सर्वत्र गमन क्षम ।
मधु वाक्ये क्षम: जिह्वा कर्णे स्पष्ट शुचि:श्रुति ॥
हे सर्वान्तर यामिन ब्रह्मकोण स्वयं तुमि ।
वेदार्थ ज्ञान रक्षह पत्नी काम्य धन स्पृहा ॥
पदाकांक्षा समन्वित सर्वाकांक्षा विवर्जित ।
ॐ संन्यास्तं मया मंत्रे ताल ध्वनि निनादने ॥
सर्वभूताभय स्वयं मम सर्व प्रवर्त्तित ।
कहि वारि परिग्रहि पूर्णान्जलि प्रदानह ॥

ॐ स्वाहा कहि तद् परे शिखाच्छेद समापह ।
पवित्र ज्ञान वैराग्य मेधा यशोबल स्मरि ॥
यज्ञोपवीत छेदने जलांजलि प्रदानह ।
ॐ समुद्रे गम स्वाहा मंत्रे कार्य समापह ॥
ॐ संन्यास्तं मया मंत्रे वस्त्र सूत्र विसर्जने ।
ऊर्ध्व हस्त समायुत गमन कर उत्तरे ॥
यद् सर्व प्राज्ञ संन्यासी गुरुपार्श्वे परिग्रहि ।
तत्त्वमसि महावाक्य नित्य सुखे परिभ्रमे ॥
मम अग्रे नहे किञ्चित् पृथक् वस्तु अतःपरे ।
एतद् चिन्ता समायुत फल जल परिग्रहि ॥
गिरि देवालये वने हर्षे विचरणे रत ।
तद् परे सत्य संन्यास काल यवे उपस्थित ॥
सर्व मुक्त दिगम्बर सर्व क्षेत्रे परिभ्रमे ।
सर्वदा आत्म दर्शने आनन्द पूर्ण अन्तरे ॥
ज्ञान प्राप्ति यथा कर्मे स्मरि दूर पराहत ।
फलमूले धृत प्राण देह त्याग तदन्तरे ॥
देवालये गिरिशिखरे वने वने आनन्द पूर्ण हृदय आत्म निष्कले ।
सर्वत्र आत्म दर्शने परिभ्रमे देहे दिगम्बर गत सर्व वासना ॥

- इति श्रीमद्देवायण ब्रह्मकल्पे तृतीय खण्डे लव मण्डलान्तर्गतः नर्त्तिक वर्गे भृगुराम-लव संवादे मुक्ति संन्यास कथन नामः अष्टादश संवर्ग ।

— ✯ —

॥ ऊनविंश संवर्ग ॥

भृगु वचन

एरूप नारदप्रति स्रष्टारुक्ति यवे शुन ।
नारद शिरसानते प्रश्नवान अतःपरे ॥

नारद वचन

कत प्रकारे संन्यास कह पिता यथायथ ।
किं प्रकारे अनुष्ठित कह सर्व पृथक् पृथक् ॥

भृगु वचन

यदुक्त नारदे प्रश्न कण्व स्रष्टा कहे इहा ।
संन्यास यद् चतुर्विध कहि पुत्र शुन स्थिरे ॥
दुष्टकाम तिरोधाने वितृष्णा विषये यवे ।
यिनि जन्मान्तरी पुण्ये संन्यास ग्रहणे क्षम ॥
उक्त वैराग्य संन्यासी अन्य शास्त्रानुशीलने ।
पाप पुण्य विचारिया जगत्द्रव्ये निरस्पृह ॥
षड रिपु निवृत्त यद् धनाकांक्षा पद स्पृहा ।
पत्नी काम्य परित्यजि ज्ञान लब्ध महात्मन ॥
वसनान्न यथामत जगत् द्रव्य परित्यजि ।
यशाकांक्षा विवर्जित मुक्ति लभे महात्मन ॥

कथित ज्ञानसंन्यासी सर्वाभ्यास क्रमे क्रमे ।
सक्षम आत्म दर्शने ज्ञान वैराग्य आश्रित ॥
ब्रह्मचर्य समापने संन्यास ग्रहणे रत ।
ज्ञान वैराग्य संन्यासी तन्मानवे कहे स्मर ॥
विद्वत ज्ञान विविदिषा कर्मसह चतुर्विध ।
तन्मध्ये कर्मसंन्यास समस्ते द्विविध स्मर ॥
निमित्त अनिमित्त वत् सर्व कर्म विलोपन ।
निमित्त नाम संन्यास दृष्ट उत्क्रमण क्षणे ॥
दृढ़ भावे अनुष्ठित योगांग यद्क्षणे शुन ।
कार्य मात्रे विनाशिन हेय बुद्धि तनुप्रति ॥
सर्व देहस्त आत्मा यद् अविनाशी अनाशिन ।
एतद् ज्ञानोद्भवे योगी रत नित्य निरीक्षणे ॥
सर्व व्यापी यदात्मन सूर्यरूपे स्वरे स्थित ।
समस्त स्थिति साधक वसु आख्या यथास्थले ॥
अन्तरीक्ष्ये मरुत् रूपे कथित अन्तरीक्ष सत ।
अग्निरूपे यथा होता पृथिवी वेदी अधिष्ठित ॥
तद् हेतु उक्त वेदिषत् अतिथि कलसास्थित ।
लब्ध आख्या दुरोण सत् नर:मध्ये नृषत यिनि ॥
देवमध्ये वर श्रेष्ठ कथित वर्षत यिनि ।
यज्ञे सत्य स्वरूपित वेद सर्वे अवस्थित ।
कथित ऋत सत यिनि व्योम सत् गगने तिनि ॥
शंख मत्स्य स्वरूपित अब्जारूपे जले स्थित ।
गो-रूपा पृथिवी तले जात व्रीहि युधाकृति ॥
गोजा नामे समाख्यात एतद् आत्मा महाबली ।
ऋत यज्ञे प्रकाशित ऋतजा कथित स्मर ॥
अद्रि वा पर्वते जात अद्रिजा गुण वर्णित ।
सर्व व्यापी स्वयं तिनि महत् रूपे प्रकाशित ॥
आत्मा जगन्मय वसु सूर्य वा मरुत् वद्वेदिषत् यिनि वर्षत् दुरोणसत ।
गोजा भवोद्भव ऋतसत नृषत नरे अब्जाजले ऋत ऋतजाद्रिजा जड़े ॥

- इति श्रीमद्देवायण ब्रह्मकल्पे तृतीय खण्डे लव मण्डलान्तर्गत: नर्त्तिक वर्गे भृगुराम-लव संवादे संन्यासी आत्मभाव वर्णना नाम: ऊनविंश संवर्ग ।

— ★ —

॥ विंश संवर्ग ॥

भृगु वचन

षड प्रकार संन्यास कुटीचक बहूदक ।
हंस वा तुरीयातीत परमहंस अवधूत ॥
यद् संन्यासी कुटीचक शिखादंड कमंडुलु ।
यज्ञोपवीत धारणे कंथा कौपीन संहति ॥
नित्य गुरु पिता माता प्राज्ञ उपासने रत ।
पाक पात्र शिका खंता भोज्य प्रस्तुति कारणे ॥

तद् पर मंत्र साधने एक स्थाने दिवा बहु ।
आस्थित अन्न भोजने कुटीचकें विधिप्रद ॥
श्वेत वर्ण त्रिपुंड्रक त्रिदंड धृत पाणिते ।
एकस्थले दिवा बहु निषिद्ध अपरे शुन ॥
बहूदक शिखा कंथा त्रिपुंड्रक विधारणे ।
अन्य सर्व कुटीचक समतुल्य मने स्मर ॥
विशेषत्त्व तथा मात्र मधुकर यथामत ।
नियुक्त मधु संग्रहे बहूदक तथामत ॥
एक गृही हते मात्र अष्टग्रास परिग्रहि ।
ग्रहण करिवे अन्न एतद् विधिप्रद स्मर ॥
कथित हंससंन्यासी ऊर्ध्वपुंड्रक विधारणे ।
शिरे जटा त्रिपुंड्रक वृत्ति माधुकरी स्मर ॥
परमहंस संन्यासी उपवीत शिखा त्यजि ।
पंच गृही हते अन्न वारेक भोजने रत ॥
भिक्षापात्र बिना यति हस्ते भिक्षा परिग्रहि ।
हस्ते भोज्ये समायुत जलपात्र करांजलि ॥
एक वस्त्रे स-कौपीन वंशदंड विधारणे ।
भस्मावृत कलेवर सर्व त्यागी महात्मन ॥
तुरीयातीत संन्यासी गवीतुल्य परिग्रहे ।
मुखद्वारा फलाहार अन्नाहारी कच्चित् कच्चित् ॥
भिक्षा मात्र गृह त्रये वस्त्रत्यागी दिगम्बर ।
देह मात्र यथा स्थित शवतुल्य विवेचित ॥
यद् संन्यासी अवधूत नाहि नीति यथास्थले ।
सर्व अन्न परिग्रहे सर्व वर्णे प्रदानित ॥
वृत्ति अजगराकार एकस्थले अवस्थित ।
अयाचित उपस्थित अन्न मात्र परिग्रहे ॥
नित्य आत्मानुसन्धाने दृढ़ यत्न परायण ।
तर्क शास्त्र नहे पाठ्य यतिप्रति कदाचन ॥
शब्द शास्त्र नहे पाठ्य बहुल पाठ वर्जित ।
बहु वाक्ये यथा मिथ्या वाक्यग्लानि उपस्थित ॥
हस्तशब्दे तथा वाक्ये सम्भाषण नहे विधि ।
स्त्री पतित रज:स्वला सम्भाषण विगर्हित ॥
उत्सव तीर्थ दर्शन किंवा देवार्चने गति ।
निषिद्ध कार्य संन्यासे विष्ठातुल्य परित्यज्य ॥
संन्यास जीवन धृत दर्शने देवार्चने गति अथवा महोत्सवे ।
योषित कथा रत पतिता रज:स्वला सम्भाषण स्त्रीयकुल गर्हित स्मर ॥

- इति श्रीमद्देवायण ब्रह्मकल्पे तृतीय खण्डे लव मण्डलान्तर्गत: नर्त्तिक वर्गे भृगुराम-लव संवादे संन्यास प्रकरण कथन नाम: विंश संवर्ग ।

— ✯ —

॥ एकविंश संवर्ग ॥

भृगु वचन

पुनश्च नारदे प्रश्न एतद् कण्व पिताप्रति ।
कह ब्रह्म स्वरूपतः किं प्रकार किंवाकृति ॥
उत्तरिल तथा कण्व शुन पुत्र यथा कहि ।
स्वभाव काल नियति हेतु ब्रह्मे नहे कभु ॥
भेद ज्ञान सह ब्रह्म पशुत्त्व तद् मने स्मर ।
अभेद ब्रह्म संहति मृत्यु माया अतिक्रमे ॥
यदृच्छाकाश जीवात्मा हेतु ब्रह्मे नहे कभु ।
चेतनात्मा अवस्थित पाप पुण्य सुखासुखे ॥
ब्रह्म स्वतंत्र कारण हेतु सर्व चराचरे ।
ध्यान योग समाश्रित ब्रह्मविदे अवेक्षित ॥
महाशक्ति परःब्रह्मे शुन त्रय समावृत ।
यद् चैतन्य स्वरूपतः कालादि युक्त सर्वतः ।
सर्व हेतु अधिष्ठात्री रूपे नित्य विराजित ॥
एतद् चक्र स्वरूपित ब्रह्मविदे सुवर्णित ।
अविद्या नाम वर्णित नाभिकेन्द्र गुण त्रय ॥
सह एकादशेन्द्रिय पंचभूत महाबली ।
नाभि छिद्र सुवेष्टन षोडश विकार स्मर ॥
आशक्ति अष्टविंशति तथा पंच विपर्यय ।
अष्टसिद्धि नव तुष्टि पंचाश अवसंहति ॥
धर्माधर्म तथा ज्ञान मार्ग त्रय सुवर्णित ।
काम पाश निमित्त यद् सुख दुःखे विमोहित ॥
ब्रह्मवासी परःब्रह्मे चक्र रूप अवेक्षणे ।
मायामोह अतिक्रमि नित्यानन्दे प्रतिष्ठित ॥
नदीरूपे कच्चित् कच्चित् ब्रह्मविदे समीक्षित ।
ब्रह्मचक्रे किंवा रूपे संसार भ्रमणे रत ॥
जीव सर्वे अतःपरे मुक्तिलाभ किंवा पथे ।
यद् चक्र सर्व जीवन जाहे सर्व अवस्थित ॥
जाहा सर्व बृहत्तम तद् ब्रह्मचक्र मण्डले ।
पशु तिर्यकादि क्रमे जीव नित्य परिभ्रमे ॥
जीव कृत विवेचित प्रेरक मम ईश्वर ।
अहं भिन्न मने स्मरि जगन्मध्ये परिभ्रमे ॥
यद् काले ज्ञात जीवात्मा अभिन्न सह ईश्वर ।
प्रविष्ट नित्य चैतन्ये मृत्यु माया अतिक्रमे ॥
एतद् श्रेष्ठ परःब्रह्म सर्व वेदे सुकीर्त्तित ।
यद् प्रणवाक्षर स्थित ज्ञात मृत्यु अतिक्रमे ॥
तदीश अवनीश्वर कार्य कारण संहति ।
सर्व सृष्टि विधारक सर्व मूले अवस्थित ॥
सुख दुःख समाश्रित जीव बुद्धि अनीश्वरे ।
भार्त्तृत्व बन्धने नित्य कालचक्रे विघूर्णित ॥
तदीश ज्ञात मानव विमुक्त सर्व बन्धने ।
अभिन्न जीव ईश्वर भिन्नरूपे प्रकाशित ॥

उभये कारणातीत	नियंता एक ईश्वर ।
अन्यानीश नियमा यद्	महामाया प्रभावित ॥
योगीप्रति यवे दृष्ट	जीव माया महेश्वर ।
अभिन्न ब्रह्म दर्शने	मृत्यु माया अतिक्रमे ॥
जोवे अभेद सहित शक्ति ईश्वरे	तद् ज्ञान बन्धन शत मुक्ति कारण ।
यद् भेद ईश्वर सह हेतु बन्धने	अज्ञान जन्म मरण चक्र घूर्णित ॥

- इति श्रीमद्देवायण ब्रह्मकल्पे तृतीय खण्डे लव मण्डलान्तर्गत: नर्त्तिक वर्गे भृगुराम-लव संवादे ब्रह्म वार्ता कथन नाम: एकविंश संवर्ग ।

— ☆ —

॥ द्वाविंश संवर्ग ॥

भृगु वचन

स्व-प्रकाश परात्मन	ज्ञाताविद्या अतिक्रमे ।
अविद्या अस्मिताक्रोध	विद्वेष अभिनिवेश ॥
एतद् पंच निरामये	जन्म मृत्यु अतिक्रमे ।
पर:ब्रह्म अभि ध्याने	देहपात यवे शुन ॥
पूर्ण काम विराटत्त्वे	सर्वैश्वर्ये प्रतिष्ठित ।
यद् ब्रह्म अवनीश्वर	स्व-पूर्णत्त्वे विराजित ।
एतद् ब्रह्म सुनिश्चय	एतद ज्ञेय सुनिश्चय ॥
भोक्ता जीव यथास्थले	विषय भोग्य तद् प्रति ।
भोक्ता भोग्य प्रचालक	ब्रह्म मात्र मने स्मर ॥
आत्म विद्या तपोमूल	तद् ब्रह्मोपनिषद् पर ।
एतद् ज्ञात स्वयं ध्याने	शोक मोह तथा किंवा ॥
तद् विराट पुरुष स्वयं	गत अद्य भविष्यत ।
काल त्रये निरन्तर	एक रूपे अवस्थित ॥
सूक्ष्म सूक्ष्मतराधिक	महत् महत्तराधिक ।
ब्रह्मादि स्तम्भ पर्यन्त	आत्मा सर्व गुहाशय ॥
यिनि चित्त सुनिर्मल्ये	धाता कृपा अनुग्रहे ।
संकल्पादि विवर्जित	अनंत महिमान्वित ॥
नियंता यद् जगत्प्रभु	परमेश्वर दर्शने ।
सर्व शोक विनिर्मुक्त	जन्म मृत्यु अतिक्रमे ॥
हस्त शून्य यदात्मन	तथापि ग्रहणे क्षम ।
सवेगे गमने क्षम	नाहि पद तथापिह ॥
अनेत्र दर्शने क्षम	सर्वज्ञ तिनि सर्वदा ।
एतद श्रेष्ठ नहे किञ्चित्	पूर्ण पूर्णतर स्मर ॥
अदेह यद् कलेवरे	सर्व व्यापी विराजित ।
एतद् आत्मा अवेक्षणे	सर्व शोक अतिक्रमे ॥
सर्व धाता स्वरूपत:	अचिन्त्यनीय शक्ति यद् ।
करि लक्ष्य यदुत्तमे	सर्व शास्त्र प्रवर्त्तित ॥
ज्ञातव्य तद् परात्पर	सर्वज्ञ परमेश्वर ।
सर्व लीन यथास्थले	सर्वान्ते तिनि केवल ॥

पुराण पुरुषोत्तम कवि सर्वेश्वरोत्तम ।
सर्व देव उपासित सर्व जन अगोचरे ॥
तिनि अनादि मध्यानंता व्यय सर्व कारण ।
यद् गर्भ भूधरोद्भव ब्रह्मा विष्णु महेश्वर ॥
यद ब्रह्म परमात्मन महत् महत्तराधिक ।
ज्योतिर्मय परात्पर नित्य ज्ञेय शुभंकर ॥
श्रवण मनन ध्याने दुश्चरित्र असंयमी ।
ना आत्मा दर्शने क्षम ब्रह्मज्ञाने समीक्षित ॥

शिव वचन

एरूप कहिया भृगु नीरविल यवे शुन ।
प्रश्नमान तथा लव एतद् रूप शिरानते ॥

लव वचन

यद् संन्यास महात्मन तत्त्वज्ञान यथोत्तम ।
कहिले ब्रह्म दर्शन मम कार्य किंवा कह ॥
यद् ज्ञेय अद्भुत परमात्मनोत्तम आत्मा अनादि कथित अन्त वर्जित ।
यद् गर्भ भूधर अतलोद्भव स्वयं ब्रह्मा जनार्दन परमेश्वर प्रभु ॥

- इति श्रीमद्देवायण ब्रह्मकल्पे तृतीय खण्डे लव मण्डलान्तर्गत: नर्तिक वर्गे भृगुराम-लव संवादे ब्रह्म प्राप्ति कथन नाम: द्वाविंश संवर्ग ।

— ✯ —

॥ त्रयोविंश संवर्ग ॥

भृगु वचन

यदुक्त नारदप्रति तद् ब्रह्म परम स्मृति ।
संन्यास ग्रहणे लव परिव्राजा तरे शुन ॥
राज्येश्वर यथा तुमि संन्यास किं तवप्रति ।
यद् पदे राघव श्रेष्ठ पूर्वकाले विराजित ॥
तद् पद सकल श्रेष्ठ त्रैलोक्य जन वन्दित ।
देव ऋषि मनुष्य वा यक्ष रक्षः प्रपूजित ॥
सर्व जयी पराक्रमे यद् पदार्जित राघवे ।
हे लव तुमि तद् पदे रामतुल्य विराजह ॥
आत्मा ब्रह्म स्वरूपित करि ध्यान निजान्तरे ।
न्याय दंड विधारणे लोकपाल यथा तुमि ॥
साम्राज्ये अरि शासन प्रजा सुख प्रवर्धन ।
व्यवहार यथा योग्य सर्व शान्ति सुरक्षण ॥
तव कुले पुरा स्मृति इक्ष्वाकु राजनोत्तम ।
जगत् शान्ति प्रतिष्ठिया शान्ति प्राप्त स्वयं नृप ॥
इक्ष्वाकु राजन श्रेष्ठ इथे ख्यात चराचरे ।
तद् तुल्य लभह ख्याति राजकार्ये महाबली ॥
अधिकंतु किंवा कहि राजवंश सुरक्षणे ।
तव कार्य सुनिश्चय भ्रम एतद् किं कारणे ॥

विदर्भ दुहिता पार्श्वे नित्य कार्ये समायुत ।
इत्यावधि वधूप्रति नहे गर्भ समुद्भव ॥
कुश देह परित्यजे नाहि अन्य सहोदर ।
राजवंश सुरक्षणे हे लव तुमि केवल ॥
बहु कार्ये परिश्रांत राजान्दरे प्रवेशह ।
कार्यभार ममप्रति अद्य हते प्रदानिया ॥
ऋतावरी समन्वित कियत् काल कर स्थिति ।
राजपुत्र यथाकाले हवे गृहे समुद्भव ॥
हे लव तुमि तद् काले मम अग्रे उपस्थिते ।
एतद् वार्ता निवेदह कार्य पुनः प्रकाशिव ॥
कार्यकाल नहे एवे विश्राम स्मरि केवल ।
भ्रातृहारा यथा क्षुब्ध अद्यकाले महाबली ॥
किञ्चित् साम्य मने स्मरि तत्त्व वाक्य यथा श्रुत ।
पुत्रलाभ अतःपरे किंवा शोक प्रकाशह ॥
एतद् रीति जगन्मध्ये गत शोक निरामये ।
एक हारा यथा शोक क्षये अन्य समागमे ॥
काल क्रमे गत स्मृति विस्मृति शोक नाशक ।
किञ्चित् दिवा रहे मात्र शोक नरे महाबली ॥
क्रमशः गत तद् परे अन्न पान पारेग्रहि ।
नित्य कार्ये समायुत किंवा अन्य सुखोद्भवे ॥
जन्म मृत्यु स्वभावतः एतद् देहे महाबली ।
आत्माप्रति नहे मृत्यु कस्मिन्काले कदाचन ॥
देह धृत यथा जीव व्यक्त मात्र महीतले ।
देह अन्ते पुनर्वार अव्यक्त नित्य दर्शित ॥
जन्म ध्रुव यथास्थले मृत्यु ध्रुव सुनिश्चय ।
जन्मार्थे देह धारण मृत्यु अर्थे तनु क्षय ॥
हे लव देह नश्वर क्षणस्थायी महीतले ।
जीवात्मा अवनीश्वर जानि शोक परित्यज ॥
जन्म ध्रुवात्मन निज देह धारणे मृत्यु ध्रुवास्थिर कृत देह वर्जने ।
आत्मावनीश्वर अज नित्य शाश्वत माया विमोह मरण जन्म वर्जित ॥

- इति श्रीमद्देवायण ब्रह्मकल्पे तृतीय खण्डे लव मण्डलान्तर्गतः नर्त्तिक वर्गे भृगुराम-लव संवादे लव प्रति कार्य निर्देश वार्ता नामः त्रयोविंश संवर्ग ।

— ✯ —

॥ चतुर्विंश संवर्ग ॥

लव वचन

जन्म मृत्यु यथा ध्रुव कह अद्य महात्मन ।
अजरात्मा सनातन जन्म कर्म विवर्जित ॥
द्विविध कथने रत नहे वाक्य परिष्कृत ।
यदि आत्मा स्थिर स्थानु जन्म कर्म विवर्जित ॥
आत्म लाभे यथा पथ क्षत्रकार्य नहे कह ।
अपिच जीवने मृत्यु कह ध्रुव सुनिश्चय ॥

जन्म मृत्यु पुनः पुनः शोक ताप समायुत ।
कह एतद् अनुष्ठिते किं कारणे महात्मन ॥
विमुक्ति किं नहे लभ्य क्षत्रप्रति कदाचन ।
आत्म ब्रह्म अवेक्षणे क्षत्रिय किं प्रवंचित ॥

भृगु वचन

शुन वत्स मन स्थिरे कार्य कर्म पृथक् पृथक् ।
फल लाभ तथा लभ्य शुन पृथक् पृथक् ॥
प्रकाश द्विविध ब्रह्मे निष्क्रिय सक्रिय द्वये ।
एक ऋषि प्रजापति वेद ज्ञान विधारक ॥
अन्य देव महाबल नाना रूप प्रकाशक ।
धनैश्वर्य समन्वित गुण शस्त्र बलान्वित ॥
निस्त्रीयत्त्वे जगत् ऊर्ध्वे ऋषिलोक प्रकाशित ।
कर्म यज्ञ विधारणे देवकुल अवस्थित ॥
कर्म यज्ञे यथा नित्य धनैश्वर्य प्रवर्धित ।
तद् धने सर्व देवता नित्य शोभा समायुत ॥
तद् धन रक्षणे देव नाना शस्त्रे सुशोभित ।
नित्य युद्ध परायण द्वेषीकुल समन्वित ॥
ऋषिकुल गुणातीत निष्क्रिय ब्रह्मणाकृति ।
ज्ञान तत्त्व विधारणे जगत् ऊर्ध्वे अवस्थित ॥
विधृत कर्म यद् ज्ञाने येथा यज्ञ प्रतिष्ठित ।
यद् ज्ञान विहने कर्म यज्ञ सह विलोपित ॥
यद् ज्ञान विहने कर्म अनुष्ठान अकारण ।
स्मरि कर्म दिने दिने क्षयप्राप्त महाबली ॥
यद् ज्ञान विहने कर्म स्मरे प्राज्ञ निरर्थक ।
ज्ञानहीने यथा कर्म अज्ञे दुःख प्रदायक ॥
तद् ज्ञान धारणे ऋषि जगत् ऊर्ध्वे अवस्थित ।
तद् प्रकाश महाबाहु विप्रकुल महीतले ॥
यज्ञ कर्म विधारणे वेद ज्ञाने प्रतिष्ठित ।
यदद्य भूतले विप्र ऋषिरूप विचारह ॥
तद् हेतु कहिनु स्वयं संन्यासीत्त्व ऋषिप्रति ।
सर्व गुण विसर्जने ब्रह्मज्ञाने प्रवेशिते ॥
कर्म यज्ञ विधारक धनैश्वर्य सुरक्षक ।
सत्त्व गुण समायुत देव सर्व स्वरालये ॥
तद्रूप भूतले क्षत्र देव मूर्त्ति महाबली ।
कर्म सुशृंखलाकारी द्वेष्टिकुल विमर्दक ॥
देवतुल्य सुशासक ज्ञान वीर्य विधारक ।
सर्वलोक हिताकांक्षी केवल कर्म जीवन ॥
सर्वदा ब्रह्मणोद्देश्ये यथा कर्म समर्पित ।
साम्राज्य धन रक्षणे प्रजाकुल सुपालने ॥
तद् कर्म महत् स्मर सत्त्व गुण समायुत ।
निस्पृह निरहंकार लाभलाभ विवर्जित ॥
अलिप्त विषये सदा ब्रह्म कर्म अनुष्ठित ।
नियुक्त सतत स्वयं तद् क्षेत्र सकलोत्तम ॥

एतद् कर्म अनुष्ठाने नित्य लोके प्रशंसित ।
अन्तकाले पशे स्वर्गे भोगैश्वर्य विमंडित ॥
विप्रकुल जगन्मध्ये संन्यासत्त्वे करि स्थिति ।
प्रविष्ठ निष्क्रिय ब्रह्मे अन्तकाले महात्मन ॥
संन्यास विप्रकुल तरे स्वभावतः क्षेत्रे स्वभावत गति कर्म जीवने ।
ब्रह्मे प्रकाश कहि सदा क्रिया क्रिये त्यागेक अन्य भुवन विश्व पालने ॥

- इति श्रीमद्देवायण ब्रह्मकल्पे तृतीय खण्डे लव मण्डलान्तर्गतः नर्त्तिक वर्गे भृगुराम-लव संवादे कर्म ओ संन्यास वार्ता कथन नामः चतुर्विंश संवर्ग ।

— ✯ —

॥ पंचविंश संवर्ग ॥

लव वचन

विप्रे त्याग यथा कह क्षत्रे कर्म महामति ।
निष्क्रिय ब्रह्मणे लक्ष्य विप्रकुले प्रवेशिते ॥
लक्ष्य क्षत्रकुले स्वर्ग भोगैश्वर्य विमंडित ।
मुक्तिलाभ किंवा पथे क्षत्रकुले अतःपरे ॥

भृगु वचन

देवतुल्य निरस्पृह भोगैश्वर्ये विमंडित ।
ब्रह्म कर्म समाधाने अनुष्ठेय तथामत ॥
सर्व ब्रह्म समुद्भव सर्व ब्रह्मे अवस्थित ।
एतद् ज्ञाने अनुष्ठेय कर्मावली अरिन्दम ॥
कर्म कर्मी उभे ब्रह्म क्षत्रे ज्ञान इहा शुन ।
सक्रिय परम ब्रह्म क्षत्रे ध्यान जितेन्द्रिय ॥
वस्तु द्रव्य जगत् सृष्टि जीव हते महेश्वर ।
सर्व ब्रह्ममय स्मर सर्व ब्रह्म स्वरूपतः ॥
तपस्या इष्ट साधक सर्व ब्रह्म निरूपित ।
इष्ट ब्रह्म तपः ब्रह्म साधक ब्रह्म निश्चय ॥
देव ब्रह्म शिव ब्रह्म नरः ब्रह्म विवेचित ।
शिव देव उपासित नरःकुले यथा स्मृति ॥
एतद् उक्त सकल् प्राज्ञे ब्रह्मे ब्रह्म उपासित ।
यद् ब्रह्म अवलोकित काम्य इष्ट परस्परे ॥
सृष्टि ब्रह्म सजा ब्रह्म सृजन कार्य तेमति ।
लोक सृष्टि प्रकाशिते ब्रह्मे ब्रह्म उपासित ॥
इन्द्र ब्रह्म प्रजा ब्रह्म तद् कार्य ब्रह्मण स्मर ।
प्रजाकुल सुपालने राज ब्रह्म उपासित ॥
यज्ञ ब्रह्म घृत ब्रह्म यजमान तथा स्मर ।
यज्ञ कार्य घृतार्पणे होता ब्रह्म उपासित ॥
जीव ब्रह्म जगत् ब्रह्म अक्षर ब्रह्मण स्मृति ।
ब्रह्मशक्ति महामाया प्रकाश हेतु कारण ॥
ब्रह्मशक्ति उपासना क्षत्र कार्य सुनिश्चय ।
निष्क्रिय परम ब्रह्म कर्मी शक्ति यथा स्मर ॥

तद् कर्त्तृत्त्वे जगत् सृष्टि समुत्पन्न चराचर ।
शक्ति कृपातरे शुन जगत् बद्धे उपासित ॥
आबद्ध जगते नरः ब्रह्म शक्ति प्रभावित ।
एतद् कृपा बिना कभु तत्त्व ज्ञान प्रकाशित ॥
निष्क्रिय परम ब्रह्म क्षत्रिये यत्न यद्यपि ।
रजः गुण हवे न्युब्ज तापसे परिवर्त्तित ॥
अपिच ज्ञान संग्रह हवे व्यर्थ सुनिश्चय ।
सत्त्व भाव प्रतिष्ठाते ज्ञानोन्मेष महाबली ॥
तुष्ट कर्मे महाशक्ति कर्म यज्ञे उपासित ।
प्रसन्ना मोचने माया ज्ञानदात्री भविष्यते ॥
यद्ब्रह्म शाश्वत अचल स्थिर निष्क्रिय तद् शक्ति सक्रिय शुन मोहकारिणी ।
कर्मे प्रसन्न तिनि विमोह विनाशने माया सुसंहृत करि बुद्धिदायिनी ॥

- इति श्रीमद्देवायण ब्रह्मकल्पे तृतीय खण्डे लव मण्डलान्तर्गतः नर्त्तिक वर्गे भृगुराम-लव संवादे ब्रह्मशक्ति वार्ता कथन नामः पंचविंश संवर्ग ।

— ✮ —

॥ षड्विंश संवर्ग ॥

लव वचन

तुष्ट कर्मे महाशक्ति सर्व माया विमोचिका ।
यद्यपि कह हे गुरु कार्य स्वयं अनुष्ठिव ॥
सक्रिय परमाशक्ति करि स्वयं उपासना ।
आत्म मुक्ति यथा कह एतद् श्रेय मने स्मरि ॥
राजवंश सुरक्षणे यथा पुत्र प्रयोजन ।
हे महात्मा अनुष्ठिव एतद् कार्य सुनिश्चय ॥
प्रसन्न शक्ति यद्यपि कर्मपथे महामति ।
निष्क्रियता नहे काम्य अत्रस्थले कदाचन ॥

भृगु वचन

एतद् क्षेत्रे स्वभावत निष्क्रियता विवर्जन ।
नित्य कर्म अनुष्ठान रजः गुण प्रभावित ॥
सत्त्वस्थ करिते रजः आत्म मुक्ति प्रयोजने ।
नित्य कर्म अनुष्ठह ब्रह्मे आत्म समर्पणे ॥
यद् ब्रह्म सर्व कारण सर्व मूले विराजित ।
ऊर्ध्व मूल अधः शाखा प्राज्ञकुले विचारित ॥
अश्वत्थरूप संसार सृष्टि शाखा चतुर्दिके ।
पत्रावली पृथक् पृथक् यद् व्यक्त सृष्टि पल्लवे ॥
सर्व सृष्टि सुरासुरी यद् शाखाते प्रकाशित ।
यदश्वत्थ मूल ब्रह्म सृष्टि ऊर्ध्वे अवस्थित ॥
तद् मूल व्यक्त यद् शाखा सप्त भागे विभागित ।
एतद् सप्त प्रजारूप मूल कांड स्वरूपित ॥
सप्तकांड कहे सृष्टि प्राज्ञकुले इथे स्मर ।
एतद् सप्ते विभागित पर्व अष्टादश स्मर ॥

अष्टादश महापर्वे सृष्टि-स्तर सुवर्णित ।
पत्र पुष्प विमंडित अपूर्व ब्रह्म पादप ॥
ऊर्ध्वमूल अधः शाखा ब्रह्माश्वत्थ मने स्मर ।
यद् ध्याने परम स्मृति आत्म ज्ञान प्रवर्धक ॥
पुनश्च स्मर हे लव अत्र वृक्ष पृथक् मत् ।
कल्प त्रये विभागित अत्र मूल मने स्मर ॥
द्वात्रिंश मण्डले व्याप्त वर्ग क्रमे विभागित ।
संवर्गे पल्लव स्मृति बहु पत्र समावृत ॥
एतद् ध्याने निरन्तर करि आत्म नियोजन ।
नित्य कार्य अनुष्ठह ब्रह्मे आत्म समर्पणे ॥
तद् शक्ति सर्व चालिका सर्व कर्म विधारिका ।
तद् प्रसादे हवे मुक्ति कर्मपथे सुनिश्चय ॥
स्वधर्मे निधन श्रेय पर धर्म भयावह ।
हे वत्स क्षत्रिये कर्म विप्रे त्याग सुनिश्चय ॥
नित्य स्वधर्म यदि अनुष्ठित क्रमे तद् सर्व मंगल शुन कर्म जीवने ।
अन्ये भयावह पर धर्म पालने विभ्रांतचित्त पतित घोर तामसे ॥

- इति श्रीमद्देवायण ब्रह्मकल्पे तृतीय खण्डे लव मण्डलान्तर्गतः नर्त्तिक वर्गे भृगुराम-लव संवादे कर्म वार्ता कथन नामः षड्विंश संवर्ग ।

— ✯ —

॥ सप्तविंश संवर्ग ॥

शिव वचन

एरूप कहिते भृगु लव तुष्ट निजान्तरे ।
कर्मे आत्म नियोजने करि स्थिर समुत्थित ॥
पूर्वे क्षोभे यथा स्थिर विगत विषये स्पृहा ।
संयत करिया पुनः गुरु पदे शिरानत ॥
एवे वाक्य मनोद्गत स्वीय शोक निरामये ।
पुरान्दरे कुलस्त्रीय एतद् वार्ता अजानित ॥
वार्ता मात्र समाकर्णे शोकाच्छन्न हवे पुरी ।
तद् रक्षण प्रयोजन सर्वे शान्ति प्रदानिते ॥
विशेषतः ऋता निता हवे शोके सकातर ।
तद् सर्वे दानिते शान्ति किंवा वाक्य ममप्रति ॥
एतद् चिन्ता समायुत हेरि लवे सकातर ।
जिज्ञासिल पुनः स्नेहे भृगुराम इहा शुन ॥

भृगु वचन

हे वत्स विरसानन कह पुनः किं कारणे ।
किंवा चिन्ता समाच्छन्न कह चित्ते पुनः तव ॥

लव वचन

एवे गुरु मनोद्गत अन्य चिन्ता ममप्रति ।
मम ताप सुशीतल तव वाक्याप सिंचिने ॥

सर्व शान्ति प्रसारित   मम चित्ते महात्मन ।
मम चित्त समाच्छन्न   अन्यतरे तथापिह ॥
एवे सभा परित्यजि   पुरीमध्ये प्रवेशिव ।
हवे शुन पुरीमध्ये   शोक वार्ता प्रचारित ॥
विशेषतः नितावरी   हवे शोक सकातरा ।
ममाग्रे नीरवे यवे   अश्रु निर्झरिवे शुन ॥
किं कहिव तथा वाक्य   एतद् शोक निरामये ।
पतिहारा अति क्षोभे   दीर्घ श्वास विमोचने ॥
अत्र चिन्ता सकातर   मम चित्त महात्मन ।
किंवा वाक्य तथास्थले   कह अद्य ममप्रति ॥

शिव वचन

लव वाक्य यथा श्रुत   निनादे भृगु केशरी ।
अरण्ये पशु ताड़ने   यथा सिंह निनादन ॥

भृगु वचन

हे वत्स्य कातर स्वयं   कह अद्य किं कारणे ।
मुक्त स्वयं यथा पथे   कह सर्वे तथा ॥
आत्माप्रति नहे मृत्यु   नहे जन्म कदाचन ।
आत्मा लिप्त नहे मुक्त   नहे बद्ध जगत्तले ॥
प्रेमासक्त नहे कभु   विमुक्त सर्व बन्धने ।
प्रेम सख्य जगन्मध्ये   मायामोह समायुत ॥
यथा स्नेह यथा प्रेम   तथासक्ति मने स्मर ।
एतद् माया प्रभावित   जानि प्राज्ञ परित्यजे ॥
सर्व स्नेह परित्यजि   अलिप्त विषये सदा ।
कार्य कर्म अनुष्ठित   ब्रह्म शक्ति प्रचालित ॥
तदिच्छा सर्व कारण   सृष्टि स्थिति लय क्रमे ।
तद् गर्भे जात त्रैलोक्ये   यत सृष्टि प्रकाशित ॥
तदिच्छा सृष्टि कारण   तदिच्छा स्थिति कारण ।
तदिच्छा प्रलये गति   संहार कारिणी स्वयं ॥
तद्रूप जगते जन्म   तदिच्छा मात्र केवल ।
आयुष्काल जगन्मध्ये   एतद् शक्ति निरूपित ॥
अन्तकाल तथा स्थिर   तथा क्षोभ अकारण ।
ए तत्त्व ज्ञात मानव   शोककाले रह स्थिर ॥
यद् सर्व परमेश्वरी   तद् पदे शरणागत ।
प्राज्ञकुल रहे तुष्ट   गत शोके निरन्तर ॥
गत शोक महाबाहु   तद् वाक्ये कर केवल ।
राक्षस विजयी राम   यद् करुणा प्रसादित ॥
यद् ब्रह्मशक्ति कथित सर्वधारिणी   स्त्रष्टा तिनि स्थिति लयकारिणी स्वयं ।
सर्वादि केवल तिनि सर्व पालिका   सर्वेश्वरी प्रणमि विमुक्ति बन्धने ॥

- इति श्रीमद्देवायण ब्रह्मकल्पे तृतीय खण्डे लव मण्डलान्तर्गतः नर्त्तिक वर्गे भृगुराम-लव संवादे ब्रह्मशक्ति वार्ता कथन नामः सप्तविंश संवर्ग ।

— ★ —

॥ अष्टविंश संवर्ग ॥

शिव वचन

एतद् वाक्य यथा श्रुत कर्मोत्साही तथा लव ।
भृगुपदे शिरानते सभा त्यजि बहिर्गत ॥
पुरीमध्ये प्रवेशिल यवे लव धनुर्धर ।
पुरोवासी यथा त्वरित एतद् पार्श्वे समागत ॥
ऋता निता यथा त्वरित अत्र पार्श्वे समागमे ।
केह शीघ्र परिग्रहे हस्त धृत धनु:शर ॥
केहवा कटि बन्धने यथा खड्‌ग परिग्रहे ।
शस्त्रावली परिग्रहि यथास्थले सुरक्षणे ॥
वर्मचर्म करे मुक्त वीरवेश कलेवरे ।
कवच कुंडल क्रमे करि अंग विमोचित ॥
तद् सह शिर भूषण यथा यत्ने सुरक्षिल ।
कौशेय वसने पुन: कम्र शोभा सुशोभने ॥
पद प्रक्षालणे त्वरा शान्ति वारि प्रदानिल ।
ललाट वक्ष बाहुते चर्चिल गंध चन्दन ॥
कुंकुम कस्तूरीसह उत्तोरीय प्रदानिया ।
बीजने रत केहवा केह अंगानुलेपने ॥
केह केश विचालने रत हर्ष प्रवर्धने ।
सेवा रत कुलस्त्रीय ऋता निता समन्वित ॥
पद्म हस्ते पदे केह नियुक्त कर चालने ।
उपविष्ट तथा लव स्वर्णासन मनोहरे ॥
चतु:पार्श्वे कुलस्त्रीय नाना सेवा समायुत ।
स्वल्पभोज प्रदानिया पानीय दानि उत्तम ॥
गत श्रांति निरीक्षिया यथा प्रश्न जने जने ।
जिज्ञासिल ऋतावरी एतद्रूप लवप्रति ॥
एले क्षिति परिभ्रमि सर्वत्र परिदर्शने ।
सर्व जयी महाराज सर्व लोक सुवन्दित ॥
कुशल कह साम्राज्ये यथा दृष्ट यथास्थले ।
किंवा वार्ता महावीरे नल नील कपीश्वरे ॥
किं वार्ता चिरबांधव खुल्लतात: विभीषणे ।
किं वार्ता तव पालक यद् वाल्मीकि महाकवि ॥
किं संवाद कुशप्रति कोन क्षेत्रे अवस्थित ।
किं कार्ये लिप्त अद्यापि गृहे निता गत स्मृति ॥
कोन राज्य जये अद्य कृत आत्म नियोजित ।
कोन द्वेषी अवाध्यता नियुक्त शासने कह ॥
भगवान स्वयं राम तव पिता विवेचक ।
पितृ सत्य सुपालने सीता संगे परिग्रहि ॥
वनवासे प्रवेशिल नाना दु:ख तथापिह ।
श्वशुर सह साश्रुधी सर्व प्रीत अवस्थित ॥
तद् पुत्र अविवेचक पत्नी गृहे परित्यजि ।
कोन राज्य सुशासने आत्म सुखे विराजित ॥
केन ना कहिले तुमि हे कुश गमने गृहे ।
आनयने नितावरी एकत्रे करह स्थिति ॥

एरूप कहिते रत ऋतावरी यवे शुन ।
लव मौन रहे स्थिर चक्षे अश्रु विनिर्झरे ॥
वाक्ये नियुक्त रहि ऋतावरी क्रमे आचम्बित लव नयनाश्रु दर्शने ।
योषित् कुलाघटन विचिन्ति शंकिता निस्तब्ध आनन सकले अवेक्षणे ॥

- इति श्रीमद्देवायण ब्रह्मकल्पे तृतीय खण्डे लव मण्डलान्तर्गत: नर्त्तिक वर्गे भृगुराम-लव संवादे लव प्रति ऋता प्रश्न नाम: अष्टविंश संवर्ग ।

— ✯ —

॥ ऊनत्रिंश संवर्ग ॥

शिव वचन

लव अश्रु निरीक्षिया ऋता चित्ते सविस्मय ।
कहे वाक्य क्षणान्तरे लव हस्त विधारणे ॥
कह प्रिय किं कारणे तव अश्रु विनिर्झरे ।
भीताहं अश्रु दर्शने कह त्वरित शुभाशुभ ॥
एतद् प्रश्ने पुन: पुन: मौन भंगे अत:परे ।
निताप्रति निरीक्षिया एरूप कहिते रत ॥
बाष्पाकुल यथा चक्षु शोक क्षुब्ध बहिर्गत ।
अर्ध वाक्य सगद्गदे किं कहिव ऋतावरी ॥
तव प्रश्न क्रमागत महत्तर हवे गुरु ।
गुरुतर मने स्मरि काल हरण नीरवे ॥
गुरुतर यथा वाक्य हवे तवु प्रकाशिते ।
शुनह दृढ़ संयमे हे नित्य स्नेहपालिता ॥
तव भाग्य विपर्यये लंकाधामे ममानुज ।
इहलोक परित्यजे नहे साक्षात् अत:परे ॥
एरूप वाक्य निर्गमे लव कण्ठे यवे श्रुत ।
एक स्वरे कुलस्त्रीय आर्तनादे निनादिल ॥
इहलोक परित्यजे तवानुज नराधिप ।
प्रत्युत्तरे विनिर्गत हुम् शब्द दानि सम्मति ॥
वज्राहते यथामत वारेक शब्द भीषण ।
सर्व स्तब्ध अत:परे वारिपात क्रमागत ॥
तद्रूप शब्द वारेक स्त्रीयकुले तथास्थले ।
तद् परे नीरवे सर्वे रत अश्रु निपातने ॥
सर्व स्तब्धे बहुक्षण अतिक्रांत अत:परे ।
लव वाक्य समायुत एतद् नितावरीप्रति ॥
यद् भाग्य रचितातीते स्व-संकल्पे नितावरी ।
जन्म कर्म समन्वित जात यवे महीतले ॥
एतद् भाग्य विदूषिणी धाता सृष्टि निरूपणे ।
दुर्भाग्य किं स्व-सौभाग्य काल कृत प्रचालित ॥
कालदंड अतिक्रमे के सक्षम चराचरे ।
कालाधिक भयावह दुर्वार के जगत् त्रये ॥
के निर्मम स्वयं सत्ये कालाधिक मने स्मर ।
विधृत आयु यद् काले आयुष्काल तथा स्मृति ॥

आयुष्काल समापने कालदंड विघातने ।
उत्क्रांत प्राण सत्वरे एतद् देह परित्यजि ॥
तदात्मा प्राण संहति उत्क्रमणे तनु त्वरा ।
स्वीय कर्म यथामत एतद् क्षेत्रे पशे स्वयं ॥
कालदंड अकस्मात् व्यधिमग्न निपातने ।
एतद् सर्वे अवारित स्मरि चित्ते रह स्थिर ॥
उत्क्रान्ति हेतु सकल वीर्य पीड़ने कालाधिकोत्तम बलवान के कह ।
दुर्वार तेजस्पति आयु अन्तके के वारिवे कह रह शान्त तद् स्मरि ॥

- इति श्रीमद्देवायण ब्रह्मकल्पे तृतीय खण्डे लव मण्डलान्तर्गत: नर्तिक वर्गे भृगुराम-लव संवादे लव कर्त्तृक पुरस्त्रीगण प्रति सान्त्वना वाक्य कथन नाम: ऊनत्रिंश संवर्ग ।

— ✯ —

॥ त्रिंश संवर्ग ॥

शिव वचन

एरूप कहिया लव यद्काले शुन नीरव ।
लवपदे निपातित आर्तनादे नितावरी ॥
तद् शिरे हस्त चालने स्नेहवाक्य समायुत ।
कर सह्य विदूषिणी सह्याधिक नहे गुण ॥
किंरूप जननी मम सहे नित्य मने स्मर ।
यद् क्षेत्रे सर्व बांधव समव्याथी अवस्थित ॥
पिता माता समन्वित अयोध्यापति देवर ।
वनवासे तथापिह वाल्मीकि कवि आश्रिता ॥
एतद्काले कहे ऋता एतद् वाक्य लवप्रति ।
तथापि जननी शुन अभिमाने मही त्यजे ॥
सर्व बंधु अवस्थित अन्तर्दु:खे तथापिह ।
सर्व जन पुरोभागे महीगर्भे प्रवेशिल ॥
तद् वाक्य श्रवणे लव उत्तरिल मृदुस्वरे ।
एतद् सत्य ऋतावरी मातृ कार्य अभावित ॥
सह्य गुण तथापिह सर्वाधिक मने स्मर ।
यद् सह्य सकले ख्यात त्रैलोक्य स-चराचरे ॥
उत्तरिल ऋतावरी लव वाक्य प्रतिस्वने ।
एतद् सत्य नराधिप सह्य सर्वाधिक स्मरि ॥
करि प्रश्न तथापिह किं प्रकारे तवानुज ।
लंकाधामे हत प्राणे किंवा युद्ध तथास्थले ॥
कह केवा निशाचर पूर्व क्षोभ समायुत ।
प्रतिशोध प्रदानिते एतद् कार्य अनुष्ठिल ॥
किंवा अन्य विपर्यय अकस्मात् उपस्थित ।
मृत्यु हेतु कुशप्रति यद् प्रकारे समुद्भवे ॥
एरूप कहिते वाक्य लवप्रति ऋतावरी ।
उत्तरिल सकातरे एतद् लव नराधिप ॥
शुन सर्व ऋतावरी नितावरी पुरस्त्रीय ।
लंकाते निहत कुश यद् प्रकारे अभावित ॥

नहे युद्ध तथास्थले	नहे शस्त्र विघातने ।
आचम्बिते निशाकाले	सर्पाहत तनु त्यजे ॥
एरूप कहिते लव	स्त्रीयकुल तथास्थले ।
कहे वाक्य समस्वरे	सर्पाहत तनु त्यजे ॥
किं प्रकारे नराधिप	सर्पाहत प्रकाशह ।
उत्तरिल पुनः लव	शुन सर्व मन स्थिरे ॥
यवे कुश बहिर्गत	पिता वार्ता निवेदिते ।
पितृ सखा कपीश्वरे	रक्षःराज विभीषणे ॥
पिता मर्त्य परित्यजे	कपिनाथे निवेदिया ।
लंकाधामे करे गति	दिवसेक करे स्थिति ॥
पिता मर्त्य परित्यजे	कपीश्वर यवे श्रुत ।
वितृष्ण जीवने स्वयं	देह त्याग मने स्मरि ॥
त्यजिते देह चिन्तित	मधु पान समायुत ।
अत्रकाले तथागत	अश्वल नाम राजन ॥
चन्द्रवंश समुद्भव	दिग्विजये बहिर्गत ।
कपिराज्य प्रभाविते	युद्धमान तथास्थले ॥
अश्वलसह संग्रामे	कपिकुल पराजित ।
युद्धे देह परित्यजे	वीर सर्व क्रमे क्रमे ॥
अश्वल कृत किष्किंध्या	अधिकृत अतःपरे ।
कपिकुल विताड़ित	राज्यहारा वने भ्रमे ॥
हेथा कुश उपस्थित	लंकाधामे यथा त्वरित ।
तथा सर्व समादृत	सर्व स्नेहे प्रपूजित ॥
पितृ स्मृति निरीक्षणे	दिवाव्यापी परिभ्रमे ।
रात्रिकाले कहे सर्व	पितृ वार्ता विभीषणे ॥
श्रवणे क्षुब्ध यद् तातः	कुश निद्रा समायुत ।
कुश निद्रा निरीक्षिया	सरमा सह निर्जने ॥
क्षोभयुक्त विभीषण	पितृ स्मृति कहि क्रमे ।
द्वितीय प्रहरातीते	निद्रायुक्त यवे उभे ॥
अत्रकाले निशायोगे	अर्बुद कद्रु नन्दन ।
दुष्टकाल प्रचालित	लंकाधामे प्रवेशिल ॥
पुत्रगण समन्वित	द्विप्रहर निशा यवे ।
सुप्त सर्व निशाचर	करे पुरी समावृत ॥
प्रति कक्ष चतुःपार्श्व	गति पथ चतुर्दिके ।
एक द्वय प्रति द्वारे	लंका पूर्ण भुजंगमे ॥
निद्रित राक्षसावली	कक्षे सर्प प्रवेशिया ।
प्रसुप्ते विष दंशने	रत क्रमे विनाशिते ॥
एकत्रे सर्व कक्षते	विपुल सर्व संख्यक ।
एक संगे वधे रत	राक्षस राक्षसी सह ॥
एवे सर्व अनुध्याने	अनुभव कर क्रमे ।
यथा दृश्य परिस्थिति	लंकाधामे अतःपरे ॥
प्रहरेक निशा मात्रे	हत सर्व निशाचर ।
तद् सह स्वीय दुर्भाग्ये	हत कुश तथास्थले ॥
एरूप कहिया लव	पुनः अश्रु विनिर्झरे ।
स्त्रीयकुल विनिर्झरे	धारावेगे क्रमागत ॥

क्षणान्तरे कहे लव संवाद शुन तद् परे ।
वधे सर्व निशाचर सर्पकुल यवे शुन ॥
तद् काले सर्पराजन काद्रवेय भुजंगम ।
रक्ष:राज विभीषण गृहद्वारे उपस्थित ॥
अत्रकाले विभीषण आर्तनाद यथा श्रुत ।
सत्वरे हेतु निर्णये द्वार मुक्ते बहिर्गत ॥
मुक्तद्वारे बहिर्गमे सहस्र मस्तकोरग ।
शिरे मणि विमंडित रक्ष:राज निरीक्षिया ॥
जिज्ञासिल अहिप्रति परिचय किंवा तव ।
सर्पराज तदुत्तरे कहिल अर्बुद स्वयं ॥
अधिकृत स्वयं बले मम कृत विभीषण ।
अमर तुमि केवल कहि वाक्य यथा शुन ॥
सर्पकुले निपातित रक्ष:वृन्द चतुर्दिके ।
निहत सकले अन्य तुमि मात्र अवस्थित ॥
जाह अन्यस्थले तुमि लंकाधाम परित्यजि ।
एतद् आज्ञा तवप्रति नहे युद्ध प्रदानह ॥
एक रथ प्रदानिव तव हेतु विभीषण ।
अन्य सर्व परित्यज अधिकृत यथा मम ॥
एरूप कहिते वाक्य अर्बुद सर्पराजन ।
विगत विषये स्पृहा खुल्लतात: विभीषण ॥
कातर पितृ संवादे यथा पूर्वे अवस्थित ।
धनैश्वर्य वृथा स्मरि चिन्ति भोग अकारण ॥
श्रीराम विहने वास स्मरि मर्त्ये अकारण ।
विगत विषये तृष्णा दाने लंका भुजंगमे ॥
दानिया भुजंगे लंका स-पत्नी सरमा सह ।
रथारूढ़ अत:परे लंकाधाम परित्यजे ॥
शुनि लंका परिस्थिति सर्वे अश्रु विनिर्झरे ।
मौन लव कतक्षण रत अश्रु निपातने ॥
लंकापुरे पशि भुजंग सर्वत: नाशे प्रसुप्त यत निशाचरावली ।
सेथा निशाचरसह सर्प दंशने यद् त्यक्त जीवन कुश सुप्ति कातर ॥

- इति श्रीमद्देवायण ब्रह्मकल्पे तृतीय खण्डे लव मण्डलान्तर्गत: नर्त्तिक वर्गे ऋतावरी-लव संवादे लंका वार्ता कथन नाम: त्रिंश संवर्ग ।

— ✯ —

॥ एकत्रिंश संवर्ग ॥

शिव वचन

पुनश्च कहिते रत लव एतद् ऋताप्रति ।
शुन वार्ता अत:परे यथा लंका परिस्थिति ॥
स्व-पत्नी सरमासह रथारूढ़ विभीषण ।
सुमेरु शिखरे पशि कृत स्वयं अवस्थिति ॥
अत्याधिक तथा शैत्ये असह्ये सरमा तथा ।
त्यजे मर्त्य कलेवर एकाकी रावणानुज ॥

सर्व त्यक्त अनासक्त योगीश्रेष्ठ महात्मन ।
यद् मुक्त ब्रह्म दर्शने संगहीन अवस्थित ॥
तद् क्षेत्रे गमने स्वयं साक्षात् प्राप्त महात्मने ।
पूर्व तुल्य स्मिताधर शोक ताप विवर्जित ॥
अम्लान वदने स्वयं सर्व वार्ता प्रकाशिल ।
श्रुताहं अति विस्मित नमि पदे पुनः पुनः ॥
विधृत चरणद्वय एतद् वाक्य निवेदिनु ।
हे सर्व संग विच्युत सर्व शोक विवर्जित ॥
आदर्श भूतले तुमि लोकशिक्षा तरे स्मरि ।
हे प्राज्ञ चल मद्राज्ये तव संग करि स्पृहा ॥
शोक दुःखे विपर्यये तव संग हितप्रद ।
पितृहीन यथा स्वयं मम कार्य सहायके ॥
एरूप कहिते वाक्य सम्मत रक्षःराजन ।
स्थापिया सरमादेह पुण्यक्षेत्र स्वरूपित ॥
रथारूढ़ अतःपरे सुमेरु शिखर त्यजि ।
लंका द्वीपे समागमे भुजंगकुल दर्शित ॥
लंकाद्वीप पुरीशून्य यद् विनष्ट भुजंगमे ।
धन लोभे यथा कृत सर्व स्मृति तिरोहित ॥
तद् दुष्टकुल दर्शने मम क्रोध उपस्थित ।
कुशहन्ता विशेषत एतद् सर्व विमर्दने ॥
रक्षःराजे प्रदानित सारथ्ये करिते रथे ।
स्वयं कोप समायुत शस्त्राघाते समायुत ॥
मत् शस्त्र घातने बहु हत क्षत निपातित ।
किंचित् मात्र महाभये करे द्रुत पलायन ॥
सिंधुजले तिरोहित अन्य सर्व स्तूपीकृत ।
पर्वत प्रमाण मृत त्यजि सर्प तथास्थले ॥
किस्किंध्या नगरागमे आह्वानि अश्वले रणे ।
कपिकुल समन्वित महायुद्ध अनुष्ठित ॥
अत्र युद्धे पराजित मिथि वंश समुद्भव ।
किष्किंध्या त्यजि अश्वल स्वीय राज्ये करे गति ॥
मत् आज्ञा प्राप्त वानर किष्किंध्याते प्रवेशिल ।
किञ्चित् तुष्ट ममान्तरे पितृप्रीति मने स्मरि ॥
किष्किंध्या त्यजि तद् परे पंचवटि वनागत ।
तीर्थक्षेत्र मने स्मरि अवतीर्ण तथास्थले ॥
यद् कुटीर अवस्थित पितृस्मृति प्रदर्शने ।
तद् क्षेत्रे हेरि शद्वले सिद्धयोगी महात्मन ॥
ममाग्रे करि दर्शन राम नामे तनु त्यजे ।
हेरि भक्ते तनु त्याग जिज्ञासिनु विभीषणे ॥
भक्तहेतु किंवा कार्य कह तातः ममप्रति ।
उत्तरिल यथास्नेहे नैकषेय महाबली ॥
मित्र दशरथे पुरा जटायु विहगोत्तमे ।
सत्कार कृत राघवे पितृतुल्य समादरे ॥
तद्रूप तुमि हे लव सत्कार कर शद्वले ।
रामभक्त यथा श्रेष्ठ रामनामे तनु त्यजे ॥

तद् वाक्य श्रवणे स्वयं सत्कार करि शद्वले ।
पंचवटि परित्यजि चित्रकूटे उपस्थित ॥
जिज्ञासिल ऋतावरी शद्वल के नराधिप ।
उत्तरिल तथा लव शद्वल शवरी सुत ॥
शवरी अभिशप्ता यद् देवकन्या पुरा स्मृति ।
निषादीरूप धारणे राम ध्याने अवस्थिता ॥
यद् राघवे कृपाप्राप्त शवरी भक्त उत्तम ।
बहुल शवरी स्मृति पितृ पार्श्वे तव श्रुत ॥
शुन वार्ता अत:परे चित्रकूटे उपस्थिते ।
रामनामे समाहित ऋषिकुल निरीक्षिणु ॥
तद् पुण्य क्षेत्र दर्शने आगत गुहकालये ।
राम नाम प्रचारिते गुहक रत सेस्थले ॥
यद् पुण्य गुहके कार्य हेरि चित्त प्रमोदित ।
तद् परे कवि आश्रमे हनु कार्य निरीक्षिणु ॥
जिज्ञासिल पुनर्वार एतद् वाक्य ऋतावरी ।
किं कार्य कवि आश्रमे महावीरे प्रकाशह ॥
उत्तरिल पुन: लव एतद् रूप विनिर्झरि ।
किं कहिव ऋतावरी दु:खस्मृति क्रमागत ॥
पिता त्यक्त कलेवर हनु पार्श्वे हवे श्रुत ।
पुन: मर्त्ये अवस्थान स्मरि कवि अकारण ॥
श्रवणे रत यद्काले हनु पार्श्वे पितृस्मृति ।
तद् वार्ता श्रवणक्रमे ऊर्ध्वे मन निवेशिया ॥
एतद् मर्त्य परित्यजे विस्मित दर्शने हनु ।
कवि त्यक्त कलेवर वार्ता प्राप्त यवे गुरु ॥
सत्वरे गमने तथा अन्त: कार्य समापिल ।
एतद् कार्य सहायके बहु ऋषि उपस्थित ॥
स्मरणे सम वेदने कवि श्रद्धा प्रदर्शने ।
पुष्पांजलि प्रदानिया पुण्य कार्य समापिल ॥
सर्वे अश्रु विनिर्झरि देह यत्न समादरे ।
भूमिगर्भे सुरक्षणे भृगुराम कहे इहा ॥
नगर कर निर्माण कवि स्मृति सुरक्षणे ।
ऋषिकुल मनोमत कर हेथा अवस्थिति ॥
कर स्वयं अवस्थान नगर पालने हनु ।
रामतत्त्व सुवर्णने कवि कीर्त्ति प्रवर्धने ॥
नगर करि निर्माण भृगु आज्ञा यथामत ।
रत सेथा महावीर पितृतत्त्व सुकीर्त्तने ॥
तद् क्षेत्रे गमने स्वयं हेरि दृश्य प्रहर्षित ।
अध्यात्म नगरेश्वर रूपे वीर विराजित ॥
पितृतत्त्वे कहे हनु अक्षरादि सुवर्णने ।
ऋषिकुल तथा श्रोता सर्वे आत्मविमोहित ॥
यद् राम अक्षर द्वये चन्द्र भद्र प्रदानिया ।
कहिल तारकब्रह्म रामचन्द्र पिता मम ॥
मंत्र श्रेष्ठ कहे वीर संसारार्णव तारक ।
रामचन्द्र नराकृति भगवान स्वयं प्रभु ॥

तद् नामे दानि व्याहृति　　प्रणव करि संयुत ।
कहे वीर महामंत्र　　सर्व मोक्ष प्रदायक ॥
अध्यात्म आख्या पुर महासभातले　　पुण्यस्थले ऋषिकुल मण्डलावृते ।
श्रीराम कीर्तिचय महत्त्व मानवे　　यद् वायुनन्दन रत तत्त्व वर्णने ॥

- इति श्रीमद्देवायण ब्रह्मकल्पे तृतीय खण्डे लव मण्डलान्तर्गत: नर्त्तिक वर्गे ऋतावरी-लव संवादे भ्रमण वृत्तांत कथन नाम: एकत्रिंश संवर्ग ।

— ✯ —

॥ द्वात्रिंश संवर्ग ॥

शिव वचन

एरूप कहिया लव　　यवे मौन तथास्थले ।
स्त्रीयकुल यथा शान्त　　कहे एतद् ऋतावरी ॥
यद् स्मृति स्मरणे मात्र　　शोक ताप तिरोहित ।
तद् नाम तारकब्रह्म　　इथे कह किं संशय ॥
ज्ञानीश्रेष्ठ महावीर　　भक्तोत्तम महाबली ।
कर्मीश्रेष्ठ मरुत्पुत्र　　तद् वाक्य सत्य सर्वत: ॥
हे नृप चल तद् क्षेत्रे　　मारुति करि दर्शन ।
तद् मंत्र ग्रहणे सर्वे　　सार्थक करि जीवन ॥
विमूढ़ा आमरा सर्वे　　स्त्रीयकुल नराधिप ।
राम सेवा यथा कृत　　तत्त्व ज्ञात नहे कभु ॥
अपूर्व स्नेह केवल　　स्पर्श शान्ति प्रदायक ।
ज्ञात मात्र तथा स्वयं　　नर:मध्ये नरोत्तम ॥
चल मारुति दर्शने　　रामतत्त्व शुनि क्रमे ।
यदुक्त तारकब्रह्म　　महद् तत्त्व मरुत् सुते ॥
एरूप कहिते वाक्य　　ऋतावरी लवप्रति ।
राघवज कहे स्नेहे　　हवे एतद् अत:परे ॥
अग्रे कार्य तवप्रति　　समागत विभीषण ।
मम पार्श्वे अवस्थाने　　इत्यार्चना कर स्वयं ॥
लव वाक्य यथा श्रुत　　ऋतावरी सचेतन ।
यथा सम्वर्धना हेतु　　रक्ष:राजे समुत्थित ॥
गंधमाल्य समन्वित　　नाना भोज्य परिग्रहि ।
विभीषणार्चना तरे　　स्त्रीयकुल समावृत ॥
रक्ष:राज यथास्थले　　स्वविश्रामे अवस्थित ।
लव सह उपस्थित　　राज्ञी स्वयं ऋतावरी ॥
प्रणमि रक्ष:राजने　　पान भोज्य प्रदानिया ।
गंध माल्य तदर्पणे　　बीजने रत सादरे ॥
पान भोज्य समादरे　　विभीषण परिग्रहि ।
बीजने निरत स्त्रीये　　करि हास्ये निवारण ॥
कहे वाक्य ऋताप्रति　　राम-मित्र विभीषण ।
वत्स्ये स्वयं अति प्रीत　　आतिथ्ये तव आलये ॥
लव कार्य सहायके　　एतद् क्षेत्रे उपस्थित ।
पुरवासी यथामत　　कर कार्ये नियोजन ॥

आतिथ्य करि वर्जन कह कार्य प्रयोजन ।
आगत समवेदने राम-कार्य अनुष्ठिते ॥
एरूप कहिते वाक्य स्नेहयुक्त विभीषण ।
दृष्टान्तरे ऋतावरी कहे एतद् शिरानते ॥
यद् श्वशुर पितृस्थले नित्य गृहे विराजह ।
पुण्यकार्य विनिर्देशे प्राज्ञश्रेष्ठ सुमंगले ॥
अयोध्या नगरे राम नहे अद्य विराजित ।
तद् क्षेत्र कर हे पूर्ण राम-मित्र महात्मन ॥
तद् काले अति कातरे अश्रुवारि परिप्लुता ।
रक्षःराज पदे नत कुशपत्नी नितावरी ॥
तद् काले सर्व अन्तरे परिव्याप्त यथा त्वरित ।
लंका धामे कुशस्मृति सर्वे अश्रु विनिर्झरे ॥
निर्विकार विभीषण निर्लिप्त अन्तरे स्थिर ।
कहे वाक्य क्षणान्तरे रामेच्छा सकल स्मरि ॥
दाने राज्य मम प्रति रावणादि विसर्जने ।
मोचने देव-दासत्व इन्द्रे स्वर्ग प्रदानिल ॥
पुनः राज्य परिग्रहे पत्नी पुत्र समन्वित ।
राम-इच्छा मने स्मरि अयोध्याते उपस्थिति ॥
मत् दुःख वेदना हर्ष सर्व रामे समर्पित ।
तदिच्छा धृत जीवन तदिच्छाते परिभ्रमि ॥
यथा देहे अवस्थित देहसेवा प्रयोजन ।
क्षुधा तृष्णा निरामय कार्य त्यक्त नहे मम ॥
यद् काल देह-जीवन दोषदेह क्षये स्मरि ।
शोक तापे क्षये देह एतद् त्यज्य सुनिश्चय ॥
स्वकार्य करि सम्पूर्ण देही देह परित्यजे ।
कर्मक्षय बिना मृत्यु उत्क्रमणे नहे क्षम ॥
व्याधि किंवा जले मग्न आकस्मिक निपातन ।
सर्पविषे विदाहित भक्ष्ये पशु विहंगमे ॥
सर्वक्षेत्रे पशे मृत्यु आयुष्काल निरामये ।
नतुवा यद् असम्भव मृत्युकार्य मने स्मर ॥
भक्ष्ये विहंगम पशु सर्प घातने किंवा अधःपतन जले व्याधि पीड़ने ।
सर्वस्थले मरण पशे अवारितायूष्काल अन्त यदिच जीव जीवने ॥

- इति श्रीमद्देवायण ब्रह्मकल्पे तृतीय खण्डे लव मण्डलान्तर्गतः नर्त्तिक वर्गे ऋतावरी-लव संवादे ऋता कर्त्तृक विभीषण सम्वर्धना करण नामः द्वात्रिंश संवर्ग ।

—★—

॥ त्रयोत्रिंश संवर्ग ॥

शिव वचन

शुनि वाक्य विभीषणे कहे एतद् ऋतावरी ।
मृत्युतत्त्व महात्मन सविस्तारे प्रकाशह ॥
मृत्युतेज अतिक्रमि अमरत्त्वे प्रतिष्ठित ।
मृत्युरहस्य यद् गुह्य ज्ञात स्वयं यथायथ ॥

किं प्रकारे पशे मृत्यु कह सर्व अलक्ष्यिते ।
किं प्रकारे हरे प्राण मृत्यु सर्व बलान्वित ॥
ऋता प्रश्ने विभीषण प्रत्युत्तरे कहे इहा ।
मृत्युतत्त्व यथा ज्ञात हे वैदर्भी शुन क्रमे ॥
जगत् सृष्टि सुपालने कृत सृष्टि दिवाकरे ।
संज्ञागर्भे यमी यम अन्ये मृत्यु शनैश्चर ॥
पुत्र द्वय सुता द्वय जात सूर्ये शुभाशुभे ।
छायागर्भे शनैश्चर मृत्यु कन्या भयंकरी ॥
पत्नी द्वये सुतासुत यथा सृष्टि दिवाकरे ।
जगत्कार्य तथामत विभागित परस्परे ॥
यद् कार्य पालने जगत् विषये चित्त संयमे ।
शक्ति एकादशे शान्ति जीव सर्वे प्रभाविया ॥
यम कार्य महत् अति पुण्य स्वर्गे प्रतिष्ठिते ।
दुःख ताप विमोचने अमरत्त्वे प्रचालने ॥
प्रजनने यमी कार्य जगत् धर्म विवर्धने ।
दानित पूर्णता जीवे नित्य कार्य परायणा ॥
विपरीते शनैश्चर हरणे रत सर्वदा ।
व्याधि दुःखे प्रभाविया नित्य जीव प्रतापने ॥
दानि दुष्टप्ररोचना रिपुकुले प्रभाविया ।
दारिद्र दैन्य दुर्भिक्षे महामारे निपातक ॥
तद् सह मृत्यु सर्वदा हरे प्राण निरन्तर ।
जीवात्मा छलने मोहि भोग सुखे प्रचालने ॥
आत्म वाक्य अनादरे करि प्राण प्रलोभित ।
तद् संग करि विच्युत हरे प्राण यथा त्वरित ॥
तद् मृत्यु राक्षसीरूपा दुश्चारिणी भयंकरी ।
प्रलुब्ध करिया प्राण नाना भोग प्रदर्शने ॥
मृत्यु व्याधि यथामत व्याधि-जाल प्रसारणे ।
धरे प्राण विहंगम विषये वर्धि लालसा ॥
भ्रमोत्पन्ने यवे प्राण आबद्ध व्याधि जालके ।
दुश्चारिणी महोल्लासे भक्ष्ये प्राण ततक्षणे ॥
जीवात्म संग विच्युत करि प्राण हरे त्वरा ।
भोजने हृष्ट अन्तर मृत्यु सर्व विनाशिनी ॥
व्याधि-जाल चतुर्दिके मृत्यु नित्य प्रसारिया ।
करे बद्ध प्रलोभने अज्ञ प्राणविहंगम ॥
जीवात्मा मोह आच्छन्न मूढ़ प्राण प्रलोभित ।
तद् लुब्ध प्राण भक्षण मृत्युकार्य निरन्तर ॥
प्राण प्रलुब्ध मरण नित्य कौशले दुश्चारिणी रत हरणे स्वभोजने ।
तद् व्याधिजालक धृत जीव लालसे यद् व्यधि खेचरधर सूत्रजालके ॥

- इति श्रीमद्देवायण ब्रह्मकल्पे तृतीय खण्डे लव मण्डलान्तर्गतः नर्त्तिक वर्गे ऋतावरी-विभीषण संवादे मृत्युवार्ता कथन नामः त्रयोत्रिंश संवर्ग ।

— ✯ —

॥ चतुःत्रिंश संवर्ग ॥

विभीषण वचन

एतद् तत्त्व परिज्ञात जने प्राज्ञ कहे शुन ।
संयमन करे चित्त मृत्यु प्रलोभने दृढ़े ॥
जित मृत्यु प्रलोभने यम यमी सहायके ।
पुण्यकार्य परायण जीवधर्म सुखप्रद ॥
भोगादि संयमे यम चित्ते शान्ति प्रदानिया ।
धर्म नाम परिग्रहे एतद् लोके विदूषिणी ॥
प्रजनने यमी नित्य देवसेवा अनुष्ठिते ।
जगत् जीव सहायके कालशक्ति स्वरूपिणी ॥
जीवात्मा प्राण संहति योगयुक्त करे यम ।
यद् कार्योत्तम संयमे दुर्भोगादि विमोचने ॥
यदात्मा अक्षर ब्रह्म भोग शून्य अनाशिन ।
जरा व्याधि विर्निमुक्त शोक ताप विवर्जित ॥
क्षुधा तृष्णा परित्यक्त स्वयं पूर्ण सदान्तरे ।
तद् बुद्धि दानिया प्राणे करे मृत्यु विताड़ित ॥
एतद् यमे यथा कार्य जीवे धर्म सनातन ।
यथा मृत्यु विताड़ित शोक ताप विदूरित ॥
अलक्ष्ये भ्रमणे मृत्यु महापापीयसी स्मर ।
करे नित्य नियोजन पापकार्य प्रलोभने ॥
दुःसाहसिकता कार्ये वर्धि जय यशस्पृहा ।
लोक दृश्य अनुष्ठाने उत्साह वर्धने रत ॥
एतद् हेतु कहे प्राज्ञ दुःसाहस परित्यज ।
लोक दृश्य यशस्पृहा त्यज्य कर्मे सुनिश्चय ॥
मृत्युकाल प्रवर्धने दुःसाहसे प्रचालने ।
जीवे नित्य हरे प्राण काम त्यज्य इथे स्मर ॥
मृत्यु क्रोध प्रवर्धने हठकारे निपातने ।
करे प्राण बहिर्गत तद् क्रोध प्राज्ञ निन्दित ॥
मृत्यु लोभ प्रवर्धने अतिग्रासे प्रलोभित ।
चौर्यकार्ये हरे प्राण लोभ त्यक्त इथे स्मर ॥
मृत्यु दम्भ प्रवर्धने स्व-प्राधान्य मदान्वित ।
हरे प्राण इथे उक्त अहं भाव परित्यज ॥
मृत्यु मोह प्रवर्धने विमूढ़त्त्वे निपातने ।
भ्रांति मध्ये हरे प्राण मोह नाश प्रयोजन ॥
मात्सर्य वर्धने मृत्यु ज्वालाकर विदाहने ।
दुष्टकार्ये हरे प्राण इथे ईर्षा परित्यज ॥
एतद् षड् महारिपु व्याधि-बल प्रचालने ।
मृत्यु-सेनापति स्मर जीव-प्राण हरे सदा ॥
एतद् सर्व अवस्थित आयु प्राचीर वेष्टने ।
जानकृत सुरक्षित प्राणपक्षी यथास्थले ॥
प्राण मात्र परिज्ञात यद्रूप जान वेष्टन ।
मृत्यु प्रलोभने प्राण जानक्षेत्र बहिर्गमे ॥
शस्त्र शत सहस्रश विक्षत आहत क्षणे ।
रिपुकुल प्रचालित व्याधिसैन्य महाबले ॥

अक्षम पशिते प्राण जानक्षेत्रे पुनर्वार ।
व्याधि प्रहरणे प्राण असहाय निपातित ॥
संसार पादपच्युत आत्म गीति समापने ।
व्याधशस्त्रे यथा पक्षी एतद् रूप निराश्रय ॥
मृत्यु सैन्ये हत प्राण आर्तनाद सकातर ।
निर्मम मरण व्याध नियुक्त प्राण भोजने ॥
यद् षड् मृत्यु-सेनानी कामादि रिपु दुर्जन ।
जलमग्ने निपातने हरे प्राण बहु क्रमे ॥
क्रोधे दंड विघातने दुर्लोभे शस्त्र चालने ।
स्वाधिकार प्रमत्त यद् हरे प्राण सुकौशले ॥
नाना शत्रु चतुर्दिके प्राण रक्षा सुदुष्कर ।
शंका केवल अज्ञाने मृत्यु दुश्चारिणी तरे ॥
सेनावली यत मरणे परिग्रहे नाना प्रकार गति छले चतुर्दिके ।
यद् प्राणरूप विहंग मृत्यु भोजने जीवात्मन च्युत करि नित्य कौशले ॥

- इति श्रीमद्देवायण ब्रह्मकल्पे तृतीय खण्डे लव मण्डलान्तर्गत: नर्त्तिक वर्गे ऋतावरी-विभीषण संवादे यम ओ मृत्यु कार्य भेद कथन नाम: चतु:त्रिंश संवर्ग ।

— ✯ —

॥ पंचत्रिंश संवर्ग ॥

विभीषण वचन

मृत्यु-सैन्यावली नित्य करे प्राण दशंकित ।
अज्ञान घोर आश्रये हरणे प्राण कौशले ॥
योषित् तुल्य यथा प्राण बहु भोग परायण ।
आत्म-पुरुष हेलने स्वेच्छाचारी यवे शुन ॥
दुर्वृत्त मृत्यु सेनानी प्राण योषित् धरे त्वरा ।
हरे दुष्ट महाबले जीवात्मन प्रवंचने ॥
प्राणपति यदात्मन प्राण दुष्टे हरे यवे ।
मुह्यमान महाशोके संसारारण्य निर्जने ॥
प्रियाहारा करे शोक तापयुक्त यवे शुन ।
अशोके शोक दर्शने मृत्युल्लास प्रवर्धित ॥
अनुगत प्रियाप्राण जीवात्मा अवहेलने ।
मृत्युकृत प्रलोभने स्वेच्छाचारी यवे शुन ॥
वर्धे पुरुष उत्कण्ठा अनासक्त यदात्मन ।
मृत्युसैन्य करे नृत्य महानन्दे चतुर्दिके ॥
अवश्य-प्रकृति स्त्रीय प्रलुब्ध मृत्यु कौशले ।
प्रभावे पुरुष स्वयं भोगमत्ता यवे शुन ॥
सकल मुक्त जीवात्मा भोक्ता कर्त्ता मने स्मरे ।
अत्रकाले सुदुर्गति हेरि मृत्यु प्रहर्षित ॥
एतद्रूपे प्रभावित प्राणकृत यवे शुन ।
अनाशिनात्मनोत्तम मृत्यु हर्ष प्रवर्धित ॥
हेरि मुक्तजने बद्ध मृत्यु प्राण हरे त्वरा ।
तद् समीपे अवस्थाने भक्ष्ये हर्ष समायुत ॥

भोक्त कर्त्ता अहं बोधे उद्वेगासिक्त संयुत ।
साक्षात् हेरि हत प्रिया आर्तनादे सकातर ॥
दौर्बल्य क्लैव्य संयुत शक्तिहारा मने स्मरि ।
अमरत्त्व गत स्मृति मृत्युभय उपस्थित ॥
इथे मृत्यु बलान्वित पुरुषाग्रे उपस्थित ।
अति भय प्रदर्शने यथा प्राण पुरा हृत ॥
तद् साक्षात् रत भोजने प्राणगति निरीक्षिया ।
यद् योग प्राण संहति तद् प्रभावे मने स्मरे ॥
भक्ष्ये मृत्यु प्रियाप्राण दुर्निवार भयंकरी ।
एतद् पूर्ण समापने हवे मत् प्रति धावित ॥
चिन्ति एतद् महाभये आर्तनाद परायण ।
अथवा मृत सन्निभ रहे स्थिर अचेतन ॥
एतद् दृश्य निरीक्षिया मृत्यु हर्ष प्रवर्धित ।
अमरत्त्व यदात्मने स्वयं मृत मने स्मरे ॥
आत्मामरत्त्व अजर बोध नाशने यद् प्राण योग सहित आत्मनान्तरे ।
विच्छिन्न कार्य निरत मृत्यु कौशले यद् व्याधिसैन्य निकर नित्य चालने ॥

- इति श्रीमद्देवायण ब्रह्मकल्पे तृतीय खण्डे लव मण्डलान्तर्गत: नर्त्तिक वर्गे ऋतावरी-विभीषण संवादे आत्म-दुर्गति कथन नाम: पंचत्रिंश संवर्ग ।

— ✫ —

॥ षड्त्रिंश संवर्ग ॥

विभीषण वचन

एरूपे मृत्यु सर्वदा जीवात्मन प्रभाविया ।
नानारूप सुकौशले रत नित्य निपीड़ने ॥
तद् पीड़ने तदात्मन क्षुधा तृष्णा समायुत ।
भोग कार्य अनाशिने अमरत्त्वे मृत स्मरे ॥
ए सर्व ज्ञान वर्जिते जरा व्याधि क्रियारत ।
आत्म ज्ञान समीद्धने मृत्युबल तिरोहित ॥
यथा ऊषा समागमे रात्रि गत विदूषिणी ।
ज्ञानोन्मेषे तथामत मृत्युमाया तिरोहित ॥
आत्मा अज सनातन जन्म कर्म विवर्जित ।
अमरात्मा गुणातीत स्पर्शे मृत्यु नहे क्षम ॥
अजरात्मा अनासक्त जरा व्याधि किंवा तथा ।
अनाशिन स्थिर स्थानु क्षुधा तृष्णा विवर्जित ॥
एरूप आत्म भावना नित्य सर्व सुखप्रद ।
जरा व्याधि प्रपीड़ित अज्ञान ए मने स्मर ॥

शिव वचन

एरूप कहिया वाक्य यवे मौन विभीषण ।
स्त्रीय कुल प्रहर्षित रक्ष:राज नमे पुन: ॥
पुरीमध्ये प्रवेशिल रक्ष:राजे परित्यजि ।
हृष्टान्तरे विभीषण राजगृहे अवस्थित ॥

कच्चित् राज सभातले	राज कार्य प्रयोजने ।
भृगुसह परामर्शे	रत कार्ये कतक्षण ॥
तदन्तरे स्वयं कक्षे	राम-ध्याने अतिक्रमे ।
सम्राट लव एस्थले	राज कार्य परित्यजि ॥
भृगु आज्ञा यथामत	प्रविष्ठ तद् पुरान्दरे ।
स्त्रीय कुल समन्वित	नाना क्रीडा समायुत ॥
विहारे कुंज कानने	मृग मद विचर्चित ।
ललाटे उरसे कण्ठे	पुष्प माल्ये सुशोभित ॥
भ्रमर कुल गुंजित	यथा पुष्प विकाशित ।
पक्षीकण्ठ निनादित	यथा क्षेत्रे मनोहर ॥
पुत्र काम प्रवर्धने	बहु स्त्रीय समायुत ।
हास्ये वाक्ये तनुस्पर्शे	रंग-रस प्रगल्भते ॥
कुंजवने परिभ्रमे	पार्श्वे राणी ऋतावरी ।
पद्म हंस समायुत	स्वच्छजला सरोवरे ॥
यवे इच्छा मनोद्गत	जलक्रीडा परायण ।
स्त्रीय कुल तथास्थले	हंस वक्षे विधारणे ॥
सम्राट सह कौतुके	करे रक्षा चतुर्दिके ।
पद्मासना यथा स्त्रीय	अन्य पथ किंवा तथा ॥
तद् आस्यरूप पंकज	चतुःपार्श्वे सुशोभित ।
हंसावली विमंडित	लव मध्ये अवस्थित ॥
वक्षे मराल धृत नवीन यौवना	पद्मानना स्त्रीयकुल पार्श्वशोभना ।
मध्ये अवस्थित लव रामनन्दन	सम्राट सर्व भुवन विश्व पालक ॥

- इति श्रीमद्देवायण ब्रह्मकल्पे तृतीय खण्डे लव मण्डलान्तर्गतः नर्त्तिक वर्गे भृगुराम-लव संवादे लव क्रीडा वर्णना नामः षड्त्रिंश संवर्ग ।

— ✯ —

॥ सप्तत्रिंश संवर्ग ॥

शिव वचन

नानाविध करे क्रीडा	पुष्पकुंजे सरोवरे ।
स्त्रीकुल परिवारित	लव ऋतावरी सह ॥
एतद् रूपे अतिक्रमे	कियत् काल तथास्थले ।
रजः रोधे ऋतावरी	विवमिषा समायुत ॥
अनिच्छा पान भोजने	क्लांतियुक्त निरन्तर ।
क्रीडा तरे निरुत्साह	पूर्ववत ना प्रहर्षित ॥
विषन्नास्य निरुत्साह	हेरि लव ऋतावरी ।
चिन्तायुक्त रत प्रश्ने	एतद् रूप पुनः पुनः ॥
हे ऋता कह कारण	विषन्न वदना तुमि ।
किंवा पीड़ा कलेवरे	कह सत्य यथायथ ॥
अनिच्छा भोजने तव	पीड़ाहेतु मने स्मरि ।
क्रीडातरे निरुत्साह	किं वेदना तवान्तरे ॥
यदि वैद्य प्रयोजन	आह्वान करि सत्वरे ।
लव वाक्य यथाश्रुत	निरुत्तर ऋतावरी ॥

अन्य स्त्रीय कहे तथा शुन तथ्य नराधिप ।
पीड़ा लक्षण ए सर्व नहे एतद् स्त्रीयप्रति ॥
राजपुत्र ऋतागर्भे वर्धे सर्व अलक्ष्यिते ।
ए सर्व गर्भ लक्षण तव हर्ष प्रवर्धिते ॥
तद् वाक्य श्रवणे लव कहे हृष्टान्तरे इहा ।
अद्यपि गर्भ लक्षण एतद् ऋतावरी प्रति ॥
एतद् स्थले अनुष्ठेय किंवा कार्य प्रकाशह ।
स्त्रीयवृन्द कहे वाक्य यथा मान्ये लव प्रति ॥
हे सम्राट समादरे देह भोज्य मनोमत ।
यथा काम्य ऋताप्रति भ्रमणेच्छा यथामत ॥
तद् इच्छा पूर्णे कार्य अद्यकाले तव प्रति ।
एरूप कहिते वाक्य कुलस्त्रीय तथास्थले ॥
जिज्ञासिल यथा स्नेहे एतद लव ऋताप्रति ।
कह इच्छा मनोद्गत राजवंश विधारिका ॥
अद्य कुंजे अवस्थान किंवा पुरांदरे कह ।
क्लांति हेतु कहे ऋता श्रेय पुरे अवस्थिति ॥
सक्षम ना निरन्तर पार्श्वे पार्श्वे परिभ्रमि ।
स्त्रीयकुल समन्वित कर क्रीडा स्वयं तुमि ॥
मोरे गृहे परित्यज विवमिषा क्षणे क्षणे ।
भ्रमणे अथवा त्वरित घूर्णिपाके मम प्रति ॥
उत्तरिल तथा लव यद्यपि नह सक्षम ।
भ्रमणे तुमि हे ऋता स्वयं क्रीडा परित्यजि ॥
अन्य स्त्रीय समन्वित नहे क्रीडा मनोमत ।
केवल तव कारणे बहु स्त्रीय परिग्रहि ॥
बहु स्त्रीय समावृत तव हर्ष प्रवर्धित ।
तद् कारणे विदूषिणी चतुःपार्श्वे बहु स्त्रीय ॥
एतद् सर्व परित्यजि एकाकी रह निर्जने ।
रहिव सर्वदा स्वयं तव पार्श्वे ऋतावरी ॥
एरूप श्रवणे वाक्य अति हृष्ट ऋतान्तरे ।
निर्जने करिते स्थिति सुव्यवस्था तथा कृत ॥
यथा भोज मनोमत लव कृत प्रदानित ।
उभये रहि निर्जने वार्ता रत परस्परे ॥
दाने सदा लव अति यत्न सादने यद् काम्य मनोद्गत मणि रत्न सुन्दर ।
वार्ता उभे रहि नीति निर्जनस्थले संतोषिते सतत ऋतावरी प्रिया ॥

- इति श्रीमद्देवायण ब्रह्मकल्पे तृतीय खण्डे लव मण्डलान्तर्गतः नर्त्तिक वर्गे ऋतागर्भ वार्ता कथन नामः सप्तत्रिंश संवर्ग ।

— ✯ —

॥ अष्टत्रिंश संवर्ग ॥

शिव वचन

एतद् रूपे अतिक्रमे गर्भमास चतुष्टय ।
पंच मासे प्रदानिल पंचामृत पुरोहित ॥

बहु विप्र निमंत्रणे पान भोज्य प्रदानिल ।
वस्त्र रत्न गवीसह यथा इच्छा मनोमत ॥
प्रसन्न द्विज सर्वत: हृष्ट भोज्य परिग्रहि ।
दान ग्रहि शुभाशिषे राजगृह परित्यजे ॥
एरूपे गत मासेक बहुल विप्र भोजने ।
षष्ठ मास समागमे दान कार्य करे लव ॥
राजवंश धरे स्मरि एतद् जन्म सुमंगले ।
तद् जीवन भविष्यते हिताकांक्षी नराधिप ॥
जनप्रिय हवे पुत्र एतद् चिन्ता समायुत ।
प्राज्ञ वाक्ये अनुष्ठित दान यज्ञ नृपालये ॥
मासेक व्यापिया लव रत दाने क्रमागत ।
यद् प्रार्थना यथाजने तद् पूर्ण ततक्षणे ।
वस्त्र दान गवी दान रत्न दान मनोमत ॥
एतद् दान परिग्रहे सर्व जाति समागमे ।
विप्रकुल लभे रत्न गवी वस्त्र मनोमत ॥
पक्क फल हरीतकी पत्र पुष्प समन्वित ।
राज गर्भ शुभाशिषे स्वस्ति शान्ति कहे द्विज ॥
क्षत्रकुल समागमे रथ अश्व परिग्रहे ।
नाना शस्त्र समन्वित रत्न मणि मनोहर ॥
दान क्षत्रकुले रत्न रथाश्व शस्त्र संहति ।
क्षत्रिय मण्डली पुनः लव प्रति प्रदानिल ॥
राज मान्य प्रदर्शने रथाश्व रत्न यौतुक ।
दाने शत सहस्त्रश भौम राज समागमे ॥
वैश्यकुल परिग्रहे राज दान मनोहर ।
वृषभ सह लांगल नानाविध तरीसह ॥
शस्य दान करे बहु यद् वैश्यते यथाकाम्य ।
वैश्यकुल प्रदानिल राज मान्य प्रदर्शने ॥
शिल्प द्रव्य सुनिर्मित गंध द्रव्य समन्वित ।
रत्न मणि विमंडित जलयान मनोहर ॥
भूमियान नृपप्रिय व्योमयान तथामत ।
शूद्रकुल नृप प्रति पुष्प अर्घ प्रदानिल ॥
दान शूद्रकुल प्रति पान भोज्य मनोमत ।
मधु दान अपर्याप्त भूमि वस्त्र समन्वित ॥
दान श्रेष्ठ महीतले अन्नकाले मने स्मर ।
यद् ख्याति दानसागर सर्वजन प्रशंसित ॥
समुद्रतुल्य तद् दाने सुवर्धित लव स्वयं ।
यद् समुद्र सविस्तारे अक्षुन्न जल धारणे ॥
राशि राशि महाधूम्र मेघोत्पन्ने रहे स्थिर ।
बिन्दुजल नहे स्वल्प नदीकुल समागमे ॥
वारि धारा निरन्तर यद् सागरे निपातित ।
अजस्र मेघ उत्पन्ने परिदृष्टाक्षुन्नाम्बुधि ॥
तद्रूप दान सागरे अक्षुन्न लव सेस्थले ।
विपुल द्रव्य संभार यथा दान क्रमागत ॥
मणि रत्न समन्वित रथाश्व वृष लांगल ।
पुनश्च प्राप्त यौतुके भांडार पूर्ण तद्रूप ॥

यद् विपुल महादान प्रतिलाभ तथामत ।
तन्मध्ये विपुल ख्याति यशोगान समन्वित ॥
विप्रकुल कहे स्वस्ति क्षत्र दाने जयध्वनि ।
समृद्धि पूर्णता वैश्ये दीर्घायु शूद्र कामना ॥
दीर्घायु कामना राज्ये राजपुत्र सुजन्मते ।
सर्व काम्य यथा श्रुत कम्पित चित्त नर्त्तिक ॥
यज्ञे समागत जय निस्वने कहे सम्राट हे लव असपत्न-भूतले ।
दीर्घायु धारण करि लोक पालने पूर्णाङ्ग जीवन कर पुण्यशासने ॥

– इति श्रीमद्देवायण ब्रह्मकल्पे तृतीय खण्डे लव मण्डलान्तर्गतः नर्त्तिक वर्गे ऋतागर्भ मंगले लव कर्त्तृक दानयज्ञ करण नामः अष्टत्रिंश संवर्ग ।

— ★ —

॥ ऊनचत्वारिंश संवर्ग ॥

शिव वचन

कम्पित चित्त नर्त्तिक जयध्वनि यथा श्रुत ।
शान्ति स्वस्ति समन्वित बहु कण्ठे समस्वरे ॥
दीर्घायु कामना सर्वे नृपोत्तम लव प्रति ।
सर्वजन हिताकांक्षी दानयज्ञ परायण ॥
दीर्घायु कामना सर्वे एतद् स्थले स्वभावतः ।
आयुष्मान हिताकांक्षी दीर्घजीवी महीतले ॥
चिन्तित चित्त नर्त्तिक अयोध्या नगरागमे ।
कियत् दूरे अवस्थाने रत सर्व निरीक्षिते ॥
दानयज्ञ परायण लव श्रेष्ठ महीतले ।
लक्ष लक्ष जनागमे तथा दान परिग्रहे ॥
प्रसन्न सकले चित्ते जयनादे बहिर्गत ।
दीर्घायु शुभ कामना सर्व कण्ठे निरन्तर ॥
तथापि दृढ़ नर्त्तिक स्वीय कार्य अनुष्ठिते ।
तथापि बहु भावना भीत भाव उपस्थित ॥
किं प्रकारे प्रवेशिवे पुरीमध्ये अतःपरे ।
किंरूपे दंशिवे लवे कलि आज्ञा सुपालने ॥
एरूप भावना रत यद्काले शुन नर्त्तिक ।
हेथा राज निकेतने दानयज्ञ समापित ॥
षष्ठ मास अतिक्रमे आगत मास सप्तम ।
पुनश्च कक्ष निर्जने लव ऋतासह स्थित ॥
गर्भ दृष्ट बहिर्देशे क्रमे भार प्रवर्धित ।
यद् हेतु चलिते क्षम बहु दूर नहे ऋता ॥
नित्य लव करे पूर्ण यथा काम्य ऋताप्रति ।
तद्रूप एकदा कार्य लव अग्रे प्रकाशित ॥
यथाक्षेत्रे महावीर ऋषि वृन्द सुशोभित ।
तत्त्व व्याख्या परायण तद् क्षेत्र काम्य दर्शने ॥
तदिच्छा श्रवणे लव गमनाज्ञा प्रदानिल ।
सैन्याध्यक्ष समुत्थित रथाश्व गज संहति ॥

अग्रे दूत चले त्वरा महावीरे निवेदिते ।
पुष्पक स्यन्दनारूढ़ लव ऋतावरी सह ॥
सहस्राधिक स्यन्दन गज बाजी समन्वित ।
तद् पश्चाते बहिर्गत सशस्त्र सैन्य नायक ॥
नाना वाद्य मधुक्कणे राज्ञी हर्ष प्रवर्धने ।
अग्र पार्श्वद्वय: पश्चात् सावधाने सुरक्षणे ॥
चले धीरे विमंथरे अति शब्द विवर्जने ।
गर्भवती यथा राज्ञी एतद् शान्ति मने स्मरि ॥
सर्व वाद्य कथावार्ता सर्व गति मृदुस्वने ।
अध्यात्म नगर प्रति अग्रसरि चले क्रमे ॥
हेथा हनु यवे श्रुत ऋता लव समागम ।
अत्यन्त हृष्ट अन्तरे अग्रसरे पुरी त्यजि ॥
अग्रसरि यथा किञ्चित् निरखि राज वाहिनी ।
स्मरि लव उपस्थिति राम जय प्रदानिल ॥
सर्व ध्वनि अतिक्रमि हनुकण्ठ यथा श्रुत ।
रथ पार्श्व अवेक्षणे महाकाय निरीक्षिल ॥
तथा रथ निवारणे अवतीर्ण रथ त्यजि ।
हनु मान्ये ऋता लव अग्रसरे पदव्रजे ॥
तद् दृष्टे वाहिनी सर्व अत्र क्षेत्रे निवारित ।
हेथा ऋतावरी लव हनुपदे शिरानत ॥
राम सीता पुनर्वार हनु साक्षात् निरीक्षिल ।
राम जय प्रदानिया कृत उभे शुभाशिष ॥
साक्षात् सुलब्ध यदि मरुत्सुते तथा संतुष्टचित्त रथ विवर्जि सत्वरे ।
अग्रे शिरानत यदि राजदम्पति स्नेहे मरुत्सुत कृत यद् शुभाशिष ॥

– इति श्रीमद्देवायण ब्रह्मकल्पे तृतीय खण्डे लव मण्डलान्तर्गत: नर्त्तिक वर्गे ऋता कर्त्तृक अध्यात्म नगर दर्शन वार्ता नाम: ऊनचत्वारिंश संवर्ग ।

— ✯ —

॥ चत्वारिंश संवर्ग ॥

शिव वचन

महावीरे समादृत स्नेहे लव ऋतावरी ।
हनु वास यथास्थले प्रवेशिल तथास्थले ॥
सर्वत्यागी मरुत् पुत्र दानिल अजिनासन ।
पुण्य वारि प्रदानिल फलमूल समन्वित ॥
यथा शौच समापने उपविष्टाजिनासने ।
परितृप्त गत क्लान्ति फल मूल परिग्रहि ॥
ऋतागर्भ निरीक्षणे बहु हर्ष प्रकाशिया ।
वक्ष्यमान कहे वाक्य पूर्व स्मृति समन्वित ॥
राम स्मृति सुकीर्त्तने नाना गल्प कथामृते ।
ऋता हर्ष प्रवर्धने दिवाकाल अतिक्रमे ॥
स्वायंकाल समागमे महावीर समुत्थित ।
नित्य सभा यथामत ऋषिकुल विमंडित ॥

यद् दर्शने ऋतावरी अत्रस्थले उपस्थित ।
तद् काम्य पूर्णे हनु सभामध्ये प्रवेशिल ॥
सम्राट महिषी सह सभामध्ये प्रवेशिते ।
ऋषिकुल प्रहर्षित जयध्वनि प्रदानिल ॥
उपविष्ट तथा लव ऋषिकुलानुमोदने ।
ऋतावरी समन्वित हनु पार्श्व सुशोभने ॥
तद् परे वायुनन्दन ऋता काम्य यथामत ।
यद् तत्त्व तारकब्रह्म आरम्भिल सभातले ॥
यद् नाम जपिया रुद्र शिवत्त्व प्राप्त सत्वरे ।
चंड भाव तिरोधाने अचलवत् अवस्थित ॥
यद् नाम जपिले क्षण शोक ताप तिरोहित ।
जपि नाम महापापी सर्व पापे विमोचित ॥
दुष्टभाव परित्यजि सुराचार परायण ।
अन्तकाले परा:गति लभे यथा कहे क्रमे ॥
राम वाक्य किं अक्षरे जन्म मोक्ष प्रदायक ।
र-काराकार संयुक्त म-कार त्रिविध ध्वनि ॥
यथा नित्य प्रतिष्ठित ब्रह्मा विष्णु महेश्वर ।
वाह्यति करि संयोग वर्धित शुचिता बल ॥
एतद् रूपे महावीर कहे गुह्य सुवर्णिया ।
यद् मंत्र तारकब्रह्म ऋता हर्ष परिप्लुत ॥
वाक्य मात्र समापने समुत्थाने त्वरित ऋता ।
हनुपदे नमस्कारे एरूप कहिते रत ॥
हे वीर वायुनन्दन भक्तोत्तम पुन: नमि ।
ज्ञानीश्रेष्ठ महामति अभेद सह राघव ॥
यद् प्राज्ञ ज्ञात यद् तत्त्व तद् तुल्य तद् मने स्मरि ।
रामतत्त्व परिज्ञात केवा कह तवाधिक ॥
यद् साक्षात् राघवात्मज यथा पुत्रवधू स्वयं ।
नित्य साक्षात् तथापिह अज्ञात तत्त्व राघवे ॥
असीम श्वशुरे स्नेह विज्ञात केवल स्वयं ।
तद् तुच्छ भूतले स्नेह नहे दृष्ट कदाचन ॥
नहि ज्ञात तथापिह नाम मुक्ति प्रदायक ।
हे नाम:सिद्ध मारुति जपे शक्ति प्रदानह ॥
यद् प्रभावे जपि स्वयं राम नाम निरन्तर ।
अद्य हते प्रदानह एतद् शक्ति ममान्तरे ॥

हनु वचन

हे देवी जगते बहु संघात दृष्ट सर्वदा ।
तद् क्षेत्रे रहिते दृढ़ जप:शक्ति प्रदानिनु ॥
राम सर्व परित्राता राम नारायण स्मर ।
श्रीराम पुरुषोत्तम श्रीराम परमात्मन ॥

शिव वचन

कहि एतद् महावीर ऋताप्रति शुभाशिषे ।
मंत्रशक्ति प्रदानिल ऋता हर्ष समायुत ॥

नारायण स्मर पुरुषोत्तम प्रभु श्रीविष्णु मंगलमय जन्म भूतले ।
भ्राता जगत् अखिल विमुक्तिदायक श्रीराम मानवतनु धारणे स्वयं ॥

- इति श्रीमद्देवायण ब्रह्मकल्पे तृतीय खण्डे लव मण्डलान्तर्गतः नर्त्तिक वर्गे रामतत्त्व नामः चत्वारिंश संवर्ग ।

— ✯ —

॥ एकचत्वारिंश संवर्ग ॥

शिव वचन

हनु कृत शुभाशिषे ऋतावरी प्रहर्षित ।
महावीरे नमस्कारे लवसह अतःपरे ॥
अध्यात्म नगरी त्यजि स्त्रीयकुल समावृत ।
अयोध्या नगरी प्रति रथारूढ़ बहिर्गत ॥
एस्थले शुन नर्त्तिक अयोध्या नगरास्थित ।
दृष्ट यवे बहिर्गत लव पुर परित्यजि ॥
पुरवासी समन्वित शून्य पुरांदर स्मरि ।
नर्त्तिक भावना युक्त पथ प्राप्त अतःपरे ॥
यद् क्षेत्रे प्रहरीकुल असावधान सर्वदा ।
राज्येश्वर विशेषतः नहे राज्ये यवे शुन ॥
केह निद्रा समायुक्त द्वारकाष्ठावलम्बने ।
द्वार त्यजि कियत्दूरे केह गल्प समायुत ॥
एरूप काल दर्शने नर्त्तिक हृष्ट अन्तरे ।
क्षुद्रदेह विधारणे पुरान्दर प्रवेशिल ॥
सर्व जन अगोचरे सर्व कक्ष परिभ्रमि ।
लव-कक्ष निरूपिल बहु यत्ने अतःपरे ॥
यद् दृष्ट राज खट्टांग नाना रत्न विमंडित ।
तलदेशे यथा कक्ष अत्रक्षेत्रे करे स्थिति ॥
क्षुद्राकृति विधारणे अनाहारे भुजंगम ।
लव प्रत्यागमे काल अपेक्षित तथास्थले ॥
सूर्य वंश विनिःशेषे महाशत्रु पशे गृहे ।
स्मर देव परिस्थिति मात्र लव अवस्थित ॥
स्मर त्रितायुग व्यापी महाकीर्त्ति महीतले ।
युवनाश्व कुलोद्भव हरिश्चन्द्र नराधिपे ॥
रोहिताश्व तदात्मज निहत सर्प दंशने ।
विश्वामित्र ऋषि स्नेहे प्राण प्राप्त यथा स्मृति ॥
रोहिताश्वे यथा पुत्र काकुस्थ कथित स्मर ।
काकुस्थ पुत्र इक्ष्वाकु दिलीप तद् सुत स्मर ॥
दिलीपे रघुनन्दन रघुपुत्र अज स्मृति ।
दशरथ अजे पुत्र दाशरथि चतुर्जन ॥
अन्ये पुत्र नहे जात सीतागर्भ समुद्भव ।
लव कुंश रहे मात्र अन्य सर्वे तिरोहित ॥
कुश पूर्वे तनु त्यजे लव मात्र अवस्थित ।
सूर्यवंश चले अन्ते शेष रश्मि समीक्षित ॥

एतद् रश्मि हवे शेष घोर काल प्रभावित ।
हवे क्षणे अभीसुत विषादाच्छन्न भूतल ॥
एतद् छाया प्रकाशित सर्वान्तर विषादित ।
सर्वजन अगोचरे कलि-चर प्रवेशिल ॥
अन्तकाल समागत सूर्य वंशे निरीक्षह ।
प्रत्यागत अयोध्याते लव ऋतावरी सह ॥
अध्यात्म नगर त्यजि हृष्टान्तरे कुलस्त्रीय ।
राजपुरे प्रवेशिल संध्याच्छन्न महीतले ॥
हृष्टान्तरे सकल कुलस्त्रीयान्वित अध्यात्मभूमि दर्शने ऋतावरी ।
संध्यागमे पशिल पुरान्दरे यवे घोरावृते अलसित जीवमण्डली ॥

- इति श्रीमद्देवायण ब्रह्मकल्पे तृतीय खण्डे लव मण्डलान्तर्गत: नर्त्तिक वर्गे काल प्रभाव वार्ता कथन नाम: एकचत्वारिंश संवर्ग ।

— ✯ —

॥ द्विचत्वारिंश संवर्ग ॥

शिव वचन

भृगु अग्रे उपस्थिते तद् पद करि वन्दना ।
कहि भ्रमण वृत्तांत लव पुरे प्रवेशिल ॥
पुरीरक्षी स्वरूपित तथा नल अवस्थित ।
करि लवे समादर स्वीय कक्षे प्रवेशिल ॥
गर्भवती ऋतावरी श्रांत शय्या परिग्रहे ।
ऋतापार्श्वे यथा प्रेमे उपविष्ट तथा लव ॥
दासीकुले समानीत पान भोज्य अत:परे ।
किञ्चित् मात्र परिग्रहि अन्य सर्व परित्यजे ॥
नाना वार्ता परस्परे ऋता लव समन्वित ।
लंकाद्वीपे यथा कृत सर्प कार्य भयंकर ॥
सर्प दुष्ट स्वभावत: दुराचार परायण ।
स्वार्थ लोभ वशीभूत वधे असंख्य राक्षस ॥
सर्पकार्य समालोचि एरूप काहिनी क्रमे ।
गभीर रजनी क्रमे क्रमे स्तब्ध चतुर्दिके ॥
निद्रागत प्रजाकुल राजपुरी क्रमे स्थिर ।
निर्वापित तथा दीप एके एके यथा क्रमे ॥
द्वितीय प्रहरातीत हेथा लव ऋतासह ।
सर्पकुल निपीड़न कहे क्रमे सुवर्णिया ॥
यद् प्रकारे यथाशस्त्रे सर्पकुल विदाहित ।
छेद्यपक्ष दले दले निपातित स्तूपीकृत ॥
सर्पकुल विनि:शेष स्वल्पमात्र रड़े द्रुत ।
तथापिह विताड़ने बहु शस्त्रे निपातित ॥
कहिते कहिते लव उत्साहित निजान्तरे ।
क्लांत गर्भवती ऋता तन्द्राच्छन्नावसादित ॥
श्रवणे क्रुद्ध नर्त्तिक खट्टांगनितलास्थित ।
स्व-संयमे तथापिह रहे काल अपेक्षिते ॥

शुनिते शुनिते वार्ता निद्रागत क्रमे ऋता ।
वाक्य अर्धपथे स्थिर निद्रा यत्न लवप्रति ॥
निर्वापित तथालोक अंधकार गृहे गृहे ।
चन्द्र ज्योत्सना बहिर्देशे वर्त्मदीप इतस्ततः ॥
तन्द्राच्छन्न क्रमे क्रमे तोरणे प्रहरीकुल ।
प्रसुप्ति नासिका शब्द ऋता लवे यवे श्रुत ॥
हेर काल समागत दुरंत दुष्ट नर्त्तिक ।
खट्टांगतल निर्गत शत फणा सुशोभित ॥
तद् दृष्ट लव शायित वाम पार्श्वे ऋतावरी ।
निद्रागत अकातरे श्वास शब्दे निरूपिल ॥
शिरोदेशे समागत विस्तारिया फणा शत ।
द्वि-जिह्वा लुलित क्रमे क्रुर चक्षु प्रदीपित ॥
भ्रातृशोके महारोषे आघातिल शिरे अहि ।
आर्तनाद महाघाते लव कण्ठे समुत्थित ॥
श्रवणे कातर ध्वनि ऋता त्वरित् सचेतन ।
हेरिल देह निस्पन्द प्राणवायु बहिर्गत ॥
पार्श्वे दृष्ट महासर्प मणिदीप्त फणा शते ।
हेरि सर्प भयंकर भीता अत्रस्थले ऋता ॥
अक्षम भाविते ऋता आर्तनादे अचेतन ।
गभीर रजनी देव निद्रागत जने जने ॥
नाहि पशे ऋताध्वनि अन्य कर्णे तथास्थले ।
ऋतावरी अचेतन भ्रमे सर्प इतस्ततः ॥
चतुर्थ प्रहरे प्राय संज्ञाप्राप्त समुत्थिता ।
गृहकोणे पुनः सर्प हेरि प्रश्न समायुत ॥
केवा तुमि किं कारणे मम पति विनाशिले ।
कहिल दृढ़ नर्त्तिक भ्रातृहंता यथा मम ॥
तद् वाक्य श्रवणे ऋता क्षिप्रपदे बहिर्गत ।
कक्षे शत्रु रहे बद्ध गुरुपदे निवेदिते ॥
सम्मुखे मिथिलेश्वर जिज्ञासिल ऋताप्रति ।
अश्रुयुक्ता किं कारणे कोथा जाह त्वरितपदे ॥
लव त्यक्त कलेवर भृगुरामे मने स्मरि ।
कहिते कहिते वाक्य चले द्रुता ऋतावरी ॥
भृगु अग्रे उपस्थिते अत्रपदे निपातित ।
गृहे सर्प प्रवेशिल नृप त्यक्त कलेवर ॥
शुनि भृगु चमत्कृत कहे वज्र निनादने ।
किं कहिले ऋतावरी कह त्वरित परिष्कृत ॥

ऋतावरी वचन

राघवज निशाशेषे सर्पाघाते विनाशित ।
निद्रायुक्त छिनु स्वयं आर्तनादे समुत्थित ॥
निद्राते श्रवणे शब्द भये त्वरित समुत्थित ।
हेरि सर्प शिरोदेशे विस्तारित फणा शते ॥

शिव वचन

तद् वाक्य श्रवणे भृगु   नभ:दीर्ण निनादने ।
कहे केवा पशे सर्प   भार्गवे अवहेलने ॥

ऋता वचन

कहे दम्भे भुजंगम   भृगुरामे निवेदह ।
सूर्यवंश विनि:शेष   नर्त्तिक विष दंशने ॥

शिव वचन

गर्जिल भैरवे पुन: शत वज्र निनादने ।
सृष्टि लोप उपक्रमे   यथा रुद्र भयंकर ॥
गर्जिल रुद्र भार्गव   कुठारि कर धारणे ।
वाम पदे महाघाते   थरथरे महीतल ॥
चले भृगु महाक्रोधे   कहि वाक्य ऋताप्रति ।
चल ऋता निरीक्षिव   दुष्ट दम्भी भुजंगमे ॥
सर्पमात्र नहे एतद्   कलिकार्य मने स्मरि ।
पदक्षेपे चले भृगु   नत क्षिति महाभये ॥
ऊषादेवी समागमे   दर्शने रुद्र भार्गव ।
भये भीता चले द्रुता   सूर्यदेवे निवेदिते ॥
दिग्वलये करि स्थिति   पत्रच्छाये भये रवि ।
अयोध्याते निरीक्षिल   भीषण रुद्र भार्गव ॥
सूर्य दृष्टि निपातने   परशु अति उज्ज्वल ।
रविबिम्ब विधारणे   महाद्युति बहिर्गत ॥
एतद दृश्य निरीक्षिया   सृष्टि लोप मने स्मरि ।
सूर्यदेव त्वरित गति   स्रष्टापदे निवेदिल ॥
उत्थित रुद्र भार्गव   परशु कर धारणे ।
सृष्टि लोप मने स्मरि   कहे रक्ष प्रजेश्वर ॥
थरथरे पुन: पुन: पदाघाते महीतल ।
सूर्यवाक्य यथा श्रुत   अनुभवि प्रजापति ॥
हेरिते रुद्र भार्गवे   धावित हंसवाहन ।
कह कह प्रजेश्वर   यथा दृष्ट तथास्थले ॥
तव कृत यथा कार्य   भृगुराम निवारणे ।
भार्गव तव निर्देशे   यत कार्य अनुष्ठिल ॥
भार्गवे कीर्त्ति अद्भुत   भार्गव महिमा शुनि ।
समस्त द्वापर व्यापी   कह देवे यथायथ ॥

पिंगल वचन

कहि वाक्य प्रजेश्वरे   निवारित महेश्वर ।
आरम्भिल तथास्थले   पद्मयोनि प्रजापति ॥

- इति श्रीमद्देवायण ब्रह्मकल्पे तृतीय खण्डे लव मण्डलान्तर्गत:
नर्त्तिक वर्गे नर्त्तिक दंशने लव निहत नाम: द्विचत्वारिंश संवर्ग ।

॥ नर्त्तिक वर्ग, लव मण्डल, तृतीय खण्ड सह ब्रह्मकल्प समाप्त ॥
॥ शान्ति: शान्ति: शान्ति: ॥

— ★ —